2020

重庆市人口普查年鉴

（下册）

CHONGQING POPULATION CENSUS YEARBOOK 2020

(BOOK 2)

重庆市人民政府第七次全国人口普查领导小组办公室
重　庆　市　统　计　局　编

Compiled by
Office for the Seventh Population Census of Chongqing Municipality
Chongqing Municipal Bureau of Statistics

图书在版编目（CIP）数据

重庆市人口普查年鉴. 2020. 下册 / 重庆市人民政府第七次全国人口普查领导小组办公室, 重庆市统计局编. -- 北京 : 中国统计出版社, 2022.7
ISBN 978-7-5037-9830-6

Ⅰ. ①重… Ⅱ. ①重… ②重… Ⅲ. ①人口普查－统计资料－重庆－2020－年鉴 Ⅳ. ①C924.257.19-54

中国版本图书馆 CIP 数据核字(2022)第 100432 号

重庆市人口普查年鉴-2020（下册）
Chongqing Population Census Yearbook 2020 (Book 2)

作　　者/重庆市人民政府第七次全国人口普查领导小组办公室, 重庆市统计局
责任编辑/张　洁
封面设计/李雪燕
出版发行/中国统计出版社有限公司
通信地址/北京市丰台区西三环南路甲 6 号　邮政编码/100073
发行电话/邮购（010）63376909　书店（010）68783171
网　　址/http://www.zgtjcbs.com/
印　　刷/河北鑫兆源印刷有限公司
经　　销/新华书店
开　　本/880mm×1230mm　1/16
字　　数/1940 千字
印　　张/60.75
版　　别/2022 年 7 月第 1 版
版　　次/2022 年 7 月第 1 次印刷
定　　价/880.00 元（全二册附光盘）

目　　录

下　册

第二部分　长表数据资料

第一卷　概要

第二卷　民族

第三卷　教育

第四卷　就业

第九卷 住房

第三部分　附　录

第二部分 长表数据资料

第一卷 概要

1-1 各地区户数、

地区	户数			合计			
	合计	家庭户	集体户	合计	男	女	性别比(女=100)
重庆	**1193790**	**1162779**	**31011**	**3293962**	**1662948**	**1631014**	**101.96**
市辖区	953222	924557	28665	2610359	1315047	1295312	101.52
万州区	59961	59153	808	169835	84748	85087	99.60
涪陵区	39069	38382	687	111736	56140	55596	100.98
渝中区	22034	21026	1008	61370	30014	31356	95.72
大渡口区	16747	16517	230	43287	21397	21890	97.75
江北区	36075	34933	1142	93972	46742	47230	98.97
沙坪坝区	51963	49709	2254	141944	70895	71049	99.78
九龙坡区	58103	56804	1299	156773	78579	78194	100.49
南岸区	45153	43044	2109	120848	59499	61349	96.98
北碚区	30918	28144	2774	84407	43392	41015	105.80
綦江区	38923	38459	464	108375	55060	53315	103.27
綦江区(不含万盛)	30186	29762	424	84363	43093	41270	104.42
万盛经开区	8737	8697	40	24012	11967	12045	99.35
大足区	27225	26801	424	79471	40472	38999	103.78
渝北区	82172	78754	3418	221656	110516	111140	99.44
巴南区	44826	42661	2165	119167	60091	59076	101.72
黔江区	15717	15352	365	45424	22907	22517	101.73
长寿区	29739	29335	404	74279	37657	36622	102.83
江津区	50815	48078	2737	133347	69345	64002	108.35
合川区	57073	55403	1670	156544	79405	77139	102.94
永川区	38777	37101	1676	117018	59324	57694	102.83
南川区	19418	19342	76	54993	27989	27004	103.65
璧山区	26224	25480	744	73414	38031	35383	107.48
铜梁区	25979	25276	703	67968	33813	34155	99.00
潼南区	28739	28456	283	77156	39657	37499	105.75
荣昌区	25424	25051	373	68843	34144	34699	98.40
开州区	44878	44504	374	124059	62129	61930	100.32
梁平区	25287	24969	318	69826	35206	34620	101.69
武隆区	11983	11823	160	34647	17895	16752	106.82
县	240568	238222	2346	683603	347901	335702	103.63
城口县	6259	6184	75	18869	9569	9300	102.89
丰都县	22007	21808	199	60432	30491	29941	101.84
垫江县	25523	25214	309	70331	35591	34740	102.45
忠县	30091	29807	284	83168	42597	40571	104.99
云阳县	35525	35210	315	105748	54543	51205	106.52
奉节县	27623	27399	224	74287	38293	35994	106.39
巫山县	15676	15567	109	41273	20890	20383	102.49
巫溪县	12716	12593	123	35363	17724	17639	100.48
石柱县	13904	13783	121	37196	18569	18627	99.69
秀山县	14445	14334	111	45007	22497	22510	99.94
酉阳县	18932	18741	191	54468	27470	26998	101.75
彭水县	17867	17582	285	57461	29667	27794	106.74

人口数和性别比

单位：户、人

人口数								平均家庭户规模（人/户）
家庭户				集体户				
小计	男	女	性别比（女=100）	小计	男	女	性别比（女=100）	
3108359	**1554089**	**1554270**	**99.99**	**185603**	**108859**	**76744**	**141.85**	**2.67**
2445877	1218478	1227399	99.27	164482	96569	67913	142.20	2.65
161827	80850	80977	99.84	8008	3898	4110	94.84	2.74
105370	53071	52299	101.48	6366	3069	3297	93.08	2.75
53902	25937	27965	92.75	7468	4077	3391	120.23	2.56
42027	20515	21512	95.37	1260	882	378	233.33	2.54
89192	43469	45723	95.07	4780	3273	1507	217.19	2.55
128609	63034	65575	96.13	13335	7861	5474	143.61	2.59
150751	74742	76009	98.33	6022	3837	2185	175.61	2.65
111194	54130	57064	94.86	9654	5369	4285	125.30	2.58
71096	35310	35786	98.67	13311	8082	5229	154.56	2.53
105294	53305	51989	102.53	3081	1755	1326	132.35	2.74
81479	41481	39998	103.71	2884	1612	1272	126.73	2.74
23815	11824	11991	98.61	197	143	54	264.81	2.74
74794	37734	37060	101.82	4677	2738	1939	141.21	2.79
207798	101949	105849	96.32	13858	8567	5291	161.92	2.64
109501	54523	54978	99.17	9666	5568	4098	135.87	2.57
43014	21491	21523	99.85	2410	1416	994	142.45	2.80
71776	35947	35829	100.33	2503	1710	793	215.64	2.45
119432	59901	59531	100.62	13915	9444	4471	211.23	2.48
147314	75108	72206	104.02	9230	4297	4933	87.11	2.66
102127	50707	51420	98.61	14891	8617	6274	137.34	2.75
54573	27703	26870	103.10	420	286	134	213.43	2.82
67962	34332	33630	102.09	5452	3699	1753	211.01	2.67
64723	32011	32712	97.86	3245	1802	1443	124.88	2.56
75106	38410	36696	104.67	2050	1247	803	155.29	2.64
66669	33017	33652	98.11	2174	1127	1047	107.64	2.66
120230	59938	60292	99.41	3829	2191	1638	133.76	2.70
67890	34141	33749	101.16	1936	1065	871	122.27	2.72
33706	17203	16503	104.24	941	692	249	277.91	2.85
662482	335611	326871	102.67	21121	12290	8831	139.17	2.78
18084	9040	9044	99.96	785	529	256	206.64	2.92
58907	29568	29339	100.78	1525	923	602	153.32	2.70
67528	34053	33475	101.73	2803	1538	1265	121.58	2.68
80033	40786	39247	103.92	3135	1811	1324	136.78	2.69
102394	52651	49743	105.85	3354	1892	1462	129.41	2.91
72543	37208	35335	105.30	1744	1085	659	164.64	2.65
40232	20247	19985	101.31	1041	643	398	161.56	2.58
34640	17282	17358	99.56	723	442	281	157.30	2.75
35838	17783	18055	98.49	1358	786	572	137.41	2.60
44211	21987	22224	98.93	796	510	286	178.32	3.08
52747	26569	26178	101.49	1721	901	820	109.88	2.81
55325	28437	26888	105.76	2136	1230	906	135.76	3.15

1-1a 各地区户数、

地区	户数			合计			
	合计	家庭户	集体户	合计	男	女	性别比(女=100)
重　庆	**581520**	**557929**	**23591**	**1647333**	**814150**	**833183**	**97.72**
市辖区	581520	557929	23591	1647333	814150	833183	97.72
万州区	30661	29960	701	92772	45024	47748	94.30
涪陵区	22570	21968	602	68070	33504	34566	96.93
渝中区	22034	21026	1008	61370	30014	31356	95.72
大渡口区	16247	16030	217	42062	20742	21320	97.29
江北区	32888	32110	778	86031	42224	43807	96.39
沙坪坝区	49358	47192	2166	135058	67199	67859	99.03
九龙坡区	45267	44547	720	123540	61060	62480	97.73
南岸区	43794	41735	2059	117304	57644	59660	96.62
北碚区	24629	22085	2544	68289	34739	33550	103.54
綦江区	14619	14301	318	42284	20427	21857	93.46
綦江区(不含万盛)	11944	11633	311	34516	16627	17889	92.95
万盛经开区	2675	2668	7	7768	3800	3968	95.77
大足区	9703	9421	282	30156	15135	15021	100.76
渝北区	68188	65620	2568	189631	93313	96318	96.88
巴南区	31511	29812	1699	88608	44069	44539	98.94
黔江区	7552	7221	331	24512	12246	12266	99.84
长寿区	15694	15334	360	42898	21546	21352	100.91
江津区	19019	17071	1948	53124	27758	25366	109.43
合川区	21825	20359	1466	62453	29846	32607	91.53
永川区	20617	19099	1518	67194	33549	33645	99.71
南川区	8900	8878	22	25089	12532	12557	99.80
璧山区	15642	15040	602	48398	24837	23561	105.42
铜梁区	12664	12059	605	36067	17436	18631	93.59
潼南区	9950	9728	222	29984	14948	15036	99.41
荣昌区	12485	12162	323	34097	16363	17734	92.27
开州区	14382	14164	218	45394	21916	23478	93.35
梁平区	7815	7558	257	22480	10856	11624	93.39
武隆区	3506	3449	57	10468	5223	5245	99.58
县							
城口县							
丰都县							
垫江县							
忠　县							
云阳县							
奉节县							
巫山县							
巫溪县							
石柱县							
秀山县							
酉阳县							
彭水县							

人口数和性别比(城市)

单位：户、人

人口数								平均家庭户规模(人/户)
家庭户				集体户				
小计	男	女	性别比(女=100)	小计	男	女	性别比(女=100)	
1512112	**737887**	**774225**	**95.31**	**135221**	**76263**	**58958**	**129.35**	**2.71**
1512112	737887	774225	95.31	135221	76263	58958	129.35	2.71
85887	41742	44145	94.56	6885	3282	3603	91.09	2.87
62268	30835	31433	98.10	5802	2669	3133	85.19	2.83
53902	25937	27965	92.75	7468	4077	3391	120.23	2.56
40905	19935	20970	95.06	1157	807	350	230.57	2.55
82268	39856	42412	93.97	3763	2368	1395	169.75	2.56
122246	59761	62485	95.64	12812	7438	5374	138.41	2.59
120117	59053	61064	96.71	3423	2007	1416	141.74	2.70
107922	52473	55449	94.63	9382	5171	4211	122.80	2.59
56960	28089	28871	97.29	11329	6650	4679	142.12	2.58
40147	19379	20768	93.31	2137	1048	1089	96.24	2.81
32434	15604	16830	92.72	2082	1023	1059	96.60	2.79
7713	3775	3938	95.86	55	25	30	83.33	2.89
26806	13233	13573	97.50	3350	1902	1448	131.35	2.85
178891	87095	91796	94.88	10740	6218	4522	137.51	2.73
80709	39684	41025	96.73	7899	4385	3514	124.79	2.71
22393	11069	11324	97.75	2119	1177	942	124.95	3.10
40673	20031	20642	97.04	2225	1515	710	213.38	2.65
43880	21464	22416	95.75	9244	6294	2950	213.36	2.57
54787	26601	28186	94.38	7666	3245	4421	73.40	2.69
53823	25987	27836	93.36	13371	7562	5809	130.18	2.82
24989	12466	12523	99.54	100	66	34	194.12	2.81
44155	21995	22160	99.26	4243	2842	1401	202.86	2.94
33408	16031	17377	92.25	2659	1405	1254	112.04	2.77
28328	13960	14368	97.16	1656	988	668	147.90	2.91
32253	15423	16830	91.64	1844	940	904	103.98	2.65
43117	20652	22465	91.93	2277	1264	1013	124.78	3.04
21077	10110	10967	92.19	1403	746	657	113.55	2.79
10201	5026	5175	97.12	267	197	70	281.43	2.96

1－1b 各地区户数、

地区	户数						
				合计			
	合计	家庭户	集体户	合计	男	女	性别比(女=100)
重　庆	**216092**	**212034**	**4058**	**622404**	**310896**	**311508**	**99.80**
市辖区	106109	103730	2379	286192	144457	141735	101.92
万州区	7006	6935	71	19205	9336	9869	94.60
涪陵区	3163	3107	56	8657	4345	4312	100.77
渝中区							
大渡口区	120	119	1	213	117	96	121.88
江北区	2881	2527	354	7180	4090	3090	132.36
沙坪坝区	796	783	13	2184	1096	1088	100.74
九龙坡区	9008	8705	303	23743	12195	11548	105.60
南岸区	311	309	2	920	470	450	104.44
北碚区	1680	1576	104	5110	2716	2394	113.45
綦江区	10732	10627	105	28508	14397	14111	102.03
綦江区(不含万盛)	6462	6383	79	17021	8701	8320	104.58
万盛经开区	4270	4244	26	11487	5696	5791	98.36
大足区	6087	5972	115	18463	9456	9007	104.99
渝北区	4159	3963	196	10372	5318	5054	105.22
巴南区	4574	4345	229	11918	6130	5788	105.91
黔江区	1319	1309	10	3537	1721	1816	94.77
长寿区	2214	2207	7	5393	2657	2736	97.11
江津区	10097	9780	317	27194	13648	13546	100.75
合川区	10226	10109	117	26812	13644	13168	103.61
永川区	4749	4681	68	13311	6704	6607	101.47
南川区	2818	2788	30	8129	4156	3973	104.61
璧山区	1147	1145	2	2844	1422	1422	100.00
铜梁区	2134	2102	32	5680	2711	2969	91.31
潼南区	5699	5657	42	14948	7568	7380	102.55
荣昌区	2206	2181	25	5921	2856	3065	93.18
开州区	6737	6664	73	17859	8655	9204	94.04
梁平区	4248	4202	46	12494	6231	6263	99.49
武隆区	1998	1937	61	5597	2818	2779	101.40
县	109983	108304	1679	336212	166439	169773	98.04
城口县	2658	2627	31	8032	3922	4110	95.43
丰都县	10207	10082	125	29229	14238	14991	94.98
垫江县	12417	12192	225	35782	17685	18097	97.72
忠　县	11992	11798	194	34672	17119	17553	97.53
云阳县	17443	17227	216	56116	28026	28090	99.77
奉节县	13279	13096	183	39533	20087	19446	103.30
巫山县	6668	6621	47	19087	9328	9759	95.58
巫溪县	5187	5110	77	15274	7405	7869	94.10
石柱县	7367	7273	94	21585	10410	11175	93.15
秀山县	6618	6515	103	21839	10776	11063	97.41
酉阳县	7795	7623	172	25053	12296	12757	96.39
彭水县	8352	8140	212	30010	15147	14863	101.91

人口数和性别比(镇)

单位：户、人

人口数								平均家庭户规模（人/户）
家庭户				集体户				
小计	男	女	性别比（女=100）	小计	男	女	性别比（女=100）	
592743	**293162**	**299581**	**97.86**	**29661**	**17734**	**11927**	**148.69**	**2.80**
272143	135378	136765	98.99	14049	9079	4970	182.68	2.62
18504	8974	9530	94.17	701	362	339	106.78	2.67
8304	4134	4170	99.14	353	211	142	148.59	2.67
211	115	96	119.79	2	2			1.77
6254	3265	2989	109.23	926	825	101	816.83	2.47
2123	1053	1070	98.41	61	43	18	238.89	2.71
22523	11373	11150	102.00	1220	822	398	206.53	2.59
910	460	450	102.22	10	10			2.94
4152	2081	2071	100.48	958	635	323	196.59	2.63
27902	13975	13927	100.34	606	422	184	229.35	2.63
16513	8365	8148	102.66	508	336	172	195.35	2.59
11389	5610	5779	97.08	98	86	12	716.67	2.68
17456	8846	8610	102.74	1007	610	397	153.65	2.92
9726	4832	4894	98.73	646	486	160	303.75	2.45
11139	5612	5527	101.54	779	518	261	198.47	2.56
3453	1657	1796	92.26	84	64	20	320.00	2.64
5324	2625	2699	97.26	69	32	37	86.49	2.41
24625	12024	12601	95.42	2569	1624	945	171.85	2.52
25991	13145	12846	102.33	821	499	322	154.97	2.57
12650	6252	6398	97.72	661	452	209	216.27	2.70
7944	4045	3899	103.74	185	111	74	150.00	2.85
2838	1419	1419	100.00	6	3	3	100.00	2.48
5411	2563	2848	89.99	269	148	121	122.31	2.57
14684	7406	7278	101.76	264	162	102	158.82	2.60
5713	2750	2963	92.81	208	106	102	103.92	2.62
16970	8161	8809	92.64	889	494	395	125.06	2.55
12103	6025	6078	99.13	391	206	185	111.35	2.88
5233	2586	2647	97.70	364	232	132	175.76	2.70
320600	157784	162816	96.91	15612	8655	6957	124.41	2.96
7704	3736	3968	94.15	328	186	142	130.99	2.93
28320	13721	14599	93.99	909	517	392	131.89	2.81
33691	16577	17114	96.86	2091	1108	983	112.72	2.76
32377	15813	16564	95.47	2295	1306	989	132.05	2.74
53508	26630	26878	99.08	2608	1396	1212	115.18	3.11
38180	19289	18891	102.11	1353	798	555	143.78	2.92
18614	9062	9552	94.87	473	266	207	128.50	2.81
14774	7113	7661	92.85	500	292	208	140.38	2.89
20421	9777	10644	91.85	1164	633	531	119.21	2.81
21101	10319	10782	95.71	738	457	281	162.63	3.24
23487	11490	11997	95.77	1566	806	760	106.05	3.08
28423	14257	14166	100.64	1587	890	697	127.69	3.49

1-1c 各地区户数、

地区	户数			合计			
	合计	家庭户	集体户	合计	男	女	性别比(女=100)
重　庆	**396178**	**392816**	**3362**	**1024225**	**537902**	**486323**	**110.61**
市辖区	265593	262898	2695	676834	356440	320394	111.25
万州区	22294	22258	36	57858	30388	27470	110.62
涪陵区	13336	13307	29	35009	18291	16718	109.41
渝中区							
大渡口区	380	368	12	1012	538	474	113.50
江北区	306	296	10	761	428	333	128.53
沙坪坝区	1809	1734	75	4702	2600	2102	123.69
九龙坡区	3828	3552	276	9490	5324	4166	127.80
南岸区	1048	1000	48	2624	1385	1239	111.78
北碚区	4609	4483	126	11008	5937	5071	117.08
綦江区	13572	13531	41	37583	20236	17347	116.65
綦江区(不含万盛)	11780	11746	34	32826	17765	15061	117.95
万盛经开区	1792	1785	7	4757	2471	2286	108.09
大足区	11435	11408	27	30852	15881	14971	106.08
渝北区	9825	9171	654	21653	11885	9768	121.67
巴南区	8741	8504	237	18641	9892	8749	113.06
黔江区	6846	6822	24	17375	8940	8435	105.99
长寿区	11831	11794	37	25988	13454	12534	107.34
江津区	21699	21227	472	53029	27939	25090	111.36
合川区	25022	24935	87	67279	35915	31364	114.51
永川区	13411	13321	90	36513	19071	17442	109.34
南川区	7700	7676	24	21775	11301	10474	107.90
璧山区	9435	9295	140	22172	11772	10400	113.19
铜梁区	11181	11115	66	26221	13666	12555	108.85
潼南区	13090	13071	19	32224	17141	15083	113.64
荣昌区	10733	10708	25	28825	14925	13900	107.37
开州区	23759	23676	83	60806	31558	29248	107.90
梁平区	13224	13209	15	34852	18119	16733	108.28
武隆区	6479	6437	42	18582	9854	8728	112.90
县	130585	129918	667	347391	181462	165929	109.36
城口县	3601	3557	44	10837	5647	5190	108.81
丰都县	11800	11726	74	31203	16253	14950	108.72
垫江县	13106	13022	84	34549	17906	16643	107.59
忠　县	18099	18009	90	48496	25478	23018	110.69
云阳县	18082	17983	99	49632	26517	23115	114.72
奉节县	14344	14303	41	34754	18206	16548	110.02
巫山县	9008	8946	62	22186	11562	10624	108.83
巫溪县	7529	7483	46	20089	10319	9770	105.62
石柱县	6537	6510	27	15611	8159	7452	109.49
秀山县	7827	7819	8	23168	11721	11447	102.39
酉阳县	11137	11118	19	29415	15174	14241	106.55
彭水县	9515	9442	73	27451	14520	12931	112.29

人口数和性别比(乡村)

单位：户、人

人口数								平均家庭户规模（人/户）
家庭户				集体户				
小计	男	女	性别比(女=100)	小计	男	女	性别比(女=100)	
1003504	**523040**	**480464**	**108.86**	**20721**	**14862**	**5859**	**253.66**	**2.55**
661622	345213	316409	109.10	15212	11227	3985	281.73	2.52
57436	30134	27302	110.37	422	254	168	151.19	2.58
34798	18102	16696	108.42	211	189	22	859.09	2.62
911	465	446	104.26	101	73	28	260.71	2.48
670	348	322	108.07	91	80	11	727.27	2.26
4240	2220	2020	109.90	462	380	82	463.41	2.45
8111	4316	3795	113.73	1379	1008	371	271.70	2.28
2362	1197	1165	102.75	262	188	74	254.05	2.36
9984	5140	4844	106.11	1024	797	227	351.10	2.23
37245	19951	17294	115.36	338	285	53	537.74	2.75
32532	17512	15020	116.59	294	253	41	617.07	2.77
4713	2439	2274	107.26	44	32	12	266.67	2.64
30532	15655	14877	105.23	320	226	94	240.43	2.68
19181	10022	9159	109.42	2472	1863	609	305.91	2.09
17653	9227	8426	109.51	988	665	323	205.88	2.08
17168	8765	8403	104.31	207	175	32	546.88	2.52
25779	13291	12488	106.43	209	163	46	354.35	2.19
50927	26413	24514	107.75	2102	1526	576	264.93	2.40
66536	35362	31174	113.43	743	553	190	291.05	2.67
35654	18468	17186	107.46	859	603	256	235.55	2.68
21640	11192	10448	107.12	135	109	26	419.23	2.82
20969	10918	10051	108.63	1203	854	349	244.70	2.26
25904	13417	12487	107.45	317	249	68	366.18	2.33
32094	17044	15050	113.25	130	97	33	293.94	2.46
28703	14844	13859	107.11	122	81	41	197.56	2.68
60143	31125	29018	107.26	663	433	230	188.26	2.54
34710	18006	16704	107.79	142	113	29	389.66	2.63
18272	9591	8681	110.48	310	263	47	559.57	2.84
341882	177827	164055	108.39	5509	3635	1874	193.97	2.63
10380	5304	5076	104.49	457	343	114	300.88	2.92
30587	15847	14740	107.51	616	406	210	193.33	2.61
33837	17476	16361	106.81	712	430	282	152.48	2.60
47656	24973	22683	110.10	840	505	335	150.75	2.65
48886	26021	22865	113.80	746	496	250	198.40	2.72
34363	17919	16444	108.97	391	287	104	275.96	2.40
21618	11185	10433	107.21	568	377	191	197.38	2.42
19866	10169	9697	104.87	223	150	73	205.48	2.65
15417	8006	7411	108.03	194	153	41	373.17	2.37
23110	11668	11442	101.98	58	53	5	1060.00	2.96
29260	15079	14181	106.33	155	95	60	158.33	2.63
26902	14180	12722	111.46	549	340	209	162.68	2.85

1-2 各地区分性别、

地区	人口数			居住本乡、镇、街道，户口在本乡、镇、街道		
	合计	男	女	小计	男	女
重 庆	**3293962**	**1662948**	**1631014**	**2052407**	**1042005**	**1010402**
市辖区	2610359	1315047	1295312	1527346	772036	755310
万州区	169835	84748	85087	117824	59573	58251
涪陵区	111736	56140	55596	69784	35590	34194
渝中区	61370	30014	31356	22263	10745	11518
大渡口区	43287	21397	21890	17498	8479	9019
江北区	93972	46742	47230	42532	20779	21753
沙坪坝区	141944	70895	71049	58455	28740	29715
九龙坡区	156773	78579	78194	66366	32645	33721
南岸区	120848	59499	61349	54783	26767	28016
北碚区	84407	43392	41015	39307	19559	19748
綦江区	108375	55060	53315	73450	38019	35431
綦江区(不含万盛)	84363	43093	41270	58401	30499	27902
万盛经开区	24012	11967	12045	15049	7520	7529
大足区	79471	40472	38999	59144	30140	29004
渝北区	221656	110516	111140	86567	42819	43748
巴南区	119167	60091	59076	56634	28535	28099
黔江区	45424	22907	22517	26367	13507	12860
长寿区	74279	37657	36622	47859	24191	23668
江津区	133347	69345	64002	85800	43813	41987
合川区	156544	79405	77139	117002	60711	56291
永川区	117018	59324	57694	71607	36262	35345
南川区	54993	27989	27004	41612	21236	20376
璧山区	73414	38031	35383	39382	20038	19344
铜梁区	67968	33813	34155	43940	22128	21812
潼南区	77156	39657	37499	59439	30871	28568
荣昌区	68843	34144	34699	50673	25342	25331
开州区	124059	62129	61930	95637	48516	47121
梁平区	69826	35206	34620	56966	29180	27786
武隆区	34647	17895	16752	26455	13851	12604
县	683603	347901	335702	525061	269969	255092
城口县	18869	9569	9300	14096	7223	6873
丰都县	60432	30491	29941	48696	24850	23846
垫江县	70331	35591	34740	53296	27223	26073
忠 县	83168	42597	40571	66009	34014	31995
云阳县	105748	54543	51205	81196	42242	38954
奉节县	74287	38293	35994	55024	28434	26590
巫山县	41273	20890	20383	29888	15244	14644
巫溪县	35363	17724	17639	28137	14301	13836
石柱县	37196	18569	18627	26922	13717	13205
秀山县	45007	22497	22510	36684	18592	18092
酉阳县	54468	27470	26998	44465	22792	21673
彭水县	57461	29667	27794	40648	21337	19311

户口登记状况的人口

单位：人

居住本乡、镇、街道，户口在外乡、镇、街道，离开户口登记地半年以上			居住本乡、镇、街道，户口待定			原住本乡、镇、街道，现在港澳台或国外工作学习		
小计	男	女	小计	男	女	小计	男	女
1235371	**617852**	**617519**	**4200**	**2040**	**2160**	**1984**	**1051**	**933**
1078531	540785	537746	2852	1412	1440	1630	814	816
51777	25062	26715	157	72	85	77	41	36
41798	20474	21324	105	52	53	49	24	25
38871	19180	19691	129	50	79	107	39	68
25709	12871	12838	47	30	17	33	17	16
51282	25880	25402	98	61	37	60	22	38
83195	42006	41189	166	99	67	128	50	78
90146	45806	44340	161	83	78	100	45	55
65867	32641	33226	103	56	47	95	35	60
44976	23770	21206	72	37	35	52	26	26
34715	16943	17772	143	62	81	67	36	31
25792	12517	13275	114	46	68	56	31	25
8923	4426	4497	29	16	13	11	5	6
20171	10252	9919	100	45	55	56	35	21
134652	67476	67176	286	161	125	151	60	91
62388	31491	30897	98	51	47	47	14	33
18949	9351	9598	81	31	50	27	18	9
26334	13429	12905	60	23	37	26	14	12
47327	25443	21884	145	49	96	75	40	35
39347	18598	20749	128	54	74	67	42	25
45198	22935	22263	146	86	60	67	41	26
13290	6704	6586	61	34	27	30	15	15
33897	17926	15971	107	51	56	28	16	12
23903	11619	12284	78	36	42	47	30	17
17593	8718	8875	81	42	39	43	26	17
18042	8727	9315	75	40	35	53	35	18
28225	13499	14726	110	53	57	87	61	26
12747	5973	6774	72	31	41	41	22	19
8132	4011	4121	43	23	20	17	10	7
156840	77067	79773	1348	628	720	354	237	117
4698	2308	2390	64	31	33	11	7	4
11606	5575	6031	103	47	56	27	19	8
16934	8305	8629	74	42	32	27	21	6
17025	8516	8509	98	48	50	36	19	17
24412	12213	12199	69	37	32	71	51	20
19114	9777	9337	130	69	61	19	13	6
11252	5577	5675	105	50	55	28	19	9
7126	3377	3749	66	27	39	34	19	15
10201	4815	5386	60	27	33	13	10	3
8186	3841	4345	99	39	60	38	25	13
9742	4563	5179	231	96	135	30	19	11
16544	8200	8344	249	115	134	20	15	5

1-2a 各地区分性别、

地区	人口数			居住本乡、镇、街道，户口在本乡、镇、街道		
	合计	男	女	小计	男	女
重庆	**1647333**	**814150**	**833183**	**683328**	**334361**	**348967**
市辖区	1647333	814150	833183	683328	334361	348967
万州区	92772	45024	47748	45001	21874	23127
涪陵区	68070	33504	34566	28590	14190	14400
渝中区	61370	30014	31356	22263	10745	11518
大渡口区	42062	20742	21320	16740	8089	8651
江北区	86031	42224	43807	38307	18645	19662
沙坪坝区	135058	67199	67859	53711	26331	27380
九龙坡区	123540	61060	62480	47319	23121	24198
南岸区	117304	57644	59660	52116	25426	26690
北碚区	68289	34739	33550	27561	13572	13989
綦江区	42284	20427	21857	17202	8380	8822
綦江区(不含万盛)	34516	16627	17889	13349	6473	6876
万盛经开区	7768	3800	3968	3853	1907	1946
大足区	30156	15135	15021	15253	7544	7709
渝北区	189631	93313	96318	69313	33834	35479
巴南区	88608	44069	44539	33610	16597	17013
黔江区	24512	12246	12266	8582	4342	4240
长寿区	42898	21546	21352	18303	9010	9293
江津区	53124	27758	25366	18828	9247	9581
合川区	62453	29846	32607	28513	13973	14540
永川区	67194	33549	33645	26231	12822	13409
南川区	25089	12532	12557	13526	6729	6797
璧山区	48398	24837	23561	17662	8707	8955
铜梁区	36067	17436	18631	14213	6827	7386
潼南区	29984	14948	15036	14091	7001	7090
荣昌区	34097	16363	17734	18253	8633	9620
开州区	45394	21916	23478	21530	10468	11062
梁平区	22480	10856	11624	11812	5804	6008
武隆区	10468	5223	5245	4798	2450	2348
县						
城口县						
丰都县						
垫江县						
忠县						
云阳县						
奉节县						
巫山县						
巫溪县						
石柱县						
秀山县						
酉阳县						
彭水县						

户口登记状况的人口(城市)

单位：人

居住本乡、镇、街道，户口在外乡、镇、街道，离开户口登记地半年以上			居住本乡、镇、街道，户口待定			原住本乡、镇、街道，现在港澳台或国外工作学习		
小计	男	女	小计	男	女	小计	男	女
961334	**478472**	**482862**	**1699**	**913**	**786**	**972**	**404**	**568**
961334	478472	482862	1699	913	786	972	404	568
47671	23101	24570	63	33	30	37	16	21
39395	19271	20124	63	34	29	22	9	13
38871	19180	19691	129	50	79	107	39	68
25243	12606	12637	47	30	17	32	17	15
47579	23504	24075	89	55	34	56	20	36
81062	40724	40338	160	95	65	125	49	76
76004	37831	38173	132	71	61	85	37	48
64995	32132	32863	101	54	47	92	32	60
40623	21112	19511	63	34	29	42	21	21
25016	12015	13001	45	23	22	21	9	12
21115	10128	10987	38	20	18	14	6	8
3901	1887	2014	7	3	4	7	3	4
14863	7569	7294	31	17	14	9	5	4
119929	59278	60651	241	142	99	148	59	89
54906	27428	27478	63	38	25	29	6	23
15893	7886	8007	28	13	15	9	5	4
24565	12523	12042	20	8	12	10	5	5
34247	18494	15753	31	9	22	18	8	10
33856	15831	18025	61	28	33	23	14	9
40865	20666	20199	79	51	28	19	10	9
11527	5789	5738	28	12	16	8	2	6
30654	16088	14566	70	35	35	12	7	5
21796	10579	11217	45	23	22	13	7	6
15858	7927	7931	32	18	14	3	2	1
15797	7704	8093	29	16	13	18	10	8
23813	11424	12389	34	15	19	17	9	8
10644	5041	5603	11	6	5	13	5	8
5662	2769	2893	4	3	1	4	1	3

1-2b 各地区分性别、

地区	人口数			居住本乡、镇、街道，户口在本乡、镇、街道		
	合计	男	女	小计	男	女
重庆	**622404**	**310896**	**311508**	**419256**	**209832**	**209424**
市辖区	286192	144457	141735	221072	110964	110108
万州区	19205	9336	9869	16743	8186	8557
涪陵区	8657	4345	4312	7336	3702	3634
渝中区						
大渡口区	213	117	96	89	48	41
江北区	7180	4090	3090	3607	1816	1791
沙坪坝区	2184	1096	1088	1388	690	698
九龙坡区	23743	12195	11548	13384	6627	6757
南岸区	920	470	450	686	354	332
北碚区	5110	2716	2394	2721	1359	1362
綦江区	28508	14397	14111	20466	10363	10103
綦江区(不含万盛)	17021	8701	8320	13528	6947	6581
万盛经开区	11487	5696	5791	6938	3416	3522
大足区	18463	9456	9007	14316	7310	7006
渝北区	10372	5318	5054	7670	3861	3809
巴南区	11918	6130	5788	6972	3521	3451
黔江区	3537	1721	1816	2922	1440	1482
长寿区	5393	2657	2736	4433	2192	2241
江津区	27194	13648	13546	20655	10242	10413
合川区	26812	13644	13168	23462	12049	11413
永川区	13311	6704	6607	11018	5527	5491
南川区	8129	4156	3973	7160	3659	3501
璧山区	2844	1422	1422	2387	1207	1180
铜梁区	5680	2711	2969	4729	2276	2453
潼南区	14948	7568	7380	13834	7048	6786
荣昌区	5921	2856	3065	4874	2374	2500
开州区	17859	8655	9204	15007	7380	7627
梁平区	12494	6231	6263	11188	5658	5530
武隆区	5597	2818	2779	4025	2075	1950
县	336212	166439	169773	198184	98868	99316
城口县	8032	3922	4110	4455	2204	2251
丰都县	29229	14238	14991	19235	9521	9714
垫江县	35782	17685	18097	20008	9972	10036
忠　县	34672	17119	17553	19223	9462	9761
云阳县	56116	28026	28090	34878	17495	17383
奉节县	39533	20087	19446	23035	11679	11356
巫山县	19087	9328	9759	9397	4598	4799
巫溪县	15274	7405	7869	9177	4513	4664
石柱县	21585	10410	11175	12075	5960	6115
秀山县	21839	10776	11063	14975	7460	7515
酉阳县	25053	12296	12757	16763	8373	8390
彭水县	30010	15147	14863	14963	7631	7332

户口登记状况的人口(镇)

单位：人

居住本乡、镇、街道，户口在外乡、镇、街道，离开户口登记地半年以上			居住本乡、镇、街道，户口待定			原住本乡、镇、街道，现在港澳台或国外工作学习		
小计	男	女	小计	男	女	小计	男	女
202079	**100536**	**101543**	**848**	**399**	**449**	**221**	**129**	**92**
64662	33263	31399	335	156	179	123	74	49
2436	1139	1297	22	9	13	4	2	2
1308	637	671	10	5	5	3	1	2
123	69	54				1		1
3564	2267	1297	8	6	2	1	1	
796	406	390						
10324	5552	4772	21	8	13	14	8	6
234	116	118						
2382	1354	1028	3	1	2	4	2	2
7994	4012	3982	40	17	23	8	5	3
3458	1740	1718	27	9	18	8	5	3
4536	2272	2264	13	8	5			
4110	2130	1980	25	8	17	12	8	4
2692	1452	1240	9	5	4	1		1
4930	2601	2329	14	8	6	2		2
601	273	328	10	4	6	4	4	
956	462	494	4	3	1			
6497	3388	3109	32	12	20	10	6	4
3313	1577	1736	23	10	13	14	8	6
2265	1159	1106	22	12	10	6	6	
946	482	464	11	9	2	12	6	6
453	214	239	4	1	3			
937	427	510	11	6	5	3	2	1
1092	509	583	17	10	7	5	1	4
1035	473	562	9	6	3	3	3	
2828	1264	1564	17	7	10	7	4	3
1282	560	722	17	7	10	7	6	1
1564	740	824	6	2	4	2	1	1
137417	67273	70144	513	243	270	98	55	43
3549	1702	1847	20	12	8	8	4	4
9932	4691	5241	53	23	30	9	3	6
15740	7691	8049	31	19	12	3	3	
15395	7628	7767	41	21	20	13	8	5
21188	10499	10689	36	20	16	14	12	2
16441	8377	8064	51	27	24	6	4	2
9652	4711	4941	29	14	15	9	5	4
6063	2879	3184	29	12	17	5	1	4
9470	4432	5038	34	14	20	6	4	2
6822	3302	3520	27	8	19	15	6	9
8213	3895	4318	69	24	45	8	4	4
14952	7466	7486	93	49	44	2	1	1

1-2c 各地区分性别、

地　区	人口数			居住本乡、镇、街道，户口在本乡、镇、街道		
	合计	男	女	小计	男	女
重　庆	**1024225**	**537902**	**486323**	**949823**	**497812**	**452011**
市辖区	676834	356440	320394	622946	326711	296235
万州区	57858	30388	27470	56080	29513	26567
涪陵区	35009	18291	16718	33858	17698	16160
渝中区						
大渡口区	1012	538	474	669	342	327
江北区	761	428	333	618	318	300
沙坪坝区	4702	2600	2102	3356	1719	1637
九龙坡区	9490	5324	4166	5663	2897	2766
南岸区	2624	1385	1239	1981	987	994
北碚区	11008	5937	5071	9025	4628	4397
綦江区	37583	20236	17347	35782	19276	16506
綦江区(不含万盛)	32826	17765	15061	31524	17079	14445
万盛经开区	4757	2471	2286	4258	2197	2061
大足区	30852	15881	14971	29575	15286	14289
渝北区	21653	11885	9768	9584	5124	4460
巴南区	18641	9892	8749	16052	8417	7635
黔江区	17375	8940	8435	14863	7725	7138
长寿区	25988	13454	12534	25123	12989	12134
江津区	53029	27939	25090	46317	24324	21993
合川区	67279	35915	31364	65027	34689	30338
永川区	36513	19071	17442	34358	17913	16445
南川区	21775	11301	10474	20926	10848	10078
璧山区	22172	11772	10400	19333	10124	9209
铜梁区	26221	13666	12555	24998	13025	11973
潼南区	32224	17141	15083	31514	16822	14692
荣昌区	28825	14925	13900	27546	14335	13211
开州区	60806	31558	29248	59100	30668	28432
梁平区	34852	18119	16733	33966	17718	16248
武隆区	18582	9854	8728	17632	9326	8306
县	347391	181462	165929	326877	171101	155776
城口县	10837	5647	5190	9641	5019	4622
丰都县	31203	16253	14950	29461	15329	14132
垫江县	34549	17906	16643	33288	17251	16037
忠　县	48496	25478	23018	46786	24552	22234
云阳县	49632	26517	23115	46318	24747	21571
奉节县	34754	18206	16548	31989	16755	15234
巫山县	22186	11562	10624	20491	10646	9845
巫溪县	20089	10319	9770	18960	9788	9172
石柱县	15611	8159	7452	14847	7757	7090
秀山县	23168	11721	11447	21709	11132	10577
酉阳县	29415	15174	14241	27702	14419	13283
彭水县	27451	14520	12931	25685	13706	11979

户口登记状况的人口(乡村)

单位：人

居住本乡、镇、街道，户口在外乡、镇、街道，离开户口登记地半年以上			居住本乡、镇、街道，户口待定			原住本乡、镇、街道，现在港澳台或国外工作学习		
小计	男	女	小计	男	女	小计	男	女
71958	**38844**	**33114**	**1653**	**728**	**925**	**791**	**518**	**273**
52535	29050	23485	818	343	475	535	336	199
1670	822	848	72	30	42	36	23	13
1095	566	529	32	13	19	24	14	10
343	196	147						
139	109	30	1		1	3	1	2
1337	876	461	6	4	2	3	1	2
3818	2423	1395	8	4	4	1		1
638	393	245	2	2		3	3	
1971	1304	667	6	2	4	6	3	3
1705	916	789	58	22	36	38	22	16
1219	649	570	49	17	32	34	20	14
486	267	219	9	5	4	4	2	2
1198	553	645	44	20	24	35	22	13
12031	6746	5285	36	14	22	2	1	1
2552	1462	1090	21	5	16	16	8	8
2455	1192	1263	43	14	29	14	9	5
813	444	369	36	12	24	16	9	7
6583	3561	3022	82	28	54	47	26	21
2178	1190	988	44	16	28	30	20	10
2068	1110	958	45	23	22	42	25	17
817	433	384	22	13	9	10	7	3
2790	1624	1166	33	15	18	16	9	7
1170	613	557	22	7	15	31	21	10
643	282	361	32	14	18	35	23	12
1210	550	660	37	18	19	32	22	10
1584	811	773	59	31	28	63	48	15
821	372	449	44	18	26	21	11	10
906	502	404	33	18	15	11	8	3
19423	9794	9629	835	385	450	256	182	74
1149	606	543	44	19	25	3	3	
1674	884	790	50	24	26	18	16	2
1194	614	580	43	23	20	24	18	6
1630	888	742	57	27	30	23	11	12
3224	1714	1510	33	17	16	57	39	18
2673	1400	1273	79	42	37	13	9	4
1600	866	734	76	36	40	19	14	5
1063	498	565	37	15	22	29	18	11
731	383	348	26	13	13	7	6	1
1364	539	825	72	31	41	23	19	4
1529	668	861	162	72	90	22	15	7
1592	734	858	156	66	90	18	14	4

1-3　各地区分年龄、性别的人口

单位：人

地　　区	合　　计			0岁		
	合计	男	女	小计	男	女
重　庆	**3293962**	**1662948**	**1631014**	**21988**	**11418**	**10570**
市辖区	2610359	1315047	1295312	16766	8759	8007
万州区	169835	84748	85087	909	477	432
涪陵区	111736	56140	55596	622	315	307
渝中区	61370	30014	31356	306	151	155
大渡口区	43287	21397	21890	264	148	116
江北区	93972	46742	47230	644	341	303
沙坪坝区	141944	70895	71049	925	489	436
九龙坡区	156773	78579	78194	980	514	466
南岸区	120848	59499	61349	718	367	351
北碚区	84407	43392	41015	435	225	210
綦江区	108375	55060	53315	746	377	369
綦江区(不含万盛)	84363	43093	41270	566	281	285
万盛经开区	24012	11967	12045	180	96	84
大足区	79471	40472	38999	616	334	282
渝北区	221656	110516	111140	1767	947	820
巴南区	119167	60091	59076	755	390	365
黔江区	45424	22907	22517	456	232	224
长寿区	74279	37657	36622	482	249	233
江津区	133347	69345	64002	723	350	373
合川区	156544	79405	77139	745	384	361
永川区	117018	59324	57694	716	388	328
南川区	54993	27989	27004	359	203	156
璧山区	73414	38031	35383	481	254	227
铜梁区	67968	33813	34155	491	247	244
潼南区	77156	39657	37499	559	304	255
荣昌区	68843	34144	34699	491	265	226
开州区	124059	62129	61930	872	446	426
梁平区	69826	35206	34620	467	242	225
武隆区	34647	17895	16752	237	120	117
县	683603	347901	335702	5222	2659	2563
城口县	18869	9569	9300	162	84	78
丰都县	60432	30491	29941	364	189	175
垫江县	70331	35591	34740	472	236	236
忠　县	83168	42597	40571	467	247	220
云阳县	105748	54543	51205	744	392	352
奉节县	74287	38293	35994	570	298	272
巫山县	41273	20890	20383	318	163	155
巫溪县	35363	17724	17639	295	141	154
石柱县	37196	18569	18627	341	162	179
秀山县	45007	22497	22510	474	233	241
酉阳县	54468	27470	26998	531	268	263
彭水县	57461	29667	27794	484	246	238

1-3　续表 1　　　　单位：人

地　区	1-4岁			5-9岁			10-14岁		
	小计	男	女	小计	男	女	小计	男	女
重　庆	**129415**	**67315**	**62100**	**172448**	**90068**	**82380**	**185100**	**97206**	**87894**
市辖区	100959	52399	48560	130899	68235	62664	134708	70609	64099
万州区	5823	3040	2783	7771	4077	3694	8336	4393	3943
涪陵区	3625	1880	1745	5406	2769	2637	7299	3784	3515
渝中区	1831	958	873	2433	1262	1171	1815	944	871
大渡口区	1872	938	934	2251	1157	1094	1786	923	863
江北区	3743	1981	1762	4209	2170	2039	3205	1629	1576
沙坪坝区	6054	3147	2907	7462	3863	3599	5505	2855	2650
九龙坡区	6582	3409	3173	8211	4287	3924	6480	3348	3132
南岸区	5072	2634	2438	6030	3120	2910	4647	2406	2241
北碚区	2739	1420	1319	3300	1674	1626	2828	1495	1333
綦江区	4062	2109	1953	5463	2826	2637	5730	2881	2849
綦江区(不含万盛)	3129	1635	1494	4235	2199	2036	4633	2324	2309
万盛经开区	933	474	459	1228	627	601	1097	557	540
大足区	3295	1733	1562	5133	2702	2431	6099	3251	2848
渝北区	10503	5450	5053	11651	6021	5630	8558	4463	4095
巴南区	4443	2317	2126	5506	2832	2674	4742	2444	2298
黔江区	2284	1197	1087	3383	1877	1506	3434	1888	1546
长寿区	2370	1209	1161	3033	1560	1473	3468	1802	1666
江津区	4508	2326	2182	5887	3057	2830	7307	3797	3510
合川区	5179	2719	2460	6618	3466	3152	8219	4313	3906
永川区	4140	2130	2010	5828	3023	2805	7457	3950	3507
南川区	1802	941	861	2805	1456	1349	3706	1970	1736
璧山区	2827	1491	1336	3451	1798	1653	3661	1902	1759
铜梁区	2668	1368	1300	3449	1779	1670	4643	2448	2195
潼南区	3327	1700	1627	4439	2398	2041	4745	2576	2169
荣昌区	2725	1378	1347	3415	1751	1664	4047	2089	1958
开州区	5550	2913	2637	8187	4341	3846	9307	5027	4280
梁平区	2633	1358	1275	3759	1998	1761	5207	2757	2450
武隆区	1302	653	649	1819	971	848	2477	1274	1203
县	28456	14916	13540	41549	21833	19716	50392	26597	23795
城口县	879	447	432	1429	748	681	1607	835	772
丰都县	1905	1002	903	3018	1522	1496	4185	2182	2003
垫江县	2624	1381	1243	3681	1929	1752	4954	2630	2324
忠　县	2683	1396	1287	4259	2256	2003	6620	3468	3152
云阳县	4442	2322	2120	5941	3151	2790	6496	3398	3098
奉节县	3058	1585	1473	4156	2186	1970	4820	2546	2274
巫山县	1754	938	816	2671	1402	1269	3088	1641	1447
巫溪县	1662	859	803	2513	1309	1204	2729	1414	1315
石柱县	1519	823	696	2205	1130	1075	2467	1294	1173
秀山县	2495	1310	1185	3561	1892	1669	3662	1939	1723
酉阳县	2875	1503	1372	4417	2353	2064	5365	2867	2498
彭水县	2560	1350	1210	3698	1955	1743	4399	2383	2016

1-3 续表 2

单位：人

地区	15-19岁			20-24岁			25-29岁		
	小计	男	女	小计	男	女	小计	男	女
重庆	**196358**	**104765**	**91593**	**193122**	**97153**	**95969**	**218616**	**109820**	**108796**
市辖区	147815	78579	69236	159741	80072	79669	177853	89188	88665
万州区	10338	5338	5000	10193	4845	5348	9712	4815	4897
涪陵区	7472	3656	3816	6201	2932	3269	6743	3531	3212
渝中区	2984	1602	1382	5475	2371	3104	6061	2836	3225
大渡口区	1404	759	645	1934	948	986	3634	1755	1879
江北区	3111	1725	1386	6356	3260	3096	8870	4450	4420
沙坪坝区	6710	3530	3180	12240	6208	6032	12355	6103	6252
九龙坡区	6385	3383	3002	8678	4357	4321	12992	6347	6645
南岸区	5291	2615	2676	10838	5407	5431	9673	4675	4998
北碚区	6405	3425	2980	6648	3192	3456	6292	3325	2967
綦江区	5385	2601	2784	4853	2433	2420	6542	3458	3084
綦江区(不含万盛)	4495	2152	2343	3867	1917	1950	5232	2800	2432
万盛经开区	890	449	441	986	516	470	1310	658	652
大足区	5836	3186	2650	3086	1713	1373	4454	2368	2086
渝北区	8080	4252	3828	15117	7371	7746	20922	10268	10654
巴南区	6066	3020	3046	7920	3954	3966	8704	4262	4442
黔江区	3780	2139	1641	2175	1059	1116	2626	1228	1398
长寿区	3638	1922	1716	3441	1716	1725	4407	2249	2158
江津区	11373	6879	4494	7433	4321	3112	6438	3266	3172
合川区	8600	4378	4222	11768	5523	6245	8586	4421	4165
永川区	11956	6502	5454	9014	4735	4279	5775	2895	2880
南川区	2491	1297	1194	2552	1278	1274	2981	1543	1438
璧山区	3899	2032	1867	4258	2343	1915	4831	2501	2330
铜梁区	3452	1807	1645	2612	1324	1288	3802	1893	1909
潼南区	4136	2205	1931	3423	1828	1595	4949	2612	2337
荣昌区	4286	2176	2110	2947	1454	1493	3134	1591	1543
开州区	8563	4742	3821	6192	3224	2968	7657	3849	3808
梁平区	4448	2504	1944	2878	1522	1356	3764	1946	1818
武隆区	1726	904	822	1509	754	755	1949	1001	948
县	48543	26186	22357	33381	17081	16300	40763	20632	20131
城口县	1194	636	558	615	289	326	943	444	499
丰都县	4930	2671	2259	3055	1519	1536	3245	1589	1656
垫江县	6284	3292	2992	3224	1666	1558	3655	1871	1784
忠县	5876	3226	2650	3662	1882	1780	4689	2408	2281
云阳县	7153	3847	3306	6141	3192	2949	7847	4185	3662
奉节县	4726	2614	2112	3681	1891	1790	5174	2771	2403
巫山县	2327	1191	1136	1534	811	723	1943	930	1013
巫溪县	2048	1121	927	1124	504	620	1871	880	991
石柱县	2804	1477	1327	1792	921	871	2076	1008	1068
秀山县	2648	1441	1207	2110	1068	1042	2784	1308	1476
酉阳县	4154	2180	1974	2276	1139	1137	2750	1322	1428
彭水县	4399	2490	1909	4167	2199	1968	3786	1916	1870

1-3　续表 3

单位：人

地　区	30-34岁			35-39岁			40-44岁		
	小计	男	女	小计	男	女	小计	男	女
重　庆	**255695**	**129340**	**126355**	**186878**	**94692**	**92186**	**164425**	**81920**	**82505**
市辖区	214476	108699	105777	154513	78377	76136	131809	65753	66056
万州区	11594	5782	5812	8290	4057	4233	9544	4668	4876
涪陵区	7286	3696	3590	5000	2480	2520	5228	2569	2659
渝中区	5931	2981	2950	4559	2313	2246	3073	1595	1478
大渡口区	4771	2338	2433	3541	1822	1719	2536	1262	1274
江北区	10440	5161	5279	7768	3941	3827	5308	2622	2686
沙坪坝区	15097	7627	7470	10917	5566	5351	7733	3916	3817
九龙坡区	16915	8607	8308	12822	6630	6192	9189	4748	4441
南岸区	12090	5765	6325	9990	4932	5058	7087	3549	3538
北碚区	7273	3862	3411	5196	2795	2401	4279	2237	2042
綦江区	7249	3774	3475	5110	2663	2447	5358	2658	2700
綦江区(不含万盛)	5644	2962	2682	3911	2037	1874	4089	2039	2050
万盛经开区	1605	812	793	1199	626	573	1269	619	650
大足区	5775	3020	2755	3885	1984	1901	3345	1665	1680
渝北区	24914	12452	12462	17313	8830	8483	12723	6388	6335
巴南区	11165	5539	5626	7790	4099	3691	6136	3198	2938
黔江区	2955	1381	1574	2843	1361	1482	2034	1008	1026
长寿区	4866	2497	2369	3719	1874	1845	4106	2065	2041
江津区	8514	4423	4091	5994	3040	2954	5271	2602	2669
合川区	10577	5593	4984	7087	3607	3480	6809	3284	3525
永川区	7717	3910	3807	6286	3198	3088	4835	2382	2453
南川区	3166	1589	1577	2289	1131	1158	2570	1293	1277
璧山区	6068	3272	2796	4172	2217	1955	3848	2014	1834
铜梁区	4103	2001	2102	2998	1445	1553	3076	1433	1643
潼南区	6364	3469	2895	3709	1910	1799	3620	1790	1830
荣昌区	4963	2573	2390	4007	1998	2009	3236	1586	1650
开州区	8508	4167	4341	5067	2390	2677	6191	2954	3237
梁平区	4253	2223	2030	2625	1346	1279	3017	1438	1579
武隆区	1922	997	925	1536	748	788	1657	829	828
县	41219	20641	20578	32365	16315	16050	32616	16167	16449
城口县	1237	577	660	974	479	495	1226	594	632
丰都县	2975	1523	1452	2830	1394	1436	2322	1130	1192
垫江县	4145	2199	1946	2954	1508	1446	3400	1672	1728
忠　县	5090	2594	2496	3923	2065	1858	4042	2080	1962
云阳县	6973	3649	3324	4924	2515	2409	5332	2690	2642
奉节县	4932	2488	2444	3316	1614	1702	4159	2109	2050
巫山县	2673	1285	1388	1896	922	974	2502	1234	1268
巫溪县	2113	977	1136	1640	790	850	1865	893	972
石柱县	2084	991	1093	1899	911	988	1434	664	770
秀山县	2978	1438	1540	2542	1302	1240	1737	856	881
酉阳县	2746	1271	1475	2588	1269	1319	2168	1020	1148
彭水县	3273	1649	1624	2879	1546	1333	2429	1225	1204

1-3 续表 4

单位：人

地 区	45-49岁			50-54岁			55-59岁		
	小计	男	女	小计	男	女	小计	男	女
重 庆	**322002**	**161419**	**160583**	**311170**	**154421**	**156749**	**243673**	**120333**	**123340**
市辖区	255610	128267	127343	247322	122615	124707	193722	95591	98131
万州区	18628	9199	9429	17413	8645	8768	13417	6587	6830
涪陵区	13877	7107	6770	12658	6359	6299	8600	4381	4219
渝中区	4912	2408	2504	5298	2535	2763	4751	2357	2394
大渡口区	4039	2039	2000	3748	1858	1890	3314	1588	1726
江北区	8026	4040	3986	7722	3745	3977	6882	3309	3573
沙坪坝区	11244	5716	5528	11086	5429	5657	9605	4543	5062
九龙坡区	14707	7374	7333	13591	6741	6850	11409	5495	5914
南岸区	10576	5335	5241	9253	4544	4709	8042	3890	4152
北碚区	7921	4163	3758	7565	3921	3644	6161	3118	3043
綦江区	11806	6144	5662	11326	5768	5558	9212	4711	4501
綦江区(不含万盛)	9259	4858	4401	8712	4471	4241	7165	3700	3465
万盛经开区	2547	1286	1261	2614	1297	1317	2047	1011	1036
大足区	7324	3632	3692	7447	3679	3768	4960	2350	2610
渝北区	20224	10257	9967	19016	9288	9728	15108	7223	7885
巴南区	10610	5380	5230	10824	5483	5341	9136	4568	4568
黔江区	4278	2088	2190	3797	1835	1962	2737	1288	1449
长寿区	8517	4401	4116	7972	4039	3933	6510	3290	3220
江津区	13341	6581	6760	13711	6877	6834	10483	5249	5234
合川区	16135	8103	8032	17083	8545	8538	12314	6300	6014
永川区	10964	5456	5508	10830	5315	5515	8143	4034	4109
南川区	7377	3738	3639	6076	3116	2960	4369	2212	2157
璧山区	7600	3867	3733	7565	3871	3694	5651	2828	2823
铜梁区	6854	3179	3675	7260	3477	3783	4978	2486	2492
潼南区	6997	3503	3494	6863	3298	3565	5517	2761	2756
荣昌区	6535	3288	3247	7124	3495	3629	5153	2484	2669
开州区	11423	5377	6046	11113	5257	5856	8550	4078	4472
梁平区	7376	3654	3722	7231	3556	3675	6059	3046	3013
武隆区	4319	2238	2081	3750	1939	1811	2661	1415	1246
县	66392	33152	33240	63848	31806	32042	49951	24742	25209
城口县	1705	890	815	1618	843	775	1208	621	587
丰都县	6612	3262	3350	6326	3124	3202	5103	2550	2553
垫江县	7123	3480	3643	6596	3219	3377	5496	2736	2760
忠 县	8064	4060	4004	8008	3985	4023	6717	3378	3339
云阳县	10358	5179	5179	10028	5133	4895	7766	3867	3899
奉节县	7480	3829	3651	7118	3591	3527	5281	2634	2647
巫山县	4341	2146	2195	3921	1963	1958	2906	1424	1482
巫溪县	3125	1515	1610	3295	1623	1672	2549	1286	1263
石柱县	3510	1738	1772	3455	1672	1783	3055	1516	1539
秀山县	3619	1814	1805	3851	1833	2018	3093	1439	1654
酉阳县	4624	2255	2369	4550	2277	2273	3351	1623	1728
彭水县	5831	2984	2847	5082	2543	2539	3426	1668	1758

1-3　续表 5　　　　单位：人

地　区	60-64岁			65-69岁			70-74岁		
	小计	男	女	小计	男	女	小计	男	女
重　庆	**156057**	**80299**	**75758**	**209492**	**103731**	**105761**	**140115**	**70465**	**69650**
市辖区	127489	65318	62171	165061	81414	83647	107315	53665	53650
万州区	8286	4328	3958	11145	5577	5568	8119	4083	4036
涪陵区	3231	1739	1492	6039	2944	3095	5092	2442	2650
渝中区	3556	1790	1766	3679	1800	1879	1874	955	919
大渡口区	2424	1189	1235	2534	1238	1296	1397	659	738
江北区	5238	2523	2715	5470	2663	2807	2968	1382	1586
沙坪坝区	7362	3646	3716	7817	3781	4036	4093	2002	2091
九龙坡区	7966	3986	3980	8469	4021	4448	4889	2328	2561
南岸区	6049	2920	3129	6859	3291	3568	3873	1873	2000
北碚区	4210	2188	2022	5226	2585	2641	3351	1638	1713
綦江区	5620	2912	2708	7245	3705	3540	5074	2571	2503
綦江区(不含万盛)	4303	2248	2055	5530	2861	2669	3809	1978	1831
万盛经开区	1317	664	653	1715	844	871	1265	593	672
大足区	3913	1960	1953	5876	2826	3050	3666	1830	1836
渝北区	9470	4669	4801	11282	5467	5815	6663	3289	3374
巴南区	6150	3197	2953	7584	3793	3791	4820	2466	2354
黔江区	1761	858	903	2707	1350	1357	1776	934	842
长寿区	3572	1837	1735	5123	2563	2560	3678	1867	1811
江津区	7221	3855	3366	9764	4883	4881	6382	3383	2999
合川区	8596	4630	3966	11333	5812	5521	7344	3843	3501
永川区	5829	2981	2848	7046	3361	3685	4296	2158	2138
南川区	2332	1208	1124	3939	1994	1945	2782	1356	1426
璧山区	3416	1770	1646	4642	2308	2334	2919	1514	1405
铜梁区	3461	1821	1640	5427	2716	2711	3790	1944	1846
潼南区	4298	2286	2012	5589	2817	2772	3735	1912	1823
荣昌区	3955	1996	1959	5015	2420	2595	3302	1588	1714
开州区	5213	2712	2501	8179	4050	4129	5920	3003	2917
梁平区	3064	1593	1471	4927	2342	2585	3768	1743	2025
武隆区	1296	724	572	2145	1107	1038	1744	902	842
县	28568	14981	13587	44431	22317	22114	32800	16800	16000
城口县	970	478	492	1183	609	574	989	511	478
丰都县	2444	1346	1098	3797	1929	1868	2849	1463	1386
垫江县	2735	1481	1254	4654	2280	2374	3653	1798	1855
忠　县	3936	2067	1869	5566	2829	2737	3928	1925	2003
云阳县	4246	2289	1957	6505	3331	3174	4698	2439	2259
奉节县	3249	1723	1526	4920	2445	2475	3472	1863	1609
巫山县	1818	932	886	2916	1442	1474	2036	1072	964
巫溪县	1876	947	929	2546	1329	1217	1858	950	908
石柱县	1573	816	757	2595	1301	1294	1722	870	852
秀山县	1601	787	814	2823	1337	1486	2234	1133	1101
酉阳县	2085	1051	1034	3717	1884	1833	2864	1526	1338
彭水县	2035	1064	971	3209	1601	1608	2497	1250	1247

1-3 续表 6

单位：人

地　区	75-79岁			80-84岁			85-89岁		
	小计	男	女	小计	男	女	小计	男	女
重　庆	**95272**	**47380**	**47892**	**54617**	**25587**	**29030**	**26533**	**11292**	**15241**
市辖区	72484	35914	36570	42018	19473	22545	20799	8617	12182
万州区	5195	2587	2608	3057	1389	1668	1445	620	825
涪陵区	3805	1951	1854	2116	1005	1111	1031	436	595
渝中区	1105	498	607	787	312	475	596	214	382
大渡口区	831	393	438	547	212	335	321	111	210
江北区	1847	915	932	1152	504	648	686	246	440
沙坪坝区	2611	1223	1388	1616	718	898	1002	346	656
九龙坡区	3065	1525	1540	1987	897	1090	987	409	578
南岸区	2263	1139	1124	1351	601	750	807	298	509
北碚区	2258	1135	1123	1328	585	743	687	291	396
綦江区	3862	1862	2000	2272	1043	1229	1054	429	625
綦江区(不含万盛)	2940	1401	1539	1720	801	919	800	334	466
万盛经开区	922	461	461	552	242	310	254	95	159
大足区	2447	1239	1208	1356	625	731	661	275	386
渝北区	4224	2035	2189	2429	1117	1312	1208	536	672
巴南区	3378	1615	1763	2045	973	1072	978	397	581
黔江区	1285	655	630	718	334	384	308	157	151
长寿区	2775	1334	1441	1593	754	839	742	320	422
江津区	4565	2359	2206	2647	1338	1309	1220	530	690
合川区	4780	2369	2411	2816	1306	1510	1365	580	785
永川区	3074	1536	1538	1818	836	982	903	382	521
南川区	1970	997	973	863	428	435	419	182	237
璧山区	2060	1085	975	1179	582	597	628	278	350
铜梁区	2590	1379	1211	1351	654	697	669	302	367
潼南区	2547	1212	1335	1337	636	701	663	291	372
荣昌区	2300	1109	1191	1324	600	724	610	213	397
开州区	3875	1919	1956	2308	1085	1223	963	427	536
梁平区	2314	1082	1232	1301	575	726	551	204	347
武隆区	1458	761	697	720	364	356	295	143	152
县	22788	11466	11322	12599	6114	6485	5734	2675	3059
城口县	528	282	246	270	137	133	93	48	45
丰都县	2195	1039	1156	1394	667	727	669	300	369
垫江县	2590	1256	1334	1251	596	655	630	280	350
忠　县	2784	1379	1405	1720	818	902	846	416	430
云阳县	3194	1576	1618	1844	875	969	805	376	429
奉节县	2308	1204	1104	1175	597	578	493	226	267
巫山县	1467	813	654	717	368	349	316	160	156
巫溪县	1331	730	601	564	278	286	251	126	125
石柱县	1394	709	685	797	376	421	357	150	207
秀山县	1437	737	700	848	414	434	384	171	213
酉阳县	1710	827	883	1022	514	508	536	259	277
彭水县	1850	914	936	997	474	523	354	163	191

1-3　续表 7　　　　单位：人

地　区	90-94岁			95-99岁			100岁及以上		
	小计	男	女	小计	男	女	小计	男	女
重　庆	**9089**	**3652**	**5437**	**1706**	**608**	**1098**	**191**	**64**	**127**
市辖区	7427	2944	4483	1405	502	903	168	57	111
万州区	510	210	300	96	28	68	14	3	11
涪陵区	334	133	201	62	29	33	9	2	7
渝中区	273	103	170	58	24	34	13	5	8
大渡口区	117	47	70	20	11	9	2	2	
江北区	273	114	159	50	21	29	4		4
沙坪坝区	433	155	278	67	28	39	10	4	6
九龙坡区	396	152	244	61	18	43	12	3	9
南岸区	275	112	163	55	23	32	9	3	6
北碚区	250	98	152	48	18	30	7	2	5
綦江区	347	121	226	55	13	42	4	1	3
綦江区(不含万盛)	272	83	189	49	11	38	3	1	2
万盛经开区	75	38	37	6	2	4	1		1
大足区	240	80	160	51	19	32	6	1	5
渝北区	385	156	229	92	33	59	7	4	3
巴南区	340	139	201	67	22	45	8	3	5
黔江区	78	35	43	8	3	5	1		1
长寿区	219	95	124	45	13	32	3	1	2
江津区	463	194	269	87	29	58	15	6	9
合川区	490	190	300	88	32	56	12	7	5
永川区	317	125	192	66	24	42	8	3	5
南川区	123	49	74	18	6	12	4	2	2
璧山区	215	87	128	39	16	23	4	1	3
铜梁区	230	91	139	62	19	43	2		2
潼南区	258	119	139	76	29	47	5	1	4
荣昌区	238	80	158	33	10	23	3		3
开州区	362	148	214	55	18	37	4	2	2
梁平区	157	68	89	26	8	18	1	1	
武隆区	104	43	61	20	8	12	1		1
县	1662	708	954	301	106	195	23	7	16
城口县	35	16	19	4	1	3			
丰都县	186	79	107	28	11	17			
垫江县	175	70	105	33	11	22	2		2
忠　县	237	103	134	47	14	33	4	1	3
云阳县	261	118	143	49	19	30	1		1
奉节县	173	71	102	23	8	15	3		3
巫山县	114	49	65	14	3	11	1	1	
巫溪县	89	44	45	16	7	9	3	1	2
石柱县	96	31	65	19	8	11	2	1	1
秀山县	99	36	63	24	8	16	3	1	2
酉阳县	111	51	60	25	10	15	3	1	2
彭水县	86	40	46	19	6	13	1	1	

1-3a 各地区分年龄、性别的人口(城市)

单位：人

地区	合计			0岁		
	合计	男	女	小计	男	女
重 庆	**1647333**	**814150**	**833183**	**9849**	**5137**	**4712**
市辖区	1647333	814150	833183	9849	5137	4712
万州区	92772	45024	47748	412	218	194
涪陵区	68070	33504	34566	320	161	159
渝中区	61370	30014	31356	306	151	155
大渡口区	42062	20742	21320	256	143	113
江北区	86031	42224	43807	594	317	277
沙坪坝区	135058	67199	67859	882	468	414
九龙坡区	123540	61060	62480	783	412	371
南岸区	117304	57644	59660	697	356	341
北碚区	68289	34739	33550	325	168	157
綦江区	42284	20427	21857	233	105	128
綦江区(不含万盛)	34516	16627	17889	190	90	100
万盛经开区	7768	3800	3968	43	15	28
大足区	30156	15135	15021	170	95	75
渝北区	189631	93313	96318	1481	794	687
巴南区	88608	44069	44539	541	281	260
黔江区	24512	12246	12266	216	114	102
长寿区	42898	21546	21352	211	109	102
江津区	53124	27758	25366	233	109	124
合川区	62453	29846	32607	295	137	158
永川区	67194	33549	33645	359	191	168
南川区	25089	12532	12557	146	80	66
璧山区	48398	24837	23561	275	136	139
铜梁区	36067	17436	18631	241	115	126
潼南区	29984	14948	15036	170	100	70
荣昌区	34097	16363	17734	222	117	105
开州区	45394	21916	23478	265	146	119
梁平区	22480	10856	11624	152	78	74
武隆区	10468	5223	5245	64	36	28
县						
城口县						
丰都县						
垫江县						
忠 县						
云阳县						
奉节县						
巫山县						
巫溪县						
石柱县						
秀山县						
酉阳县						
彭水县						

1-3a　续表 1　　　　单位：人

地　区	1-4岁			5-9岁			10-14岁		
	小计	男	女	小计	男	女	小计	男	女
重　庆	**68502**	**35520**	**32982**	**85360**	**44368**	**40992**	**75095**	**39172**	**35923**
市辖区	68502	35520	32982	85360	44368	40992	75095	39172	35923
万州区	3346	1751	1595	4360	2277	2083	4196	2158	2038
涪陵区	2336	1219	1117	3405	1747	1658	4070	2114	1956
渝中区	1831	958	873	2433	1262	1171	1815	944	871
大渡口区	1830	911	919	2198	1130	1068	1744	903	841
江北区	3435	1824	1611	3877	1999	1878	2916	1493	1423
沙坪坝区	5843	3045	2798	7205	3745	3460	5278	2736	2542
九龙坡区	5417	2810	2607	6746	3529	3217	5143	2642	2501
南岸区	4968	2583	2385	5886	3039	2847	4528	2351	2177
北碚区	2360	1221	1139	2855	1449	1406	2330	1255	1075
綦江区	1716	855	861	2275	1164	1111	2171	1067	1104
綦江区(不含万盛)	1409	708	701	1881	961	920	1818	886	932
万盛经开区	307	147	160	394	203	191	353	181	172
大足区	1286	696	590	1847	994	853	1970	1035	935
渝北区	9483	4912	4571	10478	5412	5066	7350	3855	3495
巴南区	3557	1855	1702	4377	2234	2143	3533	1835	1698
黔江区	1346	711	635	1860	1054	806	1770	970	800
长寿区	1440	734	706	1980	1015	965	1912	984	928
江津区	1977	1039	938	2459	1283	1176	2229	1172	1057
合川区	2277	1192	1085	2885	1518	1367	2924	1552	1372
永川区	2508	1283	1225	3313	1724	1589	3683	1965	1718
南川区	979	501	478	1398	732	666	1483	771	712
璧山区	2049	1091	958	2510	1298	1212	2405	1249	1156
铜梁区	1713	861	852	2049	1072	977	2310	1193	1117
潼南区	1487	759	728	1960	1039	921	1862	1010	852
荣昌区	1396	715	681	1744	869	875	1840	954	886
开州区	2313	1183	1130	3225	1681	1544	3340	1777	1563
梁平区	1074	544	530	1317	729	588	1505	785	720
武隆区	535	267	268	718	373	345	788	402	386
县									
城口县									
丰都县									
垫江县									
忠　县									
云阳县									
奉节县									
巫山县									
巫溪县									
石柱县									
秀山县									
酉阳县									
彭水县									

1-3a 续表 2

单位：人

地区	15-19岁			20-24岁			25-29岁		
	小计	男	女	小计	男	女	小计	男	女
重 庆	**103258**	**54346**	**48912**	**120661**	**59033**	**61628**	**129836**	**62876**	**66960**
市辖区	103258	54346	48912	120661	59033	61628	129836	62876	66960
万州区	6774	3465	3309	6684	3030	3654	5804	2773	3031
涪陵区	5917	2865	3052	4822	2211	2611	4631	2339	2292
渝中区	2984	1602	1382	5475	2371	3104	6061	2836	3225
大渡口区	1379	748	631	1877	910	967	3586	1727	1859
江北区	2800	1504	1296	5670	2780	2890	7957	3867	4090
沙坪坝区	6581	3462	3119	11988	6044	5944	11946	5849	6097
九龙坡区	4974	2568	2406	7292	3579	3713	10932	5277	5655
南岸区	5210	2574	2636	10730	5359	5371	9476	4573	4903
北碚区	5464	2876	2588	6254	2977	3277	5706	2996	2710
綦江区	2743	1268	1475	1990	905	1085	2934	1406	1528
綦江区(不含万盛)	2403	1091	1312	1586	693	893	2442	1171	1271
万盛经开区	340	177	163	404	212	192	492	235	257
大足区	3681	2007	1674	1616	871	745	1953	971	982
渝北区	7079	3692	3387	13329	6376	6953	18284	8739	9545
巴南区	5175	2577	2598	7020	3496	3524	7301	3509	3792
黔江区	2904	1629	1275	1515	721	794	1813	822	991
长寿区	2269	1211	1058	2232	1080	1152	2897	1459	1438
江津区	6356	4014	2342	4540	2799	1741	3376	1623	1753
合川区	4575	2189	2386	7098	2984	4114	3661	1764	1897
永川区	9365	5081	4284	7348	3856	3492	3937	1883	2054
南川区	1093	594	499	1340	652	688	1703	836	867
璧山区	3047	1614	1433	3295	1843	1452	3850	1934	1916
铜梁区	2547	1301	1246	1790	897	893	2625	1269	1356
潼南区	2188	1126	1062	1439	725	714	2332	1143	1189
荣昌区	2433	1204	1229	1693	799	894	1792	852	940
开州区	3336	1868	1468	2247	1107	1140	3064	1388	1676
梁平区	1980	1085	895	871	418	453	1411	650	761
武隆区	404	222	182	506	243	263	804	391	413
县									
城口县									
丰都县									
垫江县									
忠 县									
云阳县									
奉节县									
巫山县									
巫溪县									
石柱县									
秀山县									
酉阳县									
彭水县									

1-3a　续表 3

单位：人

地　区	30-34岁			35-39岁			40-44岁		
	小计	男	女	小计	男	女	小计	男	女
重　庆	**159524**	**78610**	**80914**	**116917**	**58199**	**58718**	**92364**	**45356**	**47008**
市辖区	159524	78610	80914	116917	58199	58718	92364	45356	47008
万州区	7299	3513	3786	5389	2551	2838	5888	2757	3131
涪陵区	5279	2588	2691	3682	1755	1927	3655	1736	1919
渝中区	5931	2981	2950	4559	2313	2246	3073	1595	1478
大渡口区	4661	2277	2384	3477	1781	1696	2464	1228	1236
江北区	9616	4678	4938	7289	3650	3639	4911	2406	2505
沙坪坝区	14581	7328	7253	10540	5350	5190	7378	3732	3646
九龙坡区	13966	7012	6954	10633	5421	5212	7305	3744	3561
南岸区	11856	5635	6221	9799	4840	4959	6923	3460	3463
北碚区	6358	3357	3001	4524	2414	2110	3582	1829	1753
綦江区	3441	1640	1801	2446	1195	1251	2368	1103	1265
綦江区(不含万盛)	2877	1371	1506	2021	974	1047	1949	897	1052
万盛经开区	564	269	295	425	221	204	419	206	213
大足区	2534	1215	1319	1761	851	910	1600	754	846
渝北区	22270	10965	11305	15711	7936	7775	11357	5677	5680
巴南区	9344	4596	4748	6491	3378	3113	4818	2465	2353
黔江区	2029	950	1079	1892	884	1008	1289	629	660
长寿区	3509	1778	1731	2650	1294	1356	2713	1314	1399
江津区	4665	2373	2292	3142	1594	1548	2502	1217	1285
合川区	4706	2281	2425	3385	1628	1757	2859	1285	1574
永川区	5265	2541	2724	4207	2050	2157	3075	1487	1588
南川区	1897	911	986	1366	633	733	1400	693	707
璧山区	4817	2538	2279	3267	1709	1558	2914	1498	1416
铜梁区	2876	1376	1500	2099	980	1119	2025	903	1122
潼南区	3146	1590	1556	1915	917	998	1813	865	948
荣昌区	2906	1409	1497	2356	1120	1236	1822	865	957
开州区	3874	1812	2062	2463	1084	1379	2733	1259	1474
梁平区	1779	828	951	1210	572	638	1249	550	699
武隆区	919	438	481	664	299	365	648	305	343
县									
城口县									
丰都县									
垫江县									
忠　县									
云阳县									
奉节县									
巫山县									
巫溪县									
石柱县									
秀山县									
酉阳县									
彭水县									

1－3a 续表 4 单位：人

地区	45－49岁			50－54岁			55－59岁		
	小计	男	女	小计	男	女	小计	男	女
重　庆	**159064**	**78504**	**80560**	**145095**	**70835**	**74260**	**113652**	**54847**	**58805**
市辖区	159064	78504	80560	145095	70835	74260	113652	54847	58805
万州区	10500	5040	5460	9122	4479	4643	6805	3285	3520
涪陵区	8660	4327	4333	7359	3655	3704	4664	2357	2307
渝中区	4912	2408	2504	5298	2535	2763	4751	2357	2394
大渡口区	3933	1980	1953	3608	1779	1829	3205	1533	1672
江北区	7313	3656	3657	6951	3322	3629	6415	3065	3350
沙坪坝区	10595	5352	5243	10257	5023	5234	8935	4179	4756
九龙坡区	11121	5509	5612	10053	4834	5219	8648	4043	4605
南岸区	10194	5124	5070	8863	4331	4532	7687	3702	3985
北碚区	6233	3243	2990	5709	2907	2802	4592	2277	2315
綦江区	4773	2363	2410	4241	2106	2135	3358	1652	1706
綦江区(不含万盛)	3901	1946	1955	3413	1697	1716	2752	1352	1400
万盛经开区	872	417	455	828	409	419	606	300	306
大足区	2883	1425	1458	2689	1311	1378	1725	822	903
渝北区	17042	8537	8505	15662	7500	8162	12631	5893	6738
巴南区	8053	4023	4030	7682	3849	3833	6165	2990	3175
黔江区	2408	1162	1246	1855	912	943	1181	547	634
长寿区	5467	2817	2650	4746	2447	2299	3484	1774	1710
江津区	5232	2547	2685	4782	2375	2407	3625	1776	1849
合川区	6150	2871	3279	6092	2880	3212	4463	2168	2295
永川区	5988	2862	3126	5455	2585	2870	3925	1921	2004
南川区	3712	1841	1871	2832	1437	1395	1943	992	951
璧山区	5306	2664	2642	4774	2438	2336	3317	1652	1665
铜梁区	4061	1818	2243	3728	1772	1956	2408	1200	1208
潼南区	2886	1422	1464	2531	1223	1308	1903	935	968
荣昌区	3465	1696	1769	3516	1701	1815	2342	1109	1233
开州区	4435	2013	2422	4066	1887	2179	2920	1348	1572
梁平区	2412	1120	1292	2226	1043	1183	1843	901	942
武隆区	1330	684	646	998	504	494	717	369	348
县									
城口县									
丰都县									
垫江县									
忠　县									
云阳县									
奉节县									
巫山县									
巫溪县									
石柱县									
秀山县									
酉阳县									
彭水县									

1-3a　续表 5　　　　单位：人

地　区	60-64岁			65-69岁			70-74岁		
	小计	男	女	小计	男	女	小计	男	女
重　庆	**73054**	**36022**	**37032**	**82088**	**39215**	**42873**	**48120**	**22916**	**25204**
市辖区	73054	36022	37032	82088	39215	42873	48120	22916	25204
万州区	4005	2011	1994	4694	2249	2445	3105	1494	1611
涪陵区	1729	899	830	2636	1245	1391	2031	936	1095
渝中区	3556	1790	1766	3679	1800	1879	1874	955	919
大渡口区	2358	1155	1203	2425	1191	1234	1332	624	708
江北区	4952	2365	2587	5044	2451	2593	2685	1248	1437
沙坪坝区	6901	3390	3511	7172	3454	3718	3725	1790	1935
九龙坡区	6257	3074	3183	6231	2983	3248	3411	1545	1866
南岸区	5831	2784	3047	6569	3136	3433	3682	1776	1906
北碚区	3189	1601	1588	3574	1763	1811	2210	1055	1155
綦江区	1864	931	933	2251	1098	1153	1432	693	739
綦江区(不含万盛)	1491	748	743	1786	873	913	1078	528	550
万盛经开区	373	183	190	465	225	240	354	165	189
大足区	1139	570	569	1370	635	735	803	371	432
渝北区	7902	3785	4117	8901	4205	4696	4837	2340	2497
巴南区	4049	2043	2006	4443	2122	2321	2546	1213	1333
黔江区	587	284	303	790	364	426	425	196	229
长寿区	1631	803	828	2122	1025	1097	1441	693	748
江津区	2133	1084	1049	2374	1100	1274	1499	721	778
合川区	2960	1499	1461	3418	1672	1746	2067	1041	1026
永川区	2458	1205	1253	2662	1188	1474	1517	711	806
南川区	892	437	455	1178	602	576	749	345	404
璧山区	1715	857	858	2072	988	1084	1183	586	597
铜梁区	1328	677	651	1726	806	920	1103	525	578
潼南区	1267	643	624	1274	614	660	743	357	386
荣昌区	1647	794	853	1874	849	1025	1275	554	721
开州区	1614	790	824	2156	991	1165	1458	712	746
梁平区	792	394	398	1071	492	579	708	298	410
武隆区	298	157	141	382	192	190	279	137	142
县									
城口县									
丰都县									
垫江县									
忠　县									
云阳县									
奉节县									
巫山县									
巫溪县									
石柱县									
秀山县									
酉阳县									
彭水县									

1-3a 续表 6

单位：人

地 区	75-79岁			80-84岁			85-89岁		
	小计	男	女	小计	男	女	小计	男	女
重 庆	**30885**	**14843**	**16042**	**19147**	**8453**	**10694**	**10220**	**4051**	**6169**
市辖区	30885	14843	16042	19147	8453	10694	10220	4051	6169
万州区	2072	993	1079	1295	562	733	695	290	405
涪陵区	1401	701	700	850	376	474	432	188	244
渝中区	1105	498	607	787	312	475	596	214	382
大渡口区	780	365	415	517	198	319	303	104	199
江北区	1634	809	825	1042	445	597	630	221	409
沙坪坝区	2345	1097	1248	1499	664	835	934	315	619
九龙坡区	2071	1013	1058	1443	626	817	754	304	450
南岸区	2093	1060	1033	1242	552	690	753	277	476
北碚区	1461	705	756	889	378	511	455	187	268
綦江区	1034	466	568	599	259	340	298	108	190
綦江区(不含万盛)	760	337	423	442	193	249	224	80	144
万盛经开区	274	129	145	157	66	91	74	28	46
大足区	581	279	302	330	150	180	156	64	92
渝北区	2858	1387	1471	1695	759	936	904	399	505
巴南区	1650	795	855	1045	470	575	579	235	344
黔江区	306	150	156	209	92	117	88	45	43
长寿区	1092	504	588	665	311	354	314	144	170
江津区	1007	488	519	595	282	313	267	102	165
合川区	1268	602	666	805	355	450	387	158	229
永川区	1068	520	548	649	304	345	276	131	145
南川区	536	262	274	277	137	140	134	65	69
璧山区	793	384	409	465	216	249	254	100	154
铜梁区	732	356	376	411	193	218	197	87	110
潼南区	537	233	304	311	154	157	134	56	78
荣昌区	886	413	473	527	213	314	260	101	159
开州区	909	447	462	604	272	332	254	103	151
梁平区	458	206	252	265	106	159	114	37	77
武隆区	208	110	98	131	67	64	52	16	36
县									
城口县									
丰都县									
垫江县									
忠 县									
云阳县									
奉节县									
巫山县									
巫溪县									
石柱县									
秀山县									
酉阳县									
彭水县									

1-3a　续表 7

单位：人

地　　区	90-94岁			95-99岁			100岁及以上		
	小计	男	女	小计	男	女	小计	男	女
重　庆	**3836**	**1537**	**2299**	**718**	**276**	**442**	**88**	**34**	**54**
市辖区	3836	1537	2299	718	276	442	88	34	54
万州区	272	113	159	46	13	33	9	2	7
涪陵区	157	66	91	31	17	14	3	2	1
渝中区	273	103	170	58	24	34	13	5	8
大渡口区	107	42	65	20	11	9	2	2	
江北区	249	105	144	47	19	28	4		4
沙坪坝区	402	145	257	61	27	34	10	4	6
九龙坡区	306	120	186	44	12	32	10	3	7
南岸区	257	108	149	51	21	30	9	3	6
北碚区	179	66	113	36	14	22	4	1	3
綦江区	99	38	61	18	5	13			
綦江区(不含万盛)	76	27	49	17	4	13			
万盛经开区	23	11	12	1	1				
大足区	47	15	32	15	4	11			
渝北区	301	120	181	71	27	44	5	3	2
巴南区	196	86	110	40	16	24	3	1	2
黔江区	28	9	19	1	1				
长寿区	99	43	56	22	6	16	2	1	1
江津区	108	50	58	19	7	12	4	3	1
合川区	154	60	94	23	9	14	1	1	
永川区	118	54	64	16	6	10	2	1	1
南川区	25	9	16	6	2	4			
璧山区	76	35	41	13	7	6	1		1
铜梁区	69	25	44	28	10	18	1		1
潼南区	70	28	42	14	8	6	2	1	1
荣昌区	89	26	63	10	3	7	2		2
开州区	100	42	58	17	5	12	1	1	
梁平区	35	19	16	8	1	7			
武隆区	20	10	10	3	1	2			
县									
城口县									
丰都县									
垫江县									
忠　县									
云阳县									
奉节县									
巫山县									
巫溪县									
石柱县									
秀山县									
酉阳县									
彭水县									

1-3b 各地区分年龄、性别的人口(镇)

单位：人

地区	合计			0岁		
	合计	男	女	小计	男	女
重 庆	**622404**	**310896**	**311508**	**3929**	**1991**	**1938**
市辖区	286192	144457	141735	1653	839	814
万州区	19205	9336	9869	116	55	61
涪陵区	8657	4345	4312	58	28	30
渝中区						
大渡口区	213	117	96			
江北区	7180	4090	3090	37	16	21
沙坪坝区	2184	1096	1088	9	1	8
九龙坡区	23743	12195	11548	142	74	68
南岸区	920	470	450	7	2	5
北碚区	5110	2716	2394	22	14	8
綦江区	28508	14397	14111	185	98	87
綦江区(不含万盛)	17021	8701	8320	104	56	48
万盛经开区	11487	5696	5791	81	42	39
大足区	18463	9456	9007	109	58	51
渝北区	10372	5318	5054	57	29	28
巴南区	11918	6130	5788	52	21	31
黔江区	3537	1721	1816	38	18	20
长寿区	5393	2657	2736	17	9	8
江津区	27194	13648	13546	140	65	75
合川区	26812	13644	13168	118	67	51
永川区	13311	6704	6607	88	51	37
南川区	8129	4156	3973	51	28	23
璧山区	2844	1422	1422	12	7	5
铜梁区	5680	2711	2969	45	21	24
潼南区	14948	7568	7380	83	41	42
荣昌区	5921	2856	3065	36	23	13
开州区	17859	8655	9204	133	62	71
梁平区	12494	6231	6263	70	37	33
武隆区	5597	2818	2779	28	14	14
县	336212	166439	169773	2276	1152	1124
城口县	8032	3922	4110	70	39	31
丰都县	29229	14238	14991	172	78	94
垫江县	35782	17685	18097	195	101	94
忠 县	34672	17119	17553	158	84	74
云阳县	56116	28026	28090	377	199	178
奉节县	39533	20087	19446	247	135	112
巫山县	19087	9328	9759	107	58	49
巫溪县	15274	7405	7869	119	56	63
石柱县	21585	10410	11175	181	85	96
秀山县	21839	10776	11063	204	95	109
酉阳县	25053	12296	12757	213	110	103
彭水县	30010	15147	14863	233	112	121

1-3b　续表 1　　　　单位：人

地　区	1-4岁			5-9岁			10-14岁		
	小计	男	女	小计	男	女	小计	男	女
重　庆	**26528**	**13898**	**12630**	**38759**	**20183**	**18576**	**44103**	**23217**	**20886**
市辖区	10882	5638	5244	16410	8579	7831	19170	10120	9050
万州区	708	365	343	1126	625	501	1266	671	595
涪陵区	312	161	151	478	233	245	629	337	292
渝中区									
大渡口区	6	3	3	8	3	5	7	3	4
江北区	279	140	139	307	163	144	263	123	140
沙坪坝区	76	41	35	116	56	60	102	53	49
九龙坡区	881	451	430	1154	598	556	1016	557	459
南岸区	28	18	10	46	26	20	31	17	14
北碚区	124	74	50	182	94	88	196	86	110
綦江区	1104	603	501	1610	833	777	1642	847	795
綦江区(不含万盛)	653	361	292	1008	521	487	1138	588	550
万盛经开区	451	242	209	602	312	290	504	259	245
大足区	806	406	400	1360	706	654	1482	811	671
渝北区	375	193	182	451	221	230	445	215	230
巴南区	431	231	200	609	342	267	595	303	292
黔江区	199	99	100	409	204	205	380	212	168
长寿区	164	86	78	230	121	109	313	165	148
江津区	956	475	481	1346	693	653	1925	995	930
合川区	816	421	395	1199	638	561	1727	892	835
永川区	476	238	238	782	406	376	1068	552	516
南川区	242	129	113	440	232	208	618	337	281
璧山区	129	72	57	162	83	79	189	105	84
铜梁区	250	122	128	358	189	169	543	280	263
潼南区	648	328	320	1012	541	471	1123	599	524
荣昌区	294	142	152	374	197	177	387	195	192
开州区	875	490	385	1452	765	687	1601	875	726
梁平区	482	248	234	830	407	423	1146	645	501
武隆区	221	102	119	369	203	166	476	245	231
县	15646	8260	7386	22349	11604	10745	24933	13097	11836
城口县	445	227	218	598	318	280	647	333	314
丰都县	1141	604	537	1724	848	876	2126	1083	1043
垫江县	1476	771	705	2089	1081	1008	2480	1279	1201
忠　县	1296	701	595	2072	1078	994	2890	1520	1370
云阳县	2637	1381	1256	3615	1881	1734	3744	1951	1793
奉节县	1711	892	819	2395	1244	1151	2595	1384	1211
巫山县	927	479	448	1372	723	649	1462	766	696
巫溪县	823	436	387	1184	588	596	1153	595	558
石柱县	1037	558	479	1479	755	724	1564	818	746
秀山县	1246	672	574	1703	903	800	1576	850	726
酉阳县	1446	757	689	2098	1116	982	2332	1246	1086
彭水县	1461	782	679	2020	1069	951	2364	1272	1092

1-3b 续表 2 单位：人

地 区	15-19岁			20-24岁			25-29岁		
	小计	男	女	小计	男	女	小计	男	女
重 庆	**42254**	**22859**	**19395**	**28865**	**14571**	**14294**	**38590**	**18763**	**19827**
市辖区	14958	8275	6683	11440	5978	5462	15438	7831	7607
万州区	1049	561	488	827	385	442	954	444	510
涪陵区	385	198	187	262	132	130	499	258	241
渝中区									
大渡口区	3	2	1	21	16	5	6	4	2
江北区	298	216	82	671	470	201	871	562	309
沙坪坝区	41	22	19	57	30	27	122	63	59
九龙坡区	912	515	397	986	534	452	1581	784	797
南岸区	18	9	9	42	14	28	60	34	26
北碚区	754	441	313	155	86	69	222	112	110
綦江区	1087	568	519	1058	519	539	1457	740	717
綦江区(不含万盛)	685	365	320	627	301	326	830	429	401
万盛经开区	402	203	199	431	218	213	627	311	316
大足区	727	394	333	645	371	274	1156	624	532
渝北区	450	252	198	461	237	224	523	260	263
巴南区	424	208	216	503	267	236	842	430	412
黔江区	93	54	39	102	54	48	167	73	94
长寿区	287	151	136	190	101	89	253	122	131
江津区	2668	1611	1057	1018	504	514	1055	507	548
合川区	1475	776	699	1193	624	569	1306	675	631
永川区	441	232	209	476	245	231	542	276	266
南川区	409	206	203	321	148	173	373	203	170
璧山区	72	38	34	81	36	45	104	49	55
铜梁区	125	64	61	141	67	74	227	98	129
潼南区	544	318	226	583	318	265	902	456	446
荣昌区	387	189	198	217	105	112	254	119	135
开州区	1275	680	595	704	340	364	993	468	525
梁平区	640	370	270	539	286	253	681	347	334
武隆区	394	200	194	187	89	98	288	123	165
县	27296	14584	12712	17425	8593	8832	23152	10932	12220
城口县	582	298	284	301	137	164	537	242	295
丰都县	2295	1213	1082	1412	684	728	1786	820	966
垫江县	3491	1808	1683	1771	876	895	2095	983	1112
忠 县	3018	1666	1352	1395	668	727	1907	897	1010
云阳县	4481	2368	2113	3040	1522	1518	4270	2121	2149
奉节县	2863	1597	1266	2191	1120	1071	3242	1651	1591
巫山县	1188	610	578	817	430	387	1197	534	663
巫溪县	1007	541	466	578	252	326	1061	472	589
石柱县	1856	965	891	1040	498	542	1379	605	774
秀山县	1450	791	659	1108	553	555	1606	734	872
酉阳县	2591	1350	1241	1196	579	617	1585	702	883
彭水县	2474	1377	1097	2576	1274	1302	2487	1171	1316

1-3b 续表 3

单位：人

地区	30—34岁			35—39岁			40—44岁		
	小计	男	女	小计	男	女	小计	男	女
重庆	**44112**	**21523**	**22589**	**32947**	**16234**	**16713**	**32363**	**15466**	**16897**
市辖区	19137	9709	9428	13309	6777	6532	13400	6499	6901
万州区	1194	567	627	798	370	428	996	467	529
涪陵区	466	227	239	333	162	171	358	178	180
渝中区									
大渡口区	18	10	8	13	9	4	14	5	9
江北区	782	461	321	443	266	177	358	190	168
沙坪坝区	185	90	95	144	77	67	137	63	74
九龙坡区	2203	1136	1067	1674	888	786	1399	707	692
南岸区	70	35	35	43	19	24	44	24	20
北碚区	362	184	178	271	138	133	267	151	116
綦江区	1828	934	894	1336	685	651	1498	766	732
綦江区(不含万盛)	989	505	484	737	385	352	837	445	392
万盛经开区	839	429	410	599	300	299	661	321	340
大足区	1580	832	748	1017	539	478	775	392	383
渝北区	670	342	328	476	246	230	473	228	245
巴南区	1060	537	523	660	354	306	630	334	296
黔江区	189	82	107	160	71	89	143	70	73
长寿区	239	115	124	177	97	80	284	134	150
江津区	1465	693	772	1088	509	579	1009	474	535
合川区	1619	860	759	1133	584	549	1180	543	637
永川区	736	384	352	662	359	303	595	270	325
南川区	352	184	168	278	143	135	336	171	165
璧山区	161	83	78	112	59	53	127	59	68
铜梁区	261	111	150	218	95	123	220	86	134
潼南区	1140	599	541	624	327	297	621	301	320
荣昌区	361	186	175	346	165	181	309	146	163
开州区	1189	528	661	624	287	337	778	333	445
梁平区	750	405	345	390	202	188	574	270	304
武隆区	257	124	133	289	126	163	275	137	138
县	24975	11814	13161	19638	9457	10181	18963	8967	9996
城口县	712	325	387	521	233	288	615	287	328
丰都县	1780	845	935	1725	802	923	1359	645	714
垫江县	2622	1286	1336	2019	980	1039	2167	1027	1140
忠县	2370	1081	1289	1920	917	1003	2052	962	1090
云阳县	4075	1980	2095	2962	1432	1530	3105	1493	1612
奉节县	3262	1588	1674	2196	1040	1156	2613	1283	1330
巫山县	1655	759	896	1186	569	617	1415	646	769
巫溪县	1241	551	690	950	463	487	1013	468	545
石柱县	1461	661	800	1336	606	730	987	436	551
秀山县	1929	915	1014	1522	768	754	1002	475	527
酉阳县	1639	737	902	1460	678	782	1164	528	636
彭水县	2229	1086	1143	1841	969	872	1471	717	754

1-3b 续表 4 单位：人

地区	45-49岁			50-54岁			55-59岁		
	小计	男	女	小计	男	女	小计	男	女
重　庆	**65806**	**32205**	**33601**	**61189**	**30185**	**31004**	**45602**	**22413**	**23189**
市辖区	30973	15316	15657	30584	15122	15462	22810	11324	11486
万州区	2173	1027	1146	2102	976	1126	1538	725	813
涪陵区	1140	565	575	1088	552	536	780	389	391
渝中区									
大渡口区	15	9	6	22	11	11	25	13	12
江北区	636	337	299	685	366	319	408	206	202
沙坪坝区	204	107	97	256	126	130	191	95	96
九龙坡区	2654	1365	1289	2473	1294	1179	1843	966	877
南岸区	93	49	44	98	48	50	89	47	42
北碚区	562	289	273	551	295	256	404	221	183
綦江区	3361	1777	1584	3086	1552	1534	2456	1239	1217
綦江区(不含万盛)	2101	1120	981	1819	929	890	1431	729	702
万盛经开区	1260	657	603	1267	623	644	1025	510	515
大足区	1952	974	978	1864	923	941	1213	584	629
渝北区	1163	598	565	1189	625	564	831	436	395
巴南区	1120	569	551	1227	629	598	1081	554	527
黔江区	284	134	150	312	147	165	275	118	157
长寿区	629	297	332	637	300	337	495	234	261
江津区	2793	1323	1470	2955	1432	1523	2200	1082	1118
合川区	2891	1427	1464	3118	1559	1559	2207	1124	1083
永川区	1589	808	781	1515	789	726	1095	531	564
南川区	1050	542	508	967	490	477	655	338	317
璧山区	340	157	183	370	186	184	275	129	146
铜梁区	566	238	328	676	305	371	450	230	220
潼南区	1405	663	742	1385	656	729	1190	575	615
荣昌区	520	257	263	621	290	331	421	201	220
开州区	1649	726	923	1557	685	872	1274	592	682
梁平区	1433	691	742	1263	601	662	985	470	515
武隆区	751	387	364	567	285	282	429	225	204
县	34833	16889	17944	30605	15063	15542	22792	11089	11703
城口县	800	417	383	623	305	318	468	238	230
丰都县	3400	1593	1807	3090	1478	1612	2310	1141	1169
垫江县	4073	1959	2114	3314	1610	1704	2692	1326	1366
忠　县	3591	1707	1884	3214	1561	1653	2577	1258	1319
云阳县	5578	2689	2889	5248	2642	2606	3965	1944	2021
奉节县	4240	2151	2089	3652	1867	1785	2545	1264	1281
巫山县	2213	1065	1148	1767	864	903	1154	566	588
巫溪县	1401	681	720	1304	623	681	922	444	478
石柱县	2162	1031	1131	1936	920	1016	1638	790	848
秀山县	1919	935	984	1849	876	973	1465	659	806
酉阳县	2275	1074	1201	2074	1038	1036	1373	636	737
彭水县	3181	1587	1594	2534	1279	1255	1683	823	860

1-3b 续表 5 单位：人

地 区	60-64岁			65-69岁			70-74岁		
	小计	男	女	小计	男	女	小计	男	女
重 庆	**24903**	**12881**	**12022**	**34564**	**16681**	**17883**	**24189**	**11889**	**12300**
市辖区	13885	7240	6645	19225	9283	9942	13724	6798	6926
万州区	874	455	419	1213	577	636	987	485	502
涪陵区	261	149	112	493	239	254	444	208	236
渝中区									
大渡口区	13	7	6	16	7	9	11	5	6
江北区	244	135	109	360	181	179	207	92	115
沙坪坝区	114	60	54	166	86	80	110	59	51
九龙坡区	1120	556	564	1443	644	799	1000	505	495
南岸区	47	27	20	81	41	40	57	32	25
北碚区	229	129	100	313	156	157	202	98	104
綦江区	1471	747	724	1812	860	952	1394	652	742
綦江区(不含万盛)	856	441	415	1058	509	549	835	408	427
万盛经开区	615	306	309	754	351	403	559	244	315
大足区	874	444	430	1252	593	659	704	351	353
渝北区	522	276	246	785	427	358	621	322	299
巴南区	592	325	267	774	380	394	533	282	251
黔江区	153	75	78	250	119	131	160	79	81
长寿区	301	171	130	404	190	214	304	149	155
江津区	1487	782	705	1958	943	1015	1270	648	622
合川区	1487	794	693	1953	1004	949	1459	738	721
永川区	729	373	356	906	416	490	652	318	334
南川区	352	176	176	623	327	296	471	222	249
璧山区	142	76	66	200	97	103	156	77	79
铜梁区	324	160	164	471	237	234	319	169	150
潼南区	842	445	397	1097	512	585	737	389	348
荣昌区	320	157	163	437	204	233	260	127	133
开州区	702	360	342	1072	515	557	828	389	439
梁平区	523	268	255	847	370	477	611	297	314
武隆区	162	93	69	299	158	141	227	105	122
县	11018	5641	5377	15339	7398	7941	10465	5091	5374
城口县	285	136	149	337	160	177	257	112	145
丰都县	993	530	463	1387	676	711	928	465	463
垫江县	1089	573	516	1595	794	801	1109	524	585
忠 县	1298	643	655	1827	883	944	1247	594	653
云阳县	1938	1013	925	2744	1380	1364	1754	861	893
奉节县	1316	698	618	1765	839	926	1173	595	578
巫山县	581	289	292	779	356	423	540	253	287
巫溪县	622	317	305	762	367	395	534	260	274
石柱县	717	359	358	1066	511	555	639	312	327
秀山县	655	322	333	961	440	521	720	337	383
酉阳县	740	348	392	1150	557	593	818	417	401
彭水县	784	413	371	966	435	531	746	361	385

1-3b 续表 6

单位：人

地 区	75-79岁			80-84岁			85-89岁		
	小计	男	女	小计	男	女	小计	男	女
重 庆	**17315**	**8485**	**8830**	**9925**	**4665**	**5260**	**4661**	**2044**	**2617**
市辖区	9936	4934	5002	5625	2668	2957	2563	1094	1469
万州区	663	319	344	395	178	217	162	64	98
涪陵区	366	195	171	167	77	90	104	44	60
渝中区									
大渡口区	8	5	3	6	4	2	1	1	
江北区	173	91	82	89	46	43	44	19	25
沙坪坝区	79	36	43	43	18	25	22	10	12
九龙坡区	666	341	325	370	181	189	161	75	86
南岸区	27	12	15	22	9	13	11	5	6
北碚区	147	77	70	78	39	39	47	19	28
綦江区	1117	542	575	609	274	335	288	116	172
綦江区(不含万盛)	707	335	372	365	169	196	164	74	90
万盛经开区	410	207	203	244	105	139	124	42	82
大足区	479	250	229	277	129	148	130	53	77
渝北区	473	209	264	248	127	121	122	57	65
巴南区	392	184	208	265	132	133	96	34	62
黔江区	135	71	64	49	25	24	28	11	17
长寿区	245	113	132	138	62	76	68	34	34
江津区	913	470	443	588	289	299	238	107	131
合川区	965	476	489	596	281	315	265	123	142
永川区	478	242	236	266	122	144	148	63	85
南川区	343	180	163	153	69	84	69	21	48
璧山区	115	70	45	51	21	30	30	14	16
铜梁区	262	134	128	138	70	68	66	28	38
潼南区	534	263	271	278	134	144	135	63	72
荣昌区	184	82	102	122	55	67	46	11	35
开州区	567	277	290	358	174	184	146	71	75
梁平区	401	185	216	214	95	119	84	25	59
武隆区	204	110	94	105	57	48	52	26	26
县	7379	3551	3828	4300	1997	2303	2098	950	1148
城口县	134	71	63	71	32	39	18	10	8
丰都县	765	348	417	493	228	265	267	122	145
垫江县	795	383	412	430	200	230	210	94	116
忠 县	904	453	451	547	251	296	284	145	139
云阳县	1257	578	679	778	349	429	404	181	223
奉节县	846	423	423	417	202	215	184	83	101
巫山县	388	197	191	194	96	98	106	50	56
巫溪县	339	179	160	159	68	91	74	31	43
石柱县	558	253	305	333	157	176	164	72	92
秀山县	456	231	225	300	152	148	121	47	74
酉阳县	426	202	224	290	140	150	148	64	84
彭水县	511	233	278	288	122	166	118	51	67

1-3b　续表 7　　单位：人

地　区	90-94岁			95-99岁			100岁及以上		
	小计	男	女	小计	男	女	小计	男	女
重　庆	**1481**	**636**	**845**	**288**	**100**	**188**	**31**	**7**	**24**
市辖区	867	362	505	180	65	115	23	6	17
万州区	47	16	31	15	4	11	2		2
涪陵区	29	11	18	4	2	2	1		1
渝中区									
大渡口区									
江北区	22	8	14	3	2	1			
沙坪坝区	8	3	5	2		2			
九龙坡区	54	20	34	10	4	6	1		1
南岸区	5	2	3	1		1			
北碚区	19	12	7	2	1	1	1		1
綦江区	93	42	51	15	3	12	1		1
綦江区(不含万盛)	65	28	37	12	3	9			
万盛经开区	28	14	14	3		3	1		1
大足区	50	18	32	10	4	6	1		1
渝北区	30	15	15	6	2	4	1	1	
巴南区	27	12	15	4	1	3	1	1	
黔江区	9	5	4	2		2			
长寿区	12	5	7	5	1	4	1		1
江津区	95	37	58	23	8	15	4	1	3
合川区	84	32	52	16	4	12	5	2	3
永川区	50	19	31	16	9	7	1	1	
南川区	23	9	14	3	1	2			
璧山区	14	4	10	1		1	1		1
铜梁区	17	6	11	3	1	2			
潼南区	48	32	16	17	8	9			
荣昌区	20	3	17	5	2	3			
开州区	70	31	39	11	7	4	1		1
梁平区	27	11	16	4	1	3			
武隆区	14	9	5	2		2	1		1
县	614	274	340	108	35	73	8	1	7
城口县	9	2	7	2		2			
丰都县	66	30	36	10	5	5			
垫江县	58	25	33	11	5	6	1		1
忠　县	91	46	45	12	3	9	2	1	1
云阳县	121	52	69	23	9	14			
奉节县	70	28	42	9	3	6	1		1
巫山县	34	17	17	5	1	4			
巫溪县	23	13	10	4		4	1		1
石柱县	42	14	28	9	4	5	1		1
秀山县	37	18	19	9	3	6	1		1
酉阳县	27	15	12	7	2	5	1		1
彭水县	36	14	22	7		7			

1–3c 各地区分年龄、性别的人口(乡村)

单位：人

地 区	合 计			0岁		
	合计	男	女	小计	男	女
重 庆	**1024225**	**537902**	**486323**	**8210**	**4290**	**3920**
市辖区	676834	356440	320394	5264	2783	2481
万州区	57858	30388	27470	381	204	177
涪陵区	35009	18291	16718	244	126	118
渝中区						
大渡口区	1012	538	474	8	5	3
江北区	761	428	333	13	8	5
沙坪坝区	4702	2600	2102	34	20	14
九龙坡区	9490	5324	4166	55	28	27
南岸区	2624	1385	1239	14	9	5
北碚区	11008	5937	5071	88	43	45
綦江区	37583	20236	17347	328	174	154
綦江区(不含万盛)	32826	17765	15061	272	135	137
万盛经开区	4757	2471	2286	56	39	17
大足区	30852	15881	14971	337	181	156
渝北区	21653	11885	9768	229	124	105
巴南区	18641	9892	8749	162	88	74
黔江区	17375	8940	8435	202	100	102
长寿区	25988	13454	12534	254	131	123
江津区	53029	27939	25090	350	176	174
合川区	67279	35915	31364	332	180	152
永川区	36513	19071	17442	269	146	123
南川区	21775	11301	10474	162	95	67
璧山区	22172	11772	10400	194	111	83
铜梁区	26221	13666	12555	205	111	94
潼南区	32224	17141	15083	306	163	143
荣昌区	28825	14925	13900	233	125	108
开州区	60806	31558	29248	474	238	236
梁平区	34852	18119	16733	245	127	118
武隆区	18582	9854	8728	145	70	75
县	347391	181462	165929	2946	1507	1439
城口县	10837	5647	5190	92	45	47
丰都县	31203	16253	14950	192	111	81
垫江县	34549	17906	16643	277	135	142
忠 县	48496	25478	23018	309	163	146
云阳县	49632	26517	23115	367	193	174
奉节县	34754	18206	16548	323	163	160
巫山县	22186	11562	10624	211	105	106
巫溪县	20089	10319	9770	176	85	91
石柱县	15611	8159	7452	160	77	83
秀山县	23168	11721	11447	270	138	132
酉阳县	29415	15174	14241	318	158	160
彭水县	27451	14520	12931	251	134	117

1-3c　续表 1　　单位：人

地　区	1-4岁			5-9岁			10-14岁		
	小计	男	女	小计	男	女	小计	男	女
重　庆	**34385**	**17897**	**16488**	**48329**	**25517**	**22812**	**65902**	**34817**	**31085**
市辖区	21575	11241	10334	29129	15288	13841	40443	21317	19126
万州区	1769	924	845	2285	1175	1110	2874	1564	1310
涪陵区	977	500	477	1523	789	734	2600	1333	1267
渝中区									
大渡口区	36	24	12	45	24	21	35	17	18
江北区	29	17	12	25	8	17	26	13	13
沙坪坝区	135	61	74	141	62	79	125	66	59
九龙坡区	284	148	136	311	160	151	321	149	172
南岸区	76	33	43	98	55	43	88	38	50
北碚区	255	125	130	263	131	132	302	154	148
綦江区	1242	651	591	1578	829	749	1917	967	950
綦江区(不含万盛)	1067	566	501	1346	717	629	1677	850	827
万盛经开区	175	85	90	232	112	120	240	117	123
大足区	1203	631	572	1926	1002	924	2647	1405	1242
渝北区	645	345	300	722	388	334	763	393	370
巴南区	455	231	224	520	256	264	614	306	308
黔江区	739	387	352	1114	619	495	1284	706	578
长寿区	766	389	377	823	424	399	1243	653	590
江津区	1575	812	763	2082	1081	1001	3153	1630	1523
合川区	2086	1106	980	2534	1310	1224	3568	1869	1699
永川区	1156	609	547	1733	893	840	2706	1433	1273
南川区	581	311	270	967	492	475	1605	862	743
璧山区	649	328	321	779	417	362	1067	548	519
铜梁区	705	385	320	1042	518	524	1790	975	815
潼南区	1192	613	579	1467	818	649	1760	967	793
荣昌区	1035	521	514	1297	685	612	1820	940	880
开州区	2362	1240	1122	3510	1895	1615	4366	2375	1991
梁平区	1077	566	511	1612	862	750	2556	1327	1229
武隆区	546	284	262	732	395	337	1213	627	586
县	12810	6656	6154	19200	10229	8971	25459	13500	11959
城口县	434	220	214	831	430	401	960	502	458
丰都县	764	398	366	1294	674	620	2059	1099	960
垫江县	1148	610	538	1592	848	744	2474	1351	1123
忠　县	1387	695	692	2187	1178	1009	3730	1948	1782
云阳县	1805	941	864	2326	1270	1056	2752	1447	1305
奉节县	1347	693	654	1761	942	819	2225	1162	1063
巫山县	827	459	368	1299	679	620	1626	875	751
巫溪县	839	423	416	1329	721	608	1576	819	757
石柱县	482	265	217	726	375	351	903	476	427
秀山县	1249	638	611	1858	989	869	2086	1089	997
酉阳县	1429	746	683	2319	1237	1082	3033	1621	1412
彭水县	1099	568	531	1678	886	792	2035	1111	924

1-3c 续表 2

单位：人

地　　区	15-19岁			20-24岁			25-29岁		
	小计	男	女	小计	男	女	小计	男	女
重　庆	**50846**	**27560**	**23286**	**43596**	**23549**	**20047**	**50190**	**28181**	**22009**
市辖区	29599	15958	13641	27640	15061	12579	32579	18481	14098
万州区	2515	1312	1203	2682	1430	1252	2954	1598	1356
涪陵区	1170	593	577	1117	589	528	1613	934	679
渝中区									
大渡口区	22	9	13	36	22	14	42	24	18
江北区	13	5	8	15	10	5	42	21	21
沙坪坝区	88	46	42	195	134	61	287	191	96
九龙坡区	499	300	199	400	244	156	479	286	193
南岸区	63	32	31	66	34	32	137	68	69
北碚区	187	108	79	239	129	110	364	217	147
綦江区	1555	765	790	1805	1009	796	2151	1312	839
綦江区(不含万盛)	1407	696	711	1654	923	731	1960	1200	760
万盛经开区	148	69	79	151	86	65	191	112	79
大足区	1428	785	643	825	471	354	1345	773	572
渝北区	551	308	243	1327	758	569	2115	1269	846
巴南区	467	235	232	397	191	206	561	323	238
黔江区	783	456	327	558	284	274	646	333	313
长寿区	1082	560	522	1019	535	484	1257	668	589
江津区	2349	1254	1095	1875	1018	857	2007	1136	871
合川区	2550	1413	1137	3477	1915	1562	3619	1982	1637
永川区	2150	1189	961	1190	634	556	1296	736	560
南川区	989	497	492	891	478	413	905	504	401
璧山区	780	380	400	882	464	418	877	518	359
铜梁区	780	442	338	681	360	321	950	526	424
潼南区	1404	761	643	1401	785	616	1715	1013	702
荣昌区	1466	783	683	1037	550	487	1088	620	468
开州区	3952	2194	1758	3241	1777	1464	3600	1993	1607
梁平区	1828	1049	779	1468	818	650	1672	949	723
武隆区	928	482	446	816	422	394	857	487	370
县	21247	11602	9645	15956	8488	7468	17611	9700	7911
城口县	612	338	274	314	152	162	406	202	204
丰都县	2635	1458	1177	1643	835	808	1459	769	690
垫江县	2793	1484	1309	1453	790	663	1560	888	672
忠　县	2858	1560	1298	2267	1214	1053	2782	1511	1271
云阳县	2672	1479	1193	3101	1670	1431	3577	2064	1513
奉节县	1863	1017	846	1490	771	719	1932	1120	812
巫山县	1139	581	558	717	381	336	746	396	350
巫溪县	1041	580	461	546	252	294	810	408	402
石柱县	948	512	436	752	423	329	697	403	294
秀山县	1198	650	548	1002	515	487	1178	574	604
酉阳县	1563	830	733	1080	560	520	1165	620	545
彭水县	1925	1113	812	1591	925	666	1299	745	554

1-3c　续表 3　　　　单位：人

地　　区	30-34岁			35-39岁			40-44岁		
	小计	男	女	小计	男	女	小计	男	女
重　庆	**52059**	**29207**	**22852**	**37014**	**20259**	**16755**	**39698**	**21098**	**18600**
市辖区	35815	20380	15435	24287	13401	10886	26045	13898	12147
万州区	3101	1702	1399	2103	1136	967	2660	1444	1216
涪陵区	1541	881	660	985	563	422	1215	655	560
渝中区									
大渡口区	92	51	41	51	32	19	58	29	29
江北区	42	22	20	36	25	11	39	26	13
沙坪坝区	331	209	122	233	139	94	218	121	97
九龙坡区	746	459	287	515	321	194	485	297	188
南岸区	164	95	69	148	73	75	120	65	55
北碚区	553	321	232	401	243	158	430	257	173
綦江区	1980	1200	780	1328	783	545	1492	789	703
綦江区(不含万盛)	1778	1086	692	1153	678	475	1303	697	606
万盛经开区	202	114	88	175	105	70	189	92	97
大足区	1661	973	688	1107	594	513	970	519	451
渝北区	1974	1145	829	1126	648	478	893	483	410
巴南区	761	406	355	639	367	272	688	399	289
黔江区	737	349	388	791	406	385	602	309	293
长寿区	1118	604	514	892	483	409	1109	617	492
江津区	2384	1357	1027	1764	937	827	1760	911	849
合川区	4252	2452	1800	2569	1395	1174	2770	1456	1314
永川区	1716	985	731	1417	789	628	1165	625	540
南川区	917	494	423	645	355	290	834	429	405
璧山区	1090	651	439	793	449	344	807	457	350
铜梁区	966	514	452	681	370	311	831	444	387
潼南区	2078	1280	798	1170	666	504	1186	624	562
荣昌区	1696	978	718	1305	713	592	1105	575	530
开州区	3445	1827	1618	1980	1019	961	2680	1362	1318
梁平区	1724	990	734	1025	572	453	1194	618	576
武隆区	746	435	311	583	323	260	734	387	347
县	16244	8827	7417	12727	6858	5869	13653	7200	6453
城口县	525	252	273	453	246	207	611	307	304
丰都县	1195	678	517	1105	592	513	963	485	478
垫江县	1523	913	610	935	528	407	1233	645	588
忠　县	2720	1513	1207	2003	1148	855	1990	1118	872
云阳县	2898	1669	1229	1962	1083	879	2227	1197	1030
奉节县	1670	900	770	1120	574	546	1546	826	720
巫山县	1018	526	492	710	353	357	1087	588	499
巫溪县	872	426	446	690	327	363	852	425	427
石柱县	623	330	293	563	305	258	447	228	219
秀山县	1049	523	526	1020	534	486	735	381	354
酉阳县	1107	534	573	1128	591	537	1004	492	512
彭水县	1044	563	481	1038	577	461	958	508	450

1-3c 续表 4 单位：人

地 区	45-49岁			50-54岁			55-59岁		
	小计	男	女	小计	男	女	小计	男	女
重 庆	**97132**	**50710**	**46422**	**104886**	**53401**	**51485**	**84419**	**43073**	**41346**
市辖区	65573	34447	31126	71643	36658	34985	57260	29420	27840
万州区	5955	3132	2823	6189	3190	2999	5074	2577	2497
涪陵区	4077	2215	1862	4211	2152	2059	3156	1635	1521
渝中区									
大渡口区	91	50	41	118	68	50	84	42	42
江北区	77	47	30	86	57	29	59	38	21
沙坪坝区	445	257	188	573	280	293	479	269	210
九龙坡区	932	500	432	1065	613	452	918	486	432
南岸区	289	162	127	292	165	127	266	141	125
北碚区	1126	631	495	1305	719	586	1165	620	545
綦江区	3672	2004	1668	3999	2110	1889	3398	1820	1578
綦江区(不含万盛)	3257	1792	1465	3480	1845	1635	2982	1619	1363
万盛经开区	415	212	203	519	265	254	416	201	215
大足区	2489	1233	1256	2894	1445	1449	2022	944	1078
渝北区	2019	1122	897	2165	1163	1002	1646	894	752
巴南区	1437	788	649	1915	1005	910	1890	1024	866
黔江区	1586	792	794	1630	776	854	1281	623	658
长寿区	2421	1287	1134	2589	1292	1297	2531	1282	1249
江津区	5316	2711	2605	5974	3070	2904	4658	2391	2267
合川区	7094	3805	3289	7873	4106	3767	5644	3008	2636
永川区	3387	1786	1601	3860	1941	1919	3123	1582	1541
南川区	2615	1355	1260	2277	1189	1088	1771	882	889
璧山区	1954	1046	908	2421	1247	1174	2059	1047	1012
铜梁区	2227	1123	1104	2856	1400	1456	2120	1056	1064
潼南区	2706	1418	1288	2947	1419	1528	2424	1251	1173
荣昌区	2550	1335	1215	2987	1504	1483	2390	1174	1216
开州区	5339	2638	2701	5490	2685	2805	4356	2138	2218
梁平区	3531	1843	1688	3742	1912	1830	3231	1675	1556
武隆区	2238	1167	1071	2185	1150	1035	1515	821	694
县	31559	16263	15296	33243	16743	16500	27159	13653	13506
城口县	905	473	432	995	538	457	740	383	357
丰都县	3212	1669	1543	3236	1646	1590	2793	1409	1384
垫江县	3050	1521	1529	3282	1609	1673	2804	1410	1394
忠 县	4473	2353	2120	4794	2424	2370	4140	2120	2020
云阳县	4780	2490	2290	4780	2491	2289	3801	1923	1878
奉节县	3240	1678	1562	3466	1724	1742	2736	1370	1366
巫山县	2128	1081	1047	2154	1099	1055	1752	858	894
巫溪县	1724	834	890	1991	1000	991	1627	842	785
石柱县	1348	707	641	1519	752	767	1417	726	691
秀山县	1700	879	821	2002	957	1045	1628	780	848
酉阳县	2349	1181	1168	2476	1239	1237	1978	987	991
彭水县	2650	1397	1253	2548	1264	1284	1743	845	898

1-3c　续表 5　　　　单位：人

地　区	60-64岁			65-69岁			70-74岁		
	小计	男	女	小计	男	女	小计	男	女
重　庆	**58100**	**31396**	**26704**	**92840**	**47835**	**45005**	**67806**	**35660**	**32146**
市辖区	40550	22056	18494	63748	32916	30832	45471	23951	21520
万州区	3407	1862	1545	5238	2751	2487	4027	2104	1923
涪陵区	1241	691	550	2910	1460	1450	2617	1298	1319
渝中区									
大渡口区	53	27	26	93	40	53	54	30	24
江北区	42	23	19	66	31	35	76	42	34
沙坪坝区	347	196	151	479	241	238	258	153	105
九龙坡区	589	356	233	795	394	401	478	278	200
南岸区	171	109	62	209	114	95	134	65	69
北碚区	792	458	334	1339	666	673	939	485	454
綦江区	2285	1234	1051	3182	1747	1435	2248	1226	1022
綦江区(不含万盛)	1956	1059	897	2686	1479	1207	1896	1042	854
万盛经开区	329	175	154	496	268	228	352	184	168
大足区	1900	946	954	3254	1598	1656	2159	1108	1051
渝北区	1046	608	438	1596	835	761	1205	627	578
巴南区	1509	829	680	2367	1291	1076	1741	971	770
黔江区	1021	499	522	1667	867	800	1191	659	532
长寿区	1640	863	777	2597	1348	1249	1933	1025	908
江津区	3601	1989	1612	5432	2840	2592	3613	2014	1599
合川区	4149	2337	1812	5962	3136	2826	3818	2064	1754
永川区	2642	1403	1239	3478	1757	1721	2127	1129	998
南川区	1088	595	493	2138	1065	1073	1562	789	773
璧山区	1559	837	722	2370	1223	1147	1580	851	729
铜梁区	1809	984	825	3230	1673	1557	2368	1250	1118
潼南区	2189	1198	991	3218	1691	1527	2255	1166	1089
荣昌区	1988	1045	943	2704	1367	1337	1767	907	860
开州区	2897	1562	1335	4951	2544	2407	3634	1902	1732
梁平区	1749	931	818	3009	1480	1529	2449	1148	1301
武隆区	836	474	362	1464	757	707	1238	660	578
县	17550	9340	8210	29092	14919	14173	22335	11709	10626
城口县	685	342	343	846	449	397	732	399	333
丰都县	1451	816	635	2410	1253	1157	1921	998	923
垫江县	1646	908	738	3059	1486	1573	2544	1274	1270
忠　县	2638	1424	1214	3739	1946	1793	2681	1331	1350
云阳县	2308	1276	1032	3761	1951	1810	2944	1578	1366
奉节县	1933	1025	908	3155	1606	1549	2299	1268	1031
巫山县	1237	643	594	2137	1086	1051	1496	819	677
巫溪县	1254	630	624	1784	962	822	1324	690	634
石柱县	856	457	399	1529	790	739	1083	558	525
秀山县	946	465	481	1862	897	965	1514	796	718
酉阳县	1345	703	642	2567	1327	1240	2046	1109	937
彭水县	1251	651	600	2243	1166	1077	1751	889	862

1-3c 续表 6　　单位：人

地　区	75-79岁			80-84岁			85-89岁		
	小计	男	女	小计	男	女	小计	男	女
重　庆	**47072**	**24052**	**23020**	**25545**	**12469**	**13076**	**11652**	**5197**	**6455**
市辖区	31663	16137	15526	17246	8352	8894	8016	3472	4544
万州区	2460	1275	1185	1367	649	718	588	266	322
涪陵区	2038	1055	983	1099	552	547	495	204	291
渝中区									
大渡口区	43	23	20	24	10	14	17	6	11
江北区	40	15	25	21	13	8	12	6	6
沙坪坝区	187	90	97	74	36	38	46	21	25
九龙坡区	328	171	157	174	90	84	72	30	42
南岸区	143	67	76	87	40	47	43	16	27
北碚区	650	353	297	361	168	193	185	85	100
綦江区	1711	854	857	1064	510	554	468	205	263
綦江区(不含万盛)	1473	729	744	913	439	474	412	180	232
万盛经开区	238	125	113	151	71	80	56	25	31
大足区	1387	710	677	749	346	403	375	158	217
渝北区	893	439	454	486	231	255	182	80	102
巴南区	1336	636	700	735	371	364	303	128	175
黔江区	844	434	410	460	217	243	192	101	91
长寿区	1438	717	721	790	381	409	360	142	218
江津区	2645	1401	1244	1464	767	697	715	321	394
合川区	2547	1291	1256	1415	670	745	713	299	414
永川区	1528	774	754	903	410	493	479	188	291
南川区	1091	555	536	433	222	211	216	96	120
璧山区	1152	631	521	663	345	318	344	164	180
铜梁区	1596	889	707	802	391	411	406	187	219
潼南区	1476	716	760	748	348	400	394	172	222
荣昌区	1230	614	616	675	332	343	304	101	203
开州区	2399	1195	1204	1346	639	707	563	253	310
梁平区	1455	691	764	822	374	448	353	142	211
武隆区	1046	541	505	484	240	244	191	101	90
县	15409	7915	7494	8299	4117	4182	3636	1725	1911
城口县	394	211	183	199	105	94	75	38	37
丰都县	1430	691	739	901	439	462	402	178	224
垫江县	1795	873	922	821	396	425	420	186	234
忠　县	1880	926	954	1173	567	606	562	271	291
云阳县	1937	998	939	1066	526	540	401	195	206
奉节县	1462	781	681	758	395	363	309	143	166
巫山县	1079	616	463	523	272	251	210	110	100
巫溪县	992	551	441	405	210	195	177	95	82
石柱县	836	456	380	464	219	245	193	78	115
秀山县	981	506	475	548	262	286	263	124	139
酉阳县	1284	625	659	732	374	358	388	195	193
彭水县	1339	681	658	709	352	357	236	112	124

1-3c　续表 7　　单位：人

地　区	90-94岁			95-99岁			100岁及以上		
	小计	男	女	小计	男	女	小计	男	女
重　庆	**3772**	**1479**	**2293**	**700**	**232**	**468**	**72**	**23**	**49**
市辖区	2724	1045	1679	507	161	346	57	17	40
万州区	191	81	110	35	11	24	3	1	2
涪陵区	148	56	92	27	10	17	5		5
渝中区									
大渡口区	10	5	5						
江北区	2	1	1						
沙坪坝区	23	7	16	4	1	3			
九龙坡区	36	12	24	7	2	5	1		1
南岸区	13	2	11	3	2	1			
北碚区	52	20	32	10	3	7	2	1	1
綦江区	155	41	114	22	5	17	3	1	2
綦江区(不含万盛)	131	28	103	20	4	16	3	1	2
万盛经开区	24	13	11	2	1	1			
大足区	143	47	96	26	11	15	5	1	4
渝北区	54	21	33	15	4	11	1		1
巴南区	117	41	76	23	5	18	4	1	3
黔江区	41	21	20	5	2	3	1		1
长寿区	108	47	61	18	6	12			
江津区	260	107	153	45	14	31	7	2	5
合川区	252	98	154	49	19	30	6	4	2
永川区	149	52	97	34	9	25	5	1	4
南川区	75	31	44	9	3	6	4	2	2
璧山区	125	48	77	25	9	16	2	1	1
铜梁区	144	60	84	31	8	23	1		1
潼南区	140	59	81	45	13	32	3		3
荣昌区	129	51	78	18	5	13	1		1
开州区	192	75	117	27	6	21	2	1	1
梁平区	95	38	57	14	6	8	1	1	
武隆区	70	24	46	15	7	8			
县	1048	434	614	193	71	122	15	6	9
城口县	26	14	12	2	1	1			
丰都县	120	49	71	18	6	12			
垫江县	117	45	72	22	6	16	1		1
忠　县	146	57	89	35	11	24	2		2
云阳县	140	66	74	26	10	16	1		1
奉节县	103	43	60	14	5	9	2		2
巫山县	80	32	48	9	2	7	1	1	
巫溪县	66	31	35	12	7	5	2	1	1
石柱县	54	17	37	10	4	6	1	1	
秀山县	62	18	44	15	5	10	2	1	1
酉阳县	84	36	48	18	8	10	2	1	1
彭水县	50	26	24	12	6	6	1	1	

1−4 全市分年龄、性别的人口

单位：人、%

年 龄	人口数			占总人口比重			性别比
	合计	男	女	合计	男	女	(女=100)
总 计	**3293962**	**1662948**	**1631014**	**100.00**	**50.48**	**49.52**	**101.96**
0−4岁	**151403**	**78733**	**72670**	**4.60**	**2.39**	**2.21**	**108.34**
0	21988	11418	10570	0.67	0.35	0.32	108.02
1	28399	14853	13546	0.86	0.45	0.41	109.65
2	29895	15457	14438	0.91	0.47	0.44	107.06
3	35662	18715	16947	1.08	0.57	0.51	110.43
4	35459	18290	17169	1.08	0.56	0.52	106.53
5−9岁	**172448**	**90068**	**82380**	**5.24**	**2.73**	**2.50**	**109.33**
5	33678	17547	16131	1.02	0.53	0.49	108.78
6	34345	17884	16461	1.04	0.54	0.50	108.64
7	33991	17790	16201	1.03	0.54	0.49	109.81
8	36518	19123	17395	1.11	0.58	0.53	109.93
9	33916	17724	16192	1.03	0.54	0.49	109.46
10−14岁	**185100**	**97206**	**87894**	**5.62**	**2.95**	**2.67**	**110.59**
10	34488	17995	16493	1.05	0.55	0.50	109.11
11	36060	18881	17179	1.09	0.57	0.52	109.91
12	37373	19546	17827	1.13	0.59	0.54	109.64
13	39448	20749	18699	1.20	0.63	0.57	110.96
14	37731	20035	17696	1.15	0.61	0.54	113.22
15−19岁	**196358**	**104765**	**91593**	**5.96**	**3.18**	**2.78**	**114.38**
15	38897	20665	18232	1.18	0.63	0.55	113.34
16	44250	23767	20483	1.34	0.72	0.62	116.03
17	38833	20905	17928	1.18	0.63	0.54	116.61
18	36366	19725	16641	1.10	0.60	0.51	118.53
19	38012	19703	18309	1.15	0.60	0.56	107.61
20−24岁	**193122**	**97153**	**95969**	**5.86**	**2.95**	**2.91**	**101.23**
20	38642	19505	19137	1.17	0.59	0.58	101.92
21	36574	18330	18244	1.11	0.56	0.55	100.47
22	38328	19254	19074	1.16	0.58	0.58	100.94
23	38563	19395	19168	1.17	0.59	0.58	101.18
24	41015	20669	20346	1.25	0.63	0.62	101.59
25−29岁	**218616**	**109820**	**108796**	**6.64**	**3.33**	**3.30**	**100.94**
25	44680	22376	22304	1.36	0.68	0.68	100.32
26	42243	21120	21123	1.28	0.64	0.64	99.99
27	45703	22967	22736	1.39	0.70	0.69	101.02
28	42827	21590	21237	1.30	0.66	0.64	101.66
29	43163	21767	21396	1.31	0.66	0.65	101.73

1-4　续表 1　　单位：人、%

年　龄	人　口　数			占总人口比重			性别比
	合计	男	女	合计	男	女	(女=100)
30-34岁	**255695**	**129340**	**126355**	**7.76**	**3.93**	**3.84**	**102.36**
30	49491	24966	24525	1.50	0.76	0.74	101.80
31	46741	23670	23071	1.42	0.72	0.70	102.60
32	43812	22003	21809	1.33	0.67	0.66	100.89
33	58750	29761	28989	1.78	0.90	0.88	102.66
34	56901	28940	27961	1.73	0.88	0.85	103.50
35-39岁	**186878**	**94692**	**92186**	**5.67**	**2.87**	**2.80**	**102.72**
35	37948	19237	18711	1.15	0.58	0.57	102.81
36	30784	15430	15354	0.93	0.47	0.47	100.49
37	33973	17311	16662	1.03	0.53	0.51	103.90
38	45938	23344	22594	1.39	0.71	0.69	103.32
39	38235	19370	18865	1.16	0.59	0.57	102.68
40-44岁	**164425**	**81920**	**82505**	**4.99**	**2.49**	**2.50**	**99.29**
40	27870	14079	13791	0.85	0.43	0.42	102.09
41	31488	15684	15804	0.96	0.48	0.48	99.24
42	27596	13712	13884	0.84	0.42	0.42	98.76
43	32789	16267	16522	1.00	0.49	0.50	98.46
44	44682	22178	22504	1.36	0.67	0.68	98.55
45-49岁	**322002**	**161419**	**160583**	**9.78**	**4.90**	**4.88**	**100.52**
45	59138	29458	29680	1.80	0.89	0.90	99.25
46	66271	33244	33027	2.01	1.01	1.00	100.66
47	67022	33686	33336	2.03	1.02	1.01	101.05
48	62693	31516	31177	1.90	0.96	0.95	101.09
49	66878	33515	33363	2.03	1.02	1.01	100.46
50-54岁	**311170**	**154421**	**156749**	**9.45**	**4.69**	**4.76**	**98.51**
50	68088	33952	34136	2.07	1.03	1.04	99.46
51	61926	30985	30941	1.88	0.94	0.94	100.14
52	65987	32781	33206	2.00	1.00	1.01	98.72
53	53847	26385	27462	1.63	0.80	0.83	96.08
54	61322	30318	31004	1.86	0.92	0.94	97.79
55-59岁	**243673**	**120333**	**123340**	**7.40**	**3.65**	**3.74**	**97.56**
55	59594	29611	29983	1.81	0.90	0.91	98.76
56	61930	30611	31319	1.88	0.93	0.95	97.74
57	70800	35351	35449	2.15	1.07	1.08	99.72
58	33564	16195	17369	1.02	0.49	0.53	93.24
59	17785	8565	9220	0.54	0.26	0.28	92.90
60-64岁	**156057**	**80299**	**75758**	**4.74**	**2.44**	**2.30**	**105.99**
60	20746	10487	10259	0.63	0.32	0.31	102.22
61	21437	11120	10317	0.65	0.34	0.31	107.78
62	33362	17364	15998	1.01	0.53	0.49	108.54
63	39907	20645	19262	1.21	0.63	0.58	107.18
64	40605	20683	19922	1.23	0.63	0.60	103.82

1-4 续表 2

单位：人、%

年 龄	人口数			占总人口比重			性别比
	合计	男	女	合计	男	女	(女=100)
65-69岁	**209492**	**103731**	**105761**	**6.36**	**3.15**	**3.21**	**98.08**
65	43518	21993	21525	1.32	0.67	0.65	102.17
66	46063	23013	23050	1.40	0.70	0.70	99.84
67	43939	21503	22436	1.33	0.65	0.68	95.84
68	42265	20823	21442	1.28	0.63	0.65	97.11
69	33707	16399	17308	1.02	0.50	0.53	94.75
70-74岁	**140115**	**70465**	**69650**	**4.25**	**2.14**	**2.11**	**101.17**
70	31760	15748	16012	0.96	0.48	0.49	98.35
71	32108	16172	15936	0.97	0.49	0.48	101.48
72	26414	13354	13060	0.80	0.41	0.40	102.25
73	26065	13329	12736	0.79	0.40	0.39	104.66
74	23768	11862	11906	0.72	0.36	0.36	99.63
75-79岁	**95272**	**47380**	**47892**	**2.89**	**1.44**	**1.45**	**98.93**
75	20165	9892	10273	0.61	0.30	0.31	96.29
76	22194	11078	11116	0.67	0.34	0.34	99.66
77	19480	9714	9766	0.59	0.29	0.30	99.47
78	17369	8697	8672	0.53	0.26	0.26	100.29
79	16064	7999	8065	0.49	0.24	0.24	99.18
80-84岁	**54617**	**25587**	**29030**	**1.66**	**0.78**	**0.88**	**88.14**
80	13712	6720	6992	0.42	0.20	0.21	96.11
81	11613	5333	6280	0.35	0.16	0.19	84.92
82	11154	5246	5908	0.34	0.16	0.18	88.79
83	9499	4462	5037	0.29	0.14	0.15	88.58
84	8639	3826	4813	0.26	0.12	0.15	79.49
85-89岁	**26533**	**11292**	**15241**	**0.81**	**0.34**	**0.46**	**74.09**
85	6290	2757	3533	0.19	0.08	0.11	78.04
86	6023	2513	3510	0.18	0.08	0.11	71.60
87	6146	2691	3455	0.19	0.08	0.10	77.89
88	4505	1866	2639	0.14	0.06	0.08	70.71
89	3569	1465	2104	0.11	0.04	0.06	69.63
90-94岁	**9089**	**3652**	**5437**	**0.28**	**0.11**	**0.17**	**67.17**
90	3044	1305	1739	0.09	0.04	0.05	75.04
91	2208	862	1346	0.07	0.03	0.04	64.04
92	1757	675	1082	0.05	0.02	0.03	62.38
93	1201	500	701	0.04	0.02	0.02	71.33
94	879	310	569	0.03	0.01	0.02	54.48
95-99岁	**1706**	**608**	**1098**	**0.05**	**0.02**	**0.03**	**55.37**
95	649	229	420	0.02	0.01	0.01	54.52
96	431	153	278	0.01		0.01	55.04
97	283	101	182	0.01		0.01	55.49
98	205	80	125	0.01			64.00
99	138	45	93				48.39
100岁及以上	**191**	**64**	**127**	**0.01**			**50.39**

1-4a　全市分年龄、性别的人口(城市)

单位：人、%

年　龄	人口数			占总人口比重			性别比
	合计	男	女	合计	男	女	(女=100)
总　计	**1647333**	**814150**	**833183**	**100.00**	**49.42**	**50.58**	**97.72**
0-4岁	**78351**	**40657**	**37694**	**4.76**	**2.47**	**2.29**	**107.86**
0	9849	5137	4712	0.60	0.31	0.29	109.02
1	14969	7866	7103	0.91	0.48	0.43	110.74
2	15680	8072	7608	0.95	0.49	0.46	106.10
3	19024	9889	9135	1.15	0.60	0.55	108.25
4	18829	9693	9136	1.14	0.59	0.55	106.10
5-9岁	**85360**	**44368**	**40992**	**5.18**	**2.69**	**2.49**	**108.24**
5	17468	9134	8334	1.06	0.55	0.51	109.60
6	17792	9184	8608	1.08	0.56	0.52	106.69
7	16786	8686	8100	1.02	0.53	0.49	107.23
8	17729	9296	8433	1.08	0.56	0.51	110.23
9	15585	8068	7517	0.95	0.49	0.46	107.33
10-14岁	**75095**	**39172**	**35923**	**4.56**	**2.38**	**2.18**	**109.04**
10	15051	7858	7193	0.91	0.48	0.44	109.25
11	14621	7584	7037	0.89	0.46	0.43	107.77
12	15087	7820	7267	0.92	0.47	0.44	107.61
13	15884	8252	7632	0.96	0.50	0.46	108.12
14	14452	7658	6794	0.88	0.46	0.41	112.72
15-19岁	**103258**	**54346**	**48912**	**6.27**	**3.30**	**2.97**	**111.11**
15	17385	9165	8220	1.06	0.56	0.50	111.50
16	21725	11653	10072	1.32	0.71	0.61	115.70
17	19485	10310	9175	1.18	0.63	0.56	112.37
18	20030	10708	9322	1.22	0.65	0.57	114.87
19	24633	12510	12123	1.50	0.76	0.74	103.19
20-24岁	**120661**	**59033**	**61628**	**7.32**	**3.58**	**3.74**	**95.79**
20	26787	13253	13534	1.63	0.80	0.82	97.92
21	24369	11884	12485	1.48	0.72	0.76	95.19
22	23411	11416	11995	1.42	0.69	0.73	95.17
23	22450	10978	11472	1.36	0.67	0.70	95.69
24	23644	11502	12142	1.44	0.70	0.74	94.73
25-29岁	**129836**	**62876**	**66960**	**7.88**	**3.82**	**4.06**	**93.90**
25	25635	12352	13283	1.56	0.75	0.81	92.99
26	24811	11966	12845	1.51	0.73	0.78	93.16
27	26829	12931	13898	1.63	0.78	0.84	93.04
28	26027	12594	13433	1.58	0.76	0.82	93.75
29	26534	13033	13501	1.61	0.79	0.82	96.53

1-4a 续表 1

单位：人、%

年 龄	人 口 数			占总人口比重			性别比
	合计	男	女	合计	男	女	(女=100)
30-34岁	**159524**	**78610**	**80914**	**9.68**	**4.77**	**4.91**	**97.15**
30	30417	14895	15522	1.85	0.90	0.94	95.96
31	29107	14328	14779	1.77	0.87	0.90	96.95
32	27321	13458	13863	1.66	0.82	0.84	97.08
33	37015	18286	18729	2.25	1.11	1.14	97.63
34	35664	17643	18021	2.16	1.07	1.09	97.90
35-39岁	**116917**	**58199**	**58718**	**7.10**	**3.53**	**3.56**	**99.12**
35	23832	11841	11991	1.45	0.72	0.73	98.75
36	19442	9707	9735	1.18	0.59	0.59	99.71
37	21336	10709	10627	1.30	0.65	0.65	100.77
38	28811	14318	14493	1.75	0.87	0.88	98.79
39	23496	11624	11872	1.43	0.71	0.72	97.91
40-44岁	**92364**	**45356**	**47008**	**5.61**	**2.75**	**2.85**	**96.49**
40	16860	8414	8446	1.02	0.51	0.51	99.62
41	18265	8972	9293	1.11	0.54	0.56	96.55
42	15640	7691	7949	0.95	0.47	0.48	96.75
43	17979	8819	9160	1.09	0.54	0.56	96.28
44	23620	11460	12160	1.43	0.70	0.74	94.24
45-49岁	**159064**	**78504**	**80560**	**9.66**	**4.77**	**4.89**	**97.45**
45	30356	14918	15438	1.84	0.91	0.94	96.63
46	32662	16040	16622	1.98	0.97	1.01	96.50
47	32635	16119	16516	1.98	0.98	1.00	97.60
48	30573	15226	15347	1.86	0.92	0.93	99.21
49	32838	16201	16637	1.99	0.98	1.01	97.38
50-54岁	**145095**	**70835**	**74260**	**8.81**	**4.30**	**4.51**	**95.39**
50	32939	16191	16748	2.00	0.98	1.02	96.67
51	29937	14825	15112	1.82	0.90	0.92	98.10
52	30821	15065	15756	1.87	0.91	0.96	95.61
53	23913	11491	12422	1.45	0.70	0.75	92.51
54	27485	13263	14222	1.67	0.81	0.86	93.26
55-59岁	**113652**	**54847**	**58805**	**6.90**	**3.33**	**3.57**	**93.27**
55	26870	12968	13902	1.63	0.79	0.84	93.28
56	29093	14096	14997	1.77	0.86	0.91	93.99
57	34556	16795	17761	2.10	1.02	1.08	94.56
58	14627	6935	7692	0.89	0.42	0.47	90.16
59	8506	4053	4453	0.52	0.25	0.27	91.02
60-64岁	**73054**	**36022**	**37032**	**4.43**	**2.19**	**2.25**	**97.27**
60	10446	5073	5373	0.63	0.31	0.33	94.42
61	10775	5323	5452	0.65	0.32	0.33	97.63
62	15961	7998	7963	0.97	0.49	0.48	100.44
63	17988	8839	9149	1.09	0.54	0.56	96.61
64	17884	8789	9095	1.09	0.53	0.55	96.64

1-4a　续表 2　　　　单位：人、%

年　龄	人口数			占总人口比重			性别比
	合计	男	女	合计	男	女	(女=100)
65-69岁	**82088**	**39215**	**42873**	**4.98**	**2.38**	**2.60**	**91.47**
65	18287	8898	9389	1.11	0.54	0.57	94.77
66	18703	9049	9654	1.14	0.55	0.59	93.73
67	16858	7990	8868	1.02	0.49	0.54	90.10
68	15519	7359	8160	0.94	0.45	0.50	90.18
69	12721	5919	6802	0.77	0.36	0.41	87.02
70-74岁	**48120**	**22916**	**25204**	**2.92**	**1.39**	**1.53**	**90.92**
70	11588	5515	6073	0.70	0.33	0.37	90.81
71	10818	5081	5737	0.66	0.31	0.35	88.57
72	8810	4202	4608	0.53	0.26	0.28	91.19
73	8869	4283	4586	0.54	0.26	0.28	93.39
74	8035	3835	4200	0.49	0.23	0.25	91.31
75-79岁	**30885**	**14843**	**16042**	**1.87**	**0.90**	**0.97**	**92.53**
75	6845	3284	3561	0.42	0.20	0.22	92.22
76	7271	3498	3773	0.44	0.21	0.23	92.71
77	6189	2946	3243	0.38	0.18	0.20	90.84
78	5474	2660	2814	0.33	0.16	0.17	94.53
79	5106	2455	2651	0.31	0.15	0.16	92.61
80-84岁	**19147**	**8453**	**10694**	**1.16**	**0.51**	**0.65**	**79.04**
80	4684	2207	2477	0.28	0.13	0.15	89.10
81	4141	1838	2303	0.25	0.11	0.14	79.81
82	3817	1638	2179	0.23	0.10	0.13	75.17
83	3383	1512	1871	0.21	0.09	0.11	80.81
84	3122	1258	1864	0.19	0.08	0.11	67.49
85-89岁	**10220**	**4051**	**6169**	**0.62**	**0.25**	**0.37**	**65.67**
85	2435	961	1474	0.15	0.06	0.09	65.20
86	2359	916	1443	0.14	0.06	0.09	63.48
87	2284	938	1346	0.14	0.06	0.08	69.69
88	1662	643	1019	0.10	0.04	0.06	63.10
89	1480	593	887	0.09	0.04	0.05	66.85
90-94岁	**3836**	**1537**	**2299**	**0.23**	**0.09**	**0.14**	**66.86**
90	1286	552	734	0.08	0.03	0.04	75.20
91	936	362	574	0.06	0.02	0.03	63.07
92	704	277	427	0.04	0.02	0.03	64.87
93	507	202	305	0.03	0.01	0.02	66.23
94	403	144	259	0.02	0.01	0.02	55.60
95-99岁	**718**	**276**	**442**	**0.04**	**0.02**	**0.03**	**62.44**
95	263	98	165	0.02	0.01	0.01	59.39
96	177	68	109	0.01		0.01	62.39
97	123	49	74	0.01			66.22
98	90	37	53	0.01			69.81
99	65	24	41				58.54
100岁及以上	**88**	**34**	**54**	**0.01**			**62.96**

1-4b 全市分年龄、性别的人口(镇)

单位：人、%

年 龄	人口数			占总人口比重			性别比
	合计	男	女	合计	男	女	(女=100)
总 计	**622404**	**310896**	**311508**	**100.00**	**49.95**	**50.05**	**99.80**
0-4岁	**30457**	**15889**	**14568**	**4.89**	**2.55**	**2.34**	**109.07**
0	3929	1991	1938	0.63	0.32	0.31	102.73
1	5615	2991	2624	0.90	0.48	0.42	113.99
2	6030	3135	2895	0.97	0.50	0.47	108.29
3	7508	3968	3540	1.21	0.64	0.57	112.09
4	7375	3804	3571	1.18	0.61	0.57	106.52
5-9岁	**38759**	**20183**	**18576**	**6.23**	**3.24**	**2.98**	**108.65**
5	7349	3786	3563	1.18	0.61	0.57	106.26
6	7439	3873	3566	1.20	0.62	0.57	108.61
7	7763	4091	3672	1.25	0.66	0.59	111.41
8	8328	4323	4005	1.34	0.69	0.64	107.94
9	7880	4110	3770	1.27	0.66	0.61	109.02
10-14岁	**44103**	**23217**	**20886**	**7.09**	**3.73**	**3.36**	**111.16**
10	8053	4186	3867	1.29	0.67	0.62	108.25
11	8738	4665	4073	1.40	0.75	0.65	114.53
12	8945	4682	4263	1.44	0.75	0.68	109.83
13	9262	4924	4338	1.49	0.79	0.70	113.51
14	9105	4760	4345	1.46	0.76	0.70	109.55
15-19岁	**42254**	**22859**	**19395**	**6.79**	**3.67**	**3.12**	**117.86**
15	9257	4830	4427	1.49	0.78	0.71	109.10
16	11139	5878	5261	1.79	0.94	0.85	111.73
17	9674	5333	4341	1.55	0.86	0.70	122.85
18	7036	3990	3046	1.13	0.64	0.49	130.99
19	5148	2828	2320	0.83	0.45	0.37	121.90
20-24岁	**28865**	**14571**	**14294**	**4.64**	**2.34**	**2.30**	**101.94**
20	4561	2342	2219	0.73	0.38	0.36	105.54
21	4706	2454	2252	0.76	0.39	0.36	108.97
22	5846	2979	2867	0.94	0.48	0.46	103.91
23	6607	3288	3319	1.06	0.53	0.53	99.07
24	7145	3508	3637	1.15	0.56	0.58	96.45
25-29岁	**38590**	**18763**	**19827**	**6.20**	**3.01**	**3.19**	**94.63**
25	7930	3890	4040	1.27	0.62	0.65	96.29
26	7423	3553	3870	1.19	0.57	0.62	91.81
27	8277	4017	4260	1.33	0.65	0.68	94.30
28	7411	3661	3750	1.19	0.59	0.60	97.63
29	7549	3642	3907	1.21	0.59	0.63	93.22

1-4b 续表 1

单位：人、%

年 龄	人口数			占总人口比重			性别比
	合计	男	女	合计	男	女	(女=100)
30–34岁	**44112**	**21523**	**22589**	**7.09**	**3.46**	**3.63**	**95.28**
30	8623	4237	4386	1.39	0.68	0.70	96.60
31	8214	3949	4265	1.32	0.63	0.69	92.59
32	7646	3714	3932	1.23	0.60	0.63	94.46
33	10017	4855	5162	1.61	0.78	0.83	94.05
34	9612	4768	4844	1.54	0.77	0.78	98.43
35–39岁	**32947**	**16234**	**16713**	**5.29**	**2.61**	**2.69**	**97.13**
35	6680	3302	3378	1.07	0.53	0.54	97.75
36	5421	2574	2847	0.87	0.41	0.46	90.41
37	6083	3007	3076	0.98	0.48	0.49	97.76
38	7979	3976	4003	1.28	0.64	0.64	99.33
39	6784	3375	3409	1.09	0.54	0.55	99.00
40–44岁	**32363**	**15466**	**16897**	**5.20**	**2.48**	**2.71**	**91.53**
40	5000	2404	2596	0.80	0.39	0.42	92.60
41	5982	2802	3180	0.96	0.45	0.51	88.11
42	5334	2509	2825	0.86	0.40	0.45	88.81
43	6742	3234	3508	1.08	0.52	0.56	92.19
44	9305	4517	4788	1.50	0.73	0.77	94.34
45–49岁	**65806**	**32205**	**33601**	**10.57**	**5.17**	**5.40**	**95.85**
45	12228	5808	6420	1.96	0.93	1.03	90.47
46	13770	6781	6989	2.21	1.09	1.12	97.02
47	14024	6879	7145	2.25	1.11	1.15	96.28
48	12732	6301	6431	2.05	1.01	1.03	97.98
49	13052	6436	6616	2.10	1.03	1.06	97.28
50–54岁	**61189**	**30185**	**31004**	**9.83**	**4.85**	**4.98**	**97.36**
50	13412	6659	6753	2.15	1.07	1.08	98.61
51	12136	5950	6186	1.95	0.96	0.99	96.18
52	13012	6459	6553	2.09	1.04	1.05	98.57
53	10764	5212	5552	1.73	0.84	0.89	93.88
54	11865	5905	5960	1.91	0.95	0.96	99.08
55–59岁	**45602**	**22413**	**23189**	**7.33**	**3.60**	**3.73**	**96.65**
55	11469	5700	5769	1.84	0.92	0.93	98.80
56	11548	5608	5940	1.86	0.90	0.95	94.41
57	12729	6380	6349	2.05	1.03	1.02	100.49
58	6691	3208	3483	1.08	0.52	0.56	92.10
59	3165	1517	1648	0.51	0.24	0.26	92.05
60–64岁	**24903**	**12881**	**12022**	**4.00**	**2.07**	**1.93**	**107.15**
60	3391	1744	1647	0.54	0.28	0.26	105.89
61	3404	1817	1587	0.55	0.29	0.25	114.49
62	5307	2746	2561	0.85	0.44	0.41	107.22
63	6369	3310	3059	1.02	0.53	0.49	108.21
64	6432	3264	3168	1.03	0.52	0.51	103.03

1-4b 续表 2

单位：人、%

年 龄	人 口 数			占总人口比重			性别比
	合计	男	女	合计	男	女	(女=100)
65-69岁	**34564**	**16681**	**17883**	**5.55**	**2.68**	**2.87**	**93.28**
65	7157	3520	3637	1.15	0.57	0.58	96.78
66	7605	3726	3879	1.22	0.60	0.62	96.06
67	7270	3443	3827	1.17	0.55	0.61	89.97
68	7119	3377	3742	1.14	0.54	0.60	90.25
69	5413	2615	2798	0.87	0.42	0.45	93.46
70-74岁	**24189**	**11889**	**12300**	**3.89**	**1.91**	**1.98**	**96.66**
70	5345	2620	2725	0.86	0.42	0.44	96.15
71	5580	2737	2843	0.90	0.44	0.46	96.27
72	4624	2330	2294	0.74	0.37	0.37	101.57
73	4428	2168	2260	0.71	0.35	0.36	95.93
74	4212	2034	2178	0.68	0.33	0.35	93.39
75-79岁	**17315**	**8485**	**8830**	**2.78**	**1.36**	**1.42**	**96.09**
75	3539	1713	1826	0.57	0.28	0.29	93.81
76	3985	1955	2030	0.64	0.31	0.33	96.31
77	3465	1675	1790	0.56	0.27	0.29	93.58
78	3303	1671	1632	0.53	0.27	0.26	102.39
79	3023	1471	1552	0.49	0.24	0.25	94.78
80-84岁	**9925**	**4665**	**5260**	**1.59**	**0.75**	**0.85**	**88.69**
80	2529	1258	1271	0.41	0.20	0.20	98.98
81	2059	929	1130	0.33	0.15	0.18	82.21
82	2056	996	1060	0.33	0.16	0.17	93.96
83	1728	811	917	0.28	0.13	0.15	88.44
84	1553	671	882	0.25	0.11	0.14	76.08
85-89岁	**4661**	**2044**	**2617**	**0.75**	**0.33**	**0.42**	**78.10**
85	1086	493	593	0.17	0.08	0.10	83.14
86	998	410	588	0.16	0.07	0.09	69.73
87	1139	514	625	0.18	0.08	0.10	82.24
88	826	359	467	0.13	0.06	0.08	76.87
89	612	268	344	0.10	0.04	0.06	77.91
90-94岁	**1481**	**636**	**845**	**0.24**	**0.10**	**0.14**	**75.27**
90	539	248	291	0.09	0.04	0.05	85.22
91	338	130	208	0.05	0.02	0.03	62.50
92	274	111	163	0.04	0.02	0.03	68.10
93	198	98	100	0.03	0.02	0.02	98.00
94	132	49	83	0.02	0.01	0.01	59.04
95-99岁	**288**	**100**	**188**	**0.05**	**0.02**	**0.03**	**53.19**
95	107	33	74	0.02	0.01	0.01	44.59
96	74	26	48	0.01		0.01	54.17
97	47	18	29	0.01			62.07
98	39	16	23	0.01			69.57
99	21	7	14				50.00
100岁及以上	**31**	**7**	**24**				**29.17**

1-4c　全市分年龄、性别的人口(乡村)

单位：人、%

年　龄	人　口　数			占总人口比重			性别比
	合计	男	女	合计	男	女	(女=100)
总　计	**1024225**	**537902**	**486323**	**100.00**	**52.52**	**47.48**	**110.61**
0-4岁	**42595**	**22187**	**20408**	**4.16**	**2.17**	**1.99**	**108.72**
0	8210	4290	3920	0.80	0.42	0.38	109.44
1	7815	3996	3819	0.76	0.39	0.37	104.63
2	8185	4250	3935	0.80	0.41	0.38	108.01
3	9130	4858	4272	0.89	0.47	0.42	113.72
4	9255	4793	4462	0.90	0.47	0.44	107.42
5-9岁	**48329**	**25517**	**22812**	**4.72**	**2.49**	**2.23**	**111.86**
5	8861	4627	4234	0.87	0.45	0.41	109.28
6	9114	4827	4287	0.89	0.47	0.42	112.60
7	9442	5013	4429	0.92	0.49	0.43	113.19
8	10461	5504	4957	1.02	0.54	0.48	111.03
9	10451	5546	4905	1.02	0.54	0.48	113.07
10-14岁	**65902**	**34817**	**31085**	**6.43**	**3.40**	**3.03**	**112.01**
10	11384	5951	5433	1.11	0.58	0.53	109.53
11	12701	6632	6069	1.24	0.65	0.59	109.28
12	13341	7044	6297	1.30	0.69	0.61	111.86
13	14302	7573	6729	1.40	0.74	0.66	112.54
14	14174	7617	6557	1.38	0.74	0.64	116.17
15-19岁	**50846**	**27560**	**23286**	**4.96**	**2.69**	**2.27**	**118.35**
15	12255	6670	5585	1.20	0.65	0.55	119.43
16	11386	6236	5150	1.11	0.61	0.50	121.09
17	9674	5262	4412	0.94	0.51	0.43	119.27
18	9300	5027	4273	0.91	0.49	0.42	117.65
19	8231	4365	3866	0.80	0.43	0.38	112.91
20-24岁	**43596**	**23549**	**20047**	**4.26**	**2.30**	**1.96**	**117.47**
20	7294	3910	3384	0.71	0.38	0.33	115.54
21	7499	3992	3507	0.73	0.39	0.34	113.83
22	9071	4859	4212	0.89	0.47	0.41	115.36
23	9506	5129	4377	0.93	0.50	0.43	117.18
24	10226	5659	4567	1.00	0.55	0.45	123.91
25-29岁	**50190**	**28181**	**22009**	**4.90**	**2.75**	**2.15**	**128.04**
25	11115	6134	4981	1.09	0.60	0.49	123.15
26	10009	5601	4408	0.98	0.55	0.43	127.06
27	10597	6019	4578	1.03	0.59	0.45	131.48
28	9389	5335	4054	0.92	0.52	0.40	131.60
29	9080	5092	3988	0.89	0.50	0.39	127.68

1－4c 续表 1

单位：人、%

年 龄	人口数			占总人口比重			性别比
	合计	男	女	合计	男	女	(女=100)
30－34岁	**52059**	**29207**	**22852**	**5.08**	**2.85**	**2.23**	**127.81**
30	10451	5834	4617	1.02	0.57	0.45	126.36
31	9420	5393	4027	0.92	0.53	0.39	133.92
32	8845	4831	4014	0.86	0.47	0.39	120.35
33	11718	6620	5098	1.14	0.65	0.50	129.85
34	11625	6529	5096	1.14	0.64	0.50	128.12
35－39岁	**37014**	**20259**	**16755**	**3.61**	**1.98**	**1.64**	**120.91**
35	7436	4094	3342	0.73	0.40	0.33	122.50
36	5921	3149	2772	0.58	0.31	0.27	113.60
37	6554	3595	2959	0.64	0.35	0.29	121.49
38	9148	5050	4098	0.89	0.49	0.40	123.23
39	7955	4371	3584	0.78	0.43	0.35	121.96
40－44岁	**39698**	**21098**	**18600**	**3.88**	**2.06**	**1.82**	**113.43**
40	6010	3261	2749	0.59	0.32	0.27	118.62
41	7241	3910	3331	0.71	0.38	0.33	117.38
42	6622	3512	3110	0.65	0.34	0.30	112.93
43	8068	4214	3854	0.79	0.41	0.38	109.34
44	11757	6201	5556	1.15	0.61	0.54	111.61
45－49岁	**97132**	**50710**	**46422**	**9.48**	**4.95**	**4.53**	**109.24**
45	16554	8732	7822	1.62	0.85	0.76	111.63
46	19839	10423	9416	1.94	1.02	0.92	110.69
47	20363	10688	9675	1.99	1.04	0.94	110.47
48	19388	9989	9399	1.89	0.98	0.92	106.28
49	20988	10878	10110	2.05	1.06	0.99	107.60
50－54岁	**104886**	**53401**	**51485**	**10.24**	**5.21**	**5.03**	**103.72**
50	21737	11102	10635	2.12	1.08	1.04	104.39
51	19853	10210	9643	1.94	1.00	0.94	105.88
52	22154	11257	10897	2.16	1.10	1.06	103.30
53	19170	9682	9488	1.87	0.95	0.93	102.04
54	21972	11150	10822	2.15	1.09	1.06	103.03
55－59岁	**84419**	**43073**	**41346**	**8.24**	**4.21**	**4.04**	**104.18**
55	21255	10943	10312	2.08	1.07	1.01	106.12
56	21289	10907	10382	2.08	1.06	1.01	105.06
57	23515	12176	11339	2.30	1.19	1.11	107.38
58	12246	6052	6194	1.20	0.59	0.60	97.71
59	6114	2995	3119	0.60	0.29	0.30	96.02
60－64岁	**58100**	**31396**	**26704**	**5.67**	**3.07**	**2.61**	**117.57**
60	6909	3670	3239	0.67	0.36	0.32	113.31
61	7258	3980	3278	0.71	0.39	0.32	121.42
62	12094	6620	5474	1.18	0.65	0.53	120.94
63	15550	8496	7054	1.52	0.83	0.69	120.44
64	16289	8630	7659	1.59	0.84	0.75	112.68

1-4c　续表 2

单位：人、%

年　龄	人　口　数			占总人口比重			性别比
	合计	男	女	合计	男	女	(女=100)
65-69岁	**92840**	**47835**	**45005**	**9.06**	**4.67**	**4.39**	**106.29**
65	18074	9575	8499	1.76	0.93	0.83	112.66
66	19755	10238	9517	1.93	1.00	0.93	107.58
67	19811	10070	9741	1.93	0.98	0.95	103.38
68	19627	10087	9540	1.92	0.98	0.93	105.73
69	15573	7865	7708	1.52	0.77	0.75	102.04
70-74岁	**67806**	**35660**	**32146**	**6.62**	**3.48**	**3.14**	**110.93**
70	14827	7613	7214	1.45	0.74	0.70	105.53
71	15710	8354	7356	1.53	0.82	0.72	113.57
72	12980	6822	6158	1.27	0.67	0.60	110.78
73	12768	6878	5890	1.25	0.67	0.58	116.77
74	11521	5993	5528	1.12	0.59	0.54	108.41
75-79岁	**47072**	**24052**	**23020**	**4.60**	**2.35**	**2.25**	**104.48**
75	9781	4895	4886	0.95	0.48	0.48	100.18
76	10938	5625	5313	1.07	0.55	0.52	105.87
77	9826	5093	4733	0.96	0.50	0.46	107.61
78	8592	4366	4226	0.84	0.43	0.41	103.31
79	7935	4073	3862	0.77	0.40	0.38	105.46
80-84岁	**25545**	**12469**	**13076**	**2.49**	**1.22**	**1.28**	**95.36**
80	6499	3255	3244	0.63	0.32	0.32	100.34
81	5413	2566	2847	0.53	0.25	0.28	90.13
82	5281	2612	2669	0.52	0.26	0.26	97.86
83	4388	2139	2249	0.43	0.21	0.22	95.11
84	3964	1897	2067	0.39	0.19	0.20	91.78
85-89岁	**11652**	**5197**	**6455**	**1.14**	**0.51**	**0.63**	**80.51**
85	2769	1303	1466	0.27	0.13	0.14	88.88
86	2666	1187	1479	0.26	0.12	0.14	80.26
87	2723	1239	1484	0.27	0.12	0.14	83.49
88	2017	864	1153	0.20	0.08	0.11	74.93
89	1477	604	873	0.14	0.06	0.09	69.19
90-94岁	**3772**	**1479**	**2293**	**0.37**	**0.14**	**0.22**	**64.50**
90	1219	505	714	0.12	0.05	0.07	70.73
91	934	370	564	0.09	0.04	0.06	65.60
92	779	287	492	0.08	0.03	0.05	58.33
93	496	200	296	0.05	0.02	0.03	67.57
94	344	117	227	0.03	0.01	0.02	51.54
95-99岁	**700**	**232**	**468**	**0.07**	**0.02**	**0.05**	**49.57**
95	279	98	181	0.03	0.01	0.02	54.14
96	180	59	121	0.02	0.01	0.01	48.76
97	113	34	79	0.01		0.01	43.04
98	76	27	49	0.01			55.10
99	52	14	38	0.01			36.84
100岁及以上	**72**	**23**	**49**	**0.01**			**46.94**

第二部分 长表数据资料

第二卷 民族

2-1　全市各民族分性别、行业的人口

单位：人

民　族	人口数			农、林、牧、渔业			采矿业		
	合计	男	女	小计	男	女	小计	男	女
总　计	**1526643**	**891361**	**635282**	**241575**	**121251**	**120324**	**7036**	**6134**	**902**
汉　族	1443592	844268	599324	219729	110454	109275	6693	5850	843
蒙古族	275	169	106	35	27	8			
回　族	373	213	160	19	7	12	1	1	
藏　族	133	65	68	8		8			
维吾尔族	138	84	54						
苗　族	21744	12577	9167	5273	2677	2596	96	79	17
彝　族	657	342	315	55	3	52	2	2	
壮　族	350	127	223	27	2	25	1		1
布依族	239	102	137	24		24	1	1	
朝鲜族	62	45	17						
满　族	285	178	107				2	2	
侗　族	244	111	133	15	3	12	1		1
瑶　族	83	30	53	9	1	8			
白　族	121	55	66	18	4	14	1	1	
土家族	57482	32616	24866	16238	8052	8186	234	194	40
哈尼族	81	20	61	20		20			
哈萨克族	4	1	3	2		2			
傣　族	50	9	41	9		9	1	1	
黎　族	29	13	16	4		4			
傈僳族	38	12	26	10	1	9			
佤　族	32	9	23	7		7			
畲　族	27	12	15	1		1			
高山族	2	2							
拉祜族	25	6	19	6		6			
水　族	16	8	8						
东乡族	1		1						
纳西族	7	5	2						
景颇族	5	1	4						
柯尔克孜族	1		1						
土　族	143	81	62	23	10	13	1	1	
达斡尔族	6	4	2						
仫佬族	34	12	22						
羌　族	46	23	23	2	1	1			
布朗族	18	6	12	3		3			
撒拉族	8	4	4						
毛南族	5	3	2	1		1			
仡佬族	249	133	116	34	9	25	2	2	
锡伯族	8	3	5						
阿昌族									
普米族	1		1						
塔吉克族									
怒　族									
乌孜别克族	1		1						
俄罗斯族									
鄂温克族	5	3	2						
德昂族									
保安族									
裕固族	1		1						
京　族									
塔塔尔族									
独龙族									
鄂伦春族									
赫哲族									
门巴族									
珞巴族									
基诺族									
未定族称人口	19	9	10	2		2			
入　籍	3		3	1		1			

2–1　续表 1　　　　单位：人

民　族	制造业			电力、热力、燃气及水生产和供应业			建筑业		
	小计	男	女	小计	男	女	小计	男	女
总　计	**214224**	**132599**	**81625**	**12477**	**8750**	**3727**	**258094**	**214442**	**43652**
汉　族	206483	127955	78528	11828	8307	3521	241939	201491	40448
蒙古族	20	13	7	4	2	2	26	20	6
回　族	51	35	16	5	4	1	35	24	11
藏　族	13	10	3				15	10	5
维吾尔族	32	15	17				7	3	4
苗　族	1633	991	642	142	99	43	5048	3962	1086
彝　族	228	134	94	2	2		140	97	43
壮　族	97	37	60	3	1	2	30	16	14
布依族	67	34	33	3	3		45	30	15
朝鲜族	23	18	5	1		1	8	6	2
满　族	34	25	9	5	5		42	38	4
侗　族	51	30	21				37	29	8
瑶　族	24	8	16	1	1		9	4	5
白　族	33	23	10				14	9	5
土家族	5278	3199	2079	481	324	157	10544	8590	1954
哈尼族	15	4	11				10	4	6
哈萨克族	1		1						
傣　族	15	3	12				2	1	1
黎　族	4	1	3				3	3	
傈僳族	7	3	4				12	8	4
佤　族	5	1	4				6	3	3
畲　族	6	2	4				3	1	2
高山族									
拉祜族	4	3	1				6	3	3
水　族	8	4	4				2	1	1
东乡族									
纳西族							2	2	
景颇族	1		1				2		2
柯尔克孜族									
土　族	12	8	4	1	1		32	26	6
达斡尔族				1	1		1		1
仫佬族	6	4	2				5	4	1
羌　族	12	5	7				4	3	1
布朗族	1	1					2		2
撒拉族									
毛南族							2	2	
仡佬族	51	29	22				61	52	9
锡伯族	2		2						
阿昌族									
普米族									
塔吉克族									
怒　族									
乌孜别克族									
俄罗斯族									
鄂温克族									
德昂族									
保安族									
裕固族									
京　族									
塔塔尔族									
独龙族									
鄂伦春族									
赫哲族									
门巴族									
珞巴族									
基诺族									
未定族称人口	7	4	3						
入　籍									

2-1　续表 2　　　　单位：人

民　族	批发和零售业			交通运输、仓储和邮政业			住宿和餐饮业		
	小计	男	女	小计	男	女	小计	男	女
总　计	**213232**	**95240**	**117992**	**81946**	**68223**	**13723**	**98943**	**44646**	**54297**
汉　族	204148	91670	112478	78408	65299	13109	94661	42958	51703
蒙古族	40	23	17	11	10	1	14	7	7
回　族	48	24	24	14	9	5	28	16	12
藏　族	35	11	24	6	6		13	5	8
维吾尔族	7	3	4	1	1		67	51	16
苗　族	2493	985	1508	948	788	160	1072	425	647
彝　族	51	14	37	7	3	4	34	18	16
壮　族	55	20	35	16	9	7	35	10	25
布依族	31	10	21	5	4	1	12	3	9
朝鲜族	8	6	2	1	1		4	4	
满　族	37	17	20	10	3	7	10	6	4
侗　族	40	12	28	4	2	2	14	2	12
瑶　族	12	7	5	1		1	5		5
白　族	11	2	9	5	2	3	7		7
土家族	6108	2402	3706	2480	2070	410	2895	1118	1777
哈尼族	7	1	6	3	2	1	10	2	8
哈萨克族							1	1	
傣　族	8		8	2	1	1	3	1	2
黎　族	4	3	1	1	1		3	1	2
傈僳族	7		7						
佤　族	4	1	3	2	2		2	1	1
畲　族	5	2	3	2	1	1	2		2
高山族									
拉祜族	3		3				4		4
水　族									
东乡族									
纳西族	1		1	1	1				
景颇族	1		1				1	1	
柯尔克孜族							1		1
土　族	19	10	9	4	2	2	7	1	6
达斡尔族							2	2	
仫佬族	3	1	2	3		3	4	1	3
羌　族	9	4	5	2	1	1			
布朗族	1		1				7	3	4
撒拉族				1	1		7	3	4
毛南族	1		1						
仡佬族	29	9	20	7	4	3	14	4	10
锡伯族	1		1						
阿昌族									
普米族									
塔吉克族									
怒　族									
乌孜别克族	1		1						
俄罗斯族									
鄂温克族	3	3					1		1
德昂族									
保安族									
裕固族									
京　族									
塔塔尔族									
独龙族									
鄂伦春族									
赫哲族									
门巴族									
珞巴族									
基诺族									
未定族称人口				1		1	3	2	1
入　籍	1		1						

2-1 续表 3

单位：人

民　族	信息传输、软件和信息技术服务业			金融业			房地产业		
	小计	男	女	小计	男	女	小计	男	女
总　计	**27069**	**17381**	**9688**	**22962**	**10382**	**12580**	**41869**	**24513**	**17356**
汉　族	26072	16747	9325	21958	9890	12068	40679	23823	16856
蒙古族	11	9	2	9	5	4	11	9	2
回　族	8	8		13	8	5	13	8	5
藏　族	2	2		3	3		5	3	2
维吾尔族	5	2	3						
苗　族	249	150	99	281	138	143	352	213	139
彝　族	14	9	5	4	3	1	9	6	3
壮　族	8	7	1	6	2	4	7	2	5
布依族	4	1	3	1		1	4	2	2
朝鲜族									
满　族	15	9	6	5	4	1	13	7	6
侗　族	3	2	1	5		5	3	2	1
瑶　族	3	2	1						
白　族	4	3	1	2	2		4	2	2
土家族	654	422	232	666	324	342	744	424	320
哈尼族	2	1	1	1		1	1		1
哈萨克族									
傣　族	1		1				2	1	1
黎　族				1		1	2	1	1
傈僳族									
佤　族							2		2
畲　族									
高山族							1	1	
拉祜族									
水　族				1		1	2	2	
东乡族									
纳西族				1	1				
景颇族									
柯尔克孜族									
土　族	6	2	4				7	3	4
达斡尔族									
仫佬族	2	1	1	2		2	1		1
羌　族	1	1					2	1	1
布朗族				1		1			
撒拉族									
毛南族									
仡佬族	2	2		1	1		5	3	2
锡伯族	2	1	1						
阿昌族									
普米族	1		1						
塔吉克族									
怒　族									
乌孜别克族									
俄罗斯族									
鄂温克族									
德昂族									
保安族									
裕固族									
京　族									
塔塔尔族									
独龙族									
鄂伦春族									
赫哲族									
门巴族									
珞巴族									
基诺族									
未定族称人口				1	1				
入　籍									

2-1　续表 4　　　　单位：人

民　族	租赁和商务服务业			科学研究和技术服务业			水利、环境和公共设施管理业		
	小计	男	女	小计	男	女	小计	男	女
总　计	**46696**	**27676**	**19020**	**16934**	**11374**	**5560**	**12663**	**7135**	**5528**
汉　族	44946	26674	18272	16483	11073	5410	12139	6872	5267
蒙古族	23	12	11	10	6	4			
回　族	20	12	8	10	6	4	4	3	1
藏　族	5	2	3	2	1	1	1	1	
维吾尔族	6	5	1						
苗　族	600	313	287	105	68	37	117	61	56
彝　族	32	21	11	5	3	2	7	1	6
壮　族	14	7	7	4	3	1	4	2	2
布依族	5	2	3	5	3	2			
朝鲜族	6	4	2	3	1	2			
满　族	17	11	6	16	10	6	2	2	
侗　族	20	9	11	7	5	2	3	1	2
瑶　族	2	2		1	1		1		1
白　族	5	1	4	1		1			
土家族	976	588	388	275	189	86	374	188	186
哈尼族	1	1		1		1			
哈萨克族									
傣　族							2		2
黎　族							1		1
傈僳族									
佤　族	1	1					1		1
畲　族									
高山族									
拉祜族	1		1				1		1
水　族									
东乡族									
纳西族									
景颇族									
柯尔克孜族									
土　族	3	3					3	2	1
达斡尔族	1	1							
仫佬族	1		1				1	1	
羌　族	2	1	1	1	1		1	1	
布朗族									
撒拉族									
毛南族									
仡佬族	8	5	3	4	3	1			
锡伯族	1	1							
阿昌族									
普米族									
塔吉克族									
怒　族									
乌孜别克族									
俄罗斯族									
鄂温克族									
德昂族									
保安族									
裕固族							1		1
京　族									
塔塔尔族									
独龙族									
鄂伦春族									
赫哲族									
门巴族									
珞巴族									
基诺族									
未定族称人口				1	1				
入　籍									

2–1 续表 5

单位：人

民族	居民服务、修理和其他服务业			教育			卫生和社会工作		
	小计	男	女	小计	男	女	小计	男	女
总计	**65075**	**27279**	**37796**	**64624**	**23753**	**40871**	**33978**	**10791**	**23187**
汉族	62240	26058	36182	60126	21974	38152	32223	10249	21974
蒙古族	7	2	5	27	9	18	10	1	9
回族	14	3	11	41	18	23	16	6	10
藏族	4	1	3	12	6	6	3	1	2
维吾尔族	2		2	3		3	2	1	1
苗族	857	393	464	1060	446	614	413	127	286
彝族	29	12	17	18	6	12	8	2	6
壮族	17	3	14	16	5	11	2		2
布依族	18	4	14	9	4	5	2	1	1
朝鲜族	2	1	1	2	1	1	2	2	
满族	9	6	3	36	13	23	9	4	5
侗族	6	3	3	13	2	11	8	1	7
瑶族	3		3	5	2	3	2		2
白族	2	1	1	6	3	3	1		1
土家族	1816	777	1039	3223	1253	1970	1254	390	864
哈尼族	7	2	5	2	2				
哈萨克族									
傣族	2		2	1	1		2		2
黎族	3	2	1	1		1	1		1
傈僳族	1		1	1		1			
佤族	2		2						
畲族	5	4	1	1		1			
高山族							1	1	
拉祜族									
水族	1		1						
东乡族									
纳西族									
景颇族									
柯尔克孜族									
土族	7	3	4	3		3	7	2	5
达斡尔族				1		1			
仫佬族	4		4	1		1	1		1
羌族				6	3	3	2		2
布朗族	1	1		1	1				
撒拉族									
毛南族	1	1							
仡佬族	14	2	12	4	2	2	8	3	5
锡伯族				1	1				
阿昌族									
普米族									
塔吉克族									
怒族									
乌孜别克族									
俄罗斯族									
鄂温克族				1		1			
德昂族									
保安族									
裕固族									
京族									
塔塔尔族									
独龙族									
鄂伦春族									
赫哲族									
门巴族									
珞巴族									
基诺族									
未定族称人口				3	1	2	1		1
入籍	1		1						

2–1　续表 6　　单位：人

民　族	文化、体育和娱乐业			公共管理、社会保障和社会组织			国际组织		
	小计	男	女	小计	男	女	小计	男	女
总　计	**13790**	**6777**	**7013**	**53452**	**33014**	**20438**	**4**	**1**	**3**
汉　族	13297	6528	6769	49536	30395	19141	4	1	3
蒙古族	8	5	3	9	9				
回　族	4	3	1	29	18	11			
藏　族	1	1		5	2	3			
维吾尔族	3	1	2	3	2	1			
苗　族	126	64	62	879	598	281			
彝　族	2		2	10	6	4			
壮　族	4	1	3	4		4			
布依族				3		3			
朝鲜族	1		1	1	1				
满　族	5	4	1	18	12	6			
侗　族	1	1		13	7	6			
瑶　族				5	2	3			
白　族	1		1	6	2	4			
土家族	331	164	167	2911	1948	963			
哈尼族	1	1							
哈萨克族									
傣　族									
黎　族				1	1				
傈僳族									
佤　族									
畲　族	1	1		1	1				
高山族									
拉祜族									
水　族	1	1		1		1			
东乡族				1		1			
纳西族	1		1	1	1				
景颇族									
柯尔克孜族									
土　族				8	7	1			
达斡尔族									
仫佬族									
羌　族				2	1	1			
布朗族				1		1			
撒拉族									
毛南族									
仡佬族	2	2		3	1	2			
锡伯族				1		1			
阿昌族									
普米族									
塔吉克族									
怒　族									
乌孜别克族									
俄罗斯族									
鄂温克族									
德昂族									
保安族									
裕固族									
京　族									
塔塔尔族									
独龙族									
鄂伦春族									
赫哲族									
门巴族									
珞巴族									
基诺族									
未定族称人口									
入　籍									

2–2　全市各民族分性别、职业的人口

单位：人

民　　族	人口数			党的机关、国家机关、群众团体和社会组织、企事业单位负责人		
	合计	男	女	小计	男	女
总　计	**1526643**	**891361**	**635282**	**21875**	**15766**	**6109**
汉　族	1443592	844268	599324	20993	15085	5908
蒙古族	275	169	106	6	5	1
回　族	373	213	160	17	12	5
藏　族	133	65	68	1		1
维吾尔族	138	84	54	3	2	1
苗　族	21744	12577	9167	223	169	54
彝　族	657	342	315	6	5	1
壮　族	350	127	223	5	5	
布依族	239	102	137	1	1	
朝鲜族	62	45	17	7	7	
满　族	285	178	107	10	6	4
侗　族	244	111	133	9	7	2
瑶　族	83	30	53	2		2
白　族	121	55	66	2	2	
土家族	57482	32616	24866	582	454	128
哈尼族	81	20	61			
哈萨克族	4	1	3			
傣　族	50	9	41			
黎　族	29	13	16			
傈僳族	38	12	26			
佤　族	32	9	23			
畲　族	27	12	15	1	1	
高山族	2	2				
拉祜族	25	6	19			
水　族	16	8	8			
东乡族	1		1	1		1
纳西族	7	5	2			
景颇族	5	1	4			
柯尔克孜族	1		1			
土　族	143	81	62	2	2	
达斡尔族	6	4	2			
仫佬族	34	12	22			
羌　族	46	23	23	2	2	
布朗族	18	6	12			
撒拉族	8	4	4			
毛南族	5	3	2			
仡佬族	249	133	116	2	1	1
锡伯族	8	3	5			
阿昌族						
普米族	1		1			
塔吉克族						
怒　族						
乌孜别克族	1		1			
俄罗斯族						
鄂温克族	5	3	2			
德昂族						
保安族						
裕固族	1		1			
京　族						
塔塔尔族						
独龙族						
鄂伦春族						
赫哲族						
门巴族						
珞巴族						
基诺族						
未定族称人口	19	9	10			
入　籍	3		3			

2-2　续表 1　　　　单位：人

民　族	专业技术人员			办事人员和有关人员			社会生产服务和生活服务人员		
	小计	男	女	小计	男	女	小计	男	女
总　计	**157055**	**71073**	**85982**	**112668**	**64803**	**47865**	**574740**	**302432**	**272308**
汉　族	149205	67702	81503	107560	61603	45957	550224	290406	259818
蒙古族	68	29	39	29	17	12	102	62	40
回　族	94	49	45	56	29	27	132	76	56
藏　族	26	15	11	16	7	9	57	26	31
维吾尔族	11	6	5	10	5	5	85	57	28
苗　族	1845	802	1043	1223	759	464	6564	3264	3300
彝　族	62	30	32	23	12	11	156	66	90
壮　族	44	19	25	22	9	13	142	51	91
布依族	21	12	9	12	5	7	92	35	57
朝鲜族	15	10	5	12	5	7	13	10	3
满　族	94	51	43	37	21	16	101	60	41
侗　族	36	12	24	24	11	13	79	27	52
瑶　族	14	7	7	5	3	2	23	9	14
白　族	18	10	8	10	4	6	35	10	25
土家族	5418	2278	3140	3576	2281	1295	16624	8165	8459
哈尼族	3	3					30	9	21
哈萨克族							2	1	1
傣　族	4	2	2	2		2	22	3	19
黎　族	4	2	2	3	2	1	14	7	7
傈僳族	1		1				8		8
佤　族	3	3					13	3	10
畲　族	4	1	3	1	1		13	7	6
高山族	1	1							
拉祜族	2	2					8		8
水　族				4	2	2	5	3	2
东乡族									
纳西族				2	2		4	2	2
景颇族							1	1	
柯尔克孜族							1		1
土　族	13	4	9	11	8	3	52	24	28
达斡尔族	1		1				4	3	1
仫佬族	5		5	2	1	1	16	4	12
羌　族	10	5	5	6	4	2	19	7	12
布朗族	1	1		1		1	10	4	6
撒拉族	1	1					7	3	4
毛南族				1	1		2	1	1
仡佬族	22	15	7	13	7	6	69	21	48
锡伯族	3	1	2	2	1	1	2	1	1
阿昌族									
普米族				1		1			
塔吉克族									
怒　族									
乌孜别克族							1		1
俄罗斯族									
鄂温克族	1		1	1	1		3	2	1
德昂族									
保安族									
裕固族	1		1						
京　族									
塔塔尔族									
独龙族									
鄂伦春族									
赫哲族									
门巴族									
珞巴族									
基诺族									
未定族称人口	4		4	3	2	1	3	2	1
入　籍							2		2

2-2 续表 2

单位：人

民族	农、林、牧、渔业生产及辅助人员			生产制造及有关人员			不便分类的其他从业人员		
	小计	男	女	小计	男	女	小计	男	女
总计	**240524**	**120511**	**120013**	**417217**	**315246**	**101971**	**2564**	**1530**	**1034**
汉族	218642	109695	108947	394525	298322	96203	2443	1455	988
蒙古族	34	27	7	36	29	7			
回族	19	7	12	55	40	15			
藏族	9		9	24	17	7			
维吾尔族				29	14	15			
苗族	5287	2685	2602	6529	4853	1676	73	45	28
彝族	53	2	51	355	225	130	2	2	
壮族	29	2	27	108	41	67			
布依族	24		24	89	49	40			
朝鲜族				14	12	2	1	1	
满族				42	40	2	1		1
侗族	16	4	12	79	49	30	1	1	
瑶族	9	1	8	30	10	20			
白族	19	5	14	36	24	12	1		1
土家族	16261	8063	8198	14979	11349	3630	42	26	16
哈尼族	19		19	29	8	21			
哈萨克族	2		2						
傣族	9		9	13	4	9			
黎族	4		4	4	2	2			
傈僳族	10	1	9	19	11	8			
佤族	7		7	9	3	6			
畲族	1		1	7	2	5			
高山族				1	1				
拉祜族	6		6	9	4	5			
水族				7	3	4			
东乡族									
纳西族				1	1				
景颇族				4		4			
柯尔克孜族									
土族	22	9	13	43	34	9			
达斡尔族				1	1				
仫佬族				11	7	4			
羌族	1	1		8	4	4			
布朗族	3		3	3	1	2			
撒拉族									
毛南族	1		1	1	1				
仡佬族	34	9	25	109	80	29			
锡伯族				1		1			
阿昌族									
普米族									
塔吉克族									
怒族									
乌孜别克族									
俄罗斯族									
鄂温克族									
德昂族									
保安族									
裕固族									
京族									
塔塔尔族									
独龙族									
鄂伦春族									
赫哲族									
门巴族									
珞巴族									
基诺族									
未定族称人口	2		2	7	5	2			
入籍	1		1						

2-3 全市各民族分性别、主要生活来源的15岁及以上人口

单位：人

民　族	15岁及以上人口			劳动收入		
	合计	男	女	小计	男	女
总　计	**2785011**	**1396941**	**1388070**	**1506155**	**884206**	**621949**
汉　族	2627151	1318603	1308548	1424462	837518	586944
蒙古族	516	264	252	270	164	106
回　族	783	407	376	376	214	162
藏　族	400	178	222	135	67	68
维吾尔族	387	210	177	136	84	52
苗　族	39478	20070	19408	21402	12460	8942
彝　族	1191	554	637	659	347	312
壮　族	747	233	514	336	125	211
布依族	619	265	354	240	103	137
朝鲜族	96	57	39	62	45	17
满　族	547	300	247	286	180	106
侗　族	511	232	279	245	112	133
瑶　族	145	45	100	84	30	54
白　族	252	105	147	120	55	65
土家族	110373	54705	55668	56494	32330	24164
哈尼族	158	34	124	79	20	59
哈萨克族	60	25	35	3	1	2
傣　族	111	17	94	50	9	41
黎　族	101	48	53	28	13	15
傈僳族	72	19	53	39	12	27
佤　族	59	12	47	32	9	23
畲　族	41	17	24	26	11	15
高山族	3	3		2	2	
拉祜族	42	7	35	25	6	19
水　族	47	15	32	16	8	8
东乡族	2		2	1		1
纳西族	23	12	11	7	5	2
景颇族	9	2	7	5	1	4
柯尔克孜族	16	10	6	1		1
土　族	258	127	131	136	77	59
达斡尔族	8	5	3	6	4	2
仫佬族	65	24	41	34	12	22
羌　族	72	32	40	45	22	23
布朗族	32	7	25	18	5	13
撒拉族	10	4	6	8	4	4
毛南族	13	5	8	4	3	1
仡佬族	445	218	227	245	133	112
锡伯族	12	5	7	8	3	5
阿昌族	1	1				
普米族	5	1	4	1		1
塔吉克族	1	1				
怒　族	1		1			
乌孜别克族	1		1	1		1
俄罗斯族	2		2			
鄂温克族	5	3	2	5	3	2
德昂族						
保安族	2	2				
裕固族	3	1	2	1		1
京　族	1	1				
塔塔尔族						
独龙族	1		1			
鄂伦春族						
赫哲族						
门巴族	2	1	1			
珞巴族						
基诺族	1		1			
未定族称人口	108	42	66	19	9	10
入　籍	22	12	10	3		3

2-3 续表 1

单位：人

民族	离退休金/养老金			最低生活保障金			失业保险金		
	小计	男	女	小计	男	女	小计	男	女
总　计	**355806**	**155321**	**200485**	**48582**	**29855**	**18727**	**1001**	**598**	**403**
汉　族	347425	151233	196192	44706	27590	17116	991	591	400
蒙古族	33	14	19	10	6	4			
回　族	136	59	77	8	7	1			
藏　族	18	7	11	1	1				
维吾尔族	7	2	5	1		1			
苗　族	1722	835	887	783	459	324	1		1
彝　族	10	5	5	15	3	12			
壮　族	18	8	10	2	1	1			
布依族	3	1	2	3		3			
朝鲜族	8	2	6						
满　族	67	34	33	2	1	1			
侗　族	15	8	7						
瑶　族	2		2	2		2			
白　族	12	7	5	3		3			
土家族	6296	3089	3207	3021	1781	1240	9	7	2
哈尼族	2	2		4		4			
哈萨克族									
傣　族	5	1	4	1		1			
黎　族	4	2	2						
傈僳族				2		2			
佤　族				1		1			
畲　族	2	2							
高山族									
拉祜族									
水　族				1		1			
东乡族									
纳西族									
景颇族									
柯尔克孜族									
土　族	6	2	4	12	6	6			
达斡尔族									
仫佬族	1	1		1		1			
羌　族	3	2	1						
布朗族									
撒拉族									
毛南族									
仡佬族	9	4	5	3		3			
锡伯族									
阿昌族									
普米族									
塔吉克族									
怒　族									
乌孜别克族									
俄罗斯族									
鄂温克族									
德昂族									
保安族									
裕固族									
京　族									
塔塔尔族									
独龙族									
鄂伦春族									
赫哲族									
门巴族									
珞巴族									
基诺族									
未定族称人口	2	1	1						
入　籍									

2–3　续表 2　　　　单位：人

民　族	财产性收入			家庭其他成员供养			其　他		
	小计	男	女	小计	男	女	小计	男	女
总　计	**12851**	**7056**	**5795**	**730354**	**254894**	**475460**	**130262**	**65011**	**65251**
汉　族	12051	6628	5423	677412	234955	442457	120104	60088	60016
蒙古族	2	1	1	188	71	117	13	8	5
回　族	6	3	3	239	114	125	18	10	8
藏　族	1		1	234	98	136	11	5	6
维吾尔族	1	1		236	118	118	6	5	1
苗　族	202	108	94	12984	5070	7914	2384	1138	1246
彝　族	1		1	469	187	282	37	12	25
壮　族	3	1	2	364	91	273	24	7	17
布依族				351	154	197	22	7	15
朝鲜族				23	8	15	3	2	1
满　族	3	2	1	177	80	97	12	3	9
侗　族				230	102	128	21	10	11
瑶　族	1	1		50	13	37	6	1	5
白　族	1	1		105	40	65	11	2	9
土家族	572	308	264	36445	13497	22948	7536	3693	3843
哈尼族				67	12	55	6		6
哈萨克族				53	23	30	4	1	3
傣　族				51	7	44	4		4
黎　族				65	31	34	4	2	2
傈僳族				28	7	21	3		3
佤　族				24	3	21	2		2
畲　族				12	3	9	1	1	
高山族				1	1				
拉祜族				17	1	16			
水　族	1		1	29	7	22			
东乡族				1		1			
纳西族	1	1		15	6	9			
景颇族				4	1	3			
柯尔克孜族				15	10	5			
土　族	3	1	2	91	34	57	10	7	3
达斡尔族				2	1	1			
仫佬族				28	11	17	1		1
羌　族				20	5	15	4	3	1
布朗族				14	2	12			
撒拉族				2		2			
毛南族				8	2	6	1		1
仡佬族	1		1	175	76	99	12	5	7
锡伯族				4	2	2			
阿昌族				1	1				
普米族				4	1	3			
塔吉克族				1	1				
怒　族				1		1			
乌孜别克族									
俄罗斯族	1		1				1		1
鄂温克族									
德昂族									
保安族				2	2				
裕固族				2	1	1			
京　族				1	1				
塔塔尔族									
独龙族				1		1			
鄂伦春族									
赫哲族									
门巴族				2	1	1			
珞巴族									
基诺族				1		1			
未定族称人口				86	31	55	1	1	
入　籍				19	12	7			

2–4 全市各民族分性别、婚姻状况的15岁及以上人口

单位：人

民族	15岁及以上人口			未婚		
	合计	男	女	小计	男	女
总　计	**2785011**	**1396941**	**1388070**	**547351**	**322459**	**224892**
汉　族	2627151	1318603	1308548	507310	299323	207987
蒙古族	516	264	252	235	121	114
回　族	783	407	376	268	151	117
藏　族	400	178	222	248	129	119
维吾尔族	387	210	177	301	163	138
苗　族	39478	20070	19408	10661	6161	4500
彝　族	1191	554	637	566	351	215
壮　族	747	233	514	292	130	162
布依族	619	265	354	345	203	142
朝鲜族	96	57	39	36	24	12
满　族	547	300	247	209	112	97
侗　族	511	232	279	229	136	93
瑶　族	145	45	100	46	26	20
白　族	252	105	147	120	65	55
土家族	110373	54705	55668	25731	14960	10771
哈尼族	158	34	124	51	26	25
哈萨克族	60	25	35	56	24	32
傣　族	111	17	94	34	13	21
黎　族	101	48	53	61	35	26
傈僳族	72	19	53	28	14	14
佤　族	59	12	47	16	9	7
畲　族	41	17	24	15	6	9
高山族	3	3		1	1	
拉祜族	42	7	35	7	3	4
水　族	47	15	32	21	11	10
东乡族	2		2	1		1
纳西族	23	12	11	17	8	9
景颇族	9	2	7	3	2	1
柯尔克孜族	16	10	6	15	10	5
土　族	258	127	131	66	32	34
达斡尔族	8	5	3	5	3	2
仫佬族	65	24	41	27	14	13
羌　族	72	32	40	30	16	14
布朗族	32	7	25	8	6	2
撒拉族	10	4	6	4	2	2
毛南族	13	5	8	7	4	3
仡佬族	445	218	227	163	107	56
锡伯族	12	5	7	5	2	3
阿昌族	1	1		1	1	
普米族	5	1	4	4	1	3
塔吉克族	1	1		1	1	
怒　族	1		1			
乌孜别克族	1		1			
俄罗斯族	2		2			
鄂温克族	5	3	2	1		1
德昂族						
保安族	2	2		2	2	
裕固族	3	1	2	2	1	1
京　族	1	1		1	1	
塔塔尔族						
独龙族	1		1			
鄂伦春族						
赫哲族						
门巴族	2	1	1	1	1	
珞巴族						
基诺族	1		1	1		1
未定族称人口	108	42	66	82	36	46
入　籍	22	12	10	17	12	5

2-4　续表

单位：人

民　　族	有配偶			离婚			丧偶		
	小计	男	女	小计	男	女	小计	男	女
总　计	**1970035**	**976105**	**993930**	**95258**	**50132**	**45126**	**172367**	**48245**	**124122**
汉　族	1865430	926147	939283	92247	48418	43829	162164	44715	117449
蒙古族	261	136	125	6	2	4	14	5	9
回　族	468	237	231	21	9	12	26	10	16
藏　族	145	47	98	3	1	2	4	1	3
维吾尔族	81	44	37	2	2		3	1	2
苗　族	25667	12636	13031	729	410	319	2421	863	1558
彝　族	600	196	404	16	4	12	9	3	6
壮　族	436	98	338	16	5	11	3		3
布依族	261	60	201	4	2	2	9		9
朝鲜族	57	32	25	2	1	1	1		1
满　族	311	177	134	15	7	8	12	4	8
侗　族	261	85	176	12	5	7	9	6	3
瑶　族	93	18	75	3	1	2	3		3
白　族	126	38	88	4	2	2	2		2
土家族	74829	35858	38971	2156	1258	898	7657	2629	5028
哈尼族	105	8	97	1		1	1		1
哈萨克族	4	1	3						
傣　族	73	4	69	1		1	3		3
黎　族	39	13	26	1		1			
傈僳族	42	5	37				2		2
佤　族	41	3	38	1		1	1		1
畲　族	25	10	15	1	1				
高山族	2	2							
拉祜族	34	4	30				1		1
水　族	24	4	20	2		2			
东乡族	1		1						
纳西族	6	4	2						
景颇族	6		6						
柯尔克孜族	1		1						
土　族	178	88	90	3	2	1	11	5	6
达斡尔族	3	2	1						
仫佬族	37	10	27	1		1			
羌　族	40	16	24	1		1	1		1
布朗族	24	1	23						
撒拉族	6	2	4						
毛南族	6	1	5						
仡佬族	264	107	157	10	2	8	8	2	6
锡伯族	7	3	4						
阿昌族									
普米族	1		1						
塔吉克族									
怒　族	1		1						
乌孜别克族	1		1						
俄罗斯族	2		2						
鄂温克族	3	2	1				1	1	
德昂族									
保安族									
裕固族	1		1						
京　族									
塔塔尔族									
独龙族	1		1						
鄂伦春族									
赫哲族									
门巴族	1		1						
珞巴族									
基诺族									
未定族称人口	25	6	19				1		1
入　籍	5		5						

2−5 全市各民族分性别、初婚年龄的人口

单位：人

民族	合计			15岁以下		
	合计	男	女	小计	男	女
总 计	**2237660**	**1074482**	**1163178**	**2686**	**561**	**2125**
汉 族	2119841	1019280	1100561	2404	506	1898
蒙古族	281	143	138			
回 族	515	256	259			
藏 族	152	49	103	2		2
维吾尔族	86	47	39	1	1	
苗 族	28817	13909	14908	75	14	61
彝 族	625	203	422	1		1
壮 族	455	103	352			
布依族	274	62	212			
朝鲜族	60	33	27			
满 族	338	188	150			
侗 族	282	96	186	1		1
瑶 族	99	19	80			
白 族	132	40	92			
土家族	84642	39745	44897	200	40	160
哈尼族	107	8	99	1		1
哈萨克族	4	1	3			
傣 族	77	4	73			
黎 族	40	13	27			
傈僳族	44	5	39			
佤 族	43	3	40			
畲 族	26	11	15			
高山族	2	2				
拉祜族	35	4	31			
水 族	26	4	22			
东乡族	1		1			
纳西族	6	4	2			
景颇族	6		6			
柯尔克孜族	1		1			
土 族	192	95	97			
达斡尔族	3	2	1			
仫佬族	38	10	28			
羌 族	42	16	26			
布朗族	24	1	23			
撒拉族	6	2	4			
毛南族	6	1	5			
仡佬族	282	111	171	1		1
锡伯族	7	3	4			
阿昌族						
普米族	1		1			
塔吉克族						
怒 族	1		1			
乌孜别克族	1		1			
俄罗斯族	2		2			
鄂温克族	4	3	1			
德昂族						
保安族						
裕固族	1		1			
京 族						
塔塔尔族						
独龙族	1		1			
鄂伦春族						
赫哲族						
门巴族	1		1			
珞巴族						
基诺族						
未定族称人口	26	6	20			
入 籍	5		5			

2-5　续表 1　　单位：人

民　族	15岁			16岁		
	小计	男	女	小计	男	女
总　计	**12126**	**2425**	**9701**	**21520**	**3986**	**17534**
汉　族	11187	2242	8945	19834	3659	16175
蒙古族				4	2	2
回　族				2		2
藏　族	1		1			
维吾尔族						
苗　族	239	55	184	432	86	346
彝　族	7	2	5	13	2	11
壮　族	4	1	3	8	1	7
布依族	1		1	5		5
朝鲜族				1		1
满　族						
侗　族	1	1		4		4
瑶　族	2		2			
白　族				3		3
土家族	675	124	551	1196	236	960
哈尼族	1		1	5		5
哈萨克族	1		1			
傣　族	1		1	2		2
黎　族						
傈僳族				1		1
佤　族	1		1	1		1
畲　族	1		1			
高山族						
拉祜族	1		1	2		2
水　族						
东乡族						
纳西族						
景颇族	1		1			
柯尔克孜族						
土　族				2		2
达斡尔族						
仫佬族						
羌　族						
布朗族	1		1	1		1
撒拉族						
毛南族						
仡佬族	1		1	3		3
锡伯族						
阿昌族						
普米族						
塔吉克族						
怒　族						
乌孜别克族						
俄罗斯族						
鄂温克族						
德昂族						
保安族						
裕固族						
京　族						
塔塔尔族						
独龙族						
鄂伦春族						
赫哲族						
门巴族						
珞巴族						
基诺族						
未定族称人口				1		1
入　籍						

2–5 续表 2

单位：人

民族	17岁			18岁			19岁		
	小计	男	女	小计	男	女	小计	男	女
总计	**41180**	**7619**	**33561**	**72266**	**14826**	**57440**	**149039**	**33815**	**115224**
汉族	38072	6981	31091	67130	13592	53538	139964	31332	108632
蒙古族	3	1	2	6	2	4	13	6	7
回族	5	3	2	14	4	10	23	8	15
藏族	1		1	3		3	11	1	10
维吾尔族	3		3	7	3	4	3	1	2
苗族	796	164	632	1238	323	915	2231	654	1577
彝族	20	2	18	28	3	25	52	11	41
壮族	9		9	14	1	13	24	1	23
布依族	8	1	7	17	4	13	19	2	17
朝鲜族							1		1
满族				4	1	3	7	3	4
侗族	10		10	10	1	9	11		11
瑶族	7	1	6	2		2	8	1	7
白族	5	1	4	3		3	8	2	6
土家族	2214	463	1751	3745	889	2856	6598	1784	4814
哈尼族	4	1	3	4		4	9		9
哈萨克族	1		1						
傣族	2		2	3		3	4		4
黎族	1		1	2		2	2		2
傈僳族	3		3	2		2	3	1	2
佤族	1		1	3		3	2		2
畲族	1		1	2	1	1			
高山族									
拉祜族	1		1	3		3	2		2
水族	1		1	1		1			
东乡族									
纳西族									
景颇族				1		1	2		2
柯尔克孜族									
土族	6		6	4		4	13	4	9
达斡尔族									
仫佬族	2	1	1	2		2	2	1	1
羌族									
布朗族	2		2	2		2	2		2
撒拉族				2		2	1		1
毛南族									
仡佬族	2		2	11	2	9	21	3	18
锡伯族									
阿昌族									
普米族				1		1			
塔吉克族									
怒族									
乌孜别克族									
俄罗斯族									
鄂温克族				1		1			
德昂族									
保安族									
裕固族									
京族									
塔塔尔族									
独龙族							1		1
鄂伦春族									
赫哲族									
门巴族							1		1
珞巴族									
基诺族									
未定族称人口							1		1
入籍				1		1			

2–5 续表 3

单位：人

民　族	20岁			21岁			22岁		
	小计	男	女	小计	男	女	小计	男	女
总　计	**241234**	**60761**	**180473**	**272535**	**109929**	**162606**	**304517**	**156914**	**147603**
汉　族	227913	56541	171372	257806	103865	153941	288944	149183	139761
蒙古族	16	4	12	21	7	14	30	14	16
回　族	31	6	25	40	15	25	51	24	27
藏　族	11	1	10	9	2	7	16	6	10
维吾尔族	6	3	3	3	1	2	5	3	2
苗　族	3281	1126	2155	3750	1656	2094	3856	2012	1844
彝　族	68	12	56	55	14	41	73	25	48
壮　族	54	2	52	43	6	37	40	5	35
布依族	30		30	31	4	27	25	2	23
朝鲜族				4	1	3	4	3	1
满　族	12	2	10	17	8	9	29	12	17
侗　族	29	8	21	36	7	29	31	13	18
瑶　族	6		6	11	1	10	5		5
白　族	12		12	11		11	10	3	7
土家族	9669	3043	6626	10577	4322	6255	11280	5574	5706
哈尼族	8		8	8	1	7	17	3	14
哈萨克族									
傣　族	10		10	9		9	6		6
黎　族	1	1		3		3	5		5
傈僳族	6		6	8		8	2		2
佤　族	3		3	8	1	7	2		2
畲　族	2	1	1	1		1	2		2
高山族									
拉祜族	7		7	1	1		3		3
水　族	2		2	2		2	1		1
东乡族							1		1
纳西族				2	1	1			
景颇族	1		1	1		1			
柯尔克孜族									
土　族	22	8	14	27	5	22	19	10	9
达斡尔族									
仫佬族	4		4	6	1	5	5	1	4
羌　族	3	1	2	3		3	5	1	4
布朗族	3		3	4		4	1		1
撒拉族				1	1		1	1	
毛南族	1		1	1		1			
仡佬族	22	2	20	34	9	25	41	15	26
锡伯族									
阿昌族									
普米族									
塔吉克族									
怒　族							1		1
乌孜别克族									
俄罗斯族									
鄂温克族							2	2	
德昂族									
保安族									
裕固族									
京　族									
塔塔尔族									
独龙族									
鄂伦春族									
赫哲族									
门巴族									
珞巴族									
基诺族									
未定族称人口	1		1	2		2	3	2	1
入　籍							1		1

2–5 续表 4

单位：人

民族	23岁			24岁			25岁		
	小计	男	女	小计	男	女	小计	男	女
总　计	**246728**	**129715**	**117013**	**204295**	**115997**	**88298**	**163864**	**99405**	**64459**
汉　族	233980	123052	110928	194085	110225	83860	156064	94749	61315
蒙古族	32	14	18	31	16	15	23	13	10
回　族	47	20	27	49	26	23	56	25	31
藏　族	21	6	15	15	7	8	14	4	10
维吾尔族	9	3	6	8	6	2	8	6	2
苗　族	3078	1640	1438	2464	1419	1045	1903	1151	752
彝　族	64	28	36	47	28	19	35	14	21
壮　族	38	7	31	39	10	29	35	7	28
布依族	24	7	17	24	6	18	23	7	16
朝鲜族	6	3	3	4		4	3	1	2
满　族	22	9	13	31	24	7	34	14	20
侗　族	23	9	14	21	5	16	21	5	16
瑶　族	11	2	9	9	1	8	10	4	6
白　族	15	7	8	9	2	7	17	5	12
土家族	9240	4865	4375	7367	4186	3181	5551	3372	2179
哈尼族	12		12	2		2	2		2
哈萨克族							1	1	
傣　族	8	1	7	7		7	2	1	1
黎　族	4	2	2	1	1		3		3
傈僳族	2		2	5		5	4	1	3
佤　族	2		2	4		4	3	1	2
畲　族	4	3	1	2		2	1		1
高山族				2	2				
拉祜族	2		2	3		3	2	2	
水　族	3		3	3	1	2	3	1	2
东乡族									
纳西族				1		1			
景颇族									
柯尔克孜族									
土　族	25	17	8	18	10	8	12	9	3
达斡尔族	1	1					1		1
仫佬族	7	2	5	2	1	1	2		2
羌　族	8	2	6	3	1	2	6	3	3
布朗族	1		1	2		2	1		1
撒拉族									
毛南族	2	1	1	1		1			
仡佬族	33	14	19	35	20	15	19	9	10
锡伯族	1		1				1		1
阿昌族									
普米族									
塔吉克族									
怒　族									
乌孜别克族									
俄罗斯族									
鄂温克族									
德昂族									
保安族									
裕固族	1		1						
京　族									
塔塔尔族									
独龙族									
鄂伦春族									
赫哲族									
门巴族									
珞巴族									
基诺族									
未定族称人口	1		1	1		1	4		4
入　籍	1		1						

2-5　续表 5

单位：人

民　族	26岁			27岁			28岁		
	小计	男	女	小计	男	女	小计	男	女
总　计	**124171**	**78935**	**45236**	**91801**	**61330**	**30471**	**66773**	**45949**	**20824**
汉　族	118317	75349	42968	87499	58494	29005	63723	43889	19834
蒙古族	19	10	9	25	15	10	14	9	5
回　族	44	25	19	33	17	16	33	24	9
藏　族	14	4	10	12	6	6	2	2	
维吾尔族	10	3	7	7	4	3	5	5	
苗　族	1315	811	504	1030	683	347	690	477	213
彝　族	35	14	21	29	12	17	18	8	10
壮　族	34	8	26	24	9	15	21	9	12
布依族	8	3	5	17	7	10	12	7	5
朝鲜族	7	4	3	7	3	4	3	3	
满　族	41	25	16	39	17	22	28	18	10
侗　族	19	10	9	17	7	10	5	1	4
瑶　族	3		3	5	2	3	6	2	4
白　族	11	7	4	5	3	2	8	4	4
土家族	4226	2631	1595	3003	2029	974	2166	1473	693
哈尼族	5	1	4	9	1	8	5		5
哈萨克族	1		1						
傣　族	6		6	3	1	2	1		1
黎　族	6	3	3	1	1		4	1	3
傈僳族	2		2	2	2				
佤　族	3		3	2		2	2		2
畲　族	3	1	2				3	2	1
高山族									
拉祜族				2		2	2		2
水　族	3	2	1	2		2	1		1
东乡族									
纳西族	2	2							
景颇族									
柯尔克孜族				1		1			
土　族	8	6	2	8	6	2	5	5	
达斡尔族				1	1				
仫佬族	2		2	1	1		1		1
羌　族	4	2	2	1	1		4	2	2
布朗族				1		1	1	1	
撒拉族									
毛南族									
仡佬族	16	13	3	13	8	5	7	4	3
锡伯族							2	2	
阿昌族									
普米族									
塔吉克族									
怒　族									
乌孜别克族	1		1						
俄罗斯族	1		1						
鄂温克族									
德昂族									
保安族									
裕固族									
京　族									
塔塔尔族									
独龙族									
鄂伦春族									
赫哲族									
门巴族									
珞巴族									
基诺族									
未定族称人口	3	1	2	2		2	1	1	
入　籍	2		2						

2–5 续表 6

单位：人

民族	29岁			30岁			31岁		
	小计	男	女	小计	男	女	小计	男	女
总　计	**49010**	**34154**	**14856**	**36239**	**24852**	**11387**	**26836**	**18533**	**8303**
汉　族	46815	32672	14143	34553	23722	10831	25613	17711	7902
蒙古族	14	10	4	10	6	4	7	4	3
回　族	24	15	9	11	8	3	12	9	3
藏　族	5	1	4	6	4	2			
维吾尔族	2	1	1	1		1			
苗　族	508	345	163	434	301	133	305	201	104
彝　族	11	6	5	17	6	11	11	7	4
壮　族	17	10	7	14	6	8	8	5	3
布依族	3	1	2	3	2	1	4	3	1
朝鲜族	4	3	1	2	1	1	1		1
满　族	27	18	9	11	9	2	12	11	1
侗　族	10	8	2	11	7	4	6	3	3
瑶　族	3	1	2	1	1		1		1
白　族	4	2	2	2	1	1	2	1	1
土家族	1534	1044	490	1143	771	372	839	571	268
哈尼族	3		3	2		2	2	1	1
哈萨克族									
傣　族	2		2	3	1	2	1		1
黎　族				1		1	1		1
傈僳族									
佤　族				1		1	2	1	1
畲　族	1	1							
高山族									
拉祜族				2	1	1	1		1
水　族	1		1				1		1
东乡族									
纳西族	1	1							
景颇族									
柯尔克孜族									
土　族	9	7	2	3		3	5	4	1
达斡尔族									
仫佬族	2	2							
羌　族	1		1	2	1	1			
布朗族									
撒拉族	1		1						
毛南族									
仡佬族	5	4	1	3	3		1	1	
锡伯族	1	1		2		2			
阿昌族									
普米族									
塔吉克族									
怒　族									
乌孜别克族									
俄罗斯族	1		1						
鄂温克族				1	1				
德昂族									
保安族									
裕固族									
京　族									
塔塔尔族									
独龙族									
鄂伦春族									
赫哲族									
门巴族									
珞巴族									
基诺族									
未定族称人口	1	1					1		1
入　籍									

2–5　续表 7　　　　单位：人

民　族	32岁			33岁			34岁		
	小计	男	女	小计	男	女	小计	男	女
总　计	**20887**	**14325**	**6562**	**15669**	**10682**	**4987**	**12578**	**8745**	**3833**
汉　族	19930	13678	6252	14940	10193	4747	12011	8358	3653
蒙古族	2	2		2	1	1			
回　族	12	8	4	4	4		4	2	2
藏　族	2	2		1	1				
维吾尔族				7	6	1			
苗　族	236	162	74	184	119	65	140	105	35
彝　族	7	4	3	6	2	4	2		2
壮　族	9	4	5	3	2	1	4	3	1
布依族	7	2	5	2		2	3	2	1
朝鲜族	3	2	1	4	4		3	2	1
满　族	4	4		5	4	1	4	2	2
侗　族	6	4	2	4	3	1	1	1	
瑶　族	1		1	4		4	2	1	1
白　族				4	1	3			
土家族	656	450	206	488	337	151	392	264	128
哈尼族	3		3				2		2
哈萨克族									
傣　族	1		1	1		1	2		2
黎　族	1		1	3	3		1	1	
傈僳族	1		1	1	1				
佤　族				1		1			
畲　族				1		1			
高山族									
拉祜族				1		1			
水　族				1		1	1		1
东乡族									
纳西族									
景颇族									
柯尔克孜族									
土　族	2	2					2	2	
达斡尔族									
仫佬族									
羌　族				1	1				
布朗族	1		1						
撒拉族									
毛南族									
仡佬族	3	1	2	1		1	1	1	
锡伯族									
阿昌族									
普米族									
塔吉克族									
怒　族									
乌孜别克族									
俄罗斯族									
鄂温克族									
德昂族									
保安族									
裕固族									
京　族									
塔塔尔族									
独龙族									
鄂伦春族									
赫哲族									
门巴族									
珞巴族									
基诺族									
未定族称人口							3	1	2
入　籍									

2–5　续表 8　　　　单位：人

民　　族	35岁			36岁			37岁		
	小计	男	女	小计	男	女	小计	男	女
总　计	**9949**	**6745**	**3204**	**7886**	**5346**	**2540**	**6334**	**4356**	**1978**
汉　族	9470	6428	3042	7523	5094	2429	6042	4153	1889
蒙古族	1	1					2	2	
回　族	7	5	2	2		2	2	2	
藏　族	2	1	1				1		1
维吾尔族							1	1	
苗　族	107	62	45	97	72	25	62	45	17
彝　族	8	1	7	4	1	3	3		3
壮　族	3	3		2		2	1		1
布依族				1		1			
朝鲜族	2	2							
满　族				2	1	1	5	3	2
侗　族	3	2	1	1	1				
瑶　族				1	1				
白　族	2	1	1						
土家族	341	239	102	251	176	75	212	149	63
哈尼族									
哈萨克族									
傣　族									
黎　族									
傈僳族									
佤　族				1		1			
畲　族									
高山族									
拉祜族									
水　族									
东乡族									
纳西族									
景颇族									
柯尔克孜族									
土　族									
达斡尔族									
仫佬族									
羌　族									
布朗族									
撒拉族									
毛南族	1		1						
仡佬族	2		2	1		1	3	1	2
锡伯族									
阿昌族									
普米族									
塔吉克族									
怒　族									
乌孜别克族									
俄罗斯族									
鄂温克族									
德昂族									
保安族									
裕固族									
京　族									
塔塔尔族									
独龙族									
鄂伦春族									
赫哲族									
门巴族									
珞巴族									
基诺族									
未定族称人口									
入　籍									

2-5　续表 9

单位：人

民　族	38岁			39岁			40岁及以上		
	小计	男	女	小计	男	女	小计	男	女
总　计	**5271**	**3567**	**1704**	**4471**	**3034**	**1437**	**27795**	**17976**	**9819**
汉　族	5048	3425	1623	4288	2912	1376	26686	17275	9411
蒙古族	2	2		1		1	3	2	1
回　族				1	1		8	5	3
藏　族				1		1	2	1	1
维吾尔族									
苗　族	57	32	25	45	32	13	264	162	102
彝　族	3	1	2	3		3	5		5
壮　族	1	1					6	2	4
布依族				2	2		5		5
朝鲜族							1	1	
满　族	1	1					3	2	1
侗　族							1		1
瑶　族							1	1	
白　族							1		1
土家族	153	104	49	128	87	41	798	522	276
哈尼族	1		1	1		1	1		1
哈萨克族									
傣　族	1		1				2		2
黎　族									
傈僳族							2		2
佤　族							1		1
畲　族	1	1					1	1	
高山族									
拉祜族									
水　族									
东乡族									
纳西族									
景颇族									
柯尔克孜族									
土　族				1		1	1		1
达斡尔族									
仫佬族									
羌　族							1	1	
布朗族							1		1
撒拉族									
毛南族									
仡佬族	2		2				1	1	
锡伯族									
阿昌族									
普米族									
塔吉克族									
怒　族									
乌孜别克族									
俄罗斯族									
鄂温克族									
德昂族									
保安族									
裕固族									
京　族									
塔塔尔族									
独龙族									
鄂伦春族									
赫哲族									
门巴族									
珞巴族									
基诺族									
未定族称人口	1		1						
入　籍									

2–6 全市按民族、生育孩次分的育龄妇女人数
(2019.11.1–2020.10.31)

单位：人

民　族	合　计	生男孩的妇女人数	生女孩的妇女人数	一　孩			二　孩		
				小计	男	女	小计	男	女
总　计	**25727**	**13329**	**12398**	**13588**	**7176**	**6412**	**10755**	**5442**	**5313**
汉　族	23660	12249	11411	12660	6685	5975	9845	4978	4867
蒙古族	3	2	1				3	2	1
回　族	9	6	3	5	4	1	3	2	1
藏　族	3	1	2	2	1	1	1		1
维吾尔族									
苗　族	500	267	233	238	131	107	216	110	106
彝　族	26	16	10	13	8	5	10	6	4
壮　族	27	13	14	9	2	7	17	10	7
布依族	13	5	8	4		4	8	5	3
朝鲜族	2	1	1	1		1	1	1	
满　族	5	1	4	2		2	2		2
侗　族	11	7	4	4	2	2	6	4	2
瑶　族	5	4	1	2	1	1	2	2	
白　族	5	3	2	3	2	1	2	1	1
土家族	1414	733	681	631	332	299	613	309	304
哈尼族	4	1	3				2	1	1
哈萨克族									
傣　族	7	2	5	5	2	3	2		2
黎　族	3		3				3		3
傈僳族	1	1					1	1	
佤　族	1	1					1	1	
畲　族	1	1					1	1	
高山族									
拉祜族	2	1	1				1	1	
水　族	3	3		1	1		2	2	
东乡族									
纳西族									
景颇族									
柯尔克孜族									
土　族	3	2	1	1	1		1		1
达斡尔族									
仫佬族	6	2	4	4	1	3	2	1	1
羌　族	5	2	3				5	2	3
布朗族	1		1				1		1
撒拉族									
毛南族									
仡佬族	4	2	2	1	1		3	1	2
锡伯族	1	1		1	1				
阿昌族									
普米族									
塔吉克族									
怒　族									
乌孜别克族									
俄罗斯族									
鄂温克族									
德昂族									
保安族									
裕固族									
京　族									
塔塔尔族									
独龙族	1	1		1	1				
鄂伦春族									
赫哲族									
门巴族									
珞巴族									
基诺族									
未定族称人口	1	1					1	1	
入　籍									

2-6　续表

单位：人

民　族	三孩			四孩			五孩及以上		
	小计	男	女	小计	男	女	小计	男	女
总　计	**1170**	**617**	**553**	**173**	**75**	**98**	**41**	**19**	**22**
汉　族	990	514	476	138	59	79	27	13	14
蒙古族									
回　族	1		1						
藏　族									
维吾尔族									
苗　族	36	21	15	5	4	1	5	1	4
彝　族	1	1		2	1	1			
壮　族	1	1							
布依族	1		1						
朝鲜族									
满　族	1	1							
侗　族	1	1							
瑶　族	1	1							
白　族									
土家族	134	76	58	27	11	16	9	5	4
哈尼族	1		1	1		1			
哈萨克族									
傣　族									
黎　族									
傈僳族									
佤　族									
畲　族									
高山族									
拉祜族	1		1						
水　族									
东乡族									
纳西族									
景颇族									
柯尔克孜族									
土　族	1	1							
达斡尔族									
仫佬族									
羌　族									
布朗族									
撒拉族									
毛南族									
仡佬族									
锡伯族									
阿昌族									
普米族									
塔吉克族									
怒　族									
乌孜别克族									
俄罗斯族									
鄂温克族									
德昂族									
保安族									
裕固族									
京　族									
塔塔尔族									
独龙族									
鄂伦春族									
赫哲族									
门巴族									
珞巴族									
基诺族									
未定族称人口									
入　籍									

2–7 全市各民族15–64岁妇女平均活产子女数和平均存活子女数

单位：人、%

民　　族	15–64岁妇女人数	活产子女总数			存活子女总数			存活子女数占活产子女数的百分比	妇　女平均活产子女数	妇　女平均存活子女数
		小计	男	女	小计	男	女			
总　计	**1113834**	**1299270**	**695821**	**603449**	**1262166**	**673506**	**588660**	**97.14**	**1.17**	**1.13**
汉　族	1048764	1209855	647530	562325	1175447	626852	548595	97.16	1.15	1.12
蒙古族	231	156	90	66	154	90	64	98.72	0.68	0.67
回　族	327	279	154	125	269	149	120	96.42	0.85	0.82
藏　族	214	134	71	63	127	67	60	94.78	0.63	0.59
维吾尔族	175	48	31	17	48	31	17	100.00	0.27	0.27
苗　族	16122	21671	11879	9792	21116	11546	9570	97.44	1.34	1.31
彝　族	635	718	368	350	699	357	342	97.35	1.13	1.10
壮　族	507	552	295	257	534	287	247	96.74	1.09	1.05
布依族	347	342	183	159	339	182	157	99.12	0.99	0.98
朝鲜族	36	31	15	16	31	15	16	100.00	0.86	0.86
满　族	231	160	68	92	156	65	91	97.50	0.69	0.68
侗　族	271	288	162	126	283	157	126	98.26	1.06	1.04
瑶　族	98	140	74	66	136	72	64	97.14	1.43	1.39
白　族	142	135	73	62	133	71	62	98.52	0.95	0.94
土家族	44675	63612	34219	29393	61580	32976	28604	96.81	1.42	1.38
哈尼族	123	170	82	88	165	80	85	97.06	1.38	1.34
哈萨克族	34	5	2	3	5	2	3	100.00	0.15	0.15
傣　族	91	105	54	51	98	51	47	93.33	1.15	1.08
黎　族	52	41	23	18	37	19	18	90.24	0.79	0.71
傈僳族	52	62	33	29	58	32	26	93.55	1.19	1.12
佤　族	47	65	34	31	64	33	31	98.46	1.38	1.36
畲　族	24	23	10	13	23	10	13	100.00	0.96	0.96
高山族										
拉祜族	34	48	32	16	46	31	15	95.83	1.41	1.35
水　族	32	28	15	13	27	14	13	96.43	0.88	0.84
东乡族	2	4	3	1	4	3	1	100.00	2.00	2.00
纳西族	11	4	1	3	4	1	3	100.00	0.36	0.36
景颇族	7	10	6	4	10	6	4	100.00	1.43	1.43
柯尔克孜族	6	2	1	1	2	1	1	100.00	0.33	0.33
土　族	111	145	78	67	140	75	65	96.55	1.31	1.26
达斡尔族	3									
仫佬族	41	39	22	17	38	22	16	97.44	0.95	0.93
羌　族	40	39	19	20	38	18	20	97.44	0.98	0.95
布朗族	24	38	24	14	38	24	14	100.00	1.58	1.58
撒拉族	6	9	4	5	9	4	5	100.00	1.50	1.50
毛南族	8	8	3	5	8	3	5	100.00	1.00	1.00
仡佬族	216	253	136	117	249	133	116	98.42	1.17	1.15
锡伯族	7	5	2	3	5	2	3	100.00	0.71	0.71
阿昌族										
普米族	4	1		1	1		1	100.00	0.25	0.25
塔吉克族										
怒　族	1	1	1		1	1		100.00	1.00	1.00
乌孜别克族	1	1		1	1		1	100.00	1.00	1.00
俄罗斯族	2	1		1	1		1	100.00	0.50	0.50
鄂温克族	2	2	2		2	2		100.00	1.00	1.00
德昂族										
保安族										
裕固族	2	1		1	1		1	100.00	0.50	0.50
京　族										
塔塔尔族										
独龙族	1	1	1		1	1		100.00	1.00	1.00
鄂伦春族										
赫哲族										
门巴族	1	1		1	1		1	100.00	1.00	1.00
珞巴族										
基诺族	1									
未定族称人口	63	27	15	12	27	15	12	100.00	0.43	0.43
入　籍	10	10	6	4	10	6	4	100.00	1.00	1.00

第二部分　长表数据资料

第三卷　教育

3-1　全市分学业完成情况、性别、受教育程度的3岁及以上人口

单位：人

学业完成情况	合计			小学		
	合计	男	女	小计	男	女
总　计	**3040284**	**1546105**	**1494179**	**953225**	**448789**	**504436**
在　校	557104	288361	268743	207855	108596	99259
毕　业	2300908	1170025	1130883	638211	293906	344305
肄　业	35885	16883	19002	22882	9436	13446
辍　学	52998	24851	28147	36062	15120	20942
其　他	93389	45985	47404	48215	21731	26484

3-1　续表 1

单位：人

学业完成情况	初中			高中			大学专科		
	小计	男	女	小计	男	女	小计	男	女
总　计	**999615**	**529439**	**470176**	**534531**	**288117**	**246414**	**288755**	**147536**	**141219**
在　校	115588	61182	54406	118846	63386	55460	47819	24770	23049
毕　业	831406	439395	392011	400540	216000	184540	236311	120334	115977
肄　业	9629	5435	4194	2412	1473	939	622	348	274
辍　学	13565	7650	5915	3008	1857	1151	275	165	110
其　他	29427	15777	13650	9725	5401	4324	3728	1919	1809

3-1　续表 2

单位：人

学业完成情况	大学本科			硕士研究生			博士研究生		
	小计	男	女	小计	男	女	小计	男	女
总　计	**241010**	**120383**	**120627**	**20646**	**10343**	**10303**	**2502**	**1498**	**1004**
在　校	60554	27685	32869	5815	2440	3375	627	302	325
毕　业	177852	91346	86506	14721	7852	6869	1867	1192	675
肄　业	320	180	140	18	9	9	2	2	
辍　学	86	58	28	2	1	1			
其　他	2198	1114	1084	90	41	49	6	2	4

3-1a 全市分学业完成情况、性别、受教育程度的3岁及以上人口(城市)

单位：人

学业完成情况	合计			小学		
	合计	男	女	小计	男	女
总　计	**1531310**	**757908**	**773402**	**307375**	**138691**	**168684**
在　校	285471	145937	139534	93993	48713	45280
毕　业	1194861	588225	606636	191762	81407	110355
肄　业	9541	4476	5065	4528	1764	2764
辍　学	16165	7289	8876	9119	3481	5638
其　他	25272	11981	13291	7973	3326	4647

3-1a 续表 1

单位：人

学业完成情况	初中			高中			大学专科		
	小计	男	女	小计	男	女	小计	男	女
总　计	**454037**	**227041**	**226996**	**335638**	**174164**	**161474**	**217966**	**110166**	**107800**
在　校	45278	23812	21466	59319	31489	27830	32990	17554	15436
毕　业	391301	194447	196854	268906	138599	130307	182232	91175	91057
肄　业	3251	1699	1552	1141	657	484	383	217	166
辍　学	5202	2703	2499	1602	956	646	184	110	74
其　他	9005	4380	4625	4670	2463	2207	2177	1110	1067

3-1a 续表 2

单位：人

学业完成情况	大学本科			硕士研究生			博士研究生		
	小计	男	女	小计	男	女	小计	男	女
总　计	**195100**	**96934**	**98166**	**18844**	**9498**	**9346**	**2350**	**1414**	**936**
在　校	48406	22029	26377	4930	2074	2856	555	266	289
毕　业	145042	74067	70975	13829	7385	6444	1789	1145	644
肄　业	221	130	91	16	8	8	1	1	
辍　学	57	38	19	1	1				
其　他	1374	670	704	68	30	38	5	2	3

3-1b　全市分学业完成情况、性别、受教育程度的3岁及以上人口(镇)

单位：人

学业完成情况	合　　计			小　　学		
	合计	男	女	小计	男	女
总　计	**572761**	**287510**	**285251**	**191862**	**87587**	**104275**
在　校	117576	61698	55878	48216	25218	22998
毕　业	418964	209052	209912	125057	54939	70118
肄　业	6731	3014	3717	3999	1524	2475
辍　学	9261	4113	5148	6120	2372	3748
其　他	20229	9633	10596	8470	3534	4936

3-1b　续表 1　　　　单位：人

学业完成情况	初　　中			高　　中			大学专科		
	小计	男	女	小计	男	女	小计	男	女
总　计	**210178**	**107811**	**102367**	**102942**	**56516**	**46426**	**39261**	**20855**	**18406**
在　校	27285	14374	12911	30783	16562	14221	5729	2932	2797
毕　业	170772	87105	83667	68410	37882	30528	32450	17358	15092
肄　业	1985	1051	934	547	331	216	132	76	56
辍　学	2540	1387	1153	544	320	224	39	22	17
其　他	7596	3894	3702	2658	1421	1237	911	467	444

3-1b　续表 2　　　　单位：人

学业完成情况	大学本科			硕士研究生			博士研究生		
	小计	男	女	小计	男	女	小计	男	女
总　计	**27447**	**14217**	**13230**	**993**	**480**	**513**	**78**	**44**	**34**
在　校	5137	2445	2692	397	154	243	29	13	16
毕　业	21644	11418	10226	584	320	264	47	30	17
肄　业	65	30	35	2	1	1	1	1	
辍　学	17	12	5	1		1			
其　他	584	312	272	9	5	4	1		1

3-1c 全市分学业完成情况、性别、受教育程度的3岁及以上人口(乡村)

单位：人

学业完成情况	合计			小学		
	合计	男	女	小计	男	女
总　计	**936213**	**500687**	**435526**	**453988**	**222511**	**231477**
在　校	154057	80726	73331	65646	34665	30981
毕　业	687083	372748	314335	321392	157560	163832
肄　业	19613	9393	10220	14355	6148	8207
辍　学	27572	13449	14123	20823	9267	11556
其　他	47888	24371	23517	31772	14871	16901

3-1c 续表 1

单位：人

学业完成情况	初中			高中			大学专科		
	小计	男	女	小计	男	女	小计	男	女
总　计	**335400**	**194587**	**140813**	**95951**	**57437**	**38514**	**31528**	**16515**	**15013**
在　校	43025	22996	20029	28744	15335	13409	9100	4284	4816
毕　业	269333	157843	111490	63224	39519	23705	21629	11801	9828
肄　业	4393	2685	1708	724	485	239	107	55	52
辍　学	5823	3560	2263	862	581	281	52	33	19
其　他	12826	7503	5323	2397	1517	880	640	342	298

3-1c 续表 2

单位：人

学业完成情况	大学本科			硕士研究生			博士研究生		
	小计	男	女	小计	男	女	小计	男	女
总　计	**18463**	**9232**	**9231**	**809**	**365**	**444**	**74**	**40**	**34**
在　校	7011	3211	3800	488	212	276	43	23	20
毕　业	11166	5861	5305	308	147	161	31	17	14
肄　业	34	20	14						
辍　学	12	8	4						
其　他	240	132	108	13	6	7			

3-2 全市分年龄、性别、学业完成情况的3岁及以上各种受教育程度人口

单位：人

年龄	合计								
	合计			在校			毕业		
	合计	男	女	小计	男	女	小计	男	女
总计	**3040284**	**1546105**	**1494179**	**557104**	**288361**	**268743**	**2300908**	**1170025**	**1130883**
3									
4									
5-9岁	**129303**	**67317**	**61986**	**125759**	**65386**	**60373**	**2910**	**1569**	**1341**
5	2874	1449	1425	2748	1385	1363	82	33	49
6	24083	12324	11759	23430	11973	11457	524	277	247
7	32950	17250	15700	32083	16763	15320	723	405	318
8	35892	18786	17106	34936	18263	16673	794	429	365
9	33504	17508	15996	32562	17002	15560	787	425	362
10-14岁	**183728**	**96470**	**87258**	**177132**	**92924**	**84208**	**5628**	**3016**	**2612**
10	34130	17807	16323	33131	17237	15894	836	485	351
11	35782	18725	17057	34679	18138	16541	910	484	426
12	37137	19426	17711	35736	18694	17042	1211	639	572
13	39206	20620	18586	37653	19772	17881	1343	720	623
14	37473	19892	17581	35933	19083	16850	1328	688	640
15-19岁	**196147**	**104642**	**91505**	**178491**	**93725**	**84766**	**15966**	**9887**	**6079**
15	38846	20635	18211	38196	20255	17941	501	292	209
16	44209	23741	20468	42538	22705	19833	1400	880	520
17	38802	20889	17913	36048	19138	16910	2431	1550	881
18	36315	19695	16620	31237	16502	14735	4643	2926	1717
19	37975	19682	18293	30472	15125	15347	6991	4239	2752
20-24岁	**192844**	**96998**	**95846**	**70183**	**33525**	**36658**	**118161**	**60921**	**57240**
20	38582	19471	19111	28158	13612	14546	9862	5534	4328
21	36528	18305	18223	20410	9611	10799	15416	8279	7137
22	38270	19224	19046	12238	5903	6335	25155	12829	12326
23	38513	19369	19144	6069	2859	3210	31327	15876	15451
24	40951	20629	20322	3308	1540	1768	36401	18403	17998
25-29岁	**218317**	**109657**	**108660**	**4009**	**1983**	**2026**	**206873**	**103664**	**103209**
25	44620	22343	22277	1910	934	976	41238	20597	20641
26	42185	21088	21097	915	449	466	39901	19902	19999
27	45645	22937	22708	570	295	275	43498	21790	21708
28	42765	21553	21212	341	166	175	40951	20590	20361
29	43102	21736	21366	273	139	134	41285	20785	20500
30-34岁	**255285**	**129117**	**126168**	**777**	**385**	**392**	**245399**	**123901**	**121498**
30	49420	24931	24489	237	113	124	47486	23914	23572
31	46668	23638	23030	138	74	64	44832	22685	22147
32	43732	21959	21773	120	63	57	41989	21035	20954
33	58655	29703	28952	169	79	90	56397	28520	27877
34	56810	28886	27924	113	56	57	54695	27747	26948
35-39岁	**186436**	**94478**	**91958**	**282**	**166**	**116**	**179017**	**90670**	**88347**
35	37870	19192	18678	62	38	24	36422	18422	18000
36	30707	15392	15315	60	34	26	29493	14800	14693
37	33890	17272	16618	65	41	24	32469	16537	15932
38	45828	23298	22530	44	23	21	44124	22437	21687
39	38141	19324	18817	51	30	21	36509	18474	18035
40-44岁	**163919**	**81711**	**82208**	**121**	**66**	**55**	**155813**	**77749**	**78064**
40	27786	14046	13740	25	11	14	26531	13435	13096
41	31409	15646	15763	24	14	10	29999	14976	15023
42	27508	13684	13824	22	12	10	26189	13047	13142
43	32689	16224	16465	20	12	8	30978	15371	15607
44	44527	22111	22416	30	17	13	42116	20920	21196
45-49岁	**320587**	**160909**	**159678**	**123**	**69**	**54**	**300937**	**151348**	**149589**
45	58929	29388	29541	38	21	17	55549	27739	27810
46	65969	33131	32838	25	14	11	62026	31207	30819
47	66770	33597	33173	19	11	8	62757	31619	31138
48	62389	31406	30983	22	14	8	58450	29488	28962
49	66530	33387	33143	19	9	10	62155	31295	30860
50岁及以上	**1193718**	**604806**	**588912**	**227**	**132**	**95**	**1070204**	**547300**	**522904**

3–2 续表 1　　单位：人

年龄	合计								
	肄业			辍学			其他		
	小计	男	女	小计	男	女	小计	男	女
总计	**35885**	**16883**	**19002**	**52998**	**24851**	**28147**	**93389**	**45985**	**47404**
3									
4									
5–9岁	**77**	**41**	**36**	**14**	**7**	**7**	**543**	**314**	**229**
5	3	2	1	1		1	40	29	11
6	10	7	3	3	1	2	116	66	50
7	21	12	9	1	1		122	69	53
8	23	11	12	4	2	2	135	81	54
9	20	9	11	5	3	2	130	69	61
10–14岁	**102**	**62**	**40**	**84**	**57**	**27**	**782**	**411**	**371**
10	9	4	5	8	5	3	146	76	70
11	24	16	8	11	7	4	158	80	78
12	24	14	10	11	7	4	155	72	83
13	19	11	8	32	23	9	159	94	65
14	26	17	9	22	15	7	164	89	75
15–19岁	**317**	**197**	**120**	**522**	**343**	**179**	**851**	**490**	**361**
15	26	14	12	55	35	20	68	39	29
16	51	27	24	113	65	48	107	64	43
17	76	48	28	95	71	24	152	82	70
18	70	44	26	128	84	44	237	139	98
19	94	64	30	131	88	43	287	166	121
20–24岁	**682**	**399**	**283**	**861**	**570**	**291**	**2957**	**1583**	**1374**
20	90	52	38	111	68	43	361	205	156
21	98	65	33	163	110	53	441	240	201
22	137	81	56	167	105	62	573	306	267
23	170	98	72	197	136	61	750	400	350
24	187	103	84	223	151	72	832	432	400
25–29岁	**1069**	**635**	**434**	**1320**	**822**	**498**	**5046**	**2553**	**2493**
25	210	131	79	260	165	95	1002	516	486
26	193	117	76	216	139	77	960	481	479
27	226	130	96	287	186	101	1064	536	528
28	207	113	94	262	159	103	1004	525	479
29	233	144	89	295	173	122	1016	495	521
30–34岁	**1418**	**795**	**623**	**1767**	**1010**	**757**	**5924**	**3026**	**2898**
30	274	151	123	344	201	143	1079	552	527
31	276	147	129	299	171	128	1123	561	562
32	243	142	101	291	156	135	1089	563	526
33	300	168	132	405	238	167	1384	698	686
34	325	187	138	428	244	184	1249	652	597
35–39岁	**1160**	**630**	**530**	**1519**	**822**	**697**	**4458**	**2190**	**2268**
35	217	125	92	304	175	129	865	432	433
36	177	88	89	243	127	116	734	343	391
37	214	113	101	271	157	114	871	424	447
38	296	157	139	352	179	173	1012	502	510
39	256	147	109	349	184	165	976	489	487
40–44岁	**1264**	**641**	**623**	**1975**	**954**	**1021**	**4746**	**2301**	**2445**
40	198	96	102	288	151	137	744	353	391
41	192	96	96	343	151	192	851	409	442
42	223	117	106	315	149	166	759	359	400
43	269	139	130	428	198	230	994	504	490
44	382	193	189	601	305	296	1398	676	722
45–49岁	**3435**	**1715**	**1720**	**5426**	**2612**	**2814**	**10666**	**5165**	**5501**
45	578	287	291	876	427	449	1888	914	974
46	656	337	319	1051	509	542	2211	1064	1147
47	704	359	345	1129	540	589	2161	1068	1093
48	718	360	358	1075	522	553	2124	1022	1102
49	779	372	407	1295	614	681	2282	1097	1185
50岁及以上	**26361**	**11768**	**14593**	**39510**	**17654**	**21856**	**57416**	**27952**	**29464**

3-2 续表 2

单位：人

年龄	小学								
	合计			在校			毕业		
	合计	男	女	小计	男	女	小计	男	女
总 计	**953225**	**448789**	**504436**	**207855**	**108596**	**99259**	**638211**	**293906**	**344305**
3									
4									
5-9岁	**127916**	**66581**	**61335**	**124484**	**64723**	**59761**	**2813**	**1507**	**1306**
5	2874	1449	1425	2748	1385	1363	82	33	49
6	23815	12186	11629	23183	11849	11334	507	264	243
7	32697	17119	15578	31844	16643	15201	711	396	315
8	35494	18576	16918	34575	18076	16499	759	408	351
9	33036	17251	15785	32134	16770	15364	754	406	348
10-14岁	**86040**	**45336**	**40704**	**83141**	**43765**	**39376**	**2410**	**1316**	**1094**
10	33372	17404	15968	32427	16872	15555	786	449	337
11	33233	17429	15804	32272	16918	15354	795	421	374
12	14868	8073	6795	14251	7741	6510	522	287	235
13	3335	1744	1591	3080	1613	1467	210	106	104
14	1232	686	546	1111	621	490	97	53	44
15-19岁	**713**	**409**	**304**	**118**	**64**	**54**	**446**	**268**	**178**
15	92	51	41	39	20	19	31	20	11
16	124	73	51	29	18	11	59	34	25
17	107	62	45	18	10	8	67	40	27
18	165	96	69	19	11	8	112	70	42
19	225	127	98	13	5	8	177	104	73
20-24岁	**1926**	**1059**	**867**	**23**	**10**	**13**	**1661**	**901**	**760**
20	280	157	123	13	5	8	225	127	98
21	287	159	128	1		1	251	135	116
22	343	201	142	5	2	3	305	176	129
23	472	261	211	2	1	1	403	214	189
24	544	281	263	2	2		477	249	228
25-29岁	**4261**	**2246**	**2015**	**6**	**2**	**4**	**3803**	**1992**	**1811**
25	697	378	319				622	332	290
26	750	388	362	2	1	1	676	344	332
27	859	482	377	3	1	2	768	429	339
28	922	481	441	1		1	822	434	388
29	1033	517	516				915	453	462
30-34岁	**8269**	**3827**	**4442**	**3**	**2**	**1**	**7408**	**3414**	**3994**
30	1307	618	689	2	1	1	1186	549	637
31	1385	659	726				1229	591	638
32	1451	654	797				1291	590	701
33	1954	907	1047				1754	815	939
34	2172	989	1183	1	1		1948	869	1079
35-39岁	**9708**	**4012**	**5696**	**1**		**1**	**8668**	**3601**	**5067**
35	1606	683	923				1457	623	834
36	1462	603	859				1303	537	766
37	1749	722	1027				1554	644	910
38	2587	1045	1542	1		1	2312	940	1372
39	2304	959	1345				2042	857	1185
40-44岁	**20922**	**8532**	**12390**	**3**	**1**	**2**	**18671**	**7609**	**11062**
40	2241	871	1370	1	1		1979	771	1208
41	3297	1347	1950	1		1	2948	1204	1744
42	3357	1299	2058	1		1	3015	1166	1849
43	4657	1952	2705				4151	1746	2405
44	7370	3063	4307				6578	2722	3856
45-49岁	**73014**	**30934**	**42080**	**3**	**1**	**2**	**65111**	**27646**	**37465**
45	11237	4709	6528	1		1	10082	4238	5844
46	14127	6083	8044				12635	5452	7183
47	14923	6302	8621	1	1		13323	5636	7687
48	15269	6458	8811				13560	5743	7817
49	17458	7382	10076	1		1	15511	6577	8934
50岁及以上	**620456**	**285853**	**334603**	**73**	**28**	**45**	**527220**	**245652**	**281568**

3-2 续表 3

单位：人

年龄	小学								
	肄业			辍学			其他		
	小计	男	女	小计	男	女	小计	男	女
总计	**22882**	**9436**	**13446**	**36062**	**15120**	**20942**	**48215**	**21731**	**26484**
3									
4									
5-9岁	**77**	**41**	**36**	**13**	**7**	**6**	**529**	**303**	**226**
5	3	2	1	1		1	40	29	11
6	10	7	3	2	1	1	113	65	48
7	21	12	9	1	1		120	67	53
8	23	11	12	4	2	2	133	79	54
9	20	9	11	5	3	2	123	63	60
10-14岁	**51**	**31**	**20**	**41**	**25**	**16**	**397**	**199**	**198**
10	9	4	5	8	5	3	142	74	68
11	24	16	8	10	7	3	132	67	65
12	13	7	6	4	3	1	78	35	43
13	2	2		14	8	6	29	15	14
14	3	2	1	5	2	3	16	8	8
15-19岁	**17**	**8**	**9**	**49**	**26**	**23**	**83**	**43**	**40**
15	3	1	2	9	4	5	10	6	4
16	5	3	2	16	10	6	15	8	7
17	5	3	2	3	2	1	14	7	7
18	1		1	9	2	7	24	13	11
19	3	1	2	12	8	4	20	9	11
20-24岁	**29**	**16**	**13**	**69**	**48**	**21**	**144**	**84**	**60**
20	4	2	2	11	7	4	27	16	11
21	4	2	2	14	11	3	17	11	6
22	5	4	1	12	9	3	16	10	6
23	7	6	1	20	14	6	40	26	14
24	9	2	7	12	7	5	44	21	23
25-29岁	**75**	**44**	**31**	**116**	**61**	**55**	**261**	**147**	**114**
25	10	7	3	21	11	10	44	28	16
26	13	8	5	13	8	5	46	27	19
27	18	11	7	21	12	9	49	29	20
28	15	8	7	29	15	14	55	24	31
29	19	10	9	32	15	17	67	39	28
30-34岁	**142**	**68**	**74**	**287**	**144**	**143**	**429**	**199**	**230**
30	17	11	6	34	19	15	68	38	30
31	25	9	16	48	19	29	83	40	43
32	23	8	15	50	20	30	87	36	51
33	34	16	18	67	32	35	99	44	55
34	43	24	19	88	54	34	92	41	51
35-39岁	**200**	**86**	**114**	**321**	**127**	**194**	**518**	**198**	**320**
35	39	17	22	45	17	28	65	26	39
36	22	11	11	53	24	29	84	31	53
37	34	14	20	49	20	29	112	44	68
38	58	25	33	82	30	52	134	50	84
39	47	19	28	92	36	56	123	47	76
40-44岁	**362**	**148**	**214**	**726**	**276**	**450**	**1160**	**498**	**662**
40	40	17	23	88	33	55	133	49	84
41	49	18	31	115	44	71	184	81	103
42	62	25	37	97	32	65	182	76	106
43	81	38	43	172	61	111	253	107	146
44	130	50	80	254	106	148	408	185	223
45-49岁	**1448**	**604**	**844**	**2664**	**1112**	**1552**	**3788**	**1571**	**2217**
45	200	89	111	367	147	220	587	235	352
46	255	105	150	474	197	277	763	329	434
47	293	124	169	552	225	327	754	316	438
48	330	141	189	581	253	328	798	321	477
49	370	145	225	690	290	400	886	370	516
50岁及以上	**20481**	**8390**	**12091**	**31776**	**13294**	**18482**	**40906**	**18489**	**22417**

3-2　续表 4　　　　　　　　　　　　　　　　　　　　　　　　　　　　单位：人

年　龄	初　中								
	合　计			在　校			毕　业		
	合计	男	女	小计	男	女	小计	男	女
总　计	**999615**	**529439**	**470176**	**115588**	**61182**	**54406**	**831406**	**439395**	**392011**
3									
4									
5-9岁	**1387**	**736**	**651**	**1275**	**663**	**612**	**97**	**62**	**35**
5									
6	268	138	130	247	124	123	17	13	4
7	253	131	122	239	120	119	12	9	3
8	398	210	188	361	187	174	35	21	14
9	468	257	211	428	232	196	33	19	14
10-14岁	**94497**	**49549**	**44948**	**90962**	**47655**	**43307**	**3083**	**1632**	**1451**
10	756	401	355	703	364	339	49	35	14
11	2543	1294	1249	2401	1218	1183	115	63	52
12	22255	11345	10910	21472	10946	10526	688	351	337
13	35269	18572	16697	34017	17880	16137	1092	592	500
14	33674	17937	15737	32369	17247	15122	1139	591	548
15-19岁	**29602**	**16860**	**12742**	**23177**	**12768**	**10409**	**5855**	**3732**	**2123**
15	15625	8656	6969	15175	8381	6794	355	215	140
16	5723	3187	2536	4803	2606	2197	816	527	289
17	2998	1773	1225	1775	970	805	1113	735	378
18	2578	1603	975	892	522	370	1561	995	566
19	2678	1641	1037	532	289	243	2010	1260	750
20-24岁	**26199**	**15139**	**11060**	**82**	**46**	**36**	**24723**	**14280**	**10443**
20	2937	1768	1169	28	15	13	2735	1658	1077
21	3616	2141	1475	16	7	9	3381	1996	1385
22	5251	3036	2215	10	7	3	4976	2885	2091
23	6410	3676	2734	12	7	5	6049	3460	2589
24	7985	4518	3467	16	10	6	7582	4281	3301
25-29岁	**51468**	**27783**	**23685**	**22**	**13**	**9**	**48672**	**26191**	**22481**
25	9615	5305	4310	11	5	6	9092	5007	4085
26	9572	5163	4409	4	4		9057	4853	4204
27	10872	5919	4953	1	1		10289	5579	4710
28	10446	5601	4845	4	2	2	9903	5292	4611
29	10963	5795	5168	2	1	1	10331	5460	4871
30-34岁	**81598**	**41837**	**39761**	**9**	**6**	**3**	**77263**	**39537**	**37726**
30	13840	7246	6594	3		3	13085	6852	6233
31	13840	7122	6718	3	3		13087	6740	6347
32	13564	6779	6785	1	1		12788	6361	6427
33	19772	10120	9652	1	1		18752	9565	9187
34	20582	10570	10012	1	1		19551	10019	9532
35-39岁	**71607**	**36081**	**35526**	**9**	**4**	**5**	**67770**	**34062**	**33708**
35	13882	7013	6869	1		1	13154	6624	6530
36	11183	5424	5759	2	1	1	10576	5135	5441
37	12797	6447	6350	1		1	12061	6059	6002
38	17945	9161	8784	3	2	1	17049	8679	8370
39	15800	8036	7764	2	1	1	14930	7565	7365
40-44岁	**76313**	**37821**	**38492**	**8**	**1**	**7**	**72086**	**35665**	**36421**
40	11536	5792	5744	2		2	10878	5450	5428
41	14326	7118	7208	1		1	13591	6774	6817
42	12556	6135	6421				11848	5779	6069
43	15642	7696	7946	2		2	14774	7233	7541
44	22253	11080	11173	3	1	2	20995	10429	10566
45-49岁	**167015**	**85046**	**81969**	**10**	**8**	**2**	**157502**	**80070**	**77432**
45	30565	15297	15268	3	3		28835	14405	14430
46	34512	17452	17060	2	1	1	32532	16427	16105
47	35396	18127	17269	1	1		33427	17077	16350
48	32390	16591	15799	3	2	1	30568	15627	14941
49	34152	17579	16573	1	1		32140	16534	15606
50岁及以上	**399929**	**218587**	**181342**	**34**	**18**	**16**	**374355**	**204164**	**170191**

3-2 续表 5 单位：人

年龄	初中								
	肄业			辍学			其他		
	小计	男	女	小计	男	女	小计	男	女
总计	**9629**	**5435**	**4194**	**13565**	**7650**	**5915**	**29427**	**15777**	**13650**
3									
4									
5-9岁				**1**		**1**	**14**	**11**	**3**
5									
6				1		1	3	1	2
7							2	2	
8							2	2	
9							7	6	1
10-14岁	**49**	**30**	**19**	**41**	**30**	**11**	**362**	**202**	**160**
10							4	2	2
11				1		1	26	13	13
12	11	7	4	7	4	3	77	37	40
13	17	9	8	17	14	3	126	77	49
14	21	14	7	16	12	4	129	73	56
15-19岁	**109**	**62**	**47**	**188**	**135**	**53**	**273**	**163**	**110**
15	18	10	8	34	22	12	43	28	15
16	22	6	16	42	25	17	40	23	17
17	25	16	9	32	27	5	53	25	28
18	18	10	8	43	36	7	64	40	24
19	26	20	6	37	25	12	73	47	26
20-24岁	**214**	**129**	**85**	**317**	**199**	**118**	**863**	**485**	**378**
20	25	13	12	41	21	20	108	61	47
21	35	28	7	48	34	14	136	76	60
22	40	26	14	59	31	28	166	87	79
23	58	34	24	78	52	26	213	123	90
24	56	28	28	91	61	30	240	138	102
25-29岁	**382**	**246**	**136**	**596**	**380**	**216**	**1796**	**953**	**843**
25	67	49	18	115	74	41	330	170	160
26	70	46	24	102	73	29	339	187	152
27	81	50	31	124	81	43	377	208	169
28	68	39	29	112	63	49	359	205	154
29	96	62	34	143	89	54	391	183	208
30-34岁	**645**	**367**	**278**	**953**	**552**	**401**	**2728**	**1375**	**1353**
30	112	62	50	191	108	83	449	224	225
31	120	64	56	143	80	63	487	235	252
32	116	71	45	154	83	71	505	263	242
33	134	77	57	226	144	82	659	333	326
34	163	93	70	239	137	102	628	320	308
35-39岁	**603**	**327**	**276**	**895**	**522**	**373**	**2330**	**1166**	**1164**
35	109	62	47	181	108	73	437	219	218
36	93	41	52	140	78	62	372	169	203
37	107	54	53	169	105	64	459	229	230
38	157	87	70	208	122	86	528	271	257
39	137	83	54	197	109	88	534	278	256
40-44岁	**693**	**368**	**325**	**1050**	**564**	**486**	**2476**	**1223**	**1253**
40	119	62	57	160	93	67	377	187	190
41	102	52	50	189	85	104	443	207	236
42	122	68	54	185	99	86	401	189	212
43	147	76	71	214	118	96	505	269	236
44	203	110	93	302	169	133	750	371	379
45-49岁	**1711**	**943**	**768**	**2436**	**1289**	**1147**	**5356**	**2736**	**2620**
45	312	167	145	441	234	207	974	488	486
46	338	195	143	508	264	244	1132	565	567
47	358	200	158	496	265	231	1114	584	530
48	344	189	155	450	243	207	1025	530	495
49	359	192	167	541	283	258	1111	569	542
50岁及以上	**5223**	**2963**	**2260**	**7088**	**3979**	**3109**	**13229**	**7463**	**5766**

3-2　续表 6　　　　单位：人

年　龄	高　中								
	合　计			在　校			毕　业		
	合计	男	女	小计	男	女	小计	男	女
总　计	**534531**	**288117**	**246414**	**118846**	**63386**	**55460**	**400540**	**216000**	**184540**
3									
4									
5–9岁									
5									
6									
7									
8									
9									
10–14岁	**3184**	**1581**	**1603**	**3024**	**1502**	**1522**	**133**	**66**	**67**
10	1	1		1	1				
11	5	2	3	5	2	3			
12	14	8	6	13	7	6	1	1	
13	601	303	298	556	279	277	40	21	19
14	2563	1267	1296	2449	1213	1236	92	44	48
15–19岁	**120327**	**65111**	**55216**	**111676**	**59594**	**52082**	**7853**	**5024**	**2829**
15	22560	11564	10996	22427	11493	10934	103	54	49
16	37311	19872	17439	36704	19497	17207	479	296	183
17	32923	17732	15191	31608	16888	14720	1134	725	409
18	18645	10694	7951	15897	8920	6977	2527	1643	884
19	8888	5249	3639	5040	2796	2244	3610	2306	1304
20–24岁	**42490**	**24506**	**17984**	**4051**	**2223**	**1828**	**36795**	**21262**	**15533**
20	6606	3851	2755	2019	1100	919	4360	2616	1744
21	6812	4021	2791	928	495	433	5616	3356	2260
22	8556	5010	3546	579	342	237	7648	4456	3192
23	9514	5396	4118	327	175	152	8801	4983	3818
24	11002	6228	4774	198	111	87	10370	5851	4519
25–29岁	**61154**	**33004**	**28150**	**47**	**35**	**12**	**58609**	**31597**	**27012**
25	12164	6738	5426	15	11	4	11619	6422	5197
26	11665	6344	5321	10	8	2	11202	6096	5106
27	12735	6873	5862	9	8	1	12190	6570	5620
28	12201	6536	5665	7	4	3	11700	6261	5439
29	12389	6513	5876	6	4	2	11898	6248	5650
30–34岁	**68778**	**36136**	**32642**	**13**	**8**	**5**	**66324**	**34744**	**31580**
30	13824	7227	6597	2	1	1	13305	6929	6376
31	12994	6911	6083	4	3	1	12506	6630	5876
32	11688	6124	5564	2	2		11277	5890	5387
33	15663	8218	7445	4	2	2	15109	7914	7195
34	14609	7656	6953	1		1	14127	7381	6746
35–39岁	**43411**	**22414**	**20997**	**13**	**9**	**4**	**41998**	**21644**	**20354**
35	9390	4847	4543	3	2	1	9064	4658	4406
36	6989	3613	3376	3	3		6756	3493	3263
37	7491	3907	3584	3	1	2	7245	3776	3469
38	10557	5454	5103	2	1	1	10252	5296	4956
39	8984	4593	4391	2	2		8681	4421	4260
40–44岁	**33199**	**17132**	**16067**	**4**	**4**		**32121**	**16558**	**15563**
40	6414	3300	3114	1	1		6195	3191	3004
41	6807	3471	3336				6596	3358	3238
42	5776	3008	2768				5605	2909	2696
43	6311	3251	3060	2	2		6079	3135	2944
44	7891	4102	3789	1	1		7646	3965	3681
45–49岁	**46294**	**24999**	**21295**	**5**	**3**	**2**	**44681**	**24067**	**20614**
45	9582	5035	4547	2	1	1	9242	4837	4405
46	9912	5328	4584	1	1		9568	5133	4435
47	9478	5099	4379				9157	4916	4241
48	8542	4663	3879	2	1	1	8251	4497	3754
49	8780	4874	3906				8463	4684	3779
50岁及以上	**115694**	**63234**	**52460**	**13**	**8**	**5**	**112026**	**61038**	**50988**

3-2 续表 7　　　　　　　　　　　　　　　　　　　　　　　　单位：人

年龄	高中								
	肄业			辍学			其他		
	小计	男	女	小计	男	女	小计	男	女
总计	**2412**	**1473**	**939**	**3008**	**1857**	**1151**	**9725**	**5401**	**4324**
3									
4									
5-9岁									
5									
6									
7									
8									
9									
10-14岁	**2**	**1**	**1**	**2**	**2**		**23**	**10**	**13**
10									
11									
12									
13				1	1		4	2	2
14	2	1	1	1	1		19	8	11
15-19岁	**159**	**109**	**50**	**262**	**169**	**93**	**377**	**215**	**162**
15	4	3	1	12	9	3	14	5	9
16	23	17	6	54	29	25	51	33	18
17	45	29	16	59	42	17	77	48	29
18	41	28	13	67	41	26	113	62	51
19	46	32	14	70	48	22	122	67	55
20-24岁	**288**	**184**	**104**	**379**	**257**	**122**	**977**	**580**	**397**
20	47	27	20	44	28	16	136	80	56
21	39	27	12	83	52	31	146	91	55
22	61	39	22	76	56	20	192	117	75
23	69	41	28	79	56	23	238	141	97
24	72	50	22	97	65	32	265	151	114
25-29岁	**390**	**224**	**166**	**534**	**333**	**201**	**1574**	**815**	**759**
25	92	57	35	107	68	39	331	180	151
26	64	37	27	82	48	34	307	155	152
27	80	42	38	122	80	42	334	173	161
28	76	41	35	112	73	39	306	157	149
29	78	47	31	111	64	47	296	150	146
30-34岁	**387**	**237**	**150**	**457**	**276**	**181**	**1597**	**871**	**726**
30	95	54	41	108	68	40	314	175	139
31	78	50	28	95	64	31	311	164	147
32	58	36	22	75	46	29	276	150	126
33	74	46	28	97	54	43	379	202	177
34	82	51	31	82	44	38	317	180	137
35-39岁	**246**	**144**	**102**	**272**	**150**	**122**	**882**	**467**	**415**
35	48	32	16	73	47	26	202	108	94
36	35	18	17	47	23	24	148	76	72
37	48	27	21	40	22	18	155	81	74
38	53	30	23	57	24	33	193	103	90
39	62	37	25	55	34	21	184	99	85
40-44岁	**162**	**94**	**68**	**185**	**106**	**79**	**727**	**370**	**357**
40	32	13	19	35	21	14	151	74	77
41	27	16	11	37	21	16	147	76	71
42	30	20	10	33	18	15	108	61	47
43	36	22	14	38	17	21	156	75	81
44	37	23	14	42	29	13	165	84	81
45-49岁	**218**	**133**	**85**	**309**	**202**	**107**	**1081**	**594**	**487**
45	47	22	25	66	45	21	225	130	95
46	49	31	18	65	44	21	229	119	110
47	42	27	15	75	47	28	204	109	95
48	38	26	12	40	25	15	211	114	97
49	42	27	15	63	41	22	212	122	90
50岁及以上	**560**	**347**	**213**	**608**	**362**	**246**	**2487**	**1479**	**1008**

3-2　续表 8　　　　单位：人

年　龄	大学专科								
	合　计			在　校			毕　业		
	合计	男	女	小计	男	女	小计	男	女
总　计	**288755**	**147536**	**141219**	**47819**	**24770**	**23049**	**236311**	**120334**	**115977**
3									
4									
5-9岁									
5									
6									
7									
8									
9									
10-14岁	**5**	**3**	**2**	**4**	**2**	**2**	**1**	**1**	
10	1	1					1	1	
11	1		1	1		1			
12									
13									
14	3	2	1	3	2	1			
15-19岁	**24935**	**12928**	**12007**	**23263**	**12124**	**11139**	**1533**	**727**	**806**
15	512	339	173	501	336	165	10	3	7
16	886	540	346	841	519	322	43	20	23
17	1760	911	849	1647	864	783	105	46	59
18	7981	4094	3887	7574	3887	3687	365	181	184
19	13796	7044	6752	12700	6518	6182	1010	477	533
20-24岁	**59285**	**28372**	**30913**	**23271**	**11917**	**11354**	**35254**	**16084**	**19170**
20	14220	7111	7109	12020	6119	5901	2119	944	1175
21	11772	5741	6031	6789	3476	3313	4856	2210	2646
22	11018	5158	5860	2800	1457	1343	8061	3630	4431
23	11101	5209	5892	1176	611	565	9738	4498	5240
24	11174	5153	6021	486	254	232	10480	4802	5678
25-29岁	**52844**	**24955**	**27889**	**744**	**412**	**332**	**51075**	**24032**	**27043**
25	11615	5336	6279	313	168	145	11085	5056	6029
26	10730	5074	5656	159	98	61	10366	4884	5482
27	10998	5207	5791	116	65	51	10661	5041	5620
28	9940	4728	5212	82	41	41	9656	4572	5084
29	9561	4610	4951	74	40	34	9307	4479	4828
30-34岁	**48805**	**23704**	**25101**	**258**	**141**	**117**	**47646**	**23111**	**24535**
30	10304	4985	5319	79	44	35	10041	4854	5187
31	9226	4419	4807	37	21	16	8996	4301	4695
32	8503	4132	4371	38	21	17	8303	4026	4277
33	10912	5352	5560	61	30	31	10662	5228	5434
34	9860	4816	5044	43	25	18	9644	4702	4942
35-39岁	**29678**	**14988**	**14690**	**110**	**67**	**43**	**29044**	**14660**	**14384**
35	6318	3198	3120	19	15	4	6193	3133	3060
36	5091	2574	2517	20	13	7	4977	2514	2463
37	5554	2805	2749	31	18	13	5410	2726	2684
38	7216	3643	3573	18	10	8	7083	3581	3502
39	5499	2768	2731	22	11	11	5381	2706	2675
40-44岁	**17996**	**9450**	**8546**	**62**	**37**	**25**	**17645**	**9269**	**8376**
40	3887	2022	1865	12	6	6	3812	1986	1826
41	3650	1855	1795	15	10	5	3581	1817	1764
42	3090	1668	1422	8	5	3	3034	1642	1392
43	3361	1752	1609	12	8	4	3292	1712	1580
44	4008	2153	1855	15	8	7	3926	2112	1814
45-49岁	**20060**	**11220**	**8840**	**50**	**26**	**24**	**19670**	**10994**	**8676**
45	4370	2434	1936	15	10	5	4276	2381	1895
46	4420	2455	1965	13	5	8	4338	2408	1930
47	4117	2301	1816	10	6	4	4035	2248	1787
48	3612	2043	1569	9	4	5	3534	1997	1537
49	3541	1987	1554	3	1	2	3487	1960	1527
50岁及以上	**35147**	**21916**	**13231**	**57**	**44**	**13**	**34443**	**21456**	**12987**

3−2 续表 9 单位：人

年龄	大学专科								
	肄业			辍学			其他		
	小计	男	女	小计	男	女	小计	男	女
总计	**622**	**348**	**274**	**275**	**165**	**110**	**3728**	**1919**	**1809**
3									
4									
5−9岁									
5									
6									
7									
8									
9									
10−14岁									
10									
11									
12									
13									
14									
15−19岁	**25**	**13**	**12**	**18**	**10**	**8**	**96**	**54**	**42**
15	1		1						
16				1	1		1		1
17	1		1	1		1	6	1	5
18	7	4	3	7	4	3	28	18	10
19	16	9	7	9	5	4	61	35	26
20−24岁	**103**	**51**	**52**	**72**	**49**	**23**	**585**	**271**	**314**
20	11	8	3	11	10	1	59	30	29
21	15	7	8	15	10	5	97	38	59
22	25	10	15	14	5	9	118	56	62
23	27	14	13	14	10	4	146	76	70
24	25	12	13	18	14	4	165	71	94
25−29岁	**140**	**79**	**61**	**62**	**42**	**20**	**823**	**390**	**433**
25	24	10	14	13	11	2	180	91	89
26	29	17	12	16	8	8	160	67	93
27	29	15	14	16	11	5	176	75	101
28	32	18	14	8	7	1	162	90	72
29	26	19	7	9	5	4	145	67	78
30−34岁	**141**	**65**	**76**	**51**	**26**	**25**	**709**	**361**	**348**
30	29	12	17	9	5	4	146	70	76
31	37	15	22	8	5	3	148	77	71
32	18	11	7	11	6	5	133	68	65
33	31	15	16	9	4	5	149	75	74
34	26	12	14	14	6	8	133	71	62
35−39岁	**74**	**49**	**25**	**20**	**13**	**7**	**430**	**199**	**231**
35	11	6	5	3	1	2	92	43	49
36	18	13	5	2	1	1	74	33	41
37	19	14	5	7	5	2	87	42	45
38	18	10	8	3	1	2	94	41	53
39	8	6	2	5	5		83	40	43
40−44岁	**34**	**21**	**13**	**9**	**4**	**5**	**246**	**119**	**127**
40	7	4	3	2	1	1	54	25	29
41	6	4	2	2	1	1	46	23	23
42	7	3	4				41	18	23
43	5	3	2	2	1	1	50	28	22
44	9	7	2	3	1	2	55	25	30
45−49岁	**38**	**23**	**15**	**13**	**6**	**7**	**289**	**171**	**118**
45	13	6	7	1		1	65	37	28
46	9	5	4	4	4		56	33	23
47	7	5	2	4	1	3	61	41	20
48	5	3	2	3	1	2	61	38	23
49	4	4		1		1	46	22	24
50岁及以上	**67**	**47**	**20**	**30**	**15**	**15**	**550**	**354**	**196**

3–2　续表 10

单位：人

年　龄	大学本科								
	合　　计			在　　校			毕　　业		
	合计	男	女	小计	男	女	小计	男	女
总　计	**241010**	**120383**	**120627**	**60554**	**27685**	**32869**	**177852**	**91346**	**86506**
3									
4									
5–9岁									
5									
6									
7									
8									
9									
10–14岁	**2**	**1**	**1**	**1**		**1**	**1**	**1**	
10									
11									
12									
13	1	1					1	1	
14	1		1	1		1			
15–19岁	**20551**	**9327**	**11224**	**20240**	**9169**	**11071**	**279**	**136**	**143**
15	57	25	32	54	25	29	2		2
16	165	69	96	161	65	96	3	3	
17	1013	410	603	1000	406	594	12	4	8
18	6939	3206	3733	6848	3160	3688	78	37	41
19	12377	5617	6760	12177	5513	6664	184	92	92
20–24岁	**58794**	**26307**	**32487**	**38899**	**17810**	**21089**	**19451**	**8305**	**11146**
20	14506	6571	7935	14046	6360	7686	422	189	233
21	13889	6184	7705	12528	5577	6951	1309	580	729
22	12282	5493	6789	8053	3781	4272	4139	1672	2467
23	9575	4300	5275	3189	1557	1632	6263	2703	3560
24	8542	3759	4783	1083	535	548	7318	3161	4157
25–29岁	**43376**	**19419**	**23957**	**1032**	**511**	**521**	**41678**	**18618**	**23060**
25	9068	3966	5102	503	264	239	8433	3650	4783
26	8383	3660	4723	212	92	120	8046	3513	4533
27	9261	4048	5213	152	68	84	8962	3915	5047
28	8392	3836	4556	90	45	45	8168	3735	4433
29	8272	3909	4363	75	42	33	8069	3805	4264
30–34岁	**43010**	**21269**	**21741**	**197**	**83**	**114**	**42263**	**20909**	**21354**
30	9177	4460	4717	54	27	27	9003	4378	4625
31	8247	4044	4203	32	16	16	8107	3974	4133
32	7593	3820	3773	25	10	15	7458	3748	3710
33	9355	4601	4754	48	16	32	9183	4524	4659
34	8638	4344	4294	38	14	24	8512	4285	4227
35–39岁	**28015**	**14737**	**13278**	**73**	**44**	**29**	**27614**	**14509**	**13105**
35	5916	3029	2887	16	5	11	5823	2978	2845
36	5211	2753	2458	13	8	5	5137	2710	2427
37	5507	2950	2557	19	14	5	5419	2900	2519
38	6550	3446	3104	11	5	6	6469	3399	3070
39	4831	2559	2272	14	12	2	4766	2522	2244
40–44岁	**13618**	**7608**	**6010**	**29**	**14**	**15**	**13440**	**7493**	**5947**
40	3192	1747	1445	5	2	3	3157	1725	1432
41	2928	1588	1340	3	1	2	2889	1562	1327
42	2376	1359	1017	9	4	5	2339	1339	1000
43	2409	1375	1034	2	1	1	2375	1348	1027
44	2713	1539	1174	10	6	4	2680	1519	1161
45–49岁	**12793**	**7731**	**5062**	**43**	**26**	**17**	**12580**	**7601**	**4979**
45	2863	1688	1175	12	5	7	2808	1656	1152
46	2683	1603	1080	8	6	2	2641	1579	1062
47	2551	1552	999	7	3	4	2511	1527	984
48	2332	1483	849	6	6		2297	1458	839
49	2364	1405	959	10	6	4	2323	1381	942
50岁及以上	**20851**	**13984**	**6867**	**40**	**28**	**12**	**20546**	**13774**	**6772**

3-2　续表 11　　　　单位：人

年龄	大学本科								
	肄业			辍学			其他		
	小计	男	女	小计	男	女	小计	男	女
总计	**320**	**180**	**140**	**86**	**58**	**28**	**2198**	**1114**	**1084**
3									
4									
5－9岁									
5									
6									
7									
8									
9									
10－14岁									
10									
11									
12									
13									
14									
15－19岁	**6**	**5**	**1**	**5**	**3**	**2**	**21**	**14**	**7**
15							1		1
16	1	1							
17							1		1
18	3	2	1	2	1	1	8	6	2
19	2	2		3	2	1	11	8	3
20－24岁	**46**	**18**	**28**	**24**	**17**	**7**	**374**	**157**	**217**
20	3	2	1	4	2	2	31	18	13
21	5	1	4	3	3		44	23	21
22	6	2	4	6	4	2	78	34	44
23	8	3	5	6	4	2	109	33	76
24	24	10	14	5	4	1	112	49	63
25－29岁	**81**	**42**	**39**	**12**	**6**	**6**	**573**	**242**	**331**
25	17	8	9	4	1	3	111	43	68
26	17	9	8	3	2	1	105	44	61
27	17	12	5	4	2	2	126	51	75
28	16	7	9	1	1		117	48	69
29	14	6	8				114	56	58
30－34岁	**98**	**56**	**42**	**18**	**11**	**7**	**434**	**210**	**224**
30	19	10	9	2	1	1	99	44	55
31	15	9	6	5	3	2	88	42	46
32	27	16	11	1	1		82	45	37
33	26	14	12	6	4	2	92	43	49
34	11	7	4	4	2	2	73	36	37
35－39岁	**34**	**22**	**12**	**11**	**10**	**1**	**283**	**152**	**131**
35	9	8	1	2	2		66	36	30
36	8	4	4	1	1		52	30	22
37	5	3	2	6	5	1	58	28	30
38	10	5	5	2	2		58	35	23
39	2	2					49	23	26
40－44岁	**11**	**9**	**2**	**5**	**4**	**1**	**133**	**88**	**45**
40				3	3		27	17	10
41	7	5	2				29	20	9
42	1	1					27	15	12
43				2	1	1	30	25	5
44	3	3					20	11	9
45－49岁	**19**	**11**	**8**	**4**	**3**	**1**	**147**	**90**	**57**
45	6	3	3	1	1		36	23	13
46	4		4				30	18	12
47	4	3	1	2	2		27	17	10
48	1	1		1		1	27	18	9
49	4	4					27	14	13
50岁及以上	**25**	**17**	**8**	**7**	**4**	**3**	**233**	**161**	**72**

3-2　续表 12　　　　单位：人

年　龄	硕士研究生								
	合　计			在　校			毕　业		
	合计	男	女	小计	男	女	小计	男	女
总　计	**20646**	**10343**	**10303**	**5815**	**2440**	**3375**	**14721**	**7852**	**6869**
3									
4									
5–9岁									
5									
6									
7									
8									
9									
10–14岁									
10									
11									
12									
13									
14									
15–19岁	**18**	**7**	**11**	**16**	**6**	**10**			
15									
16									
17	1	1							
18	7	2	5	7	2	5			
19	10	4	6	9	4	5			
20–24岁	**4064**	**1578**	**2486**	**3776**	**1484**	**2292**	**272**	**87**	**185**
20	30	10	20	29	10	19	1		1
21	148	57	91	144	54	90	3	2	1
22	802	321	481	773	309	464	26	10	16
23	1419	517	902	1343	498	845	71	18	53
24	1665	673	992	1487	613	874	171	57	114
25–29岁	**4738**	**2037**	**2701**	**1829**	**856**	**973**	**2890**	**1175**	**1715**
25	1389	592	797	1013	463	550	370	125	245
26	989	421	568	448	211	237	538	209	329
27	819	356	463	208	109	99	608	247	361
28	760	324	436	98	47	51	657	276	381
29	781	344	437	62	26	36	717	318	399
30–34岁	**4239**	**2010**	**2229**	**147**	**68**	**79**	**4061**	**1929**	**2132**
30	856	342	514	53	21	32	798	318	480
31	850	403	447	30	12	18	813	388	425
32	810	388	422	24	15	9	779	372	407
33	873	426	447	26	13	13	842	412	430
34	850	451	399	14	7	7	829	439	390
35–39岁	**3510**	**1935**	**1575**	**27**	**14**	**13**	**3467**	**1912**	**1555**
35	660	361	299	5	3	2	652	358	294
36	661	362	299	4	3	1	652	354	298
37	687	376	311	5	3	2	682	373	309
38	862	479	383	6	4	2	851	473	378
39	640	357	283	7	1	6	630	354	276
40–44岁	**1559**	**968**	**591**	**7**	**4**	**3**	**1547**	**961**	**586**
40	433	267	166	3		3	428	266	162
41	329	214	115	2	2		325	210	115
42	289	174	115	2	2		286	172	114
43	259	166	93				259	166	93
44	249	147	102				249	147	102
45–49岁	**1134**	**775**	**359**	**4**	**2**	**2**	**1126**	**771**	**355**
45	250	186	64	2	2		248	184	64
46	260	167	93				258	166	92
47	240	167	73				239	166	73
48	194	131	63	1		1	192	131	61
49	190	124	66	1		1	189	124	65
50岁及以上	**1384**	**1033**	**351**	**9**	**6**	**3**	**1358**	**1017**	**341**

3–2 续表 13 单位：人

年龄	硕士研究生								
	肄业			辍学			其他		
	小计	男	女	小计	男	女	小计	男	女
总计	**18**	**9**	**9**	**2**	**1**	**1**	**90**	**41**	**49**
3									
4									
5–9岁									
5									
6									
7									
8									
9									
10–14岁									
10									
11									
12									
13									
14									
15–19岁	**1**		**1**				**1**	**1**	
15									
16									
17							1	1	
18									
19	1		1						
20–24岁	**2**	**1**	**1**				**14**	**6**	**8**
20									
21							1	1	
22							3	2	1
23	1		1				4	1	3
24	1	1					6	2	4
25–29岁	**1**		**1**				**18**	**6**	**12**
25							6	4	2
26							3	1	2
27	1		1				2		2
28							5	1	4
29							2		2
30–34岁	**5**	**2**	**3**	**1**	**1**		**25**	**10**	**15**
30	2	2					3	1	2
31	1		1				6	3	3
32	1		1				6	1	5
33	1		1				4	1	3
34				1	1		6	4	2
35–39岁	**2**	**1**	**1**				**14**	**8**	**6**
35	1		1				2		2
36	1	1					4	4	
37									
38							5	2	3
39							3	2	1
40–44岁	**1**		**1**				**4**	**3**	**1**
40							2	1	1
41							2	2	
42	1		1						
43									
44									
45–49岁	**1**	**1**					**3**	**1**	**2**
45									
46	1	1					1		1
47							1	1	
48							1		1
49									
50岁及以上	**5**	**4**	**1**	**1**		**1**	**11**	**6**	**5**

3-2　续表 14　　单位：人

年　龄	博士研究生								
	合　　计			在　　校			毕　　业		
	合计	男	女	小计	男	女	小计	男	女
总　计	**2502**	**1498**	**1004**	**627**	**302**	**325**	**1867**	**1192**	**675**
3									
4									
5-9岁									
5									
6									
7									
8									
9									
10-14岁									
10									
11									
12									
13									
14									
15-19岁	**1**		**1**	**1**		**1**			
15									
16									
17									
18									
19	1		1	1		1			
20-24岁	**86**	**37**	**49**	**81**	**35**	**46**	**5**	**2**	**3**
20	3	3		3	3				
21	4	2	2	4	2	2			
22	18	5	13	18	5	13			
23	22	10	12	20	10	10	2		2
24	39	17	22	36	15	21	3	2	1
25-29岁	**476**	**213**	**263**	**329**	**154**	**175**	**146**	**59**	**87**
25	72	28	44	55	23	32	17	5	12
26	96	38	58	80	35	45	16	3	13
27	101	52	49	81	43	38	20	9	11
28	104	47	57	59	27	32	45	20	25
29	103	48	55	54	26	28	48	22	26
30-34岁	**586**	**334**	**252**	**150**	**77**	**73**	**434**	**257**	**177**
30	112	53	59	44	19	25	68	34	34
31	126	80	46	32	19	13	94	61	33
32	123	62	61	30	14	16	93	48	45
33	126	79	47	29	17	12	95	62	33
34	99	60	39	15	8	7	84	52	32
35-39岁	**507**	**311**	**196**	**49**	**28**	**21**	**456**	**282**	**174**
35	98	61	37	18	13	5	79	48	31
36	110	63	47	18	6	12	92	57	35
37	105	65	40	6	5	1	98	59	39
38	111	70	41	3	1	2	108	69	39
39	83	52	31	4	3	1	79	49	30
40-44岁	**312**	**200**	**112**	**8**	**5**	**3**	**303**	**194**	**109**
40	83	47	36	1	1		82	46	36
41	72	53	19	2	1	1	69	51	18
42	64	41	23	2	1	1	62	40	22
43	50	32	18	2	1	1	48	31	17
44	43	27	16	1	1		42	26	16
45-49岁	**277**	**204**	**73**	**8**	**3**	**5**	**267**	**199**	**68**
45	62	39	23	3		3	58	38	20
46	55	43	12	1	1		54	42	12
47	65	49	16				65	49	16
48	50	37	13	1	1		48	35	13
49	45	36	9	3	1	2	42	35	7
50岁及以上	**257**	**199**	**58**	**1**		**1**	**256**	**199**	**57**

3-2 续表 15 单位：人

年 龄	博士研究生								
	肄 业			辍 学			其 他		
	小计	男	女	小计	男	女	小计	男	女
总 计	**2**	**2**					**6**	**2**	**4**
3									
4									
5-9岁									
5									
6									
7									
8									
9									
10-14岁									
10									
11									
12									
13									
14									
15-19岁									
15									
16									
17									
18									
19									
20-24岁									
20									
21									
22									
23									
24									
25-29岁							**1**		**1**
25									
26									
27									
28									
29							1		1
30-34岁							**2**		**2**
30									
31									
32									
33							2		2
34									
35-39岁	**1**	**1**					**1**		**1**
35							1		1
36									
37	1	1							
38									
39									
40-44岁	**1**	**1**							
40									
41	1	1							
42									
43									
44									
45-49岁							**2**	**2**	
45							1	1	
46									
47									
48							1	1	
49									
50岁及以上									

3-2a　全市分年龄、性别、学业完成情况的3岁及以上各种受教育程度人口(城市)

单位：人

年龄	合计								
	合计			在校			毕业		
	合计	男	女	小计	男	女	小计	男	女
总计	**1531310**	**757908**	**773402**	**285471**	**145937**	**139534**	**1194861**	**588225**	**606636**
3									
4									
5-9岁	**63122**	**32628**	**30494**	**61213**	**31580**	**29633**	**1649**	**901**	**748**
5	1299	642	657	1231	613	618	47	15	32
6	12796	6486	6310	12429	6291	6138	302	158	144
7	16261	8412	7849	15814	8157	7657	392	226	166
8	17391	9121	8270	16866	8829	8037	466	259	207
9	15375	7967	7408	14873	7690	7183	442	243	199
10-14岁	**74409**	**38801**	**35608**	**71374**	**37163**	**34211**	**2713**	**1464**	**1249**
10	14853	7746	7107	14375	7464	6911	435	256	179
11	14487	7508	6979	13951	7227	6724	460	238	222
12	14976	7766	7210	14341	7431	6910	570	308	262
13	15759	8187	7572	15026	7788	7238	659	357	302
14	14334	7594	6740	13681	7253	6428	589	305	284
15-19岁	**103184**	**54300**	**48884**	**95476**	**49628**	**45848**	**7129**	**4331**	**2798**
15	17362	9152	8210	17149	9039	8110	158	83	75
16	21703	11638	10065	21040	11233	9807	569	353	216
17	19477	10304	9173	18318	9587	8731	1062	658	404
18	20016	10699	9317	17785	9317	8468	2076	1291	785
19	24626	12507	12119	21184	10452	10732	3264	1946	1318
20-24岁	**120582**	**58986**	**61596**	**53244**	**25444**	**27800**	**65634**	**32587**	**33047**
20	26770	13242	13528	21627	10461	11166	4936	2662	2274
21	24354	11875	12479	15889	7469	8420	8194	4240	3954
22	23392	11405	11987	9048	4393	4655	13987	6822	7165
23	22438	10973	11465	4281	2009	2272	17752	8745	9007
24	23628	11491	12137	2399	1112	1287	20765	10118	10647
25-29岁	**129753**	**62836**	**66917**	**2965**	**1484**	**1481**	**123886**	**59814**	**64072**
25	25622	12347	13275	1407	699	708	23669	11346	12323
26	24796	11959	12837	674	328	346	23574	11347	12227
27	26808	12923	13885	412	223	189	25780	12381	13399
28	26008	12582	13426	267	130	137	25166	12142	13024
29	26519	13025	13494	205	104	101	25697	12598	13099
30-34岁	**159399**	**78535**	**80864**	**653**	**321**	**332**	**155053**	**76262**	**78791**
30	30399	14887	15512	188	90	98	29528	14433	15095
31	29084	14318	14766	118	62	56	28286	13910	14376
32	27293	13440	13853	107	55	52	26546	13051	13495
33	36989	18268	18721	146	70	76	35964	17734	18230
34	35634	17622	18012	94	44	50	34729	17134	17595
35-39岁	**116791**	**58137**	**58654**	**228**	**131**	**97**	**113870**	**56647**	**57223**
35	23811	11829	11982	53	32	21	23178	11496	11682
36	19424	9699	9725	53	30	23	18947	9462	9485
37	21311	10695	10616	51	33	18	20759	10400	10359
38	28777	14303	14474	34	17	17	28155	14021	14134
39	23468	11611	11857	37	19	18	22831	11268	11563
40-44岁	**92230**	**45305**	**46925**	**93**	**52**	**41**	**89370**	**43933**	**45437**
40	16834	8405	8429	19	8	11	16353	8175	8178
41	18244	8962	9282	19	12	7	17719	8704	9015
42	15618	7686	7932	16	10	6	15150	7458	7692
43	17953	8809	9144	16	9	7	17362	8520	8842
44	23581	11443	12138	23	13	10	22786	11076	11710
45-49岁	**158714**	**78382**	**80332**	**93**	**55**	**38**	**152591**	**75477**	**77114**
45	30308	14905	15403	28	16	12	29217	14377	14840
46	32583	16007	16576	20	10	10	31352	15424	15928
47	32581	16097	16484	14	9	5	31375	15510	15865
48	30493	15201	15292	17	12	5	29278	14629	14649
49	32749	16172	16577	14	8	6	31369	15537	15832
50岁及以上	**513126**	**249998**	**263128**	**132**	**79**	**53**	**482966**	**236809**	**246157**

3-2a 续表 1 单位：人

年龄	合计								
	肄业			辍学			其他		
	小计	男	女	小计	男	女	小计	男	女
总计	**9541**	**4476**	**5065**	**16165**	**7289**	**8876**	**25272**	**11981**	**13291**
3									
4									
5-9岁	**37**	**17**	**20**	**8**	**4**	**4**	**215**	**126**	**89**
5	2	1	1	1		1	18	13	5
6	6	4	2	1		1	58	33	25
7	10	5	5				45	24	21
8	8	3	5	2	1	1	49	29	20
9	11	4	7	4	3	1	45	27	18
10-14岁	**32**	**16**	**16**	**27**	**16**	**11**	**263**	**142**	**121**
10	2		2	2	2		39	24	15
11	12	9	3	4	2	2	60	32	28
12	5	2	3	5	2	3	55	23	32
13	9	4	5	10	7	3	55	31	24
14	4	1	3	6	3	3	54	32	22
15-19岁	**105**	**62**	**43**	**184**	**120**	**64**	**290**	**159**	**131**
15	11	7	4	21	12	9	23	11	12
16	18	9	9	36	22	14	40	21	19
17	18	13	5	32	22	10	47	24	23
18	27	11	16	47	30	17	81	50	31
19	31	22	9	48	34	14	99	53	46
20-24岁	**276**	**161**	**115**	**373**	**254**	**119**	**1055**	**540**	**515**
20	35	20	15	50	34	16	122	65	57
21	43	26	17	67	51	16	161	89	72
22	57	36	21	78	50	28	222	104	118
23	67	36	31	82	55	27	256	128	128
24	74	43	31	96	64	32	294	154	140
25-29岁	**472**	**276**	**196**	**570**	**373**	**197**	**1860**	**889**	**971**
25	88	56	32	113	72	41	345	174	171
26	82	45	37	112	72	40	354	167	187
27	95	55	40	120	80	40	401	184	217
28	105	56	49	104	69	35	366	185	181
29	102	64	38	121	80	41	394	179	215
30-34岁	**583**	**329**	**254**	**781**	**445**	**336**	**2329**	**1178**	**1151**
30	120	66	54	153	88	65	410	210	200
31	101	56	45	144	81	63	435	209	226
32	111	63	48	109	60	49	420	211	209
33	123	71	52	186	103	83	570	290	280
34	128	73	55	189	113	76	494	258	236
35-39岁	**444**	**252**	**192**	**617**	**331**	**286**	**1632**	**776**	**856**
35	94	58	36	128	65	63	358	178	180
36	66	34	32	101	55	46	257	118	139
37	82	46	36	111	73	38	308	143	165
38	101	49	52	138	58	80	349	158	191
39	101	65	36	139	80	59	360	179	181
40-44岁	**428**	**216**	**212**	**754**	**358**	**396**	**1585**	**746**	**839**
40	65	26	39	124	63	61	273	133	140
41	64	37	27	143	63	80	299	146	153
42	75	40	35	131	68	63	246	110	136
43	94	48	46	149	69	80	332	163	169
44	130	65	65	207	95	112	435	194	241
45-49岁	**1026**	**504**	**522**	**1915**	**893**	**1022**	**3089**	**1453**	**1636**
45	197	88	109	317	158	159	549	266	283
46	201	99	102	377	195	182	633	279	354
47	197	111	86	397	172	225	598	295	303
48	208	97	111	358	163	195	632	300	332
49	223	109	114	466	205	261	677	313	364
50岁及以上	**6138**	**2643**	**3495**	**10936**	**4495**	**6441**	**12954**	**5972**	**6982**

3-2a 续表 2 单位：人

年 龄	小学								
	合 计			在 校			毕 业		
	合计	男	女	小计	男	女	小计	男	女
总 计	**307375**	**138691**	**168684**	**93993**	**48713**	**45280**	**191762**	**81407**	**110355**
3									
4									
5-9岁	**62408**	**32279**	**30129**	**60561**	**31266**	**29295**	**1595**	**870**	**725**
5	1299	642	657	1231	613	618	47	15	32
6	12669	6419	6250	12314	6232	6082	294	151	143
7	16128	8351	7777	15685	8099	7586	388	223	165
8	17165	9011	8154	16662	8730	7932	444	248	196
9	15147	7856	7291	14669	7592	7077	422	233	189
10-14岁	**34673**	**18140**	**16533**	**33358**	**17418**	**15940**	**1168**	**636**	**532**
10	14517	7569	6948	14069	7309	6760	406	235	171
11	13436	6969	6467	12974	6725	6249	401	209	192
12	5292	2861	2431	5032	2723	2309	233	125	108
13	1035	524	511	931	467	464	90	47	43
14	393	217	176	352	194	158	38	20	18
15-19岁	**192**	**112**	**80**	**39**	**18**	**21**	**117**	**75**	**42**
15	27	13	14	11	5	6	11	6	5
16	38	24	14	10	7	3	17	10	7
17	27	12	15	7	1	6	17	9	8
18	42	27	15	8	4	4	26	20	6
19	58	36	22	3	1	2	46	30	16
20-24岁	**634**	**355**	**279**	**10**	**3**	**7**	**557**	**305**	**252**
20	81	47	34	4	1	3	68	40	28
21	86	49	37	1		1	73	39	34
22	114	64	50	3	1	2	106	59	47
23	160	90	70	1		1	135	70	65
24	193	105	88	1	1		175	97	78
25-29岁	**1456**	**806**	**650**	**2**		**2**	**1336**	**730**	**606**
25	226	128	98				204	112	92
26	251	142	109				230	127	103
27	309	177	132	2		2	286	164	122
28	314	167	147				291	155	136
29	356	192	164				325	172	153
30-34岁	**2728**	**1313**	**1415**	**1**	**1**		**2516**	**1199**	**1317**
30	449	211	238	1	1		415	190	225
31	463	237	226				422	216	206
32	464	222	242				431	210	221
33	650	311	339				595	282	313
34	702	332	370				653	301	352
35-39岁	**2839**	**1163**	**1676**				**2632**	**1077**	**1555**
35	521	219	302				480	202	278
36	416	174	242				391	163	228
37	504	205	299				470	185	285
38	709	293	416				655	276	379
39	689	272	417				636	251	385
40-44岁	**6338**	**2453**	**3885**				**5872**	**2262**	**3610**
40	714	278	436				646	251	395
41	995	409	586				929	379	550
42	1011	384	627				941	356	585
43	1373	539	834				1279	495	784
44	2245	843	1402				2077	781	1296
45-49岁	**23210**	**9360**	**13850**				**21396**	**8680**	**12716**
45	3548	1410	2138				3288	1314	1974
46	4439	1846	2593				4090	1701	2389
47	4714	1906	2808				4380	1776	2604
48	4773	1911	2862				4378	1772	2606
49	5736	2287	3449				5260	2117	3143
50岁及以上	**172897**	**72710**	**100187**	**22**	**7**	**15**	**154573**	**65573**	**89000**

3-2a 续表 3　　单位：人

年龄	小学								
	肄业			辍学			其他		
	小计	男	女	小计	男	女	小计	男	女
总　计	**4528**	**1764**	**2764**	**9119**	**3481**	**5638**	**7973**	**3326**	**4647**
3									
4									
5-9岁	**37**	**17**	**20**	**7**	**4**	**3**	**208**	**122**	**86**
5	2	1	1	1		1	18	13	5
6	6	4	2				55	32	23
7	10	5	5				45	24	21
8	8	3	5	2	1	1	49	29	20
9	11	4	7	4	3	1	41	24	17
10-14岁	**18**	**11**	**7**	**12**	**8**	**4**	**117**	**67**	**50**
10	2		2	2	2		38	23	15
11	12	9	3	4	2	2	45	24	21
12	3	1	2				24	12	12
13	1	1		6	4	2	7	5	2
14							3	3	
15-19岁	**4**	**3**	**1**	**14**	**7**	**7**	**18**	**9**	**9**
15	1	1		3		3	1	1	
16	2	1	1	5	4	1	4	2	2
17	1	1					2	1	1
18				4	1	3	4	2	2
19				2	2		7	3	4
20-24岁	**7**	**4**	**3**	**20**	**15**	**5**	**40**	**28**	**12**
20	1		1	3	3		5	3	2
21	1	1		4	3	1	7	6	1
22	2	1	1	2	2		1	1	
23	2	2		7	6	1	15	12	3
24	1		1	4	1	3	12	6	6
25-29岁	**11**	**5**	**6**	**29**	**22**	**7**	**78**	**49**	**29**
25	1	1		10	7	3	11	8	3
26	1	1		1	1		19	13	6
27	2		2	8	7	1	11	6	5
28	3	2	1	6	4	2	14	6	8
29	4	1	3	4	3	1	23	16	7
30-34岁	**32**	**14**	**18**	**89**	**51**	**38**	**90**	**48**	**42**
30	4	2	2	11	7	4	18	11	7
31	5	4	1	16	5	11	20	12	8
32	9	1	8	12	7	5	12	4	8
33	8	4	4	21	9	12	26	16	10
34	6	3	3	29	23	6	14	5	9
35-39岁	**42**	**20**	**22**	**95**	**37**	**58**	**70**	**29**	**41**
35	8	2	6	18	5	13	15	10	5
36	4	3	1	10	6	4	11	2	9
37	9	6	3	14	9	5	11	5	6
38	11	5	6	28	7	21	15	5	10
39	10	4	6	25	10	15	18	7	11
40-44岁	**75**	**29**	**46**	**184**	**67**	**117**	**207**	**95**	**112**
40	9	2	7	29	10	19	30	15	15
41	9	4	5	24	12	12	33	14	19
42	13	5	8	27	9	18	30	14	16
43	13	5	8	36	13	23	45	26	19
44	31	13	18	68	23	45	69	26	43
45-49岁	**348**	**135**	**213**	**781**	**291**	**490**	**685**	**254**	**431**
45	51	19	32	114	46	68	95	31	64
46	64	21	43	144	60	84	141	64	77
47	56	26	30	155	55	100	123	49	74
48	86	33	53	158	58	100	151	48	103
49	91	36	55	210	72	138	175	62	113
50岁及以上	**3954**	**1526**	**2428**	**7888**	**2979**	**4909**	**6460**	**2625**	**3835**

3-2a　续表 4　　　　单位：人

年　龄	初中								
	合　计			在　校			毕　业		
	合计	男	女	小计	男	女	小计	男	女
总　计	**454037**	**227041**	**226996**	**45278**	**23812**	**21466**	**391301**	**194447**	**196854**
3									
4									
5-9岁	**714**	**349**	**365**	**652**	**314**	**338**	**54**	**31**	**23**
5									
6	127	67	60	115	59	56	8	7	1
7	133	61	72	129	58	71	4	3	1
8	226	110	116	204	99	105	22	11	11
9	228	111	117	204	98	106	20	10	10
10-14岁	**38217**	**19911**	**18306**	**36588**	**19042**	**17546**	**1471**	**791**	**680**
10	334	175	159	305	154	151	28	20	8
11	1048	538	510	974	501	473	59	29	30
12	9679	4902	4777	9305	4706	4599	336	182	154
13	14437	7520	6917	13835	7194	6641	546	296	250
14	12719	6776	5943	12169	6487	5682	502	264	238
15-19岁	**10071**	**5755**	**4316**	**7978**	**4423**	**3555**	**1946**	**1246**	**700**
15	5278	2933	2345	5158	2862	2296	88	53	35
16	1844	1032	812	1573	865	708	244	156	88
17	1070	625	445	675	365	310	366	245	121
18	959	581	378	379	217	162	547	342	205
19	920	584	336	193	114	79	701	450	251
20-24岁	**9157**	**5325**	**3832**	**26**	**14**	**12**	**8752**	**5090**	**3662**
20	1021	612	409	14	7	7	956	580	376
21	1280	781	499	1	1		1217	738	479
22	1793	1065	728	3	3		1709	1023	686
23	2208	1266	942	1		1	2124	1220	904
24	2855	1601	1254	7	3	4	2746	1529	1217
25-29岁	**19245**	**10123**	**9122**	**8**	**4**	**4**	**18445**	**9662**	**8783**
25	3438	1850	1588	5	3	2	3301	1763	1538
26	3501	1817	1684				3341	1719	1622
27	3954	2054	1900				3790	1967	1823
28	3979	2099	1880	3	1	2	3829	2019	1810
29	4373	2303	2070				4184	2194	1990
30-34岁	**33737**	**16722**	**17015**	**2**	**2**		**32381**	**16006**	**16375**
30	5494	2823	2671				5273	2707	2566
31	5510	2739	2771				5298	2629	2669
32	5366	2601	2765	1	1		5130	2479	2651
33	8364	4106	4258				8022	3926	4096
34	9003	4453	4550	1	1		8658	4265	4393
35-39岁	**30848**	**14843**	**16005**	**3**	**2**	**1**	**29692**	**14265**	**15427**
35	5994	2890	3104				5754	2778	2976
36	4730	2263	2467	1	1		4564	2186	2378
37	5382	2556	2826				5169	2442	2727
38	7823	3827	3996	1	1		7572	3709	3863
39	6919	3307	3612	1		1	6633	3150	3483
40-44岁	**33990**	**15951**	**18039**	**3**		**3**	**32584**	**15303**	**17281**
40	5090	2428	2662	1		1	4874	2326	2548
41	6424	3000	3424	1		1	6175	2898	3277
42	5576	2574	3002				5335	2456	2879
43	7024	3301	3723	1		1	6715	3155	3560
44	9876	4648	5228				9485	4468	5017
45-49岁	**74137**	**35748**	**38389**	**4**	**3**	**1**	**71109**	**34248**	**36861**
45	13673	6463	7210				13135	6201	6934
46	14976	7111	7865	2	1	1	14348	6813	7535
47	15429	7444	7985				14809	7132	7677
48	14498	7109	7389	2	2		13920	6807	7113
49	15561	7621	7940				14897	7295	7602
50岁及以上	**203921**	**102314**	**101607**	**14**	**8**	**6**	**194867**	**97805**	**97062**

3−2a 续表 5

单位：人

年龄	初中								
	肄业			辍学			其他		
	小计	男	女	小计	男	女	小计	男	女
总计	**3251**	**1699**	**1552**	**5202**	**2703**	**2499**	**9005**	**4380**	**4625**
3									
4									
5−9岁				**1**		**1**	**7**	**4**	**3**
5									
6				1		1	3	1	2
7									
8									
9							4	3	1
10−14岁	**13**	**5**	**8**	**13**	**6**	**7**	**132**	**67**	**65**
10							1	1	
11							15	8	7
12	2	1	1	5	2	3	31	11	20
13	8	3	5	3	2	1	45	25	20
14	3	1	2	5	2	3	40	22	18
15−19岁	**30**	**14**	**16**	**55**	**37**	**18**	**62**	**35**	**27**
15	5	3	2	12	7	5	15	8	7
16	5		5	11	6	5	11	5	6
17	7	4	3	10	8	2	12	3	9
18	8	3	5	12	9	3	13	10	3
19	5	4	1	10	7	3	11	9	2
20−24岁	**68**	**41**	**27**	**116**	**75**	**41**	**195**	**105**	**90**
20	7	3	4	15	7	8	29	15	14
21	12	10	2	17	13	4	33	19	14
22	15	8	7	24	12	12	42	19	23
23	17	9	8	27	17	10	39	20	19
24	17	11	6	33	26	7	52	32	20
25−29岁	**142**	**93**	**49**	**229**	**146**	**83**	**421**	**218**	**203**
25	23	16	7	33	24	9	76	44	32
26	27	17	10	50	35	15	83	46	37
27	30	19	11	46	27	19	88	41	47
28	27	17	10	40	20	20	80	42	38
29	35	24	11	60	40	20	94	45	49
30−34岁	**212**	**124**	**88**	**398**	**225**	**173**	**744**	**365**	**379**
30	40	25	15	78	41	37	103	50	53
31	29	16	13	61	35	26	122	59	63
32	42	27	15	56	30	26	137	64	73
33	47	26	21	100	60	40	195	94	101
34	54	30	24	103	59	44	187	98	89
35−39岁	**184**	**99**	**85**	**337**	**191**	**146**	**632**	**286**	**346**
35	36	21	15	68	34	34	136	57	79
36	25	11	14	58	33	25	82	32	50
37	33	16	17	62	39	23	118	59	59
38	44	21	23	67	35	32	139	61	78
39	46	30	16	82	50	32	157	77	80
40−44岁	**240**	**115**	**125**	**445**	**221**	**224**	**718**	**312**	**406**
40	37	15	22	68	36	32	110	51	59
41	35	18	17	88	34	54	125	50	75
42	43	22	21	86	48	38	112	48	64
43	59	31	28	93	47	46	156	68	88
44	66	29	37	110	56	54	215	95	120
45−49岁	**541**	**289**	**252**	**929**	**471**	**458**	**1554**	**737**	**817**
45	108	53	55	164	85	79	266	124	142
46	107	61	46	190	104	86	329	132	197
47	119	70	49	189	86	103	312	156	156
48	98	47	51	175	94	81	303	159	144
49	109	58	51	211	102	109	344	166	178
50岁及以上	**1821**	**919**	**902**	**2679**	**1331**	**1348**	**4540**	**2251**	**2289**

3-2a　续表 6　　　　单位：人

年　龄	高中								
	合　计			在　校			毕　业		
	合计	男	女	小计	男	女	小计	男	女
总　计	**335638**	**174164**	**161474**	**59319**	**31489**	**27830**	**268906**	**138599**	**130307**
3									
4									
5–9岁									
5									
6									
7									
8									
9									
10–14岁	**1514**	**747**	**767**	**1424**	**701**	**723**	**73**	**36**	**37**
10	1	1		1	1				
11	2	1	1	2	1	1			
12	5	3	2	4	2	2	1	1	
13	287	143	144	260	127	133	23	14	9
14	1219	599	620	1157	570	587	49	21	28
15–19岁	**60184**	**32371**	**27813**	**55926**	**29686**	**26240**	**3947**	**2499**	**1448**
15	11609	5898	5711	11539	5866	5673	53	22	31
16	19076	10123	8953	18750	9919	8831	272	171	101
17	16526	8795	7731	15869	8381	7488	596	374	222
18	8778	5059	3719	7449	4204	3245	1240	805	435
19	4195	2496	1699	2319	1316	1003	1786	1127	659
20–24岁	**21319**	**12130**	**9189**	**1900**	**1052**	**848**	**18802**	**10702**	**8100**
20	3321	1919	1402	987	545	442	2248	1320	928
21	3310	1918	1392	428	219	209	2781	1633	1148
22	4246	2457	1789	269	165	104	3847	2211	1636
23	4776	2690	2086	132	72	60	4512	2541	1971
24	5666	3146	2520	84	51	33	5414	2997	2417
25–29岁	**33935**	**17780**	**16155**	**33**	**26**	**7**	**32868**	**17183**	**15685**
25	6420	3478	2942	8	6	2	6196	3353	2843
26	6383	3359	3024	8	6	2	6190	3258	2932
27	6976	3661	3315	8	7	1	6751	3531	3220
28	6991	3600	3391	3	3		6783	3475	3308
29	7165	3682	3483	6	4	2	6948	3566	3382
30–34岁	**43519**	**22223**	**21296**	**11**	**7**	**4**	**42343**	**21570**	**20773**
30	8288	4192	4096	2	1	1	8048	4053	3995
31	8022	4160	3862	4	3	1	7786	4037	3749
32	7467	3820	3647	2	2		7276	3715	3561
33	10141	5186	4955	2	1	1	9869	5035	4834
34	9601	4865	4736	1		1	9364	4730	4634
35–39岁	**29864**	**14890**	**14974**	**8**	**7**	**1**	**29133**	**14501**	**14632**
35	6255	3116	3139	2	2		6086	3014	3072
36	4752	2370	2382	2	2		4627	2308	2319
37	5194	2646	2548	1	1		5077	2590	2487
38	7404	3636	3768	2	1	1	7244	3560	3684
39	6259	3122	3137	1	1		6099	3029	3070
40–44岁	**23578**	**11746**	**11832**	**4**	**4**		**22981**	**11433**	**11548**
40	4538	2257	2281	1	1		4423	2201	2222
41	4880	2423	2457				4750	2353	2397
42	4093	2025	2068				4008	1976	2032
43	4467	2230	2237	2	2		4348	2174	2174
44	5600	2811	2789	1	1		5452	2729	2723
45–49岁	**33180**	**17192**	**15988**	**4**	**2**	**2**	**32309**	**16707**	**15602**
45	6823	3466	3357	2	1	1	6642	3360	3282
46	7086	3628	3458				6913	3533	3380
47	6733	3482	3251				6560	3393	3167
48	6155	3223	2932	2	1	1	5988	3135	2853
49	6383	3393	2990				6206	3286	2920
50岁及以上	**88545**	**45085**	**43460**	**9**	**4**	**5**	**86450**	**43968**	**42482**

3-2a 续表 7 单位：人

年龄	高中								
	肄业			辍学			其他		
	小计	男	女	小计	男	女	小计	男	女
总计	**1141**	**657**	**484**	**1602**	**956**	**646**	**4670**	**2463**	**2207**
3									
4									
5-9岁									
5									
6									
7									
8									
9									
10-14岁	**1**		**1**	**2**	**2**		**14**	**8**	**6**
10									
11									
12									
13				1	1		3	1	2
14	1		1	1	1		11	7	4
15-19岁	**53**	**35**	**18**	**100**	**68**	**32**	**158**	**83**	**75**
15	4	3	1	6	5	1	7	2	5
16	11	8	3	19	11	8	24	14	10
17	10	8	2	21	14	7	30	18	12
18	15	7	8	25	17	8	49	26	23
19	13	9	4	29	21	8	48	23	25
20-24岁	**125**	**79**	**46**	**178**	**122**	**56**	**314**	**175**	**139**
20	18	11	7	21	16	5	47	27	20
21	19	12	7	35	27	8	47	27	20
22	29	19	10	41	30	11	60	32	28
23	29	17	12	35	23	12	68	37	31
24	30	20	10	46	26	20	92	52	40
25-29岁	**181**	**100**	**81**	**261**	**171**	**90**	**592**	**300**	**292**
25	38	25	13	58	32	26	120	62	58
26	28	14	14	47	29	18	110	52	58
27	35	19	16	52	36	16	130	68	62
28	44	22	22	53	40	13	108	60	48
29	36	20	16	51	34	17	124	58	66
30-34岁	**178**	**106**	**72**	**253**	**148**	**105**	**734**	**392**	**342**
30	44	24	20	60	37	23	134	77	57
31	37	22	15	57	35	22	138	63	75
32	27	14	13	35	20	15	127	69	58
33	29	21	8	56	30	26	185	99	86
34	41	25	16	45	26	19	150	84	66
35-39岁	**134**	**80**	**54**	**164**	**86**	**78**	**425**	**216**	**209**
35	32	22	10	40	24	16	95	54	41
36	17	9	8	31	15	16	75	36	39
37	22	11	11	24	15	9	70	29	41
38	26	13	13	39	14	25	93	48	45
39	37	25	12	30	18	12	92	49	43
40-44岁	**79**	**47**	**32**	**115**	**64**	**51**	**399**	**198**	**201**
40	13	5	8	22	13	9	79	37	42
41	12	7	5	29	16	13	89	47	42
42	12	10	2	18	11	7	55	28	27
43	19	11	8	20	9	11	78	34	44
44	23	14	9	26	15	11	98	52	46
45-49岁	**98**	**59**	**39**	**189**	**122**	**67**	**580**	**302**	**278**
45	25	11	14	37	26	11	117	68	49
46	19	12	7	39	27	12	115	56	59
47	14	9	5	48	28	20	111	52	59
48	20	15	5	21	10	11	124	62	62
49	20	12	8	44	31	13	113	64	49
50岁及以上	**292**	**151**	**141**	**340**	**173**	**167**	**1454**	**789**	**665**

3-2a 续表 8

单位：人

年 龄	大学专科								
	合 计			在 校			毕 业		
	合计	男	女	小计	男	女	小计	男	女
总 计	**217966**	**110166**	**107800**	**32990**	**17554**	**15436**	**182232**	**91175**	**91057**
3									
4									
5-9岁									
5									
6									
7									
8									
9									
10-14岁	**5**	**3**	**2**	**4**	**2**	**2**	**1**	**1**	
10	1	1					1	1	
11	1		1	1		1			
12									
13									
14	3	2	1	3	2	1			
15-19岁	**16952**	**8950**	**8002**	**15927**	**8475**	**7452**	**955**	**434**	**521**
15	426	296	130	420	294	126	5	2	3
16	641	418	223	604	402	202	35	15	20
17	1142	602	540	1062	571	491	77	30	47
18	5130	2677	2453	4887	2558	2329	221	105	116
19	9613	4957	4656	8954	4650	4304	617	282	335
20-24岁	**40345**	**19504**	**20841**	**16237**	**8601**	**7636**	**23731**	**10696**	**13035**
20	10351	5276	5075	8920	4656	4264	1392	596	796
21	8097	4011	4086	4783	2542	2241	3247	1436	1811
22	7159	3342	3817	1677	925	752	5400	2373	3027
23	7287	3449	3838	602	340	262	6594	3053	3541
24	7451	3426	4025	255	138	117	7098	3238	3860
25-29岁	**37818**	**17643**	**20175**	**408**	**234**	**174**	**36852**	**17135**	**19717**
25	7883	3533	4350	150	80	70	7627	3400	4227
26	7585	3584	4001	86	59	27	7389	3477	3912
27	7787	3662	4125	68	42	26	7602	3563	4039
28	7347	3424	3923	62	27	35	7171	3334	3837
29	7216	3440	3776	42	26	16	7063	3361	3702
30-34岁	**38837**	**18494**	**20343**	**202**	**112**	**90**	**38088**	**18111**	**19977**
30	7851	3736	4115	57	33	24	7687	3654	4033
31	7292	3407	3885	31	17	14	7145	3334	3811
32	6758	3220	3538	31	17	14	6627	3149	3478
33	8917	4314	4603	50	26	24	8747	4228	4519
34	8019	3817	4202	33	19	14	7882	3746	4136
35-39岁	**24896**	**12341**	**12555**	**85**	**50**	**35**	**24450**	**12114**	**12336**
35	5205	2602	2603	15	11	4	5117	2556	2561
36	4219	2081	2138	17	11	6	4138	2035	2103
37	4709	2344	2365	27	16	11	4596	2283	2313
38	6118	3024	3094	13	7	6	6034	2990	3044
39	4645	2290	2355	13	5	8	4565	2250	2315
40-44岁	**14856**	**7640**	**7216**	**49**	**29**	**20**	**14596**	**7502**	**7094**
40	3222	1653	1569	9	5	4	3169	1624	1545
41	3026	1515	1511	11	8	3	2978	1482	1496
42	2569	1360	1209	6	4	2	2527	1343	1184
43	2766	1409	1357	9	5	4	2717	1382	1335
44	3273	1703	1570	14	7	7	3205	1671	1534
45-49岁	**16095**	**8768**	**7327**	**36**	**21**	**15**	**15850**	**8627**	**7223**
45	3565	1962	1603	11	8	3	3504	1927	1577
46	3535	1906	1629	10	3	7	3482	1877	1605
47	3290	1788	1502	8	6	2	3238	1752	1486
48	2870	1565	1305	6	3	3	2822	1539	1283
49	2835	1547	1288	1	1		2804	1532	1272
50岁及以上	**28162**	**16823**	**11339**	**42**	**30**	**12**	**27709**	**16555**	**11154**

3-2a 续表 9 单位：人

年 龄	大学专科								
	肄 业			辍 学			其 他		
	小计	男	女	小计	男	女	小计	男	女
总 计	**383**	**217**	**166**	**184**	**110**	**74**	**2177**	**1110**	**1067**
3									
4									
5-9岁									
5									
6									
7									
8									
9									
10-14岁									
10									
11									
12									
13									
14									
15-19岁	**15**	**8**	**7**	**13**	**7**	**6**	**42**	**26**	**16**
15	1		1						
16				1	1		1		1
17				1		1	2	1	1
18	4	1	3	6	3	3	12	10	2
19	10	7	3	5	3	2	27	15	12
20-24岁	**51**	**27**	**24**	**42**	**31**	**11**	**284**	**149**	**135**
20	7	5	2	7	6	1	25	13	12
21	8	3	5	9	6	3	50	24	26
22	9	6	3	7	3	4	66	35	31
23	15	8	7	9	7	2	67	41	26
24	12	5	7	10	9	1	76	36	40
25-29岁	**81**	**48**	**33**	**43**	**29**	**14**	**434**	**197**	**237**
25	13	6	7	9	8	1	84	39	45
26	14	7	7	12	5	7	84	36	48
27	13	7	6	11	8	3	93	42	51
28	23	13	10	5	5		86	45	41
29	18	15	3	6	3	3	87	35	52
30-34岁	**83**	**38**	**45**	**31**	**16**	**15**	**433**	**217**	**216**
30	17	5	12	4	3	1	86	41	45
31	19	7	12	6	4	2	91	45	46
32	13	9	4	5	2	3	82	43	39
33	18	9	9	7	3	4	95	48	47
34	16	8	8	9	4	5	79	40	39
35-39岁	**53**	**33**	**20**	**11**	**8**	**3**	**297**	**136**	**161**
35	8	5	3	1	1		64	29	35
36	13	8	5	1		1	50	27	23
37	14	9	5	5	5		67	31	36
38	12	7	5	2		2	57	20	37
39	6	4	2	2	2		59	29	30
40-44岁	**26**	**18**	**8**	**7**	**3**	**4**	**178**	**88**	**90**
40	6	4	2	2	1	1	36	19	17
41	4	4		2	1	1	31	20	11
42	6	3	3				30	10	20
43	3	1	2				37	21	16
44	7	6	1	3	1	2	44	18	26
45-49岁	**27**	**15**	**12**	**12**	**6**	**6**	**170**	**99**	**71**
45	8	3	5	1		1	41	24	17
46	7	4	3	4	4		32	18	14
47	6	4	2	3	1	2	35	25	10
48	3	1	2	3	1	2	36	21	15
49	3	3		1		1	26	11	15
50岁及以上	**47**	**30**	**17**	**25**	**10**	**15**	**339**	**198**	**141**

3-2a　续表 10　　　　　　　　　　　　　　　　　　　　　　　　　　　　单位：人

年　龄	大学本科								
	合　　计			在　　校			毕　　业		
	合计	男	女	小计	男	女	小计	男	女
总　计	**195100**	**96934**	**98166**	**48406**	**22029**	**26377**	**145042**	**74067**	**70975**
3									
4									
5-9岁									
5									
6									
7									
8									
9									
10-14岁									
10									
11									
12									
13									
14									
15-19岁	**15772**	**7107**	**8665**	**15595**	**7022**	**8573**	**164**	**77**	**87**
15	22	12	10	21	12	9	1		1
16	104	41	63	103	40	63	1	1	
17	711	269	442	705	269	436	6		6
18	5104	2354	2750	5059	2333	2726	42	19	23
19	9831	4431	5400	9707	4368	5339	114	57	57
20-24岁	**45644**	**20325**	**25319**	**31824**	**14503**	**17321**	**13566**	**5722**	**7844**
20	11972	5378	6594	11678	5242	6436	272	126	146
21	11457	5073	6384	10555	4666	5889	874	393	481
22	9400	4203	5197	6438	3033	3405	2903	1148	1755
23	6791	3041	3750	2393	1176	1217	4328	1846	2482
24	6024	2630	3394	760	386	374	5189	2209	2980
25-29岁	**32767**	**14521**	**18246**	**671**	**351**	**320**	**31709**	**14013**	**17696**
25	6405	2822	3583	319	182	137	6019	2612	3407
26	6140	2660	3480	136	59	77	5933	2573	3360
27	7000	3017	3983	97	46	51	6808	2932	3876
28	6608	2967	3641	62	33	29	6464	2901	3563
29	6614	3055	3559	57	31	26	6485	2995	3490
30-34岁	**36044**	**17581**	**18463**	**163**	**63**	**100**	**35496**	**17323**	**18173**
30	7435	3564	3871	42	18	24	7314	3508	3806
31	6889	3330	3559	27	13	14	6789	3281	3508
32	6346	3148	3198	22	9	13	6248	3096	3152
33	7969	3871	4098	41	14	27	7842	3813	4029
34	7405	3668	3737	31	9	22	7303	3625	3678
35-39岁	**24441**	**12724**	**11717**	**58**	**31**	**27**	**24149**	**12563**	**11586**
35	5102	2593	2509	14	3	11	5032	2553	2479
36	4563	2400	2163	11	7	4	4509	2372	2137
37	4751	2513	2238	12	8	4	4688	2478	2210
38	5774	2993	2781	10	4	6	5714	2962	2752
39	4251	2225	2026	11	9	2	4206	2198	2008
40-44岁	**11640**	**6384**	**5256**	**22**	**10**	**12**	**11528**	**6313**	**5215**
40	2767	1487	1280	4	1	3	2743	1472	1271
41	2525	1355	1170	3	1	2	2499	1337	1162
42	2027	1138	889	6	3	3	2002	1125	877
43	2020	1136	884	2	1	1	2002	1121	881
44	2301	1268	1033	7	4	3	2282	1258	1024
45-49岁	**10743**	**6386**	**4357**	**37**	**24**	**13**	**10596**	**6296**	**4300**
45	2404	1394	1010	10	5	5	2359	1368	991
46	2245	1317	928	7	5	2	2220	1303	917
47	2126	1274	852	6	3	3	2100	1255	845
48	1961	1231	730	5	5		1938	1216	722
49	2007	1170	837	9	6	3	1979	1154	825
50岁及以上	**18049**	**11906**	**6143**	**36**	**25**	**11**	**17834**	**11760**	**6074**

3-2a 续表 11

单位：人

年龄	大学本科								
	肄业			辍学			其他		
	小计	男	女	小计	男	女	小计	男	女
总计	**221**	**130**	**91**	**57**	**38**	**19**	**1374**	**670**	**704**
3									
4									
5-9岁									
5									
6									
7									
8									
9									
10-14岁									
10									
11									
12									
13									
14									
15-19岁	**2**	**2**		**2**	**1**	**1**	**9**	**5**	**4**
15									
16									
17									
18							3	2	1
19	2	2		2	1	1	6	3	3
20-24岁	**23**	**9**	**14**	**17**	**11**	**6**	**214**	**80**	**134**
20	2	1	1	4	2	2	16	7	9
21	3		3	2	2		23	12	11
22	2	2		4	3	1	53	17	36
23	3		3	4	2	2	63	17	46
24	13	6	7	3	2	1	59	27	32
25-29岁	**56**	**30**	**26**	**8**	**5**	**3**	**323**	**122**	**201**
25	13	8	5	3	1	2	51	19	32
26	12	6	6	2	2		57	20	37
27	14	10	4	3	2	1	78	27	51
28	8	2	6				74	31	43
29	9	4	5				63	25	38
30-34岁	**73**	**45**	**28**	**9**	**4**	**5**	**303**	**146**	**157**
30	13	8	5				66	30	36
31	10	7	3	4	2	2	59	27	32
32	19	12	7	1	1		56	30	26
33	20	11	9	2	1	1	64	32	32
34	11	7	4	2		2	58	27	31
35-39岁	**28**	**18**	**10**	**10**	**9**	**1**	**196**	**103**	**93**
35	9	8	1	1	1		46	28	18
36	6	2	4	1	1		36	18	18
37	3	3		6	5	1	42	19	23
38	8	3	5	2	2		40	22	18
39	2	2					32	16	16
40-44岁	**7**	**7**		**3**	**3**		**80**	**51**	**29**
40				3	3		17	11	6
41	4	4					19	13	6
42							19	10	9
43							16	14	2
44	3	3					9	3	6
45-49岁	**11**	**5**	**6**	**4**	**3**	**1**	**95**	**58**	**37**
45	5	2	3	1	1		29	18	11
46	3		3				15	9	6
47	2	2		2	2		16	12	4
48	1	1		1		1	16	9	7
49							19	10	9
50岁及以上	**21**	**14**	**7**	**4**	**2**	**2**	**154**	**105**	**49**

3-2a　续表 12　　　　单位：人

年　龄	硕士研究生								
	合　计			在　校			毕　业		
	合计	男	女	小计	男	女	小计	男	女
总　计	**18844**	**9498**	**9346**	**4930**	**2074**	**2856**	**13829**	**7385**	**6444**
3									
4									
5-9岁									
5									
6									
7									
8									
9									
10-14岁									
10									
11									
12									
13									
14									
15-19岁	**12**	**5**	**7**	**10**	**4**	**6**			
15									
16									
17	1	1							
18	3	1	2	3	1	2			
19	8	3	5	7	3	4			
20-24岁	**3416**	**1322**	**2094**	**3182**	**1247**	**1935**	**224**	**71**	**153**
20	21	7	14	21	7	14			
21	120	41	79	117	39	78	2	1	1
22	665	270	395	643	262	381	22	8	14
23	1201	433	768	1138	417	721	58	15	43
24	1409	571	838	1263	522	741	142	47	95
25-29岁	**4126**	**1782**	**2344**	**1563**	**739**	**824**	**2551**	**1040**	**1511**
25	1189	512	677	876	408	468	310	102	208
26	853	366	487	376	176	200	476	190	286
27	702	308	394	171	91	80	529	217	312
28	676	284	392	84	42	42	588	241	347
29	706	312	394	56	22	34	648	290	358
30-34岁	**3975**	**1882**	**2093**	**130**	**60**	**70**	**3816**	**1809**	**2007**
30	779	311	468	45	18	27	729	290	439
31	789	369	420	25	10	15	758	356	402
32	774	370	404	22	13	9	745	356	389
33	826	404	422	25	12	13	797	391	406
34	807	428	379	13	7	6	787	416	371
35-39岁	**3410**	**1873**	**1537**	**26**	**13**	**13**	**3370**	**1853**	**1517**
35	642	351	291	5	3	2	634	348	286
36	637	350	287	4	3	1	629	343	286
37	669	367	302	5	3	2	664	364	300
38	838	460	378	5	3	2	828	455	373
39	624	345	279	7	1	6	615	343	272
40-44岁	**1524**	**937**	**587**	**7**	**4**	**3**	**1513**	**931**	**582**
40	422	257	165	3		3	418	257	161
41	325	210	115	2	2		321	206	115
42	278	164	114	2	2		275	162	113
43	254	162	92				254	162	92
44	245	144	101				245	144	101
45-49岁	**1079**	**730**	**349**	**4**	**2**	**2**	**1071**	**726**	**345**
45	235	173	62	2	2		233	171	62
46	247	156	91				245	155	90
47	227	156	71				226	155	71
48	186	125	61	1		1	184	125	59
49	184	120	64	1		1	183	120	63
50岁及以上	**1302**	**967**	**335**	**8**	**5**	**3**	**1284**	**955**	**329**

3－2a 续表 13 单位：人

年 龄	硕士研究生								
	肄 业			辍 学			其 他		
	小计	男	女	小计	男	女	小计	男	女
总 计	**16**	**8**	**8**	**1**	**1**		**68**	**30**	**38**
3									
4									
5－9岁									
5									
6									
7									
8									
9									
10－14岁									
10									
11									
12									
13									
14									
15－19岁	**1**		**1**				**1**	**1**	
15									
16									
17							1	1	
18									
19	1		1						
20－24岁	**2**	**1**	**1**				**8**	**3**	**5**
20									
21							1	1	
22									
23	1		1				4	1	3
24	1	1					3	1	2
25－29岁	**1**		**1**				**11**	**3**	**8**
25							3	2	1
26							1		1
27	1		1				1		1
28							4	1	3
29							2		2
30－34岁	**5**	**2**	**3**	**1**	**1**		**23**	**10**	**13**
30	2	2					3	1	2
31	1		1				5	3	2
32	1		1				6	1	5
33	1		1				3	1	2
34				1	1		6	4	2
35－39岁	**2**	**1**	**1**				**12**	**6**	**6**
35	1		1				2		2
36	1	1					3	3	
37									
38							5	2	3
39							2	1	1
40－44岁	**1**		**1**				**3**	**2**	**1**
40							1		1
41							2	2	
42	1		1						
43									
44									
45－49岁	**1**	**1**					**3**	**1**	**2**
45									
46	1	1					1		1
47							1	1	
48							1		1
49									
50岁及以上	**3**	**3**					**7**	**4**	**3**

3-2a　续表 14　　　　　　　　　　　　　　　　　　　　　　单位：人

年　龄	博士研究生								
	合　计			在　校			毕　业		
	合计	男	女	小计	男	女	小计	男	女
总　计	**2350**	**1414**	**936**	**555**	**266**	**289**	**1789**	**1145**	**644**
3									
4									
5-9岁									
5									
6									
7									
8									
9									
10-14岁									
10									
11									
12									
13									
14									
15-19岁	**1**		**1**	**1**		**1**			
15									
16									
17									
18									
19	1		1	1		1			
20-24岁	**67**	**25**	**42**	**65**	**24**	**41**	**2**	**1**	**1**
20	3	3		3	3				
21	4	2	2	4	2	2			
22	15	4	11	15	4	11			
23	15	4	11	14	4	10	1		1
24	30	12	18	29	11	18	1	1	
25-29岁	**406**	**181**	**225**	**280**	**130**	**150**	**125**	**51**	**74**
25	61	24	37	49	20	29	12	4	8
26	83	31	52	68	28	40	15	3	12
27	80	44	36	66	37	29	14	7	7
28	93	41	52	53	24	29	40	17	23
29	89	41	48	44	21	23	44	20	24
30-34岁	**559**	**320**	**239**	**144**	**76**	**68**	**413**	**244**	**169**
30	103	50	53	41	19	22	62	31	31
31	119	76	43	31	19	12	88	57	31
32	118	59	59	29	13	16	89	46	43
33	122	76	46	28	17	11	92	59	33
34	97	59	38	15	8	7	82	51	31
35-39岁	**493**	**303**	**190**	**48**	**28**	**20**	**444**	**274**	**170**
35	92	58	34	17	13	4	75	45	30
36	107	61	46	18	6	12	89	55	34
37	102	64	38	6	5	1	95	58	37
38	111	70	41	3	1	2	108	69	39
39	81	50	31	4	3	1	77	47	30
40-44岁	**304**	**194**	**110**	**8**	**5**	**3**	**296**	**189**	**107**
40	81	45	36	1	1		80	44	36
41	69	50	19	2	1	1	67	49	18
42	64	41	23	2	1	1	62	40	22
43	49	32	17	2	1	1	47	31	16
44	41	26	15	1	1		40	25	15
45-49岁	**270**	**198**	**72**	**8**	**3**	**5**	**260**	**193**	**67**
45	60	37	23	3		3	56	36	20
46	55	43	12	1	1		54	42	12
47	62	47	15				62	47	15
48	50	37	13	1	1		48	35	13
49	43	34	9	3	1	2	40	33	7
50岁及以上	**250**	**193**	**57**	**1**		**1**	**249**	**193**	**56**

3-2a 续表 15 单位：人

年龄	博士研究生								
	肄业			辍学			其他		
	小计	男	女	小计	男	女	小计	男	女
总计	**1**	**1**					**5**	**2**	**3**
3									
4									
5-9岁									
5									
6									
7									
8									
9									
10-14岁									
10									
11									
12									
13									
14									
15-19岁									
15									
16									
17									
18									
19									
20-24岁									
20									
21									
22									
23									
24									
25-29岁							**1**		**1**
25									
26									
27									
28									
29							1		1
30-34岁							**2**		**2**
30									
31									
32									
33							2		2
34									
35-39岁	**1**	**1**							
35									
36									
37	1	1							
38									
39									
40-44岁									
40									
41									
42									
43									
44									
45-49岁							**2**	**2**	
45							1	1	
46									
47									
48							1	1	
49									
50岁及以上									

3-2b 全市分年龄、性别、学业完成情况的3岁及以上各种受教育程度人口(镇)

单位：人

年龄	合计								
	合计			在校			毕业		
	合计	男	女	小计	男	女	小计	男	女
总计	**572761**	**287510**	**285251**	**117576**	**61698**	**55878**	**418964**	**209052**	**209912**
3									
4									
5-9岁	**29381**	**15261**	**14120**	**28580**	**14832**	**13748**	**623**	**331**	**292**
5	716	347	369	681	329	352	21	9	12
6	5150	2637	2513	4994	2557	2437	126	64	62
7	7544	3979	3565	7346	3869	3477	160	90	70
8	8186	4238	3948	7990	4134	3856	146	74	72
9	7785	4060	3725	7569	3943	3626	170	94	76
10-14岁	**43778**	**23043**	**20735**	**42193**	**22213**	**19980**	**1328**	**696**	**632**
10	7979	4152	3827	7740	4019	3721	185	106	79
11	8664	4621	4043	8409	4490	3919	207	109	98
12	8881	4645	4236	8564	4485	4079	271	140	131
13	9210	4901	4309	8848	4709	4139	319	165	154
14	9044	4724	4320	8632	4510	4122	346	176	170
15-19岁	**42200**	**22825**	**19375**	**38992**	**20831**	**18161**	**2854**	**1775**	**1079**
15	9246	4824	4422	9105	4739	4366	108	64	44
16	11128	5871	5257	10810	5671	5139	262	162	100
17	9668	5331	4337	9178	5018	4160	425	280	145
18	7021	3979	3042	6132	3403	2729	801	518	283
19	5137	2820	2317	3767	2000	1767	1258	751	507
20-24岁	**28807**	**14540**	**14267**	**7157**	**3504**	**3653**	**20613**	**10487**	**10126**
20	4550	2336	2214	2717	1328	1389	1708	944	764
21	4694	2448	2246	1860	935	925	2681	1434	1247
22	5835	2972	2863	1319	637	682	4311	2220	2091
23	6600	3285	3315	831	402	429	5505	2742	2763
24	7128	3499	3629	430	202	228	6408	3147	3261
25-29岁	**38529**	**18730**	**19799**	**488**	**226**	**262**	**36219**	**17596**	**18623**
25	7909	3878	4031	234	105	129	7301	3583	3718
26	7415	3550	3865	108	53	55	6980	3337	3643
27	8267	4011	4256	72	35	37	7801	3778	4023
28	7402	3656	3746	34	15	19	7007	3471	3536
29	7536	3635	3901	40	18	22	7130	3427	3703
30-34岁	**44053**	**21493**	**22560**	**68**	**34**	**34**	**41792**	**20366**	**21426**
30	8611	4230	4381	28	11	17	8173	4017	4156
31	8198	3944	4254	10	5	5	7759	3739	4020
32	7635	3709	3926	7	5	2	7240	3502	3738
33	10006	4846	5160	13	6	7	9490	4588	4902
34	9603	4764	4839	10	7	3	9130	4520	4610
35-39岁	**32870**	**16198**	**16672**	**32**	**22**	**10**	**31035**	**15287**	**15748**
35	6669	3295	3374	7	5	2	6327	3123	3204
36	5409	2570	2839	2	1	1	5110	2423	2687
37	6068	3001	3067	9	6	3	5692	2811	2881
38	7957	3966	3991	5	2	3	7529	3748	3781
39	6767	3366	3401	9	8	1	6377	3182	3195
40-44岁	**32288**	**15427**	**16861**	**19**	**10**	**9**	**30349**	**14537**	**15812**
40	4990	2397	2593	2	2		4712	2276	2436
41	5970	2798	3172	4	1	3	5650	2664	2986
42	5328	2506	2822	5	2	3	4992	2358	2634
43	6726	3225	3501	3	2	1	6313	3031	3282
44	9274	4501	4773	5	3	2	8682	4208	4474
45-49岁	**65567**	**32128**	**33439**	**13**	**7**	**6**	**61100**	**30043**	**31057**
45	12192	5797	6395	3	1	2	11393	5436	5957
46	13719	6763	6956	3	3		12788	6322	6466
47	13983	6870	7113	5	2	3	13038	6424	6614
48	12680	6283	6397	2	1	1	11830	5885	5945
49	12993	6415	6578				12051	5976	6075
50岁及以上	**215288**	**107865**	**107423**	**34**	**19**	**15**	**193051**	**97934**	**95117**

3-2b 续表 1

单位：人

年 龄	合计								
	肄业			辍学			其他		
	小计	男	女	小计	男	女	小计	男	女
总 计	**6731**	**3014**	**3717**	**9261**	**4113**	**5148**	**20229**	**9633**	**10596**
3									
4									
5—9岁	**12**	**8**	**4**	**1**	**1**		**165**	**89**	**76**
5	1	1					13	8	5
6	1	1		1	1		28	14	14
7	4	3	1				34	17	17
8	4	2	2				46	28	18
9	2	1	1				44	22	22
10—14岁	**23**	**13**	**10**	**17**	**10**	**7**	**217**	**111**	**106**
10	5	3	2	1		1	48	24	24
11	2	1	1	3	2	1	43	19	24
12	5	1	4	2	2		39	17	22
13	3	3		5	2	3	35	22	13
14	8	5	3	6	4	2	52	29	23
15—19岁	**54**	**32**	**22**	**93**	**63**	**30**	**207**	**124**	**83**
15	3	1	2	8	6	2	22	14	8
16	7	5	2	19	11	8	30	22	8
17	15	9	6	15	7	8	35	17	18
18	13	8	5	28	22	6	47	28	19
19	16	9	7	23	17	6	73	43	30
20—24岁	**135**	**68**	**67**	**174**	**104**	**70**	**728**	**377**	**351**
20	15	6	9	21	11	10	89	47	42
21	18	10	8	36	19	17	99	50	49
22	28	15	13	28	15	13	149	85	64
23	35	21	14	40	25	15	189	95	94
24	39	16	23	49	34	15	202	100	102
25—29岁	**228**	**121**	**107**	**263**	**145**	**118**	**1331**	**642**	**689**
25	50	31	19	48	30	18	276	129	147
26	47	25	22	39	23	16	241	112	129
27	48	20	28	55	31	24	291	147	144
28	40	20	20	57	30	27	264	120	144
29	43	25	18	64	31	33	259	134	125
30—34岁	**335**	**175**	**160**	**361**	**197**	**164**	**1497**	**721**	**776**
30	74	37	37	71	38	33	265	127	138
31	67	30	37	68	36	32	294	134	160
32	50	31	19	58	34	24	280	137	143
33	75	42	33	86	49	37	342	161	181
34	69	35	34	78	40	38	316	162	154
35—39岁	**273**	**136**	**137**	**302**	**166**	**136**	**1228**	**587**	**641**
35	46	22	24	66	44	22	223	101	122
36	45	23	22	56	29	27	196	94	102
37	48	24	24	51	26	25	268	134	134
38	71	40	31	60	32	28	292	144	148
39	63	27	36	69	35	34	249	114	135
40—44岁	**284**	**142**	**142**	**409**	**173**	**236**	**1227**	**565**	**662**
40	38	14	24	47	26	21	191	79	112
41	35	16	19	64	21	43	217	96	121
42	61	35	26	66	22	44	204	89	115
43	61	36	25	96	40	56	253	116	137
44	89	41	48	136	64	72	362	185	177
45—49岁	**690**	**334**	**356**	**1077**	**471**	**606**	**2687**	**1273**	**1414**
45	107	52	55	189	73	116	500	235	265
46	148	76	72	200	85	115	580	277	303
47	139	68	71	233	102	131	568	274	294
48	144	68	76	212	96	116	492	233	259
49	152	70	82	243	115	128	547	254	293
50岁及以上	**4697**	**1985**	**2712**	**6564**	**2783**	**3781**	**10942**	**5144**	**5798**

3-2b 续表 2 单位：人

年 龄	小 学								
	合 计			在 校			毕 业		
	合计	男	女	小计	男	女	小计	男	女
总 计	**191862**	**87587**	**104275**	**48216**	**25218**	**22998**	**125057**	**54939**	**70118**
3									
4									
5-9岁	**29016**	**15046**	**13970**	**28243**	**14638**	**13605**	**601**	**316**	**285**
5	716	347	369	681	329	352	21	9	12
6	5076	2599	2477	4926	2523	2403	120	60	60
7	7484	3939	3545	7291	3834	3457	156	86	70
8	8092	4184	3908	7903	4084	3819	141	72	69
9	7648	3977	3671	7442	3868	3574	163	89	74
10-14岁	**20602**	**10916**	**9686**	**19923**	**10555**	**9368**	**546**	**298**	**248**
10	7798	4043	3755	7571	3917	3654	174	99	75
11	8041	4305	3736	7817	4189	3628	181	95	86
12	3654	1989	1665	3517	1915	1602	114	65	49
13	816	417	399	759	388	371	50	26	24
14	293	162	131	259	146	113	27	13	14
15-19岁	**169**	**93**	**76**	**25**	**16**	**9**	**116**	**63**	**53**
15	19	12	7	7	4	3	7	5	2
16	37	19	18	6	3	3	23	12	11
17	27	16	11	5	4	1	20	11	9
18	34	19	15	5	3	2	24	14	10
19	52	27	25	2	2		42	21	21
20-24岁	**453**	**245**	**208**	**5**	**2**	**3**	**397**	**220**	**177**
20	68	35	33	4	1	3	54	30	24
21	65	40	25				60	36	24
22	83	51	32				74	48	26
23	113	62	51	1	1		99	54	45
24	124	57	67				110	52	58
25-29岁	**1103**	**546**	**557**	**1**	**1**		**999**	**489**	**510**
25	189	97	92				173	87	86
26	183	83	100	1	1		173	78	95
27	228	117	111				205	104	101
28	229	122	107				206	110	96
29	274	127	147				242	110	132
30-34岁	**1966**	**837**	**1129**	**1**		**1**	**1790**	**752**	**1038**
30	324	144	180	1		1	303	136	167
31	348	137	211				312	124	188
32	346	146	200				310	129	181
33	469	201	268				430	180	250
34	479	209	270				435	183	252
35-39岁	**2380**	**905**	**1475**	**1**		**1**	**2163**	**822**	**1341**
35	387	157	230				361	146	215
36	354	116	238				313	99	214
37	430	163	267				387	146	241
38	664	241	423	1		1	606	220	386
39	545	228	317				496	211	285
40-44岁	**4759**	**1806**	**2953**	**2**		**2**	**4268**	**1624**	**2644**
40	490	179	311				441	161	280
41	778	280	498	1		1	695	257	438
42	769	263	506	1		1	693	236	457
43	1030	412	618				925	371	554
44	1692	672	1020				1514	599	915
45-49岁	**15263**	**6069**	**9194**	**2**	**1**	**1**	**13734**	**5483**	**8251**
45	2477	943	1534	1		1	2248	856	1392
46	3026	1226	1800				2735	1114	1621
47	3179	1230	1949	1	1		2856	1118	1738
48	3162	1266	1896				2827	1130	1697
49	3419	1404	2015				3068	1265	1803
50岁及以上	**116151**	**51124**	**65027**	**13**	**5**	**8**	**100443**	**44872**	**55571**

3-2b 续表 3

单位：人

年 龄	小学								
	肄业			辍学			其他		
	小计	男	女	小计	男	女	小计	男	女
总 计	**3999**	**1524**	**2475**	**6120**	**2372**	**3748**	**8470**	**3534**	**4936**
3									
4									
5—9岁	**12**	**8**	**4**	**1**	**1**		**159**	**83**	**76**
5	1	1					13	8	5
6	1	1		1	1		28	14	14
7	4	3	1				33	16	17
8	4	2	2				44	26	18
9	2	1	1				41	19	22
10—14岁	**10**	**4**	**6**	**7**	**4**	**3**	**116**	**55**	**61**
10	5	3	2	1		1	47	24	23
11	2	1	1	2	2		39	18	21
12	3		3	1	1		19	8	11
13				2	1	1	5	2	3
14				1		1	6	3	3
15—19岁				**5**	**2**	**3**	**23**	**12**	**11**
15							5	3	2
16				2	1	1	6	3	3
17				1		1	1	1	
18							5	2	3
19				2	1	1	6	3	3
20—24岁	**7**	**4**	**3**	**14**	**5**	**9**	**30**	**14**	**16**
20				4	1	3	6	3	3
21	1	1		2	2		2	1	1
22	1	1		2		2	6	2	4
23	2	2		4	1	3	7	4	3
24	3		3	2	1	1	9	4	5
25—29岁	**14**	**8**	**6**	**31**	**12**	**19**	**58**	**36**	**22**
25	3	3		2		2	11	7	4
26	1		1	3	1	2	5	3	2
27	4	1	3	4	1	3	15	11	4
28	2	1	1	10	6	4	11	5	6
29	4	3	1	12	4	8	16	10	6
30—34岁	**24**	**10**	**14**	**59**	**31**	**28**	**92**	**44**	**48**
30	2	1	1	8	2	6	10	5	5
31	5	1	4	10	4	6	21	8	13
32	2	2		11	5	6	23	10	13
33	8	3	5	14	10	4	17	8	9
34	7	3	4	16	10	6	21	13	8
35—39岁	**33**	**9**	**24**	**71**	**32**	**39**	**112**	**42**	**70**
35	7	2	5	9	6	3	10	3	7
36	4	2	2	20	10	10	17	5	12
37	3		3	12	4	8	28	13	15
38	8	3	5	16	6	10	33	12	21
39	11	2	9	14	6	8	24	9	15
40—44岁	**72**	**30**	**42**	**173**	**58**	**115**	**244**	**94**	**150**
40	5	1	4	16	7	9	28	10	18
41	7	2	5	32	9	23	43	12	31
42	14	8	6	24	5	19	37	14	23
43	16	9	7	43	16	27	46	16	30
44	30	10	20	58	21	37	90	42	48
45—49岁	**233**	**85**	**148**	**554**	**203**	**351**	**740**	**297**	**443**
45	32	13	19	82	26	56	114	48	66
46	46	17	29	92	35	57	153	60	93
47	46	19	27	117	34	83	159	58	101
48	52	19	33	127	52	75	156	65	91
49	57	17	40	136	56	80	158	66	92
50岁及以上	**3594**	**1366**	**2228**	**5205**	**2024**	**3181**	**6896**	**2857**	**4039**

3-2b　续表 4　　　　单位：人

年　龄	初　　中								
	合　　计			在　　校			毕　　业		
	合计	男	女	小计	男	女	小计	男	女
总　计	**210178**	**107811**	**102367**	**27285**	**14374**	**12911**	**170772**	**87105**	**83667**
3									
4									
5-9岁	**365**	**215**	**150**	**337**	**194**	**143**	**22**	**15**	**7**
5									
6	74	38	36	68	34	34	6	4	2
7	60	40	20	55	35	20	4	4	
8	94	54	40	87	50	37	5	2	3
9	137	83	54	127	75	52	7	5	2
10-14岁	**22368**	**11731**	**10637**	**21501**	**11279**	**10222**	**750**	**383**	**367**
10	181	109	72	169	102	67	11	7	4
11	621	315	306	590	300	290	26	14	12
12	5222	2653	2569	5042	2567	2475	157	75	82
13	8228	4397	3831	7936	4240	3696	257	134	123
14	8116	4257	3859	7764	4070	3694	299	153	146
15-19岁	**6614**	**3645**	**2969**	**5405**	**2882**	**2523**	**1087**	**685**	**402**
15	3718	1979	1739	3613	1917	1696	83	47	36
16	1295	690	605	1113	572	541	161	104	57
17	584	356	228	359	201	158	208	147	61
18	483	307	176	179	113	66	274	174	100
19	534	313	221	141	79	62	361	213	148
20-24岁	**5440**	**2835**	**2605**	**23**	**11**	**12**	**5100**	**2654**	**2446**
20	573	321	252	5	2	3	532	299	233
21	700	383	317	8	2	6	645	358	287
22	1099	569	530	5	3	2	1037	534	503
23	1389	733	656	1	1		1307	686	621
24	1679	829	850	4	3	1	1579	777	802
25-29岁	**11361**	**5502**	**5859**	**4**	**2**	**2**	**10699**	**5157**	**5542**
25	2084	1062	1022	2		2	1949	998	951
26	2076	996	1080	1	1		1958	933	1025
27	2471	1212	1259	1	1		2326	1132	1194
28	2339	1125	1214				2214	1056	1158
29	2391	1107	1284				2252	1038	1214
30-34岁	**18412**	**8650**	**9762**	**2**	**2**		**17355**	**8130**	**9225**
30	3088	1475	1613				2905	1386	1519
31	3236	1505	1731	1	1		3026	1408	1618
32	3216	1486	1730				3037	1392	1645
33	4441	2093	2348	1	1		4193	1962	2231
34	4431	2091	2340				4194	1982	2212
35-39岁	**16245**	**7715**	**8530**	**2**	**1**	**1**	**15247**	**7217**	**8030**
35	3103	1477	1626				2916	1378	1538
36	2634	1175	1459				2475	1102	1373
37	3005	1450	1555	1		1	2797	1344	1453
38	3971	1897	2074	1	1		3737	1776	1961
39	3532	1716	1816				3322	1617	1705
40-44岁	**17399**	**8124**	**9275**	**2**		**2**	**16343**	**7619**	**8724**
40	2565	1187	1378				2413	1118	1295
41	3176	1488	1688				3015	1416	1599
42	2849	1265	1584				2660	1182	1478
43	3677	1726	1951	1		1	3456	1619	1837
44	5132	2458	2674	1		1	4799	2284	2515
45-49岁	**36926**	**18302**	**18624**	**3**	**2**	**1**	**34561**	**17132**	**17429**
45	6871	3280	3591	1	1		6422	3072	3350
46	7783	3826	3957				7273	3571	3702
47	8019	4032	3987	1	1		7511	3765	3746
48	7036	3553	3483	1		1	6618	3352	3266
49	7217	3611	3606				6737	3372	3365
50岁及以上	**75048**	**41092**	**33956**	**6**	**1**	**5**	**69608**	**38113**	**31495**

3-2b 续表 5

单位：人

年 龄	初中								
	肄业			辍学			其他		
	小计	男	女	小计	男	女	小计	男	女
总 计	**1985**	**1051**	**934**	**2540**	**1387**	**1153**	**7596**	**3894**	**3702**
3									
4									
5-9岁							**6**	**6**	
5									
6									
7							1	1	
8							2	2	
9							3	3	
10-14岁	**13**	**9**	**4**	**10**	**6**	**4**	**94**	**54**	**40**
10							1		1
11				1		1	4	1	3
12	2	1	1	1	1		20	9	11
13	3	3		3	1	2	29	19	10
14	8	5	3	5	4	1	40	25	15
15-19岁	**17**	**10**	**7**	**32**	**22**	**10**	**73**	**46**	**27**
15	3	1	2	5	4	1	14	10	4
16	4	3	1	7	4	3	10	7	3
17	4	3	1	3	1	2	10	4	6
18	1		1	11	9	2	18	11	7
19	5	3	2	6	4	2	21	14	7
20-24岁	**41**	**19**	**22**	**73**	**45**	**28**	**203**	**106**	**97**
20	3	1	2	8	5	3	25	14	11
21	6	3	3	15	8	7	26	12	14
22	7	5	2	9	5	4	41	22	19
23	13	7	6	17	11	6	51	28	23
24	12	3	9	24	16	8	60	30	30
25-29岁	**84**	**47**	**37**	**120**	**78**	**42**	**454**	**218**	**236**
25	18	12	6	24	13	11	91	39	52
26	18	10	8	17	13	4	82	39	43
27	19	9	10	26	18	8	99	52	47
28	14	6	8	26	17	9	85	46	39
29	15	10	5	27	17	10	97	42	55
30-34岁	**157**	**80**	**77**	**198**	**105**	**93**	**700**	**333**	**367**
30	28	13	15	39	20	19	116	56	60
31	36	15	21	35	16	19	138	65	73
32	26	16	10	30	19	11	123	59	64
33	35	20	15	51	29	22	161	81	80
34	32	16	16	43	21	22	162	72	90
35-39岁	**156**	**78**	**78**	**178**	**104**	**74**	**662**	**315**	**347**
35	27	14	13	38	26	12	122	59	63
36	26	12	14	25	13	12	108	48	60
37	26	13	13	30	20	10	151	73	78
38	42	23	19	38	21	17	153	76	77
39	35	16	19	47	24	23	128	59	69
40-44岁	**155**	**81**	**74**	**199**	**97**	**102**	**700**	**327**	**373**
40	22	8	14	23	15	8	107	46	61
41	15	8	7	28	10	18	118	54	64
42	32	19	13	35	15	20	122	49	73
43	37	22	15	42	20	22	141	65	76
44	49	24	25	71	37	34	212	113	99
45-49岁	**392**	**206**	**186**	**470**	**235**	**235**	**1500**	**727**	**773**
45	62	31	31	89	37	52	297	139	158
46	85	50	35	101	45	56	324	160	164
47	81	41	40	102	58	44	324	167	157
48	81	41	40	78	40	38	258	120	138
49	83	43	40	100	55	45	297	141	156
50岁及以上	**970**	**521**	**449**	**1260**	**695**	**565**	**3204**	**1762**	**1442**

3-2b　续表 6　　　　单位：人

年　龄	高　中								
	合　计			在　校			毕　业		
	合计	男	女	小计	男	女	小计	男	女
总　计	**102942**	**56516**	**46426**	**30783**	**16562**	**14221**	**68410**	**37882**	**30528**
3									
4									
5-9岁									
5									
6									
7									
8									
9									
10-14岁	**807**	**395**	**412**	**769**	**379**	**390**	**31**	**14**	**17**
10									
11	2	1	1	2	1	1			
12	5	3	2	5	3	2			
13	165	86	79	153	81	72	11	4	7
14	635	305	330	609	294	315	20	10	10
15-19岁	**30555**	**16620**	**13935**	**29031**	**15641**	**13390**	**1358**	**873**	**485**
15	5466	2814	2652	5446	2800	2646	15	11	4
16	9707	5122	4585	9607	5059	4548	74	44	30
17	8712	4786	3926	8493	4651	3842	177	111	66
18	4737	2750	1987	4261	2434	1827	436	289	147
19	1933	1148	785	1224	697	527	656	418	238
20-24岁	**8354**	**4681**	**3673**	**970**	**533**	**437**	**6976**	**3911**	**3065**
20	1258	722	536	454	244	210	746	450	296
21	1315	763	552	221	119	102	1038	610	428
22	1658	964	694	139	85	54	1437	825	612
23	1900	1015	885	101	55	46	1689	900	789
24	2223	1217	1006	55	30	25	2066	1126	940
25-29岁	**12136**	**6347**	**5789**	**9**	**7**	**2**	**11478**	**6023**	**5455**
25	2381	1283	1098	5	4	1	2239	1200	1039
26	2285	1195	1090	1	1		2164	1139	1025
27	2573	1351	1222	1	1		2430	1278	1152
28	2384	1265	1119	2	1	1	2245	1209	1036
29	2513	1253	1260				2400	1197	1203
30-34岁	**12706**	**6518**	**6188**				**12069**	**6176**	**5893**
30	2667	1383	1284				2531	1307	1224
31	2523	1280	1243				2405	1217	1188
32	2161	1106	1055				2048	1044	1004
33	2818	1416	1402				2669	1345	1324
34	2537	1333	1204				2416	1263	1153
35-39岁	**7896**	**4196**	**3700**	**3**	**1**	**2**	**7505**	**3991**	**3514**
35	1763	941	822	1		1	1678	901	777
36	1271	671	600				1209	635	574
37	1402	731	671	1		1	1324	691	633
38	1858	1023	835				1777	977	800
39	1602	830	772	1	1		1517	787	730
40-44岁	**6058**	**3182**	**2876**				**5789**	**3050**	**2739**
40	1087	566	521				1034	543	491
41	1209	600	609				1161	573	588
42	1018	571	447				970	547	423
43	1215	627	588				1155	601	554
44	1529	818	711				1469	786	683
45-49岁	**8494**	**4752**	**3742**				**8084**	**4519**	**3565**
45	1804	967	837				1710	915	795
46	1857	1066	791				1764	1013	751
47	1749	959	790				1670	910	760
48	1594	894	700				1531	858	673
49	1490	866	624				1409	823	586
50岁及以上	**15936**	**9825**	**6111**	**1**	**1**		**15120**	**9325**	**5795**

3-2b 续表 7 单位：人

年 龄	高中								
	肄业			辍学			其他		
	小计	男	女	小计	男	女	小计	男	女
总 计	**547**	**331**	**216**	**544**	**320**	**224**	**2658**	**1421**	**1237**
3									
4									
5-9岁									
5									
6									
7									
8									
9									
10-14岁							**7**	**2**	**5**
10									
11									
12									
13							1	1	
14							6	1	5
15-19岁	**33**	**19**	**14**	**53**	**36**	**17**	**80**	**51**	**29**
15				3	2	1	2	1	1
16	2	1	1	10	6	4	14	12	2
17	11	6	5	11	6	5	20	12	8
18	9	6	3	16	12	4	15	9	6
19	11	6	5	13	10	3	29	17	12
20-24岁	**57**	**34**	**23**	**73**	**46**	**27**	**278**	**157**	**121**
20	10	4	6	9	5	4	39	19	20
21	5	3	2	17	8	9	34	23	11
22	12	8	4	13	10	3	57	36	21
23	14	9	5	14	9	5	82	42	40
24	16	10	6	20	14	6	66	37	29
25-29岁	**82**	**42**	**40**	**102**	**49**	**53**	**465**	**226**	**239**
25	21	13	8	20	16	4	96	50	46
26	15	7	8	17	8	9	88	40	48
27	16	6	10	23	11	12	103	55	48
28	15	8	7	20	6	14	102	41	61
29	15	8	7	22	8	14	76	40	36
30-34岁	**99**	**60**	**39**	**90**	**54**	**36**	**448**	**228**	**220**
30	28	15	13	22	15	7	86	46	40
31	13	9	4	20	14	6	85	40	45
32	15	10	5	15	10	5	83	42	41
33	20	12	8	18	8	10	111	51	60
34	23	14	9	15	7	8	83	49	34
35-39岁	**62**	**33**	**29**	**46**	**25**	**21**	**280**	**146**	**134**
35	10	5	5	17	11	6	57	24	33
36	11	5	6	10	5	5	41	26	15
37	13	7	6	8	2	6	56	31	25
38	13	9	4	5	4	1	63	33	30
39	15	7	8	6	3	3	63	32	31
40-44岁	**46**	**25**	**21**	**36**	**18**	**18**	**187**	**89**	**98**
40	10	5	5	8	4	4	35	14	21
41	8	4	4	4	2	2	36	21	15
42	13	7	6	7	2	5	28	15	13
43	6	3	3	10	4	6	44	19	25
44	9	6	3	7	6	1	44	20	24
45-49岁	**54**	**35**	**19**	**52**	**33**	**19**	**304**	**165**	**139**
45	11	7	4	18	10	8	65	35	30
46	14	8	6	7	5	2	72	40	32
47	12	8	4	13	10	3	54	31	23
48	9	6	3	7	4	3	47	26	21
49	8	6	2	7	4	3	66	33	33
50岁及以上	**114**	**83**	**31**	**92**	**59**	**33**	**609**	**357**	**252**

3-2b　续表 8

单位：人

年　龄	大学专科								
	合　计			在　校			毕　业		
	合计	男	女	小计	男	女	小计	男	女
总　计	**39261**	**20855**	**18406**	**5729**	**2932**	**2797**	**32450**	**17358**	**15092**
3									
4									
5-9岁									
5									
6									
7									
8									
9									
10-14岁									
10									
11									
12									
13									
14									
15-19岁	**2920**	**1554**	**1366**	**2650**	**1411**	**1239**	**239**	**127**	**112**
15	34	16	18	32	15	17	2	1	1
16	63	27	36	60	26	34	3	1	2
17	226	118	108	205	109	96	17	9	8
18	1031	548	483	971	511	460	51	31	20
19	1566	845	721	1382	750	632	166	85	81
20-24岁	**8231**	**3908**	**4323**	**2851**	**1397**	**1454**	**5229**	**2446**	**2783**
20	1532	717	815	1216	579	637	302	132	170
21	1545	750	795	801	406	395	714	334	380
22	1673	803	870	460	224	236	1179	566	613
23	1742	830	912	257	128	129	1457	688	769
24	1739	808	931	117	60	57	1577	726	851
25-29岁	**7672**	**3575**	**4097**	**162**	**82**	**80**	**7262**	**3372**	**3890**
25	1779	823	956	81	43	38	1643	754	889
26	1586	727	859	33	16	17	1508	691	817
27	1660	751	909	21	12	9	1579	715	864
28	1337	636	701	7	4	3	1285	607	678
29	1310	638	672	20	7	13	1247	605	642
30-34岁	**6035**	**3012**	**3023**	**30**	**15**	**15**	**5804**	**2907**	**2897**
30	1404	676	728	14	6	8	1351	654	697
31	1139	543	596	1		1	1098	525	573
32	1027	517	510	4	3	1	990	500	490
33	1251	628	623	6	3	3	1206	609	597
34	1214	648	566	5	3	2	1159	619	540
35-39岁	**3340**	**1751**	**1589**	**13**	**10**	**3**	**3210**	**1683**	**1527**
35	753	380	373	3	3		731	368	363
36	586	315	271				568	308	260
37	609	320	289	2	2		584	305	279
38	806	427	379	3	1	2	769	410	359
39	586	309	277	5	4	1	558	292	266
40-44岁	**2363**	**1283**	**1080**	**8**	**6**	**2**	**2302**	**1254**	**1048**
40	491	256	235	1	1		477	252	225
41	461	233	228	3	1	2	446	229	217
42	387	215	172	1	1		376	208	168
43	466	256	210	2	2		453	247	206
44	558	323	235	1	1		550	318	232
45-49岁	**3077**	**1822**	**1255**	**5**	**2**	**3**	**2969**	**1760**	**1209**
45	636	345	291	1		1	615	336	279
46	674	399	275	2	2		651	385	266
47	654	400	254	2		2	631	387	244
48	567	351	216				544	335	209
49	546	327	219				528	317	211
50岁及以上	**5623**	**3950**	**1673**	**10**	**9**	**1**	**5435**	**3809**	**1626**

3-2b 续表 9

单位：人

年 龄	大学专科								
	肄 业			辍 学			其 他		
	小计	男	女	小计	男	女	小计	男	女
总 计	**132**	**76**	**56**	**39**	**22**	**17**	**911**	**467**	**444**
3									
4									
5-9岁									
5									
6									
7									
8									
9									
10-14岁									
10									
11									
12									
13									
14									
15-19岁	**2**	**2**		**2**	**2**		**27**	**12**	**15**
15									
16									
17							4		4
18	2	2					7	4	3
19				2	2		16	8	8
20-24岁	**18**	**8**	**10**	**10**	**5**	**5**	**123**	**52**	**71**
20	2	1	1				12	5	7
21	5	3	2	1		1	24	7	17
22	6	1	5	3		3	25	12	13
23	2	1	1	3	2	1	23	11	12
24	3	2	1	3	3		39	17	22
25-29岁	**34**	**18**	**16**	**9**	**5**	**4**	**205**	**98**	**107**
25	8	3	5	2	1	1	45	22	23
26	8	5	3	2	1	1	35	14	21
27	7	3	4	2	1	1	51	20	31
28	5	3	2				40	22	18
29	6	4	2	3	2	1	34	20	14
30-34岁	**36**	**17**	**19**	**7**	**2**	**5**	**158**	**71**	**87**
30	11	6	5				28	10	18
31	9	4	5	2	1	1	29	13	16
32	1	1		2		2	30	13	17
33	8	4	4				31	12	19
34	7	2	5	3	1	2	40	23	17
35-39岁	**17**	**13**	**4**	**6**	**4**	**2**	**94**	**41**	**53**
35	2	1	1	1		1	16	8	8
36	3	3		1	1		14	3	11
37	4	4		1		1	18	9	9
38	6	3	3	1	1		27	12	15
39	2	2		2	2		19	9	10
40-44岁	**6**	**3**	**3**				**47**	**20**	**27**
40	1		1				12	3	9
41	1		1				11	3	8
42	1		1				9	6	3
43	2	2					9	5	4
44	1	1					6	3	3
45-49岁	**5**	**3**	**2**	**1**		**1**	**97**	**57**	**40**
45	1		1				19	9	10
46	2	1	1				19	11	8
47				1		1	20	13	7
48	2	2					21	14	7
49							18	10	8
50岁及以上	**14**	**12**	**2**	**4**	**4**		**160**	**116**	**44**

3-2b 续表 10

单位：人

年龄	大学本科								
	合计			在校			毕业		
	合计	男	女	小计	男	女	小计	男	女
总计	**27447**	**14217**	**13230**	**5137**	**2445**	**2692**	**21644**	**11418**	**10226**
3									
4									
5-9岁									
5									
6									
7									
8									
9									
10-14岁	**1**	**1**					**1**	**1**	
10									
11									
12									
13	1	1					1	1	
14									
15-19岁	**1938**	**912**	**1026**	**1877**	**880**	**997**	**54**	**27**	**27**
15	9	3	6	7	3	4	1		1
16	26	13	13	24	11	13	1	1	
17	119	55	64	116	53	63	3	2	1
18	733	355	378	713	342	371	16	10	6
19	1051	486	565	1017	471	546	33	14	19
20-24岁	**6021**	**2749**	**3272**	**3034**	**1451**	**1583**	**2879**	**1245**	**1634**
20	1114	540	574	1034	501	533	73	33	40
21	1058	505	553	820	402	418	223	95	128
22	1267	565	702	662	306	356	582	246	336
23	1340	596	744	364	171	193	944	411	533
24	1242	543	699	154	71	83	1057	460	597
25-29岁	**5927**	**2636**	**3291**	**180**	**82**	**98**	**5585**	**2483**	**3102**
25	1384	581	803	83	36	47	1269	534	735
26	1204	523	681	33	16	17	1135	488	647
27	1269	555	714	31	14	17	1213	531	682
28	1070	487	583	19	8	11	1021	470	551
29	1000	490	510	14	8	6	947	460	487
30-34岁	**4743**	**2378**	**2365**	**21**	**14**	**7**	**4597**	**2306**	**2291**
30	1079	534	545	7	5	2	1040	516	524
31	909	451	458	4	3	1	879	438	441
32	860	443	417	2	1	1	831	427	404
33	995	491	504	4	1	3	962	476	486
34	900	459	441	4	4		885	449	436
35-39岁	**2921**	**1581**	**1340**	**12**	**10**	**2**	**2826**	**1526**	**1300**
35	643	330	313	2	2		623	320	303
36	545	285	260	2	1	1	527	272	255
37	607	331	276	5	4	1	585	319	266
38	640	364	276				622	351	271
39	486	271	215	3	3		469	264	205
40-44岁	**1679**	**1007**	**672**	**7**	**4**	**3**	**1619**	**967**	**652**
40	348	201	147	1	1		339	195	144
41	340	191	149				328	184	144
42	297	185	112	3	1	2	285	178	107
43	336	203	133				322	192	130
44	358	227	131	3	2	1	345	218	127
45-49岁	**1755**	**1138**	**617**	**3**	**2**	**1**	**1700**	**1104**	**596**
45	388	247	141				382	242	140
46	366	235	131	1	1		352	228	124
47	371	240	131	1		1	359	235	124
48	317	215	102	1	1		306	206	100
49	313	201	112				301	193	108
50岁及以上	**2462**	**1815**	**647**	**3**	**2**	**1**	**2383**	**1759**	**624**

3-2b 续表 11

单位：人

年龄	大学本科								
	肄业			辍学			其他		
	小计	男	女	小计	男	女	小计	男	女
总计	**65**	**30**	**35**	**17**	**12**	**5**	**584**	**312**	**272**
3									
4									
5-9岁									
5									
6									
7									
8									
9									
10-14岁									
10									
11									
12									
13									
14									
15-19岁	**2**	**1**	**1**	**1**	**1**		**4**	**3**	**1**
15							1		1
16	1	1							
17									
18	1		1	1	1		2	2	
19							1	1	
20-24岁	**12**	**3**	**9**	**4**	**3**	**1**	**92**	**47**	**45**
20							7	6	1
21	1		1	1	1		13	7	6
22	2		2	1		1	20	13	7
23	4	2	2	2	2		26	10	16
24	5	1	4				26	11	15
25-29岁	**14**	**6**	**8**	**1**	**1**		**147**	**64**	**83**
25							32	11	21
26	5	3	2				31	16	15
27	2	1	1				23	9	14
28	4	2	2	1	1		25	6	19
29	3		3				36	22	14
30-34岁	**19**	**8**	**11**	**7**	**5**	**2**	**99**	**45**	**54**
30	5	2	3	2	1	1	25	10	15
31	4	1	3	1	1		21	8	13
32	6	2	4				21	13	8
33	4	3	1	3	2	1	22	9	13
34				1	1		10	5	5
35-39岁	**5**	**3**	**2**	**1**	**1**		**77**	**41**	**36**
35				1	1		17	7	10
36	1	1					15	11	4
37	2		2				15	8	7
38	2	2					16	11	5
39							14	4	10
40-44岁	**4**	**2**	**2**	**1**		**1**	**48**	**34**	**14**
40							8	5	3
41	3	1	2				9	6	3
42	1	1					8	5	3
43				1		1	13	11	2
44							10	7	3
45-49岁	**6**	**5**	**1**				**46**	**27**	**19**
45	1	1					5	4	1
46	1		1				12	6	6
47							11	5	6
48							10	8	2
49	4	4					8	4	4
50岁及以上	**3**	**2**	**1**	**2**	**1**	**1**	**71**	**51**	**20**

3-2b 续表 12

单位：人

年 龄	硕士研究生								
	合 计			在 校			毕 业		
	合计	男	女	小计	男	女	小计	男	女
总 计	**993**	**480**	**513**	**397**	**154**	**243**	**584**	**320**	**264**
3									
4									
5–9岁									
5									
6									
7									
8									
9									
10–14岁									
10									
11									
12									
13									
14									
15–19岁	**4**	**1**	**3**	**4**	**1**	**3**			
15									
16									
17									
18	3		3	3		3			
19	1	1		1	1				
20–24岁	**300**	**115**	**185**	**268**	**104**	**164**	**30**	**10**	**20**
20	5	1	4	4	1	3	1		1
21	11	7	4	10	6	4	1	1	
22	54	19	35	52	18	34	2	1	1
23	112	46	66	104	43	61	8	3	5
24	118	42	76	98	36	62	18	5	13
25–29岁	**303**	**112**	**191**	**115**	**45**	**70**	**186**	**67**	**119**
25	86	30	56	60	21	39	25	9	16
26	75	23	52	34	15	19	41	8	33
27	59	23	36	12	5	7	47	18	29
28	39	18	21	6	2	4	32	16	16
29	44	18	26	3	2	1	41	16	25
30–34岁	**175**	**92**	**83**	**9**	**3**	**6**	**166**	**89**	**77**
30	43	17	26	3		3	40	17	23
31	39	25	14	3	1	2	36	24	12
32	23	11	12	1	1		22	10	12
33	30	16	14	1	1		29	15	14
34	40	23	17	1		1	39	23	16
35–39岁	**77**	**45**	**32**				**75**	**43**	**32**
35	15	8	7				15	8	7
36	17	7	10				16	6	10
37	13	6	7				13	6	7
38	18	14	4				18	14	4
39	14	10	4				13	9	4
40–44岁	**23**	**20**	**3**				**22**	**19**	**3**
40	7	6	1				6	5	1
41	4	4					4	4	
42	8	7	1				8	7	1
43	1	1					1	1	
44	3	2	1				3	2	1
45–49岁	**47**	**40**	**7**				**47**	**40**	**7**
45	14	13	1				14	13	1
46	13	11	2				13	11	2
47	10	8	2				10	8	2
48	4	4					4	4	
49	6	4	2				6	4	2
50岁及以上	**64**	**55**	**9**	**1**	**1**		**58**	**52**	**6**

3-2b 续表 13　　单位：人

年 龄	硕士研究生								
	肄 业			辍 学			其 他		
	小计	男	女	小计	男	女	小计	男	女
总 计	**2**	**1**	**1**	**1**		**1**	**9**	**5**	**4**
3									
4									
5-9岁									
5									
6									
7									
8									
9									
10-14岁									
10									
11									
12									
13									
14									
15-19岁									
15									
16									
17									
18									
19									
20-24岁							**2**	**1**	**1**
20									
21									
22									
23									
24							2	1	1
25-29岁							**2**		**2**
25							1		1
26									
27									
28							1		1
29									
30-34岁									
30									
31									
32									
33									
34									
35-39岁							**2**	**2**	
35									
36							1	1	
37									
38									
39							1	1	
40-44岁							**1**	**1**	
40							1	1	
41									
42									
43									
44									
45-49岁									
45									
46									
47									
48									
49									
50岁及以上	**2**	**1**	**1**	**1**		**1**	**2**	**1**	**1**

3-2b　续表 14　　　　　　　　　　　　　　　　　　　　　　　　　　　　　　　　单位：人

年　龄	博士研究生								
	合　计			在　校			毕　业		
	合计	男	女	小计	男	女	小计	男	女
总　计	**78**	**44**	**34**	**29**	**13**	**16**	**47**	**30**	**17**
3									
4									
5-9岁									
5									
6									
7									
8									
9									
10-14岁									
10									
11									
12									
13									
14									
15-19岁									
15									
16									
17									
18									
19									
20-24岁	**8**	**7**	**1**	**6**	**6**		**2**	**1**	**1**
20									
21									
22	1	1		1	1				
23	4	3	1	3	3		1		1
24	3	3		2	2		1	1	
25-29岁	**27**	**12**	**15**	**17**	**7**	**10**	**10**	**5**	**5**
25	6	2	4	3	1	2	3	1	2
26	6	3	3	5	3	2	1		1
27	7	2	5	6	2	4	1		1
28	4	3	1				4	3	1
29	4	2	2	3	1	2	1	1	
30-34岁	**16**	**6**	**10**	**5**		**5**	**11**	**6**	**5**
30	6	1	5	3		3	3	1	2
31	4	3	1	1		1	3	3	
32	2		2				2		2
33	2	1	1	1		1	1	1	
34	2	1	1				2	1	1
35-39岁	**11**	**5**	**6**	**1**		**1**	**9**	**5**	**4**
35	5	2	3	1		1	3	2	1
36	2	1	1				2	1	1
37	2		2				2		2
38									
39	2	2					2	2	
40-44岁	**7**	**5**	**2**				**6**	**4**	**2**
40	2	2					2	2	
41	2	2					1	1	
42									
43	1		1				1		1
44	2	1	1				2	1	1
45-49岁	**5**	**5**					**5**	**5**	
45	2	2					2	2	
46									
47	1	1					1	1	
48									
49	2	2					2	2	
50岁及以上	**4**	**4**					**4**	**4**	

3–2b 续表 15

单位：人

年龄	博士研究生								
	肄业			辍学			其他		
	小计	男	女	小计	男	女	小计	男	女
总计	**1**	**1**					**1**		**1**
3									
4									
5–9岁									
5									
6									
7									
8									
9									
10–14岁									
10									
11									
12									
13									
14									
15–19岁									
15									
16									
17									
18									
19									
20–24岁									
20									
21									
22									
23									
24									
25–29岁									
25									
26									
27									
28									
29									
30–34岁									
30									
31									
32									
33									
34									
35–39岁							**1**		**1**
35							1		1
36									
37									
38									
39									
40–44岁	**1**	**1**							
40									
41	1	1							
42									
43									
44									
45–49岁									
45									
46									
47									
48									
49									
50岁及以上									

3-2c　全市分年龄、性别、学业完成情况的3岁及以上各种受教育程度人口(乡村)

单位：人

年　龄	合计								
	合　计			在　校			毕　业		
	合计	男	女	小计	男	女	小计	男	女
总　计	**936213**	**500687**	**435526**	**154057**	**80726**	**73331**	**687083**	**372748**	**314335**
3									
4									
5-9岁	**36800**	**19428**	**17372**	**35966**	**18974**	**16992**	**638**	**337**	**301**
5	859	460	399	836	443	393	14	9	5
6	6137	3201	2936	6007	3125	2882	96	55	41
7	9145	4859	4286	8923	4737	4186	171	89	82
8	10315	5427	4888	10080	5300	4780	182	96	86
9	10344	5481	4863	10120	5369	4751	175	88	87
10-14岁	**65541**	**34626**	**30915**	**63565**	**33548**	**30017**	**1587**	**856**	**731**
10	11298	5909	5389	11016	5754	5262	216	123	93
11	12631	6596	6035	12319	6421	5898	243	137	106
12	13280	7015	6265	12831	6778	6053	370	191	179
13	14237	7532	6705	13779	7275	6504	365	198	167
14	14095	7574	6521	13620	7320	6300	393	207	186
15-19岁	**50763**	**27517**	**23246**	**44023**	**23266**	**20757**	**5983**	**3781**	**2202**
15	12238	6659	5579	11942	6477	5465	235	145	90
16	11378	6232	5146	10688	5801	4887	569	365	204
17	9657	5254	4403	8552	4533	4019	944	612	332
18	9278	5017	4261	7320	3782	3538	1766	1117	649
19	8212	4355	3857	5521	2673	2848	2469	1542	927
20-24岁	**43455**	**23472**	**19983**	**9782**	**4577**	**5205**	**31914**	**17847**	**14067**
20	7262	3893	3369	3814	1823	1991	3218	1928	1290
21	7480	3982	3498	2661	1207	1454	4541	2605	1936
22	9043	4847	4196	1871	873	998	6857	3787	3070
23	9475	5111	4364	957	448	509	8070	4389	3681
24	10195	5639	4556	479	226	253	9228	5138	4090
25-29岁	**50035**	**28091**	**21944**	**556**	**273**	**283**	**46768**	**26254**	**20514**
25	11089	6118	4971	269	130	139	10268	5668	4600
26	9974	5579	4395	133	68	65	9347	5218	4129
27	10570	6003	4567	86	37	49	9917	5631	4286
28	9355	5315	4040	40	21	19	8778	4977	3801
29	9047	5076	3971	28	17	11	8458	4760	3698
30-34岁	**51833**	**29089**	**22744**	**56**	**30**	**26**	**48554**	**27273**	**21281**
30	10410	5814	4596	21	12	9	9785	5464	4321
31	9386	5376	4010	10	7	3	8787	5036	3751
32	8804	4810	3994	6	3	3	8203	4482	3721
33	11660	6589	5071	10	3	7	10943	6198	4745
34	11573	6500	5073	9	5	4	10836	6093	4743
35-39岁	**36775**	**20143**	**16632**	**22**	**13**	**9**	**34112**	**18736**	**15376**
35	7390	4068	3322	2	1	1	6917	3803	3114
36	5874	3123	2751	5	3	2	5436	2915	2521
37	6511	3576	2935	5	2	3	6018	3326	2692
38	9094	5029	4065	5	4	1	8440	4668	3772
39	7906	4347	3559	5	3	2	7301	4024	3277
40-44岁	**39401**	**20979**	**18422**	**9**	**4**	**5**	**36094**	**19279**	**16815**
40	5962	3244	2718	4	1	3	5466	2984	2482
41	7195	3886	3309	1	1		6630	3608	3022
42	6562	3492	3070	1		1	6047	3231	2816
43	8010	4190	3820	1	1		7303	3820	3483
44	11672	6167	5505	2	1	1	10648	5636	5012
45-49岁	**96306**	**50399**	**45907**	**17**	**7**	**10**	**87246**	**45828**	**41418**
45	16429	8686	7743	7	4	3	14939	7926	7013
46	19667	10361	9306	2	1	1	17886	9461	8425
47	20206	10630	9576				18344	9685	8659
48	19216	9922	9294	3	1	2	17342	8974	8368
49	20788	10800	9988	5	1	4	18735	9782	8953
50岁及以上	**465304**	**246943**	**218361**	**61**	**34**	**27**	**394187**	**212557**	**181630**

3–2c 续表 1

单位：人

年 龄	合计								
	肄业			辍学			其他		
	小计	男	女	小计	男	女	小计	男	女
总 计	**19613**	**9393**	**10220**	**27572**	**13449**	**14123**	**47888**	**24371**	**23517**
3									
4									
5–9岁	**28**	**16**	**12**	**5**	**2**	**3**	**163**	**99**	**64**
5							9	8	1
6	3	2	1	1		1	30	19	11
7	7	4	3	1	1		43	28	15
8	11	6	5	2	1	1	40	24	16
9	7	4	3	1		1	41	20	21
10–14岁	**47**	**33**	**14**	**40**	**31**	**9**	**302**	**158**	**144**
10	2	1	1	5	3	2	59	28	31
11	10	6	4	4	3	1	55	29	26
12	14	11	3	4	3	1	61	32	29
13	7	4	3	17	14	3	69	41	28
14	14	11	3	10	8	2	58	28	30
15–19岁	**158**	**103**	**55**	**245**	**160**	**85**	**354**	**207**	**147**
15	12	6	6	26	17	9	23	14	9
16	26	13	13	58	32	26	37	21	16
17	43	26	17	48	42	6	70	41	29
18	30	25	5	53	32	21	109	61	48
19	47	33	14	60	37	23	115	70	45
20–24岁	**271**	**170**	**101**	**314**	**212**	**102**	**1174**	**666**	**508**
20	40	26	14	40	23	17	150	93	57
21	37	29	8	60	40	20	181	101	80
22	52	30	22	61	40	21	202	117	85
23	68	41	27	75	56	19	305	177	128
24	74	44	30	78	53	25	336	178	158
25–29岁	**369**	**238**	**131**	**487**	**304**	**183**	**1855**	**1022**	**833**
25	72	44	28	99	63	36	381	213	168
26	64	47	17	65	44	21	365	202	163
27	83	55	28	112	75	37	372	205	167
28	62	37	25	101	60	41	374	220	154
29	88	55	33	110	62	48	363	182	181
30–34岁	**500**	**291**	**209**	**625**	**368**	**257**	**2098**	**1127**	**971**
30	80	48	32	120	75	45	404	215	189
31	108	61	47	87	54	33	394	218	176
32	82	48	34	124	62	62	389	215	174
33	102	55	47	133	86	47	472	247	225
34	128	79	49	161	91	70	439	232	207
35–39岁	**443**	**242**	**201**	**600**	**325**	**275**	**1598**	**827**	**771**
35	77	45	32	110	66	44	284	153	131
36	66	31	35	86	43	43	281	131	150
37	84	43	41	109	58	51	295	147	148
38	124	68	56	154	89	65	371	200	171
39	92	55	37	141	69	72	367	196	171
40–44岁	**552**	**283**	**269**	**812**	**423**	**389**	**1934**	**990**	**944**
40	95	56	39	117	62	55	280	141	139
41	93	43	50	136	67	69	335	167	168
42	87	42	45	118	59	59	309	160	149
43	114	55	59	183	89	94	409	225	184
44	163	87	76	258	146	112	601	297	304
45–49岁	**1719**	**877**	**842**	**2434**	**1248**	**1186**	**4890**	**2439**	**2451**
45	274	147	127	370	196	174	839	413	426
46	307	162	145	474	229	245	998	508	490
47	368	180	188	499	266	233	995	499	496
48	366	195	171	505	263	242	1000	489	511
49	404	193	211	586	294	292	1058	530	528
50岁及以上	**15526**	**7140**	**8386**	**22010**	**10376**	**11634**	**33520**	**16836**	**16684**

3−2c　续表 2

单位：人

年　龄	小学								
	合　计			在　校			毕　业		
	合计	男	女	小计	男	女	小计	男	女
总　计	**453988**	**222511**	**231477**	**65646**	**34665**	**30981**	**321392**	**157560**	**163832**
3									
4									
5−9岁	**36492**	**19256**	**17236**	**35680**	**18819**	**16861**	**617**	**321**	**296**
5	859	460	399	836	443	393	14	9	5
6	6070	3168	2902	5943	3094	2849	93	53	40
7	9085	4829	4256	8868	4710	4158	167	87	80
8	10237	5381	4856	10010	5262	4748	174	88	86
9	10241	5418	4823	10023	5310	4713	169	84	85
10−14岁	**30765**	**16280**	**14485**	**29860**	**15792**	**14068**	**696**	**382**	**314**
10	11057	5792	5265	10787	5646	5141	206	115	91
11	11756	6155	5601	11481	6004	5477	213	117	96
12	5922	3223	2699	5702	3103	2599	175	97	78
13	1484	803	681	1390	758	632	70	33	37
14	546	307	239	500	281	219	32	20	12
15−19岁	**352**	**204**	**148**	**54**	**30**	**24**	**213**	**130**	**83**
15	46	26	20	21	11	10	13	9	4
16	49	30	19	13	8	5	19	12	7
17	53	34	19	6	5	1	30	20	10
18	89	50	39	6	4	2	62	36	26
19	115	64	51	8	2	6	89	53	36
20−24岁	**839**	**459**	**380**	**8**	**5**	**3**	**707**	**376**	**331**
20	131	75	56	5	3	2	103	57	46
21	136	70	66				118	60	58
22	146	86	60	2	1	1	125	69	56
23	199	109	90				169	90	79
24	227	119	108	1	1		192	100	92
25−29岁	**1702**	**894**	**808**	**3**	**1**	**2**	**1468**	**773**	**695**
25	282	153	129				245	133	112
26	316	163	153	1		1	273	139	134
27	322	188	134	1	1		277	161	116
28	379	192	187	1		1	325	169	156
29	403	198	205				348	171	177
30−34岁	**3575**	**1677**	**1898**	**1**	**1**		**3102**	**1463**	**1639**
30	534	263	271				468	223	245
31	574	285	289				495	251	244
32	641	286	355				550	251	299
33	835	395	440				729	353	376
34	991	448	543	1	1		860	385	475
35−39岁	**4489**	**1944**	**2545**				**3873**	**1702**	**2171**
35	698	307	391				616	275	341
36	692	313	379				599	275	324
37	815	354	461				697	313	384
38	1214	511	703				1051	444	607
39	1070	459	611				910	395	515
40−44岁	**9825**	**4273**	**5552**	**1**	**1**		**8531**	**3723**	**4808**
40	1037	414	623	1	1		892	359	533
41	1524	658	866				1324	568	756
42	1577	652	925				1381	574	807
43	2254	1001	1253				1947	880	1067
44	3433	1548	1885				2987	1342	1645
45−49岁	**34541**	**15505**	**19036**	**1**		**1**	**29981**	**13483**	**16498**
45	5212	2356	2856				4546	2068	2478
46	6662	3011	3651				5810	2637	3173
47	7030	3166	3864				6087	2742	3345
48	7334	3281	4053				6355	2841	3514
49	8303	3691	4612	1		1	7183	3195	3988
50岁及以上	**331408**	**162019**	**169389**	**38**	**16**	**22**	**272204**	**135207**	**136997**

3-2c 续表 3

单位：人

年 龄	小学								
	肄业			辍学			其他		
	小计	男	女	小计	男	女	小计	男	女
总 计	**14355**	**6148**	**8207**	**20823**	**9267**	**11556**	**31772**	**14871**	**16901**
3									
4									
5-9岁	**28**	**16**	**12**	**5**	**2**	**3**	**162**	**98**	**64**
5							9	8	1
6	3	2	1	1		1	30	19	11
7	7	4	3	1	1		42	27	15
8	11	6	5	2	1	1	40	24	16
9	7	4	3	1		1	41	20	21
10-14岁	**23**	**16**	**7**	**22**	**13**	**9**	**164**	**77**	**87**
10	2	1	1	5	3	2	57	27	30
11	10	6	4	4	3	1	48	25	23
12	7	6	1	3	2	1	35	15	20
13	1	1		6	3	3	17	8	9
14	3	2	1	4	2	2	7	2	5
15-19岁	**13**	**5**	**8**	**30**	**17**	**13**	**42**	**22**	**20**
15	2		2	6	4	2	4	2	2
16	3	2	1	9	5	4	5	3	2
17	4	2	2	2	2		11	5	6
18	1		1	5	1	4	15	9	6
19	3	1	2	8	5	3	7	3	4
20-24岁	**15**	**8**	**7**	**35**	**28**	**7**	**74**	**42**	**32**
20	3	2	1	4	3	1	16	10	6
21	2		2	8	6	2	8	4	4
22	2	2		8	7	1	9	7	2
23	3	2	1	9	7	2	18	10	8
24	5	2	3	6	5	1	23	11	12
25-29岁	**50**	**31**	**19**	**56**	**27**	**29**	**125**	**62**	**63**
25	6	3	3	9	4	5	22	13	9
26	11	7	4	9	6	3	22	11	11
27	12	10	2	9	4	5	23	12	11
28	10	5	5	13	5	8	30	13	17
29	11	6	5	16	8	8	28	13	15
30-34岁	**86**	**44**	**42**	**139**	**62**	**77**	**247**	**107**	**140**
30	11	8	3	15	10	5	40	22	18
31	15	4	11	22	10	12	42	20	22
32	12	5	7	27	8	19	52	22	30
33	18	9	9	32	13	19	56	20	36
34	30	18	12	43	21	22	57	23	34
35-39岁	**125**	**57**	**68**	**155**	**58**	**97**	**336**	**127**	**209**
35	24	13	11	18	6	12	40	13	27
36	14	6	8	23	8	15	56	24	32
37	22	8	14	23	7	16	73	26	47
38	39	17	22	38	17	21	86	33	53
39	26	13	13	53	20	33	81	31	50
40-44岁	**215**	**89**	**126**	**369**	**151**	**218**	**709**	**309**	**400**
40	26	14	12	43	16	27	75	24	51
41	33	12	21	59	23	36	108	55	53
42	35	12	23	46	18	28	115	48	67
43	52	24	28	93	32	61	162	65	97
44	69	27	42	128	62	66	249	117	132
45-49岁	**867**	**384**	**483**	**1329**	**618**	**711**	**2363**	**1020**	**1343**
45	117	57	60	171	75	96	378	156	222
46	145	67	78	238	102	136	469	205	264
47	191	79	112	280	136	144	472	209	263
48	192	89	103	296	143	153	491	208	283
49	222	92	130	344	162	182	553	242	311
50岁及以上	**12933**	**5498**	**7435**	**18683**	**8291**	**10392**	**27550**	**13007**	**14543**

3-2c 续表 4

单位：人

年龄	初中								
	合计			在校			毕业		
	合计	男	女	小计	男	女	小计	男	女
总计	**335400**	**194587**	**140813**	**43025**	**22996**	**20029**	**269333**	**157843**	**111490**
3									
4									
5-9岁	**308**	**172**	**136**	**286**	**155**	**131**	**21**	**16**	**5**
5									
6	67	33	34	64	31	33	3	2	1
7	60	30	30	55	27	28	4	2	2
8	78	46	32	70	38	32	8	8	
9	103	63	40	97	59	38	6	4	2
10-14岁	**33912**	**17907**	**16005**	**32873**	**17334**	**15539**	**862**	**458**	**404**
10	241	117	124	229	108	121	10	8	2
11	874	441	433	837	417	420	30	20	10
12	7354	3790	3564	7125	3673	3452	195	94	101
13	12604	6655	5949	12246	6446	5800	289	162	127
14	12839	6904	5935	12436	6690	5746	338	174	164
15-19岁	**12917**	**7460**	**5457**	**9794**	**5463**	**4331**	**2822**	**1801**	**1021**
15	6629	3744	2885	6404	3602	2802	184	115	69
16	2584	1465	1119	2117	1169	948	411	267	144
17	1344	792	552	741	404	337	539	343	196
18	1136	715	421	334	192	142	740	479	261
19	1224	744	480	198	96	102	948	597	351
20-24岁	**11602**	**6979**	**4623**	**33**	**21**	**12**	**10871**	**6536**	**4335**
20	1343	835	508	9	6	3	1247	779	468
21	1636	977	659	7	4	3	1519	900	619
22	2359	1402	957	2	1	1	2230	1328	902
23	2813	1677	1136	10	6	4	2618	1554	1064
24	3451	2088	1363	5	4	1	3257	1975	1282
25-29岁	**20862**	**12158**	**8704**	**10**	**7**	**3**	**19528**	**11372**	**8156**
25	4093	2393	1700	4	2	2	3842	2246	1596
26	3995	2350	1645	3	3		3758	2201	1557
27	4447	2653	1794				4173	2480	1693
28	4128	2377	1751	1	1		3860	2217	1643
29	4199	2385	1814	2	1	1	3895	2228	1667
30-34岁	**29449**	**16465**	**12984**	**5**	**2**	**3**	**27527**	**15401**	**12126**
30	5258	2948	2310	3		3	4907	2759	2148
31	5094	2878	2216	2	2		4763	2703	2060
32	4982	2692	2290				4621	2490	2131
33	6967	3921	3046				6537	3677	2860
34	7148	4026	3122				6699	3772	2927
35-39岁	**24514**	**13523**	**10991**	**4**	**1**	**3**	**22831**	**12580**	**10251**
35	4785	2646	2139	1		1	4484	2468	2016
36	3819	1986	1833	1		1	3537	1847	1690
37	4410	2441	1969				4095	2273	1822
38	6151	3437	2714	1		1	5740	3194	2546
39	5349	3013	2336	1	1		4975	2798	2177
40-44岁	**24924**	**13746**	**11178**	**3**	**1**	**2**	**23159**	**12743**	**10416**
40	3881	2177	1704	1		1	3591	2006	1585
41	4726	2630	2096				4401	2460	1941
42	4131	2296	1835				3853	2141	1712
43	4941	2669	2272				4603	2459	2144
44	7245	3974	3271	2	1	1	6711	3677	3034
45-49岁	**55952**	**30996**	**24956**	**3**	**3**		**51832**	**28690**	**23142**
45	10021	5554	4467	2	2		9278	5132	4146
46	11753	6515	5238				10911	6043	4868
47	11948	6651	5297				11107	6180	4927
48	10856	5929	4927				10030	5468	4562
49	11374	6347	5027	1	1		10506	5867	4639
50岁及以上	**120960**	**75181**	**45779**	**14**	**9**	**5**	**109880**	**68246**	**41634**

3－2c 续表 5 单位：人

年 龄	初中								
	肄业			辍学			其他		
	小计	男	女	小计	男	女	小计	男	女
总 计	**4393**	**2685**	**1708**	**5823**	**3560**	**2263**	**12826**	**7503**	**5323**
3									
4									
5－9岁							**1**	**1**	
5									
6									
7							1	1	
8									
9									
10－14岁	**23**	**16**	**7**	**18**	**18**		**136**	**81**	**55**
10							2	1	1
11							7	4	3
12	7	5	2	1	1		26	17	9
13	6	3	3	11	11		52	33	19
14	10	8	2	6	6		49	26	23
15－19岁	**62**	**38**	**24**	**101**	**76**	**25**	**138**	**82**	**56**
15	10	6	4	17	11	6	14	10	4
16	13	3	10	24	15	9	19	11	8
17	14	9	5	19	18	1	31	18	13
18	9	7	2	20	18	2	33	19	14
19	16	13	3	21	14	7	41	24	17
20－24岁	**105**	**69**	**36**	**128**	**79**	**49**	**465**	**274**	**191**
20	15	9	6	18	9	9	54	32	22
21	17	15	2	16	13	3	77	45	32
22	18	13	5	26	14	12	83	46	37
23	28	18	10	34	24	10	123	75	48
24	27	14	13	34	19	15	128	76	52
25－29岁	**156**	**106**	**50**	**247**	**156**	**91**	**921**	**517**	**404**
25	26	21	5	58	37	21	163	87	76
26	25	19	6	35	25	10	174	102	72
27	32	22	10	52	36	16	190	115	75
28	27	16	11	46	26	20	194	117	77
29	46	28	18	56	32	24	200	96	104
30－34岁	**276**	**163**	**113**	**357**	**222**	**135**	**1284**	**677**	**607**
30	44	24	20	74	47	27	230	118	112
31	55	33	22	47	29	18	227	111	116
32	48	28	20	68	34	34	245	140	105
33	52	31	21	75	55	20	303	158	145
34	77	47	30	93	57	36	279	150	129
35－39岁	**263**	**150**	**113**	**380**	**227**	**153**	**1036**	**565**	**471**
35	46	27	19	75	48	27	179	103	76
36	42	18	24	57	32	25	182	89	93
37	48	25	23	77	46	31	190	97	93
38	71	43	28	103	66	37	236	134	102
39	56	37	19	68	35	33	249	142	107
40－44岁	**298**	**172**	**126**	**406**	**246**	**160**	**1058**	**584**	**474**
40	60	39	21	69	42	27	160	90	70
41	52	26	26	73	41	32	200	103	97
42	47	27	20	64	36	28	167	92	75
43	51	23	28	79	51	28	208	136	72
44	88	57	31	121	76	45	323	163	160
45－49岁	**778**	**448**	**330**	**1037**	**583**	**454**	**2302**	**1272**	**1030**
45	142	83	59	188	112	76	411	225	186
46	146	84	62	217	115	102	479	273	206
47	158	89	69	205	121	84	478	261	217
48	165	101	64	197	109	88	464	251	213
49	167	91	76	230	126	104	470	262	208
50岁及以上	**2432**	**1523**	**909**	**3149**	**1953**	**1196**	**5485**	**3450**	**2035**

3-2c　续表 6　　　　单位：人

年　龄	高　中								
	合　计			在　校			毕　业		
	合计	男	女	小计	男	女	小计	男	女
总　计	**95951**	**57437**	**38514**	**28744**	**15335**	**13409**	**63224**	**39519**	**23705**
3									
4									
5-9岁									
5									
6									
7									
8									
9									
10-14岁	**863**	**439**	**424**	**831**	**422**	**409**	**29**	**16**	**13**
10									
11	1		1	1		1			
12	4	2	2	4	2	2			
13	149	74	75	143	71	72	6	3	3
14	709	363	346	683	349	334	23	13	10
15-19岁	**29588**	**16120**	**13468**	**26719**	**14267**	**12452**	**2548**	**1652**	**896**
15	5485	2852	2633	5442	2827	2615	35	21	14
16	8528	4627	3901	8347	4519	3828	133	81	52
17	7685	4151	3534	7246	3856	3390	361	240	121
18	5130	2885	2245	4187	2282	1905	851	549	302
19	2760	1605	1155	1497	783	714	1168	761	407
20-24岁	**12817**	**7695**	**5122**	**1181**	**638**	**543**	**11017**	**6649**	**4368**
20	2027	1210	817	578	311	267	1366	846	520
21	2187	1340	847	279	157	122	1797	1113	684
22	2652	1589	1063	171	92	79	2364	1420	944
23	2838	1691	1147	94	48	46	2600	1542	1058
24	3113	1865	1248	59	30	29	2890	1728	1162
25-29岁	**15083**	**8877**	**6206**	**5**	**2**	**3**	**14263**	**8391**	**5872**
25	3363	1977	1386	2	1	1	3184	1869	1315
26	2997	1790	1207	1	1		2848	1699	1149
27	3186	1861	1325				3009	1761	1248
28	2826	1671	1155	2		2	2672	1577	1095
29	2711	1578	1133				2550	1485	1065
30-34岁	**12553**	**7395**	**5158**	**2**	**1**	**1**	**11912**	**6998**	**4914**
30	2869	1652	1217				2726	1569	1157
31	2449	1471	978				2315	1376	939
32	2060	1198	862				1953	1131	822
33	2704	1616	1088	2	1	1	2571	1534	1037
34	2471	1458	1013				2347	1388	959
35-39岁	**5651**	**3328**	**2323**	**2**	**1**	**1**	**5360**	**3152**	**2208**
35	1372	790	582				1300	743	557
36	966	572	394	1	1		920	550	370
37	895	530	365	1		1	844	495	349
38	1295	795	500				1231	759	472
39	1123	641	482				1065	605	460
40-44岁	**3563**	**2204**	**1359**				**3351**	**2075**	**1276**
40	789	477	312				738	447	291
41	718	448	270				685	432	253
42	665	412	253				627	386	241
43	629	394	235				576	360	216
44	762	473	289				725	450	275
45-49岁	**4620**	**3055**	**1565**	**1**	**1**		**4288**	**2841**	**1447**
45	955	602	353				890	562	328
46	969	634	335	1	1		891	587	304
47	996	658	338				927	613	314
48	793	546	247				732	504	228
49	907	615	292				848	575	273
50岁及以上	**11213**	**8324**	**2889**	**3**	**3**		**10456**	**7745**	**2711**

3－2c 续表 7

单位：人

年 龄	高中								
	肄业			辍学			其他		
	小计	男	女	小计	男	女	小计	男	女
总 计	**724**	**485**	**239**	**862**	**581**	**281**	**2397**	**1517**	**880**
3									
4									
5—9岁									
5									
6									
7									
8									
9									
10—14岁	**1**	**1**					**2**		**2**
10									
11									
12									
13									
14	1	1					2		2
15—19岁	**73**	**55**	**18**	**109**	**65**	**44**	**139**	**81**	**58**
15				3	2	1	5	2	3
16	10	8	2	25	12	13	13	7	6
17	24	15	9	27	22	5	27	18	9
18	17	15	2	26	12	14	49	27	22
19	22	17	5	28	17	11	45	27	18
20—24岁	**106**	**71**	**35**	**128**	**89**	**39**	**385**	**248**	**137**
20	19	12	7	14	7	7	50	34	16
21	15	12	3	31	17	14	65	41	24
22	20	12	8	22	16	6	75	49	26
23	26	15	11	30	24	6	88	62	26
24	26	20	6	31	25	6	107	62	45
25—29岁	**127**	**82**	**45**	**171**	**113**	**58**	**517**	**289**	**228**
25	33	19	14	29	20	9	115	68	47
26	21	16	5	18	11	7	109	63	46
27	29	17	12	47	33	14	101	50	51
28	17	11	6	39	27	12	96	56	40
29	27	19	8	38	22	16	96	52	44
30—34岁	**110**	**71**	**39**	**114**	**74**	**40**	**415**	**251**	**164**
30	23	15	8	26	16	10	94	52	42
31	28	19	9	18	15	3	88	61	27
32	16	12	4	25	16	9	66	39	27
33	25	13	12	23	16	7	83	52	31
34	18	12	6	22	11	11	84	47	37
35—39岁	**50**	**31**	**19**	**62**	**39**	**23**	**177**	**105**	**72**
35	6	5	1	16	12	4	50	30	20
36	7	4	3	6	3	3	32	14	18
37	13	9	4	8	5	3	29	21	8
38	14	8	6	13	6	7	37	22	15
39	10	5	5	19	13	6	29	18	11
40—44岁	**37**	**22**	**15**	**34**	**24**	**10**	**141**	**83**	**58**
40	9	3	6	5	4	1	37	23	14
41	7	5	2	4	3	1	22	8	14
42	5	3	2	8	5	3	25	18	7
43	11	8	3	8	4	4	34	22	12
44	5	3	2	9	8	1	23	12	11
45—49岁	**66**	**39**	**27**	**68**	**47**	**21**	**197**	**127**	**70**
45	11	4	7	11	9	2	43	27	16
46	16	11	5	19	12	7	42	23	19
47	16	10	6	14	9	5	39	26	13
48	9	5	4	12	11	1	40	26	14
49	14	9	5	12	6	6	33	25	8
50岁及以上	**154**	**113**	**41**	**176**	**130**	**46**	**424**	**333**	**91**

3-2c　续表 8

单位：人

年　龄	大学专科								
	合　　计			在　　校			毕　　业		
	合计	男	女	小计	男	女	小计	男	女
总　计	**31528**	**16515**	**15013**	**9100**	**4284**	**4816**	**21629**	**11801**	**9828**
3									
4									
5—9岁									
5									
6									
7									
8									
9									
10—14岁									
10									
11									
12									
13									
14									
15—19岁	**5063**	**2424**	**2639**	**4686**	**2238**	**2448**	**339**	**166**	**173**
15	52	27	25	49	27	22	3		3
16	182	95	87	177	91	86	5	4	1
17	392	191	201	380	184	196	11	7	4
18	1820	869	951	1716	818	898	93	45	48
19	2617	1242	1375	2364	1118	1246	227	110	117
20—24岁	**10709**	**4960**	**5749**	**4183**	**1919**	**2264**	**6294**	**2942**	**3352**
20	2337	1118	1219	1884	884	1000	425	216	209
21	2130	980	1150	1205	528	677	895	440	455
22	2186	1013	1173	663	308	355	1482	691	791
23	2072	930	1142	317	143	174	1687	757	930
24	1984	919	1065	114	56	58	1805	838	967
25—29岁	**7354**	**3737**	**3617**	**174**	**96**	**78**	**6961**	**3525**	**3436**
25	1953	980	973	82	45	37	1815	902	913
26	1559	763	796	40	23	17	1469	716	753
27	1551	794	757	27	11	16	1480	763	717
28	1256	668	588	13	10	3	1200	631	569
29	1035	532	503	12	7	5	997	513	484
30—34岁	**3933**	**2198**	**1735**	**26**	**14**	**12**	**3754**	**2093**	**1661**
30	1049	573	476	8	5	3	1003	546	457
31	795	469	326	5	4	1	753	442	311
32	718	395	323	3	1	2	686	377	309
33	744	410	334	5	1	4	709	391	318
34	627	351	276	5	3	2	603	337	266
35—39岁	**1442**	**896**	**546**	**12**	**7**	**5**	**1384**	**863**	**521**
35	360	216	144	1	1		345	209	136
36	286	178	108	3	2	1	271	171	100
37	236	141	95	2		2	230	138	92
38	292	192	100	2	2		280	181	99
39	268	169	99	4	2	2	258	164	94
40—44岁	**777**	**527**	**250**	**5**	**2**	**3**	**747**	**513**	**234**
40	174	113	61	2		2	166	110	56
41	163	107	56	1	1		157	106	51
42	134	93	41	1		1	131	91	40
43	129	87	42	1	1		122	83	39
44	177	127	50				171	123	48
45—49岁	**888**	**630**	**258**	**9**	**3**	**6**	**851**	**607**	**244**
45	169	127	42	3	2	1	157	118	39
46	211	150	61	1		1	205	146	59
47	173	113	60				166	109	57
48	175	127	48	3	1	2	168	123	45
49	160	113	47	2		2	155	111	44
50岁及以上	**1362**	**1143**	**219**	**5**	**5**		**1299**	**1092**	**207**

3–2c 续表 9　　　　单位：人

年 龄	大学专科								
	肄 业			辍 学			其 他		
	小计	男	女	小计	男	女	小计	男	女
总 计	**107**	**55**	**52**	**52**	**33**	**19**	**640**	**342**	**298**
3									
4									
5–9岁									
5									
6									
7									
8									
9									
10–14岁									
10									
11									
12									
13									
14									
15–19岁	**8**	**3**	**5**	**3**	**1**	**2**	**27**	**16**	**11**
15									
16									
17	1		1						
18	1	1		1	1		9	4	5
19	6	2	4	2		2	18	12	6
20–24岁	**34**	**16**	**18**	**20**	**13**	**7**	**178**	**70**	**108**
20	2	2		4	4		22	12	10
21	2	1	1	5	4	1	23	7	16
22	10	3	7	4	2	2	27	9	18
23	10	5	5	2	1	1	56	24	32
24	10	5	5	5	2	3	50	18	32
25–29岁	**25**	**13**	**12**	**10**	**8**	**2**	**184**	**95**	**89**
25	3	1	2	2	2		51	30	21
26	7	5	2	2	2		41	17	24
27	9	5	4	3	2	1	32	13	19
28	4	2	2	3	2	1	36	23	13
29	2		2				24	12	12
30–34岁	**22**	**10**	**12**	**13**	**8**	**5**	**118**	**73**	**45**
30	1	1		5	2	3	32	19	13
31	9	4	5				28	19	9
32	4	1	3	4	4		21	12	9
33	5	2	3	2	1	1	23	15	8
34	3	2	1	2	1	1	14	8	6
35–39岁	**4**	**3**	**1**	**3**	**1**	**2**	**39**	**22**	**17**
35	1		1	1		1	12	6	6
36	2	2					10	3	7
37	1	1		1		1	2	2	
38							10	9	1
39				1	1		5	2	3
40–44岁	**2**		**2**	**2**	**1**	**1**	**21**	**11**	**10**
40							6	3	3
41	1		1				4		4
42							2	2	
43				2	1	1	4	2	2
44	1		1				5	4	1
45–49岁	**6**	**5**	**1**				**22**	**15**	**7**
45	4	3	1				5	4	1
46							5	4	1
47	1	1					6	3	3
48							4	3	1
49	1	1					2	1	1
50岁及以上	**6**	**5**	**1**	**1**	**1**		**51**	**40**	**11**

3-2c 续表 10 单位：人

年 龄	大学本科								
	合 计			在 校			毕 业		
	合计	男	女	小计	男	女	小计	男	女
总 计	**18463**	**9232**	**9231**	**7011**	**3211**	**3800**	**11166**	**5861**	**5305**
3									
4									
5-9岁									
5									
6									
7									
8									
9									
10-14岁	**1**		**1**	**1**		**1**			
10									
11									
12									
13									
14	1		1	1		1			
15-19岁	**2841**	**1308**	**1533**	**2768**	**1267**	**1501**	**61**	**32**	**29**
15	26	10	16	26	10	16			
16	35	15	20	34	14	20	1	1	
17	183	86	97	179	84	95	3	2	1
18	1102	497	605	1076	485	591	20	8	12
19	1495	700	795	1453	674	779	37	21	16
20-24岁	**7129**	**3233**	**3896**	**4041**	**1856**	**2185**	**3006**	**1338**	**1668**
20	1420	653	767	1334	617	717	77	30	47
21	1374	606	768	1153	509	644	212	92	120
22	1615	725	890	953	442	511	654	278	376
23	1444	663	781	432	210	222	991	446	545
24	1276	586	690	169	78	91	1072	492	580
25-29岁	**4682**	**2262**	**2420**	**181**	**78**	**103**	**4384**	**2122**	**2262**
25	1279	563	716	101	46	55	1145	504	641
26	1039	477	562	43	17	26	978	452	526
27	992	476	516	24	8	16	941	452	489
28	714	382	332	9	4	5	683	364	319
29	658	364	294	4	3	1	637	350	287
30-34岁	**2223**	**1310**	**913**	**13**	**6**	**7**	**2170**	**1280**	**890**
30	663	362	301	5	4	1	649	354	295
31	449	263	186	1		1	439	255	184
32	387	229	158	1		1	379	225	154
33	391	239	152	3	1	2	379	235	144
34	333	217	116	3	1	2	324	211	113
35-39岁	**653**	**432**	**221**	**3**	**3**		**639**	**420**	**219**
35	171	106	65				168	105	63
36	103	68	35				101	66	35
37	149	106	43	2	2		146	103	43
38	136	89	47	1	1		133	86	47
39	94	63	31				91	60	31
40-44岁	**299**	**217**	**82**				**293**	**213**	**80**
40	77	59	18				75	58	17
41	63	42	21				62	41	21
42	52	36	16				52	36	16
43	53	36	17				51	35	16
44	54	44	10				53	43	10
45-49岁	**295**	**207**	**88**	**3**		**3**	**284**	**201**	**83**
45	71	47	24	2		2	67	46	21
46	72	51	21				69	48	21
47	54	38	16				52	37	15
48	54	37	17				53	36	17
49	44	34	10	1		1	43	34	9
50岁及以上	**340**	**263**	**77**	**1**	**1**		**329**	**255**	**74**

3－2c 续表 11　　单位：人

年 龄	大学本科								
	肄 业			辍 学			其 他		
	小计	男	女	小计	男	女	小计	男	女
总 计	**34**	**20**	**14**	**12**	**8**	**4**	**240**	**132**	**108**
3									
4									
5－9岁									
5									
6									
7									
8									
9									
10－14岁									
10									
11									
12									
13									
14									
15－19岁	**2**	**2**		**2**	**1**	**1**	**8**	**6**	**2**
15									
16									
17							1		1
18	2	2		1		1	3	2	1
19				1	1		4	4	
20－24岁	**11**	**6**	**5**	**3**	**3**		**68**	**30**	**38**
20	1	1					8	5	3
21	1	1					8	4	4
22	2		2	1	1		5	4	1
23	1	1					20	6	14
24	6	3	3	2	2		27	11	16
25－29岁	**11**	**6**	**5**	**3**		**3**	**103**	**56**	**47**
25	4		4	1		1	28	13	15
26				1		1	17	8	9
27	1	1		1		1	25	15	10
28	4	3	1				18	11	7
29	2	2					15	9	6
30－34岁	**6**	**3**	**3**	**2**	**2**		**32**	**19**	**13**
30	1		1				8	4	4
31	1	1					8	7	1
32	2	2					5	2	3
33	2		2	1	1		6	2	4
34				1	1		5	4	1
35－39岁	**1**	**1**					**10**	**8**	**2**
35							3	1	2
36	1	1					1	1	
37							1	1	
38							2	2	
39							3	3	
40－44岁				**1**	**1**		**5**	**3**	**2**
40							2	1	1
41							1	1	
42									
43				1	1		1		1
44							1	1	
45－49岁	**2**	**1**	**1**				**6**	**5**	**1**
45							2	1	1
46							3	3	
47	2	1	1						
48							1	1	
49									
50岁及以上	**1**	**1**		**1**	**1**		**8**	**5**	**3**

3-2c　续表 12　　单位：人

年　龄	硕士研究生								
	合　计			在　校			毕　业		
	合计	男	女	小计	男	女	小计	男	女
总　计	**809**	**365**	**444**	**488**	**212**	**276**	**308**	**147**	**161**
3									
4									
5-9岁									
5									
6									
7									
8									
9									
10-14岁									
10									
11									
12									
13									
14									
15-19岁	**2**	**1**	**1**	**2**	**1**	**1**			
15									
16									
17									
18	1	1		1	1				
19	1		1	1		1			
20-24岁	**348**	**141**	**207**	**326**	**133**	**193**	**18**	**6**	**12**
20	4	2	2	4	2	2			
21	17	9	8	17	9	8			
22	83	32	51	78	29	49	2	1	1
23	106	38	68	101	38	63	5		5
24	138	60	78	126	55	71	11	5	6
25-29岁	**309**	**143**	**166**	**151**	**72**	**79**	**153**	**68**	**85**
25	114	50	64	77	34	43	35	14	21
26	61	32	29	38	20	18	21	11	10
27	58	25	33	25	13	12	32	12	20
28	45	22	23	8	3	5	37	19	18
29	31	14	17	3	2	1	28	12	16
30-34岁	**89**	**36**	**53**	**8**	**5**	**3**	**79**	**31**	**48**
30	34	14	20	5	3	2	29	11	18
31	22	9	13	2	1	1	19	8	11
32	13	7	6	1	1		12	6	6
33	17	6	11				16	6	10
34	3		3				3		3
35-39岁	**23**	**17**	**6**	**1**	**1**		**22**	**16**	**6**
35	3	2	1				3	2	1
36	7	5	2				7	5	2
37	5	3	2				5	3	2
38	6	5	1	1	1		5	4	1
39	2	2					2	2	
40-44岁	**12**	**11**	**1**				**12**	**11**	**1**
40	4	4					4	4	
41									
42	3	3					3	3	
43	4	3	1				4	3	1
44	1	1					1	1	
45-49岁	**8**	**5**	**3**				**8**	**5**	**3**
45	1		1				1		1
46									
47	3	3					3	3	
48	4	2	2				4	2	2
49									
50岁及以上	**18**	**11**	**7**				**16**	**10**	**6**

3-2c 续表 13 单位：人

年龄	硕士研究生								
	肄业			辍学			其他		
	小计	男	女	小计	男	女	小计	男	女
总计							**13**	**6**	**7**
3									
4									
5-9岁									
5									
6									
7									
8									
9									
10-14岁									
10									
11									
12									
13									
14									
15-19岁									
15									
16									
17									
18									
19									
20-24岁							**4**	**2**	**2**
20									
21									
22							3	2	1
23									
24							1		1
25-29岁							**5**	**3**	**2**
25							2	2	
26							2	1	1
27							1		1
28									
29									
30-34岁							**2**		**2**
30									
31							1		1
32									
33							1		1
34									
35-39岁									
35									
36									
37									
38									
39									
40-44岁									
40									
41									
42									
43									
44									
45-49岁									
45									
46									
47									
48									
49									
50岁及以上							**2**	**1**	**1**

3-2c　续表 14

单位：人

年龄	博士研究生								
	合计			在校			毕业		
	合计	男	女	小计	男	女	小计	男	女
总　计	**74**	**40**	**34**	**43**	**23**	**20**	**31**	**17**	**14**
3									
4									
5-9岁									
5									
6									
7									
8									
9									
10-14岁									
10									
11									
12									
13									
14									
15-19岁									
15									
16									
17									
18									
19									
20-24岁	**11**	**5**	**6**	**10**	**5**	**5**	**1**		**1**
20									
21									
22	2		2	2		2			
23	3	3		3	3				
24	6	2	4	5	2	3	1		1
25-29岁	**43**	**20**	**23**	**32**	**17**	**15**	**11**	**3**	**8**
25	5	2	3	3	2	1	2		2
26	7	4	3	7	4	3			
27	14	6	8	9	4	5	5	2	3
28	7	3	4	6	3	3	1		1
29	10	5	5	7	4	3	3	1	2
30-34岁	**11**	**8**	**3**	**1**	**1**		**10**	**7**	**3**
30	3	2	1				3	2	1
31	3	1	2				3	1	2
32	3	3		1	1		2	2	
33	2	2					2	2	
34									
35-39岁	**3**	**3**					**3**	**3**	
35	1	1					1	1	
36	1	1					1	1	
37	1	1					1	1	
38									
39									
40-44岁	**1**	**1**					**1**	**1**	
40									
41	1	1					1	1	
42									
43									
44									
45-49岁	**2**	**1**	**1**				**2**	**1**	**1**
45									
46									
47	2	1	1				2	1	1
48									
49									
50岁及以上	**3**	**2**	**1**				**3**	**2**	**1**

3-2c　续表 15　　单位：人

年　龄	博士研究生								
	肄　业			辍　学			其　他		
	小计	男	女	小计	男	女	小计	男	女
总　计									
3									
4									
5-9岁									
5									
6									
7									
8									
9									
10-14岁									
10									
11									
12									
13									
14									
15-19岁									
15									
16									
17									
18									
19									
20-24岁									
20									
21									
22									
23									
24									
25-29岁									
25									
26									
27									
28									
29									
30-34岁									
30									
31									
32									
33									
34									
35-39岁									
35									
36									
37									
38									
39									
40-44岁									
40									
41									
42									
43									
44									
45-49岁									
45									
46									
47									
48									
49									
50岁及以上									

第二部分　长表数据资料

第四卷　就业

4-1　各地区分性别、年龄的就业人口

单位：人

地区 性别	合计	16-19岁	20-24岁	25-29岁	30-34岁	35-39岁	40-44岁
重　庆	**1526217**	**13532**	**97165**	**172664**	**208521**	**154536**	**134780**
市辖区	1216364	10528	78413	141794	176423	128816	108730
万州区	84144	551	4533	8015	9828	7079	8106
涪陵区	51324	223	2604	5159	5721	4010	4212
渝中区	31961	332	3504	5099	5217	4021	2701
大渡口区	20552	105	1306	2946	4008	2975	2136
江北区	46963	519	4268	7569	9101	6702	4547
沙坪坝区	64699	625	5315	9860	12295	9173	6406
九龙坡区	77399	495	5641	10696	14244	10877	7819
南岸区	53431	262	3768	7607	9884	8343	5801
北碚区	39129	1129	2976	4992	6054	4423	3621
綦江区	45399	361	2815	5095	5764	4020	4233
綦江区(不含万盛)	36677	313	2321	4133	4558	3127	3290
万盛经开区	8722	48	494	962	1206	893	943
大足区	33368	230	1508	3306	4505	3143	2692
渝北区	111852	856	8642	17396	21245	14824	10728
巴南区	52008	373	2804	6625	8878	6309	4944
黔江区	19072	131	1016	1843	2267	2189	1634
长寿区	42362	186	2044	3789	4282	3297	3690
江津区	61405	619	3248	5104	6984	4937	4290
合川区	74478	489	4725	6892	8628	5830	5550
永川区	54167	613	3045	4824	6628	5494	4197
南川区	24938	124	1355	2300	2474	1842	2032
璧山区	36228	508	2446	3716	4980	3473	3226
铜梁区	31012	217	1485	2934	3271	2495	2537
潼南区	36832	420	2195	3991	5202	3051	2970
荣昌区	30256	242	1454	2350	3965	3263	2660
开州区	43936	562	3142	5209	5980	3606	4175
梁平区	33011	252	1710	2973	3517	2238	2496
武隆区	16438	104	864	1504	1501	1202	1327
县	309853	3004	18752	30870	32098	25720	26050
城口县	7915	44	359	720	959	776	960
丰都县	27813	338	1677	2360	2278	2246	1864
垫江县	36829	294	1881	3070	3556	2553	2960
忠　县	44362	348	2163	3876	4313	3423	3527
云阳县	50687	548	3829	6469	5795	4100	4421
奉节县	32713	300	2090	3843	3744	2500	3185
巫山县	15502	107	720	1242	1699	1255	1709
巫溪县	11882	156	469	1117	1325	1067	1191
石柱县	16107	149	951	1511	1560	1454	1118
秀山县	16689	151	1101	1884	2199	1940	1339
酉阳县	21355	174	1075	1794	1948	1947	1695
彭水县	27999	395	2437	2984	2722	2459	2081

4-1 续表 1

单位：人

地区 性别	合计	16-19岁	20-24岁	25-29岁	30-34岁	35-39岁	40-44岁
男	**891118**	**8575**	**53919**	**97368**	**118828**	**86920**	**74485**
市辖区	711100	6720	43235	79409	100224	72232	60051
万州区	48233	336	2444	4408	5461	3817	4382
涪陵区	30694	149	1496	3094	3348	2277	2315
渝中区	17412	187	1594	2506	2793	2152	1492
大渡口区	11955	71	703	1591	2181	1694	1166
江北区	26741	352	2337	4068	4833	3629	2418
沙坪坝区	37679	386	2878	5374	6983	5111	3550
九龙坡区	44998	292	2974	5783	8029	6153	4392
南岸区	30145	145	1860	3982	5250	4494	3189
北碚区	23824	754	1774	2940	3532	2570	2050
綦江区	28057	242	1637	3064	3428	2397	2391
綦江区(不含万盛)	22749	210	1336	2512	2739	1875	1877
万盛经开区	5308	32	301	552	689	522	514
大足区	19689	148	920	2044	2687	1801	1492
渝北区	64093	550	4594	9335	11653	8224	5898
巴南区	31201	230	1541	3686	5003	3701	2871
黔江区	10917	87	564	1033	1251	1221	915
长寿区	23660	125	1095	2090	2369	1772	1963
江津区	36572	409	1934	2954	4140	2846	2390
合川区	44756	276	2698	4037	5194	3360	3056
永川区	31017	388	1674	2707	3737	3041	2281
南川区	14650	75	744	1316	1383	1017	1126
璧山区	22053	326	1494	2202	3031	2049	1838
铜梁区	17855	144	863	1689	1833	1339	1317
潼南区	22161	260	1268	2384	3255	1786	1667
荣昌区	17376	159	818	1363	2327	1792	1427
开州区	26744	380	1867	3145	3561	2063	2407
梁平区	18834	171	994	1722	2070	1257	1307
武隆区	9784	78	470	892	892	669	751
县	180018	1855	10684	17959	18604	14688	14434
城口县	4610	22	184	400	529	433	518
丰都县	16395	214	941	1347	1369	1284	1016
垫江县	20309	167	1041	1729	2057	1404	1573
忠　县	25121	219	1227	2217	2461	1965	1972
云阳县	30370	327	2234	3885	3444	2372	2502
奉节县	19490	181	1145	2381	2195	1399	1834
巫山县	9502	67	433	725	1048	771	1024
巫溪县	6984	98	243	627	745	593	653
石柱县	9145	85	549	840	868	799	579
秀山县	9804	107	639	1057	1264	1132	734
酉阳县	12285	116	621	1050	1086	1094	896
彭水县	16003	252	1427	1701	1538	1442	1133

4-1　续表 2　　　　单位：人

地区 性别	合计	16-19岁	20-24岁	25-29岁	30-34岁	35-39岁	40-44岁
女	**635099**	**4957**	**43246**	**75296**	**89693**	**67616**	**60295**
市辖区	505264	3808	35178	62385	76199	56584	48679
万州区	35911	215	2089	3607	4367	3262	3724
涪陵区	20630	74	1108	2065	2373	1733	1897
渝中区	14549	145	1910	2593	2424	1869	1209
大渡口区	8597	34	603	1355	1827	1281	970
江北区	20222	167	1931	3501	4268	3073	2129
沙坪坝区	27020	239	2437	4486	5312	4062	2856
九龙坡区	32401	203	2667	4913	6215	4724	3427
南岸区	23286	117	1908	3625	4634	3849	2612
北碚区	15305	375	1202	2052	2522	1853	1571
綦江区	17342	119	1178	2031	2336	1623	1842
綦江区(不含万盛)	13928	103	985	1621	1819	1252	1413
万盛经开区	3414	16	193	410	517	371	429
大足区	13679	82	588	1262	1818	1342	1200
渝北区	47759	306	4048	8061	9592	6600	4830
巴南区	20807	143	1263	2939	3875	2608	2073
黔江区	8155	44	452	810	1016	968	719
长寿区	18702	61	949	1699	1913	1525	1727
江津区	24833	210	1314	2150	2844	2091	1900
合川区	29722	213	2027	2855	3434	2470	2494
永川区	23150	225	1371	2117	2891	2453	1916
南川区	10288	49	611	984	1091	825	906
璧山区	14175	182	952	1514	1949	1424	1388
铜梁区	13157	73	622	1245	1438	1156	1220
潼南区	14671	160	927	1607	1947	1265	1303
荣昌区	12880	83	636	987	1638	1471	1233
开州区	17192	182	1275	2064	2419	1543	1768
梁平区	14177	81	716	1251	1447	981	1189
武隆区	6654	26	394	612	609	533	576
县	129835	1149	8068	12911	13494	11032	11616
城口县	3305	22	175	320	430	343	442
丰都县	11418	124	736	1013	909	962	848
垫江县	16520	127	840	1341	1499	1149	1387
忠　县	19241	129	936	1659	1852	1458	1555
云阳县	20317	221	1595	2584	2351	1728	1919
奉节县	13223	119	945	1462	1549	1101	1351
巫山县	6000	40	287	517	651	484	685
巫溪县	4898	58	226	490	580	474	538
石柱县	6962	64	402	671	692	655	539
秀山县	6885	44	462	827	935	808	605
酉阳县	9070	58	454	744	862	853	799
彭水县	11996	143	1010	1283	1184	1017	948

4-1 续表 3 单位：人

地区 性别	45-49岁	50-54岁	55-59岁	60-64岁	65-69岁	70-74岁	75岁及以上
重庆	**254401**	**208076**	**129800**	**49008**	**57452**	**28805**	**17477**
市辖区	202684	163424	99281	36232	39799	18848	11392
万州区	15389	12410	7937	3150	3726	2074	1346
涪陵区	10731	8443	4888	1144	1972	1274	943
渝中区	4257	3660	2372	462	267	55	14
大渡口区	3173	2264	1183	242	157	39	18
江北区	6568	4529	2503	371	220	53	13
沙坪坝区	8972	6616	3807	937	534	124	35
九龙坡区	11937	8707	4855	1141	722	198	67
南岸区	8319	5534	2984	518	323	61	27
北碚区	6413	4897	2841	772	666	242	103
綦江区	8936	6994	4223	1316	1102	364	176
綦江区(不含万盛)	7136	5697	3598	1158	928	287	131
万盛经开区	1800	1297	625	158	174	77	45
大足区	5621	4848	2755	1463	1897	895	505
渝北区	16396	12115	6741	1402	1019	332	156
巴南区	8050	6581	4028	1350	1241	494	331
黔江区	3351	2577	1571	710	1016	480	287
长寿区	7499	6229	4477	1850	2379	1423	1217
江津区	10549	9769	6397	3137	3663	1653	1055
合川区	12945	12166	7373	3570	3801	1617	892
永川区	9116	7887	4976	2538	2756	1263	830
南川区	5637	3901	2389	810	1192	591	291
璧山区	6015	5103	3160	1268	1314	629	390
铜梁区	5363	4875	2889	1437	1903	994	612
潼南区	5518	4684	3223	1919	2111	984	564
荣昌区	5098	4649	2629	1397	1475	715	359
开州区	7407	6081	3700	1377	1598	740	359
梁平区	6030	5206	3743	1367	1928	1062	489
武隆区	3394	2699	1637	584	817	492	313
县	51717	44652	30519	12776	17653	9957	6085
城口县	1320	1068	679	383	359	214	74
丰都县	5132	4385	3167	1125	1632	955	654
垫江县	6084	5334	3985	1642	2637	1680	1153
忠县	6993	6325	4819	2294	3048	1841	1392
云阳县	8276	7030	4494	1717	2169	1176	663
奉节县	5544	4750	2982	1223	1512	686	354
巫山县	2858	2301	1463	664	895	399	190
巫溪县	1904	1680	1187	595	681	347	163
石柱县	2685	2350	1803	662	1014	499	351
秀山县	2571	2370	1598	449	620	321	146
酉阳县	3457	3089	2039	974	1646	1022	495
彭水县	4893	3970	2303	1048	1440	817	450

4-1　续表 4

单位：人

地　区 性　别	45-49岁	50-54岁	55-59岁	60-64岁	65-69岁	70-74岁	75岁及以　上
男	**143800**	**129114**	**86317**	**30802**	**33493**	**17114**	**10383**
市辖区	114695	102510	67354	23065	23414	11356	6835
万州区	8519	7658	5157	1946	2137	1186	782
涪陵区	6296	5333	3259	750	1111	714	552
渝中区	2233	2219	1687	315	186	40	8
大渡口区	1821	1519	890	171	108	28	12
江北区	3659	3049	1964	255	134	35	8
沙坪坝区	5078	4345	2813	679	364	98	20
九龙坡区	6676	5692	3532	819	462	143	51
南岸区	4665	3639	2285	348	228	43	17
北碚区	3717	3248	2067	544	407	152	69
綦江区	5408	4589	2983	876	699	228	115
綦江区(不含万盛)	4333	3700	2525	769	596	191	86
万盛经开区	1075	889	458	107	103	37	29
大足区	3175	2953	1717	845	1060	532	315
渝北区	9189	7748	4955	965	669	221	92
巴南区	4663	4382	2925	913	780	314	192
黔江区	1857	1530	974	428	601	293	163
长寿区	4144	3658	2706	1053	1271	768	646
江津区	5937	5951	4127	1974	2132	1101	677
合川区	7454	7529	4889	2326	2315	1057	565
永川区	5080	4694	3152	1498	1518	759	488
南川区	3210	2469	1571	506	710	348	175
璧山区	3470	3232	2113	842	801	389	266
铜梁区	2874	2951	1910	885	1089	580	381
潼南区	3176	2822	2112	1237	1274	599	321
荣昌区	2828	2738	1633	812	842	413	224
开州区	4341	3865	2511	910	1003	466	225
梁平区	3268	3038	2331	795	1050	558	273
武隆区	1957	1659	1091	373	463	291	198
县	29105	26604	18963	7737	10079	5758	3548
城口县	775	675	447	221	217	136	53
丰都县	2933	2664	2045	708	938	557	379
垫江县	3222	2925	2313	965	1396	898	619
忠　县	3818	3647	2911	1333	1670	953	728
云阳县	4705	4415	2978	1107	1271	707	423
奉节县	3233	2872	1864	772	940	443	231
巫山县	1688	1440	933	420	541	267	145
巫溪县	1108	1061	755	356	422	213	110
石柱县	1492	1372	1126	400	547	287	201
秀山县	1502	1422	1013	271	371	205	87
酉阳县	1912	1843	1230	571	951	620	295
彭水县	2717	2268	1348	613	815	472	277

4－1　续表 5　　　　　　　　　　　　　　　　　　　　　　单位：人

地　区 性　别	45－49岁	50－54岁	55－59岁	60－64岁	65－69岁	70－74岁	75岁及以　上
女	**110601**	**78962**	**43483**	**18206**	**23959**	**11691**	**7094**
市辖区	87989	60914	31927	13167	16385	7492	4557
万州区	6870	4752	2780	1204	1589	888	564
涪陵区	4435	3110	1629	394	861	560	391
渝中区	2024	1441	685	147	81	15	6
大渡口区	1352	745	293	71	49	11	6
江北区	2909	1480	539	116	86	18	5
沙坪坝区	3894	2271	994	258	170	26	15
九龙坡区	5261	3015	1323	322	260	55	16
南岸区	3654	1895	699	170	95	18	10
北碚区	2696	1649	774	228	259	90	34
綦江区	3528	2405	1240	440	403	136	61
綦江区(不含万盛)	2803	1997	1073	389	332	96	45
万盛经开区	725	408	167	51	71	40	16
大足区	2446	1895	1038	618	837	363	190
渝北区	7207	4367	1786	437	350	111	64
巴南区	3387	2199	1103	437	461	180	139
黔江区	1494	1047	597	282	415	187	124
长寿区	3355	2571	1771	797	1108	655	571
江津区	4612	3818	2270	1163	1531	552	378
合川区	5491	4637	2484	1244	1486	560	327
永川区	4036	3193	1824	1040	1238	504	342
南川区	2427	1432	818	304	482	243	116
璧山区	2545	1871	1047	426	513	240	124
铜梁区	2489	1924	979	552	814	414	231
潼南区	2342	1862	1111	682	837	385	243
荣昌区	2270	1911	996	585	633	302	135
开州区	3066	2216	1189	467	595	274	134
梁平区	2762	2168	1412	572	878	504	216
武隆区	1437	1040	546	211	354	201	115
县	22612	18048	11556	5039	7574	4199	2537
城口县	545	393	232	162	142	78	21
丰都县	2199	1721	1122	417	694	398	275
垫江县	2862	2409	1672	677	1241	782	534
忠　县	3175	2678	1908	961	1378	888	664
云阳县	3571	2615	1516	610	898	469	240
奉节县	2311	1878	1118	451	572	243	123
巫山县	1170	861	530	244	354	132	45
巫溪县	796	619	432	239	259	134	53
石柱县	1193	978	677	262	467	212	150
秀山县	1069	948	585	178	249	116	59
酉阳县	1545	1246	809	403	695	402	200
彭水县	2176	1702	955	435	625	345	173

4-1a　各地区分性别、年龄的就业人口(城市)

单位：人

地区 性别	合计	16-19岁	20-24岁	25-29岁	30-34岁	35-39岁	40-44岁
重　庆	**748664**	**6299**	**53686**	**103700**	**132268**	**98069**	**76421**
市辖区	748664	6299	53686	103700	132268	98069	76421
万州区	41137	188	2260	4713	6175	4609	4936
涪陵区	28992	110	1778	3498	4151	2955	2896
渝中区	31961	332	3504	5099	5217	4021	2701
大渡口区	19913	100	1260	2907	3913	2919	2073
江北区	42634	366	3720	6775	8405	6286	4211
沙坪坝区	61226	608	5134	9539	11874	8855	6107
九龙坡区	60540	352	4735	9022	11803	9015	6198
南岸区	51882	256	3705	7467	9715	8195	5671
北碚区	31784	1088	2716	4541	5306	3891	3044
綦江区	17632	100	1033	2255	2750	1917	1912
綦江区(不含万盛)	14746	75	836	1875	2327	1600	1589
万盛经开区	2886	25	197	380	423	317	323
大足区	11647	43	604	1423	1998	1434	1270
渝北区	95812	644	7324	15167	19057	13464	9585
巴南区	38688	279	2241	5545	7469	5303	3919
黔江区	9919	70	685	1317	1599	1482	1036
长寿区	22101	75	1210	2410	3043	2319	2378
江津区	23144	284	1522	2729	3925	2658	2072
合川区	24739	109	1579	2897	3833	2744	2276
永川区	28327	381	1990	3330	4605	3738	2704
南川区	11279	34	648	1298	1524	1112	1119
璧山区	23704	393	1840	2944	3939	2710	2430
铜梁区	16079	141	995	2040	2320	1773	1678
潼南区	12829	104	833	1788	2475	1515	1427
荣昌区	13634	71	710	1315	2331	1893	1480
开州区	14900	112	936	1970	2656	1738	1762
梁平区	9532	40	460	1097	1466	1021	1018
武隆区	4629	19	264	614	719	502	518
县							
城口县							
丰都县							
垫江县							
忠　县							
云阳县							
奉节县							
巫山县							
巫溪县							
石柱县							
秀山县							
酉阳县							
彭水县							

4-1a 续表 1

单位：人

地区 性别	合计	16-19岁	20-24岁	25-29岁	30-34岁	35-39岁	40-44岁
男	**430526**	**3902**	**28273**	**55676**	**72644**	**53704**	**41481**
市辖区	430526	3902	28273	55676	72644	53704	41481
万州区	23484	97	1157	2500	3314	2389	2564
涪陵区	17289	71	1006	2017	2335	1606	1546
渝中区	17412	187	1594	2506	2793	2152	1492
大渡口区	11539	67	669	1564	2123	1658	1133
江北区	23718	211	1901	3504	4366	3353	2219
沙坪坝区	35445	376	2746	5152	6710	4917	3388
九龙坡区	34605	198	2409	4790	6553	5025	3470
南岸区	29177	141	1823	3900	5138	4413	3109
北碚区	19155	724	1609	2649	3072	2236	1686
綦江区	10447	68	553	1241	1495	1079	1006
綦江区(不含万盛)	8734	50	439	1040	1271	892	830
万盛经开区	1713	18	114	201	224	187	176
大足区	6788	26	344	817	1114	772	678
渝北区	54062	406	3793	7898	10275	7402	5251
巴南区	22968	170	1215	3029	4175	3077	2243
黔江区	5690	44	361	701	875	807	575
长寿区	12672	47	625	1325	1677	1209	1238
江津区	13667	187	885	1482	2246	1511	1132
合川区	14445	44	818	1598	2129	1497	1198
永川区	15821	250	1057	1761	2440	1968	1424
南川区	6491	18	342	704	790	566	608
璧山区	14321	254	1113	1688	2346	1585	1360
铜梁区	9159	94	568	1144	1267	918	835
潼南区	7753	59	453	1022	1487	848	795
荣昌区	7691	46	379	713	1273	991	777
开州区	8765	79	495	1071	1502	937	978
梁平区	5264	23	230	561	768	534	501
武隆区	2698	15	128	339	381	254	275
县							
城口县							
丰都县							
垫江县							
忠　县							
云阳县							
奉节县							
巫山县							
巫溪县							
石柱县							
秀山县							
酉阳县							
彭水县							

4-1a　续表 2

单位：人

地　区 性　别	合计	16-19岁	20-24岁	25-29岁	30-34岁	35-39岁	40-44岁
女	**318138**	**2397**	**25413**	**48024**	**59624**	**44365**	**34940**
市辖区	318138	2397	25413	48024	59624	44365	34940
万州区	17653	91	1103	2213	2861	2220	2372
涪陵区	11703	39	772	1481	1816	1349	1350
渝中区	14549	145	1910	2593	2424	1869	1209
大渡口区	8374	33	591	1343	1790	1261	940
江北区	18916	155	1819	3271	4039	2933	1992
沙坪坝区	25781	232	2388	4387	5164	3938	2719
九龙坡区	25935	154	2326	4232	5250	3990	2728
南岸区	22705	115	1882	3567	4577	3782	2562
北碚区	12629	364	1107	1892	2234	1655	1358
綦江区	7185	32	480	1014	1255	838	906
綦江区(不含万盛)	6012	25	397	835	1056	708	759
万盛经开区	1173	7	83	179	199	130	147
大足区	4859	17	260	606	884	662	592
渝北区	41750	238	3531	7269	8782	6062	4334
巴南区	15720	109	1026	2516	3294	2226	1676
黔江区	4229	26	324	616	724	675	461
长寿区	9429	28	585	1085	1366	1110	1140
江津区	9477	97	637	1247	1679	1147	940
合川区	10294	65	761	1299	1704	1247	1078
永川区	12506	131	933	1569	2165	1770	1280
南川区	4788	16	306	594	734	546	511
璧山区	9383	139	727	1256	1593	1125	1070
铜梁区	6920	47	427	896	1053	855	843
潼南区	5076	45	380	766	988	667	632
荣昌区	5943	25	331	602	1058	902	703
开州区	6135	33	441	899	1154	801	784
梁平区	4268	17	230	536	698	487	517
武隆区	1931	4	136	275	338	248	243
县							
城口县							
丰都县							
垫江县							
忠　县							
云阳县							
奉节县							
巫山县							
巫溪县							
石柱县							
秀山县							
酉阳县							
彭水县							

4–1a 续表 3

单位：人

地区 性别	45–49岁	50–54岁	55–59岁	60–64岁	65–69岁	70–74岁	75岁及以上
重　庆	**125474**	**89133**	**47343**	**8969**	**5372**	**1335**	**595**
市辖区	125474	89133	47343	8969	5372	1335	595
万州区	8438	5817	3040	525	318	76	42
涪陵区	6481	4394	2091	280	228	75	55
渝中区	4257	3660	2372	462	267	55	14
大渡口区	3087	2160	1116	213	132	24	9
江北区	6018	4047	2284	316	162	36	8
沙坪坝区	8428	6050	3403	773	374	64	17
九龙坡区	8947	6158	3322	625	301	46	16
南岸区	8046	5282	2787	442	255	47	14
北碚区	5068	3604	1896	358	200	49	23
綦江区	3599	2479	1275	191	101	14	6
綦江区(不含万盛)	2984	2075	1106	172	90	11	6
万盛经开区	615	404	169	19	11	3	
大足区	2204	1565	733	162	123	56	32
渝北区	13901	9924	5332	874	451	67	22
巴南区	6180	4559	2350	513	255	53	22
黔江区	1873	1160	531	79	55	20	12
长寿区	4668	3348	1874	341	277	104	54
江津区	4205	3193	1803	415	226	79	33
合川区	4655	3703	1953	548	328	86	28
永川区	4988	3669	1946	476	342	100	58
南川区	2826	1649	845	107	72	28	17
璧山区	4169	3061	1604	347	204	46	17
铜梁区	3191	2352	1170	234	136	40	9
潼南区	2102	1448	771	190	142	22	12
荣昌区	2610	2022	805	183	143	50	21
开州区	2651	1839	867	158	135	47	29
梁平区	1894	1397	843	114	127	38	17
武隆区	988	593	330	43	18	13	8
县							
城口县							
丰都县							
垫江县							
忠　县							
云阳县							
奉节县							
巫山县							
巫溪县							
石柱县							
秀山县							
酉阳县							
彭水县							

4-1a 续表 4

单位：人

地区 性别	45-49岁	50-54岁	55-59岁	60-64岁	65-69岁	70-74岁	75岁及以上
男	**70075**	**58177**	**35412**	**6348**	**3602**	**880**	**352**
市辖区	70075	58177	35412	6348	3602	880	352
万州区	4617	3865	2309	376	214	59	23
涪陵区	3765	2938	1564	217	145	52	27
渝中区	2233	2219	1687	315	186	40	8
大渡口区	1770	1444	845	150	92	17	7
江北区	3321	2703	1792	217	105	22	4
沙坪坝区	4746	4006	2534	554	263	45	8
九龙坡区	4955	4014	2492	452	201	34	12
南岸区	4504	3476	2151	298	183	33	8
北碚区	2911	2394	1442	255	136	27	14
綦江区	2078	1695	993	146	78	10	5
綦江区(不含万盛)	1728	1407	861	133	70	8	5
万盛经开区	350	288	132	13	8	2	
大足区	1238	1020	546	107	74	32	20
渝北区	7701	6338	3985	626	320	52	15
巴南区	3539	3104	1820	369	179	35	13
黔江区	1047	759	399	60	42	14	6
长寿区	2624	2149	1312	218	163	56	29
江津区	2339	2058	1317	295	148	51	16
合川区	2593	2416	1461	397	207	65	22
永川区	2683	2239	1391	301	209	61	37
南川区	1579	1090	639	73	55	19	8
璧山区	2381	1995	1146	264	144	31	14
铜梁区	1658	1505	876	173	92	23	6
潼南区	1253	973	600	142	99	13	9
荣昌区	1437	1256	576	125	78	29	11
开州区	1535	1238	670	114	97	31	18
梁平区	995	864	611	73	79	18	7
武隆区	573	419	254	31	13	11	5
县							
城口县							
丰都县							
垫江县							
忠　县							
云阳县							
奉节县							
巫山县							
巫溪县							
石柱县							
秀山县							
酉阳县							
彭水县							

4-1a 续表 5

单位：人

地区 性别	45-49岁	50-54岁	55-59岁	60-64岁	65-69岁	70-74岁	75岁及以上
女	**55399**	**30956**	**11931**	**2621**	**1770**	**455**	**243**
市辖区	55399	30956	11931	2621	1770	455	243
万州区	3821	1952	731	149	104	17	19
涪陵区	2716	1456	527	63	83	23	28
渝中区	2024	1441	685	147	81	15	6
大渡口区	1317	716	271	63	40	7	2
江北区	2697	1344	492	99	57	14	4
沙坪坝区	3682	2044	869	219	111	19	9
九龙坡区	3992	2144	830	173	100	12	4
南岸区	3542	1806	636	144	72	14	6
北碚区	2157	1210	454	103	64	22	9
綦江区	1521	784	282	45	23	4	1
綦江区(不含万盛)	1256	668	245	39	20	3	1
万盛经开区	265	116	37	6	3	1	
大足区	966	545	187	55	49	24	12
渝北区	6200	3586	1347	248	131	15	7
巴南区	2641	1455	530	144	76	18	9
黔江区	826	401	132	19	13	6	6
长寿区	2044	1199	562	123	114	48	25
江津区	1866	1135	486	120	78	28	17
合川区	2062	1287	492	151	121	21	6
永川区	2305	1430	555	175	133	39	21
南川区	1247	559	206	34	17	9	9
璧山区	1788	1066	458	83	60	15	3
铜梁区	1533	847	294	61	44	17	3
潼南区	849	475	171	48	43	9	3
荣昌区	1173	766	229	58	65	21	10
开州区	1116	601	197	44	38	16	11
梁平区	899	533	232	41	48	20	10
武隆区	415	174	76	12	5	2	3
县							
城口县							
丰都县							
垫江县							
忠　县							
云阳县							
奉节县							
巫山县							
巫溪县							
石柱县							
秀山县							
酉阳县							
彭水县							

4-1b 各地区分性别、年龄的就业人口(镇)

单位：人

地区 性别	合计	16-19岁	20-24岁	25-29岁	30-34岁	35-39岁	40-44岁
重　庆	**266287**	**2291**	**16209**	**29188**	**34377**	**26053**	**25524**
市辖区	123890	1111	6976	11950	15020	10559	10602
万州区	8548	43	501	738	959	611	806
涪陵区	3857	11	146	378	351	252	287
渝中区							
大渡口区	105	1	18	5	16	12	12
江北区	3960	151	539	764	663	383	300
沙坪坝区	1002	3	38	90	147	120	113
九龙坡区	11864	106	694	1292	1829	1419	1191
南岸区	342	1	20	46	50	27	32
北碚区	2182	16	100	172	293	222	225
綦江区	10833	74	601	1070	1398	1012	1119
綦江区(不含万盛)	6851	61	394	629	765	570	645
万盛经开区	3982	13	207	441	633	442	474
大足区	8036	116	405	863	1205	803	615
渝北区	3953	46	222	391	484	374	366
巴南区	5122	54	346	646	821	499	483
黔江区	1387	4	58	108	141	125	107
长寿区	3067	21	120	225	226	160	264
江津区	11151	92	518	804	1128	843	767
合川区	11829	80	722	1035	1260	890	901
永川区	6487	39	302	441	598	553	490
南川区	3820	23	197	301	271	220	260
璧山区	1225	12	50	69	126	92	109
铜梁区	2099	9	80	152	183	162	170
潼南区	7235	68	412	779	985	538	541
荣昌区	2491	22	126	190	268	273	256
开州区	5308	61	341	635	792	422	488
梁平区	5509	42	315	530	620	321	473
武隆区	2478	16	105	226	206	226	227
县	142397	1180	9233	17238	19357	15494	14922
城口县	3376	15	177	412	563	421	488
丰都县	11825	90	702	1234	1332	1340	1063
垫江县	17262	120	983	1721	2237	1728	1864
忠　县	15529	72	723	1530	1953	1609	1731
云阳县	24414	210	1723	3430	3333	2436	2511
奉节县	16975	132	1193	2369	2476	1653	1981
巫山县	6805	40	351	761	1049	772	949
巫溪县	5093	115	229	656	799	659	629
石柱县	8502	69	528	967	1075	1008	753
秀山县	8688	49	550	1127	1461	1195	793
酉阳县	8976	55	518	1027	1187	1066	885
彭水县	14952	213	1556	2004	1892	1607	1275

4−1b 续表 1

单位：人

地区 性别	合计	16−19岁	20−24岁	25−29岁	30−34岁	35−39岁	40−44岁
男	**155438**	**1478**	**8987**	**16340**	**19411**	**14628**	**13841**
市辖区	73875	778	4100	6973	8802	6143	5838
万州区	4836	32	260	403	525	338	438
涪陵区	2352	8	84	230	204	148	162
渝中区							
大渡口区	73	1	14	4	10	9	5
江北区	2763	139	430	544	445	252	173
沙坪坝区	613		23	58	80	72	56
九龙坡区	7138	71	408	728	1068	831	644
南岸区	212		8	27	33	15	21
北碚区	1339	8	64	98	166	124	135
綦江区	6754	53	336	638	824	596	663
綦江区(不含万盛)	4305	45	213	380	459	350	405
万盛经开区	2449	8	123	258	365	246	258
大足区	4827	75	251	537	716	484	345
渝北区	2437	41	119	230	292	214	199
巴南区	3150	34	207	374	474	303	284
黔江区	780	3	34	58	75	65	66
长寿区	1580	14	67	115	113	95	129
江津区	6516	59	279	450	634	466	420
合川区	7181	51	412	587	775	535	497
永川区	3830	25	175	256	364	332	258
南川区	2277	11	108	185	164	131	153
璧山区	725	7	26	42	77	52	55
铜梁区	1161	5	44	81	94	82	76
潼南区	4159	45	242	432	575	311	292
荣昌区	1402	15	72	101	161	149	131
开州区	3164	39	198	380	444	236	259
梁平区	3159	32	185	304	374	184	247
武隆区	1447	10	54	111	115	119	130
县	81563	700	4887	9367	10609	8485	8003
城口县	1902	6	81	217	302	218	253
丰都县	7029	56	385	670	745	736	581
垫江县	9482	69	512	900	1207	909	967
忠　县	8596	42	365	804	1022	855	908
云阳县	14345	127	952	1942	1854	1339	1369
奉节县	10046	79	625	1402	1388	906	1119
巫山县	4136	24	197	415	621	473	543
巫溪县	2924	68	104	341	431	364	336
石柱县	4715	35	276	479	568	525	382
秀山县	4952	32	302	599	811	670	414
酉阳县	5151	41	273	558	636	570	456
彭水县	8285	121	815	1040	1024	920	675

4-1b　续表 2　　　　单位：人

地区 性别	合计	16-19岁	20-24岁	25-29岁	30-34岁	35-39岁	40-44岁
女	**110849**	**813**	**7222**	**12848**	**14966**	**11425**	**11683**
市辖区	50015	333	2876	4977	6218	4416	4764
万州区	3712	11	241	335	434	273	368
涪陵区	1505	3	62	148	147	104	125
渝中区							
大渡口区	32		4	1	6	3	7
江北区	1197	12	109	220	218	131	127
沙坪坝区	389	3	15	32	67	48	57
九龙坡区	4726	35	286	564	761	588	547
南岸区	130	1	12	19	17	12	11
北碚区	843	8	36	74	127	98	90
綦江区	4079	21	265	432	574	416	456
綦江区(不含万盛)	2546	16	181	249	306	220	240
万盛经开区	1533	5	84	183	268	196	216
大足区	3209	41	154	326	489	319	270
渝北区	1516	5	103	161	192	160	167
巴南区	1972	20	139	272	347	196	199
黔江区	607	1	24	50	66	60	41
长寿区	1487	7	53	110	113	65	135
江津区	4635	33	239	354	494	377	347
合川区	4648	29	310	448	485	355	404
永川区	2657	14	127	185	234	221	232
南川区	1543	12	89	116	107	89	107
璧山区	500	5	24	27	49	40	54
铜梁区	938	4	36	71	89	80	94
潼南区	3076	23	170	347	410	227	249
荣昌区	1089	7	54	89	107	124	125
开州区	2144	22	143	255	348	186	229
梁平区	2350	10	130	226	246	137	226
武隆区	1031	6	51	115	91	107	97
县	60834	480	4346	7871	8748	7009	6919
城口县	1474	9	96	195	261	203	235
丰都县	4796	34	317	564	587	604	482
垫江县	7780	51	471	821	1030	819	897
忠　县	6933	30	358	726	931	754	823
云阳县	10069	83	771	1488	1479	1097	1142
奉节县	6929	53	568	967	1088	747	862
巫山县	2669	16	154	346	428	299	406
巫溪县	2169	47	125	315	368	295	293
石柱县	3787	34	252	488	507	483	371
秀山县	3736	17	248	528	650	525	379
酉阳县	3825	14	245	469	551	496	429
彭水县	6667	92	741	964	868	687	600

4-1b 续表 3

单位：人

地　区 性　别	45-49岁	50-54岁	55-59岁	60-64岁	65-69岁	70-74岁	75岁及以上
重　庆	**50244**	**39923**	**23598**	**7066**	**7152**	**2991**	**1671**
市辖区	23801	20255	12180	4323	4322	1796	995
万州区	1698	1446	936	298	304	131	77
涪陵区	861	734	454	84	130	94	75
渝中区							
大渡口区	13	14	9	3	1	1	
江北区	486	418	180	37	34	3	2
沙坪坝区	160	167	102	26	21	13	2
九龙坡区	2200	1731	921	251	160	49	21
南岸区	64	51	40	6	4	1	
北碚区	444	383	222	56	32	11	6
綦江区	2453	1718	877	246	204	42	19
綦江区(不含万盛)	1581	1150	631	210	169	34	12
万盛经开区	872	568	246	36	35	8	7
大足区	1496	1215	658	253	251	102	54
渝北区	830	676	375	94	72	18	5
巴南区	805	719	480	136	84	28	21
黔江区	219	215	174	73	101	39	23
长寿区	583	559	387	187	189	87	59
江津区	2110	2041	1251	567	639	254	137
合川区	2229	2132	1242	506	493	207	132
永川区	1264	1145	695	344	326	175	115
南川区	826	682	416	160	268	141	55
璧山区	268	255	148	40	32	15	9
铜梁区	405	430	253	99	99	32	25
潼南区	1194	1042	785	381	346	120	44
荣昌区	412	409	241	112	108	47	27
开州区	1016	772	477	124	110	42	28
梁平区	1152	887	581	186	244	115	43
武隆区	613	414	276	54	70	29	16
县	26443	19668	11418	2743	2830	1195	676
城口县	612	372	194	59	38	19	6
丰都县	2476	1853	1114	222	249	92	58
垫江县	3356	2463	1648	377	432	205	128
忠　县	2976	2277	1488	401	441	211	117
云阳县	4318	3396	1888	477	437	160	95
奉节县	3070	2247	1203	276	237	85	53
巫山县	1413	886	424	81	58	14	7
巫溪县	854	618	322	95	74	30	13
石柱县	1604	1193	795	191	197	61	61
秀山县	1406	1141	678	107	112	42	27
酉阳县	1642	1250	652	203	290	144	57
彭水县	2716	1972	1012	254	265	132	54

4-1b　续表 4

单位：人

地　区 性　别	45-49岁	50-54岁	55-59岁	60-64岁	65-69岁	70-74岁	75岁及以　上
男	**28395**	**24857**	**15887**	**4591**	**4246**	**1776**	**1001**
市辖区	13620	12542	8055	2777	2550	1091	606
万州区	944	839	578	180	173	81	45
涪陵区	506	477	294	61	84	50	44
渝中区							
大渡口区	8	10	8	2	1	1	
江北区	292	298	140	27	19	3	1
沙坪坝区	94	106	76	23	13	11	1
九龙坡区	1263	1134	655	181	108	33	14
南岸区	33	34	31	5	4	1	
北碚区	252	247	164	44	28	6	3
綦江区	1553	1149	621	160	121	27	13
綦江区(不含万盛)	1011	748	429	133	101	23	8
万盛经开区	542	401	192	27	20	4	5
大足区	850	738	427	164	149	62	29
渝北区	489	448	282	61	49	12	1
巴南区	469	478	347	94	58	13	15
黔江区	115	126	96	50	55	23	14
长寿区	286	280	204	111	91	44	31
江津区	1180	1235	813	361	360	167	92
合川区	1301	1340	833	330	311	131	78
永川区	740	696	429	207	168	103	77
南川区	479	424	262	90	155	77	38
璧山区	147	158	102	24	22	8	5
铜梁区	209	247	170	62	56	20	15
潼南区	634	588	483	249	208	80	20
荣昌区	223	233	150	66	61	25	15
开州区	582	483	337	85	75	27	19
梁平区	617	517	369	103	134	68	25
武隆区	354	257	184	37	47	18	11
县	14775	12315	7832	1814	1696	685	395
城口县	363	237	147	40	25	8	5
丰都县	1409	1216	827	161	154	56	33
垫江县	1785	1427	1045	229	252	110	70
忠　县	1585	1383	982	239	246	104	61
云阳县	2419	2212	1371	327	271	100	62
奉节县	1808	1442	826	203	154	61	33
巫山县	826	596	324	64	37	11	5
巫溪县	509	398	239	57	50	16	11
石柱县	875	735	542	124	107	35	32
秀山县	802	679	450	81	76	20	16
酉阳县	919	828	435	129	182	90	34
彭水县	1475	1162	644	160	142	74	33

4-1b 续表 5

单位：人

地区 性别	45-49岁	50-54岁	55-59岁	60-64岁	65-69岁	70-74岁	75岁及以上
女	**21849**	**15066**	**7711**	**2475**	**2906**	**1215**	**670**
市辖区	10181	7713	4125	1546	1772	705	389
万州区	754	607	358	118	131	50	32
涪陵区	355	257	160	23	46	44	31
渝中区							
大渡口区	5	4	1	1			
江北区	194	120	40	10	15		1
沙坪坝区	66	61	26	3	8	2	1
九龙坡区	937	597	266	70	52	16	7
南岸区	31	17	9	1			
北碚区	192	136	58	12	4	5	3
綦江区	900	569	256	86	83	15	6
綦江区(不含万盛)	570	402	202	77	68	11	4
万盛经开区	330	167	54	9	15	4	2
大足区	646	477	231	89	102	40	25
渝北区	341	228	93	33	23	6	4
巴南区	336	241	133	42	26	15	6
黔江区	104	89	78	23	46	16	9
长寿区	297	279	183	76	98	43	28
江津区	930	806	438	206	279	87	45
合川区	928	792	409	176	182	76	54
永川区	524	449	266	137	158	72	38
南川区	347	258	154	70	113	64	17
璧山区	121	97	46	16	10	7	4
铜梁区	196	183	83	37	43	12	10
潼南区	560	454	302	132	138	40	24
荣昌区	189	176	91	46	47	22	12
开州区	434	289	140	39	35	15	9
梁平区	535	370	212	83	110	47	18
武隆区	259	157	92	17	23	11	5
县	11668	7353	3586	929	1134	510	281
城口县	249	135	47	19	13	11	1
丰都县	1067	637	287	61	95	36	25
垫江县	1571	1036	603	148	180	95	58
忠　县	1391	894	506	162	195	107	56
云阳县	1899	1184	517	150	166	60	33
奉节县	1262	805	377	73	83	24	20
巫山县	587	290	100	17	21	3	2
巫溪县	345	220	83	38	24	14	2
石柱县	729	458	253	67	90	26	29
秀山县	604	462	228	26	36	22	11
酉阳县	723	422	217	74	108	54	23
彭水县	1241	810	368	94	123	58	21

4-1c 各地区分性别、年龄的就业人口(乡村)

单位：人

地区 性别	合计	16-19岁	20-24岁	25-29岁	30-34岁	35-39岁	40-44岁
重 庆	**511266**	**4942**	**27270**	**39776**	**41876**	**30414**	**32835**
市辖区	343810	3118	17751	26144	29135	20188	21707
万州区	34459	320	1772	2564	2694	1859	2364
涪陵区	18475	102	680	1283	1219	803	1029
渝中区							
大渡口区	534	4	28	34	79	44	51
江北区	369	2	9	30	33	33	36
沙坪坝区	2471	14	143	231	274	198	186
九龙坡区	4995	37	212	382	612	443	430
南岸区	1207	5	43	94	119	121	98
北碚区	5163	25	160	279	455	310	352
綦江区	16934	187	1181	1770	1616	1091	1202
綦江区(不含万盛)	15080	177	1091	1629	1466	957	1056
万盛经开区	1854	10	90	141	150	134	146
大足区	13685	71	499	1020	1302	906	807
渝北区	12087	166	1096	1838	1704	986	777
巴南区	8198	40	217	434	588	507	542
黔江区	7766	57	273	418	527	582	491
长寿区	17194	90	714	1154	1013	818	1048
江津区	27110	243	1208	1571	1931	1436	1451
合川区	37910	300	2424	2960	3535	2196	2373
永川区	19353	193	753	1053	1425	1203	1003
南川区	9839	67	510	701	679	510	653
璧山区	11299	103	556	703	915	671	687
铜梁区	12834	67	410	742	768	560	689
潼南区	16768	248	950	1424	1742	998	1002
荣昌区	14131	149	618	845	1366	1097	924
开州区	23728	389	1865	2604	2532	1446	1925
梁平区	17970	170	935	1346	1431	896	1005
武隆区	9331	69	495	664	576	474	582
县	167456	1824	9519	13632	12741	10226	11128
城口县	4539	29	182	308	396	355	472
丰都县	15988	248	975	1126	946	906	801
垫江县	19567	174	898	1349	1319	825	1096
忠 县	28833	276	1440	2346	2360	1814	1796
云阳县	26273	338	2106	3039	2462	1664	1910
奉节县	15738	168	897	1474	1268	847	1204
巫山县	8697	67	369	481	650	483	760
巫溪县	6789	41	240	461	526	408	562
石柱县	7605	80	423	544	485	446	365
秀山县	8001	102	551	757	738	745	546
酉阳县	12379	119	557	767	761	881	810
彭水县	13047	182	881	980	830	852	806

4—1c 续表 1

单位：人

地区 性别	合计	16—19岁	20—24岁	25—29岁	30—34岁	35—39岁	40—44岁
男	**305154**	**3195**	**16659**	**25352**	**26773**	**18588**	**19163**
市辖区	206699	2040	10862	16760	18778	12385	12732
万州区	19913	207	1027	1505	1622	1090	1380
涪陵区	11053	70	406	847	809	523	607
渝中区							
大渡口区	343	3	20	23	48	27	28
江北区	260	2	6	20	22	24	26
沙坪坝区	1621	10	109	164	193	122	106
九龙坡区	3255	23	157	265	408	297	278
南岸区	756	4	29	55	79	66	59
北碚区	3330	22	101	193	294	210	229
綦江区	10856	121	748	1185	1109	722	722
綦江区(不含万盛)	9710	115	684	1092	1009	633	642
万盛经开区	1146	6	64	93	100	89	80
大足区	8074	47	325	690	857	545	469
渝北区	7594	103	682	1207	1086	608	448
巴南区	5083	26	119	283	354	321	344
黔江区	4447	40	169	274	301	349	274
长寿区	9408	64	403	650	579	468	596
江津区	16389	163	770	1022	1260	869	838
合川区	23130	181	1468	1852	2290	1328	1361
永川区	11366	113	442	690	933	741	599
南川区	5882	46	294	427	429	320	365
璧山区	7007	65	355	472	608	412	423
铜梁区	7535	45	251	464	472	339	406
潼南区	10249	156	573	930	1193	627	580
荣昌区	8283	98	367	549	893	652	519
开州区	14815	262	1174	1694	1615	890	1170
梁平区	10411	116	579	857	928	539	559
武隆区	5639	53	288	442	396	296	346
县	98455	1155	5797	8592	7995	6203	6431
城口县	2708	16	103	183	227	215	265
丰都县	9366	158	556	677	624	548	435
垫江县	10827	98	529	829	850	495	606
忠　县	16525	177	862	1413	1439	1110	1064
云阳县	16025	200	1282	1943	1590	1033	1133
奉节县	9444	102	520	979	807	493	715
巫山县	5366	43	236	310	427	298	481
巫溪县	4060	30	139	286	314	229	317
石柱县	4430	50	273	361	300	274	197
秀山县	4852	75	337	458	453	462	320
酉阳县	7134	75	348	492	450	524	440
彭水县	7718	131	612	661	514	522	458

4-1c　续表 2　　　　单位：人

地区 性别	合计	16–19岁	20–24岁	25–29岁	30–34岁	35–39岁	40–44岁
女	**206112**	**1747**	**10611**	**14424**	**15103**	**11826**	**13672**
市辖区	137111	1078	6889	9384	10357	7803	8975
万州区	14546	113	745	1059	1072	769	984
涪陵区	7422	32	274	436	410	280	422
渝中区							
大渡口区	191	1	8	11	31	17	23
江北区	109		3	10	11	9	10
沙坪坝区	850	4	34	67	81	76	80
九龙坡区	1740	14	55	117	204	146	152
南岸区	451	1	14	39	40	55	39
北碚区	1833	3	59	86	161	100	123
綦江区	6078	66	433	585	507	369	480
綦江区(不含万盛)	5370	62	407	537	457	324	414
万盛经开区	708	4	26	48	50	45	66
大足区	5611	24	174	330	445	361	338
渝北区	4493	63	414	631	618	378	329
巴南区	3115	14	98	151	234	186	198
黔江区	3319	17	104	144	226	233	217
长寿区	7786	26	311	504	434	350	452
江津区	10721	80	438	549	671	567	613
合川区	14780	119	956	1108	1245	868	1012
永川区	7987	80	311	363	492	462	404
南川区	3957	21	216	274	250	190	288
璧山区	4292	38	201	231	307	259	264
铜梁区	5299	22	159	278	296	221	283
潼南区	6519	92	377	494	549	371	422
荣昌区	5848	51	251	296	473	445	405
开州区	8913	127	691	910	917	556	755
梁平区	7559	54	356	489	503	357	446
武隆区	3692	16	207	222	180	178	236
县	69001	669	3722	5040	4746	4023	4697
城口县	1831	13	79	125	169	140	207
丰都县	6622	90	419	449	322	358	366
垫江县	8740	76	369	520	469	330	490
忠　县	12308	99	578	933	921	704	732
云阳县	10248	138	824	1096	872	631	777
奉节县	6294	66	377	495	461	354	489
巫山县	3331	24	133	171	223	185	279
巫溪县	2729	11	101	175	212	179	245
石柱县	3175	30	150	183	185	172	168
秀山县	3149	27	214	299	285	283	226
酉阳县	5245	44	209	275	311	357	370
彭水县	5329	51	269	319	316	330	348

4—1c 续表 3

单位：人

地区 性别	45—49岁	50—54岁	55—59岁	60—64岁	65—69岁	70—74岁	75岁及以上
重　庆	**78683**	**79020**	**58859**	**32973**	**44928**	**24479**	**15211**
市辖区	53409	54036	39758	22940	30105	15717	9802
万州区	5253	5147	3961	2327	3104	1867	1227
涪陵区	3389	3315	2343	780	1614	1105	813
渝中区							
大渡口区	73	90	58	26	24	14	9
江北区	64	64	39	18	24	14	3
沙坪坝区	384	399	302	138	139	47	16
九龙坡区	790	818	612	265	261	103	30
南岸区	209	201	157	70	64	13	13
北碚区	901	910	723	358	434	182	74
綦江区	2884	2797	2071	879	797	308	151
綦江区(不含万盛)	2571	2472	1861	776	669	242	113
万盛经开区	313	325	210	103	128	66	38
大足区	1921	2068	1364	1048	1523	737	419
渝北区	1665	1515	1034	434	496	247	129
巴南区	1065	1303	1198	701	902	413	288
黔江区	1259	1202	866	558	860	421	252
长寿区	2248	2322	2216	1322	1913	1232	1104
江津区	4234	4535	3343	2155	2798	1320	885
合川区	6061	6331	4178	2516	2980	1324	732
永川区	2864	3073	2335	1718	2088	988	657
南川区	1985	1570	1128	543	852	422	219
璧山区	1578	1787	1408	881	1078	568	364
铜梁区	1767	2093	1466	1104	1668	922	578
潼南区	2222	2194	1667	1348	1623	842	508
荣昌区	2076	2218	1583	1102	1224	618	311
开州区	3740	3470	2356	1095	1353	651	302
梁平区	2984	2922	2319	1067	1557	909	429
武隆区	1793	1692	1031	487	729	450	289
县	25274	24984	19101	10033	14823	8762	5409
城口县	708	696	485	324	321	195	68
丰都县	2656	2532	2053	903	1383	863	596
垫江县	2728	2871	2337	1265	2205	1475	1025
忠　县	4017	4048	3331	1893	2607	1630	1275
云阳县	3958	3634	2606	1240	1732	1016	568
奉节县	2474	2503	1779	947	1275	601	301
巫山县	1445	1415	1039	583	837	385	183
巫溪县	1050	1062	865	500	607	317	150
石柱县	1081	1157	1008	471	817	438	290
秀山县	1165	1229	920	342	508	279	119
酉阳县	1815	1839	1387	771	1356	878	438
彭水县	2177	1998	1291	794	1175	685	396

4-1c 续表 4

单位：人

地 区 性 别	45–49岁	50–54岁	55–59岁	60–64岁	65–69岁	70–74岁	75岁及以上
男	**45330**	**46080**	**35018**	**19863**	**25645**	**14458**	**9030**
市辖区	31000	31791	23887	13940	17262	9385	5877
万州区	2958	2954	2270	1390	1750	1046	714
涪陵区	2025	1918	1401	472	882	612	481
渝中区							
大渡口区	43	65	37	19	15	10	5
江北区	46	48	32	11	10	10	3
沙坪坝区	238	233	203	102	88	42	11
九龙坡区	458	544	385	186	153	76	25
南岸区	128	129	103	45	41	9	9
北碚区	554	607	461	245	243	119	52
綦江区	1777	1745	1369	570	500	191	97
綦江区(不含万盛)	1594	1545	1235	503	425	160	73
万盛经开区	183	200	134	67	75	31	24
大足区	1087	1195	744	574	837	438	266
渝北区	999	962	688	278	300	157	76
巴南区	655	800	758	450	543	266	164
黔江区	695	645	479	318	504	256	143
长寿区	1234	1229	1190	724	1017	668	586
江津区	2418	2658	1997	1318	1624	883	569
合川区	3560	3773	2595	1599	1797	861	465
永川区	1657	1759	1332	990	1141	595	374
南川区	1152	955	670	343	500	252	129
璧山区	942	1079	865	554	635	350	247
铜梁区	1007	1199	864	650	941	537	360
潼南区	1289	1261	1029	846	967	506	292
荣昌区	1168	1249	907	621	703	359	198
开州区	2224	2144	1504	711	831	408	188
梁平区	1656	1657	1351	619	837	472	241
武隆区	1030	983	653	305	403	262	182
县	14330	14289	11131	5923	8383	5073	3153
城口县	412	438	300	181	192	128	48
丰都县	1524	1448	1218	547	784	501	346
垫江县	1437	1498	1268	736	1144	788	549
忠 县	2233	2264	1929	1094	1424	849	667
云阳县	2286	2203	1607	780	1000	607	361
奉节县	1425	1430	1038	569	786	382	198
巫山县	862	844	609	356	504	256	140
巫溪县	599	663	516	299	372	197	99
石柱县	617	637	584	276	440	252	169
秀山县	700	743	563	190	295	185	71
酉阳县	993	1015	795	442	769	530	261
彭水县	1242	1106	704	453	673	398	244

4－1c　续表 5　　　　单位：人

地　区 性　别	45－49岁	50－54岁	55－59岁	60－64岁	65－69岁	70－74岁	75岁及以上
女	**33353**	**32940**	**23841**	**13110**	**19283**	**10021**	**6181**
市辖区	22409	22245	15871	9000	12843	6332	3925
万州区	2295	2193	1691	937	1354	821	513
涪陵区	1364	1397	942	308	732	493	332
渝中区							
大渡口区	30	25	21	7	9	4	4
江北区	18	16	7	7	14	4	
沙坪坝区	146	166	99	36	51	5	5
九龙坡区	332	274	227	79	108	27	5
南岸区	81	72	54	25	23	4	4
北碚区	347	303	262	113	191	63	22
綦江区	1107	1052	702	309	297	117	54
綦江区(不含万盛)	977	927	626	273	244	82	40
万盛经开区	130	125	76	36	53	35	14
大足区	834	873	620	474	686	299	153
渝北区	666	553	346	156	196	90	53
巴南区	410	503	440	251	359	147	124
黔江区	564	557	387	240	356	165	109
长寿区	1014	1093	1026	598	896	564	518
江津区	1816	1877	1346	837	1174	437	316
合川区	2501	2558	1583	917	1183	463	267
永川区	1207	1314	1003	728	947	393	283
南川区	833	615	458	200	352	170	90
璧山区	636	708	543	327	443	218	117
铜梁区	760	894	602	454	727	385	218
潼南区	933	933	638	502	656	336	216
荣昌区	908	969	676	481	521	259	113
开州区	1516	1326	852	384	522	243	114
梁平区	1328	1265	968	448	720	437	188
武隆区	763	709	378	182	326	188	107
县	10944	10695	7970	4110	6440	3689	2256
城口县	296	258	185	143	129	67	20
丰都县	1132	1084	835	356	599	362	250
垫江县	1291	1373	1069	529	1061	687	476
忠　县	1784	1784	1402	799	1183	781	608
云阳县	1672	1431	999	460	732	409	207
奉节县	1049	1073	741	378	489	219	103
巫山县	583	571	430	227	333	129	43
巫溪县	451	399	349	201	235	120	51
石柱县	464	520	424	195	377	186	121
秀山县	465	486	357	152	213	94	48
酉阳县	822	824	592	329	587	348	177
彭水县	935	892	587	341	502	287	152

4-2　各地区分性别、受教育程度的就业人口

单位：人

地区 性别	合计	未上过学	学前教育	小学	初中	高中	大学专科	大学本科	硕士研究生	博士研究生
重庆	**1526217**	**10033**	**790**	**313423**	**561333**	**280186**	**189826**	**154974**	**13849**	**1803**
市辖区	1216364	6597	510	219472	434952	234864	166899	137874	13433	1763
万州区	84144	376	31	20412	33468	14800	8440	6242	344	31
涪陵区	51324	227	29	9105	22141	10046	5633	3914	192	37
渝中区	31961	45	4	2136	6395	7956	7914	6565	816	130
大渡口区	20552	58	4	1725	5906	5129	4426	3019	269	16
江北区	46963	65	2	2432	9789	10952	11393	11099	1137	94
沙坪坝区	64699	135	20	5191	17170	15113	13104	11629	1914	423
九龙坡区	77399	133	7	6198	22106	19334	16726	11668	1061	166
南岸区	53431	104	9	3268	12740	11943	12225	11606	1325	211
北碚区	39129	137	15	4917	13422	9011	5805	4885	725	212
綦江区	45399	236	14	8586	20317	8500	4532	3090	117	7
綦江区(不含万盛)	36677	147	13	7391	16609	6664	3419	2345	85	4
万盛经开区	8722	89	1	1195	3708	1836	1113	745	32	3
大足区	33368	414	63	10201	13410	5397	2345	1489	44	5
渝北区	111852	239	11	10015	26938	22353	22849	25724	3480	243
巴南区	52008	79	9	6108	18724	12037	8756	5833	398	64
黔江区	19072	317	2	4904	6995	2755	2066	1919	104	10
长寿区	42362	317	46	8550	20051	7296	3691	2317	90	4
江津区	61405	296	42	18311	23742	9823	5193	3722	260	16
合川区	74478	359	55	21268	29905	12667	5983	3997	233	11
永川区	54167	320	16	11397	22155	10134	5719	4097	292	37
南川区	24938	190	16	5144	11372	4731	2103	1335	43	4
璧山区	36228	230	24	6657	16232	6860	3622	2414	178	11
铜梁区	31012	420	16	9069	12704	4257	2476	1984	81	5
潼南区	36832	394	22	10452	16370	5119	2721	1653	98	3
荣昌区	30256	408	10	8383	12875	4146	2516	1833	76	9
开州区	43936	282	6	10437	19842	7671	2903	2729	59	7
梁平区	33011	406	29	9181	14677	4467	2282	1895	68	6
武隆区	16438	410	8	5425	5506	2367	1476	1216	29	1
县	309853	3436	280	93951	126381	45322	22927	17100	416	40
城口县	7915	271	11	3280	2243	748	721	624	16	1
丰都县	27813	310	13	8405	11971	3697	1877	1501	35	4
垫江县	36829	357	102	10440	15841	6008	2402	1633	43	3
忠县	44362	592	28	13334	20336	5243	2660	2103	57	9
云阳县	50687	277	39	15809	20756	7668	3323	2732	76	7
奉节县	32713	44	6	5907	12706	8376	3550	2068	51	5
巫山县	15502	171	7	6320	4777	1791	1354	1060	20	2
巫溪县	11882	344	14	5168	3303	1436	866	728	21	2
石柱县	16107	430	31	5697	5454	2035	1288	1151	21	
秀山县	16689	118	2	4402	7471	2370	1302	1004	17	3
酉阳县	21355	273	3	7344	8977	2038	1509	1182	26	3
彭水县	27999	249	24	7845	12546	3912	2075	1314	33	1

4－2 续表 1　　　　单位：人

地区 性别	合计	未上过学	学前教育	小学	初中	高中	大学专科	大学本科	硕士研究生	博士研究生
男	**891118**	**2947**	**336**	**169919**	**347463**	**175564**	**104088**	**82169**	**7488**	**1144**
市辖区	711100	1964	234	120660	268993	146633	91287	72965	7242	1122
万州区	48233	112	16	10957	20193	8879	4560	3322	174	20
涪陵区	30694	72	14	4906	13715	6416	3310	2137	99	25
渝中区	17412	19	2	1110	3793	4666	4056	3253	444	69
大渡口区	11955	16	3	970	3669	3198	2358	1581	151	9
江北区	26741	27		1380	5992	6703	6116	5835	637	51
沙坪坝区	37679	50	16	2965	10729	9408	7133	6101	1002	275
九龙坡区	44998	54	3	3451	13672	11903	9061	6193	554	107
南岸区	30145	43	5	1817	7744	7095	6456	6133	711	141
北碚区	23824	49	9	2918	8638	5811	3293	2597	377	132
綦江区	28057	55	8	4776	13278	5693	2599	1593	52	3
綦江区(不含万盛)	22749	39	8	4138	10905	4496	1910	1214	38	1
万盛经开区	5308	16		638	2373	1197	689	379	14	2
大足区	19689	126	28	5505	8316	3518	1345	821	27	3
渝北区	64093	82	6	5708	16431	13866	12190	13686	1965	159
巴南区	31201	39	4	3554	11850	7457	4891	3144	216	46
黔江区	10917	60	1	2294	4407	1791	1227	1071	59	7
长寿区	23660	80	16	4227	11584	4457	2006	1239	48	3
江津区	36572	121	22	10540	14693	6161	2949	1953	120	13
合川区	44756	126	21	12247	18935	7980	3251	2078	111	7
永川区	31017	108	6	6117	13150	6198	3092	2178	149	19
南川区	14650	53	9	2843	7023	2909	1140	651	20	2
璧山区	22053	70	8	3841	10161	4465	2080	1313	107	8
铜梁区	17855	107	5	4854	7765	2700	1337	1044	39	4
潼南区	22161	92	9	5693	10462	3313	1617	929	43	3
荣昌区	17376	109	8	4578	7735	2572	1385	937	43	9
开州区	26744	88	3	5932	12532	4966	1676	1513	31	3
梁平区	18834	101	8	4611	8894	2898	1300	976	43	3
武隆区	9784	105	4	2866	3632	1610	859	687	20	1
县	180018	983	102	49259	78470	28931	12801	9204	246	22
城口县	4610	93	3	1826	1437	497	393	350	10	1
丰都县	16395	65	4	4447	7659	2399	1023	777	18	3
垫江县	20309	79	33	4859	9329	3761	1337	880	29	2
忠　县	25121	155	8	6638	12311	3382	1456	1135	33	3
云阳县	30370	66	16	8793	13208	4939	1841	1464	39	4
奉节县	19490	18	3	3236	7716	5251	2055	1173	35	3
巫山县	9502	78	4	3651	3169	1207	804	573	14	2
巫溪县	6984	107	6	2989	2081	926	493	367	15	
石柱县	9145	141	9	2872	3519	1307	686	600	11	
秀山县	9804	39	2	2386	4648	1501	686	530	10	2
酉阳县	12285	80	2	3765	5566	1343	859	653	15	2
彭水县	16003	62	12	3797	7827	2418	1168	702	17	

4-2　续表 2　　　　　　　　　　　　　　　　　　　　　　　　　　　单位：人

地　区 性　别	合　计	未上过学	学前教育	小　学	初　中	高　中	大学专科	大学本科	硕　士 研究生	博　士 研究生
女	**635099**	**7086**	**454**	**143504**	**213870**	**104622**	**85738**	**72805**	**6361**	**659**
市辖区	505264	4633	276	98812	165959	88231	75612	64909	6191	641
万州区	35911	264	15	9455	13275	5921	3880	2920	170	11
涪陵区	20630	155	15	4199	8426	3630	2323	1777	93	12
渝中区	14549	26	2	1026	2602	3290	3858	3312	372	61
大渡口区	8597	42	1	755	2237	1931	2068	1438	118	7
江北区	20222	38	2	1052	3797	4249	5277	5264	500	43
沙坪坝区	27020	85	4	2226	6441	5705	5971	5528	912	148
九龙坡区	32401	79	4	2747	8434	7431	7665	5475	507	59
南岸区	23286	61	4	1451	4996	4848	5769	5473	614	70
北碚区	15305	88	6	1999	4784	3200	2512	2288	348	80
綦江区	17342	181	6	3810	7039	2807	1933	1497	65	4
綦江区(不含万盛)	13928	108	5	3253	5704	2168	1509	1131	47	3
万盛经开区	3414	73	1	557	1335	639	424	366	18	1
大足区	13679	288	35	4696	5094	1879	1000	668	17	2
渝北区	47759	157	5	4307	10507	8487	10659	12038	1515	84
巴南区	20807	40	5	2554	6874	4580	3865	2689	182	18
黔江区	8155	257	1	2610	2588	964	839	848	45	3
长寿区	18702	237	30	4323	8467	2839	1685	1078	42	1
江津区	24833	175	20	7771	9049	3662	2244	1769	140	3
合川区	29722	233	34	9021	10970	4687	2732	1919	122	4
永川区	23150	212	10	5280	9005	3936	2627	1919	143	18
南川区	10288	137	7	2301	4349	1822	963	684	23	2
璧山区	14175	160	16	2816	6071	2395	1542	1101	71	3
铜梁区	13157	313	11	4215	4939	1557	1139	940	42	1
潼南区	14671	302	13	4759	5908	1806	1104	724	55	
荣昌区	12880	299	2	3805	5140	1574	1131	896	33	
开州区	17192	194	3	4505	7310	2705	1227	1216	28	4
梁平区	14177	305	21	4570	5783	1569	982	919	25	3
武隆区	6654	305	4	2559	1874	757	617	529	9	
县	129835	2453	178	44692	47911	16391	10126	7896	170	18
城口县	3305	178	8	1454	806	251	328	274	6	
丰都县	11418	245	9	3958	4312	1298	854	724	17	1
垫江县	16520	278	69	5581	6512	2247	1065	753	14	1
忠　县	19241	437	20	6696	8025	1861	1204	968	24	6
云阳县	20317	211	23	7016	7548	2729	1482	1268	37	3
奉节县	13223	26	3	2671	4990	3125	1495	895	16	2
巫山县	6000	93	3	2669	1608	584	550	487	6	
巫溪县	4898	237	8	2179	1222	510	373	361	6	2
石柱县	6962	289	22	2825	1935	728	602	551	10	
秀山县	6885	79		2016	2823	869	616	474	7	1
酉阳县	9070	193	1	3579	3411	695	650	529	11	1
彭水县	11996	187	12	4048	4719	1494	907	612	16	1

4-2a 各地区分性别、受教育程度的就业人口(城市)

单位：人

地区 性别	合计	未上过学	学前教育	小学	初中	高中	大学专科	大学本科	硕士研究生	博士研究生
重庆	**748664**	**1225**	**121**	**64198**	**225398**	**175199**	**143153**	**124668**	**12979**	**1723**
市辖区	748664	1225	121	64198	225398	175199	143153	124668	12979	1723
万州区	41137	53	4	3950	14720	10336	6611	5113	320	30
涪陵区	28992	37	8	2461	10774	7416	4632	3450	178	36
渝中区	31961	45	4	2136	6395	7956	7914	6565	816	130
大渡口区	19913	54	4	1587	5593	5026	4366	2999	268	16
江北区	42634	55	2	1952	8330	9862	10552	10681	1107	93
沙坪坝区	61226	121	19	4463	15327	14588	12844	11531	1910	423
九龙坡区	60540	86	4	3739	14223	15437	15071	10808	1013	159
南岸区	51882	99	9	3049	11851	11665	12124	11550	1324	211
北碚区	31784	55	11	2916	9993	7876	5405	4618	701	209
綦江区	17632	17	4	1655	7226	4358	2412	1890	67	3
綦江区(不含万盛)	14746	12	4	1423	5980	3656	1992	1616	61	2
万盛经开区	2886	5		232	1246	702	420	274	6	1
大足区	11647	52	8	1935	4268	2671	1518	1155	39	1
渝北区	95812	141	11	6491	20932	18699	21066	24797	3435	240
巴南区	38688	40	3	2946	11943	9991	7895	5418	388	64
黔江区	9919	36		1144	3389	1894	1678	1670	98	10
长寿区	22101	37	7	2205	9464	5231	3071	2004	78	4
江津区	23144	35	3	2853	8297	5513	3570	2650	211	12
合川区	24739	32	1	3513	8527	5935	3602	2907	213	9
永川区	28327	34	2	2279	10194	7096	4825	3575	286	36
南川区	11279	12	2	1062	4800	2882	1493	995	31	2
璧山区	23704	30	3	2610	10186	5478	3051	2165	171	10
铜梁区	16079	34	2	2403	6832	3031	2015	1687	71	4
潼南区	12829	18	3	1580	5518	2708	1728	1188	83	3
荣昌区	13634	34	3	1756	5784	2622	1891	1468	68	8
开州区	14900	25	1	1746	5795	3842	1684	1764	39	4
梁平区	9532	36	2	1220	3623	2046	1308	1248	44	5
武隆区	4629	7	1	547	1414	1040	827	772	20	1
县										
城口县										
丰都县										
垫江县										
忠县										
云阳县										
奉节县										
巫山县										
巫溪县										
石柱县										
秀山县										
酉阳县										
彭水县										

4-2a 续表 1 单位：人

地区 性别	合计	未上过学	学前教育	小学	初中	高中	大学专科	大学本科	硕士研究生	博士研究生
男	**430526**	**478**	**63**	**35931**	**135876**	**106807**	**77492**	**65769**	**7014**	**1096**
市辖区	430526	478	63	35931	135876	106807	77492	65769	7014	1096
万州区	23484	26	1	2231	8665	6046	3604	2725	167	19
涪陵区	17289	17	4	1425	6521	4595	2700	1909	94	24
渝中区	17412	19	2	1110	3793	4666	4056	3253	444	69
大渡口区	11539	14	3	885	3456	3132	2321	1569	150	9
江北区	23718	23		1077	5038	5872	5488	5550	619	51
沙坪坝区	35445	46	15	2504	9556	9049	6951	6050	999	275
九龙坡区	34605	32	2	2009	8728	9358	8135	5707	533	101
南岸区	29177	41	5	1669	7191	6924	6396	6099	711	141
北碚区	19155	22	6	1726	6346	5072	3046	2439	366	132
綦江区	10447	5	2	932	4395	2782	1325	973	32	1
綦江区(不含万盛)	8734	3	2	820	3624	2340	1084	833	28	
万盛经开区	1713	2		112	771	442	241	140	4	1
大足区	6788	17	5	1053	2523	1696	855	613	25	1
渝北区	54062	52	6	3626	12590	11412	11132	13152	1936	156
巴南区	22968	24		1765	7472	6157	4378	2918	208	46
黔江区	5690	8		552	2011	1174	968	917	53	7
长寿区	12672	15	2	1168	5504	3169	1683	1086	42	3
江津区	13667	17		1651	5056	3374	2060	1400	100	9
合川区	14445	14	1	2089	5193	3564	1955	1523	101	5
永川区	15821	19	1	1256	5730	4167	2585	1898	147	18
南川区	6491	4		626	2869	1672	832	470	16	2
璧山区	14321	14	1	1522	6245	3531	1739	1160	102	7
铜梁区	9159	8	1	1255	4007	1881	1075	894	34	4
潼南区	7753	5	2	924	3387	1714	1019	664	35	3
荣昌区	7691	10	2	975	3306	1560	1035	758	37	8
开州区	8765	14		1012	3424	2348	960	986	20	1
梁平区	5264	10	1	603	2006	1240	734	637	30	3
武隆区	2698	2	1	286	864	652	460	419	13	1
县										
城口县										
丰都县										
垫江县										
忠县										
云阳县										
奉节县										
巫山县										
巫溪县										
石柱县										
秀山县										
酉阳县										
彭水县										

4-2a 续表 2

单位：人

地区 性别	合计	未上过学	学前教育	小学	初中	高中	大学专科	大学本科	硕士研究生	博士研究生
女	**318138**	**747**	**58**	**28267**	**89522**	**68392**	**65661**	**58899**	**5965**	**627**
市辖区	318138	747	58	28267	89522	68392	65661	58899	5965	627
万州区	17653	27	3	1719	6055	4290	3007	2388	153	11
涪陵区	11703	20	4	1036	4253	2821	1932	1541	84	12
渝中区	14549	26	2	1026	2602	3290	3858	3312	372	61
大渡口区	8374	40	1	702	2137	1894	2045	1430	118	7
江北区	18916	32	2	875	3292	3990	5064	5131	488	42
沙坪坝区	25781	75	4	1959	5771	5539	5893	5481	911	148
九龙坡区	25935	54	2	1730	5495	6079	6936	5101	480	58
南岸区	22705	58	4	1380	4660	4741	5728	5451	613	70
北碚区	12629	33	5	1190	3647	2804	2359	2179	335	77
綦江区	7185	12	2	723	2831	1576	1087	917	35	2
綦江区(不含万盛)	6012	9	2	603	2356	1316	908	783	33	2
万盛经开区	1173	3		120	475	260	179	134	2	
大足区	4859	35	3	882	1745	975	663	542	14	
渝北区	41750	89	5	2865	8342	7287	9934	11645	1499	84
巴南区	15720	16	3	1181	4471	3834	3517	2500	180	18
黔江区	4229	28		592	1378	720	710	753	45	3
长寿区	9429	22	5	1037	3960	2062	1388	918	36	1
江津区	9477	18	3	1202	3241	2139	1510	1250	111	3
合川区	10294	18		1424	3334	2371	1647	1384	112	4
永川区	12506	15	1	1023	4464	2929	2240	1677	139	18
南川区	4788	8	2	436	1931	1210	661	525	15	
璧山区	9383	16	2	1088	3941	1947	1312	1005	69	3
铜梁区	6920	26	1	1148	2825	1150	940	793	37	
潼南区	5076	13	1	656	2131	994	709	524	48	
荣昌区	5943	24	1	781	2478	1062	856	710	31	
开州区	6135	11	1	734	2371	1494	724	778	19	3
梁平区	4268	26	1	617	1617	806	574	611	14	2
武隆区	1931	5		261	550	388	367	353	7	
县										
城口县										
丰都县										
垫江县										
忠县										
云阳县										
奉节县										
巫山县										
巫溪县										
石柱县										
秀山县										
酉阳县										
彭水县										

4–2b　各地区分性别、受教育程度的就业人口(镇)

单位：人

地区 性别	合计	未上过学	学前教育	小学	初中	高中	大学专科	大学本科	硕士研究生	博士研究生
重　庆	**266287**	**1036**	**96**	**51120**	**115442**	**50969**	**27135**	**19884**	**557**	**48**
市辖区	123890	569	40	27313	58009	21491	10028	6186	234	20
万州区	8548	35	1	2108	4191	1321	516	368	8	
涪陵区	3857	21	1	741	1998	654	273	161	8	
渝中区										
大渡口区	105			13	41	13	25	12	1	
江北区	3960	6		370	1288	1038	821	408	28	1
沙坪坝区	1002	2		209	526	168	66	29	2	
九龙坡区	11864	24	2	1400	5293	2975	1409	717	37	7
南岸区	342			45	174	64	38	21		
北碚区	2182	7	1	326	1046	442	198	141	19	2
綦江区	10833	36	1	1809	4877	1953	1274	845	35	3
綦江区(不含万盛)	6851	24	1	1454	3281	1016	661	404	9	1
万盛经开区	3982	12		355	1596	937	613	441	26	2
大足区	8036	56	5	1929	3961	1420	484	175	4	2
渝北区	3953	9		770	1857	712	345	240	17	3
巴南区	5122	5	2	539	2563	1180	557	271	5	
黔江区	1387	26		406	590	177	100	86	2	
长寿区	3067	10	2	694	1740	444	107	67	3	
江津区	11151	50	2	3423	4738	1652	677	580	28	1
合川区	11829	43	8	3306	5291	1928	809	438	6	
永川区	6487	23	3	1664	3216	1015	355	208	3	
南川区	3820	22	1	1088	1848	536	200	120	5	
璧山区	1225	5		221	701	200	74	24		
铜梁区	2099	13	1	566	1060	252	124	83		
潼南区	7235	47	5	1985	3507	993	442	250	6	
荣昌区	2491	26	2	760	1148	274	166	112	2	1
开州区	5308	25		987	2649	916	370	357	4	
梁平区	5509	44	3	1241	2736	793	387	297	8	
武隆区	2478	34		713	970	371	211	176	3	
县	142397	467	56	23807	57433	29478	17107	13698	323	28
城口县	3376	29		747	1016	491	547	531	15	
丰都县	11825	43	3	1941	5051	2222	1383	1150	28	4
垫江县	17262	44	19	2748	7189	3999	1862	1365	34	2
忠　县	15529	63	2	2473	6758	3041	1658	1488	41	5
云阳县	24414	42	4	5030	10269	4622	2350	2041	52	4
奉节县	16975	6	1	1206	5966	5462	2618	1677	35	4
巫山县	6805	28	6	1195	2350	1249	1103	853	20	1
巫溪县	5093	41	3	1161	1620	993	657	601	16	1
石柱县	8502	67	11	1916	3054	1451	1021	965	17	
秀山县	8688	23	1	1429	3616	1643	1056	902	15	3
酉阳县	8976	48		1676	3715	1309	1201	1000	24	3
彭水县	14952	33	6	2285	6829	2996	1651	1125	26	1

4-2b 续表 1

单位：人

地区 性别	合计	未上过学	学前教育	小学	初中	高中	大学专科	大学本科	硕士研究生	博士研究生
男	**155438**	**314**	**39**	**27458**	**69295**	**31880**	**15361**	**10745**	**316**	**30**
市辖区	73875	167	15	15057	35366	13886	5855	3401	114	14
万州区	4836	8	1	1124	2427	771	284	218	3	
涪陵区	2352	9		433	1238	417	170	83	2	
渝中区										
大渡口区	73			7	27	10	19	9	1	
江北区	2763	4		232	825	788	616	281	17	
沙坪坝区	613	1		127	320	111	37	16	1	
九龙坡区	7138	14	1	802	3254	1880	778	387	16	6
南岸区	212			30	108	39	21	14		
北碚区	1339	5	1	191	649	287	113	84	9	
綦江区	6754	8	1	976	3172	1347	784	449	15	2
綦江区(不含万盛)	4305	6	1	782	2162	736	391	221	5	1
万盛经开区	2449	2		194	1010	611	393	228	10	1
大足区	4827	24	2	1078	2417	911	287	105	2	1
渝北区	2437	4		471	1174	457	183	132	13	3
巴南区	3150	1	1	320	1600	732	341	150	5	
黔江区	780	4		164	365	119	70	56	2	
长寿区	1580	1	1	312	910	264	57	33	2	
江津区	6516	19	1	2003	2853	1014	331	282	12	1
合川区	7181	11	2	1900	3323	1274	456	212	3	
永川区	3830	6		904	1940	666	201	113		
南川区	2277			591	1174	342	102	66	2	
璧山区	725	2		130	412	129	36	16		
铜梁区	1161	2		296	592	161	66	44		
潼南区	4159	9	2	1019	2118	610	260	139	2	
荣昌区	1402	6	2	394	676	174	94	53	2	1
开州区	3164	8		564	1582	611	209	189	1	
梁平区	3159	8		616	1625	535	215	158	2	
武隆区	1447	13		373	585	237	125	112	2	
县	81563	147	24	12401	33929	17994	9506	7344	202	16
城口县	1902	5		389	602	314	295	287	10	
丰都县	7029	12	2	1068	3147	1422	757	603	15	3
垫江县	9482	10	9	1294	3968	2397	1035	744	24	1
忠县	8596	18	1	1163	3785	1880	926	794	27	2
云阳县	14345	12		2780	6229	2876	1328	1087	30	3
奉节县	10046	5	1	710	3584	3280	1491	946	27	2
巫山县	4136	19	3	697	1499	793	651	459	14	1
巫溪县	2924	16	2	653	954	613	373	302	11	
石柱县	4715	18	3	933	1859	882	526	486	8	
秀山县	4952	8	1	778	2128	993	550	483	9	2
酉阳县	5151	14		858	2204	814	682	564	13	2
彭水县	8285	10	2	1078	3970	1730	892	589	14	

4-2b　续表 2　　单位：人

地区 性别	合计	未上过学	学前教育	小学	初中	高中	大学专科	大学本科	硕士研究生	博士研究生
女	**110849**	**722**	**57**	**23662**	**46147**	**19089**	**11774**	**9139**	**241**	**18**
市辖区	50015	402	25	12256	22643	7605	4173	2785	120	6
万州区	3712	27		984	1764	550	232	150	5	
涪陵区	1505	12	1	308	760	237	103	78	6	
渝中区										
大渡口区	32			6	14	3	6	3		
江北区	1197	2		138	463	250	205	127	11	1
沙坪坝区	389	1		82	206	57	29	13	1	
九龙坡区	4726	10	1	598	2039	1095	631	330	21	1
南岸区	130			15	66	25	17	7		
北碚区	843	2		135	397	155	85	57	10	2
綦江区	4079	28		833	1705	606	490	396	20	1
綦江区(不含万盛)	2546	18		672	1119	280	270	183	4	
万盛经开区	1533	10		161	586	326	220	213	16	1
大足区	3209	32	3	851	1544	509	197	70	2	1
渝北区	1516	5		299	683	255	162	108	4	
巴南区	1972	4	1	219	963	448	216	121		
黔江区	607	22		242	225	58	30	30		
长寿区	1487	9	1	382	830	180	50	34	1	
江津区	4635	31	1	1420	1885	638	346	298	16	
合川区	4648	32	6	1406	1968	654	353	226	3	
永川区	2657	17	3	760	1276	349	154	95	3	
南川区	1543	22	1	497	674	194	98	54	3	
璧山区	500	3		91	289	71	38	8		
铜梁区	938	11	1	270	468	91	58	39		
潼南区	3076	38	3	966	1389	383	182	111	4	
荣昌区	1089	20		366	472	100	72	59		
开州区	2144	17		423	1067	305	161	168	3	
梁平区	2350	36	3	625	1111	258	172	139	6	
武隆区	1031	21		340	385	134	86	64	1	
县	60834	320	32	11406	23504	11484	7601	6354	121	12
城口县	1474	24		358	414	177	252	244	5	
丰都县	4796	31	1	873	1904	800	626	547	13	1
垫江县	7780	34	10	1454	3221	1602	827	621	10	1
忠　县	6933	45	1	1310	2973	1161	732	694	14	3
云阳县	10069	30	4	2250	4040	1746	1022	954	22	1
奉节县	6929	1		496	2382	2182	1127	731	8	2
巫山县	2669	9	3	498	851	456	452	394	6	
巫溪县	2169	25	1	508	666	380	284	299	5	1
石柱县	3787	49	8	983	1195	569	495	479	9	
秀山县	3736	15		651	1488	650	506	419	6	1
酉阳县	3825	34		818	1511	495	519	436	11	1
彭水县	6667	23	4	1207	2859	1266	759	536	12	1

4—2c 各地区分性别、受教育程度的就业人口(乡村)

单位：人

地区 性别	合计	未上过学	学前教育	小学	初中	高中	大学专科	大学本科	硕士研究生	博士研究生
重庆	**511266**	**7772**	**573**	**198105**	**220493**	**54018**	**19538**	**10422**	**313**	**32**
市辖区	343810	4803	349	127961	151545	38174	13718	7020	220	20
万州区	34459	288	26	14354	14557	3143	1313	761	16	1
涪陵区	18475	169	20	5903	9369	1976	728	303	6	1
渝中区										
大渡口区	534	4		125	272	90	35	8		
江北区	369	4		110	171	52	20	10	2	
沙坪坝区	2471	12	1	519	1317	357	194	69	2	
九龙坡区	4995	23	1	1059	2590	922	246	143	11	
南岸区	1207	5		174	715	214	63	35	1	
北碚区	5163	75	3	1675	2383	693	202	126	5	1
綦江区	16934	183	9	5122	8214	2189	846	355	15	1
綦江区(不含万盛)	15080	111	8	4514	7348	1992	766	325	15	1
万盛经开区	1854	72	1	608	866	197	80	30		
大足区	13685	306	50	6337	5181	1306	343	159	1	2
渝北区	12087	89		2754	4149	2942	1438	687	28	
巴南区	8198	34	4	2623	4218	866	304	144	5	
黔江区	7766	255	2	3354	3016	684	288	163	4	
长寿区	17194	270	37	5651	8847	1621	513	246	9	
江津区	27110	211	37	12035	10707	2658	946	492	21	3
合川区	37910	284	46	14449	16087	4804	1572	652	14	2
永川区	19353	263	11	7454	8745	2023	539	314	3	1
南川区	9839	156	13	2994	4724	1313	410	220	7	2
璧山区	11299	195	21	3826	5345	1182	497	225	7	1
铜梁区	12834	373	13	6100	4812	974	337	214	10	1
潼南区	16768	329	14	6887	7345	1418	551	215	9	
荣昌区	14131	348	5	5867	5943	1250	459	253	6	
开州区	23728	232	5	7704	11398	2913	849	608	16	3
梁平区	17970	326	24	6720	8318	1628	587	350	16	1
武隆区	9331	369	7	4165	3122	956	438	268	6	
县	167456	2969	224	70144	68948	15844	5820	3402	93	12
城口县	4539	242	11	2533	1227	257	174	93	1	1
丰都县	15988	267	10	6464	6920	1475	494	351	7	
垫江县	19567	313	83	7692	8652	2009	540	268	9	1
忠县	28833	529	26	10861	13578	2202	1002	615	16	4
云阳县	26273	235	35	10779	10487	3046	973	691	24	3
奉节县	15738	38	5	4701	6740	2914	932	391	16	1
巫山县	8697	143	1	5125	2427	542	251	207		1
巫溪县	6789	303	11	4007	1683	443	209	127	5	1
石柱县	7605	363	20	3781	2400	584	267	186	4	
秀山县	8001	95	1	2973	3855	727	246	102	2	
酉阳县	12379	225	3	5668	5262	729	308	182	2	
彭水县	13047	216	18	5560	5717	916	424	189	7	

4-2c　续表 1　　　　单位：人

地区 性别	合计	未上过学	学前教育	小学	初中	高中	大学专科	大学本科	硕士研究生	博士研究生
男	**305154**	**2155**	**234**	**106530**	**142292**	**36877**	**11235**	**5655**	**158**	**18**
市辖区	206699	1319	156	69672	97751	25940	7940	3795	114	12
万州区	19913	78	14	7602	9101	2062	672	379	4	1
涪陵区	11053	46	10	3048	5956	1404	440	145	3	1
渝中区										
大渡口区	343	2		78	186	56	18	3		
江北区	260			71	129	43	12	4	1	
沙坪坝区	1621	3	1	334	853	248	145	35	2	
九龙坡区	3255	8		640	1690	665	148	99	5	
南岸区	756	2		118	445	132	39	20		
北碚区	3330	22	2	1001	1643	452	134	74	2	
綦江区	10856	42	5	2868	5711	1564	490	171	5	
綦江区(不含万盛)	9710	30	5	2536	5119	1420	435	160	5	
万盛经开区	1146	12		332	592	144	55	11		
大足区	8074	85	21	3374	3376	911	203	103		1
渝北区	7594	26		1611	2667	1997	875	402	16	
巴南区	5083	14	3	1469	2778	568	172	76	3	
黔江区	4447	48	1	1578	2031	498	189	98	4	
长寿区	9408	64	13	2747	5170	1024	266	120	4	
江津区	16389	85	21	6886	6784	1773	558	271	8	3
合川区	23130	101	18	8258	10419	3142	840	343	7	2
永川区	11366	83	5	3957	5480	1365	306	167	2	1
南川区	5882	49	9	1626	2980	895	206	115	2	
璧山区	7007	54	7	2189	3504	805	305	137	5	1
铜梁区	7535	97	4	3303	3166	658	196	106	5	
潼南区	10249	78	5	3750	4957	989	338	126	6	
荣昌区	8283	93	4	3209	3753	838	256	126	4	
开州区	14815	66	3	4356	7526	2007	507	338	10	2
梁平区	10411	83	7	3392	5263	1123	351	181	11	
武隆区	5639	90	3	2207	2183	721	274	156	5	
县	98455	836	78	36858	44541	10937	3295	1860	44	6
城口县	2708	88	3	1437	835	183	98	63		1
丰都县	9366	53	2	3379	4512	977	266	174	3	
垫江县	10827	69	24	3565	5361	1364	302	136	5	1
忠　县	16525	137	7	5475	8526	1502	530	341	6	1
云阳县	16025	54	16	6013	6979	2063	513	377	9	1
奉节县	9444	13	2	2526	4132	1971	564	227	8	1
巫山县	5366	59	1	2954	1670	414	153	114		1
巫溪县	4060	91	4	2336	1127	313	120	65	4	
石柱县	4430	123	6	1939	1660	425	160	114	3	
秀山县	4852	31	1	1608	2520	508	136	47	1	
酉阳县	7134	66	2	2907	3362	529	177	89	2	
彭水县	7718	52	10	2719	3857	688	276	113	3	

4-2c 续表 2 单位：人

地区 性别	合计	未上过学	学前教育	小学	初中	高中	大学专科	大学本科	硕士 研究生	博士 研究生
女	**206112**	**5617**	**339**	**91575**	**78201**	**17141**	**8303**	**4767**	**155**	**14**
市辖区	137111	3484	193	58289	53794	12234	5778	3225	106	8
万州区	14546	210	12	6752	5456	1081	641	382	12	
涪陵区	7422	123	10	2855	3413	572	288	158	3	
渝中区										
大渡口区	191	2		47	86	34	17	5		
江北区	109	4		39	42	9	8	6	1	
沙坪坝区	850	9		185	464	109	49	34		
九龙坡区	1740	15	1	419	900	257	98	44	6	
南岸区	451	3		56	270	82	24	15	1	
北碚区	1833	53	1	674	740	241	68	52	3	1
綦江区	6078	141	4	2254	2503	625	356	184	10	1
綦江区(不含万盛)	5370	81	3	1978	2229	572	331	165	10	1
万盛经开区	708	60	1	276	274	53	25	19		
大足区	5611	221	29	2963	1805	395	140	56	1	1
渝北区	4493	63		1143	1482	945	563	285	12	
巴南区	3115	20	1	1154	1440	298	132	68	2	
黔江区	3319	207	1	1776	985	186	99	65		
长寿区	7786	206	24	2904	3677	597	247	126	5	
江津区	10721	126	16	5149	3923	885	388	221	13	
合川区	14780	183	28	6191	5668	1662	732	309	7	
永川区	7987	180	6	3497	3265	658	233	147	1	
南川区	3957	107	4	1368	1744	418	204	105	5	2
璧山区	4292	141	14	1637	1841	377	192	88	2	
铜梁区	5299	276	9	2797	1646	316	141	108	5	1
潼南区	6519	251	9	3137	2388	429	213	89	3	
荣昌区	5848	255	1	2658	2190	412	203	127	2	
开州区	8913	166	2	3348	3872	906	342	270	6	1
梁平区	7559	243	17	3328	3055	505	236	169	5	1
武隆区	3692	279	4	1958	939	235	164	112	1	
县	69001	2133	146	33286	24407	4907	2525	1542	49	6
城口县	1831	154	8	1096	392	74	76	30	1	
丰都县	6622	214	8	3085	2408	498	228	177	4	
垫江县	8740	244	59	4127	3291	645	238	132	4	
忠　县	12308	392	19	5386	5052	700	472	274	10	3
云阳县	10248	181	19	4766	3508	983	460	314	15	2
奉节县	6294	25	3	2175	2608	943	368	164	8	
巫山县	3331	84		2171	757	128	98	93		
巫溪县	2729	212	7	1671	556	130	89	62	1	1
石柱县	3175	240	14	1842	740	159	107	72	1	
秀山县	3149	64		1365	1335	219	110	55	1	
酉阳县	5245	159	1	2761	1900	200	131	93		
彭水县	5329	164	8	2841	1860	228	148	76	4	

4-3 全市分年龄、性别、受教育程度的就业人口

单位：人

年龄组 性别	合计	未上过学	学前教育	小学	初中	高中	大学专科	大学本科	硕士 研究生	博士 研究生
总计	**1526217**	**10033**	**790**	**313423**	**561333**	**280186**	**189826**	**154974**	**13849**	**1803**
16-19岁	13532	3	2	212	4218	7230	1519	347	1	
20-24岁	97165	38	17	1124	19327	30268	29789	16322	276	4
25-29岁	172664	57	17	2785	38215	47505	43594	37593	2755	143
30-34岁	208521	99	17	5707	62945	55316	41022	39044	3938	433
35-39岁	154536	138	20	6889	57061	35501	25575	25546	3347	459
40-44岁	134780	190	27	15548	61627	27323	15707	12570	1489	299
45-49岁	254401	616	58	53279	132601	37260	17437	11827	1071	252
50-54岁	208076	859	77	67722	100656	20988	9489	7589	575	121
55-59岁	129800	891	93	48158	56393	14888	5111	3820	362	84
60-64岁	49008	1369	89	31037	13370	2619	305	192	22	5
65-69岁	57452	2474	163	43494	10201	857	173	77	12	1
70-74岁	28805	1710	125	23451	3192	243	59	24	1	
75岁及以上	17477	1589	85	14017	1527	188	46	23		2
男	**891118**	**2947**	**336**	**169919**	**347463**	**175564**	**104088**	**82169**	**7488**	**1144**
16-19岁	8575	2	1	134	2870	4731	694	143		
20-24岁	53919	22	11	713	12863	19107	14072	7021	109	1
25-29岁	97368	26	7	1746	24746	29646	22465	17525	1152	55
30-34岁	118828	59	9	3179	38005	33171	22016	20232	1900	257
35-39岁	86920	57	12	3383	32902	20426	14007	13968	1884	281
40-44岁	74485	65	17	7287	34341	15566	8828	7245	942	194
45-49岁	143800	216	28	26417	76043	22458	10383	7324	741	190
50-54岁	129114	271	33	36364	64687	15298	6711	5228	430	92
55-59岁	86317	259	40	26517	39381	12079	4446	3230	298	67
60-64岁	30802	393	38	17789	10129	2019	253	156	21	4
65-69岁	33493	631	57	24145	7745	707	136	61	10	1
70-74岁	17114	467	53	13808	2525	196	46	18	1	
75岁及以上	10383	479	30	8437	1226	160	31	18		2
女	**635099**	**7086**	**454**	**143504**	**213870**	**104622**	**85738**	**72805**	**6361**	**659**
16-19岁	4957	1	1	78	1348	2499	825	204	1	
20-24岁	43246	16	6	411	6464	11161	15717	9301	167	3
25-29岁	75296	31	10	1039	13469	17859	21129	20068	1603	88
30-34岁	89693	40	8	2528	24940	22145	19006	18812	2038	176
35-39岁	67616	81	8	3506	24159	15075	11568	11578	1463	178
40-44岁	60295	125	10	8261	27286	11757	6879	5325	547	105
45-49岁	110601	400	30	26862	56558	14802	7054	4503	330	62
50-54岁	78962	588	44	31358	35969	5690	2778	2361	145	29
55-59岁	43483	632	53	21641	17012	2809	665	590	64	17
60-64岁	18206	976	51	13248	3241	600	52	36	1	1
65-69岁	23959	1843	106	19349	2456	150	37	16	2	
70-74岁	11691	1243	72	9643	667	47	13	6		
75岁及以上	7094	1110	55	5580	301	28	15	5		

4-3a 全市分年龄、性别、受教育程度的就业人口(城市)

单位：人

年龄组 性别	合计	未上过学	学前教育	小学	初中	高中	大学专科	大学本科	硕士 研究生	博士 研究生
总计	**748664**	**1225**	**121**	**64198**	**225398**	**175199**	**143153**	**124668**	**12979**	**1723**
16-19岁	6299	1		47	1474	3658	914	204	1	
20-24岁	53686	10	11	371	6830	15210	19815	11220	218	1
25-29岁	103700	21	8	1000	14281	26282	31197	28373	2419	119
30-34岁	132268	41	9	1973	26031	34997	32531	32574	3700	412
35-39岁	98069	54	8	2040	24500	24243	21355	22173	3250	446
40-44岁	76421	66	10	4684	27139	19265	12835	10675	1456	291
45-49岁	125474	165	20	16677	57326	26393	13766	9858	1022	247
50-54岁	89133	216	18	19046	41594	14509	6897	6190	545	118
55-59岁	47343	197	13	10219	20757	9117	3484	3138	336	82
60-64岁	8969	180	8	3867	3407	1135	188	157	22	5
65-69岁	5372	180	7	3032	1677	292	111	64	9	
70-74岁	1335	59	7	873	271	69	35	20	1	
75岁及以上	595	35	2	369	111	29	25	22		2
男	**430526**	**478**	**63**	**35931**	**135876**	**106807**	**77492**	**65769**	**7014**	**1096**
16-19岁	3902	1		33	1012	2385	396	75		
20-24岁	28273	8	8	235	4502	9436	9241	4760	83	
25-29岁	55676	10	3	638	9011	15948	15910	13100	1011	45
30-34岁	72644	31	5	1127	15188	20400	17170	16699	1780	244
35-39岁	53704	25	4	992	13501	13514	11531	12042	1822	273
40-44岁	41481	25	5	2081	14480	10631	7108	6051	912	188
45-49岁	70075	62	9	8078	31623	15357	8046	6016	699	185
50-54岁	58177	66	11	10889	27170	10528	4820	4200	403	90
55-59岁	35412	72	6	6585	15302	7488	2999	2621	274	65
60-64岁	6348	71	5	2573	2581	824	145	124	21	4
65-69岁	3602	73	3	1929	1226	227	86	50	8	
70-74岁	880	25	3	557	205	48	27	14	1	
75岁及以上	352	9	1	214	75	21	13	17		2
女	**318138**	**747**	**58**	**28267**	**89522**	**68392**	**65661**	**58899**	**5965**	**627**
16-19岁	2397			14	462	1273	518	129	1	
20-24岁	25413	2	3	136	2328	5774	10574	6460	135	1
25-29岁	48024	11	5	362	5270	10334	15287	15273	1408	74
30-34岁	59624	10	4	846	10843	14597	15361	15875	1920	168
35-39岁	44365	29	4	1048	10999	10729	9824	10131	1428	173
40-44岁	34940	41	5	2603	12659	8634	5727	4624	544	103
45-49岁	55399	103	11	8599	25703	11036	5720	3842	323	62
50-54岁	30956	150	7	8157	14424	3981	2077	1990	142	28
55-59岁	11931	125	7	3634	5455	1629	485	517	62	17
60-64岁	2621	109	3	1294	826	311	43	33	1	1
65-69岁	1770	107	4	1103	451	65	25	14	1	
70-74岁	455	34	4	316	66	21	8	6		
75岁及以上	243	26	1	155	36	8	12	5		

4-3b　全市分年龄、性别、受教育程度的就业人口(镇)

单位：人

年龄组 性别	合计	未上过学	学前教育	小学	初中	高中	大学专科	大学本科	硕士 研究生	博士 研究生
总计	**266287**	**1036**	**96**	**51120**	**115442**	**50969**	**27135**	**19884**	**557**	**48**
16-19岁	2291	2	1	47	730	1213	249	49		
20-24岁	16209	7	3	273	3702	5513	4312	2367	30	2
25-29岁	29188	12	6	706	7945	9024	6181	5125	179	10
30-34岁	34377	12	3	1305	13507	9915	5054	4411	159	11
35-39岁	26053	18	4	1602	12272	6393	2919	2761	74	10
40-44岁	25524	21	5	3348	13424	4939	2148	1610	22	7
45-49岁	50244	106	7	10459	28302	6808	2831	1684	43	4
50-54岁	39923	106	13	12340	20364	3809	2030	1234	25	2
55-59岁	23598	125	13	8124	10754	2687	1266	603	25	1
60-64岁	7066	132	8	4208	2174	438	76	30		
65-69岁	7152	233	14	5103	1609	141	42	9		1
70-74岁	2991	141	13	2330	451	43	13			
75岁及以上	1671	121	6	1275	208	46	14	1		
男	**155438**	**314**	**39**	**27458**	**69295**	**31880**	**15361**	**10745**	**316**	**30**
16-19岁	1478	1	1	26	494	799	130	27		
20-24岁	8987	3	2	172	2292	3405	2085	1014	13	1
25-29岁	16340	7	2	429	4798	5537	3131	2364	67	5
30-34岁	19411	8	2	692	7726	5854	2763	2271	89	6
35-39岁	14628	7	2	759	6889	3781	1629	1511	45	5
40-44岁	13841	12	3	1536	7195	2874	1213	983	20	5
45-49岁	28395	37	4	5114	16128	4235	1734	1102	37	4
50-54岁	24857	43	5	6717	13011	2722	1433	902	22	2
55-59岁	15887	39	6	4606	7428	2134	1116	534	23	1
60-64岁	4591	35	3	2450	1653	352	70	28		
65-69岁	4246	55	7	2838	1186	117	34	8		1
70-74岁	1776	31	2	1365	334	33	11			
75岁及以上	1001	36		754	161	37	12	1		
女	**110849**	**722**	**57**	**23662**	**46147**	**19089**	**11774**	**9139**	**241**	**18**
16-19岁	813	1		21	236	414	119	22		
20-24岁	7222	4	1	101	1410	2108	2227	1353	17	1
25-29岁	12848	5	4	277	3147	3487	3050	2761	112	5
30-34岁	14966	4	1	613	5781	4061	2291	2140	70	5
35-39岁	11425	11	2	843	5383	2612	1290	1250	29	5
40-44岁	11683	9	2	1812	6229	2065	935	627	2	2
45-49岁	21849	69	3	5345	12174	2573	1097	582	6	
50-54岁	15066	63	8	5623	7353	1087	597	332	3	
55-59岁	7711	86	7	3518	3326	553	150	69	2	
60-64岁	2475	97	5	1758	521	86	6	2		
65-69岁	2906	178	7	2265	423	24	8	1		
70-74岁	1215	110	11	965	117	10	2			
75岁及以上	670	85	6	521	47	9	2			

4－3c 全市分年龄、性别、受教育程度的就业人口(乡村)

单位：人

年龄组 性别	合计	未上过学	学前教育	小学	初中	高中	大学专科	大学本科	硕士研究生	博士研究生
总计	**511266**	**7772**	**573**	**198105**	**220493**	**54018**	**19538**	**10422**	**313**	**32**
16－19岁	4942		1	118	2014	2359	356	94		
20－24岁	27270	21	3	480	8795	9545	5662	2735	28	1
25－29岁	39776	24	3	1079	15989	12199	6216	4095	157	14
30－34岁	41876	46	5	2429	23407	10404	3437	2059	79	10
35－39岁	30414	66	8	3247	20289	4865	1301	612	23	3
40－44岁	32835	103	12	7516	21064	3119	724	285	11	1
45－49岁	78683	345	31	26143	46973	4059	840	285	6	1
50－54岁	79020	537	46	36336	38698	2670	562	165	5	1
55－59岁	58859	569	67	29815	24882	3084	361	79	1	1
60－64岁	32973	1057	73	22962	7789	1046	41	5		
65－69岁	44928	2061	142	35359	6915	424	20	4	3	
70－74岁	24479	1510	105	20248	2470	131	11	4		
75岁及以上	15211	1433	77	12373	1208	113	7			
男	**305154**	**2155**	**234**	**106530**	**142292**	**36877**	**11235**	**5655**	**158**	**18**
16－19岁	3195			75	1364	1547	168	41		
20－24岁	16659	11	1	306	6069	6266	2746	1247	13	
25－29岁	25352	9	2	679	10937	8161	3424	2061	74	5
30－34岁	26773	20	2	1360	15091	6917	2083	1262	31	7
35－39岁	18588	25	6	1632	12512	3131	847	415	17	3
40－44岁	19163	28	9	3670	12666	2061	507	211	10	1
45－49岁	45330	117	15	13225	28292	2866	603	206	5	1
50－54岁	46080	162	17	18758	24506	2048	458	126	5	
55－59岁	35018	148	28	15326	16651	2457	331	75	1	1
60－64岁	19863	287	30	12766	5895	843	38	4		
65－69岁	25645	503	47	19378	5333	363	16	3	2	
70－74岁	14458	411	48	11886	1986	115	8	4		
75岁及以上	9030	434	29	7469	990	102	6			
女	**206112**	**5617**	**339**	**91575**	**78201**	**17141**	**8303**	**4767**	**155**	**14**
16－19岁	1747		1	43	650	812	188	53		
20－24岁	10611	10	2	174	2726	3279	2916	1488	15	1
25－29岁	14424	15	1	400	5052	4038	2792	2034	83	9
30－34岁	15103	26	3	1069	8316	3487	1354	797	48	3
35－39岁	11826	41	2	1615	7777	1734	454	197	6	
40－44岁	13672	75	3	3846	8398	1058	217	74	1	
45－49岁	33353	228	16	12918	18681	1193	237	79	1	
50－54岁	32940	375	29	17578	14192	622	104	39		1
55－59岁	23841	421	39	14489	8231	627	30	4		
60－64岁	13110	770	43	10196	1894	203	3	1		
65－69岁	19283	1558	95	15981	1582	61	4	1	1	
70－74岁	10021	1099	57	8362	484	16	3			
75岁及以上	6181	999	48	4904	218	11	1			

4-4 各地区分性别、行业门类的就业人口

单位：人

地区 性别	合计	农、林、牧、渔业	采矿业	制造业	电力、热力、燃气及水生产和供应业	建筑业	批发和零售业
重 庆	**1526217**	**241541**	**7036**	**214163**	**12476**	**258065**	**213185**
市辖区	1216364	156762	5857	184200	10095	192445	178447
万州区	84144	14404	186	9338	602	16486	11707
涪陵区	51324	10287	361	7627	568	9067	5765
渝中区	31961	2	11	732	223	3342	7564
大渡口区	20552	171	18	3969	136	2486	4195
江北区	46963	224	230	5937	537	4588	9013
沙坪坝区	64699	522	69	12270	475	7404	10652
九龙坡区	77399	1216	104	13443	566	8738	17051
南岸区	53431	335	69	5676	561	5679	11454
北碚区	39129	1594	114	10861	352	6266	4335
綦江区	45399	5511	1685	6332	538	8885	5372
綦江区(不含万盛)	36677	4824	1173	4936	442	7781	4234
万盛经开区	8722	687	512	1396	96	1104	1138
大足区	33368	7534	86	6089	176	5238	4718
渝北区	111852	2324	396	15558	1189	14496	16305
巴南区	52008	4119	91	9026	358	7699	7965
黔江区	19072	4396	61	1418	179	3804	2192
长寿区	42362	9626	67	5675	410	8735	5004
江津区	61405	16560	79	10528	475	9418	7097
合川区	74478	16153	323	10832	564	13625	9874
永川区	54167	11147	775	7894	363	9574	7138
南川区	24938	4911	290	2605	230	5100	3034
璧山区	36228	4279	36	10882	207	5407	4289
铜梁区	31012	6290	97	5409	225	5767	3680
潼南区	36832	8094	109	4484	201	7677	5587
荣昌区	30256	6747	252	5692	174	4381	3743
开州区	43936	7385	139	5466	319	9279	5738
梁平区	33011	8413	149	5407	217	5550	3489
武隆区	16438	4518	60	1050	250	3754	1486
县	309853	84779	1179	29963	2381	65620	34738
城口县	7915	2021	191	362	152	1568	794
丰都县	27813	7735	68	2383	267	6257	2601
垫江县	36829	11036	65	3076	259	7620	4470
忠 县	44362	11625	37	5002	242	11853	4081
云阳县	50687	10060	101	8422	280	10729	6168
奉节县	32713	9901	69	3055	249	4695	4387
巫山县	15502	4767	99	880	136	2729	1485
巫溪县	11882	3738	62	751	139	2060	1395
石柱县	16107	4423	52	1527	244	3147	1523
秀山县	16689	3191	284	1611	125	3888	2370
酉阳县	21355	8509	71	1435	146	3622	2126
彭水县	27999	7773	80	1459	142	7452	3338

4-4 续表 1

单位：人

地区 性别	合计	农、林、牧、渔业	采矿业	制造业	电力、热力、燃气及水生产和供应业	建筑业	批发和零售业
男	**891118**	**121231**	**6134**	**132565**	**8749**	**214418**	**95218**
市辖区	711100	79044	5131	114972	7073	160285	80860
万州区	48233	6882	149	5378	393	13409	5089
涪陵区	30694	5165	319	4870	399	7842	2410
渝中区	17412		6	474	143	2712	3592
大渡口区	11955	96	16	2604	96	1992	1900
江北区	26741	131	172	4088	353	3617	4287
沙坪坝区	37679	294	53	7734	332	6049	5105
九龙坡区	44998	662	89	8683	373	7036	8284
南岸区	30145	204	51	3612	385	4532	5260
北碚区	23824	847	86	6955	254	5252	1854
綦江区	28057	2719	1579	4329	417	7734	2286
綦江区(不含万盛)	22749	2387	1111	3378	342	6788	1781
万盛经开区	5308	332	468	951	75	946	505
大足区	19689	3746	78	3891	128	4271	2305
渝北区	64093	1251	297	10073	751	11669	7442
巴南区	31201	2325	79	5776	250	6512	3550
黔江区	10917	2071	55	873	110	3143	901
长寿区	23660	4451	53	3720	292	6934	1948
江津区	36572	8797	69	6678	339	8288	3290
合川区	44756	8762	288	6449	443	11509	4503
永川区	31017	5371	690	4584	260	8257	2901
南川区	14650	2482	261	1679	166	4146	1275
璧山区	22053	2227	29	6695	158	4607	2017
铜梁区	17855	3023	92	3146	159	4874	1591
潼南区	22161	4093	84	2739	158	6507	2593
荣昌区	17376	3349	226	3226	130	3661	1732
开州区	26744	3904	128	2982	236	7907	2590
梁平区	18834	3958	128	3087	165	4681	1527
武隆区	9784	2234	54	647	183	3144	628
县	180018	42187	1003	17593	1676	54133	14358
城口县	4610	988	170	226	112	1330	316
丰都县	16395	3841	60	1403	198	5227	1042
垫江县	20309	5084	54	1795	166	6048	1831
忠　县	25121	5171	33	2758	175	9744	1541
云阳县	30370	5227	83	5016	199	9132	2662
奉节县	19490	5523	57	1828	171	3985	2027
巫山县	9502	2533	94	528	90	2428	651
巫溪县	6984	1911	58	452	85	1763	643
石柱县	9145	2206	41	852	180	2526	631
秀山县	9804	1624	218	913	90	3186	951
酉阳县	12285	4281	61	925	103	3038	848
彭水县	16003	3798	74	897	107	5726	1215

4-4 续表 2

单位：人

地区 性别	合计	农、林、牧、渔业	采矿业	制造业	电力、热力、燃气及水生产和供应业	建筑业	批发和零售业
女	**635099**	**120310**	**902**	**81598**	**3727**	**43647**	**117967**
市辖区	505264	77718	726	69228	3022	32160	97587
万州区	35911	7522	37	3960	209	3077	6618
涪陵区	20630	5122	42	2757	169	1225	3355
渝中区	14549	2	5	258	80	630	3972
大渡口区	8597	75	2	1365	40	494	2295
江北区	20222	93	58	1849	184	971	4726
沙坪坝区	27020	228	16	4536	143	1355	5547
九龙坡区	32401	554	15	4760	193	1702	8767
南岸区	23286	131	18	2064	176	1147	6194
北碚区	15305	747	28	3906	98	1014	2481
綦江区	17342	2792	106	2003	121	1151	3086
綦江区(不含万盛)	13928	2437	62	1558	100	993	2453
万盛经开区	3414	355	44	445	21	158	633
大足区	13679	3788	8	2198	48	967	2413
渝北区	47759	1073	99	5485	438	2827	8863
巴南区	20807	1794	12	3250	108	1187	4415
黔江区	8155	2325	6	545	69	661	1291
长寿区	18702	5175	14	1955	118	1801	3056
江津区	24833	7763	10	3850	136	1130	3807
合川区	29722	7391	35	4383	121	2116	5371
永川区	23150	5776	85	3310	103	1317	4237
南川区	10288	2429	29	926	64	954	1759
璧山区	14175	2052	7	4187	49	800	2272
铜梁区	13157	3267	5	2263	66	893	2089
潼南区	14671	4001	25	1745	43	1170	2994
荣昌区	12880	3398	26	2466	44	720	2011
开州区	17192	3481	11	2484	83	1372	3148
梁平区	14177	4455	21	2320	52	869	1962
武隆区	6654	2284	6	403	67	610	858
县	129835	42592	176	12370	705	11487	20380
城口县	3305	1033	21	136	40	238	478
丰都县	11418	3894	8	980	69	1030	1559
垫江县	16520	5952	11	1281	93	1572	2639
忠　县	19241	6454	4	2244	67	2109	2540
云阳县	20317	4833	18	3406	81	1597	3506
奉节县	13223	4378	12	1227	78	710	2360
巫山县	6000	2234	5	352	46	301	834
巫溪县	4898	1827	4	299	54	297	752
石柱县	6962	2217	11	675	64	621	892
秀山县	6885	1567	66	698	35	702	1419
酉阳县	9070	4228	10	510	43	584	1278
彭水县	11996	3975	6	562	35	1726	2123

4-4 续表 3

单位：人

地区 性别	交通运输、仓储和邮政业	住宿和餐饮业	信息传输、软件和信息技术服务业	金融业	房地产业	租赁和商务服务业	科学研究和技术服务业
重庆	**81936**	**98887**	**27063**	**22962**	**41866**	**46688**	**16934**
市辖区	68755	81491	24627	20327	38046	41576	15644
万州区	4715	5648	872	1203	1384	3107	707
涪陵区	2854	3332	516	668	1263	925	329
渝中区	2205	3583	1507	1172	1642	2286	816
大渡口区	1595	1231	703	428	1008	877	316
江北区	2974	3758	1949	1665	2463	3653	1384
沙坪坝区	4744	4310	2025	1180	3002	3083	1238
九龙坡区	6082	4894	2672	1534	3158	3440	1404
南岸区	3420	3735	1874	1790	2953	3482	1428
北碚区	2034	2093	748	551	1488	1585	644
綦江区	2158	3459	447	446	1238	1035	258
綦江区(不含万盛)	1718	2873	361	344	1014	692	165
万盛经开区	440	586	86	102	224	343	93
大足区	1451	2147	231	251	491	633	154
渝北区	8621	7284	4498	3379	6007	6392	3405
巴南区	3637	3430	1166	992	2280	1857	651
黔江区	934	967	213	295	308	425	149
长寿区	1886	2474	355	415	805	1016	304
江津区	2753	2822	449	568	1139	981	423
合川区	3691	5532	776	704	1422	1223	364
永川区	2149	3031	988	546	1288	940	310
南川区	1272	1886	205	295	546	547	156
璧山区	1625	2209	294	308	1047	883	212
铜梁区	1052	1636	519	299	701	458	137
潼南区	1366	2796	441	296	598	635	133
荣昌区	1309	2076	310	289	549	440	172
开州区	2069	4316	434	551	541	870	348
梁平区	1496	1887	314	334	468	536	122
武隆区	663	955	121	168	257	267	80
县	13181	17396	2436	2635	3820	5112	1290
城口县	332	401	65	94	76	158	47
丰都县	1444	1777	241	245	276	341	92
垫江县	1431	2187	238	295	535	575	145
忠县	1697	2175	348	346	582	492	310
云阳县	1940	3285	457	401	565	756	264
奉节县	1533	1972	293	212	547	989	183
巫山县	928	894	100	183	250	197	40
巫溪县	404	565	78	114	106	230	23
石柱县	731	890	122	162	195	179	41
秀山县	753	1002	125	192	230	212	34
酉阳县	821	918	138	133	114	170	18
彭水县	1167	1330	231	258	344	813	93

4-4　续表 4　　　　单位：人

地区 性别	交通运输、仓储和邮政业	住宿和餐饮业	信息传输、软件和信息技术服务业	金融业	房地产业	租赁和商务服务业	科学研究和技术服务业
男	**68214**	**44613**	**17378**	**10382**	**24512**	**27674**	**11374**
市辖区	56894	37736	15844	9090	22150	24540	10491
万州区	3992	2572	554	524	843	1826	515
涪陵区	2438	1453	335	288	711	610	227
渝中区	1815	1661	931	546	1003	1146	531
大渡口区	1303	589	491	175	592	527	218
江北区	2287	1877	1240	770	1425	1980	870
沙坪坝区	3893	2120	1306	546	1783	1811	789
九龙坡区	5013	2302	1766	715	1917	1878	926
南岸区	2758	1926	1175	828	1703	1975	933
北碚区	1725	1016	481	224	854	1056	464
綦江区	1864	1430	307	177	702	677	188
綦江区(不含万盛)	1484	1200	250	140	568	457	118
万盛经开区	380	230	57	37	134	220	70
大足区	1232	959	159	117	282	427	109
渝北区	6415	3420	2763	1551	3427	3530	2207
巴南区	3003	1745	785	443	1365	1086	445
黔江区	794	295	139	139	169	266	117
长寿区	1575	897	208	161	402	610	216
江津区	2310	1288	298	230	622	654	277
合川区	3270	2559	541	308	817	784	246
永川区	1820	1299	605	212	708	613	232
南川区	1085	765	128	128	338	350	116
璧山区	1435	1080	185	116	643	590	163
铜梁区	908	718	345	127	384	306	104
潼南区	1167	1289	280	142	375	440	103
荣昌区	1135	990	224	131	323	295	122
开州区	1820	2316	304	250	336	557	222
梁平区	1267	800	209	156	274	385	84
武隆区	570	370	85	86	152	161	67
县	11320	6877	1534	1292	2362	3134	883
城口县	274	121	38	49	43	103	38
丰都县	1245	732	148	118	150	228	70
垫江县	1231	784	158	136	321	367	105
忠　县	1387	715	234	167	336	268	204
云阳县	1709	1459	286	205	380	483	169
奉节县	1350	865	189	98	365	630	119
巫山县	833	384	50	88	166	131	32
巫溪县	355	217	47	59	68	128	13
石柱县	601	370	81	84	100	109	25
秀山县	645	427	79	92	128	137	24
酉阳县	710	335	94	78	68	112	17
彭水县	980	468	130	118	237	438	67

4-4 续表 5

单位：人

地区 性别	交通运输、仓储和邮政业	住宿和餐饮业	信息传输、软件和信息技术服务业	金融业	房地产业	租赁和商务服务业	科学研究和技术服务业
女	**13722**	**54274**	**9685**	**12580**	**17354**	**19014**	**5560**
市辖区	11861	43755	8783	11237	15896	17036	5153
万州区	723	3076	318	679	541	1281	192
涪陵区	416	1879	181	380	552	315	102
渝中区	390	1922	576	626	639	1140	285
大渡口区	292	642	212	253	416	350	98
江北区	687	1881	709	895	1038	1673	514
沙坪坝区	851	2190	719	634	1219	1272	449
九龙坡区	1069	2592	906	819	1241	1562	478
南岸区	662	1809	699	962	1250	1507	495
北碚区	309	1077	267	327	634	529	180
綦江区	294	2029	140	269	536	358	70
綦江区(不含万盛)	234	1673	111	204	446	235	47
万盛经开区	60	356	29	65	90	123	23
大足区	219	1188	72	134	209	206	45
渝北区	2206	3864	1735	1828	2580	2862	1198
巴南区	634	1685	381	549	915	771	206
黔江区	140	672	74	156	139	159	32
长寿区	311	1577	147	254	403	406	88
江津区	443	1534	151	338	517	327	146
合川区	421	2973	235	396	605	439	118
永川区	329	1732	383	334	580	327	78
南川区	187	1121	77	167	208	197	40
璧山区	190	1129	109	192	404	293	49
铜梁区	144	918	174	172	317	152	33
潼南区	199	1507	161	154	223	195	30
荣昌区	174	1086	86	158	226	145	50
开州区	249	2000	130	301	205	313	126
梁平区	229	1087	105	178	194	151	38
武隆区	93	585	36	82	105	106	13
县	1861	10519	902	1343	1458	1978	407
城口县	58	280	27	45	33	55	9
丰都县	199	1045	93	127	126	113	22
垫江县	200	1403	80	159	214	208	40
忠县	310	1460	114	179	246	224	106
云阳县	231	1826	171	196	185	273	95
奉节县	183	1107	104	114	182	359	64
巫山县	95	510	50	95	84	66	8
巫溪县	49	348	31	55	38	102	10
石柱县	130	520	41	78	95	70	16
秀山县	108	575	46	100	102	75	10
酉阳县	111	583	44	55	46	58	1
彭水县	187	862	101	140	107	375	26

4-4 续表 6

单位：人

地区 性别	水利、环境和公共设施管理业	居民服务、修理和其他服务业	教育	卫生和社会工作	文化、体育和娱乐业	公共管理、社会保障和社会组织	国际组织
重　庆	**12663**	**65026**	**64506**	**33976**	**13789**	**53451**	**4**
市辖区	10799	52830	52238	28285	12055	41881	4
万州区	459	4260	3492	2077	699	2798	
涪陵区	407	1721	2149	1113	409	1963	
渝中区	303	1932	1355	1632	549	1105	
大渡口区	219	837	902	555	248	658	
江北区	429	2288	1959	1357	831	1723	1
沙坪坝区	525	3154	4921	2237	847	2041	
九龙坡区	582	3872	3409	2230	866	2137	1
南岸区	612	2626	3262	1402	880	2193	
北碚区	331	1378	2211	882	389	1273	
綦江区	412	2037	1795	1204	377	2210	
綦江区(不含万盛)	254	1601	1453	960	287	1565	
万盛经开区	158	436	342	244	90	645	
大足区	291	1085	1076	526	235	956	
渝北区	1884	5277	5290	2553	1645	5349	
巴南区	583	2406	2293	1163	572	1719	1
黔江区	179	737	1122	481	143	1069	
长寿区	279	2147	1032	663	310	1159	
江津区	479	2253	2256	1018	409	1698	
合川区	450	3144	2394	1299	452	1656	
永川区	349	2090	2423	1116	465	1581	
南川区	187	1088	928	498	213	947	
璧山区	410	1294	948	595	201	1102	
铜梁区	248	1077	1212	648	264	1293	
潼南区	168	1510	995	482	221	1039	
荣昌区	182	1044	1154	596	228	918	
开州区	285	1878	1791	998	255	1273	1
梁平区	254	1186	1225	654	234	1076	
武隆区	292	509	644	306	113	945	
县	1864	12196	12268	5691	1734	11570	
城口县	85	290	371	181	42	685	
丰都县	253	947	1054	565	180	1087	
垫江县	221	1588	1182	689	190	1027	
忠　县	287	1708	1303	753	259	1262	
云阳县	261	2302	2011	958	346	1381	
奉节县	179	1308	1264	552	207	1118	
巫山县	79	600	770	390	71	904	
巫溪县	69	648	539	225	61	675	
石柱县	130	573	757	376	99	936	
秀山县	105	562	851	313	60	781	
酉阳县	89	502	1176	356	86	925	
彭水县	106	1168	990	333	133	789	

4－4 续表 7

单位：人

地区 性别	水利、环境和公共设施管理业	居民服务、修理和其他服务业	教育	卫生和社会工作	文化、体育和娱乐业	公共管理、社会保障和社会组织	国际组织
男	**7135**	**27247**	**23694**	**10790**	**6776**	**33013**	**1**
市辖区	6145	22161	18712	8714	5869	25388	1
万州区	256	1611	1387	762	349	1742	
涪陵区	253	694	847	382	200	1251	
渝中区	182	746	422	535	299	668	
大渡口区	135	350	247	153	119	352	
江北区	257	912	615	388	448	1024	
沙坪坝区	333	1408	1839	632	429	1223	
九龙坡区	344	1648	1087	577	438	1259	1
南岸区	397	1058	1165	388	451	1344	
北碚区	179	643	795	236	173	730	
綦江区	224	874	677	353	166	1354	
綦江区(不含万盛)	154	698	537	269	120	967	
万盛经开区	70	176	140	84	46	387	
大足区	141	504	404	209	110	617	
渝北区	1060	2182	1549	704	765	3037	
巴南区	341	1061	826	336	275	998	
黔江区	102	315	472	156	76	724	
长寿区	146	682	366	178	123	698	
江津区	296	858	793	315	199	971	
合川区	254	1439	910	414	202	1058	
永川区	192	833	909	326	230	975	
南川区	90	455	358	140	93	595	
璧山区	224	657	324	180	88	635	
铜梁区	120	446	423	232	114	743	
潼南区	97	719	422	177	109	667	
荣昌区	78	492	436	190	110	526	
开州区	159	888	715	425	131	874	
梁平区	133	474	461	225	124	696	
武隆区	152	212	263	101	48	627	
县	990	5086	4982	2076	907	7625	
城口县	43	115	149	53	21	421	
丰都县	132	412	435	187	87	680	
垫江县	109	600	477	266	93	684	
忠　县	142	609	521	228	130	758	
云阳县	148	874	785	399	196	958	
奉节县	116	584	537	214	118	714	
巫山县	52	296	317	144	44	641	
巫溪县	43	349	229	110	36	418	
石柱县	54	231	284	117	43	610	
秀山县	57	258	307	105	31	532	
酉阳县	42	242	503	135	39	654	
彭水县	52	516	438	118	69	555	

4-4　续表 8

单位：人

地　　区 性　　别	水利、环境和公共设施管理业	居民服务、修理和其他服务业	教育	卫生和社会工作	文化、体育和娱乐业	公共管理、社会保障和社会组织	国际组织
女	**5528**	**37779**	**40812**	**23186**	**7013**	**20438**	**3**
市辖区	4654	30669	33526	19571	6186	16493	3
万州区	203	2649	2105	1315	350	1056	
涪陵区	154	1027	1302	731	209	712	
渝中区	121	1186	933	1097	250	437	
大渡口区	84	487	655	402	129	306	
江北区	172	1376	1344	969	383	699	1
沙坪坝区	192	1746	3082	1605	418	818	
九龙坡区	238	2224	2322	1653	428	878	
南岸区	215	1568	2097	1014	429	849	
北碚区	152	735	1416	646	216	543	
綦江区	188	1163	1118	851	211	856	
綦江区(不含万盛)	100	903	916	691	167	598	
万盛经开区	88	260	202	160	44	258	
大足区	150	581	672	317	125	339	
渝北区	824	3095	3741	1849	880	2312	
巴南区	242	1345	1467	827	297	721	1
黔江区	77	422	650	325	67	345	
长寿区	133	1465	666	485	187	461	
江津区	183	1395	1463	703	210	727	
合川区	196	1705	1484	885	250	598	
永川区	157	1257	1514	790	235	606	
南川区	97	633	570	358	120	352	
璧山区	186	637	624	415	113	467	
铜梁区	128	631	789	416	150	550	
潼南区	71	791	573	305	112	372	
荣昌区	104	552	718	406	118	392	
开州区	126	990	1076	573	124	399	1
梁平区	121	712	764	429	110	380	
武隆区	140	297	381	205	65	318	
县	874	7110	7286	3615	827	3945	
城口县	42	175	222	128	21	264	
丰都县	121	535	619	378	93	407	
垫江县	112	988	705	423	97	343	
忠　县	145	1099	782	525	129	504	
云阳县	113	1428	1226	559	150	423	
奉节县	63	724	727	338	89	404	
巫山县	27	304	453	246	27	263	
巫溪县	26	299	310	115	25	257	
石柱县	76	342	473	259	56	326	
秀山县	48	304	544	208	29	249	
酉阳县	47	260	673	221	47	271	
彭水县	54	652	552	215	64	234	

4−4a　各地区分性别、行业门类的就业人口(城市)

单位：人

地　区 性　别	合计	农、林、牧、渔业	采矿业	制造业	电力、热力、燃气及水生产和供应业	建筑业	批发和零售业
重　庆	**748664**	**9654**	**2481**	**110346**	**7777**	**104367**	**134895**
市辖区	748664	9654	2481	110346	7777	104367	134895
万州区	41137	468	110	3892	463	7001	7796
涪陵区	28992	976	120	5210	485	5125	4162
渝中区	31961	2	11	732	223	3342	7564
大渡口区	19913	78	18	3690	119	2422	4152
江北区	42634	134	229	3984	510	4065	8626
沙坪坝区	61226	212	62	11028	456	6968	10348
九龙坡区	60540	154	81	6665	505	7029	14780
南岸区	51882	136	68	5361	552	5459	11306
北碚区	31784	211	109	9172	289	4421	3806
綦江区	17632	212	303	2511	249	3240	2750
綦江区(不含万盛)	14746	177	133	2072	222	2915	2265
万盛经开区	2886	35	170	439	27	325	485
大足区	11647	519	14	2160	109	1785	1911
渝北区	95812	409	372	11494	1105	11496	14907
巴南区	38688	357	25	6353	274	5986	6709
黔江区	9919	225	33	841	158	1921	1538
长寿区	22101	720	33	4544	345	4410	3290
江津区	23144	581	20	5238	280	3389	4082
合川区	24739	848	86	3500	252	4170	4191
永川区	28327	1006	317	4299	263	4502	5189
南川区	11279	236	139	1119	136	2332	2038
璧山区	23704	377	19	8023	167	3354	3303
铜梁区	16079	202	26	3462	179	2748	2490
潼南区	12829	343	36	1820	122	2470	2471
荣昌区	13634	416	177	2738	108	1875	2260
开州区	14900	309	27	1151	192	2432	3010
梁平区	9532	429	35	1240	126	1491	1529
武隆区	4629	94	11	119	110	934	687
县							
城口县							
丰都县							
垫江县							
忠　县							
云阳县							
奉节县							
巫山县							
巫溪县							
石柱县							
秀山县							
酉阳县							
彭水县							

4-4a　续表 1　　　单位：人

地区 性别	合计	农、林、牧、渔业	采矿业	制造业	电力、热力、燃气及水生产和供应业	建筑业	批发和零售业
男	**430526**	**5215**	**2026**	**69595**	**5231**	**85633**	**60607**
市辖区	430526	5215	2026	69595	5231	85633	60607
万州区	23484	243	84	2309	290	5752	3376
涪陵区	17289	485	106	3306	336	4426	1653
渝中区	17412		6	474	143	2712	3592
大渡口区	11539	46	16	2404	81	1938	1881
江北区	23718	78	172	2589	335	3136	4103
沙坪坝区	35445	128	48	7006	319	5663	4952
九龙坡区	34605	93	67	4353	326	5527	7148
南岸区	29177	89	50	3399	377	4355	5194
北碚区	19155	128	81	5925	205	3676	1592
綦江区	10447	118	276	1699	188	2767	1094
綦江区(不含万盛)	8734	97	123	1402	172	2488	884
万盛经开区	1713	21	153	297	16	279	210
大足区	6788	253	10	1387	77	1428	862
渝北区	54062	253	274	7486	685	9073	6859
巴南区	22968	226	21	4124	178	4953	2979
黔江区	5690	123	30	526	93	1575	621
长寿区	12672	308	24	3036	242	3576	1220
江津区	13667	313	15	3337	188	2946	1952
合川区	14445	481	73	2057	182	3566	1809
永川区	15821	501	263	2547	182	3796	2026
南川区	6491	141	124	703	90	1872	847
璧山区	14321	234	15	4902	123	2784	1552
铜梁区	9159	114	24	2031	124	2301	1014
潼南区	7753	210	27	1129	95	2123	1076
荣昌区	7691	224	161	1486	79	1538	1000
开州区	8765	173	24	622	134	2087	1333
梁平区	5264	200	27	681	90	1260	591
武隆区	2698	53	8	77	69	803	281
县							
城口县							
丰都县							
垫江县							
忠　县							
云阳县							
奉节县							
巫山县							
巫溪县							
石柱县							
秀山县							
酉阳县							
彭水县							

4－4a 续表 2

单位：人

地区 性别	合计	农、林、牧、渔业	采矿业	制造业	电力、热力、燃气及水生产和供应业	建筑业	批发和零售业
女	**318138**	**4439**	**455**	**40751**	**2546**	**18734**	**74288**
市辖区	318138	4439	455	40751	2546	18734	74288
万州区	17653	225	26	1583	173	1249	4420
涪陵区	11703	491	14	1904	149	699	2509
渝中区	14549	2	5	258	80	630	3972
大渡口区	8374	32	2	1286	38	484	2271
江北区	18916	56	57	1395	175	929	4523
沙坪坝区	25781	84	14	4022	137	1305	5396
九龙坡区	25935	61	14	2312	179	1502	7632
南岸区	22705	47	18	1962	175	1104	6112
北碚区	12629	83	28	3247	84	745	2214
綦江区	7185	94	27	812	61	473	1656
綦江区(不含万盛)	6012	80	10	670	50	427	1381
万盛经开区	1173	14	17	142	11	46	275
大足区	4859	266	4	773	32	357	1049
渝北区	41750	156	98	4008	420	2423	8048
巴南区	15720	131	4	2229	96	1033	3730
黔江区	4229	102	3	315	65	346	917
长寿区	9429	412	9	1508	103	834	2070
江津区	9477	268	5	1901	92	443	2130
合川区	10294	367	13	1443	70	604	2382
永川区	12506	505	54	1752	81	706	3163
南川区	4788	95	15	416	46	460	1191
璧山区	9383	143	4	3121	44	570	1751
铜梁区	6920	88	2	1431	55	447	1476
潼南区	5076	133	9	691	27	347	1395
荣昌区	5943	192	16	1252	29	337	1260
开州区	6135	136	3	529	58	345	1677
梁平区	4268	229	8	559	36	231	938
武隆区	1931	41	3	42	41	131	406
县							
城口县							
丰都县							
垫江县							
忠　县							
云阳县							
奉节县							
巫山县							
巫溪县							
石柱县							
秀山县							
酉阳县							
彭水县							

4-4a　续表 3

单位：人

地　区 性　别	交通运输、仓储和邮政业	住宿和餐饮业	信息传输、软件和信息技术服务业	金融业	房地产业	租赁和商务服务业	科学研究和技术服务业
重　庆	**49146**	**55240**	**21562**	**18301**	**32478**	**34492**	**13581**
市辖区	49146	55240	21562	18301	32478	34492	13581
万州区	2916	3488	600	1010	1060	2191	470
涪陵区	2025	2049	407	569	1012	680	264
渝中区	2205	3583	1507	1172	1642	2286	816
大渡口区	1568	1205	699	427	1000	870	315
江北区	2644	3517	1891	1635	2358	3535	1341
沙坪坝区	4275	4146	2007	1162	2928	3018	1227
九龙坡区	4999	3956	2514	1451	2791	3093	1278
南岸区	3311	3585	1868	1787	2903	3425	1418
北碚区	1745	1742	714	513	1324	1396	606
綦江区	1026	1406	229	310	724	501	99
綦江区(不含万盛)	872	1179	194	261	636	379	63
万盛经开区	154	227	35	49	88	122	36
大足区	658	906	135	177	305	362	84
渝北区	7340	6201	4300	3314	5426	5975	3283
巴南区	2841	2584	1064	933	2090	1634	592
黔江区	622	630	166	270	257	330	114
长寿区	1301	1515	241	336	613	711	222
江津区	1415	1288	285	419	827	514	242
合川区	1426	2277	410	463	794	567	175
永川区	1440	2015	823	479	1087	655	227
南川区	656	976	132	220	355	349	104
璧山区	1112	1603	247	268	908	675	181
铜梁区	684	1106	422	245	578	342	93
潼南区	628	1199	262	212	400	305	62
荣昌区	739	1143	225	218	405	304	126
开州区	762	1961	211	385	326	380	141
梁平区	550	726	148	208	228	246	56
武隆区	258	433	55	118	137	148	45
县							
城口县							
丰都县							
垫江县							
忠　县							
云阳县							
奉节县							
巫山县							
巫溪县							
石柱县							
秀山县							
酉阳县							
彭水县							

4－4a　续表 4

单位：人

地　区 性　别	交通运输、仓储和邮政业	住宿和餐饮业	信息传输、软件和信息技术服务业	金融业	房地产业	租赁和商务服务业	科学研究和技术服务业
男	**39944**	**26044**	**13773**	**8204**	**18702**	**19835**	**9031**
市辖区	39944	26044	13773	8204	18702	19835	9031
万州区	2460	1613	391	442	643	1284	342
涪陵区	1707	860	262	247	547	446	179
渝中区	1815	1661	931	546	1003	1146	531
大渡口区	1280	576	488	175	588	520	217
江北区	2024	1764	1200	758	1371	1904	839
沙坪坝区	3500	2035	1291	536	1734	1762	781
九龙坡区	4075	1890	1644	684	1696	1655	841
南岸区	2667	1847	1170	827	1675	1937	928
北碚区	1471	867	457	210	751	927	435
綦江区	871	592	157	120	388	315	73
綦江区(不含万盛)	737	494	138	102	340	237	46
万盛经开区	134	98	19	18	48	78	27
大足区	555	394	90	83	173	246	57
渝北区	5438	2937	2640	1523	3063	3247	2117
巴南区	2324	1330	720	418	1252	938	400
黔江区	522	189	108	130	134	198	88
长寿区	1070	544	143	129	298	410	162
江津区	1151	583	192	167	458	332	156
合川区	1251	1070	283	200	435	364	117
永川区	1209	882	490	188	571	415	165
南川区	533	406	76	94	204	215	78
璧山区	969	805	152	98	562	440	141
铜梁区	578	491	276	105	308	221	74
潼南区	534	601	167	95	238	204	50
荣昌区	631	539	164	101	226	202	88
开州区	650	1107	143	165	199	244	93
梁平区	451	294	101	100	114	175	43
武隆区	208	167	37	63	71	88	36
县							
城口县							
丰都县							
垫江县							
忠　县							
云阳县							
奉节县							
巫山县							
巫溪县							
石柱县							
秀山县							
酉阳县							
彭水县							

4-4a　续表 5

单位：人

地　区 性　别	交通运输、仓储和邮政业	住宿和餐饮业	信息传输、软件和信息技术服务业	金融业	房地产业	租赁和商务服务业	科学研究和技术服务业
女	**9202**	**29196**	**7789**	**10097**	**13776**	**14657**	**4550**
市辖区	9202	29196	7789	10097	13776	14657	4550
万州区	456	1875	209	568	417	907	128
涪陵区	318	1189	145	322	465	234	85
渝中区	390	1922	576	626	639	1140	285
大渡口区	288	629	211	252	412	350	98
江北区	620	1753	691	877	987	1631	502
沙坪坝区	775	2111	716	626	1194	1256	446
九龙坡区	924	2066	870	767	1095	1438	437
南岸区	644	1738	698	960	1228	1488	490
北碚区	274	875	257	303	573	469	171
綦江区	155	814	72	190	336	186	26
綦江区(不含万盛)	135	685	56	159	296	142	17
万盛经开区	20	129	16	31	40	44	9
大足区	103	512	45	94	132	116	27
渝北区	1902	3264	1660	1791	2363	2728	1166
巴南区	517	1254	344	515	838	696	192
黔江区	100	441	58	140	123	132	26
长寿区	231	971	98	207	315	301	60
江津区	264	705	93	252	369	182	86
合川区	175	1207	127	263	359	203	58
永川区	231	1133	333	291	516	240	62
南川区	123	570	56	126	151	134	26
璧山区	143	798	95	170	346	235	40
铜梁区	106	615	146	140	270	121	19
潼南区	94	598	95	117	162	101	12
荣昌区	108	604	61	117	179	102	38
开州区	112	854	68	220	127	136	48
梁平区	99	432	47	108	114	71	13
武隆区	50	266	18	55	66	60	9
县							
城口县							
丰都县							
垫江县							
忠　县							
云阳县							
奉节县							
巫山县							
巫溪县							
石柱县							
秀山县							
酉阳县							
彭水县							

4-4a 续表 6 单位：人

地区 性别	水利、环境和公共设施管理业	居民服务、修理和其他服务业	教育	卫生和社会工作	文化、体育和娱乐业	公共管理、社会保障和社会组织	国际组织
重　庆	**7612**	**37412**	**43094**	**23373**	**9543**	**33307**	**3**
市辖区	7612	37412	43094	23373	9543	33307	3
万州区	272	2633	2648	1624	464	2031	
涪陵区	229	1132	1784	892	259	1612	
渝中区	303	1932	1355	1632	549	1105	
大渡口区	213	819	883	552	239	644	
江北区	374	2145	1852	1329	802	1662	1
沙坪坝区	487	3061	4849	2207	821	1964	
九龙坡区	477	3274	2941	1971	794	1787	
南岸区	547	2540	3213	1386	871	2146	
北碚区	264	1148	2076	800	335	1113	
綦江区	182	828	988	743	193	1138	
綦江区(不含万盛)	125	668	868	629	152	936	
万盛经开区	57	160	120	114	41	202	
大足区	171	500	740	330	122	659	
渝北区	1633	4758	4925	2415	1503	4956	
巴南区	439	2019	1998	1015	474	1300	1
黔江区	103	503	899	406	116	787	
长寿区	151	1264	838	493	214	860	
江津区	235	1068	1324	638	217	1082	
合川区	203	1390	1684	857	243	1203	
永川区	169	1411	1953	909	334	1249	
南川区	91	564	696	361	129	646	
璧山区	257	892	814	458	155	891	
铜梁区	163	738	968	488	189	956	
潼南区	65	638	643	280	124	749	
荣昌区	115	610	876	446	135	718	
开州区	140	861	1073	583	113	842	1
梁平区	135	515	742	385	104	639	
武隆区	194	169	332	173	44	568	
县							
城口县							
丰都县							
垫江县							
忠　县							
云阳县							
奉节县							
巫山县							
巫溪县							
石柱县							
秀山县							
酉阳县							
彭水县							

4-4a　续表 7　　　　　　　　　　单位：人

地　区 性　别	水利、环境和公共设施管理业	居民服务、修理和其他服务业	教育	卫生和社会工作	文化、体育和娱乐业	公共管理、社会保障和社会组织	国际组织
男	**4312**	**15275**	**15397**	**6827**	**4664**	**20211**	
市辖区	4312	15275	15397	6827	4664	20211	
万州区	147	973	1071	558	228	1278	
涪陵区	140	442	698	289	131	1029	
渝中区	182	746	422	535	299	668	
大渡口区	132	345	243	152	110	347	
江北区	218	843	576	380	437	991	
沙坪坝区	305	1353	1814	623	416	1179	
九龙坡区	287	1392	941	507	407	1072	
南岸区	352	1019	1151	381	445	1314	
北碚区	143	529	751	212	146	649	
綦江区	97	315	380	205	78	714	
綦江区(不含万盛)	73	244	329	173	62	593	
万盛经开区	24	71	51	32	16	121	
大足区	81	222	277	112	62	419	
渝北区	922	1935	1447	652	694	2817	
巴南区	252	869	712	280	233	759	
黔江区	58	206	373	125	63	528	
长寿区	78	400	302	126	82	522	
江津区	146	374	451	184	103	619	
合川区	118	620	648	269	103	799	
永川区	94	521	755	255	167	794	
南川区	40	219	282	101	57	409	
璧山区	137	424	279	121	72	511	
铜梁区	73	293	341	152	81	558	
潼南区	37	287	266	82	56	476	
荣昌区	42	260	347	136	65	402	
开州区	69	415	454	226	61	566	
梁平区	67	197	283	113	53	424	
武隆区	95	76	133	51	15	367	
县							
城口县							
丰都县							
垫江县							
忠　县							
云阳县							
奉节县							
巫山县							
巫溪县							
石柱县							
秀山县							
酉阳县							
彭水县							

4-4a 续表 8 单位：人

地区 性别	水利、环境和公共设施管理业	居民服务、修理和其他服务业	教育	卫生和社会工作	文化、体育和娱乐业	公共管理、社会保障和社会组织	国际组织
女	**3300**	**22137**	**27697**	**16546**	**4879**	**13096**	**3**
市辖区	3300	22137	27697	16546	4879	13096	3
万州区	125	1660	1577	1066	236	753	
涪陵区	89	690	1086	603	128	583	
渝中区	121	1186	933	1097	250	437	
大渡口区	81	474	640	400	129	297	
江北区	156	1302	1276	949	365	671	1
沙坪坝区	182	1708	3035	1584	405	785	
九龙坡区	190	1882	2000	1464	387	715	
南岸区	195	1521	2062	1005	426	832	
北碚区	121	619	1325	588	189	464	
綦江区	85	513	608	538	115	424	
綦江区(不含万盛)	52	424	539	456	90	343	
万盛经开区	33	89	69	82	25	81	
大足区	90	278	463	218	60	240	
渝北区	711	2823	3478	1763	809	2139	
巴南区	187	1150	1286	735	241	541	1
黔江区	45	297	526	281	53	259	
长寿区	73	864	536	367	132	338	
江津区	89	694	873	454	114	463	
合川区	85	770	1036	588	140	404	
永川区	75	890	1198	654	167	455	
南川区	51	345	414	260	72	237	
璧山区	120	468	535	337	83	380	
铜梁区	90	445	627	336	108	398	
潼南区	28	351	377	198	68	273	
荣昌区	73	350	529	310	70	316	
开州区	71	446	619	357	52	276	1
梁平区	68	318	459	272	51	215	
武隆区	99	93	199	122	29	201	
县							
城口县							
丰都县							
垫江县							
忠县							
云阳县							
奉节县							
巫山县							
巫溪县							
石柱县							
秀山县							
酉阳县							
彭水县							

4-4b　各地区分性别、行业门类的就业人口(镇)

单位：人

地　区 性　别	合计	农、林、牧、渔业	采矿业	制造业	电力、热力、燃气及水生产和供应业	建筑业	批发和零售业
重　庆	**266287**	**30189**	**2316**	**37087**	**2680**	**49508**	**42732**
市辖区	123890	17043	1850	24617	954	20542	18918
万州区	8548	1381	10	876	40	2029	1413
涪陵区	3857	925	111	591	33	641	427
渝中区							
大渡口区	105	2		61		9	11
江北区	3960	16	1	1895	25	373	374
沙坪坝区	1002	28		329	12	116	113
九龙坡区	11864	330	6	4672	39	1166	1742
南岸区	342	3		86	2	37	55
北碚区	2182	50	3	672	23	470	278
綦江区	10833	918	1077	1543	174	1601	1381
綦江区(不含万盛)	6851	819	784	810	115	1188	864
万盛经开区	3982	99	293	733	59	413	517
大足区	8036	901	18	2303	26	1045	1592
渝北区	3953	105	3	786	45	698	499
巴南区	5122	182	50	1290	40	662	840
黔江区	1387	381	8	86	3	261	194
长寿区	3067	713	6	180	15	806	443
江津区	11151	2832	13	1518	96	1935	1382
合川区	11829	2144	118	1890	132	2143	1906
永川区	6487	1419	258	1260	41	1152	852
南川区	3820	1088	52	499	19	690	347
璧山区	1225	104	3	350	5	166	207
铜梁区	2099	209	8	336	8	386	478
潼南区	7235	1007	18	843	52	1401	1813
荣昌区	2491	420	17	465	20	340	492
开州区	5308	623	26	693	33	1004	932
梁平区	5509	967	33	1049	36	821	834
武隆区	2478	295	11	344	35	590	313
县	142397	13146	466	12470	1726	28966	23814
城口县	3376	184	76	122	105	567	484
丰都县	11825	818	26	998	159	2634	1724
垫江县	17262	1771	34	1626	226	3646	2999
忠　县	15529	1574	14	1348	166	3764	2383
云阳县	24414	2053	52	3287	225	5054	4021
奉节县	16975	2231	30	1683	172	2339	3135
巫山县	6805	216	18	349	109	1131	1077
巫溪县	5093	266	24	372	90	837	959
石柱县	8502	861	17	690	157	1618	1192
秀山县	8688	533	135	644	96	1892	1594
酉阳县	8976	1199	25	625	121	1585	1494
彭水县	14952	1440	15	726	100	3899	2752

4-4b 续表 1

单位：人

地区 性别	合计	农、林、牧、渔业	采矿业	制造业	电力、热力、燃气及水生产和供应业	建筑业	批发和零售业
男	**155438**	**14851**	**2100**	**22504**	**1901**	**41442**	**18050**
市辖区	73875	8321	1708	15182	737	17535	8607
万州区	4836	572	8	460	28	1635	575
涪陵区	2352	447	89	390	22	560	199
渝中区							
大渡口区	73	1		46		6	5
江北区	2763	14		1462	17	350	178
沙坪坝区	613	12		180	9	102	54
九龙坡区	7138	184	5	2940	28	1022	829
南岸区	212	2		62	2	31	22
北碚区	1339	29	3	397	17	406	133
綦江区	6754	430	1009	1049	130	1402	618
綦江区(不含万盛)	4305	378	741	545	81	1050	386
万盛经开区	2449	52	268	504	49	352	232
大足区	4827	462	18	1456	20	860	798
渝北区	2437	51	3	492	36	625	202
巴南区	3150	109	48	770	35	603	375
黔江区	780	166	6	53	2	222	83
长寿区	1580	265	5	100	8	591	177
江津区	6516	1464	11	923	75	1745	566
合川区	7181	1152	112	1063	116	1831	914
永川区	3830	686	241	719	29	1034	356
南川区	2277	543	49	325	16	565	170
璧山区	725	56	2	198	5	148	81
铜梁区	1161	90	8	184	4	324	216
潼南区	4159	483	15	498	37	1131	877
荣昌区	1402	193	13	275	16	284	237
开州区	3164	351	22	352	25	870	399
梁平区	3159	425	30	596	32	696	408
武隆区	1447	134	11	192	28	492	135
县	81563	6530	392	7322	1164	23907	9443
城口县	1902	105	68	71	80	480	186
丰都县	7029	408	24	604	104	2240	686
垫江县	9482	764	31	918	141	2923	1153
忠　县	8596	577	11	776	118	3138	848
云阳县	14345	1060	43	1951	154	4354	1613
奉节县	10046	1371	24	963	108	2019	1392
巫山县	4136	129	16	198	68	991	476
巫溪县	2924	144	23	220	58	698	432
石柱县	4715	409	14	389	113	1321	498
秀山县	4952	273	103	384	65	1473	621
酉阳县	5151	604	22	405	84	1316	579
彭水县	8285	686	13	443	71	2954	959

4-4b　续表 2　　单位：人

地区 性别	合计	农、林、牧、渔业	采矿业	制造业	电力、热力、燃气及水生产和供应业	建筑业	批发和零售业
女	**110849**	**15338**	**216**	**14583**	**779**	**8066**	**24682**
市辖区	50015	8722	142	9435	217	3007	10311
万州区	3712	809	2	416	12	394	838
涪陵区	1505	478	22	201	11	81	228
渝中区							
大渡口区	32	1		15		3	6
江北区	1197	2	1	433	8	23	196
沙坪坝区	389	16		149	3	14	59
九龙坡区	4726	146	1	1732	11	144	913
南岸区	130	1		24		6	33
北碚区	843	21		275	6	64	145
綦江区	4079	488	68	494	44	199	763
綦江区(不含万盛)	2546	441	43	265	34	138	478
万盛经开区	1533	47	25	229	10	61	285
大足区	3209	439		847	6	185	794
渝北区	1516	54		294	9	73	297
巴南区	1972	73	2	520	5	59	465
黔江区	607	215	2	33	1	39	111
长寿区	1487	448	1	80	7	215	266
江津区	4635	1368	2	595	21	190	816
合川区	4648	992	6	827	16	312	992
永川区	2657	733	17	541	12	118	496
南川区	1543	545	3	174	3	125	177
璧山区	500	48	1	152		18	126
铜梁区	938	119		152	4	62	262
潼南区	3076	524	3	345	15	270	936
荣昌区	1089	227	4	190	4	56	255
开州区	2144	272	4	341	8	134	533
梁平区	2350	542	3	453	4	125	426
武隆区	1031	161		152	7	98	178
县	60834	6616	74	5148	562	5059	14371
城口县	1474	79	8	51	25	87	298
丰都县	4796	410	2	394	55	394	1038
垫江县	7780	1007	3	708	85	723	1846
忠　县	6933	997	3	572	48	626	1535
云阳县	10069	993	9	1336	71	700	2408
奉节县	6929	860	6	720	64	320	1743
巫山县	2669	87	2	151	41	140	601
巫溪县	2169	122	1	152	32	139	527
石柱县	3787	452	3	301	44	297	694
秀山县	3736	260	32	260	31	419	973
酉阳县	3825	595	3	220	37	269	915
彭水县	6667	754	2	283	29	945	1793

4-4b 续表 3 单位：人

地　区 性　别	交通运输、仓储和邮政业	住宿和餐饮业	信息传输、软件和信息技术服务业	金融业	房地产业	租赁和商务服务业	科学研究和技术服务业
重　庆	**14675**	**20178**	**2743**	**2950**	**4538**	**5610**	**1428**
市辖区	6654	9155	1055	795	1899	2274	662
万州区	543	612	72	45	85	197	60
涪陵区	173	269	27	24	44	45	18
渝中区							
大渡口区	8		2		1	1	1
江北区	312	231	54	29	100	111	41
沙坪坝区	156	60	4	6	30	25	2
九龙坡区	815	770	118	68	313	265	95
南岸区	30	31	3	2	16	13	2
北碚区	98	120	13	23	60	57	20
綦江区	463	851	98	85	217	262	80
綦江区(不含万盛)	256	581	53	33	102	99	37
万盛经开区	207	270	45	52	115	163	43
大足区	371	612	43	32	85	137	44
渝北区	303	391	31	16	274	84	28
巴南区	493	425	62	37	120	115	26
黔江区	62	99	7	6	3	22	4
长寿区	119	233	23	19	33	50	8
江津区	543	610	60	72	94	178	41
合川区	578	965	126	83	139	182	57
永川区	217	356	44	23	50	92	19
南川区	214	295	23	23	38	59	19
璧山区	59	86	13	7	8	28	6
铜梁区	58	146	24	19	11	26	7
潼南区	267	702	81	42	57	96	13
荣昌区	100	228	12	16	19	23	10
开州区	256	515	50	47	37	107	38
梁平区	293	376	55	60	49	71	20
武隆区	123	172	10	11	16	28	3
县	8021	11023	1688	2155	2639	3336	766
城口县	171	247	52	85	54	80	21
丰都县	818	991	179	188	163	217	57
垫江县	839	1354	150	237	375	355	98
忠　县	819	1067	187	227	276	228	164
云阳县	1153	1968	287	322	412	399	122
奉节县	1064	1415	209	174	384	670	104
巫山县	622	612	80	157	197	146	34
巫溪县	232	368	54	91	73	153	14
石柱县	486	656	83	148	140	139	30
秀山县	473	694	100	180	189	175	28
酉阳县	487	605	113	116	92	132	15
彭水县	857	1046	194	230	284	642	79

4-4b 续表 4

单位：人

地区 性别	交通运输、仓储和邮政业	住宿和餐饮业	信息传输、软件和信息技术服务业	金融业	房地产业	租赁和商务服务业	科学研究和技术服务业
男	**12456**	**8324**	**1768**	**1412**	**2749**	**3521**	**997**
市辖区	5627	3966	715	358	1146	1474	465
万州区	467	247	41	20	51	119	44
涪陵区	153	129	19	16	27	28	14
渝中区							
大渡口区	7		1		1	1	1
江北区	247	107	37	12	52	70	30
沙坪坝区	113	35	4	5	22	17	1
九龙坡区	703	341	90	25	186	157	64
南岸区	22	15	2	1	11	9	2
北碚区	84	51	10	8	29	33	16
綦江区	393	335	63	30	124	165	57
綦江区(不含万盛)	219	236	29	12	52	64	25
万盛经开区	174	99	34	18	72	101	32
大足区	307	276	32	15	53	86	33
渝北区	247	172	20	6	169	59	21
巴南区	401	216	39	17	71	72	16
黔江区	51	39	4	1	3	15	4
长寿区	95	88	14	10	20	35	5
江津区	459	262	38	28	49	120	25
合川区	507	442	93	39	86	121	41
永川区	189	141	30	6	37	59	16
南川区	188	109	15	13	26	44	13
璧山区	53	41	10	6	6	22	4
铜梁区	51	57	12	8	3	23	4
潼南区	221	292	49	23	42	67	9
荣昌区	87	95	8	5	15	14	7
开州区	226	246	40	28	24	69	23
梁平区	249	169	38	32	28	52	12
武隆区	107	61	6	4	11	17	3
县	6829	4358	1053	1054	1603	2047	532
城口县	136	77	32	44	29	51	15
丰都县	708	408	107	94	87	156	45
垫江县	711	488	99	111	216	218	68
忠　县	668	327	124	116	159	132	107
云阳县	1015	851	187	163	270	269	84
奉节县	936	624	132	75	255	424	71
巫山县	548	277	38	72	129	91	26
巫溪县	195	146	33	43	46	80	9
石柱县	385	260	53	77	64	87	17
秀山县	393	306	62	84	105	113	21
酉阳县	420	226	78	70	52	86	14
彭水县	714	368	108	105	191	340	55

4－4b 续表 5 单位：人

地区 性别	交通运输、仓储和邮政业	住宿和餐饮业	信息传输、软件和信息技术服务业	金融业	房地产业	租赁和商务服务业	科学研究和技术服务业
女	**2219**	**11854**	**975**	**1538**	**1789**	**2089**	**431**
市辖区	1027	5189	340	437	753	800	197
万州区	76	365	31	25	34	78	16
涪陵区	20	140	8	8	17	17	4
渝中区							
大渡口区	1		1				
江北区	65	124	17	17	48	41	11
沙坪坝区	43	25		1	8	8	1
九龙坡区	112	429	28	43	127	108	31
南岸区	8	16	1	1	5	4	
北碚区	14	69	3	15	31	24	4
綦江区	70	516	35	55	93	97	23
綦江区(不含万盛)	37	345	24	21	50	35	12
万盛经开区	33	171	11	34	43	62	11
大足区	64	336	11	17	32	51	11
渝北区	56	219	11	10	105	25	7
巴南区	92	209	23	20	49	43	10
黔江区	11	60	3	5		7	
长寿区	24	145	9	9	13	15	3
江津区	84	348	22	44	45	58	16
合川区	71	523	33	44	53	61	16
永川区	28	215	14	17	13	33	3
南川区	26	186	8	10	12	15	6
璧山区	6	45	3	1	2	6	2
铜梁区	7	89	12	11	8	3	3
潼南区	46	410	32	19	15	29	4
荣昌区	13	133	4	11	4	9	3
开州区	30	269	10	19	13	38	15
梁平区	44	207	17	28	21	19	8
武隆区	16	111	4	7	5	11	
县	1192	6665	635	1101	1036	1289	234
城口县	35	170	20	41	25	29	6
丰都县	110	583	72	94	76	61	12
垫江县	128	866	51	126	159	137	30
忠　县	151	740	63	111	117	96	57
云阳县	138	1117	100	159	142	130	38
奉节县	128	791	77	99	129	246	33
巫山县	74	335	42	85	68	55	8
巫溪县	37	222	21	48	27	73	5
石柱县	101	396	30	71	76	52	13
秀山县	80	388	38	96	84	62	7
酉阳县	67	379	35	46	40	46	1
彭水县	143	678	86	125	93	302	24

4-4b 续表 6

单位：人

地区 性别	水利、环境和公共设施管理业	居民服务、修理和其他服务业	教育	卫生和社会工作	文化、体育和娱乐业	公共管理、社会保障和社会组织	国际组织
重　庆	**2030**	**13047**	**13999**	**6343**	**2244**	**11989**	**1**
市辖区	961	5163	4707	2070	1068	3502	1
万州区	34	411	295	139	84	222	
涪陵区	29	110	138	66	78	108	
渝中区							
大渡口区	2	2	3	1		1	
江北区	54	138	103	26	28	49	
沙坪坝区	14	28	34	11	9	25	
九龙坡区	70	480	391	223	45	255	1
南岸区	7	19	18	3		15	
北碚区	16	85	70	39	22	63	
綦江区	99	453	525	270	93	643	
綦江区(不含万盛)	34	265	316	160	63	272	
万盛经开区	65	188	209	110	30	371	
大足区	34	292	190	97	79	135	
渝北区	125	152	157	57	48	151	
巴南区	44	202	188	85	60	201	
黔江区	14	68	87	7	8	67	
长寿区	20	178	67	42	39	73	
江津区	121	534	536	212	70	304	
合川区	55	462	386	167	78	218	
永川区	47	231	200	79	47	100	
南川区	24	151	105	48	32	94	
璧山区	17	57	40	14	16	39	
铜梁区	13	94	86	53	37	100	
潼南区	29	349	206	85	44	130	
荣昌区	11	89	105	46	22	56	
开州区	37	250	333	132	37	158	
梁平区	27	185	274	117	65	177	
武隆区	18	143	170	51	27	118	
县	1069	7884	9292	4273	1176	8487	
城口县	33	173	297	138	33	454	
丰都县	155	568	793	409	120	808	
垫江县	109	989	935	543	137	839	
忠　县	140	725	921	516	131	879	
云阳县	138	1512	1463	658	217	1071	
奉节县	110	979	928	405	137	806	
巫山县	46	391	570	298	64	688	
巫溪县	36	498	389	163	44	430	
石柱县	94	435	656	325	78	697	
秀山县	72	366	673	250	42	552	
酉阳县	71	341	909	287	67	692	
彭水县	65	907	758	281	106	571	

4−4b 续表 7 单位：人

地区 性别	水利、环境和公共设施管理业	居民服务、修理和其他服务业	教育	卫生和社会工作	文化、体育和娱乐业	公共管理、社会保障和社会组织	国际组织
男	**1094**	**5415**	**5775**	**2272**	**1053**	**7753**	**1**
市辖区	543	2265	1903	763	460	2099	1
万州区	18	174	127	66	36	148	
涪陵区	15	48	66	26	38	66	
渝中区							
大渡口区	1	1		1		1	
江北区	38	67	39	6	11	26	
沙坪坝区	11	12	13	2	5	16	
九龙坡区	43	195	110	62	18	135	1
南岸区	5	8	6	2		10	
北碚区	8	40	21	10	11	33	
綦江区	44	196	208	89	39	373	
綦江区(不含万盛)	15	125	120	50	24	153	
万盛经开区	29	71	88	39	15	220	
大足区	16	143	83	46	32	91	
渝北区	73	76	55	26	21	83	
巴南区	23	102	71	35	26	121	
黔江区	10	29	42	2	2	46	
长寿区	11	50	32	15	16	43	
江津区	69	194	205	70	37	176	
合川区	30	243	173	60	36	122	
永川区	26	94	77	22	19	49	
南川区	15	62	39	16	16	53	
璧山区	12	34	17	6	3	21	
铜梁区	9	39	37	29	10	53	
潼南区	17	159	102	34	22	81	
荣昌区	7	53	40	12	9	32	
开州区	21	123	147	60	17	121	
梁平区	14	75	119	46	26	112	
武隆区	7	48	74	20	10	87	
县	551	3150	3872	1509	593	5654	
城口县	13	62	111	37	15	290	
丰都县	87	246	327	131	56	511	
垫江县	51	360	397	208	60	565	
忠　县	75	262	395	167	61	535	
云阳县	73	522	581	280	124	751	
奉节县	63	423	413	152	79	522	
巫山县	26	181	243	103	40	484	
巫溪县	20	263	164	66	23	261	
石柱县	38	159	241	98	32	460	
秀山县	40	154	259	76	23	397	
酉阳县	33	147	400	102	30	483	
彭水县	32	371	341	89	50	395	

4-4b　续表 8

单位：人

地　区 性　别	水利、环境和公共设施管理业	居民服务、修理和其他服务业	教育	卫生和社会工作	文化、体育和娱乐业	公共管理、社会保障和社会组织	国际组织
女	**936**	**7632**	**8224**	**4071**	**1191**	**4236**	
市辖区	418	2898	2804	1307	608	1403	
万州区	16	237	168	73	48	74	
涪陵区	14	62	72	40	40	42	
渝中区							
大渡口区	1	1	3				
江北区	16	71	64	20	17	23	
沙坪坝区	3	16	21	9	4	9	
九龙坡区	27	285	281	161	27	120	
南岸区	2	11	12	1		5	
北碚区	8	45	49	29	11	30	
綦江区	55	257	317	181	54	270	
綦江区(不含万盛)	19	140	196	110	39	119	
万盛经开区	36	117	121	71	15	151	
大足区	18	149	107	51	47	44	
渝北区	52	76	102	31	27	68	
巴南区	21	100	117	50	34	80	
黔江区	4	39	45	5	6	21	
长寿区	9	128	35	27	23	30	
江津区	52	340	331	142	33	128	
合川区	25	219	213	107	42	96	
永川区	21	137	123	57	28	51	
南川区	9	89	66	32	16	41	
璧山区	5	23	23	8	13	18	
铜梁区	4	55	49	24	27	47	
潼南区	12	190	104	51	22	49	
荣昌区	4	36	65	34	13	24	
开州区	16	127	186	72	20	37	
梁平区	13	110	155	71	39	65	
武隆区	11	95	96	31	17	31	
县	518	4734	5420	2764	583	2833	
城口县	20	111	186	101	18	164	
丰都县	68	322	466	278	64	297	
垫江县	58	629	538	335	77	274	
忠　县	65	463	526	349	70	344	
云阳县	65	990	882	378	93	320	
奉节县	47	556	515	253	58	284	
巫山县	20	210	327	195	24	204	
巫溪县	16	235	225	97	21	169	
石柱县	56	276	415	227	46	237	
秀山县	32	212	414	174	19	155	
酉阳县	38	194	509	185	37	209	
彭水县	33	536	417	192	56	176	

4-4c 各地区分性别、行业门类的就业人口(乡村)

单位：人

地区 性别	合计	农、林、牧、渔业	采矿业	制造业	电力、热力、燃气及水生产和供应业	建筑业	批发和零售业
重庆	**511266**	**201698**	**2239**	**66730**	**2019**	**104190**	**35558**
市辖区	343810	130065	1526	49237	1364	67536	24634
万州区	34459	12555	66	4570	99	7456	2498
涪陵区	18475	8386	130	1826	50	3301	1176
渝中区							
大渡口区	534	91		218	17	55	32
江北区	369	74		58	2	150	13
沙坪坝区	2471	282	7	913	7	320	191
九龙坡区	4995	732	17	2106	22	543	529
南岸区	1207	196	1	229	7	183	93
北碚区	5163	1333	2	1017	40	1375	251
綦江区	16934	4381	305	2278	115	4044	1241
綦江区(不含万盛)	15080	3828	256	2054	105	3678	1105
万盛经开区	1854	553	49	224	10	366	136
大足区	13685	6114	54	1626	41	2408	1215
渝北区	12087	1810	21	3278	39	2302	899
巴南区	8198	3580	16	1383	44	1051	416
黔江区	7766	3790	20	491	18	1622	460
长寿区	17194	8193	28	951	50	3519	1271
江津区	27110	13147	46	3772	99	4094	1633
合川区	37910	13161	119	5442	180	7312	3777
永川区	19353	8722	200	2335	59	3920	1097
南川区	9839	3587	99	987	75	2078	649
璧山区	11299	3798	14	2509	35	1887	779
铜梁区	12834	5879	63	1611	38	2633	712
潼南区	16768	6744	55	1821	27	3806	1303
荣昌区	14131	5911	58	2489	46	2166	991
开州区	23728	6453	86	3622	94	5843	1796
梁平区	17970	7017	81	3118	55	3238	1126
武隆区	9331	4129	38	587	105	2230	486
县	167456	71633	713	17493	655	36654	10924
城口县	4539	1837	115	240	47	1001	310
丰都县	15988	6917	42	1385	108	3623	877
垫江县	19567	9265	31	1450	33	3974	1471
忠县	28833	10051	23	3654	76	8089	1698
云阳县	26273	8007	49	5135	55	5675	2147
奉节县	15738	7670	39	1372	77	2356	1252
巫山县	8697	4551	81	531	27	1598	408
巫溪县	6789	3472	38	379	49	1223	436
石柱县	7605	3562	35	837	87	1529	331
秀山县	8001	2658	149	967	29	1996	776
酉阳县	12379	7310	46	810	25	2037	632
彭水县	13047	6333	65	733	42	3553	586

4-4c　续表 1　　单位：人

地区 性别	合计	农、林、牧、渔业	采矿业	制造业	电力、热力、燃气及水生产和供应业	建筑业	批发和零售业
男	**305154**	**101165**	**2008**	**40466**	**1617**	**87343**	**16561**
市辖区	206699	65508	1397	30195	1105	57117	11646
万州区	19913	6067	57	2609	75	6022	1138
涪陵区	11053	4233	124	1174	41	2856	558
渝中区							
大渡口区	343	49		154	15	48	14
江北区	260	39		37	1	131	6
沙坪坝区	1621	154	5	548	4	284	99
九龙坡区	3255	385	17	1390	19	487	307
南岸区	756	113	1	151	6	146	44
北碚区	3330	690	2	633	32	1170	129
綦江区	10856	2171	294	1581	99	3565	574
綦江区(不含万盛)	9710	1912	247	1431	89	3250	511
万盛经开区	1146	259	47	150	10	315	63
大足区	8074	3031	50	1048	31	1983	645
渝北区	7594	947	20	2095	30	1971	381
巴南区	5083	1990	10	882	37	956	196
黔江区	4447	1782	19	294	15	1346	197
长寿区	9408	3878	24	584	42	2767	551
江津区	16389	7020	43	2418	76	3597	772
合川区	23130	7129	103	3329	145	6112	1780
永川区	11366	4184	186	1318	49	3427	519
南川区	5882	1798	88	651	60	1709	258
璧山区	7007	1937	12	1595	30	1675	384
铜梁区	7535	2819	60	931	31	2249	361
潼南区	10249	3400	42	1112	26	3253	640
荣昌区	8283	2932	52	1465	35	1839	495
开州区	14815	3380	82	2008	77	4950	858
梁平区	10411	3333	71	1810	43	2725	528
武隆区	5639	2047	35	378	86	1849	212
县	98455	35657	611	10271	512	30226	4915
城口县	2708	883	102	155	32	850	130
丰都县	9366	3433	36	799	94	2987	356
垫江县	10827	4320	23	877	25	3125	678
忠　县	16525	4594	22	1982	57	6606	693
云阳县	16025	4167	40	3065	45	4778	1049
奉节县	9444	4152	33	865	63	1966	635
巫山县	5366	2404	78	330	22	1437	175
巫溪县	4060	1767	35	232	27	1065	211
石柱县	4430	1797	27	463	67	1205	133
秀山县	4852	1351	115	529	25	1713	330
酉阳县	7134	3677	39	520	19	1722	269
彭水县	7718	3112	61	454	36	2772	256

4-4c　续表 2　　　　单位：人

地区 性别	合计	农、林、牧、渔业	采矿业	制造业	电力、热力、燃气及水生产和供应业	建筑业	批发和零售业
女	**206112**	**100533**	**231**	**26264**	**402**	**16847**	**18997**
市辖区	137111	64557	129	19042	259	10419	12988
万州区	14546	6488	9	1961	24	1434	1360
涪陵区	7422	4153	6	652	9	445	618
渝中区							
大渡口区	191	42		64	2	7	18
江北区	109	35		21	1	19	7
沙坪坝区	850	128	2	365	3	36	92
九龙坡区	1740	347		716	3	56	222
南岸区	451	83		78	1	37	49
北碚区	1833	643		384	8	205	122
綦江区	6078	2210	11	697	16	479	667
綦江区(不含万盛)	5370	1916	9	623	16	428	594
万盛经开区	708	294	2	74		51	73
大足区	5611	3083	4	578	10	425	570
渝北区	4493	863	1	1183	9	331	518
巴南区	3115	1590	6	501	7	95	220
黔江区	3319	2008	1	197	3	276	263
长寿区	7786	4315	4	367	8	752	720
江津区	10721	6127	3	1354	23	497	861
合川区	14780	6032	16	2113	35	1200	1997
永川区	7987	4538	14	1017	10	493	578
南川区	3957	1789	11	336	15	369	391
璧山区	4292	1861	2	914	5	212	395
铜梁区	5299	3060	3	680	7	384	351
潼南区	6519	3344	13	709	1	553	663
荣昌区	5848	2979	6	1024	11	327	496
开州区	8913	3073	4	1614	17	893	938
梁平区	7559	3684	10	1308	12	513	598
武隆区	3692	2082	3	209	19	381	274
县	69001	35976	102	7222	143	6428	6009
城口县	1831	954	13	85	15	151	180
丰都县	6622	3484	6	586	14	636	521
垫江县	8740	4945	8	573	8	849	793
忠　县	12308	5457	1	1672	19	1483	1005
云阳县	10248	3840	9	2070	10	897	1098
奉节县	6294	3518	6	507	14	390	617
巫山县	3331	2147	3	201	5	161	233
巫溪县	2729	1705	3	147	22	158	225
石柱县	3175	1765	8	374	20	324	198
秀山县	3149	1307	34	438	4	283	446
酉阳县	5245	3633	7	290	6	315	363
彭水县	5329	3221	4	279	6	781	330

4-4c　续表 3

单位：人

地区 性别	交通运输、仓储和邮政业	住宿和餐饮业	信息传输、软件和信息技术服务业	金融业	房地产业	租赁和商务服务业	科学研究和技术服务业
重　庆	**18115**	**23469**	**2758**	**1711**	**4850**	**6586**	**1925**
市辖区	12955	17096	2010	1231	3669	4810	1401
万州区	1256	1548	200	148	239	719	177
涪陵区	656	1014	82	75	207	200	47
渝中区							
大渡口区	19	26	2	1	7	6	
江北区	18	10	4	1	5	7	2
沙坪坝区	313	104	14	12	44	40	9
九龙坡区	268	168	40	15	54	82	31
南岸区	79	119	3	1	34	44	8
北碚区	191	231	21	15	104	132	18
綦江区	669	1202	120	51	297	272	79
綦江区(不含万盛)	590	1113	114	50	276	214	65
万盛经开区	79	89	6	1	21	58	14
大足区	422	629	53	42	101	134	26
渝北区	978	692	167	49	307	333	94
巴南区	303	421	40	22	70	108	33
黔江区	250	238	40	19	48	73	31
长寿区	466	726	91	60	159	255	74
江津区	795	924	104	77	218	289	140
合川区	1687	2290	240	158	489	474	132
永川区	492	660	121	44	151	193	64
南川区	402	615	50	52	153	139	33
璧山区	454	520	34	33	131	180	25
铜梁区	310	384	73	35	112	90	37
潼南区	471	895	98	42	141	234	58
荣昌区	470	705	73	55	125	113	36
开州区	1051	1840	173	119	178	383	169
梁平区	653	785	111	66	191	219	46
武隆区	282	350	56	39	104	91	32
县	5160	6373	748	480	1181	1776	524
城口县	161	154	13	9	22	78	26
丰都县	626	786	62	57	113	124	35
垫江县	592	833	88	58	160	220	47
忠　县	878	1108	161	119	306	264	146
云阳县	787	1317	170	79	153	357	142
奉节县	469	557	84	38	163	319	79
巫山县	306	282	20	26	53	51	6
巫溪县	172	197	24	23	33	77	9
石柱县	245	234	39	14	55	40	11
秀山县	280	308	25	12	41	37	6
酉阳县	334	313	25	17	22	38	3
彭水县	310	284	37	28	60	171	14

4-4c 续表 4

单位：人

地区 性别	交通运输、仓储和邮政业	住宿和餐饮业	信息传输、软件和信息技术服务业	金融业	房地产业	租赁和商务服务业	科学研究和技术服务业
男	**15814**	**10245**	**1837**	**766**	**3061**	**4318**	**1346**
市辖区	11323	7726	1356	528	2302	3231	995
万州区	1065	712	122	62	149	423	129
涪陵区	578	464	54	25	137	136	34
渝中区							
大渡口区	16	13	2		3	6	
江北区	16	6	3		2	6	1
沙坪坝区	280	50	11	5	27	32	7
九龙坡区	235	71	32	6	35	66	21
南岸区	69	64	3		17	29	3
北碚区	170	98	14	6	74	96	13
綦江区	600	503	87	27	190	197	58
綦江区(不含万盛)	528	470	83	26	176	156	47
万盛经开区	72	33	4	1	14	41	11
大足区	370	289	37	19	56	95	19
渝北区	730	311	103	22	195	224	69
巴南区	278	199	26	8	42	76	29
黔江区	221	67	27	8	32	53	25
长寿区	410	265	51	22	84	165	49
江津区	700	443	68	35	115	202	96
合川区	1512	1047	165	69	296	299	88
永川区	422	276	85	18	100	139	51
南川区	364	250	37	21	108	91	25
璧山区	413	234	23	12	75	128	18
铜梁区	279	170	57	14	73	62	26
潼南区	412	396	64	24	95	169	44
荣昌区	417	356	52	25	82	79	27
开州区	944	963	121	57	113	244	106
梁平区	567	337	70	24	132	158	29
武隆区	255	142	42	19	70	56	28
县	4491	2519	481	238	759	1087	351
城口县	138	44	6	5	14	52	23
丰都县	537	324	41	24	63	72	25
垫江县	520	296	59	25	105	149	37
忠　县	719	388	110	51	177	136	97
云阳县	694	608	99	42	110	214	85
奉节县	414	241	57	23	110	206	48
巫山县	285	107	12	16	37	40	6
巫溪县	160	71	14	16	22	48	4
石柱县	216	110	28	7	36	22	8
秀山县	252	121	17	8	23	24	3
酉阳县	290	109	16	8	16	26	3
彭水县	266	100	22	13	46	98	12

4-4c　续表 5　　　　　　　　　　　　　　　　　　　　　　　　　　　　单位：人

地　区 性　别	交通运输、仓储和邮政业	住宿和餐饮业	信息传输、软件和信息技术服务业	金融业	房地产业	租赁和商务服务业	科学研究和技术服务业
女	**2301**	**13224**	**921**	**945**	**1789**	**2268**	**579**
市辖区	1632	9370	654	703	1367	1579	406
万州区	191	836	78	86	90	296	48
涪陵区	78	550	28	50	70	64	13
渝中区							
大渡口区	3	13		1	4		
江北区	2	4	1	1	3	1	1
沙坪坝区	33	54	3	7	17	8	2
九龙坡区	33	97	8	9	19	16	10
南岸区	10	55		1	17	15	5
北碚区	21	133	7	9	30	36	5
綦江区	69	699	33	24	107	75	21
綦江区(不含万盛)	62	643	31	24	100	58	18
万盛经开区	7	56	2		7	17	3
大足区	52	340	16	23	45	39	7
渝北区	248	381	64	27	112	109	25
巴南区	25	222	14	14	28	32	4
黔江区	29	171	13	11	16	20	6
长寿区	56	461	40	38	75	90	25
江津区	95	481	36	42	103	87	44
合川区	175	1243	75	89	193	175	44
永川区	70	384	36	26	51	54	13
南川区	38	365	13	31	45	48	8
璧山区	41	286	11	21	56	52	7
铜梁区	31	214	16	21	39	28	11
潼南区	59	499	34	18	46	65	14
荣昌区	53	349	21	30	43	34	9
开州区	107	877	52	62	65	139	63
梁平区	86	448	41	42	59	61	17
武隆区	27	208	14	20	34	35	4
县	669	3854	267	242	422	689	173
城口县	23	110	7	4	8	26	3
丰都县	89	462	21	33	50	52	10
垫江县	72	537	29	33	55	71	10
忠　县	159	720	51	68	129	128	49
云阳县	93	709	71	37	43	143	57
奉节县	55	316	27	15	53	113	31
巫山县	21	175	8	10	16	11	
巫溪县	12	126	10	7	11	29	5
石柱县	29	124	11	7	19	18	3
秀山县	28	187	8	4	18	13	3
酉阳县	44	204	9	9	6	12	
彭水县	44	184	15	15	14	73	2

4－4c 续表 6

单位：人

地 区 性 别	水利、环境和公共设施管理业	居民服务、修理和其他服务业	教育	卫生和社会工作	文化、体育和娱乐业	公共管理、社会保障和社会组织	国际组织
重 庆	**3021**	**14567**	**7413**	**4260**	**2002**	**8155**	
市辖区	2226	10255	4437	2842	1444	5072	
万州区	153	1216	549	314	151	545	
涪陵区	149	479	227	155	72	243	
渝中区							
大渡口区	4	16	16	2	9	13	
江北区	1	5	4	2	1	12	
沙坪坝区	24	65	38	19	17	52	
九龙坡区	35	118	77	36	27	95	
南岸区	58	67	31	13	9	32	
北碚区	51	145	65	43	32	97	
綦江区	131	756	282	191	91	429	
綦江区(不含万盛)	95	668	269	171	72	357	
万盛经开区	36	88	13	20	19	72	
大足区	86	293	146	99	34	162	
渝北区	126	367	208	81	94	242	
巴南区	100	185	107	63	38	218	
黔江区	62	166	136	68	19	215	
长寿区	108	705	127	128	57	226	
江津区	123	651	396	168	122	312	
合川区	192	1292	324	275	131	235	
永川区	133	448	270	128	84	232	
南川区	72	373	127	89	52	207	
璧山区	136	345	94	123	30	172	
铜梁区	72	245	158	107	38	237	
潼南区	74	523	146	117	53	160	
荣昌区	56	345	173	104	71	144	
开州区	108	767	385	283	105	273	
梁平区	92	486	209	152	65	260	
武隆区	80	197	142	82	42	259	
县	795	4312	2976	1418	558	3083	
城口县	52	117	74	43	9	231	
丰都县	98	379	261	156	60	279	
垫江县	112	599	247	146	53	188	
忠 县	147	983	382	237	128	383	
云阳县	123	790	548	300	129	310	
奉节县	69	329	336	147	70	312	
巫山县	33	209	200	92	7	216	
巫溪县	33	150	150	62	17	245	
石柱县	36	138	101	51	21	239	
秀山县	33	196	178	63	18	229	
酉阳县	18	161	267	69	19	233	
彭水县	41	261	232	52	27	218	

4-4c　续表 7　　单位：人

地　区 性　别	水利、环境和公共设施管理业	居民服务、修理和其他服务业	教育	卫生和社会工作	文化、体育和娱乐业	公共管理、社会保障和社会组织	国际组织
男	**1729**	**6557**	**2522**	**1691**	**1059**	**5049**	
市辖区	1290	4621	1412	1124	745	3078	
万州区	91	464	189	138	85	316	
涪陵区	98	204	83	67	31	156	
渝中区							
大渡口区	2	4	4		9	4	
江北区	1	2		2		7	
沙坪坝区	17	43	12	7	8	28	
九龙坡区	14	61	36	8	13	52	
南岸区	40	31	8	5	6	20	
北碚区	28	74	23	14	16	48	
綦江区	83	363	89	59	49	267	
綦江区(不含万盛)	66	329	88	46	34	221	
万盛经开区	17	34	1	13	15	46	
大足区	44	139	44	51	16	107	
渝北区	65	171	47	26	50	137	
巴南区	66	90	43	21	16	118	
黔江区	34	80	57	29	11	150	
长寿区	57	232	32	37	25	133	
江津区	81	290	137	61	59	176	
合川区	106	576	89	85	63	137	
永川区	72	218	77	49	44	132	
南川区	35	174	37	23	20	133	
璧山区	75	199	28	53	13	103	
铜梁区	38	114	45	51	23	132	
潼南区	43	273	54	61	31	110	
荣昌区	29	179	49	42	36	92	
开州区	69	350	114	139	53	187	
梁平区	52	202	59	66	45	160	
武隆区	50	88	56	30	23	173	
县	439	1936	1110	567	314	1971	
城口县	30	53	38	16	6	131	
丰都县	45	166	108	56	31	169	
垫江县	58	240	80	58	33	119	
忠　县	67	347	126	61	69	223	
云阳县	75	352	204	119	72	207	
奉节县	53	161	124	62	39	192	
巫山县	26	115	74	41	4	157	
巫溪县	23	86	65	44	13	157	
石柱县	16	72	43	19	11	150	
秀山县	17	104	48	29	8	135	
酉阳县	9	95	103	33	9	171	
彭水县	20	145	97	29	19	160	

4-4c 续表 8

单位：人

地区 性别	水利、环境和公共设施管理业	居民服务、修理和其他服务业	教育	卫生和社会工作	文化、体育和娱乐业	公共管理、社会保障和社会组织	国际组织
女	**1292**	**8010**	**4891**	**2569**	**943**	**3106**	
市辖区	936	5634	3025	1718	699	1994	
万州区	62	752	360	176	66	229	
涪陵区	51	275	144	88	41	87	
渝中区							
大渡口区	2	12	12	2		9	
江北区		3	4		1	5	
沙坪坝区	7	22	26	12	9	24	
九龙坡区	21	57	41	28	14	43	
南岸区	18	36	23	8	3	12	
北碚区	23	71	42	29	16	49	
綦江区	48	393	193	132	42	162	
綦江区(不含万盛)	29	339	181	125	38	136	
万盛经开区	19	54	12	7	4	26	
大足区	42	154	102	48	18	55	
渝北区	61	196	161	55	44	105	
巴南区	34	95	64	42	22	100	
黔江区	28	86	79	39	8	65	
长寿区	51	473	95	91	32	93	
江津区	42	361	259	107	63	136	
合川区	86	716	235	190	68	98	
永川区	61	230	193	79	40	100	
南川区	37	199	90	66	32	74	
璧山区	61	146	66	70	17	69	
铜梁区	34	131	113	56	15	105	
潼南区	31	250	92	56	22	50	
荣昌区	27	166	124	62	35	52	
开州区	39	417	271	144	52	86	
梁平区	40	284	150	86	20	100	
武隆区	30	109	86	52	19	86	
县	356	2376	1866	851	244	1112	
城口县	22	64	36	27	3	100	
丰都县	53	213	153	100	29	110	
垫江县	54	359	167	88	20	69	
忠县	80	636	256	176	59	160	
云阳县	48	438	344	181	57	103	
奉节县	16	168	212	85	31	120	
巫山县	7	94	126	51	3	59	
巫溪县	10	64	85	18	4	88	
石柱县	20	66	58	32	10	89	
秀山县	16	92	130	34	10	94	
酉阳县	9	66	164	36	10	62	
彭水县	21	116	135	23	8	58	

4-5 全市分年龄、性别、行业大类的就业人口

单位：人

年龄组 性 别	合计	农、林、牧、渔业						采矿业	
		小计	农业	林业	畜牧业	渔业	农、林、牧、渔专业及辅助性活动	小计	煤炭开采和洗选业
总　计	**1526217**	**241541**	**213506**	**1903**	**22945**	**2179**	**1008**	**7036**	**3274**
16-19岁	13532	589	510	5	61	11	2	3	
20-24岁	97165	2553	2109	27	339	48	30	144	19
25-29岁	172664	4325	3453	73	629	94	76	414	86
30-34岁	208521	6306	5007	128	915	180	76	724	230
35-39岁	154536	6144	4825	89	1000	149	81	611	215
40-44岁	134780	8620	6999	124	1263	147	87	744	365
45-49岁	254401	26880	22784	322	3206	399	169	2172	1280
50-54岁	208076	36617	31766	424	3835	404	188	1538	855
55-59岁	129800	35406	31421	332	3219	305	129	544	182
60-64岁	49008	28003	25489	153	2150	152	59	80	22
65-69岁	57452	44362	40670	154	3309	164	65	42	16
70-74岁	28805	25649	23575	51	1901	96	26	14	3
75岁及以上	17477	16087	14898	21	1118	30	20	6	1
男	**891118**	**121231**	**106180**	**1317**	**11581**	**1508**	**645**	**6134**	**3002**
16-19岁	8575	394	336	5	44	8	1	3	
20-24岁	53919	1415	1117	15	225	41	17	127	18
25-29岁	97368	2415	1858	53	382	70	52	334	71
30-34岁	118828	3269	2441	94	551	124	59	585	190
35-39岁	86920	2982	2220	60	539	115	48	508	174
40-44岁	74485	3790	2939	75	626	97	53	632	333
45-49岁	143800	11716	9575	215	1564	261	101	1901	1191
50-54岁	129114	15882	13409	300	1779	276	118	1413	820
55-59岁	86317	16150	14067	241	1544	207	91	510	169
60-64岁	30802	14956	13673	103	1044	100	36	69	19
65-69岁	33493	23913	22013	109	1637	113	41	34	14
70-74岁	17114	14886	13732	34	1028	73	19	12	2
75岁及以上	10383	9463	8800	13	618	23	9	6	1
女	**635099**	**120310**	**107326**	**586**	**11364**	**671**	**363**	**902**	**272**
16-19岁	4957	195	174		17	3	1		
20-24岁	43246	1138	992	12	114	7	13	17	1
25-29岁	75296	1910	1595	20	247	24	24	80	15
30-34岁	89693	3037	2566	34	364	56	17	139	40
35-39岁	67616	3162	2605	29	461	34	33	103	41
40-44岁	60295	4830	4060	49	637	50	34	112	32
45-49岁	110601	15164	13209	107	1642	138	68	271	89
50-54岁	78962	20735	18357	124	2056	128	70	125	35
55-59岁	43483	19256	17354	91	1675	98	38	34	13
60-64岁	18206	13047	11816	50	1106	52	23	11	3
65-69岁	23959	20449	18657	45	1672	51	24	8	2
70-74岁	11691	10763	9843	17	873	23	7	2	1
75岁及以上	7094	6624	6098	8	500	7	11		

4-5 续表 1

单位：人

年龄组 性别	采矿业						制造业		
	石油和天然气开采业	黑色金属矿采选业	有色金属矿采选业	非金属矿采选业	开采专业及辅助性活动	其他采矿业	小计	农副食品加工业	食品制造业
总　计	**963**	**440**	**214**	**1213**	**756**	**176**	**214163**	**6742**	**8250**
16-19岁	1			1		1	4224	21	81
20-24岁	42	15	10	26	25	7	16472	169	637
25-29岁	112	26	15	95	67	13	25893	399	1039
30-34岁	157	56	17	125	125	14	33615	638	1289
35-39岁	122	36	24	104	89	21	24904	579	937
40-44岁	103	56	31	118	54	17	22427	627	795
45-49岁	207	118	58	273	185	51	41967	1566	1559
50-54岁	122	90	40	273	128	30	27382	1445	1133
55-59岁	83	32	14	144	71	18	12784	787	538
60-64岁	7	8	3	33	4	3	2510	238	140
65-69岁	4	2	2	16	2		1452	185	80
70-74岁	3			5	2	1	355	54	14
75岁及以上		1			4		178	34	8
男	**760**	**361**	**186**	**1058**	**618**	**149**	**132565**	**3696**	**4094**
16-19岁	1			1		1	3042	15	48
20-24岁	37	11	9	26	20	6	11418	103	328
25-29岁	80	22	14	84	52	11	16934	223	548
30-34岁	122	47	11	106	97	12	20648	345	615
35-39岁	105	30	19	88	75	17	14348	304	456
40-44岁	75	42	27	99	42	14	12003	309	328
45-49岁	145	94	52	236	140	43	22899	713	652
50-54岁	103	77	36	235	115	27	18225	808	607
55-59岁	81	28	14	137	66	15	9617	530	348
60-64岁	6	8	3	28	3	2	1941	162	96
65-69岁	3	1	1	13	2		1113	128	55
70-74岁	2			5	2	1	269	35	8
75岁及以上		1			4		108	21	5
女	**203**	**79**	**28**	**155**	**138**	**27**	**81598**	**3046**	**4156**
16-19岁							1182	6	33
20-24岁	5	4	1		5	1	5054	66	309
25-29岁	32	4	1	11	15	2	8959	176	491
30-34岁	35	9	6	19	28	2	12967	293	674
35-39岁	17	6	5	16	14	4	10556	275	481
40-44岁	28	14	4	19	12	3	10424	318	467
45-49岁	62	24	6	37	45	8	19068	853	907
50-54岁	19	13	4	38	13	3	9157	637	526
55-59岁	2	4		7	5	3	3167	257	190
60-64岁	1			5	1	1	569	76	44
65-69岁	1	1	1	3			339	57	25
70-74岁	1						86	19	6
75岁及以上							70	13	3

4-5　续表 2

单位：人

年龄组 性　别	制造业								
	酒、饮料和精制茶制造业	烟　草制品业	纺织业	纺织服装、服饰业	皮革、毛皮、羽毛及其制品和制鞋业	木材加工和木、竹、藤、棕、草制品业	家　具制造业	造纸和纸制品业	印刷和记录媒介复制业
总　计	**2274**	**579**	**3908**	**11225**	**6902**	**4010**	**6493**	**3677**	**2222**
16-19岁	14		23	131	81	16	49	42	26
20-24岁	84	8	172	674	428	131	324	215	128
25-29岁	204	41	311	1120	596	314	647	361	241
30-34岁	278	64	437	1659	1035	481	885	579	359
35-39岁	222	66	413	1385	823	346	661	461	297
40-44岁	216	63	433	1335	862	406	709	424	260
45-49岁	426	138	951	2641	1607	845	1413	783	482
50-54岁	380	124	681	1498	940	774	1090	512	274
55-59岁	249	68	324	592	409	422	539	215	119
60-64岁	85	5	80	97	68	122	95	47	22
65-69岁	82		57	62	41	95	62	27	10
70-74岁	24	1	20	17	9	30	19	8	4
75岁及以上	10	1	6	14	3	28		3	
男	**1429**	**380**	**1835**	**4708**	**3576**	**2859**	**4497**	**2194**	**1345**
16-19岁	9		10	73	55	16	44	31	19
20-24岁	46	6	97	314	254	96	244	145	79
25-29岁	122	20	149	492	355	236	472	234	149
30-34岁	159	37	217	665	544	348	598	354	223
35-39岁	134	28	170	567	416	216	430	260	174
40-44岁	119	39	148	500	395	263	464	240	152
45-49岁	251	86	394	1011	748	557	903	396	252
50-54岁	258	98	340	655	488	569	775	321	175
55-59岁	185	60	193	308	238	328	425	148	94
60-64岁	64	4	54	68	47	100	80	42	19
65-69岁	58		42	40	30	81	48	19	6
70-74岁	19	1	16	11	5	26	14	3	3
75岁及以上	5	1	5	4	1	23		1	
女	**845**	**199**	**2073**	**6517**	**3326**	**1151**	**1996**	**1483**	**877**
16-19岁	5		13	58	26		5	11	7
20-24岁	38	2	75	360	174	35	80	70	49
25-29岁	82	21	162	628	241	78	175	127	92
30-34岁	119	27	220	994	491	133	287	225	136
35-39岁	88	38	243	818	407	130	231	201	123
40-44岁	97	24	285	835	467	143	245	184	108
45-49岁	175	52	557	1630	859	288	510	387	230
50-54岁	122	26	341	843	452	205	315	191	99
55-59岁	64	8	131	284	171	94	114	67	25
60-64岁	21	1	26	29	21	22	15	5	3
65-69岁	24		15	22	11	14	14	8	4
70-74岁	5		4	6	4	4	5	5	1
75岁及以上	5		1	10	2	5		2	

4-5 续表 3

单位：人

年龄组 性别	制造业								
	文教、工美、体育和娱乐用品制造业	石油、煤炭及其他燃料加工业	化学原料和化学制品制造业	医药制造业	化学纤维制造业	橡胶和塑料制品业	非金属矿物制品业	黑色金属冶炼和压延加工业	有色金属冶炼和压延加工业
总计	**2660**	**359**	**5377**	**3967**	**259**	**6893**	**14521**	**2650**	**2358**
16-19岁	42	2	11	17		66	58	4	10
20-24岁	182	25	314	374	18	378	492	59	95
25-29岁	267	34	570	652	58	639	1097	205	215
30-34岁	394	46	862	691	51	1017	1826	444	354
35-39岁	297	38	636	549	29	799	1513	282	245
40-44岁	304	34	648	448	22	781	1526	272	283
45-49岁	620	70	1172	677	48	1550	3313	652	631
50-54岁	358	62	811	353	27	1051	2641	521	358
55-59岁	148	30	279	170	5	467	1491	181	143
60-64岁	23	12	50	23		90	344	16	15
65-69岁	17	5	19	10		40	188	9	6
70-74岁	2	1	3	3	1	9	26	3	2
75岁及以上	6		2			6	6	2	1
男	**1200**	**259**	**3666**	**2006**	**171**	**3940**	**10437**	**2069**	**1732**
16-19岁	30	2	7	7		48	50	4	10
20-24岁	97	18	221	159	16	244	378	48	73
25-29岁	125	24	388	315	42	408	818	140	157
30-34岁	175	33	530	345	30	615	1297	321	266
35-39岁	140	26	381	228	22	439	1022	202	170
40-44岁	107	24	395	203	10	377	985	197	186
45-49岁	234	49	800	323	28	761	2202	507	426
50-54岁	170	45	654	256	18	618	1986	462	302
55-59岁	85	24	232	143	4	320	1213	162	122
60-64岁	17	9	38	15		69	288	13	13
65-69岁	14	5	15	10		30	170	8	5
70-74岁	2		3	2	1	8	25	3	1
75岁及以上	4		2			3	3	2	1
女	**1460**	**100**	**1711**	**1961**	**88**	**2953**	**4084**	**581**	**626**
16-19岁	12		4	10		18	8		
20-24岁	85	7	93	215	2	134	114	11	22
25-29岁	142	10	182	337	16	231	279	65	58
30-34岁	219	13	332	346	21	402	529	123	88
35-39岁	157	12	255	321	7	360	491	80	75
40-44岁	197	10	253	245	12	404	541	75	97
45-49岁	386	21	372	354	20	789	1111	145	205
50-54岁	188	17	157	97	9	433	655	59	56
55-59岁	63	6	47	27	1	147	278	19	21
60-64岁	6	3	12	8		21	56	3	2
65-69岁	3		4			10	18	1	1
70-74岁		1		1		1	1		1
75岁及以上	2					3	3		

4-5　续表 4

单位：人

年龄组 性　别	制造业								
	金　属 制品业	通用设备 制造业	专用设备 制造业	汽　车 制造业	铁路、船舶、航空航天和其他运输设备制造业	电气机械和器材制造业	计算机、通信和其他电子设备制造业	仪器仪表 制造业	其　他 制造业
总　计	**12159**	**15530**	**5686**	**28447**	**9017**	**8441**	**31998**	**2337**	**1865**
16–19岁	84	135	65	521	68	189	2410	29	13
20–24岁	616	905	445	2084	404	898	5794	117	83
25–29岁	1199	1585	818	3738	744	1235	6712	269	208
30–34岁	1768	2399	1116	5197	1093	1483	6042	389	281
35–39岁	1443	1958	793	3699	1050	1062	3396	357	230
40–44岁	1325	1841	581	3032	1067	889	2492	277	209
45–49岁	2713	3372	941	5442	2227	1483	3122	479	405
50–54岁	1917	2050	573	3067	1466	784	1376	275	274
55–59岁	844	1021	272	1335	704	335	519	127	118
60–64岁	143	155	46	210	130	57	77	14	24
65–69岁	83	83	29	90	47	19	51	1	9
70–74岁	18	17	4	21	16	3	4	2	6
75岁及以上	6	9	3	11	1	4	3	1	5
男	**8869**	**10706**	**3663**	**19525**	**5781**	**5129**	**17639**	**1373**	**1167**
16–19岁	62	109	44	461	60	157	1625	22	10
20–24岁	491	711	315	1759	320	664	3853	86	57
25–29岁	894	1177	523	2862	535	787	4096	186	137
30–34岁	1323	1692	705	3592	693	887	3281	205	192
35–39岁	1020	1309	488	2415	610	587	1543	180	147
40–44岁	914	1118	333	1745	588	444	979	142	112
45–49岁	1851	2038	573	3055	1224	766	1165	238	227
50–54岁	1413	1520	404	2254	1017	516	686	194	174
55–59岁	692	821	216	1125	577	263	317	109	83
60–64岁	117	129	35	167	106	42	58	9	17
65–69岁	71	62	22	68	39	13	31		5
70–74岁	15	13	4	16	12	2	4	2	4
75岁及以上	6	7	1	6		1	1		2
女	**3290**	**4824**	**2023**	**8922**	**3236**	**3312**	**14359**	**964**	**698**
16–19岁	22	26	21	60	8	32	785	7	3
20–24岁	125	194	130	325	84	234	1941	31	26
25–29岁	305	408	295	876	209	448	2616	83	71
30–34岁	445	707	411	1605	400	596	2761	184	89
35–39岁	423	649	305	1284	440	475	1853	177	83
40–44岁	411	723	248	1287	479	445	1513	135	97
45–49岁	862	1334	368	2387	1003	717	1957	241	178
50–54岁	504	530	169	813	449	268	690	81	100
55–59岁	152	200	56	210	127	72	202	18	35
60–64岁	26	26	11	43	24	15	19	5	7
65–69岁	12	21	7	22	8	6	20	1	4
70–74岁	3	4		5	4	1			2
75岁及以上		2	2	5	1	3	2	1	3

4-5 续表 5

单位：人

年龄组 性别	制造业		电力、热力、燃气及水生产和供应业				建筑业		
	废弃资源综合利用业	金属制品、机械和设备修理业	小计	电力、热力生产和供应业	燃气生产和供应业	水的生产和供应业	小计	房屋建筑业	土木工程建筑业
总　计	**1449**	**1908**	**12476**	**7293**	**2711**	**2472**	**258065**	**157285**	**23938**
16-19岁	1	15	16	7	4	5	1155	710	99
20-24岁	30	189	519	329	108	82	11128	5927	1369
25-29岁	83	292	1328	763	316	249	23974	12826	2803
30-34岁	142	316	1811	963	439	409	31262	16942	3289
35-39岁	119	219	1485	821	362	302	22672	12671	2321
40-44岁	110	156	1491	849	348	294	23939	14261	2182
45-49岁	299	340	2706	1666	525	515	56023	35484	4500
50-54岁	322	245	1809	1145	344	320	49794	32687	3914
55-59岁	231	102	1064	636	214	214	27984	18737	2473
60-64岁	63	19	133	61	28	44	6273	4322	598
65-69岁	37	8	82	38	13	31	3247	2274	335
70-74岁	9	5	23	7	9	7	467	342	40
75岁及以上	3	2	9	8	1		147	102	15
男	**1002**	**1618**	**8749**	**5384**	**1768**	**1597**	**214418**	**129967**	**20351**
16-19岁	1	13	14	5	4	5	1014	623	90
20-24岁	24	172	360	242	70	48	9336	5026	1166
25-29岁	69	251	878	528	200	150	20194	10876	2330
30-34岁	87	274	1222	692	274	256	26334	14244	2776
35-39岁	87	177	976	590	215	171	18507	10340	1938
40-44岁	66	121	891	540	198	153	18976	11159	1788
45-49岁	197	272	1721	1130	300	291	44365	27777	3704
50-54岁	225	217	1500	962	276	262	41376	26866	3387
55-59岁	160	92	967	595	187	185	24911	16549	2256
60-64岁	47	16	118	53	25	40	5866	4039	558
65-69岁	31	7	74	34	11	29	3009	2088	309
70-74岁	7	4	19	5	7	7	417	299	37
75岁及以上	1	2	9	8	1		113	81	12
女	**447**	**290**	**3727**	**1909**	**943**	**875**	**43647**	**27318**	**3587**
16-19岁		2	2	2			141	87	9
20-24岁	6	17	159	87	38	34	1792	901	203
25-29岁	14	41	450	235	116	99	3780	1950	473
30-34岁	55	42	589	271	165	153	4928	2698	513
35-39岁	32	42	509	231	147	131	4165	2331	383
40-44岁	44	35	600	309	150	141	4963	3102	394
45-49岁	102	68	985	536	225	224	11658	7707	796
50-54岁	97	28	309	183	68	58	8418	5821	527
55-59岁	71	10	97	41	27	29	3073	2188	217
60-64岁	16	3	15	8	3	4	407	283	40
65-69岁	6	1	8	4	2	2	238	186	26
70-74岁	2	1	4	2	2		50	43	3
75岁及以上	2						34	21	3

4-5　续表 6

单位：人

年龄组 性　别	建筑业		批发和零售业			交通运输、仓储和邮政业			
	建　筑 安装业	建筑装 饰、装修 和其他 建筑业	小计	批发业	零售业	小计	铁　路 运输业	道　路 运输业	水　上 运输业
总　计	**11164**	**65678**	**213185**	**45515**	**167670**	**81936**	**2337**	**54135**	**1971**
16–19岁	68	278	1492	208	1284	349	7	147	14
20–24岁	612	3220	14591	2582	12009	4587	233	2377	80
25–29岁	1362	6983	28393	5539	22854	10356	483	6101	198
30–34岁	1911	9120	38306	8116	30190	13460	387	9145	248
35–39岁	1325	6355	28610	6174	22436	10388	221	7688	171
40–44岁	1143	6353	23505	4962	18543	8783	172	6525	184
45–49岁	2096	13943	36720	7867	28853	15709	350	11212	435
50–54岁	1537	11656	23496	5624	17872	11034	259	7106	369
55–59岁	815	5959	11668	2911	8757	5585	198	3144	225
60–64岁	181	1172	2864	701	2163	1061	16	447	32
65–69岁	94	544	2323	546	1777	513	9	197	13
70–74岁	14	71	799	186	613	79	1	33	1
75岁及以上	6	24	418	99	319	32	1	13	1
男	**10001**	**54099**	**95218**	**25865**	**69353**	**68214**	**1749**	**46927**	**1647**
16–19岁	62	239	697	132	565	259	5	107	12
20–24岁	561	2583	6308	1414	4894	3432	157	1875	60
25–29岁	1224	5764	12130	2957	9173	8075	331	5082	145
30–34岁	1711	7603	15775	4304	11471	10818	296	7752	205
35–39岁	1167	5062	11904	3360	8544	8450	162	6572	138
40–44岁	1007	5022	9530	2673	6857	7252	126	5615	151
45–49岁	1826	11058	15362	4304	11058	13237	246	9789	369
50–54岁	1401	9722	12134	3557	8577	9923	219	6549	323
55–59岁	760	5346	7250	2082	5168	5201	185	2955	204
60–64岁	171	1098	1887	504	1383	995	13	413	28
65–69岁	94	518	1476	382	1094	477	7	179	11
70–74岁	14	67	499	128	371	69	1	28	
75岁及以上	3	17	266	68	198	26	1	11	1
女	**1163**	**11579**	**117967**	**19650**	**98317**	**13722**	**588**	**7208**	**324**
16–19岁	6	39	795	76	719	90	2	40	2
20–24岁	51	637	8283	1168	7115	1155	76	502	20
25–29岁	138	1219	16263	2582	13681	2281	152	1019	53
30–34岁	200	1517	22531	3812	18719	2642	91	1393	43
35–39岁	158	1293	16706	2814	13892	1938	59	1116	33
40–44岁	136	1331	13975	2289	11686	1531	46	910	33
45–49岁	270	2885	21358	3563	17795	2472	104	1423	66
50–54岁	136	1934	11362	2067	9295	1111	40	557	46
55–59岁	55	613	4418	829	3589	384	13	189	21
60–64岁	10	74	977	197	780	66	3	34	4
65–69岁		26	847	164	683	36	2	18	2
70–74岁		4	300	58	242	10		5	1
75岁及以上	3	7	152	31	121	6		2	

4-5 续表 7 单位：人

年龄组 性别	交通运输、仓储和邮政业					住宿和餐饮业		
	航空运输业	管道运输业	多式联运和运输代理业	装卸搬运和仓储业	邮政业	小计	住宿业	餐饮业
总计	**2526**	**41**	**1676**	**9979**	**9271**	**98887**	**8965**	**89922**
16-19岁	6		12	31	132	1954	156	1798
20-24岁	348	3	104	265	1177	8267	911	7356
25-29岁	758	4	250	530	2032	11618	1149	10469
30-34岁	584	9	291	726	2070	13893	1228	12665
35-39岁	312	3	243	596	1154	10865	970	9895
40-44岁	156	4	206	805	731	9812	876	8936
45-49岁	194	8	252	2185	1073	18587	1733	16854
50-54岁	109	5	193	2418	575	14103	1147	12956
55-59岁	52	4	101	1581	280	6991	586	6405
60-64岁	3		14	521	28	1623	117	1506
65-69岁	3		9	267	15	897	72	825
70-74岁		1		42	1	198	12	186
75岁及以上	1		1	12	3	79	8	71
男	**1501**	**28**	**1262**	**8509**	**6591**	**44613**	**3025**	**41588**
16-19岁	4		7	27	97	1223	79	1144
20-24岁	166	2	71	216	885	4848	295	4553
25-29岁	421	3	173	434	1486	6636	400	6236
30-34岁	353	7	196	562	1447	7338	432	6906
35-39岁	194	2	166	450	766	5234	311	4923
40-44岁	108	3	158	614	477	3994	267	3727
45-49岁	126	4	214	1777	712	6458	434	6024
50-54岁	81	4	162	2144	441	4751	392	4359
55-59岁	42	2	94	1479	240	2761	277	2484
60-64岁	3		12	502	24	760	76	684
65-69岁	2		8	257	13	460	48	412
70-74岁		1		38	1	106	9	97
75岁及以上	1		1	9	2	44	5	39
女	**1025**	**13**	**414**	**1470**	**2680**	**54274**	**5940**	**48334**
16-19岁	2		5	4	35	731	77	654
20-24岁	182	1	33	49	292	3419	616	2803
25-29岁	337	1	77	96	546	4982	749	4233
30-34岁	231	2	95	164	623	6555	796	5759
35-39岁	118	1	77	146	388	5631	659	4972
40-44岁	48	1	48	191	254	5818	609	5209
45-49岁	68	4	38	408	361	12129	1299	10830
50-54岁	28	1	31	274	134	9352	755	8597
55-59岁	10	2	7	102	40	4230	309	3921
60-64岁			2	19	4	863	41	822
65-69岁	1		1	10	2	437	24	413
70-74岁				4		92	3	89
75岁及以上				3	1	35	3	32

4-5　续表 8　　　　单位：人

年龄组 性　别	信息传输、软件和信息技术服务业				金融业				
	小计	电信、广播电视和卫星传输服务	互联网和相关服务	软件和信息技术服务业	小计	货币金融服　务	资本市场服　务	保险业	其　他金融业
总　计	**27063**	**6862**	**7886**	**12315**	**22962**	**10137**	**1586**	**8896**	**2343**
16-19岁	334	32	136	166	58	19	7	19	13
20-24岁	4388	667	1514	2207	1824	727	126	675	296
25-29岁	7127	1360	2151	3616	4438	1900	328	1637	573
30-34岁	6375	1625	1826	2924	5607	2625	382	1996	604
35-39岁	3763	1124	975	1664	3508	1396	282	1473	357
40-44岁	1827	628	428	771	1939	693	153	937	156
45-49岁	1804	751	494	559	2836	1200	161	1293	182
50-54岁	956	430	257	269	1755	940	95	612	108
55-59岁	417	213	85	119	903	588	47	217	51
60-64岁	42	20	11	11	63	31	5	25	2
65-69岁	21	9	5	7	20	12		7	1
70-74岁	6	1	3	2	4	1		3	
75岁及以上	3	2	1		7	5		2	
男	**17378**	**4105**	**5094**	**8179**	**10382**	**4993**	**898**	**3278**	**1213**
16-19岁	198	18	73	107	28	13	2	7	6
20-24岁	2564	378	839	1347	829	299	64	340	126
25-29岁	4432	807	1312	2313	2033	833	156	764	280
30-34岁	4076	855	1211	2010	2441	1145	214	776	306
35-39岁	2463	606	681	1176	1448	627	165	460	196
40-44岁	1220	378	312	530	736	328	88	230	90
45-49岁	1249	498	372	379	1166	587	97	378	104
50-54岁	761	353	208	200	939	608	70	199	62
55-59岁	357	185	69	103	700	519	38	102	41
60-64岁	34	16	10	8	40	20	4	15	1
65-69岁	18	9	4	5	15	9		5	1
70-74岁	4	1	2	1	1	1			
75岁及以上	2	1	1		6	4		2	
女	**9685**	**2757**	**2792**	**4136**	**12580**	**5144**	**688**	**5618**	**1130**
16-19岁	136	14	63	59	30	6	5	12	7
20-24岁	1824	289	675	860	995	428	62	335	170
25-29岁	2695	553	839	1303	2405	1067	172	873	293
30-34岁	2299	770	615	914	3166	1480	168	1220	298
35-39岁	1300	518	294	488	2060	769	117	1013	161
40-44岁	607	250	116	241	1203	365	65	707	66
45-49岁	555	253	122	180	1670	613	64	915	78
50-54岁	195	77	49	69	816	332	25	413	46
55-59岁	60	28	16	16	203	69	9	115	10
60-64岁	8	4	1	3	23	11	1	10	1
65-69岁	3		1	2	5	3		2	
70-74岁	2		1	1	3			3	
75岁及以上	1	1			1	1			

4-5 续表 9

单位：人

年龄组 性 别	房地产业		租赁和商务服务业			科学研究和技术服务业			
	小计	房地产业	小计	租赁业	商 务 服务业	小计	研究和 试验发展	专业技术 服务业	科技推广 和应用 服务业
总 计	**41866**	**41866**	**46688**	**3593**	**43095**	**16934**	**2052**	**12301**	**2581**
16-19岁	217	217	308	17	291	78	3	62	13
20-24岁	3936	3936	4999	229	4770	1750	182	1258	310
25-29岁	6772	6772	8512	538	7974	3668	399	2690	579
30-34岁	6943	6943	8855	722	8133	3924	479	2902	543
35-39岁	4640	4640	5802	435	5367	2543	336	1884	323
40-44岁	3254	3254	3937	380	3557	1391	195	986	210
45-49岁	5687	5687	6276	600	5676	1658	207	1191	260
50-54岁	4882	4882	4387	414	3973	1061	150	745	166
55-59岁	3488	3488	2643	188	2455	688	87	501	100
60-64岁	1233	1233	541	40	501	75	8	49	18
65-69岁	683	683	314	23	291	64	3	21	40
70-74岁	112	112	84	5	79	18	1	7	10
75岁及以上	19	19	30	2	28	16	2	5	9
男	**24512**	**24512**	**27674**	**2911**	**24763**	**11374**	**1347**	**8442**	**1585**
16-19岁	144	144	205	16	189	55	2	44	9
20-24岁	2333	2333	2351	198	2153	1051	117	779	155
25-29岁	3799	3799	4322	457	3865	2355	248	1761	346
30-34岁	3712	3712	4803	578	4225	2558	299	1930	329
35-39岁	2491	2491	3295	350	2945	1761	228	1314	219
40-44岁	1733	1733	2327	296	2031	936	135	668	133
45-49岁	3019	3019	3978	459	3519	1105	121	835	149
50-54岁	3149	3149	3366	339	3027	834	112	602	120
55-59岁	2582	2582	2258	164	2094	595	76	439	80
60-64岁	946	946	450	32	418	57	4	41	12
65-69岁	503	503	242	17	225	43	2	20	21
70-74岁	88	88	58	5	53	13	1	4	8
75岁及以上	13	13	19		19	11	2	5	4
女	**17354**	**17354**	**19014**	**682**	**18332**	**5560**	**705**	**3859**	**996**
16-19岁	73	73	103	1	102	23	1	18	4
20-24岁	1603	1603	2648	31	2617	699	65	479	155
25-29岁	2973	2973	4190	81	4109	1313	151	929	233
30-34岁	3231	3231	4052	144	3908	1366	180	972	214
35-39岁	2149	2149	2507	85	2422	782	108	570	104
40-44岁	1521	1521	1610	84	1526	455	60	318	77
45-49岁	2668	2668	2298	141	2157	553	86	356	111
50-54岁	1733	1733	1021	75	946	227	38	143	46
55-59岁	906	906	385	24	361	93	11	62	20
60-64岁	287	287	91	8	83	18	4	8	6
65-69岁	180	180	72	6	66	21	1	1	19
70-74岁	24	24	26		26	5		3	2
75岁及以上	6	6	11	2	9	5			5

4-5 续表 10

单位：人

年龄组 性 别	水利、环境和公共设施管理业					居民服务、修理和其他服务业			
	小计	水 利 管理业	生态保护 和环境 治理业	公共设施 管理业	土 地 管理业	小计	居 民 服务业	机动车、 电子产品 和日用产 品修理业	其 他 服务业
总 计	**12663**	**660**	**1142**	**10656**	**205**	**65026**	**40985**	**14205**	**9836**
16-19岁	22	3		19		1175	747	373	55
20-24岁	406	27	60	305	14	5670	3750	1674	246
25-29岁	882	79	126	639	38	8208	5361	2373	474
30-34岁	1236	107	183	908	38	9247	6004	2635	608
35-39岁	969	73	121	749	26	6291	4039	1743	509
40-44岁	1045	72	107	850	16	5526	3482	1268	776
45-49岁	2447	128	200	2088	31	10648	6591	1943	2114
50-54岁	2254	89	173	1973	19	8944	5547	1242	2155
55-59岁	1788	58	105	1613	12	5487	3219	679	1589
60-64岁	841	16	39	782	4	1820	1012	142	666
65-69岁	622	7	19	593	3	1452	820	101	531
70-74岁	129		8	117	4	387	272	20	95
75岁及以上	22	1	1	20		171	141	12	18
男	**7135**	**452**	**762**	**5796**	**125**	**27247**	**12171**	**11738**	**3338**
16-19岁	14	3		11		710	325	364	21
20-24岁	237	17	38	173	9	3009	1374	1514	121
25-29岁	489	45	80	343	21	4075	1770	2069	236
30-34岁	752	66	126	536	24	4369	1892	2189	288
35-39岁	570	47	75	437	11	2823	1245	1389	189
40-44岁	526	47	69	400	10	2068	845	985	238
45-49岁	1121	74	116	914	17	3461	1500	1501	460
50-54岁	1253	77	136	1025	15	2857	1349	974	534
55-59岁	1099	54	75	959	11	1985	936	527	522
60-64岁	532	14	28	487	3	878	414	119	345
65-69岁	431	7	14	407	3	728	331	79	318
70-74岁	93		4	88	1	198	125	18	55
75岁及以上	18	1	1	16		86	65	10	11
女	**5528**	**208**	**380**	**4860**	**80**	**37779**	**28814**	**2467**	**6498**
16-19岁	8			8		465	422	9	34
20-24岁	169	10	22	132	5	2661	2376	160	125
25-29岁	393	34	46	296	17	4133	3591	304	238
30-34岁	484	41	57	372	14	4878	4112	446	320
35-39岁	399	26	46	312	15	3468	2794	354	320
40-44岁	519	25	38	450	6	3458	2637	283	538
45-49岁	1326	54	84	1174	14	7187	5091	442	1654
50-54岁	1001	12	37	948	4	6087	4198	268	1621
55-59岁	689	4	30	654	1	3502	2283	152	1067
60-64岁	309	2	11	295	1	942	598	23	321
65-69岁	191		5	186		724	489	22	213
70-74岁	36		4	29	3	189	147	2	40
75岁及以上	4			4		85	76	2	7

4－5 续表 11 单位：人

年龄组 性 别	教育		卫生和社会工作			文化、体育和娱乐业				
	小计	教育	小计	卫生	社会工作	小计	新闻和出版业	广播、电视、电影和录音制作业	文 化艺术业	体育
总 计	**64506**	**64506**	**33976**	**32661**	**1315**	**13789**	**851**	**1266**	**2227**	**1632**
16－19岁	877	877	265	262	3	327	3	12	28	28
20－24岁	7183	7183	4214	4138	76	1903	63	259	274	362
25－29岁	10464	10464	7005	6926	79	2447	162	310	393	446
30－34岁	9511	9511	6495	6381	114	2143	152	254	374	278
35－39岁	8839	8839	4020	3939	81	1454	143	146	295	152
40－44岁	7156	7156	2683	2589	94	1069	94	86	184	70
45－49岁	8799	8799	3719	3472	247	1785	113	96	273	136
50－54岁	7001	7001	2719	2489	230	1317	78	61	213	79
55－59岁	3998	3998	1794	1571	223	814	35	29	117	56
60－64岁	406	406	464	381	83	236	7	6	31	14
65－69岁	174	174	393	331	62	188	1	4	26	9
70－74岁	58	58	135	118	17	74		2	12	2
75岁及以上	40	40	70	64	6	32		1	7	
男	**23694**	**23694**	**10790**	**10341**	**449**	**6776**	**434**	**667**	**1106**	**904**
16－19岁	302	302	31	30	1	182	2	7	15	22
20－24岁	1318	1318	634	615	19	991	19	115	116	213
25－29岁	2326	2326	1295	1269	26	1229	67	162	165	274
30－34岁	2779	2779	1628	1593	35	1030	72	136	158	132
35－39岁	3047	3047	1381	1351	30	686	65	78	139	68
40－44岁	2917	2917	1079	1047	32	466	49	51	87	33
45－49岁	3810	3810	1567	1512	55	774	65	56	144	66
50－54岁	3742	3742	1326	1262	64	642	58	36	143	44
55－59岁	3016	3016	1112	1019	93	439	30	18	79	33
60－64岁	256	256	287	242	45	152	6	3	23	10
65－69岁	116	116	276	240	36	109	1	2	21	8
70－74岁	35	35	115	106	9	52		2	12	1
75岁及以上	30	30	59	55	4	24		1	4	
女	**40812**	**40812**	**23186**	**22320**	**866**	**7013**	**417**	**599**	**1121**	**728**
16－19岁	575	575	234	232	2	145	1	5	13	6
20－24岁	5865	5865	3580	3523	57	912	44	144	158	149
25－29岁	8138	8138	5710	5657	53	1218	95	148	228	172
30－34岁	6732	6732	4867	4788	79	1113	80	118	216	146
35－39岁	5792	5792	2639	2588	51	768	78	68	156	84
40－44岁	4239	4239	1604	1542	62	603	45	35	97	37
45－49岁	4989	4989	2152	1960	192	1011	48	40	129	70
50－54岁	3259	3259	1393	1227	166	675	20	25	70	35
55－59岁	982	982	682	552	130	375	5	11	38	23
60－64岁	150	150	177	139	38	84	1	3	8	4
65－69岁	58	58	117	91	26	79		2	5	1
70－74岁	23	23	20	12	8	22				1
75岁及以上	10	10	11	9	2	8			3	

4–5　续表 12　　单位：人

年龄组 性　别	娱乐业	公共管理、社会保障和社会组织						国际组织	
		小计	中国共产党机关	国家机构	人民政协、民主党派	社会保障	群众团体、社会团体和其他成员组织	基层群众自治组织	小计	国际组织
总　计	**7813**	**53451**	**889**	**41058**	**149**	**231**	**1500**	**9624**	**4**	**4**
16–19岁	256	89	2	58			18	11		
20–24岁	945	2631	36	2110		23	121	341		
25–29岁	1136	6840	91	5590	10	31	179	939		
30–34岁	1085	8806	184	7086	15	44	229	1248	2	2
35–39岁	718	7026	156	5747	17	26	167	913	2	2
40–44岁	635	5632	98	4521	16	18	113	866		
45–49岁	1167	7978	110	6033	21	33	238	1543		
50–54岁	886	7027	100	5243	29	31	183	1441		
55–59岁	577	5754	105	4183	39	16	131	1280		
60–64岁	178	740	4	251	1	1	43	440		
65–69岁	148	603	3	160		3	47	390		
70–74岁	58	214		39	1	3	18	153		
75岁及以上	24	111		37		2	13	59		
男	**3665**	**33013**	**586**	**26592**	**90**	**102**	**736**	**4907**	**1**	**1**
16–19岁	136	60	1	42			12	5		
20–24岁	528	1358	22	1159		9	44	124		
25–29岁	561	3417	43	2998	2	10	60	304		
30–34岁	532	4691	114	4091	8	17	95	366		
35–39岁	336	4045	97	3533	9	12	80	314	1	1
40–44岁	246	3409	65	2952	10	8	42	332		
45–49岁	443	4891	79	3921	9	10	124	748		
50–54岁	361	5041	74	3905	22	19	99	922		
55–59岁	279	4807	85	3609	29	10	99	975		
60–64岁	110	578	4	205	1	1	27	340		
65–69岁	77	456	2	119		2	35	298		
70–74岁	37	180		32		3	12	133		
75岁及以上	19	80		26		1	7	46		
女	**4148**	**20438**	**303**	**14466**	**59**	**129**	**764**	**4717**	**3**	**3**
16–19岁	120	29	1	16			6	6		
20–24岁	417	1273	14	951		14	77	217		
25–29岁	575	3423	48	2592	8	21	119	635		
30–34岁	553	4115	70	2995	7	27	134	882	2	2
35–39岁	382	2981	59	2214	8	14	87	599	1	1
40–44岁	389	2223	33	1569	6	10	71	534		
45–49岁	724	3087	31	2112	12	23	114	795		
50–54岁	525	1986	26	1338	7	12	84	519		
55–59岁	298	947	20	574	10	6	32	305		
60–64岁	68	162		46			16	100		
65–69岁	71	147	1	41		1	12	92		
70–74岁	21	34		7	1		6	20		
75岁及以上	5	31		11		1	6	13		

4-5a 全市分年龄、性别、行业大类的就业人口(城市)

单位：人

年龄组 性 别	合计	农、林、牧、渔业						采矿业	
		小计	农业	林业	畜牧业	渔业	农、林、牧、渔专业及辅助性活动	小计	煤炭开采和洗选业
总　计	**748664**	**9654**	**7764**	**417**	**977**	**320**	**176**	**2481**	**961**
16-19岁	6299	14	9	2	1	2		2	
20-24岁	53686	155	95	10	34	10	6	40	4
25-29岁	103700	328	201	29	67	16	15	158	29
30-34岁	132268	576	364	52	91	44	25	300	77
35-39岁	98069	507	332	39	91	24	21	261	82
40-44岁	76421	635	437	37	103	34	24	225	85
45-49岁	125474	1576	1191	72	199	76	38	727	341
50-54岁	89133	1816	1468	78	190	55	25	506	259
55-59岁	47343	1419	1203	58	99	41	18	220	64
60-64岁	8969	822	768	17	30	5	2	26	13
65-69岁	5372	1064	992	18	45	8	1	11	7
70-74岁	1335	492	465	4	21	1	1	3	
75岁及以上	595	250	239	1	6	4		2	
男	**430526**	**5215**	**3967**	**276**	**629**	**229**	**114**	**2026**	**831**
16-19岁	3902	9	6	2		1		2	
20-24岁	28273	85	47	6	17	9	6	34	3
25-29岁	55676	215	124	21	49	11	10	115	21
30-34岁	72644	339	190	31	70	31	17	219	59
35-39岁	53704	285	168	24	64	16	13	200	56
40-44岁	41481	340	215	23	66	21	15	169	72
45-49岁	70075	789	558	44	114	52	21	584	299
50-54岁	58177	934	700	54	123	41	16	462	247
55-59岁	35412	723	568	42	69	30	14	207	57
60-64岁	6348	470	430	13	20	5	2	21	11
65-69岁	3602	578	536	12	23	7		9	6
70-74岁	880	303	288	4	10	1		2	
75岁及以上	352	145	137		4	4		2	
女	**318138**	**4439**	**3797**	**141**	**348**	**91**	**62**	**455**	**130**
16-19岁	2397	5	3		1	1			
20-24岁	25413	70	48	4	17	1		6	1
25-29岁	48024	113	77	8	18	5	5	43	8
30-34岁	59624	237	174	21	21	13	8	81	18
35-39岁	44365	222	164	15	27	8	8	61	26
40-44岁	34940	295	222	14	37	13	9	56	13
45-49岁	55399	787	633	28	85	24	17	143	42
50-54岁	30956	882	768	24	67	14	9	44	12
55-59岁	11931	696	635	16	30	11	4	13	7
60-64岁	2621	352	338	4	10			5	2
65-69岁	1770	486	456	6	22	1	1	2	1
70-74岁	455	189	177		11		1	1	
75岁及以上	243	105	102	1	2				

4–5a　续表 1

单位：人

年龄组 性　别	采矿业						制造业		
	石油和天然气开采业	黑色金属矿采选业	有色金属矿采选业	非金属矿采选业	开采专业及辅助性活　动	其　他采矿业	小计	农副食品加工业	食　品制造业
总　计	**580**	**63**	**52**	**313**	**461**	**51**	**110346**	**2645**	**3385**
16–19岁				1		1	2305	4	23
20–24岁	12	3	4	9	7	1	7993	68	228
25–29岁	47	8	4	25	40	5	13710	195	403
30–34岁	89	6	3	41	79	5	18911	311	557
35–39岁	62	6	5	29	67	10	14309	292	443
40–44岁	64	8	9	23	34	2	12182	289	334
45–49岁	142	13	14	85	117	15	21224	636	685
50–54岁	84	12	9	62	73	7	12757	514	435
55–59岁	73	6	4	29	40	4	5607	242	212
60–64岁	2			9	1	1	842	53	42
65–69岁	3				1		365	28	20
70–74岁	2				1		92	7	2
75岁及以上		1			1		49	6	1
男	**428**	**55**	**45**	**265**	**361**	**41**	**69595**	**1467**	**1519**
16–19岁				1		1	1683	2	13
20–24岁	9	3	4	9	5	1	5595	39	96
25–29岁	29	7	4	22	28	4	8962	115	190
30–34岁	62	6	2	31	54	5	11702	155	224
35–39岁	49	5	2	23	56	9	8403	162	185
40–44岁	40	6	7	18	26		6653	143	127
45–49岁	92	9	13	73	87	11	11799	296	253
50–54岁	72	12	9	52	64	6	9186	313	238
55–59岁	71	6	4	28	37	4	4577	173	150
60–64岁	1			8	1		662	37	32
65–69岁	2				1		284	22	10
70–74岁	1				1		65	4	1
75岁及以上		1			1		24	6	
女	**152**	**8**	**7**	**48**	**100**	**10**	**40751**	**1178**	**1866**
16–19岁							622	2	10
20–24岁	3				2		2398	29	132
25–29岁	18	1		3	12	1	4748	80	213
30–34岁	27		1	10	25		7209	156	333
35–39岁	13	1	3	6	11	1	5906	130	258
40–44岁	24	2	2	5	8	2	5529	146	207
45–49岁	50	4	1	12	30	4	9425	340	432
50–54岁	12			10	9	1	3571	201	197
55–59岁	2			1	3		1030	69	62
60–64岁	1			1		1	180	16	10
65–69岁	1						81	6	10
70–74岁	1						27	3	1
75岁及以上							25		1

4－5a　续表 2　　　　单位：人

年龄组 性　别	制造业								
	酒、饮料和精制茶制造业	烟　草制品业	纺织业	纺织服装、服饰业	皮革、毛皮、羽毛及其制品和制鞋业	木材加工和木、竹、藤、棕、草制品业	家　具制造业	造纸和纸制品业	印刷和记录媒介复制业
总　计	**936**	**463**	**1147**	**3018**	**2003**	**1323**	**2325**	**1442**	**1515**
16－19岁	4		3	12	6	2	9	16	15
20－24岁	38	6	39	92	111	35	114	83	76
25－29岁	108	37	73	216	140	124	252	130	151
30－34岁	150	50	108	427	281	190	326	242	265
35－39岁	126	59	125	424	256	145	265	177	214
40－44岁	97	54	138	396	286	159	266	189	186
45－49岁	181	105	302	843	525	291	509	300	337
50－54岁	138	92	208	399	280	245	376	189	173
55－59岁	75	54	114	156	88	91	171	90	83
60－64岁	9	4	19	29	14	20	29	16	9
65－69岁	5		12	18	11	13	7	7	4
70－74岁	4	1	5	3	3	3	1	2	2
75岁及以上	1	1	1	3	2	5		1	
男	**584**	**310**	**507**	**1152**	**1035**	**907**	**1610**	**865**	**903**
16－19岁	4		3	5	2	2	9	12	12
20－24岁	23	5	19	38	61	24	81	52	43
25－29岁	59	19	31	86	87	92	185	80	93
30－34岁	84	31	48	144	133	136	213	163	166
35－39岁	77	26	45	161	134	81	168	101	122
40－44岁	55	34	40	132	132	93	176	110	104
45－49岁	106	68	120	306	245	185	331	144	167
50－54岁	99	72	106	165	160	183	273	119	116
55－59岁	64	50	73	86	59	75	141	65	66
60－64岁	8	3	10	17	11	17	26	13	9
65－69岁	3		9	10	9	12	7	6	3
70－74岁	2	1	3	2	1	3			2
75岁及以上		1			1	4			
女	**352**	**153**	**640**	**1866**	**968**	**416**	**715**	**577**	**612**
16－19岁				7	4			4	3
20－24岁	15	1	20	54	50	11	33	31	33
25－29岁	49	18	42	130	53	32	67	50	58
30－34岁	66	19	60	283	148	54	113	79	99
35－39岁	49	33	80	263	122	64	97	76	92
40－44岁	42	20	98	264	154	66	90	79	82
45－49岁	75	37	182	537	280	106	178	156	170
50－54岁	39	20	102	234	120	62	103	70	57
55－59岁	11	4	41	70	29	16	30	25	17
60－64岁	1	1	9	12	3	3	3	3	
65－69岁	2		3	8	2	1		1	1
70－74岁	2		2	1	2		1	2	
75岁及以上	1		1	3	1	1		1	

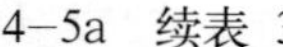

4–5a　续表 3　　　　单位：人

年龄组 性　别	制造业								
	文教、工美、体育和娱乐用品制造业	石油、煤炭及其他燃料加工业	化学原料和化学制品制造业	医　药制造业	化学纤维制造业	橡胶和塑　料制品业	非金属矿　物制品业	黑色金属冶炼和压延加工业	有色金属冶炼和压延加工业
总　计	**776**	**192**	**3918**	**2918**	**197**	**3169**	**6063**	**1995**	**948**
16–19岁	4		6	4		18	21		7
20–24岁	38	8	235	253	15	147	198	32	47
25–29岁	81	14	423	489	47	299	487	160	100
30–34岁	143	29	649	535	43	529	899	373	181
35–39岁	110	28	483	445	18	453	770	223	104
40–44岁	98	20	479	337	18	404	689	206	114
45–49岁	177	53	833	488	30	703	1352	487	201
50–54岁	86	25	592	233	21	411	993	387	129
55–59岁	29	12	176	110	4	157	518	113	55
60–64岁	6	2	30	17		32	91	7	5
65–69岁	4	1	9	4		11	39	7	3
70–74岁			2	3	1	1	4		1
75岁及以上			1			4	2		1
男	**360**	**140**	**2715**	**1493**	**136**	**1800**	**4300**	**1546**	**687**
16–19岁	2		4	2		11	18		7
20–24岁	15	3	176	101	15	97	150	26	34
25–29岁	40	9	292	235	33	183	352	103	77
30–34岁	58	21	396	270	25	320	617	265	136
35–39岁	63	20	293	197	13	245	514	161	72
40–44岁	38	14	289	152	9	198	431	146	73
45–49岁	62	37	580	236	19	344	896	384	133
50–54岁	52	21	497	183	17	258	781	349	101
55–59岁	21	12	153	99	4	108	428	102	47
60–64岁	5	2	24	12		24	75	4	4
65–69岁	4	1	8	4		9	34	6	2
70–74岁			2	2	1	1	4		
75岁及以上			1			2			1
女	**416**	**52**	**1203**	**1425**	**61**	**1369**	**1763**	**449**	**261**
16–19岁	2		2	2		7	3		
20–24岁	23	5	59	152		50	48	6	13
25–29岁	41	5	131	254	14	116	135	57	23
30–34岁	85	8	253	265	18	209	282	108	45
35–39岁	47	8	190	248	5	208	256	62	32
40–44岁	60	6	190	185	9	206	258	60	41
45–49岁	115	16	253	252	11	359	456	103	68
50–54岁	34	4	95	50	4	153	212	38	28
55–59岁	8		23	11		49	90	11	8
60–64岁	1		6	5		8	16	3	1
65–69岁			1			2	5	1	1
70–74岁				1					1
75岁及以上						2	2		

4-5a　续表 4　　　　　单位：人

年龄组 性　别	制造业								
	金　属 制品业	通用设备 制造业	专用设备 制造业	汽　车 制造业	铁路、船舶、航空航天和其他运输设备制造业	电气机械和器材制造业	计算机、通信和其他电子设备制造业	仪器仪表 制造业	其　他 制造业
总　计	**5428**	**9318**	**3271**	**19126**	**5555**	**4954**	**17669**	**1804**	**1041**
16－19岁	17	44	17	301	47	83	1619	18	1
20－24岁	232	433	202	1215	224	468	3150	75	34
25－29岁	562	857	457	2426	465	763	3713	203	121
30－34岁	921	1467	656	3663	701	947	3531	295	162
35－39岁	704	1285	526	2698	693	651	1959	294	155
40－44岁	595	1169	379	2159	718	552	1367	210	117
45－49岁	1184	2130	543	3681	1346	853	1513	370	230
50－54岁	778	1226	302	1960	874	426	580	222	146
55－59岁	360	585	157	852	404	173	197	103	64
60－64岁	46	78	20	114	60	20	25	10	6
65－69岁	23	32	11	36	17	13	13	1	3
70－74岁	6	8	1	12	5	1	2	2	1
75岁及以上		4		9	1	4		1	1
男	**4013**	**6492**	**2074**	**13201**	**3541**	**3054**	**10004**	**1080**	**689**
16－19岁	16	42	13	254	45	64	1122	14	1
20－24岁	182	343	136	1016	171	344	2135	58	27
25－29岁	405	629	280	1821	330	480	2247	148	79
30－34岁	684	1035	413	2531	444	576	1928	157	110
35－39岁	509	858	321	1796	401	378	919	145	97
40－44岁	408	728	217	1275	397	284	565	109	65
45－49岁	819	1299	323	2105	727	453	581	191	139
50－54岁	608	961	217	1520	625	302	329	157	112
55－59岁	316	501	133	750	335	148	145	94	52
60－64岁	41	66	13	92	47	14	20	5	5
65－69岁	20	21	7	28	15	9	11		2
70－74岁	5	6	1	9	4	1	2	2	
75岁及以上		3		4		1			
女	**1415**	**2826**	**1197**	**5925**	**2014**	**1900**	**7665**	**724**	**352**
16－19岁	1	2	4	47	2	19	497	4	
20－24岁	50	90	66	199	53	124	1015	17	7
25－29岁	157	228	177	605	135	283	1466	55	42
30－34岁	237	432	243	1132	257	371	1603	138	52
35－39岁	195	427	205	902	292	273	1040	149	58
40－44岁	187	441	162	884	321	268	802	101	52
45－49岁	365	831	220	1576	619	400	932	179	91
50－54岁	170	265	85	440	249	124	251	65	34
55－59岁	44	84	24	102	69	25	52	9	12
60－64岁	5	12	7	22	13	6	5	5	1
65－69岁	3	11	4	8	2	4	2	1	1
70－74岁	1	2		3	1				1
75岁及以上		1		5	1	3		1	1

4-5a 续表 5

单位：人

年龄组 性别	制造业		电力、热力、燃气及水生产和供应业				建筑业		
	废弃资源综合利用业	金属制品、机械和设备修理业	小计	电力、热力生产和供应业	燃气生产和供应业	水的生产和供应业	小计	房屋建筑业	土木工程建筑业
总计	**707**	**1095**	**7777**	**4347**	**1909**	**1521**	**104367**	**55699**	**10060**
16-19岁		4	8	5	1	2	263	137	26
20-24岁	15	82	276	157	66	53	4494	2086	513
25-29岁	51	163	845	445	216	184	11059	5122	1361
30-34岁	79	201	1282	668	323	291	15451	7451	1792
35-39岁	54	130	1052	562	290	200	10555	5085	1263
40-44岁	63	94	963	545	240	178	10058	5296	983
45-49岁	139	197	1630	960	370	300	21770	12408	1744
50-54岁	165	152	1068	651	238	179	18596	10914	1372
55-59岁	100	62	587	327	151	109	9792	5817	793
60-64岁	25	4	37	16	8	13	1561	930	142
65-69岁	9	4	24	8	6	10	639	384	56
70-74岁	7	2	3	1		2	91	51	9
75岁及以上			2	2			38	18	6
男	**483**	**928**	**5231**	**3060**	**1237**	**934**	**85633**	**45907**	**8200**
16-19岁		4	6	3	1	2	228	119	25
20-24岁	12	73	172	105	38	29	3562	1711	400
25-29岁	40	142	529	282	139	108	8825	4157	1046
30-34岁	45	174	826	453	202	171	12631	6174	1429
35-39岁	39	100	671	391	171	109	8387	4097	978
40-44岁	36	73	553	330	133	90	7922	4141	781
45-49岁	91	159	994	622	205	167	17271	9817	1410
50-54岁	115	137	877	540	193	144	15691	9114	1198
55-59岁	70	57	545	310	142	93	8951	5297	738
60-64岁	22	4	31	14	7	10	1468	874	133
65-69岁	8	4	22	7	6	9	589	348	51
70-74岁	5	1	3	1		2	81	44	7
75岁及以上			2	2			27	14	4
女	**224**	**167**	**2546**	**1287**	**672**	**587**	**18734**	**9792**	**1860**
16-19岁			2	2			35	18	1
20-24岁	3	9	104	52	28	24	932	375	113
25-29岁	11	21	316	163	77	76	2234	965	315
30-34岁	34	27	456	215	121	120	2820	1277	363
35-39岁	15	30	381	171	119	91	2168	988	285
40-44岁	27	21	410	215	107	88	2136	1155	202
45-49岁	48	38	636	338	165	133	4499	2591	334
50-54岁	50	15	191	111	45	35	2905	1800	174
55-59岁	30	5	42	17	9	16	841	520	55
60-64岁	3		6	2	1	3	93	56	9
65-69岁	1		2	1		1	50	36	5
70-74岁	2	1					10	7	2
75岁及以上							11	4	2

4-5a 续表 6

单位：人

年龄组 性 别	建筑业		批发和零售业			交通运输、仓储和邮政业			
	建 筑 安装业	建筑装 饰、装修 和其他 建筑业	小计	批发业	零售业	小计	铁 路 运输业	道 路 运输业	水 上 运输业
总 计	**5613**	**32995**	**134895**	**31771**	**103124**	**49146**	**1815**	**32891**	**1093**
16-19岁	24	76	708	99	609	135	2	59	5
20-24岁	279	1616	8541	1733	6808	2496	118	1300	36
25-29岁	704	3872	18359	4015	14344	6332	370	3655	102
30-34岁	1041	5167	26576	6311	20265	8602	330	5818	132
35-39岁	723	3484	20458	4877	15581	6720	197	4972	112
40-44岁	581	3198	15765	3672	12093	5327	151	4001	99
45-49岁	1014	6604	22833	5316	17517	9306	284	6737	263
50-54岁	774	5536	13437	3560	9877	6318	192	4214	213
55-59岁	377	2805	6054	1675	4379	3160	155	1827	113
60-64岁	63	426	1187	292	895	510	7	205	15
65-69岁	28	171	719	171	548	203	8	87	2
70-74岁	3	28	181	34	147	25	1	10	
75岁及以上	2	12	77	16	61	12		6	1
男	**4899**	**26627**	**60607**	**17793**	**42814**	**39944**	**1361**	**27778**	**894**
16-19岁	22	62	339	66	273	100	2	36	4
20-24岁	245	1206	3717	906	2811	1738	66	954	22
25-29岁	604	3018	7920	2070	5850	4737	251	2916	61
30-34岁	897	4131	11158	3280	7878	6674	255	4753	99
35-39岁	616	2696	8716	2628	6088	5331	147	4120	90
40-44岁	500	2500	6556	1993	4563	4289	112	3345	78
45-49岁	856	5188	9550	2889	6661	7719	201	5783	226
50-54岁	711	4668	7173	2311	4862	5689	168	3866	191
55-59岁	356	2560	4036	1273	2763	2968	147	1726	107
60-64岁	60	401	791	213	578	478	5	185	13
65-69岁	28	162	484	127	357	190	6	80	2
70-74岁	3	27	122	26	96	24	1	10	
75岁及以上	1	8	45	11	34	7		4	1
女	**714**	**6368**	**74288**	**13978**	**60310**	**9202**	**454**	**5113**	**199**
16-19岁	2	14	369	33	336	35		23	1
20-24岁	34	410	4824	827	3997	758	52	346	14
25-29岁	100	854	10439	1945	8494	1595	119	739	41
30-34岁	144	1036	15418	3031	12387	1928	75	1065	33
35-39岁	107	788	11742	2249	9493	1389	50	852	22
40-44岁	81	698	9209	1679	7530	1038	39	656	21
45-49岁	158	1416	13283	2427	10856	1587	83	954	37
50-54岁	63	868	6264	1249	5015	629	24	348	22
55-59岁	21	245	2018	402	1616	192	8	101	6
60-64岁	3	25	396	79	317	32	2	20	2
65-69岁		9	235	44	191	13	2	7	
70-74岁		1	59	8	51	1			
75岁及以上	1	4	32	5	27	5		2	

4-5a　续表 7　　　　单位：人

年龄组 性别	交通运输、仓储和邮政业					住宿和餐饮业		
	航空运输业	管道运输业	多式联运和运输代理业	装卸搬运和仓储业	邮政业	小计	住宿业	餐饮业
总　计	**2178**	**24**	**1163**	**4618**	**5364**	**55240**	**5743**	**49497**
16-19岁	1		5	7	56	919	72	847
20-24岁	269	2	63	92	616	4633	568	4065
25-29岁	632	2	179	220	1172	6704	756	5948
30-34岁	536	5	213	345	1223	8374	867	7507
35-39岁	289	2	189	270	689	6506	656	5850
40-44岁	140	3	148	345	440	5600	596	5004
45-49岁	175	4	158	1039	646	10376	1094	9282
50-54岁	90	4	128	1140	337	7453	682	6771
55-59岁	41	2	67	787	168	3474	342	3132
60-64岁	2		9	261	11	718	60	658
65-69岁	2		4	94	6	400	41	359
70-74岁				14		58	4	54
75岁及以上	1			4		25	5	20
男	**1291**	**15**	**845**	**3929**	**3831**	**26044**	**2002**	**24042**
16-19岁			4	7	47	599	37	562
20-24岁	126	1	41	74	454	2691	174	2517
25-29岁	352	2	124	172	859	3880	271	3609
30-34岁	324	4	131	259	849	4513	311	4202
35-39岁	180	1	122	204	467	3276	239	3037
40-44岁	96	2	111	254	291	2428	187	2241
45-49岁	109	1	132	837	430	3857	287	3570
50-54岁	67	3	107	1023	264	2730	248	2482
55-59岁	33	1	62	738	154	1476	175	1301
60-64岁	2		7	256	10	327	37	290
65-69岁	1		4	91	6	222	31	191
70-74岁				13		30	3	27
75岁及以上	1			1		15	2	13
女	**887**	**9**	**318**	**689**	**1533**	**29196**	**3741**	**25455**
16-19岁	1		1		9	320	35	285
20-24岁	143	1	22	18	162	1942	394	1548
25-29岁	280		55	48	313	2824	485	2339
30-34岁	212	1	82	86	374	3861	556	3305
35-39岁	109	1	67	66	222	3230	417	2813
40-44岁	44	1	37	91	149	3172	409	2763
45-49岁	66	3	26	202	216	6519	807	5712
50-54岁	23	1	21	117	73	4723	434	4289
55-59岁	8	1	5	49	14	1998	167	1831
60-64岁			2	5	1	391	23	368
65-69岁	1			3		178	10	168
70-74岁				1		28	1	27
75岁及以上				3		10	3	7

4-5a 续表 8 单位：人

年龄组 性别	信息传输、软件和信息技术服务业				金融业				
	小计	电信、广播电视和卫星传输服务	互联网和相关服务	软件和信息技术服务业	小计	货币金融服务	资本市场服务	保险业	其他金融业
总计	**21562**	**4927**	**6289**	**10346**	**18301**	**8055**	**1439**	**6843**	**1964**
16-19岁	241	17	88	136	33	13	3	8	9
20-24岁	3225	424	1136	1665	1273	503	103	444	223
25-29岁	5539	926	1700	2913	3417	1454	287	1214	462
30-34岁	5254	1216	1506	2532	4646	2172	348	1601	525
35-39岁	3265	880	833	1552	3016	1208	267	1222	319
40-44岁	1544	470	359	715	1616	588	144	755	129
45-49岁	1411	537	385	489	2259	953	155	991	160
50-54岁	731	299	203	229	1317	710	88	431	88
55-59岁	306	143	64	99	663	427	39	150	47
60-64岁	26	10	6	10	44	20	5	17	2
65-69岁	15	5	5	5	10	4		6	
70-74岁	4		3	1	4	1		3	
75岁及以上	1		1		3	2		1	
男	**13773**	**2907**	**4042**	**6824**	**8204**	**3859**	**812**	**2518**	**1015**
16-19岁	146	11	46	89	18	10	1	3	4
20-24岁	1864	243	629	992	579	210	51	224	94
25-29岁	3376	539	1028	1809	1551	622	131	566	232
30-34岁	3356	639	988	1729	1994	921	196	621	256
35-39岁	2143	469	573	1101	1262	546	153	386	177
40-44岁	1040	283	263	494	605	269	81	183	72
45-49岁	957	337	284	336	943	452	95	303	93
50-54岁	585	247	164	174	688	433	66	141	48
55-59岁	272	128	55	89	528	379	34	77	38
60-64岁	18	6	5	7	27	13	4	9	1
65-69岁	12	5	4	3	5	1		4	
70-74岁	3		2	1	1	1			
75岁及以上	1		1		3	2		1	
女	**7789**	**2020**	**2247**	**3522**	**10097**	**4196**	**627**	**4325**	**949**
16-19岁	95	6	42	47	15	3	2	5	5
20-24岁	1361	181	507	673	694	293	52	220	129
25-29岁	2163	387	672	1104	1866	832	156	648	230
30-34岁	1898	577	518	803	2652	1251	152	980	269
35-39岁	1122	411	260	451	1754	662	114	836	142
40-44岁	504	187	96	221	1011	319	63	572	57
45-49岁	454	200	101	153	1316	501	60	688	67
50-54岁	146	52	39	55	629	277	22	290	40
55-59岁	34	15	9	10	135	48	5	73	9
60-64岁	8	4	1	3	17	7	1	8	1
65-69岁	3		1	2	5	3		2	
70-74岁	1		1		3			3	
75岁及以上									

4-5a　续表 9　　　　单位：人

年龄组 性　别	房地产业		租赁和商务服务业			科学研究和技术服务业			
	小计	房地产业	小计	租赁业	商　务 服务业	小计	研究和 试验发展	专业技术 服务业	科技推广 和应用 服务业
总　计	**32478**	**32478**	**34492**	**2362**	**32130**	**13581**	**1790**	**9783**	**2008**
16－19岁	149	149	173	9	164	38	1	31	6
20－24岁	2665	2665	3514	114	3400	1233	130	870	233
25－29岁	5074	5074	6356	328	6028	2830	320	2049	461
30－34岁	5738	5738	7037	503	6534	3334	433	2429	472
35－39岁	3919	3919	4780	315	4465	2284	320	1686	278
40－44岁	2628	2628	3029	264	2765	1194	186	824	184
45－49岁	4446	4446	4493	422	4071	1295	186	918	191
50－54岁	3728	3728	2982	271	2711	791	127	554	110
55－59岁	2655	2655	1710	118	1592	519	79	383	57
60－64岁	873	873	262	12	250	34	3	26	5
65－69岁	503	503	122	5	117	21	2	8	11
70－74岁	88	88	29		29	5	1	4	
75岁及以上	12	12	5	1	4	3	2	1	
男	**18702**	**18702**	**19835**	**1862**	**17973**	**9031**	**1170**	**6628**	**1233**
16－19岁	92	92	121	9	112	25	1	22	2
20－24岁	1535	1535	1592	91	1501	730	82	530	118
25－29岁	2774	2774	3109	265	2844	1784	199	1318	267
30－34岁	3049	3049	3705	389	3316	2140	266	1587	287
35－39岁	2077	2077	2649	249	2400	1575	215	1171	189
40－44岁	1401	1401	1768	197	1571	797	127	556	114
45－49岁	2302	2302	2803	321	2482	851	109	636	106
50－54岁	2398	2398	2286	223	2063	625	95	442	88
55－59岁	1983	1983	1478	103	1375	459	70	337	52
60－64岁	659	659	219	11	208	24	2	19	3
65－69岁	356	356	87	4	83	15	1	7	7
70－74岁	67	67	16		16	3	1	2	
75岁及以上	9	9	2		2	3	2	1	
女	**13776**	**13776**	**14657**	**500**	**14157**	**4550**	**620**	**3155**	**775**
16－19岁	57	57	52		52	13		9	4
20－24岁	1130	1130	1922	23	1899	503	48	340	115
25－29岁	2300	2300	3247	63	3184	1046	121	731	194
30－34岁	2689	2689	3332	114	3218	1194	167	842	185
35－39岁	1842	1842	2131	66	2065	709	105	515	89
40－44岁	1227	1227	1261	67	1194	397	59	268	70
45－49岁	2144	2144	1690	101	1589	444	77	282	85
50－54岁	1330	1330	696	48	648	166	32	112	22
55－59岁	672	672	232	15	217	60	9	46	5
60－64岁	214	214	43	1	42	10	1	7	2
65－69岁	147	147	35	1	34	6	1	1	4
70－74岁	21	21	13		13	2		2	
75岁及以上	3	3	3	1	2				

4－5a 续表 10

单位：人

年龄组 性 别	水利、环境和公共设施管理业					居民服务、修理和其他服务业			
	小计	水 利 管理业	生态保护 和环境 治理业	公共设施 管理业	土 地 管理业	小计	居 民 服务业	机动车、 电子产品 和日用产 品修理业	其 他 服务业
总 计	**7612**	**419**	**754**	**6295**	**144**	**37412**	**24281**	**8096**	**5035**
16－19岁	11	1		10		553	391	130	32
20－24岁	274	19	44	206	5	3143	2109	878	156
25－29岁	600	49	98	426	27	4800	3232	1272	296
30－34岁	937	79	152	674	32	5842	3857	1625	360
35－39岁	698	54	95	525	24	4061	2702	1084	275
40－44岁	655	48	76	518	13	3388	2216	795	377
45－49岁	1502	81	126	1274	21	6204	4022	1112	1070
50－54岁	1275	59	91	1113	12	5008	3209	697	1102
55－59岁	983	25	50	903	5	2849	1674	377	798
60－64岁	395	3	15	374	3	855	457	69	329
65－69岁	247	1	5	240	1	567	305	48	214
70－74岁	31		2	28	1	103	75	5	23
75岁及以上	4			4		39	32	4	3
男	**4312**	**265**	**495**	**3472**	**80**	**15275**	**7011**	**6572**	**1692**
16－19岁	5	1		4		292	160	124	8
20－24岁	156	12	28	114	2	1618	762	783	73
25－29岁	318	26	59	219	14	2303	1070	1089	144
30－34岁	569	45	107	398	19	2729	1216	1330	183
35－39岁	401	34	57	301	9	1792	840	839	113
40－44岁	341	28	50	255	8	1266	532	611	123
45－49岁	704	44	78	571	11	1964	875	853	236
50－54岁	734	47	71	607	9	1528	733	553	242
55－59岁	643	25	35	578	5	1043	485	294	264
60－64岁	244	2	8	232	2	398	176	56	166
65－69岁	173	1	2	169	1	276	115	34	127
70－74岁	21			21		50	34	4	12
75岁及以上	3			3		16	13	2	1
女	**3300**	**154**	**259**	**2823**	**64**	**22137**	**17270**	**1524**	**3343**
16－19岁	6			6		261	231	6	24
20－24岁	118	7	16	92	3	1525	1347	95	83
25－29岁	282	23	39	207	13	2497	2162	183	152
30－34岁	368	34	45	276	13	3113	2641	295	177
35－39岁	297	20	38	224	15	2269	1862	245	162
40－44岁	314	20	26	263	5	2122	1684	184	254
45－49岁	798	37	48	703	10	4240	3147	259	834
50－54岁	541	12	20	506	3	3480	2476	144	860
55－59岁	340		15	325		1806	1189	83	534
60－64岁	151	1	7	142	1	457	281	13	163
65－69岁	74		3	71		291	190	14	87
70－74岁	10		2	7	1	53	41	1	11
75岁及以上	1			1		23	19	2	2

4-5a　续表 11　　　　单位：人

年龄组 性　别	教育		卫生和社会工作			文化、体育和娱乐业				
	小计	教育	小计	卫生	社会工作	小计	新闻和出版业	广播、电视、电影和录音制作业	文　化艺术业	体育
总　计	**43094**	**43094**	**23373**	**22576**	**797**	**9543**	**748**	**1074**	**1468**	**1209**
16−19岁	371	371	142	142		198	1	6	13	14
20−24岁	4389	4389	2610	2564	46	1353	50	209	185	260
25−29岁	6893	6893	4807	4750	57	1838	132	260	287	342
30−34岁	6726	6726	5053	4964	89	1668	132	229	279	219
35−39岁	6327	6327	3129	3068	61	1127	136	132	219	123
40−44岁	5095	5095	1894	1829	65	740	89	79	111	51
45−49岁	5842	5842	2472	2322	150	1115	99	80	150	86
50−54岁	4576	4576	1707	1579	128	840	72	49	128	53
55−59岁	2493	2493	1094	964	130	472	32	21	70	47
60−64岁	235	235	237	202	35	96	5	4	13	9
65−69岁	103	103	166	139	27	65		2	8	5
70−74岁	25	25	42	35	7	19		2	2	
75岁及以上	19	19	20	18	2	12		1	3	
男	**15397**	**15397**	**6827**	**6569**	**258**	**4664**	**382**	**568**	**698**	**668**
16−19岁	104	104	10	10		103	1	3	9	11
20−24岁	812	812	400	389	11	671	14	91	71	141
25−29岁	1558	1558	852	836	16	912	55	139	119	209
30−34岁	1957	1957	1213	1186	27	795	63	125	114	104
35−39岁	2090	2090	1010	985	25	548	62	69	105	54
40−44岁	1958	1958	700	679	21	335	45	45	51	27
45−49岁	2475	2475	948	917	31	488	54	46	80	47
50−54岁	2354	2354	767	738	29	418	54	30	86	34
55−59岁	1850	1850	648	589	59	277	29	14	46	29
60−64岁	142	142	135	115	20	64	5	2	8	7
65−69岁	70	70	100	84	16	35		1	6	5
70−74岁	15	15	30	28	2	10		2	2	
75岁及以上	12	12	14	13	1	8		1	1	
女	**27697**	**27697**	**16546**	**16007**	**539**	**4879**	**366**	**506**	**770**	**541**
16−19岁	267	267	132	132		95		3	4	3
20−24岁	3577	3577	2210	2175	35	682	36	118	114	119
25−29岁	5335	5335	3955	3914	41	926	77	121	168	133
30−34岁	4769	4769	3840	3778	62	873	69	104	165	115
35−39岁	4237	4237	2119	2083	36	579	74	63	114	69
40−44岁	3137	3137	1194	1150	44	405	44	34	60	24
45−49岁	3367	3367	1524	1405	119	627	45	34	70	39
50−54岁	2222	2222	940	841	99	422	18	19	42	19
55−59岁	643	643	446	375	71	195	3	7	24	18
60−64岁	93	93	102	87	15	32		2	5	2
65−69岁	33	33	66	55	11	30		1	2	
70−74岁	10	10	12	7	5	9				
75岁及以上	7	7	6	5	1	4			2	

4-5a 续表 12

单位：人

年龄组 性 别	娱乐业	公共管理、社会保障和社会组织						国际组织	
		小计	中国共产党机关	国家机构	人民政协、民主党派	社会保障	群众团体、社会团体和其他成员组织	基层群众自治组织	小计	国际组织
总 计	**5044**	**33307**	**613**	**28656**	**95**	**131**	**856**	**2956**	**3**	**3**
16-19岁	164	36		28			3	5		
20-24岁	649	1379	18	1164		12	61	124		
25-29岁	817	4051	47	3505	4	15	96	384		
30-34岁	809	5959	127	5084	10	31	156	551	2	2
35-39岁	517	5094	120	4438	13	18	119	386	1	1
40-44岁	410	3883	80	3380	9	12	71	331		
45-49岁	700	4993	76	4308	9	16	122	462		
50-54岁	538	4227	71	3680	19	19	92	346		
55-59岁	302	3286	70	2856	31	6	82	241		
60-64岁	65	209	2	119			21	67		
65-69岁	50	128	2	61		2	17	46		
70-74岁	15	40		19			10	11		
75岁及以上	8	22		14			6	2		
男	**2348**	**20211**	**392**	**18244**	**57**	**52**	**409**	**1057**		
16-19岁	79	20		14			3	3		
20-24岁	354	722	10	656		3	17	36		
25-29岁	390	1956	25	1791	1	5	30	104		
30-34岁	389	3075	74	2808	5	10	64	114		
35-39岁	258	2888	71	2651	6	9	55	96		
40-44岁	167	2360	50	2190	6	5	26	83		
45-49岁	261	3077	55	2778	5	5	63	171		
50-54岁	214	3052	50	2740	13	11	49	189		
55-59岁	159	2748	54	2440	21	3	62	168		
60-64岁	42	170	2	102			16	50		
65-69岁	23	95	1	48		1	13	32		
70-74岁	6	34		17			8	9		
75岁及以上	6	14		9			3	2		
女	**2696**	**13096**	**221**	**10412**	**38**	**79**	**447**	**1899**	**3**	**3**
16-19岁	85	16		14				2		
20-24岁	295	657	8	508		9	44	88		
25-29岁	427	2095	22	1714	3	10	66	280		
30-34岁	420	2884	53	2276	5	21	92	437	2	2
35-39岁	259	2206	49	1787	7	9	64	290	1	1
40-44岁	243	1523	30	1190	3	7	45	248		
45-49岁	439	1916	21	1530	4	11	59	291		
50-54岁	324	1175	21	940	6	8	43	157		
55-59岁	143	538	16	416	10	3	20	73		
60-64岁	23	39		17			5	17		
65-69岁	27	33	1	13		1	4	14		
70-74岁	9	6		2			2	2		
75岁及以上	2	8		5			3			

4–5b 全市分年龄、性别、行业大类的就业人口(镇)

单位：人

年龄组 性 别	合计	农、林、牧、渔业						采矿业	
		小计	农业	林业	畜牧业	渔业	农、林、牧、渔专业及辅助性活动	小计	煤炭开采和洗选业
总 计	**266287**	**30189**	**26623**	**342**	**2536**	**426**	**262**	**2316**	**1494**
16–19岁	2291	78	68	2	7	1			
20–24岁	16209	463	392	3	53	7	8	31	6
25–29岁	29188	874	704	16	102	20	32	105	32
30–34岁	34377	1233	974	32	168	35	24	217	108
35–39岁	26053	1116	876	16	162	38	24	182	92
40–44岁	25524	1475	1212	29	176	32	26	274	184
45–49岁	50244	4221	3665	66	353	78	59	842	651
50–54岁	39923	5193	4505	96	453	91	48	528	370
55–59岁	23598	4709	4187	52	388	57	25	110	44
60–64岁	7066	3030	2782	20	195	26	7	16	5
65–69岁	7152	4314	4006	6	273	22	7	6	1
70–74岁	2991	2202	2055	4	127	14	2	3	1
75岁及以上	1671	1281	1197		79	5		2	
男	**155438**	**14851**	**12774**	**250**	**1368**	**283**	**176**	**2100**	**1402**
16–19岁	1478	54	47	2	4	1			
20–24岁	8987	253	201		40	6	6	28	6
25–29岁	16340	472	362	12	64	12	22	79	26
30–34岁	19411	647	465	27	109	26	20	179	90
35–39岁	14628	571	428	9	91	28	15	157	79
40–44岁	13841	654	509	16	92	21	16	255	174
45–49岁	28395	1844	1522	43	194	48	37	784	624
50–54岁	24857	2308	1931	76	210	58	33	491	355
55–59岁	15887	2168	1852	43	221	36	16	105	42
60–64岁	4591	1579	1457	15	85	19	3	13	4
65–69岁	4246	2288	2117	4	144	16	7	4	1
70–74岁	1776	1263	1178	3	72	9	1	3	1
75岁及以上	1001	750	705		42	3		2	
女	**110849**	**15338**	**13849**	**92**	**1168**	**143**	**86**	**216**	**92**
16–19岁	813	24	21		3				
20–24岁	7222	210	191	3	13	1	2	3	
25–29岁	12848	402	342	4	38	8	10	26	6
30–34岁	14966	586	509	5	59	9	4	38	18
35–39岁	11425	545	448	7	71	10	9	25	13
40–44岁	11683	821	703	13	84	11	10	19	10
45–49岁	21849	2377	2143	23	159	30	22	58	27
50–54岁	15066	2885	2574	20	243	33	15	37	15
55–59岁	7711	2541	2335	9	167	21	9	5	2
60–64岁	2475	1451	1325	5	110	7	4	3	1
65–69岁	2906	2026	1889	2	129	6		2	
70–74岁	1215	939	877	1	55	5	1		
75岁及以上	670	531	492		37	2			

4-5b 续表 1

单位：人

年龄组 性别	采矿业						制造业		
	石油和天然气开采业	黑色金属矿采选业	有色金属矿采选业	非金属矿采选业	开采专业及辅助性活动	其他采矿业	小计	农副食品加工业	食品制造业
总计	**149**	**149**	**56**	**292**	**116**	**60**	**37087**	**1629**	**2243**
16-19岁							679	6	22
20-24岁	5	4	1	4	10	1	2676	36	166
25-29岁	21	10	2	29	8	3	4377	84	306
30-34岁	22	18	8	40	16	5	5461	126	396
35-39岁	28	13	9	24	10	6	4081	118	239
40-44岁	18	17	8	31	10	6	3849	138	235
45-49岁	26	45	17	62	21	20	7555	395	382
50-54岁	20	32	6	62	23	15	5136	395	306
55-59岁	7	7	5	29	14	4	2369	207	116
60-64岁	2	1		7	1		472	63	41
65-69岁		2		3			323	49	24
70-74岁				1	1		72	8	5
75岁及以上					2		37	4	5
男	**119**	**116**	**50**	**259**	**101**	**53**	**22504**	**882**	**1185**
16-19岁							495	4	13
20-24岁	4	2	1	4	10	1	1888	21	95
25-29岁	11	8	2	23	7	2	2833	38	164
30-34岁	18	12	5	35	15	4	3284	73	209
35-39岁	27	12	8	20	7	4	2297	57	128
40-44岁	18	13	8	28	8	6	1974	68	111
45-49岁	18	32	16	57	18	19	4069	181	174
50-54岁	14	29	5	55	20	13	3286	215	170
55-59岁	7	6	5	28	13	4	1701	135	68
60-64岁	2	1		6			366	47	31
65-69岁		1		2			238	35	17
70-74岁				1	1		50	6	2
75岁及以上					2		23	2	3
女	**30**	**33**	**6**	**33**	**15**	**7**	**14583**	**747**	**1058**
16-19岁							184	2	9
20-24岁	1	2					788	15	71
25-29岁	10	2		6	1	1	1544	46	142
30-34岁	4	6	3	5	1	1	2177	53	187
35-39岁	1	1	1	4	3	2	1784	61	111
40-44岁		4		3	2		1875	70	124
45-49岁	8	13	1	5	3	1	3486	214	208
50-54岁	6	3	1	7	3	2	1850	180	136
55-59岁		1		1	1		668	72	48
60-64岁				1	1		106	16	10
65-69岁		1		1			85	14	7
70-74岁							22	2	3
75岁及以上							14	2	2

4–5b 续表 2

单位：人

年龄组 性 别	制造业								
	酒、饮料和精制茶制造业	烟 草制品业	纺织业	纺织服装、服饰业	皮革、毛皮、羽毛及其制品和制鞋业	木材加工和木、竹、藤、棕、草制品业	家 具制造业	造纸和纸制品业	印刷和记录媒介复制业
总 计	**520**	**67**	**933**	**2295**	**1379**	**880**	**1186**	**944**	**234**
16–19岁	2			27	18	4	7	7	
20–24岁	20	2	24	148	84	26	61	55	17
25–29岁	45	1	71	252	137	65	109	103	31
30–34岁	60	6	85	339	195	100	169	158	29
35–39岁	39	3	100	269	154	82	127	142	31
40–44岁	54	5	113	268	170	84	126	98	23
45–49岁	97	21	219	538	339	165	257	189	51
50–54岁	111	23	184	298	181	181	201	115	34
55–59岁	56	5	80	116	83	103	90	53	10
60–64岁	25	1	26	14	9	30	15	10	5
65–69岁	10		20	16	7	25	17	10	1
70–74岁			8	5	1	8	7	4	2
75岁及以上	1		3	5	1	7			
男	**317**	**44**	**459**	**919**	**715**	**660**	**810**	**557**	**146**
16–19岁	2			14	15	4	5	6	
20–24岁	11	1	14	74	52	19	45	36	13
25–29岁	26		35	106	88	50	75	67	18
30–34岁	36	2	45	132	110	77	110	87	17
35–39岁	23	1	43	95	75	58	88	82	19
40–44岁	26	3	38	92	76	64	84	48	15
45–49岁	56	13	90	193	155	117	167	108	33
50–54岁	72	19	104	123	90	139	139	72	18
55–59岁	37	4	48	63	43	79	68	35	8
60–64岁	18	1	20	12	5	25	13	8	3
65–69岁	9		12	11	5	19	12	6	1
70–74岁			7	2	1	5	4	2	1
75岁及以上	1		3	2		4			
女	**203**	**23**	**474**	**1376**	**664**	**220**	**376**	**387**	**88**
16–19岁				13	3		2	1	
20–24岁	9	1	10	74	32	7	16	19	4
25–29岁	19	1	36	146	49	15	34	36	13
30–34岁	24	4	40	207	85	23	59	71	12
35–39岁	16	2	57	174	79	24	39	60	12
40–44岁	28	2	75	176	94	20	42	50	8
45–49岁	41	8	129	345	184	48	90	81	18
50–54岁	39	4	80	175	91	42	62	43	16
55–59岁	19	1	32	53	40	24	22	18	2
60–64岁	7		6	2	4	5	2	2	2
65–69岁	1		8	5	2	6	5	4	
70–74岁			1	3		3	3	2	1
75岁及以上				3	1	3			

4-5b 续表 3

单位：人

年龄组 性 别	制造业								
	文教、工美、体育和娱乐用品制造业	石油、煤炭及其他燃料加工业	化学原料和化学制品制造业	医 药制造业	化学纤维制造业	橡胶和塑 料制品业	非金属矿 物制品业	黑色金属冶炼和压延加工业	有色金属冶炼和压延加工业
总 计	**614**	**66**	**633**	**477**	**13**	**1155**	**2836**	**222**	**996**
16-19岁	8	1	2	5		8	8		2
20-24岁	40	8	26	33	1	61	86	8	31
25-29岁	72	11	61	60	2	130	228	16	71
30-34岁	72	8	98	68	1	175	357	25	118
35-39岁	60	5	70	53	3	108	285	25	94
40-44岁	66	5	80	65		129	308	25	117
45-49岁	158	5	147	109	5	250	697	54	339
50-54岁	96	16	101	53		181	490	46	161
55-59岁	38	7	41	27	1	95	280	17	56
60-64岁	1		6	3		12	60	2	6
65-69岁	3		1	1		6	31	1	1
70-74岁							4	2	
75岁及以上							2	1	
男	**255**	**50**	**429**	**244**	**6**	**709**	**2006**	**175**	**724**
16-19岁	7	1	1	2		7	5		2
20-24岁	27	8	13	19	1	43	62	6	26
25-29岁	38	8	44	28	2	89	169	12	45
30-34岁	22	5	63	29		116	267	22	87
35-39岁	25	3	42	14	2	65	184	18	63
40-44岁	20	4	49	31		59	192	21	74
45-49岁	52	3	103	57	1	136	455	39	227
50-54岁	44	14	76	38		110	359	37	142
55-59岁	19	4	34	24		73	228	14	51
60-64岁			4	1		6	52	2	6
65-69岁	1			1		5	27	1	1
70-74岁							4	2	
75岁及以上							2	1	
女	**359**	**16**	**204**	**233**	**7**	**446**	**830**	**47**	**272**
16-19岁	1		1	3		1	3		
20-24岁	13		13	14		18	24	2	5
25-29岁	34	3	17	32		41	59	4	26
30-34岁	50	3	35	39	1	59	90	3	31
35-39岁	35	2	28	39	1	43	101	7	31
40-44岁	46	1	31	34		70	116	4	43
45-49岁	106	2	44	52	4	114	242	15	112
50-54岁	52	2	25	15		71	131	9	19
55-59岁	19	3	7	3	1	22	52	3	5
60-64岁	1		2	2		6	8		
65-69岁	2		1			1	4		
70-74岁									
75岁及以上									

4-5b 续表 4

单位：人

年龄组 性 别	制造业								
	金 属 制品业	通用设备 制造业	专用设备 制造业	汽 车 制造业	铁路、船舶、航空航天和其他运输设备制造业	电气机械和器材制造业	计算机、通信和其他电子设备制造业	仪器仪表 制造业	其 他 制造业
总 计	**2583**	**2143**	**965**	**3945**	**1321**	**986**	**4756**	**194**	**254**
16-19岁	17	11	20	134	6	35	319	2	4
20-24岁	126	140	86	428	69	101	723	16	12
25-29岁	242	211	138	611	109	127	985	19	22
30-34岁	351	367	185	648	156	165	859	32	42
35-39岁	300	266	111	432	160	136	542	25	29
40-44岁	297	228	90	365	138	105	408	27	31
45-49岁	581	438	154	686	316	183	548	50	54
50-54岁	425	307	118	414	223	76	254	19	31
55-59岁	182	137	46	178	119	43	95	3	18
60-64岁	32	19	8	29	16	10	7	1	5
65-69岁	23	15	6	17	7	3	15		4
70-74岁	5	4	2	2	2	2			1
75岁及以上	2		1	1			1		1
男	**1848**	**1429**	**603**	**2740**	**824**	**583**	**2458**	**109**	**136**
16-19岁	9	7	11	129	4	33	207		3
20-24岁	97	106	57	387	60	72	463	13	7
25-29岁	181	158	89	479	73	78	596	11	13
30-34岁	253	254	104	439	94	92	439	14	30
35-39岁	205	180	62	269	88	71	242	16	17
40-44岁	201	125	49	191	73	52	146	10	14
45-49岁	395	252	95	378	168	95	192	25	22
50-54岁	313	204	89	288	149	49	110	16	15
55-59岁	143	110	32	142	94	30	52	3	10
60-64岁	26	15	7	24	14	8	4	1	2
65-69岁	19	14	5	12	6	2	7		2
70-74岁	4	4	2	1	1	1			1
75岁及以上	2		1	1					
女	**735**	**714**	**362**	**1205**	**497**	**403**	**2298**	**85**	**118**
16-19岁	8	4	9	5	2	2	112	2	1
20-24岁	29	34	29	41	9	29	260	3	5
25-29岁	61	53	49	132	36	49	389	8	9
30-34岁	98	113	81	209	62	73	420	18	12
35-39岁	95	86	49	163	72	65	300	9	12
40-44岁	96	103	41	174	65	53	262	17	17
45-49岁	186	186	59	308	148	88	356	25	32
50-54岁	112	103	29	126	74	27	144	3	16
55-59岁	39	27	14	36	25	13	43		8
60-64岁	6	4	1	5	2	2	3		3
65-69岁	4	1	1	5	1	1	8		2
70-74岁	1			1	1	1			
75岁及以上							1		1

4—5b 续表 5

单位：人

年龄组 性 别	制造业		电力、热力、燃气及水生产和供应业				建筑业		
	废弃资源综合利用业	金属制品、机械和设备修理业	小计	电力、热力生产和供应业	燃气生产和供应业	水的生产和供应业	小计	房屋建筑业	土木工程建筑业
总 计	**305**	**313**	**2680**	**1610**	**483**	**587**	**49508**	**31912**	**4015**
16—19岁	1	3	3		1	2	237	158	26
20—24岁	5	37	123	82	27	14	2037	1199	231
25—29岁	16	42	258	154	66	38	4326	2587	474
30—34岁	29	42	305	149	72	84	5733	3419	501
35—39岁	31	42	281	164	48	69	4588	2823	356
40—44岁	24	27	349	196	68	85	4862	3076	355
45—49岁	68	60	680	439	93	148	11267	7375	818
50—54岁	61	35	418	267	67	84	9502	6431	680
55—59岁	49	18	215	132	34	49	5141	3555	425
60—64岁	10	6	28	12	7	9	1088	764	86
65—69岁	9	1	14	10		4	597	427	53
70—74岁			3	2		1	94	70	7
75岁及以上	2		3	3			36	28	3
男	**209**	**273**	**1901**	**1211**	**303**	**387**	**41442**	**26336**	**3497**
16—19岁	1	3	3		1	2	202	131	23
20—24岁	4	36	90	61	20	9	1713	993	203
25—29岁	16	37	166	105	37	24	3731	2202	413
30—34岁	19	37	214	115	42	57	4908	2871	448
35—39岁	24	38	192	120	30	42	3808	2313	313
40—44岁	15	23	211	127	39	45	3870	2404	299
45—49岁	39	48	432	302	51	79	9030	5801	689
50—54岁	43	29	356	234	51	71	7965	5322	585
55—59岁	34	16	196	125	26	45	4565	3134	391
60—64岁	6	5	24	10	6	8	1009	707	77
65—69岁	7	1	13	9		4	531	377	46
70—74岁			1			1	82	59	7
75岁及以上	1		3	3			28	22	3
女	**96**	**40**	**779**	**399**	**180**	**200**	**8066**	**5576**	**518**
16—19岁							35	27	3
20—24岁	1	1	33	21	7	5	324	206	28
25—29岁		5	92	49	29	14	595	385	61
30—34岁	10	5	91	34	30	27	825	548	53
35—39岁	7	4	89	44	18	27	780	510	43
40—44岁	9	4	138	69	29	40	992	672	56
45—49岁	29	12	248	137	42	69	2237	1574	129
50—54岁	18	6	62	33	16	13	1537	1109	95
55—59岁	15	2	19	7	8	4	576	421	34
60—64岁	4	1	4	2	1	1	79	57	9
65—69岁	2		1	1			66	50	7
70—74岁			2	2			12	11	
75岁及以上	1						8	6	

4-5b　续表 6　　　　　　　　　　　　　　　　　　　　　　　单位：人

年龄组 性　别	建筑业		批发和零售业			交通运输、仓储和邮政业			
	建　筑 安装业	建筑装饰、装修和其他建筑业	小计	批发业	零售业	小计	铁　路 运输业	道　路 运输业	水　上 运输业
总　计	**1985**	**11596**	**42732**	**6489**	**36243**	**14675**	**189**	**9851**	**493**
16-19岁	8	45	281	33	248	68		36	2
20-24岁	114	493	2644	321	2323	827	26	468	11
25-29岁	195	1070	5065	663	4402	1650	36	1025	43
30-34岁	309	1504	6597	911	5686	2253	21	1524	76
35-39岁	250	1159	4734	659	4075	1794	13	1310	37
40-44岁	199	1232	4674	677	3997	1662	12	1237	53
45-49岁	407	2667	8127	1285	6842	3044	28	2182	104
50-54岁	298	2093	5719	1030	4689	2097	35	1362	96
55-59岁	156	1005	3012	561	2451	999	17	599	59
60-64岁	28	210	783	154	629	154	1	60	7
65-69岁	18	99	704	127	577	108		39	5
70-74岁	3	14	258	45	213	14		7	
75岁及以上		5	134	23	111	5		2	
男	**1830**	**9779**	**18050**	**3724**	**14326**	**12456**	**118**	**8758**	**434**
16-19岁	8	40	137	19	118	54		31	2
20-24岁	106	411	1091	188	903	658	18	396	9
25-29岁	185	931	2049	383	1666	1333	15	888	38
30-34岁	286	1303	2429	499	1930	1874	14	1344	72
35-39岁	231	951	1751	357	1394	1480	6	1152	29
40-44岁	179	988	1677	335	1342	1398	7	1102	44
45-49岁	367	2173	3252	690	2562	2593	17	1933	87
50-54岁	276	1782	2745	622	2123	1885	25	1255	88
55-59岁	144	896	1751	386	1365	925	15	559	54
60-64岁	27	198	509	115	394	144	1	57	7
65-69岁	18	90	429	89	340	96		34	4
70-74岁	3	13	150	27	123	11		5	
75岁及以上		3	80	14	66	5		2	
女	**155**	**1817**	**24682**	**2765**	**21917**	**2219**	**71**	**1093**	**59**
16-19岁		5	144	14	130	14		5	
20-24岁	8	82	1553	133	1420	169	8	72	2
25-29岁	10	139	3016	280	2736	317	21	137	5
30-34岁	23	201	4168	412	3756	379	7	180	4
35-39岁	19	208	2983	302	2681	314	7	158	8
40-44岁	20	244	2997	342	2655	264	5	135	9
45-49岁	40	494	4875	595	4280	451	11	249	17
50-54岁	22	311	2974	408	2566	212	10	107	8
55-59岁	12	109	1261	175	1086	74	2	40	5
60-64岁	1	12	274	39	235	10		3	
65-69岁		9	275	38	237	12		5	1
70-74岁		1	108	18	90	3		2	
75岁及以上		2	54	9	45				

4－5b 续表 7 单位：人

年龄组 性 别	交通运输、仓储和邮政业					住宿和餐饮业		
	航 空 运输业	管 道 运输业	多式联运 和运输 代理业	装卸搬运 和仓储业	邮政业	小计	住宿业	餐饮业
总 计	**107**	**8**	**238**	**1960**	**1829**	**20178**	**1648**	**18530**
16－19岁	1		1	7	21	311	28	283
20－24岁	28	1	13	65	215	1302	133	1169
25－29岁	29		30	108	379	2147	189	1958
30－34岁	20	2	35	149	426	2584	184	2400
35－39岁	8	1	29	147	249	2097	172	1925
40－44岁	2	1	28	173	156	2139	151	1988
45－49岁	8	3	53	458	208	4200	379	3821
50－54岁	7		28	459	110	3174	236	2938
55－59岁	3		15	255	51	1594	136	1458
60－64岁			2	74	10	340	25	315
65－69岁	1		3	57	3	203	11	192
70－74岁				6	1	61	3	58
75岁及以上			1	2		26	1	25
男	**56**	**7**	**197**	**1632**	**1254**	**8324**	**518**	**7806**
16－19岁	1			6	14	192	13	179
20－24岁	10	1	10	54	160	749	47	702
25－29岁	15		24	86	267	1143	59	1084
30－34岁	9	1	30	113	291	1259	56	1203
35－39岁	3	1	23	108	158	898	36	862
40－44岁	2	1	23	126	93	779	42	737
45－49岁	7	3	45	364	137	1329	94	1235
50－54岁	6		24	403	84	1027	81	946
55－59岁	2		13	243	39	626	62	564
60－64岁			2	69	8	183	19	164
65－69岁	1		2	53	2	91	5	86
70－74岁				5	1	36	3	33
75岁及以上			1	2		12	1	11
女	**51**	**1**	**41**	**328**	**575**	**11854**	**1130**	**10724**
16－19岁			1	1	7	119	15	104
20－24岁	18		3	11	55	553	86	467
25－29岁	14		6	22	112	1004	130	874
30－34岁	11	1	5	36	135	1325	128	1197
35－39岁	5		6	39	91	1199	136	1063
40－44岁			5	47	63	1360	109	1251
45－49岁	1		8	94	71	2871	285	2586
50－54岁	1		4	56	26	2147	155	1992
55－59岁	1		2	12	12	968	74	894
60－64岁				5	2	157	6	151
65－69岁			1	4	1	112	6	106
70－74岁				1		25		25
75岁及以上						14		14

4-5b 续表 8

单位：人

年龄组 性 别	信息传输、软件和信息技术服务业				金融业				
	小计	电信、广播电视和卫星传输服务	互联网和相关服务	软件和信息技术服务业	小计	货币金融服务	资本市场服务	保险业	其他金融业
总 计	**2743**	**1218**	**728**	**797**	**2950**	**1495**	**75**	**1168**	**212**
16-19岁	31	7	16	8	6	3		1	2
20-24岁	475	120	158	197	265	120	8	106	31
25-29岁	710	251	196	263	556	257	21	224	54
30-34岁	585	272	152	161	622	339	18	216	49
35-39岁	298	167	71	60	336	157	9	142	28
40-44岁	183	117	38	28	219	81	6	116	16
45-49岁	254	150	58	46	419	205	3	196	15
50-54岁	138	88	27	23	320	191	4	111	14
55-59岁	58	38	11	9	185	127	6	50	2
60-64岁	5	4	1		12	8		4	
65-69岁	2	1		1	8	6		1	1
70-74岁	2	1		1					
75岁及以上	2	2			2	1		1	
男	**1768**	**747**	**487**	**534**	**1412**	**850**	**46**	**405**	**111**
16-19岁	17	4	8	5	3	1		1	1
20-24岁	288	63	101	124	125	54	4	55	12
25-29岁	461	158	119	184	273	129	14	107	23
30-34岁	356	141	102	113	276	160	9	78	29
35-39岁	185	92	55	38	125	68	7	36	14
40-44岁	107	67	24	16	89	44	4	29	12
45-49岁	186	112	46	28	167	117	1	41	8
50-54岁	113	72	23	18	194	148	3	34	9
55-59岁	46	31	8	7	142	117	4	19	2
60-64岁	5	4	1		9	6		3	
65-69岁	2	1		1	8	6		1	1
70-74岁	1	1							
75岁及以上	1	1			1			1	
女	**975**	**471**	**241**	**263**	**1538**	**645**	**29**	**763**	**101**
16-19岁	14	3	8	3	3	2			1
20-24岁	187	57	57	73	140	66	4	51	19
25-29岁	249	93	77	79	283	128	7	117	31
30-34岁	229	131	50	48	346	179	9	138	20
35-39岁	113	75	16	22	211	89	2	106	14
40-44岁	76	50	14	12	130	37	2	87	4
45-49岁	68	38	12	18	252	88	2	155	7
50-54岁	25	16	4	5	126	43	1	77	5
55-59岁	12	7	3	2	43	10	2	31	
60-64岁					3	2		1	
65-69岁									
70-74岁	1			1					
75岁及以上	1	1			1	1			

4-5b 续表 9

单位：人

年龄组 性 别	房地产业		租赁和商务服务业			科学研究和技术服务业			
	小计	房地产业	小计	租赁业	商 务 服务业	小计	研究和 试验发展	专业技术 服务业	科技推广 和应用 服务业
总 计	**4538**	**4538**	**5610**	**536**	**5074**	**1428**	**108**	**1107**	**213**
16-19岁	25	25	34	5	29	19	1	13	5
20-24岁	497	497	612	50	562	178	16	135	27
25-29岁	734	734	957	92	865	331	30	257	44
30-34岁	583	583	888	106	782	282	18	226	38
35-39岁	403	403	542	58	484	137	11	105	21
40-44岁	366	366	477	57	420	108	4	92	12
45-49岁	665	665	906	84	822	163	10	123	30
50-54岁	594	594	624	54	570	112	10	84	18
55-59岁	424	424	399	20	379	75	5	54	16
60-64岁	148	148	83	5	78	14	3	11	
65-69岁	80	80	66	5	61	7		5	2
70-74岁	14	14	12		12				
75岁及以上	5	5	10		10	2		2	
男	**2749**	**2749**	**3521**	**453**	**3068**	**997**	**70**	**790**	**137**
16-19岁	20	20	18	4	14	18	1	12	5
20-24岁	306	306	325	47	278	106	13	81	12
25-29岁	440	440	521	82	439	223	16	176	31
30-34岁	304	304	521	90	431	195	12	162	21
35-39岁	220	220	331	47	284	98	9	75	14
40-44岁	179	179	293	51	242	70	4	58	8
45-49岁	367	367	563	63	500	115	4	89	22
50-54岁	400	400	468	42	426	91	7	73	11
55-59岁	318	318	347	19	328	63	3	47	13
60-64岁	116	116	68	4	64	11	1	10	
65-69岁	64	64	55	4	51	5		5	
70-74岁	11	11	6		6				
75岁及以上	4	4	5		5	2		2	
女	**1789**	**1789**	**2089**	**83**	**2006**	**431**	**38**	**317**	**76**
16-19岁	5	5	16	1	15	1		1	
20-24岁	191	191	287	3	284	72	3	54	15
25-29岁	294	294	436	10	426	108	14	81	13
30-34岁	279	279	367	16	351	87	6	64	17
35-39岁	183	183	211	11	200	39	2	30	7
40-44岁	187	187	184	6	178	38		34	4
45-49岁	298	298	343	21	322	48	6	34	8
50-54岁	194	194	156	12	144	21	3	11	7
55-59岁	106	106	52	1	51	12	2	7	3
60-64岁	32	32	15	1	14	3	2	1	
65-69岁	16	16	11	1	10	2			2
70-74岁	3	3	6		6				
75岁及以上	1	1	5		5				

4-5b 续表 10

单位：人

年龄组 性别	水利、环境和公共设施管理业					居民服务、修理和其他服务业			
	小计	水利管理业	生态保护和环境治理业	公共设施管理业	土地管理业	小计	居民服务业	机动车、电子产品和日用产品修理业	其他服务业
总计	**2030**	**124**	**144**	**1727**	**35**	**13047**	**8434**	**2799**	**1814**
16-19岁	4	1		3		212	133	72	7
20-24岁	55	4	3	41	7	1074	751	296	27
25-29岁	133	20	10	97	6	1638	1095	461	82
30-34岁	161	15	17	125	4	1767	1206	447	114
35-39岁	137	16	11	110		1184	759	327	98
40-44岁	193	12	17	163	1	1145	731	232	182
45-49岁	435	28	34	366	7	2283	1427	455	401
50-54岁	358	11	25	315	7	1819	1138	292	389
55-59岁	278	12	20	244	2	1079	657	145	277
60-64岁	129	4	3	122		346	212	39	95
65-69岁	114	1	2	110	1	322	192	21	109
70-74岁	26		2	24		129	92	10	27
75岁及以上	7			7		49	41	2	6
男	**1094**	**89**	**105**	**872**	**28**	**5415**	**2525**	**2309**	**581**
16-19岁	3	1		2		130	55	71	4
20-24岁	35	3	3	22	7	543	268	261	14
25-29岁	79	13	6	55	5	788	351	392	45
30-34岁	91	9	11	68	3	764	346	375	43
35-39岁	83	10	7	66		518	217	270	31
40-44岁	87	11	11	64	1	395	174	176	45
45-49岁	188	17	20	148	3	775	342	353	80
50-54岁	201	11	24	160	6	664	325	231	108
55-59岁	152	10	17	123	2	413	219	119	75
60-64岁	76	3	3	70		180	93	32	55
65-69岁	73	1	2	69	1	152	73	18	61
70-74岁	21		1	20		66	41	9	16
75岁及以上	5			5		27	21	2	4
女	**936**	**35**	**39**	**855**	**7**	**7632**	**5909**	**490**	**1233**
16-19岁	1			1		82	78	1	3
20-24岁	20	1		19		531	483	35	13
25-29岁	54	7	4	42	1	850	744	69	37
30-34岁	70	6	6	57	1	1003	860	72	71
35-39岁	54	6	4	44		666	542	57	67
40-44岁	106	1	6	99		750	557	56	137
45-49岁	247	11	14	218	4	1508	1085	102	321
50-54岁	157		1	155	1	1155	813	61	281
55-59岁	126	2	3	121		666	438	26	202
60-64岁	53	1		52		166	119	7	40
65-69岁	41			41		170	119	3	48
70-74岁	5		1	4		63	51	1	11
75岁及以上	2			2		22	20		2

4－5b　续表 11　　　　单位：人

年龄组 性　别	教育		卫生和社会工作			文化、体育和娱乐业				
	小计	教育	小计	卫生	社会工作	小计	新闻和出版业	广播、电视、电影和录音制作业	文　化艺术业	体育
总　计	**13999**	**13999**	**6343**	**6165**	**178**	**2244**	**60**	**98**	**376**	**176**
16－19岁	188	188	55	54	1	44	1	3	3	6
20－24岁	1260	1260	813	806	7	239	4	17	39	39
25－29岁	1963	1963	1364	1356	8	273	19	21	53	35
30－34岁	1909	1909	991	983	8	283	15	15	53	29
35－39岁	1941	1941	668	662	6	186	5	10	41	15
40－44岁	1605	1605	547	532	15	197	5	3	42	9
45－49岁	2168	2168	770	735	35	404	6	13	69	26
50－54岁	1778	1778	565	535	30	255	3	8	36	9
55－59岁	1033	1033	366	330	36	188	1	6	25	2
60－64岁	92	92	87	68	19	86		2	8	4
65－69岁	31	31	75	62	13	48	1		3	1
70－74岁	18	18	23	23		26			2	1
75岁及以上	13	13	19	19		15			2	
男	**5775**	**5775**	**2272**	**2214**	**58**	**1053**	**31**	**50**	**192**	**97**
16－19岁	77	77	12	12		28	1	2	1	5
20－24岁	203	203	122	122		133	1	8	17	25
25－29岁	418	418	272	270	2	136	8	9	24	23
30－34岁	566	566	272	271	1	131	7	7	21	12
35－39岁	746	746	265	264	1	75	1	5	19	9
40－44岁	737	737	247	242	5	67	4	2	20	2
45－49岁	1027	1027	368	363	5	164	4	8	34	10
50－54岁	1052	1052	311	298	13	122	3	5	25	6
55－59岁	840	840	253	239	14	91	1	3	18	1
60－64岁	65	65	58	48	10	53		1	7	3
65－69岁	24	24	56	49	7	26	1		3	1
70－74岁	10	10	20	20		16			2	
75岁及以上	10	10	16	16		11			1	
女	**8224**	**8224**	**4071**	**3951**	**120**	**1191**	**29**	**48**	**184**	**79**
16－19岁	111	111	43	42	1	16		1	2	1
20－24岁	1057	1057	691	684	7	106	3	9	22	14
25－29岁	1545	1545	1092	1086	6	137	11	12	29	12
30－34岁	1343	1343	719	712	7	152	8	8	32	17
35－39岁	1195	1195	403	398	5	111	4	5	22	6
40－44岁	868	868	300	290	10	130	1	1	22	7
45－49岁	1141	1141	402	372	30	240	2	5	35	16
50－54岁	726	726	254	237	17	133		3	11	3
55－59岁	193	193	113	91	22	97		3	7	1
60－64岁	27	27	29	20	9	33		1	1	1
65－69岁	7	7	19	13	6	22				
70－74岁	8	8	3	3		10				1
75岁及以上	3	3	3	3		4			1	

4-5b 续表 12

单位：人

年龄组 性 别	娱乐业	公共管理、社会保障和社会组织						国际组织	
		小计	中国共产党机关	国家机构	人民政协、民主党派	社会保障	群众团体、社会团体和其他成员组织	基层群众自治组织	小计	国际组织
总　计	**1534**	**11989**	**202**	**9294**	**42**	**50**	**295**	**2106**	**1**	**1**
16-19岁	31	16		10			5	1		
20-24岁	140	638	9	529		4	25	71		
25-29岁	145	1727	25	1441	2	10	48	201		
30-34岁	171	1923	38	1557	5	4	37	282		
35-39岁	115	1347	33	1073	3	7	24	207	1	1
40-44岁	138	1200	14	951	6	4	27	198		
45-49岁	290	1841	26	1386	10	10	51	358		
50-54岁	199	1593	23	1204	9	5	39	313		
55-59岁	154	1364	31	1004	7	6	20	296		
60-64岁	72	153	2	68			7	76		
65-69岁	43	130	1	41			8	80		
70-74岁	23	34		11			2	21		
75岁及以上	13	23		19			2	2		
男	**683**	**7753**	**148**	**6338**	**26**	**19**	**139**	**1083**	**1**	**1**
16-19岁	19	15		10			4	1		
20-24岁	82	331	6	280		2	9	34		
25-29岁	72	923	12	829		2	14	66		
30-34岁	84	1141	24	1004	3	1	17	92		
35-39岁	41	827	24	713	2	3	11	74	1	1
40-44岁	39	752	13	634	4	3	13	85		
45-49岁	108	1142	18	923	2	2	24	173		
50-54岁	83	1178	21	925	8	3	21	200		
55-59岁	68	1185	27	914	7	3	16	218		
60-64岁	42	123	2	57			4	60		
65-69岁	21	91	1	27			5	58		
70-74岁	14	29		9				20		
75岁及以上	10	16		13			1	2		
女	**851**	**4236**	**54**	**2956**	**16**	**31**	**156**	**1023**		
16-19岁	12	1					1			
20-24岁	58	307	3	249		2	16	37		
25-29岁	73	804	13	612	2	8	34	135		
30-34岁	87	782	14	553	2	3	20	190		
35-39岁	74	520	9	360	1	4	13	133		
40-44岁	99	448	1	317	2	1	14	113		
45-49岁	182	699	8	463	8	8	27	185		
50-54岁	116	415	2	279	1	2	18	113		
55-59岁	86	179	4	90		3	4	78		
60-64岁	30	30		11			3	16		
65-69岁	22	39		14			3	22		
70-74岁	9	5		2			2	1		
75岁及以上	3	7		6			1			

4-5c 全市分年龄、性别、行业大类的就业人口(乡村)

单位：人

年龄组 性别	合计	农、林、牧、渔业						采矿业	
		小计	农业	林业	畜牧业	渔业	农、林、牧、渔专业及辅助性活动	小计	煤炭开采和洗选业
总　计	**511266**	**201698**	**179119**	**1144**	**19432**	**1433**	**570**	**2239**	**819**
16-19岁	4942	497	433	1	53	8	2	1	
20-24岁	27270	1935	1622	14	252	31	16	73	9
25-29岁	39776	3123	2548	28	460	58	29	151	25
30-34岁	41876	4497	3669	44	656	101	27	207	45
35-39岁	30414	4521	3617	34	747	87	36	168	41
40-44岁	32835	6510	5350	58	984	81	37	245	96
45-49岁	78683	21083	17928	184	2654	245	72	603	288
50-54岁	79020	29608	25793	250	3192	258	115	504	226
55-59岁	58859	29278	26031	222	2732	207	86	214	74
60-64岁	32973	24151	21939	116	1925	121	50	38	4
65-69岁	44928	38984	35672	130	2991	134	57	25	8
70-74岁	24479	22955	21055	43	1753	81	23	8	2
75岁及以上	15211	14556	13462	20	1033	21	20	2	1
男	**305154**	**101165**	**89439**	**791**	**9584**	**996**	**355**	**2008**	**769**
16-19岁	3195	331	283	1	40	6	1	1	
20-24岁	16659	1077	869	9	168	26	5	65	9
25-29岁	25352	1728	1372	20	269	47	20	140	24
30-34岁	26773	2283	1786	36	372	67	22	187	41
35-39岁	18588	2126	1624	27	384	71	20	151	39
40-44岁	19163	2796	2215	36	468	55	22	208	87
45-49岁	45330	9083	7495	128	1256	161	43	533	268
50-54岁	46080	12640	10778	170	1446	177	69	460	218
55-59岁	35018	13259	11647	156	1254	141	61	198	70
60-64岁	19863	12907	11786	75	939	76	31	35	4
65-69岁	25645	21047	19360	93	1470	90	34	21	7
70-74岁	14458	13320	12266	27	946	63	18	7	1
75岁及以上	9030	8568	7958	13	572	16	9	2	1
女	**206112**	**100533**	**89680**	**353**	**9848**	**437**	**215**	**231**	**50**
16-19岁	1747	166	150		13	2	1		
20-24岁	10611	858	753	5	84	5	11	8	
25-29岁	14424	1395	1176	8	191	11	9	11	1
30-34岁	15103	2214	1883	8	284	34	5	20	4
35-39岁	11826	2395	1993	7	363	16	16	17	2
40-44岁	13672	3714	3135	22	516	26	15	37	9
45-49岁	33353	12000	10433	56	1398	84	29	70	20
50-54岁	32940	16968	15015	80	1746	81	46	44	8
55-59岁	23841	16019	14384	66	1478	66	25	16	4
60-64岁	13110	11244	10153	41	986	45	19	3	
65-69岁	19283	17937	16312	37	1521	44	23	4	1
70-74岁	10021	9635	8789	16	807	18	5	1	1
75岁及以上	6181	5988	5504	7	461	5	11		

4-5c　续表 1　　　　单位：人

年龄组 性　别	采矿业						制造业		
	石油和天然气开采业	黑色金属矿采选业	有色金属矿采选业	非金属矿采选业	开采专业及辅助性活动	其他采矿业	小计	农副食品加工业	食品制造业
总　计	**234**	**228**	**106**	**608**	**179**	**65**	**66730**	**2468**	**2622**
16–19岁	1						1240	11	36
20–24岁	25	8	5	13	8	5	5803	65	243
25–29岁	44	8	9	41	19	5	7806	120	330
30–34岁	46	32	6	44	30	4	9243	201	336
35–39岁	32	17	10	51	12	5	6514	169	255
40–44岁	21	31	14	64	10	9	6396	200	226
45–49岁	39	60	27	126	47	16	13188	535	492
50–54岁	18	46	25	149	32	8	9489	536	392
55–59岁	3	19	5	86	17	10	4808	338	210
60–64岁	3	7	3	17	2	2	1196	122	57
65–69岁	1		2	13	1		764	108	36
70–74岁	1			4		1	191	39	7
75岁及以上					1		92	24	2
男	**213**	**190**	**91**	**534**	**156**	**55**	**40466**	**1347**	**1390**
16–19岁	1						864	9	22
20–24岁	24	6	4	13	5	4	3935	43	137
25–29岁	40	7	8	39	17	5	5139	70	194
30–34岁	42	29	4	40	28	3	5662	117	182
35–39岁	29	13	9	45	12	4	3648	85	143
40–44岁	17	23	12	53	8	8	3376	98	90
45–49岁	35	53	23	106	35	13	7031	236	225
50–54岁	17	36	22	128	31	8	5753	280	199
55–59岁	3	16	5	81	16	7	3339	222	130
60–64岁	3	7	3	14	2	2	913	78	33
65–69岁	1		1	11	1		591	71	28
70–74岁	1			4		1	154	25	5
75岁及以上					1		61	13	2
女	**21**	**38**	**15**	**74**	**23**	**10**	**26264**	**1121**	**1232**
16–19岁							376	2	14
20–24岁	1	2	1		3	1	1868	22	106
25–29岁	4	1	1	2	2		2667	50	136
30–34岁	4	3	2	4	2	1	3581	84	154
35–39岁	3	4	1	6		1	2866	84	112
40–44岁	4	8	2	11	2	1	3020	102	136
45–49岁	4	7	4	20	12	3	6157	299	267
50–54岁	1	10	3	21	1		3736	256	193
55–59岁		3		5	1	3	1469	116	80
60–64岁				3			283	44	24
65–69岁			1	2			173	37	8
70–74岁							37	14	2
75岁及以上							31	11	

4－5c 续表 2 单位：人

年龄组 性别	制造业								
	酒、饮料和精制茶制造业	烟草制品业	纺织业	纺织服装、服饰业	皮革、毛皮、羽毛及其制品和制鞋业	木材加工和木、竹、藤、棕、草制品业	家具制造业	造纸和纸制品业	印刷和记录媒介复制业
总 计	**818**	**49**	**1828**	**5912**	**3520**	**1807**	**2982**	**1291**	**473**
16－19岁	8		20	92	57	10	33	19	11
20－24岁	26		109	434	233	70	149	77	35
25－29岁	51	3	167	652	319	125	286	128	59
30－34岁	68	8	244	893	559	191	390	179	65
35－39岁	57	4	188	692	413	119	269	142	52
40－44岁	65	4	182	671	406	163	317	137	51
45－49岁	148	12	430	1260	743	389	647	294	94
50－54岁	131	9	289	801	479	348	513	208	67
55－59岁	118	9	130	320	238	228	278	72	26
60－64岁	51		35	54	45	72	51	21	8
65－69岁	67		25	28	23	57	38	10	5
70－74岁	20		7	9	5	19	11	2	
75岁及以上	8		2	6		16		2	
男	**528**	**26**	**869**	**2637**	**1826**	**1292**	**2077**	**772**	**296**
16－19岁	3		7	54	38	10	30	13	7
20－24岁	12		64	202	141	53	118	57	23
25－29岁	37	1	83	300	180	94	212	87	38
30－34岁	39	4	124	389	301	135	275	104	40
35－39岁	34	1	82	311	207	77	174	77	33
40－44岁	38	2	70	276	187	106	204	82	33
45－49岁	89	5	184	512	348	255	405	144	52
50－54岁	87	7	130	367	238	247	363	130	41
55－59岁	84	6	72	159	136	174	216	48	20
60－64岁	38		24	39	31	58	41	21	7
65－69岁	46		21	19	16	50	29	7	2
70－74岁	17		6	7	3	18	10	1	
75岁及以上	4		2	2		15		1	
女	**290**	**23**	**959**	**3275**	**1694**	**515**	**905**	**519**	**177**
16－19岁	5		13	38	19		3	6	4
20－24岁	14		45	232	92	17	31	20	12
25－29岁	14	2	84	352	139	31	74	41	21
30－34岁	29	4	120	504	258	56	115	75	25
35－39岁	23	3	106	381	206	42	95	65	19
40－44岁	27	2	112	395	219	57	113	55	18
45－49岁	59	7	246	748	395	134	242	150	42
50－54岁	44	2	159	434	241	101	150	78	26
55－59岁	34	3	58	161	102	54	62	24	6
60－64岁	13		11	15	14	14	10		1
65－69岁	21		4	9	7	7	9	3	3
70－74岁	3		1	2	2	1	1	1	
75岁及以上	4			4		1		1	

4-5c　续表 3　　　　单位：人

年龄组 性　别	制造业								
	文教、工美、体育和娱乐用品制造业	石油、煤炭及其他燃料加工业	化学原料和化学制品制造业	医　药制造业	化学纤维制造业	橡胶和塑　料制品业	非金属矿　物制品业	黑色金属冶炼和压延加工业	有色金属冶炼和压延加工业
总　计	**1270**	**101**	**826**	**572**	**49**	**2569**	**5622**	**433**	**414**
16–19岁	30	1	3	8		40	29	4	1
20–24岁	104	9	53	88	2	170	208	19	17
25–29岁	114	9	86	103	9	210	382	29	44
30–34岁	179	9	115	88	7	313	570	46	55
35–39岁	127	5	83	51	8	238	458	34	47
40–44岁	140	9	89	46	4	248	529	41	52
45–49岁	285	12	192	80	13	597	1264	111	91
50–54岁	176	21	118	67	6	459	1158	88	68
55–59岁	81	11	62	33		215	693	51	32
60–64岁	16	10	14	3		46	193	7	4
65–69岁	10	4	9	5		23	118	1	2
70–74岁	2	1	1			8	18	1	1
75岁及以上	6		1			2	2	1	
男	**585**	**69**	**522**	**269**	**29**	**1431**	**4131**	**348**	**321**
16–19岁	21	1	2	3		30	27	4	1
20–24岁	55	7	32	39		104	166	16	13
25–29岁	47	7	52	52	7	136	297	25	35
30–34岁	95	7	71	46	5	179	413	34	43
35–39岁	52	3	46	17	7	129	324	23	35
40–44岁	49	6	57	20	1	120	362	30	39
45–49岁	120	9	117	30	8	281	851	84	66
50–54岁	74	10	81	35	1	250	846	76	59
55–59岁	45	8	45	20		139	557	46	24
60–64岁	12	7	10	2		39	161	7	3
65–69岁	9	4	7	5		16	109	1	2
70–74岁	2		1			7	17	1	1
75岁及以上	4		1			1	1	1	
女	**685**	**32**	**304**	**303**	**20**	**1138**	**1491**	**85**	**93**
16–19岁	9		1	5		10	2		
20–24岁	49	2	21	49	2	66	42	3	4
25–29岁	67	2	34	51	2	74	85	4	9
30–34岁	84	2	44	42	2	134	157	12	12
35–39岁	75	2	37	34	1	109	134	11	12
40–44岁	91	3	32	26	3	128	167	11	13
45–49岁	165	3	75	50	5	316	413	27	25
50–54岁	102	11	37	32	5	209	312	12	9
55–59岁	36	3	17	13		76	136	5	8
60–64岁	4	3	4	1		7	32		1
65–69岁	1		2			7	9		
70–74岁		1				1	1		
75岁及以上	2					1	1		

4-5c 续表 4

单位：人

年龄组 性 别	制造业								
	金 属 制品业	通用设备 制造业	专用设备 制造业	汽 车 制造业	铁路、船舶、航空航天和其他运输设备制造业	电气机械和器材制造业	计算机、通信和其他电子设备制造业	仪器仪表 制造业	其 他 制造业
总 计	**4148**	**4069**	**1450**	**5376**	**2141**	**2501**	**9573**	**339**	**570**
16-19岁	50	80	28	86	15	71	472	9	8
20-24岁	258	332	157	441	111	329	1921	26	37
25-29岁	395	517	223	701	170	345	2014	47	65
30-34岁	496	565	275	886	236	371	1652	62	77
35-39岁	439	407	156	569	197	275	895	38	46
40-44岁	433	444	112	508	211	232	717	40	61
45-49岁	948	804	244	1075	565	447	1061	59	121
50-54岁	714	517	153	693	369	282	542	34	97
55-59岁	302	299	69	305	181	119	227	21	36
60-64岁	65	58	18	67	54	27	45	3	13
65-69岁	37	36	12	37	23	3	23		2
70-74岁	7	5	1	7	9		2		4
75岁及以上	4	5	2	1			2		3
男	**3008**	**2785**	**986**	**3584**	**1416**	**1492**	**5177**	**184**	**342**
16-19岁	37	60	20	78	11	60	296	8	6
20-24岁	212	262	122	356	89	248	1255	15	23
25-29岁	308	390	154	562	132	229	1253	27	45
30-34岁	386	403	188	622	155	219	914	34	52
35-39岁	306	271	105	350	121	138	382	19	33
40-44岁	305	265	67	279	118	108	268	23	33
45-49岁	637	487	155	572	329	218	392	22	66
50-54岁	492	355	98	446	243	165	247	21	47
55-59岁	233	210	51	233	148	85	120	12	21
60-64岁	50	48	15	51	45	20	34	3	10
65-69岁	32	27	10	28	18	2	13		1
70-74岁	6	3	1	6	7		2		3
75岁及以上	4	4		1			1		2
女	**1140**	**1284**	**464**	**1792**	**725**	**1009**	**4396**	**155**	**228**
16-19岁	13	20	8	8	4	11	176	1	2
20-24岁	46	70	35	85	22	81	666	11	14
25-29岁	87	127	69	139	38	116	761	20	20
30-34岁	110	162	87	264	81	152	738	28	25
35-39岁	133	136	51	219	76	137	513	19	13
40-44岁	128	179	45	229	93	124	449	17	28
45-49岁	311	317	89	503	236	229	669	37	55
50-54岁	222	162	55	247	126	117	295	13	50
55-59岁	69	89	18	72	33	34	107	9	15
60-64岁	15	10	3	16	9	7	11		3
65-69岁	5	9	2	9	5	1	10		1
70-74岁	1	2		1	2				1
75岁及以上		1	2				1		1

4-5c 续表 5

单位：人

年龄组 性别	制造业		电力、热力、燃气及水生产和供应业				建筑业		
	废弃资源综合利用业	金属制品、机械和设备修理业	小计	电力、热力生产和供应业	燃气生产和供应业	水的生产和供应业	小计	房屋建筑业	土木工程建筑业
总计	**437**	**500**	**2019**	**1336**	**319**	**364**	**104190**	**69674**	**9863**
16-19岁		8	5	2	2	1	655	415	47
20-24岁	10	70	120	90	15	15	4597	2642	625
25-29岁	16	87	225	164	34	27	8589	5117	968
30-34岁	34	73	224	146	44	34	10078	6072	996
35-39岁	34	47	152	95	24	33	7529	4763	702
40-44岁	23	35	179	108	40	31	9019	5889	844
45-49岁	92	83	396	267	62	67	22986	15701	1938
50-54岁	96	58	323	227	39	57	21696	15342	1862
55-59岁	82	22	262	177	29	56	13051	9365	1255
60-64岁	28	9	68	33	13	22	3624	2628	370
65-69岁	19	3	44	20	7	17	2011	1463	226
70-74岁	2	3	17	4	9	4	282	221	24
75岁及以上	1	2	4	3	1		73	56	6
男	**310**	**417**	**1617**	**1113**	**228**	**276**	**87343**	**57724**	**8654**
16-19岁		6	5	2	2	1	584	373	42
20-24岁	8	63	98	76	12	10	4061	2322	563
25-29岁	13	72	183	141	24	18	7638	4517	871
30-34岁	23	63	182	124	30	28	8795	5199	899
35-39岁	24	39	113	79	14	20	6312	3930	647
40-44岁	15	25	127	83	26	18	7184	4614	708
45-49岁	67	65	295	206	44	45	18064	12159	1605
50-54岁	67	51	267	188	32	47	17720	12430	1604
55-59岁	56	19	226	160	19	47	11395	8118	1127
60-64岁	19	7	63	29	12	22	3389	2458	348
65-69岁	16	2	39	18	5	16	1889	1363	212
70-74岁	2	3	15	4	7	4	254	196	23
75岁及以上		2	4	3	1		58	45	5
女	**127**	**83**	**402**	**223**	**91**	**88**	**16847**	**11950**	**1209**
16-19岁		2					71	42	5
20-24岁	2	7	22	14	3	5	536	320	62
25-29岁	3	15	42	23	10	9	951	600	97
30-34岁	11	10	42	22	14	6	1283	873	97
35-39岁	10	8	39	16	10	13	1217	833	55
40-44岁	8	10	52	25	14	13	1835	1275	136
45-49岁	25	18	101	61	18	22	4922	3542	333
50-54岁	29	7	56	39	7	10	3976	2912	258
55-59岁	26	3	36	17	10	9	1656	1247	128
60-64岁	9	2	5	4	1		235	170	22
65-69岁	3	1	5	2	2	1	122	100	14
70-74岁			2		2		28	25	1
75岁及以上	1						15	11	1

4－5c　续表 6　　　　单位：人

年龄组 性　别	建筑业		批发和零售业			交通运输、仓储和邮政业			
	建　筑 安装业	建筑装 饰、装修 和其他 建筑业	小计	批发业	零售业	小计	铁　路 运输业	道　路 运输业	水　上 运输业
总　计	**3566**	**21087**	**35558**	**7255**	**28303**	**18115**	**333**	**11393**	**385**
16－19岁	36	157	503	76	427	146	5	52	7
20－24岁	219	1111	3406	528	2878	1264	89	609	33
25－29岁	463	2041	4969	861	4108	2374	77	1421	53
30－34岁	561	2449	5133	894	4239	2605	36	1803	40
35－39岁	352	1712	3418	638	2780	1874	11	1406	22
40－44岁	363	1923	3066	613	2453	1794	9	1287	32
45－49岁	675	4672	5760	1266	4494	3359	38	2293	68
50－54岁	465	4027	4340	1034	3306	2619	32	1530	60
55－59岁	282	2149	2602	675	1927	1426	26	718	53
60－64岁	90	536	894	255	639	397	8	182	10
65－69岁	48	274	900	248	652	202	1	71	6
70－74岁	8	29	360	107	253	40		16	1
75岁及以上	4	7	207	60	147	15	1	5	
男	**3272**	**17693**	**16561**	**4348**	**12213**	**15814**	**270**	**10391**	**319**
16－19岁	32	137	221	47	174	105	3	40	6
20－24岁	210	966	1500	320	1180	1036	73	525	29
25－29岁	435	1815	2161	504	1657	2005	65	1278	46
30－34岁	528	2169	2188	525	1663	2270	27	1655	34
35－39岁	320	1415	1437	375	1062	1639	9	1300	19
40－44岁	328	1534	1297	345	952	1565	7	1168	29
45－49岁	603	3697	2560	725	1835	2925	28	2073	56
50－54岁	414	3272	2216	624	1592	2349	26	1428	44
55－59岁	260	1890	1463	423	1040	1308	23	670	43
60－64岁	84	499	587	176	411	373	7	171	8
65－69岁	48	266	563	166	397	191	1	65	5
70－74岁	8	27	227	75	152	34		13	
75岁及以上	2	6	141	43	98	14	1	5	
女	**294**	**3394**	**18997**	**2907**	**16090**	**2301**	**63**	**1002**	**66**
16－19岁	4	20	282	29	253	41	2	12	1
20－24岁	9	145	1906	208	1698	228	16	84	4
25－29岁	28	226	2808	357	2451	369	12	143	7
30－34岁	33	280	2945	369	2576	335	9	148	6
35－39岁	32	297	1981	263	1718	235	2	106	3
40－44岁	35	389	1769	268	1501	229	2	119	3
45－49岁	72	975	3200	541	2659	434	10	220	12
50－54岁	51	755	2124	410	1714	270	6	102	16
55－59岁	22	259	1139	252	887	118	3	48	10
60－64岁	6	37	307	79	228	24	1	11	2
65－69岁		8	337	82	255	11		6	1
70－74岁		2	133	32	101	6		3	1
75岁及以上	2	1	66	17	49	1			

4-5c 续表 7　　　　单位：人

年龄组 性别	交通运输、仓储和邮政业					住宿和餐饮业		
	航空运输业	管道运输业	多式联运和运输代理业	装卸搬运和仓储业	邮政业	小计	住宿业	餐饮业
总计	**241**	**9**	**275**	**3401**	**2078**	**23469**	**1574**	**21895**
16-19岁	4		6	17	55	724	56	668
20-24岁	51		28	108	346	2332	210	2122
25-29岁	97	2	41	202	481	2767	204	2563
30-34岁	28	2	43	232	421	2935	177	2758
35-39岁	15		25	179	216	2262	142	2120
40-44岁	14		30	287	135	2073	129	1944
45-49岁	11	1	41	688	219	4011	260	3751
50-54岁	12	1	37	819	128	3476	229	3247
55-59岁	8	2	19	539	61	1923	108	1815
60-64岁	1		3	186	7	565	32	533
65-69岁			2	116	6	294	20	274
70-74岁		1		22		79	5	74
75岁及以上				6	3	28	2	26
男	**154**	**6**	**220**	**2948**	**1506**	**10245**	**505**	**9740**
16-19岁	3		3	14	36	432	29	403
20-24岁	30		20	88	271	1408	74	1334
25-29岁	54	1	25	176	360	1613	70	1543
30-34岁	20	2	35	190	307	1566	65	1501
35-39岁	11		21	138	141	1060	36	1024
40-44岁	10		24	234	93	787	38	749
45-49岁	10		37	576	145	1272	53	1219
50-54岁	8	1	31	718	93	994	63	931
55-59岁	7	1	19	498	47	659	40	619
60-64岁	1		3	177	6	250	20	230
65-69岁			2	113	5	147	12	135
70-74岁		1		20		40	3	37
75岁及以上				6	2	17	2	15
女	**87**	**3**	**55**	**453**	**572**	**13224**	**1069**	**12155**
16-19岁	1		3	3	19	292	27	265
20-24岁	21		8	20	75	924	136	788
25-29岁	43	1	16	26	121	1154	134	1020
30-34岁	8		8	42	114	1369	112	1257
35-39岁	4		4	41	75	1202	106	1096
40-44岁	4		6	53	42	1286	91	1195
45-49岁	1	1	4	112	74	2739	207	2532
50-54岁	4		6	101	35	2482	166	2316
55-59岁	1	1		41	14	1264	68	1196
60-64岁				9	1	315	12	303
65-69岁				3	1	147	8	139
70-74岁				2		39	2	37
75岁及以上					1	11		11

4—5c 续表 8

单位：人

年龄组 性别	信息传输、软件和信息技术服务业				金融业				
	小计	电信、广播电视和卫星传输服务	互联网和相关服务	软件和信息技术服务业	小计	货币金融服务	资本市场服务	保险业	其他金融业
总计	**2758**	**717**	**869**	**1172**	**1711**	**587**	**72**	**885**	**167**
16—19岁	62	8	32	22	19	3	4	10	2
20—24岁	688	123	220	345	286	104	15	125	42
25—29岁	878	183	255	440	465	189	20	199	57
30—34岁	536	137	168	231	339	114	16	179	30
35—39岁	200	77	71	52	156	31	6	109	10
40—44岁	100	41	31	28	104	24	3	66	11
45—49岁	139	64	51	24	158	42	3	106	7
50—54岁	87	43	27	17	118	39	3	70	6
55—59岁	53	32	10	11	55	34	2	17	2
60—64岁	11	6	4	1	7	3		4	
65—69岁	4	3		1	2	2			
70—74岁									
75岁及以上					2	2			
男	**1837**	**451**	**565**	**821**	**766**	**284**	**40**	**355**	**87**
16—19岁	35	3	19	13	7	2	1	3	1
20—24岁	412	72	109	231	125	35	9	61	20
25—29岁	595	110	165	320	209	82	11	91	25
30—34岁	364	75	121	168	171	64	9	77	21
35—39岁	135	45	53	37	61	13	5	38	5
40—44岁	73	28	25	20	42	15	3	18	6
45—49岁	106	49	42	15	56	18	1	34	3
50—54岁	63	34	21	8	57	27	1	24	5
55—59岁	39	26	6	7	30	23		6	1
60—64岁	11	6	4	1	4	1		3	
65—69岁	4	3		1	2	2			
70—74岁									
75岁及以上					2	2			
女	**921**	**266**	**304**	**351**	**945**	**303**	**32**	**530**	**80**
16—19岁	27	5	13	9	12	1	3	7	1
20—24岁	276	51	111	114	161	69	6	64	22
25—29岁	283	73	90	120	256	107	9	108	32
30—34岁	172	62	47	63	168	50	7	102	9
35—39岁	65	32	18	15	95	18	1	71	5
40—44岁	27	13	6	8	62	9		48	5
45—49岁	33	15	9	9	102	24	2	72	4
50—54岁	24	9	6	9	61	12	2	46	1
55—59岁	14	6	4	4	25	11	2	11	1
60—64岁					3	2		1	
65—69岁									
70—74岁									
75岁及以上									

4-5c　续表 9

单位：人

年龄组 性　别	房地产业		租赁和商务服务业			科学研究和技术服务业			
	小计	房地产业	小计	租赁业	商　务 服务业	小计	研究和 试验发展	专业技术 服务业	科技推广 和应用 服务业
总　计	**4850**	**4850**	**6586**	**695**	**5891**	**1925**	**154**	**1411**	**360**
16－19岁	43	43	101	3	98	21	1	18	2
20－24岁	774	774	873	65	808	339	36	253	50
25－29岁	964	964	1199	118	1081	507	49	384	74
30－34岁	622	622	930	113	817	308	28	247	33
35－39岁	318	318	480	62	418	122	5	93	24
40－44岁	260	260	431	59	372	89	5	70	14
45－49岁	576	576	877	94	783	200	11	150	39
50－54岁	560	560	781	89	692	158	13	107	38
55－59岁	409	409	534	50	484	94	3	64	27
60－64岁	212	212	196	23	173	27	2	12	13
65－69岁	100	100	126	13	113	36	1	8	27
70－74岁	10	10	43	5	38	13		3	10
75岁及以上	2	2	15	1	14	11		2	9
男	**3061**	**3061**	**4318**	**596**	**3722**	**1346**	**107**	**1024**	**215**
16－19岁	32	32	66	3	63	12		10	2
20－24岁	492	492	434	60	374	215	22	168	25
25－29岁	585	585	692	110	582	348	33	267	48
30－34岁	359	359	577	99	478	223	21	181	21
35－39岁	194	194	315	54	261	88	4	68	16
40－44岁	153	153	266	48	218	69	4	54	11
45－49岁	350	350	612	75	537	139	8	110	21
50－54岁	351	351	612	74	538	118	10	87	21
55－59岁	281	281	433	42	391	73	3	55	15
60－64岁	171	171	163	17	146	22	1	12	9
65－69岁	83	83	100	9	91	23	1	8	14
70－74岁	10	10	36	5	31	10		2	8
75岁及以上			12		12	6		2	4
女	**1789**	**1789**	**2268**	**99**	**2169**	**579**	**47**	**387**	**145**
16－19岁	11	11	35		35	9	1	8	
20－24岁	282	282	439	5	434	124	14	85	25
25－29岁	379	379	507	8	499	159	16	117	26
30－34岁	263	263	353	14	339	85	7	66	12
35－39岁	124	124	165	8	157	34	1	25	8
40－44岁	107	107	165	11	154	20	1	16	3
45－49岁	226	226	265	19	246	61	3	40	18
50－54岁	209	209	169	15	154	40	3	20	17
55－59岁	128	128	101	8	93	21		9	12
60－64岁	41	41	33	6	27	5	1		4
65－69岁	17	17	26	4	22	13			13
70－74岁			7		7	3		1	2
75岁及以上	2	2	3	1	2	5			5

4-5c 续表 10

单位：人

年龄组 性别	水利、环境和公共设施管理业					居民服务、修理和其他服务业			
	小计	水利管理业	生态保护和环境治理业	公共设施管理业	土地管理业	小计	居民服务业	机动车、电子产品和日用产品修理业	其他服务业
总计	**3021**	**117**	**244**	**2634**	**26**	**14567**	**8270**	**3310**	**2987**
16-19岁	7	1		6		410	223	171	16
20-24岁	77	4	13	58	2	1453	890	500	63
25-29岁	149	10	18	116	5	1770	1034	640	96
30-34岁	138	13	14	109	2	1638	941	563	134
35-39岁	134	3	15	114	2	1046	578	332	136
40-44岁	197	12	14	169	2	993	535	241	217
45-49岁	510	19	40	448	3	2161	1142	376	643
50-54岁	621	19	57	545		2117	1200	253	664
55-59岁	527	21	35	466	5	1559	888	157	514
60-64岁	317	9	21	286	1	619	343	34	242
65-69岁	261	5	12	243	1	563	323	32	208
70-74岁	72		4	65	3	155	105	5	45
75岁及以上	11	1	1	9		83	68	6	9
男	**1729**	**98**	**162**	**1452**	**17**	**6557**	**2635**	**2857**	**1065**
16-19岁	6	1		5		288	110	169	9
20-24岁	46	2	7	37		848	344	470	34
25-29岁	92	6	15	69	2	984	349	588	47
30-34岁	92	12	8	70	2	876	330	484	62
35-39岁	86	3	11	70	2	513	188	280	45
40-44岁	98	8	8	81	1	407	139	198	70
45-49岁	229	13	18	195	3	722	283	295	144
50-54岁	318	19	41	258		665	291	190	184
55-59岁	304	19	23	258	4	529	232	114	183
60-64岁	212	9	17	185	1	300	145	31	124
65-69岁	185	5	10	169	1	300	143	27	130
70-74岁	51		3	47	1	82	50	5	27
75岁及以上	10	1	1	8		43	31	6	6
女	**1292**	**19**	**82**	**1182**	**9**	**8010**	**5635**	**453**	**1922**
16-19岁	1			1		122	113	2	7
20-24岁	31	2	6	21	2	605	546	30	29
25-29岁	57	4	3	47	3	786	685	52	49
30-34岁	46	1	6	39		762	611	79	72
35-39岁	48		4	44		533	390	52	91
40-44岁	99	4	6	88	1	586	396	43	147
45-49岁	281	6	22	253		1439	859	81	499
50-54岁	303		16	287		1452	909	63	480
55-59岁	223	2	12	208	1	1030	656	43	331
60-64岁	105		4	101		319	198	3	118
65-69岁	76		2	74		263	180	5	78
70-74岁	21		1	18	2	73	55		18
75岁及以上	1			1		40	37		3

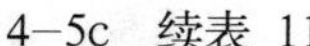

4-5c　续表 11　　　　单位：人

年龄组 性　别	教育		卫生和社会工作			文化、体育和娱乐业				
	小计	教育	小计	卫生	社会工作	小计	新闻和出版业	广播、电视、电影和录音制作业	文　化艺术业	体育
总　计	**7413**	**7413**	**4260**	**3920**	**340**	**2002**	**43**	**94**	**383**	**247**
16–19岁	318	318	68	66	2	85	1	3	12	8
20–24岁	1534	1534	791	768	23	311	9	33	50	63
25–29岁	1608	1608	834	820	14	336	11	29	53	69
30–34岁	876	876	451	434	17	192	5	10	42	30
35–39岁	571	571	223	209	14	141	2	4	35	14
40–44岁	456	456	242	228	14	132		4	31	10
45–49岁	789	789	477	415	62	266	8	3	54	24
50–54岁	647	647	447	375	72	222	3	4	49	17
55–59岁	472	472	334	277	57	154	2	2	22	7
60–64岁	79	79	140	111	29	54	2		10	1
65–69岁	40	40	152	130	22	75		2	15	3
70–74岁	15	15	70	60	10	29			8	1
75岁及以上	8	8	31	27	4	5			2	
男	**2522**	**2522**	**1691**	**1558**	**133**	**1059**	**21**	**49**	**216**	**139**
16–19岁	121	121	9	8	1	51		2	5	6
20–24岁	303	303	112	104	8	187	4	16	28	47
25–29岁	350	350	171	163	8	181	4	14	22	42
30–34岁	256	256	143	136	7	104	2	4	23	16
35–39岁	211	211	106	102	4	63	2	4	15	5
40–44岁	222	222	132	126	6	64		4	16	4
45–49岁	308	308	251	232	19	122	7	2	30	9
50–54岁	336	336	248	226	22	102	1	1	32	4
55–59岁	326	326	211	191	20	71		1	15	3
60–64岁	49	49	94	79	15	35	1		8	
65–69岁	22	22	120	107	13	48		1	12	2
70–74岁	10	10	65	58	7	26			8	1
75岁及以上	8	8	29	26	3	5			2	
女	**4891**	**4891**	**2569**	**2362**	**207**	**943**	**22**	**45**	**167**	**108**
16–19岁	197	197	59	58	1	34	1	1	7	2
20–24岁	1231	1231	679	664	15	124	5	17	22	16
25–29岁	1258	1258	663	657	6	155	7	15	31	27
30–34岁	620	620	308	298	10	88	3	6	19	14
35–39岁	360	360	117	107	10	78			20	9
40–44岁	234	234	110	102	8	68			15	6
45–49岁	481	481	226	183	43	144	1	1	24	15
50–54岁	311	311	199	149	50	120	2	3	17	13
55–59岁	146	146	123	86	37	83	2	1	7	4
60–64岁	30	30	46	32	14	19	1		2	1
65–69岁	18	18	32	23	9	27		1	3	1
70–74岁	5	5	5	2	3	3				
75岁及以上			2	1	1					

4-5c 续表 12

单位：人

年龄组 性别	娱乐业	公共管理、社会保障和社会组织							国际组织	
		小计	中国共产党机关	国家机构	人民政协、民主党派	社会保障	群众团体、社会团体和其他成员组织	基层群众自治组织	小计	国际组织
总计	**1235**	**8155**	**74**	**3108**	**12**	**50**	**349**	**4562**		
16-19岁	61	37	2	20			10	5		
20-24岁	156	614	9	417		7	35	146		
25-29岁	174	1062	19	644	4	6	35	354		
30-34岁	105	924	19	445		9	36	415		
35-39岁	86	585	3	236	1	1	24	320		
40-44岁	87	549	4	190	1	2	15	337		
45-49岁	177	1144	8	339	2	7	65	723		
50-54岁	149	1207	6	359	1	7	52	782		
55-59岁	121	1104	4	323	1	4	29	743		
60-64岁	41	378		64	1	1	15	297		
65-69岁	55	345		58		1	22	264		
70-74岁	20	140		9	1	3	6	121		
75岁及以上	3	66		4		2	5	55		
男	**634**	**5049**	**46**	**2010**	**7**	**31**	**188**	**2767**		
16-19岁	38	25	1	18			5	1		
20-24岁	92	305	6	223		4	18	54		
25-29岁	99	538	6	378	1	3	16	134		
30-34岁	59	475	16	279		6	14	160		
35-39岁	37	330	2	169	1		14	144		
40-44岁	40	297	2	128			3	164		
45-49岁	74	672	6	220	2	3	37	404		
50-54岁	64	811	3	240	1	5	29	533		
55-59岁	52	874	4	255	1	4	21	589		
60-64岁	26	285		46	1	1	7	230		
65-69岁	33	270		44		1	17	208		
70-74岁	17	117		6		3	4	104		
75岁及以上	3	50		4		1	3	42		
女	**601**	**3106**	**28**	**1098**	**5**	**19**	**161**	**1795**		
16-19岁	23	12	1	2			5	4		
20-24岁	64	309	3	194		3	17	92		
25-29岁	75	524	13	266	3	3	19	220		
30-34岁	46	449	3	166		3	22	255		
35-39岁	49	255	1	67		1	10	176		
40-44岁	47	252	2	62	1	2	12	173		
45-49岁	103	472	2	119		4	28	319		
50-54岁	85	396	3	119		2	23	249		
55-59岁	69	230		68			8	154		
60-64岁	15	93		18			8	67		
65-69岁	22	75		14			5	56		
70-74岁	3	23		3	1		2	17		
75岁及以上		16				1	2	13		

4-6　各地区分性别、职业大类的就业人口

单位：人

地区 性别	合计	党的机关、国家机关、群众团体和社会组织、企事业单位负责人	专业技术人员	办事人员和有关人员	社会生产服务和生活服务人员	农、林、牧、渔业生产及辅助人员	生产制造及有关人员	不便分类的其他从业人员
重　庆	**1526217**	**21875**	**157004**	**112665**	**574556**	**240492**	**417131**	**2494**
市辖区	1216364	18978	135149	98783	481114	156271	324601	1468
万州区	84144	1536	7621	5068	30499	14689	24695	36
涪陵区	51324	495	4487	3471	17242	10302	15321	6
渝中区	31961	817	6361	4328	17225	11	3219	
大渡口区	20552	190	2880	2377	10270	171	4664	
江北区	46963	1276	7971	6520	23294	200	7599	103
沙坪坝区	64699	1176	11129	7359	29139	499	15054	343
九龙坡区	77399	1333	10843	8058	39410	1211	16520	24
南岸区	53431	1213	8844	8589	26456	333	7984	12
北碚区	39129	423	5096	3487	14154	1555	14412	2
綦江区	45399	473	4034	3486	16867	5517	14992	30
綦江区(不含万盛)	36677	280	3092	2603	13594	4829	12278	1
万盛经开区	8722	193	942	883	3273	688	2714	29
大足区	33368	357	2150	1532	11465	7396	10421	47
渝北区	111852	4699	19233	13989	49320	2162	22085	364
巴南区	52008	380	6117	3815	24047	4138	13505	6
黔江区	19072	392	2135	1394	5895	4419	4823	14
长寿区	42362	431	2683	2354	13781	9643	13452	18
江津区	61405	841	4828	3535	18464	16496	17138	103
合川区	74478	619	5207	2850	27104	16175	22489	34
永川区	54167	328	4646	2728	19399	11110	15927	29
南川区	24938	254	1857	1306	9328	4905	7266	22
璧山区	36228	359	2821	2520	12441	4205	13805	77
铜梁区	31012	249	2500	2346	9990	6251	9662	14
潼南区	36832	219	2118	1639	13521	7814	11439	82
荣昌区	30256	216	2239	1737	10268	6747	9035	14
开州区	43936	303	3668	1579	16514	7452	14380	40
梁平区	33011	276	2398	1581	10222	8333	10161	40
武隆区	16438	123	1283	1135	4799	4537	4553	8
县	309853	2897	21855	13882	93442	84221	92530	1026
城口县	7915	144	736	620	2308	2087	2008	12
丰都县	27813	308	1939	1321	8231	7714	8260	40
垫江县	36829	467	2372	1305	11419	10955	10234	77
忠　县	44362	316	2818	1565	12189	11630	15803	41
云阳县	50687	291	3663	1716	16371	10055	18486	105
奉节县	32713	493	2366	1490	10761	9386	7828	389
巫山县	15502	173	1360	984	4701	4773	3479	32
巫溪县	11882	172	905	726	3370	3734	2798	177
石柱县	16107	112	1289	942	4824	4420	4519	1
秀山县	16689	52	1192	969	5741	3187	5535	13
酉阳县	21355	119	1577	1116	5209	8521	4810	3
彭水县	27999	250	1638	1128	8318	7759	8770	136

4-6 续表 1

单位：人

地区 性别	合计	党的机关、国家机关、群众团体和社会组织、企事业单位负责人	专业技术人员	办事人员和有关人员	社会生产服务和生活服务人员	农、林、牧、渔业生产及辅助人员	生产制造及有关人员	不便分类的其他从业人员
男	**891118**	**15766**	**71047**	**64802**	**302328**	**120492**	**315194**	**1489**
市辖区	711100	13602	61063	55857	256068	78682	244969	859
万州区	48233	1016	3521	3107	15465	7029	18074	21
涪陵区	30694	382	2113	2090	8940	5174	11991	4
渝中区	17412	565	2771	2327	9052	6	2691	
大渡口区	11955	135	1219	1271	5727	94	3509	
江北区	26741	883	3681	3365	12639	118	6005	50
沙坪坝区	37679	884	4959	3934	16478	289	10946	189
九龙坡区	44998	976	4597	4382	22109	655	12269	10
南岸区	30145	867	3831	4653	14470	200	6114	10
北碚区	23824	313	2369	1981	7685	819	10655	2
綦江区	28057	338	1796	2134	8638	2736	12394	21
綦江区(不含万盛)	22749	203	1344	1590	6997	2396	10219	
万盛经开区	5308	135	452	544	1641	340	2175	21
大足区	19689	263	1011	1000	6057	3658	7669	31
渝北区	64093	3331	8804	7337	26293	1156	16962	210
巴南区	31201	305	2841	2004	13418	2326	10301	6
黔江区	10917	309	1015	895	2831	2075	3781	11
长寿区	23660	267	1114	1395	6261	4465	10142	16
江津区	36572	601	2165	2083	9636	8755	13270	62
合川区	44756	452	2367	1821	14520	8757	16818	21
永川区	31017	235	2009	1591	9663	5349	12151	19
南川区	14650	184	805	804	4747	2476	5619	15
璧山区	22053	257	1402	1418	6968	2186	9773	49
铜梁区	17855	187	1150	1384	5040	3004	7085	5
潼南区	22161	155	1021	1056	7095	3926	8863	45
荣昌区	17376	150	1003	1037	5523	3341	6313	9
开州区	26744	227	1811	1061	9024	3938	10663	20
梁平区	18834	217	1077	1009	5325	3903	7272	31
武隆区	9784	103	611	718	2464	2247	3639	2
县	180018	2164	9984	8945	46260	41810	70225	630
城口县	4610	112	343	376	1091	1008	1673	7
丰都县	16395	216	859	824	4243	3831	6391	31
垫江县	20309	327	1120	852	5325	5051	7582	52
忠县	25121	241	1257	952	5611	5165	11876	19
云阳县	30370	244	1718	1117	8229	5210	13785	67
奉节县	19490	342	1133	951	5648	5192	5978	246
巫山县	9502	143	627	682	2597	2539	2892	22
巫溪县	6984	128	457	431	1745	1913	2216	94
石柱县	9145	90	515	618	2412	2212	3297	1
秀山县	9804	47	461	649	2843	1617	4182	5
酉阳县	12285	96	694	758	2625	4291	3818	3
彭水县	16003	178	800	735	3891	3781	6535	83

4-6　续表 2　　单位：人

地　区 性　别	合计	党的机关、国家机关、群众团体和社会组织、企事业单位负责人	专业技术人员	办事人员和有关人员	社会生产服务和生活服务人员	农、林、牧、渔业生产及辅助人员	生产制造及有关人员	不便分类的其他从业人员
女	**635099**	**6109**	**85957**	**47863**	**272228**	**120000**	**101937**	**1005**
市辖区	505264	5376	74086	42926	225046	77589	79632	609
万州区	35911	520	4100	1961	15034	7660	6621	15
涪陵区	20630	113	2374	1381	8302	5128	3330	2
渝中区	14549	252	3590	2001	8173	5	528	
大渡口区	8597	55	1661	1106	4543	77	1155	
江北区	20222	393	4290	3155	10655	82	1594	53
沙坪坝区	27020	292	6170	3425	12661	210	4108	154
九龙坡区	32401	357	6246	3676	17301	556	4251	14
南岸区	23286	346	5013	3936	11986	133	1870	2
北碚区	15305	110	2727	1506	6469	736	3757	
綦江区	17342	135	2238	1352	8229	2781	2598	9
綦江区(不含万盛)	13928	77	1748	1013	6597	2433	2059	1
万盛经开区	3414	58	490	339	1632	348	539	8
大足区	13679	94	1139	532	5408	3738	2752	16
渝北区	47759	1368	10429	6652	23027	1006	5123	154
巴南区	20807	75	3276	1811	10629	1812	3204	
黔江区	8155	83	1120	499	3064	2344	1042	3
长寿区	18702	164	1569	959	7520	5178	3310	2
江津区	24833	240	2663	1452	8828	7741	3868	41
合川区	29722	167	2840	1029	12584	7418	5671	13
永川区	23150	93	2637	1137	9736	5761	3776	10
南川区	10288	70	1052	502	4581	2429	1647	7
璧山区	14175	102	1419	1102	5473	2019	4032	28
铜梁区	13157	62	1350	962	4950	3247	2577	9
潼南区	14671	64	1097	583	6426	3888	2576	37
荣昌区	12880	66	1236	700	4745	3406	2722	5
开州区	17192	76	1857	518	7490	3514	3717	20
梁平区	14177	59	1321	572	4897	4430	2889	9
武隆区	6654	20	672	417	2335	2290	914	6
县	129835	733	11871	4937	47182	42411	22305	396
城口县	3305	32	393	244	1217	1079	335	5
丰都县	11418	92	1080	497	3988	3883	1869	9
垫江县	16520	140	1252	453	6094	5904	2652	25
忠　县	19241	75	1561	613	6578	6465	3927	22
云阳县	20317	47	1945	599	8142	4845	4701	38
奉节县	13223	151	1233	539	5113	4194	1850	143
巫山县	6000	30	733	302	2104	2234	587	10
巫溪县	4898	44	448	295	1625	1821	582	83
石柱县	6962	22	774	324	2412	2208	1222	
秀山县	6885	5	731	320	2898	1570	1353	8
酉阳县	9070	23	883	358	2584	4230	992	
彭水县	11996	72	838	393	4427	3978	2235	53

4-6a 各地区分性别、职业大类的就业人口(城市)

单位：人

地区 性别	合计	党的机关、国家机关、群众团体和社会组织、企事业单位负责人	专业技术人员	办事人员和有关人员	社会生产服务和生活服务人员	农、林、牧、渔业生产及辅助人员	生产制造及有关人员	不便分类的其他从业人员
重庆	**748664**	**16132**	**113767**	**84421**	**350636**	**9094**	**173558**	**1056**
市辖区	748664	16132	113767	84421	350636	9094	173558	1056
万州区	41137	1222	5707	3920	19737	501	10036	14
涪陵区	28992	392	3673	2959	11910	946	9110	2
渝中区	31961	817	6361	4328	17225	11	3219	
大渡口区	19913	189	2844	2335	10048	75	4422	
江北区	42634	1229	7484	6247	21850	116	5618	90
沙坪坝区	61226	1141	10965	7181	27879	174	13561	325
九龙坡区	60540	1134	9499	6853	33045	133	9852	24
南岸区	51882	1191	8784	8485	25725	144	7541	12
北碚区	31784	385	4748	3132	12146	193	11180	
綦江区	17632	195	2201	2031	7628	191	5371	15
綦江区(不含万盛)	14746	141	1851	1686	6379	156	4532	1
万盛经开区	2886	54	350	345	1249	35	839	14
大足区	11647	250	1388	1065	5035	461	3432	16
渝北区	95812	4562	18203	13121	43329	252	15991	354
巴南区	38688	307	5362	3295	19605	339	9775	5
黔江区	9919	302	1701	1108	4040	217	2541	10
长寿区	22101	322	2053	1937	8921	714	8146	8
江津区	23144	596	2970	2338	9778	524	6891	47
合川区	24739	370	3411	1792	11618	829	6707	12
永川区	28327	272	3674	2171	13517	994	7688	11
南川区	11279	167	1328	996	5288	231	3259	10
璧山区	23704	307	2355	2117	9039	343	9502	41
铜梁区	16079	186	1985	1874	6720	183	5123	8
潼南区	12829	81	1303	1108	6221	293	3803	20
荣昌区	13634	156	1660	1315	6099	413	3985	6
开州区	14900	159	2044	1002	7960	310	3413	12
梁平区	9532	148	1367	993	4195	417	2401	11
武隆区	4629	52	697	718	2078	90	991	3
县								
城口县								
丰都县								
垫江县								
忠县								
云阳县								
奉节县								
巫山县								
巫溪县								
石柱县								
秀山县								
酉阳县								
彭水县								

4−6a　续表 1　　单位：人

地区 性别	合计	党的机关、国家机关、群众团体和社会组织、企事业单位负责人	专业技术人员	办事人员和有关人员	社会生产服务和生活服务人员	农、林、牧、渔业生产及辅助人员	生产制造及有关人员	不便分类的其他从业人员
男	**430526**	**11473**	**50303**	**46951**	**185309**	**4901**	**130977**	**612**
市辖区	430526	11473	50303	46951	185309	4901	130977	612
万州区	23484	796	2561	2405	9902	270	7539	11
涪陵区	17289	295	1686	1768	6030	468	7040	2
渝中区	17412	565	2771	2327	9052	6	2691	
大渡口区	11539	134	1200	1246	5598	43	3318	
江北区	23718	851	3372	3203	11818	69	4364	41
沙坪坝区	35445	853	4878	3824	15658	114	9939	179
九龙坡区	34605	821	3986	3702	18480	81	7525	10
南岸区	29177	851	3805	4589	14038	91	5793	10
北碚区	19155	285	2186	1755	6585	114	8230	
綦江区	10447	129	897	1258	3695	115	4341	12
綦江区(不含万盛)	8734	91	742	1052	3096	91	3662	
万盛经开区	1713	38	155	206	599	24	679	12
大足区	6788	183	612	684	2554	218	2525	12
渝北区	54062	3231	8270	6806	23036	162	12355	202
巴南区	22968	243	2452	1713	10840	208	7507	5
黔江区	5690	240	758	708	1883	115	1979	7
长寿区	12672	203	839	1136	3996	310	6182	6
江津区	13667	424	1288	1359	5038	284	5247	27
合川区	14445	261	1504	1161	6000	468	5044	7
永川区	15821	195	1516	1236	6574	500	5792	8
南川区	6491	115	554	597	2588	134	2495	8
璧山区	14321	217	1141	1170	4971	219	6578	25
铜梁区	9159	141	883	1104	3289	104	3636	2
潼南区	7753	59	582	688	3262	177	2971	14
荣昌区	7691	111	732	761	3158	221	2703	5
开州区	8765	115	955	673	4240	171	2602	9
梁平区	5264	114	566	631	2014	189	1741	9
武隆区	2698	41	309	447	1010	50	840	1
县								
城口县								
丰都县								
垫江县								
忠　县								
云阳县								
奉节县								
巫山县								
巫溪县								
石柱县								
秀山县								
酉阳县								
彭水县								

4-6a 续表 2

单位：人

地区 性别	合计	党的机关、国家机关、群众团体和社会组织、企事业单位负责人	专业技术人员	办事人员和有关人员	社会生产服务和生活服务人员	农、林、牧、渔业生产及辅助人员	生产制造及有关人员	不便分类的其他从业人员
女	**318138**	**4659**	**63464**	**37470**	**165327**	**4193**	**42581**	**444**
市辖区	318138	4659	63464	37470	165327	4193	42581	444
万州区	17653	426	3146	1515	9835	231	2497	3
涪陵区	11703	97	1987	1191	5880	478	2070	
渝中区	14549	252	3590	2001	8173	5	528	
大渡口区	8374	55	1644	1089	4450	32	1104	
江北区	18916	378	4112	3044	10032	47	1254	49
沙坪坝区	25781	288	6087	3357	12221	60	3622	146
九龙坡区	25935	313	5513	3151	14565	52	2327	14
南岸区	22705	340	4979	3896	11687	53	1748	2
北碚区	12629	100	2562	1377	5561	79	2950	
綦江区	7185	66	1304	773	3933	76	1030	3
綦江区(不含万盛)	6012	50	1109	634	3283	65	870	1
万盛经开区	1173	16	195	139	650	11	160	2
大足区	4859	67	776	381	2481	243	907	4
渝北区	41750	1331	9933	6315	20293	90	3636	152
巴南区	15720	64	2910	1582	8765	131	2268	
黔江区	4229	62	943	400	2157	102	562	3
长寿区	9429	119	1214	801	4925	404	1964	2
江津区	9477	172	1682	979	4740	240	1644	20
合川区	10294	109	1907	631	5618	361	1663	5
永川区	12506	77	2158	935	6943	494	1896	3
南川区	4788	52	774	399	2700	97	764	2
璧山区	9383	90	1214	947	4068	124	2924	16
铜梁区	6920	45	1102	770	3431	79	1487	6
潼南区	5076	22	721	420	2959	116	832	6
荣昌区	5943	45	928	554	2941	192	1282	1
开州区	6135	44	1089	329	3720	139	811	3
梁平区	4268	34	801	362	2181	228	660	2
武隆区	1931	11	388	271	1068	40	151	2
县								
城口县								
丰都县								
垫江县								
忠　县								
云阳县								
奉节县								
巫山县								
巫溪县								
石柱县								
秀山县								
酉阳县								
彭水县								

4-6b　各地区分性别、职业大类的就业人口(镇)

单位：人

地　区 性　别	合计	党的机关、国家机关、群众团体和社会组织、企事业单位负责人	专业技术人员	办事人员和有关人员	社会生产服务和生活服务人员	农、林、牧、渔业生产及辅助人员	生产制造及有关人员	不便分类的其他从业人员
重　庆	**266287**	**3226**	**25664**	**16693**	**109355**	**29606**	**80933**	**810**
市辖区	123890	1094	9506	5998	48699	17034	41429	130
万州区	8548	82	595	350	3263	1415	2838	5
涪陵区	3857	19	279	166	1221	930	1242	
渝中区								
大渡口区	105		15	2	42	2	44	
江北区	3960	45	467	252	1369	14	1801	12
沙坪坝区	1002	11	51	64	456	28	390	2
九龙坡区	11864	167	1144	943	4773	345	4492	
南岸区	342	8	25	35	164	4	106	
北碚区	2182	21	196	141	794	45	984	1
綦江区	10833	172	1133	918	4155	905	3539	11
綦江区(不含万盛)	6851	66	618	449	2625	815	2278	
万盛经开区	3982	106	515	469	1530	90	1261	11
大足区	8036	46	424	244	3367	879	3056	20
渝北区	3953	46	264	288	1963	106	1283	3
巴南区	5122	25	488	272	2515	184	1637	1
黔江区	1387	14	125	62	481	382	322	1
长寿区	3067	14	137	96	1137	712	971	
江津区	11151	110	870	459	3696	2830	3171	15
合川区	11829	81	719	357	4638	2151	3872	11
永川区	6487	19	355	193	2131	1416	2367	6
南川区	3820	28	185	118	1308	1087	1089	5
璧山区	1225	15	77	54	523	104	439	13
铜梁区	2099	16	151	131	963	206	630	2
潼南区	7235	48	377	214	3470	966	2146	14
荣昌区	2491	10	173	93	1047	425	740	3
开州区	5308	37	534	186	2205	639	1706	1
梁平区	5509	38	467	218	2068	958	1756	4
武隆区	2478	22	255	142	950	301	808	
县	142397	2132	16158	10695	60656	12572	39504	680
城口县	3376	93	545	473	1357	171	733	4
丰都县	11825	237	1436	1035	4886	800	3419	12
垫江县	17262	358	1820	1009	7246	1756	5017	56
忠　县	15529	195	1840	1115	6115	1576	4676	12
云阳县	24414	201	2504	1302	10424	2064	7868	51
奉节县	16975	392	1745	1148	7735	1752	3934	269
巫山县	6805	126	1030	776	3245	204	1410	14
巫溪县	5093	122	655	513	2260	246	1141	156
石柱县	8502	90	1095	732	3542	859	2184	
秀山县	8688	38	973	762	3820	526	2560	9
酉阳县	8976	88	1246	902	3497	1196	2046	1
彭水县	14952	192	1269	928	6529	1422	4516	96

4－6b 续表 1

单位：人

地区 性别	合计	党的机关、国家机关、群众团体和社会组织、企事业单位负责人	专业技术人员	办事人员和有关人员	社会生产服务和生活服务人员	农、林、牧、渔业生产及辅助人员	生产制造及有关人员	不便分类的其他从业人员
男	**155438**	**2365**	**11890**	**10506**	**54537**	**14493**	**61157**	**490**
市辖区	73875	814	4698	3632	25456	8308	30888	79
万州区	4836	55	315	218	1606	591	2051	
涪陵区	2352	17	157	103	663	450	962	
渝中区								
大渡口区	73		11	2	27	1	32	
江北区	2763	31	298	149	775	12	1489	9
沙坪坝区	613	11	22	41	285	12	241	1
九龙坡区	7138	130	501	521	2631	190	3165	
南岸区	212	8	12	21	91	3	77	
北碚区	1339	16	91	76	419	26	710	1
綦江区	6754	128	548	550	2127	426	2967	8
綦江区(不含万盛)	4305	56	301	256	1347	377	1968	
万盛经开区	2449	72	247	294	780	49	999	8
大足区	4827	32	219	172	1786	447	2158	13
渝北区	2437	34	123	163	1037	52	1025	3
巴南区	3150	20	255	148	1449	113	1164	1
黔江区	780	12	74	41	235	166	251	1
长寿区	1580	8	66	64	497	265	680	
江津区	6516	76	381	265	1811	1460	2515	8
合川区	7181	59	359	221	2519	1153	2864	6
永川区	3830	15	165	118	1046	684	1799	3
南川区	2277	18	84	79	716	542	836	2
璧山区	725	12	40	32	281	56	296	8
铜梁区	1161	13	87	80	441	90	449	1
潼南区	4159	34	193	135	1739	453	1597	8
荣昌区	1402	7	76	59	544	197	517	2
开州区	3164	29	260	137	1148	361	1228	1
梁平区	3159	31	229	141	1122	420	1213	3
武隆区	1447	18	132	96	461	138	602	
县	81563	1551	7192	6874	29081	6185	30269	411
城口县	1902	72	224	287	609	95	614	1
丰都县	7029	164	625	643	2477	401	2712	7
垫江县	9482	243	842	651	3218	754	3734	40
忠　县	8596	145	817	682	2733	575	3638	6
云阳县	14345	164	1154	855	5014	1068	6052	38
奉节县	10046	269	845	736	3964	1084	2982	166
巫山县	4136	105	457	526	1763	121	1155	9
巫溪县	2924	85	302	309	1136	132	878	82
石柱县	4715	71	419	478	1695	412	1640	
秀山县	4952	33	375	516	1841	267	1917	3
酉阳县	5151	68	554	603	1702	604	1619	1
彭水县	8285	132	578	588	2929	672	3328	58

4–6b 续表 2

单位：人

地 区 性 别	合计	党的机关、国家机关、群众团体和社会组织、企事业单位负责人	专业技术人员	办事人员和有关人员	社会生产服务和生活服务人员	农、林、牧、渔业生产及辅助人员	生产制造及有关人员	不便分类的其他从业人员
女	**110849**	**861**	**13774**	**6187**	**54818**	**15113**	**19776**	**320**
市辖区	50015	280	4808	2366	23243	8726	10541	51
万州区	3712	27	280	132	1657	824	787	5
涪陵区	1505	2	122	63	558	480	280	
渝中区								
大渡口区	32		4		15	1	12	
江北区	1197	14	169	103	594	2	312	3
沙坪坝区	389		29	23	171	16	149	1
九龙坡区	4726	37	643	422	2142	155	1327	
南岸区	130		13	14	73	1	29	
北碚区	843	5	105	65	375	19	274	
綦江区	4079	44	585	368	2028	479	572	3
綦江区(不含万盛)	2546	10	317	193	1278	438	310	
万盛经开区	1533	34	268	175	750	41	262	3
大足区	3209	14	205	72	1581	432	898	7
渝北区	1516	12	141	125	926	54	258	
巴南区	1972	5	233	124	1066	71	473	
黔江区	607	2	51	21	246	216	71	
长寿区	1487	6	71	32	640	447	291	
江津区	4635	34	489	194	1885	1370	656	7
合川区	4648	22	360	136	2119	998	1008	5
永川区	2657	4	190	75	1085	732	568	3
南川区	1543	10	101	39	592	545	253	3
璧山区	500	3	37	22	242	48	143	5
铜梁区	938	3	64	51	522	116	181	1
潼南区	3076	14	184	79	1731	513	549	6
荣昌区	1089	3	97	34	503	228	223	1
开州区	2144	8	274	49	1057	278	478	
梁平区	2350	7	238	77	946	538	543	1
武隆区	1031	4	123	46	489	163	206	
县	60834	581	8966	3821	31575	6387	9235	269
城口县	1474	21	321	186	748	76	119	3
丰都县	4796	73	811	392	2409	399	707	5
垫江县	7780	115	978	358	4028	1002	1283	16
忠 县	6933	50	1023	433	3382	1001	1038	6
云阳县	10069	37	1350	447	5410	996	1816	13
奉节县	6929	123	900	412	3771	668	952	103
巫山县	2669	21	573	250	1482	83	255	5
巫溪县	2169	37	353	204	1124	114	263	74
石柱县	3787	19	676	254	1847	447	544	
秀山县	3736	5	598	246	1979	259	643	6
酉阳县	3825	20	692	299	1795	592	427	
彭水县	6667	60	691	340	3600	750	1188	38

4-6c 各地区分性别、职业大类的就业人口(乡村)

单位：人

地区 性别	合计	党的机关、国家机关、群众团体和社会组织、企事业单位负责人	专业技术人员	办事人员和有关人员	社会生产服务和生活服务人员	农、林、牧、渔业生产及辅助人员	生产制造及有关人员	不便分类的其他从业人员
重　庆	**511266**	**2517**	**17573**	**11551**	**114565**	**201792**	**162640**	**628**
市辖区	343810	1752	11876	8364	81779	130143	109614	282
万州区	34459	232	1319	798	7499	12773	11821	17
涪陵区	18475	84	535	346	4111	8426	4969	4
渝中区								
大渡口区	534	1	21	40	180	94	198	
江北区	369	2	20	21	75	70	180	1
沙坪坝区	2471	24	113	114	804	297	1103	16
九龙坡区	4995	32	200	262	1592	733	2176	
南岸区	1207	14	35	69	567	185	337	
北碚区	5163	17	152	214	1214	1317	2248	1
綦江区	16934	106	700	537	5084	4421	6082	4
綦江区(不含万盛)	15080	73	623	468	4590	3858	5468	
万盛经开区	1854	33	77	69	494	563	614	4
大足区	13685	61	338	223	3063	6056	3933	11
渝北区	12087	91	766	580	4028	1804	4811	7
巴南区	8198	48	267	248	1927	3615	2093	
黔江区	7766	76	309	224	1374	3820	1960	3
长寿区	17194	95	493	321	3723	8217	4335	10
江津区	27110	135	988	738	4990	13142	7076	41
合川区	37910	168	1077	701	10848	13195	11910	11
永川区	19353	37	617	364	3751	8700	5872	12
南川区	9839	59	344	192	2732	3587	2918	7
璧山区	11299	37	389	349	2879	3758	3864	23
铜梁区	12834	47	364	341	2307	5862	3909	4
潼南区	16768	90	438	317	3830	6555	5490	48
荣昌区	14131	50	406	329	3122	5909	4310	5
开州区	23728	107	1090	391	6349	6503	9261	27
梁平区	17970	90	564	370	3959	6958	6004	25
武隆区	9331	49	331	275	1771	4146	2754	5
县	167456	765	5697	3187	32786	71649	53026	346
城口县	4539	51	191	147	951	1916	1275	8
丰都县	15988	71	503	286	3345	6914	4841	28
垫江县	19567	109	552	296	4173	9199	5217	21
忠　县	28833	121	978	450	6074	10054	11127	29
云阳县	26273	90	1159	414	5947	7991	10618	54
奉节县	15738	101	621	342	3026	7634	3894	120
巫山县	8697	47	330	208	1456	4569	2069	18
巫溪县	6789	50	250	213	1110	3488	1657	21
石柱县	7605	22	194	210	1282	3561	2335	1
秀山县	8001	14	219	207	1921	2661	2975	4
酉阳县	12379	31	331	214	1712	7325	2764	2
彭水县	13047	58	369	200	1789	6337	4254	40

4-6c　续表 1

单位：人

地　区 性　别	合计	党的机关、国家机关、群众团体和社会组织、企事业单位负责人	专业技术人员	办事人员和有关人员	社会生产服务和生活服务人员	农、林、牧、渔业生产及辅助人员	生产制造及有关人员	不便分类的其他从业人员
男	**305154**	**1928**	**8854**	**7345**	**62482**	**101098**	**123060**	**387**
市辖区	206699	1315	6062	5274	45303	65473	83104	168
万州区	19913	165	645	484	3957	6168	8484	10
涪陵区	11053	70	270	219	2247	4256	3989	2
渝中区								
大渡口区	343	1	8	23	102	50	159	
江北区	260	1	11	13	46	37	152	
沙坪坝区	1621	20	59	69	535	163	766	9
九龙坡区	3255	25	110	159	998	384	1579	
南岸区	756	8	14	43	341	106	244	
北碚区	3330	12	92	150	681	679	1715	1
綦江区	10856	81	351	326	2816	2195	5086	1
綦江区(不含万盛)	9710	56	301	282	2554	1928	4589	
万盛经开区	1146	25	50	44	262	267	497	1
大足区	8074	48	180	144	1717	2993	2986	6
渝北区	7594	66	411	368	2220	942	3582	5
巴南区	5083	42	134	143	1129	2005	1630	
黔江区	4447	57	183	146	713	1794	1551	3
长寿区	9408	56	209	195	1768	3890	3280	10
江津区	16389	101	496	459	2787	7011	5508	27
合川区	23130	132	504	439	6001	7136	8910	8
永川区	11366	25	328	237	2043	4165	4560	8
南川区	5882	51	167	128	1443	1800	2288	5
璧山区	7007	28	221	216	1716	1911	2899	16
铜梁区	7535	33	180	200	1310	2810	3000	2
潼南区	10249	62	246	233	2094	3296	4295	23
荣昌区	8283	32	195	217	1821	2923	3093	2
开州区	14815	83	596	251	3636	3406	6833	10
梁平区	10411	72	282	237	2189	3294	4318	19
武隆区	5639	44	170	175	993	2059	2197	1
县	98455	613	2792	2071	17179	35625	39956	219
城口县	2708	40	119	89	482	913	1059	6
丰都县	9366	52	234	181	1766	3430	3679	24
垫江县	10827	84	278	201	2107	4297	3848	12
忠　县	16525	96	440	270	2878	4590	8238	13
云阳县	16025	80	564	262	3215	4142	7733	29
奉节县	9444	73	288	215	1684	4108	2996	80
巫山县	5366	38	170	156	834	2418	1737	13
巫溪县	4060	43	155	122	609	1781	1338	12
石柱县	4430	19	96	140	717	1800	1657	1
秀山县	4852	14	86	133	1002	1350	2265	2
酉阳县	7134	28	140	155	923	3687	2199	2
彭水县	7718	46	222	147	962	3109	3207	25

4-6c 续表 2

单位：人

地区 性别	合计	党的机关、国家机关、群众团体和社会组织、企事业单位负责人	专业技术人员	办事人员和有关人员	社会生产服务和生活服务人员	农、林、牧、渔业生产及辅助人员	生产制造及有关人员	不便分类的其他从业人员
女	**206112**	**589**	**8719**	**4206**	**52083**	**100694**	**39580**	**241**
市辖区	137111	437	5814	3090	36476	64670	26510	114
万州区	14546	67	674	314	3542	6605	3337	7
涪陵区	7422	14	265	127	1864	4170	980	2
渝中区								
大渡口区	191		13	17	78	44	39	
江北区	109	1	9	8	29	33	28	1
沙坪坝区	850	4	54	45	269	134	337	7
九龙坡区	1740	7	90	103	594	349	597	
南岸区	451	6	21	26	226	79	93	
北碚区	1833	5	60	64	533	638	533	
綦江区	6078	25	349	211	2268	2226	996	3
綦江区(不含万盛)	5370	17	322	186	2036	1930	879	
万盛经开区	708	8	27	25	232	296	117	3
大足区	5611	13	158	79	1346	3063	947	5
渝北区	4493	25	355	212	1808	862	1229	2
巴南区	3115	6	133	105	798	1610	463	
黔江区	3319	19	126	78	661	2026	409	
长寿区	7786	39	284	126	1955	4327	1055	
江津区	10721	34	492	279	2203	6131	1568	14
合川区	14780	36	573	262	4847	6059	3000	3
永川区	7987	12	289	127	1708	4535	1312	4
南川区	3957	8	177	64	1289	1787	630	2
璧山区	4292	9	168	133	1163	1847	965	7
铜梁区	5299	14	184	141	997	3052	909	2
潼南区	6519	28	192	84	1736	3259	1195	25
荣昌区	5848	18	211	112	1301	2986	1217	3
开州区	8913	24	494	140	2713	3097	2428	17
梁平区	7559	18	282	133	1770	3664	1686	6
武隆区	3692	5	161	100	778	2087	557	4
县	69001	152	2905	1116	15607	36024	13070	127
城口县	1831	11	72	58	469	1003	216	2
丰都县	6622	19	269	105	1579	3484	1162	4
垫江县	8740	25	274	95	2066	4902	1369	9
忠县	12308	25	538	180	3196	5464	2889	16
云阳县	10248	10	595	152	2732	3849	2885	25
奉节县	6294	28	333	127	1342	3526	898	40
巫山县	3331	9	160	52	622	2151	332	5
巫溪县	2729	7	95	91	501	1707	319	9
石柱县	3175	3	98	70	565	1761	678	
秀山县	3149		133	74	919	1311	710	2
酉阳县	5245	3	191	59	789	3638	565	
彭水县	5329	12	147	53	827	3228	1047	15

4–7　全市分年龄、性别、职业中类的就业人口

单位：人

年龄组 性　别	合计	党的机关、国家机关、群众团体和社会组织、企事业单位负责人						
		小计	中国共产党机关负责人	国家机关负责人	民主党派和工商联负责人	人民团体和群众团体、社会组织及其他成员组织负责人	基层群众自治组织负责人	企事业单位负责人
总　计	**1526217**	**21875**	**52**	**1138**	**4**	**783**	**1072**	**18826**
16–19岁	13532	14	1					13
20–24岁	97165	468		7	1	21	8	431
25–29岁	172664	1833		25	1	66	37	1704
30–34岁	208521	3711	4	82		140	79	3406
35–39岁	154536	3572	4	135		103	74	3256
40–44岁	134780	3017	9	193	1	87	96	2631
45–49岁	254401	4283	12	271		158	221	3621
50–54岁	208076	2867	8	249		105	227	2278
55–59岁	129800	1688	12	170	1	80	246	1179
60–64岁	49008	239	1	1		12	51	174
65–69岁	57452	123		1		9	22	91
70–74岁	28805	40	1	3		1	10	25
75岁及以上	17477	20		1		1	1	17
男	**891118**	**15766**	**41**	**910**	**1**	**465**	**800**	**13549**
16–19岁	8575	9						9
20–24岁	53919	295		4		13	5	273
25–29岁	97368	1188		13		37	18	1120
30–34岁	118828	2463	2	47		82	27	2305
35–39岁	86920	2434	2	97		47	44	2244
40–44岁	74485	2145	7	153		41	66	1878
45–49岁	143800	3140	10	224		99	149	2658
50–54岁	129114	2254	8	212		68	188	1778
55–59岁	86317	1478	11	155	1	59	224	1028
60–64岁	30802	209	1	1		10	48	149
65–69岁	33493	102				8	21	73
70–74岁	17114	33		3		1	9	20
75岁及以上	10383	16		1			1	14
女	**635099**	**6109**	**11**	**228**	**3**	**318**	**272**	**5277**
16–19岁	4957	5	1					4
20–24岁	43246	173		3	1	8	3	158
25–29岁	75296	645		12	1	29	19	584
30–34岁	89693	1248	2	35		58	52	1101
35–39岁	67616	1138	2	38		56	30	1012
40–44岁	60295	872	2	40	1	46	30	753
45–49岁	110601	1143	2	47		59	72	963
50–54岁	78962	613		37		37	39	500
55–59岁	43483	210	1	15		21	22	151
60–64岁	18206	30				2	3	25
65–69岁	23959	21		1		1	1	18
70–74岁	11691	7	1				1	5
75岁及以上	7094	4				1		3

4-7 续表 1

单位：人

年龄组 性别	专业技术人员 小计	科学研究人员	工程技术人员	农业技术人员	飞机和船舶技术人员	卫生专业技术人员	经济和金融专业人员	法律、社会和宗教专业人员	教学人员	文学艺术、体育专业人员
总计	**157004**	**695**	**35171**	**990**	**405**	**27325**	**30384**	**4005**	**51758**	**2657**
16-19岁	1125	2	191	2	2	272	74	5	521	37
20-24岁	17958	62	3136	53	19	3861	3086	248	6417	562
25-29岁	31727	146	6825	106	103	6182	6757	784	9349	691
30-34岁	31185	168	7873	107	96	5479	7252	872	8076	500
35-39岁	22269	121	5082	86	43	3356	4723	564	7492	328
40-44岁	14548	57	3026	70	43	2143	2652	336	5751	164
45-49岁	17593	57	4281	130	48	2536	3365	480	6134	175
50-54岁	12221	42	2892	194	28	1765	1568	372	5024	106
55-59岁	6682	34	1559	158	21	1057	763	246	2663	68
60-64岁	817	1	188	37	2	246	82	39	194	11
65-69岁	527	3	83	33		251	39	38	66	10
70-74岁	215		22	9		116	12	14	37	3
75岁及以上	137	2	13	5		61	11	7	34	2
男	**71047**	**423**	**29157**	**718**	**380**	**8161**	**8655**	**1964**	**18384**	**1458**
16-19岁	357		154	1	2	35	32		106	23
20-24岁	5458	33	2479	30	17	535	784	82	1023	279
25-29岁	11381	77	5473	72	98	1044	1717	303	1926	360
30-34岁	13100	99	6468	70	85	1302	1846	365	2231	279
35-39岁	10000	80	4205	58	41	1104	1285	239	2585	165
40-44岁	7010	30	2482	48	41	851	701	158	2426	102
45-49岁	9315	40	3558	92	46	1116	967	279	2910	100
50-54岁	7677	33	2574	139	28	920	692	265	2794	77
55-59岁	5396	27	1482	141	20	710	535	200	2141	51
60-64岁	639		177	28	2	183	55	28	141	10
65-69岁	424	2	77	29		199	26	30	51	8
70-74岁	174		16	6		108	8	9	22	3
75岁及以上	116	2	12	4		54	7	6	28	1
女	**85957**	**272**	**6014**	**272**	**25**	**19164**	**21729**	**2041**	**33374**	**1199**
16-19岁	768	2	37	1		237	42	5	415	14
20-24岁	12500	29	657	23	2	3326	2302	166	5394	283
25-29岁	20346	69	1352	34	5	5138	5040	481	7423	331
30-34岁	18085	69	1405	37	11	4177	5406	507	5845	221
35-39岁	12269	41	877	28	2	2252	3438	325	4907	163
40-44岁	7538	27	544	22	2	1292	1951	178	3325	62
45-49岁	8278	17	723	38	2	1420	2398	201	3224	75
50-54岁	4544	9	318	55		845	876	107	2230	29
55-59岁	1286	7	77	17	1	347	228	46	522	17
60-64岁	178	1	11	9		63	27	11	53	1
65-69岁	103	1	6	4		52	13	8	15	2
70-74岁	41		6	3		8	4	5	15	
75岁及以上	21		1	1		7	4	1	6	1

4-7　续表 2

单位：人

年龄组 性　别	专业技术人员		办事人员和有关人员				社会生产服务和生活服务人员		
	新闻出版、文化专业人员	其他专业技术人员	小计	办事人员	安全和消防人员	其他办事人员和有关人员	小计	批发与零售服务人　员	交通运输、仓储和邮政业服务人员
总　计	**2531**	**1083**	**112665**	**92011**	**19213**	**1441**	**574556**	**213908**	**98991**
16–19岁	14	5	347	249	89	9	6013	1690	539
20–24岁	434	80	7287	6247	955	85	44975	16568	5416
25–29岁	601	183	16674	14637	1818	219	77012	30829	11334
30–34岁	550	212	21320	18899	2154	267	92817	39615	15287
35–39岁	320	154	16251	14078	1961	212	66948	28500	12099
40–44岁	208	98	11483	9682	1630	171	55890	22837	10647
45–49岁	215	172	16126	12754	3176	196	98526	35186	19445
50–54岁	125	105	12164	8583	3465	116	72003	22116	14290
55–59岁	57	56	8724	5884	2738	102	39622	10730	7532
60–64岁	3	14	1194	502	666	26	10710	2593	1511
65–69岁	2	2	775	316	435	24	7394	2119	739
70–74岁		2	230	112	107	11	1854	727	109
75岁及以上	2		90	68	19	3	792	398	43
男	**947**	**800**	**64802**	**47664**	**16341**	**797**	**302328**	**92651**	**84819**
16–19岁	3	1	197	112	80	5	3545	705	456
20–24岁	136	60	3110	2205	869	36	24783	7131	4399
25–29岁	178	133	7422	5769	1548	105	42454	13295	9430
30–34岁	197	158	10352	8467	1765	120	49330	16166	12825
35–39岁	125	113	8495	6895	1499	101	34955	11686	10109
40–44岁	103	68	6468	5178	1198	92	27049	8923	8828
45–49岁	87	120	9717	7183	2424	110	46334	13957	16466
50–54岁	69	86	9294	6021	3191	82	37532	10787	12971
55–59岁	43	46	7712	5002	2622	88	23349	6305	7076
60–64岁	2	13	1081	430	629	22	6725	1683	1433
65–69岁	2		691	258	411	22	4633	1322	693
70–74岁		2	199	95	93	11	1155	441	98
75岁及以上	2		64	49	12	3	484	250	35
女	**1584**	**283**	**47863**	**44347**	**2872**	**644**	**272228**	**121257**	**14172**
16–19岁	11	4	150	137	9	4	2468	985	83
20–24岁	298	20	4177	4042	86	49	20192	9437	1017
25–29岁	423	50	9252	8868	270	114	34558	17534	1904
30–34岁	353	54	10968	10432	389	147	43487	23449	2462
35–39岁	195	41	7756	7183	462	111	31993	16814	1990
40–44岁	105	30	5015	4504	432	79	28841	13914	1819
45–49岁	128	52	6409	5571	752	86	52192	21229	2979
50–54岁	56	19	2870	2562	274	34	34471	11329	1319
55–59岁	14	10	1012	882	116	14	16273	4425	456
60–64岁	1	1	113	72	37	4	3985	910	78
65–69岁		2	84	58	24	2	2761	797	46
70–74岁			31	17	14		699	286	11
75岁及以上			26	19	7		308	148	8

4–7　续表 3　　　　　　　　　　　　　　　　　　　　　　　　　　　　　　单位：人

年龄组 性　别	社会生产服务和生活服务人员								
	住宿和餐饮服务人　员	信息传输、软件和信息技术服务人　员	金融服务人　　员	房地产服务人员	租赁和商务服务人　员	技术辅助服务人员	水利、环境和公共设施管理服务人员	居民服务人　　员	电力、燃气及水供应服务人　员
总　计	**93401**	**12609**	**12297**	**17586**	**15001**	**13139**	**28556**	**39588**	**4725**
16–19岁	1808	204	25	122	119	148	32	709	9
20–24岁	7056	2279	1030	2321	1291	2157	256	3348	216
25–29岁	9690	3735	2465	3670	2132	3395	509	4719	451
30–34岁	11884	2973	3113	3433	2127	3103	908	5453	645
35–39岁	9711	1510	1816	2071	1447	1683	1042	3723	562
40–44岁	9330	687	1022	1362	1171	901	1858	3452	579
45–49岁	18839	667	1540	2014	2320	977	6300	6746	1038
50–54岁	14686	356	851	1287	2061	498	7113	5698	659
55–59岁	7393	162	395	859	1599	237	5540	3353	452
60–64岁	1728	20	20	265	427	20	2644	1084	59
65–69岁	995	11	13	143	237	16	1948	868	42
70–74岁	200	2	2	32	58	3	346	292	10
75岁及以上	81	3	5	7	12	1	60	143	3
男	**39479**	**8884**	**5331**	**9709**	**10185**	**8359**	**9889**	**10979**	**3597**
16–19岁	1122	134	12	83	68	92	15	334	8
20–24岁	4060	1479	481	1390	633	1269	142	1238	164
25–29岁	5414	2602	1175	2062	1086	2075	294	1496	339
30–34岁	6100	2118	1308	1776	1166	2011	446	1617	485
35–39岁	4478	1080	699	985	833	1135	386	1076	404
40–44岁	3546	490	350	621	708	571	426	767	371
45–49岁	6009	500	543	948	1631	607	1287	1370	707
50–54岁	4586	302	426	820	1837	364	1948	1222	592
55–59岁	2751	146	308	676	1523	201	2051	892	419
60–64岁	780	19	15	200	413	15	1422	441	55
65–69岁	490	10	9	117	219	15	1198	335	40
70–74岁	101	2	1	28	56	3	233	128	10
75岁及以上	42	2	4	3	12	1	41	63	3
女	**53922**	**3725**	**6966**	**7877**	**4816**	**4780**	**18667**	**28609**	**1128**
16–19岁	686	70	13	39	51	56	17	375	1
20–24岁	2996	800	549	931	658	888	114	2110	52
25–29岁	4276	1133	1290	1608	1046	1320	215	3223	112
30–34岁	5784	855	1805	1657	961	1092	462	3836	160
35–39岁	5233	430	1117	1086	614	548	656	2647	158
40–44岁	5784	197	672	741	463	330	1432	2685	208
45–49岁	12830	167	997	1066	689	370	5013	5376	331
50–54岁	10100	54	425	467	224	134	5165	4476	67
55–59岁	4642	16	87	183	76	36	3489	2461	33
60–64岁	948	1	5	65	14	5	1222	643	4
65–69岁	505	1	4	26	18	1	750	533	2
70–74岁	99		1	4	2		113	164	
75岁及以上	39	1	1	4			19	80	

4-7　续表 4

单位：人

年龄组 性　别	社会生产服务和生活服务人员				农、林、牧、渔业生产及辅助人员				
	修理及制作服务人　员	文化、体育和娱乐服务人员	健康服务人　　员	其他社会生产和生活服务人　员	小计	农业生产人　　员	林业生产人　　员	畜牧业生产人员	渔业生产人　　员
总　计	**17074**	**5784**	**1212**	**685**	**240492**	**212935**	**2068**	**22506**	**2080**
16−19岁	400	193	6	9	576	500	1	61	11
20−24岁	1928	902	162	45	2445	2044	20	319	45
25−29岁	2828	953	219	83	4052	3302	57	569	90
30−34岁	3210	762	213	91	6015	4831	91	871	174
35−39岁	2079	479	157	69	5924	4707	82	962	133
40−44岁	1469	406	90	79	8442	6903	124	1219	140
45−49岁	2409	782	154	109	26584	22594	340	3137	378
50−54岁	1567	606	118	97	36507	31708	462	3777	382
55−59岁	854	391	61	64	35388	31392	391	3177	294
60−64岁	171	136	10	22	28096	25539	206	2134	146
65−69岁	119	112	18	14	44527	40790	186	3278	158
70−74岁	26	42	2	3	25777	23674	75	1893	97
75岁及以上	14	20	2		16159	14951	33	1109	32
男	**14852**	**2835**	**369**	**390**	**120492**	**105839**	**1394**	**11271**	**1448**
16−19岁	390	120	2	4	384	332	1	44	7
20−24岁	1808	533	31	25	1367	1095	14	212	39
25−29岁	2556	541	43	46	2249	1768	44	343	71
30−34岁	2852	362	53	45	3077	2342	67	515	118
35−39岁	1781	207	57	39	2863	2161	58	512	104
40−44岁	1229	154	26	39	3670	2878	71	590	98
45−49岁	1915	282	48	64	11515	9453	222	1526	244
50−54岁	1314	260	47	56	15784	13361	313	1743	262
55−59岁	720	196	39	46	16112	14050	270	1508	200
60−64岁	148	77	8	16	14996	13703	131	1028	95
65−69岁	103	60	13	9	23987	22057	130	1620	111
70−74岁	25	28		1	14980	13806	52	1020	76
75岁及以上	11	15	2		9508	8833	21	610	23
女	**2222**	**2949**	**843**	**295**	**120000**	**107096**	**674**	**11235**	**632**
16−19岁	10	73	4	5	192	168		17	4
20−24岁	120	369	131	20	1078	949	6	107	6
25−29岁	272	412	176	37	1803	1534	13	226	19
30−34岁	358	400	160	46	2938	2489	24	356	56
35−39岁	298	272	100	30	3061	2546	24	450	29
40−44岁	240	252	64	40	4772	4025	53	629	42
45−49岁	494	500	106	45	15069	13141	118	1611	134
50−54岁	253	346	71	41	20723	18347	149	2034	120
55−59岁	134	195	22	18	19276	17342	121	1669	94
60−64岁	23	59	2	6	13100	11836	75	1106	51
65−69岁	16	52	5	5	20540	18733	56	1658	47
70−74岁	1	14	2	2	10797	9868	23	873	21
75岁及以上	3	5			6651	6118	12	499	9

4-7 续表 5

单位：人

年龄组 性 别	农林牧渔生产辅助人员	其他农、林、牧、渔业生产加工人员	生产制造及有关人员						
			小计	农副产品加工人员	食品、饮料生产加工人员	烟草及其制品加工人员	纺织、针织、印染人员	纺织品、服装和皮革、毛皮制品加工制作人员	木材加工、家具与木制品制作人员
总 计	**821**	**82**	**417131**	**4341**	**6420**	**329**	**1838**	**18165**	**13703**
16-19岁	2	1	5158	30	64	1	14	205	72
20-24岁	12	5	23770	113	503	5	92	1075	477
25-29岁	32	2	41088	247	780	23	148	1668	1021
30-34岁	44	4	53142	343	915	33	209	2617	1490
35-39岁	39	1	39355	324	623	34	225	2154	1129
40-44岁	49	7	41206	363	595	24	222	2217	1352
45-49岁	122	13	90927	1015	1232	82	463	4298	3192
50-54岁	164	14	72033	993	941	68	298	2534	2887
55-59岁	127	7	37549	559	497	44	122	1056	1597
60-64岁	63	8	7900	179	138	6	21	186	258
65-69岁	103	12	4068	130	107	3	11	109	163
70-74岁	34	4	673	33	16	6	9	32	45
75岁及以上	30	4	262	12	9		4	14	20
男	**494**	**46**	**315194**	**2459**	**3478**	**199**	**790**	**8083**	**11180**
16-19岁			3921	23	43	1	7	118	69
20-24岁	5	2	18741	85	294	4	51	553	434
25-29岁	21	2	32499	149	430	9	75	818	873
30-34岁	31	4	40323	203	477	19	92	1178	1233
35-39岁	28		28044	173	319	14	90	924	892
40-44岁	30	3	28042	172	273	15	63	850	1024
45-49岁	63	7	63553	469	580	41	184	1710	2426
50-54岁	97	8	56405	562	541	52	130	1155	2375
55-59岁	78	6	32171	373	324	34	65	555	1423
60-64岁	36	3	7117	124	104	4	15	120	232
65-69岁	63	6	3633	95	78	2	10	77	141
70-74岁	24	2	562	21	10	4	7	17	40
75岁及以上	18	3	183	10	5		1	8	18
女	**327**	**36**	**101937**	**1882**	**2942**	**130**	**1048**	**10082**	**2523**
16-19岁	2	1	1237	7	21		7	87	3
20-24岁	7	3	5029	28	209	1	41	522	43
25-29岁	11		8589	98	350	14	73	850	148
30-34岁	13		12819	140	438	14	117	1439	257
35-39岁	11	1	11311	151	304	20	135	1230	237
40-44岁	19	4	13164	191	322	9	159	1367	328
45-49岁	59	6	27374	546	652	41	279	2588	766
50-54岁	67	6	15628	431	400	16	168	1379	512
55-59岁	49	1	5378	186	173	10	57	501	174
60-64岁	27	5	783	55	34	2	6	66	26
65-69岁	40	6	435	35	29	1	1	32	22
70-74岁	10	2	111	12	6	2	2	15	5
75岁及以上	12	1	79	2	4		3	6	2

4-7　续表 6　　　　单位：人

年龄组 性　别	生产制造及有关人员								
	纸及纸制品生产加工人员	印刷和记录媒介复制人员	文教、工美、体育和娱乐用品制造人员	石油加工和炼焦、煤化工生产人员	化学原料和化学制品制造人员	医药制造人员	化学纤维制造人员	橡胶和塑料制品制造人员	非金属矿物制品制造人员
总　计	**1701**	**1527**	**2082**	**205**	**2540**	**1572**	**187**	**3688**	**7965**
16-19岁	23	32	36	2	6	7		51	43
20-24岁	89	122	141	15	198	124	14	208	246
25-29岁	167	187	199	19	303	227	31	300	515
30-34岁	227	277	293	25	391	290	37	453	820
35-39岁	191	200	209	17	263	221	22	360	658
40-44岁	199	164	241	17	288	198	21	432	800
45-49岁	376	307	495	48	557	291	43	895	1951
50-54岁	282	151	291	37	380	143	17	635	1618
55-59岁	104	62	120	18	134	60	2	264	939
60-64岁	25	18	24	5	13	8		58	231
65-69岁	12	6	22	1	7	1		21	125
70-74岁	3	1	4	1		2		6	16
75岁及以上	3		7					5	3
男	**992**	**965**	**964**	**161**	**1841**	**767**	**131**	**1993**	**5902**
16-19岁	15	24	29	2	4	4		37	37
20-24岁	63	81	83	12	151	63	13	137	204
25-29岁	121	130	115	16	233	112	25	203	420
30-34岁	154	175	136	21	265	132	24	269	617
35-39岁	116	124	93	13	174	77	14	175	461
40-44岁	93	101	86	9	193	88	11	179	520
45-49岁	173	167	174	38	382	138	30	404	1320
50-54岁	156	95	140	30	308	97	13	348	1213
55-59岁	69	48	63	15	116	49	1	176	777
60-64岁	21	14	19	4	10	5		43	202
65-69岁	8	5	19	1	5	1		14	113
70-74岁	1	1	4			1		5	16
75岁及以上	2		3					3	2
女	**709**	**562**	**1118**	**44**	**699**	**805**	**56**	**1695**	**2063**
16-19岁	8	8	7		2	3		14	6
20-24岁	26	41	58	3	47	61	1	71	42
25-29岁	46	57	84	3	70	115	6	97	95
30-34岁	73	102	157	4	126	158	13	184	203
35-39岁	75	76	116	4	89	144	8	185	197
40-44岁	106	63	155	8	95	110	10	253	280
45-49岁	203	140	321	10	175	153	13	491	631
50-54岁	126	56	151	7	72	46	4	287	405
55-59岁	35	14	57	3	18	11	1	88	162
60-64岁	4	4	5	1	3	3		15	29
65-69岁	4	1	3		2			7	12
70-74岁	2			1		1		1	
75岁及以上	1		4					2	1

4-7 续表 7 单位：人

年龄组 性 别	生产制造及有关人员								
	采矿人员	金属冶炼和压延加工人员	机械制造基础加工人员	金属制品制造人员	通用设备制造人员	专用设备制造人员	汽车制造人员	铁路、船舶、航空设备制造人员	电气机械和器材制造人员
总 计	**3778**	**2747**	**16288**	**6933**	**3281**	**896**	**14136**	**2982**	**3321**
16-19岁	1	10	186	61	29	19	365	42	107
20-24岁	70	85	783	409	197	88	1206	144	418
25-29岁	162	208	1356	682	291	107	1848	256	501
30-34岁	314	355	2212	1000	472	175	2307	323	560
35-39岁	272	263	1947	769	374	113	1656	341	351
40-44岁	431	307	1960	759	385	85	1617	370	349
45-49岁	1310	764	3969	1570	768	158	2905	802	591
50-54岁	900	520	2627	1067	494	94	1503	467	297
55-59岁	264	192	1027	478	224	43	593	191	115
60-64岁	28	23	150	84	25	9	90	30	21
65-69岁	17	14	59	36	17	4	32	14	9
70-74岁	6	3	8	13	3	1	7	2	
75岁及以上	3	3	4	5	2		7		2
男	**3480**	**2203**	**13056**	**4874**	**2341**	**546**	**9655**	**1841**	**2051**
16-19岁	1	8	172	47	24	9	336	38	89
20-24岁	64	78	731	343	165	64	1060	117	328
25-29岁	141	174	1204	538	233	74	1483	190	364
30-34岁	276	274	1884	732	365	104	1640	212	333
35-39岁	248	197	1531	513	257	67	1038	171	189
40-44岁	381	221	1478	480	235	41	875	183	156
45-49岁	1208	582	2846	978	487	83	1548	419	282
50-54岁	862	455	2122	749	356	64	1059	316	197
55-59岁	250	173	891	383	184	28	505	156	88
60-64岁	27	21	131	67	21	9	79	26	18
65-69岁	13	14	54	29	11	2	24	12	6
70-74岁	6	3	8	10	1	1	6	1	
75岁及以上	3	3	4	5	2		2		1
女	**298**	**544**	**3232**	**2059**	**940**	**350**	**4481**	**1141**	**1270**
16-19岁		2	14	14	5	10	29	4	18
20-24岁	6	7	52	66	32	24	146	27	90
25-29岁	21	34	152	144	58	33	365	66	137
30-34岁	38	81	328	268	107	71	667	111	227
35-39岁	24	66	416	256	117	46	618	170	162
40-44岁	50	86	482	279	150	44	742	187	193
45-49岁	102	182	1123	592	281	75	1357	383	309
50-54岁	38	65	505	318	138	30	444	151	100
55-59岁	14	19	136	95	40	15	88	35	27
60-64岁	1	2	19	17	4		11	4	3
65-69岁	4		5	7	6	2	8	2	3
70-74岁				3	2		1	1	
75岁及以上							5		1

4-7 续表 8

单位：人

年龄组 性别	生产制造及有关人员								不便分类的其他从业人员
	计算机、通信和其他电子设备制造人员	仪器仪表制造人员	废弃资源综合利用人员	电力、热力、气体、水生产和输配人员	建筑施工人员	运输设备和通用工程机械操作人员及有关人员	生产辅助人员	其他生产制造及有关人员	
总　计	**30880**	**665**	**285**	**1526**	**215316**	**10431**	**36079**	**1324**	**2494**
16－19岁	2284	8	1	3	991	109	343	13	299
20－24岁	5213	47	11	73	7931	920	2677	76	262
25－29岁	5784	65	9	156	17099	2010	4575	144	278
30－34岁	5217	101	26	186	23108	2117	6050	199	331
35－39岁	3256	113	19	159	17568	1129	4227	168	217
40－44岁	2659	75	22	175	20103	942	3699	135	194
45－49岁	3937	158	78	329	49362	1711	6999	271	362
50－54岁	1741	75	54	253	44840	1005	4624	197	281
55－59岁	648	18	43	143	25210	435	2267	80	147
60－64岁	87	5	13	28	5688	40	388	21	52
65－69岁	42		8	16	2884	10	178	10	38
70－74岁	6			3	406	1	37	3	16
75岁及以上	6		1	2	126	2	15	7	17
男	**16920**	**329**	**206**	**1204**	**182072**	**9380**	**24292**	**839**	**1489**
16－19岁	1569	5	1	3	875	89	233	9	162
20－24岁	3564	35	9	63	7057	880	1897	58	165
25－29岁	3612	43	9	125	15301	1890	3287	102	175
30－34岁	2787	47	19	152	20318	1958	4095	132	183
35－39岁	1403	49	12	120	14784	1017	2689	100	129
40－44岁	984	29	13	118	16104	784	2201	82	101
45－49岁	1550	60	55	225	39289	1398	4162	145	226
50－54岁	951	46	42	223	37355	905	3365	123	168
55－59岁	400	12	32	130	22505	409	1878	59	99
60－64岁	66	3	7	26	5338	37	308	16	35
65－69岁	27		7	15	2690	10	140	10	23
70－74岁	4			2	362	1	30		11
75岁及以上	3			2	94	2	7	3	12
女	**13960**	**336**	**79**	**322**	**33244**	**1051**	**11787**	**485**	**1005**
16－19岁	715	3			116	20	110	4	137
20－24岁	1649	12	2	10	874	40	780	18	97
25－29岁	2172	22		31	1798	120	1288	42	103
30－34岁	2430	54	7	34	2790	159	1955	67	148
35－39岁	1853	64	7	39	2784	112	1538	68	88
40－44岁	1675	46	9	57	3999	158	1498	53	93
45－49岁	2387	98	23	104	10073	313	2837	126	136
50－54岁	790	29	12	30	7485	100	1259	74	113
55－59岁	248	6	11	13	2705	26	389	21	48
60－64岁	21	2	6	2	350	3	80	5	17
65－69岁	15		1	1	194		38		15
70－74岁	2			1	44		7	3	5
75岁及以上	3		1		32		8	4	5

4-7a 全市分年龄、性别、职业中类的就业人口(城市)

单位：人

年龄组 性别	合计	党的机关、国家机关、群众团体和社会组织、企事业单位负责人						
		小计	中国共产党机关负责人	国家机关负责人	民主党派和工商联负责人	人民团体和群众团体、社会组织及其他成员组织负责人	基层群众自治组织负责人	企事业单位负责人
总　计	**748664**	**16132**	**29**	**743**	**1**	**496**	**227**	**14636**
16-19岁	6299	8						8
20-24岁	53686	306		1		15		290
25-29岁	103700	1386		12		50	11	1313
30-34岁	132268	2955	3	57		108	29	2758
35-39岁	98069	2907	3	87		74	27	2716
40-44岁	76421	2328	5	123		54	29	2117
45-49岁	125474	3046	6	172		90	51	2727
50-54岁	89133	1974	4	176		54	42	1698
55-59岁	47343	1022	8	114	1	45	29	825
60-64岁	8969	124		1		5	6	112
65-69岁	5372	57				1	1	55
70-74岁	1335	11					2	9
75岁及以上	595	8						8
男	**430526**	**11473**	**23**	**572**	**1**	**290**	**123**	**10464**
16-19岁	3902	5						5
20-24岁	28273	190		1		8		181
25-29岁	55676	908		6		28	6	868
30-34岁	72644	1973	2	33		63	7	1868
35-39岁	53704	1942	1	56		30	9	1846
40-44岁	41481	1640	4	93		28	14	1501
45-49岁	70075	2215	5	137		59	30	1984
50-54岁	58177	1531	4	143		33	26	1325
55-59岁	35412	901	7	102	1	36	23	732
60-64岁	6348	108		1		4	6	97
65-69岁	3602	45				1	1	43
70-74岁	880	9					1	8
75岁及以上	352	6						6
女	**318138**	**4659**	**6**	**171**		**206**	**104**	**4172**
16-19岁	2397	3						3
20-24岁	25413	116				7		109
25-29岁	48024	478		6		22	5	445
30-34岁	59624	982	1	24		45	22	890
35-39岁	44365	965	2	31		44	18	870
40-44岁	34940	688	1	30		26	15	616
45-49岁	55399	831	1	35		31	21	743
50-54岁	30956	443		33		21	16	373
55-59岁	11931	121	1	12		9	6	93
60-64岁	2621	16				1		15
65-69岁	1770	12						12
70-74岁	455	2					1	1
75岁及以上	243	2						2

4-7a 续表 1

单位：人

年龄组 性 别	专业技术人员 小计	科学研究人员	工程技术人员	农业技术人员	飞机和船舶技术人员	卫生专业技术人员	经济和金融专业人员	法律、社会和宗教专业人员	教学人员	文学艺术、体育专业人员
总 计	**113767**	**602**	**26440**	**486**	**334**	**18572**	**25292**	**3014**	**34345**	**1909**
16-19岁	611	2	97	1	1	141	53	4	277	21
20-24岁	11585	44	2048	35	15	2343	2288	179	3836	429
25-29岁	22496	122	5020	63	83	4180	5340	597	5980	528
30-34岁	24369	149	6396	70	85	4215	6222	677	5584	363
35-39岁	17779	111	4293	62	37	2605	4201	480	5332	256
40-44岁	11102	56	2393	41	34	1488	2323	266	4132	112
45-49岁	12569	51	3021	56	40	1651	2879	359	4137	103
50-54岁	8212	34	1953	73	20	1082	1302	257	3266	52
55-59岁	4265	28	1074	67	18	606	585	147	1618	38
60-64岁	413	1	85	8	1	113	60	24	112	2
65-69岁	232	2	39	9		96	26	13	41	4
70-74岁	80		13	1		34	7	8	16	
75岁及以上	54	2	8			18	6	3	14	1
男	**50303**	**362**	**21663**	**330**	**314**	**4951**	**7136**	**1430**	**11769**	**1060**
16-19岁	179		72		1	10	25		56	12
20-24岁	3537	22	1566	18	13	327	573	55	622	208
25-29岁	8150	59	3961	41	80	661	1380	233	1226	282
30-34岁	10233	87	5198	42	74	956	1589	278	1535	204
35-39岁	7887	73	3511	40	36	791	1155	201	1743	138
40-44岁	5119	30	1952	30	33	527	601	121	1612	78
45-49岁	6332	36	2501	35	39	645	796	214	1872	61
50-54岁	4941	28	1743	54	20	489	563	178	1715	38
55-59岁	3366	24	1027	57	17	367	393	116	1265	33
60-64岁	298		81	6	1	72	40	17	74	2
65-69岁	166	1	34	7		65	15	9	32	3
70-74岁	56		10			28	4	6	7	
75岁及以上	39	2	7			13	2	2	10	1
女	**63464**	**240**	**4777**	**156**	**20**	**13621**	**18156**	**1584**	**22576**	**849**
16-19岁	432	2	25	1		131	28	4	221	9
20-24岁	8048	22	482	17	2	2016	1715	124	3214	221
25-29岁	14346	63	1059	22	3	3519	3960	364	4754	246
30-34岁	14136	62	1198	28	11	3259	4633	399	4049	159
35-39岁	9892	38	782	22	1	1814	3046	279	3589	118
40-44岁	5983	26	441	11	1	961	1722	145	2520	34
45-49岁	6237	15	520	21	1	1006	2083	145	2265	42
50-54岁	3271	6	210	19		593	739	79	1551	14
55-59岁	899	4	47	10	1	239	192	31	353	5
60-64岁	115	1	4	2		41	20	7	38	
65-69岁	66	1	5	2		31	11	4	9	1
70-74岁	24		3	1		6	3	2	9	
75岁及以上	15		1			5	4	1	4	

4－7a 续表 2　　　　单位：人

年龄组 性　别	专业技术人员		办事人员和有关人员				社会生产服务和生活服务人员		
	新闻出版、文化专业人员	其他专业技术人员	小计	办事人员	安全和消防人员	其他办事人员和有关人员	小计	批发与零售服务人员	交通运输、仓储和邮政业服务人员
总　计	**2041**	**732**	**84421**	**70475**	**12917**	**1029**	**350636**	**134203**	**57922**
16－19岁	11	3	200	146	48	6	2954	826	246
20－24岁	317	51	4923	4297	573	53	26627	9777	2945
25－29岁	458	125	12130	10824	1150	156	49146	19907	6705
30－34岁	463	145	16881	15125	1547	209	62352	27324	9400
35－39岁	280	122	13364	11715	1471	178	45324	20134	7574
40－44岁	188	69	9063	7773	1158	132	35292	15089	6327
45－49岁	169	103	12028	9780	2099	149	58732	21596	11319
50－54岁	105	68	8760	6323	2363	74	40561	12366	8106
55－59岁	45	39	5975	4061	1856	58	21133	5326	4249
60－64岁	3	4	640	250	383	7	4896	974	702
65－69岁		2	333	121	207	5	2897	634	291
70－74岁		1	92	36	54	2	541	174	46
75岁及以上	2		32	24	8		181	76	12
男	**753**	**535**	**46951**	**35446**	**10948**	**557**	**185309**	**58820**	**49234**
16－19岁	3		103	59	41	3	1741	348	221
20－24岁	95	38	2036	1492	520	24	14489	4310	2316
25－29岁	134	93	5154	4127	951	76	26957	8795	5470
30－34岁	167	103	7908	6576	1238	94	33111	11473	7790
35－39岁	108	91	6838	5614	1135	89	23872	8530	6275
40－44岁	88	47	5035	4092	873	70	17304	6076	5187
45－49岁	64	69	7074	5357	1632	85	27713	8562	9512
50－54岁	54	59	6598	4355	2188	55	21705	6174	7432
55－59岁	36	31	5255	3434	1772	49	13099	3350	4046
60－64岁	2	3	569	207	357	5	3054	639	663
65－69岁			289	91	193	5	1816	405	275
70－74岁		1	76	29	45	2	344	113	40
75岁及以上	2		16	13	3		104	45	7
女	**1288**	**197**	**37470**	**35029**	**1969**	**472**	**165327**	**75383**	**8688**
16－19岁	8	3	97	87	7	3	1213	478	25
20－24岁	222	13	2887	2805	53	29	12138	5467	629
25－29岁	324	32	6976	6697	199	80	22189	11112	1235
30－34岁	296	42	8973	8549	309	115	29241	15851	1610
35－39岁	172	31	6526	6101	336	89	21452	11604	1299
40－44岁	100	22	4028	3681	285	62	17988	9013	1140
45－49岁	105	34	4954	4423	467	64	31019	13034	1807
50－54岁	51	9	2162	1968	175	19	18856	6192	674
55－59岁	9	8	720	627	84	9	8034	1976	203
60－64岁	1	1	71	43	26	2	1842	335	39
65－69岁		2	44	30	14		1081	229	16
70－74岁			16	7	9		197	61	6
75岁及以上			16	11	5		77	31	5

4-7a　续表 3　　　　单位：人

年龄组 性　别	社会生产服务和生活服务人员								
	住宿和餐饮服务人　员	信息传输、软件和信息技术服务人　员	金融服务人　　员	房地产服务人员	租赁和商务服务人　员	技术辅助服务人员	水利、环境和公共设施管理服务人员	居民服务人　　员	电力、燃气及水供应服务人　员
总　计	**49630**	**9451**	**9424**	**13426**	**10713**	**10116**	**15226**	**22977**	**2732**
16-19岁	820	154	12	85	72	91	14	352	3
20-24岁	3741	1585	679	1584	965	1503	141	1800	110
25-29岁	5248	2755	1810	2688	1675	2581	271	2731	275
30-34岁	6764	2353	2471	2758	1722	2516	502	3363	391
35-39岁	5461	1252	1486	1714	1132	1451	565	2403	375
40-44岁	5130	529	833	1097	831	726	945	2151	355
45-49岁	10142	449	1195	1584	1525	713	3498	4131	594
50-54岁	7545	250	618	979	1373	343	3903	3314	365
55-59岁	3553	106	295	648	1044	166	3009	1759	235
60-64岁	741	11	12	166	250	14	1359	507	15
65-69岁	406	6	9	97	100	8	894	343	10
70-74岁	55	1	2	24	21	3	110	86	4
75岁及以上	24		2	2	3	1	15	37	
男	**22033**	**6637**	**4036**	**7301**	**6984**	**6445**	**4842**	**6062**	**1991**
16-19岁	538	103	5	55	39	53	4	155	2
20-24岁	2110	1024	309	920	446	877	73	654	80
25-29岁	2956	1901	852	1477	824	1572	170	856	197
30-34岁	3558	1667	1025	1433	916	1607	265	985	272
35-39岁	2667	909	584	814	629	982	219	692	256
40-44岁	2104	378	279	504	497	474	195	465	219
45-49岁	3484	326	426	734	1061	456	629	800	392
50-54岁	2586	216	302	628	1218	257	930	641	325
55-59岁	1434	96	237	519	996	146	1037	449	221
60-64岁	343	10	8	119	241	10	706	193	14
65-69岁	211	6	6	77	94	7	534	122	9
70-74岁	26	1	1	20	20	3	70	36	4
75岁及以上	16		2	1	3	1	10	14	
女	**27597**	**2814**	**5388**	**6125**	**3729**	**3671**	**10384**	**16915**	**741**
16-19岁	282	51	7	30	33	38	10	197	1
20-24岁	1631	561	370	664	519	626	68	1146	30
25-29岁	2292	854	958	1211	851	1009	101	1875	78
30-34岁	3206	686	1446	1325	806	909	237	2378	119
35-39岁	2794	343	902	900	503	469	346	1711	119
40-44岁	3026	151	554	593	334	252	750	1686	136
45-49岁	6658	123	769	850	464	257	2869	3331	202
50-54岁	4959	34	316	351	155	86	2973	2673	40
55-59岁	2119	10	58	129	48	20	1972	1310	14
60-64岁	398	1	4	47	9	4	653	314	1
65-69岁	195		3	20	6	1	360	221	1
70-74岁	29		1	4	1		40	50	
75岁及以上	8			1			5	23	

4-7a 续表 4　　　　单位：人

年龄组 性别	社会生产服务和生活服务人员				农、林、牧、渔业生产及辅助人员				
	修理及制作服务人员	文化、体育和娱乐服务人员	健康服务人员	其他社会生产和生活服务人员	小计	农业生产人员	林业生产人员	畜牧业生产人员	渔业生产人员
总　计	**9989**	**3613**	**829**	**385**	**9094**	**7404**	**390**	**886**	**265**
16-19岁	156	115	3	5	10	8			2
20-24岁	1046	620	110	21	129	88	6	24	8
25-29岁	1604	690	158	48	255	167	22	42	13
30-34岁	2018	547	165	58	446	291	33	77	30
35-39岁	1295	329	113	40	405	276	21	83	14
40-44岁	923	243	64	49	571	407	25	90	28
45-49岁	1400	427	106	53	1452	1098	74	192	60
50-54岁	914	350	71	64	1780	1430	94	176	53
55-59岁	482	198	29	34	1400	1187	60	96	37
60-64岁	88	47	3	7	836	768	23	34	5
65-69岁	51	35	7	6	1064	979	23	48	8
70-74岁	7	8			496	467	6	19	3
75岁及以上	5	4			250	238	3	5	4
男	**8687**	**1775**	**234**	**228**	**4901**	**3754**	**278**	**564**	**199**
16-19岁	151	64	1	2	6	5			1
20-24岁	986	351	23	10	77	47	4	15	8
25-29岁	1440	387	30	30	169	99	17	33	11
30-34岁	1786	267	38	29	267	152	27	55	23
35-39岁	1106	147	37	25	225	134	17	58	8
40-44岁	775	102	20	29	305	202	17	52	19
45-49岁	1118	152	30	31	720	502	44	115	41
50-54岁	781	149	29	37	915	678	68	110	42
55-59岁	414	108	19	27	712	557	44	67	27
60-64岁	76	26	2	4	472	425	16	23	5
65-69岁	44	17	5	4	580	529	16	23	7
70-74岁	7	3			306	286	6	10	3
75岁及以上	3	2			147	138	2	3	4
女	**1302**	**1838**	**595**	**157**	**4193**	**3650**	**112**	**322**	**66**
16-19岁	5	51	2	3	4	3			1
20-24岁	60	269	87	11	52	41	2	9	
25-29岁	164	303	128	18	86	68	5	9	2
30-34岁	232	280	127	29	179	139	6	22	7
35-39岁	189	182	76	15	180	142	4	25	6
40-44岁	148	141	44	20	266	205	8	38	9
45-49岁	282	275	76	22	732	596	30	77	19
50-54岁	133	201	42	27	865	752	26	66	11
55-59岁	68	90	10	7	688	630	16	29	10
60-64岁	12	21	1	3	364	343	7	11	
65-69岁	7	18	2	2	484	450	7	25	1
70-74岁		5			190	181		9	
75岁及以上	2	2			103	100	1	2	

4－7a　续表 5

单位：人

年龄组 性　别	农林牧渔生产辅助人　员	其他农、林、牧、渔业生产加工人员	生产制造及有关人员						
			小计	农副产品加工人员	食品、饮料生产加工人员	烟草及其制品加工人员	纺织、针织、印染人员	纺织品、服装和皮革、毛皮制品加工制作人员	木材加工、家具与木制品制作人员
总　计	**135**	**14**	**173558**	**1306**	**2228**	**192**	**460**	**4919**	**4634**
16－19岁			2455	5	20		2	20	16
20－24岁	2	1	10014	25	200	3	12	194	134
25－29岁	11		18159	63	263	21	27	328	349
30－34岁	14	1	25091	127	332	27	40	637	488
35－39岁	11		18161	111	241	25	58	656	430
40－44岁	17	4	17966	111	207	18	55	677	470
45－49岁	25	3	37465	338	455	39	140	1341	1154
50－54岁	25	2	27740	305	319	33	81	704	989
55－59岁	18	2	13500	158	148	22	33	283	512
60－64岁	5	1	2043	39	28	4	6	49	65
65－69岁	6		782	17	11		3	23	24
70－74岁	1		114	3	2		2	6	2
75岁及以上			68	4	2		1	1	1
男	**97**	**9**	**130977**	**731**	**1109**	**125**	**178**	**2106**	**3908**
16－19岁			1839	4	15		2	9	15
20－24岁	2	1	7876	19	110	3	7	100	123
25－29岁	9		14261	43	128	8	16	164	303
30－34岁	9	1	19060	69	151	17	16	262	422
35－39岁	8		12866	59	112	12	20	274	352
40－44岁	13	2	12026	52	81	13	11	240	363
45－49岁	17	1	25916	148	203	20	47	521	918
50－54岁	15	2	22423	179	176	28	34	328	845
55－59岁	15	2	12044	111	103	21	19	164	481
60－64岁	3		1837	28	24	3	2	29	61
65－69岁	5		702	14	6		3	13	22
70－74岁	1		88	1			1	2	2
75岁及以上			39	4					1
女	**38**	**5**	**42581**	**575**	**1119**	**67**	**282**	**2813**	**726**
16－19岁			616	1	5			11	1
20－24岁			2138	6	90		5	94	11
25－29岁	2		3898	20	135	13	11	164	46
30－34岁	5		6031	58	181	10	24	375	66
35－39岁	3		5295	52	129	13	38	382	78
40－44岁	4	2	5940	59	126	5	44	437	107
45－49岁	8	2	11549	190	252	19	93	820	236
50－54岁	10		5317	126	143	5	47	376	144
55－59岁	3		1456	47	45	1	14	119	31
60－64岁	2	1	206	11	4	1	4	20	4
65－69岁	1		80	3	5			10	2
70－74岁			26	2	2		1	4	
75岁及以上			29		2		1	1	

4－7a　续表 6　　　　　　　　　　　　　　　　　　　　　　　　　　　单位：人

年龄组 性　别	生产制造及有关人员								
	纸及纸制品生产加工人员	印刷和记录媒介复制人员	文教、工美、体育和娱乐用品制造人　员	石油加工和炼焦、煤化工生产人员	化学原料和化学制品制造人　员	医药制造人　　员	化学纤维制造人员	橡胶和塑料制品制造人员	非金属矿物制品制造人员
总　计	**571**	**943**	**507**	**100**	**1687**	**1075**	**129**	**1520**	**2843**
16－19岁	6	18	1		4	3		14	15
20－24岁	22	65	28	5	150	79	9	72	100
25－29岁	51	105	46	8	208	152	24	129	197
30－34岁	90	187	100	14	285	213	30	205	310
35－39岁	50	124	60	10	171	172	12	188	273
40－44岁	75	108	70	8	190	142	18	216	323
45－49岁	144	202	117	30	370	193	28	383	726
50－54岁	83	91	60	17	236	83	8	211	524
55－59岁	38	34	15	6	64	30		79	302
60－64岁	9	7	5	2	6	6		16	55
65－69岁	2	2	4		3			3	17
70－74岁	1					2		1	
75岁及以上			1					3	1
男	**320**	**591**	**251**	**76**	**1244**	**530**	**90**	**797**	**2086**
16－19岁	2	14	1		3	2		9	13
20－24岁	13	44	18	2	121	40	9	49	83
25－29岁	35	74	31	8	165	76	19	79	160
30－34岁	70	112	44	12	191	102	18	114	235
35－39岁	31	76	37	8	113	65	8	85	185
40－44岁	28	63	25	3	122	60	8	96	204
45－49岁	58	113	40	22	263	92	20	164	484
50－54岁	48	59	38	15	203	60	8	126	412
55－59岁	26	27	9	5	58	28		57	248
60－64岁	7	7	4	1	3	4		13	48
65－69岁	2	2	4		2			2	14
70－74岁						1		1	
75岁及以上								2	
女	**251**	**352**	**256**	**24**	**443**	**545**	**39**	**723**	**757**
16－19岁	4	4			1	1		5	2
20－24岁	9	21	10	3	29	39		23	17
25－29岁	16	31	15		43	76	5	50	37
30－34岁	20	75	56	2	94	111	12	91	75
35－39岁	19	48	23	2	58	107	4	103	88
40－44岁	47	45	45	5	68	82	10	120	119
45－49岁	86	89	77	8	107	101	8	219	242
50－54岁	35	32	22	2	33	23		85	112
55－59岁	12	7	6	1	6	2		22	54
60－64岁	2		1	1	3	2		3	7
65－69岁					1			1	3
70－74岁	1					1			
75岁及以上			1					1	1

4-7a　续表 7

单位：人

年龄组 性　别	生产制造及有关人员								
	采矿人员	金属冶炼和压延加工人员	机械制造基础加工人　员	金属制品制造人员	通用设备制造人员	专用设备制造人员	汽车制造人　员	铁路、船舶、航空设备制造人　员	电气机械和器材制造人员
总　计	**1088**	**1483**	**8244**	**2570**	**1776**	**500**	**8862**	**1749**	**1878**
16-19岁		2	71	17	5	4	211	33	50
20-24岁	14	40	379	135	87	48	699	78	227
25-29岁	54	123	640	248	148	76	1142	153	306
30-34岁	106	226	1125	430	268	104	1514	190	352
35-39岁	74	156	1043	307	218	66	1128	212	212
40-44岁	106	170	1032	291	229	49	1064	228	201
45-49岁	382	392	2069	579	442	83	1864	463	327
50-54岁	257	260	1310	381	259	47	835	269	144
55-59岁	79	97	495	148	100	18	339	105	46
60-64岁	6	11	59	26	13	2	42	10	6
65-69岁	8	5	20	5	5	3	13	7	5
70-74岁	1	1		3	2		5	1	
75岁及以上	1		1				6		2
男	**956**	**1191**	**6630**	**1869**	**1271**	**315**	**6114**	**1079**	**1162**
16-19岁		1	67	14	5	3	191	33	40
20-24岁	12	38	359	119	73	33	611	61	177
25-29岁	43	105	567	206	115	55	910	112	217
30-34岁	89	176	963	323	210	63	1084	130	212
35-39岁	63	120	824	211	152	40	719	106	117
40-44岁	85	120	771	185	136	26	589	115	90
45-49岁	327	292	1480	365	276	45	1025	231	158
50-54岁	249	233	1090	294	199	34	636	191	104
55-59岁	75	91	440	125	91	13	298	84	38
60-64岁	5	9	51	20	11	2	36	9	5
65-69岁	6	5	17	5	2	1	10	6	3
70-74岁	1	1		2	1		4	1	
75岁及以上	1		1				1		1
女	**132**	**292**	**1614**	**701**	**505**	**185**	**2748**	**670**	**716**
16-19岁		1	4	3		1	20		10
20-24岁	2	2	20	16	14	15	88	17	50
25-29岁	11	18	73	42	33	21	232	41	89
30-34岁	17	50	162	107	58	41	430	60	140
35-39岁	11	36	219	96	66	26	409	106	95
40-44岁	21	50	261	106	93	23	475	113	111
45-49岁	55	100	589	214	166	38	839	232	169
50-54岁	8	27	220	87	60	13	199	78	40
55-59岁	4	6	55	23	9	5	41	21	8
60-64岁	1	2	8	6	2		6	1	1
65-69岁	2		3		3	2	3	1	2
70-74岁				1	1		1		
75岁及以上							5		1

4－7a 续表 8　　单位：人

年龄组 性 别	生产制造及有关人员								
	计算机、通信和其他电子设备制造人员	仪器仪表制造人员	废弃资源综合利用人员	电力、热力、气体、水生产和输配人员	建筑施工人员	运输设备和通用工程机械操作人员及有关人员	生产辅助人员	其他生产制造及有关人员	不便分类的其他从业人员
总 计	**15683**	**457**	**124**	**688**	**78428**	**5063**	**21173**	**678**	**1056**
16－19岁	1492	4		2	207	47	181	5	61
20－24岁	2696	25	7	24	2712	345	1363	37	102
25－29岁	2890	41	3	67	6704	866	2649	78	128
30－34岁	2771	70	15	95	9791	1039	3808	102	174
35－39岁	1700	79	13	78	6946	567	2674	107	129
40－44岁	1358	49	9	89	7558	477	2292	76	99
45－49岁	1806	117	33	147	17998	901	4059	143	182
50－54岁	700	57	17	119	16060	550	2643	88	106
55－59岁	229	11	23	59	8470	252	1277	28	48
60－64岁	28	4	4	6	1350	17	153	9	17
65－69岁	9			2	531	1	55	4	7
70－74岁	2				65		15		1
75岁及以上	2				36	1	4	1	2
男	**8935**	**225**	**88**	**524**	**67053**	**4452**	**14540**	**431**	**612**
16－19岁	1059	2		2	181	29	119	4	29
20－24岁	1895	19	5	20	2410	316	957	30	68
25－29岁	1812	27	3	53	5981	789	1903	54	77
30－34岁	1517	33	10	74	8698	945	2638	60	92
35－39岁	757	34	9	58	5909	498	1752	60	74
40－44岁	512	18	5	52	6130	388	1390	45	52
45－49岁	718	46	23	96	14474	732	2438	77	105
50－54岁	449	35	13	106	13633	498	2035	65	64
55－59岁	186	9	16	55	7780	239	1122	25	35
60－64岁	20	2	4	6	1276	16	124	7	10
65－69岁	8			2	499	1	49	4	4
70－74岁	1				57		12		1
75岁及以上	1				25	1	1		1
女	**6748**	**232**	**36**	**164**	**11375**	**611**	**6633**	**247**	**444**
16－19岁	433	2			26	18	62	1	32
20－24岁	801	6	2	4	302	29	406	7	34
25－29岁	1078	14		14	723	77	746	24	51
30－34岁	1254	37	5	21	1093	94	1170	42	82
35－39岁	943	45	4	20	1037	69	922	47	55
40－44岁	846	31	4	37	1428	89	902	31	47
45－49岁	1088	71	10	51	3524	169	1621	66	77
50－54岁	251	22	4	13	2427	52	608	23	42
55－59岁	43	2	7	4	690	13	155	3	13
60－64岁	8	2			74	1	29	2	7
65－69岁	1				32		6		3
70－74岁	1				8		3		
75岁及以上	1				11		3	1	1

4–7b 全市分年龄、性别、职业中类的就业人口(镇)

单位：人

年龄组 性别	合计	党的机关、国家机关、群众团体和社会组织、企事业单位负责人						
		小计	中国共产党机关负责人	国家机关负责人	民主党派和工商联负责人	人民团体和群众团体、社会组织及其他成员组织负责人	基层群众自治组织负责人	企事业单位负责人
总计	**266287**	**3226**	**12**	**328**	**1**	**165**	**262**	**2458**
16–19岁	2291	3						3
20–24岁	16209	85		4		2	2	77
25–29岁	29188	247		8	1	12	5	221
30–34岁	34377	426	1	21		18	22	364
35–39岁	26053	402		42		19	15	326
40–44岁	25524	423	3	58		18	21	323
45–49岁	50244	727	4	83		43	59	538
50–54岁	39923	477	3	59		29	53	333
55–59岁	23598	345	1	49		16	68	211
60–64岁	7066	44				4	8	32
65–69岁	7152	29				4	7	18
70–74岁	2991	11		3			2	6
75岁及以上	1671	7		1				6
男	**155438**	**2365**	**11**	**281**		**105**	**206**	**1762**
16–19岁	1478	3						3
20–24岁	8987	57		3		2	2	50
25–29岁	16340	144		6		6	4	128
30–34岁	19411	259		11		10	8	230
35–39岁	14628	295		35		13	12	235
40–44岁	13841	310	3	48		8	17	234
45–49岁	28395	534	4	73		27	40	390
50–54岁	24857	384	3	55		21	45	260
55–59岁	15887	303	1	46		11	62	183
60–64岁	4591	37				4	8	25
65–69岁	4246	24				3	6	15
70–74岁	1776	9		3			2	4
75岁及以上	1001	6		1				5
女	**110849**	**861**	**1**	**47**	**1**	**60**	**56**	**696**
16–19岁	813							
20–24岁	7222	28		1				27
25–29岁	12848	103		2	1	6	1	93
30–34岁	14966	167	1	10		8	14	134
35–39岁	11425	107		7		6	3	91
40–44岁	11683	113		10		10	4	89
45–49岁	21849	193		10		16	19	148
50–54岁	15066	93		4		8	8	73
55–59岁	7711	42		3		5	6	28
60–64岁	2475	7						7
65–69岁	2906	5				1	1	3
70–74岁	1215	2						2
75岁及以上	670	1						1

4−7b 续表 1 单位：人

年龄组 性 别	专业技术人员									
	小计	科学研究人员	工程技术人员	农业技术人员	飞机和船舶技术人员	卫生专业技术人员	经济和金融专业人员	法律、社会和宗教专业人员	教学人员	文学艺术、体育专业人员
总 计	**25664**	**40**	**3954**	**248**	**33**	**5336**	**2773**	**565**	**11939**	**352**
16−19岁	194		41	1		56			92	4
20−24岁	2859	3	436	7	1	774	309	33	1184	51
25−29岁	4833	8	757	19	8	1255	651	107	1851	80
30−34岁	4205	8	706	21	6	879	577	110	1751	73
35−39岁	3228	7	423	14	4	570	314	54	1757	41
40−44岁	2456	1	331	14	4	458	232	40	1327	22
45−49岁	3329	3	590	42	3	555	344	68	1629	36
50−54岁	2660	6	421	68	5	389	196	79	1433	26
55−59岁	1534	4	197	47	1	253	125	53	820	14
60−64岁	167		31	6	1	53	13	4	55	2
65−69岁	112		17	4		52	9	11	16	1
70−74岁	51		2	3		26	2	4	12	1
75岁及以上	36		2	2		16	1	2	12	1
男	**11890**	**22**	**3367**	**188**	**31**	**1850**	**856**	**303**	**4879**	**173**
16−19岁	67		38	1		13			13	2
20−24岁	788	1	366	6	1	110	77	12	166	25
25−29岁	1538	7	624	11	8	241	152	40	384	34
30−34岁	1632	4	601	15	6	236	140	51	500	42
35−39岁	1436	4	367	10	3	226	81	27	684	15
40−44岁	1273		279	10	3	208	77	22	644	11
45−49岁	1840	1	482	32	3	268	118	34	852	15
50−54岁	1739	3	373	47	5	232	97	59	875	18
55−59岁	1275	2	189	44	1	191	99	44	682	8
60−64岁	135		28	4	1	44	6	2	47	1
65−69岁	94		17	4		41	7	9	13	1
70−74岁	42		1	2		26	1	1	9	1
75岁及以上	31		2	2		14	1	2	10	
女	**13774**	**18**	**587**	**60**	**2**	**3486**	**1917**	**262**	**7060**	**179**
16−19岁	127		3			43			79	2
20−24岁	2071	2	70	1		664	232	21	1018	26
25−29岁	3295	1	133	8		1014	499	67	1467	46
30−34岁	2573	4	105	6		643	437	59	1251	31
35−39岁	1792	3	56	4	1	344	233	27	1073	26
40−44岁	1183	1	52	4	1	250	155	18	683	11
45−49岁	1489	2	108	10		287	226	34	777	21
50−54岁	921	3	48	21		157	99	20	558	8
55−59岁	259	2	8	3		62	26	9	138	6
60−64岁	32		3	2		9	7	2	8	1
65−69岁	18					11	2	2	3	
70−74岁	9		1	1			1	3	3	
75岁及以上	5					2			2	1

4-7b　续表 2　　　　单位：人

年龄组 性别	专业技术人员		办事人员和有关人员				社会生产服务和生活服务人员		
	新闻出版、文化专业人员	其他专业技术人员	小计	办事人员	安全和消防人员	其他办事人员和有关人员	小计	批发与零售服务人员	交通运输、仓储和邮政业服务人员
总　计	**272**	**152**	**16693**	**13277**	**3211**	**205**	**109355**	**43875**	**18257**
16-19岁			55	38	16	1	1010	333	94
20-24岁	53	8	1071	883	172	16	7537	3016	1000
25-29岁	75	22	2542	2127	384	31	12953	5499	1931
30-34岁	49	25	2803	2380	387	36	15667	6898	2747
35-39岁	26	18	1926	1605	303	18	11456	4876	2179
40-44岁	11	16	1630	1332	275	23	11194	4732	2029
45-49岁	29	30	2635	2027	581	27	20983	8042	3819
50-54岁	17	20	2055	1516	512	27	15461	5699	2709
55-59岁	10	10	1582	1170	393	19	8374	2949	1311
60-64岁		2	201	101	96	4	2200	767	247
65-69岁	2		138	66	69	3	1739	687	161
70-74岁		1	35	18	17		527	239	18
75岁及以上			20	14	6		254	138	12
男	**107**	**114**	**10506**	**7699**	**2698**	**109**	**54537**	**17717**	**15632**
16-19岁			34	18	15	1	603	156	79
20-24岁	18	6	512	341	162	9	4063	1212	840
25-29岁	21	16	1301	939	348	14	6814	2176	1629
30-34岁	18	19	1574	1219	337	18	7724	2444	2308
35-39岁	8	11	1111	885	223	3	5510	1723	1797
40-44岁	7	12	947	754	182	11	4942	1632	1681
45-49岁	13	22	1643	1211	418	14	9462	3034	3244
50-54岁	13	17	1609	1135	458	16	7803	2623	2429
55-59岁	7	8	1436	1039	380	17	4728	1602	1218
60-64岁		2	183	89	90	4	1389	486	235
65-69岁	2		117	48	67	2	1036	412	144
70-74岁		1	26	12	14		311	135	16
75岁及以上			13	9	4		152	82	12
女	**165**	**38**	**6187**	**5578**	**513**	**96**	**54818**	**26158**	**2625**
16-19岁			21	20	1		407	177	15
20-24岁	35	2	559	542	10	7	3474	1804	160
25-29岁	54	6	1241	1188	36	17	6139	3323	302
30-34岁	31	6	1229	1161	50	18	7943	4454	439
35-39岁	18	7	815	720	80	15	5946	3153	382
40-44岁	4	4	683	578	93	12	6252	3100	348
45-49岁	16	8	992	816	163	13	11521	5008	575
50-54岁	4	3	446	381	54	11	7658	3076	280
55-59岁	3	2	146	131	13	2	3646	1347	93
60-64岁			18	12	6		811	281	12
65-69岁			21	18	2	1	703	275	17
70-74岁			9	6	3		216	104	2
75岁及以上			7	5	2		102	56	

4-7b 续表 3

单位：人

年龄组 性 别	社会生产服务和生活服务人员								
	住宿和餐饮服务人员	信息传输、软件和信息技术服务人员	金融服务人员	房地产服务人员	租赁和商务服务人员	技术辅助服务人员	水利、环境和公共设施管理服务人员	居民服务人员	电力、燃气及水供应服务人员
总 计	**19774**	**1506**	**1820**	**2062**	**2113**	**1444**	**4680**	**8017**	**1057**
16-19岁	290	12	3	11	14	18	4	131	
20-24岁	1166	265	170	284	114	267	28	687	58
25-29岁	1926	409	356	429	208	350	90	1001	85
30-34岁	2326	314	412	348	199	276	180	1137	136
35-39岁	2001	160	223	202	157	136	187	711	110
40-44岁	2081	101	136	174	189	105	391	718	132
45-49岁	4346	139	249	256	436	151	1078	1396	264
50-54岁	3289	65	174	173	377	90	1116	1088	157
55-59岁	1680	33	84	118	273	46	838	625	96
60-64岁	355	2	7	40	76	2	373	206	13
65-69岁	226	2	4	20	60	3	313	190	6
70-74岁	63	1		3	8		67	91	
75岁及以上	25	3	2	4	2		15	36	
男	**7687**	**1073**	**815**	**1130**	**1562**	**897**	**1544**	**2232**	**793**
16-19岁	174	9	2	8	10	16	2	61	
20-24岁	663	180	88	180	70	159	14	240	42
25-29岁	1005	297	179	245	125	206	48	304	64
30-34岁	1094	215	168	170	114	185	80	295	109
35-39岁	819	106	77	95	100	88	61	191	81
40-44岁	687	68	50	71	108	60	91	156	83
45-49岁	1287	109	81	116	297	83	199	297	170
50-54岁	999	53	98	109	341	61	313	275	139
55-59岁	637	29	62	84	260	34	294	195	87
60-64岁	178	2	6	30	74	2	196	91	12
65-69岁	101	2	3	17	54	3	184	70	6
70-74岁	33	1		3	7		52	39	
75岁及以上	10	2	1	2	2		10	18	
女	**12087**	**433**	**1005**	**932**	**551**	**547**	**3136**	**5785**	**264**
16-19岁	116	3	1	3	4	2	2	70	
20-24岁	503	85	82	104	44	108	14	447	16
25-29岁	921	112	177	184	83	144	42	697	21
30-34岁	1232	99	244	178	85	91	100	842	27
35-39岁	1182	54	146	107	57	48	126	520	29
40-44岁	1394	33	86	103	81	45	300	562	49
45-49岁	3059	30	168	140	139	68	879	1099	94
50-54岁	2290	12	76	64	36	29	803	813	18
55-59岁	1043	4	22	34	13	12	544	430	9
60-64岁	177		1	10	2		177	115	1
65-69岁	125		1	3	6		129	120	
70-74岁	30				1		15	52	
75岁及以上	15	1	1	2			5	18	

4-7b　续表 4

单位：人

年龄组 性　别	社会生产服务和生活服务人员				农、林、牧、渔业生产及辅助人员				
	修理及制作服务人　员	文化、体育和娱乐服务人员	健康服务人　员	其他社会生产和生活服务人　员	小计	农业生产人　员	林业生产人　员	畜牧业生产人员	渔业生产人　员
总　计	**3237**	**1201**	**196**	**116**	**29606**	**26297**	**310**	**2440**	**382**
16-19岁	67	29	3	1	73	65	1	6	1
20-24岁	329	127	20	6	429	363	2	51	7
25-29岁	517	108	31	13	772	641	12	90	19
30-34岁	529	127	29	9	1118	892	21	154	36
35-39岁	380	95	25	14	1045	838	17	153	32
40-44岁	269	102	19	16	1394	1165	31	164	28
45-49岁	547	221	19	20	4127	3614	62	339	78
50-54岁	341	147	25	11	5106	4464	71	448	77
55-59岁	177	116	14	14	4676	4181	56	366	49
60-64岁	43	62	1	6	3036	2797	20	188	24
65-69岁	23	33	7	4	4327	4006	15	274	16
70-74岁	11	22	2	2	2217	2074	2	128	11
75岁及以上	4	12	1		1286	1197		79	4
男	**2788**	**542**	**71**	**54**	**14493**	**12592**	**229**	**1306**	**261**
16-19岁	67	17	1	1	50	45	1	3	1
20-24岁	294	76	3	2	235	188	1	39	6
25-29岁	465	61	7	3	409	324	10	55	13
30-34岁	474	53	11	4	562	409	16	100	26
35-39岁	317	39	11	5	537	411	10	88	24
40-44岁	220	25	5	5	613	484	21	85	21
45-49岁	445	83	6	11	1781	1492	45	181	47
50-54岁	286	61	10	6	2253	1909	55	205	50
55-59岁	150	56	11	9	2152	1855	44	207	31
60-64岁	38	32	1	6	1587	1473	14	79	19
65-69岁	19	15	4	2	2291	2115	10	145	13
70-74岁	10	15			1271	1184	2	76	8
75岁及以上	3	9	1		752	703		43	2
女	**449**	**659**	**125**	**62**	**15113**	**13705**	**81**	**1134**	**121**
16-19岁		12	2		23	20		3	
20-24岁	35	51	17	4	194	175	1	12	1
25-29岁	52	47	24	10	363	317	2	35	6
30-34岁	55	74	18	5	556	483	5	54	10
35-39岁	63	56	14	9	508	427	7	65	8
40-44岁	49	77	14	11	781	681	10	79	7
45-49岁	102	138	13	9	2346	2122	17	158	31
50-54岁	55	86	15	5	2853	2555	16	243	27
55-59岁	27	60	3	5	2524	2326	12	159	18
60-64岁	5	30			1449	1324	6	109	5
65-69岁	4	18	3	2	2036	1891	5	129	3
70-74岁	1	7	2	2	946	890		52	3
75岁及以上	1	3			534	494		36	2

4-7b 续表 5

单位：人

年龄组 性别	农林牧渔生产辅助人员	其他农、林、牧、渔业生产加工人员	生产制造及有关人员						
			小计	农副产品加工人员	食品、饮料生产加工人员	烟草及其制品加工人员	纺织、针织、印染人员	纺织品、服装和皮革、毛皮制品加工制作人员	木材加工、家具与木制品制作人员
总　计	**168**	**9**	**80933**	**1163**	**1833**	**35**	**396**	**3848**	**2794**
16-19岁			872	10	20			39	10
20-24岁	6		4153	24	124	2	12	230	90
25-29岁	9	1	7751	75	237		25	386	187
30-34岁	14	1	10042	87	300	4	40	537	327
35-39岁	5		7940	74	181	1	58	413	256
40-44岁	6		8359	93	194	1	65	460	304
45-49岁	33	1	18315	269	336	12	95	928	641
50-54岁	43	3	14077	272	264	12	63	541	597
55-59岁	22	2	7025	152	110	3	26	219	299
60-64岁	7		1400	53	36		6	37	41
65-69岁	15	1	795	42	28		2	37	27
70-74岁	2		143	10	1		2	11	12
75岁及以上	6		61	2	2		2	10	3
男	**99**	**6**	**61157**	**656**	**1030**	**21**	**181**	**1659**	**2298**
16-19岁			668	9	14			23	9
20-24岁	1		3288	18	77	1	6	121	82
25-29岁	6	1	6076	35	139		11	191	159
30-34岁	10	1	7596	56	167	2	17	246	274
35-39岁	4		5706	39	95		24	155	208
40-44岁	2		5720	41	99	1	19	163	237
45-49岁	15	1	13049	124	163	7	47	343	492
50-54岁	33	1	11019	152	164	8	30	247	499
55-59岁	13	2	5954	102	66	2	17	108	270
60-64岁	2		1248	38	26		6	24	36
65-69岁	8		677	33	19		1	26	22
70-74岁	1		114	7			2	6	8
75岁及以上	4		42	2	1		1	6	2
女	**69**	**3**	**19776**	**507**	**803**	**14**	**215**	**2189**	**496**
16-19岁			204	1	6			16	1
20-24岁	5		865	6	47	1	6	109	8
25-29岁	3		1675	40	98		14	195	28
30-34岁	4		2446	31	133	2	23	291	53
35-39岁	1		2234	35	86	1	34	258	48
40-44岁	4		2639	52	95		46	297	67
45-49岁	18		5266	145	173	5	48	585	149
50-54岁	10	2	3058	120	100	4	33	294	98
55-59岁	9		1071	50	44	1	9	111	29
60-64岁	5		152	15	10			13	5
65-69岁	7	1	118	9	9		1	11	5
70-74岁	1		29	3	1			5	4
75岁及以上	2		19		1		1	4	1

4-7b　续表 6

单位：人

年龄组 性　别	生产制造及有关人员								
	纸及纸制品生产加工人员	印刷和记录媒介复制人员	文教、工美、体育和娱乐用品制造人　员	石油加工和炼焦、煤化工生产人员	化学原料和化学制品制造人　员	医药制造人　　员	化学纤维制造人员	橡胶和塑料制品制造人员	非金属矿物制品制造人员
总　计	**437**	**214**	**511**	**52**	**337**	**228**	**20**	**598**	**1588**
16-19岁	4	3	6	1	1	1		10	8
20-24岁	28	22	27	8	17	13	1	38	47
25-29岁	50	24	57	6	30	33	1	56	121
30-34岁	63	30	49	5	38	28	3	77	194
35-39岁	65	35	50	3	32	26	5	46	127
40-44岁	46	23	56	3	50	34	1	65	158
45-49岁	78	39	146	10	75	58	5	136	403
50-54岁	63	25	77	13	60	26	2	110	301
55-59岁	27	8	33	3	32	8	2	48	166
60-64岁	6	3	3		2	1		10	37
65-69岁	5	1	6					2	21
70-74岁	2	1	1						4
75岁及以上									1
男	**265**	**124**	**222**	**42**	**234**	**115**	**14**	**360**	**1184**
16-19岁	4	3	5	1		1		9	7
20-24岁	23	13	21	8	9	7	1	28	36
25-29岁	37	17	36	4	21	14	1	43	98
30-34岁	39	17	19	4	26	10	2	55	153
35-39岁	42	19	20	2	18	7	3	27	88
40-44岁	23	13	16	2	35	16	1	23	102
45-49岁	39	20	45	8	56	32	3	74	278
50-54岁	33	13	37	12	41	21	2	63	223
55-59岁	17	6	16	1	26	7	1	32	143
60-64岁	4	1	2		2			4	33
65-69岁	3	1	4					2	18
70-74岁	1	1	1						4
75岁及以上									1
女	**172**	**90**	**289**	**10**	**103**	**113**	**6**	**238**	**404**
16-19岁			1		1			1	1
20-24岁	5	9	6		8	6		10	11
25-29岁	13	7	21	2	9	19		13	23
30-34岁	24	13	30	1	12	18	1	22	41
35-39岁	23	16	30	1	14	19	2	19	39
40-44岁	23	10	40	1	15	18		42	56
45-49岁	39	19	101	2	19	26	2	62	125
50-54岁	30	12	40	1	19	5		47	78
55-59岁	10	2	17	2	6	1	1	16	23
60-64岁	2	2	1			1		6	4
65-69岁	2		2						3
70-74岁	1								
75岁及以上									

4−7b 续表 7 单位：人

年龄组 性 别	生产制造及有关人员								
	采矿人员	金属冶炼和压延加工人员	机械制造基础加工人员	金属制品制造人员	通用设备制造人员	专用设备制造人员	汽车制造人员	铁路、船舶、航空设备制造人员	电气机械和器材制造人员
总 计	**1331**	**579**	**3076**	**1501**	**475**	**172**	**2022**	**402**	**369**
16−19岁		1	58	8	5	9	81	2	19
20−24岁	16	19	165	74	30	14	221	20	48
25−29岁	42	45	235	141	36	15	312	35	45
30−34岁	101	68	414	219	92	31	286	50	54
35−39岁	90	47	372	165	51	22	212	48	28
40−44岁	158	74	351	179	47	18	221	58	45
45−49岁	536	172	727	343	102	33	363	101	75
50−54岁	320	106	510	231	85	14	225	61	34
55−59岁	59	37	202	102	25	12	83	20	14
60−64岁	3	4	26	22	1	2	12	4	6
65−69岁	3	2	11	12	1	1	6	2	1
70−74岁	3	1	4	3		1		1	
75岁及以上		3	1	2					
男	**1249**	**469**	**2432**	**1041**	**344**	**92**	**1376**	**235**	**216**
16−19岁			53	4	5	1	78	1	17
20−24岁	15	17	155	61	26	12	203	19	35
25−29岁	35	38	206	105	23	9	249	22	31
30−34岁	88	54	344	158	69	14	189	31	33
35−39岁	82	33	288	111	40	9	126	22	10
40−44岁	147	56	260	107	32	7	106	28	21
45−49岁	509	139	506	222	68	16	188	54	32
50−54岁	308	90	402	163	57	13	151	36	21
55−59岁	57	32	176	79	22	7	70	18	10
60−64岁	3	4	26	18	1	2	11	3	5
65−69岁	2	2	11	9	1	1	5	1	1
70−74岁	3	1	4	2		1			
75岁及以上		3	1	2					
女	**82**	**110**	**644**	**460**	**131**	**80**	**646**	**167**	**153**
16−19岁		1	5	4		8	3	1	2
20−24岁	1	2	10	13	4	2	18	1	13
25−29岁	7	7	29	36	13	6	63	13	14
30−34岁	13	14	70	61	23	17	97	19	21
35−39岁	8	14	84	54	11	13	86	26	18
40−44岁	11	18	91	72	15	11	115	30	24
45−49岁	27	33	221	121	34	17	175	47	43
50−54岁	12	16	108	68	28	1	74	25	13
55−59岁	2	5	26	23	3	5	13	2	4
60−64岁				4			1	1	1
65−69岁	1			3			1	1	
70−74岁				1				1	
75岁及以上									

4-7b　续表 8　　单位：人

年龄组 性　别	生产制造及有关人员								不便分类的其他从业人员
	计算机、通信和其他电子设备制造人员	仪器仪表制造人员	废弃资源综合利用人员	电力、热力、气体、水生产和输配人员	建筑施工人员	运输设备和通用工程机械操作人员及有关人员	生产辅助人员	其他生产制造及有关人员	
总　计	**4968**	**72**	**65**	**365**	**43170**	**2177**	**5941**	**194**	**810**
16−19岁	304		1		202	22	45	2	84
20−24岁	668	8	1	18	1552	199	407	10	75
25−29岁	907	8	2	40	3406	417	758	19	90
30−34岁	835	8	7	35	4678	439	906	37	116
35−39岁	597	13	1	47	3928	243	685	19	56
40−44岁	467	8	8	35	4292	208	619	18	68
45−49岁	731	17	17	84	10119	377	1248	39	128
50−54岁	311	9	11	68	8649	193	793	31	87
55−59岁	126	1	9	30	4711	69	377	12	62
60−64岁	10		3	5	989	8	68	2	18
65−69岁	10		4	3	533	2	31	2	12
70−74岁					82		4		7
75岁及以上	2		1		29			3	7
男	**2503**	**38**	**47**	**290**	**36311**	**2002**	**3984**	**123**	**490**
16−19岁	194		1		171	22	35	1	53
20−24岁	434	6	1	15	1336	195	298	9	44
25−29岁	563	7	2	29	3003	398	537	13	58
30−34岁	393	3	5	30	4055	411	608	24	64
35−39岁	256	6	1	39	3277	225	421	13	33
40−44岁	156	2	4	29	3425	175	363	11	36
45−49岁	292	6	11	56	8106	320	773	20	86
50−54岁	140	7	10	60	7256	180	562	18	50
55−59岁	63	1	7	26	4194	67	301	10	39
60−64岁	7		1	4	922	7	57	1	12
65−69岁	4		4	2	475	2	26	2	7
70−74岁					70		3		3
75岁及以上	1				21			1	5
女	**2465**	**34**	**18**	**75**	**6859**	**175**	**1957**	**71**	**320**
16−19岁	110				31		10	1	31
20−24岁	234	2		3	216	4	109	1	31
25−29岁	344	1		11	403	19	221	6	32
30−34岁	442	5	2	5	623	28	298	13	52
35−39岁	341	7		8	651	18	264	6	23
40−44岁	311	6	4	6	867	33	256	7	32
45−49岁	439	11	6	28	2013	57	475	19	42
50−54岁	171	2	1	8	1393	13	231	13	37
55−59岁	63		2	4	517	2	76	2	23
60−64岁	3		2	1	67	1	11	1	6
65−69岁	6			1	58		5		5
70−74岁					12		1		4
75岁及以上	1		1		8			2	2

4-7c 全市分年龄、性别、职业中类的就业人口(乡村)

单位：人

年龄组 性别	合计	党的机关、国家机关、群众团体和社会组织、企事业单位负责人						
		小计	中国共产党机关负责人	国家机关负责人	民主党派和工商联负责人	人民团体和群众团体、社会组织及其他成员组织负责人	基层群众自治组织负责人	企事业单位负责人
总计	**511266**	**2517**	**11**	**67**	**2**	**122**	**583**	**1732**
16-19岁	4942	3	1					2
20-24岁	27270	77		2	1	4	6	64
25-29岁	39776	200		5		4	21	170
30-34岁	41876	330		4		14	28	284
35-39岁	30414	263	1	6		10	32	214
40-44岁	32835	266	1	12	1	15	46	191
45-49岁	78683	510	2	16		25	111	356
50-54岁	79020	416	1	14		22	132	247
55-59岁	58859	321	3	7		19	149	143
60-64岁	32973	71	1			3	37	30
65-69岁	44928	37		1		4	14	18
70-74岁	24479	18	1			1	6	10
75岁及以上	15211	5				1	1	3
男	**305154**	**1928**	**7**	**57**		**70**	**471**	**1323**
16-19岁	3195	1						1
20-24岁	16659	48				3	3	42
25-29岁	25352	136		1		3	8	124
30-34岁	26773	231		3		9	12	207
35-39岁	18588	197	1	6		4	23	163
40-44岁	19163	195		12		5	35	143
45-49岁	45330	391	1	14		13	79	284
50-54岁	46080	339	1	14		14	117	193
55-59岁	35018	274	3	7		12	139	113
60-64岁	19863	64	1			2	34	27
65-69岁	25645	33				4	14	15
70-74岁	14458	15				1	6	8
75岁及以上	9030	4					1	3
女	**206112**	**589**	**4**	**10**	**2**	**52**	**112**	**409**
16-19岁	1747	2	1					1
20-24岁	10611	29		2	1	1	3	22
25-29岁	14424	64		4		1	13	46
30-34岁	15103	99		1		5	16	77
35-39岁	11826	66				6	9	51
40-44岁	13672	71	1		1	10	11	48
45-49岁	33353	119	1	2		12	32	72
50-54岁	32940	77				8	15	54
55-59岁	23841	47				7	10	30
60-64岁	13110	7				1	3	3
65-69岁	19283	4		1				3
70-74岁	10021	3	1					2
75岁及以上	6181	1				1		

4-7c 续表 1

单位：人

年龄组 性 别	专业技术人员									
	小计	科学研究人员	工程技术人员	农业技术人员	飞机和船舶技术人员	卫生专业技术人员	经济和金融专业人员	法律、社会和宗教专业人员	教学人员	文学艺术、体育专业人员
总 计	**17573**	**53**	**4777**	**256**	**38**	**3417**	**2319**	**426**	**5474**	**396**
16–19岁	320		53		1	75	21	1	152	12
20–24岁	3514	15	652	11	3	744	489	36	1397	82
25–29岁	4398	16	1048	24	12	747	766	80	1518	83
30–34岁	2611	11	771	16	5	385	453	85	741	64
35–39岁	1262	3	366	10	2	181	208	30	403	31
40–44岁	990		302	15	5	197	97	30	292	30
45–49岁	1695	3	670	32	5	330	142	53	368	36
50–54岁	1349	2	518	53	3	294	70	36	325	28
55–59岁	883	2	288	44	2	198	53	46	225	16
60–64岁	237		72	23		80	9	11	27	7
65–69岁	183	1	27	20		103	4	14	9	5
70–74岁	84		7	5		56	3	2	9	2
75岁及以上	47		3	3		27	4	2	8	
男	**8854**	**39**	**4127**	**200**	**35**	**1360**	**663**	**231**	**1736**	**225**
16–19岁	111		44		1	12	7		37	9
20–24岁	1133	10	547	6	3	98	134	15	235	46
25–29岁	1693	11	888	20	10	142	185	30	316	44
30–34岁	1235	8	669	13	5	110	117	36	196	33
35–39岁	677	3	327	8	2	87	49	11	158	12
40–44岁	618		251	8	5	116	23	15	170	13
45–49岁	1143	3	575	25	4	203	53	31	186	24
50–54岁	997	2	458	38	3	199	32	28	204	21
55–59岁	755	1	266	40	2	152	43	40	194	10
60–64岁	206		68	18		67	9	9	20	7
65–69岁	164	1	26	18		93	4	12	6	4
70–74岁	76		5	4		54	3	2	6	2
75岁及以上	46		3	2		27	4	2	8	
女	**8719**	**14**	**650**	**56**	**3**	**2057**	**1656**	**195**	**3738**	**171**
16–19岁	209		9			63	14	1	115	3
20–24岁	2381	5	105	5		646	355	21	1162	36
25–29岁	2705	5	160	4	2	605	581	50	1202	39
30–34岁	1376	3	102	3		275	336	49	545	31
35–39岁	585		39	2		94	159	19	245	19
40–44岁	372		51	7		81	74	15	122	17
45–49岁	552		95	7	1	127	89	22	182	12
50–54岁	352		60	15		95	38	8	121	7
55–59岁	128	1	22	4		46	10	6	31	6
60–64岁	31		4	5		13		2	7	
65–69岁	19		1	2		10		2	3	1
70–74岁	8		2	1		2			3	
75岁及以上	1			1						

4-7c 续表 2

单位：人

年龄组 性别	专业技术人员		办事人员和有关人员				社会生产服务和生活服务人员		
	新闻出版、文化专业人员	其他专业技术人员	小计	办事人员	安全和消防人员	其他办事人员和有关人员	小计	批发与零售服务人员	交通运输、仓储和邮政业服务人员
总 计	**218**	**199**	**11551**	**8259**	**3085**	**207**	**114565**	**35830**	**22812**
16-19岁	3	2	92	65	25	2	2049	531	199
20-24岁	64	21	1293	1067	210	16	10811	3775	1471
25-29岁	68	36	2002	1686	284	32	14913	5423	2698
30-34岁	38	42	1636	1394	220	22	14798	5393	3140
35-39岁	14	14	961	758	187	16	10168	3490	2346
40-44岁	9	13	790	577	197	16	9404	3016	2291
45-49岁	17	39	1463	947	496	20	18811	5548	4307
50-54岁	3	17	1349	744	590	15	15981	4051	3475
55-59岁	2	7	1167	653	489	25	10115	2455	1972
60-64岁		8	353	151	187	15	3614	852	562
65-69岁			304	129	159	16	2758	798	287
70-74岁			103	58	36	9	786	314	45
75岁及以上			38	30	5	3	357	184	19
男	**87**	**151**	**7345**	**4519**	**2695**	**131**	**62482**	**16114**	**19953**
16-19岁		1	60	35	24	1	1201	201	156
20-24岁	23	16	562	372	187	3	6231	1609	1243
25-29岁	23	24	967	703	249	15	8683	2324	2331
30-34岁	12	36	870	672	190	8	8495	2249	2727
35-39岁	9	11	546	396	141	9	5573	1433	2037
40-44岁	8	9	486	332	143	11	4803	1215	1960
45-49岁	10	29	1000	615	374	11	9159	2361	3710
50-54岁	2	10	1087	531	545	11	8024	1990	3110
55-59岁		7	1021	529	470	22	5522	1353	1812
60-64岁		8	329	134	182	13	2282	558	535
65-69岁			285	119	151	15	1781	505	274
70-74岁			97	54	34	9	500	193	42
75岁及以上			35	27	5	3	228	123	16
女	**131**	**48**	**4206**	**3740**	**390**	**76**	**52083**	**19716**	**2859**
16-19岁	3	1	32	30	1	1	848	330	43
20-24岁	41	5	731	695	23	13	4580	2166	228
25-29岁	45	12	1035	983	35	17	6230	3099	367
30-34岁	26	6	766	722	30	14	6303	3144	413
35-39岁	5	3	415	362	46	7	4595	2057	309
40-44岁	1	4	304	245	54	5	4601	1801	331
45-49岁	7	10	463	332	122	9	9652	3187	597
50-54岁	1	7	262	213	45	4	7957	2061	365
55-59岁	2		146	124	19	3	4593	1102	160
60-64岁			24	17	5	2	1332	294	27
65-69岁			19	10	8	1	977	293	13
70-74岁			6	4	2		286	121	3
75岁及以上			3	3			129	61	3

4—7c　续表 3　　　　　　　　　　　　　　　　　　　　　　　　单位：人

年龄组 性　别	社会生产服务和生活服务人员								
	住宿和餐饮服务人　员	信息传输、软件和信息技术服务人　员	金融服务人　　员	房地产服务人员	租赁和商务服务人　员	技术辅助服务人员	水利、环境和公共设施管理服务人员	居民服务人　　员	电力、燃气及水供应服务人　员
总　计	**23997**	**1652**	**1053**	**2098**	**2175**	**1579**	**8650**	**8594**	**936**
16—19岁	698	38	10	26	33	39	14	226	6
20—24岁	2149	429	181	453	212	387	87	861	48
25—29岁	2516	571	299	553	249	464	148	987	91
30—34岁	2794	306	230	327	206	311	226	953	118
35—39岁	2249	98	107	155	158	96	290	609	77
40—44岁	2119	57	53	91	151	70	522	583	92
45—49岁	4351	79	96	174	359	113	1724	1219	180
50—54岁	3852	41	59	135	311	65	2094	1296	137
55—59岁	2160	23	16	93	282	25	1693	969	121
60—64岁	632	7	1	59	101	4	912	371	31
65—69岁	363	3		26	77	5	741	335	26
70—74岁	82			5	29		169	115	6
75岁及以上	32		1	1	7		30	70	3
男	**9759**	**1174**	**480**	**1278**	**1639**	**1017**	**3503**	**2685**	**813**
16—19岁	410	22	5	20	19	23	9	118	6
20—24岁	1287	275	84	290	117	233	55	344	42
25—29岁	1453	404	144	340	137	297	76	336	78
30—34岁	1448	236	115	173	136	219	101	337	104
35—39岁	992	65	38	76	104	65	106	193	67
40—44岁	755	44	21	46	103	37	140	146	69
45—49岁	1238	65	36	98	273	68	459	273	145
50—54岁	1001	33	26	83	278	46	705	306	128
55—59岁	680	21	9	73	267	21	720	248	111
60—64岁	259	7	1	51	98	3	520	157	29
65—69岁	178	2		23	71	5	480	143	25
70—74岁	42			5	29		111	53	6
75岁及以上	16		1		7		21	31	3
女	**14238**	**478**	**573**	**820**	**536**	**562**	**5147**	**5909**	**123**
16—19岁	288	16	5	6	14	16	5	108	
20—24岁	862	154	97	163	95	154	32	517	6
25—29岁	1063	167	155	213	112	167	72	651	13
30—34岁	1346	70	115	154	70	92	125	616	14
35—39岁	1257	33	69	79	54	31	184	416	10
40—44岁	1364	13	32	45	48	33	382	437	23
45—49岁	3113	14	60	76	86	45	1265	946	35
50—54岁	2851	8	33	52	33	19	1389	990	9
55—59岁	1480	2	7	20	15	4	973	721	10
60—64岁	373			8	3	1	392	214	2
65—69岁	185	1		3	6		261	192	1
70—74岁	40						58	62	
75岁及以上	16			1			9	39	

4－7c 续表 4

单位：人

年龄组 性 别	社会生产服务和生活服务人员				农、林、牧、渔业生产及辅助人员				
	修理及制作服务人员	文化、体育和娱乐服务人员	健康服务人员	其他社会生产和生活服务人员	小计	农业生产人员	林业生产人员	畜牧业生产人员	渔业生产人员
总 计	**3848**	**970**	**187**	**184**	**201792**	**179234**	**1368**	**19180**	**1433**
16－19岁	177	49		3	493	427		55	8
20－24岁	553	155	32	18	1887	1593	12	244	30
25－29岁	707	155	30	22	3025	2494	23	437	58
30－34岁	663	88	19	24	4451	3648	37	640	108
35－39岁	404	55	19	15	4474	3593	44	726	87
40－44岁	277	61	7	14	6477	5331	68	965	84
45－49岁	462	134	29	36	21005	17882	204	2606	240
50－54岁	312	109	22	22	29621	25814	297	3153	252
55－59岁	195	77	18	16	29312	26024	275	2715	208
60－64岁	40	27	6	9	24224	21974	163	1912	117
65－69岁	45	44	4	4	39136	35805	148	2956	134
70－74岁	8	12		1	23064	21133	67	1746	83
75岁及以上	5	4	1		14623	13516	30	1025	24
男	**3377**	**518**	**64**	**108**	**101098**	**89493**	**887**	**9401**	**988**
16－19岁	172	39		1	328	282		41	5
20－24岁	528	106	5	13	1055	860	9	158	25
25－29岁	651	93	6	13	1671	1345	17	255	47
30－34岁	592	42	4	12	2248	1781	24	360	69
35－39岁	358	21	9	9	2101	1616	31	366	72
40－44岁	234	27	1	5	2752	2192	33	453	58
45－49岁	352	47	12	22	9014	7459	133	1230	156
50－54岁	247	50	8	13	12616	10774	190	1428	170
55－59岁	156	32	9	10	13248	11638	182	1234	142
60－64岁	34	19	5	6	12937	11805	101	926	71
65－69岁	40	28	4	3	21116	19413	104	1452	91
70－74岁	8	10		1	13403	12336	44	934	65
75岁及以上	5	4	1		8609	7992	19	564	17
女	**471**	**452**	**123**	**76**	**100694**	**89741**	**481**	**9779**	**445**
16－19岁	5	10		2	165	145		14	3
20－24岁	25	49	27	5	832	733	3	86	5
25－29岁	56	62	24	9	1354	1149	6	182	11
30－34岁	71	46	15	12	2203	1867	13	280	39
35－39岁	46	34	10	6	2373	1977	13	360	15
40－44岁	43	34	6	9	3725	3139	35	512	26
45－49岁	110	87	17	14	11991	10423	71	1376	84
50－54岁	65	59	14	9	17005	15040	107	1725	82
55－59岁	39	45	9	6	16064	14386	93	1481	66
60－64岁	6	8	1	3	11287	10169	62	986	46
65－69岁	5	16		1	18020	16392	44	1504	43
70－74岁		2			9661	8797	23	812	18
75岁及以上					6014	5524	11	461	7

4-7c　续表 5　　　　单位：人

年龄组 性　别	农林牧渔生产辅助人员	其他农、林、牧、渔业生产加工人员	生产制造及有关人员 小计	农副产品加工人员	食品、饮料生产加工人员	烟草及其制品加工人员	纺织、针织、印染人员	纺织品、服装和皮革、毛皮制品加工制作人员	木材加工、家具与木制品制作人员
总　计	**518**	**59**	**162640**	**1872**	**2359**	**102**	**982**	**9398**	**6275**
16–19岁	2	1	1831	15	24	1	12	146	46
20–24岁	4	4	9603	64	179		68	651	253
25–29岁	12	1	15178	109	280	2	96	954	485
30–34岁	16	2	18009	129	283	2	129	1443	675
35–39岁	23	1	13254	139	201	8	109	1085	443
40–44岁	26	3	14881	159	194	5	102	1080	578
45–49岁	64	9	35147	408	441	31	228	2029	1397
50–54岁	96	9	30216	416	358	23	154	1289	1301
55–59岁	87	3	17024	249	239	19	63	554	786
60–64岁	51	7	4457	87	74	2	9	100	152
65–69岁	82	11	2491	71	68	3	6	49	112
70–74岁	31	4	416	20	13	6	5	15	31
75岁及以上	24	4	133	6	5		1	3	16
男	**298**	**31**	**123060**	**1072**	**1339**	**53**	**431**	**4318**	**4974**
16–19岁			1414	10	14	1	5	86	45
20–24岁	2	1	7577	48	107		38	332	229
25–29岁	6	1	12162	71	163	1	48	463	411
30–34岁	12	2	13667	78	159		59	670	537
35–39岁	16		9472	75	112	2	46	495	332
40–44岁	15	1	10296	79	93	1	33	447	424
45–49岁	31	5	24588	197	214	14	90	846	1016
50–54岁	49	5	22963	231	201	16	66	580	1031
55–59岁	50	2	14173	160	155	11	29	283	672
60–64岁	31	3	4032	58	54	1	7	67	135
65–69岁	50	6	2254	48	53	2	6	38	97
70–74岁	22	2	360	13	10	4	4	9	30
75岁及以上	14	3	102	4	4			2	15
女	**220**	**28**	**39580**	**800**	**1020**	**49**	**551**	**5080**	**1301**
16–19岁	2	1	417	5	10		7	60	1
20–24岁	2	3	2026	16	72		30	319	24
25–29岁	6		3016	38	117	1	48	491	74
30–34岁	4		4342	51	124	2	70	773	138
35–39岁	7	1	3782	64	89	6	63	590	111
40–44岁	11	2	4585	80	101	4	69	633	154
45–49岁	33	4	10559	211	227	17	138	1183	381
50–54岁	47	4	7253	185	157	7	88	709	270
55–59岁	37	1	2851	89	84	8	34	271	114
60–64岁	20	4	425	29	20	1	2	33	17
65–69岁	32	5	237	23	15	1		11	15
70–74岁	9	2	56	7	3	2	1	6	1
75岁及以上	10	1	31	2	1		1	1	1

4-7c 续表 6 单位：人

年龄组 性 别	生产制造及有关人员								
	纸及纸制品生产加工人员	印刷和记录媒介复制人员	文教、工美、体育和娱乐用品制造人 员	石油加工和炼焦、煤化工生产人员	化学原料和化学制品制造人 员	医药制造人 员	化学纤维制造人员	橡胶和塑料制品制造人员	非金属矿物制品制造人员
总 计	**693**	**370**	**1064**	**53**	**516**	**269**	**38**	**1570**	**3534**
16-19岁	13	11	29	1	1	3		27	20
20-24岁	39	35	86	2	31	32	4	98	99
25-29岁	66	58	96	5	65	42	6	115	197
30-34岁	74	60	144	6	68	49	4	171	316
35-39岁	76	41	99	4	60	23	5	126	258
40-44岁	78	33	115	6	48	22	2	151	319
45-49岁	154	66	232	8	112	40	10	376	822
50-54岁	136	35	154	7	84	34	7	314	793
55-59岁	39	20	72	9	38	22		137	471
60-64岁	10	8	16	3	5	1		32	139
65-69岁	5	3	12	1	4	1		16	87
70-74岁			3	1				5	12
75岁及以上	3		6					2	1
男	**407**	**250**	**491**	**43**	**363**	**122**	**27**	**836**	**2632**
16-19岁	9	7	23	1	1	1		19	17
20-24岁	27	24	44	2	21	16	3	60	85
25-29岁	49	39	48	4	47	22	5	81	162
30-34岁	45	46	73	5	48	20	4	100	229
35-39岁	43	29	36	3	43	5	3	63	188
40-44岁	42	25	45	4	36	12	2	60	214
45-49岁	76	34	89	8	63	14	7	166	558
50-54岁	75	23	65	3	64	16	3	159	578
55-59岁	26	15	38	9	32	14		87	386
60-64岁	10	6	13	3	5	1		26	121
65-69岁	3	2	11	1	3	1		10	81
70-74岁			3					4	12
75岁及以上	2		3					1	1
女	**286**	**120**	**573**	**10**	**153**	**147**	**11**	**734**	**902**
16-19岁	4	4	6			2		8	3
20-24岁	12	11	42		10	16	1	38	14
25-29岁	17	19	48	1	18	20	1	34	35
30-34岁	29	14	71	1	20	29		71	87
35-39岁	33	12	63	1	17	18	2	63	70
40-44岁	36	8	70	2	12	10		91	105
45-49岁	78	32	143		49	26	3	210	264
50-54岁	61	12	89	4	20	18	4	155	215
55-59岁	13	5	34		6	8		50	85
60-64岁		2	3					6	18
65-69岁	2	1	1		1			6	6
70-74岁				1				1	
75岁及以上	1		3					1	

4-7c　续表 7　　　　　　　　　　　　　　　　　　　　单位：人

年龄组 性　别	生产制造及有关人员								
	采矿人员	金属冶炼和压延加工人员	机械制造基础加工人员	金属制品制造人员	通用设备制造人员	专用设备制造人员	汽车制造人员	铁路、船舶、航空设备制造人员	电气机械和器材制造人员
总　计	**1359**	**685**	**4968**	**2862**	**1030**	**224**	**3252**	**831**	**1074**
16-19岁	1	7	57	36	19	6	73	7	38
20-24岁	40	26	239	200	80	26	286	46	143
25-29岁	66	40	481	293	107	16	394	68	150
30-34岁	107	61	673	351	112	40	507	83	154
35-39岁	108	60	532	297	105	25	316	81	111
40-44岁	167	63	577	289	109	18	332	84	103
45-49岁	392	200	1173	648	224	42	678	238	189
50-54岁	323	154	807	455	150	33	443	137	119
55-59岁	126	58	330	228	99	13	171	66	55
60-64岁	19	8	65	36	11	5	36	16	9
65-69岁	6	7	28	19	11		13	5	3
70-74岁	2	1	4	7	1		2		
75岁及以上	2		2	3	2		1		
男	**1275**	**543**	**3994**	**1964**	**726**	**139**	**2165**	**527**	**673**
16-19岁	1	7	52	29	14	5	67	4	32
20-24岁	37	23	217	163	66	19	246	37	116
25-29岁	63	31	431	227	95	10	324	56	116
30-34岁	99	44	577	251	86	27	367	51	88
35-39岁	103	44	419	191	65	18	193	43	62
40-44岁	149	45	447	188	67	8	180	40	45
45-49岁	372	151	860	391	143	22	335	134	92
50-54岁	305	132	630	292	100	17	272	89	72
55-59岁	118	50	275	179	71	8	137	54	40
60-64岁	19	8	54	29	9	5	32	14	8
65-69岁	5	7	26	15	8		9	5	2
70-74岁	2	1	4	6			2		
75岁及以上	2		2	3	2		1		
女	**84**	**142**	**974**	**898**	**304**	**85**	**1087**	**304**	**401**
16-19岁			5	7	5	1	6	3	6
20-24岁	3	3	22	37	14	7	40	9	27
25-29岁	3	9	50	66	12	6	70	12	34
30-34岁	8	17	96	100	26	13	140	32	66
35-39岁	5	16	113	106	40	7	123	38	49
40-44岁	18	18	130	101	42	10	152	44	58
45-49岁	20	49	313	257	81	20	343	104	97
50-54岁	18	22	177	163	50	16	171	48	47
55-59岁	8	8	55	49	28	5	34	12	15
60-64岁			11	7	2		4	2	1
65-69岁	1		2	4	3		4		1
70-74岁				1	1				
75岁及以上									

4–7c　续表 8　　　　　　　　　　　　　　　　　　　　　　　　　　　单位：人

年龄组 性　别	生产制造及有关人员								不便分类的其他从业人员
	计算机、通信和其他电子设备制造人　员	仪器仪表制造人员	废弃资源综合利用人　　员	电力、热力、气体、水生产和输配人员	建筑施工人　　员	运输设备和通用工程机械操作人员及有关人员	生产辅助人　　员	其他生产制造及有关人员	
总　计	**10229**	**136**	**96**	**473**	**93718**	**3191**	**8965**	**452**	**628**
16–19岁	488	4		1	582	40	117	6	154
20–24岁	1849	14	3	31	3667	376	907	29	85
25–29岁	1987	16	4	49	6989	727	1168	47	60
30–34岁	1611	23	4	56	8639	639	1336	60	41
35–39岁	959	21	5	34	6694	319	868	42	32
40–44岁	834	18	5	51	8253	257	788	41	27
45–49岁	1400	24	28	98	21245	433	1692	89	52
50–54岁	730	9	26	66	20131	262	1188	78	88
55–59岁	293	6	11	54	12029	114	613	40	37
60–64岁	49	1	6	17	3349	15	167	10	17
65–69岁	23		4	11	1820	7	92	4	19
70–74岁	4			3	259	1	18	3	8
75岁及以上	2			2	61	1	11	3	8
男	**5482**	**66**	**71**	**390**	**78708**	**2926**	**5768**	**285**	**387**
16–19岁	316	3		1	523	38	79	4	80
20–24岁	1235	10	3	28	3311	369	642	19	53
25–29岁	1237	9	4	43	6317	703	847	35	40
30–34岁	877	11	4	48	7565	602	849	48	27
35–39岁	390	9	2	23	5598	294	516	27	22
40–44岁	316	9	4	37	6549	221	448	26	13
45–49岁	540	8	21	73	16709	346	951	48	35
50–54岁	362	4	19	57	16466	227	768	40	54
55–59岁	151	2	9	49	10531	103	455	24	25
60–64岁	39	1	2	16	3140	14	127	8	13
65–69岁	15		3	11	1716	7	65	4	12
70–74岁	3			2	235	1	15		7
75岁及以上	1			2	48	1	6	2	6
女	**4747**	**70**	**25**	**83**	**15010**	**265**	**3197**	**167**	**241**
16–19岁	172	1			59	2	38	2	74
20–24岁	614	4		3	356	7	265	10	32
25–29岁	750	7		6	672	24	321	12	20
30–34岁	734	12		8	1074	37	487	12	14
35–39岁	569	12	3	11	1096	25	352	15	10
40–44岁	518	9	1	14	1704	36	340	15	14
45–49岁	860	16	7	25	4536	87	741	41	17
50–54岁	368	5	7	9	3665	35	420	38	34
55–59岁	142	4	2	5	1498	11	158	16	12
60–64岁	10		4	1	209	1	40	2	4
65–69岁	8		1		104		27		7
70–74岁	1			1	24		3	3	1
75岁及以上	1				13		5	1	2

第二部分　长表数据资料

第五卷　婚姻

5-1 各地区分性别、婚姻状况的15岁及以上人口

单位：人

地区	15岁及以上人口			未婚		
	合计	男	女	小计	男	女
重　庆	**2785011**	**1396941**	**1388070**	**547351**	**322459**	**224892**
市辖区	2227027	1115045	1111982	441372	258670	182702
万州区	146996	72761	74235	27257	15484	11773
涪陵区	94784	47392	47392	17793	10005	7788
渝中区	54985	26699	28286	15491	7995	7496
大渡口区	37114	18231	18883	5896	3408	2488
江北区	82171	40621	41550	17673	10016	7657
沙坪坝区	121998	60541	61457	28637	16220	12417
九龙坡区	134520	67021	67499	24624	14292	10332
南岸区	104381	50972	53409	24444	13199	11245
北碚区	75105	38578	36527	18240	10479	7761
綦江区	92374	46867	45507	15332	9548	5784
綦江区(不含万盛)	71800	36654	35146	12675	7867	4808
万盛经开区	20574	10213	10361	2657	1681	976
大足区	64328	32452	31876	11651	7269	4382
渝北区	189177	93635	95542	38518	21605	16913
巴南区	103721	52108	51613	20513	11934	8579
黔江区	35867	17713	18154	6803	4084	2719
长寿区	64926	32837	32089	10225	6129	4096
江津区	114922	59815	55107	24274	16105	8169
合川区	135783	68523	67260	27905	16282	11623
永川区	98877	49833	49044	24997	14643	10354
南川区	46321	23419	22902	6906	4191	2715
璧山区	62994	32586	30408	11299	7083	4216
铜梁区	56717	27971	28746	8526	5302	3224
潼南区	64086	32679	31407	11151	6959	4192
荣昌区	58165	28661	29504	9963	5967	3996
开州区	100143	49402	50741	18936	11427	7509
梁平区	57760	28851	28909	9814	6184	3630
武隆区	28812	14877	13935	4504	2860	1644
县	557984	281896	276088	105979	63789	42190
城口县	14792	7455	7337	2364	1479	885
丰都县	50960	25596	25364	10214	6075	4139
垫江县	58600	29415	29185	11874	6942	4932
忠　县	69139	35230	33909	12753	7698	5055
云阳县	88125	45280	42845	17874	10761	7113
奉节县	61683	31678	30005	11605	7063	4542
巫山县	33442	16746	16696	5178	3150	2028
巫溪县	28164	14001	14163	4341	2663	1678
石柱县	30664	15160	15504	5541	3253	2288
秀山县	34815	17123	17692	6145	3797	2348
酉阳县	41280	20479	20801	7805	4700	3105
彭水县	46320	23733	22587	10285	6208	4077

5-1　续表

单位：人

地　区	有配偶			离婚			丧偶		
	小计	男	女	小计	男	女	小计	男	女
重　庆	**1970035**	**976105**	**993930**	**95258**	**50132**	**45126**	**172367**	**48245**	**124122**
市辖区	1569853	778490	791363	84072	43450	40622	131730	34435	97295
万州区	105804	52109	53695	4337	2273	2064	9598	2895	6703
涪陵区	67627	33816	33811	3341	1838	1503	6023	1733	4290
渝中区	34198	16858	17340	2942	1381	1561	2354	465	1889
大渡口区	26766	13297	13469	2530	1150	1380	1922	376	1546
江北区	57411	28248	29163	3878	1717	2161	3209	640	2569
沙坪坝区	82312	40517	41795	5779	2753	3026	5270	1051	4219
九龙坡区	97726	48496	49230	6447	3064	3383	5723	1169	4554
南岸区	70840	34706	36134	4973	2239	2734	4124	828	3296
北碚区	49809	25597	24212	3166	1687	1479	3890	815	3075
綦江区	65625	32951	32674	4284	2510	1774	7133	1858	5275
綦江区(不含万盛)	50504	25431	25073	3146	1891	1255	5475	1465	4010
万盛经开区	15121	7520	7601	1138	619	519	1658	393	1265
大足区	46247	22943	23304	1760	1033	727	4670	1207	3463
渝北区	135149	66771	68378	8181	3683	4498	7329	1576	5753
巴南区	72407	36225	36182	4964	2529	2435	5837	1420	4417
黔江区	25699	12317	13382	768	440	328	2597	872	1725
长寿区	48191	24200	23991	2302	1275	1027	4208	1233	2975
江津区	78399	39199	39200	4261	2416	1845	7988	2095	5893
合川区	94170	47163	47007	4510	2535	1975	9198	2543	6655
永川区	64952	32138	32814	2908	1574	1334	6020	1478	4542
南川区	34786	17372	17414	1451	820	631	3178	1036	2142
璧山区	45754	23310	22444	2333	1267	1066	3608	926	2682
铜梁区	42135	20461	21674	1765	999	766	4291	1209	3082
潼南区	46954	23423	23531	1414	879	535	4567	1418	3149
荣昌区	41884	20646	21238	1762	969	793	4556	1079	3477
开州区	71949	34577	37372	1821	1048	773	7437	2350	5087
梁平区	41744	20429	21315	1420	862	558	4782	1376	3406
武隆区	21315	10721	10594	775	509	266	2218	787	1431
县	400182	197615	202567	11186	6682	4504	40637	13810	26827
城口县	10922	5366	5556	337	212	125	1169	398	771
丰都县	35647	17500	18147	1363	752	611	3736	1269	2467
垫江县	41332	20455	20877	1349	738	611	4045	1280	2765
忠　县	50032	24915	25117	1463	863	600	4891	1754	3137
云阳县	62758	31613	31145	1599	968	631	5894	1938	3956
奉节县	44866	22576	22290	1036	638	398	4176	1401	2775
巫山县	24986	12220	12766	715	458	257	2563	918	1645
巫溪县	21126	10148	10978	453	336	117	2244	854	1390
石柱县	22193	10737	11456	750	403	347	2180	767	1413
秀山县	25025	12024	13001	687	402	285	2958	900	2058
酉阳县	29313	14154	15159	657	423	234	3505	1202	2303
彭水县	31982	15907	16075	777	489	288	3276	1129	2147

5-1a 各地区分性别、婚姻状况的15岁及以上人口(城市)

单位：人

地 区	15岁及以上人口			未 婚		
	合计	男	女	小计	男	女
重 庆	**1408527**	**689953**	**718574**	**312911**	**172462**	**140449**
市辖区	1408527	689953	718574	312911	172462	140449
万州区	80458	38620	41838	16887	8882	8005
涪陵区	57939	28263	29676	12905	6765	6140
渝中区	54985	26699	28286	15491	7995	7496
大渡口区	36034	17655	18379	5758	3309	2449
江北区	75209	36591	38618	16091	8771	7320
沙坪坝区	115850	57205	58645	27901	15655	12246
九龙坡区	105451	51667	53784	20456	11472	8984
南岸区	101225	49315	51910	24078	12948	11130
北碚区	60419	30646	29773	16089	8964	7125
綦江区	35889	17236	18653	6253	3368	2885
綦江区(不含万盛)	29218	13982	15236	5272	2786	2486
万盛经开区	6671	3254	3417	981	582	399
大足区	24883	12315	12568	6225	3583	2642
渝北区	160839	78340	82499	33496	18008	15488
巴南区	76600	37864	38736	16808	9238	7570
黔江区	19320	9397	9923	4840	2737	2103
长寿区	37355	18704	18651	6216	3551	2665
江津区	46226	24155	22071	12642	8146	4496
合川区	54072	25447	28625	13681	6745	6936
永川区	57331	28386	28945	18773	10429	8344
南川区	21083	10448	10635	3169	1790	1379
璧山区	41159	21063	20096	8242	4956	3286
铜梁区	29754	14195	15559	5390	3046	2344
潼南区	24505	12040	12465	4836	2764	2072
荣昌区	28895	13708	15187	5273	2864	2409
开州区	36251	17129	19122	6815	3827	2988
梁平区	18432	8720	9712	3366	1902	1464
武隆区	8363	4145	4218	1230	747	483
县						
城口县						
丰都县						
垫江县						
忠 县						
云阳县						
奉节县						
巫山县						
巫溪县						
石柱县						
秀山县						
酉阳县						
彭水县						

5-1a 续表

单位：人

地 区	有配偶			离婚			丧偶		
	小计	男	女	小计	男	女	小计	男	女
重 庆	**976288**	**477139**	**499149**	**60401**	**27756**	**32645**	**58927**	**12596**	**46331**
市辖区	976288	477139	499149	60401	27756	32645	58927	12596	46331
万州区	56775	27451	29324	2958	1368	1590	3838	919	2919
涪陵区	40161	19738	20423	2373	1162	1211	2500	598	1902
渝中区	34198	16858	17340	2942	1381	1561	2354	465	1889
大渡口区	25991	12885	13106	2453	1108	1345	1832	353	1479
江北区	52673	25710	26963	3609	1571	2038	2836	539	2297
沙坪坝区	77690	38083	39607	5440	2538	2902	4819	929	3890
九龙坡区	75813	37099	38714	5116	2303	2813	4066	793	3273
南岸区	68517	33475	35042	4778	2119	2659	3852	773	3079
北碚区	38982	19836	19146	2649	1313	1336	2699	533	2166
綦江区	25545	12445	13100	2007	988	1019	2084	435	1649
綦江区(不含万盛)	20773	10087	10686	1571	778	793	1602	331	1271
万盛经开区	4772	2358	2414	436	210	226	482	104	378
大足区	16780	8111	8669	803	370	433	1075	251	824
渝北区	115169	56395	58774	6858	2885	3973	5316	1052	4264
巴南区	52755	26094	26661	3872	1833	2039	3165	699	2466
黔江区	13188	6212	6976	512	234	278	780	214	566
长寿区	27924	13940	13984	1562	792	770	1653	421	1232
江津区	29753	14729	15024	1944	890	1054	1887	390	1497
合川区	35692	17146	18546	2113	983	1130	2586	573	2013
永川区	34823	16786	18037	1732	757	975	2003	414	1589
南川区	16216	8026	8190	823	382	441	875	250	625
璧山区	29699	14957	14742	1625	784	841	1593	366	1227
铜梁区	21921	10338	11583	1035	483	552	1408	328	1080
潼南区	18161	8765	9396	579	288	291	929	223	706
荣昌区	20896	10054	10842	981	450	531	1745	340	1405
开州区	26993	12507	14486	720	333	387	1723	462	1261
梁平区	13501	6339	7162	633	301	332	932	178	754
武隆区	6472	3160	3312	284	140	144	377	98	279
县									
城口县									
丰都县									
垫江县									
忠 县									
云阳县									
奉节县									
巫山县									
巫溪县									
石柱县									
秀山县									
酉阳县									
彭水县									

5-1b 各地区分性别、婚姻状况的15岁及以上人口(镇)

单位：人

地区	15岁及以上人口			未婚		
	合计	男	女	小计	男	女
重庆	**509085**	**251607**	**257478**	**91600**	**54018**	**37582**
市辖区	238077	119281	118796	36697	23277	13420
万州区	15989	7620	8369	2368	1362	1006
涪陵区	7180	3586	3594	1009	609	400
渝中区						
大渡口区	192	108	84	35	27	8
江北区	6294	3648	2646	1515	1194	321
沙坪坝区	1881	945	936	168	113	55
九龙坡区	20550	10515	10035	2823	1832	991
南岸区	808	407	401	90	49	41
北碚区	4586	2448	2138	1126	706	420
綦江区	23967	12016	11951	3156	2040	1116
綦江区(不含万盛)	14118	7175	6943	1988	1305	683
万盛经开区	9849	4841	5008	1168	735	433
大足区	14706	7475	7231	1963	1280	683
渝北区	9044	4660	4384	1276	853	423
巴南区	10231	5233	4998	1524	997	527
黔江区	2511	1188	1323	241	159	82
长寿区	4669	2276	2393	641	386	255
江津区	22827	11420	11407	4559	2929	1630
合川区	22952	11626	11326	3919	2424	1495
永川区	10897	5457	5440	1312	856	456
南川区	6778	3430	3348	988	601	387
璧山区	2352	1155	1197	202	130	72
铜梁区	4484	2099	2385	424	274	150
潼南区	12082	6059	6023	1791	1138	653
荣昌区	4830	2299	2531	797	462	335
开州区	13798	6463	7335	2407	1395	1012
梁平区	9966	4894	5072	1614	1019	595
武隆区	4503	2254	2249	749	442	307
县	271008	132326	138682	54903	30741	24162
城口县	6272	3005	3267	1063	598	465
丰都县	24066	11625	12441	4591	2583	2008
垫江县	29542	14453	15089	6138	3363	2775
忠县	28256	13736	14520	5440	3053	2387
云阳县	45743	22614	23129	9557	5373	4184
奉节县	32585	16432	16153	6677	3871	2806
巫山县	15219	7302	7917	2527	1401	1126
巫溪县	11995	5730	6265	2021	1107	914
石柱县	17324	8194	9130	3334	1820	1514
秀山县	17110	8256	8854	3256	1877	1379
酉阳县	18964	9067	9897	4294	2366	1928
彭水县	23932	11912	12020	6005	3329	2676

5-1b　续表　　　　　　　　　　　　　　　　　　　　　　　　　　　　单位：人

地　区	有配偶			离　婚			丧　偶		
	小计	男	女	小计	男	女	小计	男	女
重　庆	**371958**	**181180**	**190778**	**14162**	**7721**	**6441**	**31365**	**8688**	**22677**
市辖区	176135	86734	89401	7553	4475	3078	17692	4795	12897
万州区	12108	5733	6375	273	146	127	1240	379	861
涪陵区	5462	2730	2732	194	105	89	515	142	373
渝中区									
大渡口区	134	70	64	16	9	7	7	2	5
江北区	4238	2248	1990	232	123	109	309	83	226
沙坪坝区	1468	740	728	105	57	48	140	35	105
九龙坡区	15601	7898	7703	1003	532	471	1123	253	870
南岸区	617	321	296	45	26	19	56	11	45
北碚区	3077	1593	1484	156	99	57	227	50	177
綦江区	17615	8750	8865	1164	720	444	2032	506	1526
綦江区(不含万盛)	10259	5124	5135	601	405	196	1270	341	929
万盛经开区	7356	3626	3730	563	315	248	762	165	597
大足区	11299	5669	5630	405	252	153	1039	274	765
渝北区	6739	3429	3310	354	221	133	675	157	518
巴南区	7618	3830	3788	407	234	173	682	172	510
黔江区	1966	906	1060	46	34	12	258	89	169
长寿区	3600	1747	1853	93	54	39	335	89	246
江津区	15827	7601	8226	801	485	316	1640	405	1235
合川区	16590	8306	8284	672	400	272	1771	496	1275
永川区	8304	4150	4154	310	196	114	971	255	716
南川区	5018	2504	2514	195	131	64	577	194	383
璧山区	1890	933	957	72	42	30	188	50	138
铜梁区	3531	1639	1892	131	77	54	398	109	289
潼南区	9148	4455	4693	237	157	80	906	309	597
荣昌区	3512	1703	1809	114	57	57	407	77	330
开州区	10110	4621	5489	223	110	113	1058	337	721
梁平区	7320	3516	3804	216	149	67	816	210	606
武隆区	3343	1642	1701	89	59	30	322	111	211
县	195823	94446	101377	6609	3246	3363	13673	3893	9780
城口县	4693	2252	2441	167	78	89	349	77	272
丰都县	17275	8230	9045	905	436	469	1295	376	919
垫江县	21228	10331	10897	876	402	474	1300	357	943
忠　县	20582	9852	10730	721	353	368	1513	478	1035
云阳县	32811	16068	16743	923	482	441	2452	691	1761
奉节县	23820	11809	12011	622	326	296	1466	426	1040
巫山县	11548	5496	6052	413	201	212	731	204	527
巫溪县	9153	4324	4829	222	132	90	599	167	432
石柱县	12591	5905	6686	488	212	276	911	257	654
秀山县	12427	5911	6516	433	202	231	994	266	728
酉阳县	13288	6230	7058	381	200	181	1001	271	730
彭水县	16407	8038	8369	458	222	236	1062	323	739

5-1c 各地区分性别、婚姻状况的15岁及以上人口(乡村)

单位：人

地区	15岁及以上人口			未婚		
	合计	男	女	小计	男	女
重庆	**867399**	**455381**	**412018**	**142840**	**95979**	**46861**
市辖区	580423	305811	274612	91764	62931	28833
万州区	50549	26521	24028	8002	5240	2762
涪陵区	29665	15543	14122	3879	2631	1248
渝中区						
大渡口区	888	468	420	103	72	31
江北区	668	382	286	67	51	16
沙坪坝区	4267	2391	1876	568	452	116
九龙坡区	8519	4839	3680	1345	988	357
南岸区	2348	1250	1098	276	202	74
北碚区	10100	5484	4616	1025	809	216
綦江区	32518	17615	14903	5923	4140	1783
綦江区(不含万盛)	28464	15497	12967	5415	3776	1639
万盛经开区	4054	2118	1936	508	364	144
大足区	24739	12662	12077	3463	2406	1057
渝北区	19294	10635	8659	3746	2744	1002
巴南区	16890	9011	7879	2181	1699	482
黔江区	14036	7128	6908	1722	1188	534
长寿区	22902	11857	11045	3368	2192	1176
江津区	45869	24240	21629	7073	5030	2043
合川区	58759	31450	27309	10305	7113	3192
永川区	30649	15990	14659	4912	3358	1554
南川区	18460	9541	8919	2749	1800	949
璧山区	19483	10368	9115	2855	1997	858
铜梁区	22479	11677	10802	2712	1982	730
潼南区	27499	14580	12919	4524	3057	1467
荣昌区	24440	12654	11786	3893	2641	1252
开州区	50094	25810	24284	9714	6205	3509
梁平区	29362	15237	14125	4834	3263	1571
武隆区	15946	8478	7468	2525	1671	854
县	286976	149570	137406	51076	33048	18028
城口县	8520	4450	4070	1301	881	420
丰都县	26894	13971	12923	5623	3492	2131
垫江县	29058	14962	14096	5736	3579	2157
忠县	40883	21494	19389	7313	4645	2668
云阳县	42382	22666	19716	8317	5388	2929
奉节县	29098	15246	13852	4928	3192	1736
巫山县	18223	9444	8779	2651	1749	902
巫溪县	16169	8271	7898	2320	1556	764
石柱县	13340	6966	6374	2207	1433	774
秀山县	17705	8867	8838	2889	1920	969
酉阳县	22316	11412	10904	3511	2334	1177
彭水县	22388	11821	10567	4280	2879	1401

5-1c　续表　　单位：人

地　　区	有配偶			离　婚			丧　偶		
	小计	男	女	小计	男	女	小计	男	女
重　庆	**621789**	**317786**	**304003**	**20695**	**14655**	**6040**	**82075**	**26961**	**55114**
市辖区	417430	214617	202813	16118	11219	4899	55111	17044	38067
万州区	36921	18925	17996	1106	759	347	4520	1597	2923
涪陵区	22004	11348	10656	774	571	203	3008	993	2015
渝中区									
大渡口区	641	342	299	61	33	28	83	21	62
江北区	500	290	210	37	23	14	64	18	46
沙坪坝区	3154	1694	1460	234	158	76	311	87	224
九龙坡区	6312	3499	2813	328	229	99	534	123	411
南岸区	1706	910	796	150	94	56	216	44	172
北碚区	7750	4168	3582	361	275	86	964	232	732
綦江区	22465	11756	10709	1113	802	311	3017	917	2100
綦江区(不含万盛)	19472	10220	9252	974	708	266	2603	793	1810
万盛经开区	2993	1536	1457	139	94	45	414	124	290
大足区	18168	9163	9005	552	411	141	2556	682	1874
渝北区	13241	6947	6294	969	577	392	1338	367	971
巴南区	12034	6301	5733	685	462	223	1990	549	1441
黔江区	10545	5199	5346	210	172	38	1559	569	990
长寿区	16667	8513	8154	647	429	218	2220	723	1497
江津区	32819	16869	15950	1516	1041	475	4461	1300	3161
合川区	41888	21711	20177	1725	1152	573	4841	1474	3367
永川区	21825	11202	10623	866	621	245	3046	809	2237
南川区	13552	6842	6710	433	307	126	1726	592	1134
璧山区	14165	7420	6745	636	441	195	1827	510	1317
铜梁区	16683	8484	8199	599	439	160	2485	772	1713
潼南区	19645	10203	9442	598	434	164	2732	886	1846
荣昌区	17476	8889	8587	667	462	205	2404	662	1742
开州区	34846	17449	17397	878	605	273	4656	1551	3105
梁平区	20923	10574	10349	571	412	159	3034	988	2046
武隆区	11500	5919	5581	402	310	92	1519	578	941
县	204359	103169	101190	4577	3436	1141	26964	9917	17047
城口县	6229	3114	3115	170	134	36	820	321	499
丰都县	18372	9270	9102	458	316	142	2441	893	1548
垫江县	20104	10124	9980	473	336	137	2745	923	1822
忠　县	29450	15063	14387	742	510	232	3378	1276	2102
云阳县	29947	15545	14402	676	486	190	3442	1247	2195
奉节县	21046	10767	10279	414	312	102	2710	975	1735
巫山县	13438	6724	6714	302	257	45	1832	714	1118
巫溪县	11973	5824	6149	231	204	27	1645	687	958
石柱县	9602	4832	4770	262	191	71	1269	510	759
秀山县	12598	6113	6485	254	200	54	1964	634	1330
酉阳县	16025	7924	8101	276	223	53	2504	931	1573
彭水县	15575	7869	7706	319	267	52	2214	806	1408

5-2 全市分性别、职业、婚姻状况的人口

单位：人

职业大类	15岁及以上人口			未婚		
	合计	男	女	小计	男	女
总　计	**1526643**	**891361**	**635282**	**233342**	**150325**	**83017**
党的机关、国家机关、群众团体和社会组织、企事业单位负责人	21875	15766	6109	1789	1181	608
专业技术人员	157055	71073	85982	40154	15499	24655
办事人员和有关人员	112668	64803	47865	19832	9898	9934
社会生产服务和生活服务人员	574740	302432	272308	100033	62525	37508
农、林、牧、渔业生产及辅助人员	240524	120511	120013	12166	10721	1445
生产制造及有关人员	417217	315246	101971	58533	49993	8540
不便分类的其他从业人员	2564	1530	1034	835	508	327

5-2 续表

单位：人

职业大类	有配偶			离婚			丧偶		
	小计	男	女	小计	男	女	小计	男	女
总　计	**1204790**	**694771**	**510019**	**59465**	**35186**	**24279**	**29046**	**11079**	**17967**
党的机关、国家机关、群众团体和社会组织、企事业单位负责人	18985	13984	5001	1016	563	453	85	38	47
专业技术人员	111581	53433	58148	4854	1970	2884	466	171	295
办事人员和有关人员	87237	51873	35364	5112	2768	2344	487	264	223
社会生产服务和生活服务人员	441008	224995	216013	27679	13357	14322	6020	1555	4465
农、林、牧、渔业生产及辅助人员	204995	99370	105625	4656	3440	1216	18707	6980	11727
生产制造及有关人员	339364	250146	89218	16064	13047	3017	3256	2060	1196
不便分类的其他从业人员	1620	970	650	84	41	43	25	11	14

5−2a　全市分性别、职业、婚姻状况的人口(城市)

单位：人

职业大类	15岁及以上人口			未　婚		
	合计	男	女	小计	男	女
总　计	**748761**	**430569**	**318192**	**132961**	**79169**	**53792**
党的机关、国家机关、群众团体和社会组织、企事业单位负责人	16132	11473	4659	1388	911	477
专业技术人员	113787	50311	63476	27823	10921	16902
办事人员和有关人员	84424	46952	37472	14584	7019	7565
社会生产服务和生活服务人员	350690	185332	165358	63312	38709	24603
农、林、牧、渔业生产及辅助人员	9096	4902	4194	366	293	73
生产制造及有关人员	173569	130984	42585	25213	21151	4062
不便分类的其他从业人员	1063	615	448	275	165	110

5−2a　续表

单位：人

职业大类	有配偶			离　婚			丧　偶		
	小计	男	女	小计	男	女	小计	男	女
总　计	**576713**	**331916**	**244797**	**34904**	**18179**	**16725**	**4183**	**1305**	**2878**
党的机关、国家机关、群众团体和社会组织、企事业单位负责人	13891	10122	3769	816	422	394	37	18	19
专业技术人员	81922	37877	44045	3780	1433	2347	262	80	182
办事人员和有关人员	65595	37798	27797	3986	2020	1966	259	115	144
社会生产服务和生活服务人员	266099	137482	128617	18823	8590	10233	2456	551	1905
农、林、牧、渔业生产及辅助人员	8024	4299	3725	303	196	107	403	114	289
生产制造及有关人员	140448	103916	36532	7144	5491	1653	764	426	338
不便分类的其他从业人员	734	422	312	52	27	25	2	1	1

5-2b 全市分性别、职业、婚姻状况的人口(镇)

单位：人

职业大类	15岁及以上人口			未婚		
	合计	男	女	小计	男	女
总　计	**266392**	**155502**	**110890**	**34138**	**21894**	**12244**
党的机关、国家机关、群众团体和社会组织、企事业单位负责人	3226	2365	861	195	130	65
专业技术人员	25672	11895	13777	5638	1959	3679
办事人员和有关人员	16693	10506	6187	2586	1407	1179
社会生产服务和生活服务人员	109401	54566	54835	14574	9043	5531
农、林、牧、渔业生产及辅助人员	29608	14495	15113	1398	1105	293
生产制造及有关人员	80957	61171	19786	9506	8100	1406
不便分类的其他从业人员	835	504	331	241	150	91

5-2b 续表

单位：人

职业大类	有配偶			离婚			丧偶		
	小计	男	女	小计	男	女	小计	男	女
总　计	**219322**	**126842**	**92480**	**9102**	**5442**	**3660**	**3830**	**1324**	**2506**
党的机关、国家机关、群众团体和社会组织、企事业单位负责人	2902	2152	750	114	78	36	15	5	10
专业技术人员	19218	9593	9625	718	313	405	98	30	68
办事人员和有关人员	13332	8620	4712	680	421	259	95	58	37
社会生产服务和生活服务人员	89260	43178	46082	4270	2039	2231	1297	306	991
农、林、牧、渔业生产及辅助人员	25861	12421	13440	573	368	205	1776	601	1175
生产制造及有关人员	68182	50534	17648	2729	2216	513	540	321	219
不便分类的其他从业人员	567	344	223	18	7	11	9	3	6

5-2c　全市分性别、职业、婚姻状况的人口(乡村)

单位：人

职业大类	15岁及以上人口			未　婚		
	合计	男	女	小计	男	女
总　计	**511490**	**305290**	**206200**	**66243**	**49262**	**16981**
党的机关、国家机关、群众团体和社会组织、企事业单位负责人	2517	1928	589	206	140	66
专业技术人员	17596	8867	8729	6693	2619	4074
办事人员和有关人员	11551	7345	4206	2662	1472	1190
社会生产服务和生活服务人员	114649	62534	52115	22147	14773	7374
农、林、牧、渔业生产及辅助人员	201820	101114	100706	10402	9323	1079
生产制造及有关人员	162691	123091	39600	23814	20742	3072
不便分类的其他从业人员	666	411	255	319	193	126

5-2c　续表

单位：人

职业大类	有配偶			离　婚			丧　偶		
	小计	男	女	小计	男	女	小计	男	女
总　计	**408755**	**236013**	**172742**	**15459**	**11565**	**3894**	**21033**	**8450**	**12583**
党的机关、国家机关、群众团体和社会组织、企事业单位负责人	2192	1710	482	86	63	23	33	15	18
专业技术人员	10441	5963	4478	356	224	132	106	61	45
办事人员和有关人员	8310	5455	2855	446	327	119	133	91	42
社会生产服务和生活服务人员	85649	44335	41314	4586	2728	1858	2267	698	1569
农、林、牧、渔业生产及辅助人员	171110	82650	88460	3780	2876	904	16528	6265	10263
生产制造及有关人员	130734	95696	35038	6191	5340	851	1952	1313	639
不便分类的其他从业人员	319	204	115	14	7	7	14	7	7

5-3 全市分年龄、性别、受教育

受教育程度 年龄	15岁及以上人口			未婚		
	合计	男	女	小计	男	女
总计	**2785011**	**1396941**	**1388070**	**547351**	**322459**	**224892**
15-19岁	**196358**	**104765**	**91593**	**195794**	**104665**	**91129**
15	38897	20665	18232	38895	20665	18230
16	44250	23767	20483	44230	23767	20463
17	38833	20905	17928	38773	20893	17880
18	36366	19725	16641	36216	19692	16524
19	38012	19703	18309	37680	19648	18032
20-24岁	**193122**	**97153**	**95969**	**169229**	**90159**	**79070**
20	38642	19505	19137	37811	19383	18428
21	36574	18330	18244	34880	18036	16844
22	38328	19254	19074	34506	18333	16173
23	38563	19395	19168	31953	17383	14570
24	41015	20669	20346	30079	17024	13055
25-29岁	**218616**	**109820**	**108796**	**94568**	**58387**	**36181**
25	44680	22376	22304	28072	16390	11682
26	42243	21120	21123	21919	13245	8674
27	45703	22967	22736	19254	12125	7129
28	42827	21590	21237	14106	9142	4964
29	43163	21767	21396	11217	7485	3732
30-34岁	**255695**	**129340**	**126355**	**35087**	**24625**	**10462**
30	49491	24966	24525	10328	7110	3218
31	46741	23670	23071	7619	5273	2346
32	43812	22003	21809	5779	4081	1698
33	58750	29761	28989	6233	4469	1764
34	56901	28940	27961	5128	3692	1436
35-39岁	**186878**	**94692**	**92186**	**11866**	**8329**	**3537**
35	37948	19237	18711	3031	2148	883
36	30784	15430	15354	2232	1558	674
37	33973	17311	16662	2214	1556	658
38	45938	23344	22594	2566	1791	775
39	38235	19370	18865	1823	1276	547
40-44岁	**164425**	**81920**	**82505**	**5494**	**4181**	**1313**
40	27870	14079	13791	1177	875	302
41	31488	15684	15804	1131	849	282
42	27596	13712	13884	892	686	206
43	32789	16267	16522	974	750	224
44	44682	22178	22504	1320	1021	299
45-49岁	**322002**	**161419**	**160583**	**8393**	**7029**	**1364**
45	59138	29458	29680	1726	1431	295
46	66271	33244	33027	1844	1513	331
47	67022	33686	33336	1659	1380	279
48	62693	31516	31177	1509	1306	203
49	66878	33515	33363	1655	1399	256
50-54岁	**311170**	**154421**	**156749**	**6086**	**5392**	**694**
50	68088	33952	34136	1455	1237	218
51	61926	30985	30941	1274	1142	132
52	65987	32781	33206	1236	1077	159
53	53847	26385	27462	1030	940	90
54	61322	30318	31004	1091	996	95
55-59岁	**243673**	**120333**	**123340**	**4013**	**3635**	**378**
55	59594	29611	29983	1022	936	86
56	61930	30611	31319	1062	965	97
57	70800	35351	35449	1140	1034	106
58	33564	16195	17369	483	433	50
59	17785	8565	9220	306	267	39
60-64岁	**156057**	**80299**	**75758**	**4145**	**3939**	**206**
60	20746	10487	10259	469	429	40
61	21437	11120	10317	560	525	35
62	33362	17364	15998	874	832	42
63	39907	20645	19262	1146	1101	45
64	40605	20683	19922	1096	1052	44
65岁及以上	**537015**	**262779**	**274236**	**12676**	**12118**	**558**

程度、婚姻状况的人口

单位：人

有配偶			离婚			丧偶		
小计	男	女	小计	男	女	小计	男	女
1970035	**976105**	**993930**	**95258**	**50132**	**45126**	**172367**	**48245**	**124122**
558	**99**	**459**	**5**	**1**	**4**	**1**		**1**
2		2						
20		20						
60	12	48						
148	33	115	1		1	1		1
328	54	274	4	1	3			
23538	**6884**	**16654**	**346**	**109**	**237**	**9**	**1**	**8**
823	120	703	7	2	5	1		1
1678	289	1389	16	5	11			
3771	904	2867	50	17	33	1		1
6516	1986	4530	91	26	65	3		3
10750	3585	7165	182	59	123	4	1	3
120627	**49932**	**70695**	**3358**	**1484**	**1874**	**63**	**17**	**46**
16311	5889	10422	289	95	194	8	2	6
19883	7693	12190	434	182	252	7		7
25784	10559	15225	650	281	369	15	2	13
27835	12065	15770	868	376	492	18	7	11
30814	13726	17088	1117	550	567	15	6	9
209718	**99218**	**110500**	**10625**	**5420**	**5205**	**265**	**77**	**188**
37726	17151	20575	1408	695	713	29	10	19
37438	17547	19891	1646	837	809	38	13	25
36205	17034	19171	1786	877	909	42	11	31
49654	23850	25804	2777	1419	1358	86	23	63
48695	23636	25059	3008	1592	1416	70	20	50
163456	**80238**	**83218**	**11197**	**6031**	**5166**	**359**	**94**	**265**
32729	15925	16804	2132	1148	984	56	16	40
26874	13008	13866	1620	852	768	58	12	46
29622	14632	14990	2081	1104	977	56	19	37
40398	19963	20435	2882	1566	1316	92	24	68
33833	16710	17123	2482	1361	1121	97	23	74
147374	**71860**	**75514**	**10748**	**5670**	**5078**	**809**	**209**	**600**
24832	12248	12584	1785	944	841	76	12	64
28112	13708	14404	2117	1097	1020	128	30	98
24834	12059	12775	1742	931	811	128	36	92
29381	14295	15086	2241	1173	1068	193	49	144
40215	19550	20665	2863	1525	1338	284	82	202
291832	**143669**	**148163**	**18662**	**9860**	**8802**	**3115**	**861**	**2254**
53254	25951	27303	3692	1939	1753	466	137	329
59868	29470	30398	4004	2108	1896	555	153	402
60966	30150	30816	3771	1998	1773	626	158	468
56943	28098	28845	3594	1925	1669	647	187	460
60801	30000	30801	3601	1890	1711	821	226	595
283358	**139496**	**143862**	**15100**	**7838**	**7262**	**6626**	**1695**	**4931**
61858	30503	31355	3696	1924	1772	1079	288	791
56289	27858	28431	3274	1695	1579	1089	290	799
60171	29676	30495	3175	1674	1501	1405	354	1051
49215	23963	25252	2237	1151	1086	1365	331	1034
55825	27496	28329	2718	1394	1324	1688	432	1256
219000	**108895**	**110105**	**10941**	**5567**	**5374**	**9719**	**2236**	**7483**
54039	26888	27151	2637	1354	1283	1896	433	1463
55800	27719	28081	2728	1340	1388	2340	587	1753
63446	31981	31465	3277	1690	1587	2937	646	2291
30050	14682	15368	1419	716	703	1612	364	1248
15665	7625	8040	880	467	413	934	206	728
134251	**69651**	**64600**	**6168**	**3569**	**2599**	**11493**	**3140**	**8353**
18105	9172	8933	998	582	416	1174	304	870
18601	9689	8912	969	563	406	1307	343	964
28758	15082	13676	1366	774	592	2364	676	1688
34163	17841	16322	1461	862	599	3137	841	2296
34624	17867	16757	1374	788	586	3511	976	2535
376323	**206163**	**170160**	**8108**	**4583**	**3525**	**139908**	**39915**	**99993**

5-3 续表 1

受教育程度 年 龄	15岁及以上人口			未 婚		
	合计	男	女	小计	男	女
未上过学	**54946**	**13581**	**41365**	**4065**	**3589**	**476**
15-19岁	**159**	**92**	**67**	**158**	**92**	**66**
15	30	18	12	30	18	12
16	29	19	10	28	19	9
17	27	13	14	27	13	14
18	44	27	17	44	27	17
19	29	15	14	29	15	14
20-24岁	**239**	**135**	**104**	**213**	**132**	**81**
20	51	30	21	50	30	20
21	38	19	19	36	19	17
22	50	27	23	46	26	20
23	46	24	22	37	23	14
24	54	35	19	44	34	10
25-29岁	**268**	**150**	**118**	**201**	**143**	**58**
25	52	29	23	44	29	15
26	50	28	22	44	28	16
27	52	30	22	35	28	7
28	56	34	22	41	31	10
29	58	29	29	37	27	10
30-34岁	**366**	**194**	**172**	**184**	**150**	**34**
30	59	27	32	30	22	8
31	63	26	37	35	22	13
32	79	43	36	37	31	6
33	84	51	33	42	39	3
34	81	47	34	40	36	4
35-39岁	**400**	**192**	**208**	**178**	**147**	**31**
35	71	40	31	38	29	9
36	71	37	34	35	32	3
37	77	36	41	34	28	6
38	97	39	58	36	30	6
39	84	40	44	35	28	7
40-44岁	**463**	**185**	**278**	**149**	**127**	**22**
40	77	30	47	24	22	2
41	67	31	36	33	24	9
42	85	26	59	22	19	3
43	89	35	54	29	25	4
44	145	63	82	41	37	4
45-49岁	**1318**	**470**	**848**	**305**	**276**	**29**
45	194	67	127	48	45	3
46	284	109	175	65	57	8
47	234	81	153	54	48	6
48	282	99	183	62	57	5
49	324	114	210	76	69	7
50-54岁	**2057**	**582**	**1475**	**327**	**303**	**24**
50	389	127	262	101	92	9
51	344	95	249	56	53	3
52	443	122	321	55	47	8
53	418	112	306	55	52	3
54	463	126	337	60	59	1
55-59岁	**2298**	**544**	**1754**	**232**	**219**	**13**
55	510	127	383	57	54	3
56	547	148	399	66	62	4
57	600	138	462	58	53	5
58	400	81	319	33	33	
59	241	50	191	18	17	1
60-64岁	**4313**	**1078**	**3235**	**387**	**369**	**18**
60	361	85	276	35	30	5
61	467	112	355	40	36	4
62	923	234	689	84	82	2
63	1276	328	948	119	117	2
64	1286	319	967	109	104	5
65岁及以上	**43065**	**9959**	**33106**	**1731**	**1631**	**100**

单位：人

有配偶			离婚			丧偶		
小计	男	女	小计	男	女	小计	男	女
28230	**6852**	**21378**	**549**	**259**	**290**	**22102**	**2881**	**19221**
1		**1**						
1		1						
25	**3**	**22**	**1**		**1**			
1		1						
2		2						
4	1	3						
9	1	8						
9	1	8	1		1			
63	**6**	**57**	**2**	**1**	**1**	**2**		**2**
8		8						
6		6						
16	2	14	1		1			
14	2	12	1	1				
19	2	17				2		2
173	**40**	**133**	**8**	**4**	**4**	**1**		**1**
29	5	24						
27	4	23	1		1			
39	11	28	3	1	2			
40	10	30	2	2				
38	10	28	2	1	1	1		1
213	**40**	**173**	**7**	**4**	**3**	**2**	**1**	**1**
30	8	22	3	3				
36	5	31						
43	8	35						
58	9	49	2		2	1		1
46	10	36	2	1	1	1	1	
297	**52**	**245**	**6**	**5**	**1**	**11**	**1**	**10**
52	8	44	1		1			
33	7	26				1		1
57	6	51	1	1		5		5
57	9	48				3	1	2
98	22	76	4	4		2		2
932	**171**	**761**	**41**	**18**	**23**	**40**	**5**	**35**
134	19	115	7	3	4	5		5
195	45	150	11	5	6	13	2	11
162	28	134	11	3	8	7	2	5
206	39	167	6	3	3	8		8
235	40	195	6	4	2	7	1	6
1574	**246**	**1328**	**59**	**24**	**35**	**97**	**9**	**88**
264	32	232	10	3	7	14		14
265	40	225	9	2	7	14		14
347	64	283	19	10	9	22	1	21
332	54	278	9	3	6	22	3	19
366	56	310	12	6	6	25	5	20
1800	**278**	**1522**	**61**	**32**	**29**	**205**	**15**	**190**
396	65	331	17	6	11	40	2	38
431	81	350	10	3	7	40	2	38
472	66	406	19	14	5	51	5	46
320	39	281	9	5	4	38	4	34
181	27	154	6	4	2	36	2	34
3243	**605**	**2638**	**78**	**38**	**40**	**605**	**66**	**539**
267	45	222	8	4	4	51	6	45
350	62	288	18	8	10	59	6	53
701	127	574	12	5	7	126	20	106
964	184	780	21	13	8	172	14	158
961	187	774	19	8	11	197	20	177
19909	**5411**	**14498**	**286**	**133**	**153**	**21139**	**2784**	**18355**

5-3 续表 2

受教育程度 年　　龄	15岁及以上人口			未　婚		
	合计	男	女	小计	男	女
学前教育	**2812**	**1042**	**1770**	**295**	**237**	**58**
15－19岁	**52**	**31**	**21**	**52**	**31**	**21**
15	21	12	9	21	12	9
16	12	7	5	12	7	5
17	4	3	1	4	3	1
18	7	3	4	7	3	4
19	8	6	2	8	6	2
20－24岁	**39**	**20**	**19**	**35**	**19**	**16**
20	9	4	5	9	4	5
21	8	6	2	8	6	2
22	8	3	5	7	3	4
23	4	2	2	4	2	2
24	10	5	5	7	4	3
25－29岁	**31**	**13**	**18**	**16**	**9**	**7**
25	8	4	4	6	3	3
26	8	4	4	5	3	2
27	6		6	2		2
28	6	3	3	2	2	
29	3	2	1	1	1	
30－34岁	**44**	**29**	**15**	**20**	**18**	**2**
30	12	8	4	3	3	
31	10	6	4	4	3	1
32	1	1		1	1	
33	11	7	4	7	7	
34	10	7	3	5	4	1
35－39岁	**42**	**22**	**20**	**13**	**9**	**4**
35	7	5	2	4	4	
36	6	1	5			
37	6	3	3	1		1
38	13	7	6	5	3	2
39	10	6	4	3	2	1
40－44岁	**43**	**24**	**19**	**9**	**9**	
40	7	3	4	2	2	
41	12	7	5	3	3	
42	3	2	1	1	1	
43	11	8	3	3	3	
44	10	4	6			
45－49岁	**97**	**40**	**57**	**13**	**11**	**2**
45	15	3	12	2	1	1
46	18	4	14			
47	18	8	10	1	1	
48	22	11	11	8	7	1
49	24	14	10	2	2	
50－54岁	**153**	**58**	**95**	**10**	**10**	
50	31	11	20	3	3	
51	21	8	13	2	2	
52	27	9	18			
53	28	7	21			
54	46	23	23	5	5	
55－59岁	**191**	**70**	**121**	**12**	**11**	**1**
55	40	18	22	4	3	1
56	41	17	24	4	4	
57	61	24	37	3	3	
58	31	7	24	1	1	
59	18	4	14			
60－64岁	**224**	**79**	**145**	**14**	**14**	
60	14	7	7			
61	27	13	14	3	3	
62	46	10	36	3	3	
63	66	20	46	4	4	
64	71	29	42	4	4	
65岁及以上	**1896**	**656**	**1240**	**101**	**96**	**5**

单位：人

有配偶			离　婚			丧　偶		
小计	男	女	小计	男	女	小计	男	女
1630	**608**	**1022**	**41**	**20**	**21**	**846**	**177**	**669**
4	**1**	**3**						
1		1						
3	1	2						
15	**4**	**11**						
2	1	1						
3	1	2						
4		4						
4	1	3						
2	1	1						
22	**10**	**12**	**1**	**1**		**1**		**1**
8	4	4	1	1				
6	3	3						
4		4						
4	3	1				1		1
25	**12**	**13**	**3**	**1**	**2**	**1**		**1**
3	1	2						
5	1	4				1		1
5	3	2						
7	4	3	1		1			
5	3	2	2	1	1			
32	**13**	**19**	**2**	**2**				
5	1	4						
7	2	5	2	2				
2	1	1						
8	5	3						
10	4	6						
78	**27**	**51**	**5**	**2**	**3**	**1**		**1**
11	2	9	2		2			
18	4	14						
13	5	8	3	2	1	1		1
14	4	10						
22	12	10						
131	**44**	**87**	**6**	**3**	**3**	**6**	**1**	**5**
27	7	20	1	1				
17	6	11	1		1	1		1
24	9	15	1		1	2		2
26	6	20	1		1	1	1	
37	16	21	2	2		2		2
160	**50**	**110**	**8**	**5**	**3**	**11**	**4**	**7**
31	11	20	3	2	1	2	2	
36	12	24	1	1				
51	20	31	2	1	1	5		5
25	3	22	2	1	1	3	2	1
17	4	13				1		1
167	**58**	**109**	**8**	**3**	**5**	**35**	**4**	**31**
11	7	4				3		3
22	10	12				2		2
36	5	31	1		1	6	2	4
43	13	30	5	2	3	14	1	13
55	23	32	2	1	1	10	1	9
996	**389**	**607**	**8**	**3**	**5**	**791**	**168**	**623**

5–3 续表 3

受教育程度 年龄	15岁及以上人口			未婚		
	合计	男	女	小计	男	女
小学	**739269**	**336872**	**402397**	**27640**	**25516**	**2124**
15–19岁	**713**	**409**	**304**	**684**	**405**	**279**
15	92	51	41	92	51	41
16	124	73	51	123	73	50
17	107	62	45	106	61	45
18	165	96	69	160	96	64
19	225	127	98	203	124	79
20–24岁	**1926**	**1059**	**867**	**1350**	**925**	**425**
20	280	157	123	234	152	82
21	287	159	128	229	152	77
22	343	201	142	260	184	76
23	472	261	211	321	225	96
24	544	281	263	306	212	94
25–29岁	**4261**	**2246**	**2015**	**1446**	**1149**	**297**
25	697	378	319	340	260	80
26	750	388	362	323	240	83
27	859	482	377	298	251	47
28	922	481	441	242	193	49
29	1033	517	516	243	205	38
30–34岁	**8269**	**3827**	**4442**	**1273**	**1081**	**192**
30	1307	618	689	295	239	56
31	1385	659	726	231	198	33
32	1451	654	797	220	183	37
33	1954	907	1047	253	219	34
34	2172	989	1183	274	242	32
35–39岁	**9708**	**4012**	**5696**	**796**	**693**	**103**
35	1606	683	923	163	143	20
36	1462	603	859	120	108	12
37	1749	722	1027	161	141	20
38	2587	1045	1542	214	189	25
39	2304	959	1345	138	112	26
40–44岁	**20922**	**8532**	**12390**	**1060**	**952**	**108**
40	2241	871	1370	147	132	15
41	3297	1347	1950	170	151	19
42	3357	1299	2058	174	160	14
43	4657	1952	2705	226	204	22
44	7370	3063	4307	343	305	38
45–49岁	**73014**	**30934**	**42080**	**2945**	**2773**	**172**
45	11237	4709	6528	490	453	37
46	14127	6083	8044	637	595	42
47	14923	6302	8621	577	556	21
48	15269	6458	8811	590	560	30
49	17458	7382	10076	651	609	42
50–54岁	**106003**	**45005**	**60998**	**3064**	**2938**	**126**
50	19814	8430	11384	596	571	25
51	20342	8655	11687	637	617	20
52	22908	9778	13130	622	588	34
53	20118	8429	11689	582	561	21
54	22821	9713	13108	627	601	26
55–59岁	**87071**	**36345**	**50726**	**2262**	**2169**	**93**
55	21474	9202	12272	591	570	21
56	21791	9118	12673	597	577	20
57	24190	10297	13893	626	601	25
58	12786	5028	7758	278	265	13
59	6830	2700	4130	170	156	14
60–64岁	**76136**	**36174**	**39962**	**2991**	**2933**	**58**
60	8529	3776	4753	318	307	11
61	9534	4550	4984	395	385	10
62	16026	7730	8296	626	612	14
63	20531	9989	10542	847	835	12
64	21516	10129	11387	805	794	11
65岁及以上	**351246**	**168329**	**182917**	**9769**	**9498**	**271**

单位：人

有配偶			离　婚			丧　偶		
小计	男	女	小计	男	女	小计	男	女
580865	**267430**	**313435**	**17275**	**10363**	**6912**	**113489**	**33563**	**79926**
28	**4**	**24**	**1**		**1**			
1		1						
1	1							
5		5						
21	3	18	1		1			
565	**129**	**436**	**10**	**5**	**5**	**1**		**1**
45	4	41	1	1				
56	5	51	2	2				
83	17	66						
148	35	113	2	1	1	1		1
233	68	165	5	1	4			
2708	**1045**	**1663**	**105**	**52**	**53**	**2**		**2**
347	113	234	10	5	5			
419	146	273	8	2	6			
539	221	318	21	10	11	1		1
649	273	376	31	15	16			
754	292	462	35	20	15	1		1
6554	**2507**	**4047**	**419**	**228**	**191**	**23**	**11**	**12**
966	350	616	44	27	17	2	2	
1090	427	663	58	32	26	6	2	4
1154	427	727	75	42	33	2	2	
1586	630	956	108	55	53	7	3	4
1758	673	1085	134	72	62	6	2	4
8294	**2969**	**5325**	**558**	**334**	**224**	**60**	**16**	**44**
1347	487	860	89	51	38	7	2	5
1256	444	812	77	51	26	9		9
1480	521	959	102	56	46	6	4	2
2200	764	1436	152	88	64	21	4	17
2011	753	1258	138	88	50	17	6	11
18550	**6868**	**11682**	**1116**	**668**	**448**	**196**	**44**	**152**
1974	672	1302	110	67	43	10		10
2916	1082	1834	187	108	79	24	6	18
2983	1029	1954	171	102	69	29	8	21
4115	1569	2546	268	171	97	48	8	40
6562	2516	4046	380	220	160	85	22	63
65757	**25948**	**39809**	**3246**	**1920**	**1326**	**1066**	**293**	**773**
10017	3861	6156	596	358	238	134	37	97
12632	5049	7583	675	392	283	183	47	136
13484	5314	8170	625	367	258	237	65	172
13777	5439	8338	675	396	279	227	63	164
15847	6285	9562	675	407	268	285	81	204
96198	**39220**	**56978**	**3604**	**2106**	**1498**	**3137**	**741**	**2396**
17936	7256	10680	814	473	341	468	130	338
18465	7475	10990	751	446	305	489	117	372
20841	8581	12260	758	437	321	687	172	515
18299	7389	10910	589	348	241	648	131	517
20657	8519	12138	692	402	290	845	191	654
77522	**31730**	**45792**	**2460**	**1414**	**1046**	**4827**	**1032**	**3795**
19304	8055	11249	644	373	271	935	204	731
19430	7908	11522	627	368	259	1137	265	872
21474	9017	12457	683	394	289	1407	285	1122
11317	4404	6913	317	177	140	874	182	692
5997	2346	3651	189	102	87	474	96	378
64329	**30026**	**34303**	**1950**	**1321**	**629**	**6866**	**1894**	**4972**
7332	3139	4193	258	173	85	621	157	464
8146	3770	4376	294	196	98	699	199	500
13558	6410	7148	424	289	135	1418	419	999
17249	8283	8966	503	345	158	1932	526	1406
18044	8424	9620	471	318	153	2196	593	1603
240360	**126984**	**113376**	**3806**	**2315**	**1491**	**97311**	**29532**	**67779**

5−3 续表 4

受教育程度 年龄	15岁及以上人口			未婚		
	合计	男	女	小计	男	女
初　中	**903731**	**479154**	**424577**	**85539**	**60498**	**25041**
15−19岁	**29602**	**16860**	**12742**	**29301**	**16813**	**12488**
15	15625	8656	6969	15624	8656	6968
16	5723	3187	2536	5715	3187	2528
17	2998	1773	1225	2958	1769	1189
18	2578	1603	975	2490	1586	904
19	2678	1641	1037	2514	1615	899
20−24岁	**26199**	**15139**	**11060**	**17872**	**12678**	**5194**
20	2937	1768	1169	2555	1704	851
21	3616	2141	1475	2923	2029	894
22	5251	3036	2215	3792	2671	1121
23	6410	3676	2734	4126	2967	1159
24	7985	4518	3467	4476	3307	1169
25−29岁	**51468**	**27783**	**23685**	**16313**	**12648**	**3665**
25	9615	5305	4310	4447	3348	1099
26	9572	5163	4409	3557	2716	841
27	10872	5919	4953	3472	2721	751
28	10446	5601	4845	2585	2054	531
29	10963	5795	5168	2252	1809	443
30−34岁	**81598**	**41837**	**39761**	**8883**	**7346**	**1537**
30	13840	7246	6594	2263	1855	408
31	13840	7122	6718	1826	1519	307
32	13564	6779	6785	1494	1233	261
33	19772	10120	9652	1756	1464	292
34	20582	10570	10012	1544	1275	269
35−39岁	**71607**	**36081**	**35526**	**3452**	**2783**	**669**
35	13882	7013	6869	908	741	167
36	11183	5424	5759	611	483	128
37	12797	6447	6350	587	470	117
38	17945	9161	8784	724	585	139
39	15800	8036	7764	622	504	118
40−44岁	**76313**	**37821**	**38492**	**2042**	**1673**	**369**
40	11536	5792	5744	390	318	72
41	14326	7118	7208	446	364	82
42	12556	6135	6421	319	264	55
43	15642	7696	7946	359	288	71
44	22253	11080	11173	528	439	89
45−49岁	**167015**	**85046**	**81969**	**3331**	**2816**	**515**
45	30565	15297	15268	728	632	96
46	34512	17452	17060	712	600	112
47	35396	18127	17269	697	567	130
48	32390	16591	15799	566	488	78
49	34152	17579	16573	628	529	99
50−54岁	**147668**	**76711**	**70957**	**1851**	**1559**	**292**
50	33629	17328	16301	506	409	97
51	29438	15389	14049	393	334	59
52	30958	16056	14902	368	308	60
53	25089	13066	12023	296	260	36
54	28554	14872	13682	288	248	40
55−59岁	**103072**	**54388**	**48684**	**1037**	**906**	**131**
55	27501	14413	13088	259	225	34
56	27330	14308	13022	281	242	39
57	29483	15615	13868	310	282	28
58	12586	6676	5910	104	88	16
59	6172	3376	2796	83	69	14
60−64岁	**47549**	**27640**	**19909**	**564**	**493**	**71**
60	6776	3855	2921	74	62	12
61	6628	3871	2757	89	77	12
62	9997	5878	4119	109	100	9
63	11837	6919	4918	146	125	21
64	12311	7117	5194	146	129	17
65岁及以上	**101640**	**59848**	**41792**	**893**	**783**	**110**

单位：人

有配偶			离婚			丧偶		
小计	男	女	小计	男	女	小计	男	女
749851	**386647**	**363204**	**41517**	**23077**	**18440**	**26824**	**8932**	**17892**
297	**46**	**251**	**3**	**1**	**2**	**1**		**1**
1		1						
8		8						
40	4	36						
86	17	69	1		1	1		1
162	25	137	2	1	1			
8148	**2398**	**5750**	**175**	**63**	**112**	**4**		**4**
377	63	314	4	1	3	1		1
688	112	576	5		5			
1431	353	1078	28	12	16			
2235	693	1542	48	16	32	1		1
3417	1177	2240	90	34	56	2		2
33899	**14522**	**19377**	**1228**	**608**	**620**	**28**	**5**	**23**
5048	1923	3125	116	34	82	4		4
5860	2372	3488	153	75	78	2		2
7140	3076	4064	250	120	130	10	2	8
7545	3392	4153	307	153	154	9	2	7
8306	3759	4547	402	226	176	3	1	2
68512	**32012**	**36500**	**4077**	**2447**	**1630**	**126**	**32**	**94**
11063	5095	5968	503	294	209	11	2	9
11373	5230	6143	626	368	258	15	5	10
11401	5172	6229	648	368	280	21	6	15
16884	7968	8916	1091	678	413	41	10	31
17791	8547	9244	1209	739	470	38	9	29
63362	**30451**	**32911**	**4620**	**2800**	**1820**	**173**	**47**	**126**
12079	5749	6330	871	514	357	24	9	15
9888	4557	5331	655	377	278	29	7	22
11367	5492	5875	815	474	341	28	11	17
15990	7816	8174	1189	749	440	42	11	31
14038	6837	7201	1090	686	404	50	9	41
68839	**33198**	**35641**	**5006**	**2834**	**2172**	**426**	**116**	**310**
10329	5008	5321	775	459	316	42	7	35
12858	6203	6655	950	535	415	72	16	56
11387	5412	5975	788	440	348	62	19	43
14088	6785	7303	1090	595	495	105	28	77
20177	9790	10387	1403	805	598	145	46	99
152651	**76535**	**76116**	**9455**	**5224**	**4231**	**1578**	**471**	**1107**
27649	13528	14121	1937	1059	878	251	78	173
31487	15660	15827	2026	1107	919	287	85	202
32469	16389	16080	1934	1096	838	296	75	221
29700	14992	14708	1803	1005	798	321	106	215
31346	15966	15380	1755	957	798	423	127	296
135830	**70577**	**65253**	**7208**	**3785**	**3423**	**2779**	**790**	**1989**
30842	15793	15049	1794	992	802	487	134	353
27005	14092	12913	1574	826	748	466	137	329
28571	14837	13734	1463	766	697	556	145	411
23151	12094	11057	1065	545	520	577	167	410
26261	13761	12500	1312	656	656	693	207	486
93888	**50120**	**43768**	**4618**	**2421**	**2197**	**3529**	**941**	**2588**
25296	13387	11909	1202	623	579	744	178	566
24889	13185	11704	1228	605	623	932	276	656
26758	14342	12416	1334	710	624	1081	281	800
11461	6176	5285	514	274	240	507	138	369
5484	3030	2454	340	209	131	265	68	197
41934	**24894**	**17040**	**2301**	**1353**	**948**	**2750**	**900**	**1850**
6051	3477	2574	363	217	146	288	99	189
5875	3497	2378	315	200	115	349	97	252
8876	5333	3543	478	270	208	534	175	359
10406	6226	4180	567	341	226	718	227	491
10726	6361	4365	578	325	253	861	302	559
82491	**51894**	**30597**	**2826**	**1541**	**1285**	**15430**	**5630**	**9800**

5-3 续表 5

受教育程度 年 龄	15岁及以上人口			未 婚		
	合计	男	女	小计	男	女
高 中	**531347**	**286536**	**244811**	**192957**	**114869**	**78088**
15-19岁	**120327**	**65111**	**55216**	**120131**	**65071**	**55060**
15	22560	11564	10996	22559	11564	10995
16	37311	19872	17439	37301	19872	17429
17	32923	17732	15191	32905	17726	15179
18	18645	10694	7951	18595	10681	7914
19	8888	5249	3639	8771	5228	3543
20-24岁	**42490**	**24506**	**17984**	**34122**	**21915**	**12207**
20	6606	3851	2755	6311	3816	2495
21	6812	4021	2791	6212	3903	2309
22	8556	5010	3546	7188	4660	2528
23	9514	5396	4118	7155	4653	2502
24	11002	6228	4774	7256	4883	2373
25-29岁	**61154**	**33004**	**28150**	**23406**	**16604**	**6802**
25	12164	6738	5426	6746	4672	2074
26	11665	6344	5321	5362	3741	1621
27	12735	6873	5862	4687	3398	1289
28	12201	6536	5665	3686	2670	1016
29	12389	6513	5876	2925	2123	802
30-34岁	**68778**	**36136**	**32642**	**9129**	**6893**	**2236**
30	13824	7227	6597	2667	2002	665
31	12994	6911	6083	1965	1481	484
32	11688	6124	5564	1477	1133	344
33	15663	8218	7445	1669	1271	398
34	14609	7656	6953	1351	1006	345
35-39岁	**43411**	**22414**	**20997**	**2825**	**2042**	**783**
35	9390	4847	4543	740	554	186
36	6989	3613	3376	561	409	152
37	7491	3907	3584	514	367	147
38	10557	5454	5103	605	425	180
39	8984	4593	4391	405	287	118
40-44岁	**33199**	**17132**	**16067**	**1103**	**771**	**332**
40	6414	3300	3114	275	197	78
41	6807	3471	3336	231	165	66
42	5776	3008	2768	175	124	51
43	6311	3251	3060	193	138	55
44	7891	4102	3789	229	147	82
45-49岁	**46294**	**24999**	**21295**	**1050**	**722**	**328**
45	9582	5035	4547	252	177	75
46	9912	5328	4584	251	165	86
47	9478	5099	4379	204	134	70
48	8542	4663	3879	160	116	44
49	8780	4874	3906	183	130	53
50-54岁	**33265**	**18376**	**14889**	**550**	**399**	**151**
50	8456	4604	3852	160	105	55
51	7069	3938	3131	129	100	29
52	6953	3883	3070	124	95	29
53	4937	2707	2230	60	44	16
54	5850	3244	2606	77	55	22
55-59岁	**35615**	**19012**	**16603**	**363**	**260**	**103**
55	6582	3579	3003	81	64	17
56	8151	4410	3741	83	61	22
57	11679	6214	5465	119	82	37
58	5685	3023	2662	51	33	18
59	3518	1786	1732	29	20	9
60-64岁	**21454**	**11146**	**10308**	**152**	**110**	**42**
60	4076	2109	1967	37	29	8
61	3831	1949	1882	27	19	8
62	5027	2620	2407	44	31	13
63	4704	2426	2278	23	17	6
64	3816	2042	1774	21	14	7
65岁及以上	**25360**	**14700**	**10660**	**126**	**82**	**44**

单位：人

有配偶			离　婚			丧　偶		
小计	男	女	小计	男	女	小计	男	女
310051	**159501**	**150550**	**21492**	**10250**	**11242**	**6847**	**1916**	**4931**
195	**40**	**155**	**1**		**1**			
1		1						
10		10						
18	6	12						
50	13	37						
116	21	95	1		1			
8263	**2565**	**5698**	**101**	**25**	**76**	**4**	**1**	**3**
293	35	258	2		2			
596	117	479	4	1	3			
1356	347	1009	11	3	8	1		1
2330	737	1593	28	6	22	1		1
3688	1329	2359	56	15	41	2	1	1
36572	**15844**	**20728**	**1156**	**547**	**609**	**20**	**9**	**11**
5308	2022	3286	109	43	66	1	1	
6133	2533	3600	167	70	97	3		3
7818	3364	4454	228	111	117	2		2
8217	3727	4490	290	134	156	8	5	3
9096	4198	4898	362	189	173	6	3	3
56352	**27621**	**28731**	**3232**	**1599**	**1633**	**65**	**23**	**42**
10699	4994	5705	448	226	222	10	5	5
10489	5164	5325	528	261	267	12	5	7
9651	4721	4930	546	267	279	14	3	11
13144	6553	6591	827	386	441	23	8	15
12369	6189	6180	883	459	424	6	2	4
37619	**18847**	**18772**	**2892**	**1504**	**1388**	**75**	**21**	**54**
8053	3978	4075	579	311	268	18	4	14
6005	2991	3014	409	208	201	14	5	9
6435	3259	3176	527	277	250	15	4	11
9208	4639	4569	729	384	345	15	6	9
7918	3980	3938	648	324	324	13	2	11
29376	**15032**	**14344**	**2608**	**1301**	**1307**	**112**	**28**	**84**
5655	2859	2796	472	241	231	12	3	9
6035	3049	2986	524	252	272	17	5	12
5120	2646	2474	461	233	228	20	5	15
5592	2858	2734	504	250	254	22	5	17
6974	3620	3354	647	325	322	41	10	31
41303	**22497**	**18806**	**3636**	**1713**	**1923**	**305**	**67**	**238**
8584	4527	4057	695	316	379	51	15	36
8812	4761	4051	792	388	404	57	14	43
8465	4612	3853	756	342	414	53	11	42
7647	4205	3442	669	328	341	66	14	52
7795	4392	3403	724	339	385	78	13	65
29472	**16596**	**12876**	**2801**	**1271**	**1530**	**442**	**110**	**332**
7546	4196	3350	674	287	387	76	16	60
6221	3517	2704	635	293	342	84	28	56
6109	3460	2649	614	301	313	106	27	79
4398	2475	1923	389	166	223	90	22	68
5198	2948	2250	489	224	265	86	17	69
31473	**17311**	**14162**	**2814**	**1240**	**1574**	**965**	**201**	**764**
5843	3247	2596	515	233	282	143	35	108
7242	4048	3194	639	263	376	187	38	149
10308	5644	4664	929	429	500	323	59	264
5019	2763	2256	446	194	252	169	33	136
3061	1609	1452	285	121	164	143	36	107
18773	**10132**	**8641**	**1455**	**673**	**782**	**1074**	**231**	**843**
3534	1886	1648	310	156	154	195	38	157
3346	1762	1584	283	131	152	175	37	138
4364	2367	1997	375	170	205	244	52	192
4143	2229	1914	280	125	155	258	55	203
3386	1888	1498	207	91	116	202	49	153
20653	**13016**	**7637**	**796**	**377**	**419**	**3785**	**1225**	**2560**

5-3 续表 6

受教育程度 年龄	15岁及以上人口			未婚		
	合计	男	女	小计	男	女
大学专科	**288750**	**147533**	**141217**	**115277**	**61066**	**54211**
15-19岁	**24935**	**12928**	**12007**	**24904**	**12921**	**11983**
15	512	339	173	512	339	173
16	886	540	346	886	540	346
17	1760	911	849	1759	910	849
18	7981	4094	3887	7975	4092	3883
19	13796	7044	6752	13772	7040	6732
20-24岁	**59285**	**28372**	**30913**	**54273**	**27063**	**27210**
20	14220	7111	7109	14129	7095	7034
21	11772	5741	6031	11480	5692	5788
22	11018	5158	5860	10272	5001	5271
23	11101	5209	5892	9710	4823	4887
24	11174	5153	6021	8682	4452	4230
25-29岁	**52844**	**24955**	**27889**	**24935**	**14169**	**10766**
25	11615	5336	6279	7815	4104	3711
26	10730	5074	5656	5963	3382	2581
27	10998	5207	5791	4988	2905	2083
28	9940	4728	5212	3533	2135	1398
29	9561	4610	4951	2636	1643	993
30-34岁	**48805**	**23704**	**25101**	**7555**	**4729**	**2826**
30	10304	4985	5319	2425	1528	897
31	9226	4419	4807	1647	1014	633
32	8503	4132	4371	1210	754	456
33	10912	5352	5560	1290	814	476
34	9860	4816	5044	983	619	364
35-39岁	**29678**	**14988**	**14690**	**2242**	**1344**	**898**
35	6318	3198	3120	571	358	213
36	5091	2574	2517	404	230	174
37	5554	2805	2749	446	279	167
38	7216	3643	3573	506	300	206
39	5499	2768	2731	315	177	138
40-44岁	**17996**	**9450**	**8546**	**618**	**372**	**246**
40	3887	2022	1865	174	107	67
41	3650	1855	1795	130	81	49
42	3090	1668	1422	112	68	44
43	3361	1752	1609	98	57	41
44	4008	2153	1855	104	59	45
45-49岁	**20060**	**11220**	**8840**	**462**	**283**	**179**
45	4370	2434	1936	134	83	51
46	4420	2455	1965	107	62	45
47	4117	2301	1816	81	55	26
48	3612	2043	1569	72	47	25
49	3541	1987	1554	68	36	32
50-54岁	**12483**	**7456**	**5027**	**166**	**107**	**59**
50	3354	1944	1410	49	34	15
51	2673	1598	1075	35	23	12
52	2601	1560	1041	44	25	19
53	1850	1103	747	18	10	8
54	2005	1251	754	20	15	5
55-59岁	**9255**	**5704**	**3551**	**58**	**41**	**17**
55	1995	1240	755	20	14	6
56	2409	1469	940	18	13	5
57	2917	1756	1161	8	4	4
58	1287	832	455	10	8	2
59	647	407	240	2	2	
60-64岁	**4344**	**2776**	**1568**	**26**	**16**	**10**
60	662	421	241	3	1	2
61	637	412	225	3	2	1
62	942	603	339	6	4	2
63	1004	628	376	4	2	2
64	1099	712	387	10	7	3
65岁及以上	**9065**	**5980**	**3085**	**38**	**21**	**17**

单位：人

有配偶			离　婚			丧　偶		
小计	男	女	小计	男	女	小计	男	女
163068	**82168**	**80900**	**8919**	**3815**	**5104**	**1486**	**484**	**1002**
31	**7**	**24**						
1	1							
6	2	4						
24	4	20						
4970	**1299**	**3671**	**42**	**10**	**32**			
91	16	75						
288	47	241	4	2	2			
738	156	582	8	1	7			
1380	384	996	11	2	9			
2473	696	1777	19	5	14			
27280	**10576**	**16704**	**620**	**208**	**412**	**9**	**2**	**7**
3757	1219	2538	40	12	28	3	1	2
4682	1667	3015	84	25	59	1		1
5908	2272	3636	100	30	70	2		2
6230	2537	3693	176	56	120	1		1
6703	2881	3822	220	85	135	2	1	1
39453	**18249**	**21204**	**1768**	**719**	**1049**	**29**	**7**	**22**
7617	3359	4258	259	98	161	3		3
7309	3292	4017	266	112	154	4	1	3
6992	3261	3731	299	117	182	2		2
9139	4340	4799	474	196	278	9	2	7
8396	3997	4399	470	196	274	11	4	7
25629	**12838**	**12791**	**1780**	**804**	**976**	**27**	**2**	**25**
5395	2671	2724	346	168	178	6	1	5
4404	2218	2186	279	126	153	4		4
4757	2361	2396	345	165	180	6		6
6240	3145	3095	463	197	266	7	1	6
4833	2443	2390	347	148	199	4		4
16142	**8540**	**7602**	**1197**	**526**	**671**	**39**	**12**	**27**
3456	1805	1651	251	109	142	6	1	5
3256	1655	1601	257	117	140	7	2	5
2783	1505	1278	187	93	94	8	2	6
3015	1588	1427	239	103	136	9	4	5
3632	1987	1645	263	104	159	9	3	6
18027	**10290**	**7737**	**1479**	**628**	**851**	**92**	**19**	**73**
3936	2221	1715	281	123	158	19	7	12
3972	2248	1724	329	141	188	12	4	8
3718	2128	1590	295	114	181	23	4	19
3226	1869	1357	297	125	172	17	2	15
3175	1824	1351	277	125	152	21	2	19
11327	**6931**	**4396**	**879**	**387**	**492**	**111**	**31**	**80**
3026	1801	1225	258	102	156	21	7	14
2423	1488	935	189	80	109	26	7	19
2349	1439	910	186	88	98	22	8	14
1690	1029	661	126	62	64	16	2	14
1839	1174	665	120	55	65	26	7	19
8434	**5359**	**3075**	**626**	**272**	**354**	**137**	**32**	**105**
1793	1146	647	160	71	89	22	9	13
2219	1392	827	138	59	79	34	5	29
2655	1663	992	199	78	121	55	11	44
1173	775	398	90	45	45	14	4	10
594	383	211	39	19	20	12	3	9
3942	**2609**	**1333**	**255**	**114**	**141**	**121**	**37**	**84**
611	397	214	39	20	19	9	3	6
583	391	192	39	16	23	12	3	9
857	569	288	50	25	25	29	5	24
903	588	315	60	21	39	37	17	20
988	664	324	67	32	35	34	9	25
7833	**5470**	**2363**	**273**	**147**	**126**	**921**	**342**	**579**

5-3 续表 7

受教育程度 年　龄	15岁及以上人口			未　婚		
	合计	男	女	小计	男	女
大学本科	**241008**	**120382**	**120626**	**111991**	**52607**	**59384**
15－19岁	**20551**	**9327**	**11224**	**20545**	**9325**	**11220**
15	57	25	32	57	25	32
16	165	69	96	165	69	96
17	1013	410	603	1013	410	603
18	6939	3206	3733	6938	3205	3733
19	12377	5617	6760	12372	5616	6756
20－24岁	**58794**	**26307**	**32487**	**57245**	**25819**	**31426**
20	14506	6571	7935	14490	6569	7921
21	13889	6184	7705	13841	6176	7665
22	12282	5493	6789	12122	5462	6660
23	9575	4300	5275	9165	4164	5001
24	8542	3759	4783	7627	3448	4179
25－29岁	**43376**	**19419**	**23957**	**24237**	**11902**	**12335**
25	9068	3966	5102	7270	3373	3897
26	8383	3660	4723	5714	2728	2986
27	9261	4048	5213	5056	2501	2555
28	8392	3836	4556	3489	1818	1671
29	8272	3909	4363	2708	1482	1226
30－34岁	**43010**	**21269**	**21741**	**7020**	**3934**	**3086**
30	9177	4460	4717	2321	1324	997
31	8247	4044	4203	1659	918	741
32	7593	3820	3773	1144	650	494
33	9355	4601	4754	1072	582	490
34	8638	4344	4294	824	460	364
35－39岁	**28015**	**14737**	**13278**	**2050**	**1142**	**908**
35	5916	3029	2887	519	270	249
36	5211	2753	2458	436	260	176
37	5507	2950	2557	418	244	174
38	6550	3446	3104	404	220	184
39	4831	2559	2272	273	148	125
40－44岁	**13618**	**7608**	**6010**	**458**	**246**	**212**
40	3192	1747	1445	144	84	60
41	2928	1588	1340	105	53	52
42	2376	1359	1017	82	46	36
43	2409	1375	1034	63	33	30
44	2713	1539	1174	64	30	34
45－49岁	**12793**	**7731**	**5062**	**260**	**132**	**128**
45	2863	1688	1175	66	36	30
46	2683	1603	1080	65	31	34
47	2551	1552	999	38	15	23
48	2332	1483	849	47	28	19
49	2364	1405	959	44	22	22
50－54岁	**8780**	**5679**	**3101**	**105**	**70**	**35**
50	2222	1379	843	34	19	15
51	1875	1185	690	19	12	7
52	1927	1246	681	21	14	7
53	1312	893	419	17	12	5
54	1444	976	468	14	13	1
55－59岁	**5622**	**3845**	**1777**	**44**	**27**	**17**
55	1355	935	420	10	6	4
56	1515	1027	488	11	6	5
57	1712	1177	535	14	8	6
58	725	498	227	5	4	1
59	315	208	107	4	3	1
60－64岁	**1892**	**1291**	**601**	**9**	**3**	**6**
60	305	217	88	1		1
61	284	188	96	3	3	
62	375	265	110	2		2
63	444	303	141	2		2
64	484	318	166	1		1
65岁及以上	**4557**	**3169**	**1388**	**18**	**7**	**11**

单位：人

有配偶			离　婚			丧　偶		
小计	男	女	小计	男	女	小计	男	女
123251	**65356**	**57895**	**5026**	**2136**	**2890**	**740**	**283**	**457**
6	**2**	**4**						
1	1							
5	1	4						
1532	**482**	**1050**	**17**	**6**	**11**			
16	2	14						
47	8	39	1		1			
157	30	127	3	1	2			
408	135	273	2	1	1			
904	307	597	11	4	7			
18898	**7451**	**11447**	**239**	**65**	**174**	**2**	**1**	**1**
1784	592	1192	14	1	13			
2647	923	1724	21	9	12	1		1
4156	1537	2619	49	10	39			
4842	2002	2840	61	16	45			
5469	2397	3072	94	29	65	1	1	
34907	**16930**	**17977**	**1065**	**402**	**663**	**18**	**3**	**15**
6708	3088	3620	145	47	98	3	1	2
6432	3067	3365	155	59	96	1		1
6245	3093	3152	201	77	124	3		3
8012	3920	4092	265	99	166	6		6
7510	3762	3748	299	120	179	5	2	3
24736	**13055**	**11681**	**1210**	**533**	**677**	**19**	**7**	**12**
5178	2671	2507	218	88	130	1		1
4587	2408	2179	187	85	102	1		1
4815	2578	2237	273	128	145	1		1
5828	3086	2742	313	138	175	5	2	3
4328	2312	2016	219	94	125	11	5	6
12411	**7064**	**5347**	**726**	**291**	**435**	**23**	**7**	**16**
2880	1602	1278	163	61	102	5		5
2647	1463	1184	169	71	98	7	1	6
2168	1257	911	122	54	68	4	2	2
2216	1292	924	125	47	78	5	3	2
2500	1450	1050	147	58	89	2	1	1
11780	**7280**	**4500**	**722**	**314**	**408**	**31**	**5**	**26**
2635	1581	1054	156	71	85	6		6
2461	1507	954	154	64	90	3	1	2
2374	1472	902	131	64	67	8	1	7
2150	1393	757	127	60	67	8	2	6
2160	1327	833	154	55	99	6	1	5
8115	**5351**	**2764**	**508**	**245**	**263**	**52**	**13**	**39**
2043	1298	745	133	61	72	12	1	11
1739	1127	612	108	45	63	9	1	8
1769	1163	606	127	68	59	10	1	9
1227	849	378	57	27	30	11	5	6
1337	914	423	83	44	39	10	5	5
5212	**3647**	**1565**	**321**	**160**	**161**	**45**	**11**	**34**
1249	885	364	86	41	45	10	3	7
1416	983	433	78	37	41	10	1	9
1581	1108	473	102	56	46	15	5	10
676	477	199	37	16	21	7	1	6
290	194	96	18	10	8	3	1	2
1735	**1223**	**512**	**110**	**57**	**53**	**38**	**8**	**30**
281	208	73	16	8	8	7	1	6
253	173	80	19	11	8	9	1	8
342	248	94	25	14	11	6	3	3
414	289	125	22	13	9	6	1	5
445	305	140	28	11	17	10	2	8
3919	**2871**	**1048**	**108**	**63**	**45**	**512**	**228**	**284**

5-3 续表 8

受教育程度 年　龄	15岁及以上人口			未　婚		
	合计	男	女	小计	男	女
硕士研究生	**20646**	**10343**	**10303**	**8914**	**3755**	**5159**
15-19岁	**18**	**7**	**11**	**18**	**7**	**11**
15						
16						
17	1	1		1	1	
18	7	2	5	7	2	5
19	10	4	6	10	4	6
20-24岁	**4064**	**1578**	**2486**	**4034**	**1571**	**2463**
20	30	10	20	30	10	20
21	148	57	91	147	57	90
22	802	321	481	801	321	480
23	1419	517	902	1414	516	898
24	1665	673	992	1642	667	975
25-29岁	**4738**	**2037**	**2701**	**3648**	**1595**	**2053**
25	1389	592	797	1335	573	762
26	989	421	568	863	371	492
27	819	356	463	636	279	357
28	760	324	436	455	205	250
29	781	344	437	359	167	192
30-34岁	**4239**	**2010**	**2229**	**857**	**390**	**467**
30	856	342	514	278	115	163
31	850	403	447	217	99	118
32	810	388	422	161	76	85
33	873	426	447	111	58	53
34	850	451	399	90	42	48
35-39岁	**3510**	**1935**	**1575**	**271**	**144**	**127**
35	660	361	299	73	40	33
36	661	362	299	55	29	26
37	687	376	311	48	24	24
38	862	479	383	66	36	30
39	640	357	283	29	15	14
40-44岁	**1559**	**968**	**591**	**43**	**26**	**17**
40	433	267	166	17	12	5
41	329	214	115	11	7	4
42	289	174	115	5	2	3
43	259	166	93	3	2	1
44	249	147	102	7	3	4
45-49岁	**1134**	**775**	**359**	**26**	**15**	**11**
45	250	186	64	6	4	2
46	260	167	93	7	3	4
47	240	167	73	7	4	3
48	194	131	63	3	2	1
49	190	124	66	3	2	1
50-54岁	**635**	**457**	**178**	**12**	**5**	**7**
50	160	107	53	6	4	2
51	136	93	43	2		2
52	133	100	33	2		2
53	79	55	24	2	1	1
54	127	102	25			
55-59岁	**454**	**352**	**102**	**3**	**1**	**2**
55	112	81	31			
56	120	96	24	1		1
57	132	107	25	2	1	1
58	51	38	13			
59	39	30	9			
60-64岁	**134**	**105**	**29**	**2**	**1**	**1**
60	22	16	6	1		1
61	26	22	4			
62	25	23	2			
63	40	28	12	1	1	
64	21	16	5			
65岁及以上	**161**	**119**	**42**			

单位：人

有配偶			离婚			丧偶		
小计	男	女	小计	男	女	小计	男	女
11307	**6398**	**4909**	**396**	**182**	**214**	**29**	**8**	**21**
30	**7**	**23**						
1		1						
1		1						
5	1	4						
23	6	17						
1082	**439**	**643**	**8**	**3**	**5**			
54	19	35						
125	49	76	1	1				
182	77	105	1		1			
303	118	185	2	1	1			
418	176	242	4	1	3			
3331	**1603**	**1728**	**50**	**17**	**33**	**1**		**1**
571	225	346	7	2	5			
622	300	322	11	4	7			
638	309	329	11	3	8			
752	365	387	10	3	7			
748	404	344	11	5	6	1		1
3119	**1745**	**1374**	**118**	**46**	**72**	**2**		**2**
565	310	255	22	11	11			
594	329	265	12	4	8			
620	348	272	19	4	15			
764	434	330	31	9	22	1		1
576	324	252	34	18	16	1		1
1437	**904**	**533**	**77**	**37**	**40**	**2**	**1**	**1**
403	248	155	12	6	6	1	1	
293	196	97	25	11	14			
275	166	109	9	6	3			
241	157	84	14	7	7	1		1
225	137	88	17	7	10			
1036	**724**	**312**	**70**	**35**	**35**	**2**	**1**	**1**
228	175	53	16	7	9			
237	154	83	16	10	6			
219	155	64	13	8	5	1		1
175	122	53	16	7	9			
177	118	59	9	3	6	1	1	
594	**441**	**153**	**28**	**11**	**17**	**1**		**1**
144	100	44	10	3	7			
129	91	38	5	2	3			
125	97	28	6	3	3			
76	54	22	1		1			
120	99	21	6	3	3	1		1
421	**331**	**90**	**30**	**20**	**10**			
104	78	26	8	3	5			
112	92	20	7	4	3			
122	99	23	8	7	1			
47	34	13	4	4				
36	28	8	3	2	1			
117	**94**	**23**	**11**	**10**	**1**	**4**		**4**
17	12	5	4	4				
23	21	2	1	1		2		2
23	22	1	1	1		1		1
36	25	11	3	2	1			
18	14	4	2	2		1		1
140	**110**	**30**	**4**	**3**	**1**	**17**	**6**	**11**

5-3 续表 9

受教育程度 年龄	15岁及以上人口			未婚		
	合计	男	女	小计	男	女
博士研究生	**2502**	**1498**	**1004**	**673**	**322**	**351**
15-19岁	**1**		**1**	**1**		**1**
15						
16						
17						
18						
19	1		1	1		1
20-24岁	**86**	**37**	**49**	**85**	**37**	**48**
20	3	3		3	3	
21	4	2	2	4	2	2
22	18	5	13	18	5	13
23	22	10	12	21	10	11
24	39	17	22	39	17	22
25-29岁	**476**	**213**	**263**	**366**	**168**	**198**
25	72	28	44	69	28	41
26	96	38	58	88	36	52
27	101	52	49	80	42	38
28	104	47	57	73	34	39
29	103	48	55	56	28	28
30-34岁	**586**	**334**	**252**	**166**	**84**	**82**
30	112	53	59	46	22	24
31	126	80	46	35	19	16
32	123	62	61	35	20	15
33	126	79	47	33	15	18
34	99	60	39	17	8	9
35-39岁	**507**	**311**	**196**	**39**	**25**	**14**
35	98	61	37	15	9	6
36	110	63	47	10	7	3
37	105	65	40	5	3	2
38	111	70	41	6	3	3
39	83	52	31	3	3	
40-44岁	**312**	**200**	**112**	**12**	**5**	**7**
40	83	47	36	4	1	3
41	72	53	19	2	1	1
42	64	41	23	2	2	
43	50	32	18			
44	43	27	16	4	1	3
45-49岁	**277**	**204**	**73**	**1**	**1**	
45	62	39	23			
46	55	43	12			
47	65	49	16			
48	50	37	13	1	1	
49	45	36	9			
50-54岁	**126**	**97**	**29**	**1**	**1**	
50	33	22	11			
51	28	24	4	1	1	
52	37	27	10			
53	16	13	3			
54	12	11	1			
55-59岁	**95**	**73**	**22**	**2**	**1**	**1**
55	25	16	9			
56	26	18	8	1		1
57	26	23	3			
58	13	12	1	1	1	
59	5	4	1			
60-64岁	**11**	**10**	**1**			
60	1	1				
61	3	3				
62	1	1				
63	5	4	1			
64	1	1				
65岁及以上	**25**	**19**	**6**			

单位：人

有配偶			离婚			丧偶		
小计	男	女	小计	男	女	小计	男	女
1782	**1145**	**637**	**43**	**30**	**13**	**4**	**1**	**3**
1		**1**						
1		1						
110	**45**	**65**						
3		3						
8	2	6						
21	10	11						
31	13	18						
47	20	27						
414	**246**	**168**	**5**	**3**	**2**	**1**	**1**	
65	31	34	1		1			
90	60	30	1	1				
85	40	45	3	2	1			
93	64	29						
81	51	30				1	1	
459	**281**	**178**	**9**	**5**	**4**			
79	50	29	4	2	2			
99	55	44	1	1				
100	62	38						
103	66	37	2	1	1			
78	48	30	2	1	1			
290	**189**	**101**	**10**	**6**	**4**			
78	45	33	1	1				
67	51	16	3	1	2			
59	37	22	3	2	1			
49	32	17	1		1			
37	24	13	2	2				
268	**197**	**71**	**8**	**6**	**2**			
60	37	23	2	2				
54	42	12	1	1				
62	47	15	3	2	1			
48	35	13	1	1				
44	36	8	1		1			
117	**90**	**27**	**7**	**6**	**1**	**1**		**1**
30	20	10	2	2		1		1
25	22	3	2	1	1			
36	26	10	1	1				
16	13	3						
10	9	1	2	2				
90	**69**	**21**	**3**	**3**				
23	14	9	2	2				
25	18	7						
25	22	3	1	1				
12	11	1						
5	4	1						
11	**10**	**1**						
1	1							
3	3							
1	1							
5	4	1						
1	1							
22	**18**	**4**	**1**	**1**		**2**		**2**

5-3a 全市分年龄、性别、受教育

受教育程度 年龄	15岁及以上人口			未婚		
	合计	男	女	小计	男	女
总计	**1408527**	**689953**	**718574**	**312911**	**172462**	**140449**
15-19岁	**103258**	**54346**	**48912**	**103080**	**54313**	**48767**
15	17385	9165	8220	17384	9165	8219
16	21725	11653	10072	21718	11653	10065
17	19485	10310	9175	19473	10307	9166
18	20030	10708	9322	19986	10698	9288
19	24633	12510	12123	24519	12490	12029
20-24岁	**120661**	**59033**	**61628**	**109044**	**55628**	**53416**
20	26787	13253	13534	26450	13210	13240
21	24369	11884	12485	23631	11752	11879
22	23411	11416	11995	21651	11002	10649
23	22450	10978	11472	19305	10018	9287
24	23644	11502	12142	18007	9646	8361
25-29岁	**129836**	**62876**	**66960**	**58092**	**33956**	**24136**
25	25635	12352	13283	16747	9279	7468
26	24811	11966	12845	13414	7721	5693
27	26829	12931	13898	11788	6990	4798
28	26027	12594	13433	8897	5405	3492
29	26534	13033	13501	7246	4561	2685
30-34岁	**159524**	**78610**	**80914**	**22839**	**14872**	**7967**
30	30417	14895	15522	6626	4265	2361
31	29107	14328	14779	5021	3236	1785
32	27321	13458	13863	3857	2529	1328
33	37015	18286	18729	4055	2687	1368
34	35664	17643	18021	3280	2155	1125
35-39岁	**116917**	**58199**	**58718**	**8058**	**5135**	**2923**
35	23832	11841	11991	2025	1291	734
36	19442	9707	9735	1566	1010	556
37	21336	10709	10627	1534	985	549
38	28811	14318	14493	1785	1141	644
39	23496	11624	11872	1148	708	440
40-44岁	**92364**	**45356**	**47008**	**2941**	**1910**	**1031**
40	16860	8414	8446	710	461	249
41	18265	8972	9293	614	399	215
42	15640	7691	7949	468	300	168
43	17979	8819	9160	511	347	164
44	23620	11460	12160	638	403	235
45-49岁	**159064**	**78504**	**80560**	**3378**	**2361**	**1017**
45	30356	14918	15438	752	531	221
46	32662	16040	16622	763	520	243
47	32635	16119	16516	673	461	212
48	30573	15226	15347	577	421	156
49	32838	16201	16637	613	428	185
50-54岁	**145095**	**70835**	**74260**	**1984**	**1482**	**502**
50	32939	16191	16748	539	381	158
51	29937	14825	15112	430	331	99
52	30821	15065	15756	414	302	112
53	23913	11491	12422	299	234	65
54	27485	13263	14222	302	234	68
55-59岁	**113652**	**54847**	**58805**	**1169**	**903**	**266**
55	26870	12968	13902	285	226	59
56	29093	14096	14997	287	228	59
57	34556	16795	17761	359	280	79
58	14627	6935	7692	139	101	38
59	8506	4053	4453	99	68	31
60-64岁	**73054**	**36022**	**37032**	**756**	**603**	**153**
60	10446	5073	5373	127	96	31
61	10775	5323	5452	109	85	24
62	15961	7998	7963	168	140	28
63	17988	8839	9149	181	145	36
64	17884	8789	9095	171	137	34
65岁及以上	**195102**	**91325**	**103777**	**1570**	**1299**	**271**

程度、婚姻状况的人口(城市)

单位：人

有配偶			离婚			丧偶		
小计	男	女	小计	男	女	小计	男	女
976288	**477139**	**499149**	**60401**	**27756**	**32645**	**58927**	**12596**	**46331**
177	**33**	**144**	**1**		**1**			
1		1						
7		7						
12	3	9						
44	10	34						
113	20	93	1		1			
11461	**3358**	**8103**	**155**	**47**	**108**	**1**		**1**
336	43	293	1		1			
730	129	601	8	3	5			
1739	408	1331	21	6	15			
3100	947	2153	45	13	32			
5556	1831	3725	80	25	55	1		1
69884	**28198**	**41686**	**1835**	**713**	**1122**	**25**	**9**	**16**
8742	3033	5709	143	39	104	3	1	2
11158	4155	7003	236	90	146	3		3
14700	5818	8882	337	121	216	4	2	2
16646	7003	9643	473	182	291	11	4	7
18638	8189	10449	646	281	365	4	2	2
129994	**60750**	**69244**	**6561**	**2955**	**3606**	**130**	**33**	**97**
22958	10276	12682	816	347	469	17	7	10
23061	10633	12428	1008	455	553	17	4	13
22380	10461	11919	1066	461	605	18	7	11
31157	14804	16353	1758	788	970	45	7	38
30438	14576	15862	1913	904	1009	33	8	25
101509	**49573**	**51936**	**7184**	**3457**	**3727**	**166**	**34**	**132**
20411	9875	10536	1367	668	699	29	7	22
16830	8206	8624	1025	486	539	21	5	16
18423	9072	9351	1352	645	707	27	7	20
25095	12259	12836	1892	912	980	39	6	33
20750	10161	10589	1548	746	802	50	9	41
82470	**40357**	**42113**	**6644**	**3022**	**3622**	**309**	**67**	**242**
14961	7405	7556	1152	542	610	37	6	31
16294	7968	8326	1304	595	709	53	10	43
14056	6899	7157	1066	477	589	50	15	35
16031	7832	8199	1361	625	736	76	15	61
21128	10253	10875	1761	783	978	93	21	72
143281	**70792**	**72489**	**11301**	**5118**	**6183**	**1104**	**233**	**871**
27226	13362	13864	2201	981	1220	177	44	133
29304	14388	14916	2402	1095	1307	193	37	156
29444	14576	14868	2310	1047	1263	208	35	173
27665	13761	13904	2106	985	1121	225	59	166
29642	14705	14937	2282	1010	1272	301	58	243
131161	**64681**	**66480**	**9497**	**4215**	**5282**	**2453**	**457**	**1996**
29718	14717	15001	2293	1011	1282	389	82	307
26980	13462	13518	2111	950	1161	416	82	334
27830	13725	14105	2039	946	1093	538	92	446
21728	10563	11165	1395	608	787	491	86	405
24905	12214	12691	1659	700	959	619	115	504
101155	**49926**	**51229**	**7534**	**3372**	**4162**	**3794**	**646**	**3148**
24165	11863	12302	1724	763	961	696	116	580
26034	12906	13128	1859	803	1056	913	159	754
30690	15253	15437	2316	1063	1253	1191	199	992
12889	6280	6609	994	450	544	605	104	501
7377	3624	3753	641	293	348	389	68	321
63291	**32303**	**30988**	**4366**	**2203**	**2163**	**4641**	**913**	**3728**
9081	4499	4582	735	385	350	503	93	410
9400	4764	4636	701	362	339	565	112	453
13838	7165	6673	994	488	506	961	205	756
15553	7938	7615	1007	518	489	1247	238	1009
15419	7937	7482	929	450	479	1365	265	1100
141905	**77168**	**64737**	**5323**	**2654**	**2669**	**46304**	**10204**	**36100**

5–3a 续表 1

受教育程度 年龄	15岁及以上人口			未婚		
	合计	男	女	小计	男	女
未上过学	**14094**	**3249**	**10845**	**657**	**515**	**142**
15–19岁	**49**	**34**	**15**	**49**	**34**	**15**
15	11	8	3	11	8	3
16	14	11	3	14	11	3
17	7	5	2	7	5	2
18	13	9	4	13	9	4
19	4	1	3	4	1	3
20–24岁	**59**	**38**	**21**	**55**	**37**	**18**
20	13	10	3	13	10	3
21	11	6	5	11	6	5
22	13	8	5	12	8	4
23	10	4	6	8	3	5
24	12	10	2	11	10	1
25–29岁	**68**	**35**	**33**	**49**	**31**	**18**
25	10	4	6	9	4	5
26	12	6	6	8	6	2
27	16	8	8	11	7	4
28	16	10	6	13	9	4
29	14	7	7	8	5	3
30–34岁	**110**	**67**	**43**	**56**	**42**	**14**
30	12	5	7	6	2	4
31	18	6	12	10	5	5
32	28	18	10	14	11	3
33	25	18	7	11	10	1
34	27	20	7	15	14	1
35–39岁	**114**	**57**	**57**	**51**	**40**	**11**
35	20	12	8	10	6	4
36	17	8	9	6	6	
37	23	12	11	13	10	3
38	29	13	16	13	11	2
39	25	12	13	9	7	2
40–44岁	**120**	**45**	**75**	**27**	**22**	**5**
40	23	8	15	5	4	1
41	20	10	10	8	6	2
42	22	5	17	2	2	
43	21	7	14	7	6	1
44	34	15	19	5	4	1
45–49岁	**320**	**110**	**210**	**53**	**39**	**14**
45	42	12	30	5	4	1
46	74	32	42	11	7	4
47	50	18	32	10	9	1
48	74	24	50	13	9	4
49	80	24	56	14	10	4
50–54岁	**606**	**145**	**461**	**46**	**36**	**10**
50	90	22	68	13	10	3
51	102	29	73	12	11	1
52	154	32	122	10	6	4
53	135	34	101	7	5	2
54	125	28	97	4	4	
55–59岁	**706**	**159**	**547**	**42**	**37**	**5**
55	153	29	124	8	6	2
56	176	45	131	9	9	
57	200	45	155	15	12	3
58	102	25	77	8	8	
59	75	15	60	2	2	
60–64岁	**1281**	**294**	**987**	**57**	**46**	**11**
60	120	29	91	9	6	3
61	149	31	118	5	3	2
62	271	71	200	14	12	2
63	387	88	299	15	13	2
64	354	75	279	14	12	2
65岁及以上	**10661**	**2265**	**8396**	**172**	**151**	**21**

单位：人

有配偶			离婚			丧偶		
小计	男	女	小计	男	女	小计	男	女
7024	**1924**	**5100**	**279**	**121**	**158**	**6134**	**689**	**5445**
4	**1**	**3**						
1		1						
2	1	1						
1		1						
18	**3**	**15**	**1**	**1**				
1		1						
4		4						
5	1	4						
2		2	1	1				
6	2	4						
49	**22**	**27**	**4**	**3**	**1**	**1**		**1**
6	3	3						
7	1	6	1		1			
13	6	7	1	1				
12	6	6	2	2				
11	6	5				1		1
59	**16**	**43**	**3**	**1**	**2**	**1**		**1**
9	5	4	1	1				
11	2	9						
10	2	8						
14	2	12	1		1	1		1
15	5	10	1		1			
86	**20**	**66**	**3**	**3**		**4**		**4**
18	4	14						
12	4	8						
17	3	14				3		3
14	1	13						
25	8	17	3	3		1		1
239	**61**	**178**	**20**	**9**	**11**	**8**	**1**	**7**
35	7	28	2	1	1			
53	23	30	7	2	5	3		3
33	6	27	4	2	2	3	1	2
57	14	43	3	1	2	1		1
61	11	50	4	3	1	1		1
515	**99**	**416**	**28**	**9**	**19**	**17**	**1**	**16**
72	11	61	4	1	3	1		1
85	17	68	4	1	3	1		1
133	24	109	5	1	4	6	1	5
118	27	91	7	2	5	3		3
107	20	87	8	4	4	6		6
567	**102**	**465**	**34**	**19**	**15**	**63**	**1**	**62**
126	21	105	8	2	6	11		11
151	34	117	3	2	1	13		13
157	24	133	14	9	5	14		14
76	13	63	6	4	2	12		12
57	10	47	3	2	1	13	1	12
1005	**212**	**793**	**39**	**16**	**23**	**180**	**20**	**160**
87	17	70	6	3	3	18	3	15
116	20	96	9	5	4	19	3	16
214	50	164	6	2	4	37	7	30
314	68	246	7	3	4	51	4	47
274	57	217	11	3	8	55	3	52
4482	**1388**	**3094**	**147**	**60**	**87**	**5860**	**666**	**5194**

5-3a 续表 2

受教育程度 年 龄	15岁及以上人口			未 婚		
	合计	男	女	小计	男	女
学前教育	**654**	**225**	**429**	**82**	**46**	**36**
15-19岁	**25**	**12**	**13**	**25**	**12**	**13**
15	12	5	7	12	5	7
16	8	4	4	8	4	4
17	1	1		1	1	
18	1		1	1		1
19	3	2	1	3	2	1
20-24岁	**20**	**9**	**11**	**19**	**9**	**10**
20	4	1	3	4	1	3
21	4	3	1	4	3	1
22	6	3	3	6	3	3
23	2	1	1	2	1	1
24	4	1	3	3	1	2
25-29岁	**15**	**5**	**10**	**7**	**3**	**4**
25	3	1	2	3	1	2
26	3	1	2	1		1
27	5		5	1		1
28	3	2	1	1	1	
29	1	1		1	1	
30-34岁	**15**	**8**	**7**	**5**	**3**	**2**
30	6	3	3	1	1	
31	5	4	1	3	2	1
32						
33	1		1			
34	3	1	2	1		1
35-39岁	**12**	**5**	**7**	**4**	**1**	**3**
35	1		1			
36	1		1			
37	2	2				
38	5	2	3	3	1	2
39	3	1	2	1		1
40-44岁	**14**	**6**	**8**	**1**	**1**	
40	3	1	2	1	1	
41	1		1			
42						
43	5	3	2			
44	5	2	3			
45-49岁	**30**	**12**	**18**	**1**		**1**
45	6	1	5	1		1
46	5	1	4			
47	4	4				
48	6	1	5			
49	9	5	4			
50-54岁	**40**	**15**	**25**			
50	7	3	4			
51	5	3	2			
52	9	2	7			
53	8	3	5			
54	11	4	7			
55-59岁	**55**	**18**	**37**	**5**	**4**	**1**
55	12	2	10	1		1
56	13	5	8	1	1	
57	18	7	11	2	2	
58	11	4	7	1	1	
59	1		1			
60-64岁	**52**	**17**	**35**	**1**	**1**	
60	7	5	2			
61	3	2	1			
62	12	2	10			
63	15	3	12	1	1	
64	15	5	10			
65岁及以上	**376**	**118**	**258**	**14**	**12**	**2**

单位：人

有配偶			离　婚			丧　偶		
小计	男	女	小计	男	女	小计	男	女
366	**141**	**225**	**16**	**5**	**11**	**190**	**33**	**157**
1		**1**						
1		1						
8	**2**	**6**						
2	1	1						
4		4						
2	1	1						
10	**5**	**5**						
5	2	3						
2	2							
1		1						
2	1	1						
6	**3**	**3**	**2**	**1**	**1**			
1		1						
1		1						
2	2							
2	1	1						
			2	1	1			
13	**5**	**8**						
2		2						
1		1						
5	3	2						
5	2	3						
27	**11**	**16**	**2**	**1**	**1**			
4	1	3	1		1			
5	1	4						
3	3		1	1				
6	1	5						
9	5	4						
36	**13**	**23**	**3**	**1**	**2**	**1**	**1**	
6	2	4	1	1				
5	3	2						
8	2	6	1		1			
6	2	4	1		1	1	1	
11	4	7						
44	**12**	**32**	**4**	**1**	**3**	**2**	**1**	**1**
10	2	8	1		1			
12	4	8						
13	4	9	2	1	1	1		1
8	2	6	1		1	1	1	
1		1						
40	**15**	**25**	**3**		**3**	**8**	**1**	**7**
7	5	2						
3	2	1						
10	1	9				2	1	1
7	2	5	3		3	4		4
13	5	8				2		2
181	**75**	**106**	**2**	**1**	**1**	**179**	**30**	**149**

5-3a 续表 3

受教育程度 年龄	15岁及以上人口			未婚		
	合计	男	女	小计	男	女
小学	**210294**	**88272**	**122022**	**4480**	**3644**	**836**
15-19岁	**192**	**112**	**80**	**189**	**111**	**78**
15	27	13	14	27	13	14
16	38	24	14	38	24	14
17	27	12	15	27	12	15
18	42	27	15	42	27	15
19	58	36	22	55	35	20
20-24岁	**634**	**355**	**279**	**464**	**301**	**163**
20	81	47	34	71	45	26
21	86	49	37	74	45	29
22	114	64	50	87	55	32
23	160	90	70	117	78	39
24	193	105	88	115	78	37
25-29岁	**1456**	**806**	**650**	**501**	**395**	**106**
25	226	128	98	111	86	25
26	251	142	109	116	83	33
27	309	177	132	112	89	23
28	314	167	147	76	63	13
29	356	192	164	86	74	12
30-34岁	**2728**	**1313**	**1415**	**366**	**289**	**77**
30	449	211	238	88	64	24
31	463	237	226	73	62	11
32	464	222	242	64	46	18
33	650	311	339	70	55	15
34	702	332	370	71	62	9
35-39岁	**2839**	**1163**	**1676**	**208**	**164**	**44**
35	521	219	302	46	36	10
36	416	174	242	28	22	6
37	504	205	299	41	33	8
38	709	293	416	62	53	9
39	689	272	417	31	20	11
40-44岁	**6338**	**2453**	**3885**	**220**	**168**	**52**
40	714	278	436	35	30	5
41	995	409	586	37	28	9
42	1011	384	627	31	24	7
43	1373	539	834	49	37	12
44	2245	843	1402	68	49	19
45-49岁	**23210**	**9360**	**13850**	**492**	**413**	**79**
45	3548	1410	2138	97	80	17
46	4439	1846	2593	112	90	22
47	4714	1906	2808	86	77	9
48	4773	1911	2862	84	70	14
49	5736	2287	3449	113	96	17
50-54岁	**34104**	**13889**	**20215**	**433**	**370**	**63**
50	6514	2692	3822	87	77	10
51	6811	2745	4066	81	72	9
52	7417	3059	4358	92	76	16
53	6268	2529	3739	89	75	14
54	7094	2864	4230	84	70	14
55-59岁	**25264**	**10178**	**15086**	**319**	**275**	**44**
55	6450	2635	3815	83	72	11
56	6344	2587	3757	75	67	8
57	7303	2995	4308	97	85	12
58	3265	1223	2042	35	30	5
59	1902	738	1164	29	21	8
60-64岁	**21519**	**9488**	**12031**	**325**	**297**	**28**
60	2564	1043	1521	45	39	6
61	2914	1295	1619	44	40	4
62	4633	2064	2569	72	67	5
63	5650	2556	3094	84	78	6
64	5758	2530	3228	80	73	7
65岁及以上	**92010**	**39155**	**52855**	**963**	**861**	**102**

单位：人

有配偶			离　婚			丧　偶		
小计	男	女	小计	男	女	小计	男	女
167276	**74419**	**92857**	**7417**	**3545**	**3872**	**31121**	**6664**	**24457**
3	**1**	**2**						
3	1	2						
167	**53**	**114**	**3**	**1**	**2**			
10	2	8						
11	3	8	1	1				
27	9	18						
42	12	30	1		1			
77	27	50	1		1			
917	**396**	**521**	**38**	**15**	**23**			
113	41	72	2	1	1			
131	58	73	4	1	3			
192	87	105	5	1	4			
225	99	126	13	5	8			
256	111	145	14	7	7			
2183	**937**	**1246**	**176**	**85**	**91**	**3**	**2**	**1**
338	132	206	21	13	8	2	2	
366	163	203	23	12	11	1		1
371	161	210	29	15	14			
538	235	303	42	21	21			
570	246	324	61	24	37			
2432	**905**	**1527**	**187**	**92**	**95**	**12**	**2**	**10**
436	162	274	37	20	17	2	1	1
361	136	225	26	16	10	1		1
427	155	272	36	17	19			
595	218	377	47	22	25	5		5
613	234	379	41	17	24	4	1	3
5655	**2091**	**3564**	**424**	**188**	**236**	**39**	**6**	**33**
632	228	404	45	20	25	2		2
887	351	536	67	29	38	4	1	3
915	335	580	61	24	37	4	1	3
1213	447	766	97	54	43	14	1	13
2008	730	1278	154	61	93	15	3	12
21189	**8304**	**12885**	**1294**	**601**	**693**	**235**	**42**	**193**
3182	1211	1971	238	112	126	31	7	24
4025	1626	2399	264	126	138	38	4	34
4313	1707	2606	264	116	148	51	6	45
4389	1713	2676	248	118	130	52	10	42
5280	2047	3233	280	129	151	63	15	48
31288	**12658**	**18630**	**1538**	**718**	**820**	**845**	**143**	**702**
5957	2437	3520	346	152	194	124	26	98
6282	2499	3783	324	154	170	124	20	104
6807	2796	4011	324	156	168	194	31	163
5763	2308	3455	254	123	131	162	23	139
6479	2618	3861	290	133	157	241	43	198
22641	**9257**	**13384**	**1089**	**473**	**616**	**1215**	**173**	**1042**
5839	2399	3440	291	121	170	237	43	194
5718	2356	3362	263	129	134	288	35	253
6538	2727	3811	318	136	182	350	47	303
2883	1112	1771	126	51	75	221	30	191
1663	663	1000	91	36	55	119	18	101
18466	**8348**	**10118**	**865**	**476**	**389**	**1863**	**367**	**1496**
2236	907	1329	116	68	48	167	29	138
2543	1133	1410	137	75	62	190	47	143
3971	1806	2165	196	108	88	394	83	311
4814	2245	2569	220	125	95	532	108	424
4902	2257	2645	196	100	96	580	100	480
62335	**31469**	**30866**	**1803**	**896**	**907**	**26909**	**5929**	**20980**

5-3a 续表 4

受教育程度 年龄	15岁及以上人口			未婚		
	合计	男	女	小计	男	女
初 中	**415106**	**206781**	**208325**	**31178**	**21351**	**9827**
15-19岁	**10071**	**5755**	**4316**	**9999**	**5742**	**4257**
15	5278	2933	2345	5278	2933	2345
16	1844	1032	812	1844	1032	812
17	1070	625	445	1064	624	440
18	959	581	378	937	579	358
19	920	584	336	876	574	302
20-24岁	**9157**	**5325**	**3832**	**6448**	**4499**	**1949**
20	1021	612	409	910	595	315
21	1280	781	499	1065	738	327
22	1793	1065	728	1364	958	406
23	2208	1266	942	1487	1043	444
24	2855	1601	1254	1622	1165	457
25-29岁	**19245**	**10123**	**9122**	**5959**	**4505**	**1454**
25	3438	1850	1588	1583	1174	409
26	3501	1817	1684	1285	949	336
27	3954	2054	1900	1235	927	308
28	3979	2099	1880	955	747	208
29	4373	2303	2070	901	708	193
30-34岁	**33737**	**16722**	**17015**	**3544**	**2766**	**778**
30	5494	2823	2671	892	707	185
31	5510	2739	2771	721	570	151
32	5366	2601	2765	590	448	142
33	8364	4106	4258	699	549	150
34	9003	4453	4550	642	492	150
35-39岁	**30848**	**14843**	**16005**	**1411**	**1030**	**381**
35	5994	2890	3104	360	260	100
36	4730	2263	2467	258	189	69
37	5382	2556	2826	239	169	70
38	7823	3827	3996	311	233	78
39	6919	3307	3612	243	179	64
40-44岁	**33990**	**15951**	**18039**	**788**	**562**	**226**
40	5090	2428	2662	154	107	47
41	6424	3000	3424	164	115	49
42	5576	2574	3002	115	82	33
43	7024	3301	3723	147	108	39
44	9876	4648	5228	208	150	58
45-49岁	**74137**	**35748**	**38389**	**1308**	**960**	**348**
45	13673	6463	7210	260	197	63
46	14976	7111	7865	277	204	73
47	15429	7444	7985	298	205	93
48	14498	7109	7389	237	183	54
49	15561	7621	7940	236	171	65
50-54岁	**68257**	**33329**	**34928**	**793**	**597**	**196**
50	15417	7524	7893	227	159	68
51	13935	6946	6989	178	136	42
52	14322	6951	7371	145	108	37
53	11396	5521	5875	120	99	21
54	13187	6387	6800	123	95	28
55-59岁	**48851**	**23835**	**25016**	**414**	**322**	**92**
55	12698	6133	6565	102	82	20
56	13193	6396	6797	110	85	25
57	14363	7048	7315	129	108	21
58	5581	2728	2853	37	25	12
59	3016	1530	1486	36	22	14
60-64岁	**27275**	**14295**	**12980**	**227**	**163**	**64**
60	3642	1876	1766	37	25	12
61	3736	1997	1739	35	24	11
62	5742	3084	2658	45	38	7
63	6860	3570	3290	58	39	19
64	7295	3768	3527	52	37	15
65岁及以上	**59538**	**30855**	**28683**	**287**	**205**	**82**

单位：人

有配偶			离婚			丧偶		
小计	男	女	小计	男	女	小计	男	女
346105	**170666**	**175439**	**23597**	**11425**	**12172**	**14226**	**3339**	**10887**
72	**13**	**59**						
6	1	5						
22	2	20						
44	10	34						
2649	**804**	**1845**	**59**	**22**	**37**	**1**		**1**
111	17	94						
214	43	171	1		1			
423	105	318	6	2	4			
704	217	487	17	6	11			
1197	422	775	35	14	21	1		1
12826	**5425**	**7401**	**448**	**190**	**258**	**12**	**3**	**9**
1813	668	1145	41	8	33	1		1
2166	851	1315	49	17	32	1		1
2629	1091	1538	87	34	53	3	2	1
2916	1307	1609	102	44	58	6	1	5
3302	1508	1794	169	87	82	1		1
28349	**12993**	**15356**	**1800**	**955**	**845**	**44**	**8**	**36**
4400	2008	2392	199	107	92	3	1	2
4509	2027	2482	277	142	135	3		3
4503	2017	2486	266	132	134	7	4	3
7165	3295	3870	481	260	221	19	2	17
7772	3646	4126	577	314	263	12	1	11
27220	**12664**	**14556**	**2158**	**1137**	**1021**	**59**	**12**	**47**
5232	2423	2809	394	204	190	8	3	5
4173	1926	2247	292	146	146	7	2	5
4754	2199	2555	380	184	196	9	4	5
6917	3274	3643	582	319	263	13	1	12
6144	2842	3302	510	284	226	22	2	20
30567	**14174**	**16393**	**2488**	**1182**	**1306**	**147**	**33**	**114**
4546	2123	2423	372	194	178	18	4	14
5785	2663	3122	447	218	229	28	4	24
5070	2324	2746	371	159	212	20	9	11
6290	2934	3356	553	254	299	34	5	29
8876	4130	4746	745	357	388	47	11	36
67178	**32298**	**34880**	**5088**	**2367**	**2721**	**563**	**123**	**440**
12303	5776	6527	1019	467	552	91	23	68
13529	6405	7124	1068	485	583	102	17	85
13986	6719	7267	1050	504	546	95	16	79
13200	6438	6762	947	452	495	114	36	78
14160	6960	7200	1004	459	545	161	31	130
61921	**30543**	**31378**	**4385**	**1968**	**2417**	**1158**	**221**	**937**
13960	6817	7143	1045	506	539	185	42	143
12570	6316	6254	987	457	530	200	37	163
13026	6393	6633	908	410	498	243	40	203
10378	5093	5285	652	281	371	246	48	198
11987	5924	6063	793	314	479	284	54	230
43743	**21729**	**22014**	**3082**	**1468**	**1614**	**1612**	**316**	**1296**
11517	5652	5865	765	352	413	314	47	267
11818	5843	5975	841	378	463	424	90	334
12827	6401	6426	893	440	453	514	99	415
4970	2475	2495	350	176	174	224	52	172
2611	1358	1253	233	122	111	136	28	108
23677	**12824**	**10853**	**1784**	**960**	**824**	**1587**	**348**	**1239**
3174	1664	1510	277	150	127	154	37	117
3267	1796	1471	243	144	99	191	33	158
5029	2788	2241	370	187	183	298	71	227
5940	3205	2735	448	247	201	414	79	335
6267	3371	2896	446	232	214	530	128	402
47903	**27199**	**20704**	**2305**	**1176**	**1129**	**9043**	**2275**	**6768**

5-3a 续表 5

受教育程度 年 龄	15岁及以上人口			未 婚		
	合计	男	女	小计	男	女
高 中	**334124**	**173417**	**160707**	**100844**	**59774**	**41070**
15-19岁	**60184**	**32371**	**27813**	**60104**	**32358**	**27746**
15	11609	5898	5711	11608	5898	5710
16	19076	10123	8953	19069	10123	8946
17	16526	8795	7731	16520	8793	7727
18	8778	5059	3719	8761	5054	3707
19	4195	2496	1699	4146	2490	1656
20-24岁	**21319**	**12130**	**9189**	**17136**	**10860**	**6276**
20	3321	1919	1402	3177	1907	1270
21	3310	1918	1392	3023	1866	1157
22	4246	2457	1789	3574	2285	1289
23	4776	2690	2086	3628	2333	1295
24	5666	3146	2520	3734	2469	1265
25-29岁	**33935**	**17780**	**16155**	**12917**	**8978**	**3939**
25	6420	3478	2942	3554	2425	1129
26	6383	3359	3024	2952	2017	935
27	6976	3661	3315	2583	1842	741
28	6991	3600	3391	2083	1468	615
29	7165	3682	3483	1745	1226	519
30-34岁	**43519**	**22223**	**21296**	**5880**	**4298**	**1582**
30	8288	4192	4096	1613	1171	442
31	8022	4160	3862	1237	910	327
32	7467	3820	3647	1004	752	252
33	10141	5186	4955	1117	820	297
34	9601	4865	4736	909	645	264
35-39岁	**29864**	**14890**	**14974**	**2155**	**1499**	**656**
35	6255	3116	3139	547	395	152
36	4752	2370	2382	440	313	127
37	5194	2646	2548	393	270	123
38	7404	3636	3768	484	330	154
39	6259	3122	3137	291	191	100
40-44岁	**23578**	**11746**	**11832**	**851**	**571**	**280**
40	4538	2257	2281	205	140	65
41	4880	2423	2457	179	125	54
42	4093	2025	2068	130	85	45
43	4467	2230	2237	149	106	43
44	5600	2811	2789	188	115	73
45-49岁	**33180**	**17192**	**15988**	**849**	**566**	**283**
45	6823	3466	3357	199	137	62
46	7086	3628	3458	208	138	70
47	6733	3482	3251	167	105	62
48	6155	3223	2932	130	88	42
49	6383	3393	2990	145	98	47
50-54岁	**24558**	**12868**	**11690**	**452**	**311**	**141**
50	6235	3233	3002	130	81	49
51	5319	2853	2466	107	79	28
52	5170	2739	2431	105	77	28
53	3561	1835	1726	49	34	15
54	4273	2208	2065	61	40	21
55-59岁	**26414**	**12987**	**13427**	**299**	**205**	**94**
55	4796	2438	2358	65	48	17
56	6118	3057	3061	66	49	17
57	8789	4321	4468	97	63	34
58	4021	1918	2103	44	26	18
59	2690	1253	1437	27	19	8
60-64岁	**17383**	**8406**	**8977**	**114**	**78**	**36**
60	3264	1577	1687	32	25	7
61	3146	1475	1671	19	13	6
62	4153	2033	2120	31	20	11
63	3768	1801	1967	17	11	6
64	3052	1520	1532	15	9	6
65岁及以上	**20190**	**10824**	**9366**	**87**	**50**	**37**

单位：人

	有配偶			离婚			丧偶		
	小计	男	女	小计	男	女	小计	男	女
	211207	**104860**	**106347**	**16774**	**7549**	**9225**	**5299**	**1234**	**4065**
	79	**13**	**66**	**1**		**1**			
	1		1						
	7		7						
	6	2	4						
	17	5	12						
	48	6	42	1		1			
	4134	**1256**	**2878**	**49**	**14**	**35**			
	143	12	131	1		1			
	284	51	233	3	1	2			
	667	170	497	5	2	3			
	1131	352	779	17	5	12			
	1909	671	1238	23	6	17			
	20341	**8498**	**11843**	**670**	**300**	**370**	**7**	**4**	**3**
	2806	1031	1775	60	22	38			
	3333	1301	2032	97	41	56	1		1
	4259	1760	2499	133	59	74	1		1
	4740	2057	2683	164	72	92	4	3	1
	5203	2349	2854	216	106	110	1	1	
	35432	**16901**	**18531**	**2167**	**1011**	**1156**	**40**	**13**	**27**
	6404	2898	3506	265	120	145	6	3	3
	6430	3088	3342	347	159	188	8	3	5
	6105	2907	3198	349	158	191	9	3	6
	8424	4102	4322	587	261	326	13	3	10
	8069	3906	4163	619	313	306	4	1	3
	25538	**12343**	**13195**	**2120**	**1036**	**1084**	**51**	**12**	**39**
	5284	2513	2771	412	206	206	12	2	10
	4012	1914	2098	292	140	152	8	3	5
	4404	2182	2222	385	191	194	12	3	9
	6345	3024	3321	566	280	286	9	2	7
	5493	2710	2783	465	219	246	10	2	8
	20654	**10226**	**10428**	**2000**	**933**	**1067**	**73**	**16**	**57**
	3962	1938	2024	363	178	185	8	1	7
	4296	2118	2178	396	178	218	9	2	7
	3590	1770	1820	357	166	191	16	4	12
	3904	1931	1973	397	189	208	17	4	13
	4902	2469	2433	487	222	265	23	5	18
	29214	**15275**	**13939**	**2922**	**1307**	**1615**	**195**	**44**	**151**
	6045	3088	2957	546	234	312	33	7	26
	6212	3179	3033	628	299	329	38	12	26
	5926	3108	2818	610	262	348	30	7	23
	5454	2873	2581	532	253	279	39	9	30
	5577	3027	2550	606	259	347	55	9	46
	21459	**11497**	**9962**	**2341**	**1001**	**1340**	**306**	**59**	**247**
	5493	2923	2570	557	220	337	55	9	46
	4614	2524	2090	535	229	306	63	21	42
	4468	2406	2062	524	243	281	73	13	60
	3130	1659	1471	327	134	193	55	8	47
	3754	1985	1769	398	175	223	60	8	52
	22896	**11626**	**11270**	**2472**	**1033**	**1439**	**747**	**123**	**624**
	4181	2180	2001	442	191	251	108	19	89
	5342	2766	2576	559	214	345	151	28	123
	7625	3857	3768	815	360	455	252	41	211
	3454	1714	1740	394	161	233	129	17	112
	2294	1109	1185	262	107	155	107	18	89
	15081	**7594**	**7487**	**1327**	**588**	**739**	**861**	**146**	**715**
	2799	1396	1403	283	135	148	150	21	129
	2729	1325	1404	254	111	143	144	26	118
	3568	1819	1749	355	157	198	199	37	162
	3295	1649	1646	249	108	141	207	33	174
	2690	1405	1285	186	77	109	161	29	132
	16379	**9631**	**6748**	**705**	**326**	**379**	**3019**	**817**	**2202**

5-3a 续表 6

受教育程度 年 龄	15岁及以上人口			未 婚		
	合计	男	女	小计	男	女
大学专科	**217961**	**110163**	**107798**	**80587**	**43042**	**37545**
15-19岁	**16952**	**8950**	**8002**	**16933**	**8945**	**7988**
15	426	296	130	426	296	130
16	641	418	223	641	418	223
17	1142	602	540	1142	602	540
18	5130	2677	2453	5126	2675	2451
19	9613	4957	4656	9598	4954	4644
20-24岁	**40345**	**19504**	**20841**	**36953**	**18617**	**18336**
20	10351	5276	5075	10288	5265	5023
21	8097	4011	4086	7908	3983	3925
22	7159	3342	3817	6645	3238	3407
23	7287	3449	3838	6357	3179	3178
24	7451	3426	4025	5755	2952	2803
25-29岁	**37818**	**17643**	**20175**	**17363**	**9793**	**7570**
25	7883	3533	4350	5209	2690	2519
26	7585	3584	4001	4130	2357	1773
27	7787	3662	4125	3475	2019	1456
28	7347	3424	3923	2589	1518	1071
29	7216	3440	3776	1960	1209	751
30-34岁	**38837**	**18494**	**20343**	**6080**	**3751**	**2329**
30	7851	3736	4115	1847	1146	701
31	7292	3407	3885	1332	809	523
32	6758	3220	3538	1011	626	385
33	8917	4314	4603	1071	667	404
34	8019	3817	4202	819	503	316
35-39岁	**24896**	**12341**	**12555**	**2021**	**1194**	**827**
35	5205	2602	2603	498	305	193
36	4219	2081	2138	362	204	158
37	4709	2344	2365	411	256	155
38	6118	3024	3094	458	267	191
39	4645	2290	2355	292	162	130
40-44岁	**14856**	**7640**	**7216**	**565**	**328**	**237**
40	3222	1653	1569	154	91	63
41	3026	1515	1511	111	65	46
42	2569	1360	1209	106	62	44
43	2766	1409	1357	96	56	40
44	3273	1703	1570	98	54	44
45-49岁	**16095**	**8768**	**7327**	**415**	**253**	**162**
45	3565	1962	1603	124	77	47
46	3535	1906	1629	89	50	39
47	3290	1788	1502	71	48	23
48	2870	1565	1305	66	44	22
49	2835	1547	1288	65	34	31
50-54岁	**9544**	**5463**	**4081**	**153**	**98**	**55**
50	2661	1478	1183	47	33	14
51	2064	1188	876	32	21	11
52	1976	1150	826	41	22	19
53	1366	771	595	15	8	7
54	1477	876	601	18	14	4
55-59岁	**7065**	**4084**	**2981**	**48**	**34**	**14**
55	1498	881	617	18	12	6
56	1829	1045	784	15	12	3
57	2258	1274	984	5	2	3
58	973	579	394	8	6	2
59	507	305	202	2	2	
60-64岁	**3668**	**2244**	**1424**	**24**	**14**	**10**
60	558	339	219	3	1	2
61	540	330	210	3	2	1
62	786	485	301	5	3	2
63	848	509	339	4	2	2
64	936	581	355	9	6	3
65岁及以上	**7885**	**5032**	**2853**	**32**	**15**	**17**

单位：人

有配偶			离婚			丧偶		
小计	男	女	小计	男	女	小计	男	女
128604	**63653**	**64951**	**7512**	**3094**	**4418**	**1258**	**374**	**884**
19	**5**	**14**						
4	2	2						
15	3	12						
3362	**881**	**2481**	**30**	**6**	**24**			
63	11	52						
187	27	160	2	1	1			
507	103	404	7	1	6			
922	269	653	8	1	7			
1683	471	1212	13	3	10			
19984	**7700**	**12284**	**466**	**149**	**317**	**5**	**1**	**4**
2644	835	1809	28	7	21	2	1	1
3389	1206	2183	65	21	44	1		1
4244	1625	2619	68	18	50			
4616	1860	2756	141	46	95	1		1
5091	2174	2917	164	57	107	1		1
31268	**14183**	**17085**	**1463**	**553**	**910**	**26**	**7**	**19**
5789	2518	3271	212	72	140	3		3
5741	2513	3228	215	84	131	4	1	3
5502	2506	2996	244	88	156	1		1
7435	3486	3949	403	159	244	8	2	6
6801	3160	3641	389	150	239	10	4	6
21315	**10459**	**10856**	**1535**	**686**	**849**	**25**	**2**	**23**
4397	2152	2245	304	144	160	6	1	5
3617	1776	1841	236	101	135	4		4
3988	1942	2046	304	146	158	6		6
5266	2592	2674	389	164	225	5	1	4
4047	1997	2050	302	131	171	4		4
13250	**6877**	**6373**	**1017**	**430**	**587**	**24**	**5**	**19**
2844	1468	1376	221	94	127	3		3
2695	1353	1342	214	95	119	6	2	4
2299	1221	1078	160	77	83	4		4
2468	1267	1201	196	84	112	6	2	4
2944	1568	1376	226	80	146	5	1	4
14355	**7978**	**6377**	**1248**	**519**	**729**	**77**	**18**	**59**
3188	1779	1409	236	99	137	17	7	10
3160	1738	1422	276	115	161	10	3	7
2949	1639	1310	248	97	151	22	4	18
2544	1420	1124	248	99	149	12	2	10
2514	1402	1112	240	109	131	16	2	14
8577	**5044**	**3533**	**734**	**300**	**434**	**80**	**21**	**59**
2379	1361	1018	218	79	139	17	5	12
1855	1097	758	157	66	91	20	4	16
1764	1049	715	159	73	86	12	6	6
1232	715	517	105	47	58	14	1	13
1347	822	525	95	35	60	17	5	12
6371	**3808**	**2563**	**533**	**221**	**312**	**113**	**21**	**92**
1333	808	525	131	57	74	16	4	12
1664	980	684	121	48	73	29	5	24
2037	1204	833	171	61	110	45	7	38
876	531	345	77	39	38	12	3	9
461	285	176	33	16	17	11	2	9
3306	**2106**	**1200**	**233**	**99**	**134**	**105**	**25**	**80**
511	317	194	35	18	17	9	3	6
488	311	177	38	15	23	11	2	9
714	459	255	42	19	23	25	4	21
755	474	281	56	20	36	33	13	20
838	545	293	62	27	35	27	3	24
6797	**4612**	**2185**	**253**	**131**	**122**	**803**	**274**	**529**

5-3a 续表 7

受教育程度 年 龄	15岁及以上人口			未 婚		
	合计	男	女	小计	男	女
大学本科	**195100**	**96934**	**98166**	**86832**	**40564**	**46268**
15-19岁	**15772**	**7107**	**8665**	**15768**	**7106**	**8662**
15	22	12	10	22	12	10
16	104	41	63	104	41	63
17	711	269	442	711	269	442
18	5104	2354	2750	5103	2353	2750
19	9831	4431	5400	9828	4431	5397
20-24岁	**45644**	**20325**	**25319**	**44513**	**19964**	**24549**
20	11972	5378	6594	11963	5377	6586
21	11457	5073	6384	11423	5068	6355
22	9400	4203	5197	9284	4181	5103
23	6791	3041	3750	6494	2945	3549
24	6024	2630	3394	5349	2393	2956
25-29岁	**32767**	**14521**	**18246**	**17860**	**8728**	**9132**
25	6405	2822	3583	5082	2382	2700
26	6140	2660	3480	4110	1958	2152
27	7000	3017	3983	3768	1831	1937
28	6608	2967	3641	2723	1395	1328
29	6614	3055	3559	2177	1162	1015
30-34岁	**36044**	**17581**	**18463**	**5962**	**3284**	**2678**
30	7435	3564	3871	1889	1051	838
31	6889	3330	3559	1416	773	643
32	6346	3148	3198	990	556	434
33	7969	3871	4098	946	514	432
34	7405	3668	3737	721	390	331
35-39岁	**24441**	**12724**	**11717**	**1906**	**1043**	**863**
35	5102	2593	2509	477	240	237
36	4563	2400	2163	409	241	168
37	4751	2513	2238	386	221	165
38	5774	2993	2781	384	209	175
39	4251	2225	2026	250	132	118
40-44岁	**11640**	**6384**	**5256**	**434**	**227**	**207**
40	2767	1487	1280	135	75	60
41	2525	1355	1170	102	52	50
42	2027	1138	889	77	41	36
43	2020	1136	884	60	32	28
44	2301	1268	1033	60	27	33
45-49岁	**10743**	**6386**	**4357**	**236**	**116**	**120**
45	2404	1394	1010	61	33	28
46	2245	1317	928	59	28	31
47	2126	1274	852	36	14	22
48	1961	1231	730	43	24	19
49	2007	1170	837	37	17	20
50-54岁	**7262**	**4603**	**2659**	**94**	**64**	**30**
50	1834	1118	716	29	17	12
51	1542	949	593	17	11	6
52	1611	1013	598	19	13	6
53	1088	733	355	17	12	5
54	1187	790	397	12	11	1
55-59岁	**4780**	**3188**	**1592**	**37**	**24**	**13**
55	1135	760	375	8	6	2
56	1279	852	427	9	5	4
57	1476	984	492	12	7	5
58	617	413	204	5	4	1
59	273	179	94	3	2	1
60-64岁	**1734**	**1164**	**570**	**7**	**3**	**4**
60	271	188	83	1		1
61	258	168	90	3	3	
62	338	235	103	1		1
63	415	280	135	1		1
64	452	293	159	1		1
65岁及以上	**4273**	**2951**	**1322**	**15**	**5**	**10**

单位：人

有配偶			离婚			丧偶		
小计	男	女	小计	男	女	小计	男	女
103220	**54303**	**48917**	**4379**	**1812**	**2567**	**669**	**255**	**414**
4	**1**	**3**						
1	1							
3		3						
1117	**357**	**760**	**14**	**4**	**10**			
9	1	8						
33	5	28	1		1			
113	21	92	3	1	2			
295	95	200	2	1	1			
667	235	432	8	2	6			
14699	**5735**	**8964**	**207**	**57**	**150**	**1**	**1**	
1311	439	872	12	1	11			
2010	693	1317	20	9	11			
3189	1177	2012	43	9	34			
3834	1558	2276	51	14	37			
4355	1868	2487	81	24	57	1	1	
29170	**13967**	**15203**	**898**	**328**	**570**	**14**	**2**	**12**
5431	2479	2952	112	33	79	3	1	2
5339	2504	2835	133	53	80	1		1
5192	2530	2662	163	62	101	1		1
6784	3275	3509	234	82	152	5		5
6424	3179	3245	256	98	158	4	1	3
21466	**11221**	**10245**	**1053**	**454**	**599**	**16**	**6**	**10**
4431	2273	2158	193	80	113	1		1
3987	2081	1906	166	78	88	1		1
4136	2188	1948	229	104	125			
5111	2665	2446	274	117	157	5	2	3
3801	2014	1787	191	75	116	9	4	5
10561	**5908**	**4653**	**625**	**243**	**382**	**20**	**6**	**14**
2489	1363	1126	138	49	89	5		5
2265	1239	1026	152	63	89	6	1	5
1842	1053	789	105	43	62	3	1	2
1853	1064	789	103	37	66	4	3	1
2112	1189	923	127	51	76	2	1	1
9831	**5991**	**3840**	**652**	**275**	**377**	**24**	**4**	**20**
2196	1301	895	142	60	82	5		5
2042	1231	811	142	57	85	2	1	1
1966	1203	763	118	56	62	6	1	5
1800	1151	649	111	54	57	7	2	5
1827	1105	722	139	48	91	4		4
6689	**4326**	**2363**	**435**	**202**	**233**	**44**	**11**	**33**
1688	1054	634	111	47	64	6		6
1420	898	522	97	40	57	8		8
1470	939	531	112	60	52	10	1	9
1013	695	318	48	21	27	10	5	5
1098	740	358	67	34	33	10	5	5
4413	**3018**	**1395**	**288**	**135**	**153**	**42**	**11**	**31**
1041	716	325	76	35	41	10	3	7
1196	817	379	66	29	37	8	1	7
1355	924	431	94	48	46	15	5	10
570	393	177	36	15	21	6	1	5
251	168	83	16	8	8	3	1	2
1590	**1101**	**489**	**104**	**54**	**50**	**33**	**6**	**27**
251	181	70	14	7	7	5		5
228	153	75	19	11	8	8	1	7
308	219	89	24	14	10	5	2	3
387	266	121	21	13	8	6	1	5
416	282	134	26	9	17	9	2	7
3680	**2678**	**1002**	**103**	**60**	**43**	**475**	**208**	**267**

5-3a 续表 8

受教育程度 年 龄	15岁及以上人口			未 婚		
	合计	男	女	小计	男	女
硕士研究生	**18844**	**9498**	**9346**	**7672**	**3251**	**4421**
15—19岁	**12**	**5**	**7**	**12**	**5**	**7**
15						
16						
17	1	1		1	1	
18	3	1	2	3	1	2
19	8	3	5	8	3	5
20—24岁	**3416**	**1322**	**2094**	**3389**	**1316**	**2073**
20	21	7	14	21	7	14
21	120	41	79	119	41	78
22	665	270	395	664	270	394
23	1201	433	768	1197	432	765
24	1409	571	838	1388	566	822
25—29岁	**4126**	**1782**	**2344**	**3132**	**1383**	**1749**
25	1189	512	677	1138	493	645
26	853	366	487	736	322	414
27	702	308	394	541	240	301
28	676	284	392	393	175	218
29	706	312	394	324	153	171
30—34岁	**3975**	**1882**	**2093**	**791**	**360**	**431**
30	779	311	468	248	102	146
31	789	369	420	197	88	109
32	774	370	404	151	72	79
33	826	404	422	109	57	52
34	807	428	379	86	41	45
35—39岁	**3410**	**1873**	**1537**	**266**	**141**	**125**
35	642	351	291	73	40	33
36	637	350	287	53	28	25
37	669	367	302	47	24	23
38	838	460	378	64	34	30
39	624	345	279	29	15	14
40—44岁	**1524**	**937**	**587**	**43**	**26**	**17**
40	422	257	165	17	12	5
41	325	210	115	11	7	4
42	278	164	114	5	2	3
43	254	162	92	3	2	1
44	245	144	101	7	3	4
45—49岁	**1079**	**730**	**349**	**23**	**13**	**10**
45	235	173	62	5	3	2
46	247	156	91	7	3	4
47	227	156	71	5	3	2
48	186	125	61	3	2	1
49	184	120	64	3	2	1
50—54岁	**601**	**428**	**173**	**12**	**5**	**7**
50	149	99	50	6	4	2
51	131	88	43	2		2
52	126	93	33	2		2
53	76	53	23	2	1	1
54	119	95	24			
55—59岁	**424**	**327**	**97**	**3**	**1**	**2**
55	103	74	29			
56	115	91	24	1		1
57	124	99	25	2	1	1
58	44	33	11			
59	38	30	8			
60—64岁	**131**	**104**	**27**	**1**	**1**	
60	19	15	4			
61	26	22	4			
62	25	23	2			
63	40	28	12	1	1	
64	21	16	5			
65岁及以上	**146**	**108**	**38**			

单位：人

有配偶			离婚			丧偶		
小计	男	女	小计	男	女	小计	男	女
10759	**6063**	**4696**	**387**	**177**	**210**	**26**	**7**	**19**
27	**6**	**21**						
1		1						
1		1						
4	1	3						
21	5	16						
989	**398**	**591**	**5**	**1**	**4**			
51	19	32						
116	43	73	1	1				
160	68	92	1		1			
282	109	173	1		1			
380	159	221	2		2			
3134	**1505**	**1629**	**49**	**17**	**32**	**1**		**1**
524	207	317	7	2	5			
581	277	304	11	4	7			
612	295	317	11	3	8			
708	344	364	9	3	6			
709	382	327	11	5	6	1		1
3025	**1687**	**1338**	**117**	**45**	**72**	**2**		**2**
547	300	247	22	11	11			
572	318	254	12	4	8			
604	340	264	18	3	15			
742	417	325	31	9	22	1		1
560	312	248	34	18	16	1		1
1402	**873**	**529**	**77**	**37**	**40**	**2**	**1**	**1**
392	238	154	12	6	6	1	1	
289	192	97	25	11	14			
264	156	108	9	6	3			
236	153	83	14	7	7	1		1
221	134	87	17	7	10			
986	**682**	**304**	**68**	**34**	**34**	**2**	**1**	**1**
214	163	51	16	7	9			
224	143	81	16	10	6			
209	146	63	12	7	5	1		1
167	116	51	16	7	9			
172	114	58	8	3	5	1	1	
561	**412**	**149**	**27**	**11**	**16**	**1**		**1**
134	92	42	9	3	6			
124	86	38	5	2	3			
118	90	28	6	3	3			
73	52	21	1		1			
112	92	20	6	3	3	1		1
392	**307**	**85**	**29**	**19**	**10**			
95	71	24	8	3	5			
108	88	20	6	3	3			
114	91	23	8	7	1			
40	29	11	4	4				
35	28	7	3	2	1			
115	**93**	**22**	**11**	**10**	**1**	**4**		**4**
15	11	4	4	4				
23	21	2	1	1		2		2
23	22	1	1	1		1		1
36	25	11	3	2	1			
18	14	4	2	2		1		1
128	**100**	**28**	**4**	**3**	**1**	**14**	**5**	**9**

5-3a 续表 9

受教育程度 年 龄	15岁及以上人口			未 婚		
	合计	男	女	小计	男	女
博士研究生	**2350**	**1414**	**936**	**579**	**275**	**304**
15-19岁	**1**		**1**	**1**		**1**
15						
16						
17						
18						
19	1		1	1		1
20-24岁	**67**	**25**	**42**	**67**	**25**	**42**
20	3	3		3	3	
21	4	2	2	4	2	2
22	15	4	11	15	4	11
23	15	4	11	15	4	11
24	30	12	18	30	12	18
25-29岁	**406**	**181**	**225**	**304**	**140**	**164**
25	61	24	37	58	24	34
26	83	31	52	76	29	47
27	80	44	36	62	35	27
28	93	41	52	64	29	35
29	89	41	48	44	23	21
30-34岁	**559**	**320**	**239**	**155**	**79**	**76**
30	103	50	53	42	21	21
31	119	76	43	32	17	15
32	118	59	59	33	18	15
33	122	76	46	32	15	17
34	97	59	38	16	8	8
35-39岁	**493**	**303**	**190**	**36**	**23**	**13**
35	92	58	34	14	9	5
36	107	61	46	10	7	3
37	102	64	38	4	2	2
38	111	70	41	6	3	3
39	81	50	31	2	2	
40-44岁	**304**	**194**	**110**	**12**	**5**	**7**
40	81	45	36	4	1	3
41	69	50	19	2	1	1
42	64	41	23	2	2	
43	49	32	17			
44	41	26	15	4	1	3
45-49岁	**270**	**198**	**72**	**1**	**1**	
45	60	37	23			
46	55	43	12			
47	62	47	15			
48	50	37	13	1	1	
49	43	34	9			
50-54岁	**123**	**95**	**28**	**1**	**1**	
50	32	22	10			
51	28	24	4	1	1	
52	36	26	10			
53	15	12	3			
54	12	11	1			
55-59岁	**93**	**71**	**22**	**2**	**1**	**1**
55	25	16	9			
56	26	18	8	1		1
57	25	22	3			
58	13	12	1	1	1	
59	4	3	1			
60-64岁	**11**	**10**	**1**			
60	1	1				
61	3	3				
62	1	1				
63	5	4	1			
64	1	1				
65岁及以上	**23**	**17**	**6**			

单位：人

有配偶			离婚			丧偶		
小计	男	女	小计	男	女	小计	男	女
1727	**1110**	**617**	**40**	**28**	**12**	**4**	**1**	**3**
102	**41**	**61**						
3		3						
7	2	5						
18	9	9						
29	12	17						
45	18	27						
399	**237**	**162**	**4**	**3**	**1**	**1**	**1**	
61	29	32						
86	58	28	1	1				
82	39	43	3	2	1			
90	61	29						
80	50	30				1	1	
448	**275**	**173**	**9**	**5**	**4**			
74	47	27	4	2	2			
96	53	43	1	1				
98	62	36						
103	66	37	2	1	1			
77	47	30	2	1	1			
282	**183**	**99**	**10**	**6**	**4**			
76	43	33	1	1				
64	48	16	3	1	2			
59	37	22	3	2	1			
48	32	16	1		1			
35	23	12	2	2				
262	**192**	**70**	**7**	**5**	**2**			
59	36	23	1	1				
54	42	12	1	1				
59	45	14	3	2	1			
48	35	13	1	1				
42	34	8	1		1			
115	**89**	**26**	**6**	**5**	**1**	**1**		**1**
29	20	9	2	2		1		1
25	22	3	2	1	1			
36	26	10						
15	12	3						
10	9	1	2	2				
88	**67**	**21**	**3**	**3**				
23	14	9	2	2				
25	18	7						
24	21	3	1	1				
12	11	1						
4	3	1						
11	**10**	**1**						
1	1							
3	3							
1	1							
5	4	1						
1	1							
20	**16**	**4**	**1**	**1**		**2**		**2**

5－3b 全市分年龄、性别、受教育

受教育程度 年 龄	15岁及以上人口			未 婚		
	合计	男	女	小计	男	女
总 计	**509085**	**251607**	**257478**	**91600**	**54018**	**37582**
15－19岁	**42254**	**22859**	**19395**	**42117**	**22843**	**19274**
15	9257	4830	4427	9256	4830	4426
16	11139	5878	5261	11133	5878	5255
17	9674	5333	4341	9658	5331	4327
18	7036	3990	3046	7005	3984	3021
19	5148	2828	2320	5065	2820	2245
20－24岁	**28865**	**14571**	**14294**	**23737**	**13160**	**10577**
20	4561	2342	2219	4367	2314	2053
21	4706	2454	2252	4347	2390	1957
22	5846	2979	2867	4990	2775	2215
23	6607	3288	3319	5149	2865	2284
24	7145	3508	3637	4884	2816	2068
25－29岁	**38590**	**18763**	**19827**	**14613**	**9036**	**5577**
25	7930	3890	4040	4501	2632	1869
26	7423	3553	3870	3461	2076	1385
27	8277	4017	4260	3076	1961	1115
28	7411	3661	3750	2019	1325	694
29	7549	3642	3907	1556	1042	514
30－34岁	**44112**	**21523**	**22589**	**4481**	**3270**	**1211**
30	8623	4237	4386	1437	1026	411
31	8214	3949	4265	987	720	267
32	7646	3714	3932	696	507	189
33	10017	4855	5162	753	553	200
34	9612	4768	4844	608	464	144
35－39岁	**32947**	**16234**	**16713**	**1255**	**928**	**327**
35	6680	3302	3378	313	246	67
36	5421	2574	2847	227	159	68
37	6083	3007	3076	234	177	57
38	7979	3976	4003	260	184	76
39	6784	3375	3409	221	162	59
40－44岁	**32363**	**15466**	**16897**	**680**	**533**	**147**
40	5000	2404	2596	135	111	24
41	5982	2802	3180	142	106	36
42	5334	2509	2825	104	84	20
43	6742	3234	3508	127	92	35
44	9305	4517	4788	172	140	32
45－49岁	**65806**	**32205**	**33601**	**1064**	**880**	**184**
45	12228	5808	6420	218	181	37
46	13770	6781	6989	254	207	47
47	14024	6879	7145	206	169	37
48	12732	6301	6431	183	159	24
49	13052	6436	6616	203	164	39
50－54岁	**61189**	**30185**	**31004**	**795**	**698**	**97**
50	13412	6659	6753	195	170	25
51	12136	5950	6186	171	149	22
52	13012	6459	6553	178	152	26
53	10764	5212	5552	117	103	14
54	11865	5905	5960	134	124	10
55－59岁	**45602**	**22413**	**23189**	**505**	**441**	**64**
55	11469	5700	5769	138	124	14
56	11548	5608	5940	144	123	21
57	12729	6380	6349	125	110	15
58	6691	3208	3483	61	53	8
59	3165	1517	1648	37	31	6
60－64岁	**24903**	**12881**	**12022**	**497**	**470**	**27**
60	3391	1744	1647	47	42	5
61	3404	1817	1587	77	72	5
62	5307	2746	2561	110	105	5
63	6369	3310	3059	146	140	6
64	6432	3264	3168	117	111	6
65岁及以上	**92454**	**44507**	**47947**	**1856**	**1759**	**97**

程度、婚姻状况的人口(镇)

单位：人

有配偶			离婚			丧偶		
小计	男	女	小计	男	女	小计	男	女
371958	**181180**	**190778**	**14162**	**7721**	**6441**	**31365**	**8688**	**22677**
137	**16**	**121**						
1		1						
6		6						
16	2	14						
31	6	25						
83	8	75						
5060	**1386**	**3674**	**68**	**25**	**43**			
192	27	165	2	1	1			
357	63	294	2	1	1			
847	201	646	9	3	6			
1436	414	1022	22	9	13			
2228	681	1547	33	11	22			
23367	**9455**	**13912**	**590**	**268**	**322**	**20**	**4**	**16**
3377	1239	2138	51	18	33	1	1	
3896	1454	2442	63	23	40	3		3
5087	2010	3077	108	46	62	6		6
5238	2270	2968	150	65	85	4	1	3
5769	2482	3287	218	116	102	6	2	4
37919	**17331**	**20588**	**1661**	**909**	**752**	**51**	**13**	**38**
6951	3077	3874	230	133	97	5	1	4
6933	3072	3861	288	155	133	6	2	4
6628	3051	3577	313	156	157	9		9
8850	4072	4778	401	227	174	13	3	10
8557	4059	4498	429	238	191	18	7	11
29880	**14309**	**15571**	**1749**	**982**	**767**	**63**	**15**	**48**
6029	2875	3154	328	178	150	10	3	7
4937	2280	2657	247	133	114	10	2	8
5502	2633	2869	336	194	142	11	3	8
7278	3550	3728	425	238	187	16	4	12
6134	2971	3163	413	239	174	16	3	13
29796	**13985**	**15811**	**1718**	**910**	**808**	**169**	**38**	**131**
4582	2146	2436	272	146	126	11	1	10
5469	2508	2961	347	182	165	24	6	18
4929	2271	2658	277	149	128	24	5	19
6193	2934	3259	381	197	184	41	11	30
8623	4126	4497	441	236	205	69	15	54
61053	**29536**	**31517**	**3064**	**1648**	**1416**	**625**	**141**	**484**
11268	5270	5998	649	336	313	93	21	72
12769	6221	6548	639	330	309	108	23	85
13041	6335	6706	638	349	289	139	26	113
11800	5765	6035	614	347	267	135	30	105
12175	5945	6230	524	286	238	150	41	109
56752	**27922**	**28830**	**2352**	**1265**	**1087**	**1290**	**300**	**990**
12440	6136	6304	577	310	267	200	43	157
11208	5459	5749	521	282	239	236	60	176
12099	5990	6109	479	255	224	256	62	194
10043	4881	5162	340	174	166	264	54	210
10962	5456	5506	435	244	191	334	81	253
41878	**20838**	**21040**	**1419**	**767**	**652**	**1800**	**367**	**1433**
10599	5306	5293	362	189	173	370	81	289
10638	5214	5424	351	179	172	415	92	323
11657	5934	5723	420	234	186	527	102	425
6130	3000	3130	189	95	94	311	60	251
2854	1384	1470	97	70	27	177	32	145
21838	**11459**	**10379**	**622**	**406**	**216**	**1946**	**546**	**1400**
3029	1583	1446	106	67	39	209	52	157
2998	1619	1379	107	66	41	222	60	162
4672	2444	2228	123	87	36	402	110	292
5541	2915	2626	155	98	57	527	157	370
5598	2898	2700	131	88	43	586	167	419
64278	**34943**	**29335**	**919**	**541**	**378**	**25401**	**7264**	**18137**

5-3b 续表 1

受教育程度 年 龄	15岁及以上人口			未 婚		
	合计	男	女	小计	男	女
未上过学	**8981**	**2238**	**6743**	**683**	**585**	**98**
15-19岁	**40**	**25**	**15**	**40**	**25**	**15**
15	7	4	3	7	4	3
16	7	4	3	7	4	3
17	6	2	4	6	2	4
18	13	10	3	13	10	3
19	7	5	2	7	5	2
20-24岁	**48**	**24**	**24**	**43**	**24**	**19**
20	7	3	4	7	3	4
21	10	5	5	10	5	5
22	11	7	4	11	7	4
23	6	2	4	6	2	4
24	14	7	7	9	7	2
25-29岁	**52**	**29**	**23**	**36**	**27**	**9**
25	17	9	8	14	9	5
26	6	3	3	6	3	3
27	9	6	3	5	5	
28	9	5	4	5	4	1
29	11	6	5	6	6	
30-34岁	**53**	**26**	**27**	**24**	**18**	**6**
30	11	6	5	6	5	1
31	14	5	9	7	3	4
32	11	5	6	6	5	1
33	9	7	2	4	4	
34	8	3	5	1	1	
35-39岁	**70**	**33**	**37**	**34**	**24**	**10**
35	11	7	4	8	6	2
36	10	4	6	5	3	2
37	14	5	9	4	2	2
38	20	9	11	9	7	2
39	15	8	7	8	6	2
40-44岁	**68**	**35**	**33**	**29**	**23**	**6**
40	9	7	2	3	3	
41	10	3	7	7	3	4
42	5	2	3	1	1	
43	14	8	6	7	5	2
44	30	15	15	11	11	
45-49岁	**225**	**72**	**153**	**38**	**33**	**5**
45	33	11	22	7	6	1
46	48	17	31	9	8	1
47	39	9	30	5	3	2
48	51	17	34	11	10	1
49	54	18	36	6	6	
50-54岁	**305**	**96**	**209**	**51**	**48**	**3**
50	71	27	44	18	16	2
51	44	9	35	5	5	
52	61	21	40	13	12	1
53	58	17	41	7	7	
54	71	22	49	8	8	
55-59岁	**390**	**98**	**292**	**39**	**36**	**3**
55	94	30	64	11	10	1
56	95	31	64	16	15	1
57	82	13	69	3	3	
58	71	16	55	5	5	
59	48	8	40	4	3	1
60-64岁	**651**	**156**	**495**	**52**	**51**	**1**
60	50	11	39	2	2	
61	73	18	55	5	5	
62	148	31	117	11	11	
63	187	55	132	20	20	
64	193	41	152	14	13	1
65岁及以上	**7079**	**1644**	**5435**	**297**	**276**	**21**

单位：人

有配偶			离婚			丧偶		
小计	男	女	小计	男	女	小计	男	女
4514	**1146**	**3368**	**84**	**35**	**49**	**3700**	**472**	**3228**
4		**4**	**1**		**1**			
4		4	1		1			
14	**2**	**12**	**1**		**1**	**1**		**1**
3		3						
3	1	2	1		1			
4	1	3						
4		4				1		1
29	**8**	**21**						
5	1	4						
7	2	5						
5		5						
5	3	2						
7	2	5						
34	**7**	**27**	**2**	**2**				
2		2	1	1				
5	1	4						
10	3	7						
11	2	9						
6	1	5	1	1				
38	**12**	**26**				**1**		**1**
6	4	2						
3		3						
4	1	3						
7	3	4						
18	4	14				1		1
168	**37**	**131**	**7**	**1**	**6**	**12**	**1**	**11**
23	5	18	2		2	1		1
36	8	28				3	1	2
29	6	23	2		2	3		3
35	6	29	2	1	1	3		3
45	12	33	1		1	2		2
230	**42**	**188**	**12**	**5**	**7**	**12**	**1**	**11**
49	10	39	3	1	2	1		1
35	4	31	2		2	2		2
41	7	34	3	2	1	4		4
46	9	37	2	1	1	3		3
59	12	47	2	1	1	2	1	1
299	**53**	**246**	**14**	**7**	**7**	**38**	**2**	**36**
71	16	55	7	3	4	5	1	4
71	16	55	1		1	7		7
66	8	58	2	2		11		11
56	9	47	3	1	2	7	1	6
35	4	31	1	1		8		8
494	**95**	**399**	**11**	**5**	**6**	**94**	**5**	**89**
42	9	33				6		6
51	10	41	6	2	4	11	1	10
120	18	102	1	1		16	1	15
144	33	111	2	1	1	21	1	20
137	25	112	2	1	1	40	2	38
3204	**890**	**2314**	**36**	**15**	**21**	**3542**	**463**	**3079**

5-3b 续表 2

受教育程度 年龄	15岁及以上人口			未婚		
	合计	男	女	小计	男	女
学前教育	**502**	**163**	**339**	**42**	**33**	**9**
15-19岁	**14**	**9**	**5**	**14**	**9**	**5**
15	4	2	2	4	2	2
16	4	3	1	4	3	1
17						
18	2	1	1	2	1	1
19	4	3	1	4	3	1
20-24岁	**10**	**7**	**3**	**8**	**6**	**2**
20	4	3	1	4	3	1
21	2	1	1	2	1	1
22						
23	1	1		1	1	
24	3	2	1	1	1	
25-29岁	**9**	**4**	**5**	**4**	**2**	**2**
25	4	3	1	2	2	
26	2		2	1		1
27	1		1	1		1
28						
29	2	1	1			
30-34岁	**6**	**4**	**2**	**2**	**2**	
30	1	1				
31	2		2			
32						
33	2	2		2	2	
34	1	1				
35-39岁	**7**	**3**	**4**			
35						
36	2		2			
37	1	1				
38	2	1	1			
39	2	1	1			
40-44岁	**7**	**4**	**3**	**1**	**1**	
40	1		1			
41	2	1	1			
42	1	1				
43	2	1	1	1	1	
44	1	1				
45-49岁	**14**	**5**	**9**	**1**	**1**	
45	3		3			
46	3	1	2			
47	2		2			
48	1	1		1	1	
49	5	3	2			
50-54岁	**26**	**10**	**16**	**2**	**2**	
50	6	2	4	1	1	
51	3		3			
52	5	4	1			
53	5	1	4			
54	7	3	4	1	1	
55-59岁	**33**	**11**	**22**	**1**	**1**	
55	9	4	5	1	1	
56	7	1	6			
57	8	4	4			
58	4		4			
59	5	2	3			
60-64岁	**32**	**8**	**24**	**1**	**1**	
60	1	1				
61	3	1	2			
62	7		7			
63	9	4	5	1	1	
64	12	2	10			
65岁及以上	**344**	**98**	**246**	**8**	**8**	

单位：人

有配偶			离婚			丧偶		
小计	男	女	小计	男	女	小计	男	女
295	**108**	**187**	**2**	**1**	**1**	**163**	**21**	**142**
2	**1**	**1**						
2	1	1						
5	**2**	**3**						
2	1	1						
1		1						
2	1	1						
4	**2**	**2**						
1	1							
2		2						
1	1							
6	**3**	**3**	**1**		**1**			
2		2						
1	1							
1	1		1		1			
2	1	1						
6	**3**	**3**						
1		1						
2	1	1						
1	1							
1		1						
1	1							
13	**4**	**9**						
3		3						
3	1	2						
2		2						
5	3	2						
24	**8**	**16**						
5	1	4						
3		3						
5	4	1						
5	1	4						
6	2	4						
30	**10**	**20**				**2**		**2**
8	3	5						
7	1	6						
7	4	3				1		1
4		4						
4	2	2				1		1
25	**6**	**19**	**1**	**1**		**5**		**5**
1	1							
3	1	2						
5		5				2		2
6	2	4	1	1		1		1
10	2	8				2		2
180	**69**	**111**				**156**	**21**	**135**

5-3b 续表 3

受教育程度 年龄	15岁及以上人口			未婚		
	合计	男	女	小计	男	女
小 学	**142244**	**61625**	**80619**	**4141**	**3640**	**501**
15-19岁	**169**	**93**	**76**	**161**	**93**	**68**
15	19	12	7	19	12	7
16	37	19	18	36	19	17
17	27	16	11	27	16	11
18	34	19	15	32	19	13
19	52	27	25	47	27	20
20-24岁	**453**	**245**	**208**	**317**	**216**	**101**
20	68	35	33	56	34	22
21	65	40	25	51	40	11
22	83	51	32	64	47	17
23	113	62	51	80	51	29
24	124	57	67	66	44	22
25-29岁	**1103**	**546**	**557**	**314**	**236**	**78**
25	189	97	92	85	58	27
26	183	83	100	62	48	14
27	228	117	111	67	56	11
28	229	122	107	56	37	19
29	274	127	147	44	37	7
30-34岁	**1966**	**837**	**1129**	**233**	**186**	**47**
30	324	144	180	64	50	14
31	348	137	211	39	31	8
32	346	146	200	36	32	4
33	469	201	268	45	34	11
34	479	209	270	49	39	10
35-39岁	**2380**	**905**	**1475**	**114**	**90**	**24**
35	387	157	230	21	18	3
36	354	116	238	17	13	4
37	430	163	267	21	18	3
38	664	241	423	30	23	7
39	545	228	317	25	18	7
40-44岁	**4759**	**1806**	**2953**	**136**	**122**	**14**
40	490	179	311	19	18	1
41	778	280	498	22	19	3
42	769	263	506	22	20	2
43	1030	412	618	26	24	2
44	1692	672	1020	47	41	6
45-49岁	**15263**	**6069**	**9194**	**390**	**343**	**47**
45	2477	943	1534	67	57	10
46	3026	1226	1800	98	86	12
47	3179	1230	1949	69	63	6
48	3162	1266	1896	77	68	9
49	3419	1404	2015	79	69	10
50-54岁	**21108**	**8634**	**12474**	**395**	**366**	**29**
50	3941	1612	2329	75	69	6
51	4161	1691	2470	87	80	7
52	4559	1876	2683	97	87	10
53	4049	1630	2419	64	61	3
54	4398	1825	2573	72	69	3
55-59岁	**17178**	**6813**	**10365**	**305**	**283**	**22**
55	4161	1696	2465	81	76	5
56	4273	1688	2585	85	81	4
57	4690	1928	2762	74	70	4
58	2724	1010	1714	44	39	5
59	1330	491	839	21	17	4
60-64岁	**13709**	**6248**	**7461**	**376**	**360**	**16**
60	1617	709	908	40	36	4
61	1769	804	965	60	57	3
62	2853	1298	1555	83	81	2
63	3673	1698	1975	109	105	4
64	3797	1739	2058	84	81	3
65岁及以上	**64156**	**29429**	**34727**	**1400**	**1345**	**55**

单位：人

有配偶			离婚			丧偶		
小计	男	女	小计	男	女	小计	男	女
113691	**50321**	**63370**	**2882**	**1631**	**1251**	**21530**	**6033**	**15497**
8		**8**						
1		1						
2		2						
5		5						
133	**27**	**106**	**3**	**2**	**1**			
11		11	1	1				
14		14						
19	4	15						
32	10	22	1	1				
57	13	44	1		1			
769	**301**	**468**	**19**	**9**	**10**	**1**		**1**
101	39	62	3		3			
119	35	84	2		2			
157	60	97	4	1	3			
168	80	88	5	5				
224	87	137	5	3	2	1		1
1660	**616**	**1044**	**67**	**35**	**32**	**6**		**6**
253	90	163	7	4	3			
301	103	198	7	3	4	1		1
295	106	189	15	8	7			
401	158	243	20	9	11	3		3
410	159	251	18	11	7	2		2
2133	**745**	**1388**	**123**	**67**	**56**	**10**	**3**	**7**
347	128	219	17	10	7	2	1	1
317	93	224	18	10	8	2		2
387	132	255	20	12	8	2	1	1
593	202	391	38	16	22	3		3
489	190	299	30	19	11	1	1	
4380	**1564**	**2816**	**201**	**115**	**86**	**42**	**5**	**37**
449	144	305	20	17	3	2		2
718	244	474	34	16	18	4	1	3
708	227	481	32	15	17	7	1	6
948	359	589	47	28	19	9	1	8
1557	590	967	68	39	29	20	2	18
14094	**5374**	**8720**	**581**	**311**	**270**	**198**	**41**	**157**
2272	821	1451	114	59	55	24	6	18
2770	1071	1699	121	64	57	37	5	32
2956	1100	1856	113	57	56	41	10	31
2920	1118	1802	124	71	53	41	9	32
3176	1264	1912	109	60	49	55	11	44
19448	**7804**	**11644**	**647**	**353**	**294**	**618**	**111**	**507**
3641	1450	2191	139	77	62	86	16	70
3821	1513	2308	140	80	60	113	18	95
4185	1682	2503	145	73	72	132	34	98
3769	1512	2257	96	44	52	120	13	107
4032	1647	2385	127	79	48	167	30	137
15512	**6132**	**9380**	**412**	**223**	**189**	**949**	**175**	**774**
3797	1534	2263	95	49	46	188	37	151
3877	1505	2372	109	57	52	202	45	157
4232	1743	2489	111	64	47	273	51	222
2432	909	1523	66	34	32	182	28	154
1174	441	733	31	19	12	104	14	90
11780	**5358**	**6422**	**284**	**194**	**90**	**1269**	**336**	**933**
1413	620	793	50	32	18	114	21	93
1520	683	837	50	29	21	139	35	104
2466	1115	1351	51	39	12	253	63	190
3131	1438	1693	75	51	24	358	104	254
3250	1502	1748	58	43	15	405	113	292
43774	**22400**	**21374**	**545**	**322**	**223**	**18437**	**5362**	**13075**

5-3b 续表 4

受教育程度 年 龄	15岁及以上人口			未 婚		
	合计	男	女	小计	男	女
初 中	**187445**	**95865**	**91580**	**16386**	**10902**	**5484**
15-19岁	**6614**	**3645**	**2969**	**6538**	**3638**	**2900**
15	3718	1979	1739	3717	1979	1738
16	1295	690	605	1291	690	601
17	584	356	228	573	355	218
18	483	307	176	465	303	162
19	534	313	221	492	311	181
20-24岁	**5440**	**2835**	**2605**	**3376**	**2298**	**1078**
20	573	321	252	478	306	172
21	700	383	317	541	356	185
22	1099	569	530	711	482	229
23	1389	733	656	808	566	242
24	1679	829	850	838	588	250
25-29岁	**11361**	**5502**	**5859**	**3039**	**2225**	**814**
25	2084	1062	1022	846	602	244
26	2076	996	1080	652	477	175
27	2471	1212	1259	695	523	172
28	2339	1125	1214	485	363	122
29	2391	1107	1284	361	260	101
30-34岁	**18412**	**8650**	**9762**	**1485**	**1182**	**303**
30	3088	1475	1613	395	308	87
31	3236	1505	1731	312	249	63
32	3216	1486	1730	261	210	51
33	4441	2093	2348	295	232	63
34	4431	2091	2340	222	183	39
35-39岁	**16245**	**7715**	**8530**	**554**	**426**	**128**
35	3103	1477	1626	143	116	27
36	2634	1175	1459	103	77	26
37	3005	1450	1555	102	78	24
38	3971	1897	2074	110	83	27
39	3532	1716	1816	96	72	24
40-44岁	**17399**	**8124**	**9275**	**330**	**252**	**78**
40	2565	1187	1378	63	52	11
41	3176	1488	1688	75	56	19
42	2849	1265	1584	48	33	15
43	3677	1726	1951	64	46	18
44	5132	2458	2674	80	65	15
45-49岁	**36926**	**18302**	**18624**	**479**	**395**	**84**
45	6871	3280	3591	106	89	17
46	7783	3826	3957	106	88	18
47	8019	4032	3987	101	83	18
48	7036	3553	3483	75	65	10
49	7217	3611	3606	91	70	21
50-54岁	**30531**	**15716**	**14815**	**279**	**227**	**52**
50	7040	3594	3446	82	71	11
51	6023	3070	2953	61	49	12
52	6475	3363	3112	56	42	14
53	5222	2680	2542	40	31	9
54	5771	3009	2762	40	34	6
55-59岁	**20304**	**10533**	**9771**	**119**	**95**	**24**
55	5557	2927	2630	33	27	6
56	5292	2669	2623	34	25	9
57	5623	2927	2696	32	26	6
58	2654	1371	1283	10	7	3
59	1178	639	539	10	10	
60-64岁	**7614**	**4579**	**3035**	**56**	**51**	**5**
60	1178	680	498	3	3	
61	1102	672	430	9	9	
62	1639	1002	637	11	10	1
63	1848	1138	710	15	13	2
64	1847	1087	760	18	16	2
65岁及以上	**16599**	**10264**	**6335**	**131**	**113**	**18**

单位：人

有配偶			离婚			丧偶		
小计	男	女	小计	男	女	小计	男	女
159250	**79345**	**79905**	**6956**	**3868**	**3088**	**4853**	**1750**	**3103**
76	**7**	**69**						
1		1						
4		4						
11	1	10						
18	4	14						
42	2	40						
2027	**521**	**1506**	**37**	**16**	**21**			
95	15	80						
158	27	131	1		1			
380	84	296	8	3	5			
568	160	408	13	7	6			
826	235	591	15	6	9			
8074	**3167**	**4907**	**240**	**109**	**131**	**8**	**1**	**7**
1219	454	765	19	6	13			
1399	509	890	25	10	15			
1728	670	1058	43	19	24	5		5
1786	732	1054	66	29	37	2	1	1
1942	802	1140	87	45	42	1		1
16150	**7017**	**9133**	**747**	**444**	**303**	**30**	**7**	**23**
2611	1119	1492	79	48	31	3		3
2785	1171	1614	135	83	52	4	2	2
2817	1209	1608	132	67	65	6		6
3936	1727	2209	206	134	72	4		4
4001	1791	2210	195	112	83	13	5	8
14761	**6759**	**8002**	**894**	**523**	**371**	**36**	**7**	**29**
2778	1261	1517	177	99	78	5	1	4
2408	1033	1375	118	64	54	5	1	4
2727	1268	1459	171	103	68	5	1	4
3646	1687	1959	206	124	82	9	3	6
3202	1510	1692	222	133	89	12	1	11
16048	**7354**	**8694**	**931**	**492**	**439**	**90**	**26**	**64**
2356	1063	1293	141	72	69	5		5
2905	1328	1577	183	101	82	13	3	10
2637	1151	1486	150	77	73	14	4	10
3362	1551	1811	225	120	105	26	9	17
4788	2261	2527	232	122	110	32	10	22
34354	**16840**	**17514**	**1765**	**982**	**783**	**328**	**85**	**243**
6334	2983	3351	377	197	180	54	11	43
7254	3535	3719	366	189	177	57	14	43
7468	3712	3756	374	222	152	76	15	61
6548	3265	3283	347	205	142	66	18	48
6750	3345	3405	301	169	132	75	27	48
28487	**14682**	**13805**	**1207**	**646**	**561**	**558**	**161**	**397**
6557	3337	3220	307	165	142	94	21	73
5583	2837	2746	278	150	128	101	34	67
6090	3173	2917	233	124	109	96	24	72
4884	2517	2367	176	95	81	122	37	85
5373	2818	2555	213	112	101	145	45	100
18848	**9926**	**8922**	**662**	**356**	**306**	**675**	**156**	**519**
5189	2768	2421	180	98	82	155	34	121
4922	2522	2400	160	79	81	176	43	133
5193	2752	2441	201	107	94	197	42	155
2468	1304	1164	74	33	41	102	27	75
1076	580	496	47	39	8	45	10	35
6890	**4222**	**2668**	**223**	**145**	**78**	**445**	**161**	**284**
1079	632	447	38	24	14	58	21	37
1003	621	382	34	22	12	56	20	36
1482	922	560	47	32	15	99	38	61
1669	1054	615	49	34	15	115	37	78
1657	993	664	55	33	22	117	45	72
13535	**8850**	**4685**	**250**	**155**	**95**	**2683**	**1146**	**1537**

5−3b 续表 5

受教育程度 年龄	15岁及以上人口			未婚		
	合计	男	女	小计	男	女
高 中	**102135**	**56121**	**46014**	**43107**	**25127**	**17980**
15−19岁	**30555**	**16620**	**13935**	**30508**	**16611**	**13897**
15	5466	2814	2652	5466	2814	2652
16	9707	5122	4585	9706	5122	4584
17	8712	4786	3926	8707	4785	3922
18	4737	2750	1987	4727	2748	1979
19	1933	1148	785	1902	1142	760
20−24岁	**8354**	**4681**	**3673**	**6491**	**4121**	**2370**
20	1258	722	536	1191	713	478
21	1315	763	552	1194	741	453
22	1658	964	694	1355	886	469
23	1900	1015	885	1357	853	504
24	2223	1217	1006	1394	928	466
25−29岁	**12136**	**6347**	**5789**	**4117**	**2892**	**1225**
25	2381	1283	1098	1218	833	385
26	2285	1195	1090	951	655	296
27	2573	1351	1222	854	615	239
28	2384	1265	1119	609	437	172
29	2513	1253	1260	485	352	133
30−34岁	**12706**	**6518**	**6188**	**1330**	**1011**	**319**
30	2667	1383	1284	418	317	101
31	2523	1280	1243	308	233	75
32	2161	1106	1055	198	147	51
33	2818	1416	1402	227	175	52
34	2537	1333	1204	179	139	40
35−39岁	**7896**	**4196**	**3700**	**327**	**247**	**80**
35	1763	941	822	80	64	16
36	1271	671	600	59	43	16
37	1402	731	671	65	51	14
38	1858	1023	835	65	44	21
39	1602	830	772	58	45	13
40−44岁	**6058**	**3182**	**2876**	**129**	**92**	**37**
40	1087	566	521	31	22	9
41	1209	600	609	25	19	6
42	1018	571	447	23	20	3
43	1215	627	588	25	15	10
44	1529	818	711	25	16	9
45−49岁	**8494**	**4752**	**3742**	**107**	**76**	**31**
45	1804	967	837	28	21	7
46	1857	1066	791	25	15	10
47	1749	959	790	20	13	7
48	1594	894	700	14	12	2
49	1490	866	624	20	15	5
50−54岁	**5507**	**3238**	**2269**	**49**	**43**	**6**
50	1463	843	620	15	11	4
51	1114	650	464	13	12	1
52	1129	668	461	8	8	
53	848	495	353	4	3	1
54	953	582	371	9	9	
55−59岁	**5134**	**3088**	**2046**	**27**	**19**	**8**
55	1047	604	443	8	8	
56	1173	715	458	6	2	4
57	1572	952	620	11	8	3
58	877	530	347	1	1	
59	465	287	178	1		1
60−64岁	**2205**	**1354**	**851**	**9**	**5**	**4**
60	429	252	177	2	1	1
61	360	241	119	3	1	2
62	493	290	203	3	2	1
63	501	302	199	1	1	
64	422	269	153			
65岁及以上	**3090**	**2145**	**945**	**13**	**10**	**3**

单位：人

有配偶			离婚			丧偶		
小计	男	女	小计	男	女	小计	男	女
55451	**29250**	**26201**	**2684**	**1431**	**1253**	**893**	**313**	**580**
47	**9**	**38**						
1		1						
5	1	4						
10	2	8						
31	6	25						
1843	**557**	**1286**	**20**	**3**	**17**			
66	9	57	1		1			
121	22	99						
302	78	224	1		1			
538	162	376	5		5			
816	286	530	13	3	10			
7794	**3341**	**4453**	**218**	**112**	**106**	**7**	**2**	**5**
1143	441	702	19	8	11	1	1	
1308	530	778	24	10	14	2		2
1679	715	964	40	21	19			
1716	801	915	57	27	30	2		2
1948	854	1094	78	46	32	2	1	1
10855	**5236**	**5619**	**507**	**266**	**241**	**14**	**5**	**9**
2166	1015	1151	81	50	31	2	1	1
2125	1003	1122	89	44	45	1		1
1859	907	952	101	52	49	3		3
2479	1188	1291	106	50	56	6	3	3
2226	1123	1103	130	70	60	2	1	1
7119	**3691**	**3428**	**437**	**254**	**183**	**13**	**4**	**9**
1593	823	770	87	53	34	3	1	2
1146	591	555	63	36	27	3	1	2
1253	632	621	81	47	34	3	1	2
1695	922	773	95	56	39	3	1	2
1432	723	709	111	62	49	1		1
5548	**2891**	**2657**	**358**	**195**	**163**	**23**	**4**	**19**
995	511	484	60	33	27	1		1
1096	535	561	83	44	39	5	2	3
932	512	420	62	39	23	1		1
1128	586	542	59	26	33	3		3
1397	747	650	94	53	41	13	2	11
7857	**4428**	**3429**	**462**	**236**	**226**	**68**	**12**	**56**
1656	888	768	108	54	54	12	4	8
1719	996	723	104	53	51	9	2	7
1618	897	721	95	48	47	16	1	15
1471	834	637	89	45	44	20	3	17
1393	813	580	66	36	30	11	2	9
5077	**3015**	**2062**	**309**	**163**	**146**	**72**	**17**	**55**
1361	790	571	76	38	38	11	4	7
1019	594	425	67	40	27	15	4	11
1041	619	422	64	38	26	16	3	13
786	471	315	41	18	23	17	3	14
870	541	329	61	29	32	13	3	10
4768	**2923**	**1845**	**224**	**119**	**105**	**115**	**27**	**88**
972	567	405	48	23	25	19	6	13
1089	682	407	55	27	28	23	4	19
1448	897	551	76	41	35	37	6	31
825	505	320	34	21	13	17	3	14
434	272	162	11	7	4	19	8	11
1999	**1267**	**732**	**80**	**47**	**33**	**117**	**35**	**82**
385	233	152	13	9	4	29	9	20
327	225	102	16	12	4	14	3	11
447	272	175	16	10	6	27	6	21
446	278	168	24	10	14	30	13	17
394	259	135	11	6	5	17	4	13
2544	**1892**	**652**	**69**	**36**	**33**	**464**	**207**	**257**

5-3b 续表 6

受教育程度 年　　龄	15岁及以上人口			未　　婚		
	合计	男	女	小计	男	女
大学专科	**39261**	**20855**	**18406**	**14843**	**7865**	**6978**
15-19岁	**2920**	**1554**	**1366**	**2915**	**1554**	**1361**
15	34	16	18	34	16	18
16	63	27	36	63	27	36
17	226	118	108	226	118	108
18	1031	548	483	1030	548	482
19	1566	845	721	1562	845	717
20-24岁	**8231**	**3908**	**4323**	**7416**	**3693**	**3723**
20	1532	717	815	1517	715	802
21	1545	750	795	1485	736	749
22	1673	803	870	1552	773	779
23	1742	830	912	1508	770	738
24	1739	808	931	1354	699	655
25-29岁	**7672**	**3575**	**4097**	**3532**	**1977**	**1555**
25	1779	823	956	1150	610	540
26	1586	727	859	885	479	406
27	1660	751	909	714	402	312
28	1337	636	701	430	262	168
29	1310	638	672	353	224	129
30-34岁	**6035**	**3012**	**3023**	**770**	**504**	**266**
30	1404	676	728	290	189	101
31	1139	543	596	170	113	57
32	1027	517	510	99	63	36
33	1251	628	623	118	76	42
34	1214	648	566	93	63	30
35-39岁	**3340**	**1751**	**1589**	**121**	**73**	**48**
35	753	380	373	33	24	9
36	586	315	271	19	6	13
37	609	320	289	20	14	6
38	806	427	379	34	21	13
39	586	309	277	15	8	7
40-44岁	**2363**	**1283**	**1080**	**34**	**27**	**7**
40	491	256	235	11	8	3
41	461	233	228	11	9	2
42	387	215	172	6	6	
43	466	256	210	1		1
44	558	323	235	5	4	1
45-49岁	**3077**	**1822**	**1255**	**30**	**19**	**11**
45	636	345	291	7	5	2
46	674	399	275	10	7	3
47	654	400	254	9	6	3
48	567	351	216	3	1	2
49	546	327	219	1		1
50-54岁	**2344**	**1523**	**821**	**10**	**6**	**4**
50	550	355	195	1		1
51	487	315	172	3	2	1
52	500	318	182	2	2	
53	384	248	136	2	1	1
54	423	287	136	2	1	1
55-59岁	**1783**	**1266**	**517**	**8**	**5**	**3**
55	398	277	121	2	2	
56	486	342	144	2		2
57	537	378	159	3	2	1
58	261	203	58	1	1	
59	101	66	35			
60-64岁	**556**	**427**	**129**	**2**	**2**	
60	85	65	20			
61	72	62	10			
62	133	97	36	1	1	
63	129	94	35			
64	137	109	28	1	1	
65岁及以上	**940**	**734**	**206**	**5**	**5**	

单位：人

有配偶			离婚			丧偶		
小计	男	女	小计	男	女	小计	男	女
23218	**12411**	**10807**	**1029**	**503**	**526**	**171**	**76**	**95**
5		**5**						
1		1						
4		4						
809	**212**	**597**	**6**	**3**	**3**			
15	2	13						
59	13	46	1	1				
121	30	91						
231	59	172	3	1	2			
383	108	275	2	1	1			
4046	**1563**	**2483**	**92**	**34**	**58**	**2**	**1**	**1**
620	209	411	9	4	5			
689	245	444	12	3	9			
928	344	584	17	5	12	1		1
890	371	519	17	3	14			
919	394	525	37	19	18	1	1	
5052	**2393**	**2659**	**213**	**115**	**98**			
1074	464	610	40	23	17			
932	410	522	37	20	17			
897	438	459	31	16	15			
1084	527	557	49	25	24			
1065	554	511	56	31	25			
3048	**1602**	**1446**	**170**	**76**	**94**	**1**		**1**
694	345	349	26	11	15			
537	291	246	30	18	12			
561	293	268	28	13	15			
715	382	333	56	24	32	1		1
541	291	250	30	10	20			
2177	**1185**	**992**	**141**	**68**	**73**	**11**	**3**	**8**
450	234	216	27	13	14	3	1	2
414	209	205	35	15	20	1		1
361	200	161	18	9	9	2		2
431	240	191	32	15	17	2	1	1
521	302	219	29	16	13	3	1	2
2848	**1718**	**1130**	**186**	**84**	**102**	**13**	**1**	**12**
589	321	268	38	19	19	2		2
624	372	252	39	19	20	1	1	
603	381	222	41	13	28	1		1
523	331	192	37	19	18	4		4
509	313	196	31	14	17	5		5
2201	**1449**	**752**	**109**	**60**	**49**	**24**	**8**	**16**
516	338	178	30	16	14	3	1	2
456	302	154	24	8	16	4	3	1
470	305	165	20	10	10	8	1	7
362	234	128	18	12	6	2	1	1
397	270	127	17	14	3	7	2	5
1679	**1214**	**465**	**78**	**40**	**38**	**18**	**7**	**11**
369	261	108	24	11	13	3	3	
464	333	131	15	9	6	5		5
503	360	143	23	13	10	8	3	5
247	196	51	11	5	6	2	1	1
96	64	32	5	2	3			
524	**406**	**118**	**19**	**12**	**7**	**11**	**7**	**4**
82	64	18	3	1	2			
70	60	10	1	1		1	1	
121	90	31	7	5	2	4	1	3
123	91	32	4	1	3	2	2	
128	101	27	4	4		4	3	1
829	**669**	**160**	**15**	**11**	**4**	**91**	**49**	**42**

5-3b 续表 7

受教育程度 年龄	15岁及以上人口			未婚		
	合计	男	女	小计	男	女
大学本科	**27446**	**14216**	**13230**	**11758**	**5616**	**6142**
15-19岁	**1938**	**912**	**1026**	**1937**	**912**	**1025**
15	9	3	6	9	3	6
16	26	13	13	26	13	13
17	119	55	64	119	55	64
18	733	355	378	733	355	378
19	1051	486	565	1050	486	564
20-24岁	**6021**	**2749**	**3272**	**5780**	**2680**	**3100**
20	1114	540	574	1109	539	570
21	1058	505	553	1053	504	549
22	1267	565	702	1242	560	682
23	1340	596	744	1275	573	702
24	1242	543	699	1101	504	597
25-29岁	**5927**	**2636**	**3291**	**3292**	**1572**	**1720**
25	1384	581	803	1095	486	609
26	1204	523	681	826	388	438
27	1269	555	714	685	339	346
28	1070	487	583	403	206	197
29	1000	490	510	283	153	130
30-34岁	**4743**	**2378**	**2365**	**591**	**348**	**243**
30	1079	534	545	245	151	94
31	909	451	458	136	82	54
32	860	443	417	91	48	43
33	995	491	504	60	29	31
34	900	459	441	59	38	21
35-39岁	**2921**	**1581**	**1340**	**102**	**66**	**36**
35	643	330	313	27	18	9
36	545	285	260	24	17	7
37	607	331	276	22	14	8
38	640	364	276	11	5	6
39	486	271	215	18	12	6
40-44岁	**1679**	**1007**	**672**	**21**	**16**	**5**
40	348	201	147	8	8	
41	340	191	149	2		2
42	297	185	112	4	4	
43	336	203	133	3	1	2
44	358	227	131	4	3	1
45-49岁	**1755**	**1138**	**617**	**17**	**12**	**5**
45	388	247	141	2	2	
46	366	235	131	6	3	3
47	371	240	131	1	1	
48	317	215	102	2	2	
49	313	201	112	6	4	2
50-54岁	**1338**	**942**	**396**	**9**	**6**	**3**
50	332	219	113	3	2	1
51	300	211	89	2	1	1
52	276	202	74	2	1	1
53	194	138	56			
54	236	172	64	2	2	
55-59岁	**752**	**579**	**173**	**6**	**2**	**4**
55	194	155	39	2		2
56	217	157	60	1		1
57	209	170	39	2	1	1
58	95	73	22			
59	37	24	13	1	1	
60-64岁	**135**	**108**	**27**	**1**		**1**
60	30	25	5			
61	25	19	6			
62	34	28	6	1		1
63	22	19	3			
64	24	17	7			
65岁及以上	**237**	**186**	**51**	**2**	**2**	

单位：人

有配偶			离婚			丧偶		
小计	男	女	小计	男	女	小计	男	女
15118	**8331**	**6787**	**515**	**246**	**269**	**55**	**23**	**32**
1		**1**						
1		1						
240	**68**	**172**	**1**	**1**				
5	1	4						
5	1	4						
25	5	20						
65	23	42						
140	38	102	1	1				
2616	**1061**	**1555**	**18**	**3**	**15**	**1**		**1**
288	95	193	1		1			
377	135	242				1		1
581	216	365	3		3			
662	280	382	5	1	4			
708	335	373	9	2	7			
4025	**1980**	**2045**	**126**	**49**	**77**	**1**	**1**	
812	375	437	22	8	14			
753	364	389	20	5	15			
735	382	353	34	13	21			
915	453	462	20	9	11			
810	406	404	30	14	16	1	1	
2695	**1455**	**1240**	**121**	**59**	**62**	**3**	**1**	**2**
596	308	288	20	4	16			
503	263	240	18	5	13			
549	299	250	35	18	17	1		1
600	341	259	29	18	11			
447	244	203	19	14	5	2	1	1
1569	**951**	**618**	**87**	**40**	**47**	**2**		**2**
316	182	134	24	11	13			
325	185	140	12	6	6	1		1
278	172	106	15	9	6			
314	194	120	18	8	10	1		1
336	218	118	18	6	12			
1672	**1093**	**579**	**60**	**32**	**28**	**6**	**1**	**5**
377	239	138	9	6	3			
350	227	123	9	5	4	1		1
356	231	125	12	8	4	2		2
299	207	92	15	6	9	1		1
290	189	101	15	7	8	2	1	1
1257	**897**	**360**	**66**	**37**	**29**	**6**	**2**	**4**
303	203	100	21	13	8	5	1	4
287	205	82	10	4	6	1	1	
261	194	67	13	7	6			
187	134	53	7	4	3			
219	161	58	15	9	6			
715	**556**	**159**	**28**	**21**	**7**	**3**		**3**
184	150	34	8	5	3			
204	151	53	10	6	4	2		2
200	162	38	7	7				
93	72	21	1	1		1		1
34	21	13	2	2				
125	**104**	**21**	**4**	**2**	**2**	**5**	**2**	**3**
26	23	3	2	1	1	2	1	1
24	19	5				1		1
31	27	4	1		1	1	1	
22	19	3						
22	16	6	1	1		1		1
203	**166**	**37**	**4**	**2**	**2**	**28**	**16**	**12**

5-3b 续表 8

受教育程度 年 龄	15岁及以上人口			未 婚		
	合计	男	女	小计	男	女
硕士研究生	**993**	**480**	**513**	**598**	**229**	**369**
15-19岁	**4**	**1**	**3**	**4**	**1**	**3**
15						
16						
17						
18	3		3	3		3
19	1	1		1	1	
20-24岁	**300**	**115**	**185**	**299**	**115**	**184**
20	5	1	4	5	1	4
21	11	7	4	11	7	4
22	54	19	35	54	19	35
23	112	46	66	111	46	65
24	118	42	76	118	42	76
25-29岁	**303**	**112**	**191**	**255**	**95**	**160**
25	86	30	56	85	30	55
26	75	23	52	73	23	50
27	59	23	36	48	19	29
28	39	18	21	28	14	14
29	44	18	26	21	9	12
30-34岁	**175**	**92**	**83**	**37**	**16**	**21**
30	43	17	26	15	5	10
31	39	25	14	12	7	5
32	23	11	12	5	2	3
33	30	16	14	1	1	
34	40	23	17	4	1	3
35-39岁	**77**	**45**	**32**	**1**	**1**	
35	15	8	7			
36	17	7	10			
37	13	6	7			
38	18	14	4	1	1	
39	14	10	4			
40-44岁	**23**	**20**	**3**			
40	7	6	1			
41	4	4				
42	8	7	1			
43	1	1				
44	3	2	1			
45-49岁	**47**	**40**	**7**	**2**	**1**	**1**
45	14	13	1	1	1	
46	13	11	2			
47	10	8	2	1		1
48	4	4				
49	6	4	2			
50-54岁	**28**	**24**	**4**			
50	9	7	2			
51	4	4				
52	6	6				
53	3	2	1			
54	6	5	1			
55-59岁	**27**	**24**	**3**			
55	9	7	2			
56	5	5				
57	7	7				
58	5	5				
59	1		1			
60-64岁	**1**	**1**				
60	1	1				
61						
62						
63						
64						
65岁及以上	**8**	**6**	**2**			

单位：人

有配偶			离　婚			丧　偶		
小计	男	女	小计	男	女	小计	男	女
388	**247**	**141**	**7**	**4**	**3**			
1		**1**						
1		1						
46	**16**	**30**	**2**	**1**	**1**			
1		1						
2		2						
11	4	7						
11	4	7						
21	8	13	2	1	1			
138	**76**	**62**						
28	12	16						
27	18	9						
18	9	9						
29	15	14						
36	22	14						
75	**43**	**32**	**1**	**1**				
15	8	7						
17	7	10						
12	5	7	1	1				
17	13	4						
14	10	4						
23	**20**	**3**						
7	6	1						
4	4							
8	7	1						
1	1							
3	2	1						
43	**38**	**5**	**2**	**1**	**1**			
13	12	1						
13	11	2						
8	7	1	1	1				
4	4							
5	4	1	1		1			
27	**24**	**3**	**1**		**1**			
8	7	1	1		1			
4	4							
6	6							
3	2	1						
6	5	1						
26	**23**	**3**	**1**	**1**				
9	7	2						
4	4		1	1				
7	7							
5	5							
1		1						
1	**1**							
1	1							
8	**6**	**2**						

5−3b 续表 9

受教育程度 年 龄	15岁及以上人口			未 婚		
	合计	男	女	小计	男	女
博士研究生	**78**	**44**	**34**	**42**	**21**	**21**
15−19岁						
15						
16						
17						
18						
19						
20−24岁	**8**	**7**	**1**	**7**	**7**	
20						
21						
22	1	1		1	1	
23	4	3	1	3	3	
24	3	3		3	3	
25−29岁	**27**	**12**	**15**	**24**	**10**	**14**
25	6	2	4	6	2	4
26	6	3	3	5	3	2
27	7	2	5	7	2	5
28	4	3	1	3	2	1
29	4	2	2	3	1	2
30−34岁	**16**	**6**	**10**	**9**	**3**	**6**
30	6	1	5	4	1	3
31	4	3	1	3	2	1
32	2		2			
33	2	1	1	1		1
34	2	1	1	1		1
35−39岁	**11**	**5**	**6**	**2**	**1**	**1**
35	5	2	3	1		1
36	2	1	1			
37	2		2			
38						
39	2	2		1	1	
40−44岁	**7**	**5**	**2**			
40	2	2				
41	2	2				
42						
43	1		1			
44	2	1	1			
45−49岁	**5**	**5**				
45	2	2				
46						
47	1	1				
48						
49	2	2				
50−54岁	**2**	**2**				
50						
51						
52	1	1				
53	1	1				
54						
55−59岁	**1**	**1**				
55						
56						
57	1	1				
58						
59						
60−64岁						
60						
61						
62						
63						
64						
65岁及以上	**1**	**1**				

单位：人

有配偶			离婚			丧偶		
小计	男	女	小计	男	女	小计	男	女
33	**21**	**12**	**3**	**2**	**1**			
1		**1**						
1		1						
3	**2**	**1**						
1		1						
1	1							
1	1							
6	**3**	**3**	**1**		**1**			
1		1	1		1			
1	1							
2		2						
1	1							
1	1							
9	**4**	**5**						
4	2	2						
2	1	1						
2		2						
1	1							
7	**5**	**2**						
2	2							
2	2							
1		1						
2	1	1						
4	**4**		**1**	**1**				
1	1		1	1				
1	1							
2	2							
1	**1**		**1**	**1**				
			1	1				
1	1							
1	**1**							
1	1							
1	**1**							

5-3c 全市分年龄、性别、受教育

受教育程度 / 年龄	15岁及以上人口 合计	男	女	未婚 小计	男	女
总计	**867399**	**455381**	**412018**	**142840**	**95979**	**46861**
15-19岁	**50846**	**27560**	**23286**	**50597**	**27509**	**23088**
15	12255	6670	5585	12255	6670	5585
16	11386	6236	5150	11379	6236	5143
17	9674	5262	4412	9642	5255	4387
18	9300	5027	4273	9225	5010	4215
19	8231	4365	3866	8096	4338	3758
20-24岁	**43596**	**23549**	**20047**	**36448**	**21371**	**15077**
20	7294	3910	3384	6994	3859	3135
21	7499	3992	3507	6902	3894	3008
22	9071	4859	4212	7865	4556	3309
23	9506	5129	4377	7499	4500	2999
24	10226	5659	4567	7188	4562	2626
25-29岁	**50190**	**28181**	**22009**	**21863**	**15395**	**6468**
25	11115	6134	4981	6824	4479	2345
26	10009	5601	4408	5044	3448	1596
27	10597	6019	4578	4390	3174	1216
28	9389	5335	4054	3190	2412	778
29	9080	5092	3988	2415	1882	533
30-34岁	**52059**	**29207**	**22852**	**7767**	**6483**	**1284**
30	10451	5834	4617	2265	1819	446
31	9420	5393	4027	1611	1317	294
32	8845	4831	4014	1226	1045	181
33	11718	6620	5098	1425	1229	196
34	11625	6529	5096	1240	1073	167
35-39岁	**37014**	**20259**	**16755**	**2553**	**2266**	**287**
35	7436	4094	3342	693	611	82
36	5921	3149	2772	439	389	50
37	6554	3595	2959	446	394	52
38	9148	5050	4098	521	466	55
39	7955	4371	3584	454	406	48
40-44岁	**39698**	**21098**	**18600**	**1873**	**1738**	**135**
40	6010	3261	2749	332	303	29
41	7241	3910	3331	375	344	31
42	6622	3512	3110	320	302	18
43	8068	4214	3854	336	311	25
44	11757	6201	5556	510	478	32
45-49岁	**97132**	**50710**	**46422**	**3951**	**3788**	**163**
45	16554	8732	7822	756	719	37
46	19839	10423	9416	827	786	41
47	20363	10688	9675	780	750	30
48	19388	9989	9399	749	726	23
49	20988	10878	10110	839	807	32
50-54岁	**104886**	**53401**	**51485**	**3307**	**3212**	**95**
50	21737	11102	10635	721	686	35
51	19853	10210	9643	673	662	11
52	22154	11257	10897	644	623	21
53	19170	9682	9488	614	603	11
54	21972	11150	10822	655	638	17
55-59岁	**84419**	**43073**	**41346**	**2339**	**2291**	**48**
55	21255	10943	10312	599	586	13
56	21289	10907	10382	631	614	17
57	23515	12176	11339	656	644	12
58	12246	6052	6194	283	279	4
59	6114	2995	3119	170	168	2
60-64岁	**58100**	**31396**	**26704**	**2892**	**2866**	**26**
60	6909	3670	3239	295	291	4
61	7258	3980	3278	374	368	6
62	12094	6620	5474	596	587	9
63	15550	8496	7054	819	816	3
64	16289	8630	7659	808	804	4
65岁及以上	**249459**	**126947**	**122512**	**9250**	**9060**	**190**

程度、婚姻状况的人口(乡村)

单位：人

有配偶			离婚			丧偶		
小计	男	女	小计	男	女	小计	男	女
621789	**317786**	**304003**	**20695**	**14655**	**6040**	**82075**	**26961**	**55114**
244	**50**	**194**	**4**	**1**	**3**	**1**		**1**
7		7						
32	7	25						
73	17	56	1		1	1		1
132	26	106	3	1	2			
7017	**2140**	**4877**	**123**	**37**	**86**	**8**	**1**	**7**
295	50	245	4	1	3	1		1
591	97	494	6	1	5			
1185	295	890	20	8	12	1		1
1980	625	1355	24	4	20	3		3
2966	1073	1893	69	23	46	3	1	2
27376	**12279**	**15097**	**933**	**503**	**430**	**18**	**4**	**14**
4192	1617	2575	95	38	57	4		4
4829	2084	2745	135	69	66	1		1
5997	2731	3266	205	114	91	5		5
5951	2792	3159	245	129	116	3	2	1
6407	3055	3352	253	153	100	5	2	3
41805	**21137**	**20668**	**2403**	**1556**	**847**	**84**	**31**	**53**
7817	3798	4019	362	215	147	7	2	5
7444	3842	3602	350	227	123	15	7	8
7197	3522	3675	407	260	147	15	4	11
9647	4974	4673	618	404	214	28	13	15
9700	5001	4699	666	450	216	19	5	14
32067	**16356**	**15711**	**2264**	**1592**	**672**	**130**	**45**	**85**
6289	3175	3114	437	302	135	17	6	11
5107	2522	2585	348	233	115	27	5	22
5697	2927	2770	393	265	128	18	9	9
8025	4154	3871	565	416	149	37	14	23
6949	3578	3371	521	376	145	31	11	20
35108	**17518**	**17590**	**2386**	**1738**	**648**	**331**	**104**	**227**
5289	2697	2592	361	256	105	28	5	23
6349	3232	3117	466	320	146	51	14	37
5849	2889	2960	399	305	94	54	16	38
7157	3529	3628	499	351	148	76	23	53
10464	5171	5293	661	506	155	122	46	76
87498	**43341**	**44157**	**4297**	**3094**	**1203**	**1386**	**487**	**899**
14760	7319	7441	842	622	220	196	72	124
17795	8861	8934	963	683	280	254	93	161
18481	9239	9242	823	602	221	279	97	182
17478	8572	8906	874	593	281	287	98	189
18984	9350	9634	795	594	201	370	127	243
95445	**46893**	**48552**	**3251**	**2358**	**893**	**2883**	**938**	**1945**
19700	9650	10050	826	603	223	490	163	327
18101	8937	9164	642	463	179	437	148	289
20242	9961	10281	657	473	184	611	200	411
17444	8519	8925	502	369	133	610	191	419
19958	9826	10132	624	450	174	735	236	499
75967	**38131**	**37836**	**1988**	**1428**	**560**	**4125**	**1223**	**2902**
19275	9719	9556	551	402	149	830	236	594
19128	9599	9529	518	358	160	1012	336	676
21099	10794	10305	541	393	148	1219	345	874
11031	5402	5629	236	171	65	696	200	496
5434	2617	2817	142	104	38	368	106	262
49122	**25889**	**23233**	**1180**	**960**	**220**	**4906**	**1681**	**3225**
5995	3090	2905	157	130	27	462	159	303
6203	3306	2897	161	135	26	520	171	349
10248	5473	4775	249	199	50	1001	361	640
13069	6988	6081	299	246	53	1363	446	917
13607	7032	6575	314	250	64	1560	544	1016
170140	**94052**	**76088**	**1866**	**1388**	**478**	**68203**	**22447**	**45756**

5−3c 续表 1

受教育程度 年 龄	15岁及以上人口			未 婚		
	合计	男	女	小计	男	女
未上过学	**31871**	**8094**	**23777**	**2725**	**2489**	**236**
15−19岁	**70**	**33**	**37**	**69**	**33**	**36**
15	12	6	6	12	6	6
16	8	4	4	7	4	3
17	14	6	8	14	6	8
18	18	8	10	18	8	10
19	18	9	9	18	9	9
20−24岁	**132**	**73**	**59**	**115**	**71**	**44**
20	31	17	14	30	17	13
21	17	8	9	15	8	7
22	26	12	14	23	11	12
23	30	18	12	23	18	5
24	28	18	10	24	17	7
25−29岁	**148**	**86**	**62**	**116**	**85**	**31**
25	25	16	9	21	16	5
26	32	19	13	30	19	11
27	27	16	11	19	16	3
28	31	19	12	23	18	5
29	33	16	17	23	16	7
30−34岁	**203**	**101**	**102**	**104**	**90**	**14**
30	36	16	20	18	15	3
31	31	15	16	18	14	4
32	40	20	20	17	15	2
33	50	26	24	27	25	2
34	46	24	22	24	21	3
35−39岁	**216**	**102**	**114**	**93**	**83**	**10**
35	40	21	19	20	17	3
36	44	25	19	24	23	1
37	40	19	21	17	16	1
38	48	17	31	14	12	2
39	44	20	24	18	15	3
40−44岁	**275**	**105**	**170**	**93**	**82**	**11**
40	45	15	30	16	15	1
41	37	18	19	18	15	3
42	58	19	39	19	16	3
43	54	20	34	15	14	1
44	81	33	48	25	22	3
45−49岁	**773**	**288**	**485**	**214**	**204**	**10**
45	119	44	75	36	35	1
46	162	60	102	45	42	3
47	145	54	91	39	36	3
48	157	58	99	38	38	
49	190	72	118	56	53	3
50−54岁	**1146**	**341**	**805**	**230**	**219**	**11**
50	228	78	150	70	66	4
51	198	57	141	39	37	2
52	228	69	159	32	29	3
53	225	61	164	41	40	1
54	267	76	191	48	47	1
55−59岁	**1202**	**287**	**915**	**151**	**146**	**5**
55	263	68	195	38	38	
56	276	72	204	41	38	3
57	318	80	238	40	38	2
58	227	40	187	20	20	
59	118	27	91	12	12	
60−64岁	**2381**	**628**	**1753**	**278**	**272**	**6**
60	191	45	146	24	22	2
61	245	63	182	30	28	2
62	504	132	372	59	59	
63	702	185	517	84	84	
64	739	203	536	81	79	2
65岁及以上	**25325**	**6050**	**19275**	**1262**	**1204**	**58**

单位：人

有配偶			离婚			丧偶		
小计	男	女	小计	男	女	小计	男	女
16692	**3782**	**12910**	**186**	**103**	**83**	**12268**	**1720**	**10548**
1		**1**						
1		1						
17	**2**	**15**						
1		1						
2		2						
3	1	2						
7		7						
4	1	3						
31	**1**	**30**				**1**		**1**
4		4						
2		2						
8		8						
8	1	7						
9		9				1		1
95	**10**	**85**	**4**	**1**	**3**			
18	1	17						
13	1	12						
21	5	16	2		2			
23	1	22						
20	2	18	2	1	1			
120	**17**	**103**	**2**	**1**	**1**	**1**	**1**	
19	3	16	1	1				
20	2	18						
23	3	20						
33	5	28	1		1			
25	4	21				1	1	
173	**20**	**153**	**3**	**2**	**1**	**6**	**1**	**5**
28		28	1		1			
18	3	15				1		1
36	2	34	1	1		2		2
36	5	31				3	1	2
55	10	45	1	1				
525	**73**	**452**	**14**	**8**	**6**	**20**	**3**	**17**
76	7	69	3	2	1	4		4
106	14	92	4	3	1	7	1	6
100	16	84	5	1	4	1	1	
114	19	95	1	1		4		4
129	17	112	1	1		4	1	3
829	**105**	**724**	**19**	**10**	**9**	**68**	**7**	**61**
143	11	132	3	1	2	12		12
145	19	126	3	1	2	11		11
173	33	140	11	7	4	12		12
168	18	150				16	3	13
200	24	176	2	1	1	17	4	13
934	**123**	**811**	**13**	**6**	**7**	**104**	**12**	**92**
199	28	171	2	1	1	24	1	23
209	31	178	6	1	5	20	2	18
249	34	215	3	3		26	5	21
188	17	171				19	3	16
89	13	76	2	1	1	15	1	14
1744	**298**	**1446**	**28**	**17**	**11**	**331**	**41**	**290**
138	19	119	2	1	1	27	3	24
183	32	151	3	1	2	29	2	27
367	59	308	5	2	3	73	12	61
506	83	423	12	9	3	100	9	91
550	105	445	6	4	2	102	15	87
12223	**3133**	**9090**	**103**	**58**	**45**	**11737**	**1655**	**10082**

5-3c 续表 2

受教育程度 年龄	15岁及以上人口			未婚		
	合计	男	女	小计	男	女
学前教育	**1656**	**654**	**1002**	**171**	**158**	**13**
15-19岁	**13**	**10**	**3**	**13**	**10**	**3**
15	5	5		5	5	
16						
17	3	2	1	3	2	1
18	4	2	2	4	2	2
19	1	1		1	1	
20-24岁	**9**	**4**	**5**	**8**	**4**	**4**
20	1		1	1		1
21	2	2		2	2	
22	2		2	1		1
23	1		1	1		1
24	3	2	1	3	2	1
25-29岁	**7**	**4**	**3**	**5**	**4**	**1**
25	1		1	1		1
26	3	3		3	3	
27						
28	3	1	2	1	1	
29						
30-34岁	**23**	**17**	**6**	**13**	**13**	
30	5	4	1	2	2	
31	3	2	1	1	1	
32	1	1		1	1	
33	8	5	3	5	5	
34	6	5	1	4	4	
35-39岁	**23**	**14**	**9**	**9**	**8**	**1**
35	6	5	1	4	4	
36	3	1	2			
37	3		3	1		1
38	6	4	2	2	2	
39	5	4	1	2	2	
40-44岁	**22**	**14**	**8**	**7**	**7**	
40	3	2	1	1	1	
41	9	6	3	3	3	
42	2	1	1	1	1	
43	4	4		2	2	
44	4	1	3			
45-49岁	**53**	**23**	**30**	**11**	**10**	**1**
45	6	2	4	1	1	
46	10	2	8			
47	12	4	8	1	1	
48	15	9	6	7	6	1
49	10	6	4	2	2	
50-54岁	**87**	**33**	**54**	**8**	**8**	
50	18	6	12	2	2	
51	13	5	8	2	2	
52	13	3	10			
53	15	3	12			
54	28	16	12	4	4	
55-59岁	**103**	**41**	**62**	**6**	**6**	
55	19	12	7	2	2	
56	21	11	10	3	3	
57	35	13	22	1	1	
58	16	3	13			
59	12	2	10			
60-64岁	**140**	**54**	**86**	**12**	**12**	
60	6	1	5			
61	21	10	11	3	3	
62	27	8	19	3	3	
63	42	13	29	2	2	
64	44	22	22	4	4	
65岁及以上	**1176**	**440**	**736**	**79**	**76**	**3**

单位：人

有配偶			离　婚			丧　偶		
小计	男	女	小计	男	女	小计	男	女
969	**359**	**610**	**23**	**14**	**9**	**493**	**123**	**370**
1		**1**						
1		1						
2		**2**						
2		2						
8	**3**	**5**	**1**	**1**		**1**		**1**
2	1	1	1	1				
2	1	1						
3		3						
1	1					1		1
13	**6**	**7**				**1**		**1**
2	1	1						
2	1	1				1		1
2		2						
4	2	2						
3	2	1						
13	**5**	**8**	**2**	**2**				
2	1	1						
4	1	3	2	2				
1		1						
2	2							
4	1	3						
38	**12**	**26**	**3**	**1**	**2**	**1**		**1**
4	1	3	1		1			
10	2	8						
8	2	6	2	1	1	1		1
8	3	5						
8	4	4						
71	**23**	**48**	**3**	**2**	**1**	**5**		**5**
16	4	12						
9	3	6	1		1	1		1
11	3	8				2		2
15	3	12						
20	10	10	2	2		2		2
86	**28**	**58**	**4**	**4**		**7**	**3**	**4**
13	6	7	2	2		2	2	
17	7	10	1	1				
31	12	19				3		3
13	1	12	1	1		2	1	1
12	2	10						
102	**37**	**65**	**4**	**2**	**2**	**22**	**3**	**19**
3	1	2				3		3
16	7	9				2		2
21	4	17	1		1	2	1	1
30	9	21	1	1		9	1	8
32	16	16	2	1	1	6	1	5
635	**245**	**390**	**6**	**2**	**4**	**456**	**117**	**339**

5-3c 续表 3

受教育程度 年 龄	15岁及以上人口			未 婚		
	合计	男	女	小计	男	女
小 学	**386731**	**186975**	**199756**	**19019**	**18232**	**787**
15-19岁	**352**	**204**	**148**	**334**	**201**	**133**
15	46	26	20	46	26	20
16	49	30	19	49	30	19
17	53	34	19	52	33	19
18	89	50	39	86	50	36
19	115	64	51	101	62	39
20-24岁	**839**	**459**	**380**	**569**	**408**	**161**
20	131	75	56	107	73	34
21	136	70	66	104	67	37
22	146	86	60	109	82	27
23	199	109	90	124	96	28
24	227	119	108	125	90	35
25-29岁	**1702**	**894**	**808**	**631**	**518**	**113**
25	282	153	129	144	116	28
26	316	163	153	145	109	36
27	322	188	134	119	106	13
28	379	192	187	110	93	17
29	403	198	205	113	94	19
30-34岁	**3575**	**1677**	**1898**	**674**	**606**	**68**
30	534	263	271	143	125	18
31	574	285	289	119	105	14
32	641	286	355	120	105	15
33	835	395	440	138	130	8
34	991	448	543	154	141	13
35-39岁	**4489**	**1944**	**2545**	**474**	**439**	**35**
35	698	307	391	96	89	7
36	692	313	379	75	73	2
37	815	354	461	99	90	9
38	1214	511	703	122	113	9
39	1070	459	611	82	74	8
40-44岁	**9825**	**4273**	**5552**	**704**	**662**	**42**
40	1037	414	623	93	84	9
41	1524	658	866	111	104	7
42	1577	652	925	121	116	5
43	2254	1001	1253	151	143	8
44	3433	1548	1885	228	215	13
45-49岁	**34541**	**15505**	**19036**	**2063**	**2017**	**46**
45	5212	2356	2856	326	316	10
46	6662	3011	3651	427	419	8
47	7030	3166	3864	422	416	6
48	7334	3281	4053	429	422	7
49	8303	3691	4612	459	444	15
50-54岁	**50791**	**22482**	**28309**	**2236**	**2202**	**34**
50	9359	4126	5233	434	425	9
51	9370	4219	5151	469	465	4
52	10932	4843	6089	433	425	8
53	9801	4270	5531	429	425	4
54	11329	5024	6305	471	462	9
55-59岁	**44629**	**19354**	**25275**	**1638**	**1611**	**27**
55	10863	4871	5992	427	422	5
56	11174	4843	6331	437	429	8
57	12197	5374	6823	455	446	9
58	6797	2795	4002	199	196	3
59	3598	1471	2127	120	118	2
60-64岁	**40908**	**20438**	**20470**	**2290**	**2276**	**14**
60	4348	2024	2324	233	232	1
61	4851	2451	2400	291	288	3
62	8540	4368	4172	471	464	7
63	11208	5735	5473	654	652	2
64	11961	5860	6101	641	640	1
65岁及以上	**195080**	**99745**	**95335**	**7406**	**7292**	**114**

单位：人

有配偶			离婚			丧偶		
小计	男	女	小计	男	女	小计	男	女
299898	**142690**	**157208**	**6976**	**5187**	**1789**	**60838**	**20866**	**39972**
17	**3**	**14**	**1**		**1**			
1	1							
3		3						
13	2	11	1		1			
265	**49**	**216**	**4**	**2**	**2**	**1**		**1**
24	2	22						
31	2	29	1	1				
37	4	33						
74	13	61				1		1
99	28	71	3	1	2			
1022	**348**	**674**	**48**	**28**	**20**	**1**		**1**
133	33	100	5	4	1			
169	53	116	2	1	1			
190	74	116	12	8	4	1		1
256	94	162	13	5	8			
274	94	180	16	10	6			
2711	**954**	**1757**	**176**	**108**	**68**	**14**	**9**	**5**
375	128	247	16	10	6			
423	161	262	28	17	11	4	2	2
488	160	328	31	19	12	2	2	
647	237	410	46	25	21	4	3	1
778	268	510	55	37	18	4	2	2
3729	**1319**	**2410**	**248**	**175**	**73**	**38**	**11**	**27**
564	197	367	35	21	14	3		3
578	215	363	33	25	8	6		6
666	234	432	46	27	19	4	3	1
1012	344	668	67	50	17	13	4	9
909	329	580	67	52	15	12	4	8
8515	**3213**	**5302**	**491**	**365**	**126**	**115**	**33**	**82**
893	300	593	45	30	15	6		6
1311	487	824	86	63	23	16	4	12
1360	467	893	78	63	15	18	6	12
1954	763	1191	124	89	35	25	6	19
2997	1196	1801	158	120	38	50	17	33
30474	**12270**	**18204**	**1371**	**1008**	**363**	**633**	**210**	**423**
4563	1829	2734	244	187	57	79	24	55
5837	2352	3485	290	202	88	108	38	70
6215	2507	3708	248	194	54	145	49	96
6468	2608	3860	303	207	96	134	44	90
7391	2974	4417	286	218	68	167	55	112
45462	**18758**	**26704**	**1419**	**1035**	**384**	**1674**	**487**	**1187**
8338	3369	4969	329	244	85	258	88	170
8362	3463	4899	287	212	75	252	79	173
9849	4103	5746	289	208	81	361	107	254
8767	3569	5198	239	181	58	366	95	271
10146	4254	5892	275	190	85	437	118	319
39369	**16341**	**23028**	**959**	**718**	**241**	**2663**	**684**	**1979**
9668	4122	5546	258	203	55	510	124	386
9835	4047	5788	255	182	73	647	185	462
10704	4547	6157	254	194	60	784	187	597
6002	2383	3619	125	92	33	471	124	347
3160	1242	1918	67	47	20	251	64	187
34083	**16320**	**17763**	**801**	**651**	**150**	**3734**	**1191**	**2543**
3683	1612	2071	92	73	19	340	107	233
4083	1954	2129	107	92	15	370	117	253
7121	3489	3632	177	142	35	771	273	498
9304	4600	4704	208	169	39	1042	314	728
9892	4665	5227	217	175	42	1211	380	831
134251	**73115**	**61136**	**1458**	**1097**	**361**	**51965**	**18241**	**33724**

5-3c 续表 4

受教育程度 年 龄	15岁及以上人口			未 婚		
	合计	男	女	小计	男	女
初 中	**301180**	**176508**	**124672**	**37975**	**28245**	**9730**
15-19岁	**12917**	**7460**	**5457**	**12764**	**7433**	**5331**
15	6629	3744	2885	6629	3744	2885
16	2584	1465	1119	2580	1465	1115
17	1344	792	552	1321	790	531
18	1136	715	421	1088	704	384
19	1224	744	480	1146	730	416
20-24岁	**11602**	**6979**	**4623**	**8048**	**5881**	**2167**
20	1343	835	508	1167	803	364
21	1636	977	659	1317	935	382
22	2359	1402	957	1717	1231	486
23	2813	1677	1136	1831	1358	473
24	3451	2088	1363	2016	1554	462
25-29岁	**20862**	**12158**	**8704**	**7315**	**5918**	**1397**
25	4093	2393	1700	2018	1572	446
26	3995	2350	1645	1620	1290	330
27	4447	2653	1794	1542	1271	271
28	4128	2377	1751	1145	944	201
29	4199	2385	1814	990	841	149
30-34岁	**29449**	**16465**	**12984**	**3854**	**3398**	**456**
30	5258	2948	2310	976	840	136
31	5094	2878	2216	793	700	93
32	4982	2692	2290	643	575	68
33	6967	3921	3046	762	683	79
34	7148	4026	3122	680	600	80
35-39岁	**24514**	**13523**	**10991**	**1487**	**1327**	**160**
35	4785	2646	2139	405	365	40
36	3819	1986	1833	250	217	33
37	4410	2441	1969	246	223	23
38	6151	3437	2714	303	269	34
39	5349	3013	2336	283	253	30
40-44岁	**24924**	**13746**	**11178**	**924**	**859**	**65**
40	3881	2177	1704	173	159	14
41	4726	2630	2096	207	193	14
42	4131	2296	1835	156	149	7
43	4941	2669	2272	148	134	14
44	7245	3974	3271	240	224	16
45-49岁	**55952**	**30996**	**24956**	**1544**	**1461**	**83**
45	10021	5554	4467	362	346	16
46	11753	6515	5238	329	308	21
47	11948	6651	5297	298	279	19
48	10856	5929	4927	254	240	14
49	11374	6347	5027	301	288	13
50-54岁	**48880**	**27666**	**21214**	**779**	**735**	**44**
50	11172	6210	4962	197	179	18
51	9480	5373	4107	154	149	5
52	10161	5742	4419	167	158	9
53	8471	4865	3606	136	130	6
54	9596	5476	4120	125	119	6
55-59岁	**33917**	**20020**	**13897**	**504**	**489**	**15**
55	9246	5353	3893	124	116	8
56	8845	5243	3602	137	132	5
57	9497	5640	3857	149	148	1
58	4351	2577	1774	57	56	1
59	1978	1207	771	37	37	
60-64岁	**12660**	**8766**	**3894**	**281**	**279**	**2**
60	1956	1299	657	34	34	
61	1790	1202	588	45	44	1
62	2616	1792	824	53	52	1
63	3129	2211	918	73	73	
64	3169	2262	907	76	76	
65岁及以上	**25503**	**18729**	**6774**	**475**	**465**	**10**

单位：人

有配偶			离婚			丧偶		
小计	男	女	小计	男	女	小计	男	女
244496	**136636**	**107860**	**10964**	**7784**	**3180**	**7745**	**3843**	**3902**
149	**26**	**123**	**3**	**1**	**2**	**1**		**1**
4		4						
23	2	21						
46	11	35	1		1	1		1
76	13	63	2	1	1			
3472	**1073**	**2399**	**79**	**25**	**54**	**3**		**3**
171	31	140	4	1	3	1		1
316	42	274	3		3			
628	164	464	14	7	7			
963	316	647	18	3	15	1		1
1394	520	874	40	14	26	1		1
12999	**5930**	**7069**	**540**	**309**	**231**	**8**	**1**	**7**
2016	801	1215	56	20	36	3		3
2295	1012	1283	79	48	31	1		1
2783	1315	1468	120	67	53	2		2
2843	1353	1490	139	80	59	1		1
3062	1449	1613	146	94	52	1	1	
24013	**12002**	**12011**	**1530**	**1048**	**482**	**52**	**17**	**35**
4052	1968	2084	225	139	86	5	1	4
4079	2032	2047	214	143	71	8	3	5
4081	1946	2135	250	169	81	8	2	6
5783	2946	2837	404	284	120	18	8	10
6018	3110	2908	437	313	124	13	3	10
21381	**11028**	**10353**	**1568**	**1140**	**428**	**78**	**28**	**50**
4069	2065	2004	300	211	89	11	5	6
3307	1598	1709	245	167	78	17	4	13
3886	2025	1861	264	187	77	14	6	8
5427	2855	2572	401	306	95	20	7	13
4692	2485	2207	358	269	89	16	6	10
22224	**11670**	**10554**	**1587**	**1160**	**427**	**189**	**57**	**132**
3427	1822	1605	262	193	69	19	3	16
4168	2212	1956	320	216	104	31	9	22
3680	1937	1743	267	204	63	28	6	22
4436	2300	2136	312	221	91	45	14	31
6513	3399	3114	426	326	100	66	25	41
51119	**27397**	**23722**	**2602**	**1875**	**727**	**687**	**263**	**424**
9012	4769	4243	541	395	146	106	44	62
10704	5720	4984	592	433	159	128	54	74
11015	5958	5057	510	370	140	125	44	81
9952	5289	4663	509	348	161	141	52	89
10436	5661	4775	450	329	121	187	69	118
45422	**25352**	**20070**	**1616**	**1171**	**445**	**1063**	**408**	**655**
10325	5639	4686	442	321	121	208	71	137
8852	4939	3913	309	219	90	165	66	99
9455	5271	4184	322	232	90	217	81	136
7889	4484	3405	237	169	68	209	82	127
8901	5019	3882	306	230	76	264	108	156
31297	**18465**	**12832**	**874**	**597**	**277**	**1242**	**469**	**773**
8590	4967	3623	257	173	84	275	97	178
8149	4820	3329	227	148	79	332	143	189
8738	5189	3549	240	163	77	370	140	230
4023	2397	1626	90	65	25	181	59	122
1797	1092	705	60	48	12	84	30	54
11367	**7848**	**3519**	**294**	**248**	**46**	**718**	**391**	**327**
1798	1181	617	48	43	5	76	41	35
1605	1080	525	38	34	4	102	44	58
2365	1623	742	61	51	10	137	66	71
2797	1967	830	70	60	10	189	111	78
2802	1997	805	77	60	17	214	129	85
21053	**15845**	**5208**	**271**	**210**	**61**	**3704**	**2209**	**1495**

5-3c 续表 5

受教育程度 年 龄	15岁及以上人口			未 婚		
	合计	男	女	小计	男	女
高 中	**95088**	**56998**	**38090**	**49006**	**29968**	**19038**
15-19岁	**29588**	**16120**	**13468**	**29519**	**16102**	**13417**
15	5485	2852	2633	5485	2852	2633
16	8528	4627	3901	8526	4627	3899
17	7685	4151	3534	7678	4148	3530
18	5130	2885	2245	5107	2879	2228
19	2760	1605	1155	2723	1596	1127
20-24岁	**12817**	**7695**	**5122**	**10495**	**6934**	**3561**
20	2027	1210	817	1943	1196	747
21	2187	1340	847	1995	1296	699
22	2652	1589	1063	2259	1489	770
23	2838	1691	1147	2170	1467	703
24	3113	1865	1248	2128	1486	642
25-29岁	**15083**	**8877**	**6206**	**6372**	**4734**	**1638**
25	3363	1977	1386	1974	1414	560
26	2997	1790	1207	1459	1069	390
27	3186	1861	1325	1250	941	309
28	2826	1671	1155	994	765	229
29	2711	1578	1133	695	545	150
30-34岁	**12553**	**7395**	**5158**	**1919**	**1584**	**335**
30	2869	1652	1217	636	514	122
31	2449	1471	978	420	338	82
32	2060	1198	862	275	234	41
33	2704	1616	1088	325	276	49
34	2471	1458	1013	263	222	41
35-39岁	**5651**	**3328**	**2323**	**343**	**296**	**47**
35	1372	790	582	113	95	18
36	966	572	394	62	53	9
37	895	530	365	56	46	10
38	1295	795	500	56	51	5
39	1123	641	482	56	51	5
40-44岁	**3563**	**2204**	**1359**	**123**	**108**	**15**
40	789	477	312	39	35	4
41	718	448	270	27	21	6
42	665	412	253	22	19	3
43	629	394	235	19	17	2
44	762	473	289	16	16	
45-49岁	**4620**	**3055**	**1565**	**94**	**80**	**14**
45	955	602	353	25	19	6
46	969	634	335	18	12	6
47	996	658	338	17	16	1
48	793	546	247	16	16	
49	907	615	292	18	17	1
50-54岁	**3200**	**2270**	**930**	**49**	**45**	**4**
50	758	528	230	15	13	2
51	636	435	201	9	9	
52	654	476	178	11	10	1
53	528	377	151	7	7	
54	624	454	170	7	6	1
55-59岁	**4067**	**2937**	**1130**	**37**	**36**	**1**
55	739	537	202	8	8	
56	860	638	222	11	10	1
57	1318	941	377	11	11	
58	787	575	212	6	6	
59	363	246	117	1	1	
60-64岁	**1866**	**1386**	**480**	**29**	**27**	**2**
60	383	280	103	3	3	
61	325	233	92	5	5	
62	381	297	84	10	9	1
63	435	323	112	5	5	
64	342	253	89	6	5	1
65岁及以上	**2080**	**1731**	**349**	**26**	**22**	**4**

单位：人

有配偶			离　婚			丧　偶		
小计	男	女	小计	男	女	小计	男	女
43393	**25391**	**18002**	**2034**	**1270**	**764**	**655**	**369**	**286**
69	**18**	**51**						
2		2						
7	3	4						
23	6	17						
37	9	28						
2286	**752**	**1534**	**32**	**8**	**24**	**4**	**1**	**3**
84	14	70						
191	44	147	1		1			
387	99	288	5	1	4	1		1
661	223	438	6	1	5	1		1
963	372	591	20	6	14	2	1	1
8437	**4005**	**4432**	**268**	**135**	**133**	**6**	**3**	**3**
1359	550	809	30	13	17			
1492	702	790	46	19	27			
1880	889	991	55	31	24	1		1
1761	869	892	69	35	34	2	2	
1945	995	950	68	37	31	3	1	2
10065	**5484**	**4581**	**558**	**322**	**236**	**11**	**5**	**6**
2129	1081	1048	102	56	46	2	1	1
1934	1073	861	92	58	34	3	2	1
1687	907	780	96	57	39	2		2
2241	1263	978	134	75	59	4	2	2
2074	1160	914	134	76	58			
4962	**2813**	**2149**	**335**	**214**	**121**	**11**	**5**	**6**
1176	642	534	80	52	28	3	1	2
847	486	361	54	32	22	3	1	2
778	445	333	61	39	22			
1168	693	475	68	48	20	3	3	
993	547	446	72	43	29	2		2
3174	**1915**	**1259**	**250**	**173**	**77**	**16**	**8**	**8**
698	410	288	49	30	19	3	2	1
643	396	247	45	30	15	3	1	2
598	364	234	42	28	14	3	1	2
560	341	219	48	35	13	2	1	1
675	404	271	66	50	16	5	3	2
4232	**2794**	**1438**	**252**	**170**	**82**	**42**	**11**	**31**
883	551	332	41	28	13	6	4	2
881	586	295	60	36	24	10		10
921	607	314	51	32	19	7	3	4
722	498	224	48	30	18	7	2	5
825	552	273	52	44	8	12	2	10
2936	**2084**	**852**	**151**	**107**	**44**	**64**	**34**	**30**
692	483	209	41	29	12	10	3	7
588	399	189	33	24	9	6	3	3
600	435	165	26	20	6	17	11	6
482	345	137	21	14	7	18	11	7
574	422	152	30	20	10	13	6	7
3809	**2762**	**1047**	**118**	**88**	**30**	**103**	**51**	**52**
690	500	190	25	19	6	16	10	6
811	600	211	25	22	3	13	6	7
1235	890	345	38	28	10	34	12	22
740	544	196	18	12	6	23	13	10
333	228	105	12	7	5	17	10	7
1693	**1271**	**422**	**48**	**38**	**10**	**96**	**50**	**46**
350	257	93	14	12	2	16	8	8
290	212	78	13	8	5	17	8	9
349	276	73	4	3	1	18	9	9
402	302	100	7	7		21	9	12
302	224	78	10	8	2	24	16	8
1730	**1493**	**237**	**22**	**15**	**7**	**302**	**201**	**101**

5-3c 续表 6

受教育程度 年 龄	15岁及以上人口			未 婚		
	合计	男	女	小计	男	女
大学专科	**31528**	**16515**	**15013**	**19847**	**10159**	**9688**
15-19岁	**5063**	**2424**	**2639**	**5056**	**2422**	**2634**
15	52	27	25	52	27	25
16	182	95	87	182	95	87
17	392	191	201	391	190	201
18	1820	869	951	1819	869	950
19	2617	1242	1375	2612	1241	1371
20-24岁	**10709**	**4960**	**5749**	**9904**	**4753**	**5151**
20	2337	1118	1219	2324	1115	1209
21	2130	980	1150	2087	973	1114
22	2186	1013	1173	2075	990	1085
23	2072	930	1142	1845	874	971
24	1984	919	1065	1573	801	772
25-29岁	**7354**	**3737**	**3617**	**4040**	**2399**	**1641**
25	1953	980	973	1456	804	652
26	1559	763	796	948	546	402
27	1551	794	757	799	484	315
28	1256	668	588	514	355	159
29	1035	532	503	323	210	113
30-34岁	**3933**	**2198**	**1735**	**705**	**474**	**231**
30	1049	573	476	288	193	95
31	795	469	326	145	92	53
32	718	395	323	100	65	35
33	744	410	334	101	71	30
34	627	351	276	71	53	18
35-39岁	**1442**	**896**	**546**	**100**	**77**	**23**
35	360	216	144	40	29	11
36	286	178	108	23	20	3
37	236	141	95	15	9	6
38	292	192	100	14	12	2
39	268	169	99	8	7	1
40-44岁	**777**	**527**	**250**	**19**	**17**	**2**
40	174	113	61	9	8	1
41	163	107	56	8	7	1
42	134	93	41			
43	129	87	42	1	1	
44	177	127	50	1	1	
45-49岁	**888**	**630**	**258**	**17**	**11**	**6**
45	169	127	42	3	1	2
46	211	150	61	8	5	3
47	173	113	60	1	1	
48	175	127	48	3	2	1
49	160	113	47	2	2	
50-54岁	**595**	**470**	**125**	**3**	**3**	
50	143	111	32	1	1	
51	122	95	27			
52	125	92	33	1	1	
53	100	84	16	1	1	
54	105	88	17			
55-59岁	**407**	**354**	**53**	**2**	**2**	
55	99	82	17			
56	94	82	12	1	1	
57	122	104	18			
58	53	50	3	1	1	
59	39	36	3			
60-64岁	**120**	**105**	**15**			
60	19	17	2			
61	25	20	5			
62	23	21	2			
63	27	25	2			
64	26	22	4			
65岁及以上	**240**	**214**	**26**	**1**	**1**	

单位：人

有配偶			离婚			丧偶		
小计	男	女	小计	男	女	小计	男	女
11246	**6104**	**5142**	**378**	**218**	**160**	**57**	**34**	**23**
7	**2**	**5**						
1	1							
1		1						
5	1	4						
799	**206**	**593**	**6**	**1**	**5**			
13	3	10						
42	7	35	1		1			
110	23	87	1		1			
227	56	171						
407	117	290	4	1	3			
3250	**1313**	**1937**	**62**	**25**	**37**	**2**		**2**
493	175	318	3	1	2	1		1
604	216	388	7	1	6			
736	303	433	15	7	8	1		1
724	306	418	18	7	11			
693	313	380	19	9	10			
3133	**1673**	**1460**	**92**	**51**	**41**	**3**		**3**
754	377	377	7	3	4			
636	369	267	14	8	6			
593	317	276	24	13	11	1		1
620	327	293	22	12	10	1		1
530	283	247	25	15	10	1		1
1266	**777**	**489**	**75**	**42**	**33**	**1**		**1**
304	174	130	16	13	3			
250	151	99	13	7	6			
208	126	82	13	6	7			
259	171	88	18	9	9	1		1
245	155	90	15	7	8			
715	**478**	**237**	**39**	**28**	**11**	**4**	**4**	
162	103	59	3	2	1			
147	93	54	8	7	1			
123	84	39	9	7	2	2	2	
116	81	35	11	4	7	1	1	
167	117	50	8	8		1	1	
824	**594**	**230**	**45**	**25**	**20**	**2**		**2**
159	121	38	7	5	2			
188	138	50	14	7	7	1		1
166	108	58	6	4	2			
159	118	41	12	7	5	1		1
152	109	43	6	2	4			
549	**438**	**111**	**36**	**27**	**9**	**7**	**2**	**5**
131	102	29	10	7	3	1	1	
112	89	23	8	6	2	2		2
115	85	30	7	5	2	2	1	1
96	80	16	3	3				
95	82	13	8	6	2	2		2
384	**337**	**47**	**15**	**11**	**4**	**6**	**4**	**2**
91	77	14	5	3	2	3	2	1
91	79	12	2	2				
115	99	16	5	4	1	2	1	1
50	48	2	2	1	1			
37	34	3	1	1		1	1	
112	**97**	**15**	**3**	**3**		**5**	**5**	
18	16	2	1	1				
25	20	5						
22	20	2	1	1				
25	23	2				2	2	
22	18	4	1	1		3	3	
207	**189**	**18**	**5**	**5**		**27**	**19**	**8**

5-3c 续表 7

受教育程度 年 龄	15岁及以上人口			未 婚		
	合计	男	女	小计	男	女
大学本科	**18462**	**9232**	**9230**	**13401**	**6427**	**6974**
15-19岁	**2841**	**1308**	**1533**	**2840**	**1307**	**1533**
15	26	10	16	26	10	16
16	35	15	20	35	15	20
17	183	86	97	183	86	97
18	1102	497	605	1102	497	605
19	1495	700	795	1494	699	795
20-24岁	**7129**	**3233**	**3896**	**6952**	**3175**	**3777**
20	1420	653	767	1418	653	765
21	1374	606	768	1365	604	761
22	1615	725	890	1596	721	875
23	1444	663	781	1396	646	750
24	1276	586	690	1177	551	626
25-29岁	**4682**	**2262**	**2420**	**3085**	**1602**	**1483**
25	1279	563	716	1093	505	588
26	1039	477	562	778	382	396
27	992	476	516	603	331	272
28	714	382	332	363	217	146
29	658	364	294	248	167	81
30-34岁	**2223**	**1310**	**913**	**467**	**302**	**165**
30	663	362	301	187	122	65
31	449	263	186	107	63	44
32	387	229	158	63	46	17
33	391	239	152	66	39	27
34	333	217	116	44	32	12
35-39岁	**653**	**432**	**221**	**42**	**33**	**9**
35	171	106	65	15	12	3
36	103	68	35	3	2	1
37	149	106	43	10	9	1
38	136	89	47	9	6	3
39	94	63	31	5	4	1
40-44岁	**299**	**217**	**82**	**3**	**3**	
40	77	59	18	1	1	
41	63	42	21	1	1	
42	52	36	16	1	1	
43	53	36	17			
44	54	44	10			
45-49岁	**295**	**207**	**88**	**7**	**4**	**3**
45	71	47	24	3	1	2
46	72	51	21			
47	54	38	16	1		1
48	54	37	17	2	2	
49	44	34	10	1	1	
50-54岁	**180**	**134**	**46**	**2**		**2**
50	56	42	14	2		2
51	33	25	8			
52	40	31	9			
53	30	22	8			
54	21	14	7			
55-59岁	**90**	**78**	**12**	**1**	**1**	
55	26	20	6			
56	19	18	1	1	1	
57	27	23	4			
58	13	12	1			
59	5	5				
60-64岁	**23**	**19**	**4**	**1**		**1**
60	4	4				
61	1	1				
62	3	2	1			
63	7	4	3	1		1
64	8	8				
65岁及以上	**47**	**32**	**15**	**1**		**1**

单位：人

有配偶			离婚			丧偶		
小计	男	女	小计	男	女	小计	男	女
4913	**2722**	**2191**	**132**	**78**	**54**	**16**	**5**	**11**
1	**1**							
1	1							
175	**57**	**118**	**2**	**1**	**1**			
2		2						
9	2	7						
19	4	15						
48	17	31						
97	34	63	2	1	1			
1583	**655**	**928**	**14**	**5**	**9**			
185	58	127	1		1			
260	95	165	1		1			
386	144	242	3	1	2			
346	164	182	5	1	4			
406	194	212	4	3	1			
1712	**983**	**729**	**41**	**25**	**16**	**3**		**3**
465	234	231	11	6	5			
340	199	141	2	1	1			
318	181	137	4	2	2	2		2
313	192	121	11	8	3	1		1
276	177	99	13	8	5			
575	**379**	**196**	**36**	**20**	**16**			
151	90	61	5	4	1			
97	64	33	3	2	1			
130	91	39	9	6	3			
117	80	37	10	3	7			
80	54	26	9	5	4			
281	**205**	**76**	**14**	**8**	**6**	**1**	**1**	
75	57	18	1	1				
57	39	18	5	2	3			
48	32	16	2	2		1	1	
49	34	15	4	2	2			
52	43	9	2	1	1			
277	**196**	**81**	**10**	**7**	**3**	**1**		**1**
62	41	21	5	5		1		1
69	49	20	3	2	1			
52	38	14	1		1			
51	35	16	1		1			
43	33	10						
169	**128**	**41**	**7**	**6**	**1**	**2**		**2**
52	41	11	1	1		1		1
32	24	8	1	1				
38	30	8	2	1	1			
27	20	7	2	2		1		1
20	13	7	1	1				
84	**73**	**11**	**5**	**4**	**1**			
24	19	5	2	1	1			
16	15	1	2	2				
26	22	4	1	1				
13	12	1						
5	5							
20	**18**	**2**	**2**	**1**	**1**			
4	4							
1	1							
3	2	1						
5	4	1	1		1			
7	7		1	1				
36	**27**	**9**	**1**	**1**		**9**	**4**	**5**

5-3c 续表 8

受教育程度 年 龄	15岁及以上人口 合计	男	女	未婚 小计	男	女
硕士研究生	**809**	**365**	**444**	**644**	**275**	**369**
15-19岁	**2**	**1**	**1**	**2**	**1**	**1**
15						
16						
17						
18	1	1		1	1	
19	1		1	1		1
20-24岁	**348**	**141**	**207**	**346**	**140**	**206**
20	4	2	2	4	2	2
21	17	9	8	17	9	8
22	83	32	51	83	32	51
23	106	38	68	106	38	68
24	138	60	78	136	59	77
25-29岁	**309**	**143**	**166**	**261**	**117**	**144**
25	114	50	64	112	50	62
26	61	32	29	54	26	28
27	58	25	33	47	20	27
28	45	22	23	34	16	18
29	31	14	17	14	5	9
30-34岁	**89**	**36**	**53**	**29**	**14**	**15**
30	34	14	20	15	8	7
31	22	9	13	8	4	4
32	13	7	6	5	2	3
33	17	6	11	1		1
34	3		3			
35-39岁	**23**	**17**	**6**	**4**	**2**	**2**
35	3	2	1			
36	7	5	2	2	1	1
37	5	3	2	1		1
38	6	5	1	1	1	
39	2	2				
40-44岁	**12**	**11**	**1**			
40	4	4				
41						
42	3	3				
43	4	3	1			
44	1	1				
45-49岁	**8**	**5**	**3**	**1**	**1**	
45	1		1			
46						
47	3	3		1	1	
48	4	2	2			
49						
50-54岁	**6**	**5**	**1**			
50	2	1	1			
51	1	1				
52	1	1				
53						
54	2	2				
55-59岁	**3**	**1**	**2**			
55						
56						
57	1	1				
58	2		2			
59						
60-64岁	**2**		**2**	**1**		**1**
60	2		2	1		1
61						
62						
63						
64						
65岁及以上	**7**	**5**	**2**			

单位：人

有配偶			离婚			丧偶		
小计	男	女	小计	男	女	小计	男	女
160	**88**	**72**	**2**	**1**	**1**	**3**	**1**	**2**
2	**1**	**1**						
2	1	1						
47	**25**	**22**	**1**	**1**				
2		2						
7	6	1						
11	5	6						
10	5	5	1	1				
17	9	8						
59	**22**	**37**	**1**		**1**			
19	6	13						
14	5	9						
8	5	3						
15	6	9	1		1			
3		3						
19	**15**	**4**						
3	2	1						
5	4	1						
4	3	1						
5	4	1						
2	2							
12	**11**	**1**						
4	4							
3	3							
4	3	1						
1	1							
7	**4**	**3**						
1		1						
2	2							
4	2	2						
6	**5**	**1**						
2	1	1						
1	1							
1	1							
2	2							
3	**1**	**2**						
1	1							
2		2						
1		**1**						
1		1						
4	**4**					**3**	**1**	**2**

5－3c 续表 9

受教育程度 年龄	15岁及以上人口			未婚		
	合计	男	女	小计	男	女
博士研究生	**74**	**40**	**34**	**52**	**26**	**26**
15－19岁						
15						
16						
17						
18						
19						
20－24岁	**11**	**5**	**6**	**11**	**5**	**6**
20						
21						
22	2		2	2		2
23	3	3		3	3	
24	6	2	4	6	2	4
25－29岁	**43**	**20**	**23**	**38**	**18**	**20**
25	5	2	3	5	2	3
26	7	4	3	7	4	3
27	14	6	8	11	5	6
28	7	3	4	6	3	3
29	10	5	5	9	4	5
30－34岁	**11**	**8**	**3**	**2**	**2**	
30	3	2	1			
31	3	1	2			
32	3	3		2	2	
33	2	2				
34						
35－39岁	**3**	**3**		**1**	**1**	
35	1	1				
36	1	1				
37	1	1		1	1	
38						
39						
40－44岁	**1**	**1**				
40						
41	1	1				
42						
43						
44						
45－49岁	**2**	**1**	**1**			
45						
46						
47	2	1	1			
48						
49						
50－54岁	**1**		**1**			
50	1		1			
51						
52						
53						
54						
55－59岁	**1**	**1**				
55						
56						
57						
58						
59	1	1				
60－64岁						
60						
61						
62						
63						
64						
65岁及以上	**1**	**1**				

单位：人

有配偶			离婚			丧偶		
小计	男	女	小计	男	女	小计	男	女
22	**14**	**8**						
5	**2**	**3**						
3	1	2						
1		1						
1	1							
9	**6**	**3**						
3	2	1						
3	1	2						
1	1							
2	2							
2	**2**							
1	1							
1	1							
1	**1**							
1	1							
2	**1**	**1**						
2	1	1						
1		**1**						
1		1						
1	**1**							
1	1							
1	**1**							

5−4 全市分初婚年龄、性别、初婚年份的人口

单位：人

初婚年龄	初婚年份								
	合计			1980年			1981年		
	合计	男	女	小计	男	女	小计	男	女
总　计	**1743953**	**861019**	**882934**	**51490**	**24583**	**26907**	**39602**	**18762**	**20840**
15岁以下	**1185**	**272**	**913**	**87**	**20**	**67**	**34**	**6**	**28**
15−19岁	**171153**	**35883**	**135270**	**4066**	**603**	**3463**	**4222**	**625**	**3597**
15	5966	1444	4522	311	58	253	202	48	154
16	10526	2273	8253	633	104	529	331	60	271
17	20288	4294	15994	930	149	781	785	133	652
18	39288	8502	30786	959	116	843	1266	178	1088
19	95085	19370	75715	1233	176	1057	1638	206	1432
20−24岁	**994908**	**451214**	**543694**	**28254**	**11118**	**17136**	**21419**	**8363**	**13056**
20	173046	39003	134043	2376	517	1859	2145	313	1832
21	210742	84205	126537	3753	1154	2599	3002	764	2238
22	245693	128633	117060	6777	2344	4433	4334	1548	2786
23	199692	105779	93913	7781	3162	4619	6188	2633	3555
24	165735	93594	72141	7567	3941	3626	5750	3105	2645
25−29岁	**417255**	**265747**	**151508**	**17018**	**11237**	**5781**	**12467**	**8616**	**3851**
25	134615	80504	54111	6815	4098	2717	4652	2927	1725
26	104282	65301	38981	4689	3024	1665	3482	2416	1066
27	78076	51312	26764	2797	2013	784	2267	1668	599
28	57771	39299	18472	1686	1286	400	1318	1019	299
29	42511	29331	13180	1031	816	215	748	586	162
30−34岁	**100348**	**68573**	**31775**	**1641**	**1300**	**341**	**1171**	**943**	**228**
30	31886	21661	10225	636	509	127	464	368	96
31	23972	16412	7560	426	338	88	302	244	58
32	18798	12816	5982	274	207	67	189	153	36
33	14201	9671	4530	185	152	33	118	97	21
34	11491	8013	3478	120	94	26	98	81	17
35−39岁	**31808**	**21670**	**10138**	**314**	**232**	**82**	**214**	**165**	**49**
35	9238	6261	2977	101	82	19	74	61	13
36	7327	4972	2355	86	69	17	57	43	14
37	5961	4106	1855	58	35	23	37	31	6
38	5010	3402	1608	41	29	12	25	18	7
39	4272	2929	1343	28	17	11	21	12	9
40−44岁	**14316**	**9393**	**4923**	**82**	**55**	**27**	**49**	**31**	**18**
40	3833	2552	1281	18	16	2	22	14	8
41	3190	2052	1138	14	8	6	9	6	3
42	2745	1759	986	19	10	9	5	2	3
43	2472	1632	840	18	13	5	8	7	1
44	2076	1398	678	13	8	5	5	2	3
45−49岁	**6668**	**4335**	**2333**	**23**	**16**	**7**	**17**	**11**	**6**
45	1807	1211	596	8	5	3	5	2	3
46	1537	1000	537	6	3	3			
47	1282	822	460	2	2		8	6	2
48	1086	696	390	5	4	1	2	1	1
49	956	606	350	2	2		2	2	
50岁及以上	**6312**	**3932**	**2380**	**5**	**2**	**3**	**9**	**2**	**7**
平均初婚年龄	**24.34**	**25.48**	**23.24**	**24.21**	**25.37**	**23.15**	**24.03**	**25.36**	**22.83**

5-4　续表 1　　　　单位：人

初婚年龄	初婚年份								
	1982年			1983年			1984年		
	小计	男	女	小计	男	女	小计	男	女
总　计	**36614**	**17454**	**19160**	**35775**	**16921**	**18854**	**44639**	**21177**	**23462**
15岁以下	**45**	**8**	**37**	**34**	**10**	**24**	**51**	**12**	**39**
15–19岁	**6788**	**1297**	**5491**	**7263**	**1472**	**5791**	**7352**	**1554**	**5798**
15	224	57	167	203	46	157	240	74	166
16	413	95	318	338	81	257	375	90	285
17	764	159	605	730	139	591	793	160	633
18	1846	351	1495	1494	328	1166	1620	328	1292
19	3541	635	2906	4498	878	3620	4324	902	3422
20–24岁	**17591**	**7266**	**10325**	**17506**	**7059**	**10447**	**26440**	**11149**	**15291**
20	3757	646	3111	6469	1451	5018	8718	2129	6589
21	2419	767	1652	3229	1184	2045	8173	3247	4926
22	3454	1479	1975	2454	1217	1237	4673	2647	2026
23	3615	1813	1802	2738	1520	1218	2373	1390	983
24	4346	2561	1785	2616	1687	929	2503	1736	767
25–29岁	**10629**	**7662**	**2967**	**9199**	**7059**	**2140**	**8488**	**6719**	**1769**
25	3729	2487	1242	2969	2171	798	2164	1644	520
26	2760	1999	761	2342	1806	536	2239	1773	466
27	2014	1528	486	1720	1359	361	1819	1479	340
28	1344	1037	307	1341	1064	277	1304	1065	239
29	782	611	171	827	659	168	962	758	204
30–34岁	**1208**	**964**	**244**	**1410**	**1071**	**339**	**1851**	**1412**	**439**
30	472	378	94	535	417	118	693	536	157
31	301	234	67	366	269	97	448	347	101
32	195	153	42	249	182	67	351	271	80
33	132	116	16	132	98	34	208	149	59
34	108	83	25	128	105	23	151	109	42
35–39岁	**231**	**175**	**56**	**247**	**184**	**63**	**316**	**235**	**81**
35	68	53	15	77	61	16	103	73	30
36	61	43	18	61	47	14	81	59	22
37	38	28	10	37	25	12	52	44	8
38	28	22	6	44	27	17	38	30	8
39	36	29	7	28	24	4	42	29	13
40–44岁	**87**	**61**	**26**	**78**	**49**	**29**	**97**	**69**	**28**
40	34	26	8	27	18	9	30	23	7
41	21	17	4	20	12	8	24	18	6
42	16	8	8	14	9	5	22	15	7
43	12	8	4	9	5	4	12	9	3
44	4	2	2	8	5	3	9	4	5
45–49岁	**29**	**18**	**11**	**29**	**15**	**14**	**30**	**18**	**12**
45	10	7	3	6		6	4	3	1
46	7	5	2	7	4	3	7	1	6
47	5	3	2	4	2	2	6	6	
48	3	2	1	9	8	1	12	8	4
49	4	1	3	3	1	2	1		1
50岁及以上	**6**	**3**	**3**	**9**	**2**	**7**	**14**	**9**	**5**
平均初婚年龄	**23.57**	**25.16**	**22.11**	**23.19**	**24.91**	**21.65**	**22.90**	**24.44**	**21.51**

5-4 续表 2 单位：人

初婚年龄	初婚年份								
	1985年			1986年			1987年		
	小计	男	女	小计	男	女	小计	男	女
总　计	**61562**	**29468**	**32094**	**58088**	**27787**	**30301**	**51934**	**24985**	**26949**
15岁以下	**45**	**8**	**37**	**32**	**5**	**27**	**35**	**9**	**26**
15-19岁	**9121**	**1921**	**7200**	**7972**	**1612**	**6360**	**6510**	**1279**	**5231**
15	276	67	209	180	47	133	166	43	123
16	556	143	413	397	96	301	271	52	219
17	1016	206	810	867	200	667	628	133	495
18	2168	440	1728	1752	352	1400	1502	324	1178
19	5105	1065	4040	4776	917	3859	3943	727	3216
20-24岁	**41295**	**19058**	**22237**	**42129**	**20191**	**21938**	**38895**	**18894**	**20001**
20	9167	2422	6745	8677	2104	6573	7418	1643	5775
21	13168	5665	7503	10537	4737	5800	9561	4137	5424
22	12579	7004	5575	12533	7037	5496	10054	5879	4175
23	4238	2524	1714	7805	4601	3204	7388	4327	3061
24	2143	1443	700	2577	1712	865	4474	2908	1566
25-29岁	**7786**	**6075**	**1711**	**5152**	**3916**	**1236**	**4081**	**3035**	**1046**
25	1940	1458	482	1250	855	395	1481	1041	440
26	1682	1321	361	1080	828	252	748	530	218
27	1715	1373	342	992	800	192	628	485	143
28	1412	1116	296	967	766	201	582	471	111
29	1037	807	230	863	667	196	642	508	134
30-34岁	**2593**	**1901**	**692**	**2147**	**1619**	**528**	**1769**	**1335**	**434**
30	872	645	227	684	542	142	529	408	121
31	641	476	165	519	386	133	404	297	107
32	524	392	132	426	319	107	336	262	74
33	334	234	100	307	218	89	275	202	73
34	222	154	68	211	154	57	225	166	59
35-39岁	**492**	**362**	**130**	**441**	**310**	**131**	**441**	**313**	**128**
35	152	112	40	134	93	41	144	101	43
36	120	84	36	107	74	33	104	74	30
37	86	70	16	75	58	17	82	60	22
38	66	52	14	59	39	20	58	42	16
39	68	44	24	66	46	20	53	36	17
40-44岁	**152**	**103**	**49**	**140**	**100**	**40**	**139**	**88**	**51**
40	44	29	15	42	29	13	43	27	16
41	29	20	9	30	19	11	33	21	12
42	32	22	10	24	18	6	17	11	6
43	28	18	10	27	21	6	28	18	10
44	19	14	5	17	13	4	18	11	7
45-49岁	**54**	**28**	**26**	**43**	**20**	**23**	**44**	**24**	**20**
45	11	7	4	12	7	5	15	10	5
46	9	4	5	5	3	2	7	3	4
47	11	5	6	4	3	1	10	6	4
48	14	6	8	11	4	7	6	4	2
49	9	6	3	11	3	8	6	1	5
50岁及以上	**24**	**12**	**12**	**32**	**14**	**18**	**20**	**8**	**12**
平均初婚年龄	**22.75**	**23.94**	**21.66**	**22.70**	**23.75**	**21.74**	**22.77**	**23.77**	**21.85**

5-4　续表 3

单位：人

初婚年龄	初婚年份								
	1988年			1989年			1990年		
	小计	男	女	小计	男	女	小计	男	女
总　计	**55172**	**26680**	**28492**	**54713**	**26479**	**28234**	**64776**	**31736**	**33040**
15岁以下	**34**	**8**	**26**	**52**	**16**	**36**	**56**	**12**	**44**
15-19岁	**7151**	**1508**	**5643**	**6838**	**1393**	**5445**	**9344**	**2020**	**7324**
15	195	58	137	213	53	160	333	89	244
16	332	75	257	334	85	249	580	141	439
17	669	144	525	668	156	512	1006	260	746
18	1505	296	1209	1485	310	1175	1980	466	1514
19	4450	935	3515	4138	789	3349	5445	1064	4381
20-24岁	**40044**	**19463**	**20581**	**39317**	**19036**	**20281**	**45532**	**22603**	**22929**
20	8008	1744	6264	8143	1818	6325	9597	2389	7208
21	9215	4128	5087	9707	4152	5555	12034	5648	6386
22	10740	6292	4448	9791	5788	4003	11875	7005	4870
23	7050	4108	2942	7227	4402	2825	7034	4280	2754
24	5031	3191	1840	4449	2876	1573	4992	3281	1711
25-29岁	**5470**	**3888**	**1582**	**6298**	**4423**	**1875**	**7636**	**5420**	**2216**
25	3094	2083	1011	3155	2185	970	3199	2215	984
26	1001	701	300	1910	1356	554	2207	1569	638
27	494	386	108	630	442	188	1447	1065	382
28	483	394	89	314	224	90	513	361	152
29	398	324	74	289	216	73	270	210	60
30-34岁	**1707**	**1279**	**428**	**1404**	**1049**	**355**	**1243**	**981**	**262**
30	428	331	97	281	210	71	279	209	70
31	390	282	108	323	242	81	238	188	50
32	342	271	71	320	237	83	258	210	48
33	281	207	74	255	186	69	267	213	54
34	266	188	78	225	174	51	201	161	40
35-39岁	**561**	**407**	**154**	**568**	**413**	**155**	**659**	**516**	**143**
35	173	131	42	195	145	50	194	154	40
36	130	94	36	143	102	41	155	125	30
37	109	81	28	84	59	25	127	93	34
38	84	56	28	83	62	21	99	79	20
39	65	45	20	63	45	18	84	65	19
40-44岁	**129**	**83**	**46**	**138**	**98**	**40**	**180**	**113**	**67**
40	46	27	19	43	31	12	45	29	16
41	34	23	11	40	28	12	45	28	17
42	21	12	9	24	14	10	39	25	14
43	14	12	2	18	14	4	26	15	11
44	14	9	5	13	11	2	25	16	9
45-49岁	**55**	**34**	**21**	**67**	**37**	**30**	**85**	**52**	**33**
45	12	8	4	17	13	4	19	13	6
46	18	9	9	16	6	10	22	13	9
47	14	10	4	16	8	8	18	13	5
48	7	5	2	8	5	3	16	8	8
49	4	2	2	10	5	5	10	5	5
50岁及以上	**21**	**10**	**11**	**31**	**14**	**17**	**41**	**19**	**22**
平均初婚年龄	**22.79**	**23.77**	**21.88**	**22.79**	**23.77**	**21.88**	**22.65**	**23.62**	**21.71**

5-4 续表 4

单位：人

初婚年龄	初婚年份								
	1991年			1992年			1993年		
	小计	男	女	小计	男	女	小计	男	女
总　计	**48522**	**23693**	**24829**	**56455**	**27550**	**28905**	**54689**	**26866**	**27823**
15岁以下	**33**	**10**	**23**	**43**	**7**	**36**	**30**	**7**	**23**
15-19岁	**6170**	**1380**	**4790**	**6967**	**1596**	**5371**	**6514**	**1503**	**5011**
15	188	52	136	181	45	136	136	32	104
16	358	96	262	345	103	242	265	60	205
17	714	189	525	740	180	560	658	164	494
18	1295	301	994	1573	373	1200	1406	365	1041
19	3615	742	2873	4128	895	3233	4049	882	3167
20-24岁	**35215**	**17082**	**18133**	**40763**	**19681**	**21082**	**39241**	**19100**	**20141**
20	7172	1540	5632	7499	1789	5710	7135	1694	5441
21	8855	3949	4906	10284	4434	5850	9050	3952	5098
22	9734	5707	4027	11216	6423	4793	10832	6204	4628
23	6094	3668	2426	7313	4249	3064	7427	4281	3146
24	3360	2218	1142	4451	2786	1665	4797	2969	1828
25-29岁	**5671**	**4159**	**1512**	**6894**	**4977**	**1917**	**6957**	**4938**	**2019**
25	2273	1608	665	2559	1752	807	2831	1881	950
26	1425	1051	374	1714	1265	449	1560	1129	431
27	1099	843	256	1135	837	298	1120	827	293
28	617	454	163	883	681	202	746	592	154
29	257	203	54	603	442	161	700	509	191
30-34岁	**748**	**564**	**184**	**825**	**621**	**204**	**990**	**694**	**296**
30	160	113	47	230	159	71	462	315	147
31	140	107	33	137	101	36	202	139	63
32	132	100	32	162	121	41	122	85	37
33	153	116	37	128	103	25	105	75	30
34	163	128	35	168	137	31	99	80	19
35-39岁	**432**	**327**	**105**	**589**	**434**	**155**	**513**	**375**	**138**
35	118	92	26	152	112	40	105	83	22
36	100	77	23	149	113	36	125	94	31
37	87	65	22	102	79	23	108	74	34
38	80	59	21	97	68	29	82	62	20
39	47	34	13	89	62	27	93	62	31
40-44岁	**172**	**123**	**49**	**232**	**148**	**84**	**277**	**153**	**124**
40	47	33	14	79	43	36	91	53	38
41	52	32	20	46	33	13	72	34	38
42	24	22	2	36	20	16	43	20	23
43	27	18	9	34	25	9	45	27	18
44	22	18	4	37	27	10	26	19	7
45-49岁	**42**	**32**	**10**	**87**	**55**	**32**	**101**	**60**	**41**
45	13	10	3	25	17	8	25	15	10
46	7	5	2	21	15	6	24	16	8
47	8	7	1	16	11	5	22	10	12
48	8	5	3	10	4	6	16	11	5
49	6	5	1	15	8	7	14	8	6
50岁及以上	**39**	**16**	**23**	**55**	**31**	**24**	**66**	**36**	**30**
平均初婚年龄	**22.69**	**23.65**	**21.77**	**22.85**	**23.77**	**21.96**	**22.97**	**23.85**	**22.13**

5-4　续表 5　　　　单位：人

初婚年龄	初婚年份								
	1994年			1995年			1996年		
	小计	男	女	小计	男	女	小计	男	女
总　计	**53575**	**26458**	**27117**	**59192**	**29347**	**29845**	**51021**	**25342**	**25679**
15岁以下	**25**	**4**	**21**	**23**	**2**	**21**	**24**	**5**	**19**
15–19岁	**5490**	**1229**	**4261**	**4967**	**1065**	**3902**	**3312**	**653**	**2659**
15	112	38	74	131	29	102	115	19	96
16	193	39	154	238	48	190	170	29	141
17	433	95	338	399	92	307	353	65	288
18	1185	268	917	943	220	723	651	129	522
19	3567	789	2778	3256	676	2580	2023	411	1612
20–24岁	**38354**	**18509**	**19845**	**41880**	**19994**	**21886**	**35376**	**16572**	**18804**
20	7114	1759	5355	6957	1636	5321	5134	1126	4008
21	8783	3754	5029	9699	4087	5612	7756	3108	4648
22	9902	5597	4305	11114	6184	4930	9866	5275	4591
23	7512	4339	3173	7852	4342	3510	7469	4088	3381
24	5043	3060	1983	6258	3745	2513	5151	2975	2176
25–29岁	**7434**	**5147**	**2287**	**9364**	**6324**	**3040**	**9391**	**6224**	**3167**
25	3180	2125	1055	3978	2560	1418	3838	2419	1419
26	1891	1303	588	2411	1641	770	2391	1593	798
27	1006	728	278	1427	1007	420	1508	1030	478
28	776	576	200	854	624	230	1004	741	263
29	581	415	166	694	492	202	650	441	209
30–34岁	**1297**	**918**	**379**	**1750**	**1167**	**583**	**1820**	**1212**	**608**
30	550	386	164	595	380	215	522	332	190
31	402	270	132	541	377	164	434	281	153
32	158	116	42	387	260	127	433	283	150
33	83	62	21	139	90	49	315	230	85
34	104	84	20	88	60	28	116	86	30
35–39岁	**486**	**352**	**134**	**518**	**392**	**126**	**380**	**277**	**103**
35	87	63	24	101	73	28	82	57	25
36	113	93	20	85	67	18	56	41	15
37	112	76	36	117	88	29	76	58	18
38	93	62	31	114	90	24	85	59	26
39	81	58	23	101	74	27	81	62	19
40–44岁	**309**	**197**	**112**	**402**	**247**	**155**	**348**	**210**	**138**
40	105	70	35	99	57	42	76	53	23
41	71	46	25	87	59	28	80	54	26
42	50	29	21	86	54	32	68	32	36
43	49	33	16	76	46	30	64	38	26
44	34	19	15	54	31	23	60	33	27
45–49岁	**102**	**59**	**43**	**131**	**78**	**53**	**191**	**92**	**99**
45	19	10	9	55	36	19	38	22	16
46	28	17	11	22	16	6	34	16	18
47	24	13	11	14	7	7	44	23	21
48	11	9	2	19	7	12	29	13	16
49	20	10	10	21	12	9	46	18	28
50岁及以上	**78**	**43**	**35**	**157**	**78**	**79**	**179**	**97**	**82**
平均初婚年龄	**23.16**	**24.03**	**22.32**	**23.46**	**24.29**	**22.64**	**23.80**	**24.61**	**22.99**

5-4 续表 6 单位：人

初婚年龄	初婚年份								
	1997年			1998年			1999年		
	小计	男	女	小计	男	女	小计	男	女
总　计	**46204**	**23086**	**23118**	**45155**	**22709**	**22446**	**35158**	**17587**	**17571**
15岁以下	**26**	**5**	**21**	**35**	**5**	**30**	**30**	**4**	**26**
15—19岁	**2701**	**513**	**2188**	**2930**	**500**	**2430**	**2585**	**430**	**2155**
15	127	27	100	130	20	110	103	18	85
16	164	28	136	249	40	209	210	25	185
17	261	43	218	334	54	280	381	59	322
18	593	106	487	622	113	509	587	101	486
19	1556	309	1247	1595	273	1322	1304	227	1077
20—24岁	**30666**	**14263**	**16403**	**26892**	**12446**	**14446**	**19405**	**8678**	**10727**
20	3518	735	2783	2869	520	2349	2734	504	2230
21	5944	2260	3684	4201	1591	2610	2805	973	1832
22	8438	4268	4170	6864	3359	3505	4104	1980	2124
23	7263	3863	3400	7108	3689	3419	4910	2550	2360
24	5503	3137	2366	5850	3287	2563	4852	2671	2181
25—29岁	**9685**	**6290**	**3395**	**11307**	**7174**	**4133**	**10259**	**6541**	**3718**
25	3603	2174	1429	4078	2464	1614	3746	2277	1469
26	2584	1699	885	2774	1759	1015	2630	1693	937
27	1657	1132	525	2007	1332	675	1683	1143	540
28	1096	777	319	1407	934	473	1253	826	427
29	745	508	237	1041	685	356	947	602	345
30—34岁	**1945**	**1313**	**632**	**2810**	**1792**	**1018**	**2035**	**1340**	**695**
30	527	346	181	822	505	317	701	435	266
31	487	325	162	586	357	229	516	359	157
32	360	244	116	555	356	199	356	240	116
33	318	219	99	425	267	158	255	169	86
34	253	179	74	422	307	115	207	137	70
35—39岁	**334**	**228**	**106**	**509**	**337**	**172**	**424**	**310**	**114**
35	93	59	34	236	157	79	170	114	56
36	50	34	16	93	60	33	150	114	36
37	67	47	20	49	28	21	41	28	13
38	48	34	14	59	39	20	33	29	4
39	76	54	22	72	53	19	30	25	5
40—44岁	**495**	**277**	**218**	**413**	**282**	**131**	**241**	**166**	**75**
40	93	58	35	83	57	26	44	37	7
41	90	48	42	84	59	25	51	32	19
42	105	56	49	79	55	24	68	46	22
43	120	70	50	99	66	33	50	33	17
44	87	45	42	68	45	23	28	18	10
45—49岁	**239**	**133**	**106**	**157**	**105**	**52**	**109**	**69**	**40**
45	82	48	34	59	34	25	28	19	9
46	50	20	30	42	29	13	26	16	10
47	41	26	15	23	16	7	17	12	5
48	33	19	14	21	16	5	20	12	8
49	33	20	13	12	10	2	18	10	8
50岁及以上	**113**	**64**	**49**	**102**	**68**	**34**	**70**	**49**	**21**
平均初婚年龄	**24.20**	**25.03**	**23.38**	**24.62**	**25.56**	**23.66**	**24.63**	**25.69**	**23.56**

5-4 续表 7

单位：人

初婚年龄	初婚年份								
	2000年			2001年			2002年		
	小计	男	女	小计	男	女	小计	男	女
总　计	**39852**	**20292**	**19560**	**25771**	**12970**	**12801**	**29548**	**14873**	**14675**
15岁以下	**70**	**25**	**45**	**44**	**9**	**35**	**38**	**8**	**30**
15–19岁	**4210**	**785**	**3425**	**3041**	**572**	**2469**	**3192**	**660**	**2532**
15	234	57	177	193	48	145	265	70	195
16	318	66	252	196	40	156	316	67	249
17	620	106	514	324	52	272	405	73	332
18	1175	217	958	614	135	479	616	131	485
19	1863	339	1524	1714	297	1417	1590	319	1271
20–24岁	**19473**	**8836**	**10637**	**11986**	**5142**	**6844**	**14028**	**5844**	**8184**
20	2999	667	2332	2275	433	1842	3376	732	2644
21	3425	1259	2166	2306	812	1494	2637	956	1681
22	3789	1841	1948	2741	1317	1424	2924	1364	1560
23	4305	2229	2076	2251	1191	1060	2847	1526	1321
24	4955	2840	2115	2413	1389	1024	2244	1266	978
25–29岁	**12628**	**8269**	**4359**	**8415**	**5641**	**2774**	**9170**	**6189**	**2981**
25	4410	2701	1709	2605	1625	980	2313	1445	868
26	3352	2181	1171	2266	1506	760	2254	1507	747
27	2230	1531	699	1625	1154	471	2008	1399	609
28	1469	1030	439	1129	788	341	1539	1101	438
29	1167	826	341	790	568	222	1056	737	319
30–34岁	**2258**	**1544**	**714**	**1579**	**1103**	**476**	**2197**	**1529**	**668**
30	799	547	252	580	410	170	713	497	216
31	581	386	195	410	285	125	566	408	158
32	396	275	121	248	167	81	431	290	141
33	258	170	88	203	134	69	282	196	86
34	224	166	58	138	107	31	205	138	67
35–39岁	**655**	**438**	**217**	**418**	**293**	**125**	**595**	**409**	**186**
35	219	145	74	116	80	36	168	110	58
36	212	140	72	101	62	39	129	80	49
37	129	84	45	92	68	24	102	76	26
38	54	39	15	72	58	14	114	82	32
39	41	30	11	37	25	12	82	61	21
40–44岁	**235**	**184**	**51**	**117**	**92**	**25**	**113**	**85**	**28**
40	34	26	8	27	16	11	23	15	8
41	49	40	9	21	18	3	20	13	7
42	56	42	14	18	17	1	21	15	6
43	43	35	8	20	14	6	17	15	2
44	53	41	12	31	27	4	32	27	5
45–49岁	**204**	**131**	**73**	**108**	**78**	**30**	**128**	**94**	**34**
45	52	38	14	19	12	7	31	23	8
46	48	37	11	23	17	6	21	18	3
47	48	29	19	20	15	5	30	20	10
48	28	12	16	22	15	7	26	17	9
49	28	15	13	24	19	5	20	16	4
50岁及以上	**119**	**80**	**39**	**63**	**40**	**23**	**87**	**55**	**32**
平均初婚年龄	**24.65**	**25.86**	**23.39**	**24.56**	**25.95**	**23.14**	**24.68**	**26.13**	**23.22**

5-4 续表 8

单位：人

初婚年龄	初婚年份								
	2003年			2004年			2005年		
	小计	男	女	小计	男	女	小计	男	女
总　计	**31145**	**15764**	**15381**	**30037**	**15316**	**14721**	**32304**	**16435**	**15869**
15岁以下	**32**	**7**	**25**	**29**	**8**	**21**	**35**	**15**	**20**
15-19岁	**3047**	**630**	**2417**	**3258**	**688**	**2570**	**4247**	**998**	**3249**
15	204	45	159	173	48	125	184	56	128
16	390	91	299	285	64	221	279	63	216
17	542	120	422	617	126	491	597	135	462
18	663	139	524	898	204	694	1200	298	902
19	1248	235	1013	1285	246	1039	1987	446	1541
20-24岁	**15175**	**6377**	**8798**	**14727**	**6485**	**8242**	**15575**	**7144**	**8431**
20	2557	562	1995	2072	420	1652	2537	562	1975
21	3840	1322	2518	2873	1024	1849	2447	949	1498
22	3353	1565	1788	4344	2139	2205	3553	1796	1757
23	2815	1460	1355	2961	1537	1424	4140	2207	1933
24	2610	1468	1142	2477	1365	1112	2898	1630	1268
25-29岁	**9132**	**6143**	**2989**	**8045**	**5327**	**2718**	**7615**	**4953**	**2662**
25	2049	1256	793	2166	1300	866	2211	1275	936
26	2050	1320	730	1569	981	588	1739	1123	616
27	2034	1395	639	1487	997	490	1229	822	407
28	1692	1202	490	1524	1085	439	1207	841	366
29	1307	970	337	1299	964	335	1229	892	337
30-34岁	**2721**	**1885**	**836**	**2895**	**2048**	**847**	**3412**	**2360**	**1052**
30	908	633	275	1031	722	309	1110	788	322
31	631	437	194	675	468	207	827	572	255
32	545	377	168	498	364	134	612	400	212
33	357	233	124	406	293	113	456	316	140
34	280	205	75	285	201	84	407	284	123
35-39岁	**651**	**442**	**209**	**671**	**460**	**211**	**883**	**597**	**286**
35	209	134	75	225	151	74	301	195	106
36	126	91	35	144	92	52	221	150	71
37	121	84	37	114	80	34	155	104	51
38	105	66	39	109	76	33	115	83	32
39	90	67	23	79	61	18	91	65	26
40-44岁	**165**	**121**	**44**	**183**	**131**	**52**	**284**	**190**	**94**
40	58	43	15	78	59	19	99	67	32
41	27	21	6	57	38	19	79	53	26
42	30	24	6	16	11	5	64	41	23
43	22	13	9	17	13	4	25	17	8
44	28	20	8	15	10	5	17	12	5
45-49岁	**123**	**92**	**31**	**127**	**90**	**37**	**124**	**92**	**32**
45	28	22	6	18	12	6	26	19	7
46	33	26	7	25	17	8	23	18	5
47	26	19	7	29	21	8	22	18	4
48	21	17	4	27	20	7	26	20	6
49	15	8	7	28	20	8	27	17	10
50岁及以上	**99**	**67**	**32**	**102**	**79**	**23**	**129**	**86**	**43**
平均初婚年龄	**24.87**	**26.30**	**23.41**	**24.90**	**26.32**	**23.43**	**24.92**	**26.29**	**23.50**

5-4　续表 9　　　　单位：人

初婚年龄	初婚年份								
	2006年			2007年			2008年		
	小计	男	女	小计	男	女	小计	男	女
总　计	**34297**	**17251**	**17046**	**32993**	**16755**	**16238**	**42080**	**21172**	**20908**
15岁以下	**21**	**8**	**13**	**16**	**3**	**13**	**17**	**2**	**15**
15-19岁	**3920**	**937**	**2983**	**3173**	**741**	**2432**	**3487**	**868**	**2619**
15	111	24	87	105	27	78	126	30	96
16	249	55	194	206	47	159	216	37	179
17	450	93	357	439	99	340	427	109	318
18	873	244	629	706	171	535	967	225	742
19	2237	521	1716	1717	397	1320	1751	467	1284
20-24岁	**16240**	**6978**	**9262**	**15793**	**6822**	**8971**	**20604**	**8826**	**11778**
20	3408	755	2653	3593	866	2727	3291	819	2472
21	2675	966	1709	3643	1348	2295	5201	1858	3343
22	2786	1296	1490	3037	1562	1475	5527	2750	2777
23	3294	1721	1573	2514	1345	1169	3572	1805	1767
24	4077	2240	1837	3006	1701	1305	3013	1594	1419
25-29岁	**8979**	**5713**	**3266**	**8980**	**5671**	**3309**	**11708**	**7133**	**4575**
25	2957	1720	1237	3445	2027	1418	3477	1979	1498
26	2118	1320	798	2143	1334	809	3588	2127	1461
27	1627	1067	560	1528	1006	522	2151	1367	784
28	1223	854	369	1096	774	322	1433	944	489
29	1054	752	302	768	530	238	1059	716	343
30-34岁	**3562**	**2530**	**1032**	**3217**	**2281**	**936**	**3665**	**2580**	**1085**
30	1013	721	292	715	501	214	852	601	251
31	896	649	247	735	524	211	744	521	223
32	747	520	227	718	512	206	756	536	220
33	503	365	138	586	407	179	734	485	249
34	403	275	128	463	337	126	579	437	142
35-39岁	**1005**	**691**	**314**	**1145**	**766**	**379**	**1625**	**1094**	**531**
35	341	226	115	363	250	113	490	333	157
36	252	177	75	275	175	100	394	269	125
37	186	129	57	226	157	69	324	229	95
38	134	91	43	164	108	56	245	162	83
39	92	68	24	117	76	41	172	101	71
40-44岁	**328**	**237**	**91**	**361**	**259**	**102**	**525**	**376**	**149**
40	86	59	27	101	74	27	155	111	44
41	88	60	28	76	50	26	105	78	27
42	74	56	18	58	44	14	92	68	24
43	51	40	11	76	53	23	86	58	28
44	29	22	7	50	38	12	87	61	26
45-49岁	**95**	**63**	**32**	**109**	**79**	**30**	**188**	**121**	**67**
45	16	9	7	22	18	4	78	55	23
46	19	13	6	19	12	7	36	21	15
47	15	13	2	20	16	4	18	7	11
48	26	13	13	21	14	7	30	22	8
49	19	15	4	27	19	8	26	16	10
50岁及以上	**147**	**94**	**53**	**199**	**133**	**66**	**261**	**172**	**89**
平均初婚年龄	**25.08**	**26.52**	**23.64**	**25.15**	**26.55**	**23.71**	**25.30**	**26.59**	**23.99**

5-4 续表 10

单位：人

初婚年龄	初婚年份								
	2009年			2010年			2011年		
	小计	男	女	小计	男	女	小计	男	女
总　计	**40465**	**20325**	**20140**	**44071**	**22422**	**21649**	**37188**	**18694**	**18494**
15岁以下	**18**	**3**	**15**	**25**	**2**	**23**	**12**	**3**	**9**
15-19岁	**3093**	**725**	**2368**	**3264**	**806**	**2458**	**2538**	**617**	**1921**
15	90	30	60	126	20	106	78	17	61
16	193	47	146	209	43	166	186	33	153
17	424	94	330	441	105	336	343	70	273
18	695	186	509	830	226	604	615	171	444
19	1691	368	1323	1658	412	1246	1316	326	990
20-24岁	**20389**	**8973**	**11416**	**23029**	**10433**	**12596**	**17923**	**7832**	**10091**
20	2969	680	2289	3404	827	2577	2254	511	1743
21	3728	1381	2347	3750	1411	2339	3255	1142	2113
22	6073	2984	3089	4946	2452	2494	3624	1768	1856
23	4637	2371	2266	6063	3103	2960	3921	1919	2002
24	2982	1557	1425	4866	2640	2226	4869	2492	2377
25-29岁	**11114**	**6667**	**4447**	**11390**	**6887**	**4503**	**11723**	**6852**	**4871**
25	2554	1392	1162	3060	1755	1305	3930	2138	1792
26	2936	1683	1253	2425	1392	1033	2420	1340	1080
27	2868	1791	1077	2347	1430	917	1884	1136	748
28	1694	1107	587	2277	1460	817	1811	1165	646
29	1062	694	368	1281	850	431	1678	1073	605
30-34岁	**3139**	**2168**	**971**	**3108**	**2050**	**1058**	**2643**	**1784**	**859**
30	808	538	270	872	592	280	910	600	310
31	615	432	183	714	461	253	616	415	201
32	523	365	158	492	324	168	481	327	154
33	598	406	192	485	306	179	300	209	91
34	595	427	168	545	367	178	336	233	103
35-39岁	**1654**	**1106**	**548**	**2052**	**1407**	**645**	**1373**	**945**	**428**
35	530	367	163	597	401	196	353	234	119
36	374	252	122	457	302	155	333	226	107
37	274	189	85	413	283	130	273	203	70
38	267	167	100	314	227	87	221	150	71
39	209	131	78	271	194	77	193	132	61
40-44岁	**590**	**379**	**211**	**658**	**459**	**199**	**552**	**373**	**179**
40	173	112	61	204	144	60	191	137	54
41	148	95	53	169	124	45	112	62	50
42	97	60	37	116	77	39	99	63	36
43	86	59	27	93	62	31	81	61	20
44	86	53	33	76	52	24	69	50	19
45-49岁	**212**	**133**	**79**	**269**	**194**	**75**	**236**	**157**	**79**
45	67	44	23	87	67	20	60	46	14
46	68	42	26	81	56	25	48	36	12
47	31	19	12	66	44	22	75	41	34
48	23	12	11	24	19	5	35	22	13
49	23	16	7	11	8	3	18	12	6
50岁及以上	**256**	**171**	**85**	**276**	**184**	**92**	**188**	**131**	**57**
平均初婚年龄	**25.45**	**26.64**	**24.24**	**25.52**	**26.70**	**24.29**	**25.63**	**26.78**	**24.48**

5-4　续表 11　　单位：人

初婚年龄	初婚年份								
	2012年			2013年			2014年		
	小计	男	女	小计	男	女	小计	男	女
总　计	**42422**	**21321**	**21101**	**40854**	**20556**	**20298**	**40509**	**20276**	**20233**
15岁以下	**8**	**1**	**7**	**11**	**3**	**8**	**8**	**4**	**4**
15–19岁	**2597**	**673**	**1924**	**2238**	**503**	**1735**	**2057**	**453**	**1604**
15	83	16	67	62	14	48	51	8	43
16	178	40	138	148	24	124	109	19	90
17	349	86	263	292	60	232	293	58	235
18	653	165	488	538	126	412	503	119	384
19	1334	366	968	1198	279	919	1101	249	852
20–24岁	**18452**	**8019**	**10433**	**17112**	**7306**	**9806**	**16320**	**6857**	**9463**
20	2435	559	1876	2268	527	1741	2016	409	1607
21	3122	1089	2033	2743	963	1780	2560	813	1747
22	4391	2118	2273	3822	1817	2005	3516	1698	1818
23	3998	1963	2035	4323	2046	2277	3740	1697	2043
24	4506	2290	2216	3956	1953	2003	4488	2240	2248
25–29岁	**15033**	**8474**	**6559**	**15082**	**8575**	**6507**	**15841**	**8886**	**6955**
25	5276	2751	2525	4256	2199	2057	4270	2207	2063
26	3969	2157	1812	4684	2635	2049	3712	1974	1738
27	2395	1444	951	3150	1859	1291	3984	2326	1658
28	1781	1073	708	1773	1093	680	2480	1509	971
29	1612	1049	563	1219	789	430	1395	870	525
30–34岁	**3503**	**2276**	**1227**	**3702**	**2374**	**1328**	**3579**	**2296**	**1283**
30	1448	935	513	1161	739	422	960	609	351
31	786	520	266	1054	670	384	899	595	304
32	536	351	185	645	411	234	874	546	328
33	417	261	156	458	301	157	477	314	163
34	316	209	107	384	253	131	369	232	137
35–39岁	**1570**	**1054**	**516**	**1362**	**912**	**450**	**1197**	**780**	**417**
35	331	232	99	294	187	107	276	185	91
36	375	248	127	266	174	92	219	145	74
37	348	235	113	289	196	93	231	150	81
38	302	198	104	271	187	84	228	143	85
39	214	141	73	242	168	74	243	157	86
40–44岁	**713**	**462**	**251**	**806**	**524**	**282**	**837**	**556**	**281**
40	205	134	71	235	165	70	249	171	78
41	163	103	60	176	96	80	191	116	75
42	133	82	51	178	116	62	170	114	56
43	106	74	32	135	91	44	121	80	41
44	106	69	37	82	56	26	106	75	31
45–49岁	**306**	**194**	**112**	**275**	**184**	**91**	**328**	**228**	**100**
45	70	43	27	76	47	29	91	62	29
46	82	49	33	60	43	17	68	48	20
47	45	28	17	47	31	16	61	43	18
48	61	40	21	42	28	14	65	44	21
49	48	34	14	50	35	15	43	31	12
50岁及以上	**240**	**168**	**72**	**266**	**175**	**91**	**342**	**216**	**126**
平均初婚年龄	**25.91**	**26.95**	**24.85**	**26.12**	**27.19**	**25.05**	**26.37**	**27.44**	**25.29**

5－4 续表 12 单位：人

初婚年龄	初婚年份								
	2015年			2016年			2017年		
	小计	男	女	小计	男	女	小计	男	女
总　计	**41424**	**20696**	**20728**	**36705**	**18386**	**18319**	**33847**	**16959**	**16888**
15岁以下	**7**	**2**	**5**	**6**	**2**	**4**	**5**	**2**	**3**
15—19岁	**1688**	**348**	**1340**	**1259**	**261**	**998**	**953**	**184**	**769**
15	34	2	32	20	3	17	19	3	16
16	92	16	76	61	8	53	53	8	45
17	180	46	134	130	29	101	111	25	86
18	403	86	317	293	64	229	235	57	178
19	979	198	781	755	157	598	535	91	444
20—24岁	**16241**	**6628**	**9613**	**14518**	**5905**	**8613**	**13058**	**5219**	**7839**
20	1894	348	1546	1623	289	1334	1222	205	1017
21	2640	898	1742	2193	688	1505	2008	621	1387
22	3637	1670	1967	3284	1463	1821	2977	1278	1699
23	3814	1720	2094	3630	1602	2028	3186	1405	1781
24	4256	1992	2264	3788	1863	1925	3665	1710	1955
25—29岁	**16954**	**9546**	**7408**	**14793**	**8314**	**6479**	**13460**	**7498**	**5962**
25	4699	2412	2287	3813	1941	1872	3452	1704	1748
26	3793	2039	1754	3842	2019	1823	3275	1774	1501
27	3284	1841	1443	2775	1596	1179	2919	1678	1241
28	3101	1944	1157	2287	1439	848	2127	1296	831
29	2077	1310	767	2076	1319	757	1687	1046	641
30—34岁	**3725**	**2313**	**1412**	**3671**	**2299**	**1372**	**3946**	**2519**	**1427**
30	1061	656	405	1325	858	467	1605	1007	598
31	748	473	275	745	471	274	985	640	345
32	770	470	300	527	328	199	538	335	203
33	735	452	283	530	326	204	398	266	132
34	411	262	149	544	316	228	420	271	149
35—39岁	**1170**	**788**	**382**	**1057**	**702**	**355**	**1111**	**677**	**434**
35	300	198	102	325	208	117	432	255	177
36	246	173	73	222	148	74	258	161	97
37	188	117	71	202	136	66	165	98	67
38	213	143	70	153	108	45	134	88	46
39	223	157	66	155	102	53	122	75	47
40—44岁	**876**	**554**	**322**	**740**	**475**	**265**	**607**	**384**	**223**
40	232	139	93	161	110	51	118	77	41
41	200	127	73	189	123	66	126	76	50
42	160	103	57	151	90	61	131	83	48
43	149	92	57	139	89	50	126	75	51
44	135	93	42	100	63	37	106	73	33
45—49岁	**391**	**263**	**128**	**320**	**219**	**101**	**344**	**235**	**109**
45	114	81	33	88	65	23	96	68	28
46	116	79	37	84	51	33	81	59	22
47	66	43	23	68	49	19	73	49	24
48	43	26	17	43	32	11	49	32	17
49	52	34	18	37	22	15	45	27	18
50岁及以上	**372**	**254**	**118**	**341**	**209**	**132**	**363**	**241**	**122**
平均初婚年龄	**26.58**	**27.66**	**25.50**	**26.65**	**27.69**	**25.61**	**26.88**	**27.93**	**25.83**

5-4　续表 13　　单位：人

初婚年龄	初婚年份								
	2018年			2019年			2020年		
	小计	男	女	小计	男	女	小计	男	女
总　计	**36351**	**17977**	**18374**	**28035**	**14011**	**14024**	**19719**	**9898**	**9821**
15岁以下	**6**	**2**	**4**	**3**		**3**			
15-19岁	**823**	**153**	**670**	**530**	**91**	**439**	**275**	**37**	**238**
15	24	4	20	13	2	11	5		5
16	48	9	39	33	5	28	9	1	8
17	97	15	82	48	7	41	30	6	24
18	184	35	149	135	26	109	60	12	48
19	470	90	380	301	51	250	171	18	153
20-24岁	**13028**	**5106**	**7922**	**9318**	**3697**	**5621**	**5705**	**2260**	**3445**
20	1140	199	941	716	94	622	390	60	330
21	1753	519	1234	1178	339	839	590	156	434
22	2922	1207	1715	1937	828	1109	1176	483	693
23	3315	1413	1902	2474	1030	1444	1507	660	847
24	3898	1768	2130	3013	1406	1607	2042	901	1141
25-29岁	**15146**	**8164**	**6982**	**12276**	**6517**	**5759**	**8585**	**4504**	**4081**
25	3897	1869	2028	3118	1424	1694	2123	960	1163
26	3600	1881	1719	2945	1489	1456	2082	1063	1019
27	3076	1668	1408	2442	1335	1107	1868	993	875
28	2702	1555	1147	2107	1220	887	1419	811	608
29	1871	1191	680	1664	1049	615	1093	677	416
30-34岁	**4702**	**2915**	**1787**	**3812**	**2394**	**1418**	**2948**	**1850**	**1098**
30	1514	895	619	1096	688	408	963	600	363
31	1376	883	493	921	585	336	645	398	247
32	920	579	341	906	555	351	506	322	184
33	520	326	194	568	362	206	515	340	175
34	372	232	140	321	204	117	319	190	129
35-39岁	**1237**	**750**	**487**	**933**	**570**	**363**	**775**	**445**	**330**
35	372	233	139	228	142	86	209	119	90
36	341	196	145	224	131	93	132	73	59
37	212	130	82	217	136	81	156	95	61
38	176	107	69	143	79	64	160	82	78
39	136	84	52	121	82	39	118	76	42
40-44岁	**578**	**367**	**211**	**454**	**292**	**162**	**434**	**240**	**194**
40	92	52	40	92	58	34	109	53	56
41	108	74	34	73	45	28	81	43	38
42	130	76	54	81	52	29	78	45	33
43	132	94	38	101	58	43	82	43	39
44	116	71	45	107	79	28	84	56	28
45-49岁	**397**	**266**	**131**	**354**	**226**	**128**	**395**	**240**	**155**
45	105	68	37	87	52	35	113	74	39
46	81	51	30	67	44	23	96	62	34
47	77	52	25	73	42	31	65	34	31
48	79	54	25	76	50	26	59	36	23
49	55	41	14	51	38	13	62	34	28
50岁及以上	**434**	**254**	**180**	**355**	**224**	**131**	**602**	**322**	**280**
平均初婚年龄	**27.18**	**28.16**	**26.22**	**27.47**	**28.46**	**26.48**	**28.49**	**29.34**	**27.64**

5-4a　全市分初婚年龄、性别、初婚年份的人口(城市)

单位：人

初婚年龄	初婚年份								
	合　计			1980年			1981年		
	合计	男	女	小计	男	女	小计	男	女
总　计	**923363**	**446657**	**476706**	**25075**	**11573**	**13502**	**20547**	**9417**	**11130**
15岁以下	**407**	**104**	**303**	**32**	**7**	**25**	**9**	**2**	**7**
15-19岁	**66263**	**13320**	**52943**	**1405**	**236**	**1169**	**1452**	**202**	**1250**
15	2178	620	1558	99	15	84	70	14	56
16	3641	916	2725	222	38	184	111	26	85
17	7010	1609	5401	309	63	246	287	47	240
18	14476	3101	11375	300	51	249	423	55	368
19	38958	7074	31884	475	69	406	561	60	501
20-24岁	**494589**	**208372**	**286217**	**13282**	**4745**	**8537**	**11126**	**3911**	**7215**
20	75890	14672	61218	953	179	774	892	112	780
21	97357	35284	62073	1686	478	1208	1436	321	1115
22	120121	57897	62224	3065	949	2116	2271	720	1551
23	106077	51206	54871	3682	1321	2361	3340	1228	2112
24	95144	49313	45831	3896	1818	2078	3187	1530	1657
25-29岁	**266788**	**161338**	**105450**	**9424**	**5844**	**3580**	**7222**	**4718**	**2504**
25	82621	46072	36549	3613	1948	1665	2692	1559	1133
26	67040	39566	27474	2744	1663	1081	2036	1344	692
27	51249	32017	19232	1564	1072	492	1347	939	408
28	38180	25047	13133	921	697	224	747	564	183
29	27698	18636	9062	582	464	118	400	312	88
30-34岁	**62258**	**41712**	**20546**	**761**	**604**	**157**	**608**	**487**	**121**
30	20357	13591	6766	311	254	57	259	204	55
31	14950	10061	4889	191	149	42	169	135	34
32	11481	7646	3835	118	84	34	90	73	17
33	8655	5784	2871	90	75	15	49	43	6
34	6815	4630	2185	51	42	9	41	32	9
35-39岁	**18619**	**12497**	**6122**	**125**	**101**	**24**	**96**	**79**	**17**
35	5521	3695	1826	47	41	6	39	33	6
36	4373	2872	1501	33	29	4	25	18	7
37	3467	2351	1116	20	11	9	13	12	1
38	2872	1958	914	15	13	2	11	11	
39	2386	1621	765	10	7	3	8	5	3
40-44岁	**7632**	**4956**	**2676**	**34**	**28**	**6**	**22**	**12**	**10**
40	2014	1340	674	6	6		6	4	2
41	1700	1079	621	4	3	1	4	2	2
42	1476	939	537	9	7	2	4	1	3
43	1337	875	462	10	7	3	4	4	
44	1105	723	382	5	5		4	1	3
45-49岁	**3623**	**2364**	**1259**	**11**	**8**	**3**	**8**	**5**	**3**
45	980	665	315	4	3	1	2		2
46	839	543	296	3	1	2			
47	715	458	257				4	3	1
48	571	371	200	2	2		1	1	
49	518	327	191	2	2		1	1	
50岁及以上	**3184**	**1994**	**1190**	**1**		**1**	**4**	**1**	**3**
平均初婚年龄	**24.86**	**25.99**	**23.81**	**24.51**	**25.61**	**23.56**	**24.37**	**25.59**	**23.33**

5-4a　续表 1　　　　单位：人

初婚年龄	初婚年份								
	1982年			1983年			1984年		
	小计	男	女	小计	男	女	小计	男	女
总　计	**17599**	**8114**	**9485**	**16362**	**7435**	**8927**	**20528**	**9364**	**11164**
15岁以下	**21**	**4**	**17**	**11**	**3**	**8**	**22**	**5**	**17**
15-19岁	**2509**	**487**	**2022**	**2860**	**560**	**2300**	**2869**	**597**	**2272**
15	73	21	52	76	19	57	96	38	58
16	159	44	115	118	28	90	125	38	87
17	275	63	212	259	57	202	289	63	226
18	664	127	537	558	122	436	605	119	486
19	1338	232	1106	1849	334	1515	1754	339	1415
20-24岁	**8556**	**3185**	**5371**	**7956**	**2936**	**5020**	**12195**	**4676**	**7519**
20	1410	206	1204	2570	538	2032	3802	813	2989
21	1069	305	764	1299	423	876	3662	1305	2357
22	1736	602	1134	1149	469	680	2064	1030	1034
23	1918	819	1099	1488	697	791	1277	645	632
24	2423	1253	1170	1450	809	641	1390	883	507
25-29岁	**5838**	**3908**	**1930**	**4797**	**3408**	**1389**	**4483**	**3367**	**1116**
25	2040	1236	804	1614	1087	527	1258	909	349
26	1597	1052	545	1260	894	366	1207	909	298
27	1110	810	300	896	647	249	953	730	223
28	733	538	195	657	492	165	623	487	136
29	358	272	86	370	288	82	442	332	110
30-34岁	**538**	**421**	**117**	**584**	**426**	**158**	**782**	**590**	**192**
30	214	166	48	230	177	53	338	261	77
31	153	120	33	150	101	49	168	126	42
32	80	64	16	101	69	32	135	101	34
33	46	39	7	59	42	17	87	63	24
34	45	32	13	44	37	7	54	39	15
35-39岁	**89**	**74**	**15**	**97**	**74**	**23**	**123**	**93**	**30**
35	26	22	4	28	22	6	36	24	12
36	26	19	7	26	20	6	30	22	8
37	7	6	1	12	6	6	21	18	3
38	10	9	1	22	18	4	20	17	3
39	20	18	2	9	8	1	16	12	4
40-44岁	**33**	**25**	**8**	**38**	**22**	**16**	**31**	**22**	**9**
40	10	9	1	10	5	5	6	4	2
41	6	6		13	8	5	7	6	1
42	8	4	4	8	5	3	11	8	3
43	7	5	2	5	4	1	3	2	1
44	2	1	1	2		2	4	2	2
45-49岁	**10**	**7**	**3**	**12**	**5**	**7**	**14**	**8**	**6**
45	2	2		3		3	1	1	
46	3	2	1	3	1	2	4	1	3
47	3	2	1	1	1		3	3	
48	1	1		4	3	1	5	3	2
49	1		1	1		1	1		1
50岁及以上	**5**	**3**	**2**	**7**	**1**	**6**	**9**	**6**	**3**
平均初婚年龄	**23.94**	**25.39**	**22.71**	**23.51**	**25.10**	**22.18**	**23.11**	**24.63**	**21.83**

5-4a 续表 2

单位：人

初婚年龄	初婚年份								
	1985年			1986年			1987年		
	小计	男	女	小计	男	女	小计	男	女
总　计	**28496**	**13209**	**15287**	**26833**	**12404**	**14429**	**23809**	**11105**	**12704**
15岁以下	**10**		**10**	**8**	**1**	**7**	**11**	**6**	**5**
15-19岁	**3586**	**776**	**2810**	**3135**	**618**	**2517**	**2537**	**485**	**2052**
15	116	31	85	60	23	37	62	14	48
16	200	56	144	140	39	101	94	20	74
17	348	80	268	318	94	224	232	57	175
18	824	181	643	701	133	568	561	123	438
19	2098	428	1670	1916	329	1587	1588	271	1317
20-24岁	**19392**	**8317**	**11075**	**19708**	**8835**	**10873**	**17965**	**8246**	**9719**
20	3859	938	2921	3689	796	2893	3125	604	2521
21	6181	2422	3759	4759	2012	2747	4110	1661	2449
22	6122	3129	2993	6033	3144	2889	4572	2479	2093
23	2015	1071	944	3942	2115	1827	3780	2055	1725
24	1215	757	458	1285	768	517	2378	1447	931
25-29岁	**4205**	**3191**	**1014**	**2842**	**2131**	**711**	**2271**	**1641**	**630**
25	1101	780	321	723	488	235	783	528	255
26	967	751	216	644	478	166	451	306	145
27	911	712	199	562	444	118	358	268	90
28	726	568	158	513	403	110	348	280	68
29	500	380	120	400	318	82	331	259	72
30-34岁	**1050**	**742**	**308**	**901**	**655**	**246**	**756**	**556**	**200**
30	380	262	118	303	231	72	257	191	66
31	271	201	70	232	162	70	178	131	47
32	196	141	55	176	128	48	131	97	34
33	116	83	33	121	88	33	105	75	30
34	87	55	32	69	46	23	85	62	23
35-39岁	**170**	**129**	**41**	**148**	**110**	**38**	**181**	**120**	**61**
35	58	44	14	52	38	14	56	38	18
36	39	29	10	32	25	7	48	30	18
37	30	24	6	28	22	6	40	27	13
38	17	14	3	18	12	6	21	14	7
39	26	18	8	18	13	5	16	11	5
40-44岁	**53**	**37**	**16**	**50**	**34**	**16**	**57**	**38**	**19**
40	15	9	6	11	10	1	13	7	6
41	10	7	3	13	6	7	13	8	5
42	10	8	2	11	7	4	8	6	2
43	8	5	3	6	5	1	15	10	5
44	10	8	2	9	6	3	8	7	1
45-49岁	**20**	**11**	**9**	**27**	**15**	**12**	**20**	**9**	**11**
45	6	4	2	6	5	1	5	3	2
46	2	1	1	3	1	2	4	2	2
47	4	1	3	3	3		3	1	2
48	3	1	2	8	4	4	4	3	1
49	5	4	1	7	2	5	4		4
50岁及以上	**10**	**6**	**4**	**14**	**5**	**9**	**11**	**4**	**7**
平均初婚年龄	**22.88**	**24.03**	**21.88**	**22.83**	**23.85**	**21.96**	**22.96**	**23.93**	**22.11**

5-4a 续表 3

单位：人

初婚年龄	初婚年份								
	1988年			1989年			1990年		
	小计	男	女	小计	男	女	小计	男	女
总 计	**24680**	**11631**	**13049**	**24872**	**11713**	**13159**	**29706**	**14202**	**15504**
15岁以下	**12**	**5**	**7**	**18**	**4**	**14**	**27**	**8**	**19**
15-19岁	**2811**	**556**	**2255**	**2685**	**551**	**2134**	**3696**	**759**	**2937**
15	64	24	40	71	20	51	126	33	93
16	126	34	92	114	41	73	196	51	145
17	215	44	171	244	60	184	331	93	238
18	521	99	422	549	124	425	757	182	575
19	1885	355	1530	1707	306	1401	2286	400	1886
20-24岁	**17865**	**8265**	**9600**	**17719**	**8075**	**9644**	**20830**	**9830**	**11000**
20	3316	647	2669	3512	696	2816	4170	951	3219
21	3900	1657	2243	4235	1683	2552	5511	2450	3061
22	4759	2600	2159	4402	2445	1957	5325	2980	2345
23	3351	1859	1492	3336	1885	1451	3315	1891	1424
24	2539	1502	1037	2234	1366	868	2509	1558	951
25-29岁	**2974**	**2058**	**916**	**3463**	**2384**	**1079**	**4145**	**2849**	**1296**
25	1664	1087	577	1739	1178	561	1661	1112	549
26	510	343	167	1057	733	324	1244	850	394
27	287	221	66	326	225	101	819	583	236
28	283	226	57	188	136	52	261	180	81
29	230	181	49	153	112	41	160	124	36
30-34岁	**741**	**547**	**194**	**670**	**486**	**184**	**617**	**482**	**135**
30	210	164	46	147	103	44	155	115	40
31	163	114	49	161	125	36	115	91	24
32	152	114	38	146	104	42	138	112	26
33	111	80	31	119	85	34	122	97	25
34	105	75	30	97	69	28	87	67	20
35-39岁	**217**	**159**	**58**	**221**	**152**	**69**	**272**	**202**	**70**
35	75	62	13	67	50	17	93	73	20
36	48	31	17	62	39	23	64	49	15
37	40	30	10	30	21	9	54	36	18
38	29	18	11	35	26	9	31	24	7
39	25	18	7	27	16	11	30	20	10
40-44岁	**32**	**23**	**9**	**57**	**40**	**17**	**73**	**46**	**27**
40	11	7	4	21	16	5	13	9	4
41	7	6	1	12	8	4	21	12	9
42	7	5	2	11	6	5	19	13	6
43	2	2		8	5	3	13	8	5
44	5	3	2	5	5		7	4	3
45-49岁	**23**	**16**	**7**	**28**	**16**	**12**	**34**	**21**	**13**
45	6	4	2	7	6	1	8	6	2
46	5	3	2	7	2	5	12	7	5
47	7	6	1	9	4	5	7	5	2
48	3	2	1	3	2	1	5	2	3
49	2	1	1	2	2		2	1	1
50岁及以上	**5**	**2**	**3**	**11**	**5**	**6**	**12**	**5**	**7**
平均初婚年龄	**22.95**	**23.93**	**22.08**	**22.97**	**23.94**	**22.12**	**22.83**	**23.80**	**21.95**

5-4a 续表 4

单位：人

初婚年龄	1991年 小计	1991年 男	1991年 女	1992年 小计	1992年 男	1992年 女	1993年 小计	1993年 男	1993年 女
总 计	**22456**	**10725**	**11731**	**26071**	**12489**	**13582**	**25193**	**12169**	**13024**
15岁以下	**13**	**3**	**10**	**11**	**2**	**9**	**8**	**3**	**5**
15-19岁	**2373**	**536**	**1837**	**2640**	**569**	**2071**	**2411**	**509**	**1902**
15	65	23	42	66	17	49	40	12	28
16	126	41	85	138	40	98	79	21	58
17	235	72	163	245	63	182	242	63	179
18	459	108	351	550	127	423	492	124	368
19	1488	292	1196	1641	322	1319	1558	289	1269
20-24岁	**16370**	**7489**	**8881**	**18985**	**8718**	**10267**	**18161**	**8419**	**9742**
20	3093	569	2524	3219	681	2538	3078	628	2450
21	4056	1683	2373	4528	1862	2666	4009	1709	2300
22	4716	2621	2095	5208	2803	2405	5003	2706	2297
23	2892	1600	1292	3762	2044	1718	3587	1928	1659
24	1613	1016	597	2268	1328	940	2484	1448	1036
25-29岁	**3057**	**2223**	**834**	**3637**	**2604**	**1033**	**3688**	**2610**	**1078**
25	1195	822	373	1281	860	421	1513	974	539
26	762	558	204	904	640	264	804	594	210
27	636	479	157	604	450	154	572	428	144
28	332	257	75	508	400	108	416	327	89
29	132	107	25	340	254	86	383	287	96
30-34岁	**376**	**279**	**97**	**430**	**334**	**96**	**553**	**390**	**163**
30	95	72	23	110	84	26	262	181	81
31	78	59	19	87	65	22	102	74	28
32	62	45	17	91	66	25	73	51	22
33	70	51	19	62	52	10	64	44	20
34	71	52	19	80	67	13	52	40	12
35-39岁	**183**	**131**	**52**	**241**	**180**	**61**	**222**	**156**	**66**
35	51	39	12	64	49	15	51	37	14
36	48	32	16	64	50	14	57	37	20
37	40	29	11	41	30	11	39	29	10
38	32	23	9	44	31	13	32	25	7
39	12	8	4	28	20	8	43	28	15
40-44岁	**59**	**48**	**11**	**70**	**46**	**24**	**89**	**41**	**48**
40	19	13	6	19	12	7	27	15	12
41	15	12	3	13	10	3	22	7	15
42	10	10		12	5	7	15	3	12
43	6	5	1	16	13	3	20	12	8
44	9	8	1	10	6	4	5	4	1
45-49岁	**11**	**9**	**2**	**33**	**22**	**11**	**39**	**25**	**14**
45	7	6	1	8	5	3	7	7	
46				6	6		13	9	4
47	1	1		9	6	3	8	4	4
48	1		1	5	2	3	5	2	3
49	2	2		5	3	2	6	3	3
50岁及以上	**14**	**7**	**7**	**24**	**14**	**10**	**22**	**16**	**6**
平均初婚年龄	**22.85**	**23.81**	**21.98**	**23.04**	**23.99**	**22.17**	**23.18**	**24.07**	**22.35**

5-4a　续表 5　　　　单位：人

初婚年龄	初婚年份								
	1994年			1995年			1996年		
	小计	男	女	小计	男	女	小计	男	女
总　计	**24551**	**11883**	**12668**	**27520**	**13375**	**14145**	**24410**	**11871**	**12539**
15岁以下	**10**		**10**	**9**		**9**	**9**	**4**	**5**
15-19岁	**2097**	**439**	**1658**	**1873**	**387**	**1486**	**1240**	**231**	**1009**
15	40	18	22	48	11	37	43	8	35
16	61	16	45	71	16	55	50	11	39
17	151	39	112	142	35	107	122	21	101
18	427	92	335	332	88	244	230	49	181
19	1418	274	1144	1280	237	1043	795	142	653
20-24岁	**17464**	**8008**	**9456**	**19132**	**8650**	**10482**	**16359**	**7147**	**9212**
20	2941	628	2313	2877	587	2290	2175	410	1765
21	3872	1530	2342	4076	1568	2508	3343	1208	2135
22	4477	2407	2070	4969	2637	2332	4422	2168	2254
23	3605	1966	1639	3903	1995	1908	3684	1881	1803
24	2569	1477	1092	3307	1863	1444	2735	1480	1255
25-29岁	**3894**	**2670**	**1224**	**5038**	**3357**	**1681**	**5336**	**3514**	**1822**
25	1678	1112	566	2168	1336	832	2213	1357	856
26	990	668	322	1320	896	424	1356	895	461
27	521	369	152	775	558	217	858	593	265
28	402	296	106	432	322	110	575	433	142
29	303	225	78	343	245	98	334	236	98
30-34岁	**691**	**502**	**189**	**918**	**632**	**286**	**972**	**661**	**311**
30	305	227	78	301	196	105	257	172	85
31	205	138	67	290	210	80	214	138	76
32	78	61	17	206	145	61	245	163	82
33	49	36	13	70	44	26	189	140	49
34	54	40	14	51	37	14	67	48	19
35-39岁	**214**	**154**	**60**	**243**	**190**	**53**	**194**	**147**	**47**
35	44	31	13	56	43	13	55	41	14
36	48	38	10	35	28	7	32	25	7
37	52	35	17	56	44	12	36	27	9
38	38	26	12	50	40	10	36	26	10
39	32	24	8	46	35	11	35	28	7
40-44岁	**110**	**69**	**41**	**170**	**85**	**85**	**147**	**85**	**62**
40	40	30	10	46	25	21	36	25	11
41	26	16	10	37	20	17	27	20	7
42	16	7	9	32	16	16	32	14	18
43	19	13	6	33	15	18	29	15	14
44	9	3	6	22	9	13	23	11	12
45-49岁	**34**	**19**	**15**	**60**	**34**	**26**	**77**	**37**	**40**
45	6	1	5	23	15	8	14	9	5
46	11	7	4	9	6	3	16	8	8
47	7	4	3	8	3	5	13	5	8
48	4	4		11	5	6	13	7	6
49	6	3	3	9	5	4	21	8	13
50岁及以上	**37**	**22**	**15**	**77**	**40**	**37**	**76**	**45**	**31**
平均初婚年龄	**23.36**	**24.27**	**22.51**	**23.72**	**24.59**	**22.91**	**24.06**	**24.96**	**23.22**

5-4a 续表 6

单位：人

初婚年龄	初婚年份								
	1997年			1998年			1999年		
	小计	男	女	小计	男	女	小计	男	女
总　计	**23441**	**11439**	**12002**	**23187**	**11364**	**11823**	**18905**	**9238**	**9667**
15岁以下	**13**	**3**	**10**	**7**	**1**	**6**	**10**	**3**	**7**
15—19岁	**1037**	**183**	**854**	**1131**	**192**	**939**	**1021**	**168**	**853**
15	47	11	36	57	11	46	38	10	28
16	49	12	37	81	15	66	76	12	64
17	91	17	74	100	15	85	142	28	114
18	240	41	199	239	41	198	217	35	182
19	610	102	508	654	110	544	548	83	465
20—24岁	**15137**	**6580**	**8557**	**13314**	**5631**	**7683**	**10199**	**4221**	**5978**
20	1636	268	1368	1296	179	1117	1293	199	1094
21	2716	924	1792	1924	631	1293	1395	423	972
22	4063	1906	2157	3313	1494	1819	2069	915	1154
23	3746	1856	1890	3671	1716	1955	2667	1253	1414
24	2976	1626	1350	3110	1611	1499	2775	1431	1344
25—29岁	**5676**	**3651**	**2025**	**6723**	**4218**	**2505**	**6141**	**3823**	**2318**
25	2107	1226	881	2375	1406	969	2218	1296	922
26	1544	986	558	1644	1020	624	1586	1001	585
27	968	668	300	1237	798	439	1036	687	349
28	653	482	171	858	577	281	760	491	269
29	404	289	115	609	417	192	541	348	193
30—34岁	**1019**	**687**	**332**	**1473**	**967**	**506**	**1109**	**731**	**378**
30	290	198	92	457	293	164	415	264	151
31	218	145	73	287	174	113	282	201	81
32	185	123	62	301	202	99	180	117	63
33	185	121	64	217	142	75	127	78	49
34	141	100	41	211	156	55	105	71	34
35—39岁	**172**	**125**	**47**	**274**	**180**	**94**	**235**	**171**	**64**
35	49	33	16	135	90	45	90	60	30
36	33	23	10	47	29	18	82	61	21
37	29	23	6	29	18	11	26	19	7
38	21	17	4	32	21	11	18	16	2
39	40	29	11	31	22	9	19	15	4
40—44岁	**231**	**126**	**105**	**159**	**102**	**57**	**101**	**63**	**38**
40	42	27	15	31	21	10	15	11	4
41	44	24	20	35	24	11	22	12	10
42	40	17	23	31	21	10	33	18	15
43	63	38	25	39	27	12	20	15	5
44	42	20	22	23	9	14	11	7	4
45—49岁	**110**	**56**	**54**	**62**	**44**	**18**	**50**	**28**	**22**
45	37	19	18	23	16	7	15	7	8
46	26	8	18	12	8	4	10	8	2
47	19	11	8	9	6	3	6	3	3
48	10	7	3	12	8	4	11	7	4
49	18	11	7	6	6		8	3	5
50岁及以上	**46**	**28**	**18**	**44**	**29**	**15**	**39**	**30**	**9**
平均初婚年龄	**24.41**	**25.30**	**23.57**	**24.84**	**25.82**	**23.90**	**24.86**	**25.89**	**23.88**

5-4a　续表 7　　单位：人

初婚年龄	初婚年份								
	2000年			2001年			2002年		
	小计	男	女	小计	男	女	小计	男	女
总　计	**21817**	**10780**	**11037**	**14055**	**6865**	**7190**	**15884**	**7772**	**8112**
15岁以下	**25**	**8**	**17**	**14**	**3**	**11**	**12**	**4**	**8**
15-19岁	**1856**	**365**	**1491**	**1290**	**234**	**1056**	**1256**	**234**	**1022**
15	96	32	64	82	25	57	95	27	68
16	139	34	105	78	23	55	94	25	69
17	236	50	186	129	29	100	155	27	128
18	507	105	402	231	52	179	239	50	189
19	878	144	734	770	105	665	673	105	568
20-24岁	**10418**	**4331**	**6087**	**6460**	**2519**	**3941**	**7302**	**2771**	**4531**
20	1426	277	1149	1146	171	975	1590	300	1290
21	1752	561	1191	1150	343	807	1284	382	902
22	1975	876	1099	1474	651	823	1555	650	905
23	2402	1120	1282	1267	619	648	1552	769	783
24	2863	1497	1366	1423	735	688	1321	670	651
25-29岁	**7550**	**4724**	**2826**	**5057**	**3223**	**1834**	**5578**	**3568**	**2010**
25	2604	1507	1097	1552	898	654	1363	780	583
26	2010	1239	771	1373	877	496	1393	866	527
27	1353	902	451	982	668	314	1242	827	415
28	885	603	282	697	460	237	928	642	286
29	698	473	225	453	320	133	652	453	199
30-34岁	**1317**	**902**	**415**	**892**	**640**	**252**	**1272**	**870**	**402**
30	484	318	166	341	244	97	427	291	136
31	346	236	110	230	172	58	321	232	89
32	218	154	64	138	94	44	246	157	89
33	144	95	49	115	77	38	163	114	49
34	125	99	26	68	53	15	115	76	39
35-39岁	**382**	**266**	**116**	**224**	**162**	**62**	**307**	**218**	**89**
35	121	82	39	57	41	16	72	43	29
36	126	87	39	62	36	26	60	39	21
37	78	53	25	49	41	8	61	48	13
38	33	24	9	35	30	5	58	45	13
39	24	20	4	21	14	7	56	43	13
40-44岁	**117**	**90**	**27**	**57**	**47**	**10**	**59**	**44**	**15**
40	11	8	3	15	11	4	10	7	3
41	25	19	6	11	10	1	10	6	4
42	35	26	9	8	7	1	13	9	4
43	23	20	3	8	6	2	9	8	1
44	23	17	6	15	13	2	17	14	3
45-49岁	**94**	**58**	**36**	**36**	**24**	**12**	**59**	**40**	**19**
45	23	18	5	9	5	4	13	8	5
46	20	15	5	6	4	2	8	7	1
47	25	13	12	8	6	2	13	7	6
48	13	6	7	6	4	2	13	9	4
49	13	6	7	7	5	2	12	9	3
50岁及以上	**58**	**36**	**22**	**25**	**13**	**12**	**39**	**23**	**16**
平均初婚年龄	**24.92**	**26.10**	**23.77**	**24.80**	**26.16**	**23.50**	**25.08**	**26.49**	**23.72**

5-4a 续表 8 单位：人

初婚年龄	初婚年份								
	2003年			2004年			2005年		
	小计	男	女	小计	男	女	小计	男	女
总 计	**17403**	**8568**	**8835**	**16574**	**8201**	**8373**	**17618**	**8713**	**8905**
15岁以下	**9**	**3**	**6**	**9**	**2**	**7**	**10**	**5**	**5**
15-19岁	**1165**	**247**	**918**	**1286**	**272**	**1014**	**1733**	**397**	**1336**
15	81	28	53	74	22	52	82	28	54
16	132	36	96	101	32	69	115	34	81
17	175	39	136	223	48	175	216	53	163
18	253	53	200	328	76	252	463	109	354
19	524	91	433	560	94	466	857	173	684
20-24岁	**8204**	**3098**	**5106**	**7815**	**3080**	**4735**	**8162**	**3356**	**4806**
20	1216	203	1013	963	160	803	1201	206	995
21	1947	553	1394	1392	426	966	1170	396	774
22	1838	785	1053	2261	954	1307	1826	820	1006
23	1627	750	877	1672	773	899	2259	1072	1187
24	1576	807	769	1527	767	760	1706	862	844
25-29岁	**5814**	**3705**	**2109**	**5144**	**3223**	**1921**	**4885**	**3032**	**1853**
25	1308	744	564	1353	746	607	1421	757	664
26	1307	786	521	1008	585	423	1087	684	403
27	1333	863	470	958	616	342	820	520	300
28	1052	725	327	962	664	298	777	520	257
29	814	587	227	863	612	251	780	551	229
30-34岁	**1680**	**1145**	**535**	**1744**	**1216**	**528**	**2039**	**1396**	**643**
30	565	382	183	610	414	196	671	468	203
31	398	268	130	421	289	132	529	366	163
32	335	231	104	299	222	77	356	231	125
33	227	150	77	243	173	70	254	178	76
34	155	114	41	171	118	53	229	153	76
35-39岁	**348**	**232**	**116**	**374**	**265**	**109**	**509**	**335**	**174**
35	117	71	46	132	94	38	172	104	68
36	67	44	23	80	51	29	139	93	46
37	58	41	17	60	43	17	85	55	30
38	63	42	21	61	47	14	65	48	17
39	43	34	9	41	30	11	48	35	13
40-44岁	**93**	**71**	**22**	**97**	**69**	**28**	**152**	**105**	**47**
40	30	23	7	37	28	9	53	40	13
41	16	12	4	32	22	10	41	28	13
42	20	18	2	8	5	3	35	21	14
43	12	8	4	11	9	2	13	9	4
44	15	10	5	9	5	4	10	7	3
45-49岁	**55**	**43**	**12**	**58**	**36**	**22**	**70**	**47**	**23**
45	11	10	1	11	6	5	17	11	6
46	19	16	3	12	7	5	13	10	3
47	11	8	3	10	8	2	13	10	3
48	7	5	2	11	5	6	15	11	4
49	7	4	3	14	10	4	12	5	7
50岁及以上	**35**	**24**	**11**	**47**	**38**	**9**	**58**	**40**	**18**
平均初婚年龄	**25.28**	**26.67**	**23.93**	**25.35**	**26.75**	**23.97**	**25.39**	**26.77**	**24.04**

5-4a 续表 9 单位：人

初婚年龄	初婚年份								
	2006年			2007年			2008年		
	小计	男	女	小计	男	女	小计	男	女
总 计	**20233**	**9913**	**10320**	**18886**	**9376**	**9510**	**25023**	**12303**	**12720**
15岁以下	**10**	**5**	**5**	**6**	**1**	**5**	**10**	**1**	**9**
15-19岁	**1582**	**341**	**1241**	**1225**	**288**	**937**	**1392**	**324**	**1068**
15	39	11	28	44	16	28	44	13	31
16	72	14	58	72	21	51	79	17	62
17	150	29	121	142	40	102	143	39	104
18	321	86	235	249	64	185	378	86	292
19	1000	201	799	718	147	571	748	169	579
20-24岁	**9018**	**3489**	**5529**	**8381**	**3296**	**5085**	**11092**	**4336**	**6756**
20	1683	291	1392	1703	339	1364	1550	316	1234
21	1348	424	924	1815	574	1241	2616	810	1806
22	1488	619	869	1609	763	846	2975	1342	1633
23	1922	882	1040	1411	681	730	2061	936	1125
24	2577	1273	1304	1843	939	904	1890	932	958
25-29岁	**6303**	**3782**	**2521**	**6167**	**3660**	**2507**	**8470**	**4868**	**3602**
25	2017	1080	937	2275	1218	1057	2426	1262	1164
26	1463	848	615	1502	885	617	2633	1460	1173
27	1165	723	442	1080	671	409	1609	973	636
28	902	605	297	764	513	251	1049	684	365
29	756	526	230	546	373	173	753	489	264
30-34岁	**2354**	**1631**	**723**	**2058**	**1422**	**636**	**2460**	**1691**	**769**
30	715	501	214	485	338	147	596	413	183
31	580	407	173	472	327	145	518	355	163
32	493	330	163	455	314	141	500	347	153
33	309	219	90	361	242	119	474	297	177
34	257	174	83	285	201	84	372	279	93
35-39岁	**641**	**442**	**199**	**692**	**459**	**233**	**1026**	**677**	**349**
35	220	144	76	221	147	74	317	215	102
36	175	121	54	172	110	62	241	162	79
37	114	85	29	132	91	41	211	144	67
38	76	49	27	102	68	34	148	99	49
39	56	43	13	65	43	22	109	57	52
40-44岁	**206**	**150**	**56**	**200**	**148**	**52**	**302**	**226**	**76**
40	42	26	16	52	40	12	89	72	17
41	57	40	17	43	28	15	57	45	12
42	53	40	13	29	23	6	50	38	12
43	35	29	6	40	28	12	50	31	19
44	19	15	4	36	29	7	56	40	16
45-49岁	**44**	**27**	**17**	**58**	**40**	**18**	**124**	**85**	**39**
45	9	6	3	11	9	2	55	39	16
46	9	6	3	9	6	3	24	17	7
47	6	5	1	15	11	4	8	5	3
48	11	4	7	11	5	6	22	16	6
49	9	6	3	12	9	3	15	8	7
50岁及以上	**75**	**46**	**29**	**99**	**62**	**37**	**147**	**95**	**52**
平均初婚年龄	**25.65**	**27.08**	**24.28**	**25.68**	**27.04**	**24.34**	**25.87**	**27.19**	**24.59**

5-4a 续表 10 单位：人

初婚年龄	初婚年份								
	2009年			2010年			2011年		
	小计	男	女	小计	男	女	小计	男	女
总　计	**24614**	**12101**	**12513**	**26876**	**13413**	**13463**	**23682**	**11662**	**12020**
15岁以下	**3**	**1**	**2**	**8**	**1**	**7**	**3**	**1**	**2**
15-19岁	**1217**	**242**	**975**	**1302**	**270**	**1032**	**950**	**178**	**772**
15	31	14	17	36	6	30	29	7	22
16	62	14	48	70	14	56	62	11	51
17	137	27	110	163	34	129	107	18	89
18	255	53	202	318	76	242	212	40	172
19	732	134	598	715	140	575	540	102	438
20-24岁	**11387**	**4616**	**6771**	**13084**	**5557**	**7527**	**10509**	**4263**	**6246**
20	1366	236	1130	1633	325	1308	1084	198	886
21	1910	633	1277	1905	624	1281	1667	503	1164
22	3409	1541	1868	2701	1265	1436	1986	883	1103
23	2790	1309	1481	3642	1739	1903	2450	1103	1347
24	1912	897	1015	3203	1604	1599	3322	1576	1746
25-29岁	**8200**	**4683**	**3517**	**8348**	**4814**	**3534**	**8821**	**4934**	**3887**
25	1816	918	898	2098	1125	973	2771	1392	1379
26	2137	1145	992	1799	976	823	1815	964	851
27	2180	1303	877	1763	1021	742	1493	875	618
28	1275	803	472	1733	1069	664	1432	882	550
29	792	514	278	955	623	332	1310	821	489
30-34岁	**2169**	**1477**	**692**	**2152**	**1420**	**732**	**1894**	**1277**	**617**
30	598	396	202	620	426	194	675	443	232
31	449	310	139	502	313	189	472	317	155
32	348	243	105	350	230	120	327	220	107
33	389	257	132	335	216	119	197	137	60
34	385	271	114	345	235	110	223	160	63
35-39岁	**1047**	**705**	**342**	**1292**	**859**	**433**	**900**	**611**	**289**
35	339	235	104	379	255	124	236	150	86
36	240	160	80	277	171	106	217	144	73
37	180	122	58	253	165	88	174	131	43
38	160	102	58	202	142	60	152	104	48
39	128	86	42	181	126	55	121	82	39
40-44岁	**320**	**205**	**115**	**384**	**273**	**111**	**334**	**211**	**123**
40	103	66	37	127	90	37	113	75	38
41	77	52	25	104	75	29	80	42	38
42	49	33	16	63	45	18	58	32	26
43	45	29	16	51	35	16	51	40	11
44	46	25	21	39	28	11	32	22	10
45-49岁	**135**	**87**	**48**	**158**	**119**	**39**	**162**	**115**	**47**
45	40	24	16	45	37	8	42	36	6
46	42	29	13	51	38	13	31	24	7
47	22	15	7	40	29	11	52	30	22
48	14	7	7	14	10	4	26	18	8
49	17	12	5	8	5	3	11	7	4
50岁及以上	**136**	**85**	**51**	**148**	**100**	**48**	**109**	**72**	**37**
平均初婚年龄	**25.97**	**27.17**	**24.80**	**26.01**	**27.20**	**24.83**	**26.17**	**27.31**	**25.07**

5-4a 续表 11

单位：人

初婚年龄	初婚年份								
	2012年			2013年			2014年		
	小计	男	女	小计	男	女	小计	男	女
总 计	**27252**	**13537**	**13715**	**26431**	**13093**	**13338**	**26312**	**13028**	**13284**
15岁以下	**2**		**2**	**3**	**1**	**2**	**5**	**2**	**3**
15-19岁	**1011**	**220**	**791**	**817**	**146**	**671**	**786**	**163**	**623**
15	24	4	20	20	5	15	15	3	12
16	54	15	39	54	5	49	28	7	21
17	120	32	88	90	17	73	81	15	66
18	240	52	188	184	34	150	192	41	151
19	573	117	456	469	85	384	470	97	373
20-24岁	**10589**	**4384**	**6205**	**9839**	**3907**	**5932**	**9423**	**3719**	**5704**
20	1148	212	936	1055	187	868	953	148	805
21	1669	541	1128	1426	447	979	1296	364	932
22	2418	1101	1317	2135	958	1177	1994	886	1108
23	2433	1133	1300	2635	1139	1496	2244	954	1290
24	2921	1397	1524	2588	1176	1412	2936	1367	1569
25-29岁	**11244**	**6067**	**5177**	**11265**	**6149**	**5116**	**11752**	**6344**	**5408**
25	3817	1855	1962	3042	1480	1562	3038	1463	1575
26	2920	1514	1406	3463	1843	1620	2759	1404	1355
27	1805	1046	759	2409	1370	1039	2968	1668	1300
28	1411	829	582	1375	832	543	1894	1137	757
29	1291	823	468	976	624	352	1093	672	421
30-34岁	**2591**	**1667**	**924**	**2760**	**1756**	**1004**	**2668**	**1700**	**968**
30	1125	719	406	880	552	328	725	462	263
31	585	383	202	788	495	293	686	454	232
32	391	255	136	483	308	175	642	397	245
33	285	175	110	338	227	111	345	225	120
34	205	135	70	271	174	97	270	162	108
35-39岁	**1031**	**695**	**336**	**920**	**595**	**325**	**769**	**493**	**276**
35	212	155	57	218	136	82	199	129	70
36	257	172	85	185	117	68	145	95	50
37	221	146	75	190	123	67	142	92	50
38	199	132	67	180	120	60	133	86	47
39	142	90	52	147	99	48	150	91	59
40-44岁	**447**	**283**	**164**	**511**	**329**	**182**	**514**	**343**	**171**
40	133	84	49	145	96	49	151	105	46
41	107	69	38	111	65	46	122	75	47
42	75	48	27	111	67	44	103	69	34
43	65	40	25	83	60	23	76	48	28
44	67	42	25	61	41	20	62	46	16
45-49岁	**193**	**124**	**69**	**167**	**112**	**55**	**204**	**145**	**59**
45	35	23	12	43	26	17	53	36	17
46	47	26	21	35	24	11	44	29	15
47	32	22	10	30	20	10	38	28	10
48	39	26	13	25	17	8	41	30	11
49	40	27	13	34	25	9	28	22	6
50岁及以上	**144**	**97**	**47**	**149**	**98**	**51**	**191**	**119**	**72**
平均初婚年龄	**26.42**	**27.42**	**25.43**	**26.63**	**27.66**	**25.63**	**26.81**	**27.83**	**25.81**

5－4a　续表 12　　　　单位：人

初婚年龄	初婚年份								
	2015年			2016年			2017年		
	小计	男	女	小计	男	女	小计	男	女
总　计	**26589**	**13125**	**13464**	**23664**	**11724**	**11940**	**21926**	**10908**	**11018**
15岁以下				**2**	**1**	**1**	**3**	**1**	**2**
15－19岁	**609**	**105**	**504**	**450**	**91**	**359**	**340**	**55**	**285**
15	10	2	8	4	1	3	6	2	4
16	32	6	26	19	4	15	15	2	13
17	56	12	44	32	11	21	26	6	20
18	137	35	102	95	20	75	83	18	65
19	374	50	324	300	55	245	210	27	183
20－24岁	**9184**	**3542**	**5642**	**8326**	**3199**	**5127**	**7562**	**2874**	**4688**
20	901	128	773	740	103	637	558	87	471
21	1302	383	919	1118	311	807	1031	276	755
22	1984	850	1134	1781	739	1042	1642	659	983
23	2265	978	1287	2170	884	1286	1976	816	1160
24	2732	1203	1529	2517	1162	1355	2355	1036	1319
25－29岁	**12212**	**6564**	**5648**	**10614**	**5747**	**4867**	**9582**	**5186**	**4396**
25	3182	1519	1663	2611	1265	1346	2325	1106	1219
26	2742	1397	1345	2720	1352	1368	2312	1206	1106
27	2432	1300	1132	2018	1115	903	2096	1162	934
28	2303	1385	918	1734	1077	657	1585	940	645
29	1553	963	590	1531	938	593	1264	772	492
30－34岁	**2791**	**1743**	**1048**	**2691**	**1669**	**1022**	**2891**	**1816**	**1075**
30	806	501	305	940	601	339	1198	730	468
31	567	362	205	545	345	200	708	459	249
32	592	370	222	384	242	142	381	236	145
33	539	328	211	416	253	163	301	204	97
34	287	182	105	406	228	178	303	187	116
35－39岁	**806**	**539**	**267**	**755**	**494**	**261**	**772**	**464**	**308**
35	204	135	69	232	142	90	308	177	131
36	169	119	50	164	103	61	189	116	73
37	136	82	54	148	100	48	115	70	45
38	157	109	48	96	68	28	85	57	28
39	140	94	46	115	81	34	75	44	31
40－44岁	**551**	**339**	**212**	**449**	**277**	**172**	**369**	**235**	**134**
40	149	85	64	99	62	37	78	55	23
41	116	73	43	115	72	43	72	43	29
42	102	65	37	99	60	39	83	53	30
43	103	62	41	81	49	32	75	43	32
44	81	54	27	55	34	21	61	41	20
45－49岁	**235**	**159**	**76**	**198**	**133**	**65**	**220**	**149**	**71**
45	64	43	21	58	42	16	67	48	19
46	76	51	25	59	35	24	48	34	14
47	43	29	14	36	24	12	53	34	19
48	27	20	7	24	19	5	26	18	8
49	25	16	9	21	13	8	26	15	11
50岁及以上	**201**	**134**	**67**	**179**	**113**	**66**	**187**	**128**	**59**
平均初婚年龄	**27.04**	**28.07**	**26.04**	**27.08**	**28.06**	**26.12**	**27.25**	**28.24**	**26.27**

5-4a 续表 13

单位：人

初婚年龄	初婚年份								
	2018年			2019年			2020年		
	小计	男	女	小计	男	女	小计	男	女
总 计	**23180**	**11421**	**11759**	**18332**	**9079**	**9253**	**12771**	**6355**	**6416**
15岁以下	**1**		**1**	**1**		**1**			
15-19岁	**310**	**55**	**255**	**206**	**36**	**170**	**112**	**16**	**96**
15	4		4	2	1	1	3		3
16	11	1	10	12	2	10	4		4
17	34	6	28	12		12	6	3	3
18	74	15	59	47	11	36	21	4	17
19	187	33	154	133	22	111	78	9	69
20-24岁	**7243**	**2737**	**4506**	**5488**	**2115**	**3373**	**3388**	**1299**	**2089**
20	531	90	441	336	41	295	201	25	176
21	854	236	618	632	168	464	306	74	232
22	1550	623	927	1104	458	646	678	270	408
23	1927	757	1170	1501	593	908	910	374	536
24	2381	1031	1350	1915	855	1060	1293	556	737
25-29岁	**10442**	**5473**	**4969**	**8554**	**4400**	**4154**	**5932**	**3023**	**2909**
25	2521	1153	1368	2056	903	1153	1389	600	789
26	2485	1243	1242	2048	1003	1045	1437	708	729
27	2131	1106	1025	1748	916	832	1324	691	633
28	1950	1112	838	1531	856	675	1005	553	452
29	1355	859	496	1171	722	449	777	471	306
30-34岁	**3447**	**2094**	**1353**	**2761**	**1709**	**1052**	**2078**	**1292**	**786**
30	1138	662	476	796	503	293	666	412	254
31	981	619	362	674	412	262	464	281	183
32	649	389	260	653	395	258	357	221	136
33	391	249	142	413	254	159	358	236	122
34	288	175	113	225	145	80	233	142	91
35-39岁	**905**	**542**	**363**	**691**	**419**	**272**	**511**	**298**	**213**
35	282	182	100	164	104	60	147	84	63
36	257	146	111	178	99	79	94	53	41
37	156	90	66	157	98	59	104	64	40
38	125	72	53	106	59	47	104	54	50
39	85	52	33	86	59	27	62	43	19
40-44岁	**347**	**221**	**126**	**262**	**166**	**96**	**245**	**132**	**113**
40	65	37	28	56	34	22	59	31	28
41	64	44	20	45	24	21	44	18	26
42	71	43	28	42	29	13	42	27	15
43	77	56	21	56	31	25	47	24	23
44	70	41	29	63	48	15	53	32	21
45-49岁	**237**	**156**	**81**	**201**	**126**	**75**	**232**	**144**	**88**
45	67	39	28	47	29	18	70	51	19
46	46	25	21	39	24	15	52	35	17
47	45	32	13	45	26	19	46	24	22
48	47	34	13	41	25	16	27	16	11
49	32	26	6	29	22	7	37	18	19
50岁及以上	**248**	**143**	**105**	**168**	**108**	**60**	**273**	**151**	**122**
平均初婚年龄	**27.59**	**28.50**	**26.70**	**27.69**	**28.59**	**26.80**	**28.45**	**29.29**	**27.62**

5-4b 全市分初婚年龄、性别、初婚年份的人口(镇)

单位：人

初婚年龄	初婚年份								
	合计			1980年			1981年		
	合计	男	女	小计	男	女	小计	男	女
总 计	**329699**	**159735**	**169964**	**8101**	**3817**	**4284**	**6176**	**2915**	**3261**
15岁以下	**323**	**73**	**250**	**14**	**6**	**8**	**11**	**2**	**9**
15-19岁	**39197**	**8339**	**30858**	**793**	**100**	**693**	**905**	**144**	**761**
15	1345	296	1049	51	14	37	42	16	26
16	2513	529	1984	136	21	115	80	15	65
17	4869	1018	3851	174	21	153	140	17	123
18	9295	1997	7298	206	23	183	290	47	243
19	21175	4499	16676	226	21	205	353	49	304
20-24岁	**201469**	**92894**	**108575**	**4624**	**1876**	**2748**	**3371**	**1395**	**1976**
20	37610	8986	28624	420	99	321	431	72	359
21	44598	18115	26483	646	197	449	546	158	388
22	50189	26646	23543	1180	452	728	690	272	418
23	38690	21201	17489	1276	544	732	886	423	463
24	30382	17946	12436	1102	584	518	818	470	348
25-29岁	**65011**	**42826**	**22185**	**2349**	**1595**	**754**	**1698**	**1225**	**473**
25	22797	14250	8547	986	641	345	665	441	224
26	16362	10744	5618	635	426	209	477	348	129
27	11543	7926	3617	366	261	105	301	237	64
28	8274	5761	2513	237	175	62	161	123	38
29	6035	4145	1890	125	92	33	94	76	18
30-34岁	**14624**	**9796**	**4828**	**257**	**194**	**63**	**151**	**123**	**28**
30	4560	3026	1534	98	71	27	58	46	12
31	3432	2286	1146	74	56	18	36	28	8
32	2820	1905	915	39	30	9	26	22	4
33	2054	1359	695	27	22	5	14	13	1
34	1758	1220	538	19	15	4	17	14	3
35-39岁	**4651**	**3074**	**1577**	**41**	**31**	**10**	**28**	**20**	**8**
35	1366	899	467	11	10	1	9	8	1
36	1019	691	328	10	8	2	4	3	1
37	906	601	305	9	7	2	6	3	3
38	717	445	272	8	5	3	5	3	2
39	643	438	205	3	1	2	4	3	1
40-44岁	**2313**	**1445**	**868**	**18**	**12**	**6**	**8**	**5**	**3**
40	631	398	233	5	3	2	4	3	1
41	497	300	197	2	2		2	1	1
42	456	272	184	4	2	2			
43	393	254	139	3	3		2	1	1
44	336	221	115	4	2	2			
45-49岁	**1054**	**645**	**409**	**3**	**2**	**1**	**1**		**1**
45	282	187	95	1		1			
46	247	149	98						
47	195	115	80	1	1		1		1
48	183	108	75	1	1				
49	147	86	61						
50岁及以上	**1057**	**643**	**414**	**2**	**1**	**1**	**3**	**1**	**2**
平均初婚年龄	**23.77**	**24.87**	**22.74**	**23.91**	**25.11**	**22.84**	**23.54**	**24.95**	**22.28**

5-4b　续表 1

单位：人

初婚年龄	初婚年份								
	1982年			1983年			1984年		
	小计	男	女	小计	男	女	小计	男	女
总　计	**6277**	**2974**	**3303**	**6344**	**2996**	**3348**	**8020**	**3758**	**4262**
15岁以下	**7**		**7**	**7**	**2**	**5**	**9**	**3**	**6**
15–19岁	**1435**	**297**	**1138**	**1441**	**303**	**1138**	**1488**	**325**	**1163**
15	47	17	30	41	6	35	41	10	31
16	79	19	60	59	13	46	86	23	63
17	149	27	122	142	28	114	158	38	120
18	403	83	320	309	68	241	328	74	254
19	757	151	606	890	188	702	875	180	695
20–24岁	**3127**	**1367**	**1760**	**3304**	**1436**	**1868**	**4937**	**2179**	**2758**
20	820	142	678	1347	336	1011	1672	451	1221
21	474	150	324	646	253	393	1595	669	926
22	605	307	298	453	257	196	901	528	373
23	575	326	249	436	288	148	386	250	136
24	653	442	211	422	302	120	383	281	102
25–29岁	**1484**	**1140**	**344**	**1299**	**1040**	**259**	**1195**	**972**	**223**
25	551	406	145	443	334	109	302	243	59
26	367	297	70	316	261	55	311	251	60
27	283	222	61	229	201	28	263	227	36
28	165	123	42	184	145	39	186	154	32
29	118	92	26	127	99	28	133	97	36
30–34岁	**172**	**136**	**36**	**226**	**167**	**59**	**301**	**214**	**87**
30	65	49	16	88	60	28	93	68	25
31	29	23	6	54	43	11	81	59	22
32	34	26	8	42	34	8	67	47	20
33	24	21	3	17	11	6	30	21	9
34	20	17	3	25	19	6	30	19	11
35–39岁	**25**	**17**	**8**	**48**	**33**	**15**	**60**	**44**	**16**
35	5	4	1	16	12	4	13	10	3
36	7	4	3	11	7	4	20	14	6
37	4	4		7	7		9	8	1
38	3	1	2	10	3	7	6	3	3
39	6	4	2	4	4		12	9	3
40–44岁	**18**	**11**	**7**	**11**	**9**	**2**	**21**	**17**	**4**
40	9	6	3	5	4	1	7	6	1
41	4	3	1				7	4	3
42	3	1	2	3	2	1	3	3	
43							2	2	
44	2	1	1	3	3		2	2	
45–49岁	**9**	**6**	**3**	**7**	**5**	**2**	**6**	**2**	**4**
45	4	2	2	1		1			
46	1	1		2	2		2		2
47	1	1		2	1	1	1	1	
48	1	1		2	2		3	1	2
49	2	1	1						
50岁及以上				**1**	**1**		**3**	**2**	**1**
平均初婚年龄	**23.01**	**24.66**	**21.52**	**22.75**	**24.45**	**21.23**	**22.56**	**23.97**	**21.31**

5-4b 续表 2　　单位：人

初婚年龄	初婚年份								
	1985年			1986年			1987年		
	小计	男	女	小计	男	女	小计	男	女
总　计	**11294**	**5403**	**5891**	**10788**	**5119**	**5669**	**9924**	**4760**	**5164**
15岁以下	**16**	**1**	**15**	**13**	**3**	**10**	**10**	**2**	**8**
15-19岁	**1780**	**386**	**1394**	**1644**	**331**	**1313**	**1355**	**286**	**1069**
15	45	11	34	47	9	38	39	12	27
16	114	32	82	88	18	70	61	12	49
17	213	44	169	191	43	148	137	31	106
18	401	80	321	348	70	278	333	85	248
19	1007	219	788	970	191	779	785	146	639
20-24岁	**7844**	**3739**	**4105**	**7968**	**3907**	**4061**	**7562**	**3735**	**3827**
20	1758	454	1304	1731	474	1257	1575	382	1193
21	2541	1152	1389	2037	921	1116	1959	880	1079
22	2364	1341	1023	2280	1281	999	1931	1142	789
23	841	537	304	1454	900	554	1331	805	526
24	340	255	85	466	331	135	766	526	240
25-29岁	**1146**	**908**	**238**	**738**	**561**	**177**	**638**	**477**	**161**
25	305	242	63	193	126	67	269	192	77
26	241	190	51	157	125	32	106	78	28
27	232	183	49	126	104	22	91	69	22
28	201	162	39	138	115	23	88	72	16
29	167	131	36	124	91	33	84	66	18
30-34岁	**388**	**286**	**102**	**319**	**242**	**77**	**265**	**200**	**65**
30	119	87	32	99	81	18	77	62	15
31	95	66	29	76	59	17	59	41	18
32	89	72	17	58	41	17	53	41	12
33	50	36	14	56	41	15	39	27	12
34	35	25	10	30	20	10	37	29	8
35-39岁	**72**	**52**	**20**	**70**	**54**	**16**	**61**	**40**	**21**
35	21	18	3	17	13	4	19	8	11
36	18	11	7	20	14	6	14	12	2
37	10	9	1	13	13		9	6	3
38	10	5	5	10	7	3	7	6	1
39	13	9	4	10	7	3	12	8	4
40-44岁	**29**	**21**	**8**	**25**	**17**	**8**	**22**	**12**	**10**
40	7	6	1	9	4	5	8	6	2
41	7	4	3	3	2	1	4	1	3
42	5	4	1	5	5		5	2	3
43	8	5	3	4	2	2	3	2	1
44	2	2		4	4		2	1	1
45-49岁	**15**	**9**	**6**	**5**	**1**	**4**	**7**	**5**	**2**
45	2	1	1	2	1	1	2	1	1
46	4	2	2				1		1
47	5	3	2	1		1	2	2	
48	3	2	1	1		1	1	1	
49	1	1		1		1	1	1	
50岁及以上	**4**	**1**	**3**	**6**	**3**	**3**	**4**	**3**	**1**
平均初婚年龄	**22.48**	**23.60**	**21.46**	**22.41**	**23.41**	**21.51**	**22.46**	**23.38**	**21.61**

5-4b　续表 3　　　　　　　　　　　　　　　　　　　　　　　　　　　　　　　　单位：人

初婚年龄	初婚年份								
	1988年			1989年			1990年		
	小计	男	女	小计	男	女	小计	男	女
总　计	**10716**	**5141**	**5575**	**10744**	**5158**	**5586**	**12870**	**6240**	**6630**
15岁以下	**8**	**1**	**7**	**15**	**6**	**9**	**14**	**2**	**12**
15–19岁	**1511**	**368**	**1143**	**1479**	**318**	**1161**	**1963**	**465**	**1498**
15	46	12	34	51	13	38	68	22	46
16	68	18	50	78	14	64	132	36	96
17	147	37	110	141	41	100	248	70	178
18	344	79	265	317	75	242	425	93	332
19	906	222	684	892	175	717	1090	244	846
20–24岁	**7906**	**3835**	**4071**	**7934**	**3896**	**4038**	**9255**	**4602**	**4653**
20	1683	374	1309	1670	392	1278	2045	525	1520
21	1849	808	1041	2027	887	1140	2417	1104	1313
22	2069	1240	829	1942	1150	792	2466	1457	1009
23	1364	791	573	1413	889	524	1383	877	506
24	941	622	319	882	578	304	944	639	305
25–29岁	**921**	**665**	**256**	**1022**	**727**	**295**	**1328**	**948**	**380**
25	559	387	172	532	371	161	622	437	185
26	183	133	50	296	212	84	363	261	102
27	70	52	18	117	83	34	225	164	61
28	65	57	8	41	32	9	83	58	25
29	44	36	8	36	29	7	35	28	7
30–34岁	**256**	**193**	**63**	**180**	**133**	**47**	**166**	**119**	**47**
30	59	47	12	35	25	10	39	27	12
31	63	45	18	38	26	12	31	23	8
32	53	43	10	46	37	9	30	22	8
33	41	28	13	34	24	10	40	29	11
34	40	30	10	27	21	6	26	18	8
35–39岁	**80**	**60**	**20**	**67**	**50**	**17**	**91**	**73**	**18**
35	25	21	4	22	14	8	34	28	6
36	16	11	5	15	12	3	17	16	1
37	19	14	5	8	6	2	15	11	4
38	10	6	4	12	10	2	15	11	4
39	10	8	2	10	8	2	10	7	3
40–44岁	**23**	**12**	**11**	**24**	**17**	**7**	**29**	**17**	**12**
40	11	6	5	4	2	2	10	4	6
41	5	3	2	7	5	2	5	4	1
42	3	1	2	4	3	1	4	3	1
43	3	2	1	5	5		5	2	3
44	1		1	4	2	2	5	4	1
45–49岁	**10**	**6**	**4**	**16**	**8**	**8**	**15**	**8**	**7**
45	3	2	1	3	3		3	2	1
46	4	2	2	4	1	3	1	1	
47	1	1		3	2	1	3	2	1
48	1		1	2	1	1	5	1	4
49	1	1		4	1	3	3	2	1
50岁及以上	**1**	**1**		**7**	**3**	**4**	**9**	**6**	**3**
平均初婚年龄	**22.52**	**23.44**	**21.68**	**22.49**	**23.38**	**21.66**	**22.38**	**23.27**	**21.55**

5－4b 续表 4　　单位：人

初婚年龄	初婚年份								
	1991年			1992年			1993年		
	小计	男	女	小计	男	女	小计	男	女
总　计	**9611**	**4656**	**4955**	**11466**	**5522**	**5944**	**11327**	**5475**	**5852**
15岁以下	**10**	**3**	**7**	**14**	**3**	**11**	**6**	**2**	**4**
15－19岁	**1377**	**308**	**1069**	**1664**	**398**	**1266**	**1532**	**358**	**1174**
15	44	7	37	36	10	26	41	8	33
16	90	20	70	76	25	51	68	19	49
17	173	48	125	190	43	147	144	35	109
18	317	71	246	391	102	289	334	89	245
19	753	162	591	971	218	753	945	207	738
20－24岁	**7017**	**3473**	**3544**	**8225**	**4019**	**4206**	**8214**	**4000**	**4214**
20	1518	364	1154	1585	390	1195	1556	392	1164
21	1790	834	956	2114	900	1214	1982	839	1143
22	1855	1108	747	2272	1310	962	2219	1264	955
23	1185	724	461	1397	841	556	1483	888	595
24	669	443	226	857	578	279	974	617	357
25－29岁	**1010**	**731**	**279**	**1284**	**907**	**377**	**1319**	**949**	**370**
25	410	289	121	523	365	158	551	389	162
26	258	182	76	321	230	91	293	201	92
27	203	161	42	192	138	54	227	171	56
28	97	68	29	149	105	44	124	101	23
29	42	31	11	99	69	30	124	87	37
30－34岁	**101**	**70**	**31**	**134**	**100**	**34**	**119**	**84**	**35**
30	28	16	12	51	33	18	61	43	18
31	18	13	5	18	15	3	23	12	11
32	15	13	2	24	20	4	17	15	2
33	18	14	4	17	10	7	6	5	1
34	22	14	8	24	22	2	12	9	3
35－39岁	**64**	**48**	**16**	**82**	**59**	**23**	**64**	**46**	**18**
35	23	18	5	25	19	6	15	12	3
36	16	14	2	17	12	5	14	11	3
37	12	9	3	12	10	2	16	11	5
38	6	3	3	11	6	5	9	7	2
39	7	4	3	17	12	5	10	5	5
40－44岁	**22**	**18**	**4**	**32**	**17**	**15**	**42**	**21**	**21**
40	5	3	2	13	5	8	13	7	6
41	5	4	1	6	5	1	16	8	8
42	2	2		6	2	4	2	1	1
43	6	6		3	3		6	3	3
44	4	3	1	4	2	2	5	2	3
45－49岁	**6**	**4**	**2**	**17**	**11**	**6**	**21**	**10**	**11**
45				7	6	1	8	4	4
46	1	1		5	2	3	3	1	2
47				2	1	1	3	1	2
48	3	2	1	2	1	1	2	2	
49	2	1	1	1	1		5	2	3
50岁及以上	**4**	**1**	**3**	**14**	**8**	**6**	**10**	**5**	**5**
平均初婚年龄	**22.41**	**23.30**	**21.57**	**22.58**	**23.45**	**21.76**	**22.67**	**23.49**	**21.90**

5-4b　续表 5

单位：人

初婚年龄	初婚年份								
	1994年			1995年			1996年		
	小计	男	女	小计	男	女	小计	男	女
总　计	**11103**	**5371**	**5732**	**12888**	**6251**	**6637**	**10961**	**5338**	**5623**
15岁以下	**7**	**2**	**5**	**5**	**2**	**3**	**7**	**1**	**6**
15-19岁	**1265**	**287**	**978**	**1249**	**273**	**976**	**818**	**158**	**660**
15	30	13	17	38	5	33	23	4	19
16	51	8	43	71	15	56	44	10	34
17	108	23	85	103	20	83	93	19	74
18	282	63	219	253	58	195	162	26	136
19	794	180	614	784	175	609	496	99	397
20-24岁	**8018**	**3864**	**4154**	**9355**	**4437**	**4918**	**7854**	**3713**	**4141**
20	1543	408	1135	1652	400	1252	1209	272	937
21	1848	785	1063	2305	989	1316	1763	709	1054
22	2055	1152	903	2543	1386	1157	2248	1224	1024
23	1538	884	654	1605	909	696	1588	880	708
24	1034	635	399	1250	753	497	1046	628	418
25-29岁	**1440**	**975**	**465**	**1831**	**1241**	**590**	**1780**	**1161**	**619**
25	638	411	227	793	515	278	734	460	274
26	366	256	110	470	326	144	458	309	149
27	189	133	56	274	198	76	277	184	93
28	159	120	39	155	110	45	183	124	59
29	88	55	33	139	92	47	128	84	44
30-34岁	**207**	**136**	**71**	**277**	**188**	**89**	**315**	**197**	**118**
30	77	49	28	96	59	37	99	60	39
31	73	44	29	75	53	22	83	56	27
32	29	20	9	63	46	17	71	39	32
33	16	11	5	28	20	8	45	29	16
34	12	12		15	10	5	17	13	4
35-39岁	**82**	**58**	**24**	**62**	**47**	**15**	**69**	**46**	**23**
35	18	12	6	13	10	3	13	8	5
36	20	17	3	15	13	2	11	6	5
37	18	12	6	12	7	5	10	8	2
38	11	8	3	11	8	3	20	13	7
39	15	9	6	11	9	2	15	11	4
40-44岁	**52**	**29**	**23**	**56**	**35**	**21**	**60**	**36**	**24**
40	11	6	5	13	6	7	12	9	3
41	13	8	5	5	5		18	10	8
42	11	6	5	16	8	8	10	4	6
43	7	4	3	14	10	4	10	7	3
44	10	5	5	8	6	2	10	6	4
45-49岁	**20**	**13**	**7**	**22**	**14**	**8**	**32**	**15**	**17**
45	1		1	7	3	4	6	4	2
46	8	5	3	4	3	1	8	3	5
47	5	3	2	2	1	1	6	3	3
48	4	3	1	3	2	1	5	3	2
49	2	2		6	5	1	7	2	5
50岁及以上	**12**	**7**	**5**	**31**	**14**	**17**	**26**	**11**	**15**
平均初婚年龄	**22.94**	**23.75**	**22.18**	**23.08**	**23.89**	**22.31**	**23.46**	**24.20**	**22.75**

5-4b 续表 6

单位：人

初婚年龄	初婚年份								
	1997年			1998年			1999年		
	小计	男	女	小计	男	女	小计	男	女
总　计	**9627**	**4694**	**4933**	**9368**	**4608**	**4760**	**7313**	**3578**	**3735**
15岁以下	**9**	**2**	**7**	**13**	**3**	**10**	**8**		**8**
15-19岁	**658**	**131**	**527**	**683**	**114**	**569**	**630**	**108**	**522**
15	24	6	18	28	4	24	33	5	28
16	38	6	32	46	10	36	50	4	46
17	63	12	51	83	12	71	88	7	81
18	121	18	103	156	31	125	155	31	124
19	412	89	323	370	57	313	304	61	243
20-24岁	**6620**	**3053**	**3567**	**5918**	**2784**	**3134**	**4306**	**1942**	**2364**
20	787	197	590	665	133	532	599	110	489
21	1371	516	855	993	391	602	638	221	417
22	1832	914	918	1508	723	785	998	493	505
23	1483	776	707	1521	821	700	1113	592	521
24	1147	650	497	1231	716	515	958	526	432
25-29岁	**1833**	**1183**	**650**	**2107**	**1298**	**809**	**1886**	**1213**	**673**
25	701	434	267	823	476	347	705	419	286
26	482	330	152	545	350	195	488	323	165
27	320	217	103	326	220	106	306	220	86
28	184	119	65	238	150	88	220	152	68
29	146	83	63	175	102	73	167	99	68
30-34岁	**334**	**230**	**104**	**475**	**297**	**178**	**365**	**237**	**128**
30	79	52	27	127	75	52	117	66	51
31	90	60	30	106	62	44	95	67	28
32	67	48	19	92	57	35	71	48	23
33	54	41	13	65	36	29	48	32	16
34	44	29	15	85	67	18	34	24	10
35-39岁	**52**	**29**	**23**	**71**	**45**	**26**	**56**	**39**	**17**
35	17	8	9	34	22	12	26	15	11
36	6	4	2	14	12	2	21	18	3
37	12	6	6	6	1	5	3	2	1
38	4	3	1	6	2	4	3	2	1
39	13	8	5	11	8	3	3	2	1
40-44岁	**79**	**41**	**38**	**66**	**42**	**24**	**32**	**22**	**10**
40	18	10	8	15	11	4	6	4	2
41	15	6	9	9	4	5	9	5	4
42	14	8	6	12	7	5	11	8	3
43	21	11	10	15	9	6	4	3	1
44	11	6	5	15	11	4	2	2	
45-49岁	**32**	**20**	**12**	**22**	**16**	**6**	**15**	**6**	**9**
45	9	5	4	7	4	3	2	1	1
46	8	8		6	4	2	6	2	4
47	7	3	4	7	6	1	3	2	1
48	5	2	3				2		2
49	3	2	1	2	2		2	1	1
50岁及以上	**10**	**5**	**5**	**13**	**9**	**4**	**15**	**11**	**4**
平均初婚年龄	**23.82**	**24.59**	**23.09**	**24.18**	**25.04**	**23.34**	**24.19**	**25.22**	**23.19**

5-4b　续表 7

单位：人

初婚年龄	初婚年份								
	2000年			2001年			2002年		
	小计	男	女	小计	男	女	小计	男	女
总　计	**8278**	**4102**	**4176**	**5229**	**2541**	**2688**	**6062**	**2949**	**3113**
15岁以下	**26**	**9**	**17**	**13**	**1**	**12**	**15**	**1**	**14**
15-19岁	**1077**	**190**	**887**	**737**	**130**	**607**	**789**	**164**	**625**
15	67	9	58	38	6	32	70	18	52
16	81	17	64	52	11	41	75	15	60
17	185	28	157	76	11	65	97	21	76
18	296	46	250	164	27	137	157	35	122
19	448	90	358	407	75	332	390	75	315
20-24岁	**4301**	**1975**	**2326**	**2558**	**1098**	**1460**	**3038**	**1255**	**1783**
20	703	157	546	481	88	393	772	154	618
21	756	286	470	542	193	349	571	229	342
22	916	449	467	567	272	295	634	296	338
23	897	473	424	482	249	233	604	305	299
24	1029	610	419	486	296	190	457	271	186
25-29岁	**2366**	**1595**	**771**	**1579**	**1083**	**496**	**1721**	**1193**	**528**
25	854	533	321	524	334	190	471	313	158
26	641	433	208	403	258	145	435	302	133
27	390	278	112	311	229	82	363	252	111
28	265	191	74	197	150	47	293	218	75
29	216	160	56	144	112	32	159	108	51
30-34岁	**337**	**221**	**116**	**251**	**170**	**81**	**358**	**245**	**113**
30	113	80	33	91	63	28	122	84	38
31	92	56	36	59	33	26	90	62	28
32	64	42	22	42	31	11	69	50	19
33	37	24	13	32	24	8	40	25	15
34	31	19	12	27	19	8	37	24	13
35-39岁	**84**	**53**	**31**	**52**	**34**	**18**	**87**	**52**	**35**
35	28	19	9	15	9	6	27	16	11
36	25	17	8	8	4	4	27	12	15
37	24	12	12	12	8	4	11	9	2
38	4	4		12	10	2	17	11	6
39	3	1	2	5	3	2	5	4	1
40-44岁	**29**	**19**	**10**	**10**	**5**	**5**	**14**	**10**	**4**
40	7	7		1	1		7	5	2
41	4	3	1				2	2	
42	6	2	4	1	1		2	1	1
43	4	2	2	5	2	3	1	1	
44	8	5	3	3	1	2	2	1	1
45-49岁	**34**	**24**	**10**	**14**	**9**	**5**	**26**	**17**	**9**
45	9	7	2	1	1		8	6	2
46	10	8	2	4	3	1	4	2	2
47	6	6		2	1	1	5	4	1
48	5	1	4	3	1	2	7	3	4
49	4	2	2	4	3	1	2	2	
50岁及以上	**24**	**16**	**8**	**15**	**11**	**4**	**14**	**12**	**2**
平均初婚年龄	**24.04**	**25.29**	**22.81**	**24.04**	**25.48**	**22.67**	**24.12**	**25.58**	**22.73**

5-4b 续表 8 单位：人

初婚年龄	初婚年份								
	2003年			2004年			2005年		
	小计	男	女	小计	男	女	小计	男	女
总 计	**6129**	**3032**	**3097**	**5972**	**2948**	**3024**	**6805**	**3383**	**3422**
15岁以下	**8**	**2**	**6**	**8**	**3**	**5**	**12**	**6**	**6**
15-19岁	**745**	**137**	**608**	**804**	**149**	**655**	**1036**	**230**	**806**
15	45	6	39	28	5	23	36	10	26
16	85	18	67	77	15	62	67	14	53
17	136	33	103	154	29	125	153	34	119
18	185	33	152	237	44	193	313	68	245
19	294	47	247	308	56	252	467	104	363
20-24岁	**3200**	**1395**	**1805**	**3147**	**1425**	**1722**	**3580**	**1695**	**1885**
20	599	170	429	501	105	396	596	157	439
21	837	302	535	616	232	384	611	236	375
22	707	339	368	940	479	461	828	414	414
23	562	292	270	621	345	276	929	519	410
24	495	292	203	469	264	205	616	369	247
25-29岁	**1582**	**1103**	**479**	**1364**	**927**	**437**	**1351**	**913**	**438**
25	364	228	136	385	239	146	393	233	160
26	352	243	109	267	172	95	332	216	116
27	337	248	89	266	185	81	198	147	51
28	290	203	87	268	195	73	209	148	61
29	239	181	58	178	136	42	219	169	50
30-34岁	**429**	**288**	**141**	**487**	**350**	**137**	**596**	**392**	**204**
30	148	100	48	189	141	48	206	136	70
31	98	64	34	118	80	38	124	82	42
32	85	60	25	80	57	23	110	69	41
33	49	31	18	60	44	16	83	54	29
34	49	33	16	40	28	12	73	51	22
35-39岁	**104**	**65**	**39**	**108**	**61**	**47**	**144**	**92**	**52**
35	36	25	11	34	16	18	53	35	18
36	20	13	7	25	16	9	30	18	12
37	23	15	8	19	7	12	35	23	12
38	11	3	8	15	9	6	13	6	7
39	14	9	5	15	13	2	13	10	3
40-44岁	**20**	**16**	**4**	**25**	**14**	**11**	**52**	**30**	**22**
40	10	9	1	12	7	5	26	15	11
41	4	4		9	5	4	5	4	1
42				2	1	1	15	9	6
43	2		2	1		1	5	2	3
44	4	3	1	1	1		1		1
45-49岁	**17**	**11**	**6**	**12**	**8**	**4**	**13**	**11**	**2**
45	4	3	1	2	2		3	3	
46	4	2	2	2	1	1	3	3	
47	4	3	1	3	1	2			
48	2	2		2	2		1	1	
49	3	1	2	3	2	1	6	4	2
50岁及以上	**24**	**15**	**9**	**17**	**11**	**6**	**21**	**14**	**7**
平均初婚年龄	**24.29**	**25.68**	**22.92**	**24.23**	**25.60**	**22.88**	**24.28**	**25.57**	**23.00**

5-4b 续表 9

单位：人

初婚年龄	初婚年份								
	2006年			2007年			2008年		
	小计	男	女	小计	男	女	小计	男	女
总　计	**6692**	**3295**	**3397**	**6533**	**3253**	**3280**	**7955**	**3909**	**4046**
15岁以下	**3**		**3**	**3**		**3**	**4**		**4**
15-19岁	**1050**	**251**	**799**	**812**	**180**	**632**	**881**	**193**	**688**
15	30	7	23	29	6	23	26	2	24
16	81	19	62	51	11	40	61	7	54
17	148	30	118	120	19	101	127	33	94
18	236	63	173	176	35	141	251	50	201
19	555	132	423	436	109	327	416	101	315
20-24岁	**3464**	**1554**	**1910**	**3514**	**1588**	**1926**	**4499**	**1986**	**2513**
20	760	184	576	845	229	616	797	215	582
21	600	221	379	842	313	529	1181	439	742
22	658	316	342	687	366	321	1163	591	572
23	702	397	305	532	303	229	761	408	353
24	744	436	308	608	377	231	597	333	264
25-29岁	**1363**	**924**	**439**	**1390**	**913**	**477**	**1647**	**1101**	**546**
25	474	296	178	592	369	223	542	353	189
26	349	236	113	320	215	105	498	333	165
27	226	161	65	211	144	67	274	191	83
28	171	123	48	167	125	42	184	118	66
29	143	108	35	100	60	40	149	106	43
30-34岁	**553**	**393**	**160**	**517**	**369**	**148**	**546**	**390**	**156**
30	155	110	45	106	74	32	129	90	39
31	151	110	41	122	85	37	105	77	28
32	113	86	27	121	87	34	110	78	32
33	79	51	28	94	68	26	109	79	30
34	55	36	19	74	55	19	93	66	27
35-39岁	**160**	**110**	**50**	**185**	**131**	**54**	**238**	**152**	**86**
35	58	35	23	54	40	14	67	44	23
36	30	24	6	41	29	12	63	39	24
37	30	19	11	47	34	13	43	29	14
38	30	22	8	21	15	6	41	24	17
39	12	10	2	22	13	9	24	16	8
40-44岁	**50**	**32**	**18**	**57**	**35**	**22**	**84**	**56**	**28**
40	21	13	8	14	9	5	30	15	15
41	10	8	2	12	8	4	15	10	5
42	8	6	2	12	9	3	12	12	
43	7	3	4	15	8	7	15	12	3
44	4	2	2	4	1	3	12	7	5
45-49岁	**18**	**13**	**5**	**22**	**15**	**7**	**23**	**11**	**12**
45	1	1		3	2	1	7	5	2
46	3	2	1	3	2	1	3		3
47	5	4	1	2	2		4	1	3
48	5	3	2	6	5	1	3	2	1
49	4	3	1	8	4	4	6	3	3
50岁及以上	**31**	**18**	**13**	**33**	**22**	**11**	**33**	**20**	**13**
平均初婚年龄	**24.27**	**25.72**	**22.86**	**24.38**	**25.79**	**22.98**	**24.37**	**25.64**	**23.13**

5-4b 续表 10　　　　　　　　　　　　　　　　　　　　　　　　　　　　单位：人

初婚年龄	初婚年份								
	2009年			2010年			2011年		
	小计	男	女	小计	男	女	小计	男	女
总　计	**7512**	**3696**	**3816**	**8109**	**3967**	**4142**	**6518**	**3208**	**3310**
15岁以下	**5**	**1**	**4**	**3**		**3**	**3**	**1**	**2**
15-19岁	**806**	**195**	**611**	**884**	**207**	**677**	**703**	**166**	**537**
15	23	5	18	37	2	35	21	5	16
16	52	11	41	59	7	52	57	10	47
17	125	30	95	127	22	105	101	14	87
18	181	49	132	224	65	159	167	45	122
19	425	100	325	437	111	326	357	92	265
20-24岁	**4253**	**1893**	**2360**	**4701**	**2130**	**2571**	**3563**	**1591**	**1972**
20	780	183	597	780	190	590	533	127	406
21	817	309	508	860	333	527	740	283	457
22	1216	612	604	1064	519	545	779	395	384
23	893	482	411	1184	612	572	712	367	345
24	547	307	240	813	476	337	799	419	380
25-29岁	**1528**	**997**	**531**	**1584**	**1035**	**549**	**1520**	**969**	**551**
25	389	243	146	515	317	198	589	362	227
26	439	285	154	319	200	119	323	196	127
27	356	231	125	317	214	103	205	128	77
28	214	158	56	272	194	78	212	154	58
29	130	80	50	161	110	51	191	129	62
30-34岁	**487**	**332**	**155**	**412**	**255**	**157**	**361**	**231**	**130**
30	103	63	40	101	58	43	118	76	42
31	90	63	27	99	66	33	68	44	24
32	80	56	24	62	39	23	67	42	25
33	103	70	33	65	36	29	52	34	18
34	111	80	31	85	56	29	56	35	21
35-39岁	**263**	**175**	**88**	**337**	**227**	**110**	**218**	**144**	**74**
35	83	57	26	103	63	40	58	40	18
36	60	36	24	69	44	25	53	40	13
37	44	32	12	76	54	22	49	35	14
38	44	32	12	52	36	16	27	12	15
39	32	18	14	37	30	7	31	17	14
40-44岁	**114**	**67**	**47**	**96**	**60**	**36**	**88**	**67**	**21**
40	30	17	13	29	21	8	29	22	7
41	25	13	12	24	14	10	14	8	6
42	23	12	11	22	14	8	15	13	2
43	20	14	6	10	6	4	11	9	2
44	16	11	5	11	5	6	19	15	4
45-49岁	**33**	**18**	**15**	**41**	**22**	**19**	**32**	**17**	**15**
45	10	8	2	20	14	6	7	4	3
46	13	5	8	10	3	7	5	4	1
47	5	2	3	6		6	14	6	8
48	4	2	2	3	3		5	2	3
49	1	1		2	2		1	1	
50岁及以上	**23**	**18**	**5**	**51**	**31**	**20**	**30**	**22**	**8**
平均初婚年龄	**24.60**	**25.85**	**23.40**	**24.63**	**25.84**	**23.48**	**24.72**	**25.94**	**23.53**

5-4b　续表 11　　单位：人

初婚年龄	初婚年份								
	2012年			2013年			2014年		
	小计	男	女	小计	男	女	小计	男	女
总　计	**7293**	**3527**	**3766**	**7028**	**3466**	**3562**	**6794**	**3306**	**3488**
15岁以下	**3**	**1**	**2**	**4**		**4**	**1**	**1**	
15-19岁	**674**	**160**	**514**	**616**	**140**	**476**	**521**	**112**	**409**
15	20	3	17	16	5	11	15	2	13
16	48	8	40	38	9	29	40	9	31
17	91	19	72	95	17	78	72	20	52
18	197	38	159	157	35	122	133	29	104
19	318	92	226	310	74	236	261	52	209
20-24岁	**3749**	**1616**	**2133**	**3502**	**1552**	**1950**	**3252**	**1382**	**1870**
20	580	134	446	563	149	414	472	99	373
21	654	234	420	638	250	388	578	190	388
22	944	462	482	856	412	444	729	361	368
23	770	374	396	753	370	383	708	315	393
24	801	412	389	692	371	321	765	417	348
25-29岁	**1997**	**1192**	**805**	**2010**	**1201**	**809**	**2119**	**1245**	**874**
25	741	423	318	636	345	291	627	343	284
26	565	320	245	650	399	251	511	299	212
27	330	212	118	394	242	152	524	324	200
28	195	125	70	193	122	71	292	175	117
29	166	112	54	137	93	44	165	104	61
30-34岁	**455**	**293**	**162**	**476**	**293**	**183**	**455**	**285**	**170**
30	167	110	57	157	100	57	130	80	50
31	92	62	30	126	83	43	107	66	41
32	78	44	34	72	34	38	114	67	47
33	70	47	23	63	35	28	58	38	20
34	48	30	18	58	41	17	46	34	12
35-39岁	**244**	**151**	**93**	**204**	**141**	**63**	**176**	**107**	**69**
35	62	38	24	35	24	11	32	20	12
36	57	35	22	33	24	9	32	21	11
37	51	30	21	51	36	15	40	25	15
38	43	28	15	41	28	13	41	18	23
39	31	20	11	44	29	15	31	23	8
40-44岁	**107**	**73**	**34**	**119**	**74**	**45**	**164**	**107**	**57**
40	36	25	11	36	27	9	45	30	15
41	24	16	8	27	13	14	35	21	14
42	20	10	10	25	15	10	35	23	12
43	15	12	3	18	10	8	27	19	8
44	12	10	2	13	9	4	22	14	8
45-49岁	**37**	**21**	**16**	**49**	**35**	**14**	**52**	**34**	**18**
45	12	8	4	16	10	6	17	11	6
46	12	7	5	8	7	1	9	7	2
47	5	1	4	8	7	1	11	8	3
48	7	4	3	8	5	3	12	7	5
49	1	1		9	6	3	3	1	2
50岁及以上	**27**	**20**	**7**	**48**	**30**	**18**	**54**	**33**	**21**
平均初婚年龄	**24.97**	**26.10**	**23.90**	**25.21**	**26.33**	**24.11**	**25.61**	**26.78**	**24.51**

5-4b 续表 12

单位：人

初婚年龄	初婚年份								
	2015年			2016年			2017年		
	小计	男	女	小计	男	女	小计	男	女
总　计	**7011**	**3376**	**3635**	**6075**	**2968**	**3107**	**5435**	**2644**	**2791**
15岁以下	**4**		**4**	**1**		**1**	**1**		**1**
15-19岁	**456**	**100**	**356**	**341**	**70**	**271**	**227**	**45**	**182**
15	8		8	7		7	3		3
16	30	4	26	15	3	12	10	2	8
17	64	21	43	35	8	27	34	7	27
18	113	21	92	85	15	70	62	16	46
19	241	54	187	199	44	155	118	20	98
20-24岁	**3235**	**1300**	**1935**	**2814**	**1159**	**1655**	**2473**	**1007**	**1466**
20	400	84	316	388	71	317	304	53	251
21	597	211	386	491	147	344	421	142	279
22	722	319	403	632	308	324	602	280	322
23	753	316	437	682	311	371	520	232	288
24	763	370	393	621	322	299	626	300	326
25-29岁	**2436**	**1430**	**1006**	**2061**	**1203**	**858**	**1891**	**1059**	**832**
25	775	416	359	609	334	275	557	279	278
26	548	314	234	551	303	248	474	267	207
27	462	280	182	371	222	149	389	226	163
28	380	251	129	272	176	96	274	167	107
29	271	169	102	258	168	90	197	120	77
30-34岁	**473**	**283**	**190**	**499**	**297**	**202**	**482**	**300**	**182**
30	124	75	49	196	125	71	178	114	64
31	92	55	37	106	60	46	118	71	47
32	97	53	44	78	42	36	82	50	32
33	94	55	39	56	34	22	45	26	19
34	66	45	21	63	36	27	59	39	20
35-39岁	**152**	**102**	**50**	**136**	**89**	**47**	**159**	**105**	**54**
35	41	23	18	42	30	12	56	36	20
36	33	25	8	25	18	7	32	21	11
37	20	12	8	24	13	11	24	13	11
38	23	15	8	27	18	9	25	20	5
39	35	27	8	18	10	8	22	15	7
40-44岁	**142**	**87**	**55**	**121**	**80**	**41**	**95**	**59**	**36**
40	38	24	14	24	18	6	14	7	7
41	38	21	17	34	22	12	26	16	10
42	27	15	12	24	12	12	15	9	6
43	18	11	7	23	16	7	18	11	7
44	21	16	5	16	12	4	22	16	6
45-49岁	**52**	**33**	**19**	**45**	**33**	**12**	**57**	**41**	**16**
45	14	10	4	14	10	4	14	11	3
46	14	9	5	10	8	2	15	10	5
47	13	8	5	7	5	2	10	8	2
48	3	1	2	10	8	2	13	8	5
49	8	5	3	4	2	2	5	4	1
50岁及以上	**61**	**41**	**20**	**57**	**37**	**20**	**50**	**28**	**22**
平均初婚年龄	**25.75**	**26.90**	**24.67**	**25.87**	**27.04**	**24.76**	**26.17**	**27.27**	**25.13**

5-4b　续表 13　　　　单位：人

初婚年龄	初婚年份								
	2018年			2019年			2020年		
	小计	男	女	小计	男	女	小计	男	女
总　计	**5985**	**2829**	**3156**	**4339**	**2110**	**2229**	**3027**	**1452**	**1575**
15岁以下	**3**	**1**	**2**						
15-19岁	**184**	**35**	**149**	**122**	**19**	**103**	**62**	**8**	**54**
15	5	1	4	4		4	2		2
16	14		14	3	1	2	2		2
17	26	4	22	10	1	9	8	1	7
18	37	8	29	33	6	27	16	3	13
19	102	22	80	72	11	61	34	4	30
20-24岁	**2586**	**972**	**1614**	**1705**	**674**	**1031**	**976**	**395**	**581**
20	262	37	225	152	24	128	76	9	67
21	367	112	255	232	59	173	106	31	75
22	581	229	352	356	146	210	197	80	117
23	651	269	382	454	195	259	262	122	140
24	725	325	400	511	250	261	335	153	182
25-29岁	**2243**	**1253**	**990**	**1729**	**948**	**781**	**1222**	**626**	**596**
25	649	331	318	483	231	252	323	150	173
26	534	302	232	423	222	201	295	140	155
27	441	249	192	314	188	126	247	130	117
28	374	216	158	296	173	123	198	114	84
29	245	155	90	213	134	79	159	92	67
30-34岁	**584**	**344**	**240**	**476**	**290**	**186**	**382**	**229**	**153**
30	179	102	77	146	85	61	137	84	53
31	177	102	75	106	75	31	75	39	36
32	130	83	47	112	68	44	68	46	22
33	60	33	27	70	39	31	66	41	25
34	38	24	14	42	23	19	36	19	17
35-39岁	**150**	**90**	**60**	**96**	**48**	**48**	**109**	**54**	**55**
35	53	31	22	27	13	14	26	15	11
36	34	18	16	19	11	8	17	7	10
37	28	21	7	25	11	14	20	9	11
38	15	8	7	15	6	9	23	8	15
39	20	12	8	10	7	3	23	15	8
40-44岁	**106**	**62**	**44**	**82**	**48**	**34**	**69**	**33**	**36**
40	12	6	6	12	6	6	13	3	10
41	16	11	5	15	9	6	16	8	8
42	34	18	16	18	9	9	17	9	8
43	26	16	10	16	11	5	15	9	6
44	18	11	7	21	13	8	8	4	4
45-49岁	**57**	**35**	**22**	**62**	**39**	**23**	**77**	**37**	**40**
45	13	9	4	19	13	6	20	10	10
46	15	11	4	10	6	4	22	11	11
47	9	5	4	9	5	4	11	4	7
48	13	7	6	13	9	4	12	7	5
49	7	3	4	11	6	5	12	5	7
50岁及以上	**72**	**37**	**35**	**67**	**44**	**23**	**130**	**70**	**60**
平均初婚年龄	**26.49**	**27.48**	**25.61**	**26.99**	**28.01**	**26.01**	**28.54**	**29.28**	**27.85**

5-4c 全市分初婚年龄、性别、初婚年份的人口(乡村)

单位：人

初婚年龄	初婚年份								
	合计			1980年			1981年		
	合计	男	女	小计	男	女	小计	男	女
总　计	**490891**	**254627**	**236264**	**18314**	**9193**	**9121**	**12879**	**6430**	**6449**
15岁以下	**455**	**95**	**360**	**41**	**7**	**34**	**14**	**2**	**12**
15-19岁	**65693**	**14224**	**51469**	**1868**	**267**	**1601**	**1865**	**279**	**1586**
15	2443	528	1915	161	29	132	90	18	72
16	4372	828	3544	275	45	230	140	19	121
17	8409	1667	6742	447	65	382	358	69	289
18	15517	3404	12113	453	42	411	553	76	477
19	34952	7797	27155	532	86	446	724	97	627
20-24岁	**298850**	**149948**	**148902**	**10348**	**4497**	**5851**	**6922**	**3057**	**3865**
20	59546	15345	44201	1003	239	764	822	129	693
21	68787	30806	37981	1421	479	942	1020	285	735
22	75383	44090	31293	2532	943	1589	1373	556	817
23	54925	33372	21553	2823	1297	1526	1962	982	980
24	40209	26335	13874	2569	1539	1030	1745	1105	640
25-29岁	**85456**	**61583**	**23873**	**5245**	**3798**	**1447**	**3547**	**2673**	**874**
25	29197	20182	9015	2216	1509	707	1295	927	368
26	20880	14991	5889	1310	935	375	969	724	245
27	15284	11369	3915	867	680	187	619	492	127
28	11317	8491	2826	528	414	114	410	332	78
29	8778	6550	2228	324	260	64	254	198	56
30-34岁	**23466**	**17065**	**6401**	**623**	**502**	**121**	**412**	**333**	**79**
30	6969	5044	1925	227	184	43	147	118	29
31	5590	4065	1525	161	133	28	97	81	16
32	4497	3265	1232	117	93	24	73	58	15
33	3492	2528	964	68	55	13	55	41	14
34	2918	2163	755	50	37	13	40	35	5
35-39岁	**8538**	**6099**	**2439**	**148**	**100**	**48**	**90**	**66**	**24**
35	2351	1667	684	43	31	12	26	20	6
36	1935	1409	526	43	32	11	28	22	6
37	1588	1154	434	29	17	12	18	16	2
38	1421	999	422	18	11	7	9	4	5
39	1243	870	373	15	9	6	9	4	5
40-44岁	**4371**	**2992**	**1379**	**30**	**15**	**15**	**19**	**14**	**5**
40	1188	814	374	7	7		12	7	5
41	993	673	320	8	3	5	3	3	
42	813	548	265	6	1	5	1	1	
43	742	503	239	5	3	2	2	2	
44	635	454	181	4	1	3	1	1	
45-49岁	**1991**	**1326**	**665**	**9**	**6**	**3**	**8**	**6**	**2**
45	545	359	186	3	2	1	3	2	1
46	451	308	143	3	2	1			
47	372	249	123	1	1		3	3	
48	332	217	115	2	1	1	1		1
49	291	193	98				1	1	
50岁及以上	**2071**	**1295**	**776**	**2**	**1**	**1**	**2**		**2**
平均初婚年龄	**23.74**	**24.95**	**22.44**	**23.93**	**25.18**	**22.67**	**23.73**	**25.21**	**22.26**

5-4c　续表 1

单位：人

初婚年龄	初婚年份								
	1982年			1983年			1984年		
	小计	男	女	小计	男	女	小计	男	女
总　计	**12738**	**6366**	**6372**	**13069**	**6490**	**6579**	**16091**	**8055**	**8036**
15岁以下	**17**	**4**	**13**	**16**	**5**	**11**	**20**	**4**	**16**
15–19岁	**2844**	**513**	**2331**	**2962**	**609**	**2353**	**2995**	**632**	**2363**
15	104	19	85	86	21	65	103	26	77
16	175	32	143	161	40	121	164	29	135
17	340	69	271	329	54	275	346	59	287
18	779	141	638	627	138	489	687	135	552
19	1446	252	1194	1759	356	1403	1695	383	1312
20–24岁	**5908**	**2714**	**3194**	**6246**	**2687**	**3559**	**9308**	**4294**	**5014**
20	1527	298	1229	2552	577	1975	3244	865	2379
21	876	312	564	1284	508	776	2916	1273	1643
22	1113	570	543	852	491	361	1708	1089	619
23	1122	668	454	814	535	279	710	495	215
24	1270	866	404	744	576	168	730	572	158
25–29岁	**3307**	**2614**	**693**	**3103**	**2611**	**492**	**2810**	**2380**	**430**
25	1138	845	293	912	750	162	604	492	112
26	796	650	146	766	651	115	721	613	108
27	621	496	125	595	511	84	603	522	81
28	446	376	70	500	427	73	495	424	71
29	306	247	59	330	272	58	387	329	58
30–34岁	**498**	**407**	**91**	**600**	**478**	**122**	**768**	**608**	**160**
30	193	163	30	217	180	37	262	207	55
31	119	91	28	162	125	37	199	162	37
32	81	63	18	106	79	27	149	123	26
33	62	56	6	56	45	11	91	65	26
34	43	34	9	59	49	10	67	51	16
35–39岁	**117**	**84**	**33**	**102**	**77**	**25**	**133**	**98**	**35**
35	37	27	10	33	27	6	54	39	15
36	28	20	8	24	20	4	31	23	8
37	27	18	9	18	12	6	22	18	4
38	15	12	3	12	6	6	12	10	2
39	10	7	3	15	12	3	14	8	6
40–44岁	**36**	**25**	**11**	**29**	**18**	**11**	**45**	**30**	**15**
40	15	11	4	12	9	3	17	13	4
41	11	8	3	7	4	3	10	8	2
42	5	3	2	3	2	1	8	4	4
43	5	3	2	4	1	3	7	5	2
44				3	2	1	3		3
45–49岁	**10**	**5**	**5**	**10**	**5**	**5**	**10**	**8**	**2**
45	4	3	1	2		2	3	2	1
46	3	2	1	2	1	1	1		1
47	1		1	1		1	2	2	
48	1		1	3	3		4	4	
49	1		1	2	1	1			
50岁及以上	**1**		**1**	**1**		**1**	**2**	**1**	**1**
平均初婚年龄	**23.32**	**25.11**	**21.53**	**23.02**	**24.90**	**21.16**	**22.81**	**24.43**	**21.19**

5－4c 续表 2

单位：人

初婚年龄	初婚年份								
	1985年			1986年			1987年		
	小计	男	女	小计	男	女	小计	男	女
总　计	**21772**	**10856**	**10916**	**20467**	**10264**	**10203**	**18201**	**9120**	**9081**
15岁以下	**19**	**7**	**12**	**11**	**1**	**10**	**14**	**1**	**13**
15－19岁	**3755**	**759**	**2996**	**3193**	**663**	**2530**	**2618**	**508**	**2110**
15	115	25	90	73	15	58	65	17	48
16	242	55	187	169	39	130	116	20	96
17	455	82	373	358	63	295	259	45	214
18	943	179	764	703	149	554	608	116	492
19	2000	418	1582	1890	397	1493	1570	310	1260
20－24岁	**14059**	**7002**	**7057**	**14453**	**7449**	**7004**	**13368**	**6913**	**6455**
20	3550	1030	2520	3257	834	2423	2718	657	2061
21	4446	2091	2355	3741	1804	1937	3492	1596	1896
22	4093	2534	1559	4220	2612	1608	3551	2258	1293
23	1382	916	466	2409	1586	823	2277	1467	810
24	588	431	157	826	613	213	1330	935	395
25－29岁	**2435**	**1976**	**459**	**1572**	**1224**	**348**	**1172**	**917**	**255**
25	534	436	98	334	241	93	429	321	108
26	474	380	94	279	225	54	191	146	45
27	572	478	94	304	252	52	179	148	31
28	485	386	99	316	248	68	146	119	27
29	370	296	74	339	258	81	227	183	44
30－34岁	**1155**	**873**	**282**	**927**	**722**	**205**	**748**	**579**	**169**
30	373	296	77	282	230	52	195	155	40
31	275	209	66	211	165	46	167	125	42
32	239	179	60	192	150	42	152	124	28
33	168	115	53	130	89	41	131	100	31
34	100	74	26	112	88	24	103	75	28
35－39岁	**250**	**181**	**69**	**223**	**146**	**77**	**199**	**153**	**46**
35	73	50	23	65	42	23	69	55	14
36	63	44	19	55	35	20	42	32	10
37	46	37	9	34	23	11	33	27	6
38	39	33	6	31	20	11	30	22	8
39	29	17	12	38	26	12	25	17	8
40－44岁	**70**	**45**	**25**	**65**	**49**	**16**	**60**	**38**	**22**
40	22	14	8	22	15	7	22	14	8
41	12	9	3	14	11	3	16	12	4
42	17	10	7	8	6	2	4	3	1
43	12	8	4	17	14	3	10	6	4
44	7	4	3	4	3	1	8	3	5
45－49岁	**19**	**8**	**11**	**11**	**4**	**7**	**17**	**10**	**7**
45	3	2	1	4	1	3	8	6	2
46	3	1	2	2	2		2	1	1
47	2	1	1				5	3	2
48	8	3	5	2		2	1		1
49	3	1	2	3	1	2	1		1
50岁及以上	**10**	**5**	**5**	**12**	**6**	**6**	**5**	**1**	**4**
平均初婚年龄	**22.73**	**24.00**	**21.47**	**22.69**	**23.79**	**21.57**	**22.70**	**23.78**	**21.61**

5-4c　续表 3　　　　单位：人

初婚年龄	初婚年份								
	1988年			1989年			1990年		
	小计	男	女	小计	男	女	小计	男	女
总　计	**19776**	**9908**	**9868**	**19097**	**9608**	**9489**	**22200**	**11294**	**10906**
15岁以下	**14**	**2**	**12**	**19**	**6**	**13**	**15**	**2**	**13**
15-19岁	**2829**	**584**	**2245**	**2674**	**524**	**2150**	**3685**	**796**	**2889**
15	85	22	63	91	20	71	139	34	105
16	138	23	115	142	30	112	252	54	198
17	307	63	244	283	55	228	427	97	330
18	640	118	522	619	111	508	798	191	607
19	1659	358	1301	1539	308	1231	2069	420	1649
20-24岁	**14273**	**7363**	**6910**	**13664**	**7065**	**6599**	**15447**	**8171**	**7276**
20	3009	723	2286	2961	730	2231	3382	913	2469
21	3466	1663	1803	3445	1582	1863	4106	2094	2012
22	3912	2452	1460	3447	2193	1254	4084	2568	1516
23	2335	1458	877	2478	1628	850	2336	1512	824
24	1551	1067	484	1333	932	401	1539	1084	455
25-29岁	**1575**	**1165**	**410**	**1813**	**1312**	**501**	**2163**	**1623**	**540**
25	871	609	262	884	636	248	916	666	250
26	308	225	83	557	411	146	600	458	142
27	137	113	24	187	134	53	403	318	85
28	135	111	24	85	56	29	169	123	46
29	124	107	17	100	75	25	75	58	17
30-34岁	**710**	**539**	**171**	**554**	**430**	**124**	**460**	**380**	**80**
30	159	120	39	99	82	17	85	67	18
31	164	123	41	124	91	33	92	74	18
32	137	114	23	128	96	32	90	76	14
33	129	99	30	102	77	25	105	87	18
34	121	83	38	101	84	17	88	76	12
35-39岁	**264**	**188**	**76**	**280**	**211**	**69**	**296**	**241**	**55**
35	73	48	25	106	81	25	67	53	14
36	66	52	14	66	51	15	74	60	14
37	50	37	13	46	32	14	58	46	12
38	45	32	13	36	26	10	53	44	9
39	30	19	11	26	21	5	44	38	6
40-44岁	**74**	**48**	**26**	**57**	**41**	**16**	**78**	**50**	**28**
40	24	14	10	18	13	5	22	16	6
41	22	14	8	21	15	6	19	12	7
42	11	6	5	9	5	4	16	9	7
43	9	8	1	5	4	1	8	5	3
44	8	6	2	4	4		13	8	5
45-49岁	**22**	**12**	**10**	**23**	**13**	**10**	**36**	**23**	**13**
45	3	2	1	7	4	3	8	5	3
46	9	4	5	5	3	2	9	5	4
47	6	3	3	4	2	2	8	6	2
48	3	3		3	2	1	6	5	1
49	1		1	4	2	2	5	2	3
50岁及以上	**15**	**7**	**8**	**13**	**6**	**7**	**20**	**8**	**12**
平均初婚年龄	**22.74**	**23.76**	**21.72**	**22.72**	**23.76**	**21.67**	**22.55**	**23.60**	**21.46**

5-4c 续表 4 单位：人

初婚年龄	初婚年份								
	1991年			1992年			1993年		
	小计	男	女	小计	男	女	小计	男	女
总 计	**16455**	**8312**	**8143**	**18918**	**9539**	**9379**	**18169**	**9222**	**8947**
15岁以下	**10**	**4**	**6**	**18**	**2**	**16**	**16**	**2**	**14**
15-19岁	**2420**	**536**	**1884**	**2663**	**629**	**2034**	**2571**	**636**	**1935**
15	79	22	57	79	18	61	55	12	43
16	142	35	107	131	38	93	118	20	98
17	306	69	237	305	74	231	272	66	206
18	519	122	397	632	144	488	580	152	428
19	1374	288	1086	1516	355	1161	1546	386	1160
20-24岁	**11828**	**6120**	**5708**	**13553**	**6944**	**6609**	**12866**	**6681**	**6185**
20	2561	607	1954	2695	718	1977	2501	674	1827
21	3009	1432	1577	3642	1672	1970	3059	1404	1655
22	3163	1978	1185	3736	2310	1426	3610	2234	1376
23	2017	1344	673	2154	1364	790	2357	1465	892
24	1078	759	319	1326	880	446	1339	904	435
25-29岁	**1604**	**1205**	**399**	**1973**	**1466**	**507**	**1950**	**1379**	**571**
25	668	497	171	755	527	228	767	518	249
26	405	311	94	489	395	94	463	334	129
27	260	203	57	339	249	90	321	228	93
28	188	129	59	226	176	50	206	164	42
29	83	65	18	164	119	45	193	135	58
30-34岁	**271**	**215**	**56**	**261**	**187**	**74**	**318**	**220**	**98**
30	37	25	12	69	42	27	139	91	48
31	44	35	9	32	21	11	77	53	24
32	55	42	13	47	35	12	32	19	13
33	65	51	14	49	41	8	35	26	9
34	70	62	8	64	48	16	35	31	4
35-39岁	**185**	**148**	**37**	**266**	**195**	**71**	**227**	**173**	**54**
35	44	35	9	63	44	19	39	34	5
36	36	31	5	68	51	17	54	46	8
37	35	27	8	49	39	10	53	34	19
38	42	33	9	42	31	11	41	30	11
39	28	22	6	44	30	14	40	29	11
40-44岁	**91**	**57**	**34**	**130**	**85**	**45**	**146**	**91**	**55**
40	23	17	6	47	26	21	51	31	20
41	32	16	16	27	18	9	34	19	15
42	12	10	2	18	13	5	26	16	10
43	15	7	8	15	9	6	19	12	7
44	9	7	2	23	19	4	16	13	3
45-49岁	**25**	**19**	**6**	**37**	**22**	**15**	**41**	**25**	**16**
45	6	4	2	10	6	4	10	4	6
46	6	4	2	10	7	3	8	6	2
47	7	6	1	5	4	1	11	5	6
48	4	3	1	3	1	2	9	7	2
49	2	2		9	4	5	3	3	
50岁及以上	**21**	**8**	**13**	**17**	**9**	**8**	**34**	**15**	**19**
平均初婚年龄	**22.62**	**23.62**	**21.60**	**22.74**	**23.67**	**21.80**	**22.88**	**23.76**	**21.97**

5-4c　续表 5　　　　单位：人

初婚年龄	初婚年份								
	1994年			1995年			1996年		
	小计	男	女	小计	男	女	小计	男	女
总　计	**17921**	**9204**	**8717**	**18784**	**9721**	**9063**	**15650**	**8133**	**7517**
15岁以下	**8**	**2**	**6**	**9**		**9**	**8**		**8**
15-19岁	**2128**	**503**	**1625**	**1845**	**405**	**1440**	**1254**	**264**	**990**
15	42	7	35	45	13	32	49	7	42
16	81	15	66	96	17	79	76	8	68
17	174	33	141	154	37	117	138	25	113
18	476	113	363	358	74	284	259	54	205
19	1355	335	1020	1192	264	928	732	170	562
20-24岁	**12872**	**6637**	**6235**	**13393**	**6907**	**6486**	**11163**	**5712**	**5451**
20	2630	723	1907	2428	649	1779	1750	444	1306
21	3063	1439	1624	3318	1530	1788	2650	1191	1459
22	3370	2038	1332	3602	2161	1441	3196	1883	1313
23	2369	1489	880	2344	1438	906	2197	1327	870
24	1440	948	492	1701	1129	572	1370	867	503
25-29岁	**2100**	**1502**	**598**	**2495**	**1726**	**769**	**2275**	**1549**	**726**
25	864	602	262	1017	709	308	891	602	289
26	535	379	156	621	419	202	577	389	188
27	296	226	70	378	251	127	373	253	120
28	215	160	55	267	192	75	246	184	62
29	190	135	55	212	155	57	188	121	67
30-34岁	**399**	**280**	**119**	**555**	**347**	**208**	**533**	**354**	**179**
30	168	110	58	198	125	73	166	100	66
31	124	88	36	176	114	62	137	87	50
32	51	35	16	118	69	49	117	81	36
33	18	15	3	41	26	15	81	61	20
34	38	32	6	22	13	9	32	25	7
35-39岁	**190**	**140**	**50**	**213**	**155**	**58**	**117**	**84**	**33**
35	25	20	5	32	20	12	14	8	6
36	45	38	7	35	26	9	13	10	3
37	42	29	13	49	37	12	30	23	7
38	44	28	16	53	42	11	29	20	9
39	34	25	9	44	30	14	31	23	8
40-44岁	**147**	**99**	**48**	**176**	**127**	**49**	**141**	**89**	**52**
40	54	34	20	40	26	14	28	19	9
41	32	22	10	45	34	11	35	24	11
42	23	16	7	38	30	8	26	14	12
43	23	16	7	29	21	8	25	16	9
44	15	11	4	24	16	8	27	16	11
45-49岁	**48**	**27**	**21**	**49**	**30**	**19**	**82**	**40**	**42**
45	12	9	3	25	18	7	18	9	9
46	9	5	4	9	7	2	10	5	5
47	12	6	6	4	3	1	25	15	10
48	3	2	1	5		5	11	3	8
49	12	5	7	6	2	4	18	8	10
50岁及以上	**29**	**14**	**15**	**49**	**24**	**25**	**77**	**41**	**36**
平均初婚年龄	**23.02**	**23.88**	**22.12**	**23.33**	**24.16**	**22.45**	**23.62**	**24.37**	**22.80**

5－4c　续表 6　　　　单位：人

初婚年龄	初婚年份								
	1997年			1998年			1999年		
	小计	男	女	小计	男	女	小计	男	女
总　计	**13136**	**6953**	**6183**	**12600**	**6737**	**5863**	**8940**	**4771**	**4169**
15岁以下	**4**		**4**	**15**	**1**	**14**	**12**	**1**	**11**
15－19岁	**1006**	**199**	**807**	**1116**	**194**	**922**	**934**	**154**	**780**
15	56	10	46	45	5	40	32	3	29
16	77	10	67	122	15	107	84	9	75
17	107	14	93	151	27	124	151	24	127
18	232	47	185	227	41	186	215	35	180
19	534	118	416	571	106	465	452	83	369
20－24岁	**8909**	**4630**	**4279**	**7660**	**4031**	**3629**	**4900**	**2515**	**2385**
20	1095	270	825	908	208	700	842	195	647
21	1857	820	1037	1284	569	715	772	329	443
22	2543	1448	1095	2043	1142	901	1037	572	465
23	2034	1231	803	1916	1152	764	1130	705	425
24	1380	861	519	1509	960	549	1119	714	405
25－29岁	**2176**	**1456**	**720**	**2477**	**1658**	**819**	**2232**	**1505**	**727**
25	795	514	281	880	582	298	823	562	261
26	558	383	175	585	389	196	556	369	187
27	369	247	122	444	314	130	341	236	105
28	259	176	83	311	207	104	273	183	90
29	195	136	59	257	166	91	239	155	84
30－34岁	**592**	**396**	**196**	**862**	**528**	**334**	**561**	**372**	**189**
30	158	96	62	238	137	101	169	105	64
31	179	120	59	193	121	72	139	91	48
32	108	73	35	162	97	65	105	75	30
33	79	57	22	143	89	54	80	59	21
34	68	50	18	126	84	42	68	42	26
35－39岁	**110**	**74**	**36**	**164**	**112**	**52**	**133**	**100**	**33**
35	27	18	9	67	45	22	54	39	15
36	11	7	4	32	19	13	47	35	12
37	26	18	8	14	9	5	12	7	5
38	23	14	9	21	16	5	12	11	1
39	23	17	6	30	23	7	8	8	
40－44岁	**185**	**110**	**75**	**188**	**138**	**50**	**108**	**81**	**27**
40	33	21	12	37	25	12	23	22	1
41	31	18	13	40	31	9	20	15	5
42	51	31	20	36	27	9	24	20	4
43	36	21	15	45	30	15	26	15	11
44	34	19	15	30	25	5	15	9	6
45－49岁	**97**	**57**	**40**	**73**	**45**	**28**	**44**	**35**	**9**
45	36	24	12	29	14	15	11	11	
46	16	4	12	24	17	7	10	6	4
47	15	12	3	7	4	3	8	7	1
48	18	10	8	9	8	1	7	5	2
49	12	7	5	4	2	2	8	6	2
50岁及以上	**57**	**31**	**26**	**45**	**30**	**15**	**16**	**8**	**8**
平均初婚年龄	**24.11**	**24.88**	**23.24**	**24.53**	**25.48**	**23.45**	**24.48**	**25.65**	**23.15**

5-4c 续表 7 单位：人

初婚年龄	初婚年份								
	2000年			2001年			2002年		
	小计	男	女	小计	男	女	小计	男	女
总 计	**9757**	**5410**	**4347**	**6487**	**3564**	**2923**	**7602**	**4152**	**3450**
15岁以下	**19**	**8**	**11**	**17**	**5**	**12**	**11**	**3**	**8**
15-19岁	**1277**	**230**	**1047**	**1014**	**208**	**806**	**1147**	**262**	**885**
15	71	16	55	73	17	56	100	25	75
16	98	15	83	66	6	60	147	27	120
17	199	28	171	119	12	107	153	25	128
18	372	66	306	219	56	163	220	46	174
19	537	105	432	537	117	420	527	139	388
20-24岁	**4754**	**2530**	**2224**	**2968**	**1525**	**1443**	**3688**	**1818**	**1870**
20	870	233	637	648	174	474	1014	278	736
21	917	412	505	614	276	338	782	345	437
22	898	516	382	700	394	306	735	418	317
23	1006	636	370	502	323	179	691	452	239
24	1063	733	330	504	358	146	466	325	141
25-29岁	**2712**	**1950**	**762**	**1779**	**1335**	**444**	**1871**	**1428**	**443**
25	952	661	291	529	393	136	479	352	127
26	701	509	192	490	371	119	426	339	87
27	487	351	136	332	257	75	403	320	83
28	319	236	83	235	178	57	318	241	77
29	253	193	60	193	136	57	245	176	69
30-34岁	**604**	**421**	**183**	**436**	**293**	**143**	**567**	**414**	**153**
30	202	149	53	148	103	45	164	122	42
31	143	94	49	121	80	41	155	114	41
32	114	79	35	68	42	26	116	83	33
33	77	51	26	56	33	23	79	57	22
34	68	48	20	43	35	8	53	38	15
35-39岁	**189**	**119**	**70**	**142**	**97**	**45**	**201**	**139**	**62**
35	70	44	26	44	30	14	69	51	18
36	61	36	25	31	22	9	42	29	13
37	27	19	8	31	19	12	30	19	11
38	17	11	6	25	18	7	39	26	13
39	14	9	5	11	8	3	21	14	7
40-44岁	**89**	**75**	**14**	**50**	**40**	**10**	**40**	**31**	**9**
40	16	11	5	11	4	7	6	3	3
41	20	18	2	10	8	2	8	5	3
42	15	14	1	9	9		6	5	1
43	16	13	3	7	6	1	7	6	1
44	22	19	3	13	13		13	12	1
45-49岁	**76**	**49**	**27**	**58**	**45**	**13**	**43**	**37**	**6**
45	20	13	7	9	6	3	10	9	1
46	18	14	4	13	10	3	9	9	
47	17	10	7	10	8	2	12	9	3
48	10	5	5	13	10	3	6	5	1
49	11	7	4	13	11	2	6	5	1
50岁及以上	**37**	**28**	**9**	**23**	**16**	**7**	**34**	**20**	**14**
平均初婚年龄	**24.55**	**25.81**	**22.97**	**24.45**	**25.89**	**22.70**	**24.32**	**25.83**	**22.49**

5-4c 续表 8

单位：人

初婚年龄	初婚年份								
	2003年			2004年			2005年		
	小计	男	女	小计	男	女	小计	男	女
总　计	**7613**	**4164**	**3449**	**7491**	**4167**	**3324**	**7881**	**4339**	**3542**
15岁以下	**15**	**2**	**13**	**12**	**3**	**9**	**13**	**4**	**9**
15-19岁	**1137**	**246**	**891**	**1168**	**267**	**901**	**1478**	**371**	**1107**
15	78	11	67	71	21	50	66	18	48
16	173	37	136	107	17	90	97	15	82
17	231	48	183	240	49	191	228	48	180
18	225	53	172	333	84	249	424	121	303
19	430	97	333	417	96	321	663	169	494
20-24岁	**3771**	**1884**	**1887**	**3765**	**1980**	**1785**	**3833**	**2093**	**1740**
20	742	189	553	608	155	453	740	199	541
21	1056	467	589	865	366	499	666	317	349
22	808	441	367	1143	706	437	899	562	337
23	626	418	208	668	419	249	952	616	336
24	539	369	170	481	334	147	576	399	177
25-29岁	**1736**	**1335**	**401**	**1537**	**1177**	**360**	**1379**	**1008**	**371**
25	377	284	93	428	315	113	397	285	112
26	391	291	100	294	224	70	320	223	97
27	364	284	80	263	196	67	211	155	56
28	350	274	76	294	226	68	221	173	48
29	254	202	52	258	216	42	230	172	58
30-34岁	**612**	**452**	**160**	**664**	**482**	**182**	**777**	**572**	**205**
30	195	151	44	232	167	65	233	184	49
31	135	105	30	136	99	37	174	124	50
32	125	86	39	119	85	34	146	100	46
33	81	52	29	103	76	27	119	84	35
34	76	58	18	74	55	19	105	80	25
35-39岁	**199**	**145**	**54**	**189**	**134**	**55**	**230**	**170**	**60**
35	56	38	18	59	41	18	76	56	20
36	39	34	5	39	25	14	52	39	13
37	40	28	12	35	30	5	35	26	9
38	31	21	10	33	20	13	37	29	8
39	33	24	9	23	18	5	30	20	10
40-44岁	**52**	**34**	**18**	**61**	**48**	**13**	**80**	**55**	**25**
40	18	11	7	29	24	5	20	12	8
41	7	5	2	16	11	5	33	21	12
42	10	6	4	6	5	1	14	11	3
43	8	5	3	5	4	1	7	6	1
44	9	7	2	5	4	1	6	5	1
45-49岁	**51**	**38**	**13**	**57**	**46**	**11**	**41**	**34**	**7**
45	13	9	4	5	4	1	6	5	1
46	10	8	2	11	9	2	7	5	2
47	11	8	3	16	12	4	9	8	1
48	12	10	2	14	13	1	10	8	2
49	5	3	2	11	8	3	9	8	1
50岁及以上	**40**	**28**	**12**	**38**	**30**	**8**	**50**	**32**	**18**
平均初婚年龄	**24.43**	**26.00**	**22.53**	**24.45**	**25.96**	**22.55**	**24.43**	**25.90**	**22.63**

5-4c　续表 9　　　　　　　　　　　　　　　　　　　　　　　　　　　　单位：人

初婚年龄	初婚年份								
	2006年			2007年			2008年		
	小计	男	女	小计	男	女	小计	男	女
总　计	**7372**	**4043**	**3329**	**7574**	**4126**	**3448**	**9102**	**4960**	**4142**
15岁以下	**8**	**3**	**5**	**7**	**2**	**5**	**3**	**1**	**2**
15-19岁	**1288**	**345**	**943**	**1136**	**273**	**863**	**1214**	**351**	**863**
15	42	6	36	32	5	27	56	15	41
16	96	22	74	83	15	68	76	13	63
17	152	34	118	177	40	137	157	37	120
18	316	95	221	281	72	209	338	89	249
19	682	188	494	563	141	422	587	197	390
20-24岁	**3758**	**1935**	**1823**	**3898**	**1938**	**1960**	**5013**	**2504**	**2509**
20	965	280	685	1045	298	747	944	288	656
21	727	321	406	986	461	525	1404	609	795
22	640	361	279	741	433	308	1389	817	572
23	670	442	228	571	361	210	750	461	289
24	756	531	225	555	385	170	526	329	197
25-29岁	**1313**	**1007**	**306**	**1423**	**1098**	**325**	**1591**	**1164**	**427**
25	466	344	122	578	440	138	509	364	145
26	306	236	70	321	234	87	457	334	123
27	236	183	53	237	191	46	268	203	65
28	150	126	24	165	136	29	200	142	58
29	155	118	37	122	97	25	157	121	36
30-34岁	**655**	**506**	**149**	**642**	**490**	**152**	**659**	**499**	**160**
30	143	110	33	124	89	35	127	98	29
31	165	132	33	141	112	29	121	89	32
32	141	104	37	142	111	31	146	111	35
33	115	95	20	131	97	34	151	109	42
34	91	65	26	104	81	23	114	92	22
35-39岁	**204**	**139**	**65**	**268**	**176**	**92**	**361**	**265**	**96**
35	63	47	16	88	63	25	106	74	32
36	47	32	15	62	36	26	90	68	22
37	42	25	17	47	32	15	70	56	14
38	28	20	8	41	25	16	56	39	17
39	24	15	9	30	20	10	39	28	11
40-44岁	**72**	**55**	**17**	**104**	**76**	**28**	**139**	**94**	**45**
40	23	20	3	35	25	10	36	24	12
41	21	12	9	21	14	7	33	23	10
42	13	10	3	17	12	5	30	18	12
43	9	8	1	21	17	4	21	15	6
44	6	5	1	10	8	2	19	14	5
45-49岁	**33**	**23**	**10**	**29**	**24**	**5**	**41**	**25**	**16**
45	6	2	4	8	7	1	16	11	5
46	7	5	2	7	4	3	9	4	5
47	4	4		3	3		6	1	5
48	10	6	4	4	4		5	4	1
49	6	6		7	6	1	5	5	
50岁及以上	**41**	**30**	**11**	**67**	**49**	**18**	**81**	**57**	**24**
平均初婚年龄	**24.27**	**25.77**	**22.45**	**24.49**	**26.04**	**22.63**	**24.54**	**25.86**	**22.96**

5-4c 续表 10

单位：人

初婚年龄	初婚年份								
	2009年			2010年			2011年		
	小计	男	女	小计	男	女	小计	男	女
总 计	8339	4528	3811	9086	5042	4044	6988	3824	3164
15岁以下	10	1	9	14	1	13	6	1	5
15-19岁	1070	288	782	1078	329	749	885	273	612
15	36	11	25	53	12	41	28	5	23
16	79	22	57	80	22	58	67	12	55
17	162	37	125	151	49	102	135	38	97
18	259	84	175	288	85	203	236	86	150
19	534	134	400	506	161	345	419	132	287
20-24岁	4749	2464	2285	5244	2746	2498	3851	1978	1873
20	823	261	562	991	312	679	637	186	451
21	1001	439	562	985	454	531	848	356	492
22	1448	831	617	1181	668	513	859	490	369
23	954	580	374	1237	752	485	759	449	310
24	523	353	170	850	560	290	748	497	251
25-29岁	1386	987	399	1458	1038	420	1382	949	433
25	349	231	118	447	313	134	570	384	186
26	360	253	107	307	216	91	282	180	102
27	332	257	75	267	195	72	186	133	53
28	205	146	59	272	197	75	167	129	38
29	140	100	40	165	117	48	177	123	54
30-34岁	483	359	124	544	375	169	388	276	112
30	107	79	28	151	108	43	117	81	36
31	76	59	17	113	82	31	76	54	22
32	95	66	29	80	55	25	87	65	22
33	106	79	27	85	54	31	51	38	13
34	99	76	23	115	76	39	57	38	19
35-39岁	344	226	118	423	321	102	255	190	65
35	108	75	33	115	83	32	59	44	15
36	74	56	18	111	87	24	63	42	21
37	50	35	15	84	64	20	50	37	13
38	63	33	30	60	49	11	42	34	8
39	49	27	22	53	38	15	41	33	8
40-44岁	156	107	49	178	126	52	130	95	35
40	40	29	11	48	33	15	49	40	9
41	46	30	16	41	35	6	18	12	6
42	25	15	10	31	18	13	26	18	8
43	21	16	5	32	21	11	19	12	7
44	24	17	7	26	19	7	18	13	5
45-49岁	44	28	16	70	53	17	42	25	17
45	17	12	5	22	16	6	11	6	5
46	13	8	5	20	15	5	12	8	4
47	4	2	2	20	15	5	9	5	4
48	5	3	2	7	6	1	4	2	2
49	5	3	2	1	1		6	4	2
50岁及以上	97	68	29	77	53	24	49	37	12
平均初婚年龄	24.68	25.88	23.25	24.83	26.05	23.31	24.66	25.85	23.21

5-4c　续表 11　　　　单位：人

初婚年龄	初婚年份								
	2012年			2013年			2014年		
	小计	男	女	小计	男	女	小计	男	女
总　计	**7877**	**4257**	**3620**	**7395**	**3997**	**3398**	**7403**	**3942**	**3461**
15岁以下	**3**		**3**	**4**	**2**	**2**	**2**	**1**	**1**
15-19岁	**912**	**293**	**619**	**805**	**217**	**588**	**750**	**178**	**572**
15	39	9	30	26	4	22	21	3	18
16	76	17	59	56	10	46	41	3	38
17	138	35	103	107	26	81	140	23	117
18	216	75	141	197	57	140	178	49	129
19	443	157	286	419	120	299	370	100	270
20-24岁	**4114**	**2019**	**2095**	**3771**	**1847**	**1924**	**3645**	**1756**	**1889**
20	707	213	494	650	191	459	591	162	429
21	799	314	485	679	266	413	686	259	427
22	1029	555	474	831	447	384	793	451	342
23	795	456	339	935	537	398	788	428	360
24	784	481	303	676	406	270	787	456	331
25-29岁	**1792**	**1215**	**577**	**1807**	**1225**	**582**	**1970**	**1297**	**673**
25	718	473	245	578	374	204	605	401	204
26	484	323	161	571	393	178	442	271	171
27	260	186	74	347	247	100	492	334	158
28	175	119	56	205	139	66	294	197	97
29	155	114	41	106	72	34	137	94	43
30-34岁	**457**	**316**	**141**	**466**	**325**	**141**	**456**	**311**	**145**
30	156	106	50	124	87	37	105	67	38
31	109	75	34	140	92	48	106	75	31
32	67	52	15	90	69	21	118	82	36
33	62	39	23	57	39	18	74	51	23
34	63	44	19	55	38	17	53	36	17
35-39岁	**295**	**208**	**87**	**238**	**176**	**62**	**252**	**180**	**72**
35	57	39	18	41	27	14	45	36	9
36	61	41	20	48	33	15	42	29	13
37	76	59	17	48	37	11	49	33	16
38	60	38	22	50	39	11	54	39	15
39	41	31	10	51	40	11	62	43	19
40-44岁	**159**	**106**	**53**	**176**	**121**	**55**	**159**	**106**	**53**
40	36	25	11	54	42	12	53	36	17
41	32	18	14	38	18	20	34	20	14
42	38	24	14	42	34	8	32	22	10
43	26	22	4	34	21	13	18	13	5
44	27	17	10	8	6	2	22	15	7
45-49岁	**76**	**49**	**27**	**59**	**37**	**22**	**72**	**49**	**23**
45	23	12	11	17	11	6	21	15	6
46	23	16	7	17	12	5	15	12	3
47	8	5	3	9	4	5	12	7	5
48	15	10	5	9	6	3	12	7	5
49	7	6	1	7	4	3	12	8	4
50岁及以上	**69**	**51**	**18**	**69**	**47**	**22**	**97**	**64**	**33**
平均初婚年龄	**25.00**	**26.16**	**23.65**	**25.17**	**26.37**	**23.75**	**25.50**	**26.74**	**24.08**

5-4c 续表 12

单位：人

初婚年龄	初婚年份								
	2015年			2016年			2017年		
	小计	男	女	小计	男	女	小计	男	女
总　计	**7824**	**4195**	**3629**	**6966**	**3694**	**3272**	**6486**	**3407**	**3079**
15岁以下	**3**	**2**	**1**	**3**	**1**	**2**	**1**	**1**	
15–19岁	**623**	**143**	**480**	**468**	**100**	**368**	**386**	**84**	**302**
15	16		16	9	2	7	10	1	9
16	30	6	24	27	1	26	28	4	24
17	60	13	47	63	10	53	51	12	39
18	153	30	123	113	29	84	90	23	67
19	364	94	270	256	58	198	207	44	163
20–24岁	**3822**	**1786**	**2036**	**3378**	**1547**	**1831**	**3023**	**1338**	**1685**
20	593	136	457	495	115	380	360	65	295
21	741	304	437	584	230	354	556	203	353
22	931	501	430	871	416	455	733	339	394
23	796	426	370	778	407	371	690	357	333
24	761	419	342	650	379	271	684	374	310
25–29岁	**2306**	**1552**	**754**	**2118**	**1364**	**754**	**1987**	**1253**	**734**
25	742	477	265	593	342	251	570	319	251
26	503	328	175	571	364	207	489	301	188
27	390	261	129	386	259	127	434	290	144
28	418	308	110	281	186	95	268	189	79
29	253	178	75	287	213	74	226	154	72
30–34岁	**461**	**287**	**174**	**481**	**333**	**148**	**573**	**403**	**170**
30	131	80	51	189	132	57	229	163	66
31	89	56	33	94	66	28	159	110	49
32	81	47	34	65	44	21	75	49	26
33	102	69	33	58	39	19	52	36	16
34	58	35	23	75	52	23	58	45	13
35–39岁	**212**	**147**	**65**	**166**	**119**	**47**	**180**	**108**	**72**
35	55	40	15	51	36	15	68	42	26
36	44	29	15	33	27	6	37	24	13
37	32	23	9	30	23	7	26	15	11
38	33	19	14	30	22	8	24	11	13
39	48	36	12	22	11	11	25	16	9
40–44岁	**183**	**128**	**55**	**170**	**118**	**52**	**143**	**90**	**53**
40	45	30	15	38	30	8	26	15	11
41	46	33	13	40	29	11	28	17	11
42	31	23	8	28	18	10	33	21	12
43	28	19	9	35	24	11	33	21	12
44	33	23	10	29	17	12	23	16	7
45–49岁	**104**	**71**	**33**	**77**	**53**	**24**	**67**	**45**	**22**
45	36	28	8	16	13	3	15	9	6
46	26	19	7	15	8	7	18	15	3
47	10	6	4	25	20	5	10	7	3
48	13	5	8	9	5	4	10	6	4
49	19	13	6	12	7	5	14	8	6
50岁及以上	**110**	**79**	**31**	**105**	**59**	**46**	**126**	**85**	**41**
平均初婚年龄	**25.75**	**26.97**	**24.33**	**25.89**	**27.07**	**24.56**	**26.24**	**27.44**	**24.91**

5-4c　续表 13　　　　　　　　　　　　　　　　　　　　　　　　　　单位：人

初婚年龄	初婚年份								
	2018年			2019年			2020年		
	小计	男	女	小计	男	女	小计	男	女
总　计	**7186**	**3727**	**3459**	**5364**	**2822**	**2542**	**3921**	**2091**	**1830**
15岁以下	**2**	**1**	**1**	**2**		**2**			
15-19岁	**329**	**63**	**266**	**202**	**36**	**166**	**101**	**13**	**88**
15	15	3	12	7	1	6			
16	23	8	15	18	2	16	3	1	2
17	37	5	32	26	6	20	16	2	14
18	73	12	61	55	9	46	23	5	18
19	181	35	146	96	18	78	59	5	54
20-24岁	**3199**	**1397**	**1802**	**2125**	**908**	**1217**	**1341**	**566**	**775**
20	347	72	275	228	29	199	113	26	87
21	532	171	361	314	112	202	178	51	127
22	791	355	436	477	224	253	301	133	168
23	737	387	350	519	242	277	335	164	171
24	792	412	380	587	301	286	414	192	222
25-29岁	**2461**	**1438**	**1023**	**1993**	**1169**	**824**	**1431**	**855**	**576**
25	727	385	342	579	290	289	411	210	201
26	581	336	245	474	264	210	350	215	135
27	504	313	191	380	231	149	297	172	125
28	378	227	151	280	191	89	216	144	72
29	271	177	94	280	193	87	157	114	43
30-34岁	**671**	**477**	**194**	**575**	**395**	**180**	**488**	**329**	**159**
30	197	131	66	154	100	54	160	104	56
31	218	162	56	141	98	43	106	78	28
32	141	107	34	141	92	49	81	55	26
33	69	44	25	85	69	16	91	63	28
34	46	33	13	54	36	18	50	29	21
35-39岁	**182**	**118**	**64**	**146**	**103**	**43**	**155**	**93**	**62**
35	37	20	17	37	25	12	36	20	16
36	50	32	18	27	21	6	21	13	8
37	28	19	9	35	27	8	32	22	10
38	36	27	9	22	14	8	33	20	13
39	31	20	11	25	16	9	33	18	15
40-44岁	**125**	**84**	**41**	**110**	**78**	**32**	**120**	**75**	**45**
40	15	9	6	24	18	6	37	19	18
41	28	19	9	13	12	1	21	17	4
42	25	15	10	21	14	7	19	9	10
43	29	22	7	29	16	13	20	10	10
44	28	19	9	23	18	5	23	20	3
45-49岁	**103**	**75**	**28**	**91**	**61**	**30**	**86**	**59**	**27**
45	25	20	5	21	10	11	23	13	10
46	20	15	5	18	14	4	22	16	6
47	23	15	8	19	11	8	8	6	2
48	19	13	6	22	16	6	20	13	7
49	16	12	4	11	10	1	13	11	2
50岁及以上	**114**	**74**	**40**	**120**	**72**	**48**	**199**	**101**	**98**
平均初婚年龄	**26.43**	**27.64**	**25.13**	**27.12**	**28.36**	**25.74**	**28.61**	**29.54**	**27.54**

5–5 全市分年龄、性别、初婚年龄的人口

单位：人

年　龄	初婚年龄					
	合　计			15岁以下		
	合计	男	女	小计	男	女
总　计	**2237660**	**1074482**	**1163178**	**2686**	**561**	**2125**
20岁以下	**564**	**100**	**464**	**29**	**9**	**20**
20–24岁	**23893**	**6994**	**16899**	**56**	**11**	**45**
20	831	122	709	7	1	6
21	1694	294	1400	11	4	7
22	3822	921	2901	7	2	5
23	6610	2012	4598	12	1	11
24	10936	3645	7291	19	3	16
25–29岁	**124048**	**51433**	**72615**	**123**	**33**	**90**
25	16608	5986	10622	28	5	23
26	20324	7875	12449	22	2	20
27	26449	10842	15607	20	8	12
28	28721	12448	16273	15	6	9
29	31946	14282	17664	38	12	26
30–34岁	**220608**	**104715**	**115893**	**206**	**52**	**154**
30	39163	17856	21307	34	10	24
31	39122	18397	20725	36	11	25
32	38033	17922	20111	34	10	24
33	52517	25292	27225	50	12	38
34	51773	25248	26525	52	9	43
35–39岁	**175012**	**86363**	**88649**	**147**	**30**	**117**
35	34917	17089	17828	44	11	33
36	28552	13872	14680	30	3	27
37	31759	15755	16004	30	5	25
38	43372	21553	21819	27	5	22
39	36412	18094	18318	16	6	10
40–44岁	**158931**	**77739**	**81192**	**178**	**37**	**141**
40	26693	13204	13489	19		19
41	30357	14835	15522	40	5	35
42	26704	13026	13678	35	6	29
43	31815	15517	16298	47	11	36
44	43362	21157	22205	37	15	22
45–49岁	**313609**	**154390**	**159219**	**202**	**46**	**156**
45	57412	28027	29385	49	15	34
46	64427	31731	32696	49	11	38
47	65363	32306	33057	37	8	29
48	61184	30210	30974	43	8	35
49	65223	32116	33107	24	4	20
50–54岁	**305084**	**149029**	**156055**	**228**	**49**	**179**
50	66633	32715	33918	44	12	32
51	60652	29843	30809	41	9	32
52	64751	31704	33047	64	15	49
53	52817	25445	27372	37	7	30
54	60231	29322	30909	42	6	36
55–59岁	**239660**	**116698**	**122962**	**171**	**32**	**139**
55	58572	28675	29897	58	13	45
56	60868	29646	31222	30	3	27
57	69660	34317	35343	47	9	38
58	33081	15762	17319	24	4	20
59	17479	8298	9181	12	3	9
60–64岁	**151912**	**76360**	**75552**	**179**	**28**	**151**
60	20277	10058	10219	11		11
61	20877	10595	10282	22	2	20
62	32488	16532	15956	35	8	27
63	38761	19544	19217	62	14	48
64	39509	19631	19878	49	4	45
65岁及以上	**524339**	**250661**	**273678**	**1167**	**234**	**933**

5–5　续表 1　　单位：人

年　龄	初婚年龄								
	15岁			16岁			17岁		
	小计	男	女	小计	男	女	小计	男	女
总　计	**12126**	**2425**	**9701**	**21520**	**3986**	**17534**	**41180**	**7619**	**33561**
20岁以下	**71**	**10**	**61**	**124**	**21**	**103**	**136**	**20**	**116**
20–24岁	**287**	**55**	**232**	**524**	**91**	**433**	**904**	**195**	**709**
20	29	3	26	52	6	46	98	22	76
21	42	5	37	80	13	67	120	28	92
22	66	18	48	100	17	83	162	36	126
23	66	11	55	124	23	101	243	56	187
24	84	18	66	168	32	136	281	53	228
25–29岁	**536**	**128**	**408**	**992**	**203**	**789**	**1955**	**451**	**1504**
25	108	15	93	194	36	158	336	71	265
26	103	29	74	194	37	157	328	85	243
27	115	28	87	202	46	156	428	101	327
28	103	28	75	208	40	168	417	87	330
29	107	28	79	194	44	150	446	107	339
30–34岁	**1011**	**256**	**755**	**1518**	**345**	**1173**	**2615**	**573**	**2042**
30	176	48	128	254	59	195	402	93	309
31	173	49	124	268	66	202	477	110	367
32	169	41	128	254	46	208	506	107	399
33	257	59	198	382	96	286	640	130	510
34	236	59	177	360	78	282	590	133	457
35–39岁	**734**	**153**	**581**	**1193**	**208**	**985**	**2168**	**371**	**1797**
35	211	57	154	225	47	178	449	91	358
36	143	31	112	262	51	211	340	52	288
37	125	19	106	243	42	201	471	84	387
38	125	24	101	254	34	220	527	83	444
39	130	22	108	209	34	175	381	61	320
40–44岁	**716**	**187**	**529**	**1099**	**241**	**858**	**1898**	**398**	**1500**
40	104	19	85	132	23	109	235	36	199
41	129	38	91	234	39	195	342	65	277
42	130	38	92	202	47	155	353	70	283
43	171	39	132	232	47	185	421	107	314
44	182	53	129	299	85	214	547	120	427
45–49岁	**1086**	**286**	**800**	**1953**	**478**	**1475**	**3821**	**949**	**2872**
45	280	76	204	359	100	259	758	185	573
46	253	64	189	530	139	391	715	195	520
47	216	59	157	409	87	322	903	220	683
48	169	42	127	337	89	248	765	195	570
49	168	45	123	318	63	255	680	154	526
50–54岁	**1138**	**292**	**846**	**2004**	**484**	**1520**	**4007**	**845**	**3162**
50	232	61	171	323	79	244	633	121	512
51	255	70	185	489	130	359	736	181	555
52	242	65	177	456	106	350	1039	219	820
53	197	41	156	330	80	250	811	175	636
54	212	55	157	406	89	317	788	149	639
55–59岁	**875**	**141**	**734**	**1578**	**262**	**1316**	**3114**	**532**	**2582**
55	277	59	218	360	77	283	756	154	602
56	220	33	187	498	91	407	726	135	591
57	214	27	187	446	59	387	1021	176	845
58	109	15	94	203	28	175	428	42	386
59	55	7	48	71	7	64	183	25	158
60–64岁	**647**	**124**	**523**	**1003**	**167**	**836**	**1673**	**300**	**1373**
60	58	8	50	70	11	59	124	21	103
61	79	13	66	125	20	105	161	26	135
62	120	23	97	190	32	158	370	61	309
63	204	45	159	293	47	246	485	98	387
64	186	35	151	325	57	268	533	94	439
65岁及以上	**5025**	**793**	**4232**	**9532**	**1486**	**8046**	**18889**	**2985**	**15904**

5-5 续表 2

单位：人

年龄	初婚年龄								
	18岁			19岁			20岁		
	小计	男	女	小计	男	女	小计	男	女
总　计	**72266**	**14826**	**57440**	**149039**	**33815**	**115224**	**241234**	**60761**	**180473**
20岁以下	**139**	**30**	**109**	**65**	**10**	**55**			
20-24岁	**1447**	**311**	**1136**	**2668**	**515**	**2153**	**4444**	**712**	**3732**
20	167	28	139	254	30	224	224	32	192
21	192	45	147	383	75	308	593	72	521
22	299	69	230	522	95	427	1022	159	863
23	331	65	266	663	132	531	1167	210	957
24	458	104	354	846	183	663	1438	239	1199
25-29岁	**3236**	**836**	**2400**	**6287**	**1519**	**4768**	**10637**	**2281**	**8356**
25	550	130	420	1059	221	838	1883	364	1519
26	554	141	413	1089	255	834	1878	356	1522
27	681	174	507	1340	336	1004	2239	488	1751
28	740	218	522	1314	338	976	2362	541	1821
29	711	173	538	1485	369	1116	2275	532	1743
30-34岁	**4654**	**1173**	**3481**	**9428**	**2236**	**7192**	**16546**	**3911**	**12635**
30	921	229	692	1713	406	1307	3081	676	2405
31	785	201	584	1740	432	1308	3179	793	2386
32	750	192	558	1588	389	1199	2955	679	2276
33	1090	290	800	2087	512	1575	3652	908	2744
34	1108	261	847	2300	497	1803	3679	855	2824
35-39岁	**3758**	**745**	**3013**	**7714**	**1477**	**6237**	**13162**	**2808**	**10354**
35	732	154	578	1476	308	1168	2714	595	2119
36	583	117	466	1204	214	990	2139	469	1670
37	622	153	469	1349	256	1093	2264	456	1808
38	976	174	802	1793	359	1434	3336	722	2614
39	845	147	698	1892	340	1552	2709	566	2143
40-44岁	**3644**	**747**	**2897**	**8835**	**1690**	**7145**	**16006**	**3235**	**12771**
40	538	93	445	1379	212	1167	2436	493	1943
41	672	132	540	1531	285	1246	3157	640	2517
42	586	113	473	1508	273	1235	2699	502	2197
43	833	182	651	1775	362	1413	3194	614	2580
44	1015	227	788	2642	558	2084	4520	986	3534
45-49岁	**7638**	**1825**	**5813**	**19891**	**4227**	**15664**	**35309**	**8230**	**27079**
45	1366	355	1011	3446	732	2714	6364	1416	4948
46	1475	350	1125	3928	862	3066	7128	1705	5423
47	1449	348	1101	4119	932	3187	7281	1762	5519
48	1629	368	1261	3729	758	2971	7190	1678	5512
49	1719	404	1315	4669	943	3726	7346	1669	5677
50-54岁	**8561**	**1731**	**6830**	**22730**	**4424**	**18306**	**41642**	**9536**	**32106**
50	1547	287	1260	4755	890	3865	8928	2039	6889
51	1454	321	1133	4154	841	3313	8434	2046	6388
52	1726	362	1364	4404	884	3520	8589	1902	6687
53	1913	370	1543	4190	758	3432	7115	1573	5542
54	1921	391	1530	5227	1051	4176	8576	1976	6600
55-59岁	**6388**	**1129**	**5259**	**16940**	**3196**	**13744**	**32214**	**7656**	**24558**
55	1488	324	1164	4573	956	3617	8853	2285	6568
56	1644	328	1316	4177	863	3314	8379	2111	6268
57	1672	281	1391	4480	847	3633	8392	2048	6344
58	1122	136	986	2430	368	2062	4401	863	3538
59	462	60	402	1280	162	1118	2189	349	1840
60-64岁	**2547**	**447**	**2100**	**5222**	**1108**	**4114**	**9695**	**2241**	**7454**
60	313	38	275	946	146	800	2250	440	1810
61	262	44	218	667	153	514	1608	373	1235
62	410	74	336	867	197	670	1784	417	1367
63	698	134	564	1114	255	859	1903	486	1417
64	864	157	707	1628	357	1271	2150	525	1625
65岁及以上	**30254**	**5852**	**24402**	**49259**	**13413**	**35846**	**61579**	**20151**	**41428**

5-5　续表 3

单位：人

年　龄	初婚年龄								
	21岁			22岁			23岁		
	小计	男	女	小计	男	女	小计	男	女
总　计	**272535**	**109929**	**162606**	**304517**	**156914**	**147603**	**246728**	**129715**	**117013**
20岁以下									
20-24岁	**4628**	**1308**	**3320**	**4889**	**2057**	**2832**	**2999**	**1299**	**1700**
20									
21	273	52	221						
22	983	253	730	661	272	389			
23	1515	457	1058	1681	708	973	808	349	459
24	1857	546	1311	2547	1077	1470	2191	950	1241
25-29岁	**12816**	**4235**	**8581**	**16893**	**7690**	**9203**	**17264**	**7587**	**9677**
25	2204	679	1525	3030	1283	1747	3156	1346	1810
26	2379	775	1604	3166	1376	1790	3081	1305	1776
27	2669	876	1793	3622	1643	1979	3581	1585	1996
28	2634	898	1736	3470	1660	1810	3714	1655	2059
29	2930	1007	1923	3605	1728	1877	3732	1696	2036
30-34岁	**19741**	**7172**	**12569**	**24587**	**12093**	**12494**	**23098**	**11395**	**11703**
30	3350	1171	2179	4308	2061	2247	4160	1913	2247
31	3587	1324	2263	3983	1933	2050	4207	2059	2148
32	3433	1229	2204	4189	2045	2144	3674	1803	1871
33	4897	1788	3109	6044	3007	3037	5610	2846	2764
34	4474	1660	2814	6063	3047	3016	5447	2774	2673
35-39岁	**14816**	**5384**	**9432**	**17657**	**8623**	**9034**	**16911**	**8823**	**8088**
35	2875	1074	1801	3634	1798	1836	3707	1883	1824
36	2493	957	1536	2612	1261	1351	2745	1431	1314
37	2550	925	1625	3167	1555	1612	2891	1545	1346
38	3737	1283	2454	4435	2187	2248	4107	2170	1937
39	3161	1145	2016	3809	1822	1987	3461	1794	1667
40-44岁	**16998**	**6107**	**10891**	**18845**	**9090**	**9755**	**16230**	**8479**	**7751**
40	2168	762	1406	2710	1271	1439	2597	1350	1247
41	3173	1141	2032	2998	1429	1569	2987	1593	1394
42	2913	1005	1908	3262	1579	1683	2336	1254	1082
43	3585	1335	2250	3977	1908	2069	3513	1805	1708
44	5159	1864	3295	5898	2903	2995	4797	2477	2320
45-49岁	**44194**	**18432**	**25762**	**49373**	**26864**	**22509**	**36692**	**19927**	**16765**
45	7152	2748	4404	8089	4022	4067	6554	3379	3175
46	9089	3712	5377	9713	5165	4548	7300	3895	3405
47	9291	4043	5248	10901	5994	4907	7609	4112	3497
48	8633	3632	5001	10026	5651	4375	7512	4188	3324
49	10029	4297	5732	10644	6032	4612	7717	4353	3364
50-54岁	**49844**	**22255**	**27589**	**53834**	**31492**	**22342**	**35538**	**21061**	**14477**
50	9506	4242	5264	11409	6577	4832	7713	4449	3264
51	10379	4705	5674	9870	5758	4112	6923	4034	2889
52	11537	5225	6312	11862	6974	4888	7000	4153	2847
53	8766	3828	4938	9862	5802	4060	6284	3783	2501
54	9656	4255	5401	10831	6381	4450	7618	4642	2976
55-59岁	**40080**	**17094**	**22986**	**44283**	**25014**	**19269**	**29938**	**17650**	**12288**
55	10170	4523	5647	10085	5923	4162	6972	4140	2832
56	11478	4976	6502	11199	6306	4893	6847	4031	2816
57	11747	4986	6761	14505	8101	6404	8856	5203	3653
58	4339	1813	2526	5919	3305	2614	4835	2838	1997
59	2346	796	1550	2575	1379	1196	2428	1438	990
60-64岁	**14487**	**4388**	**10099**	**22268**	**8073**	**14195**	**24270**	**10631**	**13639**
60	2783	752	2031	3147	1383	1764	2634	1489	1145
61	3073	867	2206	3487	1272	2215	2892	1507	1385
62	3305	1041	2264	5998	2122	3876	5288	2314	2974
63	2913	945	1968	5394	1848	3546	7718	3173	4545
64	2413	783	1630	4242	1448	2794	5738	2148	3590
65岁及以上	**54931**	**23554**	**31377**	**51888**	**25918**	**25970**	**43788**	**22863**	**20925**

5-5 续表 4

单位：人

年 龄	初婚年龄								
	24岁			25岁			26岁		
	小计	男	女	小计	男	女	小计	男	女
总 计	**204295**	**115997**	**88298**	**163864**	**99405**	**64459**	**124171**	**78935**	**45236**
20岁以下									
20-24岁	**1047**	**440**	**607**						
20									
21									
22									
23									
24	1047	440	607						
25-29岁	**17937**	**8381**	**9556**	**14998**	**7198**	**7800**	**10696**	**5520**	**5176**
25	2801	1294	1507	1259	542	717			
26	3552	1626	1926	2764	1281	1483	1214	607	607
27	3883	1792	2091	3753	1742	2011	2767	1423	1344
28	3685	1772	1913	3541	1766	1775	3352	1698	1654
29	4016	1897	2119	3681	1867	1814	3363	1792	1571
30-34岁	**23023**	**11691**	**11332**	**22716**	**11814**	**10902**	**20075**	**10865**	**9210**
30	4556	2263	2293	4496	2303	2193	3774	2023	1751
31	4036	2011	2025	4395	2251	2144	3858	2065	1793
32	4182	2073	2109	3854	2010	1844	3423	1826	1597
33	4993	2528	2465	5308	2716	2592	4541	2488	2053
34	5256	2816	2440	4663	2534	2129	4479	2463	2016
35-39岁	**16527**	**9021**	**7506**	**15792**	**8973**	**6819**	**14070**	**8167**	**5903**
35	3409	1831	1578	3253	1845	1408	2753	1549	1204
36	2807	1465	1342	2600	1434	1166	2379	1329	1050
37	2944	1619	1325	3056	1705	1351	2716	1538	1178
38	3946	2220	1726	3759	2162	1597	3549	2098	1451
39	3421	1886	1535	3124	1827	1297	2673	1653	1020
40-44岁	**13649**	**7693**	**5956**	**11212**	**6802**	**4410**	**9489**	**6048**	**3441**
40	2397	1320	1077	2225	1314	911	1970	1220	750
41	2715	1526	1189	2298	1332	966	1950	1241	709
42	2186	1229	957	1979	1205	774	1529	985	544
43	2295	1323	972	2221	1382	839	1899	1176	723
44	4056	2295	1761	2489	1569	920	2141	1426	715
45-49岁	**27536**	**15721**	**11815**	**19506**	**11906**	**7600**	**13634**	**8870**	**4764**
45	5078	2857	2221	3906	2415	1491	2315	1548	767
46	5704	3174	2530	4127	2507	1620	3037	1979	1058
47	5576	3105	2471	3972	2373	1599	2965	1919	1046
48	5242	3049	2193	3708	2265	1443	2707	1724	983
49	5936	3536	2400	3793	2346	1447	2610	1700	910
50-54岁	**23189**	**14569**	**8620**	**15302**	**10184**	**5118**	**10260**	**7089**	**3171**
50	5631	3409	2222	4113	2609	1504	2569	1707	862
51	4649	2862	1787	3206	2142	1064	2306	1556	750
52	4842	3011	1831	3113	2076	1037	2190	1498	692
53	3456	2237	1219	2483	1686	797	1472	1073	399
54	4611	3050	1561	2387	1671	716	1723	1255	468
55-59岁	**19368**	**12582**	**6786**	**12416**	**8557**	**3859**	**7553**	**5410**	**2143**
55	4669	3031	1638	2900	2003	897	1491	1093	398
56	4592	2934	1658	3127	2189	938	1906	1380	526
57	5245	3380	1865	3576	2420	1156	2300	1641	659
58	2915	1926	989	1686	1188	498	1155	795	360
59	1947	1311	636	1127	757	370	701	501	200
60-64岁	**20853**	**12026**	**8827**	**14332**	**9997**	**4335**	**9513**	**7291**	**2222**
60	2434	1661	773	1774	1302	472	1004	752	252
61	2308	1526	782	1849	1398	451	1306	1013	293
62	3834	2299	1535	2833	2112	721	2140	1700	440
63	5186	2855	2331	3563	2435	1128	2386	1856	530
64	7091	3685	3406	4313	2750	1563	2677	1970	707
65岁及以上	**41166**	**23873**	**17293**	**37590**	**23974**	**13616**	**28881**	**19675**	**9206**

5-5 续表 5

单位：人

年龄	初婚年龄								
	27岁			28岁			29岁		
	小计	男	女	小计	男	女	小计	男	女
总计	**91801**	**61330**	**30471**	**66773**	**45949**	**20824**	**49010**	**34154**	**14856**
20岁以下									
20-24岁									
20									
21									
22									
23									
24									
25-29岁	**6308**	**3389**	**2919**	**2729**	**1566**	**1163**	**641**	**416**	**225**
25									
26									
27	1149	600	549						
28	2290	1232	1058	876	509	367			
29	2869	1557	1312	1853	1057	796	641	416	225
30-34岁	**16261**	**9346**	**6915**	**12828**	**7802**	**5026**	**9271**	**5811**	**3460**
30	3071	1730	1341	2654	1524	1130	1594	974	620
31	2799	1636	1163	2273	1361	912	1804	1138	666
32	2902	1645	1257	2073	1298	775	1624	1022	602
33	3880	2209	1671	3043	1899	1144	1996	1263	733
34	3609	2126	1483	2785	1720	1065	2253	1414	839
35-39岁	**11973**	**7322**	**4651**	**9609**	**6049**	**3560**	**7394**	**4763**	**2631**
35	2554	1522	1032	1885	1153	732	1501	970	531
36	2019	1245	774	1733	1042	691	1224	758	466
37	2185	1296	889	1701	1082	619	1458	952	506
38	2901	1820	1081	2344	1496	848	1757	1113	644
39	2314	1439	875	1946	1276	670	1454	970	484
40-44岁	**7797**	**5205**	**2592**	**6339**	**4351**	**1988**	**5088**	**3494**	**1594**
40	1612	1057	555	1372	895	477	1060	707	353
41	1643	1081	562	1234	859	375	1086	717	369
42	1315	889	426	1124	773	351	838	585	253
43	1416	943	473	1193	832	361	925	644	281
44	1811	1235	576	1416	992	424	1179	841	338
45-49岁	**9659**	**6659**	**3000**	**7220**	**5092**	**2128**	**5653**	**4112**	**1541**
45	2038	1412	626	1732	1248	484	1310	973	337
46	1790	1260	530	1547	1109	438	1310	969	341
47	2025	1384	641	1290	901	389	1150	823	327
48	1905	1324	581	1306	936	370	849	613	236
49	1901	1279	622	1345	898	447	1034	734	300
50-54岁	**6984**	**4862**	**2122**	**5326**	**3759**	**1567**	**4268**	**2861**	**1407**
50	1844	1224	620	1422	943	479	1051	702	349
51	1460	1000	460	1169	804	365	995	640	355
52	1529	1080	449	1049	757	292	897	610	287
53	1054	747	307	850	628	222	612	407	205
54	1097	811	286	836	627	209	713	502	211
55-59岁	**4966**	**3680**	**1286**	**3200**	**2400**	**800**	**2518**	**1848**	**670**
55	1137	835	302	736	554	182	618	437	181
56	1055	803	252	793	623	170	595	426	169
57	1544	1156	388	786	595	191	757	568	189
58	797	562	235	552	387	165	322	235	87
59	433	324	109	333	241	92	226	182	44
60-64岁	**6519**	**5223**	**1296**	**4467**	**3581**	**886**	**3007**	**2348**	**659**
60	599	467	132	413	330	83	304	230	74
61	803	643	160	507	415	92	330	259	71
62	1493	1188	305	877	690	187	582	472	110
63	1892	1548	344	1301	1041	260	799	625	174
64	1732	1377	355	1369	1105	264	992	762	230
65岁及以上	**21334**	**15644**	**5690**	**15055**	**11349**	**3706**	**11170**	**8501**	**2669**

5－5 续表 6

单位：人

年　龄	初婚年龄								
	30岁			31岁			32岁		
	小计	男	女	小计	男	女	小计	男	女
总　计	**36239**	**24852**	**11387**	**26836**	**18533**	**8303**	**20887**	**14325**	**6562**
20岁以下									
20－24岁									
20									
21									
22									
23									
24									
25－29岁									
25									
26									
27									
28									
29									
30－34岁	**6153**	**3821**	**2332**	**3646**	**2324**	**1322**	**2084**	**1308**	**776**
30	619	373	246						
31	1114	704	410	408	253	155			
32	1294	787	507	828	527	301	301	193	108
33	1658	1024	634	1271	814	457	796	495	301
34	1468	933	535	1139	730	409	987	620	367
35－39岁	**5666**	**3622**	**2044**	**4296**	**2768**	**1528**	**3430**	**2134**	**1296**
35	1106	696	410	806	518	288	639	390	249
36	931	568	363	701	432	269	494	302	192
37	1039	681	358	817	531	286	704	440	264
38	1466	946	520	1094	701	393	875	541	334
39	1124	731	393	878	586	292	718	461	257
40－44岁	**4132**	**2846**	**1286**	**3357**	**2291**	**1066**	**2698**	**1822**	**876**
40	809	548	261	638	424	214	531	345	186
41	858	560	298	729	469	260	518	349	169
42	826	575	251	583	410	173	475	309	166
43	747	528	219	703	498	205	485	337	148
44	892	635	257	704	490	214	689	482	207
45－49岁	**4527**	**3186**	**1341**	**3711**	**2617**	**1094**	**3208**	**2231**	**977**
45	1105	788	317	901	651	250	742	519	223
46	1060	731	329	848	599	249	770	550	220
47	951	673	278	732	502	230	633	419	214
48	777	538	239	635	455	180	519	363	156
49	634	456	178	595	410	185	544	380	164
50－54岁	**3409**	**2198**	**1211**	**2610**	**1746**	**864**	**2033**	**1371**	**662**
50	732	508	224	457	321	136	479	335	144
51	727	461	266	521	357	164	292	199	93
52	818	496	322	565	376	189	353	234	119
53	593	386	207	541	340	201	377	264	113
54	539	347	192	526	352	174	532	339	193
55－59岁	**2085**	**1404**	**681**	**1804**	**1221**	**583**	**1544**	**1041**	**503**
55	562	364	198	442	280	162	374	248	126
56	525	352	173	469	327	142	380	258	122
57	556	384	172	530	353	177	481	313	168
58	283	195	88	234	167	67	194	144	50
59	159	109	50	129	94	35	115	78	37
60－64岁	**2053**	**1578**	**475**	**1420**	**1057**	**363**	**1152**	**891**	**261**
60	240	175	65	151	112	39	152	110	42
61	237	190	47	169	133	36	126	99	27
62	413	313	100	314	241	73	230	181	49
63	494	379	115	389	285	104	295	229	66
64	669	521	148	397	286	111	349	272	77
65岁及以上	**8214**	**6197**	**2017**	**5992**	**4509**	**1483**	**4738**	**3527**	**1211**

5-5 续表 7

单位：人

年　龄	初婚年龄								
	33岁			34岁			35岁		
	小计	男	女	小计	男	女	小计	男	女
总　计	**15669**	**10682**	**4987**	**12578**	**8745**	**3833**	**9949**	**6745**	**3204**
20岁以下									
20-24岁									
20									
21									
22									
23									
24									
25-29岁									
25									
26									
27									
28									
29									
30-34岁	**933**	**599**	**334**	**214**	**128**	**86**			
30									
31									
32									
33	322	208	114						
34	611	391	220	214	128	86			
35-39岁	**2689**	**1709**	**980**	**2069**	**1278**	**791**	**1480**	**901**	**579**
35	503	324	179	303	192	111	138	81	57
36	427	275	152	372	245	127	228	140	88
37	470	306	164	377	218	159	303	183	120
38	725	441	284	557	341	216	428	262	166
39	564	363	201	460	282	178	383	235	148
40-44岁	**2190**	**1430**	**760**	**1868**	**1236**	**632**	**1525**	**1016**	**509**
40	411	273	138	360	229	131	274	175	99
41	454	288	166	380	248	132	314	211	103
42	352	227	125	331	215	116	262	174	88
43	406	261	145	332	233	99	313	215	98
44	567	381	186	465	311	154	362	241	121
45-49岁	**2752**	**1905**	**847**	**2495**	**1789**	**706**	**2333**	**1588**	**745**
45	690	454	236	600	427	173	538	361	177
46	640	442	198	579	423	156	544	370	174
47	523	375	148	498	378	120	520	352	168
48	480	331	149	430	289	141	382	269	113
49	419	303	116	388	272	116	349	236	113
50-54岁	**1413**	**952**	**461**	**1194**	**855**	**339**	**1077**	**707**	**370**
50	376	265	111	345	241	104	322	206	116
51	285	185	100	254	184	70	234	158	76
52	244	169	75	246	171	75	231	148	83
53	238	158	80	153	117	36	154	101	53
54	270	175	95	196	142	54	136	94	42
55-59岁	**1315**	**889**	**426**	**1139**	**811**	**328**	**825**	**545**	**280**
55	374	235	139	222	156	66	199	132	67
56	317	210	107	344	237	107	177	114	63
57	374	273	101	350	264	86	240	161	79
58	163	104	59	140	96	44	126	84	42
59	87	67	20	83	58	25	83	54	29
60-64岁	**873**	**665**	**208**	**697**	**562**	**135**	**541**	**404**	**137**
60	99	68	31	99	79	20	88	62	26
61	111	84	27	85	68	17	84	61	23
62	155	123	32	155	127	28	107	85	22
63	235	192	43	162	129	33	139	103	36
64	273	198	75	196	159	37	123	93	30
65岁及以上	**3504**	**2533**	**971**	**2902**	**2086**	**816**	**2168**	**1584**	**584**

5－5 续表 8　　　　单位：人

年 龄	初婚年龄								
	36岁			37岁			38岁		
	小计	男	女	小计	男	女	小计	男	女
总　计	**7886**	**5346**	**2540**	**6334**	**4356**	**1978**	**5271**	**3567**	**1704**
20岁以下									
20－24岁									
20									
21									
22									
23									
24									
25－29岁									
25									
26									
27									
28									
29									
30－34岁									
30									
31									
32									
33									
34									
35－39岁	**884**	**512**	**372**	**528**	**330**	**198**	**265**	**144**	**121**
35									
36	86	51	35						
37	184	107	77	93	57	36			
38	324	179	145	221	134	87	109	58	51
39	290	175	115	214	139	75	156	86	70
40－44岁	**1255**	**842**	**413**	**1028**	**653**	**375**	**860**	**560**	**300**
40	219	141	78	163	97	66	154	89	65
41	259	190	69	195	121	74	156	101	55
42	197	126	71	207	139	68	145	96	49
43	259	170	89	208	135	73	190	130	60
44	321	215	106	255	161	94	215	144	71
45－49岁	**1911**	**1279**	**632**	**1638**	**1145**	**493**	**1368**	**920**	**448**
45	367	239	128	346	236	110	263	176	87
46	439	296	143	294	217	77	298	200	98
47	375	257	118	390	270	120	253	165	88
48	374	250	124	309	211	98	269	184	85
49	356	237	119	299	211	88	285	195	90
50－54岁	**899**	**604**	**295**	**873**	**601**	**272**	**829**	**558**	**271**
50	246	161	85	253	183	70	268	178	90
51	217	153	64	192	129	63	193	120	73
52	179	118	61	185	120	65	129	87	42
53	114	74	40	115	81	34	112	84	28
54	143	98	45	128	88	40	127	89	38
55－59岁	**632**	**424**	**208**	**425**	**298**	**127**	**397**	**282**	**115**
55	108	66	42	97	77	20	99	61	38
56	167	110	57	85	60	25	103	72	31
57	192	137	55	144	96	48	101	75	26
58	105	73	32	60	41	19	59	47	12
59	60	38	22	39	24	15	35	27	8
60－64岁	**498**	**385**	**113**	**464**	**330**	**134**	**378**	**280**	**98**
60	51	42	9	64	42	22	50	34	16
61	70	51	19	60	45	15	40	31	9
62	108	86	22	115	86	29	88	61	27
63	123	100	23	108	78	30	100	76	24
64	146	106	40	117	79	38	100	78	22
65岁及以上	**1807**	**1300**	**507**	**1378**	**999**	**379**	**1174**	**823**	**351**

5-5　续表 9　　单位：人

年　龄	初婚年龄					
	39岁			40岁及以上		
	小计	男	女	小计	男	女
总　计	**4471**	**3034**	**1437**	**27795**	**17976**	**9819**
20岁以下						
20—24岁						
20						
21						
22						
23						
24						
25—29岁						
25						
26						
27						
28						
29						
30—34岁						
30						
31						
32						
33						
34						
35—39岁	**80**	**48**	**32**			
35						
36						
37						
38						
39	80	48	32			
40—44岁	**705**	**467**	**238**	**1290**	**772**	**518**
40	123	85	38	57	26	31
41	133	84	49	172	91	81
42	117	73	44	214	129	85
43	149	94	55	326	206	120
44	183	131	52	521	320	201
45—49岁	**1176**	**798**	**378**	**5123**	**3308**	**1815**
45	242	161	81	822	534	288
46	240	157	83	1020	650	370
47	242	165	77	1053	680	373
48	188	128	60	1071	672	399
49	264	187	77	1157	772	385
50—54岁	**733**	**480**	**253**	**5159**	**3464**	**1695**
50	230	155	75	1205	811	394
51	169	94	75	1048	704	344
52	141	95	46	1121	753	368
53	98	66	32	890	579	311
54	95	70	25	895	617	278
55—59岁	**333**	**242**	**91**	**3559**	**2358**	**1201**
55	75	58	17	877	591	286
56	80	55	25	955	619	336
57	102	76	26	1002	688	314
58	48	35	13	432	271	161
59	28	18	10	293	189	104
60—64岁	**345**	**258**	**87**	**2809**	**1977**	**832**
60	41	36	5	378	268	110
61	48	35	13	368	267	101
62	77	58	19	600	421	179
63	78	55	23	727	513	214
64	101	74	27	736	508	228
65岁及以上	**1099**	**741**	**358**	**9855**	**6097**	**3758**

5-5a 全市分年龄、性别、初婚年龄的人口(城市)

单位：人

年龄	初婚年龄					
	合计			15岁以下		
	合计	男	女	小计	男	女
总计	**1095616**	**517491**	**578125**	**831**	**192**	**639**
20岁以下	**178**	**33**	**145**	**8**	**2**	**6**
20-24岁	**11617**	**3405**	**8212**	**22**	**4**	**18**
20	337	43	294	3		3
21	738	132	606	5	2	3
22	1760	414	1346	3	1	2
23	3145	960	2185	3		3
24	5637	1856	3781	8	1	7
25-29岁	**71744**	**28920**	**42824**	**42**	**17**	**25**
25	8888	3073	5815	7	1	6
26	11397	4245	7152	8	1	7
27	15041	5941	9100	10	5	5
28	17130	7189	9941	3	2	1
29	19288	8472	10816	14	8	6
30-34岁	**136685**	**63738**	**72947**	**62**	**15**	**47**
30	23791	10630	13161	10	2	8
31	24086	11092	12994	6	1	5
32	23464	10929	12535	8	3	5
33	32960	15599	17361	16	6	10
34	32384	15488	16896	22	3	19
35-39岁	**108859**	**53064**	**55795**	**51**	**15**	**36**
35	21807	10550	11257	17	7	10
36	17876	8697	9179	10	2	8
37	19802	9724	10078	10	1	9
38	27026	13177	13849	8	2	6
39	22348	10916	11432	6	3	3
40-44岁	**89423**	**43446**	**45977**	**60**	**10**	**50**
40	16150	7953	8197	10		10
41	17651	8573	9078	17	1	16
42	15172	7391	7781	9	2	7
43	17468	8472	8996	13	3	10
44	22982	11057	11925	11	4	7
45-49岁	**155686**	**76143**	**79543**	**71**	**22**	**49**
45	29604	14387	15217	25	10	15
46	31899	15520	16379	16	4	12
47	31962	15658	16304	7	3	4
48	29996	14805	15191	16	3	13
49	32225	15773	16452	7	2	5
50-54岁	**143111**	**69353**	**73758**	**85**	**18**	**67**
50	32400	15810	16590	14	2	12
51	29507	14494	15013	19	4	15
52	30407	14763	15644	25	6	19
53	23614	11257	12357	14	4	10
54	27183	13029	14154	13	2	11
55-59岁	**112483**	**53944**	**58539**	**58**	**18**	**40**
55	26585	12742	13843	18	6	12
56	28806	13868	14938	5	1	4
57	34197	16515	17682	20	6	14
58	14488	6834	7654	11	2	9
59	8407	3985	4422	4	3	1
60-64岁	**72298**	**35419**	**36879**	**50**	**13**	**37**
60	10319	4977	5342	2		2
61	10666	5238	5428	6	2	4
62	15793	7858	7935	14	5	9
63	17807	8694	9113	14	4	10
64	17713	8652	9061	14	2	12
65岁及以上	**193532**	**90026**	**103506**	**322**	**58**	**264**

5-5a　续表 1　　　　单位：人

年　龄	初婚年龄								
	15岁			16岁			17岁		
	小计	男	女	小计	男	女	小计	男	女
总　计	**3801**	**845**	**2956**	**6604**	**1334**	**5270**	**12977**	**2352**	**10625**
20岁以下	**16**	**4**	**12**	**36**	**5**	**31**	**37**	**5**	**32**
20-24岁	**86**	**18**	**68**	**165**	**28**	**137**	**250**	**55**	**195**
20	10	1	9	17	2	15	25	7	18
21	12	3	9	29	7	22	28	8	20
22	21	6	15	25	6	19	47	13	34
23	16	3	13	41	6	35	62	13	49
24	27	5	22	53	7	46	88	14	74
25-29岁	**189**	**59**	**130**	**335**	**75**	**260**	**665**	**146**	**519**
25	35	4	31	67	15	52	116	24	92
26	36	15	21	60	12	48	101	25	76
27	36	11	25	68	12	56	150	33	117
28	41	14	27	74	16	58	147	26	121
29	41	15	26	66	20	46	151	38	113
30-34岁	**408**	**124**	**284**	**517**	**146**	**371**	**893**	**206**	**687**
30	70	22	48	89	25	64	128	38	90
31	82	27	55	94	24	70	155	34	121
32	71	22	49	88	25	63	181	39	142
33	91	26	65	141	45	96	224	54	170
34	94	27	67	105	27	78	205	41	164
35-39岁	**295**	**80**	**215**	**448**	**99**	**349**	**799**	**164**	**635**
35	91	34	57	81	23	58	158	34	124
36	56	15	41	111	25	86	138	24	114
37	48	11	37	101	25	76	180	44	136
38	49	9	40	84	10	74	202	40	162
39	51	11	40	71	16	55	121	22	99
40-44岁	**248**	**77**	**171**	**347**	**87**	**260**	**667**	**150**	**517**
40	36	6	30	32	8	24	81	8	73
41	49	16	33	72	16	56	111	23	88
42	45	18	27	65	18	47	120	25	95
43	51	15	36	72	18	54	147	42	105
44	67	22	45	106	27	79	208	52	156
45-49岁	**382**	**111**	**271**	**694**	**203**	**491**	**1295**	**346**	**949**
45	101	26	75	127	39	88	257	61	196
46	94	28	66	193	59	134	244	77	167
47	70	22	48	131	31	100	282	80	202
48	55	15	40	129	46	83	271	72	199
49	62	20	42	114	28	86	241	56	185
50-54岁	**429**	**127**	**302**	**708**	**191**	**517**	**1421**	**340**	**1081**
50	87	26	61	105	29	76	209	34	175
51	113	38	75	178	54	124	273	90	183
52	86	29	57	158	43	115	378	90	288
53	70	14	56	110	29	81	270	65	205
54	73	20	53	157	36	121	291	61	230
55-59岁	**268**	**51**	**217**	**515**	**110**	**405**	**1069**	**211**	**858**
55	87	17	70	124	35	89	263	62	201
56	73	10	63	178	32	146	267	52	215
57	63	14	49	136	27	109	359	71	288
58	26	7	19	55	14	41	138	18	120
59	19	3	16	22	2	20	42	8	34
60-64岁	**178**	**34**	**144**	**253**	**52**	**201**	**449**	**90**	**359**
60	27	3	24	14	2	12	35	6	29
61	18	5	13	35	9	26	45	9	36
62	39	7	32	51	12	39	122	26	96
63	52	10	42	70	14	56	126	35	91
64	42	9	33	83	15	68	121	14	107
65岁及以上	**1302**	**160**	**1142**	**2586**	**338**	**2248**	**5432**	**639**	**4793**

5-5a 续表 2

单位：人

年龄	初婚年龄								
	18岁			19岁			20岁		
	小计	男	女	小计	男	女	小计	男	女
总 计	**23995**	**4525**	**19470**	**54818**	**10572**	**44246**	**95485**	**19795**	**75690**
20岁以下	**51**	**11**	**40**	**30**	**6**	**24**			
20-24岁	**503**	**109**	**394**	**1054**	**167**	**887**	**2035**	**299**	**1736**
20	60	13	47	112	9	103	110	11	99
21	79	18	61	155	34	121	293	38	255
22	94	19	75	205	31	174	459	66	393
23	106	23	83	247	42	205	533	90	443
24	164	36	128	335	51	284	640	94	546
25-29岁	**1184**	**247**	**937**	**2612**	**496**	**2116**	**5036**	**838**	**4198**
25	200	46	154	418	74	344	908	130	778
26	204	41	163	450	86	364	881	123	758
27	243	46	197	551	108	443	1044	164	880
28	259	58	201	570	109	461	1099	209	890
29	278	56	222	623	119	504	1104	212	892
30-34岁	**1748**	**427**	**1321**	**4058**	**834**	**3224**	**7849**	**1490**	**6359**
30	337	83	254	727	141	586	1500	269	1231
31	304	75	229	746	168	578	1477	282	1195
32	265	71	194	666	127	539	1332	252	1080
33	419	103	316	898	197	701	1750	352	1398
34	423	95	328	1021	201	820	1790	335	1455
35-39岁	**1483**	**304**	**1179**	**3389**	**547**	**2842**	**6319**	**1080**	**5239**
35	264	57	207	647	119	528	1342	237	1105
36	228	47	181	512	80	432	975	161	814
37	229	61	168	568	89	479	1061	159	902
38	408	79	329	777	124	653	1596	288	1308
39	354	60	294	885	135	750	1345	235	1110
40-44岁	**1331**	**281**	**1050**	**3564**	**602**	**2962**	**7321**	**1219**	**6102**
40	200	35	165	620	87	533	1143	201	942
41	270	47	223	638	113	525	1492	260	1232
42	215	48	167	613	91	522	1259	184	1075
43	278	67	211	675	124	551	1466	212	1254
44	368	84	284	1018	187	831	1961	362	1599
45-49岁	**2752**	**657**	**2095**	**7965**	**1518**	**6447**	**14965**	**2999**	**11966**
45	486	121	365	1376	261	1115	2661	520	2141
46	517	123	394	1517	288	1229	2907	583	2324
47	494	116	378	1601	325	1276	3111	682	2429
48	597	144	453	1505	271	1234	3079	606	2473
49	658	153	505	1966	373	1593	3207	608	2599
50-54岁	**3212**	**662**	**2550**	**9354**	**1687**	**7667**	**17657**	**3631**	**14026**
50	546	110	436	1971	338	1633	3793	789	3004
51	550	118	432	1760	325	1435	3693	816	2877
52	659	130	529	1812	343	1469	3594	710	2884
53	727	150	577	1658	257	1401	2988	580	2408
54	730	154	576	2153	424	1729	3589	736	2853
55-59岁	**2259**	**410**	**1849**	**6699**	**1183**	**5516**	**13419**	**2889**	**10530**
55	562	117	445	1853	353	1500	3763	901	2862
56	584	119	465	1692	338	1354	3564	802	2762
57	626	100	526	1831	314	1517	3566	788	2778
58	325	51	274	868	125	743	1649	273	1376
59	162	23	139	455	53	402	877	125	752
60-64岁	**716**	**136**	**580**	**1640**	**346**	**1294**	**3269**	**640**	**2629**
60	88	16	72	360	57	303	934	158	776
61	85	20	65	219	54	165	612	121	491
62	118	22	96	247	50	197	549	119	430
63	180	36	144	343	78	265	568	121	447
64	245	42	203	471	107	364	606	121	485
65岁及以上	**8756**	**1281**	**7475**	**14453**	**3186**	**11267**	**17615**	**4710**	**12905**

5-5a　续表 3　　单位：人

年　龄	初婚年龄								
	21岁			22岁			23岁		
	小计	男	女	小计	男	女	小计	男	女
总　计	**116431**	**41856**	**74575**	**139819**	**65689**	**74130**	**124283**	**59061**	**65222**
20岁以下									
20-24岁	**2338**	**601**	**1737**	**2706**	**1110**	**1596**	**1812**	**746**	**1066**
20									
21	137	22	115						
22	538	125	413	368	147	221			
23	712	198	514	947	389	558	478	196	282
24	951	256	695	1391	574	817	1334	550	784
25-29岁	**6570**	**1916**	**4654**	**9287**	**3957**	**5330**	**10287**	**4224**	**6063**
25	1123	305	818	1611	637	974	1825	718	1107
26	1183	328	855	1750	716	1034	1885	735	1150
27	1317	380	937	1945	824	1121	2140	884	1256
28	1354	393	961	1965	864	1101	2220	941	1279
29	1593	510	1083	2016	916	1100	2217	946	1271
30-34岁	**10043**	**3196**	**6847**	**13515**	**6167**	**7348**	**14066**	**6436**	**7630**
30	1720	538	1182	2372	1074	1298	2520	1066	1454
31	1813	574	1239	2220	985	1235	2564	1174	1390
32	1747	546	1201	2251	1035	1216	2271	1043	1228
33	2440	796	1644	3377	1551	1826	3399	1601	1798
34	2323	742	1581	3295	1522	1773	3312	1552	1760
35-39岁	**7305**	**2266**	**5039**	**9341**	**4051**	**5290**	**9618**	**4487**	**5131**
35	1434	468	966	1989	880	1109	2151	978	1173
36	1212	408	804	1366	606	760	1580	748	832
37	1219	388	831	1609	699	910	1643	773	870
38	1871	525	1346	2336	1001	1335	2300	1093	1207
39	1569	477	1092	2041	865	1176	1944	895	1049
40-44岁	**8171**	**2525**	**5646**	**9656**	**4263**	**5393**	**9046**	**4276**	**4770**
40	1077	311	766	1485	636	849	1494	690	804
41	1593	487	1106	1617	710	907	1664	802	862
42	1473	456	1017	1680	730	950	1294	653	641
43	1685	546	1139	2030	901	1129	1930	880	1050
44	2343	725	1618	2844	1286	1558	2664	1251	1413
45-49岁	**19234**	**7483**	**11751**	**22626**	**11545**	**11081**	**18444**	**9263**	**9181**
45	3134	1100	2034	3925	1803	2122	3431	1597	1834
46	3863	1445	2418	4367	2132	2235	3760	1852	1908
47	3996	1569	2427	4888	2512	2376	3754	1891	1863
48	3745	1513	2232	4548	2460	2088	3703	1923	1780
49	4496	1856	2640	4898	2638	2260	3796	2000	1796
50-54岁	**22082**	**9271**	**12811**	**24664**	**13592**	**11072**	**17136**	**9455**	**7681**
50	4334	1802	2532	5328	2884	2444	3722	1991	1731
51	4693	2035	2658	4706	2618	2088	3508	1910	1598
52	5186	2196	2990	5396	2991	2405	3432	1884	1548
53	3673	1515	2158	4428	2454	1974	2912	1634	1278
54	4196	1723	2473	4806	2645	2161	3562	2036	1526
55-59岁	**18067**	**7096**	**10971**	**20815**	**10789**	**10026**	**14831**	**8036**	**6795**
55	4449	1863	2586	4500	2440	2060	3222	1789	1433
56	5299	2118	3181	5268	2779	2489	3442	1921	1521
57	5573	2140	3433	7192	3699	3493	4618	2459	2159
58	1741	680	1061	2674	1324	1350	2249	1193	1056
59	1005	295	710	1181	547	634	1300	674	626
60-64岁	**5883**	**1578**	**4305**	**10028**	**3170**	**6858**	**12194**	**4662**	**7532**
60	1297	309	988	1587	551	1036	1425	692	733
61	1454	375	1079	1831	569	1262	1539	680	859
62	1373	403	970	2805	918	1887	2839	1063	1776
63	990	271	719	2282	670	1612	3773	1363	2410
64	769	220	549	1523	462	1061	2618	864	1754
65岁及以上	**16738**	**5924**	**10814**	**17181**	**7045**	**10136**	**16849**	**7476**	**9373**

5-5a 续表 4 单位：人

年龄	初婚年龄								
	24岁			25岁			26岁		
	小计	男	女	小计	男	女	小计	男	女
总计	**111609**	**57707**	**53902**	**95937**	**53923**	**42014**	**76573**	**45743**	**30830**
20岁以下									
20-24岁	**646**	**268**	**378**						
20									
21									
22									
23									
24	646	268	378						
25-29岁	**11421**	**5059**	**6362**	**9916**	**4566**	**5350**	**7375**	**3665**	**3710**
25	1752	781	971	826	338	488			
26	2201	957	1244	1812	812	1000	826	394	432
27	2411	1059	1352	2430	1070	1360	1894	940	954
28	2471	1096	1375	2335	1119	1216	2337	1134	1203
29	2586	1166	1420	2513	1227	1286	2318	1197	1121
30-34岁	**15178**	**7167**	**8011**	**16007**	**7748**	**8259**	**14642**	**7526**	**7116**
30	2935	1364	1571	3055	1450	1605	2688	1368	1320
31	2658	1230	1428	3090	1483	1607	2786	1419	1367
32	2686	1218	1468	2700	1324	1376	2502	1274	1228
33	3401	1616	1785	3850	1833	2017	3348	1727	1621
34	3498	1739	1759	3312	1658	1654	3318	1738	1580
35-39岁	**10331**	**5100**	**5231**	**10879**	**5699**	**5180**	**10355**	**5676**	**4679**
35	2232	1092	1140	2265	1201	1064	2066	1124	942
36	1742	833	909	1830	950	880	1785	933	852
37	1831	912	919	2121	1084	1037	1973	1046	927
38	2486	1263	1223	2571	1347	1224	2613	1454	1159
39	2040	1000	1040	2092	1117	975	1918	1119	799
40-44岁	**8151**	**4165**	**3986**	**6988**	**3906**	**3082**	**6148**	**3677**	**2471**
40	1482	740	742	1459	794	665	1354	790	564
41	1646	853	793	1465	786	679	1262	764	498
42	1284	651	633	1255	704	551	980	593	387
43	1366	712	654	1348	769	579	1208	692	516
44	2373	1209	1164	1461	853	608	1344	838	506
45-49岁	**14879**	**7958**	**6921**	**11415**	**6703**	**4712**	**8175**	**5130**	**3045**
45	2913	1530	1383	2299	1340	959	1413	891	522
46	3057	1562	1495	2476	1436	1040	1806	1122	684
47	3012	1585	1427	2278	1314	964	1795	1132	663
48	2731	1509	1222	2170	1301	869	1579	974	605
49	3166	1772	1394	2192	1312	880	1582	1011	571
50-54岁	**11769**	**6976**	**4793**	**8178**	**5293**	**2885**	**5596**	**3820**	**1776**
50	2953	1697	1256	2307	1407	900	1502	983	519
51	2424	1399	1025	1715	1132	583	1251	827	424
52	2463	1437	1026	1651	1070	581	1184	808	376
53	1697	1042	655	1242	824	418	733	541	192
54	2232	1401	831	1263	860	403	926	661	265
55-59岁	**9989**	**6045**	**3944**	**6661**	**4456**	**2205**	**4137**	**2874**	**1263**
55	2350	1432	918	1475	982	493	778	561	217
56	2322	1403	919	1690	1147	543	1057	735	322
57	2825	1695	1130	1983	1312	671	1305	912	393
58	1431	864	567	877	595	282	590	385	205
59	1061	651	410	636	420	216	407	281	126
60-64岁	**11346**	**5849**	**5497**	**8039**	**5198**	**2841**	**5355**	**3877**	**1478**
60	1378	862	516	1008	709	299	601	436	165
61	1264	730	534	1088	778	310	758	578	180
62	2176	1149	1027	1561	1084	477	1171	888	283
63	2859	1416	1443	1921	1200	721	1289	942	347
64	3669	1692	1977	2461	1427	1034	1536	1033	503
65岁及以上	**17899**	**9120**	**8779**	**17854**	**10354**	**7500**	**14790**	**9498**	**5292**

5-5a　续表 5　　　　单位：人

年　龄	初婚年龄								
	27岁			28岁			29岁		
	小计	男	女	小计	男	女	小计	男	女
总　计	**57952**	**36846**	**21106**	**42554**	**28235**	**14319**	**30692**	**20914**	**9778**
20岁以下									
20-24岁									
20									
21									
22									
23									
24									
25-29岁	**4434**	**2290**	**2144**	**1949**	**1081**	**868**	**442**	**284**	**158**
25									
26									
27	802	405	397						
28	1646	864	782	609	344	265			
29	1986	1021	965	1340	737	603	442	284	158
30-34岁	**11957**	**6611**	**5346**	**9535**	**5664**	**3871**	**6795**	**4177**	**2618**
30	2183	1189	994	1904	1074	830	1129	675	454
31	2032	1145	887	1694	996	698	1285	797	488
32	2139	1154	985	1560	952	608	1224	763	461
33	2870	1566	1304	2289	1385	904	1474	907	567
34	2733	1557	1176	2088	1257	831	1683	1035	648
35-39岁	**9116**	**5335**	**3781**	**7439**	**4538**	**2901**	**5783**	**3659**	**2124**
35	1944	1098	846	1444	872	572	1141	730	411
36	1569	953	616	1379	813	566	979	589	390
37	1663	938	725	1341	816	525	1170	757	413
38	2227	1332	895	1797	1098	699	1379	856	523
39	1713	1014	699	1478	939	539	1114	727	387
40-44岁	**5355**	**3394**	**1961**	**4416**	**2924**	**1492**	**3597**	**2411**	**1186**
40	1189	746	443	1017	656	361	781	518	263
41	1155	725	430	875	583	292	793	503	290
42	897	567	330	820	543	277	593	405	188
43	938	598	340	803	536	267	651	441	210
44	1176	758	418	901	606	295	779	544	235
45-49岁	**5929**	**3948**	**1981**	**4441**	**3031**	**1410**	**3523**	**2485**	**1038**
45	1272	839	433	1093	770	323	857	613	244
46	1116	758	358	918	635	283	836	598	238
47	1205	794	411	799	520	279	712	504	208
48	1183	796	387	785	546	239	503	355	148
49	1153	761	392	846	560	286	615	415	200
50-54岁	**3897**	**2720**	**1177**	**3038**	**2177**	**861**	**2370**	**1633**	**737**
50	1101	732	369	838	561	277	604	413	191
51	828	559	269	710	506	204	592	393	199
52	866	623	243	600	440	160	505	355	150
53	551	394	157	454	346	108	312	213	99
54	551	412	139	436	324	112	357	259	98
55-59岁	**2751**	**2008**	**743**	**1761**	**1339**	**422**	**1364**	**1025**	**339**
55	610	445	165	385	287	98	313	228	85
56	589	451	138	456	359	97	315	230	85
57	898	648	250	436	350	86	436	333	103
58	401	278	123	285	198	87	163	126	37
59	253	186	67	199	145	54	137	108	29
60-64岁	**3509**	**2686**	**823**	**2368**	**1868**	**500**	**1520**	**1179**	**341**
60	346	265	81	236	188	48	163	125	38
61	464	371	93	303	239	64	190	141	49
62	795	613	182	477	375	102	302	243	59
63	978	758	220	672	528	144	378	295	83
64	926	679	247	680	538	142	487	375	112
65岁及以上	**11004**	**7854**	**3150**	**7607**	**5613**	**1994**	**5298**	**4061**	**1237**

5-5a 续表 6 单位：人

年　龄	初婚年龄								
	30岁			31岁			32岁		
	小计	男	女	小计	男	女	小计	男	女
总　计	**22273**	**15047**	**7226**	**16135**	**10964**	**5171**	**12279**	**8245**	**4034**
20岁以下									
20-24岁									
20									
21									
22									
23									
24									
25-29岁									
25									
26									
27									
28									
29									
30-34岁	**4486**	**2740**	**1746**	**2623**	**1642**	**981**	**1481**	**901**	**580**
30	424	252	172						
31	794	509	285	286	169	117			
32	961	573	388	607	379	228	205	129	76
33	1245	754	491	908	574	334	596	363	233
34	1062	652	410	822	520	302	680	409	271
35-39岁	**4300**	**2742**	**1558**	**3216**	**2064**	**1152**	**2530**	**1578**	**952**
35	813	513	300	592	378	214	456	280	176
36	709	437	272	518	325	193	349	212	137
37	791	524	267	631	409	222	537	340	197
38	1131	715	416	815	516	299	647	404	243
39	856	553	303	660	436	224	541	342	199
40-44岁	**2934**	**2004**	**930**	**2377**	**1587**	**790**	**1862**	**1244**	**618**
40	591	399	192	478	313	165	389	250	139
41	617	405	212	524	331	193	363	242	121
42	574	392	182	426	297	129	331	218	113
43	535	379	156	490	339	151	330	230	100
44	617	429	188	459	307	152	449	304	145
45-49岁	**2760**	**1905**	**855**	**2345**	**1631**	**714**	**2019**	**1383**	**636**
45	687	484	203	597	423	174	489	338	151
46	643	431	212	539	372	167	503	345	158
47	577	391	186	453	311	142	378	246	132
48	475	331	144	411	282	129	311	216	95
49	378	268	110	345	243	102	338	238	100
50-54岁	**1933**	**1271**	**662**	**1391**	**951**	**440**	**1113**	**748**	**365**
50	436	294	142	265	188	77	287	195	92
51	450	287	163	301	221	80	151	104	47
52	450	280	170	323	220	103	196	133	63
53	317	221	96	264	167	97	187	127	60
54	280	189	91	238	155	83	292	189	103
55-59岁	**1111**	**776**	**335**	**934**	**647**	**287**	**831**	**573**	**258**
55	273	179	94	221	138	83	201	135	66
56	291	204	87	245	179	66	205	143	62
57	320	229	91	278	188	90	265	174	91
58	139	100	39	116	85	31	97	78	19
59	88	64	24	74	57	17	63	43	20
60-64岁	**1018**	**762**	**256**	**680**	**510**	**170**	**568**	**428**	**140**
60	135	99	36	91	68	23	86	60	26
61	129	100	29	85	65	20	70	52	18
62	215	167	48	149	116	33	122	98	24
63	224	163	61	173	129	44	136	103	33
64	315	233	82	182	132	50	154	115	39
65岁及以上	**3731**	**2847**	**884**	**2569**	**1932**	**637**	**1875**	**1390**	**485**

5-5a　续表 7　　　　单位：人

年　龄	初婚年龄								
	33岁			34岁			35岁		
	小计	男	女	小计	男	女	小计	男	女
总　计	**9252**	**6201**	**3051**	**7251**	**4937**	**2314**	**5799**	**3886**	**1913**
20岁以下									
20-24岁									
20									
21									
22									
23									
24									
25-29岁									
25									
26									
27									
28									
29									
30-34岁	**666**	**426**	**240**	**156**	**95**	**61**			
30									
31									
32									
33	224	143	81						
34	442	283	159	156	95	61			
35-39岁	**2011**	**1269**	**742**	**1507**	**916**	**591**	**1076**	**654**	**422**
35	365	228	137	221	139	82	94	58	36
36	335	223	112	276	182	94	162	98	64
37	353	223	130	278	155	123	232	147	85
38	544	331	213	408	240	168	313	191	122
39	414	264	150	324	200	124	275	160	115
40-44岁	**1505**	**983**	**522**	**1273**	**832**	**441**	**1041**	**686**	**355**
40	305	206	99	260	155	105	177	111	66
41	312	194	118	270	170	100	232	152	80
42	245	158	87	229	151	78	186	122	64
43	271	175	96	218	155	63	212	144	68
44	372	250	122	296	201	95	234	157	77
45-49岁	**1693**	**1137**	**556**	**1561**	**1103**	**458**	**1495**	**1008**	**487**
45	440	276	164	386	271	115	350	233	117
46	402	262	140	375	267	108	341	226	115
47	325	226	99	308	232	76	345	242	103
48	275	190	85	273	185	88	246	169	77
49	251	183	68	219	148	71	213	138	75
50-54岁	**810**	**545**	**265**	**675**	**481**	**194**	**591**	**377**	**214**
50	233	168	65	214	142	72	192	117	75
51	168	106	62	149	105	44	137	96	41
52	147	104	43	132	93	39	126	77	49
53	128	84	44	79	62	17	78	47	31
54	134	83	51	101	79	22	58	40	18
55-59岁	**735**	**497**	**238**	**606**	**436**	**170**	**461**	**313**	**148**
55	194	124	70	124	89	35	107	75	32
56	169	109	60	164	117	47	105	67	38
57	234	170	64	190	141	49	124	85	39
58	85	52	33	83	56	27	68	45	23
59	53	42	11	45	33	12	57	41	16
60-64岁	**425**	**316**	**109**	**336**	**262**	**74**	**267**	**200**	**67**
60	58	38	20	54	40	14	53	39	14
61	55	43	12	49	39	10	49	37	12
62	73	58	15	75	62	13	45	34	11
63	108	87	21	69	53	16	57	42	15
64	131	90	41	89	68	21	63	48	15
65岁及以上	**1407**	**1028**	**379**	**1137**	**812**	**325**	**868**	**648**	**220**

5-5a 续表 8　　单位：人

年 龄	初婚年龄								
	36岁			37岁			38岁		
	小计	男	女	小计	男	女	小计	男	女
总 计	**4575**	**3021**	**1554**	**3612**	**2449**	**1163**	**2960**	**2017**	**943**
20岁以下									
20-24岁									
20									
21									
22									
23									
24									
25-29岁									
25									
26									
27									
28									
29									
30-34岁									
30									
31									
32									
33									
34									
35-39岁	**668**	**382**	**286**	**374**	**230**	**144**	**184**	**102**	**82**
35									
36	55	33	22						
37	147	83	64	66	40	26			
38	243	129	114	151	92	59	70	38	32
39	223	137	86	157	98	59	114	64	50
40-44岁	**877**	**577**	**300**	**703**	**440**	**263**	**568**	**370**	**198**
40	159	95	64	117	70	47	106	58	48
41	182	129	53	139	87	52	104	66	38
42	132	85	47	151	100	51	94	65	29
43	171	112	59	134	87	47	140	96	44
44	233	156	77	162	96	66	124	85	39
45-49岁	**1202**	**785**	**417**	**1042**	**711**	**331**	**892**	**597**	**295**
45	240	152	88	229	156	73	169	113	56
46	267	176	91	182	131	51	202	134	68
47	230	150	80	246	167	79	170	112	58
48	243	160	83	186	120	66	169	114	55
49	222	147	75	199	137	62	182	124	58
50-54岁	**543**	**362**	**181**	**505**	**353**	**152**	**492**	**337**	**155**
50	165	105	60	155	107	48	159	108	51
51	147	102	45	114	84	30	121	75	46
52	97	65	32	111	73	38	80	55	25
53	64	39	25	58	39	19	65	48	17
54	70	51	19	67	50	17	67	51	16
55-59岁	**356**	**236**	**120**	**245**	**182**	**63**	**217**	**162**	**55**
55	56	32	24	54	42	12	57	39	18
56	103	66	37	45	35	10	52	38	14
57	109	79	30	89	63	26	54	42	12
58	56	40	16	33	26	7	34	27	7
59	32	19	13	24	16	8	20	16	4
60-64岁	**228**	**174**	**54**	**210**	**155**	**55**	**175**	**133**	**42**
60	28	25	3	31	21	10	28	20	8
61	37	26	11	29	23	6	21	15	6
62	44	35	9	54	43	11	38	30	8
63	49	36	13	49	36	13	43	33	10
64	70	52	18	47	32	15	45	35	10
65岁及以上	**701**	**505**	**196**	**533**	**378**	**155**	**432**	**316**	**116**

5-5a　续表 9　　　　单位：人

年　龄	初婚年龄					
	39岁			40岁及以上		
	小计	男	女	小计	男	女
总　计	**2456**	**1665**	**791**	**14663**	**9470**	**5193**
20岁以下						
20-24岁						
20						
21						
22						
23						
24						
25-29岁						
25						
26						
27						
28						
29						
30-34岁						
30						
31						
32						
33						
34						
35-39岁	**42**	**27**	**15**			
35						
36						
37						
38						
39	42	27	15			
40-44岁	**466**	**311**	**155**	**751**	**445**	**306**
40	77	55	22	31	15	16
41	92	58	34	97	50	47
42	70	42	28	132	73	59
43	107	70	37	199	129	70
44	120	86	34	292	178	114
45-49岁	**743**	**486**	**257**	**3144**	**1995**	**1149**
45	142	90	52	505	330	175
46	149	89	60	609	385	224
47	158	105	53	637	396	241
48	120	81	39	688	423	265
49	174	121	53	705	461	244
50-54岁	**449**	**295**	**154**	**3013**	**2040**	**973**
50	147	102	45	733	486	247
51	105	56	49	651	434	217
52	85	56	29	665	452	213
53	55	38	17	480	323	157
54	57	43	14	484	345	139
55-59岁	**182**	**135**	**47**	**2142**	**1447**	**695**
55	38	29	9	508	342	166
56	38	26	12	588	387	201
57	59	46	13	608	430	178
58	32	24	8	262	168	94
59	15	10	5	176	120	56
60-64岁	**169**	**128**	**41**	**1425**	**973**	**452**
60	27	24	3	227	164	63
61	22	16	6	209	141	68
62	38	28	10	301	210	91
63	39	28	11	365	243	122
64	43	32	11	323	215	108
65岁及以上	**405**	**283**	**122**	**4188**	**2570**	**1618**

5-5b 全市分年龄、性别、初婚年龄的人口(镇)

单位：人

年龄	初婚年龄					
	合计			15岁以下		
	合计	男	女	小计	男	女
总计	**417485**	**197589**	**219896**	**611**	**126**	**485**
20岁以下	**137**	**16**	**121**	**9**	**1**	**8**
20-24岁	**5128**	**1411**	**3717**	**14**	**4**	**10**
20	194	28	166			
21	359	64	295	4	1	3
22	856	204	652	4	1	3
23	1458	423	1035	3	1	2
24	2261	692	1569	3	1	2
25-29岁	**23977**	**9727**	**14250**	**31**	**6**	**25**
25	3429	1258	2171	4	1	3
26	3962	1477	2485	8		8
27	5201	2056	3145	6	1	5
28	5392	2336	3056	3	2	1
29	5993	2600	3393	10	2	8
30-34岁	**39631**	**18253**	**21378**	**71**	**16**	**55**
30	7186	3211	3975	9	4	5
31	7227	3229	3998	11	4	7
32	6950	3207	3743	18	5	13
33	9264	4302	4962	17	1	16
34	9004	4304	4700	16	2	14
35-39岁	**31692**	**15306**	**16386**	**39**	**8**	**31**
35	6367	3056	3311	15	2	13
36	5194	2415	2779	6		6
37	5849	2830	3019	6	2	4
38	7719	3792	3927	7	1	6
39	6563	3213	3350	5	3	2
40-44岁	**31683**	**14933**	**16750**	**57**	**16**	**41**
40	4865	2293	2572	4		4
41	5840	2696	3144	13	4	9
42	5230	2425	2805	10	2	8
43	6615	3142	3473	16	5	11
44	9133	4377	4756	14	5	9
45-49岁	**64742**	**31325**	**33417**	**54**	**8**	**46**
45	12010	5627	6383	11	2	9
46	13516	6574	6942	14	3	11
47	13818	6710	7108	9	1	8
48	12549	6142	6407	11	1	10
49	12849	6272	6577	9	1	8
50-54岁	**60394**	**29487**	**30907**	**45**	**13**	**32**
50	13217	6489	6728	9	3	6
51	11965	5801	6164	7	3	4
52	12834	6307	6527	14	3	11
53	10647	5109	5538	4		4
54	11731	5781	5950	11	4	7
55-59岁	**45097**	**21972**	**23125**	**23**	**3**	**20**
55	11331	5576	5755	9	2	7
56	11404	5485	5919	7	1	6
57	12604	6270	6334	3		3
58	6630	3155	3475	3		3
59	3128	1486	1642	1		1
60-64岁	**24406**	**12411**	**11995**	**46**	**6**	**40**
60	3344	1702	1642	5		5
61	3327	1745	1582	9		9
62	5197	2641	2556	10	3	7
63	6223	3170	3053	12	2	10
64	6315	3153	3162	10	1	9
65岁及以上	**90598**	**42748**	**47850**	**222**	**45**	**177**

5-5b　续表 1　　　　单位：人

年　龄	初婚年龄								
	15岁			16岁			17岁		
	小计	男	女	小计	男	女	小计	男	女
总　计	**2460**	**466**	**1994**	**4541**	**859**	**3682**	**8815**	**1708**	**7107**
20岁以下	**20**	**1**	**19**	**24**	**1**	**23**	**36**	**5**	**31**
20-24岁	**73**	**14**	**59**	**154**	**32**	**122**	**259**	**64**	**195**
20	5		5	12	3	9	31	6	25
21	9	1	8	23	3	20	30	7	23
22	20	6	14	36	7	29	56	15	41
23	16	2	14	38	10	28	70	21	49
24	23	5	18	45	9	36	72	15	57
25-29岁	**140**	**22**	**118**	**279**	**46**	**233**	**571**	**112**	**459**
25	30	3	27	55	7	48	96	21	75
26	27	3	24	57	8	49	100	19	81
27	30	4	26	58	12	46	125	16	109
28	27	6	21	60	9	51	113	21	92
29	26	6	20	49	10	39	137	35	102
30-34岁	**220**	**45**	**175**	**383**	**81**	**302**	**707**	**148**	**559**
30	43	9	34	66	15	51	115	27	88
31	24	6	18	77	17	60	148	29	119
32	35	3	32	73	11	62	129	30	99
33	62	15	47	92	22	70	169	25	144
34	56	12	44	75	16	59	146	37	109
35-39岁	**179**	**28**	**151**	**275**	**48**	**227**	**556**	**85**	**471**
35	54	5	49	60	11	49	111	26	85
36	38	9	29	59	14	45	82	15	67
37	37	4	33	66	9	57	138	18	120
38	25	6	19	52	8	44	132	16	116
39	25	4	21	38	6	32	93	10	83
40-44岁	**178**	**43**	**135**	**290**	**69**	**221**	**473**	**98**	**375**
40	22	3	19	40	9	31	52	11	41
41	36	9	27	70	13	57	100	22	78
42	40	12	28	52	12	40	92	16	76
43	42	9	33	60	11	49	104	22	82
44	38	10	28	68	24	44	125	27	98
45-49岁	**248**	**63**	**185**	**441**	**103**	**338**	**904**	**240**	**664**
45	57	14	43	90	26	64	185	41	144
46	56	14	42	124	28	96	173	53	120
47	48	14	34	92	18	74	227	54	173
48	49	15	34	73	22	51	168	56	112
49	38	6	32	62	9	53	151	36	115
50-54岁	**228**	**63**	**165**	**420**	**105**	**315**	**846**	**190**	**656**
50	44	13	31	84	22	62	132	31	101
51	45	11	34	98	24	74	165	41	124
52	46	7	39	101	27	74	220	45	175
53	40	13	27	64	16	48	173	42	131
54	53	19	34	73	16	57	156	31	125
55-59岁	**157**	**26**	**131**	**343**	**57**	**286**	**584**	**86**	**498**
55	44	12	32	79	18	61	146	30	116
56	41	8	33	110	20	90	128	19	109
57	41	1	40	103	11	92	191	24	167
58	24	2	22	38	7	31	75	6	69
59	7	3	4	13	1	12	44	7	37
60-64岁	**107**	**21**	**86**	**164**	**28**	**136**	**324**	**66**	**258**
60	6	1	5	19	4	15	22	7	15
61	21	6	15	17	3	14	34	5	29
62	12		12	29	4	25	84	16	68
63	35	8	27	53	10	43	77	15	62
64	33	6	27	46	7	39	107	23	84
65岁及以上	**910**	**140**	**770**	**1768**	**289**	**1479**	**3555**	**614**	**2941**

5－5b 续表 2 单位：人

年龄	初婚年龄								
	18岁			19岁			20岁		
	小计	男	女	小计	男	女	小计	男	女
总 计	**15448**	**3203**	**12245**	**31151**	**7169**	**23982**	**50984**	**13335**	**37649**
20岁以下	**34**	**7**	**27**	**14**	**1**	**13**			
20－24岁	**392**	**77**	**315**	**634**	**129**	**505**	**1044**	**156**	**888**
20	40	7	33	59	7	52	47	5	42
21	35	8	27	81	15	66	119	14	105
22	93	23	70	117	23	94	240	36	204
23	92	14	78	170	41	129	280	45	235
24	132	25	107	207	43	164	358	56	302
25－29岁	**906**	**224**	**682**	**1597**	**401**	**1196**	**2493**	**584**	**1909**
25	146	33	113	275	62	213	397	89	308
26	156	32	124	261	53	208	429	93	336
27	204	45	159	328	95	233	562	132	430
28	208	65	143	340	82	258	565	140	425
29	192	49	143	393	109	284	540	130	410
30－34岁	**1208**	**270**	**938**	**2331**	**550**	**1781**	**3942**	**989**	**2953**
30	229	52	177	435	105	330	672	143	529
31	201	41	160	424	95	329	815	213	602
32	197	44	153	410	109	301	756	180	576
33	283	73	210	512	129	383	874	237	637
34	298	60	238	550	112	438	825	216	609
35－39岁	**976**	**169**	**807**	**1835**	**355**	**1480**	**3017**	**709**	**2308**
35	193	36	157	355	77	278	613	160	453
36	160	27	133	279	42	237	517	119	398
37	160	33	127	330	54	276	541	134	407
38	252	34	218	445	100	345	752	174	578
39	211	39	172	426	82	344	594	122	472
40－44岁	**895**	**181**	**714**	**2183**	**433**	**1750**	**3683**	**795**	**2888**
40	139	28	111	337	60	277	543	93	450
41	149	31	118	357	61	296	737	157	580
42	138	20	118	369	67	302	596	123	473
43	223	46	177	470	100	370	723	161	562
44	246	56	190	650	145	505	1084	261	823
45－49岁	**1782**	**431**	**1351**	**4408**	**992**	**3416**	**7747**	**1906**	**5841**
45	325	84	241	787	172	615	1507	334	1173
46	368	88	280	894	201	693	1628	425	1203
47	377	98	279	987	227	760	1532	376	1156
48	348	69	279	824	173	651	1548	391	1157
49	364	92	272	916	219	697	1532	380	1152
50－54岁	**1775**	**387**	**1388**	**4642**	**950**	**3692**	**8692**	**2113**	**6579**
50	347	73	274	1002	202	800	1950	474	1476
51	328	83	245	868	193	675	1725	428	1297
52	361	86	275	888	179	709	1787	402	1385
53	368	72	296	850	160	690	1508	374	1134
54	371	73	298	1034	216	818	1722	435	1287
55－59岁	**1367**	**253**	**1114**	**3446**	**679**	**2767**	**6427**	**1616**	**4811**
55	283	64	219	895	192	703	1726	450	1276
56	369	72	297	861	176	685	1657	434	1223
57	346	76	270	891	191	700	1612	439	1173
58	266	30	236	548	99	449	998	213	785
59	103	11	92	251	21	230	434	80	354
60－64岁	**516**	**89**	**427**	**1022**	**202**	**820**	**1886**	**474**	**1412**
60	64	6	58	167	24	143	406	76	330
61	49	6	43	121	24	97	320	88	232
62	86	21	65	193	38	155	367	92	275
63	152	31	121	217	47	170	355	106	249
64	165	25	140	324	69	255	438	112	326
65岁及以上	**5597**	**1115**	**4482**	**9039**	**2477**	**6562**	**12053**	**3993**	**8060**

5-5b 续表 3

单位：人

年龄	初婚年龄								
	21岁			22岁			23岁		
	小计	男	女	小计	男	女	小计	男	女
总　计	**56123**	**23025**	**33098**	**61021**	**32029**	**28992**	**46791**	**25536**	**21255**
20岁以下									
20-24岁	**953**	**276**	**677**	**907**	**358**	**549**	**523**	**227**	**296**
20									
21	58	15	43						
22	176	47	129	114	46	68			
23	329	94	235	310	126	184	150	69	81
24	390	120	270	483	186	297	373	158	215
25-29岁	**2840**	**980**	**1860**	**3440**	**1628**	**1812**	**3257**	**1419**	**1838**
25	476	147	329	629	296	333	641	282	359
26	528	176	352	620	284	336	525	227	298
27	637	218	419	714	322	392	658	285	373
28	576	218	358	696	343	353	712	311	401
29	623	221	402	781	383	398	721	314	407
30-34岁	**4455**	**1687**	**2768**	**5199**	**2571**	**2628**	**4295**	**2167**	**2128**
30	758	286	472	960	446	514	737	354	383
31	830	325	505	845	421	424	818	394	424
32	771	296	475	922	467	455	671	339	332
33	1116	400	716	1210	602	608	1064	547	517
34	980	380	600	1262	635	627	1005	533	472
35-39岁	**3348**	**1250**	**2098**	**3949**	**1994**	**1955**	**3649**	**2023**	**1626**
35	651	231	420	781	414	367	811	445	366
36	609	233	376	645	318	327	559	310	249
37	587	225	362	768	382	386	622	358	264
38	815	295	520	934	474	460	899	503	396
39	686	266	420	821	406	415	758	407	351
40-44岁	**3884**	**1439**	**2445**	**4285**	**2062**	**2223**	**3439**	**1799**	**1640**
40	479	183	296	562	260	302	527	283	244
41	733	273	460	632	295	337	620	322	298
42	637	217	420	746	367	379	480	239	241
43	830	318	512	1000	486	514	763	407	356
44	1205	448	757	1345	654	691	1049	548	501
45-49岁	**9804**	**4063**	**5741**	**10744**	**5805**	**4939**	**7665**	**4206**	**3459**
45	1665	632	1033	1756	846	910	1447	777	670
46	2104	862	1242	2207	1204	1003	1477	781	696
47	2079	925	1154	2498	1366	1132	1621	869	752
48	1862	774	1088	2116	1189	927	1582	914	668
49	2094	870	1224	2167	1200	967	1538	865	673
50-54岁	**10160**	**4562**	**5598**	**10754**	**6351**	**4403**	**6965**	**4270**	**2695**
50	1890	863	1027	2350	1377	973	1523	924	599
51	2179	983	1196	1897	1088	809	1358	808	550
52	2287	1049	1238	2405	1461	944	1378	838	540
53	1868	791	1077	2019	1178	841	1239	771	468
54	1936	876	1060	2083	1247	836	1467	929	538
55-59岁	**7808**	**3451**	**4357**	**8321**	**4778**	**3543**	**5617**	**3438**	**2179**
55	2036	916	1120	1979	1180	799	1379	829	550
56	2176	971	1205	2058	1160	898	1263	750	513
57	2212	992	1220	2674	1514	1160	1582	993	589
58	908	406	502	1120	636	484	995	606	389
59	476	166	310	490	288	202	398	260	138
60-64岁	**2615**	**843**	**1772**	**3848**	**1572**	**2276**	**3841**	**1850**	**1991**
60	512	149	363	562	309	253	435	280	155
61	537	160	377	551	229	322	454	275	179
62	590	187	403	1011	377	634	773	375	398
63	540	183	357	973	373	600	1232	548	684
64	436	164	272	751	284	467	947	372	575
65岁及以上	**10256**	**4474**	**5782**	**9574**	**4910**	**4664**	**7540**	**4137**	**3403**

5—5b 续表 4 单位：人

年龄	初婚年龄								
	24岁			25岁			26岁		
	小计	男	女	小计	男	女	小计	男	女
总计	**36676**	**21797**	**14879**	**27388**	**17377**	**10011**	**19292**	**12782**	**6510**
20岁以下									
20—24岁	**175**	**74**	**101**						
20									
21									
22									
23									
24	175	74	101						
25—29岁	**3110**	**1490**	**1620**	**2413**	**1216**	**1197**	**1571**	**835**	**736**
25	489	235	254	191	82	109			
26	646	293	353	428	204	224	177	85	92
27	689	325	364	627	311	316	408	210	198
28	597	319	278	578	303	275	489	274	215
29	689	318	371	589	316	273	497	266	231
30—34岁	**3953**	**2128**	**1825**	**3419**	**1912**	**1507**	**2824**	**1646**	**1178**
30	800	435	365	720	394	326	541	309	232
31	724	380	344	666	346	320	545	299	246
32	742	398	344	608	328	280	475	281	194
33	824	412	412	750	426	324	657	389	268
34	863	503	360	675	418	257	606	368	238
35—39岁	**3177**	**1860**	**1317**	**2544**	**1586**	**958**	**1964**	**1251**	**713**
35	593	343	250	536	330	206	375	215	160
36	556	305	251	394	237	157	311	198	113
37	580	338	242	489	307	182	400	249	151
38	745	456	289	613	388	225	499	332	167
39	703	418	285	512	324	188	379	257	122
40—44岁	**2690**	**1572**	**1118**	**2068**	**1304**	**764**	**1682**	**1125**	**557**
40	461	263	198	388	242	146	326	214	112
41	520	301	219	399	235	164	346	230	116
42	429	247	182	347	220	127	285	193	92
43	483	297	186	438	280	158	317	210	107
44	797	464	333	496	327	169	408	278	130
45—49岁	**5670**	**3296**	**2374**	**3813**	**2319**	**1494**	**2579**	**1708**	**871**
45	1037	606	431	777	477	300	409	280	129
46	1190	672	518	768	478	290	582	380	202
47	1156	660	496	817	476	341	555	376	179
48	1134	658	476	726	431	295	546	348	198
49	1153	700	453	725	457	268	487	324	163
50—54岁	**4596**	**2968**	**1628**	**3004**	**2014**	**990**	**1942**	**1348**	**594**
50	1124	680	444	773	484	289	468	322	146
51	925	594	331	665	438	227	446	318	128
52	971	635	336	607	413	194	419	285	134
53	660	433	227	507	363	144	298	207	91
54	916	626	290	452	316	136	311	216	95
55—59岁	**3542**	**2408**	**1134**	**2234**	**1561**	**673**	**1266**	**912**	**354**
55	897	601	296	584	407	177	284	201	83
56	897	585	312	534	379	155	333	244	89
57	893	609	284	606	420	186	336	236	100
58	546	382	164	321	232	89	213	155	58
59	309	231	78	189	123	66	100	76	24
60—64岁	**3114**	**1946**	**1168**	**2112**	**1561**	**551**	**1309**	**1046**	**263**
60	361	262	99	278	204	74	149	113	36
61	384	287	97	256	210	46	184	143	41
62	572	392	180	418	321	97	297	245	52
63	763	437	326	528	386	142	321	262	59
64	1034	568	466	632	440	192	358	283	75
65岁及以上	**6649**	**4055**	**2594**	**5781**	**3904**	**1877**	**4155**	**2911**	**1244**

5-5b　续表 5　　　　单位：人

年　龄	初婚年龄								
	27岁			28岁			29岁		
	小计	男	女	小计	男	女	小计	男	女
总　计	**13534**	**9382**	**4152**	**9570**	**6736**	**2834**	**7021**	**4866**	**2155**
20岁以下									
20-24岁									
20									
21									
22									
23									
24									
25-29岁	**848**	**485**	**363**	**382**	**221**	**161**	**99**	**58**	**41**
25									
26									
27	155	80	75						
28	300	170	130	128	73	55			
29	393	235	158	254	148	106	99	58	41
30-34岁	**2190**	**1309**	**881**	**1628**	**1010**	**618**	**1165**	**724**	**441**
30	424	228	196	387	226	161	207	127	80
31	365	230	135	282	161	121	240	149	91
32	411	244	167	260	171	89	189	119	70
33	523	322	201	360	237	123	253	156	97
34	467	285	182	339	215	124	276	173	103
35-39岁	**1515**	**991**	**524**	**1122**	**766**	**356**	**852**	**570**	**282**
35	332	224	108	215	125	90	198	126	72
36	250	149	101	190	119	71	140	100	40
37	279	176	103	191	140	51	154	103	51
38	352	241	111	287	206	81	191	125	66
39	302	201	101	239	176	63	169	116	53
40-44岁	**1201**	**862**	**339**	**954**	**675**	**279**	**719**	**502**	**217**
40	214	146	68	165	108	57	146	94	52
41	235	164	71	188	134	54	129	90	39
42	202	154	48	152	109	43	124	81	43
43	237	165	72	203	145	58	120	88	32
44	313	233	80	246	179	67	200	149	51
45-49岁	**1733**	**1226**	**507**	**1279**	**925**	**354**	**926**	**699**	**227**
45	354	242	112	299	211	88	196	152	44
46	323	233	90	276	204	72	223	172	51
47	376	266	110	237	183	54	180	121	59
48	334	257	77	241	179	62	146	112	34
49	346	228	118	226	148	78	181	142	39
50-54岁	**1299**	**904**	**395**	**947**	**644**	**303**	**789**	**485**	**304**
50	322	215	107	248	163	85	202	123	79
51	271	182	89	201	126	75	166	99	67
52	287	204	83	186	127	59	156	93	63
53	199	141	58	152	109	43	139	84	55
54	220	162	58	160	119	41	126	86	40
55-59岁	**849**	**632**	**217**	**526**	**386**	**140**	**420**	**289**	**131**
55	186	140	46	134	101	33	111	71	40
56	194	149	45	130	100	30	102	69	33
57	255	190	65	126	87	39	121	87	34
58	137	100	37	93	63	30	56	35	21
59	77	53	24	43	35	8	30	27	3
60-64岁	**884**	**732**	**152**	**639**	**527**	**112**	**420**	**322**	**98**
60	79	60	19	56	47	9	36	28	8
61	98	77	21	81	71	10	43	35	8
62	207	161	46	120	95	25	75	63	12
63	271	231	40	183	154	29	113	87	26
64	229	203	26	199	160	39	153	109	44
65岁及以上	**3015**	**2241**	**774**	**2093**	**1582**	**511**	**1631**	**1217**	**414**

5-5b 续表 6

单位：人

年 龄	初婚年龄								
	30岁			31岁			32岁		
	小计	男	女	小计	男	女	小计	男	女
总 计	**5196**	**3462**	**1734**	**3886**	**2620**	**1266**	**3188**	**2160**	**1028**
20岁以下									
20-24岁									
20									
21									
22									
23									
24									
25-29岁									
25									
26									
27									
28									
29									
30-34岁	**784**	**481**	**303**	**444**	**266**	**178**	**273**	**176**	**97**
30	83	51	32						
31	162	92	70	50	27	23			
32	146	90	56	93	63	30	44	29	15
33	200	124	76	163	99	64	89	57	32
34	193	124	69	138	77	61	140	90	50
35-39岁	**724**	**453**	**271**	**530**	**329**	**201**	**467**	**262**	**205**
35	153	90	63	106	68	38	100	57	43
36	109	64	45	90	46	44	74	41	33
37	141	87	54	100	61	39	88	52	36
38	182	124	58	131	82	49	123	68	55
39	139	88	51	103	72	31	82	44	38
40-44岁	**561**	**378**	**183**	**463**	**322**	**141**	**373**	**241**	**132**
40	88	59	29	72	50	22	67	37	30
41	107	56	51	101	65	36	72	42	30
42	123	83	40	81	57	24	64	40	24
43	97	69	28	99	71	28	67	45	22
44	146	111	35	110	79	31	103	77	26
45-49岁	**788**	**540**	**248**	**602**	**409**	**193**	**515**	**360**	**155**
45	201	127	74	147	103	44	120	82	38
46	192	139	53	141	99	42	119	90	29
47	166	117	49	125	82	43	108	70	38
48	128	79	49	97	69	28	85	57	28
49	101	78	23	92	56	36	83	61	22
50-54岁	**537**	**334**	**203**	**447**	**287**	**160**	**344**	**236**	**108**
50	107	79	28	66	46	20	80	57	23
51	114	67	47	74	42	32	48	36	12
52	131	74	57	98	62	36	61	40	21
53	82	52	30	104	66	38	68	45	23
54	103	62	41	105	71	34	87	58	29
55-59岁	**333**	**217**	**116**	**284**	**184**	**100**	**267**	**178**	**89**
55	103	66	37	79	51	28	73	49	24
56	74	45	29	73	51	22	62	34	28
57	68	47	21	84	53	31	80	57	23
58	53	37	16	34	21	13	35	23	12
59	35	22	13	14	8	6	17	15	2
60-64岁	**288**	**223**	**65**	**198**	**139**	**59**	**154**	**125**	**29**
60	37	24	13	23	18	5	21	16	5
61	25	20	5	17	12	5	14	13	1
62	53	36	17	46	32	14	27	21	6
63	76	61	15	49	35	14	40	30	10
64	97	82	15	63	42	21	52	45	7
65岁及以上	**1181**	**836**	**345**	**918**	**684**	**234**	**795**	**582**	**213**

5-5b 续表 7

单位：人

年 龄	初婚年龄								
	33岁			34岁			35岁		
	小计	男	女	小计	男	女	小计	男	女
总 计	**2289**	**1519**	**770**	**1945**	**1332**	**613**	**1506**	**993**	**513**
20岁以下									
20-24岁									
20									
21									
22									
23									
24									
25-29岁									
25									
26									
27									
28									
29									
30-34岁	**122**	**69**	**53**	**18**	**8**	**10**			
30									
31									
32									
33	46	29	17						
34	76	40	36	18	8	10			
35-39岁	**312**	**186**	**126**	**269**	**165**	**104**	**189**	**113**	**76**
35	59	37	22	41	26	15	15	8	7
36	41	21	20	42	24	18	31	18	13
37	58	39	19	47	28	19	40	19	21
38	82	41	41	69	45	24	56	37	19
39	72	48	24	70	42	28	47	31	16
40-44岁	**339**	**214**	**125**	**282**	**189**	**93**	**226**	**145**	**81**
40	52	32	20	51	37	14	44	27	17
41	79	51	28	55	41	14	34	21	13
42	51	32	19	46	27	19	37	25	12
43	60	37	23	56	38	18	45	29	16
44	97	62	35	74	46	28	66	43	23
45-49岁	**438**	**304**	**134**	**413**	**292**	**121**	**365**	**243**	**122**
45	109	73	36	106	75	31	91	58	33
46	96	76	20	95	71	24	90	61	29
47	84	53	31	85	62	23	71	43	28
48	86	56	30	57	36	21	47	32	15
49	63	46	17	70	48	22	66	49	17
50-54岁	**217**	**144**	**73**	**200**	**134**	**66**	**180**	**109**	**71**
50	54	34	20	48	35	13	56	34	22
51	39	25	14	41	30	11	38	21	17
52	34	26	8	47	29	18	42	26	16
53	39	25	14	26	17	9	20	14	6
54	51	34	17	38	23	15	24	14	10
55-59岁	**204**	**134**	**70**	**196**	**144**	**52**	**116**	**69**	**47**
55	53	32	21	27	19	8	21	14	7
56	54	36	18	73	56	17	22	12	10
57	55	36	19	60	46	14	41	25	16
58	31	21	10	19	11	8	21	13	8
59	11	9	2	17	12	5	11	5	6
60-64岁	**112**	**80**	**32**	**93**	**74**	**19**	**86**	**63**	**23**
60	13	9	4	12	12		15	11	4
61	13	8	5	11	8	3	10	6	4
62	24	18	6	22	20	2	23	19	4
63	29	24	5	22	16	6	20	15	5
64	33	21	12	26	18	8	18	12	6
65岁及以上	**545**	**388**	**157**	**474**	**326**	**148**	**344**	**251**	**93**

5－5b 续表 8 单位：人

年龄	初婚年龄								
	36岁			37岁			38岁		
	小计	男	女	小计	男	女	小计	男	女
总　计	**1117**	**757**	**360**	**969**	**634**	**335**	**767**	**477**	**290**
20岁以下									
20－24岁									
20									
21									
22									
23									
24									
25－29岁									
25									
26									
27									
28									
29									
30－34岁									
30									
31									
32									
33									
34									
35－39岁	**90**	**47**	**43**	**65**	**35**	**30**	**35**	**14**	**21**
35									
36	12	6	6						
37	17	7	10	10	5	5			
38	35	21	14	26	10	16	15	5	10
39	26	13	13	29	20	9	20	9	11
40－44岁	**168**	**117**	**51**	**148**	**92**	**56**	**122**	**76**	**46**
40	33	24	9	22	14	8	13	5	8
41	26	24	2	28	14	14	25	19	6
42	33	21	12	20	13	7	21	13	8
43	36	23	13	36	22	14	21	16	5
44	40	25	15	42	29	13	42	23	19
45－49岁	**301**	**198**	**103**	**273**	**187**	**86**	**205**	**128**	**77**
45	62	45	17	52	29	23	42	23	19
46	61	36	25	51	37	14	39	29	10
47	66	44	22	75	55	20	34	17	17
48	54	35	19	53	37	16	44	26	18
49	58	38	20	42	29	13	46	33	13
50－54岁	**134**	**86**	**48**	**159**	**101**	**58**	**133**	**86**	**47**
50	30	23	7	40	32	8	46	31	15
51	26	17	9	37	22	15	27	17	10
52	31	20	11	36	21	15	26	19	7
53	21	14	7	22	12	10	13	7	6
54	26	12	14	24	14	10	21	12	9
55－59岁	**79**	**56**	**23**	**59**	**35**	**24**	**48**	**30**	**18**
55	14	5	9	11	9	2	11	4	7
56	15	13	2	13	10	3	12	7	5
57	27	20	7	22	11	11	16	12	4
58	16	13	3	8	4	4	5	5	
59	7	5	2	5	1	4	4	2	2
60－64岁	**71**	**53**	**18**	**63**	**40**	**23**	**47**	**31**	**16**
60	10	7	3	9	4	5	4	1	3
61	11	8	3	9	6	3	3	3	
62	20	16	4	15	11	4	16	10	6
63	18	16	2	14	7	7	13	9	4
64	12	6	6	16	12	4	11	8	3
65岁及以上	**274**	**200**	**74**	**202**	**144**	**58**	**177**	**112**	**65**

5-5b　续表 9　　　　单位：人

年　龄	初婚年龄					
	39岁			40岁及以上		
	小计	男	女	小计	男	女
总　计	**676**	**451**	**225**	**4520**	**2788**	**1732**
20岁以下						
20-24岁						
20						
21						
22						
23						
24						
25-29岁						
25						
26						
27						
28						
29						
30-34岁						
30						
31						
32						
33						
34						
35-39岁	**14**	**9**	**5**			
35						
36						
37						
38						
39	14	9	5			
40-44岁	**100**	**65**	**35**	**220**	**119**	**101**
40	15	9	6	3	2	1
41	17	11	6	32	11	21
42	23	16	7	32	19	13
43	17	10	7	52	32	20
44	28	19	9	101	55	46
45-49岁	**178**	**124**	**54**	**867**	**550**	**317**
45	31	25	6	147	91	56
46	44	31	13	181	107	74
47	36	22	14	177	115	62
48	27	17	10	163	109	54
49	40	29	11	199	128	71
50-54岁	**110**	**71**	**39**	**829**	**532**	**297**
50	32	21	11	190	128	62
51	27	14	13	150	91	59
52	22	14	8	193	122	71
53	14	11	3	150	92	58
54	15	11	4	146	99	47
55-59岁	**43**	**32**	**11**	**538**	**318**	**220**
55	14	13	1	153	100	53
56	13	9	4	133	75	58
57	8	5	3	151	88	63
58	6	4	2	61	31	30
59	2	1	1	40	24	16
60-64岁	**52**	**37**	**15**	**395**	**261**	**134**
60	2	1	1	41	29	12
61	7	5	2	48	37	11
62	13	9	4	94	59	35
63	16	9	7	101	68	33
64	14	13	1	111	68	43
65岁及以上	**179**	**113**	**66**	**1671**	**1008**	**663**

5–5c 全市分年龄、性别、初婚年龄的人口(乡村)

单位：人

年　龄	初婚年龄					
	合　计			15岁以下		
	合计	男	女	小计	男	女
总　计	**724559**	**359402**	**365157**	**1244**	**243**	**1001**
20岁以下	**249**	**51**	**198**	**12**	**6**	**6**
20–24岁	**7148**	**2178**	**4970**	**20**	**3**	**17**
20	300	51	249	4	1	3
21	597	98	499	2	1	1
22	1206	303	903			
23	2007	629	1378	6		6
24	3038	1097	1941	8	1	7
25–29岁	**28327**	**12786**	**15541**	**50**	**10**	**40**
25	4291	1655	2636	17	3	14
26	4965	2153	2812	6	1	5
27	6207	2845	3362	4	2	2
28	6199	2923	3276	9	2	7
29	6665	3210	3455	14	2	12
30–34岁	**44292**	**22724**	**21568**	**73**	**21**	**52**
30	8186	4015	4171	15	4	11
31	7809	4076	3733	19	6	13
32	7619	3786	3833	8	2	6
33	10293	5391	4902	17	5	12
34	10385	5456	4929	14	4	10
35–39岁	**34461**	**17993**	**16468**	**57**	**7**	**50**
35	6743	3483	3260	12	2	10
36	5482	2760	2722	14	1	13
37	6108	3201	2907	14	2	12
38	8627	4584	4043	12	2	10
39	7501	3965	3536	5		5
40–44岁	**37825**	**19360**	**18465**	**61**	**11**	**50**
40	5678	2958	2720	5		5
41	6866	3566	3300	10		10
42	6302	3210	3092	16	2	14
43	7732	3903	3829	18	3	15
44	11247	5723	5524	12	6	6
45–49岁	**93181**	**46922**	**46259**	**77**	**16**	**61**
45	15798	8013	7785	13	3	10
46	19012	9637	9375	19	4	15
47	19583	9938	9645	21	4	17
48	18639	9263	9376	16	4	12
49	20149	10071	10078	8	1	7
50–54岁	**101579**	**50189**	**51390**	**98**	**18**	**80**
50	21016	10416	10600	21	7	14
51	19180	9548	9632	15	2	13
52	21510	10634	10876	25	6	19
53	18556	9079	9477	19	3	16
54	21317	10512	10805	18		18
55–59岁	**82080**	**40782**	**41298**	**90**	**11**	**79**
55	20656	10357	10299	31	5	26
56	20658	10293	10365	18	1	17
57	22859	11532	11327	24	3	21
58	11963	5773	6190	10	2	8
59	5944	2827	3117	7		7
60–64岁	**55208**	**28530**	**26678**	**83**	**9**	**74**
60	6614	3379	3235	4		4
61	6884	3612	3272	7		7
62	11498	6033	5465	11		11
63	14731	7680	7051	36	8	28
64	15481	7826	7655	25	1	24
65岁及以上	**240209**	**117887**	**122322**	**623**	**131**	**492**

5-5c　续表 1　　　　单位：人

年　龄	初婚年龄								
	15岁			16岁			17岁		
	小计	男	女	小计	男	女	小计	男	女
总　计	**5865**	**1114**	**4751**	**10375**	**1793**	**8582**	**19388**	**3559**	**15829**
20岁以下	**35**	**5**	**30**	**64**	**15**	**49**	**63**	**10**	**53**
20-24岁	**128**	**23**	**105**	**205**	**31**	**174**	**395**	**76**	**319**
20	14	2	12	23	1	22	42	9	33
21	21	1	20	28	3	25	62	13	49
22	25	6	19	39	4	35	59	8	51
23	34	6	28	45	7	38	111	22	89
24	34	8	26	70	16	54	121	24	97
25-29岁	**207**	**47**	**160**	**378**	**82**	**296**	**719**	**193**	**526**
25	43	8	35	72	14	58	124	26	98
26	40	11	29	77	17	60	127	41	86
27	49	13	36	76	22	54	153	52	101
28	35	8	27	74	15	59	157	40	117
29	40	7	33	79	14	65	158	34	124
30-34岁	**383**	**87**	**296**	**618**	**118**	**500**	**1015**	**219**	**796**
30	63	17	46	99	19	80	159	28	131
31	67	16	51	97	25	72	174	47	127
32	63	16	47	93	10	83	196	38	158
33	104	18	86	149	29	120	247	51	196
34	86	20	66	180	35	145	239	55	184
35-39岁	**260**	**45**	**215**	**470**	**61**	**409**	**813**	**122**	**691**
35	66	18	48	84	13	71	180	31	149
36	49	7	42	92	12	80	120	13	107
37	40	4	36	76	8	68	153	22	131
38	51	9	42	118	16	102	193	27	166
39	54	7	47	100	12	88	167	29	138
40-44岁	**290**	**67**	**223**	**462**	**85**	**377**	**758**	**150**	**608**
40	46	10	36	60	6	54	102	17	85
41	44	13	31	92	10	82	131	20	111
42	45	8	37	85	17	68	141	29	112
43	78	15	63	100	18	82	170	43	127
44	77	21	56	125	34	91	214	41	173
45-49岁	**456**	**112**	**344**	**818**	**172**	**646**	**1622**	**363**	**1259**
45	122	36	86	142	35	107	316	83	233
46	103	22	81	213	52	161	298	65	233
47	98	23	75	186	38	148	394	86	308
48	65	12	53	135	21	114	326	67	259
49	68	19	49	142	26	116	288	62	226
50-54岁	**481**	**102**	**379**	**876**	**188**	**688**	**1740**	**315**	**1425**
50	101	22	79	134	28	106	292	56	236
51	97	21	76	213	52	161	298	50	248
52	110	29	81	197	36	161	441	84	357
53	87	14	73	156	35	121	368	68	300
54	86	16	70	176	37	139	341	57	284
55-59岁	**450**	**64**	**386**	**720**	**95**	**625**	**1461**	**235**	**1226**
55	146	30	116	157	24	133	347	62	285
56	106	15	91	210	39	171	331	64	267
57	110	12	98	207	21	186	471	81	390
58	59	6	53	110	7	103	215	18	197
59	29	1	28	36	4	32	97	10	87
60-64岁	**362**	**69**	**293**	**586**	**87**	**499**	**900**	**144**	**756**
60	25	4	21	37	5	32	67	8	59
61	40	2	38	73	8	65	82	12	70
62	69	16	53	110	16	94	164	19	145
63	117	27	90	170	23	147	282	48	234
64	111	20	91	196	35	161	305	57	248
65岁及以上	**2813**	**493**	**2320**	**5178**	**859**	**4319**	**9902**	**1732**	**8170**

5-5c 续表 2 单位：人

年 龄	初婚年龄								
	18岁			19岁			20岁		
	小计	男	女	小计	男	女	小计	男	女
总 计	**32823**	**7098**	**25725**	**63070**	**16074**	**46996**	**94765**	**27631**	**67134**
20岁以下	**54**	**12**	**42**	**21**	**3**	**18**			
20-24岁	**552**	**125**	**427**	**980**	**219**	**761**	**1365**	**257**	**1108**
20	67	8	59	83	14	69	67	16	51
21	78	19	59	147	26	121	181	20	161
22	112	27	85	200	41	159	323	57	266
23	133	28	105	246	49	197	354	75	279
24	162	43	119	304	89	215	440	89	351
25-29岁	**1146**	**365**	**781**	**2078**	**622**	**1456**	**3108**	**859**	**2249**
25	204	51	153	366	85	281	578	145	433
26	194	68	126	378	116	262	568	140	428
27	234	83	151	461	133	328	633	192	441
28	273	95	178	404	147	257	698	192	506
29	241	68	173	469	141	328	631	190	441
30-34岁	**1698**	**476**	**1222**	**3039**	**852**	**2187**	**4755**	**1432**	**3323**
30	355	94	261	551	160	391	909	264	645
31	280	85	195	570	169	401	887	298	589
32	288	77	211	512	153	359	867	247	620
33	388	114	274	677	186	491	1028	319	709
34	387	106	281	729	184	545	1064	304	760
35-39岁	**1299**	**272**	**1027**	**2490**	**575**	**1915**	**3826**	**1019**	**2807**
35	275	61	214	474	112	362	759	198	561
36	195	43	152	413	92	321	647	189	458
37	233	59	174	451	113	338	662	163	499
38	316	61	255	571	135	436	988	260	728
39	280	48	232	581	123	458	770	209	561
40-44岁	**1418**	**285**	**1133**	**3088**	**655**	**2433**	**5002**	**1221**	**3781**
40	199	30	169	422	65	357	750	199	551
41	253	54	199	536	111	425	928	223	705
42	233	45	188	526	115	411	844	195	649
43	332	69	263	630	138	492	1005	241	764
44	401	87	314	974	226	748	1475	363	1112
45-49岁	**3104**	**737**	**2367**	**7518**	**1717**	**5801**	**12597**	**3325**	**9272**
45	555	150	405	1283	299	984	2196	562	1634
46	590	139	451	1517	373	1144	2593	697	1896
47	578	134	444	1531	380	1151	2638	704	1934
48	684	155	529	1400	314	1086	2563	681	1882
49	697	159	538	1787	351	1436	2607	681	1926
50-54岁	**3574**	**682**	**2892**	**8734**	**1787**	**6947**	**15293**	**3792**	**11501**
50	654	104	550	1782	350	1432	3185	776	2409
51	576	120	456	1526	323	1203	3016	802	2214
52	706	146	560	1704	362	1342	3208	790	2418
53	818	148	670	1682	341	1341	2619	619	2000
54	820	164	656	2040	411	1629	3265	805	2460
55-59岁	**2762**	**466**	**2296**	**6795**	**1334**	**5461**	**12368**	**3151**	**9217**
55	643	143	500	1825	411	1414	3364	934	2430
56	691	137	554	1624	349	1275	3158	875	2283
57	700	105	595	1758	342	1416	3214	821	2393
58	531	55	476	1014	144	870	1754	377	1377
59	197	26	171	574	88	486	878	144	734
60-64岁	**1315**	**222**	**1093**	**2560**	**560**	**2000**	**4540**	**1127**	**3413**
60	161	16	145	419	65	354	910	206	704
61	128	18	110	327	75	252	676	164	512
62	206	31	175	427	109	318	868	206	662
63	366	67	299	554	130	424	980	259	721
64	454	90	364	833	181	652	1106	292	814
65岁及以上	**15901**	**3456**	**12445**	**25767**	**7750**	**18017**	**31911**	**11448**	**20463**

5-5c　续表 3　　　　单位：人

年龄	初婚年龄								
	21岁			22岁			23岁		
	小计	男	女	小计	男	女	小计	男	女
总　计	**99981**	**45048**	**54933**	**103677**	**59196**	**44481**	**75654**	**45118**	**30536**
20岁以下									
20-24岁	**1337**	**431**	**906**	**1276**	**589**	**687**	**664**	**326**	**338**
20									
21	78	15	63						
22	269	81	188	179	79	100			
23	474	165	309	424	193	231	180	84	96
24	516	170	346	673	317	356	484	242	242
25-29岁	**3406**	**1339**	**2067**	**4166**	**2105**	**2061**	**3720**	**1944**	**1776**
25	605	227	378	790	350	440	690	346	344
26	668	271	397	796	376	420	671	343	328
27	715	278	437	963	497	466	783	416	367
28	704	287	417	809	453	356	782	403	379
29	714	276	438	808	429	379	794	436	358
30-34岁	**5243**	**2289**	**2954**	**5873**	**3355**	**2518**	**4737**	**2792**	**1945**
30	872	347	525	976	541	435	903	493	410
31	944	425	519	918	527	391	825	491	334
32	915	387	528	1016	543	473	732	421	311
33	1341	592	749	1457	854	603	1147	698	449
34	1171	538	633	1506	890	616	1130	689	441
35-39岁	**4163**	**1868**	**2295**	**4367**	**2578**	**1789**	**3644**	**2313**	**1331**
35	790	375	415	864	504	360	745	460	285
36	672	316	356	601	337	264	606	373	233
37	744	312	432	790	474	316	626	414	212
38	1051	463	588	1165	712	453	908	574	334
39	906	402	504	947	551	396	759	492	267
40-44岁	**4943**	**2143**	**2800**	**4904**	**2765**	**2139**	**3745**	**2404**	**1341**
40	612	268	344	663	375	288	576	377	199
41	847	381	466	749	424	325	703	469	234
42	803	332	471	836	482	354	562	362	200
43	1070	471	599	947	521	426	820	518	302
44	1611	691	920	1709	963	746	1084	678	406
45-49岁	**15156**	**6886**	**8270**	**16003**	**9514**	**6489**	**10583**	**6458**	**4125**
45	2353	1016	1337	2408	1373	1035	1676	1005	671
46	3122	1405	1717	3139	1829	1310	2063	1262	801
47	3216	1549	1667	3515	2116	1399	2234	1352	882
48	3026	1345	1681	3362	2002	1360	2227	1351	876
49	3439	1571	1868	3579	2194	1385	2383	1488	895
50-54岁	**17602**	**8422**	**9180**	**18416**	**11549**	**6867**	**11437**	**7336**	**4101**
50	3282	1577	1705	3731	2316	1415	2468	1534	934
51	3507	1687	1820	3267	2052	1215	2057	1316	741
52	4064	1980	2084	4061	2522	1539	2190	1431	759
53	3225	1522	1703	3415	2170	1245	2133	1378	755
54	3524	1656	1868	3942	2489	1453	2589	1677	912
55-59岁	**14205**	**6547**	**7658**	**15147**	**9447**	**5700**	**9490**	**6176**	**3314**
55	3685	1744	1941	3606	2303	1303	2371	1522	849
56	4003	1887	2116	3873	2367	1506	2142	1360	782
57	3962	1854	2108	4639	2888	1751	2656	1751	905
58	1690	727	963	2125	1345	780	1591	1039	552
59	865	335	530	904	544	360	730	504	226
60-64岁	**5989**	**1967**	**4022**	**8392**	**3331**	**5061**	**8235**	**4119**	**4116**
60	974	294	680	998	523	475	774	517	257
61	1082	332	750	1105	474	631	899	552	347
62	1342	451	891	2182	827	1355	1676	876	800
63	1383	491	892	2139	805	1334	2713	1262	1451
64	1208	399	809	1968	702	1266	2173	912	1261
65岁及以上	**27937**	**13156**	**14781**	**25133**	**13963**	**11170**	**19399**	**11250**	**8149**

5-5c 续表 4

单位：人

年龄	初婚年龄								
	24岁			25岁			26岁		
	小计	男	女	小计	男	女	小计	男	女
总计	**56010**	**36493**	**19517**	**40539**	**28105**	**12434**	**28306**	**20410**	**7896**
20岁以下									
20-24岁	**226**	**98**	**128**						
20									
21									
22									
23									
24	226	98	128						
25-29岁	**3406**	**1832**	**1574**	**2669**	**1416**	**1253**	**1750**	**1020**	**730**
25	560	278	282	242	122	120			
26	705	376	329	524	265	259	211	128	83
27	783	408	375	696	361	335	465	273	192
28	617	357	260	628	344	284	526	290	236
29	741	413	328	579	324	255	548	329	219
30-34岁	**3892**	**2396**	**1496**	**3290**	**2154**	**1136**	**2609**	**1693**	**916**
30	821	464	357	721	459	262	545	346	199
31	654	401	253	639	422	217	527	347	180
32	754	457	297	546	358	188	446	271	175
33	768	500	268	708	457	251	536	372	164
34	895	574	321	676	458	218	555	357	198
35-39岁	**3019**	**2061**	**958**	**2369**	**1688**	**681**	**1751**	**1240**	**511**
35	584	396	188	452	314	138	312	210	102
36	509	327	182	376	247	129	283	198	85
37	533	369	164	446	314	132	343	243	100
38	715	501	214	575	427	148	437	312	125
39	678	468	210	520	386	134	376	277	99
40-44岁	**2808**	**1956**	**852**	**2156**	**1592**	**564**	**1659**	**1246**	**413**
40	454	317	137	378	278	100	290	216	74
41	549	372	177	434	311	123	342	247	95
42	473	331	142	377	281	96	264	199	65
43	446	314	132	435	333	102	374	274	100
44	886	622	264	532	389	143	389	310	79
45-49岁	**6987**	**4467**	**2520**	**4278**	**2884**	**1394**	**2880**	**2032**	**848**
45	1128	721	407	830	598	232	493	377	116
46	1457	940	517	883	593	290	649	477	172
47	1408	860	548	877	583	294	615	411	204
48	1377	882	495	812	533	279	582	402	180
49	1617	1064	553	876	577	299	541	365	176
50-54岁	**6824**	**4625**	**2199**	**4120**	**2877**	**1243**	**2722**	**1921**	**801**
50	1554	1032	522	1033	718	315	599	402	197
51	1300	869	431	826	572	254	609	411	198
52	1408	939	469	855	593	262	587	405	182
53	1099	762	337	734	499	235	441	325	116
54	1463	1023	440	672	495	177	486	378	108
55-59岁	**5837**	**4129**	**1708**	**3521**	**2540**	**981**	**2150**	**1624**	**526**
55	1422	998	424	841	614	227	429	331	98
56	1373	946	427	903	663	240	516	401	115
57	1527	1076	451	987	688	299	659	493	166
58	938	680	258	488	361	127	352	255	97
59	577	429	148	302	214	88	194	144	50
60-64岁	**6393**	**4231**	**2162**	**4181**	**3238**	**943**	**2849**	**2368**	**481**
60	695	537	158	488	389	99	254	203	51
61	660	509	151	505	410	95	364	292	72
62	1086	758	328	854	707	147	672	567	105
63	1564	1002	562	1114	849	265	776	652	124
64	2388	1425	963	1220	883	337	783	654	129
65岁及以上	**16618**	**10698**	**5920**	**13955**	**9716**	**4239**	**9936**	**7266**	**2670**

5-5c 续表 5

单位：人

年龄	初婚年龄								
	27岁			28岁			29岁		
	小计	男	女	小计	男	女	小计	男	女
总　计	**20315**	**15102**	**5213**	**14649**	**10978**	**3671**	**11297**	**8374**	**2923**
20岁以下									
20-24岁									
20									
21									
22									
23									
24									
25-29岁	**1026**	**614**	**412**	**398**	**264**	**134**	**100**	**74**	**26**
25									
26									
27	192	115	77						
28	344	198	146	139	92	47			
29	490	301	189	259	172	87	100	74	26
30-34岁	**2114**	**1426**	**688**	**1665**	**1128**	**537**	**1311**	**910**	**401**
30	464	313	151	363	224	139	258	172	86
31	402	261	141	297	204	93	279	192	87
32	352	247	105	253	175	78	211	140	71
33	487	321	166	394	277	117	269	200	69
34	409	284	125	358	248	110	294	206	88
35-39岁	**1342**	**996**	**346**	**1048**	**745**	**303**	**759**	**534**	**225**
35	278	200	78	226	156	70	162	114	48
36	200	143	57	164	110	54	105	69	36
37	243	182	61	169	126	43	134	92	42
38	322	247	75	260	192	68	187	132	55
39	299	224	75	229	161	68	171	127	44
40-44岁	**1241**	**949**	**292**	**969**	**752**	**217**	**772**	**581**	**191**
40	209	165	44	190	131	59	133	95	38
41	253	192	61	171	142	29	164	124	40
42	216	168	48	152	121	31	121	99	22
43	241	180	61	187	151	36	154	115	39
44	322	244	78	269	207	62	200	148	52
45-49岁	**1997**	**1485**	**512**	**1500**	**1136**	**364**	**1204**	**928**	**276**
45	412	331	81	340	267	73	257	208	49
46	351	269	82	353	270	83	251	199	52
47	444	324	120	254	198	56	258	198	60
48	388	271	117	280	211	69	200	146	54
49	402	290	112	273	190	83	238	177	61
50-54岁	**1788**	**1238**	**550**	**1341**	**938**	**403**	**1109**	**743**	**366**
50	421	277	144	336	219	117	245	166	79
51	361	259	102	258	172	86	237	148	89
52	376	253	123	263	190	73	236	162	74
53	304	212	92	244	173	71	161	110	51
54	326	237	89	240	184	56	230	157	73
55-59岁	**1366**	**1040**	**326**	**913**	**675**	**238**	**734**	**534**	**200**
55	341	250	91	217	166	51	194	138	56
56	272	203	69	207	164	43	178	127	51
57	391	318	73	224	158	66	200	148	52
58	259	184	75	174	126	48	103	74	29
59	103	85	18	91	61	30	59	47	12
60-64岁	**2126**	**1805**	**321**	**1460**	**1186**	**274**	**1067**	**847**	**220**
60	174	142	32	121	95	26	105	77	28
61	241	195	46	123	105	18	97	83	14
62	491	414	77	280	220	60	205	166	39
63	643	559	84	446	359	87	308	243	65
64	577	495	82	490	407	83	352	278	74
65岁及以上	**7315**	**5549**	**1766**	**5355**	**4154**	**1201**	**4241**	**3223**	**1018**

5-5c 续表 6

单位：人

年龄	初婚年龄								
	30岁			31岁			32岁		
	小计	男	女	小计	男	女	小计	男	女
总 计	**8770**	**6343**	**2427**	**6815**	**4949**	**1866**	**5420**	**3920**	**1500**
20岁以下									
20-24岁									
20									
21									
22									
23									
24									
25-29岁									
25									
26									
27									
28									
29									
30-34岁	**883**	**600**	**283**	**579**	**416**	**163**	**330**	**231**	**99**
30	112	70	42						
31	158	103	55	72	57	15			
32	187	124	63	128	85	43	52	35	17
33	213	146	67	200	141	59	111	75	36
34	213	157	56	179	133	46	167	121	46
35-39岁	**642**	**427**	**215**	**550**	**375**	**175**	**433**	**294**	**139**
35	140	93	47	108	72	36	83	53	30
36	113	67	46	93	61	32	71	49	22
37	107	70	37	86	61	25	79	48	31
38	153	107	46	148	103	45	105	69	36
39	129	90	39	115	78	37	95	75	20
40-44岁	**637**	**464**	**173**	**517**	**382**	**135**	**463**	**337**	**126**
40	130	90	40	88	61	27	75	58	17
41	134	99	35	104	73	31	83	65	18
42	129	100	29	76	56	20	80	51	29
43	115	80	35	114	88	26	88	62	26
44	129	95	34	135	104	31	137	101	36
45-49岁	**979**	**741**	**238**	**764**	**577**	**187**	**674**	**488**	**186**
45	217	177	40	157	125	32	133	99	34
46	225	161	64	168	128	40	148	115	33
47	208	165	43	154	109	45	147	103	44
48	174	128	46	127	104	23	123	90	33
49	155	110	45	158	111	47	123	81	42
50-54岁	**939**	**593**	**346**	**772**	**508**	**264**	**576**	**387**	**189**
50	189	135	54	126	87	39	112	83	29
51	163	107	56	146	94	52	93	59	34
52	237	142	95	144	94	50	96	61	35
53	194	113	81	173	107	66	122	92	30
54	156	96	60	183	126	57	153	92	61
55-59岁	**641**	**411**	**230**	**586**	**390**	**196**	**446**	**290**	**156**
55	186	119	67	142	91	51	100	64	36
56	160	103	57	151	97	54	113	81	32
57	168	108	60	168	112	56	136	82	54
58	91	58	33	84	61	23	62	43	19
59	36	23	13	41	29	12	35	20	15
60-64岁	**747**	**593**	**154**	**542**	**408**	**134**	**430**	**338**	**92**
60	68	52	16	37	26	11	45	34	11
61	83	70	13	67	56	11	42	34	8
62	145	110	35	119	93	26	81	62	19
63	194	155	39	167	121	46	119	96	23
64	257	206	51	152	112	40	143	112	31
65岁及以上	**3302**	**2514**	**788**	**2505**	**1893**	**612**	**2068**	**1555**	**513**

5-5c　续表 7　　　　单位：人

年　龄	初婚年龄								
	33岁			34岁			35岁		
	小计	男	女	小计	男	女	小计	男	女
总　计	**4128**	**2962**	**1166**	**3382**	**2476**	**906**	**2644**	**1866**	**778**
20岁以下									
20-24岁									
20									
21									
22									
23									
24									
25-29岁									
25									
26									
27									
28									
29									
30-34岁	**145**	**104**	**41**	**40**	**25**	**15**			
30									
31									
32									
33	52	36	16						
34	93	68	25	40	25	15			
35-39岁	**366**	**254**	**112**	**293**	**197**	**96**	**215**	**134**	**81**
35	79	59	20	41	27	14	29	15	14
36	51	31	20	54	39	15	35	24	11
37	59	44	15	52	35	17	31	17	14
38	99	69	30	80	56	24	59	34	25
39	78	51	27	66	40	26	61	44	17
40-44岁	**346**	**233**	**113**	**313**	**215**	**98**	**258**	**185**	**73**
40	54	35	19	49	37	12	53	37	16
41	63	43	20	55	37	18	48	38	10
42	56	37	19	56	37	19	39	27	12
43	75	49	26	58	40	18	56	42	14
44	98	69	29	95	64	31	62	41	21
45-49岁	**621**	**464**	**157**	**521**	**394**	**127**	**473**	**337**	**136**
45	141	105	36	108	81	27	97	70	27
46	142	104	38	109	85	24	113	83	30
47	114	96	18	105	84	21	104	67	37
48	119	85	34	100	68	32	89	68	21
49	105	74	31	99	76	23	70	49	21
50-54岁	**386**	**263**	**123**	**319**	**240**	**79**	**306**	**221**	**85**
50	89	63	26	83	64	19	74	55	19
51	78	54	24	64	49	15	59	41	18
52	63	39	24	67	49	18	63	45	18
53	71	49	22	48	38	10	56	40	16
54	85	58	27	57	40	17	54	40	14
55-59岁	**376**	**258**	**118**	**337**	**231**	**106**	**248**	**163**	**85**
55	127	79	48	71	48	23	71	43	28
56	94	65	29	107	64	43	50	35	15
57	85	67	18	100	77	23	75	51	24
58	47	31	16	38	29	9	37	26	11
59	23	16	7	21	13	8	15	8	7
60-64岁	**336**	**269**	**67**	**268**	**226**	**42**	**188**	**141**	**47**
60	28	21	7	33	27	6	20	12	8
61	43	33	10	25	21	4	25	18	7
62	58	47	11	58	45	13	39	32	7
63	98	81	17	71	60	11	62	46	16
64	109	87	22	81	73	8	42	33	9
65岁及以上	**1552**	**1117**	**435**	**1291**	**948**	**343**	**956**	**685**	**271**

5–5c 续表 8

单位：人

年龄	初婚年龄								
	36岁			37岁			38岁		
	小计	男	女	小计	男	女	小计	男	女
总　计	**2194**	**1568**	**626**	**1753**	**1273**	**480**	**1544**	**1073**	**471**
20岁以下									
20–24岁									
20									
21									
22									
23									
24									
25–29岁									
25									
26									
27									
28									
29									
30–34岁									
30									
31									
32									
33									
34									
35–39岁	**126**	**83**	**43**	**89**	**65**	**24**	**46**	**28**	**18**
35									
36	19	12	7						
37	20	17	3	17	12	5			
38	46	29	17	44	32	12	24	15	9
39	41	25	16	28	21	7	22	13	9
40–44岁	**210**	**148**	**62**	**177**	**121**	**56**	**170**	**114**	**56**
40	27	22	5	24	13	11	35	26	9
41	51	37	14	28	20	8	27	16	11
42	32	20	12	36	26	10	30	18	12
43	52	35	17	38	26	12	29	18	11
44	48	34	14	51	36	15	49	36	13
45–49岁	**408**	**296**	**112**	**323**	**247**	**76**	**271**	**195**	**76**
45	65	42	23	65	51	14	52	40	12
46	111	84	27	61	49	12	57	37	20
47	79	63	16	69	48	21	49	36	13
48	77	55	22	70	54	16	56	44	12
49	76	52	24	58	45	13	57	38	19
50–54岁	**222**	**156**	**66**	**209**	**147**	**62**	**204**	**135**	**69**
50	51	33	18	58	44	14	63	39	24
51	44	34	10	41	23	18	45	28	17
52	51	33	18	38	26	12	23	13	10
53	29	21	8	35	30	5	34	29	5
54	47	35	12	37	24	13	39	26	13
55–59岁	**197**	**132**	**65**	**121**	**81**	**40**	**132**	**90**	**42**
55	38	29	9	32	26	6	31	18	13
56	49	31	18	27	15	12	39	27	12
57	56	38	18	33	22	11	31	21	10
58	33	20	13	19	11	8	20	15	5
59	21	14	7	10	7	3	11	9	2
60–64岁	**199**	**158**	**41**	**191**	**135**	**56**	**156**	**116**	**40**
60	13	10	3	24	17	7	18	13	5
61	22	17	5	22	16	6	16	13	3
62	44	35	9	46	32	14	34	21	13
63	56	48	8	45	35	10	44	34	10
64	64	48	16	54	35	19	44	35	9
65岁及以上	**832**	**595**	**237**	**643**	**477**	**166**	**565**	**395**	**170**

5–5c　续表 9　　　　单位：人

年　龄	初婚年龄					
	39岁			40岁及以上		
	小计	男	女	小计	男	女
总　计	**1339**	**918**	**421**	**8612**	**5718**	**2894**
20岁以下						
20–24岁						
20						
21						
22						
23						
24						
25–29岁						
25						
26						
27						
28						
29						
30–34岁						
30						
31						
32						
33						
34						
35–39岁	**24**	**12**	**12**			
35						
36						
37						
38						
39	24	12	12			
40–44岁	**139**	**91**	**48**	**319**	**208**	**111**
40	31	21	10	23	9	14
41	24	15	9	43	30	13
42	24	15	9	50	37	13
43	25	14	11	75	45	30
44	35	26	9	128	87	41
45–49岁	**255**	**188**	**67**	**1112**	**763**	**349**
45	69	46	23	170	113	57
46	47	37	10	230	158	72
47	48	38	10	239	169	70
48	41	30	11	220	140	80
49	50	37	13	253	183	70
50–54岁	**174**	**114**	**60**	**1317**	**892**	**425**
50	51	32	19	282	197	85
51	37	24	13	247	179	68
52	34	25	9	263	179	84
53	29	17	12	260	164	96
54	23	16	7	265	173	92
55–59岁	**108**	**75**	**33**	**879**	**593**	**286**
55	23	16	7	216	149	67
56	29	20	9	234	157	77
57	35	25	10	243	170	73
58	10	7	3	109	72	37
59	11	7	4	77	45	32
60–64岁	**124**	**93**	**31**	**989**	**743**	**246**
60	12	11	1	110	75	35
61	19	14	5	111	89	22
62	26	21	5	205	152	53
63	23	18	5	261	202	59
64	44	29	15	302	225	77
65岁及以上	**515**	**345**	**170**	**3996**	**2519**	**1477**

5-6 全市分性别、受教育程度、初婚年龄的人口

单位：人

受教育程度	初婚年龄					
	合计			15岁以下		
	合计	男	女	小计	男	女
总　计	**2237660**	**1074482**	**1163178**	**2686**	**561**	**2125**
未上过学	50881	9992	40889	267	23	244
学前教育	2517	805	1712	12	1	11
小　学	711629	311356	400273	1369	247	1122
初　中	818192	418656	399536	694	169	525
高　中	338390	171667	166723	247	89	158
大学专科	173473	86467	87006	65	20	45
大学本科	129017	67775	61242	32	12	20
硕士研究生	11732	6588	5144			
博士研究生	1829	1176	653			

5-6 续表 1

单位：人

受教育程度	初婚年龄								
	15岁			16岁			17岁		
	小计	男	女	小计	男	女	小计	男	女
总　计	**12126**	**2425**	**9701**	**21520**	**3986**	**17534**	**41180**	**7619**	**33561**
未上过学	988	55	933	1790	108	1682	3106	156	2950
学前教育	53	9	44	56	2	54	113	11	102
小　学	5993	906	5087	11045	1600	9445	21603	3261	18342
初　中	3524	925	2599	6361	1530	4831	12164	2985	9179
高　中	1025	324	701	1583	487	1096	3121	852	2269
大学专科	339	123	216	449	164	285	744	231	513
大学本科	195	79	116	223	89	134	309	116	193
硕士研究生	8	3	5	13	6	7	19	7	12
博士研究生	1	1					1		1

5-6　续表 2　　单位：人

受教育程度	初婚年龄								
	18岁			19岁			20岁		
	小计	男	女	小计	男	女	小计	男	女
总　计	**72266**	**14826**	**57440**	**149039**	**33815**	**115224**	**241234**	**60761**	**180473**
未上过学	4463	302	4161	6922	642	6280	7675	898	6777
学前教育	191	16	175	297	59	238	374	61	313
小　学	36559	6320	30239	68737	14889	53848	98221	24459	73762
初　中	23171	5863	17308	54302	13460	40842	97052	26054	70998
高　中	5973	1717	4256	14156	3593	10563	27733	6930	20803
大学专科	1403	407	996	3461	858	2603	7644	1741	5903
大学本科	480	191	289	1125	302	823	2450	585	1865
硕士研究生	24	9	15	36	11	25	75	29	46
博士研究生	2	1	1	3	1	2	10	4	6

5-6　续表 3　　单位：人

受教育程度	初婚年龄								
	21岁			22岁			23岁		
	小计	男	女	小计	男	女	小计	男	女
总　计	**272535**	**109929**	**162606**	**304517**	**156914**	**147603**	**246728**	**129715**	**117013**
未上过学	5644	995	4649	4762	1119	3643	3589	893	2696
学前教育	305	97	208	249	103	146	221	103	118
小　学	95537	36854	58683	93270	45840	47430	68788	35956	32832
初　中	116681	51899	64782	130364	74228	56136	97035	56215	40820
高　中	37385	14476	22909	48715	24157	24558	43546	22171	21375
大学专科	12223	3979	8244	18485	7830	10655	21121	9101	12020
大学本科	4605	1558	3047	8346	3465	4881	11874	5000	6874
硕士研究生	138	65	73	285	147	138	483	234	249
博士研究生	17	6	11	41	25	16	71	42	29

5-6　续表 4　　单位：人

受教育程度	初婚年龄								
	24岁			25岁			26岁		
	小计	男	女	小计	男	女	小计	男	女
总　计	**204295**	**115997**	**88298**	**163864**	**99405**	**64459**	**124171**	**78935**	**45236**
未上过学	2541	860	1681	1820	684	1136	1356	578	778
学前教育	161	68	93	95	51	44	77	45	32
小　学	51478	30758	20720	37876	25074	12802	26659	18629	8030
初　中	73163	45342	27821	52992	34934	18058	36945	25480	11465
高　中	37881	20848	17033	30103	17903	12200	22540	14359	8181
大学专科	22215	10496	11719	20814	10853	9961	17395	9777	7618
大学本科	15840	7119	8721	18666	9160	9506	17269	9090	8179
硕士研究生	874	427	447	1304	637	667	1706	838	868
博士研究生	142	79	63	194	109	85	224	139	85

5-6　续表 5　　单位：人

受教育程度	初婚年龄								
	27岁			28岁			29岁		
	小计	男	女	小计	男	女	小计	男	女
总　计	**91801**	**61330**	**30471**	**66773**	**45949**	**20824**	**49010**	**34154**	**14856**
未上过学	1081	505	576	835	390	445	677	327	350
学前教育	66	41	25	42	22	20	47	26	21
小　学	19290	14161	5129	13995	10295	3700	11143	8055	3088
初　中	25842	18474	7368	18614	13491	5123	13901	9968	3933
高　中	16319	10884	5435	11644	8040	3604	8336	5803	2533
大学专科	13150	8026	5124	9545	6162	3383	6514	4376	2138
大学本科	14070	8169	5901	10369	6554	3815	7082	4793	2289
硕士研究生	1726	913	813	1513	861	652	1137	688	449
博士研究生	257	157	100	216	134	82	173	118	55

5-6 续表 6

单位：人

受教育程度	初婚年龄								
	30岁			31岁			32岁		
	小计	男	女	小计	男	女	小计	男	女
总 计	**36239**	**24852**	**11387**	**26836**	**18533**	**8303**	**20887**	**14325**	**6562**
未上过学	559	279	280	436	180	256	375	171	204
学前教育	30	20	10	32	15	17	25	17	8
小 学	8757	6117	2640	6687	4691	1996	5548	3924	1624
初 中	10576	7259	3317	8208	5678	2530	6523	4456	2067
高 中	6184	4226	1958	4542	3140	1402	3593	2404	1189
大学专科	4534	3053	1481	3284	2269	1015	2339	1584	755
大学本科	4718	3300	1418	3073	2146	927	2082	1474	608
硕士研究生	737	493	244	485	339	146	337	254	83
博士研究生	144	105	39	89	75	14	65	41	24

5-6 续表 7

单位：人

受教育程度	初婚年龄								
	33岁			34岁			35岁		
	小计	男	女	小计	男	女	小计	男	女
总 计	**15669**	**10682**	**4987**	**12578**	**8745**	**3833**	**9949**	**6745**	**3204**
未上过学	260	112	148	210	86	124	186	80	106
学前教育	13	7	6	4	3	1	5	3	2
小 学	4202	2870	1332	3498	2490	1008	2840	1919	921
初 中	5105	3506	1599	4116	2834	1282	3294	2261	1033
高 中	2588	1751	837	2136	1476	660	1664	1120	544
大学专科	1742	1168	574	1291	909	382	979	656	323
大学本科	1487	1075	412	1132	802	330	840	605	235
硕士研究生	217	155	62	153	114	39	117	84	33
博士研究生	55	38	17	38	31	7	24	17	7

5-6 续表 8

单位：人

受教育程度	初婚年龄								
	36岁			37岁			38岁		
	小计	男	女	小计	男	女	小计	男	女
总 计	**7886**	**5346**	**2540**	**6334**	**4356**	**1978**	**5271**	**3567**	**1704**
未上过学	154	77	77	149	68	81	101	43	58
学前教育	6	3	3	8	3	5	2	2	
小 学	2325	1616	709	1887	1331	556	1636	1099	537
初 中	2675	1781	894	2196	1490	706	1865	1225	640
高 中	1282	863	419	1009	677	332	781	547	234
大学专科	760	530	230	578	397	181	486	348	138
大学本科	587	397	190	428	327	101	337	252	85
硕士研究生	82	67	15	58	44	14	56	45	11
博士研究生	15	12	3	21	19	2	7	6	1

5-6 续表 9

单位：人

受教育程度	初婚年龄					
	39岁			40岁及以上		
	小计	男	女	小计	男	女
总 计	**4471**	**3034**	**1437**	**27795**	**17976**	**9819**
未上过学	88	28	60	847	333	514
学前教育	3		3	30	17	13
小 学	1506	1005	501	11180	6990	4190
初 中	1572	1056	516	9257	6093	3164
高 中	627	442	185	3677	2388	1289
大学专科	367	259	108	1546	1150	396
大学本科	264	212	52	1134	903	231
硕士研究生	36	24	12	113	94	19
博士研究生	8	8		11	8	3

5-6a　全市分性别、受教育程度、初婚年龄的人口(城市)

单位：人

受教育程度	初婚年龄					
	合　计			15岁以下		
	合计	男	女	小计	男	女
总　计	**1095616**	**517491**	**578125**	**831**	**192**	**639**
未上过学	13437	2734	10703	69	4	65
学前教育	572	179	393	4	1	3
小　学	205814	84628	121186	304	59	245
初　中	383928	185430	198498	239	61	178
高　中	233280	113643	119637	150	48	102
大学专科	137374	67121	70253	39	10	29
大学本科	108268	56370	51898	26	9	17
硕士研究生	11172	6247	4925			
博士研究生	1771	1139	632			

5-6a　续表 1　　单位：人

受教育程度	初婚年龄								
	15岁			16岁			17岁		
	小计	男	女	小计	男	女	小计	男	女
总　计	**3801**	**845**	**2956**	**6604**	**1334**	**5270**	**12977**	**2352**	**10625**
未上过学	246	9	237	435	26	409	818	43	775
学前教育	11	1	10	14		14	29	4	25
小　学	1284	169	1115	2536	325	2211	5312	648	4664
初　中	1258	335	923	2265	529	1736	4336	975	3361
高　中	617	192	425	864	286	578	1726	436	1290
大学专科	238	84	154	308	103	205	512	156	356
大学本科	139	51	88	169	59	110	226	83	143
硕士研究生	7	3	4	13	6	7	17	7	10
博士研究生	1	1					1		1

5-6a 续表 2 单位：人

受教育程度	初婚年龄								
	18岁			19岁			20岁		
	小计	男	女	小计	男	女	小计	男	女
总 计	**23995**	**4525**	**19470**	**54818**	**10572**	**44246**	**95485**	**19795**	**75690**
未上过学	1118	62	1056	1816	153	1663	1921	206	1715
学前教育	36	3	33	56	6	50	69	10	59
小 学	9305	1268	8037	18827	3294	15533	26932	5340	21592
初 中	8901	1935	6966	22485	4534	17951	42031	9145	32886
高 中	3338	848	2490	8415	1815	6600	17294	3610	13684
大学专科	931	261	670	2371	538	1833	5398	1058	4340
大学本科	347	138	209	816	223	593	1769	397	1372
硕士研究生	17	9	8	30	9	21	64	25	39
博士研究生	2	1	1	2		2	7	4	3

5-6a 续表 3 单位：人

受教育程度	初婚年龄								
	21岁			22岁			23岁		
	小计	男	女	小计	男	女	小计	男	女
总 计	**116431**	**41856**	**74575**	**139819**	**65689**	**74130**	**124283**	**59061**	**65222**
未上过学	1463	244	1219	1239	281	958	982	255	727
学前教育	63	20	43	49	15	34	66	28	38
小 学	27530	9483	18047	27768	12755	15013	21099	10110	10989
初 中	51239	20193	31046	58386	30324	28062	46030	24042	21988
高 中	23806	8186	15620	31926	14257	17669	29817	13903	15914
大学专科	8715	2578	6137	13658	5342	8316	16221	6590	9631
大学本科	3477	1091	2386	6493	2560	3933	9550	3880	5670
硕士研究生	122	55	67	260	131	129	448	211	237
博士研究生	16	6	10	40	24	16	70	42	28

5–6a 续表 4

单位：人

受教育程度	初婚年龄								
	24岁			25岁			26岁		
	小计	男	女	小计	男	女	小计	男	女
总 计	**111609**	**57707**	**53902**	**95937**	**53923**	**42014**	**76573**	**45743**	**30830**
未上过学	732	250	482	568	228	340	379	181	198
学前教育	44	16	28	25	13	12	21	11	10
小 学	16114	8965	7149	11795	7419	4376	8523	5646	2877
初 中	36576	20727	15849	27899	17229	10670	19978	13088	6890
高 中	26657	13693	12964	21790	12350	9440	16850	10449	6401
大学专科	17473	7883	9590	16845	8514	8331	14359	7890	6469
大学本科	13041	5692	7349	15586	7468	8118	14630	7558	7072
硕士研究生	834	405	429	1239	596	643	1617	787	830
博士研究生	138	76	62	190	106	84	216	133	83

5–6a 续表 5

单位：人

受教育程度	初婚年龄								
	27岁			28岁			29岁		
	小计	男	女	小计	男	女	小计	男	女
总 计	**57952**	**36846**	**21106**	**42554**	**28235**	**14319**	**30692**	**20914**	**9778**
未上过学	317	168	149	230	112	118	204	102	102
学前教育	17	11	6	14	8	6	11	7	4
小 学	6064	4231	1833	4315	3054	1261	3300	2302	998
初 中	14196	9836	4360	10344	7265	3079	7557	5300	2257
高 中	12360	8082	4278	8856	6028	2828	6485	4494	1991
大学专科	10942	6556	4386	8089	5154	2935	5633	3741	1892
大学本科	12161	6942	5219	9055	5674	3381	6240	4189	2051
硕士研究生	1653	873	780	1443	811	632	1092	663	429
博士研究生	242	147	95	208	129	79	170	116	54

5-6a 续表 6 单位：人

受教育程度	初婚年龄								
	30岁			31岁			32岁		
	小计	男	女	小计	男	女	小计	男	女
总　计	**22273**	**15047**	**7226**	**16135**	**10964**	**5171**	**12279**	**8245**	**4034**
未上过学	164	83	81	115	51	64	99	51	48
学前教育	11	8	3	5	3	2	6	4	2
小　学	2644	1785	859	1965	1328	637	1564	1044	520
初　中	5633	3791	1842	4303	2879	1424	3501	2319	1182
高　中	4834	3266	1568	3578	2452	1126	2769	1829	940
大学专科	3934	2607	1327	2846	1937	909	2040	1366	674
大学本科	4203	2931	1272	2766	1914	852	1912	1348	564
硕士研究生	709	473	236	471	327	144	325	245	80
博士研究生	141	103	38	86	73	13	63	39	24

5-6a 续表 7 单位：人

受教育程度	初婚年龄								
	33岁			34岁			35岁		
	小计	男	女	小计	男	女	小计	男	女
总　计	**9252**	**6201**	**3051**	**7251**	**4937**	**2314**	**5799**	**3886**	**1913**
未上过学	66	27	39	53	21	32	47	21	26
学前教育	4	1	3	2	2		3	2	1
小　学	1176	751	425	989	659	330	840	538	302
初　中	2781	1846	935	2146	1434	712	1797	1205	592
高　中	2060	1372	688	1697	1150	547	1335	885	450
大学专科	1533	1025	508	1138	798	340	868	585	283
大学本科	1368	992	376	1037	729	308	772	552	220
硕士研究生	209	149	60	152	113	39	113	81	32
博士研究生	55	38	17	37	31	6	24	17	7

5–6a　续表 8　　单位：人

受教育程度	初婚年龄								
	36岁			37岁			38岁		
	小计	男	女	小计	男	女	小计	男	女
总　计	**4575**	**3021**	**1554**	**3612**	**2449**	**1163**	**2960**	**2017**	**943**
未上过学	35	20	15	36	14	22	28	16	12
学前教育				1		1	1	1	
小　学	678	449	229	539	355	184	453	285	168
初　中	1510	961	549	1242	822	420	1029	662	367
高　中	1057	701	356	820	550	270	639	454	185
大学专科	673	460	213	510	347	163	434	312	122
大学本科	527	353	174	385	298	87	316	238	78
硕士研究生	80	65	15	58	44	14	53	43	10
博士研究生	15	12	3	21	19	2	7	6	1

5–6a　续表 9　　单位：人

受教育程度	初婚年龄					
	39岁			40岁及以上		
	小计	男	女	小计	男	女
总　计	**2456**	**1665**	**791**	**14663**	**9470**	**5193**
未上过学	21	6	15	236	100	136
学前教育	2		2	8	4	4
小　学	434	282	152	3524	2084	1440
初　中	875	560	315	5391	3433	1958
高　中	512	360	152	3028	1947	1081
大学专科	327	231	96	1339	995	344
大学本科	242	195	47	1015	806	209
硕士研究生	35	23	12	111	93	18
博士研究生	8	8		11	8	3

5-6b 全市分性别、受教育程度、初婚年龄的人口(镇)

单位：人

受教育程度	初婚年龄					
	合计			15岁以下		
	合计	男	女	小计	男	女
总　计	**417485**	**197589**	**219896**	**611**	**126**	**485**
未上过学	8298	1653	6645	45	2	43
学前教育	460	130	330	3		3
小　学	138103	57985	80118	285	51	234
初　中	171059	84963	86096	199	42	157
高　中	59028	30994	28034	60	24	36
大学专科	24418	12990	11428	15	6	9
大学本科	15688	8600	7088	4	1	3
硕士研究生	395	251	144			
博士研究生	36	23	13			

5-6b 续表 1

单位：人

受教育程度	初婚年龄								
	15岁			16岁			17岁		
	小计	男	女	小计	男	女	小计	男	女
总　计	**2460**	**466**	**1994**	**4541**	**859**	**3682**	**8815**	**1708**	**7107**
未上过学	167	8	159	296	19	277	536	30	506
学前教育	3	1	2	9	1	8	15		15
小　学	1120	158	962	2155	319	1836	4251	655	3596
初　中	835	194	641	1542	347	1195	3005	716	2289
高　中	224	68	156	398	107	291	787	231	556
大学专科	69	20	49	105	46	59	161	52	109
大学本科	41	17	24	36	20	16	59	24	35
硕士研究生	1		1				1		1
博士研究生									

5-6b　续表 2　　　　单位：人

受教育程度	初婚年龄								
	18岁			19岁			20岁		
	小计	男	女	小计	男	女	小计	男	女
总　计	**15448**	**3203**	**12245**	**31151**	**7169**	**23982**	**50984**	**13335**	**37649**
未上过学	723	60	663	1066	97	969	1315	154	1161
学前教育	38	4	34	58	7	51	76	11	65
小　学	7255	1236	6019	13651	2883	10768	20220	5036	15184
初　中	5554	1339	4215	12299	3043	9256	21554	5902	15652
高　中	1450	430	1020	3093	863	2230	5763	1660	4103
大学专科	325	97	228	730	212	518	1498	422	1076
大学本科	99	37	62	251	63	188	549	147	402
硕士研究生	4		4	3	1	2	7	3	4
博士研究生							2		2

5-6b　续表 3　　　　单位：人

受教育程度	初婚年龄								
	21岁			22岁			23岁		
	小计	男	女	小计	男	女	小计	男	女
总　计	**56123**	**23025**	**33098**	**61021**	**32029**	**28992**	**46791**	**25536**	**21255**
未上过学	931	185	746	799	199	600	594	151	443
学前教育	57	20	37	47	13	34	45	19	26
小　学	19059	7168	11891	18533	8861	9672	13268	6751	6517
初　中	25307	11214	14093	27690	15519	12171	20190	11789	8401
高　中	7473	3171	4302	9220	5086	4134	7590	4264	3326
大学专科	2407	905	1502	3243	1624	1619	3301	1689	1612
大学本科	876	354	522	1471	716	755	1778	854	924
硕士研究生	12	8	4	17	10	7	25	19	6
博士研究生	1		1	1	1				

5-6b 续表 4

单位：人

受教育程度	初婚年龄								
	24岁			25岁			26岁		
	小计	男	女	小计	男	女	小计	男	女
总　计	**36676**	**21797**	**14879**	**27388**	**17377**	**10011**	**19292**	**12782**	**6510**
未上过学	433	154	279	298	125	173	206	82	124
学前教育	38	14	24	15	8	7	17	13	4
小　学	9764	5681	4083	7116	4629	2487	4755	3256	1499
初　中	14626	9123	5503	10170	6649	3521	6997	4787	2210
高　中	6480	3957	2523	4747	3055	1692	3250	2183	1067
大学专科	3206	1777	1429	2698	1595	1103	2032	1281	751
大学本科	2092	1069	1023	2295	1283	1012	1969	1139	830
硕士研究生	33	19	14	46	30	16	63	39	24
博士研究生	4	3	1	3	3		3	2	1

5-6b 续表 5

单位：人

受教育程度	初婚年龄								
	27岁			28岁			29岁		
	小计	男	女	小计	男	女	小计	男	女
总　计	**13534**	**9382**	**4152**	**9570**	**6736**	**2834**	**7021**	**4866**	**2155**
未上过学	163	72	91	127	53	74	99	48	51
学前教育	10	6	4	6	2	4	8	6	2
小　学	3341	2411	930	2450	1755	695	1978	1373	605
初　中	4800	3370	1430	3407	2426	981	2610	1811	799
高　中	2273	1570	703	1609	1144	465	1105	753	352
大学专科	1481	997	484	948	665	283	583	426	157
大学本科	1406	921	485	976	660	316	603	429	174
硕士研究生	49	28	21	45	30	15	32	18	14
博士研究生	11	7	4	2	1	1	3	2	1

5–6b　续表 6　　单位：人

受教育程度	初婚年龄								
	30岁			31岁			32岁		
	小计	男	女	小计	男	女	小计	男	女
总　计	**5196**	**3462**	**1734**	**3886**	**2620**	**1266**	**3188**	**2160**	**1028**
未上过学	76	36	40	56	25	31	61	28	33
学前教育	3	1	2	1		1	2	1	1
小　学	1520	993	527	1201	803	398	1035	710	325
初　中	1963	1250	713	1530	1013	517	1255	837	418
高　中	823	586	237	551	376	175	483	332	151
大学专科	406	306	100	301	221	80	214	151	63
大学本科	384	273	111	231	170	61	127	93	34
硕士研究生	20	17	3	12	10	2	9	6	3
博士研究生	1		1	3	2	1	2	2	

5–6b　续表 7　　单位：人

受教育程度	初婚年龄								
	33岁			34岁			35岁		
	小计	男	女	小计	男	女	小计	男	女
总　计	**2289**	**1519**	**770**	**1945**	**1332**	**613**	**1506**	**993**	**513**
未上过学	42	17	25	38	12	26	22	12	10
学前教育				1		1	1		1
小　学	747	494	253	615	427	188	505	320	185
初　中	942	622	320	834	554	280	636	422	214
高　中	320	222	98	272	200	72	205	143	62
大学专科	143	98	45	109	79	30	82	54	28
大学本科	89	61	28	75	59	16	52	40	12
硕士研究生	6	5	1	1	1		3	2	1
博士研究生									

5–6b 续表 8

单位：人

受教育程度	初婚年龄								
	36岁			37岁			38岁		
	小计	男	女	小计	男	女	小计	男	女
总　计	**1117**	**757**	**360**	**969**	**634**	**335**	**767**	**477**	**290**
未上过学	16	11	5	14	9	5	17	5	12
学前教育				1		1			
小　学	394	258	136	333	215	118	262	170	92
初　中	459	307	152	405	265	140	349	207	142
高　中	128	89	39	127	83	44	86	58	28
大学专科	67	53	14	53	39	14	36	25	11
大学本科	51	37	14	36	23	13	15	10	5
硕士研究生	2	2					2	2	
博士研究生									

5–6b 续表 9

单位：人

受教育程度	初婚年龄					
	39岁			40岁及以上		
	小计	男	女	小计	男	女
总　计	**676**	**451**	**225**	**4520**	**2788**	**1732**
未上过学	13	3	10	145	56	89
学前教育	1		1	5	3	2
小　学	262	174	88	2028	1198	830
初　中	276	187	89	1625	1028	597
高　中	73	49	24	438	290	148
大学专科	33	24	9	172	126	46
大学本科	18	14	4	105	86	19
硕士研究生				2	1	1
博士研究生						

5-6c　全市分性别、受教育程度、初婚年龄的人口(乡村)

单位：人

受教育程度	初婚年龄					
	合计			15岁以下		
	合计	男	女	小计	男	女
总　计	**724559**	**359402**	**365157**	**1244**	**243**	**1001**
未上过学	29146	5605	23541	153	17	136
学前教育	1485	496	989	5		5
小　学	367712	168743	198969	780	137	643
初　中	263205	148263	114942	256	66	190
高　中	46082	27030	19052	37	17	20
大学专科	11681	6356	5325	11	4	7
大学本科	5061	2805	2256	2	2	
硕士研究生	165	90	75			
博士研究生	22	14	8			

5-6c　续表 1

单位：人

受教育程度	初婚年龄								
	15岁			16岁			17岁		
	小计	男	女	小计	男	女	小计	男	女
总　计	**5865**	**1114**	**4751**	**10375**	**1793**	**8582**	**19388**	**3559**	**15829**
未上过学	575	38	537	1059	63	996	1752	83	1669
学前教育	39	7	32	33	1	32	69	7	62
小　学	3589	579	3010	6354	956	5398	12040	1958	10082
初　中	1431	396	1035	2554	654	1900	4823	1294	3529
高　中	184	64	120	321	94	227	608	185	423
大学专科	32	19	13	36	15	21	71	23	48
大学本科	15	11	4	18	10	8	24	9	15
硕士研究生							1		1
博士研究生									

5-6c 续表 2

单位：人

受教育程度	初婚年龄								
	18岁			19岁			20岁		
	小计	男	女	小计	男	女	小计	男	女
总　计	**32823**	**7098**	**25725**	**63070**	**16074**	**46996**	**94765**	**27631**	**67134**
未上过学	2622	180	2442	4040	392	3648	4439	538	3901
学前教育	117	9	108	183	46	137	229	40	189
小　学	19999	3816	16183	36259	8712	27547	51069	14083	36986
初　中	8716	2589	6127	19518	5883	13635	33467	11007	22460
高　中	1185	439	746	2648	915	1733	4676	1660	3016
大学专科	147	49	98	360	108	252	748	261	487
大学本科	34	16	18	58	16	42	132	41	91
硕士研究生	3		3	3	1	2	4	1	3
博士研究生				1	1		1		1

5-6c 续表 3

单位：人

受教育程度	初婚年龄								
	21岁			22岁			23岁		
	小计	男	女	小计	男	女	小计	男	女
总　计	**99981**	**45048**	**54933**	**103677**	**59196**	**44481**	**75654**	**45118**	**30536**
未上过学	3250	566	2684	2724	639	2085	2013	487	1526
学前教育	185	57	128	153	75	78	110	56	54
小　学	48948	20203	28745	46969	24224	22745	34421	19095	15326
初　中	40135	20492	19643	44288	28385	15903	30815	20384	10431
高　中	6106	3119	2987	7569	4814	2755	6139	4004	2135
大学专科	1101	496	605	1584	864	720	1599	822	777
大学本科	252	113	139	382	189	193	546	266	280
硕士研究生	4	2	2	8	6	2	10	4	6
博士研究生							1		1

5-6c　续表 4　　单位：人

受教育程度	初婚年龄								
	24岁			25岁			26岁		
	小计	男	女	小计	男	女	小计	男	女
总　计	**56010**	**36493**	**19517**	**40539**	**28105**	**12434**	**28306**	**20410**	**7896**
未上过学	1376	456	920	954	331	623	771	315	456
学前教育	79	38	41	55	30	25	39	21	18
小　学	25600	16112	9488	18965	13026	5939	13381	9727	3654
初　中	21961	15492	6469	14923	11056	3867	9970	7605	2365
高　中	4744	3198	1546	3566	2498	1068	2440	1727	713
大学专科	1536	836	700	1271	744	527	1004	606	398
大学本科	707	358	349	785	409	376	670	393	277
硕士研究生	7	3	4	19	11	8	26	12	14
博士研究生				1		1	5	4	1

5-6c　续表 5　　单位：人

受教育程度	初婚年龄								
	27岁			28岁			29岁		
	小计	男	女	小计	男	女	小计	男	女
总　计	**20315**	**15102**	**5213**	**14649**	**10978**	**3671**	**11297**	**8374**	**2923**
未上过学	601	265	336	478	225	253	374	177	197
学前教育	39	24	15	22	12	10	28	13	15
小　学	9885	7519	2366	7230	5486	1744	5865	4380	1485
初　中	6846	5268	1578	4863	3800	1063	3734	2857	877
高　中	1686	1232	454	1179	868	311	746	556	190
大学专科	727	473	254	508	343	165	298	209	89
大学本科	503	306	197	338	220	118	239	175	64
硕士研究生	24	12	12	25	20	5	13	7	6
博士研究生	4	3	1	6	4	2			

5-6c 续表 6 单位：人

受教育程度	初婚年龄								
	30岁			31岁			32岁		
	小计	男	女	小计	男	女	小计	男	女
总　计	**8770**	**6343**	**2427**	**6815**	**4949**	**1866**	**5420**	**3920**	**1500**
未上过学	319	160	159	265	104	161	215	92	123
学前教育	16	11	5	26	12	14	17	12	5
小　学	4593	3339	1254	3521	2560	961	2949	2170	779
初　中	2980	2218	762	2375	1786	589	1767	1300	467
高　中	527	374	153	413	312	101	341	243	98
大学专科	194	140	54	137	111	26	85	67	18
大学本科	131	96	35	76	62	14	43	33	10
硕士研究生	8	3	5	2	2		3	3	
博士研究生	2	2							

5-6c 续表 7 单位：人

受教育程度	初婚年龄								
	33岁			34岁			35岁		
	小计	男	女	小计	男	女	小计	男	女
总　计	**4128**	**2962**	**1166**	**3382**	**2476**	**906**	**2644**	**1866**	**778**
未上过学	152	68	84	119	53	66	117	47	70
学前教育	9	6	3	1	1		1	1	
小　学	2279	1625	654	1894	1404	490	1495	1061	434
初　中	1382	1038	344	1136	846	290	861	634	227
高　中	208	157	51	167	126	41	124	92	32
大学专科	66	45	21	44	32	12	29	17	12
大学本科	30	22	8	20	14	6	16	13	3
硕士研究生	2	1	1				1	1	
博士研究生				1		1			

5-6c　续表 8　　　　单位：人

受教育程度	初婚年龄								
	36岁			37岁			38岁		
	小计	男	女	小计	男	女	小计	男	女
总　计	**2194**	**1568**	**626**	**1753**	**1273**	**480**	**1544**	**1073**	**471**
未上过学	103	46	57	99	45	54	56	22	34
学前教育	6	3	3	6	3	3	1	1	
小　学	1253	909	344	1015	761	254	921	644	277
初　中	706	513	193	549	403	146	487	356	131
高　中	97	73	24	62	44	18	56	35	21
大学专科	20	17	3	15	11	4	16	11	5
大学本科	9	7	2	7	6	1	6	4	2
硕士研究生							1		1
博士研究生									

5-6c　续表 9　　　　单位：人

受教育程度	初婚年龄					
	39岁			40岁及以上		
	小计	男	女	小计	男	女
总　计	**1339**	**918**	**421**	**8612**	**5718**	**2894**
未上过学	54	19	35	466	177	289
学前教育				17	10	7
小　学	810	549	261	5628	3708	1920
初　中	421	309	112	2241	1632	609
高　中	42	33	9	211	151	60
大学专科	7	4	3	35	29	6
大学本科	4	3	1	14	11	3
硕士研究生	1	1				
博士研究生						

第二部分　长表数据资料

第六卷　生育

6-1 各地区分性别、孩次的出生人口
(2019.11.1-2020.10.31)

单位：人

地区	出生人数				第一孩			
	合计	男	女	性别比(女=100)	小计	男	女	性别比(女=100)
重庆	**25727**	**13329**	**12398**	**107.51**	**13588**	**7176**	**6412**	**111.92**
市辖区	20423	10549	9874	106.84	11195	5901	5294	111.47
万州区	1087	571	516	110.66	586	318	268	118.66
涪陵区	712	372	340	109.41	379	200	179	111.73
渝中区	473	241	232	103.88	298	167	131	127.48
大渡口区	436	239	197	121.32	257	146	111	131.53
江北区	915	476	439	108.43	612	321	291	110.31
沙坪坝区	1363	707	656	107.77	783	421	362	116.30
九龙坡区	1450	748	702	106.55	859	444	415	106.99
南岸区	1016	516	500	103.20	629	324	305	106.23
北碚区	562	302	260	116.15	330	197	133	148.12
綦江区	806	392	414	94.69	433	213	220	96.82
綦江区(不含万盛)	618	299	319	93.73	331	163	168	97.02
万盛经开区	188	93	95	97.89	102	50	52	96.15
大足区	547	296	251	117.93	233	134	99	135.35
渝北区	2411	1246	1165	106.95	1448	741	707	104.81
巴南区	1078	548	530	103.40	637	337	300	112.33
黔江区	500	256	244	104.92	229	125	104	120.19
长寿区	473	243	230	105.65	252	130	122	106.56
江津区	765	380	385	98.70	384	196	188	104.26
合川区	923	468	455	102.86	511	274	237	115.61
永川区	784	394	390	101.03	373	190	183	103.83
南川区	342	186	156	119.23	178	106	72	147.22
璧山区	582	306	276	110.87	283	165	118	139.83
铜梁区	482	242	240	100.83	233	113	120	94.17
潼南区	596	333	263	126.62	319	181	138	131.16
荣昌区	515	266	249	106.83	238	117	121	96.69
开州区	889	458	431	106.26	384	188	196	95.92
梁平区	462	229	233	98.28	207	92	115	80.00
武隆区	254	134	120	111.67	120	61	59	103.39
县	5304	2780	2524	110.14	2393	1275	1118	114.04
城口县	165	89	76	117.11	66	29	37	78.38
丰都县	370	187	183	102.19	202	108	94	114.89
垫江县	417	217	200	108.50	190	97	93	104.30
忠县	479	245	234	104.70	219	118	101	116.83
云阳县	870	462	408	113.24	393	207	186	111.29
奉节县	582	320	262	122.14	283	162	121	133.88
巫山县	295	154	141	109.22	125	67	58	115.52
巫溪县	279	143	136	105.15	127	67	60	111.67
石柱县	334	163	171	95.32	162	79	83	95.18
秀山县	495	259	236	109.75	209	110	99	111.11
酉阳县	533	268	265	101.13	199	98	101	97.03
彭水县	485	273	212	128.77	218	133	85	156.47

6-1　续表 1　　　　单位：人

地　区	第二孩				第三孩			
	小计	男	女	性别比（女=100）	小计	男	女	性别比（女=100）
重　庆	**10755**	**5442**	**5313**	**102.43**	**1170**	**617**	**553**	**111.57**
市辖区	8375	4222	4153	101.66	737	382	355	107.61
万州区	462	231	231	100.00	35	21	14	150.00
涪陵区	308	161	147	109.52	24	11	13	84.62
渝中区	159	72	87	82.76	12	2	10	20.00
大渡口区	171	91	80	113.75	7	1	6	16.67
江北区	289	146	143	102.10	13	9	4	225.00
沙坪坝区	534	266	268	99.25	43	18	25	72.00
九龙坡区	549	278	271	102.58	32	21	11	190.91
南岸区	367	183	184	99.46	19	9	10	90.00
北碚区	220	103	117	88.03	9	1	8	12.50
綦江区	331	157	174	90.23	35	16	19	84.21
綦江区(不含万盛)	252	118	134	88.06	29	13	16	81.25
万盛经开区	79	39	40	97.50	6	3	3	100.00
大足区	251	131	120	109.17	46	26	20	130.00
渝北区	910	479	431	111.14	43	24	19	126.32
巴南区	417	203	214	94.86	22	8	14	57.14
黔江区	223	103	120	85.83	43	26	17	152.94
长寿区	208	106	102	103.92	13	7	6	116.67
江津区	325	161	164	98.17	46	21	25	84.00
合川区	383	175	208	84.13	26	17	9	188.89
永川区	360	181	179	101.12	44	20	24	83.33
南川区	150	75	75	100.00	14	5	9	55.56
璧山区	275	125	150	83.33	22	15	7	214.29
铜梁区	230	117	113	103.54	17	10	7	142.86
潼南区	233	130	103	126.21	41	21	20	105.00
荣昌区	248	131	117	111.97	27	18	9	200.00
开州区	430	230	200	115.00	65	36	29	124.14
梁平区	224	124	100	124.00	26	10	16	62.50
武隆区	118	63	55	114.55	13	9	4	225.00
县	2380	1220	1160	105.17	433	235	198	118.69
城口县	79	49	30	163.33	15	8	7	114.29
丰都县	143	70	73	95.89	23	9	14	64.29
垫江县	199	100	99	101.01	26	18	8	225.00
忠　县	227	114	113	100.88	28	10	18	55.56
云阳县	397	215	182	118.13	68	33	35	94.29
奉节县	247	128	119	107.56	42	26	16	162.50
巫山县	145	73	72	101.39	21	13	8	162.50
巫溪县	137	70	67	104.48	14	6	8	75.00
石柱县	142	72	70	102.86	25	12	13	92.31
秀山县	225	111	114	97.37	48	29	19	152.63
酉阳县	229	113	116	97.41	82	45	37	121.62
彭水县	210	105	105	100.00	41	26	15	173.33

6-1 续表 2 单位：人

地　　区	第　四　孩				第五孩及以上			
	小计	男	女	性别比(女=100)	小计	男	女	性别比(女=100)
重　庆	**173**	**75**	**98**	**76.53**	**41**	**19**	**22**	**86.36**
市辖区	100	38	62	61.29	16	6	10	60.00
万州区	4	1	3	33.33				
涪陵区	1		1					
渝中区	3		3		1		1	
大渡口区	1	1						
江北区	1		1					
沙坪坝区	3	2	1	200.00				
九龙坡区	8	5	3	166.67	2		2	
南岸区	1		1					
北碚区	3	1	2	50.00				
綦江区	5	4	1	400.00	2	2		
綦江区(不含万盛)	4	3	1	300.00	2	2		
万盛经开区	1	1						
大足区	16	5	11	45.45	1		1	
渝北区	9	2	7	28.57	1		1	
巴南区	2		2					
黔江区	4	2	2	100.00	1		1	
长寿区								
江津区	8	1	7	14.29	2	1	1	100.00
合川区	2	1	1	100.00	1	1		
永川区	6	2	4	50.00	1	1		
南川区								
璧山区	1	1			1		1	
铜梁区	2	2						
潼南区	3	1	2	50.00				
荣昌区	2		2					
开州区	9	4	5	80.00	1		1	
梁平区	4	3	1	300.00	1		1	
武隆区	2		2		1	1		
县	73	37	36	102.78	25	13	12	108.33
城口县	4	2	2	100.00	1	1		
丰都县	1		1		1		1	
垫江县	2	2						
忠　县	3	2	1	200.00	2	1	1	100.00
云阳县	9	5	4	125.00	3	2	1	200.00
奉节县	8	3	5	60.00	2	1	1	100.00
巫山县	4	1	3	33.33				
巫溪县	1		1					
石柱县	5		5					
秀山县	11	8	3	266.67	2	1	1	100.00
酉阳县	15	7	8	87.50	8	5	3	166.67
彭水县	10	7	3	233.33	6	2	4	50.00

6-1a　各地区分性别、孩次的出生人口
(2019.11.1-2020.10.31)(城市)

单位：人

地　区	出生人数				第　一　孩			
	合计	男	女	性别比(女=100)	小计	男	女	性别比(女=100)
重　庆	**15207**	**7853**	**7354**	**106.79**	**8685**	**4571**	**4114**	**111.11**
市辖区	15207	7853	7354	106.79	8685	4571	4114	111.11
万州区	675	354	321	110.28	381	206	175	117.71
涪陵区	538	274	264	103.79	297	153	144	106.25
渝中区	473	241	232	103.88	298	167	131	127.48
大渡口区	431	234	197	118.78	254	143	111	128.83
江北区	844	448	396	113.13	566	306	260	117.69
沙坪坝区	1333	695	638	108.93	768	412	356	115.73
九龙坡区	1226	629	597	105.36	755	390	365	106.85
南岸区	999	510	489	104.29	621	321	300	107.00
北碚区	492	271	221	122.62	287	179	108	165.74
綦江区	378	173	205	84.39	210	98	112	87.50
綦江区(不含万盛)	326	153	173	88.44	181	86	95	90.53
万盛经开区	52	20	32	62.50	29	12	17	70.59
大足区	256	143	113	126.55	106	64	42	152.38
渝北区	2154	1112	1042	106.72	1312	665	647	102.78
巴南区	923	470	453	103.75	556	294	262	112.21
黔江区	335	172	163	105.52	168	93	75	124.00
长寿区	354	189	165	114.55	182	98	84	116.67
江津区	386	196	190	103.16	214	102	112	91.07
合川区	474	238	236	100.85	269	149	120	124.17
永川区	542	265	277	95.67	270	134	136	98.53
南川区	213	114	99	115.15	104	61	43	141.86
璧山区	467	239	228	104.82	234	131	103	127.18
铜梁区	344	173	171	101.17	171	87	84	103.57
潼南区	315	171	144	118.75	174	92	82	112.20
荣昌区	318	156	162	96.30	155	70	85	82.35
开州区	414	225	189	119.05	176	86	90	95.56
梁平区	213	105	108	97.22	102	45	57	78.95
武隆区	110	56	54	103.70	55	25	30	83.33
县								
城口县								
丰都县								
垫江县								
忠　县								
云阳县								
奉节县								
巫山县								
巫溪县								
石柱县								
秀山县								
酉阳县								
彭水县								

6-1a 续表 1

单位：人

地区	第二孩				第三孩			
	小计	男	女	性别比(女=100)	小计	男	女	性别比(女=100)
重庆	**6062**	**3054**	**3008**	**101.53**	**398**	**206**	**192**	**107.29**
市辖区	6062	3054	3008	101.53	398	206	192	107.29
万州区	277	136	141	96.45	14	11	3	366.67
涪陵区	223	114	109	104.59	18	7	11	63.64
渝中区	159	72	87	82.76	12	2	10	20.00
大渡口区	169	89	80	111.25	7	1	6	16.67
江北区	265	134	131	102.29	12	8	4	200.00
沙坪坝区	520	263	257	102.33	42	18	24	75.00
九龙坡区	441	222	219	101.37	22	14	8	175.00
南岸区	360	180	180	100.00	18	9	9	100.00
北碚区	196	90	106	84.91	6	1	5	20.00
綦江区	157	70	87	80.46	11	5	6	83.33
綦江区(不含万盛)	136	62	74	83.78	9	5	4	125.00
万盛经开区	21	8	13	61.54	2		2	
大足区	124	65	59	110.17	18	11	7	157.14
渝北区	796	425	371	114.56	37	21	16	131.25
巴南区	350	170	180	94.44	15	6	9	66.67
黔江区	144	67	77	87.01	21	11	10	110.00
长寿区	163	88	75	117.33	9	3	6	50.00
江津区	157	87	70	124.29	11	6	5	120.00
合川区	193	81	112	72.32	11	8	3	266.67
永川区	249	119	130	91.54	19	9	10	90.00
南川区	100	50	50	100.00	9	3	6	50.00
璧山区	217	98	119	82.35	14	9	5	180.00
铜梁区	165	81	84	96.43	8	5	3	166.67
潼南区	122	69	53	130.19	18	10	8	125.00
荣昌区	147	73	74	98.65	15	13	2	650.00
开州区	211	125	86	145.35	23	11	12	91.67
梁平区	104	57	47	121.28	6	2	4	50.00
武隆区	53	29	24	120.83	2	2		
县								
城口县								
丰都县								
垫江县								
忠县								
云阳县								
奉节县								
巫山县								
巫溪县								
石柱县								
秀山县								
酉阳县								
彭水县								

6-1a 续表 2

单位：人

地区	第四孩				第五孩及以上			
	小计	男	女	性别比（女=100）	小计	男	女	性别比（女=100）
重 庆	**55**	**21**	**34**	**61.76**	**7**	**1**	**6**	**16.67**
市辖区	55	21	34	61.76	7	1	6	16.67
万州区	3	1	2	50.00				
涪陵区								
渝中区	3		3		1		1	
大渡口区	1	1						
江北区	1		1					
沙坪坝区	3	2	1	200.00				
九龙坡区	6	3	3	100.00	2		2	
南岸区								
北碚区	3	1	2	50.00				
綦江区								
綦江区(不含万盛)								
万盛经开区								
大足区	7	3	4	75.00	1		1	
渝北区	8	1	7	14.29	1		1	
巴南区	2		2					
黔江区	2	1	1	100.00				
长寿区								
江津区	4	1	3	33.33				
合川区	1		1					
永川区	3	2	1	200.00	1	1		
南川区								
璧山区	1	1			1		1	
铜梁区								
潼南区	1		1					
荣昌区	1		1					
开州区	4	3	1	300.00				
梁平区	1	1						
武隆区								
县								
城口县								
丰都县								
垫江县								
忠 县								
云阳县								
奉节县								
巫山县								
巫溪县								
石柱县								
秀山县								
酉阳县								
彭水县								

6－1b 各地区分性别、孩次的出生人口
(2019.11.1－2020.10.31)(镇)

单位：人

地区	出生人数				第一孩			
	合计	男	女	性别比(女=100)	小计	男	女	性别比(女=100)
重庆	**5007**	**2562**	**2445**	**104.79**	**2340**	**1218**	**1122**	**108.56**
市辖区	1886	927	959	96.66	904	448	456	98.25
万州区	142	70	72	97.22	76	43	33	130.30
涪陵区	51	26	25	104.00	24	14	10	140.00
渝中区								
大渡口区								
江北区	67	27	40	67.50	43	14	29	48.28
沙坪坝区	13	3	10	30.00	6	3	3	100.00
九龙坡区	178	89	89	100.00	85	42	43	97.67
南岸区	7	2	5	40.00	3		3	
北碚区	29	14	15	93.33	18	11	7	157.14
綦江区	229	114	115	99.13	116	55	61	90.16
綦江区(不含万盛)	116	55	61	90.16	58	26	32	81.25
万盛经开区	113	59	54	109.26	58	29	29	100.00
大足区	131	68	63	107.94	53	35	18	194.44
渝北区	68	35	33	106.06	36	20	16	125.00
巴南区	91	44	47	93.62	45	22	23	95.65
黔江区	27	13	14	92.86	9	2	7	28.57
长寿区	21	8	13	61.54	13	5	8	62.50
江津区	145	67	78	85.90	65	33	32	103.13
合川区	139	67	72	93.06	68	33	35	94.29
永川区	82	46	36	127.78	33	19	14	135.71
南川区	33	15	18	83.33	18	8	10	80.00
璧山区	8	5	3	166.67	3	2	1	200.00
铜梁区	40	19	21	90.48	16	4	12	33.33
潼南区	99	57	42	135.71	55	31	24	129.17
荣昌区	34	19	15	126.67	13	8	5	160.00
开州区	140	62	78	79.49	60	20	40	50.00
梁平区	76	37	39	94.87	31	16	15	106.67
武隆区	36	20	16	125.00	15	8	7	114.29
县	3121	1635	1486	110.03	1436	770	666	115.62
城口县	90	49	41	119.51	38	16	22	72.73
丰都县	236	119	117	101.71	125	64	61	104.92
垫江县	278	145	133	109.02	127	65	62	104.84
忠县	237	129	108	119.44	104	56	48	116.67
云阳县	517	270	247	109.31	235	123	112	109.82
奉节县	358	197	161	122.36	181	104	77	135.06
巫山县	153	82	71	115.49	63	33	30	110.00
巫溪县	154	81	73	110.96	77	39	38	102.63
石柱县	244	118	126	93.65	124	63	61	103.28
秀山县	279	144	135	106.67	126	74	52	142.31
酉阳县	275	139	136	102.21	107	52	55	94.55
彭水县	300	162	138	117.39	129	81	48	168.75

6-1b　续表 1

单位：人

地　　区	第　二　孩				第　三　孩			
	小计	男	女	性别比（女=100）	小计	男	女	性别比（女=100）
重　庆	**2308**	**1146**	**1162**	**98.62**	**314**	**173**	**141**	**122.70**
市辖区	860	413	447	92.39	108	57	51	111.76
万州区	61	25	36	69.44	5	2	3	66.67
涪陵区	25	11	14	78.57	2	1	1	100.00
渝中区								
大渡口区								
江北区	23	12	11	109.09	1	1		
沙坪坝区	6		6		1		1	
九龙坡区	87	43	44	97.73	5	3	2	150.00
南岸区	3	2	1	200.00	1		1	
北碚区	10	3	7	42.86	1		1	
綦江区	100	51	49	104.08	10	5	5	100.00
綦江区(不含万盛)	50	25	25	100.00	6	2	4	50.00
万盛经开区	50	26	24	108.33	4	3	1	300.00
大足区	58	23	35	65.71	17	9	8	112.50
渝北区	30	14	16	87.50	2	1	1	100.00
巴南区	43	21	22	95.45	3	1	2	50.00
黔江区	13	7	6	116.67	5	4	1	400.00
长寿区	7	2	5	40.00	1	1		
江津区	65	28	37	75.68	13	6	7	85.71
合川区	62	28	34	82.35	7	4	3	133.33
永川区	42	24	18	133.33	6	3	3	100.00
南川区	12	6	6	100.00	3	1	2	50.00
璧山区	4	2	2	100.00	1	1		
铜梁区	19	11	8	137.50	5	4	1	400.00
潼南区	39	23	16	143.75	4	2	2	100.00
荣昌区	21	11	10	110.00				
开州区	71	36	35	102.86	9	6	3	200.00
梁平区	40	20	20	100.00	4		4	
武隆区	19	10	9	111.11	2	2		
县	1448	733	715	102.52	206	116	90	128.89
城口县	45	30	15	200.00	6	3	3	100.00
丰都县	101	52	49	106.12	9	3	6	50.00
垫江县	135	69	66	104.55	15	10	5	200.00
忠　县	121	67	54	124.07	12	6	6	100.00
云阳县	237	126	111	113.51	38	17	21	80.95
奉节县	155	81	74	109.46	19	12	7	171.43
巫山县	79	42	37	113.51	10	7	3	233.33
巫溪县	69	38	31	122.58	8	4	4	100.00
石柱县	101	48	53	90.57	17	7	10	70.00
秀山县	131	56	75	74.67	20	12	8	150.00
酉阳县	133	64	69	92.75	30	20	10	200.00
彭水县	141	60	81	74.07	22	15	7	214.29

6－1b　续表 2　　　　单位：人

地　区	第四孩				第五孩及以上			
	小计	男	女	性别比(女=100)	小计	男	女	性别比(女=100)
重　庆	**31**	**16**	**15**	**106.67**	**14**	**9**	**5**	**180.00**
市辖区	11	7	4	175.00	3	2	1	200.00
万州区								
涪陵区								
渝中区								
大渡口区								
江北区								
沙坪坝区								
九龙坡区	1	1						
南岸区								
北碚区								
綦江区	2	2			1	1		
綦江区(不含万盛)	1	1			1	1		
万盛经开区	1	1						
大足区	3	1	2	50.00				
渝北区								
巴南区								
黔江区								
长寿区								
江津区	1		1		1		1	
合川区	1	1			1	1		
永川区	1		1					
南川区								
璧山区								
铜梁区								
潼南区	1	1						
荣昌区								
开州区								
梁平区	1	1						
武隆区								
县	20	9	11	81.82	11	7	4	175.00
城口县	1		1					
丰都县					1		1	
垫江县	1	1						
忠　县								
云阳县	4	2	2	100.00	3	2	1	200.00
奉节县	2		2		1		1	
巫山县	1		1					
巫溪县								
石柱县	2		2					
秀山县	1	1			1	1		
酉阳县	3	1	2	50.00	2	2		
彭水县	5	4	1	400.00	3	2	1	200.00

6-1c　各地区分性别、孩次的出生人口
(2019.11.1-2020.10.31)(乡村)

单位：人

地　　区	出生人数				第　一　孩			
	合计	男	女	性别比(女=100)	小计	男	女	性别比(女=100)
重　庆	**5513**	**2914**	**2599**	**112.12**	**2563**	**1387**	**1176**	**117.94**
市辖区	3330	1769	1561	113.32	1606	882	724	121.82
万州区	270	147	123	119.51	129	69	60	115.00
涪陵区	123	72	51	141.18	58	33	25	132.00
渝中区								
大渡口区	5	5			3	3		
江北区	4	1	3	33.33	3	1	2	50.00
沙坪坝区	17	9	8	112.50	9	6	3	200.00
九龙坡区	46	30	16	187.50	19	12	7	171.43
南岸区	10	4	6	66.67	5	3	2	150.00
北碚区	41	17	24	70.83	25	7	18	38.89
綦江区	199	105	94	111.70	107	60	47	127.66
綦江区(不含万盛)	176	91	85	107.06	92	51	41	124.39
万盛经开区	23	14	9	155.56	15	9	6	150.00
大足区	160	85	75	113.33	74	35	39	89.74
渝北区	189	99	90	110.00	100	56	44	127.27
巴南区	64	34	30	113.33	36	21	15	140.00
黔江区	138	71	67	105.97	52	30	22	136.36
长寿区	98	46	52	88.46	57	27	30	90.00
江津区	234	117	117	100.00	105	61	44	138.64
合川区	310	163	147	110.88	174	92	82	112.20
永川区	160	83	77	107.79	70	37	33	112.12
南川区	96	57	39	146.15	56	37	19	194.74
璧山区	107	62	45	137.78	46	32	14	228.57
铜梁区	98	50	48	104.17	46	22	24	91.67
潼南区	182	105	77	136.36	90	58	32	181.25
荣昌区	163	91	72	126.39	70	39	31	125.81
开州区	335	171	164	104.27	148	82	66	124.24
梁平区	173	87	86	101.16	74	31	43	72.09
武隆区	108	58	50	116.00	50	28	22	127.27
县	2183	1145	1038	110.31	957	505	452	111.73
城口县	75	40	35	114.29	28	13	15	86.67
丰都县	134	68	66	103.03	77	44	33	133.33
垫江县	139	72	67	107.46	63	32	31	103.23
忠　县	242	116	126	92.06	115	62	53	116.98
云阳县	353	192	161	119.25	158	84	74	113.51
奉节县	224	123	101	121.78	102	58	44	131.82
巫山县	142	72	70	102.86	62	34	28	121.43
巫溪县	125	62	63	98.41	50	28	22	127.27
石柱县	90	45	45	100.00	38	16	22	72.73
秀山县	216	115	101	113.86	83	36	47	76.60
酉阳县	258	129	129	100.00	92	46	46	100.00
彭水县	185	111	74	150.00	89	52	37	140.54

6-1c 续表 1

单位：人

地 区	第二孩				第三孩			
	小计	男	女	性别比(女=100)	小计	男	女	性别比(女=100)
重 庆	**2385**	**1242**	**1143**	**108.66**	**458**	**238**	**220**	**108.18**
市辖区	1453	755	698	108.17	231	119	112	106.25
万州区	124	70	54	129.63	16	8	8	100.00
涪陵区	60	36	24	150.00	4	3	1	300.00
渝中区								
大渡口区	2	2						
江北区	1		1					
沙坪坝区	8	3	5	60.00				
九龙坡区	21	13	8	162.50	5	4	1	400.00
南岸区	4	1	3	33.33				
北碚区	14	10	4	250.00	2		2	
綦江区	74	36	38	94.74	14	6	8	75.00
綦江区(不含万盛)	66	31	35	88.57	14	6	8	75.00
万盛经开区	8	5	3	166.67				
大足区	69	43	26	165.38	11	6	5	120.00
渝北区	84	40	44	90.91	4	2	2	100.00
巴南区	24	12	12	100.00	4	1	3	33.33
黔江区	66	29	37	78.38	17	11	6	183.33
长寿区	38	16	22	72.73	3	3		
江津区	103	46	57	80.70	22	9	13	69.23
合川区	128	66	62	106.45	8	5	3	166.67
永川区	69	38	31	122.58	19	8	11	72.73
南川区	38	19	19	100.00	2	1	1	100.00
璧山区	54	25	29	86.21	7	5	2	250.00
铜梁区	46	25	21	119.05	4	1	3	33.33
潼南区	72	38	34	111.76	19	9	10	90.00
荣昌区	80	47	33	142.42	12	5	7	71.43
开州区	148	69	79	87.34	33	19	14	135.71
梁平区	80	47	33	142.42	16	8	8	100.00
武隆区	46	24	22	109.09	9	5	4	125.00
县	932	487	445	109.44	227	119	108	110.19
城口县	34	19	15	126.67	9	5	4	125.00
丰都县	42	18	24	75.00	14	6	8	75.00
垫江县	64	31	33	93.94	11	8	3	266.67
忠 县	106	47	59	79.66	16	4	12	33.33
云阳县	160	89	71	125.35	30	16	14	114.29
奉节县	92	47	45	104.44	23	14	9	155.56
巫山县	66	31	35	88.57	11	6	5	120.00
巫溪县	68	32	36	88.89	6	2	4	50.00
石柱县	41	24	17	141.18	8	5	3	166.67
秀山县	94	55	39	141.03	28	17	11	154.55
酉阳县	96	49	47	104.26	52	25	27	92.59
彭水县	69	45	24	187.50	19	11	8	137.50

6-1c　续表 2　　　　单位：人

地　　区	第　四　孩				第五孩及以上			
	小计	男	女	性别比（女=100）	小计	男	女	性别比（女=100）
重　庆	**87**	**38**	**49**	**77.55**	**20**	**9**	**11**	**81.82**
市辖区	34	10	24	41.67	6	3	3	100.00
万州区	1		1					
涪陵区	1		1					
渝中区								
大渡口区								
江北区								
沙坪坝区								
九龙坡区	1	1						
南岸区	1		1					
北碚区								
綦江区	3	2	1	200.00	1	1		
綦江区(不含万盛)	3	2	1	200.00	1	1		
万盛经开区								
大足区	6	1	5	20.00				
渝北区	1	1						
巴南区								
黔江区	2	1	1	100.00	1		1	
长寿区								
江津区	3		3		1	1		
合川区								
永川区	2		2					
南川区								
璧山区								
铜梁区	2	2						
潼南区	1		1					
荣昌区	1		1					
开州区	5	1	4	25.00	1		1	
梁平区	2	1	1	100.00	1		1	
武隆区	2		2		1	1		
县	53	28	25	112.00	14	6	8	75.00
城口县	3	2	1	200.00	1	1		
丰都县	1		1					
垫江县	1	1						
忠　县	3	2	1	200.00	2	1	1	100.00
云阳县	5	3	2	150.00				
奉节县	6	3	3	100.00	1	1		
巫山县	3	1	2	50.00				
巫溪县	1		1					
石柱县	3		3					
秀山县	10	7	3	233.33	1		1	
酉阳县	12	6	6	100.00	6	3	3	100.00
彭水县	5	3	2	150.00	3		3	

6-2 全市按年龄、受教育程度、生育孩次

受教育程度 年　　龄	合　计	生男孩的妇女人数	生女孩的妇女人数	一　孩		
				小计	男	女
总　计	**25727**	**13329**	**12398**	**13588**	**7176**	**6412**
15-19岁	**220**	**122**	**98**	**189**	**105**	**84**
15	1		1	1		1
16	16	8	8	16	8	8
17	24	19	5	21	16	5
18	59	29	30	53	25	28
19	120	66	54	98	56	42
20-24岁	**4048**	**2093**	**1955**	**2988**	**1572**	**1416**
20	246	140	106	211	122	89
21	434	222	212	345	182	163
22	749	377	372	568	295	273
23	1113	583	530	817	426	391
24	1506	771	735	1047	547	500
25-29岁	**10288**	**5339**	**4949**	**6410**	**3373**	**3037**
25	1936	1006	930	1294	667	627
26	2005	1053	952	1322	700	622
27	2277	1196	1081	1439	769	670
28	2073	1075	998	1256	654	602
29	1997	1009	988	1099	583	516
30-34岁	**8148**	**4197**	**3951**	**3165**	**1671**	**1494**
30	2139	1120	1019	1037	556	481
31	1730	909	821	721	384	337
32	1335	690	645	471	243	228
33	1643	862	781	550	292	258
34	1301	616	685	386	196	190
35-39岁	**2391**	**1251**	**1140**	**649**	**348**	**301**
35	736	384	352	210	118	92
36	494	252	242	136	67	69
37	419	210	209	117	63	54
38	473	264	209	128	75	53
39	269	141	128	58	25	33
40-44岁	**441**	**226**	**215**	**128**	**70**	**58**
40	135	65	70	40	17	23
41	146	71	75	41	27	14
42	71	39	32	22	13	9
43	47	28	19	12	6	6
44	42	23	19	13	7	6
45-49岁	**191**	**101**	**90**	**59**	**37**	**22**
45	43	20	23	10	4	6
46	49	26	23	14	7	7
47	45	25	20	12	8	4
48	17	7	10	7	5	2
49	37	23	14	16	13	3

分的育龄妇女人数(2019.11.1—2020.10.31)

单位：人

二孩			三孩及以上		
小计	男	女	小计	男	女
10755	**5442**	**5313**	**1384**	**711**	**673**
31	**17**	**14**			
3	3				
6	4	2			
22	10	12			
983	**489**	**494**	**77**	**32**	**45**
34	17	17	1	1	
85	38	47	4	2	2
171	78	93	10	4	6
271	144	127	25	13	12
422	212	210	37	12	25
3549	**1801**	**1748**	**329**	**165**	**164**
584	310	274	58	29	29
623	321	302	60	32	28
780	402	378	58	25	33
739	384	355	78	37	41
823	384	439	75	42	33
4395	**2218**	**2177**	**588**	**308**	**280**
965	489	476	137	75	62
889	462	427	120	63	57
774	398	376	90	49	41
968	506	462	125	64	61
799	363	436	116	57	59
1464	**752**	**712**	**278**	**151**	**127**
445	226	219	81	40	41
314	160	154	44	25	19
249	118	131	53	29	24
283	154	129	62	35	27
173	94	79	38	22	16
238	**118**	**120**	**75**	**38**	**37**
76	36	40	19	12	7
81	34	47	24	10	14
37	21	16	12	5	7
24	14	10	11	8	3
20	13	7	9	3	6
95	**47**	**48**	**37**	**17**	**20**
24	10	14	9	6	3
23	13	10	12	6	6
24	15	9	9	2	7
8	1	7	2	1	1
16	8	8	5	2	3

6−2 续表 1

受教育程度 年 龄	合 计	生男孩的 妇女人数	生女孩的 妇女人数	一 孩		
				小计	男	女
小学及以下	**808**	**420**	**388**	**260**	**132**	**128**
15−19岁	**13**	**7**	**6**	**10**	**5**	**5**
15						
16	2	1	1	2	1	1
17						
18	4	3	1	4	3	1
19	7	3	4	4	1	3
20−24岁	**108**	**54**	**54**	**62**	**32**	**30**
20	11	7	4	7	4	3
21	17	6	11	12	6	6
22	12	7	5	7	4	3
23	32	16	16	21	10	11
24	36	18	18	15	8	7
25−29岁	**214**	**111**	**103**	**73**	**40**	**33**
25	39	20	19	20	10	10
26	41	21	20	21	12	9
27	46	21	25	10	4	6
28	41	23	18	14	8	6
29	47	26	21	8	6	2
30−34岁	**234**	**118**	**116**	**55**	**23**	**32**
30	54	26	28	17	9	8
31	51	28	23	9	5	4
32	33	17	16	8	3	5
33	49	27	22	11	4	7
34	47	20	27	10	2	8
35−39岁	**129**	**75**	**54**	**29**	**16**	**13**
35	26	18	8	5	3	2
36	24	16	8	9	4	5
37	24	10	14	5	4	1
38	34	18	16	6	2	4
39	21	13	8	4	3	1
40−44岁	**64**	**29**	**35**	**19**	**10**	**9**
40	8	1	7	3	1	2
41	18	6	12	6	3	3
42	17	10	7	4	2	2
43	12	8	4	1	1	
44	9	4	5	5	3	2
45−49岁	**46**	**26**	**20**	**12**	**6**	**6**
45	9	5	4	1		1
46	13	8	5	3	1	2
47	9	4	5	1		1
48	4	2	2	2	1	1
49	11	7	4	5	4	1

单位：人

二孩			三孩及以上		
小计	男	女	小计	男	女
376	**212**	**164**	**172**	**76**	**96**
3	**2**	**1**			
3	2	1			
38	**20**	**18**	**8**	**2**	**6**
4	3	1			
5		5			
4	3	1	1		1
10	5	5	1	1	
15	9	6	6	1	5
116	**62**	**54**	**25**	**9**	**16**
15	7	8	4	3	1
16	8	8	4	1	3
33	15	18	3	2	1
20	14	6	7	1	6
32	18	14	7	2	5
116	**62**	**54**	**63**	**33**	**30**
26	11	15	11	6	5
31	16	15	11	7	4
15	11	4	10	3	7
20	12	8	18	11	7
24	12	12	13	6	7
59	**37**	**22**	**41**	**22**	**19**
10	8	2	11	7	4
12	10	2	3	2	1
12	4	8	7	2	5
18	10	8	10	6	4
7	5	2	10	5	5
24	**15**	**9**	**21**	**4**	**17**
1		1	4		4
6	3	3	6		6
8	6	2	5	2	3
6	5	1	5	2	3
3	1	2	1		1
20	**14**	**6**	**14**	**6**	**8**
5	3	2	3	2	1
4	3	1	6	4	2
5	4	1	3		3
1	1		1		1
5	3	2	1		1

6-2 续表 2

受教育程度 年龄	合计	生男孩的妇女人数	生女孩的妇女人数	一孩		
				小计	男	女
初中	**7067**	**3662**	**3405**	**2815**	**1498**	**1317**
15-19岁	**126**	**69**	**57**	**107**	**59**	**48**
15	1		1	1		1
16	7	4	3	7	4	3
17	19	15	4	16	12	4
18	40	17	23	36	15	21
19	59	33	26	47	28	19
20-24岁	**1431**	**737**	**694**	**873**	**447**	**426**
20	106	51	55	83	39	44
21	189	94	95	139	69	70
22	272	135	137	168	87	81
23	399	219	180	235	126	109
24	465	238	227	248	126	122
25-29岁	**2425**	**1259**	**1166**	**1035**	**556**	**479**
25	554	288	266	279	150	129
26	511	265	246	250	136	114
27	525	283	242	213	116	97
28	398	207	191	144	75	69
29	437	216	221	149	79	70
30-34岁	**2080**	**1066**	**1014**	**542**	**295**	**247**
30	493	254	239	144	84	60
31	381	204	177	113	60	53
32	367	192	175	87	44	43
33	457	228	229	113	56	57
34	382	188	194	85	51	34
35-39岁	**756**	**395**	**361**	**189**	**97**	**92**
35	220	106	114	60	30	30
36	156	84	72	40	24	16
37	126	59	67	37	16	21
38	153	91	62	35	20	15
39	101	55	46	17	7	10
40-44岁	**147**	**78**	**69**	**41**	**23**	**18**
40	38	22	16	12	6	6
41	55	31	24	16	12	4
42	20	8	12	5	2	3
43	18	12	6	3	2	1
44	16	5	11	5	1	4
45-49岁	**102**	**58**	**44**	**28**	**21**	**7**
45	24	12	12	5	2	3
46	24	12	12	5	3	2
47	27	17	10	7	6	1
48	7	4	3	3	3	
49	20	13	7	8	7	1

单位：人

二孩			三孩及以上		
小计	男	女	小计	男	女
3525	**1781**	**1744**	**727**	**383**	**344**
19	**10**	**9**			
3	3				
4	2	2			
12	5	7			
513	**269**	**244**	**45**	**21**	**24**
22	11	11	1	1	
49	24	25	1	1	
99	47	52	5	1	4
146	83	63	18	10	8
197	104	93	20	8	12
1215	**616**	**599**	**175**	**87**	**88**
243	122	121	32	16	16
227	113	114	34	16	18
283	156	127	29	11	18
219	114	105	35	18	17
243	111	132	45	26	19
1224	**603**	**621**	**314**	**168**	**146**
277	130	147	72	40	32
211	111	100	57	33	24
232	119	113	48	29	19
271	136	135	73	36	37
233	107	126	64	30	34
428	**224**	**204**	**139**	**74**	**65**
120	56	64	40	20	20
94	49	45	22	11	11
63	29	34	26	14	12
86	52	34	32	19	13
65	38	27	19	10	9
72	**33**	**39**	**34**	**22**	**12**
19	11	8	7	5	2
27	12	15	12	7	5
12	4	8	3	2	1
9	4	5	6	6	
5	2	3	6	2	4
54	**26**	**28**	**20**	**11**	**9**
13	6	7	6	4	2
14	7	7	5	2	3
15	9	6	5	2	3
3		3	1	1	
9	4	5	3	2	1

6－2 续表 3

受教育程度 年　龄	合　计	生男孩的妇女人数	生女孩的妇女人数	一　孩		
				小计	男	女
高　中	**6770**	**3570**	**3200**	**3459**	**1835**	**1624**
15—19岁	**72**	**44**	**28**	**65**	**39**	**26**
15						
16	7	3	4	7	3	4
17	5	4	1	5	4	1
18	14	9	5	12	7	5
19	46	28	18	41	25	16
20—24岁	**1407**	**725**	**682**	**1082**	**575**	**507**
20	99	61	38	92	59	33
21	150	75	75	124	63	61
22	273	130	143	218	109	109
23	371	193	178	286	150	136
24	514	266	248	362	194	168
25—29岁	**2816**	**1474**	**1342**	**1528**	**793**	**735**
25	613	325	288	383	189	194
26	605	329	276	347	184	163
27	582	305	277	315	168	147
28	525	262	263	257	129	128
29	491	253	238	226	123	103
30—34岁	**1850**	**982**	**868**	**603**	**320**	**283**
30	480	261	219	191	103	88
31	416	226	190	127	71	56
32	297	165	132	84	46	38
33	377	200	177	118	61	57
34	280	130	150	83	39	44
35—39岁	**496**	**275**	**221**	**134**	**79**	**55**
35	146	76	70	37	19	18
36	104	52	52	25	14	11
37	91	51	40	27	19	8
38	106	65	41	31	21	10
39	49	31	18	14	6	8
40—44岁	**107**	**59**	**48**	**36**	**22**	**14**
40	35	18	17	12	5	7
41	33	19	14	9	8	1
42	20	10	10	7	4	3
43	9	4	5	6	3	3
44	10	8	2	2	2	
45—49岁	**22**	**11**	**11**	**11**	**7**	**4**
45	6	2	4	4	2	2
46	6	4	2	2	2	
47	5	3	2	3	2	1
48	3	1	2	2	1	1
49	2	1	1			

单位：人

二孩			三孩及以上		
小计	男	女	小计	男	女
3011	**1572**	**1439**	**300**	**163**	**137**
7	**5**	**2**			
2	2				
5	3	2			
306	**143**	**163**	**19**	**7**	**12**
7	2	5			
23	11	12	3	1	2
51	18	33	4	3	1
83	43	40	2		2
142	69	73	10	3	7
1194	**625**	**569**	**94**	**56**	**38**
213	128	85	17	8	9
240	132	108	18	13	5
250	126	124	17	11	6
243	120	123	25	13	12
248	119	129	17	11	6
1132	**603**	**529**	**115**	**59**	**56**
259	142	117	30	16	14
258	140	118	31	15	16
197	109	88	16	10	6
237	128	109	22	11	11
181	84	97	16	7	9
306	**163**	**143**	**56**	**33**	**23**
93	50	43	16	7	9
68	31	37	11	7	4
54	24	30	10	8	2
62	39	23	13	5	8
29	19	10	6	6	
57	**29**	**28**	**14**	**8**	**6**
18	9	9	5	4	1
20	9	11	4	2	2
10	5	5	3	1	2
3	1	2			
6	5	1	2	1	1
9	**4**	**5**	**2**		**2**
2		2			
3	2	1	1		1
2	1	1			
1		1			
1	1		1		1

6-2 续表 4

受教育程度 年 龄	合 计	生男孩的妇女人数	生女孩的妇女人数	一 孩		
				小计	男	女
大学专科	**5877**	**2972**	**2905**	**3712**	**1938**	**1774**
15-19岁	**8**	**1**	**7**	**6**	**1**	**5**
15						
16						
17						
18	1		1	1		1
19	7	1	6	5	1	4
20-24岁	**886**	**476**	**410**	**773**	**421**	**352**
20	27	19	8	26	18	8
21	69	40	29	63	37	26
22	161	87	74	147	79	68
23	252	131	121	219	116	103
24	377	199	178	318	171	147
25-29岁	**2685**	**1375**	**1310**	**1993**	**1036**	**957**
25	477	245	232	391	206	185
26	547	284	263	450	234	216
27	611	302	309	459	235	224
28	569	299	270	387	200	187
29	481	245	236	306	161	145
30-34岁	**1799**	**890**	**909**	**790**	**406**	**384**
30	519	261	258	273	141	132
31	413	209	204	179	95	84
32	280	124	156	127	58	69
33	318	167	151	114	63	51
34	269	129	140	97	49	48
35-39岁	**441**	**207**	**234**	**137**	**70**	**67**
35	147	73	74	51	28	23
36	84	40	44	25	10	15
37	84	32	52	20	7	13
38	83	38	45	30	18	12
39	43	24	19	11	7	4
40-44岁	**48**	**21**	**27**	**10**	**3**	**7**
40	19	8	11	2		2
41	17	6	11	4	2	2
42	4	3	1	2	1	1
43	5	2	3	2		2
44	3	2	1			
45-49岁	**10**	**2**	**8**	**3**	**1**	**2**
45	2	1	1			
46	3	1	2	2	1	1
47	2		2	1		1
48	3		3			
49						

单位：人

二孩			三孩及以上		
小计	男	女	小计	男	女
2047	**983**	**1064**	**118**	**51**	**67**
2		**2**			
2		2			
108	**53**	**55**	**5**	**2**	**3**
1	1				
6	3	3			
14	8	6			
29	13	16	4	2	2
58	28	30	1		1
666	**330**	**336**	**26**	**9**	**17**
83	39	44	3		3
95	49	46	2	1	1
145	66	79	7	1	6
173	95	78	9	4	5
170	81	89	5	3	2
948	**456**	**492**	**61**	**28**	**33**
229	112	117	17	8	9
218	107	111	16	7	9
145	64	81	8	2	6
197	101	96	7	3	4
159	72	87	13	8	5
281	**126**	**155**	**23**	**11**	**12**
87	41	46	9	4	5
53	27	26	6	3	3
57	22	35	7	3	4
52	19	33	1	1	
32	17	15			
36	**17**	**19**	**2**	**1**	**1**
16	7	9	1	1	
12	4	8	1		1
2	2				
3	2	1			
3	2	1			
6	**1**	**5**	**1**		**1**
2	1	1			
1		1			
			1		1
3		3			

6-2 续表 5

受教育程度 年 龄	合 计	生男孩的 妇女人数	生女孩的 妇女人数	一 孩		
				小计	男	女
大学本科及以上	**5205**	**2705**	**2500**	**3342**	**1773**	**1569**
15-19岁	**1**	**1**		**1**	**1**	
15						
16						
17						
18						
19	1	1		1	1	
20-24岁	**216**	**101**	**115**	**198**	**97**	**101**
20	3	2	1	3	2	1
21	9	7	2	7	7	
22	31	18	13	28	16	12
23	59	24	35	56	24	32
24	114	50	64	104	48	56
25-29岁	**2148**	**1120**	**1028**	**1781**	**948**	**833**
25	253	128	125	221	112	109
26	301	154	147	254	134	120
27	513	285	228	442	246	196
28	540	284	256	454	242	212
29	541	269	272	410	214	196
30-34岁	**2185**	**1141**	**1044**	**1175**	**627**	**548**
30	593	318	275	412	219	193
31	469	242	227	293	153	140
32	358	192	166	165	92	73
33	442	240	202	194	108	86
34	323	149	174	111	55	56
35-39岁	**569**	**299**	**270**	**160**	**86**	**74**
35	197	111	86	57	38	19
36	126	60	66	37	15	22
37	94	58	36	28	17	11
38	97	52	45	26	14	12
39	55	18	37	12	2	10
40-44岁	**75**	**39**	**36**	**22**	**12**	**10**
40	35	16	19	11	5	6
41	23	9	14	6	2	4
42	10	8	2	4	4	
43	3	2	1			
44	4	4		1	1	
45-49岁	**11**	**4**	**7**	**5**	**2**	**3**
45	2		2			
46	3	1	2	2		2
47	2	1	1			
48						
49	4	2	2	3	2	1

单位：人

二孩			三孩及以上		
小计	男	女	小计	男	女
1796	**894**	**902**	**67**	**38**	**29**
18	**4**	**14**			
2		2			
3	2	1			
3		3			
10	2	8			
358	**168**	**190**	**9**	**4**	**5**
30	14	16	2	2	
45	19	26	2	1	1
69	39	30	2		2
84	41	43	2	1	1
130	55	75	1		1
975	**494**	**481**	**35**	**20**	**15**
174	94	80	7	5	2
171	88	83	5	1	4
185	95	90	8	5	3
243	129	114	5	3	2
202	88	114	10	6	4
390	**202**	**188**	**19**	**11**	**8**
135	71	64	5	2	3
87	43	44	2	2	
63	39	24	3	2	1
65	34	31	6	4	2
40	15	25	3	1	2
49	**24**	**25**	**4**	**3**	**1**
22	9	13	2	2	
16	6	10	1	1	
5	4	1	1		1
3	2	1			
3	3				
6	**2**	**4**			
2		2			
1	1				
2	1	1			
1		1			

6-2a 全市按年龄、受教育程度、生育孩次

受教育程度 年龄	合计	生男孩的妇女人数	生女孩的妇女人数	一孩		
				小计	男	女
总计	**15207**	**7853**	**7354**	**8685**	**4571**	**4114**
15-19岁	**65**	**34**	**31**	**59**	**32**	**27**
15						
16	4	3	1	4	3	1
17	5	3	2	5	3	2
18	18	9	9	17	9	8
19	38	19	19	33	17	16
20-24岁	**1789**	**926**	**863**	**1463**	**776**	**687**
20	102	56	46	92	55	37
21	162	84	78	143	76	67
22	333	176	157	283	155	128
23	458	225	233	376	184	192
24	734	385	349	569	306	263
25-29岁	**6015**	**3131**	**2884**	**4199**	**2193**	**2006**
25	1015	533	482	756	392	364
26	1097	567	530	804	416	388
27	1303	699	604	946	504	442
28	1318	684	634	903	470	433
29	1282	648	634	790	411	379
30-34岁	**5430**	**2762**	**2668**	**2376**	**1252**	**1124**
30	1374	723	651	770	414	356
31	1162	602	560	544	288	256
32	897	450	447	361	188	173
33	1115	573	542	422	219	203
34	882	414	468	279	143	136
35-39岁	**1536**	**809**	**727**	**459**	**243**	**216**
35	475	257	218	145	83	62
36	311	151	160	90	38	52
37	271	138	133	85	44	41
38	310	175	135	99	62	37
39	169	88	81	40	16	24
40-44岁	**273**	**140**	**133**	**87**	**49**	**38**
40	97	46	51	28	12	16
41	87	44	43	26	18	8
42	37	21	16	14	10	4
43	27	14	13	11	5	6
44	25	15	10	8	4	4
45-49岁	**99**	**51**	**48**	**42**	**26**	**16**
45	22	6	16	7	3	4
46	19	9	10	8	4	4
47	26	18	8	9	6	3
48	13	5	8	6	4	2
49	19	13	6	12	9	3

分的育龄妇女人数(2019.11.1–2020.10.31)(城市)

单位：人

二孩			三孩及以上		
小计	男	女	小计	男	女
6062	**3054**	**3008**	**460**	**228**	**232**
6	**2**	**4**			
1		1			
5	2	3			
312	**145**	**167**	**14**	**5**	**9**
10	1	9			
19	8	11			
50	21	29			
81	40	41	1	1	
152	75	77	13	4	9
1732	**898**	**834**	**84**	**40**	**44**
245	133	112	14	8	6
283	146	137	10	5	5
340	190	150	17	5	12
395	207	188	20	7	13
469	222	247	23	15	8
2841	**1410**	**1431**	**213**	**100**	**113**
558	283	275	46	26	20
572	297	275	46	17	29
502	244	258	34	18	16
653	338	315	40	16	24
556	248	308	47	23	24
968	**501**	**467**	**109**	**65**	**44**
295	158	137	35	16	19
203	102	101	18	11	7
165	80	85	21	14	7
188	98	90	23	15	8
117	63	54	12	9	3
155	**75**	**80**	**31**	**16**	**15**
59	28	31	10	6	4
53	22	31	8	4	4
19	10	9	4	1	3
13	6	7	3	3	
11	9	2	6	2	4
48	**23**	**25**	**9**	**2**	**7**
12	3	9	3		3
10	5	5	1		1
13	10	3	4	2	2
7	1	6			
6	4	2	1		1

6-2a 续表 1

受教育程度 年龄	合计	生男孩的妇女人数	生女孩的妇女人数	一孩 小计	一孩 男	一孩 女
小学及以下	**226**	**114**	**112**	**93**	**49**	**44**
15-19岁						
15						
16						
17						
18						
19						
20-24岁	**23**	**12**	**11**	**16**	**9**	**7**
20	2	1	1	2	1	1
21	2		2	1		1
22	4	3	1	3	2	1
23	6	3	3	5	3	2
24	9	5	4	5	3	2
25-29岁	**61**	**33**	**28**	**28**	**17**	**11**
25	9	3	6	6	2	4
26	7	5	2	6	5	1
27	14	8	6	6	3	3
28	11	5	6	4	2	2
29	20	12	8	6	5	1
30-34岁	**80**	**37**	**43**	**25**	**11**	**14**
30	22	10	12	10	4	6
31	16	8	8	3	2	1
32	12	6	6	4	1	3
33	15	7	8	5	3	2
34	15	6	9	3	1	2
35-39岁	**25**	**16**	**9**	**8**	**4**	**4**
35	4	2	2	1		1
36	4	3	1	2	1	1
37	5	2	3	2	1	1
38	8	5	3	2	1	1
39	4	4		1	1	
40-44岁	**16**	**5**	**11**	**6**	**4**	**2**
40	4		4	1		1
41	6	3	3	3	3	
42	1		1			
43	2	1	1			
44	3	1	2	2	1	1
45-49岁	**21**	**11**	**10**	**10**	**4**	**6**
45	4	1	3	1		1
46	3	1	2	2		2
47	4	2	2	1		1
48	3	2	1	2	1	1
49	7	5	2	4	3	1

单位：人

二孩			三孩及以上		
小计	男	女	小计	男	女
106	**56**	**50**	**27**	**9**	**18**
6	**3**	**3**	**1**		**1**
1		1			
1	1				
1		1			
3	2	1	1		1
30	**15**	**15**	**3**	**1**	**2**
3	1	2			
1		1			
8	5	3			
6	3	3	1		1
12	6	6	2	1	1
43	**22**	**21**	**12**	**4**	**8**
10	5	5	2	1	1
11	5	6	2	1	1
6	5	1	2		2
7	3	4	3	1	2
9	4	5	3	1	2
14	**9**	**5**	**3**	**3**	
2	1	1	1	1	
2	2				
3	1	2			
5	3	2	1	1	
2	2		1	1	
5		**5**	**5**	**1**	**4**
1		1	2		2
1		1	2		2
1		1			
1		1	1	1	
1		1			
8	**7**	**1**	**3**		**3**
2	1	1	1		1
1	1				
2	2		1		1
1	1				
2	2		1		1

6-2a 续表 2

受教育程度 年 龄	合 计	生男孩的妇女人数	生女孩的妇女人数	一孩		
				小计	男	女
初 中	**2567**	**1331**	**1236**	**1125**	**595**	**530**
15-19岁	**31**	**15**	**16**	**28**	**13**	**15**
15						
16						
17	2	1	1	2	1	1
18	13	6	7	12	6	6
19	16	8	8	14	6	8
20-24岁	**384**	**196**	**188**	**274**	**143**	**131**
20	30	9	21	23	9	14
21	48	25	23	42	22	20
22	79	41	38	54	32	22
23	90	46	44	67	30	37
24	137	75	62	88	50	38
25-29岁	**853**	**456**	**397**	**427**	**224**	**203**
25	190	107	83	112	61	51
26	184	97	87	107	59	48
27	184	98	86	91	47	44
28	133	71	62	62	33	29
29	162	83	79	55	24	31
30-34岁	**866**	**432**	**434**	**272**	**147**	**125**
30	184	96	88	70	43	27
31	144	76	68	54	30	24
32	158	80	78	44	24	20
33	213	99	114	65	27	38
34	167	81	86	39	23	16
35-39岁	**317**	**168**	**149**	**83**	**40**	**43**
35	89	41	48	20	8	12
36	60	32	28	15	8	7
37	53	24	29	19	7	12
38	70	45	25	21	13	8
39	45	26	19	8	4	4
40-44岁	**70**	**38**	**32**	**23**	**14**	**9**
40	22	15	7	7	5	2
41	19	10	9	6	4	2
42	10	4	6	3	2	1
43	10	6	4	3	2	1
44	9	3	6	4	1	3
45-49岁	**46**	**26**	**20**	**18**	**14**	**4**
45	10	3	7	3	2	1
46	8	3	5	3	2	1
47	15	12	3	5	4	1
48	5	2	3	2	2	
49	8	6	2	5	4	1

单位：人

二孩			三孩及以上		
小计	男	女	小计	男	女
1261	**644**	**617**	**181**	**92**	**89**
3	**2**	**1**			
1		1			
2	2				
105	**50**	**55**	**5**	**3**	**2**
7		7			
6	3	3			
25	9	16			
23	16	7			
44	22	22	5	3	2
395	**217**	**178**	**31**	**15**	**16**
71	41	30	7	5	2
73	36	37	4	2	2
87	51	36	6		6
67	37	30	4	1	3
97	52	45	10	7	3
511	**243**	**268**	**83**	**42**	**41**
99	46	53	15	7	8
76	39	37	14	7	7
97	45	52	17	11	6
131	65	66	17	7	10
108	48	60	20	10	10
190	**105**	**85**	**44**	**23**	**21**
53	27	26	16	6	10
38	21	17	7	3	4
28	13	15	6	4	2
40	26	14	9	6	3
31	18	13	6	4	2
34	**17**	**17**	**13**	**7**	**6**
12	8	4	3	2	1
10	4	6	3	2	1
6	2	4	1		1
5	2	3	2	2	
1	1		4	1	3
23	**10**	**13**	**5**	**2**	**3**
5	1	4	2		2
4	1	3	1		1
8	6	2	2	2	
3		3			
3	2	1			

6-2a 续表 3

受教育程度 年 龄	合 计	生男孩的妇女人数	生女孩的妇女人数	一 孩		
				小计	男	女
高 中	**3866**	**2013**	**1853**	**1978**	**1032**	**946**
15-19岁	**28**	**18**	**10**	**27**	**18**	**9**
15						
16	4	3	1	4	3	1
17	3	2	1	3	2	1
18	4	3	1	4	3	1
19	17	10	7	16	10	6
20-24岁	**680**	**344**	**336**	**546**	**284**	**262**
20	50	32	18	47	31	16
21	69	33	36	63	30	33
22	123	60	63	108	56	52
23	181	87	94	140	68	72
24	257	132	125	188	99	89
25-29岁	**1535**	**791**	**744**	**880**	**448**	**432**
25	314	162	152	206	103	103
26	301	163	138	179	94	85
27	309	169	140	185	97	88
28	319	153	166	172	85	87
29	292	144	148	138	69	69
30-34岁	**1182**	**611**	**571**	**391**	**203**	**188**
30	278	148	130	119	64	55
31	263	144	119	77	44	33
32	200	108	92	59	34	25
33	241	118	123	78	36	42
34	200	93	107	58	25	33
35-39岁	**349**	**197**	**152**	**99**	**58**	**41**
35	100	53	47	26	13	13
36	73	37	36	18	9	9
37	64	36	28	21	14	7
38	75	47	28	24	18	6
39	37	24	13	10	4	6
40-44岁	**79**	**44**	**35**	**27**	**16**	**11**
40	25	10	15	8	2	6
41	26	17	9	7	7	
42	13	7	6	5	3	2
43	8	4	4	6	3	3
44	7	6	1	1	1	
45-49岁	**13**	**8**	**5**	**8**	**5**	**3**
45	4	1	3	3	1	2
46	4	3	1	1	1	
47	3	3		2	2	
48	2	1	1	2	1	1
49						

单位：人

二孩			三孩及以上		
小计	男	女	小计	男	女
1765	**916**	**849**	**123**	**65**	**58**
1		**1**			
1		1			
128	**59**	**69**	**6**	**1**	**5**
3	1	2			
6	3	3			
15	4	11			
41	19	22			
63	32	31	6	1	5
627	**326**	**301**	**28**	**17**	**11**
104	57	47	4	2	2
119	67	52	3	2	1
120	68	52	4	4	
136	64	72	11	4	7
148	70	78	6	5	1
744	**389**	**355**	**47**	**19**	**28**
148	77	71	11	7	4
171	97	74	15	3	12
137	71	66	4	3	1
151	78	73	12	4	8
137	66	71	5	2	3
217	**116**	**101**	**33**	**23**	**10**
66	36	30	8	4	4
48	22	26	7	6	1
36	16	20	7	6	1
43	25	18	8	4	4
24	17	7	3	3	
43	**23**	**20**	**9**	**5**	**4**
14	6	8	3	2	1
17	9	8	2	1	1
6	3	3	2	1	1
2	1	1			
4	4		2	1	1
5	**3**	**2**			
1		1			
3	2	1			
1	1				

6−2a　续表 4

受教育程度 年　　龄	合　计	生男孩的妇女人数	生女孩的妇女人数	一　孩		
				小计	男	女
大学专科	**4288**	**2191**	**2097**	**2709**	**1424**	**1285**
15−19岁	**5**		**5**	**3**		**3**
15						
16						
17						
18	1		1	1		1
19	4		4	2		2
20−24岁	**549**	**297**	**252**	**487**	**267**	**220**
20	18	12	6	18	12	6
21	36	21	15	32	19	13
22	103	58	45	97	53	44
23	140	72	68	124	66	58
24	252	134	118	216	117	99
25−29岁	**1895**	**994**	**901**	**1442**	**765**	**677**
25	328	173	155	275	147	128
26	381	197	184	319	165	154
27	405	206	199	315	164	151
28	425	224	201	294	152	142
29	356	194	162	239	137	102
30−34岁	**1436**	**713**	**723**	**649**	**329**	**320**
30	395	200	195	217	108	109
31	334	169	165	149	77	72
32	229	97	132	108	46	62
33	260	139	121	98	56	42
34	218	108	110	77	42	35
35−39岁	**352**	**166**	**186**	**116**	**59**	**57**
35	111	60	51	43	25	18
36	68	30	38	20	6	14
37	67	25	42	17	6	11
38	71	33	38	27	17	10
39	35	18	17	9	5	4
40−44岁	**42**	**19**	**23**	**10**	**3**	**7**
40	16	7	9	2		2
41	15	6	9	4	2	2
42	4	3	1	2	1	1
43	4	1	3	2		2
44	3	2	1			
45−49岁	**9**	**2**	**7**	**2**	**1**	**1**
45	2	1	1			
46	2	1	1	1	1	
47	2		2	1		1
48	3		3			
49						

单位：人

二孩			三孩及以上		
小计	男	女	小计	男	女
1498	**734**	**764**	**81**	**33**	**48**
2		**2**			
2		2			
60	**29**	**31**	**2**	**1**	**1**
4	2	2			
6	5	1			
15	5	10	1	1	
35	17	18	1		1
435	**224**	**211**	**18**	**5**	**13**
51	26	25	2		2
61	32	29	1		1
83	41	42	7	1	6
127	70	57	4	2	2
113	55	58	4	2	2
743	**364**	**379**	**44**	**20**	**24**
166	85	81	12	7	5
175	87	88	10	5	5
114	50	64	7	1	6
157	81	76	5	2	3
131	61	70	10	5	5
221	**101**	**120**	**15**	**6**	**9**
61	32	29	7	3	4
45	23	22	3	1	2
45	17	28	5	2	3
44	16	28			
26	13	13			
31	**15**	**16**	**1**	**1**	
13	6	7	1	1	
11	4	7			
2	2				
2	1	1			
3	2	1			
6	**1**	**5**	**1**		**1**
2	1	1			
1		1			
			1		1
3		3			

6-2a 续表 5

受教育程度 年　龄	合　计	生男孩的妇女人数	生女孩的妇女人数	一　孩		
				小计	男	女
大学本科及以上	**4260**	**2204**	**2056**	**2780**	**1471**	**1309**
15-19岁	**1**	**1**		**1**	**1**	
15						
16						
17						
18						
19	1	1		1	1	
20-24岁	**153**	**77**	**76**	**140**	**73**	**67**
20	2	2		2	2	
21	7	5	2	5	5	
22	24	14	10	21	12	9
23	41	17	24	40	17	23
24	79	39	40	72	37	35
25-29岁	**1671**	**857**	**814**	**1422**	**739**	**683**
25	174	88	86	157	79	78
26	224	105	119	193	93	100
27	391	218	173	349	193	156
28	430	231	199	371	198	173
29	452	215	237	352	176	176
30-34岁	**1866**	**969**	**897**	**1039**	**562**	**477**
30	495	269	226	354	195	159
31	405	205	200	261	135	126
32	298	159	139	146	83	63
33	386	210	176	176	97	79
34	282	126	156	102	52	50
35-39岁	**493**	**262**	**231**	**153**	**82**	**71**
35	171	101	70	55	37	18
36	106	49	57	35	14	21
37	82	51	31	26	16	10
38	86	45	41	25	13	12
39	48	16	32	12	2	10
40-44岁	**66**	**34**	**32**	**21**	**12**	**9**
40	30	14	16	10	5	5
41	21	8	13	6	2	4
42	9	7	2	4	4	
43	3	2	1			
44	3	3		1	1	
45-49岁	**10**	**4**	**6**	**4**	**2**	**2**
45	2		2			
46	2	1	1	1		1
47	2	1	1			
48						
49	4	2	2	3	2	1

单位：人

二孩			三孩及以上		
小计	男	女	小计	男	女
1432	**704**	**728**	**48**	**29**	**19**
13	**4**	**9**			
2		2			
3	2	1			
1		1			
7	2	5			
245	**116**	**129**	**4**	**2**	**2**
16	8	8	1	1	
29	11	18	2	1	1
42	25	17			
59	33	26			
99	39	60	1		1
800	**392**	**408**	**27**	**15**	**12**
135	70	65	6	4	2
139	69	70	5	1	4
148	73	75	4	3	1
207	111	96	3	2	1
171	69	102	9	5	4
326	**170**	**156**	**14**	**10**	**4**
113	62	51	3	2	1
70	34	36	1	1	
53	33	20	3	2	1
56	28	28	5	4	1
34	13	21	2	1	1
42	**20**	**22**	**3**	**2**	**1**
19	8	11	1	1	
14	5	9	1	1	
4	3	1	1		1
3	2	1			
2	2				
6	**2**	**4**			
2		2			
1	1				
2	1	1			
1		1			

6-2b 全市按年龄、受教育程度、生育孩次

受教育程度 年龄	合计	生男孩的妇女人数	生女孩的妇女人数	一孩		
				小计	男	女
总计	**5007**	**2562**	**2445**	**2340**	**1218**	**1122**
15-19岁	**53**	**28**	**25**	**44**	**22**	**22**
15	1		1	1		1
16	5	1	4	5	1	4
17	6	5	1	4	3	1
18	11	6	5	9	5	4
19	30	16	14	25	13	12
20-24岁	**959**	**494**	**465**	**640**	**332**	**308**
20	60	42	18	47	35	12
21	94	49	45	71	35	36
22	160	72	88	111	53	58
23	283	151	132	193	104	89
24	362	180	182	218	105	113
25-29岁	**2047**	**1039**	**1008**	**1100**	**583**	**517**
25	421	209	212	262	125	137
26	465	241	224	278	149	129
27	449	221	228	236	124	112
28	370	197	173	178	99	79
29	342	171	171	146	86	60
30-34岁	**1387**	**706**	**681**	**427**	**207**	**220**
30	383	182	201	148	67	81
31	308	163	145	98	51	47
32	211	116	95	60	26	34
33	272	145	127	67	39	28
34	213	100	113	54	24	30
35-39岁	**435**	**227**	**208**	**100**	**58**	**42**
35	147	69	78	38	19	19
36	82	50	32	19	15	4
37	78	40	38	21	15	6
38	80	42	38	13	4	9
39	48	26	22	9	5	4
40-44岁	**78**	**40**	**38**	**18**	**10**	**8**
40	16	8	8	6	3	3
41	28	11	17	6	3	3
42	14	10	4	2	1	1
43	10	7	3	1	1	
44	10	4	6	3	2	1
45-49岁	**48**	**28**	**20**	**11**	**6**	**5**
45	11	7	4	3	1	2
46	14	9	5	4	2	2
47	10	3	7	1		1
48	2	1	1	1	1	
49	11	8	3	2	2	

分的育龄妇女人数(2019.11.1—2020.10.31)(镇)

单位：人

二孩			三孩及以上		
小计	男	女	小计	男	女
2308	**1146**	**1162**	**359**	**198**	**161**
9	**6**	**3**			
2	2				
2	1	1			
5	3	2			
300	**153**	**147**	**19**	**9**	**10**
13	7	6			
22	13	9	1	1	
46	17	29	3	2	1
83	43	40	7	4	3
136	73	63	8	2	6
858	**410**	**448**	**89**	**46**	**43**
137	72	65	22	12	10
167	81	86	20	11	9
201	91	110	12	6	6
169	88	81	23	10	13
184	78	106	12	7	5
812	**413**	**399**	**148**	**86**	**62**
198	96	102	37	19	18
180	93	87	30	19	11
125	74	51	26	16	10
174	88	86	31	18	13
135	62	73	24	14	10
265	**132**	**133**	**70**	**37**	**33**
85	36	49	24	14	10
53	29	24	10	6	4
41	17	24	16	8	8
54	31	23	13	7	6
32	19	13	7	2	5
42	**19**	**23**	**18**	**11**	**7**
8	3	5	2	2	
16	5	11	6	3	3
9	7	2	3	2	1
4	2	2	5	4	1
5	2	3	2		2
22	**13**	**9**	**15**	**9**	**6**
3	1	2	5	5	
6	5	1	4	2	2
6	3	3	3		3
1		1			
6	4	2	3	2	1

6-2b 续表 1

受教育程度 年龄	合计	生男孩的妇女人数	生女孩的妇女人数	一孩		
				小计	男	女
小学及以下	**211**	**120**	**91**	**59**	**31**	**28**
15-19岁	**6**	**4**	**2**	**5**	**3**	**2**
15						
16	1		1	1		1
17						
18	2	2		2	2	
19	3	2	1	2	1	1
20-24岁	**26**	**16**	**10**	**14**	**9**	**5**
20	4	3	1	3	2	1
21	3	2	1	2	2	
22	3	2	1	2	1	1
23	6	3	3	2	1	1
24	10	6	4	5	3	2
25-29岁	**61**	**34**	**27**	**18**	**9**	**9**
25	13	7	6	5	2	3
26	18	8	10	9	4	5
27	13	6	7			
28	8	6	2	2	2	
29	9	7	2	2	1	1
30-34岁	**56**	**27**	**29**	**8**	**2**	**6**
30	12	6	6	2	1	1
31	12	8	4	1	1	
32	8	3	5	1		1
33	12	5	7	1		1
34	12	5	7	3		3
35-39岁	**35**	**20**	**15**	**7**	**4**	**3**
35	10	6	4	2	1	1
36	5	5		1	1	
37	7	4	3	2	2	
38	9	4	5	2		2
39	4	1	3			
40-44岁	**17**	**11**	**6**	**6**	**3**	**3**
40						
41	3	1	2	2		2
42	6	6		1	1	
43	4	3	1	1	1	
44	4	1	3	2	1	1
45-49岁	**10**	**8**	**2**	**1**	**1**	
45	2	2				
46	3	3				
47	2	1	1			
48						
49	3	2	1	1	1	

单位：人

二孩			三孩及以上		
小计	男	女	小计	男	女
108	**64**	**44**	**44**	**25**	**19**
1	**1**				
1	1				
12	**7**	**5**			
1	1				
1		1			
1	1				
4	2	2			
5	3	2			
36	**21**	**15**	**7**	**4**	**3**
6	3	3	2	2	
7	3	4	2	1	1
12	5	7	1	1	
4	4		2		2
7	6	1			
29	**14**	**15**	**19**	**11**	**8**
7	3	4	3	2	1
8	5	3	3	2	1
2	1	1	5	2	3
5	2	3	6	3	3
7	3	4	2	2	
18	**11**	**7**	**10**	**5**	**5**
4	3	1	4	2	2
3	3		1	1	
3	1	2	2	1	1
6	3	3	1	1	
2	1	1	2		2
7	**6**	**1**	**4**	**2**	**2**
1	1				
4	4		1	1	
1	1		2	1	1
1		1	1		1
5	**4**	**1**	**4**	**3**	**1**
			2	2	
2	2		1	1	
1	1		1		1
2	1	1			

6-2b 续表 2

受教育程度 年 龄	合 计	生男孩的 妇女人数	生女孩的 妇女人数	一 孩		
				小计	男	女
初 中	**1793**	**904**	**889**	**664**	**343**	**321**
15-19岁	**26**	**12**	**14**	**21**	**10**	**11**
15	1		1	1		1
16	3	1	2	3	1	2
17	5	4	1	3	2	1
18	6	2	4	5	2	3
19	11	5	6	9	5	4
20-24岁	**383**	**201**	**182**	**212**	**107**	**105**
20	28	19	9	20	14	6
21	48	25	23	36	16	20
22	60	28	32	36	17	19
23	113	65	48	57	34	23
24	134	64	70	63	26	37
25-29岁	**634**	**308**	**326**	**253**	**136**	**117**
25	135	62	73	67	32	35
26	147	71	76	65	35	30
27	117	60	57	43	22	21
28	116	61	55	35	20	15
29	119	54	65	43	27	16
30-34岁	**511**	**256**	**255**	**119**	**57**	**62**
30	127	59	68	34	17	17
31	105	57	48	24	11	13
32	79	43	36	19	6	13
33	109	53	56	24	13	11
34	91	44	47	18	10	8
35-39岁	**181**	**95**	**86**	**50**	**27**	**23**
35	59	28	31	23	11	12
36	32	21	11	9	7	2
37	31	17	14	9	6	3
38	36	16	20	4	1	3
39	23	13	10	5	2	3
40-44岁	**31**	**15**	**16**	**4**	**3**	**1**
40	5	3	2	2	1	1
41	17	7	10	2	2	
42	3	2	1			
43	4	3	1			
44	2		2			
45-49岁	**27**	**17**	**10**	**5**	**3**	**2**
45	7	4	3	2		2
46	7	5	2	1	1	
47	6	2	4			
48	1	1		1	1	
49	6	5	1	1	1	

单位：人

二孩			三孩及以上		
小计	男	女	小计	男	女
934	**449**	**485**	**195**	**112**	**83**
5	**2**	**3**			
2	2				
1		1			
2		2			
155	**86**	**69**	**16**	**8**	**8**
8	5	3			
11	8	3	1	1	
22	10	12	2	1	1
50	27	23	6	4	2
64	36	28	7	2	5
336	**149**	**187**	**45**	**23**	**22**
57	24	33	11	6	5
73	33	40	9	3	6
66	34	32	8	4	4
70	35	35	11	6	5
70	23	47	6	4	2
315	**153**	**162**	**77**	**46**	**31**
73	31	42	20	11	9
67	38	29	14	8	6
47	27	20	13	10	3
68	30	38	17	10	7
60	27	33	13	7	6
93	**46**	**47**	**38**	**22**	**16**
24	8	16	12	9	3
19	11	8	4	3	1
12	6	6	10	5	5
22	10	12	10	5	5
16	11	5	2		2
17	**5**	**12**	**10**	**7**	**3**
2	1	1	1	1	
11	3	8	4	2	2
2	1	1	1	1	
1		1	3	3	
1		1	1		1
13	**8**	**5**	**9**	**6**	**3**
2	1	1	3	3	
4	3	1	2	1	1
4	2	2	2		2
3	2	1	2	2	

6-2b 续表 3

受教育程度 年龄	合计	生男孩的妇女人数	生女孩的妇女人数	一孩		
				小计	男	女
高中	**1447**	**753**	**694**	**729**	**386**	**343**
15-19岁	**20**	**12**	**8**	**17**	**9**	**8**
15						
16	1		1	1		1
17	1	1		1	1	
18	3	2	1	2	1	1
19	15	9	6	13	7	6
20-24岁	**331**	**171**	**160**	**228**	**126**	**102**
20	23	15	8	20	15	5
21	25	12	13	16	8	8
22	64	24	40	45	19	26
23	95	50	45	74	39	35
24	124	70	54	73	45	28
25-29岁	**636**	**326**	**310**	**330**	**168**	**162**
25	148	83	65	91	46	45
26	157	80	77	93	44	49
27	136	61	75	63	31	32
28	98	53	45	42	22	20
29	97	49	48	41	25	16
30-34岁	**345**	**184**	**161**	**122**	**63**	**59**
30	102	51	51	43	20	23
31	87	43	44	31	15	16
32	50	28	22	14	7	7
33	66	44	22	21	15	6
34	40	18	22	13	6	7
35-39岁	**87**	**48**	**39**	**22**	**14**	**8**
35	29	16	13	8	4	4
36	17	8	9	4	3	1
37	17	9	8	5	5	
38	16	11	5	3	1	2
39	8	4	4	2	1	1
40-44岁	**19**	**9**	**10**	**7**	**4**	**3**
40	6	4	2	3	2	1
41	5	2	3	2	1	1
42	4	1	3	1		1
43	1		1			
44	3	2	1	1	1	
45-49岁	**9**	**3**	**6**	**3**	**2**	**1**
45	2	1	1	1	1	
46	2	1	1	1	1	
47	2		2	1		1
48	1		1			
49	2	1	1			

单位：人

二孩			三孩及以上		
小计	男	女	小计	男	女
633	**322**	**311**	**85**	**45**	**40**
3	**3**				
1	1				
2	2				
101	**44**	**57**	**2**	**1**	**1**
3		3			
9	4	5			
18	4	14	1	1	
21	11	10			
50	25	25	1		1
277	**143**	**134**	**29**	**15**	**14**
49	34	15	8	3	5
56	30	26	8	6	2
71	29	42	2	1	1
50	28	22	6	3	3
51	22	29	5	2	3
185	**99**	**86**	**38**	**22**	**16**
49	26	23	10	5	5
46	20	26	10	8	2
31	19	12	5	2	3
40	26	14	5	3	2
19	8	11	8	4	4
55	**29**	**26**	**10**	**5**	**5**
17	10	7	4	2	2
11	5	6	2		2
10	3	7	2	1	1
13	10	3			
4	1	3	2	2	
8	**3**	**5**	**4**	**2**	**2**
2	1	1	1	1	
1		1	2	1	1
2	1	1	1		1
1		1			
2	1	1			
4	**1**	**3**	**2**		**2**
1		1			
			1		1
1		1			
1		1			
1	1		1		1

6-2b 续表 4

受教育程度 年　龄	合　计	生男孩的妇女人数	生女孩的妇女人数	一　孩		
				小计	男	女
大学专科	**902**	**440**	**462**	**525**	**268**	**257**
15-19岁	**1**		**1**	**1**		**1**
15						
16						
17						
18						
19	1		1	1		1
20-24岁	**183**	**90**	**93**	**152**	**74**	**78**
20	5	5		4	4	
21	17	9	8	16	8	8
22	29	16	13	24	14	10
23	61	28	33	52	25	27
24	71	32	39	56	23	33
25-29岁	**419**	**208**	**211**	**277**	**143**	**134**
25	74	34	40	57	26	31
26	93	48	45	72	38	34
27	112	54	58	73	38	35
28	76	46	30	46	29	17
29	64	26	38	29	12	17
30-34岁	**226**	**106**	**120**	**78**	**41**	**37**
30	74	32	42	29	14	15
31	52	26	26	18	11	7
32	27	16	11	11	7	4
33	37	17	20	7	3	4
34	36	15	21	13	6	7
35-39岁	**68**	**34**	**34**	**16**	**10**	**6**
35	31	13	18	5	3	2
36	9	6	3	3	3	
37	13	5	8	3	1	2
38	8	4	4	3	1	2
39	7	6	1	2	2	
40-44岁	**4**	**2**	**2**			
40	2	1	1			
41	1		1			
42						
43	1	1				
44						
45-49岁	**1**		**1**	**1**		**1**
45						
46	1		1	1		1
47						
48						
49						

单位：人

二孩			三孩及以上		
小计	男	女	小计	男	女
355	**162**	**193**	**22**	**10**	**12**
30	**16**	**14**	**1**		**1**
1	1				
1	1				
5	2	3			
8	3	5	1		1
15	9	6			
138	**63**	**75**	**4**	**2**	**2**
17	8	9			
20	9	11	1	1	
39	16	23			
28	17	11	2		2
34	13	21	1	1	
138	**61**	**77**	**10**	**4**	**6**
41	17	24	4	1	3
31	14	17	3	1	2
16	9	7			
28	13	15	2	1	1
22	8	14	1	1	
45	**20**	**25**	**7**	**4**	**3**
24	9	15	2	1	1
4	2	2	2	1	1
8	3	5	2	1	1
4	2	2	1	1	
5	4	1			
4	**2**	**2**			
2	1	1			
1		1			
1	1				

6-2b 续表 5

受教育程度 年龄	合计	生男孩的妇女人数	生女孩的妇女人数	一孩		
				小计	男	女
大学本科及以上	**654**	**345**	**309**	**363**	**190**	**173**
15-19岁						
15						
16						
17						
18						
19						
20-24岁	**36**	**16**	**20**	**34**	**16**	**18**
20						
21	1	1		1	1	
22	4	2	2	4	2	2
23	8	5	3	8	5	3
24	23	8	15	21	8	13
25-29岁	**297**	**163**	**134**	**222**	**127**	**95**
25	51	23	28	42	19	23
26	50	34	16	39	28	11
27	71	40	31	57	33	24
28	72	31	41	53	26	27
29	53	35	18	31	21	10
30-34岁	**249**	**133**	**116**	**100**	**44**	**56**
30	68	34	34	40	15	25
31	52	29	23	24	13	11
32	47	26	21	15	6	9
33	48	26	22	14	8	6
34	34	18	16	7	2	5
35-39岁	**64**	**30**	**34**	**5**	**3**	**2**
35	18	6	12			
36	19	10	9	2	1	1
37	10	5	5	2	1	1
38	11	7	4	1	1	
39	6	2	4			
40-44岁	**7**	**3**	**4**	**1**		**1**
40	3		3	1		1
41	2	1	1			
42	1	1				
43						
44	1	1				
45-49岁	**1**		**1**	**1**		**1**
45						
46	1		1	1		1
47						
48						
49						

单位：人

二孩			三孩及以上		
小计	男	女	小计	男	女
278	**149**	**129**	**13**	**6**	**7**
2		**2**			
2		2			
71	**34**	**37**	**4**	**2**	**2**
8	3	5	1	1	
11	6	5			
13	7	6	1		1
17	4	13	2	1	1
22	14	8			
145	**86**	**59**	**4**	**3**	**1**
28	19	9			
28	16	12			
29	18	11	3	2	1
33	17	16	1	1	
27	16	11			
54	**26**	**28**	**5**	**1**	**4**
16	6	10	2		2
16	8	8	1	1	
8	4	4			
9	6	3	1		1
5	2	3	1		1
6	**3**	**3**			
2		2			
2	1	1			
1	1				
1	1				

6-2c　全市按年龄、受教育程度、生育孩次

受教育程度 / 年龄	合计	生男孩的妇女人数	生女孩的妇女人数	一孩		
				小计	男	女
总　计	**5513**	**2914**	**2599**	**2563**	**1387**	**1176**
15-19岁	**102**	**60**	**42**	**86**	**51**	**35**
15						
16	7	4	3	7	4	3
17	13	11	2	12	10	2
18	30	14	16	27	11	16
19	52	31	21	40	26	14
20-24岁	**1300**	**673**	**627**	**885**	**464**	**421**
20	84	42	42	72	32	40
21	178	89	89	131	71	60
22	256	129	127	174	87	87
23	372	207	165	248	138	110
24	410	206	204	260	136	124
25-29岁	**2226**	**1169**	**1057**	**1111**	**597**	**514**
25	500	264	236	276	150	126
26	443	245	198	240	135	105
27	525	276	249	257	141	116
28	385	194	191	175	85	90
29	373	190	183	163	86	77
30-34岁	**1331**	**729**	**602**	**362**	**212**	**150**
30	382	215	167	119	75	44
31	260	144	116	79	45	34
32	227	124	103	50	29	21
33	256	144	112	61	34	27
34	206	102	104	53	29	24
35-39岁	**420**	**215**	**205**	**90**	**47**	**43**
35	114	58	56	27	16	11
36	101	51	50	27	14	13
37	70	32	38	11	4	7
38	83	47	36	16	9	7
39	52	27	25	9	4	5
40-44岁	**90**	**46**	**44**	**23**	**11**	**12**
40	22	11	11	6	2	4
41	31	16	15	9	6	3
42	20	8	12	6	2	4
43	10	7	3			
44	7	4	3	2	1	1
45-49岁	**44**	**22**	**22**	**6**	**5**	**1**
45	10	7	3			
46	16	8	8	2	1	1
47	9	4	5	2	2	
48	2	1	1			
49	7	2	5	2	2	

分的育龄妇女人数(2019.11.1—2020.10.31)(乡村)

单位：人

二孩			三孩及以上		
小计	男	女	小计	男	女
2385	**1242**	**1143**	**565**	**285**	**280**
16	**9**	**7**			
1	1				
3	3				
12	5	7			
371	**191**	**180**	**44**	**18**	**26**
11	9	2	1	1	
44	17	27	3	1	2
75	40	35	7	2	5
107	61	46	17	8	9
134	64	70	16	6	10
959	**493**	**466**	**156**	**79**	**77**
202	105	97	22	9	13
173	94	79	30	16	14
239	121	118	29	14	15
175	89	86	35	20	15
170	84	86	40	20	20
742	**395**	**347**	**227**	**122**	**105**
209	110	99	54	30	24
137	72	65	44	27	17
147	80	67	30	15	15
141	80	61	54	30	24
108	53	55	45	20	25
231	**119**	**112**	**99**	**49**	**50**
65	32	33	22	10	12
58	29	29	16	8	8
43	21	22	16	7	9
41	25	16	26	13	13
24	12	12	19	11	8
41	**24**	**17**	**26**	**11**	**15**
9	5	4	7	4	3
12	7	5	10	3	7
9	4	5	5	2	3
7	6	1	3	1	2
4	2	2	1	1	
25	**11**	**14**	**13**	**6**	**7**
9	6	3	1	1	
7	3	4	7	4	3
5	2	3	2		2
			2	1	1
4		4	1		1

6-2c 续表 1

受教育程度 年龄	合计	生男孩的妇女人数	生女孩的妇女人数	一孩		
				小计	男	女
小学及以下	**371**	**186**	**185**	**108**	**52**	**56**
15–19岁	**7**	**3**	**4**	**5**	**2**	**3**
15						
16	1	1		1	1	
17						
18	2	1	1	2	1	1
19	4	1	3	2		2
20–24岁	**59**	**26**	**33**	**32**	**14**	**18**
20	5	3	2	2	1	1
21	12	4	8	9	4	5
22	5	2	3	2	1	1
23	20	10	10	14	6	8
24	17	7	10	5	2	3
25–29岁	**92**	**44**	**48**	**27**	**14**	**13**
25	17	10	7	9	6	3
26	16	8	8	6	3	3
27	19	7	12	4	1	3
28	22	12	10	8	4	4
29	18	7	11			
30–34岁	**98**	**54**	**44**	**22**	**10**	**12**
30	20	10	10	5	4	1
31	23	12	11	5	2	3
32	13	8	5	3	2	1
33	22	15	7	5	1	4
34	20	9	11	4	1	3
35–39岁	**69**	**39**	**30**	**14**	**8**	**6**
35	12	10	2	2	2	
36	15	8	7	6	2	4
37	12	4	8	1	1	
38	17	9	8	2	1	1
39	13	8	5	3	2	1
40–44岁	**31**	**13**	**18**	**7**	**3**	**4**
40	4	1	3	2	1	1
41	9	2	7	1		1
42	10	4	6	3	1	2
43	6	4	2			
44	2	2		1	1	
45–49岁	**15**	**7**	**8**	**1**	**1**	
45	3	2	1			
46	7	4	3	1	1	
47	3	1	2			
48	1		1			
49	1		1			

单位：人

二孩			三孩及以上		
小计	男	女	小计	男	女
162	**92**	**70**	**101**	**42**	**59**
2	**1**	**1**			
2	1	1			
20	**10**	**10**	**7**	**2**	**5**
3	2	1			
3		3			
2	1	1	1		1
5	3	2	1	1	
7	4	3	5	1	4
50	**26**	**24**	**15**	**4**	**11**
6	3	3	2	1	1
8	5	3	2		2
13	5	8	2	1	1
10	7	3	4	1	3
13	6	7	5	1	4
44	**26**	**18**	**32**	**18**	**14**
9	3	6	6	3	3
12	6	6	6	4	2
7	5	2	3	1	2
8	7	1	9	7	2
8	5	3	8	3	5
27	**17**	**10**	**28**	**14**	**14**
4	4		6	4	2
7	5	2	2	1	1
6	2	4	5	1	4
7	4	3	8	4	4
3	2	1	7	4	3
12	**9**	**3**	**12**	**1**	**11**
			2		2
4	2	2	4		4
3	2	1	4	1	3
4	4		2		2
1	1				
7	**3**	**4**	**7**	**3**	**4**
3	2	1			
1		1	5	3	2
2	1	1	1		1
			1		1
1		1			

6−2c 续表 2

受教育程度 年 龄	合 计	生男孩的妇女人数	生女孩的妇女人数	一 孩		
				小计	男	女
初 中	**2707**	**1427**	**1280**	**1026**	**560**	**466**
15—19岁	**69**	**42**	**27**	**58**	**36**	**22**
15						
16	4	3	1	4	3	1
17	12	10	2	11	9	2
18	21	9	12	19	7	12
19	32	20	12	24	17	7
20—24岁	**664**	**340**	**324**	**387**	**197**	**190**
20	48	23	25	40	16	24
21	93	44	49	61	31	30
22	133	66	67	78	38	40
23	196	108	88	111	62	49
24	194	99	95	97	50	47
25—29岁	**938**	**495**	**443**	**355**	**196**	**159**
25	229	119	110	100	57	43
26	180	97	83	78	42	36
27	224	125	99	79	47	32
28	149	75	74	47	22	25
29	156	79	77	51	28	23
30—34岁	**703**	**378**	**325**	**151**	**91**	**60**
30	182	99	83	40	24	16
31	132	71	61	35	19	16
32	130	69	61	24	14	10
33	135	76	59	24	16	8
34	124	63	61	28	18	10
35—39岁	**258**	**132**	**126**	**56**	**30**	**26**
35	72	37	35	17	11	6
36	64	31	33	16	9	7
37	42	18	24	9	3	6
38	47	30	17	10	6	4
39	33	16	17	4	1	3
40—44岁	**46**	**25**	**21**	**14**	**6**	**8**
40	11	4	7	3		3
41	19	14	5	8	6	2
42	7	2	5	2		2
43	4	3	1			
44	5	2	3	1		1
45—49岁	**29**	**15**	**14**	**5**	**4**	**1**
45	7	5	2			
46	9	4	5	1		1
47	6	3	3	2	2	
48	1	1				
49	6	2	4	2	2	

单位：人

二孩			三孩及以上		
小计	男	女	小计	男	女
1330	**688**	**642**	**351**	**179**	**172**
11	**6**	**5**			
1	1				
2	2				
8	3	5			
253	**133**	**120**	**24**	**10**	**14**
7	6	1	1	1	
32	13	19			
52	28	24	3		3
73	40	33	12	6	6
89	46	43	8	3	5
484	**250**	**234**	**99**	**49**	**50**
115	57	58	14	5	9
81	44	37	21	11	10
130	71	59	15	7	8
82	42	40	20	11	9
76	36	40	29	15	14
398	**207**	**191**	**154**	**80**	**74**
105	53	52	37	22	15
68	34	34	29	18	11
88	47	41	18	8	10
72	41	31	39	19	20
65	32	33	31	13	18
145	**73**	**72**	**57**	**29**	**28**
43	21	22	12	5	7
37	17	20	11	5	6
23	10	13	10	5	5
24	16	8	13	8	5
18	9	9	11	6	5
21	**11**	**10**	**11**	**8**	**3**
5	2	3	3	2	1
6	5	1	5	3	2
4	1	3	1	1	
3	2	1	1	1	
3	1	2	1	1	
18	**8**	**10**	**6**	**3**	**3**
6	4	2	1	1	
6	3	3	2	1	1
3	1	2	1		1
			1	1	
3		3	1		1

6-2c 续表 3

受教育程度 年 龄	合 计	生男孩的妇女人数	生女孩的妇女人数	一孩 小计	一孩 男	一孩 女
高 中	**1457**	**804**	**653**	**752**	**417**	**335**
15-19岁	**24**	**14**	**10**	**21**	**12**	**9**
15						
16	2		2	2		2
17	1	1		1	1	
18	7	4	3	6	3	3
19	14	9	5	12	8	4
20-24岁	**396**	**210**	**186**	**308**	**165**	**143**
20	26	14	12	25	13	12
21	56	30	26	45	25	20
22	86	46	40	65	34	31
23	95	56	39	72	43	29
24	133	64	69	101	50	51
25-29岁	**645**	**357**	**288**	**318**	**177**	**141**
25	151	80	71	86	40	46
26	147	86	61	75	46	29
27	137	75	62	67	40	27
28	108	56	52	43	22	21
29	102	60	42	47	29	18
30-34岁	**323**	**187**	**136**	**90**	**54**	**36**
30	100	62	38	29	19	10
31	66	39	27	19	12	7
32	47	29	18	11	5	6
33	70	38	32	19	10	9
34	40	19	21	12	8	4
35-39岁	**60**	**30**	**30**	**13**	**7**	**6**
35	17	7	10	3	2	1
36	14	7	7	3	2	1
37	10	6	4	1		1
38	15	7	8	4	2	2
39	4	3	1	2	1	1
40-44岁	**9**	**6**	**3**	**2**	**2**	
40	4	4		1	1	
41	2		2			
42	3	2	1	1	1	
43						
44						
45-49岁						
45						
46						
47						
48						
49						

单位：人

二孩			三孩及以上		
小计	男	女	小计	男	女
613	**334**	**279**	**92**	**53**	**39**
3	**2**	**1**			
1	1				
2	1	1			
77	**40**	**37**	**11**	**5**	**6**
1	1				
8	4	4	3	1	2
18	10	8	3	2	1
21	13	8	2		2
29	12	17	3	2	1
290	**156**	**134**	**37**	**24**	**13**
60	37	23	5	3	2
65	35	30	7	5	2
59	29	30	11	6	5
57	28	29	8	6	2
49	27	22	6	4	2
203	**115**	**88**	**30**	**18**	**12**
62	39	23	9	4	5
41	23	18	6	4	2
29	19	10	7	5	2
46	24	22	5	4	1
25	10	15	3	1	2
34	**18**	**16**	**13**	**5**	**8**
10	4	6	4	1	3
9	4	5	2	1	1
8	5	3	1	1	
6	4	2	5	1	4
1	1		1	1	
6	**3**	**3**	**1**	**1**	
2	2		1	1	
2		2			
2	1	1			

6-2c 续表 4

受教育程度 年 龄	合 计	生男孩的妇女人数	生女孩的妇女人数	一 孩		
				小计	男	女
大学专科	**687**	**341**	**346**	**478**	**246**	**232**
15-19岁	**2**	**1**	**1**	**2**	**1**	**1**
15						
16						
17						
18						
19	2	1	1	2	1	1
20-24岁	**154**	**89**	**65**	**134**	**80**	**54**
20	4	2	2	4	2	2
21	16	10	6	15	10	5
22	29	13	16	26	12	14
23	51	31	20	43	25	18
24	54	33	21	46	31	15
25-29岁	**371**	**173**	**198**	**274**	**128**	**146**
25	75	38	37	59	33	26
26	73	39	34	59	31	28
27	94	42	52	71	33	38
28	68	29	39	47	19	28
29	61	25	36	38	12	26
30-34岁	**137**	**71**	**66**	**63**	**36**	**27**
30	50	29	21	27	19	8
31	27	14	13	12	7	5
32	24	11	13	8	5	3
33	21	11	10	9	4	5
34	15	6	9	7	1	6
35-39岁	**21**	**7**	**14**	**5**	**1**	**4**
35	5		5	3		3
36	7	4	3	2	1	1
37	4	2	2			
38	4	1	3			
39	1		1			
40-44岁	**2**		**2**			
40	1		1			
41	1		1			
42						
43						
44						
45-49岁						
45						
46						
47						
48						
49						

单位：人

二孩			三孩及以上		
小计	男	女	小计	男	女
194	**87**	**107**	**15**	**8**	**7**
18	**8**	**10**	**2**	**1**	**1**
1		1			
3	1	2			
6	5	1	2	1	1
8	2	6			
93	**43**	**50**	**4**	**2**	**2**
15	5	10	1		1
14	8	6			
23	9	14			
18	8	10	3	2	1
23	13	10			
67	**31**	**36**	**7**	**4**	**3**
22	10	12	1		1
12	6	6	3	1	2
15	5	10	1	1	
12	7	5			
6	3	3	2	2	
15	**5**	**10**	**1**	**1**	
2		2			
4	2	2	1	1	
4	2	2			
4	1	3			
1		1			
1		**1**	**1**		**1**
1		1			
			1		1

6-2c 续表 5

受教育程度 年 龄	合 计	生男孩的 妇女人数	生女孩的 妇女人数	一 孩		
				小计	男	女
大学本科及以上	**291**	**156**	**135**	**199**	**112**	**87**
15-19岁						
15						
16						
17						
18						
19						
20-24岁	**27**	**8**	**19**	**24**	**8**	**16**
20	1		1	1		1
21	1	1		1	1	
22	3	2	1	3	2	1
23	10	2	8	8	2	6
24	12	3	9	11	3	8
25-29岁	**180**	**100**	**80**	**137**	**82**	**55**
25	28	17	11	22	14	8
26	27	15	12	22	13	9
27	51	27	24	36	20	16
28	38	22	16	30	18	12
29	36	19	17	27	17	10
30-34岁	**70**	**39**	**31**	**36**	**21**	**15**
30	30	15	15	18	9	9
31	12	8	4	8	5	3
32	13	7	6	4	3	1
33	8	4	4	4	3	1
34	7	5	2	2	1	1
35-39岁	**12**	**7**	**5**	**2**	**1**	**1**
35	8	4	4	2	1	1
36	1	1				
37	2	2				
38						
39	1		1			
40-44岁	**2**	**2**				
40	2	2				
41						
42						
43						
44						
45-49岁						
45						
46						
47						
48						
49						

单位：人

二孩			三孩及以上		
小计	男	女	小计	男	女
86	**41**	**45**	**6**	**3**	**3**
3		**3**			
2		2			
1		1			
42	**18**	**24**	**1**		**1**
6	3	3			
5	2	3			
14	7	7	1		1
8	4	4			
9	2	7			
30	**16**	**14**	**4**	**2**	**2**
11	5	6	1	1	
4	3	1			
8	4	4	1		1
3	1	2	1		1
4	3	1	1	1	
10	**6**	**4**			
6	3	3			
1	1				
2	2				
1		1			
1	**1**		**1**	**1**	
1	1		1	1	

6–3 全市育龄妇女分年龄、孩次的生育状况
(2019.11.1–2020.10.31)

单位：人、‰

年龄	平均育龄妇女人数	出生人数	生育率	第一孩		第二孩		第三孩及以上	
				出生数	生育率	出生数	生育率	出生数	生育率
总计	**765574**	**25739**	**33.62**	**13593**	**17.76**	**10761**	**14.06**	**1385**	**1.81**
15–19岁	**92127**	**339**	**3.68**	**294**	**3.19**	**44**	**0.48**	**1**	**0.01**
15	19589	8	0.41	8	0.41				
16	19176	15	0.78	15	0.78				
17	17463	40	2.29	36	2.06	4	0.23		
18	16996	85	5.00	75	4.41	10	0.59		
19	18903	191	10.10	160	8.46	30	1.59	1	0.05
20–24岁	**98538**	**4955**	**50.29**	**3584**	**36.37**	**1268**	**12.87**	**103**	**1.05**
20	18966	306	16.13	253	13.34	52	2.74	1	0.05
21	18666	610	32.68	468	25.07	136	7.29	6	0.32
22	19017	959	50.43	717	37.70	225	11.83	17	0.89
23	19690	1269	64.45	903	45.86	332	16.86	34	1.73
24	22199	1811	81.58	1243	55.99	523	23.56	45	2.03
25–29岁	**109159**	**10410**	**95.37**	**6296**	**57.68**	**3753**	**34.38**	**361**	**3.31**
25	21251	1939	91.24	1274	59.95	603	28.38	62	2.92
26	21838	2179	99.78	1413	64.70	706	32.33	60	2.75
27	21772	2155	98.98	1336	61.36	755	34.68	64	2.94
28	21755	2073	95.29	1208	55.53	786	36.13	79	3.63
29	22543	2064	91.56	1065	47.24	903	40.06	96	4.26
30–34岁	**124143**	**7424**	**59.80**	**2700**	**21.75**	**4150**	**33.43**	**574**	**4.62**
30	24457	1972	80.63	870	35.57	953	38.97	149	6.09
31	21928	1478	67.40	564	25.72	824	37.58	90	4.10
32	24992	1496	59.86	503	20.13	882	35.29	111	4.44
33	29789	1513	50.79	475	15.95	906	30.41	132	4.43
34	22977	965	42.00	288	12.53	585	25.46	92	4.00
35–39岁	**88449**	**2036**	**23.02**	**545**	**6.16**	**1250**	**14.13**	**241**	**2.72**
35	16361	568	34.72	162	9.90	349	21.33	57	3.48
36	15425	459	29.76	125	8.10	286	18.54	48	3.11
37	18795	443	23.57	119	6.33	266	14.15	58	3.09
38	22754	387	17.01	93	4.09	240	10.55	54	2.37
39	15114	179	11.84	46	3.04	109	7.21	24	1.59
40–44岁	**89566**	**394**	**4.40**	**113**	**1.26**	**207**	**2.31**	**74**	**0.83**
40	15335	149	9.72	43	2.80	81	5.28	25	1.63
41	14469	96	6.63	33	2.28	47	3.25	16	1.11
42	14311	54	3.77	16	1.12	30	2.10	8	0.56
43	18972	53	2.79	13	0.69	28	1.48	12	0.63
44	26479	42	1.59	8	0.30	21	0.79	13	0.49
45–49岁	**163592**	**181**	**1.11**	**61**	**0.37**	**89**	**0.54**	**31**	**0.19**
45	31269	40	1.28	12	0.38	22	0.70	6	0.19
46	33859	54	1.59	14	0.41	28	0.83	12	0.35
47	32281	30	0.93	10	0.31	13	0.40	7	0.22
48	32188	24	0.75	12	0.37	10	0.31	2	0.06
49	33995	33	0.97	13	0.38	16	0.47	4	0.12

6–3a　全市育龄妇女分年龄、孩次的生育状况 (2019.11.1–2020.10.31)(城市)

单位：人、‰

年　龄	平均育龄妇女人数	出生人数	生育率	第　一　孩		第　二　孩		第三孩及以上	
				出生数	生育率	出生数	生育率	出生数	生育率
总　计	**449053**	**15214**	**33.88**	**8689**	**19.35**	**6065**	**13.51**	**460**	**1.02**
15–19岁	**51824**	**110**	**2.12**	**99**	**1.91**	**11**	**0.21**		
15	9397	2	0.21	2	0.21				
16	9568	2	0.21	2	0.21				
17	9231	13	1.41	13	1.41				
18	10417	24	2.30	22	2.11	2	0.19		
19	13211	69	5.22	60	4.54	9	0.68		
20–24岁	**61953**	**2272**	**36.67**	**1821**	**29.39**	**433**	**6.99**	**18**	**0.29**
20	13280	129	9.71	115	8.66	14	1.05		
21	12257	234	19.09	205	16.73	29	2.37		
22	11570	432	37.34	358	30.94	73	6.31	1	0.09
23	11631	572	49.18	447	38.43	116	9.97	9	0.77
24	13215	905	68.48	696	52.67	201	15.21	8	0.61
25–29岁	**67706**	**6221**	**91.88**	**4236**	**62.56**	**1882**	**27.80**	**103**	**1.52**
25	12832	1062	82.76	773	60.24	275	21.43	14	1.09
26	13322	1195	89.70	889	66.73	294	22.07	12	0.90
27	13586	1307	96.20	914	67.28	374	27.53	19	1.40
28	13695	1339	97.77	878	64.11	440	32.13	21	1.53
29	14271	1318	92.36	782	54.80	499	34.97	37	2.59
30–34岁	**79590**	**4982**	**62.60**	**2031**	**25.52**	**2738**	**34.40**	**213**	**2.68**
30	15514	1284	82.76	644	41.51	584	37.64	56	3.61
31	14086	990	70.28	430	30.53	535	37.98	25	1.77
32	15945	1019	63.91	385	24.15	590	37.00	44	2.76
33	19445	1036	53.28	359	18.46	632	32.50	45	2.31
34	14600	653	44.73	213	14.59	397	27.19	43	2.95
35–39岁	**56186**	**1300**	**23.14**	**381**	**6.78**	**828**	**14.74**	**91**	**1.62**
35	10480	352	33.59	104	9.92	228	21.76	20	1.91
36	9788	285	29.12	84	8.58	182	18.59	19	1.94
37	12061	292	24.21	93	7.71	176	14.59	23	1.91
38	14484	251	17.33	67	4.63	166	11.46	18	1.24
39	9373	120	12.80	33	3.52	76	8.11	11	1.17
40–44岁	**50241**	**235**	**4.68**	**77**	**1.53**	**129**	**2.57**	**29**	**0.58**
40	9208	94	10.21	28	3.04	56	6.08	10	1.09
41	8381	59	7.04	24	2.86	31	3.70	4	0.48
42	8123	29	3.57	10	1.23	15	1.85	4	0.49
43	10374	30	2.89	10	0.96	17	1.64	3	0.29
44	14155	23	1.62	5	0.35	10	0.71	8	0.57
45–49岁	**81553**	**94**	**1.15**	**44**	**0.54**	**44**	**0.54**	**6**	**0.07**
45	15939	16	1.00	7	0.44	9	0.56		
46	16747	25	1.49	9	0.54	14	0.84	2	0.12
47	16016	20	1.25	9	0.56	8	0.50	3	0.19
48	16005	17	1.06	9	0.56	7	0.44	1	0.06
49	16846	16	0.95	10	0.59	6	0.36		

6-3b 全市育龄妇女分年龄、孩次的生育状况 (2019.11.1-2020.10.31)(镇)

单位：人、‰

年龄	平均育龄妇女人数	出生人数	生育率	第一孩		第二孩		第三孩及以上	
				出生数	生育率	出生数	生育率	出生数	生育率
总计	**144364**	**5010**	**34.70**	**2340**	**16.21**	**2310**	**16.00**	**360**	**2.49**
15-19岁	**18221**	**80**	**4.39**	**68**	**3.73**	**12**	**0.66**		
15	4817	3	0.62	3	0.62				
16	4871	5	1.03	5	1.03				
17	3790	6	1.58	4	1.06	2	0.53		
18	2586	23	8.89	19	7.35	4	1.55		
19	2157	43	19.94	37	17.15	6	2.78		
20-24岁	**15422**	**1153**	**74.76**	**754**	**48.89**	**369**	**23.93**	**30**	**1.95**
20	2237	66	29.50	49	21.90	17	7.60		
21	2533	127	50.14	85	33.56	40	15.79	2	0.79
22	3171	239	75.37	168	52.98	67	21.13	4	1.26
23	3506	317	90.42	208	59.33	100	28.52	9	2.57
24	3975	404	101.64	244	61.38	145	36.48	15	3.77
25-29岁	**19912**	**2034**	**102.15**	**1053**	**52.88**	**889**	**44.65**	**92**	**4.62**
25	3888	426	109.57	256	65.84	147	37.81	23	5.92
26	4067	498	122.45	290	71.31	194	47.70	14	3.44
27	3849	376	97.69	180	46.77	179	46.51	17	4.42
28	4028	355	88.13	167	41.46	172	42.70	16	3.97
29	4080	379	92.89	160	39.22	197	48.28	22	5.39
30-34岁	**22146**	**1255**	**56.67**	**354**	**15.98**	**757**	**34.18**	**144**	**6.50**
30	4429	347	78.35	112	25.29	196	44.25	39	8.81
31	3970	257	64.74	80	20.15	149	37.53	28	7.05
32	4540	245	53.96	65	14.32	152	33.48	28	6.17
33	5093	234	45.95	54	10.60	151	29.65	29	5.69
34	4114	172	41.81	43	10.45	109	26.49	20	4.86
35-39岁	**16114**	**367**	**22.78**	**85**	**5.27**	**222**	**13.78**	**60**	**3.72**
35	2979	111	37.26	29	9.73	65	21.82	17	5.71
36	2864	85	29.68	22	7.68	48	16.76	15	5.24
37	3417	80	23.41	15	4.39	51	14.93	14	4.10
38	4037	64	15.85	14	3.47	39	9.66	11	2.72
39	2817	27	9.58	5	1.77	19	6.74	3	1.06
40-44岁	**18565**	**75**	**4.04**	**16**	**0.86**	**38**	**2.05**	**21**	**1.13**
40	2994	25	8.35	6	2.00	13	4.34	6	2.00
41	2884	15	5.20	3	1.04	8	2.77	4	1.39
42	2960	13	4.39	3	1.01	8	2.70	2	0.68
43	4087	12	2.94	2	0.49	5	1.22	5	1.22
44	5640	10	1.77	2	0.35	4	0.71	4	0.71
45-49岁	**33984**	**46**	**1.35**	**10**	**0.29**	**23**	**0.68**	**13**	**0.38**
45	6737	12	1.78	4	0.59	4	0.59	4	0.59
46	7255	13	1.79	3	0.41	6	0.83	4	0.55
47	6806	6	0.88			5	0.73	1	0.15
48	6393	4	0.63	2	0.31	1	0.16	1	0.16
49	6793	11	1.62	1	0.15	7	1.03	3	0.44

6-3c　全市育龄妇女分年龄、孩次的生育状况
(2019.11.1-2020.10.31)(乡村)

单位：人、‰

年龄	平均育龄妇女人数	出生人数	生育率	第一孩		第二孩		第三孩及以上	
				出生数	生育率	出生数	生育率	出生数	生育率
总计	**172157**	**5515**	**32.03**	**2564**	**14.89**	**2386**	**13.86**	**565**	**3.28**
15-19岁	**22082**	**149**	**6.75**	**127**	**5.75**	**21**	**0.95**	**1**	**0.05**
15	5375	3	0.56	3	0.56				
16	4737	8	1.69	8	1.69				
17	4442	21	4.73	19	4.28	2	0.45		
18	3993	38	9.52	34	8.51	4	1.00		
19	3535	79	22.35	63	17.82	15	4.24	1	0.28
20-24岁	**21163**	**1530**	**72.30**	**1009**	**47.68**	**466**	**22.02**	**55**	**2.60**
20	3449	111	32.18	89	25.80	21	6.09	1	0.29
21	3876	249	64.24	178	45.92	67	17.29	4	1.03
22	4276	288	67.35	191	44.67	85	19.88	12	2.81
23	4553	380	83.46	248	54.47	116	25.48	16	3.51
24	5009	502	100.22	303	60.49	177	35.34	22	4.39
25-29岁	**21541**	**2155**	**100.04**	**1007**	**46.75**	**982**	**45.59**	**166**	**7.71**
25	4531	451	99.54	245	54.07	181	39.95	25	5.52
26	4449	486	109.24	234	52.60	218	49.00	34	7.64
27	4337	472	108.83	242	55.80	202	46.58	28	6.46
28	4032	379	94.00	163	40.43	174	43.15	42	10.42
29	4192	367	87.55	123	29.34	207	49.38	37	8.83
30-34岁	**22407**	**1187**	**52.97**	**315**	**14.06**	**655**	**29.23**	**217**	**9.68**
30	4514	341	75.54	114	25.25	173	38.33	54	11.96
31	3872	231	59.66	54	13.95	140	36.16	37	9.56
32	4507	232	51.48	53	11.76	140	31.06	39	8.65
33	5251	243	46.28	62	11.81	123	23.42	58	11.05
34	4263	140	32.84	32	7.51	79	18.53	29	6.80
35-39岁	**16149**	**369**	**22.85**	**79**	**4.89**	**200**	**12.38**	**90**	**5.57**
35	2902	105	36.18	29	9.99	56	19.30	20	6.89
36	2773	89	32.10	19	6.85	56	20.19	14	5.05
37	3317	71	21.40	11	3.32	39	11.76	21	6.33
38	4233	72	17.01	12	2.83	35	8.27	25	5.91
39	2924	32	10.94	8	2.74	14	4.79	10	3.42
40-44岁	**20760**	**84**	**4.05**	**20**	**0.96**	**40**	**1.93**	**24**	**1.16**
40	3133	30	9.58	9	2.87	12	3.83	9	2.87
41	3204	22	6.87	6	1.87	8	2.50	8	2.50
42	3228	12	3.72	3	0.93	7	2.17	2	0.62
43	4511	11	2.44	1	0.22	6	1.33	4	0.89
44	6684	9	1.35	1	0.15	7	1.05	1	0.15
45-49岁	**48055**	**41**	**0.85**	**7**	**0.15**	**22**	**0.46**	**12**	**0.25**
45	8593	12	1.40	1	0.12	9	1.05	2	0.23
46	9857	16	1.62	2	0.20	8	0.81	6	0.61
47	9459	4	0.42	1	0.11			3	0.32
48	9790	3	0.31	1	0.10	2	0.20		
49	10356	6	0.58	2	0.19	3	0.29	1	0.10

6-4 各地区育龄妇女年龄别生育率

单位：‰

地　区	15-19岁	20-24岁	25-29岁	30-34岁	35-39岁	40-44岁	45-49岁	总和生育率
重　庆	**3.68**	**50.29**	**95.37**	**59.80**	**23.02**	**4.40**	**1.11**	**1188.28**
市辖区	3.29	44.57	92.60	59.72	22.85	4.44	0.96	1142.13
万州区	2.44	43.82	96.20	51.65	14.73	2.78	0.52	1060.64
涪陵区	1.04	41.25	90.74	62.84	19.62	2.67	1.30	1097.25
渝中区	2.17	16.98	56.88	59.85	26.38	4.53	0.77	837.87
大渡口区	6.24	47.19	93.14	61.77	26.79	4.37	0.50	1200.01
江北区	0.67	31.95	79.47	68.99	21.51	5.62	1.25	1047.33
沙坪坝区	1.33	26.98	85.11	66.47	26.95	7.93	0.71	1077.42
九龙坡区	3.68	42.68	83.80	60.38	26.21	2.94	0.95	1103.19
南岸区	1.97	20.99	81.26	58.49	19.97	4.05	1.33	940.31
北碚区	1.26	23.14	80.15	55.70	19.25	4.14	0.78	922.10
綦江区	6.94	76.53	113.73	51.35	19.08	5.80	1.03	1372.27
綦江区(不含万盛)	6.49	75.15	111.48	49.79	18.38	4.93	1.32	1337.76
万盛经开区	9.35	82.16	121.80	56.70	21.31	8.60		1499.63
大足区	5.30	81.58	96.94	56.79	24.46	4.29	1.57	1354.65
渝北区	4.17	32.93	97.42	64.10	29.16	6.75	0.99	1177.65
巴南区	2.08	41.76	108.49	57.32	23.40	3.85	0.56	1187.25
黔江区	11.87	120.31	130.59	67.14	29.53	8.23	1.35	1845.13
长寿区	4.15	54.87	89.29	55.79	18.77	4.42	0.72	1140.14
江津区	3.05	60.65	85.26	53.46	20.37	3.66	1.29	1138.76
合川区	1.92	34.91	83.17	56.46	17.86	5.17	0.96	1002.23
永川区	1.96	39.60	97.15	60.82	27.15	4.90	0.53	1160.52
南川区	3.57	69.19	98.49	47.74	17.42	4.11	1.38	1209.54
璧山区	3.68	63.59	99.36	61.53	21.30	2.03	0.78	1261.36
铜梁区	4.33	82.33	100.84	66.63	18.79	3.29	0.26	1382.38
潼南区	6.51	74.27	100.54	60.37	20.27	4.60	1.11	1338.38
荣昌区	5.71	60.99	114.00	69.15	28.78	4.47	0.90	1419.99
开州区	3.87	73.29	99.40	48.63	13.51	3.08	1.80	1217.92
梁平区	4.55	66.49	115.75	59.48	21.95	1.67	0.53	1352.07
武隆区	3.93	91.46	95.45	61.56	33.29	4.45	0.94	1455.34
县	5.01	76.78	107.72	60.25	23.82	4.22	1.67	1397.36
城口县	10.22	130.19	116.37	61.82	21.65	3.16	1.21	1723.20
丰都县	2.80	56.30	107.05	44.66	23.40	2.98	1.46	1193.29
垫江县	2.92	58.32	87.53	61.86	18.72	4.69	1.65	1178.48
忠　县	1.65	52.49	87.05	55.35	18.91	2.37	0.73	1092.77
云阳县	5.62	69.35	106.78	56.29	19.12	5.16	1.14	1317.38
奉节县	1.49	72.41	105.05	54.53	24.70	4.01	1.91	1320.46
巫山县	3.76	90.68	106.32	57.52	25.95	2.79	1.40	1442.08
巫溪县	5.93	91.45	123.64	59.77	18.29	1.97	1.81	1514.28
石柱县	4.79	96.94	117.31	75.65	21.54	7.80	2.71	1633.69
秀山县	7.95	101.72	139.44	72.14	33.87	7.33	4.92	1836.87
酉阳县	9.50	122.13	132.28	81.96	35.80	6.23	2.11	1949.93
彭水县	10.74	74.87	99.26	56.82	27.69	3.60	1.05	1370.14

6-4a 各地区育龄妇女年龄别生育率(城市)

单位：‰

地 区	15-19岁	20-24岁	25-29岁	30-34岁	35-39岁	40-44岁	45-49岁	总 和 生育率
重 庆	**2.12**	**36.67**	**91.88**	**62.60**	**23.14**	**4.68**	**1.15**	**1111.21**
市辖区	2.12	36.67	91.88	62.60	23.14	4.68	1.15	1111.21
万州区	0.55	33.78	96.41	57.38	13.08	2.62	0.55	1021.81
涪陵区	0.64	40.51	92.80	66.54	18.11	1.87	1.83	1111.52
渝中区	2.17	16.98	56.88	59.85	26.38	4.53	0.77	837.87
大渡口区	6.35	46.25	93.26	62.53	27.18	4.51	0.51	1202.99
江北区	0.72	27.31	78.13	70.59	21.77	6.05	1.36	1029.64
沙坪坝区	1.35	26.74	85.20	67.26	27.15	8.06	0.75	1082.53
九龙坡区	2.94	39.37	84.16	62.77	25.68	3.16	1.07	1095.78
南岸区	1.67	20.87	81.22	59.02	20.14	3.87	1.18	939.79
北碚区	1.07	19.56	78.80	55.85	18.93	4.88	0.98	900.34
綦江区	1.35	78.22	106.91	54.53	16.75	4.43	0.41	1312.99
綦江区(不含万盛)	0.76	86.53	108.66	55.15	18.11	5.35	0.50	1375.26
万盛经开区	6.25	42.45	98.48	51.09	10.00			1041.41
大足区	4.39	63.01	94.00	58.78	23.86	6.64	3.30	1269.94
渝北区	3.58	29.24	96.68	65.55	29.45	6.24	1.05	1158.95
巴南区	1.71	37.69	110.83	58.29	24.97	3.23	0.72	1187.20
黔江区	6.28	108.54	126.14	73.90	27.52	7.18	2.43	1759.99
长寿区	3.73	57.71	96.80	62.21	19.58	4.50	0.76	1226.42
江津区	0.80	45.00	89.33	52.82	16.63	3.53	1.10	1046.01
合川区	1.73	26.60	92.60	60.00	18.19	7.60	1.79	1042.58
永川区	1.32	29.57	98.10	61.94	26.02	5.97	0.94	1119.24
南川区	2.03	68.69	103.12	53.12	16.60	7.52	2.16	1266.15
璧山区	3.49	62.25	98.14	62.69	20.69	1.99	1.11	1251.84
铜梁区	4.00	79.82	102.26	70.08	17.99	2.42	0.44	1385.09
潼南区	3.00	76.63	100.99	67.33	20.41	6.01	0.68	1375.27
荣昌区	3.24	49.89	122.03	73.14	29.66	3.85	1.65	1417.28
开州区	4.33	65.32	100.52	59.27	17.00	3.10	3.32	1264.29
梁平区	2.44	80.00	135.38	54.47	22.69	1.29		1481.31
武隆区		99.01	87.50	63.92	31.16	5.57	1.53	1443.44
县								
城口县								
丰都县								
垫江县								
忠 县								
云阳县								
奉节县								
巫山县								
巫溪县								
石柱县								
秀山县								
酉阳县								
彭水县								

6-4b 各地区育龄妇女年龄别生育率(镇)

单位：‰

地　　区	15-19岁	20-24岁	25-29岁	30-34岁	35-39岁	40-44岁	45-49岁	总　和 生育率
重　庆	**4.39**	**74.76**	**102.15**	**56.67**	**22.78**	**4.04**	**1.35**	**1330.71**
市辖区	5.56	77.40	96.98	51.49	21.94	3.90	0.56	1289.15
万州区	6.44	79.23	124.76	44.78	19.42	3.36		1389.88
涪陵区	5.75	67.57	94.42	58.09	12.27	9.76		1239.26
渝中区								
大渡口区								
江北区		94.17	92.95	47.14	17.44			1258.50
沙坪坝区		37.04	95.24	53.19	16.13			1007.98
九龙坡区	7.50	58.70	82.83	49.10	30.63	2.64	0.76	1160.77
南岸区		71.43	148.15		45.45			1325.16
北碚区		68.49	105.26	56.18	15.63			1227.81
綦江区	14.23	89.01	139.28	53.87	22.19	8.67	1.23	1642.36
綦江区(不含万盛)	20.27	84.99	130.33	40.00	17.80	2.24	2.00	1488.13
万盛经开区	5.10	95.45	150.47	69.71	27.21	16.67		1823.08
大足区	13.75	84.69	90.74	49.54	31.32	2.32	1.00	1366.77
渝北区	4.98	51.06	129.77	32.64	38.46	7.19		1320.53
巴南区	9.48	72.73	84.58	57.92	14.39	3.15		1211.21
黔江区	30.30	175.44	78.65	67.31	22.47			1870.86
长寿区	7.81	42.55	81.30	40.65		6.13		892.26
江津区	2.98	85.27	79.65	50.52	18.05	3.27	1.32	1205.28
合川区	3.09	44.93	86.12	53.05	22.77	4.23	0.66	1074.22
永川区	5.38	79.50	83.64	70.62	41.24	5.36		1428.66
南川区		73.45	58.82	45.71	15.27			966.26
璧山区		86.96	35.71	25.32				739.94
铜梁区	18.52	108.43	117.19	78.95	16.39	6.71		1730.96
潼南区		76.09	102.56	40.23	24.05	5.92		1244.27
荣昌区	15.15	61.95	93.02	54.35	11.76			1181.17
开州区	1.78	130.77	103.64	47.92		1.96		1430.35
梁平区	4.35	62.07	79.87	74.85	22.60	2.88	2.61	1246.14
武隆区		103.45	78.95	58.39	24.39			1325.90
县	3.77	73.15	105.37	60.45	23.31	4.14	2.07	1361.30
城口县	4.02	104.97	126.58	60.69	17.06	6.23		1597.76
丰都县	1.00	71.43	108.95	53.15	26.46	1.25	1.64	1319.36
垫江县	2.60	66.88	86.34	63.62	18.45	5.60	2.88	1231.80
忠　县	0.79	51.75	93.11	61.35	17.82	2.58	1.07	1142.38
云阳县	5.45	73.50	106.01	57.27	21.45	3.96	1.03	1343.37
奉节县	0.83	64.37	101.77	50.34	23.17	4.15	2.41	1235.19
巫山县	5.48	60.61	94.40	45.30	27.40	3.48	0.91	1187.87
巫溪县		71.23	132.45	50.67	19.15	3.56	4.12	1405.91
石柱县	7.13	122.31	107.00	76.34	23.22	7.27	1.74	1725.10
秀山县	4.84	92.80	128.67	80.45	22.41	1.74	8.19	1695.46
酉阳县	7.06	91.70	125.14	73.78	29.02	7.03	1.69	1677.15
彭水县	5.57	58.11	89.58	60.71	33.06	4.66	1.27	1264.77

6-4c 各地区育龄妇女年龄别生育率(乡村)

单位：‰

地 区	15-19岁	20-24岁	25-29岁	30-34岁	35-39岁	40-44岁	45-49岁	总和生育率
重 庆	**6.75**	**72.30**	**100.04**	**52.97**	**22.85**	**4.05**	**0.85**	**1299.05**
市辖区	6.81	67.00	93.67	49.70	21.84	3.89	0.68	1217.96
万州区	6.57	56.99	84.29	39.37	17.64	2.91	0.68	1042.31
涪陵区	1.84	37.57	82.47	49.05	29.48	3.08	0.52	1020.06
渝中区								
大渡口区		125.00	100.00	26.32				1256.58
江北区		125.00	136.36					1306.82
沙坪坝区		43.48	72.92	31.75	23.26	9.62		905.06
九龙坡区	4.83	79.47	77.67	44.98	22.35			1146.50
南岸区	31.25		57.97	41.10		17.24	7.63	775.96
北碚区	13.16	91.67	84.97	53.33	26.49			1348.08
綦江区	13.09	65.71	103.96	41.18	20.64	5.19	1.71	1257.43
綦江区(不含万盛)	11.56	57.14	106.06	44.86	19.40	6.03	1.95	1235.02
万盛经开区	27.78	164.18	85.37	11.63	28.99			1589.68
大足区	3.53	114.29	107.96	60.99	19.07	1.89		1538.66
渝北区	12.40	68.08	95.76	57.36	20.13	13.13	1.08	1339.64
巴南区		67.31	110.24	43.35	15.38	9.20		1227.42
黔江区	33.90	142.37	159.24	47.87	36.27	12.54		2160.94
长寿区	4.12	50.85	71.04	37.77	19.95	3.67	0.86	941.25
江津区	8.41	75.12	80.72	57.14	28.71	4.10	1.48	1278.39
合川区	1.75	49.32	70.23	53.11	15.07	2.76	0.29	962.64
永川区	4.66	78.01	100.18	52.22	24.05	1.65		1303.88
南川区	6.79	68.34	105.94	35.97	20.41		0.80	1191.24
璧山区	4.63	65.99	115.70	62.07	27.19	2.61		1390.96
铜梁区	3.21	82.60	91.13	50.57	22.44	4.62		1272.79
潼南区	14.31	70.53	98.43	60.45	17.82	1.61	2.22	1326.86
荣昌区	7.44	81.76	103.52	64.65	32.09	6.96		1482.06
开州区	4.19	65.20	96.67	35.49	13.32	3.45	1.08	1097.01
梁平区	7.05	58.82	109.63	58.74	20.64	1.47		1281.80
武隆区	7.23	82.52	111.75	59.21	41.67	5.08	0.91	1541.81
县	6.65	81.17	111.44	59.91	24.70	4.34	1.21	1447.16
城口县	16.67	155.56	99.48	63.43	27.91		2.27	1826.56
丰都县	4.38	41.87	104.27	29.35	17.89	5.55	1.25	1022.78
垫江县	3.33	46.58	89.55	57.89	19.42	2.99		1098.81
忠 县	2.59	53.00	82.07	48.78	20.21	2.11	0.45	1046.07
云阳县	5.92	64.90	107.91	54.59	15.19	7.03	1.28	1284.12
奉节县	2.49	84.43	111.66	63.58	28.00	3.75	1.25	1475.75
巫山县	1.94	127.12	128.42	80.34	23.46	1.74	1.92	1824.64
巫溪县	12.20	115.02	110.57	73.33	17.14			1641.26
石柱县		52.33	144.88	73.83	16.46	9.13	4.31	1504.66
秀山县	11.72	112.15	155.98	56.31	51.39	15.79	1.17	2022.55
酉阳县	13.70	158.54	144.53	94.57	45.54	5.23	2.52	2323.13
彭水县	17.86	109.33	121.90	47.41	17.66	1.89	0.78	1584.16

6-5 各地区按活产子女数分的15-64岁妇女人数

单位：人

地　　区	15-64岁妇女人数	活产0个	活产1个	活产2个	活产3个	活产4个	活产5个及以上
重　庆	**1113834**	**265907**	**458145**	**338363**	**43491**	**6366**	**1562**
市辖区	897891	217810	406788	245035	24437	3128	693
万州区	59151	13479	29751	14641	1119	138	23
涪陵区	37846	8898	16748	11220	848	111	21
渝中区	23812	8855	10723	3827	357	39	11
大渡口区	15787	3422	8747	3295	280	32	11
江北区	34945	10020	19107	5359	403	49	7
沙坪坝区	52065	15057	25743	10260	886	96	23
九龙坡区	56986	13477	29819	12484	1043	144	19
南岸区	45257	13801	23422	7447	516	62	9
北碚区	29724	9014	15259	5039	347	53	12
綦江区	35339	6915	14351	12207	1528	256	82
綦江区(不含万盛)	27493	5633	10676	9675	1232	208	69
万盛经开区	7846	1282	3675	2532	296	48	13
大足区	24468	5017	7446	10034	1683	225	63
渝北区	81889	21468	41829	16990	1367	197	38
巴南区	41801	10537	21549	9007	625	67	16
黔江区	14741	3064	2895	7110	1455	169	48
长寿区	24858	4995	12792	6551	453	51	16
江津区	42686	9408	20348	11761	996	143	30
合川区	53171	13040	24642	14424	939	105	21
永川区	39941	11255	14846	12387	1262	161	30
南川区	17798	3284	8038	5949	450	65	12
璧山区	24593	5002	11654	7338	514	71	14
铜梁区	21730	3785	9526	7770	581	55	13
潼南区	24214	4857	6672	10661	1786	201	37
荣昌区	22699	4629	8943	8084	890	124	29
开州区	39727	8512	10627	17487	2683	345	73
梁平区	21887	4127	8086	8646	905	103	20
武隆区	10776	1892	3225	5057	521	66	15
县	215943	48097	51357	93328	19054	3238	869
城口县	5839	1006	1083	2900	717	101	32
丰都县	19734	4625	5239	8370	1269	191	40
垫江县	22488	5520	5460	9505	1714	228	61
忠　县	26262	5639	8123	11088	1202	171	39
云阳县	34222	8039	8394	14314	2897	464	114
奉节县	23852	5361	6079	9585	2278	436	113
巫山县	13023	2380	3261	5923	1203	192	64
巫溪县	10970	1988	2819	4988	966	165	44
石柱县	11968	2584	2522	5991	743	94	34
秀山县	13677	2813	2939	5742	1719	357	107
酉阳县	15885	3566	2490	6819	2372	497	141
彭水县	18023	4576	2948	8103	1974	342	80

6-6　全市按受教育程度、活产子女数分的15-64岁妇女人数

单位：人

受教育程度	15-64岁妇女人数	活产0个	活产1个	活产2个	活产3个	活产4个	活产5个及以上
总　计	**1113834**	**265907**	**458145**	**338363**	**43491**	**6366**	**1562**
未上过学	8259	564	2434	3990	988	219	64
学前教育	530	67	177	247	28	8	3
小　学	219480	5064	83522	107002	19798	3206	888
初　中	382785	34733	176486	150197	18454	2396	519
高　中	234151	87273	97823	45476	3128	389	62
大学专科	138132	63834	54943	18515	737	86	17
大学本科	119238	67814	39179	11846	334	56	9
硕士研究生	10261	6089	3189	961	18	4	
博士研究生	998	469	392	129	6	2	

6-7　全市按职业、活产子女数分的15-64岁妇女人数

单位：人

职业大类	15-64岁妇女人数	活产0个	活产1个	活产2个	活产3个	活产4个	活产5个及以上	妇女平均活产子女数
总　计	**592538**	**110872**	**254895**	**198492**	**24006**	**3439**	**834**	**1.25**
党的机关、国家机关、群众团体和社会组织、企事业单位负责人	6077	951	3184	1756	167	17	2	1.20
专业技术人员	85817	31709	39441	14017	556	81	13	0.81
办事人员和有关人员	47724	13648	24704	8860	451	54	7	0.92
社会生产服务和生活服务人员	268540	50086	120276	87693	9113	1156	216	1.22
农、林、牧、渔业生产及辅助人员	82025	2653	26505	42523	8376	1505	463	1.77
生产制造及有关人员	101346	11441	40450	43398	5307	617	133	1.44
不便分类的其他从业人员	1009	384	335	245	36	9		0.96

6-8 各地区按存活子女数分的15-64岁妇女人数

单位：人

地 区	15-64岁妇女人数	存活0个	存活1个	存活2个	存活3个	存活4个	存活5个及以上
重 庆	**1113834**	**282803**	**453815**	**330732**	**40342**	**5153**	**989**
市辖区	897891	231305	402617	238797	22382	2372	418
万州区	59151	14408	29447	14204	990	90	12
涪陵区	37846	9460	16620	10912	765	81	8
渝中区	23812	9119	10593	3728	335	30	7
大渡口区	15787	3660	8620	3209	269	24	5
江北区	34945	10382	18916	5223	381	41	2
沙坪坝区	52065	15761	25443	9940	834	75	12
九龙坡区	56986	14219	29503	12138	982	129	15
南岸区	45257	14245	23183	7295	484	44	6
北碚区	29724	9552	14960	4847	317	40	8
綦江区	35339	7633	14213	11881	1361	192	59
綦江区(不含万盛)	27493	6223	10562	9408	1092	156	52
万盛经开区	7846	1410	3651	2473	269	36	7
大足区	24468	5562	7325	9808	1567	167	39
渝北区	81889	22676	41325	16479	1237	151	21
巴南区	41801	11083	21338	8742	575	52	11
黔江区	14741	3349	2898	7012	1330	128	24
长寿区	24858	5452	12586	6376	404	31	9
江津区	42686	9911	20304	11462	884	108	17
合川区	53171	13578	24477	14174	855	77	10
永川区	39941	11876	14715	12065	1152	112	21
南川区	17798	3516	7987	5848	397	43	7
璧山区	24593	5354	11555	7152	473	48	11
铜梁区	21730	4162	9432	7570	525	37	4
潼南区	24214	5372	6590	10379	1678	172	23
荣昌区	22699	5021	8906	7842	812	95	23
开州区	39727	9493	10364	17038	2500	285	47
梁平区	21887	4443	8070	8461	828	74	11
武隆区	10776	2018	3247	5012	447	46	6
县	215943	51498	51198	91935	17960	2781	571
城口县	5839	1130	1099	2858	652	87	13
丰都县	19734	4869	5245	8264	1179	150	27
垫江县	22488	5858	5431	9386	1596	181	36
忠 县	26262	6156	8069	10804	1081	129	23
云阳县	34222	8566	8374	14106	2728	384	64
奉节县	23852	5697	6024	9475	2180	394	82
巫山县	13023	2618	3247	5833	1130	155	40
巫溪县	10970	2183	2813	4915	899	135	25
石柱县	11968	2830	2521	5864	675	63	15
秀山县	13677	3063	2901	5659	1644	331	79
酉阳县	15885	3795	2496	6715	2302	464	113
彭水县	18023	4733	2978	8056	1894	308	54

6–9　全市按受教育程度、存活子女数分的15–64岁妇女人数

单位：人

受教育程度	15–64岁妇女人数	存活0个	存活1个	存活2个	存活3个	存活4个	存活5个及以上
总　计	**1113834**	**282803**	**453815**	**330732**	**40342**	**5153**	**989**
未上过学	8259	735	2518	3879	903	184	40
学前教育	530	79	175	247	23	5	1
小　学	219480	9428	83642	104839	18334	2664	573
初　中	382785	41914	174559	146893	17172	1915	332
高　中	234151	90208	96448	44246	2925	288	36
大学专科	138132	65120	54226	18050	673	60	3
大学本科	119238	68705	38681	11523	290	35	4
硕士研究生	10261	6138	3176	930	16	1	
博士研究生	998	476	390	125	6	1	

6–10　全市按职业、存活子女数分的15–64岁妇女人数

单位：人

职业大类	15–64岁妇女人数	存活0个	存活1个	存活2个	存活3个	存活4个	存活5个及以上	妇女平均存活子女数
总　计	**592538**	**119742**	**252854**	**194449**	**22171**	**2787**	**535**	**1.22**
党的机关、国家机关、群众团体和社会组织、企事业单位负责人	6077	1027	3159	1717	158	14	2	1.17
专业技术人员	85817	32685	38934	13644	500	49	5	0.79
办事人员和有关人员	47724	14231	24441	8605	406	38	3	0.90
社会生产服务和生活服务人员	268540	54338	119018	85739	8389	932	124	1.19
农、林、牧、渔业生产及辅助人员	82025	3987	26812	41936	7719	1255	316	1.71
生产制造及有关人员	101346	13074	40158	42573	4965	491	85	1.41
不便分类的其他从业人员	1009	400	332	235	34	8		0.93

6-11 各地区15-64岁妇女平均活产子女数和平均存活子女数

单位：人、%

地　区	15-64岁妇女人数	活产子女总数			存活子女总数			存活子女数占活产子女数的百分比	妇女平均活产子女数	妇女平均存活子女数
		合计	男	女	合计	男	女			
重　庆	**1113834**	**1299270**	**695821**	**603449**	**1262166**	**673506**	**588660**	**97.14**	**1.17**	**1.13**
市辖区	897891	986435	526666	459769	959086	510311	448775	97.23	1.10	1.07
万州区	59151	63064	33877	29187	61248	32798	28450	97.12	1.07	1.04
涪陵区	37846	42289	22457	19832	41104	21738	19366	97.20	1.12	1.09
渝中区	23812	19661	10385	9276	19210	10106	9104	97.71	0.83	0.81
大渡口区	15787	16361	8581	7780	15966	8343	7623	97.59	1.04	1.01
江北区	34945	31265	16480	14785	30679	16159	14520	98.13	0.89	0.88
沙坪坝区	52065	49431	26207	23224	48187	25496	22691	97.48	0.95	0.93
九龙坡区	56986	58602	31145	27457	57327	30388	26939	97.82	1.03	1.01
南岸区	45257	40165	21039	19126	39435	20620	18815	98.18	0.89	0.87
北碚区	29724	26657	14058	12599	25811	13563	12248	96.83	0.90	0.87
綦江区	35339	44833	23303	21530	43157	22362	20795	96.26	1.27	1.22
綦江区(不含万盛)	27493	34943	18214	16729	33570	17448	16122	96.07	1.27	1.22
万盛经开区	7846	9890	5089	4801	9587	4914	4673	96.94	1.26	1.22
大足区	24468	33802	18866	14936	32516	18047	14469	96.20	1.38	1.33
渝北区	81889	80907	42476	38431	78710	41115	37595	97.28	0.99	0.96
巴南区	41801	41794	22249	19545	40813	21673	19140	97.65	1.00	0.98
黔江区	14741	22401	12150	10251	21546	11627	9919	96.18	1.52	1.46
长寿区	24858	27539	14747	12792	26721	14277	12444	97.03	1.11	1.07
江津区	42686	47593	25163	22430	46405	24447	21958	97.50	1.11	1.09
合川区	53171	56839	30565	26274	55751	29900	25851	98.09	1.07	1.05
永川区	39941	44216	23595	20621	42865	22760	20105	96.94	1.11	1.07
南川区	17798	21617	11418	10199	21087	11095	9992	97.55	1.21	1.18
璧山区	24593	28232	15158	13074	27531	14719	12812	97.52	1.15	1.12
铜梁区	21730	27101	14397	12704	26315	13930	12385	97.10	1.25	1.21
潼南区	24214	34353	19105	15248	33191	18419	14772	96.62	1.42	1.37
荣昌区	22699	28436	15027	13409	27533	14515	13018	96.82	1.25	1.21
开州区	39727	55423	30616	24807	53322	29335	23987	96.21	1.40	1.34
梁平区	21887	28610	15670	12940	27829	15194	12635	97.27	1.31	1.27
武隆区	10776	15244	7932	7312	14827	7685	7142	97.26	1.41	1.38
县	215943	312835	169155	143680	303080	163195	139885	96.88	1.45	1.40
城口县	5839	9616	5090	4526	9190	4829	4361	95.57	1.65	1.57
丰都县	19734	26761	14091	12670	26048	13663	12385	97.34	1.36	1.32
垫江县	22488	30853	16892	13961	29902	16302	13600	96.92	1.37	1.33
忠　县	26262	34798	18626	16172	33558	17917	15641	96.44	1.33	1.28
云阳县	34222	48188	26113	22075	46641	25169	21472	96.79	1.41	1.36
奉节县	23852	34447	18904	15543	33516	18311	15205	97.30	1.44	1.41
巫山县	13023	19834	10766	9068	19142	10330	8812	96.51	1.52	1.47
巫溪县	10970	16596	8827	7769	16009	8470	7539	96.46	1.51	1.46
石柱县	11968	17292	9076	8216	16606	8654	7952	96.03	1.44	1.39
秀山县	13677	21593	11771	9822	20898	11342	9556	96.78	1.58	1.53
酉阳县	15885	25986	14038	11948	25285	13597	11688	97.30	1.64	1.59
彭水县	18023	26871	14961	11910	26285	14611	11674	97.82	1.49	1.46

6-12　全市按年龄分的15-64岁妇女平均活产子女数和平均存活子女数

单位：人、%

年　龄	15-64岁妇女人数	活产子女总数			存活子女总数			存活子女数占活产子女数的百分比	妇女平均活产子女数	妇女平均存活子女数
		合计	男	女	合计	男	女			
总　计	**1113834**	**1299270**	**695821**	**603449**	**1262166**	**673506**	**588660**	**97.14**	**1.17**	**1.13**
15-19岁	**91593**	**365**	**200**	**165**	**363**	**200**	**163**	**99.45**		
15	18232	1		1	1		1	100.00		
16	20483	18	10	8	18	10	8	100.00		
17	17928	36	27	9	36	27	9	100.00		
18	16641	89	43	46	89	43	46	100.00	0.01	0.01
19	18309	221	120	101	219	120	99	99.10	0.01	0.01
20-24岁	**95969**	**15617**	**8092**	**7525**	**15322**	**7910**	**7412**	**98.11**	**0.16**	**0.16**
20	19137	575	296	279	568	292	276	98.78	0.03	0.03
21	18244	1207	629	578	1180	613	567	97.76	0.07	0.06
22	19074	2501	1268	1233	2468	1253	1215	98.68	0.13	0.13
23	19168	4263	2205	2058	4182	2159	2023	98.10	0.22	0.22
24	20346	7071	3694	3377	6924	3593	3331	97.92	0.35	0.34
25-29岁	**108796**	**81049**	**42553**	**38496**	**79241**	**41500**	**37741**	**97.77**	**0.74**	**0.73**
25	22304	10644	5506	5138	10416	5374	5042	97.86	0.48	0.47
26	21123	12823	6738	6085	12561	6578	5983	97.96	0.61	0.59
27	22736	16948	8970	7978	16596	8758	7838	97.92	0.75	0.73
28	21237	18889	9972	8917	18457	9713	8744	97.71	0.89	0.87
29	21396	21745	11367	10378	21211	11077	10134	97.54	1.02	0.99
30-34岁	**126355**	**162925**	**85332**	**77593**	**159065**	**83094**	**75971**	**97.63**	**1.29**	**1.26**
30	24525	27849	14520	13329	27195	14141	13054	97.65	1.14	1.11
31	23071	28196	14825	13371	27526	14446	13080	97.62	1.22	1.19
32	21809	28393	14877	13516	27755	14480	13275	97.75	1.30	1.27
33	28989	39383	20650	18733	38476	20128	18348	97.70	1.36	1.33
34	27961	39104	20460	18644	38113	19899	18214	97.47	1.40	1.36
35-39岁	**92186**	**134158**	**70835**	**63323**	**130939**	**68952**	**61987**	**97.60**	**1.46**	**1.42**
35	18711	26717	14067	12650	26122	13712	12410	97.77	1.43	1.40
36	15354	22330	11770	10560	21775	11473	10302	97.51	1.45	1.42
37	16662	24205	12746	11459	23635	12412	11223	97.65	1.45	1.42
38	22594	32971	17516	15455	32140	17034	15106	97.48	1.46	1.42
39	18865	27935	14736	13199	27267	14321	12946	97.61	1.48	1.45
40-44岁	**82505**	**123219**	**65633**	**57586**	**120085**	**63772**	**56313**	**97.46**	**1.49**	**1.46**
40	13791	20487	10824	9663	19967	10527	9440	97.46	1.49	1.45
41	15804	23536	12504	11032	22954	12167	10787	97.53	1.49	1.45
42	13884	20860	11041	9819	20344	10730	9614	97.53	1.50	1.47
43	16522	24668	13159	11509	24016	12759	11257	97.36	1.49	1.45
44	22504	33668	18105	15563	32804	17589	15215	97.43	1.50	1.46
45-49岁	**160583**	**243293**	**130372**	**112921**	**236554**	**126377**	**110177**	**97.23**	**1.52**	**1.47**
45	29680	45022	24155	20867	43754	23415	20339	97.18	1.52	1.47
46	33027	50438	26774	23664	49044	25953	23091	97.24	1.53	1.48
47	33336	50738	27180	23558	49359	26376	22983	97.28	1.52	1.48
48	31177	47408	25534	21874	46099	24751	21348	97.24	1.52	1.48
49	33363	49687	26729	22958	48298	25882	22416	97.20	1.49	1.45
50-54岁	**156749**	**235441**	**127612**	**107829**	**228425**	**123330**	**105095**	**97.02**	**1.50**	**1.46**
50	34136	50917	27435	23482	49462	26565	22897	97.14	1.49	1.45
51	30941	46217	24983	21234	44895	24188	20707	97.14	1.49	1.45
52	33206	49766	26867	22899	48271	25958	22313	97.00	1.50	1.45
53	27462	41834	22746	19088	40565	21955	18610	96.97	1.52	1.48
54	31004	46707	25581	21126	45232	24664	20568	96.84	1.51	1.46
55-59岁	**123340**	**184885**	**100897**	**83988**	**178507**	**96906**	**81601**	**96.55**	**1.50**	**1.45**
55	29983	44836	24374	20462	43433	23488	19945	96.87	1.50	1.45
56	31319	46489	25405	21084	44866	24396	20470	96.51	1.48	1.43
57	35449	52298	28585	23713	50460	27433	23027	96.49	1.48	1.42
58	17369	27181	14844	12337	26214	14258	11956	96.44	1.56	1.51
59	9220	14081	7689	6392	13534	7331	6203	96.12	1.53	1.47
60-64岁	**75758**	**118318**	**64295**	**54023**	**113665**	**61465**	**52200**	**96.07**	**1.56**	**1.50**
60	10259	15326	8326	7000	14710	7952	6758	95.98	1.49	1.43
61	10317	15650	8469	7181	15079	8134	6945	96.35	1.52	1.46
62	15998	24717	13367	11350	23761	12789	10972	96.13	1.55	1.49
63	19262	30363	16522	13841	29181	15786	13395	96.11	1.58	1.51
64	19922	32262	17611	14651	30934	16804	14130	95.88	1.62	1.55

6-13 全市按受教育程度分的15-64岁妇女平均活产子女数和平均存活子女数

单位：人、%

受教育程度	15-64岁妇女人数	活产子女总数			存活子女总数			存活子女数占活产子女数的百分比	妇女平均活产子女数	妇女平均存活子女数
		合计	男	女	合计	男	女			
总　计	**1113834**	**1299270**	**695821**	**603449**	**1262166**	**673506**	**588660**	**97.14**	**1.17**	**1.13**
未上过学	8259	14620	7974	6646	13952	7555	6397	95.43	1.77	1.69
学前教育	530	802	444	358	763	422	341	95.14	1.51	1.44
小　学	219480	374565	203807	170758	362024	196077	165947	96.65	1.71	1.65
初　中	382785	544616	291432	253184	529261	282292	246969	97.18	1.42	1.38
高　中	234151	200050	105863	94187	195058	102899	92159	97.50	0.85	0.83
大学专科	138132	94616	49499	45117	92600	48343	44257	97.87	0.68	0.67
大学本科	119238	64144	33701	30443	62758	32889	29869	97.84	0.54	0.53
硕士研究生	10261	5181	2738	2443	5088	2677	2411	98.20	0.50	0.50
博士研究生	998	676	363	313	662	352	310	97.93	0.68	0.66

第二部分 长表数据资料

第七卷 迁移和户口登记地

7-1　全市按现住地、户口登记地类型分的户口登记地在外乡镇街道人口

现住地	合计					市内				
	合计	乡	镇的村委会	镇的居委会	街道	小计	乡	镇的村委会	镇的居委会	街道
重　庆	**1235371**	**184670**	**567656**	**142012**	**341033**	**1036080**	**146249**	**469854**	**120316**	**299661**
市辖区	1078531	139621	492770	125916	320224	887980	103347	399313	105135	280185
万州区	51777	8056	23695	4833	15193	48337	7466	22135	4468	14268
涪陵区	41798	8997	15774	3261	13766	38678	8386	14503	2951	12838
渝中区	38871	4950	13839	4995	15087	28401	3058	9420	3545	12378
大渡口区	25709	3491	11459	2632	8127	20109	2175	8405	2216	7313
江北区	51282	6362	14835	6283	23802	39315	3934	10506	4684	20191
沙坪坝区	83195	11310	34549	9254	28082	62324	7127	24380	7140	23677
九龙坡区	90146	12768	40967	10495	25916	68360	8236	29322	8332	22470
南岸区	65867	8450	23843	10096	23478	52408	5809	18226	8298	20075
北碚区	44976	6458	20115	4684	13719	32985	3797	14363	3748	11077
綦江区	34715	2431	20669	5173	6442	30830	1885	18129	4798	6018
綦江区(不含万盛)	25792	1400	16448	3171	4773	23035	1066	14618	2915	4436
万盛经开区	8923	1031	4221	2002	1669	7795	819	3511	1883	1582
大足区	20171	1779	11331	3083	3978	17861	1453	9926	2785	3697
渝北区	134652	14193	56744	16403	47312	106645	8935	43049	13459	41202
巴南区	62388	7546	29812	7039	17991	52133	5500	24366	6119	16148
黔江区	18949	5160	7595	1603	4591	17393	4749	6912	1439	4293
长寿区	26334	3790	11698	2704	8142	24109	3432	10634	2463	7580
江津区	47327	4683	25987	8646	8011	38011	3329	20551	7172	6959
合川区	39347	3213	21010	3619	11505	34345	2432	18559	3137	10217
永川区	45198	6337	21356	4550	12955	36910	4904	17730	3746	10530
南川区	13290	1485	6537	2025	3243	12479	1349	6089	1955	3086
璧山区	33897	4058	17925	3699	8215	27573	2766	14551	3041	7215
铜梁区	23903	1908	14366	1733	5896	21754	1630	13074	1545	5505
潼南区	17593	3531	9414	2026	2622	15955	3247	8591	1787	2330
荣昌区	18042	1986	9438	2380	4238	15190	1562	8026	1918	3684
开州区	28225	3393	17433	2604	4795	26570	3176	16436	2452	4506
梁平区	12747	1239	8264	1226	2018	11734	1100	7628	1119	1887
武隆区	8132	2047	4115	870	1100	7571	1910	3802	818	1041
县	156840	45049	74886	16096	20809	148100	42902	70541	15181	19476
城口县	4698	1960	1864	287	587	4156	1750	1602	267	537
丰都县	11606	2091	5754	1330	2431	10996	1984	5494	1237	2281
垫江县	16934	4220	8513	2632	1569	16279	4048	8213	2517	1501
忠　县	17025	2888	9905	1767	2465	15933	2778	9274	1639	2242
云阳县	24412	6611	12060	2432	3309	23289	6334	11524	2312	3119
奉节县	19114	6099	9330	1859	1826	18318	5894	8899	1788	1737
巫山县	11252	4293	5536	558	865	10585	4084	5207	504	790
巫溪县	7126	1992	3768	597	769	6709	1886	3521	568	734
石柱县	10201	3595	4015	1320	1271	9689	3427	3792	1271	1199
秀山县	8186	915	3824	1101	2346	7302	776	3379	992	2155
酉阳县	9742	3531	4301	773	1137	9063	3339	3947	718	1059
彭水县	16544	6854	6016	1440	2234	15781	6602	5689	1368	2122

7-1 续表 1

现住地	市外									
	小计					北京				
	小计	乡	镇的村委会	镇的居委会	街道	小计	乡	镇的村委会	镇的居委会	街道
重庆	**199291**	**38421**	**97802**	**21696**	**41372**	**784**	**16**	**77**	**79**	**612**
市辖区	190551	36274	93457	20781	40039	739	12	61	76	590
万州区	3440	590	1560	365	925	25		4		21
涪陵区	3120	611	1271	310	928	10	1			9
渝中区	10470	1892	4419	1450	2709	58		5	7	46
大渡口区	5600	1316	3054	416	814	7		1		6
江北区	11967	2428	4329	1599	3611	57		4	2	51
沙坪坝区	20871	4183	10169	2114	4405	48		4	7	37
九龙坡区	21786	4532	11645	2163	3446	74	1	4	6	63
南岸区	13459	2641	5617	1798	3403	49	1	4	9	35
北碚区	11991	2661	5752	936	2642	42	1	2		39
綦江区	3885	546	2540	375	424	15	2	4	5	4
綦江区(不含万盛)	2757	334	1830	256	337	10	1	4	3	2
万盛经开区	1128	212	710	119	87	5	1		2	2
大足区	2310	326	1405	298	281	1				1
渝北区	28007	5258	13695	2944	6110	179	1	3	20	155
巴南区	10255	2046	5446	920	1843	38		4	2	32
黔江区	1556	411	683	164	298	5	1			4
长寿区	2225	358	1064	241	562	15	1	3	1	10
江津区	9316	1354	5436	1474	1052	24		5	4	15
合川区	5002	781	2451	482	1288	14		1		13
永川区	8288	1433	3626	804	2425	26	3	2	2	19
南川区	811	136	448	70	157	4		2	1	1
璧山区	6324	1292	3374	658	1000	8				8
铜梁区	2149	278	1292	188	391	11		4	2	5
潼南区	1638	284	823	239	292	5			2	3
荣昌区	2852	424	1412	462	554	7			3	4
开州区	1655	217	997	152	289	15		5	2	8
梁平区	1013	139	636	107	131	2			1	1
武隆区	561	137	313	52	59					
县	8740	2147	4345	915	1333	45	4	16	3	22
城口县	542	210	262	20	50					
丰都县	610	107	260	93	150	3			1	2
垫江县	655	172	300	115	68	2				2
忠　县	1092	110	631	128	223	5		2		3
云阳县	1123	277	536	120	190	5	1	2	1	1
奉节县	796	205	431	71	89	2		1		1
巫山县	667	209	329	54	75	6		5		1
巫溪县	417	106	247	29	35	1		1		
石柱县	512	168	223	49	72	4		2		2
秀山县	884	139	445	109	191	8				8
酉阳县	679	192	354	55	78	7	3	1	1	2
彭水县	763	252	327	72	112	2		2		

7-1　续表 2

现住地	市外									
	天津					河北				
	小计	乡	镇的村委会	镇的居委会	街道	小计	乡	镇的村委会	镇的居委会	街道
重　庆	**438**	**18**	**73**	**58**	**289**	**3512**	**684**	**1521**	**369**	**938**
市辖区	429	17	71	55	286	3380	649	1454	363	914
万州区	2				2	82	5	42	12	23
涪陵区	10		2	6	2	56	11	13	11	21
渝中区	27	1	3	3	20	146	23	63	22	38
大渡口区	3		3			105	28	62	6	9
江北区	42	1	5	2	34	163	30	55	12	66
沙坪坝区	45	1	7	7	30	331	60	135	43	93
九龙坡区	28		7	4	17	586	147	300	42	97
南岸区	27	1	1	4	21	270	27	110	32	101
北碚区	47	3	8	4	32	272	54	118	21	79
綦江区	3		1		2	56	2	34	6	14
綦江区(不含万盛)	3		1		2	38	2	19	4	13
万盛经开区						18		15	2	1
大足区	2		1		1	29	3	17	1	8
渝北区	104	1	19	8	76	404	89	159	36	120
巴南区	17		3	5	9	132	39	45	15	33
黔江区						7	2	4	1	
长寿区	6	1	2		3	31	2	12	6	11
江津区	23	4	1	9	9	158	39	72	27	20
合川区	2		1		1	153	31	45	16	61
永川区	17		2	1	14	190	22	67	32	69
南川区	1		1			18	3	9		6
璧山区	3		1	1	1	61	13	33	5	10
铜梁区	14	3		1	10	33	4	14	4	11
潼南区						26	4	10	4	8
荣昌区	2		2			23	2	11	4	6
开州区	2		1		1	31	7	14	5	5
梁平区	1				1	9	1	5		3
武隆区	1	1				8	1	5		2
县	9	1	2	3	3	132	35	67	6	24
城口县						7	2	5		
丰都县	1	1				10	5	2	1	2
垫江县	1				1	2		2		
忠　县						15	4	6		5
云阳县	3		1	1	1	12	3	5	1	3
奉节县	1				1	18	9	2		7
巫山县	1			1		10	5	5		
巫溪县						5		4	1	
石柱县						16	1	14		1
秀山县	1		1			12	1	8		3
酉阳县	1			1		9	3	3	2	1
彭水县						16	2	11	1	2

7-1 续表 3

现住地	市外									
	山西					内蒙古				
	小计	乡	镇的村委会	镇的居委会	街道	小计	乡	镇的村委会	镇的居委会	街道
重庆	**2004**	**309**	**735**	**264**	**696**	**971**	**137**	**304**	**150**	**380**
市辖区	1922	290	694	260	678	932	123	293	147	369
万州区	30	3	10	5	12	43	2	10	3	28
涪陵区	44	6	11	4	23	29	5	4	3	17
渝中区	89	10	34	11	34	49	1	19	9	20
大渡口区	29	11	6	6	6	13	2	7		4
江北区	110	16	29	19	46	52	8	14	5	25
沙坪坝区	223	25	82	31	85	106	17	31	17	41
九龙坡区	138	27	62	18	31	80	10	29	9	32
南岸区	184	36	47	24	77	61	8	18	10	25
北碚区	188	26	74	17	71	70	16	23	13	18
綦江区	30	4	15	4	7	7	1	2	2	2
綦江区(不含万盛)	21	4	9	3	5	7	1	2	2	2
万盛经开区	9		6	1	2					
大足区	18	1	11	6		3	1	2		
渝北区	310	42	109	34	125	143	16	46	24	57
巴南区	106	11	51	17	27	47	4	21	5	17
黔江区	33	3	9	6	15	5	1	4		
长寿区	18	3	6	6	3	11		5	4	2
江津区	59	8	30	17	4	34	5	13	13	3
合川区	78	13	17	7	41	87	14	20	10	43
永川区	119	30	39	12	38	51	4	10	9	28
南川区	5		2	1	2	3		1		2
璧山区	36	8	20		8	18	4	8	4	2
铜梁区	12	1	8	1	2	2			2	
潼南区	10		5	2	3	8	3	2	2	1
荣昌区	29	1	5	10	13	3	1	1		1
开州区	13	3	8		2	4		2	1	1
梁平区						1			1	
武隆区	11	2	4	2	3	2		1	1	
县	82	19	41	4	18	39	14	11	3	11
城口县	4		3		1	3	1			2
丰都县	5	1			4	5	2	1		2
垫江县	6		1		5	2		2		
忠县	3	1	1		1	2		2		
云阳县	9	3	3	1	2	11	3	1	1	6
奉节县	4	2	2			6	5		1	
巫山县	4	1	3			2	1	1		
巫溪县	8	3	5							
石柱县	7	2	5							
秀山县	6		4	1	1	3		2		1
酉阳县	16	3	11	1	1	4	2	2		
彭水县	10	3	3	1	3	1			1	

7-1 续表 4

现住地	市外									
	辽宁					吉林				
	小计	乡	镇的村委会	镇的居委会	街道	小计	乡	镇的村委会	镇的居委会	街道
重庆	**1227**	**149**	**346**	**173**	**559**	**985**	**139**	**312**	**114**	**420**
市辖区	1175	133	338	160	544	959	133	299	110	417
万州区	21		9	1	11	21	2	3	3	13
涪陵区	26	4	13	3	6	16	2	3	2	9
渝中区	72	5	16	12	39	47	7	6	13	21
大渡口区	14	1	6		7	11	2	5	2	2
江北区	120	14	21	19	66	66	6	13	4	43
沙坪坝区	118	11	32	14	61	117	19	42	6	50
九龙坡区	100	12	26	17	45	74	12	26	7	29
南岸区	103	9	22	11	61	82	7	20	10	45
北碚区	73	11	13	9	40	72	14	18	6	34
綦江区	15		5	3	7	26		8	7	11
綦江区(不含万盛)	11		2	2	7	24		8	6	10
万盛经开区	4		3	1		2			1	1
大足区	10	2	2	2	4	2	1	1		
渝北区	223	21	58	29	115	189	21	64	14	90
巴南区	67	12	24	10	21	49	11	15	5	18
黔江区	8	3	2		3	4	2			2
长寿区	11	4	6		1	26	4	8	8	6
江津区	70	10	36	10	14	33	8	10	8	7
合川区	25	3	8	7	7	22	3	5	4	10
永川区	43	4	16	8	15	33	4	15	3	11
南川区	2				2	2		2		
璧山区	21	2	8	2	9	27	3	15	3	6
铜梁区	4	1		2	1	9	2	3	2	2
潼南区	3		3			3	1			2
荣昌区	7		3		4	6	1	2	1	2
开州区	8	2	2	1	3	11		7	2	2
梁平区	7		5		2	6		6		
武隆区	4	2	2			5	1	2		2
县	52	16	8	13	15	26	6	13	4	3
城口县	7	5		1	1	1		1		
丰都县	9	1		1	7	5	2	3		
垫江县	2			1	1	4		2		2
忠 县	4	1	2	1		1			1	
云阳县	1	1				6	2	1	3	
奉节县	2		1	1						
巫山县	6	1	2	2	1	1	1			
巫溪县	1				1	1		1		
石柱县	4			4		1		1		
秀山县	5	2			3	2	1	1		
酉阳县	1			1		2		2		
彭水县	10	5	3	1	1	2		1		1

7-1 续表 5

现住地	市外									
	黑龙江					上海				
	小计	乡	镇的村委会	镇的居委会	街道	小计	乡	镇的村委会	镇的居委会	街道
重庆	**1584**	**171**	**450**	**285**	**678**	**567**	**16**	**69**	**56**	**426**
市辖区	1532	166	431	271	664	535	9	61	54	411
万州区	36	2	15	5	14	27	1	10	3	13
涪陵区	27	4	5	4	14	8				8
渝中区	82	5	18	9	50	56		1	6	49
大渡口区	37	8	8	6	15	2		1		1
江北区	112	10	26	16	60	63	1	4	5	53
沙坪坝区	182	24	42	26	90	37	2	4	4	27
九龙坡区	130	16	32	29	53	50	2	4	4	40
南岸区	137	16	27	27	67	51	1	3	2	45
北碚区	99	11	34	19	35	20			5	15
綦江区	14	1	4	4	5	3			1	2
綦江区(不含万盛)	8	1	4	2	1	3			1	2
万盛经开区	6			2	4					
大足区	5	1	4			3				3
渝北区	350	37	101	56	156	117	1	11	12	93
巴南区	67	6	17	14	30	27	1	4	4	18
黔江区	14		3	6	5	5		3		2
长寿区	30	3	15	3	9	5		2		3
江津区	55	8	13	23	11	6			1	5
合川区	16	1	6	1	8	14		3	2	9
永川区	36	4	15	3	14	14		3	3	8
南川区	3	2			1	1		1		
璧山区	42	1	18	13	10	12		1		11
铜梁区	9	1	6	1	1	4			1	3
潼南区	5	2	1		2					
荣昌区	8		3	2	3	2			1	1
开州区	22	1	12	2	7	6		5		1
梁平区	9		3	2	4	1				1
武隆区	5	2	3			1		1		
县	52	5	19	14	14	32	7	8	2	15
城口县										
丰都县	5	1		2	2	5	1			4
垫江县	5		2	3		3		2		1
忠县	14		3	4	7	2				2
云阳县	7		3	2	2	5		1	1	3
奉节县	4	1	3			5		3	1	1
巫山县	3			1	2	4	3			1
巫溪县	1		1			2	1			1
石柱县	4	1	1	1	1					
秀山县	3	1	1	1		2	2			
酉阳县						4		2		2
彭水县	6	1	5							

7-1　续表 6

现住地	市外									
	江苏					浙江				
	小计	乡	镇的村委会	镇的居委会	街道	小计	乡	镇的村委会	镇的居委会	街道
重　庆	**3280**	**378**	**1374**	**427**	**1101**	**3194**	**381**	**1375**	**395**	**1043**
市辖区	3078	340	1268	403	1067	2961	327	1289	357	988
万州区	114	14	47	17	36	105	14	47	19	25
涪陵区	56	6	19	10	21	46	4	21	4	17
渝中区	151	13	46	25	67	313	24	135	36	118
大渡口区	80	8	38	7	27	76	10	45	8	13
江北区	223	12	91	39	81	126	7	25	23	71
沙坪坝区	327	38	139	45	105	228	21	97	25	85
九龙坡区	339	40	160	47	92	503	62	275	49	117
南岸区	170	22	49	32	67	222	27	84	30	81
北碚区	186	28	93	15	50	85	7	32	11	35
綦江区	44	7	24	9	4	42	1	26	6	9
綦江区(不含万盛)	25	4	15	4	2	31	1	18	5	7
万盛经开区	19	3	9	5	2	11		8	1	2
大足区	20	1	11	5	3	40	2	20	6	12
渝北区	519	62	229	68	160	385	39	179	40	127
巴南区	133	19	55	11	48	144	15	60	23	46
黔江区	16	6	6	1	3	9		7		2
长寿区	41	4	25	5	7	25	5	7	5	8
江津区	94	14	51	17	12	112	8	68	18	18
合川区	82	15	25	13	29	139	32	43	16	48
永川区	243	10	47	5	181	152	9	34	5	104
南川区	11	1	6	1	3	15		7		8
璧山区	115	11	40	17	47	71	15	26	15	15
铜梁区	20	6	10	2	2	27	4	14	5	4
潼南区	20		8	3	9	26	7	7	3	9
荣昌区	43	1	33	4	5	38	11	16	3	8
开州区	21	2	9	3	7	18	1	9	1	7
梁平区	6		4	1	1	9		3	5	1
武隆区	4		3	1		5	2	2	1	
县	202	38	106	24	34	233	54	86	38	55
城口县	7	2	5			2		2		
丰都县	15	3	4	2	6	19	5	9	3	2
垫江县	1		1			17	10	4	1	2
忠　县	20	2	10	6	2	37	1	18	9	9
云阳县	83	12	53	8	10	14	8	3	1	2
奉节县	23	4	11	4	4	43	15	12	3	13
巫山县	10	6	3		1	7	2	3	1	1
巫溪县	5	1	4			6	2		1	3
石柱县	6	1	3	1	1	11	1	2	3	5
秀山县	12	2	3	2	5	36	2	19	10	5
酉阳县	14	3	8		3	27	4	10	4	9
彭水县	6	2	1	1	2	14	4	4	2	4

7-1 续表 7

现住地	市外									
	安徽					福建				
	小计	乡	镇的村委会	镇的居委会	街道	小计	乡	镇的村委会	镇的居委会	街道
重庆	**3348**	**640**	**1574**	**411**	**723**	**3528**	**545**	**1795**	**406**	**782**
市辖区	3102	572	1471	381	678	3290	488	1667	382	753
万州区	84	21	32	13	18	117	23	60	19	15
涪陵区	74	12	35	9	18	86	19	35	18	14
渝中区	169	29	62	22	56	186	19	78	41	48
大渡口区	65	14	38	4	9	149	23	87	11	28
江北区	176	31	59	34	52	188	30	62	17	79
沙坪坝区	334	62	157	46	69	322	52	132	39	99
九龙坡区	274	75	137	21	41	617	103	389	38	87
南岸区	302	62	114	44	82	180	20	89	15	56
北碚区	209	35	114	13	47	115	17	56	7	35
綦江区	63	5	41	7	10	42	4	24	8	6
綦江区(不含万盛)	44	1	37	2	4	22	1	14	3	4
万盛经开区	19	4	4	5	6	20	3	10	5	2
大足区	19	4	11	4		15	3	9	2	1
渝北区	484	90	237	54	103	443	63	215	64	101
巴南区	170	21	88	27	34	110	15	70	4	21
黔江区	27	8	12		7	26	10	7	8	1
长寿区	25	4	13	1	7	39	1	20	5	13
江津区	122	29	63	18	12	178	35	90	30	23
合川区	74	16	32	7	19	52	9	24	3	16
永川区	96	8	42	12	34	127	9	42	12	64
南川区	12		6	2	4	28	3	17	1	7
璧山区	104	26	52	9	17	111	6	69	17	19
铜梁区	35	2	24	4	5	36	2	32	1	1
潼南区	23	3	9	2	9	14	3	5	1	5
荣昌区	59	4	28	19	8	52	14	16	10	12
开州区	55	8	26	7	14	17	3	10	4	
梁平区	36	1	30	2	3	34		27	5	2
武隆区	11	2	9			6	2	2	2	
县	246	68	103	30	45	238	57	128	24	29
城口县	6	4	1	1		19		10	6	3
丰都县	26	13	10	1	2	14		12	2	
垫江县	11	7	3		1	11	2	3	2	4
忠县	30	2	11	3	14	14	1	6	3	4
云阳县	28	3	8	5	12	22	9	9	1	3
奉节县	28	8	10	6	4	50	14	34		2
巫山县	51	13	28	5	5	15	1	9	1	4
巫溪县	11	6	5			21	4	16		1
石柱县	6	2	3	1		6	3	2		1
秀山县	14		8	4	2	22	10	9		3
酉阳县	14	3	8	2	1	30	9	12	7	2
彭水县	21	7	8	2	4	14	4	6	2	2

7-1　续表 8

现住地	市外									
	江西					山东				
	小计	乡	镇的村委会	镇的居委会	街道	小计	乡	镇的村委会	镇的居委会	街道
重　庆	**3809**	**651**	**1872**	**464**	**822**	**3158**	**378**	**1332**	**322**	**1126**
市辖区	3523	586	1703	439	795	3027	368	1265	310	1084
万州区	80	18	35	6	21	59	10	17	6	26
涪陵区	76	12	38	6	20	96	16	30	1	49
渝中区	176	31	59	33	53	161	22	44	19	76
大渡口区	68	19	36	4	9	73	21	37	2	13
江北区	189	23	67	28	71	179	33	65	20	61
沙坪坝区	355	61	176	39	79	341	36	150	37	118
九龙坡区	297	48	165	29	55	240	31	119	30	60
南岸区	316	60	125	45	86	309	37	83	50	139
北碚区	170	35	72	11	52	250	27	96	11	116
綦江区	83	6	53	12	12	49	6	31	3	9
綦江区(不含万盛)	63	2	41	10	10	35	3	22	3	7
万盛经开区	20	4	12	2	2	14	3	9		2
大足区	37	3	21	7	6	11		8	1	2
渝北区	517	94	234	71	118	508	58	201	42	207
巴南区	221	31	126	23	41	158	13	73	29	43
黔江区	44	10	26	6	2	24	2	12	3	7
长寿区	30	4	10	2	14	34	11	12	4	7
江津区	168	31	94	26	17	152	14	74	26	38
合川区	138	23	67	16	32	51	11	22		18
永川区	145	18	64	18	45	77	6	35	3	33
南川区	30	1	20	3	6	10		6	2	2
璧山区	146	23	80	18	25	47	3	33	2	9
铜梁区	63	9	36	8	10	20		18		2
潼南区	22	9	11	1	1	20		5	3	12
荣昌区	67	8	35	15	9	31	2	13	4	12
开州区	44	5	26	7	6	101	7	63	10	21
梁平区	31	2	22	2	5	8		5		3
武隆区	10	2	5	3		18	2	13	2	1
县	286	65	169	25	27	131	10	67	12	42
城口县	14	2	8	1	3	6	1	1		4
丰都县	18	2	13	2	1	5	2	1	1	1
垫江县	15	2	6	6	1	5	1	3		1
忠　县	33	2	22	3	6	56	1	43	2	10
云阳县	45	10	28	3	4	10	1	2	5	2
奉节县	55	16	39			4		1	1	2
巫山县	20	13	6	1		16	2	6		8
巫溪县	12	1	7	3	1	8	1	1	1	5
石柱县	7	2	2	1	2	9		5	1	3
秀山县	24	7	11	2	4	3		1		2
酉阳县	20	4	14	1	1	7	1	2	1	3
彭水县	23	4	13	2	4	2		1		1

7−1 续表 9

现住地	市外									
	河南					湖北				
	小计	乡	镇的村委会	镇的居委会	街道	小计	乡	镇的村委会	镇的居委会	街道
重　庆	**6663**	**1508**	**3083**	**660**	**1412**	**9298**	**1721**	**4294**	**996**	**2287**
市辖区	6279	1415	2865	623	1376	7938	1374	3593	884	2087
万州区	161	24	73	11	53	546	107	297	33	109
涪陵区	166	34	62	17	53	349	98	104	16	131
渝中区	327	67	120	44	96	444	59	138	69	178
大渡口区	122	29	63	9	21	194	40	98	19	37
江北区	312	52	117	48	95	447	74	115	75	183
沙坪坝区	699	184	298	67	150	729	107	347	85	190
九龙坡区	506	152	235	35	84	700	122	343	68	167
南岸区	530	124	212	65	129	585	81	220	80	204
北碚区	628	172	299	31	126	416	72	177	41	126
綦江区	137	23	86	11	17	123	23	61	14	25
綦江区(不含万盛)	104	17	73	3	11	93	12	46	12	23
万盛经开区	33	6	13	8	6	30	11	15	2	2
大足区	54	8	29	11	6	45	8	25	6	6
渝北区	943	204	443	92	204	1179	187	544	160	288
巴南区	318	65	139	30	84	344	52	178	34	80
黔江区	44	17	8	3	16	398	144	181	21	52
长寿区	105	16	57	6	26	92	13	42	9	28
江津区	295	49	168	40	38	243	25	130	49	39
合川区	173	42	66	18	47	172	32	90	10	40
永川区	208	30	112	14	52	190	19	93	26	52
南川区	21	7	11	1	2	28	2	18	1	7
璧山区	222	66	102	16	38	267	51	137	24	55
铜梁区	53	4	36	4	9	82	7	45	10	20
潼南区	52	10	29	8	5	51	8	18	15	10
荣昌区	99	11	34	35	19	68	16	36	4	12
开州区	50	9	35	4	2	146	17	103	6	20
梁平区	33	6	22	2	3	49	3	30	3	13
武隆区	21	10	9	1	1	51	7	23	6	15
县	384	93	218	37	36	1360	347	701	112	200
城口县	34	14	13	4	3	53	13	34	1	5
丰都县	30	9	11	5	5	48	5	24	2	17
垫江县	28	7	17	2	2	42	6	17	13	6
忠　县	74	9	57	4	4	153	22	83	15	33
云阳县	58	15	33	4	6	239	62	105	19	53
奉节县	30	3	21	4	2	248	54	150	24	20
巫山县	26	5	16	3	2	193	65	99	11	18
巫溪县	20	5	13	2		79	24	48	2	5
石柱县	15	5	7	2	1	138	59	59	10	10
秀山县	17	4	11	2		30	1	13	6	10
酉阳县	16	6	6	1	3	55	19	28	3	5
彭水县	36	11	13	4	8	82	17	41	6	18

7-1　续表 10

现住地	市外									
	湖南					广东				
	小计	乡	镇的村委会	镇的居委会	街道	小计	乡	镇的村委会	镇的居委会	街道
重　庆	**6374**	**1214**	**3201**	**712**	**1247**	**3650**	**345**	**1229**	**501**	**1575**
市辖区	5643	1069	2801	646	1127	3357	290	1095	459	1513
万州区	162	38	85	12	27	114	8	44	12	50
涪陵区	158	30	54	16	58	49	8	14	9	18
渝中区	254	32	113	35	74	206	14	54	46	92
大渡口区	126	20	71	13	22	86	6	41	7	32
江北区	287	60	75	32	120	194	14	27	25	128
沙坪坝区	565	113	241	81	130	265	21	76	42	126
九龙坡区	538	100	293	73	72	327	45	132	30	120
南岸区	388	80	150	58	100	278	22	64	33	159
北碚区	329	72	159	29	69	132	6	31	6	89
綦江区	170	18	129	13	10	66	4	41	9	12
綦江区(不含万盛)	116	4	97	8	7	54	2	36	7	9
万盛经开区	54	14	32	5	3	12	2	5	2	3
大足区	63	6	44	10	3	51	5	16	15	15
渝北区	789	173	367	78	171	601	53	154	79	315
巴南区	245	43	134	22	46	142	8	49	27	58
黔江区	151	35	81	15	20	24	3	16	1	4
长寿区	64	13	29	8	14	47		11	7	29
江津区	296	52	162	46	36	161	19	81	30	31
合川区	131	12	84	10	25	95	10	35	12	38
永川区	188	28	94	20	46	116	4	46	12	54
南川区	35	3	27	1	4	16	2	6	1	7
璧山区	239	52	137	29	21	101	12	44	9	36
铜梁区	91	11	63	5	12	53	4	20	10	19
潼南区	80	14	54	5	7	43	7	21	5	10
荣昌区	131	21	56	24	30	74	6	21	18	29
开州区	97	28	55	7	7	68	5	33	13	17
梁平区	38	9	24	3	2	39	1	14	1	23
武隆区	28	6	20	1	1	9	3	4		2
县	731	145	400	66	120	293	55	134	42	62
城口县	16	10	5		1	10	2	7		1
丰都县	14	2	9	1	2	13	1	3	1	8
垫江县	35	6	22	4	3	10	3	2	5	
忠　县	115	8	68	10	29	39	4	16	8	11
云阳县	74	21	41	4	8	50	10	19	11	10
奉节县	20	7	11	1	1	24	6	12	2	4
巫山县	61	22	27	1	11	42	11	21	5	5
巫溪县	26	4	19	1	2	28	6	14	4	4
石柱县	37	6	25	4	2	14	2	6	2	4
秀山县	215	23	115	26	51	20	2	10	1	7
酉阳县	80	28	41	9	2	37	7	23	2	5
彭水县	38	8	17	5	8	6	1	1	1	3

7−1 续表 11

现住地	市外									
	广西					海南				
	小计	乡	镇的村委会	镇的居委会	街道	小计	乡	镇的村委会	镇的居委会	街道
重　庆	**2233**	**416**	**1074**	**219**	**524**	**648**	**56**	**205**	**128**	**259**
市辖区	2061	367	982	203	509	625	53	197	118	257
万州区	70	15	35	9	11	26		16	6	4
涪陵区	46	5	17	6	18	3		2		1
渝中区	83	17	30	10	26	15		5	3	7
大渡口区	40	2	19	5	14	7	1	1	1	4
江北区	98	12	44	12	30	29	6	2	2	19
沙坪坝区	196	40	107	8	41	53	4	16	14	19
九龙坡区	155	23	87	12	33	31	6	6	3	16
南岸区	164	30	60	23	51	70	3	23	14	30
北碚区	134	39	58	7	30	23	1	9	2	11
綦江区	66	7	40	5	14	5		3	1	1
綦江区(不含万盛)	52	5	33	1	13	5		3	1	1
万盛经开区	14	2	7	4	1					
大足区	43	3	27	3	10					
渝北区	241	33	104	27	77	92	3	21	24	44
巴南区	73	10	42	5	16	34	3	15	4	12
黔江区	24	9	12		3	3		2		1
长寿区	15	4	9	1	1	2		1		1
江津区	107	15	64	17	11	33	6	10	11	6
合川区	104	24	42	13	25	69	18	26	13	12
永川区	140	36	40	9	55	81		24	10	47
南川区	5	2	3			1				1
璧山区	55	10	34	3	8	6		2	2	2
铜梁区	44	5	27	5	7	7		2	4	1
潼南区	30	5	16	6	3	12	1	3	2	6
荣昌区	64	9	23	15	17	19	1	7	1	10
开州区	21	4	13	1	3	4		1	1	2
梁平区	31	3	22	1	5					
武隆区	12	5	7							
县	172	49	92	16	15	23	3	8	10	2
城口县	6	2	3		1					
丰都县	5		1	3	1	1			1	
垫江县	9	5	3	1						
忠　县	16	5	8	2	1	1			1	
云阳县	28	8	15	2	3	8		2	6	
奉节县	9	3	6							
巫山县	18	4	10	2	2	7	2	4	1	
巫溪县	8		8			2		1		1
石柱县	16	8	7		1					
秀山县	22	4	14	1	3	1			1	
酉阳县	21	5	10	4	2	2		1		1
彭水县	14	5	7	1	1	1	1			

7-1 续表 12

现住地	市外				
	四川				
	小计	乡	镇的村委会	镇的居委会	街道
重庆	**106391**	**22700**	**55543**	**11186**	**16962**
市辖区	104230	22137	54524	10938	16631
万州区	1011	176	465	113	257
涪陵区	928	208	419	89	212
渝中区	6254	1326	2959	809	1160
大渡口区	3765	974	2095	259	437
江北区	7391	1762	2898	983	1748
沙坪坝区	12731	2865	6626	1160	2080
九龙坡区	13973	3160	7740	1374	1699
南岸区	7359	1654	3447	966	1292
北碚区	6185	1496	3190	482	1017
綦江区	1088	165	645	141	137
綦江区(不含万盛)	817	112	494	106	105
万盛经开区	271	53	151	35	32
大足区	1287	205	790	164	128
渝北区	16101	3434	8681	1552	2434
巴南区	6195	1405	3462	488	840
黔江区	330	83	133	36	78
长寿区	1147	179	570	126	272
江津区	4438	669	2646	689	434
合川区	2308	311	1346	207	444
永川区	3250	542	1643	372	693
南川区	207	41	92	26	48
璧山区	3323	730	1774	336	483
铜梁区	987	129	646	76	136
潼南区	905	151	466	146	142
荣昌区	1622	247	916	189	270
开州区	744	95	461	65	123
梁平区	531	91	328	67	45
武隆区	170	39	86	23	22
县	2161	563	1019	248	331
城口县	237	118	102	1	16
丰都县	208	27	87	42	52
垫江县	301	91	135	54	21
忠县	287	28	169	32	58
云阳县	255	74	118	21	42
奉节县	120	32	54	11	23
巫山县	94	24	49	11	10
巫溪县	87	21	51	11	4
石柱县	127	41	48	13	25
秀山县	127	9	63	20	35
酉阳县	122	26	64	11	21
彭水县	196	72	79	21	24

7−1 续表 13

现住地	市外									
	贵州					云南				
	小计	乡	镇的村委会	镇的居委会	街道	小计	乡	镇的村委会	镇的居委会	街道
重　庆	**15766**	**3241**	**9185**	**1283**	**2057**	**5695**	**1143**	**3023**	**588**	**941**
市辖区	14788	2940	8649	1220	1979	5403	1054	2879	561	909
万州区	161	41	77	15	28	91	29	35	7	20
涪陵区	365	64	228	25	48	114	8	36	12	58
渝中区	480	81	210	59	130	226	52	93	36	45
大渡口区	243	48	152	15	28	106	22	61	9	14
江北区	535	92	238	72	133	261	67	104	34	56
沙坪坝区	1103	199	649	92	163	455	88	239	45	83
九龙坡区	964	169	612	85	98	349	69	191	33	56
南岸区	644	146	335	53	110	265	43	104	42	76
北碚区	1104	284	570	72	178	495	122	242	39	92
綦江区	1514	241	1127	82	64	100	11	76	6	7
綦江区(不含万盛)	987	137	743	53	54	82	10	62	4	6
万盛经开区	527	104	384	29	10	18	1	14	2	1
大足区	212	26	147	19	20	150	31	93	16	10
渝北区	1312	253	746	121	192	503	94	251	61	97
巴南区	741	155	458	49	79	269	53	159	22	35
黔江区	166	28	84	24	30	56	14	19	15	8
长寿区	123	33	74	1	15	124	37	54	9	24
江津区	1492	205	973	175	139	534	51	382	80	21
合川区	335	42	201	30	62	216	48	113	16	39
永川区	1640	513	733	108	286	411	54	243	27	87
南川区	283	65	177	16	25	26		16	4	6
璧山区	700	126	457	52	65	231	72	119	12	28
铜梁区	230	45	136	13	36	110	18	79	5	8
潼南区	109	21	65	5	18	92	26	56	3	7
荣昌区	133	21	63	26	23	130	29	52	23	26
开州区	51	9	32	5	5	31	3	24		4
梁平区	54	6	45	1	2	33	6	21	5	1
武隆区	94	27	60	5	2	25	7	17		1
县	978	301	536	63	78	292	89	144	27	32
城口县	61	12	48	1		12	7	3		2
丰都县	54	13	32	3	6	33	7	17	4	5
垫江县	40	13	20	3	4	63	14	35	9	5
忠　县	75	8	50	10	7	40	6	23	2	9
云阳县	48	15	27	2	4	31	7	18	3	3
奉节县	42	5	33	4		15	6	6	2	1
巫山县	21	10	10	1		15	8	5	2	
巫溪县	38	11	25	1	1	13	5	7		1
石柱县	39	21	15		3	14	3	8		3
秀山县	245	59	124	29	33	16	6	8	2	
酉阳县	148	52	84	1	11	13	8	4		1
彭水县	167	82	68	8	9	27	12	10	3	2

7-1　续表 14

现住地	市外									
	西藏					陕西				
	小计	乡	镇的村委会	镇的居委会	街道	小计	乡	镇的村委会	镇的居委会	街道
重　庆	**677**	**61**	**95**	**121**	**400**	**3519**	**530**	**1705**	**414**	**870**
市辖区	638	58	87	112	381	3261	483	1560	379	839
万州区	22	2	4	6	10	61	4	29	10	18
涪陵区	10	2	2		6	69	6	30	13	20
渝中区	19		2	10	7	175	29	63	34	49
大渡口区	7		1	2	4	64	13	39	9	3
江北区	19			6	13	215	38	79	29	69
沙坪坝区	50	2	5	6	37	354	52	175	36	91
九龙坡区	58	7	2	13	36	261	38	135	23	65
南岸区	37	10	3	6	18	244	43	78	37	86
北碚区	39	7	13	4	15	257	49	122	21	65
綦江区	11	2		3	6	40	6	27	2	5
綦江区(不含万盛)	10	1		3	6	28	6	18	1	3
万盛经开区	1	1				12		9	1	2
大足区	21	2	3	3	13	29	3	15	7	4
渝北区	52	2	2	5	43	512	66	259	52	135
巴南区	17	3	1		13	146	14	81	13	38
黔江区	22	8	10	2	2	38	12	5	4	17
长寿区	16	1	6	2	7	48	5	29	4	10
江津区	33		6	14	13	127	14	75	17	21
合川区	36			3	33	124	27	49	15	33
永川区	66	2	9	9	46	155	19	64	12	60
南川区	2			1	1	19	1	13		5
璧山区	23	2	4	7	10	128	20	70	16	22
铜梁区	28		2		26	43	4	30	5	4
潼南区	17	3	4	4	6	24	1	12	6	5
荣昌区	12	1	2	6	3	33	5	17	7	4
开州区	14	2	4		8	39	4	28	2	5
梁平区	6		1		5	14	3	10	1	
武隆区	1		1			42	7	26	4	5
县	39	3	8	9	19	258	47	145	35	31
城口县	3				3	25	10	9	3	3
丰都县	3			1	2	19	1	8	7	3
垫江县	6			4	2	9	3	4	1	1
忠　县	2		1		1	18	1	15	2	
云阳县	7		4		3	41	5	27	8	1
奉节县	7	3	1	2	1	11	3	7	1	
巫山县	2		1	1		18	6	9	3	
巫溪县						24	7	14	1	2
石柱县	4			1	3	13	4	5	4	
秀山县	5		1		4	23	1	15		7
酉阳县						11	2	9		
彭水县						46	4	23	5	14

7-1 续表 15

现住地	市外									
	甘肃					青海				
	小计	乡	镇的村委会	镇的居委会	街道	小计	乡	镇的村委会	镇的居委会	街道
重庆	**2545**	**413**	**1050**	**338**	**744**	**665**	**86**	**164**	**105**	**310**
市辖区	2439	386	997	326	730	655	83	160	104	308
万州区	72	13	32	7	20	33	8	7	2	16
涪陵区	100	26	31	15	28	42	5	25	4	8
渝中区	97	14	23	13	47	18	1	5	1	11
大渡口区	41	2	25	1	13	12	2		1	9
江北区	146	20	69	11	46	30		4	4	22
沙坪坝区	238	42	96	27	73	63	7	12	9	35
九龙坡区	185	36	76	24	49	43	1	17	2	23
南岸区	180	31	64	30	55	61	7	11	8	35
北碚区	164	25	83	12	44	45	8	10	7	20
綦江区	28	5	15	4	4	11		3	3	5
綦江区(不含万盛)	26	5	14	3	4	10		3	2	5
万盛经开区	2		1	1		1			1	
大足区	17	3	10	1	3	9		6	2	1
渝北区	362	50	160	45	107	101	14	23	22	42
巴南区	108	21	37	12	38	33	4	2	3	24
黔江区	56	8	33	7	8	3	1		2	
长寿区	34	3	20	4	7	10	3	1	5	1
江津区	94	17	38	21	18	34	3	13	12	6
合川区	115	14	50	12	39	34	4	5	7	18
永川区	173	18	48	13	94	36	11	8	3	14
南川区	5	2	1	2		6		2	2	2
璧山区	102	13	45	30	14	13	3	3	1	6
铜梁区	27	5	15	3	4	10	1	1	1	7
潼南区	11		3	2	6	4			3	1
荣昌区	54	9	9	27	9	2		2		
开州区	8	1	3	1	3					
梁平区	14	4	8	2		2				2
武隆区	8	4	3		1					
县	106	27	53	12	14	10	3	4	1	2
城口县	7	3	2	1	1					
丰都县	6	1	5			3		1	1	1
垫江县	10		7	2	1	1		1		
忠　县	13	4	5	3	1	1		1		
云阳县	8	1	4	2	1					
奉节县	18	6	11		1					
巫山县	7	2	2	1	2	1		1		
巫溪县	5	1		1	3					
石柱县	5	1	2		2	3	3			
秀山县	6	2	1	1	2					
酉阳县	12	3	8	1		1				1
彭水县	9	3	6							

7-1 续表 16

现住地	市外									
	宁夏					新疆				
	小计	乡	镇的村委会	镇的居委会	街道	小计	乡	镇的村委会	镇的居委会	街道
重　庆	**499**	**55**	**145**	**58**	**241**	**2279**	**320**	**597**	**414**	**948**
市辖区	491	54	144	56	237	2159	298	559	384	918
万州区	15	2	7	1	5	49	8	13	9	19
涪陵区	10	3	3		4	51	12	15	7	17
渝中区	18	2	4	3	9	72	8	11	10	43
大渡口区	6	1	1		4	49	9	7	10	23
江北区	21	1	1	3	16	116	8	16	18	74
沙坪坝区	31	4	9	5	13	225	26	43	51	105
九龙坡区	39	1	10	9	19	127	17	31	29	50
南岸区	63	14	22	4	23	128	19	28	34	47
北碚区	35	4	9	6	16	107	19	27	15	46
綦江区	6		2	2	2	28	2	13	2	11
綦江区(不含万盛)	6		2	2	2	22	2	10		10
万盛经开区						6		3	2	1
大足区	4		4			110	4	78	7	21
渝北区	63	3	14	7	39	281	54	61	47	119
巴南区	23	2	11	1	9	81	10	22	16	33
黔江区	1	1				13		4	3	6
长寿区	6		3		3	45	4	12	9	20
江津区	30	3	21	4	2	111	13	47	22	29
合川区	39	10	8	2	19	104	16	17	12	59
永川区	57		5	2	50	208	26	31	39	112
南川区	1				1	11	1	2	4	4
璧山区	17	1	10	5	1	75	19	32	10	14
铜梁区	3			1	2	82	10	21	10	41
潼南区	2	1		1		21	4	10	5	2
荣昌区	1	1				33	2	6	11	14
开州区						14	1	6	2	5
梁平区						9	3	1	2	3
武隆区						9	3	5		1
县	8	1	1	2	4	120	22	38	30	30
城口县						2	2			
丰都县	3			1	2	25	2	7	5	11
垫江县	1				1	13	2	6	4	1
忠　县	1			1		21		9	6	6
云阳县	1	1				14	2	3	4	5
奉节县						7	3		3	1
巫山县						6	1	4		1
巫溪县						5	3	2		
石柱县						6	2	1	1	2
秀山县						4		2		2
酉阳县	1		1			4	1		2	1
彭水县	1				1	13	4	4	5	

7-1a 全市按现住地、户口登记地类型分的户口登记地在外乡镇街道人口(城市)

现住地	合计					市内				
	合计	乡	镇的村委会	镇的居委会	街道	小计	乡	镇的村委会	镇的居委会	街道
重庆	**961334**	**125445**	**421037**	**111486**	**303366**	**797662**	**93756**	**344956**	**93118**	**265832**
市辖区	961334	125445	421037	111486	303366	797662	93756	344956	93118	265832
万州区	47671	7156	21330	4412	14773	44712	6648	20067	4091	13906
涪陵区	39395	8558	14569	3018	13250	36724	8041	13484	2749	12450
渝中区	38871	4950	13839	4995	15087	28401	3058	9420	3545	12378
大渡口区	25243	3464	11154	2588	8037	19729	2164	8156	2178	7231
江北区	47579	5942	12627	5693	23317	36922	3726	9121	4233	19842
沙坪坝区	81062	11109	33172	9092	27689	60909	7029	23493	7009	23378
九龙坡区	76004	10819	31656	8955	24574	58320	7183	22675	7100	21362
南岸区	64995	8360	23302	9971	23362	51744	5757	17822	8185	19980
北碚区	40623	5878	17572	4244	12929	29479	3422	12335	3360	10362
綦江区	25016	1831	15246	3339	4600	23062	1515	14096	3134	4317
綦江区(不含万盛)	21115	1152	13276	2575	4112	19574	959	12356	2400	3859
万盛经开区	3901	679	1970	764	488	3488	556	1740	734	458
大足区	14863	1239	8191	1836	3597	13483	1041	7381	1698	3363
渝北区	119929	12904	47506	14637	44882	95705	8256	36278	12018	39153
巴南区	54906	6669	25214	6216	16807	46230	4927	20770	5424	15109
黔江区	15893	4070	6429	1357	4037	14744	3793	5920	1244	3787
长寿区	24565	3630	10525	2536	7874	22618	3318	9646	2313	7341
江津区	34247	3761	17552	6485	6449	28174	2778	14370	5405	5621
合川区	33856	2898	17346	3005	10607	29924	2229	15625	2647	9423
永川区	40865	5910	18532	4189	12234	33717	4617	15682	3462	9956
南川区	11527	1341	5415	1785	2986	11025	1256	5167	1735	2867
璧山区	30654	3531	16134	3506	7483	25270	2459	13278	2903	6630
铜梁区	21796	1720	12917	1617	5542	20078	1502	11912	1444	5220
潼南区	15858	3245	8395	1831	2387	14708	3045	7880	1651	2132
荣昌区	15797	1598	8217	2171	3811	13633	1348	7193	1759	3333
开州区	23813	2770	14379	2307	4357	22742	2650	13771	2197	4124
梁平区	10644	984	6842	988	1830	10169	920	6566	957	1726
武隆区	5662	1108	2976	713	865	5440	1074	2848	677	841
县										
城口县										
丰都县										
垫江县										
忠县										
云阳县										
奉节县										
巫山县										
巫溪县										
石柱县										
秀山县										
酉阳县										
彭水县										

7-1a 续表 1

现住地	市外									
	小计					北京				
	小计	乡	镇的村委会	镇的居委会	街道	小计	乡	镇的村委会	镇的居委会	街道
重　庆	**163672**	**31689**	**76081**	**18368**	**37534**	**686**	**10**	**52**	**64**	**560**
市辖区	163672	31689	76081	18368	37534	686	10	52	64	560
万州区	2959	508	1263	321	867	24		4		20
涪陵区	2671	517	1085	269	800	10	1			9
渝中区	10470	1892	4419	1450	2709	58		5	7	46
大渡口区	5514	1300	2998	410	806	7		1		6
江北区	10657	2216	3506	1460	3475	55		3	2	50
沙坪坝区	20153	4080	9679	2083	4311	46		3	7	36
九龙坡区	17684	3636	8981	1855	3212	68	1	4	5	58
南岸区	13251	2603	5480	1786	3382	48	1	4	9	34
北碚区	11144	2456	5237	884	2567	41	1	1		39
綦江区	1954	316	1150	205	283	6		3	3	
綦江区(不含万盛)	1541	193	920	175	253	6		3	3	
万盛经开区	413	123	230	30	30					
大足区	1380	198	810	138	234	1				1
渝北区	24224	4648	11228	2619	5729	172	1	3	20	148
巴南区	8676	1742	4444	792	1698	35		3	1	31
黔江区	1149	277	509	113	250	5	1			4
长寿区	1947	312	879	223	533	14	1	3	1	9
江津区	6073	983	3182	1080	828	15		3	1	11
合川区	3932	669	1721	358	1184	13		1		12
永川区	7148	1293	2850	727	2278	24	3	2	1	18
南川区	502	85	248	50	119	2		1		1
璧山区	5384	1072	2856	603	853	8				8
铜梁区	1718	218	1005	173	322	10		4	2	4
潼南区	1150	200	515	180	255	3				3
荣昌区	2164	250	1024	412	478	7			3	4
开州区	1071	120	608	110	233	13		4	2	7
梁平区	475	64	276	31	104	1				1
武隆区	222	34	128	36	24					
县										
城口县										
丰都县										
垫江县										
忠　县										
云阳县										
奉节县										
巫山县										
巫溪县										
石柱县										
秀山县										
酉阳县										
彭水县										

7-1a 续表 2

现住地	市外									
	天津					河北				
	小计	乡	镇的村委会	镇的居委会	街道	小计	乡	镇的村委会	镇的居委会	街道
重庆	**391**	**14**	**65**	**46**	**266**	**3037**	**580**	**1280**	**332**	**845**
市辖区	391	14	65	46	266	3037	580	1280	332	845
万州区	2				2	76	4	37	12	23
涪陵区	9		1	6	2	51	11	10	10	20
渝中区	27	1	3	3	20	146	23	63	22	38
大渡口区	3		3			104	28	61	6	9
江北区	36	1	5	2	28	142	29	38	12	63
沙坪坝区	45	1	7	7	30	325	58	131	43	93
九龙坡区	26		7	3	16	544	132	281	40	91
南岸区	27	1	1	4	21	270	27	110	32	101
北碚区	47	3	8	4	32	263	53	111	20	79
綦江区	3		1		2	37	1	21	2	13
綦江区(不含万盛)	3		1		2	32	1	17	2	12
万盛经开区						5		4		1
大足区	2		1		1	18	2	12	1	3
渝北区	98	1	14	7	76	346	75	135	27	109
巴南区	13		3	3	7	109	32	37	11	29
黔江区						2		2		
长寿区	6	1	2		3	27		10	6	11
江津区	17	2	1	5	9	132	33	55	25	19
合川区	2		1		1	141	31	38	14	58
永川区	15		2		13	146	9	52	31	54
南川区	1		1			13	2	6		5
璧山区	3		1	1	1	55	13	28	4	10
铜梁区	5	3		1	1	21	4	11	2	4
潼南区						17	4	5	3	5
荣昌区	2		2			18	2	8	4	4
开州区	2		1		1	26	6	12	5	3
梁平区						7	1	5		1
武隆区						1		1		
县										
城口县										
丰都县										
垫江县										
忠县										
云阳县										
奉节县										
巫山县										
巫溪县										
石柱县										
秀山县										
酉阳县										
彭水县										

7-1a　续表 3

现住地	市外									
	山西					内蒙古				
	小计	乡	镇的村委会	镇的居委会	街道	小计	乡	镇的村委会	镇的居委会	街道
重　庆	**1728**	**269**	**602**	**233**	**624**	**865**	**113**	**259**	**136**	**357**
市辖区	1728	269	602	233	624	865	113	259	136	357
万州区	28	2	9	5	12	39	2	8	3	26
涪陵区	42	5	11	3	23	28	5	4	3	16
渝中区	89	10	34	11	34	49	1	19	9	20
大渡口区	29	11	6	6	6	13	2	7		4
江北区	105	15	26	19	45	45	7	9	4	25
沙坪坝区	221	25	81	31	84	105	17	30	17	41
九龙坡区	131	26	59	17	29	75	9	27	7	32
南岸区	183	35	47	24	77	61	8	18	10	25
北碚区	179	22	73	16	68	65	14	21	12	18
綦江区	16	2	9	3	2	4	1	1	1	1
綦江区(不含万盛)	13	2	7	2	2	4	1	1	1	1
万盛经开区	3		2	1						
大足区	9	1	4	4		1	1			
渝北区	278	41	91	29	117	133	14	44	23	52
巴南区	82	10	34	12	26	43	4	18	4	17
黔江区	15	1	9	1	4	4	1	3		
长寿区	17	3	5	6	3	10		4	4	2
江津区	45	6	21	15	3	30	5	11	11	3
合川区	62	12	12	6	32	80	14	15	10	41
永川区	105	30	31	11	33	49	3	9	9	28
南川区	3		2		1	2				2
璧山区	27	7	16		4	16	3	8	4	1
铜梁区	12	1	8	1	2	2			2	
潼南区	10		5	2	3	6	1	2	2	1
荣昌区	29	1	5	10	13	2	1			1
开州区	7	3	3		1	3		1	1	1
梁平区										
武隆区	4		1	1	2					
县										
城口县										
丰都县										
垫江县										
忠　县										
云阳县										
奉节县										
巫山县										
巫溪县										
石柱县										
秀山县										
酉阳县										
彭水县										

7-1a 续表 4

现住地	市外									
	辽宁					吉林				
	小计	乡	镇的村委会	镇的居委会	街道	小计	乡	镇的村委会	镇的居委会	街道
重 庆	**1015**	**113**	**260**	**144**	**498**	**845**	**117**	**247**	**99**	**382**
市辖区	1015	113	260	144	498	845	117	247	99	382
万州区	16		4	1	11	18	2	2	3	11
涪陵区	25	3	13	3	6	16	2	3	2	9
渝中区	72	5	16	12	39	47	7	6	13	21
大渡口区	14	1	6		7	11	2	5	2	2
江北区	101	11	13	18	59	51	2	9	2	38
沙坪坝区	117	11	31	14	61	115	18	41	6	50
九龙坡区	90	12	25	16	37	57	10	16	4	27
南岸区	99	9	18	11	61	78	7	19	10	42
北碚区	73	11	13	9	40	70	12	18	6	34
綦江区	9		3	1	5	16		6	4	6
綦江区(不含万盛)	8		2	1	5	15		6	3	6
万盛经开区	1		1			1			1	
大足区	5			1	4	2	1	1		
渝北区	189	18	45	24	102	161	19	43	14	85
巴南区	53	12	15	8	18	37	10	11	3	13
黔江区	5	3			2	4	2			2
长寿区	11	4	6		1	25	4	7	8	6
江津区	35	6	14	7	8	29	8	9	7	5
合川区	21	3	4	7	7	20	3	4	4	9
永川区	35	1	15	8	11	29	3	14	3	9
南川区	1				1	2		2		
璧山区	21	2	8	2	9	24	2	14	3	5
铜梁区	3	1		1	1	8	2	3	2	1
潼南区	2		2			3	1			2
荣昌区	7		3		4	4		1	1	2
开州区	5		2	1	2	10		6	2	2
梁平区	6		4		2	6		6		
武隆区						2		1		1
县										
城口县										
丰都县										
垫江县										
忠 县										
云阳县										
奉节县										
巫山县										
巫溪县										
石柱县										
秀山县										
酉阳县										
彭水县										

7-1a　续表 5

现住地	市外									
	黑龙江					上海				
	小计	乡	镇的村委会	镇的居委会	街道	小计	乡	镇的村委会	镇的居委会	街道
重　庆	**1405**	**155**	**377**	**243**	**630**	**505**	**6**	**50**	**46**	**403**
市辖区	1405	155	377	243	630	505	6	50	46	403
万州区	27	2	7	5	13	23		7	3	13
涪陵区	23	4	4	4	11	7				7
渝中区	82	5	18	9	50	56		1	6	49
大渡口区	35	8	8	5	14	2		1		1
江北区	101	10	17	16	58	56	1	1	3	51
沙坪坝区	179	24	41	26	88	37	2	4	4	27
九龙坡区	117	16	28	22	51	47	1	4	3	39
南岸区	134	15	26	26	67	51	1	3	2	45
北碚区	96	10	34	17	35	20			5	15
綦江区	11	1	3	4	3	3			1	2
綦江区(不含万盛)	7	1	3	2	1	3			1	2
万盛经开区	4			2	2					
大足区	4	1	3			3				3
渝北区	324	37	90	47	150	116	1	11	12	92
巴南区	58	5	14	12	27	25		4	3	18
黔江区	10		1	5	4	4		2		2
长寿区	29	3	14	3	9	3				3
江津区	47	7	11	21	8	5				5
合川区	16	1	6	1	8	12		3	1	8
永川区	33	2	15	3	13	11		3	1	7
南川区	3	2			1					
璧山区	40		18	12	10	12		1		11
铜梁区	9	1	6	1	1	4			1	3
潼南区	1				1					
荣昌区	6		2	2	2	2			1	1
开州区	12	1	8		3	5		4		1
梁平区	8		3	2	3					
武隆区						1		1		
县										
城口县										
丰都县										
垫江县										
忠　县										
云阳县										
奉节县										
巫山县										
巫溪县										
石柱县										
秀山县										
酉阳县										
彭水县										

7-1a 续表 6

现住地	市外									
	江苏					浙江				
	小计	乡	镇的村委会	镇的居委会	街道	小计	乡	镇的村委会	镇的居委会	街道
重庆	**2775**	**310**	**1072**	**364**	**1029**	**2708**	**300**	**1136**	**331**	**941**
市辖区	2775	310	1072	364	1029	2708	300	1136	331	941
万州区	104	14	40	15	35	98	11	46	18	23
涪陵区	51	6	16	8	21	41	3	19	4	15
渝中区	151	13	46	25	67	313	24	135	36	118
大渡口区	79	8	37	7	27	76	10	45	8	13
江北区	188	11	65	35	77	121	7	24	22	68
沙坪坝区	322	38	136	45	103	225	21	94	25	85
九龙坡区	304	32	136	44	92	440	56	229	46	109
南岸区	170	22	49	32	67	220	27	82	30	81
北碚区	169	23	84	12	50	79	6	30	11	32
綦江区	26	5	13	5	3	30	1	16	5	8
綦江区(不含万盛)	18	2	10	4	2	24	1	11	5	7
万盛经开区	8	3	3	1	1	6		5		1
大足区	14		8	3	3	26	2	11	6	7
渝北区	470	60	201	61	148	366	37	171	37	121
巴南区	123	18	50	10	45	131	14	55	21	41
黔江区	12	4	5		3	7		6		1
长寿区	34	4	18	5	7	22	5	5	4	8
江津区	70	11	34	14	11	64	7	34	9	14
合川区	76	14	22	13	27	137	32	43	15	47
永川区	229	10	35	5	179	148	7	32	5	104
南川区	8	1	6		1	13		6		7
璧山区	95	9	30	16	40	63	15	22	14	12
铜梁区	14	5	5	2	2	24	4	11	5	4
潼南区	13		3	2	8	19	4	4	3	8
荣昌区	37	1	27	4	5	28	7	11	3	7
开州区	10	1	2		7	12		4	1	7
梁平区	5		4		1	5		1	3	1
武隆区	1			1						
县										
城口县										
丰都县										
垫江县										
忠县										
云阳县										
奉节县										
巫山县										
巫溪县										
石柱县										
秀山县										
酉阳县										
彭水县										

7-1a　续表 7

现住地	市外									
	安徽					福建				
	小计	乡	镇的村委会	镇的居委会	街道	小计	乡	镇的村委会	镇的居委会	街道
重　庆	**2698**	**493**	**1218**	**346**	**641**	**2901**	**437**	**1415**	**339**	**710**
市辖区	2698	493	1218	346	641	2901	437	1415	339	710
万州区	74	17	30	11	16	102	19	53	19	11
涪陵区	67	12	31	7	17	74	19	26	16	13
渝中区	169	29	62	22	56	186	19	78	41	48
大渡口区	63	14	36	4	9	149	23	87	11	28
江北区	145	24	43	29	49	180	30	55	17	78
沙坪坝区	323	57	151	46	69	320	52	130	39	99
九龙坡区	220	51	114	17	38	517	93	313	34	77
南岸区	302	62	114	44	82	173	20	82	15	56
北碚区	196	34	105	13	44	112	14	56	7	35
綦江区	43	2	28	5	8	25	2	15	4	4
綦江区(不含万盛)	32	1	26	1	4	19	1	11	3	4
万盛经开区	11	1	2	4	4	6	1	4	1	
大足区	8		7	1		11	1	8	1	1
渝北区	423	79	202	49	93	398	55	185	59	99
巴南区	142	19	64	25	34	88	13	55	4	16
黔江区	17	5	8		4	20	10	4	5	1
长寿区	20	2	10	1	7	35	1	17	5	12
江津区	80	24	33	14	9	143	31	68	21	23
合川区	65	15	27	6	17	47	9	21	3	14
永川区	86	8	33	11	34	110	8	33	7	62
南川区	8		3	2	3	14	1	10		3
璧山区	86	25	37	8	16	75	1	51	13	10
铜梁区	25	1	15	4	5	30	2	26	1	1
潼南区	21	2	8	2	9	14	3	5	1	5
荣昌区	48	3	19	18	8	45	8	15	10	12
开州区	46	7	22	6	11	11	3	8		
梁平区	20	1	15	1	3	19		13	4	2
武隆区	1		1			3		1	2	
县										
城口县										
丰都县										
垫江县										
忠　县										
云阳县										
奉节县										
巫山县										
巫溪县										
石柱县										
秀山县										
酉阳县										
彭水县										

7-1a 续表 8

现住地	市外									
	江西					山东				
	小计	乡	镇的村委会	镇的居委会	街道	小计	乡	镇的村委会	镇的居委会	街道
重庆	**3057**	**502**	**1416**	**382**	**757**	**2762**	**351**	**1110**	**272**	**1029**
市辖区	3057	502	1416	382	757	2762	351	1110	272	1029
万州区	69	16	26	6	21	57	9	16	6	26
涪陵区	67	9	32	6	20	93	16	28	1	48
渝中区	176	31	59	33	53	161	22	44	19	76
大渡口区	60	11	36	4	9	72	21	36	2	13
江北区	160	22	48	22	68	170	31	61	18	60
沙坪坝区	351	61	172	39	79	339	36	148	37	118
九龙坡区	235	40	113	28	54	210	30	96	26	58
南岸区	309	58	122	44	85	307	37	83	49	138
北碚区	168	34	71	11	52	247	27	95	10	115
綦江区	55	4	37	6	8	30	5	16	3	6
綦江区(不含万盛)	43	1	29	6	7	21	3	11	3	4
万盛经开区	12	3	8		1	9	2	5		2
大足区	22	3	8	6	5	8		7		1
渝北区	461	74	210	66	111	469	57	172	42	198
巴南区	184	25	101	19	39	122	12	57	15	38
黔江区	40	9	25	6		20		11	3	6
长寿区	26	3	10	2	11	33	11	11	4	7
江津区	113	21	67	12	13	104	12	50	17	25
合川区	105	19	46	9	31	48	11	20		17
永川区	129	17	54	15	43	71	5	33	2	31
南川区	27	1	17	3	6	9		5	2	2
璧山区	134	18	76	17	23	41	3	29	2	7
铜梁区	56	9	34	8	5	17		16		1
潼南区	16	9	5	1	1	13		4	3	6
荣昌区	56	5	27	15	9	26		12	3	11
开州区	23	3	13	1	6	84	6	55	6	17
梁平区	12		5	2	5	5		2		3
武隆区	3		2	1		6		3	2	1
县										
城口县										
丰都县										
垫江县										
忠县										
云阳县										
奉节县										
巫山县										
巫溪县										
石柱县										
秀山县										
酉阳县										
彭水县										

7-1a　续表 9

现住地	市外									
	河南					湖北				
	小计	乡	镇的村委会	镇的居委会	街道	小计	乡	镇的村委会	镇的居委会	街道
重　庆	**5455**	**1216**	**2396**	**553**	**1290**	**6703**	**1138**	**2900**	**780**	**1885**
市辖区	5455	1216	2396	553	1290	6703	1138	2900	780	1885
万州区	136	21	59	8	48	422	82	216	26	98
涪陵区	130	30	59	12	29	201	50	82	11	58
渝中区	327	67	120	44	96	444	59	138	69	178
大渡口区	122	29	63	9	21	193	40	97	19	37
江北区	258	37	82	45	94	382	65	76	67	174
沙坪坝区	688	184	290	65	149	701	99	330	85	187
九龙坡区	382	98	180	29	75	595	104	273	60	158
南岸区	521	120	208	65	128	573	81	212	77	203
北碚区	603	167	284	27	125	382	68	154	39	121
綦江区	71	15	42	3	11	70	10	31	10	19
綦江区(不含万盛)	59	12	36	2	9	63	6	29	10	18
万盛经开区	12	3	6	1	2	7	4	2		1
大足区	31	6	18	3	4	32	8	18	1	5
渝北区	800	175	356	79	190	1016	172	432	143	269
巴南区	280	56	114	26	84	295	45	141	31	78
黔江区	34	12	3	3	16	303	96	146	15	46
长寿区	95	16	47	6	26	83	11	37	8	27
江津区	236	40	133	34	29	160	15	83	34	28
合川区	152	39	51	16	46	129	31	55	6	37
永川区	167	28	77	13	49	159	16	72	24	47
南川区	19	7	9	1	2	24	2	16	1	5
璧山区	192	45	96	16	35	226	41	114	23	48
铜梁区	36	2	25	2	7	69	6	38	10	15
潼南区	31	3	16	7	5	39	6	14	10	9
荣昌区	85	9	25	35	16	58	15	30	4	9
开州区	30	5	20	3	2	104	15	67	4	18
梁平区	18	2	13	1	2	26		14	2	10
武隆区	11	3	6	1	1	17	1	14	1	1
县										
城口县										
丰都县										
垫江县										
忠　县										
云阳县										
奉节县										
巫山县										
巫溪县										
石柱县										
秀山县										
酉阳县										
彭水县										

7-1a 续表 10

现住地	市外									
	湖南					广东				
	小计	乡	镇的村委会	镇的居委会	街道	小计	乡	镇的村委会	镇的居委会	街道
重 庆	**4684**	**919**	**2169**	**563**	**1033**	**2965**	**259**	**885**	**389**	**1432**
市辖区	4684	919	2169	563	1033	2965	259	885	389	1432
万州区	116	32	52	9	23	95	5	34	8	48
涪陵区	141	27	47	14	53	46	8	14	7	17
渝中区	254	32	113	35	74	206	14	54	46	92
大渡口区	124	19	70	13	22	86	6	41	7	32
江北区	268	57	66	28	117	189	14	25	25	125
沙坪坝区	559	113	235	81	130	263	21	75	42	125
九龙坡区	408	61	213	63	71	280	38	104	25	113
南岸区	378	78	144	57	99	277	22	63	33	159
北碚区	315	71	150	27	67	123	6	27	6	84
綦江区	88	13	67	5	3	37	4	20	4	9
綦江区(不含万盛)	63	2	53	5	3	30	2	17	3	8
万盛经开区	25	11	14			7	2	3	1	1
大足区	36	4	25	4	3	29	3	8	4	14
渝北区	693	159	297	70	167	567	53	140	76	298
巴南区	196	38	99	20	39	117	8	33	25	51
黔江区	108	25	54	13	16	22	3	15		4
长寿区	59	12	28	7	12	41		9	5	27
江津区	192	37	109	31	15	112	15	51	18	28
合川区	82	12	42	5	23	72	10	23	4	35
永川区	145	27	63	18	37	90	3	31	9	47
南川区	22	3	14	1	4	12	1	4	1	6
璧山区	208	42	125	26	15	80	12	37	5	26
铜梁区	65	8	41	5	11	46	2	17	10	17
潼南区	60	12	38	5	5	33	7	15	3	8
荣昌区	100	13	42	22	23	62	1	18	16	27
开州区	49	20	24	3	2	46	2	20	9	15
梁平区	16	3	11		2	29	1	4	1	23
武隆区	2	1		1		5		3		2
县										
城口县										
丰都县										
垫江县										
忠 县										
云阳县										
奉节县										
巫山县										
巫溪县										
石柱县										
秀山县										
酉阳县										
彭水县										

7-1a 续表 11

现住地	市外									
	广西					海南				
	小计	乡	镇的村委会	镇的居委会	街道	小计	乡	镇的村委会	镇的居委会	街道
重庆	**1695**	**305**	**742**	**170**	**478**	**606**	**52**	**187**	**116**	**251**
市辖区	1695	305	742	170	478	606	52	187	116	251
万州区	56	11	27	8	10	26		16	6	4
涪陵区	38	4	13	4	17	2		1		1
渝中区	83	17	30	10	26	15		5	3	7
大渡口区	40	2	19	5	14	7	1	1	1	4
江北区	64	10	17	11	26	29	6	2	2	19
沙坪坝区	189	39	101	8	41	52	4	15	14	19
九龙坡区	131	17	74	9	31	30	6	5	3	16
南岸区	163	30	59	23	51	70	3	23	14	30
北碚区	130	36	57	7	30	23	1	9	2	11
綦江区	40	6	22	1	11	5		3	1	1
綦江区(不含万盛)	38	5	21	1	11	5		3	1	1
万盛经开区	2	1	1							
大足区	32	1	20	1	10					
渝北区	209	30	83	23	73	89	3	20	23	43
巴南区	62	6	37	4	15	32	3	14	3	12
黔江区	15	4	9		2	2		1		1
长寿区	14	4	8	1	1	2		1		1
江津区	53	8	26	9	10	30	6	9	11	4
合川区	79	20	26	11	22	68	18	25	13	12
永川区	123	35	25	9	54	81		24	10	47
南川区						1				1
璧山区	50	10	31	3	6	5		2	2	1
铜梁区	38	4	22	5	7	7		2	4	1
潼南区	20	3	10	4	3	10		2	2	6
荣昌区	42	5	12	13	12	19	1	7	1	10
开州区	9	2	4	1	2	1			1	
梁平区	12	1	7		4					
武隆区	3		3							
县										
城口县										
丰都县										
垫江县										
忠县										
云阳县										
奉节县										
巫山县										
巫溪县										
石柱县										
秀山县										
酉阳县										
彭水县										

7-1a 续表 12

现住地	市外				
	四川				
	小计	乡	镇的村委会	镇的居委会	街道
重　庆	**90454**	**19645**	**45502**	**9723**	**15584**
市辖区	90454	19645	45502	9723	15584
万州区	911	163	403	100	245
涪陵区	836	194	362	79	201
渝中区	6254	1326	2959	809	1160
大渡口区	3705	969	2050	255	431
江北区	6710	1636	2488	902	1684
沙坪坝区	12204	2789	6277	1131	2007
九龙坡区	11277	2558	5958	1180	1581
南岸区	7240	1632	3367	961	1280
北碚区	5657	1364	2861	456	976
綦江区	664	105	381	84	94
綦江区(不含万盛)	581	78	346	74	83
万盛经开区	83	27	35	10	11
大足区	721	121	430	68	102
渝北区	13820	3047	7137	1371	2265
巴南区	5320	1203	2913	434	770
黔江区	241	52	92	26	71
长寿区	1001	156	473	116	256
江津区	3083	512	1685	531	355
合川区	1706	254	930	132	390
永川区	2693	461	1255	337	640
南川区	125	23	53	16	33
璧山区	2848	615	1500	306	427
铜梁区	816	105	526	70	115
潼南区	657	120	300	106	131
荣昌区	1180	143	651	162	224
开州区	475	35	279	58	103
梁平区	216	42	129	13	32
武隆区	94	20	43	20	11
县					
城口县					
丰都县					
垫江县					
忠　县					
云阳县					
奉节县					
巫山县					
巫溪县					
石柱县					
秀山县					
酉阳县					
彭水县					

7-1a 续表 13

现住地	市外									
	贵州					云南				
	小计	乡	镇的村委会	镇的居委会	街道	小计	乡	镇的村委会	镇的居委会	街道
重庆	**11149**	**2402**	**5933**	**1000**	**1814**	**3978**	**782**	**1864**	**476**	**856**
市辖区	11149	2402	5933	1000	1814	3978	782	1864	476	856
万州区	138	34	63	14	27	75	28	23	5	19
涪陵区	313	50	194	22	47	102	8	25	11	58
渝中区	480	81	210	59	130	226	52	93	36	45
大渡口区	239	46	150	15	28	105	22	60	9	14
江北区	427	83	152	63	129	200	53	59	32	56
沙坪坝区	1052	196	609	92	155	426	81	217	45	83
九龙坡区	664	117	392	68	87	222	43	109	23	47
南岸区	634	146	325	53	110	258	42	98	42	76
北碚区	1013	268	502	68	175	457	104	229	38	86
綦江区	560	122	362	36	40	29	3	22	2	2
綦江区(不含万盛)	358	59	232	30	37	26	2	20	2	2
万盛经开区	202	63	130	6	3	3	1	2		
大足区	132	18	86	10	18	72	16	36	10	10
渝北区	1033	211	544	102	176	400	68	179	59	94
巴南区	594	128	355	38	73	193	38	106	21	28
黔江区	132	23	65	16	28	30	5	11	7	7
长寿区	105	31	58	1	15	86	27	29	7	23
江津区	763	112	424	114	113	193	25	103	48	17
合川区	244	30	132	24	58	139	25	61	14	39
永川区	1488	498	619	104	267	336	46	180	26	84
南川区	155	39	83	12	21	14		5	4	5
璧山区	564	99	372	47	46	198	62	99	12	25
铜梁区	167	35	93	9	30	63	5	48	5	5
潼南区	65	13	33	5	14	38	8	23	1	6
荣昌区	106	12	52	21	21	83	12	28	19	24
开州区	23	1	15	3	4	13	3	8		2
梁平区	21	3	17		1	14	5	8		1
武隆区	37	6	26	4	1	6	1	5		
县										
城口县										
丰都县										
垫江县										
忠县										
云阳县										
奉节县										
巫山县										
巫溪县										
石柱县										
秀山县										
酉阳县										
彭水县										

7-1a 续表 14

现住地	市外									
	西藏					陕西				
	小计	乡	镇的村委会	镇的居委会	街道	小计	乡	镇的村委会	镇的居委会	街道
重庆	**602**	**55**	**74**	**103**	**370**	**2788**	**423**	**1252**	**330**	**783**
市辖区	602	55	74	103	370	2788	423	1252	330	783
万州区	22	2	4	6	10	49	4	23	7	15
涪陵区	9	2	2		5	62	6	25	11	20
渝中区	19		2	10	7	175	29	63	34	49
大渡口区	7		1	2	4	62	13	38	8	3
江北区	19			6	13	174	30	54	24	66
沙坪坝区	50	2	5	6	37	350	52	172	36	90
九龙坡区	54	7	2	11	34	212	31	102	17	62
南岸区	37	10	3	6	18	241	42	76	37	86
北碚区	38	7	12	4	15	243	48	110	21	64
綦江区	9	2		3	4	18	6	10	1	1
綦江区(不含万盛)	8	1		3	4	18	6	10	1	1
万盛经开区	1	1								
大足区	18	2	1	2	13	13		7	3	3
渝北区	51	2	1	5	43	425	52	203	46	124
巴南区	16	3			13	113	12	57	12	32
黔江区	22	8	10	2	2	23	8	3	1	11
长寿区	16	1	6	2	7	46	4	28	4	10
江津区	30		5	12	13	95	12	53	10	20
合川区	34			1	33	111	26	41	13	31
永川区	65	2	8	9	46	135	18	48	12	57
南川区	2			1	1	8	1	3		4
璧山区	22	2	3	7	10	106	17	56	16	17
铜梁区	22		1		21	37	2	26	5	4
潼南区	12		3	3	6	22	1	11	6	4
荣昌区	11	1	2	5	3	19	1	12	3	3
开州区	12	2	2		8	22	4	15		3
梁平区	5		1		4	9	3	5	1	
武隆区						18	1	11	2	4
县										
城口县										
丰都县										
垫江县										
忠县										
云阳县										
奉节县										
巫山县										
巫溪县										
石柱县										
秀山县										
酉阳县										
彭水县										

7−1a　续表 15

现住地	市外									
	甘肃					青海				
	小计	乡	镇的村委会	镇的居委会	街道	小计	乡	镇的村委会	镇的居委会	街道
重　庆	**2168**	**328**	**844**	**302**	**694**	**609**	**76**	**141**	**94**	**298**
市辖区	2168	328	844	302	694	609	76	141	94	298
万州区	68	12	29	7	20	30	8	7	1	14
涪陵区	93	25	25	15	28	39	5	23	3	8
渝中区	97	14	23	13	47	18	1	5	1	11
大渡口区	41	2	25	1	13	11	2		1	8
江北区	119	15	48	10	46	29		4	3	22
沙坪坝区	236	42	94	27	73	63	7	12	9	35
九龙坡区	156	29	62	20	45	43	1	17	2	23
南岸区	176	27	64	30	55	61	7	11	8	35
北碚区	159	25	79	11	44	42	7	9	7	19
綦江区	14	4	3	3	4	8		1	2	5
綦江区(不含万盛)	13	4	2	3	4	8		1	2	5
万盛经开区	1		1							
大足区	14	3	8		3	7		4	2	1
渝北区	308	42	128	38	100	91	12	20	18	41
巴南区	93	15	30	10	38	30	3		3	24
黔江区	35	3	20	5	7	3	1		2	
长寿区	33	3	19	4	7	9	2	1	5	1
江津区	64	14	23	19	8	27	3	10	10	4
合川区	106	14	44	12	36	33	4	5	7	17
永川区	165	17	46	12	90	34	10	8	3	13
南川区	3	1		2		3			2	1
璧山区	93	8	44	30	11	11	2	2	1	6
铜梁区	23	5	11	3	4	9	1		1	7
潼南区	8		2	1	5	4			3	1
荣昌区	48	7	5	27	9	2		2		
开州区	6	1	3	1	1					
梁平区	9		8	1		2				2
武隆区	1		1							
县										
城口县										
丰都县										
垫江县										
忠　县										
云阳县										
奉节县										
巫山县										
巫溪县										
石柱县										
秀山县										
酉阳县										
彭水县										

7-1a 续表 16

现住地	市外									
	宁夏					新疆				
	小计	乡	镇的村委会	镇的居委会	街道	小计	乡	镇的村委会	镇的居委会	街道
重庆	**471**	**53**	**133**	**55**	**230**	**1967**	**266**	**500**	**337**	**864**
市辖区	471	53	133	55	230	1967	266	500	337	864
万州区	15	2	7	1	5	43	6	11	8	18
涪陵区	9	3	2		4	46	9	13	7	17
渝中区	18	2	4	3	9	72	8	11	10	43
大渡口区	6	1	1		4	49	9	7	10	23
江北区	21	1	1	3	16	112	8	15	18	71
沙坪坝区	31	4	9	5	13	219	26	38	51	104
九龙坡区	38	1	10	9	18	111	16	28	24	43
南岸区	63	14	22	4	23	127	19	27	34	47
北碚区	35	4	9	6	16	99	16	25	12	46
綦江区	3		2	1		24	2	12	2	8
綦江区(不含万盛)	3		2	1		20	2	10		8
万盛经开区						4		2	2	
大足区	4		4			105	4	75	7	19
渝北区	60	3	14	7	36	258	50	57	42	109
巴南区	17	2	5	1	9	73	8	19	13	33
黔江区	1	1				13		4	3	6
长寿区	6		3		3	39	3	10	8	18
江津区	26	3	18	4	1	80	8	39	16	17
合川区	39	10	8	2	19	93	12	15	9	57
永川区	56		4	2	50	191	26	27	27	111
南川区	1				1	7	1	2	2	2
璧山区	16		10	5	1	65	19	26	8	12
铜梁区	3			1	2	77	10	16	10	41
潼南区	2	1		1		11	2	5	4	
荣昌区	1	1				31	1	6	10	14
开州区						12		6	2	4
梁平区						4	2	1		1
武隆区						6	1	5		
县										
城口县										
丰都县										
垫江县										
忠县										
云阳县										
奉节县										
巫山县										
巫溪县										
石柱县										
秀山县										
酉阳县										
彭水县										

7-1b　全市按现住地、户口登记地类型分的户口登记地在外乡镇街道人口(镇)

现住地	合计					市内				
	合计	乡	镇的村委会	镇的居委会	街道	小计	乡	镇的村委会	镇的居委会	街道
重庆	**202079**	**47429**	**103840**	**24105**	**26705**	**183227**	**43948**	**92799**	**21905**	**24575**
市辖区	64662	7217	39528	9638	8279	51533	5030	31139	8166	7198
万州区	2436	535	1418	319	164	2218	508	1275	283	152
涪陵区	1308	205	694	129	280	1117	164	629	116	208
渝中区										
大渡口区	123	5	86	11	21	94	1	69	8	16
江北区	3564	414	2093	583	474	2306	204	1311	447	344
沙坪坝区	796	53	509	108	126	566	19	340	87	120
九龙坡区	10324	1446	6640	1311	927	7511	816	4871	1056	768
南岸区	234	18	137	64	15	182	4	111	56	11
北碚区	2382	234	1359	296	493	1938	129	1093	268	448
綦江区	7994	455	4298	1664	1577	6605	296	3317	1518	1474
綦江区(不含万盛)	3458	148	2316	511	483	2627	65	1694	445	423
万盛经开区	4536	307	1982	1153	1094	3978	231	1623	1073	1051
大足区	4110	392	2366	1125	227	3441	306	1949	983	203
渝北区	2692	163	1491	633	405	2029	84	1092	545	308
巴南区	4930	454	3083	573	820	4070	323	2520	499	728
黔江区	601	214	215	78	94	482	172	177	45	88
长寿区	956	78	704	95	79	863	61	642	88	72
江津区	6497	425	4302	1068	702	5020	268	3279	890	583
合川区	3313	180	2201	391	541	2756	107	1868	296	485
永川区	2265	252	1448	231	334	1729	179	1078	178	294
南川区	946	62	651	141	92	801	39	560	128	74
璧山区	453	10	332	39	72	363	2	265	30	66
铜梁区	937	39	711	49	138	811	29	619	45	118
潼南区	1092	170	659	120	143	861	137	496	98	130
荣昌区	1035	157	637	102	139	714	73	435	78	128
开州区	2828	375	1975	237	241	2617	331	1853	211	222
梁平区	1282	175	825	186	96	991	121	654	131	85
武隆区	1564	706	694	85	79	1448	657	636	82	73
县	137417	40212	64312	14467	18426	131694	38918	61660	13739	17377
城口县	3549	1374	1448	248	479	3318	1305	1326	230	457
丰都县	9932	1869	4699	1193	2171	9502	1798	4546	1116	2042
垫江县	15740	3981	7763	2488	1508	15222	3849	7542	2386	1445
忠县	15395	2633	8946	1598	2218	14655	2549	8556	1494	2056
云阳县	21188	5944	10321	2094	2829	20414	5763	9961	1997	2693
奉节县	16441	5484	7785	1528	1644	15891	5353	7488	1479	1571
巫山县	9652	3807	4656	501	688	9292	3709	4498	461	624
巫溪县	6063	1754	3036	553	720	5824	1691	2917	526	690
石柱县	9470	3392	3653	1268	1157	9077	3255	3499	1229	1094
秀山县	6822	696	3019	987	2120	6223	621	2754	898	1950
酉阳县	8213	2893	3612	734	974	7801	2796	3394	693	918
彭水县	14952	6385	5374	1275	1918	14475	6229	5179	1230	1837

7-1b 续表 1

现住地	市外									
	小计					北京				
	小计	乡	镇的村委会	镇的居委会	街道	小计	乡	镇的村委会	镇的居委会	街道
重　庆	**18852**	**3481**	**11041**	**2200**	**2130**	**62**	**4**	**16**	**8**	**34**
市辖区	13129	2187	8389	1472	1081	25	2	4	6	13
万州区	218	27	143	36	12					
涪陵区	191	41	65	13	72					
渝中区										
大渡口区	29	4	17	3	5					
江北区	1258	210	782	136	130	2		1		1
沙坪坝区	230	34	169	21	6	1				1
九龙坡区	2813	630	1769	255	159	2			1	1
南岸区	52	14	26	8	4					
北碚区	444	105	266	28	45	1		1		
綦江区	1389	159	981	146	103	9	2	1	2	4
綦江区(不含万盛)	831	83	622	66	60	4	1	1		2
万盛经开区	558	76	359	80	43	5	1		2	2
大足区	669	86	417	142	24					
渝北区	663	79	399	88	97	5				5
巴南区	860	131	563	74	92	1		1		
黔江区	119	42	38	33	6					
长寿区	93	17	62	7	7					
江津区	1477	157	1023	178	119	2			1	1
合川区	557	73	333	95	56					
永川区	536	73	370	53	40	1			1	
南川区	145	23	91	13	18					
璧山区	90	8	67	9	6					
铜梁区	126	10	92	4	20					
潼南区	231	33	163	22	13					
荣昌区	321	84	202	24	11					
开州区	211	44	122	26	19					
梁平区	291	54	171	55	11	1			1	
武隆区	116	49	58	3	6					
县	5723	1294	2652	728	1049	37	2	12	2	21
城口县	231	69	122	18	22					
丰都县	430	71	153	77	129	3			1	2
垫江县	518	132	221	102	63	2				2
忠　县	740	84	390	104	162	5		2		3
云阳县	774	181	360	97	136	5	1	2	1	1
奉节县	550	131	297	49	73	1				1
巫山县	360	98	158	40	64	6		5		1
巫溪县	239	63	119	27	30	1		1		
石柱县	393	137	154	39	63	4		2		2
秀山县	599	75	265	89	170	8				8
酉阳县	412	97	218	41	56	2	1			1
彭水县	477	156	195	45	81					

7-1b　续表 2

现住地	市外									
	天津					河北				
	小计	乡	镇的村委会	镇的居委会	街道	小计	乡	镇的村委会	镇的居委会	街道
重　庆	**23**	**3**	**5**	**3**	**12**	**230**	**46**	**120**	**21**	**43**
市辖区	17	2	4	2	9	142	27	76	16	23
万州区						5	1	4		
涪陵区						1		1		
渝中区										
大渡口区						1		1		
江北区	6				6	17	1	13		3
沙坪坝区										
九龙坡区	1				1	23	6	12	2	3
南岸区										
北碚区						2	1	1		
綦江区						19	1	13	4	1
綦江区(不含万盛)						6	1	2	2	1
万盛经开区						13		11	2	
大足区						9	1	5		3
渝北区	4		4			24	3	9	6	6
巴南区	1			1		9	4	2	1	2
黔江区						1	1			
长寿区										
江津区	3	2		1		9	5	4		
合川区						5		1	2	2
永川区						4	1	3		
南川区										
璧山区										
铜梁区	1				1					
潼南区						7		4	1	2
荣昌区						1		1		
开州区						3	1	1		1
梁平区	1				1					
武隆区						2	1	1		
县	6	1	1	1	3	88	19	44	5	20
城口县						3		3		
丰都县	1	1				5	1	1	1	2
垫江县	1				1	2		2		
忠　县						9	4	1		4
云阳县	3		1	1	1	12	3	5	1	3
奉节县	1				1	10	4	2		4
巫山县						4	2	2		
巫溪县						4		4		
石柱县						11	1	9		1
秀山县						11	1	7		3
酉阳县						7	3	1	2	1
彭水县						10		7	1	2

7–1b 续表 3

现住地	市外									
	山西					内蒙古				
	小计	乡	镇的村委会	镇的居委会	街道	小计	乡	镇的村委会	镇的居委会	街道
重庆	**127**	**22**	**54**	**22**	**29**	**58**	**16**	**23**	**7**	**12**
市辖区	82	11	36	20	15	31	4	16	5	6
万州区	2	1	1			2		2		
涪陵区	1			1						
渝中区										
大渡口区										
江北区	5	1	3		1	7	1	5	1	
沙坪坝区										
九龙坡区	2	1			1	4	1	1	2	
南岸区										
北碚区	8	3	1	1	3	2	1	1		
綦江区	8	1	4		3	3		1	1	1
綦江区(不含万盛)	4	1	1		2	3		1	1	1
万盛经开区	4		3		1					
大足区	3		1	2		2		2		
渝北区	14		7	5	2	5	1	1		3
巴南区	9	1	4	3	1					
黔江区	5			5						
长寿区	1		1							
江津区	7	1	4	1	1	1		1		
合川区	5	1	1	1	2	4		2		2
永川区	6		6							
南川区										
璧山区										
铜梁区										
潼南区										
荣昌区										
开州区	1		1							
梁平区						1			1	
武隆区	5	1	2	1	1					
县	45	11	18	2	14	27	12	7	2	6
城口县										
丰都县	5	1			4	3	1			2
垫江县	6		1		5	2		2		
忠　县	3	1	1		1					
云阳县	4	1	2		1	7	3	1		3
奉节县	1	1				6	5		1	
巫山县	1	1				2	1	1		
巫溪县	2	2								
石柱县	1		1							
秀山县	1				1	2		1		1
酉阳县	14	2	11	1		4	2	2		
彭水县	7	2	2	1	2	1			1	

7-1b　续表 4

现住地	市外									
	辽宁					吉林				
	小计	乡	镇的村委会	镇的居委会	街道	小计	乡	镇的村委会	镇的居委会	街道
重　庆	**110**	**9**	**43**	**20**	**38**	**88**	**13**	**42**	**14**	**19**
市辖区	79	8	39	7	25	64	8	30	10	16
万州区										
涪陵区										
渝中区										
大渡口区										
江北区	19	3	8	1	7	15	4	4	2	5
沙坪坝区						1	1			
九龙坡区	9		1	1	7	12	1	7	3	1
南岸区										
北碚区										
綦江区	5		2	1	2	10		2	3	5
綦江区(不含万盛)	2				2	9		2	3	4
万盛经开区	3		2	1		1				1
大足区	1		1							
渝北区	8		2	2	4	11	1	10		
巴南区	5		4		1	9		3	1	5
黔江区										
长寿区										
江津区	24	2	17	1	4	2		1	1	
合川区	2		2			1		1		
永川区						1		1		
南川区										
璧山区										
铜梁区	1			1						
潼南区	1		1							
荣昌区										
开州区	1	1				1		1		
梁平区										
武隆区	3	2	1			1	1			
县	31	1	4	13	13	24	5	12	4	3
城口县	1			1		1		1		
丰都县	8			1	7	4	1	3		
垫江县	2			1	1	4		2		2
忠　县	2		1	1		1			1	
云阳县						6	2	1	3	
奉节县	2		1	1						
巫山县	4		1	2	1	1	1			
巫溪县	1				1	1		1		
石柱县	4			4		1		1		
秀山县	3				3	2	1	1		
酉阳县	1			1		2		2		
彭水县	3	1	1	1		1				1

7-1b 续表 5

现住地	市外									
	黑龙江					上海				
	小计	乡	镇的村委会	镇的居委会	街道	小计	乡	镇的村委会	镇的居委会	街道
重庆	**88**	**5**	**40**	**21**	**22**	**42**	**5**	**12**	**8**	**17**
市辖区	50	3	25	8	14	19	1	6	6	6
万州区	3		3							
涪陵区	4		1		3					
渝中区										
大渡口区										
江北区	11		9		2	7		3	2	2
沙坪坝区										
九龙坡区	10		4	4	2	3	1		1	1
南岸区										
北碚区	1	1								
綦江区	1		1							
綦江区(不含万盛)	1		1							
万盛经开区										
大足区	1		1							
渝北区	1		1							
巴南区	5		1	1	3	1			1	
黔江区	2		1	1		1		1		
长寿区						2		2		
江津区	2		1	1						
合川区						1				1
永川区	1				1	3			2	1
南川区										
璧山区										
铜梁区										
潼南区										
荣昌区	1		1							
开州区	5		1	1	3					
梁平区						1				1
武隆区	2	2								
县	38	2	15	13	8	23	4	6	2	11
城口县										
丰都县	5	1		2	2	4	1			3
垫江县	4		2	2		3		2		1
忠县	9		3	4	2					
云阳县	7		3	2	2	3			1	2
奉节县	2	1	1			4		2	1	1
巫山县	3			1	2	1				1
巫溪县						2	1			1
石柱县	1			1						
秀山县	2		1	1		2	2			
酉阳县						4		2		2
彭水县	5		5							

7–1b 续表 6

现住地	市外									
	江苏					浙江				
	小计	乡	镇的村委会	镇的居委会	街道	小计	乡	镇的村委会	镇的居委会	街道
重庆	**312**	**43**	**178**	**46**	**45**	**308**	**58**	**134**	**48**	**68**
市辖区	161	17	101	26	17	124	14	77	13	20
万州区	3		1	1	1	2		1	1	
涪陵区	2		2			2		2		
渝中区										
大渡口区	1		1							
江北区	35	1	26	4	4	4			1	3
沙坪坝区	1				1					
九龙坡区	27	7	18	2		34	2	26	2	4
南岸区						2		2		
北碚区	11	5	4	2		4		1		3
綦江区	14	1	10	2	1	6		6		
綦江区(不含万盛)	6	1	5			5		5		
万盛经开区	8		5	2	1	1		1		
大足区	4		2	2		11		6		5
渝北区	12		4	5	3	6		2	2	2
巴南区	5		1	1	3	6	1	4		1
黔江区	1			1		1		1		
长寿区	2		2							
江津区	8	1	4	2	1	19		13	5	1
合川区	4	1	2		1	1				1
永川区	10		10			4	2	2		
南川区	1				1	1		1		
璧山区	4		4			3		3		
铜梁区						1		1		
潼南区	4		2	1	1	3	3			
荣昌区	3		3			6	4	2		
开州区	8	1	4	3		3	1	2		
梁平区						2			2	
武隆区	1		1			3	1	2		
县	151	26	77	20	28	184	44	57	35	48
城口县	6	2	4			2		2		
丰都县	9	1	2	2	4	13	4	4	3	2
垫江县	1		1			15	9	3	1	2
忠 县	11	2	3	4	2	28	1	14	8	5
云阳县	72	12	42	8	10	13	8	2	1	2
奉节县	16	2	10	2	2	42	15	12	3	12
巫山县	4	1	2		1	4	1	1	1	1
巫溪县	3		3			5	2		1	2
石柱县	5	1	2	1	1	11	1	2	3	5
秀山县	10	2	2	2	4	27	1	12	9	5
酉阳县	10	2	5		3	15		4	3	8
彭水县	4	1	1	1	1	9	2	1	2	4

7-1b 续表 7

现住地	市外									
	安徽					福建				
	小计	乡	镇的村委会	镇的居委会	街道	小计	乡	镇的村委会	镇的居委会	街道
重　庆	**378**	**89**	**192**	**47**	**50**	**317**	**49**	**183**	**45**	**40**
市辖区	207	42	123	24	18	142	11	93	24	14
万州区	6	2		2	2	6	2	4		
涪陵区	2		1	1		4		1	2	1
渝中区										
大渡口区										
江北区	31	7	16	5	3	4		3		1
沙坪坝区	2		2			2		2		
九龙坡区	33	16	10	4	3	57	5	46	2	4
南岸区										
北碚区	11	1	8		2					
綦江区	16	3	12	1		12	1	6	3	2
綦江区(不含万盛)	10		10			3		3		
万盛经开区	6	3	2	1		9	1	3	3	2
大足区	7	4		3		2	1		1	
渝北区	17	1	11	2	3	4	2	1		1
巴南区	8		7	1		7		7		
黔江区	2	1	1			4		1	3	
长寿区	2		2			1				1
江津区	24	2	17	2	3	21		12	9	
合川区	5	1	2	1	1	2				2
永川区	8		8			7		3	2	2
南川区	3		2		1	3		3		
璧山区						3		3		
铜梁区	7		7							
潼南区	1	1								
荣昌区	6	1	4	1						
开州区	1	1				1			1	
梁平区	7		6	1		1			1	
武隆区	8	1	7			1		1		
县	171	47	69	23	32	175	38	90	21	26
城口县	2	1		1		18		9	6	3
丰都县	18	10	6		2	10		8	2	
垫江县	10	6	3		1	9	2	1	2	4
忠　县	18	2	8	2	6	13		6	3	4
云阳县	24	2	7	5	10	13	7	3		3
奉节县	23	6	7	6	4	43	10	31		2
巫山县	32	5	19	3	5	9	1	3	1	4
巫溪县	7	5	2			14	4	9		1
石柱县	6	2	3	1		5	2	2		1
秀山县	11		5	4	2	16	8	6		2
酉阳县	7	2	5			18	4	7	6	1
彭水县	13	6	4	1	2	7		5	1	1

7-1b　续表 8

现住地	市外									
	江西					山东				
	小计	乡	镇的村委会	镇的居委会	街道	小计	乡	镇的村委会	镇的居委会	街道
重　庆	**466**	**73**	**283**	**67**	**43**	**187**	**18**	**89**	**29**	**51**
市辖区	279	36	174	44	25	102	10	58	18	16
万州区	5		5			2	1	1		
涪陵区	7	1	6			1		1		
渝中区										
大渡口区										
江北区	28	1	18	6	3	9	2	4	2	1
沙坪坝区	1		1							
九龙坡区	43	3	38	1	1	20	1	15	3	1
南岸区						1			1	
北碚区	1	1				1			1	
綦江区	22	2	11	6	3	11	1	8		2
綦江区(不含万盛)	14	1	7	4	2	6		4		2
万盛经开区	8	1	4	2	1	5	1	4		
大足区	10		8	1	1	2		1	1	
渝北区	24	7	11	1	5	12		7		5
巴南区	20	4	12	3	1	11		6	5	
黔江区	3	1	1		1					
长寿区	1	1								
江津区	35	6	16	10	3	17	2	7	2	6
合川区	21	4	9	7	1					
永川区	8		4	3	1	2	1		1	
南川区	3		3							
璧山区	1		1							
铜梁区	6		1		5	1		1		
潼南区	4		4			1		1		
荣昌区	4		4			2		1	1	
开州区	12	1	6	5		3	1		1	1
梁平区	15	2	13			2		2		
武隆区	5	2	2	1		4	1	3		
县	187	37	109	23	18	85	8	31	11	35
城口县	3		2	1		3	1			2
丰都县	8	2	3	2	1	4	1	1	1	1
垫江县	11		4	6	1	5	1	3		1
忠　县	17	1	11	2	3	30	1	19	2	8
云阳县	36	6	24	3	3	9		2	5	2
奉节县	32	4	28			4		1	1	2
巫山县	16	12	3	1		11	2	2		7
巫溪县	8	1	3	3	1	7	1		1	5
石柱县	5	2		1	2	3		1		2
秀山县	19	5	8	2	4	3		1		2
酉阳县	16	2	13	1		6	1	1	1	3
彭水县	16	2	10	1	3					

7-1b 续表 9

现住地	市外									
	河南					湖北				
	小计	乡	镇的村委会	镇的居委会	街道	小计	乡	镇的村委会	镇的居委会	街道
重庆	**609**	**158**	**316**	**63**	**72**	**1421**	**343**	**717**	**128**	**233**
市辖区	379	87	211	36	45	536	110	289	52	85
万州区	12	2	9	1		57	9	40	7	1
涪陵区	18	1	2	2	13	81	26	7	1	47
渝中区										
大渡口区										
江北区	54	15	35	3	1	62	9	36	8	9
沙坪坝区	3		3			4	3	1		
九龙坡区	70	34	25	4	7	70	11	47	7	5
南岸区	4	1	2		1	3		1	2	
北碚区	5	3	2			8		3	1	4
綦江区	51	6	31	8	6	39	11	19	3	6
綦江区(不含万盛)	30	3	24	1	2	21	4	10	2	5
万盛经开区	21	3	7	7	4	18	7	9	1	1
大足区	15	1	9	3	2	10		5	5	
渝北区	33		23	6	4	24	2	18	2	2
巴南区	15	2	10	3		35	4	30	1	
黔江区	2		2			28	20	5	2	1
长寿区	1		1			2	1	1		
江津区	24	7	7	5	5	22	3	9	6	4
合川区	8	2	5		1	21	1	17	2	1
永川区	21		19		2	15	1	12	2	
南川区	1		1			2				2
璧山区						3		3		
铜梁区	3	1	2			1		1		
潼南区	7	1	6			6	2	2	1	1
荣昌区	8	2	3		3	2		2		
开州区	11	3	8			21	2	16	2	1
梁平区	8	4	3	1		8		8		
武隆区	5	2	3			12	5	6		1
县	230	71	105	27	27	885	233	428	76	148
城口县	16	6	5	4	1	22	4	14	1	3
丰都县	26	7	10	4	5	39	5	17	1	16
垫江县	17	6	8	1	2	33	6	12	9	6
忠县	27	8	13	2	4	102	17	48	12	25
云阳县	33	14	11	3	5	151	48	65	13	25
奉节县	18		14	3	1	138	31	76	11	20
巫山县	13	3	5	3	2	114	29	58	9	18
巫溪县	16	5	9	2		52	18	30	2	2
石柱县	13	5	6	1	1	118	52	47	9	10
秀山县	13	4	9			21		10	3	8
酉阳县	13	5	5	1	2	41	13	21	3	4
彭水县	25	8	10	3	4	54	10	30	3	11

7-1b　续表 10

现住地	市外									
	湖南					广东				
	小计	乡	镇的村委会	镇的居委会	街道	小计	乡	镇的村委会	镇的居委会	街道
重　庆	**987**	**167**	**561**	**108**	**151**	**402**	**48**	**170**	**92**	**92**
市辖区	486	89	294	54	49	211	17	102	55	37
万州区	27	1	20	3	3	9	1	4	4	
涪陵区	9	1	4	2	2	2			1	1
渝中区										
大渡口区										
江北区	19	3	9	4	3	5		2		3
沙坪坝区	2		2			1		1		
九龙坡区	94	37	51	5	1	34	6	20	5	3
南岸区	8	2	5	1						
北碚区	13	1	8	2	2	8		3		5
綦江区	58	4	40	8	6	25		17	5	3
綦江区(不含万盛)	34	2	25	3	4	20		15	4	1
万盛经开区	24	2	15	5	2	5		2	1	2
大足区	19	1	12	6		15		4	11	
渝北区	18	4	9	4	1	14		2	3	9
巴南区	25	3	14	2	6	23		15	1	7
黔江区	9	5	3	1		1			1	
长寿区						4		1	1	2
江津区	62	8	28	9	17	15	3	7	5	
合川区	14		13		1	18		9	8	1
永川区	29		22	1	6	6	1	2	2	1
南川区	2		2			1		1		
璧山区						3			3	
铜梁区	15		15			4	2	2		
潼南区	16	2	14			2		1	1	
荣昌区	11	2	8	1		5	2	2	1	
开州区	23	7	12	4		13	1	7	3	2
梁平区	9	6	2	1		2		2		
武隆区	4	2	1		1	1	1			
县	501	78	267	54	102	191	31	68	37	55
城口县	7	1	5		1	3	1	2		
丰都县	12	1	8	1	2	9	1		1	7
垫江县	27	2	19	4	2	9	2	2	5	
忠　县	92	6	54	8	24	30	2	11	7	10
云阳县	55	12	32	3	8	38	8	11	10	9
奉节县	15	5	8	1	1	15	5	8	1	1
巫山县	20	2	12	1	5	29	8	11	5	5
巫溪县	11	1	7	1	2	14	1	5	4	4
石柱县	34	5	24	3	2	8	1	2	1	4
秀山县	147	17	63	20	47	12		4	1	7
酉阳县	53	19	24	9	1	20	2	12	1	5
彭水县	28	7	11	3	7	4			1	3

7–1b 续表 11

现住地	市外									
	广西					海南				
	小计	乡	镇的村委会	镇的居委会	街道	小计	乡	镇的村委会	镇的居委会	街道
重　庆	**274**	**57**	**164**	**30**	**23**	**26**	**1**	**8**	**11**	**6**
市辖区	176	29	118	18	11	11	1	4	2	4
万州区	9	4	5							
涪陵区	4		4			1		1		
渝中区										
大渡口区										
江北区	23	2	17		4					
沙坪坝区	2		2							
九龙坡区	11	2	5	2	2					
南岸区										
北碚区	2	1	1							
綦江区	19	1	12	4	2					
綦江区(不含万盛)	7		6		1					
万盛经开区	12	1	6	4	1					
大足区	8		6	2						
渝北区	14		12	2		1			1	
巴南区	8	3	3	1	1	2		1	1	
黔江区	1	1								
长寿区	1		1							
江津区	23	3	17	3		2				2
合川区	12	4	6	1	1	1		1		
永川区	6		6							
南川区										
璧山区	1		1							
铜梁区										
潼南区	4	1	2	1		1	1			
荣昌区	9	2	4	2	1					
开州区	4		4			3		1		2
梁平区	9		9							
武隆区	6	5	1							
县	98	28	46	12	12	15		4	9	2
城口县	3	1	1		1					
丰都县	5		1	3	1	1			1	
垫江县	8	5	3							
忠　县	10	3	5	2		1			1	
云阳县	16	2	9	2	3	8		2	6	
奉节县	7	2	5							
巫山县	13	4	5	2	2	1		1		
巫溪县	1		1			2		1		1
石柱县	12	5	6		1					
秀山县	7	1	4	1	1	1			1	
酉阳县	10	3	3	2	2	1				1
彭水县	6	2	3		1					

7-1b 续表 12

现住地	市外				
	四川				
	小计	乡	镇的村委会	镇的居委会	街道
重 庆	**8269**	**1607**	**4998**	**969**	**695**
市辖区	6795	1248	4341	762	444
万州区	43	3	26	12	2
涪陵区	32	5	20	2	5
渝中区					
大渡口区	24	4	14	2	4
江北区	664	124	403	79	58
沙坪坝区	189	25	140	21	3
九龙坡区	1888	439	1197	167	85
南岸区	25	7	11	4	3
北碚区	293	78	184	14	17
綦江区	338	50	203	50	35
綦江区(不含万盛)	173	25	104	26	18
万盛经开区	165	25	99	24	17
大足区	434	64	269	89	12
渝北区	323	42	219	32	30
巴南区	510	87	337	39	47
黔江区	30	10	13	4	3
长寿区	56	14	33	5	4
江津区	472	52	320	61	39
合川区	336	31	212	63	30
永川区	317	54	216	25	22
南川区	47	14	18	7	8
璧山区	45	2	36	5	2
铜梁区	52	3	40	2	7
潼南区	139	13	105	16	5
荣昌区	243	63	160	13	7
开州区	78	19	45	6	8
梁平区	194	34	110	44	6
武隆区	23	11	10		2
县	1474	359	657	207	251
城口县	98	46	45		7
丰都县	149	19	54	36	40
垫江县	246	74	102	51	19
忠 县	214	22	121	30	41
云阳县	165	35	87	11	32
奉节县	97	26	43	9	19
巫山县	54	18	21	8	7
巫溪县	53	11	28	10	4
石柱县	92	32	29	12	19
秀山县	101	6	47	19	29
酉阳县	82	18	38	8	18
彭水县	123	52	42	13	16

7—1b 续表 13

现住地	市外									
	贵州					云南				
	小计	乡	镇的村委会	镇的居委会	街道	小计	乡	镇的村委会	镇的居委会	街道
重　庆	**2437**	**383**	**1764**	**173**	**117**	**822**	**132**	**573**	**73**	**44**
市辖区	1893	240	1469	127	57	664	93	492	56	23
万州区	8		8			6		4	2	
涪陵区	8	5	3			5		5		
渝中区										
大渡口区						1		1		
江北区	103	9	81	9	4	61	14	45	2	
沙坪坝区	12	1	10		1	5	4	1		
九龙坡区	200	26	152	15	7	86	18	55	9	4
南岸区	4		4							
北碚区	43	3	36	2	2	15	1	7	1	6
綦江区	633	70	512	38	13	60	4	48	4	4
綦江区(不含万盛)	407	39	344	17	7	46	4	37	2	3
万盛经开区	226	31	168	21	6	14		11	2	1
大足区	60	5	47	7	1	35	7	24	4	
渝北区	56	9	35	8	4	10	4	5	1	
巴南区	77	13	56	4	4	30	3	21	1	5
黔江区	12	2	7	3		8			8	
长寿区	5	1	4			12		11	1	
江津区	419	48	333	28	10	214	6	190	16	2
合川区	42	10	26	4	2	35	14	20	1	
永川区	46	7	37	2		18	4	11	1	2
南川区	66	8	52	4	2	7		7		
璧山区	17	4	10	1	2	6	2	4		
铜梁区	16	2	11	1	2	12	2	10		
潼南区	18	3	13		2	11	4	7		
荣昌区	5	2	3			10	4	4	2	
开州区	9	4	5			6		6		
梁平区	15	3	11		1	6		3	3	
武隆区	19	5	13	1		5	2	3		
县	544	143	295	46	60	158	39	81	17	21
城口县	23	2	21			2	1	1		
丰都县	37	8	21	3	5	12	5	3	1	3
垫江县	27	8	12	3	4	37	6	22	6	3
忠　县	54	6	36	6	6	33	6	19	1	7
云阳县	32	8	19	2	3	20	5	10	3	2
奉节县	29	2	25	2		9	1	6	1	1
巫山县	5	2	3							
巫溪县	9	1	6	1	1	5	2	2		1
石柱县	28	18	7		3	10	2	6		2
秀山县	137	24	62	23	28	9	2	5	2	
酉阳县	61	12	47		2	4	2	1		1
彭水县	102	52	36	6	8	17	7	6	3	1

7-1b 续表 14

现住地	市外									
	西藏					陕西				
	小计	乡	镇的村委会	镇的居委会	街道	小计	乡	镇的村委会	镇的居委会	街道
重庆	**57**	**5**	**11**	**14**	**27**	**341**	**47**	**193**	**47**	**54**
市辖区	23	2	5	6	10	182	22	110	24	26
万州区						6		4	1	1
涪陵区										
渝中区										
大渡口区						1			1	
江北区						35	8	19	5	3
沙坪坝区						3		3		
九龙坡区	4			2	2	40	6	26	5	3
南岸区										
北碚区						3	1	1		1
綦江区	2				2	15		14		1
綦江区(不含万盛)	2				2	8		7		1
万盛经开区						7		7		
大足区	3		2	1		11	2	6	3	
渝北区						7	1	2	1	3
巴南区						19		14		5
黔江区						5		1	3	1
长寿区						1		1		
江津区						10	1	7	2	
合川区	2			2		4	1	1	1	1
永川区						10	1	8		1
南川区						1				1
璧山区						3		1		2
铜梁区	6		1		5					
潼南区	2	2				1				1
荣昌区	1			1		2			2	
开州区	2		2			1				1
梁平区	1				1	2		2		
武隆区						2	1			1
县	34	3	6	8	17	159	25	83	23	28
城口县	3				3	12	2	6	3	1
丰都县	2				2	11		3	5	3
垫江县	6			4	2	9	3	4	1	1
忠　县	2		1		1	11	1	9	1	
云阳县	6		4		2	22	2	11	8	1
奉节县	5	3		2		11	3	7	1	
巫山县	2		1	1		6	4	1	1	
巫溪县						13	4	6	1	2
石柱县	4			1	3	4	3	1		
秀山县	4				4	21		14		7
酉阳县						7	1	6		
彭水县						32	2	15	2	13

7-1b 续表 15

现住地	市外									
	甘肃					青海				
	小计	乡	镇的村委会	镇的居委会	街道	小计	乡	镇的村委会	镇的居委会	街道
重庆	**200**	**52**	**96**	**27**	**25**	**28**	**5**	**10**	**6**	**7**
市辖区	125	36	59	15	15	23	2	9	5	7
万州区						3			1	2
涪陵区	3	1	2			2		1	1	
渝中区										
大渡口区						1				1
江北区	27	5	21	1		1			1	
沙坪坝区										
九龙坡区	23	6	11	2	4					
南岸区	4	4								
北碚区	3		2	1		1	1			
綦江区	10	1	8	1		1			1	
綦江区(不含万盛)	9	1	8							
万盛经开区	1			1		1			1	
大足区	2		1	1		2		2		
渝北区	9	2	2	4	1	1				1
巴南区	11	6	4	1		2		2		
黔江区	3	1	1	1						
长寿区	1		1							
江津区	13	1	3	2	7	4		2	1	1
合川区	4		2		2	1				1
永川区	1			1		1	1			
南川区	1	1				2		1		1
璧山区						1		1		
铜梁区										
潼南区	1				1					
荣昌区	2	2								
开州区										
梁平区	4	4								
武隆区	3	2	1							
县	75	16	37	12	10	5	3	1	1	
城口县	3	1	1	1						
丰都县	4		4			1			1	
垫江县	8		5	2	1	1		1		
忠　县	6	1	1	3	1					
云阳县	4		1	2	1					
奉节县	15	5	10							
巫山县	4	1	1	1	1					
巫溪县	4	1		1	2					
石柱县	5	1	2		2	3	3			
秀山县	5	1	1	1	2					
酉阳县	12	3	8	1						
彭水县	5	2	3							

7-1b　续表 16

现住地	市外									
	宁夏					新疆				
	小计	乡	镇的村委会	镇的居委会	街道	小计	乡	镇的村委会	镇的居委会	街道
重　庆	**14**	**1**	**4**	**3**	**6**	**169**	**22**	**42**	**50**	**55**
市辖区	7		4	1	2	94	15	20	30	29
万州区						2		1	1	
涪陵区						2	1	1		
渝中区										
大渡口区										
江北区						4		1		3
沙坪坝区						1		1		
九龙坡区	1				1	12	1	2	4	5
南岸区						1		1		
北碚区						8	3	2	3	
綦江区	1			1		1				1
綦江区(不含万盛)	1			1						
万盛经开区						1				1
大足区						3		3		
渝北区						6		2	1	3
巴南区	3		3			3		1	2	
黔江区										
长寿区						1		1		
江津区	2		1		1	21	4	2	4	11
合川区						8	3	1	2	2
永川区						11			10	1
南川区						4			2	2
璧山区										
铜梁区										
潼南区						2		1	1	
荣昌区										
开州区						1	1			
梁平区						2	1			1
武隆区						1	1			
县	7	1		2	4	75	7	22	20	26
城口县										
丰都县	3			1	2	19		4	4	11
垫江县	1				1	12	2	5	4	1
忠　县	1			1		11		3	3	5
云阳县	1	1				9	1	3	3	2
奉节县						4			3	1
巫山县						1				1
巫溪县						4	3	1		
石柱县						5	1	1	1	2
秀山县						4		2		2
酉阳县						2			1	1
彭水县	1				1	4		3	1	

7－1c 全市按现住地、户口登记地类型分的户口登记地在外乡镇街道人口(乡村)

现住地	合计					市内				
	合计	乡	镇的村委会	镇的居委会	街道	小计	乡	镇的村委会	镇的居委会	街道
重　庆	**71958**	**11796**	**42779**	**6421**	**10962**	**55191**	**8545**	**32099**	**5293**	**9254**
市辖区	52535	6959	32205	4792	8579	38785	4561	23218	3851	7155
万州区	1670	365	947	102	256	1407	310	793	94	210
涪陵区	1095	234	511	114	236	837	181	390	86	180
渝中区										
大渡口区	343	22	219	33	69	286	10	180	30	66
江北区	139	6	115	7	11	87	4	74	4	5
沙坪坝区	1337	148	868	54	267	849	79	547	44	179
九龙坡区	3818	503	2671	229	415	2529	237	1776	176	340
南岸区	638	72	404	61	101	482	48	293	57	84
北碚区	1971	346	1184	144	297	1568	246	935	120	267
綦江区	1705	145	1125	170	265	1163	74	716	146	227
綦江区(不含万盛)	1219	100	856	85	178	834	42	568	70	154
万盛经开区	486	45	269	85	87	329	32	148	76	73
大足区	1198	148	774	122	154	937	106	596	104	131
渝北区	12031	1126	7747	1133	2025	8911	595	5679	896	1741
巴南区	2552	423	1515	250	364	1833	250	1076	196	311
黔江区	2455	876	951	168	460	2167	784	815	150	418
长寿区	813	82	469	73	189	628	53	346	62	167
江津区	6583	497	4133	1093	860	4817	283	2902	877	755
合川区	2178	135	1463	223	357	1665	96	1066	194	309
永川区	2068	175	1376	130	387	1464	108	970	106	280
南川区	817	82	471	99	165	653	54	362	92	145
璧山区	2790	517	1459	154	660	1940	305	1008	108	519
铜梁区	1170	149	738	67	216	865	99	543	56	167
潼南区	643	116	360	75	92	386	65	215	38	68
荣昌区	1210	231	584	107	288	843	141	398	81	223
开州区	1584	248	1079	60	197	1211	195	812	44	160
梁平区	821	80	597	52	92	574	59	408	31	76
武隆区	906	233	445	72	156	683	179	318	59	127
县	19423	4837	10574	1629	2383	16406	3984	8881	1442	2099
城口县	1149	586	416	39	108	838	445	276	37	80
丰都县	1674	222	1055	137	260	1494	186	948	121	239
垫江县	1194	239	750	144	61	1057	199	671	131	56
忠　县	1630	255	959	169	247	1278	229	718	145	186
云阳县	3224	667	1739	338	480	2875	571	1563	315	426
奉节县	2673	615	1545	331	182	2427	541	1411	309	166
巫山县	1600	486	880	57	177	1293	375	709	43	166
巫溪县	1063	238	732	44	49	885	195	604	42	44
石柱县	731	203	362	52	114	612	172	293	42	105
秀山县	1364	219	805	114	226	1079	155	625	94	205
酉阳县	1529	638	689	39	163	1262	543	553	25	141
彭水县	1592	469	642	165	316	1306	373	510	138	285

7-1c　续表 1

现住地	市外									
	小计					北京				
	小计	乡	镇的村委会	镇的居委会	街道	小计	乡	镇的村委会	镇的居委会	街道
重　庆	**16767**	**3251**	**10680**	**1128**	**1708**	**36**	**2**	**9**	**7**	**18**
市辖区	13750	2398	8987	941	1424	28		5	6	17
万州区	263	55	154	8	46	1				1
涪陵区	258	53	121	28	56					
渝中区										
大渡口区	57	12	39	3	3					
江北区	52	2	41	3	6					
沙坪坝区	488	69	321	10	88	1		1		
九龙坡区	1289	266	895	53	75	4				4
南岸区	156	24	111	4	17	1				1
北碚区	403	100	249	24	30					
綦江区	542	71	409	24	38					
綦江区(不含万盛)	385	58	288	15	24					
万盛经开区	157	13	121	9	14					
大足区	261	42	178	18	23					
渝北区	3120	531	2068	237	284	2				2
巴南区	719	173	439	54	53	2			1	1
黔江区	288	92	136	18	42					
长寿区	185	29	123	11	22	1				1
江津区	1766	214	1231	216	105	7		2	2	3
合川区	513	39	397	29	48	1				1
永川区	604	67	406	24	107	1				1
南川区	164	28	109	7	20	2		1	1	
璧山区	850	212	451	46	141					
铜梁区	305	50	195	11	49	1				1
潼南区	257	51	145	37	24	2			2	
荣昌区	367	90	186	26	65					
开州区	373	53	267	16	37	2		1		1
梁平区	247	21	189	21	16					
武隆区	223	54	127	13	29					
县	3017	853	1693	187	284	8	2	4	1	1
城口县	311	141	140	2	28					
丰都县	180	36	107	16	21					
垫江县	137	40	79	13	5					
忠　县	352	26	241	24	61					
云阳县	349	96	176	23	54					
奉节县	246	74	134	22	16	1		1		
巫山县	307	111	171	14	11					
巫溪县	178	43	128	2	5					
石柱县	119	31	69	10	9					
秀山县	285	64	180	20	21					
酉阳县	267	95	136	14	22	5	2	1	1	1
彭水县	286	96	132	27	31	2		2		

7–1c　续表 2

现 住 地	市外									
	天　　津					河　　北				
	小计	乡	镇的村委会	镇的居委会	街道	小计	乡	镇的村委会	镇的居委会	街道
重　庆	**24**	**1**	**3**	**9**	**11**	**245**	**58**	**121**	**16**	**50**
市辖区	21	1	2	7	11	201	42	98	15	46
万州区						1		1		
涪陵区	1		1			4		2	1	1
渝中区										
大渡口区										
江北区						4		4		
沙坪坝区						6	2	4		
九龙坡区	1			1		19	9	7		3
南岸区										
北碚区						7		6	1	
綦江区										
綦江区(不含万盛)										
万盛经开区										
大足区						2				2
渝北区	2		1	1		34	11	15	3	5
巴南区	3			1	2	14	3	6	3	2
黔江区						4	1	2	1	
长寿区						4	2	2		
江津区	3			3		17	1	13	2	1
合川区						7		6		1
永川区	2			1	1	40	12	12	1	15
南川区						5	1	3		1
璧山区						6		5	1	
铜梁区	8				8	12		3	2	7
潼南区						2		1		1
荣昌区						4		2		2
开州区						2		1		1
梁平区						2				2
武隆区	1	1				5		3		2
县	3		1	2		44	16	23	1	4
城口县						4	2	2		
丰都县						5	4	1		
垫江县										
忠　县						6		5		1
云阳县										
奉节县						8	5			3
巫山县	1			1		6	3	3		
巫溪县						1			1	
石柱县						5		5		
秀山县	1		1			1		1		
酉阳县	1			1		2		2		
彭水县						6	2	4		

7-1c　续表 3

现住地	市外									
	山西					内蒙古				
	小计	乡	镇的村委会	镇的居委会	街道	小计	乡	镇的村委会	镇的居委会	街道
重　庆	**149**	**18**	**79**	**9**	**43**	**48**	**8**	**22**	**7**	**11**
市辖区	112	10	56	7	39	36	6	18	6	6
万州区						2				2
涪陵区	1	1				1				1
渝中区										
大渡口区										
江北区										
沙坪坝区	2		1		1	1		1		
九龙坡区	5		3	1	1	1		1		
南岸区	1	1								
北碚区	1	1				3	1	1	1	
綦江区	6	1	2	1	2					
綦江区(不含万盛)	4	1	1	1	1					
万盛经开区	2		1		1					
大足区	6		6							
渝北区	18	1	11		6	5	1	1	1	2
巴南区	15		13	2		4		3	1	
黔江区	13	2			11	1		1		
长寿区						1		1		
江津区	7	1	5	1		3		1	2	
合川区	11		4		7	3		3		
永川区	8		2	1	5	2	1	1		
南川区	2			1	1	1		1		
璧山区	9	1	4		4	2	1			1
铜梁区										
潼南区						2	2			
荣昌区						1		1		
开州区	5		4		1	1		1		
梁平区										
武隆区	2	1	1			2		1	1	
县	37	8	23	2	4	12	2	4	1	5
城口县	4		3		1	3	1			2
丰都县						2	1	1		
垫江县										
忠　县						2		2		
云阳县	5	2	1	1	1	4			1	3
奉节县	3	1	2							
巫山县	3		3							
巫溪县	6	1	5							
石柱县	6	2	4							
秀山县	5		4	1		1		1		
酉阳县	2	1			1					
彭水县	3	1	1		1					

7-1c 续表 4

现住地	市外									
	辽宁					吉林				
	小计	乡	镇的村委会	镇的居委会	街道	小计	乡	镇的村委会	镇的居委会	街道
重庆	**102**	**27**	**43**	**9**	**23**	**52**	**9**	**23**	**1**	**19**
市辖区	81	12	39	9	21	50	8	22	1	19
万州区	5		5			3		1		2
涪陵区	1	1								
渝中区										
大渡口区										
江北区										
沙坪坝区	1		1			1		1		
九龙坡区	1				1	5	1	3		1
南岸区	4		4			4		1		3
北碚区						2	2			
綦江区	1			1						
綦江区(不含万盛)	1			1						
万盛经开区										
大足区	4	2	1	1						
渝北区	26	3	11	3	9	17	1	11		5
巴南区	9		5	2	2	3	1	1	1	
黔江区	3		2		1					
长寿区						1		1		
江津区	11	2	5	2	2	2				2
合川区	2		2			1				1
永川区	8	3	1		4	3	1			2
南川区	1				1					
璧山区						3	1	1		1
铜梁区						1				1
潼南区										
荣昌区						2	1	1		
开州区	2	1			1					
梁平区	1		1							
武隆区	1		1			2		1		1
县	21	15	4		2	2	1	1		
城口县	6	5			1					
丰都县	1	1				1	1			
垫江县										
忠县	2	1	1							
云阳县	1	1								
奉节县										
巫山县	2	1	1							
巫溪县										
石柱县										
秀山县	2	2								
酉阳县										
彭水县	7	4	2		1	1		1		

7-1c　续表 5

现住地	市外									
	黑龙江					上海				
	小计	乡	镇的村委会	镇的居委会	街道	小计	乡	镇的村委会	镇的居委会	街道
重庆	**91**	**11**	**33**	**21**	**26**	**20**	**5**	**7**	**2**	**6**
市辖区	77	8	29	20	20	11	2	5	2	2
万州区	6		5		1	4	1	3		
涪陵区						1				1
渝中区										
大渡口区	2			1	1					
江北区										
沙坪坝区	3		1		2					
九龙坡区	3			3						
南岸区	3	1	1	1						
北碚区	2			2						
綦江区	2				2					
綦江区(不含万盛)										
万盛经开区	2				2					
大足区										
渝北区	25		10	9	6	1				1
巴南区	4	1	2	1		1	1			
黔江区	2		1		1					
长寿区	1		1							
江津区	6	1	1	1	3	1			1	
合川区						1			1	
永川区	2	2								
南川区						1		1		
璧山区	2	1		1						
铜梁区										
潼南区	4	2	1		1					
荣昌区	1				1					
开州区	5		3	1	1	1		1		
梁平区	1				1					
武隆区	3		3							
县	14	3	4	1	6	9	3	2		4
城口县										
丰都县						1				1
垫江县	1			1						
忠　县	5				5	2				2
云阳县						2		1		1
奉节县	2		2			1		1		
巫山县						3	3			
巫溪县	1		1							
石柱县	3	1	1		1					
秀山县	1	1								
酉阳县										
彭水县	1	1								

7－1c 续表 6

现住地	市外									
	江苏					浙江				
	小计	乡	镇的村委会	镇的居委会	街道	小计	乡	镇的村委会	镇的居委会	街道
重　庆	**193**	**25**	**124**	**17**	**27**	**178**	**23**	**105**	**16**	**34**
市辖区	142	13	95	13	21	129	13	76	13	27
万州区	7		6	1		5	3			2
涪陵区	3		1	2		3	1			2
渝中区										
大渡口区										
江北区						1		1		
沙坪坝区	4		3		1	3		3		
九龙坡区	8	1	6	1		29	4	20	1	4
南岸区										
北碚区	6		5	1		2	1	1		
綦江区	4	1	1	2		6		4	1	1
綦江区(不含万盛)	1	1				2		2		
万盛经开区	3		1	2		4		2	1	1
大足区	2	1	1			3		3		
渝北区	37	2	24	2	9	13	2	6	1	4
巴南区	5	1	4			7		1	2	4
黔江区	3	2	1			1				1
长寿区	5		5			3		2	1	
江津区	16	2	13	1		29	1	21	4	3
合川区	2		1		1	1			1	
永川区	4		2		2					
南川区	2			1	1	1				1
璧山区	16	2	6	1	7	5		1	1	3
铜梁区	6	1	5			2		2		
潼南区	3		3			4		3		1
荣昌区	3		3			4		3		1
开州区	3		3			3		3		
梁平区	1			1		2		2		
武隆区	2		2			2	1		1	
县	51	12	29	4	6	49	10	29	3	7
城口县	1		1							
丰都县	6	2	2		2	6	1	5		
垫江县						2	1	1		
忠　县	9		7	2		9		4	1	4
云阳县	11		11			1		1		
奉节县	7	2	1	2	2	1				1
巫山县	6	5	1			3	1	2		
巫溪县	2	1	1			1				1
石柱县	1		1							
秀山县	2		1		1	9	1	7	1	
酉阳县	4	1	3			12	4	6	1	1
彭水县	2	1			1	5	2	3		

7−1c　续表 7

现住地	市外									
	安徽					福建				
	小计	乡	镇的村委会	镇的居委会	街道	小计	乡	镇的村委会	镇的居委会	街道
重　庆	**272**	**58**	**164**	**18**	**32**	**310**	**59**	**197**	**22**	**32**
市辖区	197	37	130	11	19	247	40	159	19	29
万州区	4	2	2			9	2	3		4
涪陵区	5		3	1	1	8		8		
渝中区										
大渡口区	2		2							
江北区						4		4		
沙坪坝区	9	5	4							
九龙坡区	21	8	13			43	5	30	2	6
南岸区						7		7		
北碚区	2		1		1	3	3			
綦江区	4		1	1	2	5	1	3	1	
綦江区(不含万盛)	2		1	1						
万盛经开区	2				2	5	1	3	1	
大足区	4		4			2	1	1		
渝北区	44	10	24	3	7	41	6	29	5	1
巴南区	20	2	17	1		15	2	8		5
黔江区	8	2	3		3	2		2		
长寿区	3	2	1			3		3		
江津区	18	3	13	2		14	4	10		
合川区	4		3		1	3		3		
永川区	2		1	1		10	1	6	3	
南川区	1		1			11	2	4	1	4
璧山区	18	1	15	1	1	33	5	15	4	9
铜梁区	3	1	2			6		6		
潼南区	1		1							
荣昌区	5		5			7	6	1		
开州区	8		4	1	3	5		2	3	
梁平区	9		9			14		14		
武隆区	2	1	1			2	2			
县	75	21	34	7	13	63	19	38	3	3
城口县	4	3	1			1		1		
丰都县	8	3	4	1		4		4		
垫江县	1	1				2		2		
忠　县	12		3	1	8	1	1			
云阳县	4	1	1		2	9	2	6	1	
奉节县	5	2	3			7	4	3		
巫山县	19	8	9	2		6		6		
巫溪县	4	1	3			7		7		
石柱县						1	1			
秀山县	3		3			6	2	3		1
酉阳县	7	1	3	2	1	12	5	5	1	1
彭水县	8	1	4	1	2	7	4	1	1	1

7-1c 续表 8

现住地	市外									
	江西					山东				
	小计	乡	镇的村委会	镇的居委会	街道	小计	乡	镇的村委会	镇的居委会	街道
重庆	**286**	**76**	**173**	**15**	**22**	**209**	**9**	**133**	**21**	**46**
市辖区	187	48	113	13	13	163	7	97	20	39
万州区	6	2	4							
涪陵区	2	2				2		1		1
渝中区										
大渡口区	8	8				1		1		
江北区	1		1							
沙坪坝区	3		3			2		2		
九龙坡区	19	5	14			10		8	1	1
南岸区	7	2	3	1	1	1				1
北碚区	1		1			2		1		1
綦江区	6		5		1	8		7		1
綦江区(不含万盛)	6		5		1	8		7		1
万盛经开区										
大足区	5		5			1				1
渝北区	32	13	13	4	2	27	1	22		4
巴南区	17	2	13	1	1	25	1	10	9	5
黔江区	1				1	4	2	1		1
长寿区	3				3	1		1		
江津区	20	4	11	4	1	31		17	7	7
合川区	12		12			3		2		1
永川区	8	1	6		1	4		2		2
南川区						1		1		
璧山区	11	5	3	1	2	6		4		2
铜梁区	1		1			2		1		1
潼南区	2		2			6				6
荣昌区	7	3	4			3	2			1
开州区	9	1	7	1		14		8	3	3
梁平区	4		4			1		1		
武隆区	2		1	1		8	1	7		
县	99	28	60	2	9	46	2	36	1	7
城口县	11	2	6		3	3		1		2
丰都县	10		10			1	1			
垫江县	4	2	2							
忠县	16	1	11	1	3	26		24		2
云阳县	9	4	4		1	1	1			
奉节县	23	12	11							
巫山县	4	1	3			5		4		1
巫溪县	4		4			1		1		
石柱县	2		2			6		4	1	1
秀山县	5	2	3							
酉阳县	4	2	1		1	1		1		
彭水县	7	2	3	1	1	2		1		1

7-1c　续表 9

现住地	市外									
	河南					湖北				
	小计	乡	镇的村委会	镇的居委会	街道	小计	乡	镇的村委会	镇的居委会	街道
重　庆	**599**	**134**	**371**	**44**	**50**	**1174**	**240**	**677**	**88**	**169**
市辖区	445	112	258	34	41	699	126	404	52	117
万州区	13	1	5	2	5	67	16	41		10
涪陵区	18	3	1	3	11	67	22	15	4	26
渝中区										
大渡口区						1		1		
江北区						3		3		
沙坪坝区	8		5	2	1	24	5	16		3
九龙坡区	54	20	30	2	2	35	7	23	1	4
南岸区	5	3	2			9		7	1	1
北碚区	20	2	13	4	1	26	4	20	1	1
綦江区	15	2	13			14	2	11	1	
綦江区(不含万盛)	15	2	13			9	2	7		
万盛经开区						5		4	1	
大足区	8	1	2	5		3		2		1
渝北区	110	29	64	7	10	139	13	94	15	17
巴南区	23	7	15	1		14	3	7	2	2
黔江区	8	5	3			67	28	30	4	5
长寿区	9		9			7	1	4	1	1
江津区	35	2	28	1	4	61	7	38	9	7
合川区	13	1	10	2		22		18	2	2
永川区	20	2	16	1	1	16	2	9		5
南川区	1		1			2		2		
璧山区	30	21	6		3	38	10	20	1	7
铜梁区	14	1	9	2	2	12	1	6		5
潼南区	14	6	7	1		6		2	4	
荣昌区	6		6			8	1	4		3
开州区	9	1	7	1		21		20		1
梁平区	7		6		1	15	3	8	1	3
武隆区	5	5				22	1	3	5	13
县	154	22	113	10	9	475	114	273	36	52
城口县	18	8	8		2	31	9	20		2
丰都县	4	2	1	1		9		7	1	1
垫江县	11	1	9	1		9		5	4	
忠　县	47	1	44	2		51	5	35	3	8
云阳县	25	1	22	1	1	88	14	40	6	28
奉节县	12	3	7	1	1	110	23	74	13	
巫山县	13	2	11			79	36	41	2	
巫溪县	4		4			27	6	18		3
石柱县	2		1	1		20	7	12	1	
秀山县	4		2	2		9	1	3	3	2
酉阳县	3	1	1		1	14	6	7		1
彭水县	11	3	3	1	4	28	7	11	3	7

7−1c 续表 10

现住地	市外									
	湖南					广东				
	小计	乡	镇的村委会	镇的居委会	街道	小计	乡	镇的村委会	镇的居委会	街道
重　庆	**703**	**128**	**471**	**41**	**63**	**283**	**38**	**174**	**20**	**51**
市辖区	473	61	338	29	45	181	14	108	15	44
万州区	19	5	13		1	10	2	6		2
涪陵区	8	2	3		3	1			1	
渝中区										
大渡口区	2	1	1							
江北区										
沙坪坝区	4		4			1				1
九龙坡区	36	2	29	5		13	1	8		4
南岸区	2		1		1	1		1		
北碚区	1		1			1		1		
綦江区	24	1	22		1	4		4		
綦江区(不含万盛)	19		19			4		4		
万盛经开区	5	1	3		1					
大足区	8	1	7			7	2	4		1
渝北区	78	10	61	4	3	20		12		8
巴南区	24	2	21		1	2		1	1	
黔江区	34	5	24	1	4	1		1		
长寿区	5	1	1	1	2	2		1	1	
江津区	42	7	25	6	4	34	1	23	7	3
合川区	35		29	5	1	5		3		2
永川区	14	1	9	1	3	20		13	1	6
南川区	11		11			3	1	1		1
璧山区	31	10	12	3	6	18		7	1	10
铜梁区	11	3	7		1	3		1		2
潼南区	4		2		2	8		5	1	2
荣昌区	20	6	6	1	7	7	3	1	1	2
开州区	25	1	19		5	9	2	6	1	
梁平区	13		11	2		8		8		
武隆区	22	3	19			3	2	1		
县	230	67	133	12	18	102	24	66	5	7
城口县	9	9				7	1	5		1
丰都县	2	1	1			4		3		1
垫江县	8	4	3		1	1	1			
忠　县	23	2	14	2	5	9	2	5	1	1
云阳县	19	9	9	1		12	2	8	1	1
奉节县	5	2	3			9	1	4	1	3
巫山县	41	20	15		6	13	3	10		
巫溪县	15	3	12			14	5	9		
石柱县	3	1	1	1		6	1	4	1	
秀山县	68	6	52	6	4	8	2	6		
酉阳县	27	9	17		1	17	5	11	1	
彭水县	10	1	6	2	1	2	1	1		

7-1c　续表 11

现住地	市外									
	广西					海南				
	小计	乡	镇的村委会	镇的居委会	街道	小计	乡	镇的村委会	镇的居委会	街道
重　庆	**264**	**54**	**168**	**19**	**23**	**16**	**3**	**10**	**1**	**2**
市辖区	190	33	122	15	20	8		6		2
万州区	5		3	1	1					
涪陵区	4	1		2	1					
渝中区										
大渡口区										
江北区	11		10	1						
沙坪坝区	5	1	4			1		1		
九龙坡区	13	4	8	1		1		1		
南岸区	1		1							
北碚区	2	2								
綦江区	7		6		1					
綦江区(不含万盛)	7		6		1					
万盛经开区										
大足区	3	2	1							
渝北区	18	3	9	2	4	2		1		1
巴南区	3	1	2							
黔江区	8	4	3		1	1		1		
长寿区										
江津区	31	4	21	5	1	1		1		
合川区	13		10	1	2					
永川区	11	1	9		1					
南川区	5	2	3							
璧山区	4		2		2	1				1
铜梁区	6	1	5							
潼南区	6	1	4	1		1		1		
荣昌区	13	2	7		4					
开州区	8	2	5		1					
梁平区	10	2	6	1	1					
武隆区	3		3							
县	74	21	46	4	3	8	3	4	1	
城口县	3	1	2							
丰都县										
垫江县	1			1						
忠　县	6	2	3		1					
云阳县	12	6	6							
奉节县	2	1	1							
巫山县	5		5			6	2	3	1	
巫溪县	7		7							
石柱县	4	3	1							
秀山县	15	3	10		2					
酉阳县	11	2	7	2		1		1		
彭水县	8	3	4	1		1	1			

7-1c 续表 12

现住地	市外				
	四川				
	小计	乡	镇的村委会	镇的居委会	街道
重庆	**7668**	**1448**	**5043**	**494**	**683**
市辖区	6981	1244	4681	453	603
万州区	57	10	36	1	10
涪陵区	60	9	37	8	6
渝中区					
大渡口区	36	1	31	2	2
江北区	17	2	7	2	6
沙坪坝区	338	51	209	8	70
九龙坡区	808	163	585	27	33
南岸区	94	15	69	1	9
北碚区	235	54	145	12	24
綦江区	86	10	61	7	8
綦江区(不含万盛)	63	9	44	6	4
万盛经开区	23	1	17	1	4
大足区	132	20	91	7	14
渝北区	1958	345	1325	149	139
巴南区	365	115	212	15	23
黔江区	59	21	28	6	4
长寿区	90	9	64	5	12
江津区	883	105	641	97	40
合川区	266	26	204	12	24
永川区	240	27	172	10	31
南川区	35	4	21	3	7
璧山区	430	113	238	25	54
铜梁区	119	21	80	4	14
潼南区	109	18	61	24	6
荣昌区	199	41	105	14	39
开州区	191	41	137	1	12
梁平区	121	15	89	10	7
武隆区	53	8	33	3	9
县	687	204	362	41	80
城口县	139	72	57	1	9
丰都县	59	8	33	6	12
垫江县	55	17	33	3	2
忠县	73	6	48	2	17
云阳县	90	39	31	10	10
奉节县	23	6	11	2	4
巫山县	40	6	28	3	3
巫溪县	34	10	23	1	
石柱县	35	9	19	1	6
秀山县	26	3	16	1	6
酉阳县	40	8	26	3	3
彭水县	73	20	37	8	8

7-1c　续表 13

现住地	市外									
	贵州					云南				
	小计	乡	镇的村委会	镇的居委会	街道	小计	乡	镇的村委会	镇的居委会	街道
重　庆	**2180**	**456**	**1488**	**110**	**126**	**895**	**229**	**586**	**39**	**41**
市辖区	1746	298	1247	93	108	761	179	523	29	30
万州区	15	7	6	1	1	10	1	8		1
涪陵区	44	9	31	3	1	7		6	1	
渝中区										
大渡口区	4	2	2							
江北区	5		5							
沙坪坝区	39	2	30		7	24	3	21		
九龙坡区	100	26	68	2	4	41	8	27	1	5
南岸区	6		6			7	1	6		
北碚区	48	13	32	2	1	23	17	6		
綦江区	321	49	253	8	11	11	4	6		1
綦江区(不含万盛)	222	39	167	6	10	10	4	5		1
万盛经开区	99	10	86	2	1	1		1		
大足区	20	3	14	2	1	43	8	33	2	
渝北区	223	33	167	11	12	93	22	67	1	3
巴南区	70	14	47	7	2	46	12	32		2
黔江区	22	3	12	5	2	18	9	8		1
长寿区	13	1	12			26	10	14	1	1
江津区	310	45	216	33	16	127	20	89	16	2
合川区	49	2	43	2	2	42	9	32	1	
永川区	106	8	77	2	19	57	4	52		1
南川区	62	18	42		2	5		4		1
璧山区	119	23	75	4	17	27	8	16		3
铜梁区	47	8	32	3	4	35	11	21		3
潼南区	26	5	19		2	43	14	26	2	1
荣昌区	22	7	8	5	2	37	13	20	2	2
开州区	19	4	12	2	1	12		10		2
梁平区	18		17	1		13	1	10	2	
武隆区	38	16	21		1	14	4	9		1
县	434	158	241	17	18	134	50	63	10	11
城口县	38	10	27	1		10	6	2		2
丰都县	17	5	11		1	21	2	14	3	2
垫江县	13	5	8			26	8	13	3	2
忠　县	21	2	14	4	1	7		4	1	2
云阳县	16	7	8		1	11	2	8		1
奉节县	13	3	8	2		6	5		1	
巫山县	16	8	7	1		15	8	5	2	
巫溪县	29	10	19			8	3	5		
石柱县	11	3	8			4	1	2		1
秀山县	108	35	62	6	5	7	4	3		
酉阳县	87	40	37	1	9	9	6	3		
彭水县	65	30	32	2	1	10	5	4		1

7－1c 续表 14

现住地	市外									
	西藏					陕西				
	小计	乡	镇的村委会	镇的居委会	街道	小计	乡	镇的村委会	镇的居委会	街道
重　庆	**18**	**1**	**10**	**4**	**3**	**390**	**60**	**260**	**37**	**33**
市辖区	13	1	8	3	1	291	38	198	25	30
万州区						6		2	2	2
涪陵区	1				1	7		5	2	
渝中区										
大渡口区						1		1		
江北区						6		6		
沙坪坝区						1				1
九龙坡区						9	1	7	1	
南岸区						3	1	2		
北碚区	1		1			11		11		
綦江区						7		3	1	3
綦江区(不含万盛)						2		1		1
万盛经开区						5		2	1	2
大足区						5	1	2	1	1
渝北区	1		1			80	13	54	5	8
巴南区	1		1			14	2	10	1	1
黔江区						10	4	1		5
长寿区						1	1			
江津区	3		1	2		22	1	15	5	1
合川区						9		7	1	1
永川区	1		1			10		8		2
南川区						10		10		
璧山区	1		1			19	3	13		3
铜梁区						6	2	4		
潼南区	3	1	1	1		1		1		
荣昌区						12	4	5	2	1
开州区						16		13	2	1
梁平区						3		3		
武隆区	1		1			22	5	15	2	
县	5		2	1	2	99	22	62	12	3
城口县						13	8	3		2
丰都县	1			1		8	1	5	2	
垫江县										
忠　县						7		6	1	
云阳县	1				1	19	3	16		
奉节县	2		1		1					
巫山县						12	2	8	2	
巫溪县						11	3	8		
石柱县						9	1	4	4	
秀山县	1		1			2	1	1		
酉阳县						4	1	3		
彭水县						14	2	8	3	1

7–1c　续表 15

现住地	市外									
	甘肃					青海				
	小计	乡	镇的村委会	镇的居委会	街道	小计	乡	镇的村委会	镇的居委会	街道
重　庆	**177**	**33**	**110**	**9**	**25**	**28**	**5**	**13**	**5**	**5**
市辖区	146	22	94	9	21	23	5	10	5	3
万州区	4	1	3							
涪陵区	4		4			1		1		
渝中区										
大渡口区										
江北区										
沙坪坝区	2		2							
九龙坡区	6	1	3	2						
南岸区										
北碚区	2		2			2		1		1
綦江区	4		4			2		2		
綦江区(不含万盛)	4		4			2		2		
万盛经开区										
大足区	1		1							
渝北区	45	6	30	3	6	9	2	3	4	
巴南区	4		3	1		1	1			
黔江区	18	4	12	1	1					
长寿区						1	1			
江津区	17	2	12		3	3		1	1	1
合川区	5		4		1					
永川区	7	1	2		4	1				1
南川区	1		1			1		1		
璧山区	9	5	1		3	1	1			
铜梁区	4		4			1		1		
潼南区	2		1	1						
荣昌区	4		4							
开州区	2				2					
梁平区	1			1						
武隆区	4	2	1		1					
县	31	11	16		4	5		3		2
城口县	4	2	1		1					
丰都县	2	1	1			2		1		1
垫江县	2		2							
忠　县	7	3	4			1		1		
云阳县	4	1	3							
奉节县	3	1	1		1					
巫山县	3	1	1		1	1		1		
巫溪县	1				1					
石柱县										
秀山县	1	1								
酉阳县						1				1
彭水县	4	1	3							

7−1c 续表 16

现住地	市外									
	宁夏					新疆				
	小计	乡	镇的村委会	镇的居委会	街道	小计	乡	镇的村委会	镇的居委会	街道
重　庆	**14**	**1**	**8**		**5**	**143**	**32**	**55**	**27**	**29**
市辖区	13	1	7		5	98	17	39	17	25
万州区						4	2	1		1
涪陵区	1		1			3	2	1		
渝中区										
大渡口区										
江北区										
沙坪坝区						5		4		1
九龙坡区						4		1	1	2
南岸区										
北碚区										
綦江区	2				2	3		1		2
綦江区(不含万盛)	2				2	2				2
万盛经开区						1		1		
大足区						2				2
渝北区	3				3	17	4	2	4	7
巴南区	3		3			5	2	2	1	
黔江区										
长寿区						5	1	1	1	2
江津区	2		2			10	1	6	2	1
合川区						3	1	1	1	
永川区	1		1			6		4	2	
南川区										
璧山区	1	1				10		6	2	2
铜梁区						5		5		
潼南区						8	2	4		2
荣昌区						2	1		1	
开州区						1				1
梁平区						3			2	1
武隆区						2	1			1
县	1		1			45	15	16	10	4
城口县						2	2			
丰都县						6	2	3	1	
垫江县						1		1		
忠　县						10		6	3	1
云阳县						5	1		1	3
奉节县						3	3			
巫山县						5	1	4		
巫溪县						1		1		
石柱县						1	1			
秀山县										
酉阳县	1		1			2	1		1	
彭水县						9	4	1	4	

7–2 全市按现住地、职业和性别分的户口登记地在本市其他乡镇街道人口

单位：人

现住地	合计			党的机关、国家机关、群众团体和社会组织、企事业单位负责人		
	合计	男	女	小计	男	女
重　庆	**492209**	**282537**	**209672**	**8749**	**6211**	**2538**
市辖区	428468	246192	182276	7702	5447	2255
万州区	22460	12842	9618	624	413	211
涪陵区	16551	9806	6745	209	155	54
渝中区	16810	8864	7946	328	224	104
大渡口区	10395	6030	4365	73	57	16
江北区	22197	12234	9963	551	377	174
沙坪坝区	30685	17679	13006	461	346	115
九龙坡区	36818	21018	15800	546	396	150
南岸区	25451	14125	11326	505	363	142
北碚区	17260	10476	6784	185	138	47
綦江区	13193	7906	5287	152	108	44
綦江区(不含万盛)	10154	6120	4034	83	58	25
万盛经开区	3039	1786	1253	69	50	19
大足区	7278	4278	3000	136	96	40
渝北区	57548	32359	25189	2111	1475	636
巴南区	24315	14496	9819	157	125	32
黔江区	6826	3896	2930	176	137	39
长寿区	12612	7319	5293	181	116	65
江津区	17097	10157	6940	362	249	113
合川区	13948	8164	5784	181	131	50
永川区	15890	8876	7014	104	74	30
南川区	6104	3526	2578	97	65	32
璧山区	14067	8547	5520	150	104	46
铜梁区	10243	5862	4381	96	73	23
潼南区	7136	4331	2805	49	31	18
荣昌区	6451	3665	2786	58	40	18
开州区	8465	4966	3499	81	56	25
梁平区	5019	2690	2329	76	56	20
武隆区	3649	2080	1569	53	42	11
县	63741	36345	27396	1047	764	283
城口县	1897	1053	844	52	40	12
丰都县	4561	2659	1902	101	67	34
垫江县	7541	4112	3429	200	137	63
忠　县	6825	3808	3017	82	64	18
云阳县	10223	6091	4132	90	74	16
奉节县	8099	4816	3283	202	134	68
巫山县	4034	2534	1500	71	62	9
巫溪县	2395	1375	1020	51	37	14
石柱县	3713	2027	1686	47	36	11
秀山县	3162	1717	1445	12	12	
酉阳县	3203	1744	1459	35	28	7
彭水县	8088	4409	3679	104	73	31

7-2　续表 1　　　　单位：人

现住地	专业技术人员			办事人员和有关人员			社会生产服务和生活服务人员		
	小计	男	女	小计	男	女	小计	男	女
重　庆	**65487**	**27682**	**37805**	**45955**	**25127**	**20828**	**225082**	**115667**	**109415**
市辖区	57948	24529	33419	41459	22325	19134	197267	102504	94763
万州区	2757	1206	1551	1737	1042	695	10561	5239	5322
涪陵区	1957	862	1095	1524	887	637	7027	3484	3543
渝中区	3077	1248	1829	2030	1011	1019	9499	4822	4677
大渡口区	1300	522	778	1102	557	545	5277	2920	2357
江北区	3714	1589	2125	2887	1391	1496	11333	5976	5357
沙坪坝区	4873	2017	2856	3172	1604	1568	13852	7684	6168
九龙坡区	4901	1944	2957	3511	1800	1711	19235	10537	8698
南岸区	3869	1532	2337	3513	1814	1699	12969	6890	6079
北碚区	2210	931	1279	1459	782	677	6281	3371	2910
綦江区	1513	622	891	1359	802	557	5513	2696	2817
綦江区(不含万盛)	1150	463	687	1016	600	416	4288	2104	2184
万盛经开区	363	159	204	343	202	141	1225	592	633
大足区	758	338	420	515	330	185	3078	1581	1497
渝北区	9394	4085	5309	6799	3467	3332	26444	13686	12758
巴南区	2963	1366	1597	1770	876	894	11985	6583	5402
黔江区	1110	496	614	664	418	246	2805	1263	1542
长寿区	1062	416	646	1012	575	437	4832	2205	2627
江津区	1969	837	1132	1409	802	607	6746	3474	3272
合川区	1878	798	1080	846	525	321	6213	3181	3032
永川区	1809	711	1098	1025	592	433	7274	3438	3836
南川区	720	304	416	511	319	192	2762	1340	1422
璧山区	1165	578	587	1061	570	491	5215	2853	2362
铜梁区	1157	502	655	1080	636	444	4119	2033	2086
潼南区	669	292	377	529	326	203	3290	1731	1559
荣昌区	763	331	432	586	346	240	2851	1490	1361
开州区	1129	513	616	477	325	152	4350	2269	2081
梁平区	746	279	467	463	276	187	2180	1020	1160
武隆区	485	210	275	418	252	166	1576	738	838
县	7539	3153	4386	4496	2802	1694	27815	13163	14652
城口县	275	116	159	239	136	103	754	322	432
丰都县	599	235	364	337	202	135	1884	923	961
垫江县	920	391	529	411	255	156	3294	1435	1859
忠　县	773	315	458	484	280	204	2737	1167	1570
云阳县	1286	563	723	605	396	209	4346	2157	2189
奉节县	906	434	472	497	319	178	3889	2031	1858
巫山县	475	196	279	287	211	76	1910	1026	884
巫溪县	327	139	188	236	135	101	956	478	478
石柱县	483	172	311	349	212	137	1629	756	873
秀山县	355	131	224	245	153	92	1374	623	751
酉阳县	500	188	312	318	204	114	1329	627	702
彭水县	640	273	367	488	299	189	3713	1618	2095

7-2 续表 2 单位：人

现住地	农、林、牧、渔业生产及辅助人员			生产制造及有关人员			不便分类的其他从业人员		
	小计	男	女	小计	男	女	小计	男	女
重　庆	**10612**	**5450**	**5162**	**135427**	**101907**	**33520**	**897**	**493**	**404**
市辖区	6663	3492	3171	116841	87585	29256	588	310	278
万州区	546	265	281	6229	4673	1556	6	4	2
涪陵区	478	234	244	5355	4183	1172	1	1	
渝中区	5	4	1	1871	1555	316			
大渡口区	45	25	20	2598	1949	649			
江北区	61	34	27	3596	2846	750	55	21	34
沙坪坝区	75	54	21	8087	5889	2198	165	85	80
九龙坡区	170	98	72	8440	6237	2203	15	6	9
南岸区	67	40	27	4522	3480	1042	6	6	
北碚区	144	87	57	6981	5167	1814			
綦江区	240	115	125	4402	3551	851	14	12	2
綦江区(不含万盛)	180	80	100	3437	2815	622			
万盛经开区	60	35	25	965	736	229	14	12	2
大足区	247	127	120	2531	1796	735	13	10	3
渝北区	251	148	103	12350	9396	2954	199	102	97
巴南区	269	159	110	7167	5383	1784	4	4	
黔江区	176	91	85	1890	1488	402	5	3	2
长寿区	581	256	325	4941	3749	1192	3	2	1
江津区	578	296	282	6000	4480	1520	33	19	14
合川区	334	192	142	4488	3333	1155	8	4	4
永川区	715	358	357	4956	3699	1257	7	4	3
南川区	164	91	73	1846	1404	442	4	3	1
璧山区	254	147	107	6203	4285	1918	19	10	9
铜梁区	268	149	119	3517	2468	1049	6	1	5
潼南区	226	119	107	2360	1825	535	13	7	6
荣昌区	206	108	98	1984	1349	635	3	1	2
开州区	216	113	103	2211	1689	522	1	1	
梁平区	198	110	88	1351	946	405	5	3	2
武隆区	149	72	77	965	765	200	3	1	2
县	3949	1958	1991	18586	14322	4264	309	183	126
城口县	121	61	60	453	378	75	3		3
丰都县	234	127	107	1404	1105	299	2		2
垫江县	416	184	232	2276	1692	584	24	18	6
忠　县	451	190	261	2294	1790	504	4	2	2
云阳县	463	244	219	3421	2649	772	12	8	4
奉节县	727	423	304	1759	1404	355	119	71	48
巫山县	178	106	72	1107	928	179	6	5	1
巫溪县	130	69	61	619	474	145	76	43	33
石柱县	205	106	99	1000	745	255			
秀山县	153	73	80	1017	724	293	6	1	5
酉阳县	263	96	167	758	601	157			
彭水县	608	279	329	2478	1832	646	57	35	22

7-3 全市按现住地、职业和性别分的户口登记地在外省人口

单位：人

现住地	合计			党的机关、国家机关、群众团体和社会组织、企事业单位负责人		
	合计	男	女	小计	男	女
重　庆	**111718**	**70124**	**41594**	**2322**	**1818**	**504**
市辖区	106716	67148	39568	2240	1753	487
万州区	1421	859	562	51	37	14
涪陵区	1421	956	465	25	19	6
渝中区	6821	3993	2828	143	100	43
大渡口区	3444	2174	1270	41	29	12
江北区	8078	5131	2947	204	154	50
沙坪坝区	11681	7346	4335	181	146	35
九龙坡区	13680	8744	4936	265	209	56
南岸区	6940	4261	2679	139	104	35
北碚区	6280	4308	1972	45	40	5
綦江区	1923	1204	719	24	16	8
綦江区(不含万盛)	1396	862	534	17	12	5
万盛经开区	527	342	185	7	4	3
大足区	1035	611	424	13	9	4
渝北区	17498	11131	6367	692	549	143
巴南区	5568	3533	2035	59	53	6
黔江区	794	474	320	34	27	7
长寿区	1470	911	559	20	17	3
江津区	4277	2728	1549	107	87	20
合川区	1831	1018	813	30	20	10
永川区	2837	1712	1125	27	24	3
南川区	482	312	170	9	5	4
璧山区	4148	2773	1375	57	46	11
铜梁区	1250	762	488	22	17	5
潼南区	943	501	442	5	5	
荣昌区	1280	734	546	21	17	4
开州区	707	441	266	7	5	2
梁平区	533	282	251	15	14	1
武隆区	374	249	125	4	4	
县	5002	2976	2026	82	65	17
城口县	372	244	128	2	2	
丰都县	320	179	141	10	7	3
垫江县	398	211	187	4	4	
忠　县	678	423	255	16	13	3
云阳县	626	416	210	7	6	1
奉节县	424	242	182	15	9	6
巫山县	356	240	116	2	2	
巫溪县	186	112	74	5	3	2
石柱县	280	150	130	3	3	
秀山县	487	258	229	1		1
酉阳县	363	205	158	2	2	
彭水县	512	296	216	15	14	1

7-3　续表 1　　　　单位：人

现 住 地	专业技术人员			办事人员和有关人员			社会生产服务和生活服务人员		
	小计	男	女	小计	男	女	小计	男	女
重　庆	**14086**	**7647**	**6439**	**8268**	**4809**	**3459**	**50998**	**29202**	**21796**
市辖区	13573	7338	6235	7988	4625	3363	49130	28334	20796
万州区	211	123	88	128	82	46	686	385	301
涪陵区	242	162	80	109	74	35	454	234	220
渝中区	1045	543	502	578	336	242	4117	2215	1902
大渡口区	414	201	213	289	170	119	1794	1067	727
江北区	1074	587	487	692	383	309	4243	2464	1779
沙坪坝区	1592	824	768	810	459	351	5378	3214	2164
九龙坡区	1433	724	709	1051	616	435	7381	4541	2840
南岸区	947	469	478	744	446	298	3781	2195	1586
北碚区	785	492	293	316	180	136	1912	1105	807
綦江区	217	148	69	153	90	63	718	356	362
綦江区(不含万盛)	176	118	58	114	70	44	507	243	264
万盛经开区	41	30	11	39	20	19	211	113	98
大足区	82	40	42	44	30	14	358	184	174
渝北区	2625	1413	1212	1399	771	628	8180	4816	3364
巴南区	664	337	327	308	164	144	2680	1621	1059
黔江区	147	76	71	61	32	29	278	144	134
长寿区	143	83	60	100	57	43	490	242	248
江津区	460	269	191	261	165	96	1594	924	670
合川区	232	113	119	106	66	40	761	372	389
永川区	311	155	156	164	91	73	1083	531	552
南川区	40	30	10	23	12	11	180	99	81
璧山区	358	239	119	270	162	108	1103	646	457
铜梁区	125	57	68	124	79	45	360	173	187
潼南区	95	46	49	71	50	21	388	179	209
荣昌区	114	62	52	86	48	38	528	274	254
开州区	90	59	31	35	22	13	347	192	155
梁平区	69	37	32	39	22	17	192	85	107
武隆区	58	49	9	27	18	9	144	76	68
县	513	309	204	280	184	96	1868	868	1000
城口县	44	28	16	14	8	6	109	54	55
丰都县	42	25	17	18	12	6	125	54	71
垫江县	40	18	22	22	19	3	166	69	97
忠　县	67	37	30	23	12	11	239	109	130
云阳县	75	42	33	43	31	12	204	109	95
奉节县	32	21	11	18	10	8	166	74	92
巫山县	41	28	13	33	27	6	111	56	55
巫溪县	18	15	3	21	14	7	71	32	39
石柱县	29	16	13	18	8	10	115	46	69
秀山县	36	18	18	24	14	10	240	117	123
酉阳县	38	23	15	22	15	7	137	65	72
彭水县	51	38	13	24	14	10	185	83	102

7-3 续表 2

单位：人

现 住 地	农、林、牧、渔业生产及辅助人员			生产制造及有关人员			不便分类的其他从业人员		
	小计	男	女	小计	男	女	小计	男	女
重　庆	**1699**	**590**	**1109**	**34171**	**25942**	**8229**	**174**	**116**	**58**
市辖区	1230	452	778	32395	24539	7856	160	107	53
万州区	48	14	34	295	216	79	2	2	
涪陵区	32	8	24	559	459	100			
渝中区	4	1	3	934	798	136			
大渡口区	6	4	2	900	703	197			
江北区	12	9	3	1844	1528	316	9	6	3
沙坪坝区	32	22	10	3627	2640	987	61	41	20
九龙坡区	49	28	21	3495	2623	872	6	3	3
南岸区	18	12	6	1309	1034	275	2	1	1
北碚区	28	14	14	3194	2477	717			
綦江区	101	33	68	707	559	148	3	2	1
綦江区(不含万盛)	82	20	62	500	399	101			
万盛经开区	19	13	6	207	160	47	3	2	1
大足区	44	13	31	494	335	159			
渝北区	64	37	27	4487	3508	979	51	37	14
巴南区	38	17	21	1818	1340	478	1	1	
黔江区	40	8	32	234	187	47			
长寿区	58	26	32	657	484	173	2	2	
江津区	122	35	87	1730	1246	484	3	2	1
合川区	66	19	47	636	428	208			
永川区	90	24	66	1161	886	275	1	1	
南川区	23	7	16	206	158	48	1	1	
璧山区	49	26	23	2298	1649	649	13	5	8
铜梁区	51	18	33	568	418	150			
潼南区	71	21	50	308	197	111	5	3	2
荣昌区	77	24	53	454	309	145			
开州区	18	6	12	210	157	53			
梁平区	65	20	45	153	104	49			
武隆区	24	6	18	117	96	21			
县	469	138	331	1776	1403	373	14	9	5
城口县	27	3	24	176	149	27			
丰都县	27	6	21	98	75	23			
垫江县	38	8	30	124	91	33	4	2	2
忠　县	68	31	37	265	221	44			
云阳县	45	18	27	252	210	42			
奉节县	45	16	29	145	110	35	3	2	1
巫山县	24	4	20	145	123	22			
巫溪县	18	8	10	52	40	12	1		1
石柱县	27	8	19	88	69	19			
秀山县	43	9	34	143	100	43			
酉阳县	47	12	35	117	88	29			
彭水县	60	15	45	171	127	44	6	5	1

7-4　全市按现住地、户口登记地类型、受教育程度分的户口登记地在本市其他乡镇街道人口

单位：人

现住地	合　计					未上过学				
	合计	乡	镇的村委会	镇的居委会	街道	小计	乡	镇的村委会	镇的居委会	街道
重　庆	**1015728**	**143269**	**459964**	**118266**	**294229**	**12005**	**2125**	**6147**	**1211**	**2522**
市辖区	870829	101317	390893	103398	275221	10074	1435	5272	1047	2320
万州区	47418	7335	21654	4381	14048	469	91	211	47	120
涪陵区	37945	8229	14206	2902	12608	347	66	138	31	112
渝中区	28069	3013	9308	3513	12235	200	26	79	14	81
大渡口区	19734	2127	8235	2180	7192	303	37	158	25	83
江北区	38671	3879	10328	4624	19840	373	58	127	37	151
沙坪坝区	61233	6992	23899	7022	23320	736	94	337	70	235
九龙坡区	67085	8060	28706	8213	22106	708	105	372	72	159
南岸区	51518	5689	17881	8144	19804	515	73	266	74	102
北碚区	32402	3732	14110	3686	10874	436	52	236	42	106
綦江区	30139	1853	17674	4727	5885	641	62	381	101	97
綦江区(不含万盛)	22525	1053	14271	2866	4335	403	19	285	35	64
万盛经开区	7614	800	3403	1861	1550	238	43	96	66	33
大足区	17501	1415	9732	2734	3620	199	21	121	25	32
渝北区	104438	8732	42035	13229	40442	1022	106	533	130	253
巴南区	51149	5373	23874	6008	15894	505	56	261	54	134
黔江区	16907	4633	6730	1397	4147	305	104	131	15	55
长寿区	23678	3374	10438	2418	7448	312	60	137	31	84
江津区	37380	3277	20181	7090	6832	295	34	177	41	43
合川区	33692	2409	18165	3093	10025	300	18	183	22	77
永川区	36215	4819	17340	3697	10359	294	45	175	14	60
南川区	12240	1330	5964	1922	3024	165	22	92	29	22
璧山区	27000	2712	14260	2992	7036	319	46	174	23	76
铜梁区	21178	1593	12729	1519	5337	408	34	272	29	73
潼南区	15565	3162	8401	1734	2268	234	57	128	24	25
荣昌区	14847	1535	7843	1870	3599	282	47	146	40	49
开州区	25971	3109	16048	2406	4408	415	60	265	25	65
梁平区	11481	1075	7456	1098	1852	165	20	115	13	17
武隆区	7373	1860	3696	799	1018	126	41	57	19	9
县	144899	41952	69071	14868	19008	1931	690	875	164	202
城口县	4069	1720	1566	262	521	102	48	34	2	18
丰都县	10773	1943	5376	1218	2236	146	29	80	14	23
垫江县	15974	3977	8060	2467	1470	114	45	50	12	7
忠　县	15679	2731	9131	1614	2203	147	33	79	15	20
云阳县	22758	6178	11270	2262	3048	239	76	120	16	27
奉节县	17878	5742	8687	1751	1698	45	15	25	2	3
巫山县	10372	4003	5098	497	774	261	127	120	8	6
巫溪县	6567	1847	3439	561	720	260	79	142	23	16
石柱县	9431	3345	3703	1235	1148	234	95	80	41	18
秀山县	7135	756	3320	963	2096	111	21	52	15	23
酉阳县	8841	3257	3850	703	1031	113	51	47	2	13
彭水县	15422	6453	5571	1335	2063	159	71	46	14	28

7-4 续表 1 单位：人

现住地	学前教育					小学				
	小计	乡	镇的村委会	镇的居委会	街道	小计	乡	镇的村委会	镇的居委会	街道
重庆	**31860**	**4715**	**15383**	**3145**	**8617**	**203454**	**34754**	**107815**	**19958**	**40927**
市辖区	26123	2950	12697	2657	7819	165733	22705	89192	16793	37043
万州区	1399	200	714	110	375	10392	1919	5404	898	2171
涪陵区	1104	279	422	75	328	7077	1736	2843	467	2031
渝中区	540	56	163	50	271	3679	541	1632	358	1148
大渡口区	548	71	245	54	178	3411	474	1794	303	840
江北区	956	71	242	99	544	4645	612	1572	543	1918
沙坪坝区	1674	163	737	164	610	9553	1343	4663	891	2656
九龙坡区	1983	225	903	228	627	10963	1549	5825	1186	2403
南岸区	1137	112	416	195	414	6988	986	3098	1039	1865
北碚区	872	107	419	83	263	5549	712	3017	565	1255
綦江区	1105	70	703	143	189	7397	480	4847	1000	1070
綦江区(不含万盛)	847	35	577	85	150	5614	268	3915	592	839
万盛经开区	258	35	126	58	39	1783	212	932	408	231
大足区	720	68	416	104	132	4453	476	2631	635	711
渝北区	2990	250	1328	301	1111	17581	1674	9015	2092	4800
巴南区	1361	163	651	146	401	8870	982	4884	876	2128
黔江区	747	189	316	54	188	4104	1301	1728	325	750
长寿区	705	81	333	50	241	4879	775	2328	441	1335
江津区	1076	84	626	168	198	7795	792	4688	1172	1143
合川区	964	36	566	61	301	8221	470	5107	637	2007
永川区	1072	111	617	82	262	6103	1084	3422	456	1141
南川区	382	45	183	54	100	2696	338	1502	376	480
璧山区	963	78	488	114	283	5877	704	3357	545	1271
铜梁区	793	43	463	50	237	5754	485	3798	323	1148
潼南区	619	129	319	67	104	4000	908	2172	395	525
荣昌区	492	47	241	65	139	3589	451	2069	396	673
开州区	1161	136	745	81	199	7223	952	4724	506	1041
梁平区	427	45	272	29	81	2837	324	1959	214	340
武隆区	333	91	169	30	43	2097	637	1113	154	193
县	5737	1765	2686	488	798	37721	12049	18623	3165	3884
城口县	154	61	52	7	34	1259	591	484	52	132
丰都县	394	81	191	35	87	3033	576	1636	292	529
垫江县	532	126	280	70	56	3383	971	1707	476	229
忠县	589	104	353	52	80	3859	719	2338	350	452
云阳县	913	280	458	65	110	6560	1950	3410	526	674
奉节县	693	250	342	37	64	3708	1180	1968	286	274
巫山县	414	179	191	17	27	3428	1448	1719	122	139
巫溪县	242	61	140	14	27	2149	695	1159	155	140
石柱县	460	179	146	58	77	2745	1149	1058	296	242
秀山县	339	32	141	61	105	1722	252	774	257	439
酉阳县	390	151	178	17	44	2190	936	977	72	205
彭水县	617	261	214	55	87	3685	1582	1393	281	429

7-4 续表 2

单位：人

现住地	初中					高中				
	小计	乡	镇的村委会	镇的居委会	街道	小计	乡	镇的村委会	镇的居委会	街道
重庆	**304873**	**47628**	**154026**	**32457**	**70762**	**222662**	**28261**	**99085**	**27274**	**68042**
市辖区	258359	33484	131213	28174	65488	188840	19533	82024	23483	63800
万州区	15256	2643	7416	1305	3892	10212	1318	4525	981	3388
涪陵区	12216	3133	4790	840	3453	9386	1762	3549	652	3423
渝中区	6602	893	2644	767	2298	7493	719	2268	1057	3449
大渡口区	6114	721	2954	651	1788	4770	434	1660	592	2084
江北区	9540	1150	3224	1070	4096	8624	839	2290	1059	4436
沙坪坝区	15905	1926	7454	1671	4854	13154	1353	4810	1578	5413
九龙坡区	19669	2530	10000	2206	4933	15988	1796	6110	2144	5938
南岸区	13755	1641	5731	2146	4237	10444	1035	3317	1645	4447
北碚区	9378	1147	4639	1036	2556	8239	884	3315	1041	2999
綦江区	10655	672	6592	1551	1840	6036	308	3388	1001	1339
綦江区(不含万盛)	7852	380	5252	923	1297	4539	171	2805	616	947
万盛经开区	2803	292	1340	628	543	1497	137	583	385	392
大足区	5036	491	2851	809	885	4073	209	2371	586	907
渝北区	26607	2449	12950	3282	7926	21226	1719	8475	2730	8302
巴南区	15856	1790	8339	1685	4042	11373	1098	4978	1516	3781
黔江区	4868	1456	2056	372	984	3799	1033	1485	365	916
长寿区	9015	1386	4260	828	2541	4810	604	1992	577	1637
江津区	10950	1117	6281	1776	1776	7795	538	4458	1428	1371
合川区	9088	457	5449	732	2450	6341	275	3541	591	1934
永川区	10282	1751	5621	828	2082	7505	818	3770	855	2062
南川区	4742	574	2422	726	1020	2407	221	1099	411	676
璧山区	10431	1099	5942	1039	2351	5118	480	2537	605	1496
铜梁区	7377	573	4774	449	1581	3673	234	2092	374	973
潼南区	5616	1216	3077	566	757	3104	546	1854	309	395
荣昌区	5180	566	2887	622	1105	3085	223	1647	358	857
开州区	8330	1074	5195	721	1340	6091	609	3867	673	942
梁平区	3630	396	2455	310	469	2826	194	1950	223	459
武隆区	2261	633	1210	186	232	1268	284	676	132	176
县	46514	14144	22813	4283	5274	33822	8728	17061	3791	4242
城口县	1114	515	426	68	105	799	303	384	45	67
丰都县	3662	648	1904	388	722	2218	433	1122	264	399
垫江县	5032	1382	2617	692	341	4842	1052	2628	726	436
忠县	5680	1032	3508	488	652	3727	632	2163	404	528
云阳县	7254	2134	3647	641	832	4921	1124	2634	516	647
奉节县	5424	1798	2736	486	404	5156	1578	2498	590	490
巫山县	3140	1249	1554	145	192	1816	621	963	80	152
巫溪县	1737	550	903	119	165	1290	288	742	102	158
石柱县	2736	1047	1038	350	301	1959	550	995	217	197
秀山县	2398	265	1147	354	632	1553	97	821	138	497
酉阳县	2755	1083	1248	110	314	2287	701	951	410	225
彭水县	5582	2441	2085	442	614	3254	1349	1160	299	446

7-4 续表 3　　单位：人

现住地	大学专科					大学本科				
	小计	乡	镇的村委会	镇的居委会	街道	小计	乡	镇的村委会	镇的居委会	街道
重　庆	**127643**	**14731**	**46695**	**18649**	**47568**	**105077**	**10633**	**29498**	**14639**	**50307**
市辖区	116973	11874	42611	17152	45336	96823	8966	26642	13203	48012
万州区	5490	668	2156	567	2099	3996	476	1188	459	1873
涪陵区	3842	609	1356	396	1481	3849	634	1088	428	1699
渝中区	5037	475	1489	687	2386	3837	262	885	515	2175
大渡口区	2807	275	950	332	1250	1656	108	452	215	881
江北区	7530	755	1812	1015	3948	6392	385	1010	754	4243
沙坪坝区	11085	1325	3781	1460	4519	8062	755	1994	1073	4240
九龙坡区	10780	1290	3749	1425	4316	6404	549	1667	890	3298
南岸区	7782	772	2224	1429	3357	10029	1017	2680	1502	4830
北碚区	3875	451	1438	477	1509	3456	334	934	391	1797
綦江区	2293	102	1066	475	650	1950	158	674	448	670
綦江区(不含万盛)	1685	52	845	301	487	1542	128	571	308	535
万盛经开区	608	50	221	174	163	408	30	103	140	135
大足区	1866	71	860	427	508	1122	76	475	143	428
渝北区	17028	1341	5826	2364	7497	16232	1136	3716	2136	9244
巴南区	6401	631	2480	846	2444	6418	634	2195	834	2755
黔江区	1726	323	653	151	599	1292	220	354	113	605
长寿区	2556	299	985	280	992	1352	165	393	203	591
江津区	6718	456	2962	1805	1495	2636	248	962	672	754
合川区	3418	239	1557	443	1179	5241	914	1733	590	2004
永川区	5601	731	2341	898	1631	5220	271	1366	541	3042
南川区	1092	79	401	200	412	729	50	256	121	302
璧山区	2687	194	1190	392	911	1492	103	547	252	590
铜梁区	2009	158	909	194	748	1119	64	409	95	551
潼南区	1201	202	545	216	238	748	100	299	144	205
荣昌区	1238	122	525	194	397	938	73	312	189	364
开州区	1425	148	699	187	391	1295	126	541	210	418
梁平区	803	52	382	148	221	768	41	318	156	253
武隆区	683	106	275	144	158	590	67	194	129	200
县	10670	2857	4084	1497	2232	8254	1667	2856	1436	2295
城口县	318	112	101	38	67	316	90	83	48	95
丰都县	718	97	248	131	242	581	78	185	93	225
垫江县	1174	241	463	264	206	870	155	308	218	189
忠　县	871	130	357	157	227	787	81	329	144	233
云阳县	1500	392	551	203	354	1321	210	436	284	391
奉节县	1708	584	728	193	203	1115	323	381	155	256
巫山县	792	260	348	61	123	511	118	199	63	131
巫溪县	454	90	199	61	104	425	81	152	84	108
石柱县	663	178	220	129	136	615	144	160	141	170
秀山县	542	48	198	81	215	462	41	183	57	181
酉阳县	602	183	256	50	113	490	147	190	40	113
彭水县	1328	542	415	129	242	761	199	250	109	203

7–4　续表 4　　　　单位：人

现住地	硕士研究生					博士研究生				
	小计	乡	镇的村委会	镇的居委会	街道	小计	乡	镇的村委会	镇的居委会	街道
重　庆	**7348**	**390**	**1242**	**855**	**4861**	**806**	**32**	**73**	**78**	**623**
市辖区	7116	343	1172	814	4787	788	27	70	75	616
万州区	190	19	37	13	121	14	1	3	1	9
涪陵区	104	7	18	12	67	20	3	2	1	14
渝中区	590	37	138	55	360	91	4	10	10	67
大渡口区	116	7	20	7	82	9		2	1	6
江北区	561	7	49	45	460	50	2	2	2	44
沙坪坝区	897	28	114	96	659	167	5	9	19	134
九龙坡区	518	16	73	59	370	72		7	3	62
南岸区	786	52	141	104	489	82	1	8	10	63
北碚区	508	43	102	46	317	89	2	10	5	72
綦江区	58	1	22	8	27	4		1		3
綦江区(不含万盛)	40		20	6	14	3		1		2
万盛经开区	18	1	2	2	13	1				1
大足区	30	3	7	3	17	2			2	
渝北区	1637	52	184	184	1217	115	5	8	10	92
巴南区	337	19	84	47	187	28		2	4	22
黔江区	62	7	7	2	46	4				4
长寿区	48	4	10	8	26	1				1
江津区	109	7	27	25	50	6	1		3	2
合川区	111		26	17	68	8		3		5
永川区	128	8	27	21	72	10		1	2	7
南川区	26	1	9	5	11	1				1
璧山区	109	7	24	22	56	4	1	1		2
铜梁区	41	1	12	4	24	4	1		1	2
潼南区	42	3	7	13	19	1	1			
荣昌区	41	6	15	5	15	2		1	1	
开州区	30	4	12	3	11	1				1
梁平区	23	3	5	5	10	2				2
武隆区	14	1	2	5	6	1				1
县	232	47	70	41	74	18	5	3	3	7
城口县	6		2	2	2	1				1
丰都县	16	1	9		6	5		1	1	3
垫江县	27	5	7	9	6					
忠　县	18		4	3	11	1			1	
云阳县	46	11	13	10	12	4	1	1	1	1
奉节县	25	11	8	2	4	4	3	1		
巫山县	10	1	4	1	4					
巫溪县	10	3	2	3	2					
石柱县	19	3	6	3	7					
秀山县	7		4		3	1				1
酉阳县	13	5	3	2	3	1				1
彭水县	35	7	8	6	14	1	1			

7−5 全市按现住地、户口登记地类型、受教育程度分的户口登记地在外省人口

单位：人

现住地	合计					未上过学				
	合计	乡	镇的村委会	镇的居委会	街道	小计	乡	镇的村委会	镇的居委会	街道
重　庆	**196470**	**37855**	**96289**	**21441**	**40885**	**1920**	**483**	**1088**	**142**	**207**
市辖区	187840	35735	91990	20539	39576	1839	460	1049	133	197
万州区	3401	579	1545	361	916	9	2	5	1	1
涪陵区	3098	606	1262	310	920	6		5	1	
渝中区	10343	1862	4362	1439	2680	78	21	38	5	14
大渡口区	5509	1294	3000	412	803	92	29	57	2	4
江北区	11815	2396	4260	1587	3572	105	23	46	10	26
沙坪坝区	20534	4109	9976	2086	4363	254	57	141	33	23
九龙坡区	21466	4463	11460	2138	3405	242	54	141	21	26
南岸区	13268	2600	5529	1770	3369	136	40	64	14	18
北碚区	11844	2622	5677	927	2618	88	27	51	2	8
綦江区	3807	542	2479	369	417	93	17	69	3	4
綦江区(不含万盛)	2708	334	1791	252	331	40	7	28	2	3
万盛经开区	1099	208	688	117	86	53	10	41	1	1
大足区	2283	322	1389	294	278	13	4	9		
渝北区	27539	5158	13459	2901	6021	306	75	188	16	27
巴南区	10100	2014	5358	908	1820	109	24	70	7	8
黔江区	1536	407	673	163	293	16	7	8	1	
长寿区	2196	356	1048	237	555	13	6	6		1
江津区	9196	1333	5364	1459	1040	29	8	19	1	1
合川区	4942	773	2418	480	1271	30	6	18	1	5
永川区	8205	1424	3572	799	2410	33	10	14	3	6
南川区	796	134	440	69	153	8	2	3		3
璧山区	6245	1281	3333	648	983	42	8	27	1	6
铜梁区	2113	272	1276	184	381	19	5	12		2
潼南区	1605	282	806	234	283	21	11	8	1	1
荣昌区	2811	418	1389	455	549	59	12	33	6	8
开州区	1635	216	981	150	288	16	4	6	2	4
梁平区	996	136	624	107	129	17	5	9	2	1
武隆区	557	136	310	52	59	5	3	2		
县	8630	2120	4299	902	1309	81	23	39	9	10
城口县	538	208	261	19	50	9	7	1	1	
丰都县	598	106	257	90	145	4	1	1	1	1
垫江县	652	172	297	115	68	3		1	2	
忠　县	1082	109	627	127	219	11	2	5	1	3
云阳县	1106	275	527	119	185	6	1	2	1	2
奉节县	787	200	429	71	87	1		1		
巫山县	664	207	328	54	75	18	6	10	1	1
巫溪县	405	103	240	28	34	6	1	3	1	1
石柱县	503	164	220	48	71	6	2	4		
秀山县	872	138	439	108	187	9	2	5		2
酉阳县	672	190	351	53	78	4		4		
彭水县	751	248	323	70	110	4	1	2	1	

7−5　续表 1　　　　　　　　　　　　　　　　　　　　　　　　　　　　单位：人

现 住 地	学前教育					小　学				
	小计	乡	镇 的 村委会	镇 的 居委会	街道	小计	乡	镇 的 村委会	镇 的 居委会	街道
重　庆	**4202**	**844**	**2252**	**382**	**724**	**28780**	**6546**	**16296**	**2503**	**3435**
市辖区	3962	782	2127	367	686	26876	6005	15296	2329	3246
万州区	62	10	35	5	12	381	58	195	50	78
涪陵区	65	13	24	7	21	310	63	151	38	58
渝中区	195	46	81	22	46	1380	367	682	146	185
大渡口区	169	42	94	12	21	979	281	573	52	73
江北区	226	42	88	31	65	1390	380	562	161	287
沙坪坝区	397	96	183	51	67	3010	705	1658	262	385
九龙坡区	538	121	302	48	67	3522	854	2078	262	328
南岸区	186	40	95	20	31	1519	398	749	191	181
北碚区	203	50	106	14	33	1329	326	791	77	135
綦江区	136	14	103	8	11	833	131	617	48	37
綦江区(不含万盛)	89	6	67	6	10	589	88	444	27	30
万盛经开区	47	8	36	2	1	244	43	173	21	7
大足区	61	7	36	10	8	402	61	237	57	47
渝北区	590	123	314	49	104	3828	847	2232	295	454
巴南区	220	39	144	16	21	1496	345	894	106	151
黔江区	39	12	16	3	8	200	81	83	13	23
长寿区	52	13	20	3	16	294	43	154	34	63
江津区	204	33	126	17	28	1351	255	841	149	106
合川区	78	6	50	5	17	786	102	475	61	148
永川区	139	7	84	10	38	679	123	389	48	119
南川区	31	6	20	2	3	125	22	78	6	19
璧山区	121	21	69	7	24	1050	245	573	92	140
铜梁区	49	7	24	8	10	351	30	260	20	41
潼南区	41	6	27	3	5	322	58	181	40	43
荣昌区	71	16	35	7	13	589	106	353	52	78
开州区	41	6	21	6	8	371	69	229	21	52
梁平区	38	4	24	3	7	258	30	176	39	13
武隆区	10	2	6		2	121	25	85	9	2
县	240	62	125	15	38	1904	541	1000	174	189
城口县	12	4	6		2	168	85	77	1	5
丰都县	15	1	8		6	141	24	76	22	19
垫江县	22	4	15	2	1	150	44	73	19	14
忠　县	23	2	14	3	4	207	21	123	27	36
云阳县	34	9	20	2	3	234	62	119	22	31
奉节县	20	2	11	2	5	135	40	77	11	7
巫山县	19	8	9		2	169	65	86	14	4
巫溪县	11	5	6			118	35	72	6	5
石柱县	13	3	5		5	128	41	71	8	8
秀山县	28	8	14	2	4	193	37	100	27	29
酉阳县	24	10	7	3	4	144	44	73	9	18
彭水县	19	6	10	1	2	117	43	53	8	13

7-5 续表 2 单位：人

现住地	初中					高中				
	小计	乡	镇的村委会	镇的居委会	街道	小计	乡	镇的村委会	镇的居委会	街道
重　庆	**54461**	**11444**	**30840**	**5011**	**7166**	**42688**	**8056**	**21957**	**4890**	**7785**
市辖区	50986	10561	28975	4696	6754	41100	7702	21171	4703	7524
万州区	733	147	344	80	162	760	126	400	71	163
涪陵区	545	147	242	49	107	839	144	394	63	238
渝中区	2415	512	1167	314	422	2569	425	1115	399	630
大渡口区	1761	420	1031	123	187	1238	284	672	96	186
江北区	3106	773	1287	371	675	2716	488	1080	399	749
沙坪坝区	5432	1132	3119	401	780	4419	892	2317	435	775
九龙坡区	6786	1459	4073	566	688	5081	1054	2632	579	816
南岸区	2951	637	1511	357	446	2378	456	1078	316	528
北碚区	2963	740	1724	193	306	2495	682	1237	192	384
綦江区	1386	204	962	116	104	666	82	430	83	71
綦江区(不含万盛)	987	114	717	74	82	464	44	308	60	52
万盛经开区	399	90	245	42	22	202	38	122	23	19
大足区	762	114	477	94	77	455	68	253	64	70
渝北区	6994	1448	4048	639	859	5671	1108	2903	635	1025
巴南区	2891	647	1691	207	346	2262	442	1201	235	384
黔江区	445	147	203	34	61	280	73	111	43	53
长寿区	707	108	391	60	148	548	65	254	64	165
江津区	2468	404	1523	326	215	2307	306	1511	291	199
合川区	1085	110	667	120	188	867	88	523	79	177
永川区	1385	251	810	86	238	2094	339	1205	264	286
南川区	331	55	205	27	44	177	28	98	14	37
璧山区	2329	518	1321	214	276	1554	319	799	183	253
铜梁区	803	107	552	56	88	368	48	219	36	65
潼南区	630	125	338	89	78	309	42	145	52	70
荣昌区	859	169	503	77	110	447	58	252	49	88
开州区	665	76	438	54	97	331	37	195	31	68
梁平区	361	56	235	32	38	161	23	95	14	29
武隆区	193	55	113	11	14	108	25	52	16	15
县	3475	883	1865	315	412	1588	354	786	187	261
城口县	232	91	117	11	13	55	11	31	1	12
丰都县	204	38	104	19	43	100	16	41	15	28
垫江县	232	74	112	35	11	151	37	64	35	15
忠　县	485	45	305	52	83	208	26	130	23	29
云阳县	452	129	244	34	45	211	44	96	27	44
奉节县	251	56	156	20	19	245	68	132	22	23
巫山县	256	72	134	14	36	112	37	53	11	11
巫溪县	162	42	108	7	5	57	9	29	9	10
石柱县	170	60	72	20	18	95	36	33	10	16
秀山县	371	60	197	50	64	144	23	68	16	37
酉阳县	315	94	169	17	35	93	21	54	7	11
彭水县	345	122	147	36	40	117	26	55	11	25

7-5　续表 3　　　　单位：人

现 住 地	大学专科					大学本科				
	小计	乡	镇 的 村委会	镇 的 居委会	街道	小计	乡	镇 的 村委会	镇 的 居委会	街道
重　庆	**30242**	**5511**	**13137**	**3959**	**7635**	**29706**	**4366**	**9381**	**4021**	**11938**
市辖区	29540	5376	12850	3851	7463	29109	4248	9192	3933	11736
万州区	794	139	361	60	234	620	92	197	92	239
涪陵区	479	91	200	56	132	820	146	238	88	348
渝中区	1743	250	683	282	528	1416	188	418	206	604
大渡口区	793	153	388	74	178	443	75	176	48	144
江北区	2382	444	770	343	825	1694	229	388	249	828
沙坪坝区	3406	684	1430	422	870	3067	467	998	417	1185
九龙坡区	3312	606	1505	410	791	1809	302	684	222	601
南岸区	1912	330	745	318	519	3555	562	1106	479	1408
北碚区	1228	248	596	109	275	2668	416	855	271	1126
綦江区	270	35	138	43	54	408	58	158	62	130
綦江区(不含万盛)	183	23	90	32	38	346	52	135	47	112
万盛经开区	87	12	48	11	16	62	6	23	15	18
大足区	443	46	300	52	45	140	22	75	15	28
渝北区	4509	814	2046	535	1114	4814	644	1515	632	2023
巴南区	1372	254	678	151	289	1562	238	591	167	566
黔江区	423	66	203	55	99	122	20	43	13	46
长寿区	383	99	151	43	90	186	21	69	31	65
江津区	1865	186	909	433	337	906	133	410	228	135
合川区	525	60	231	56	178	1527	396	440	152	539
永川区	1933	596	687	189	461	1888	93	366	190	1239
南川区	67	16	25	8	18	55	5	11	11	28
璧山区	747	119	372	90	166	349	45	148	51	105
铜梁区	393	53	166	41	133	122	21	40	22	39
潼南区	154	28	67	19	40	98	10	35	21	32
荣昌区	180	25	82	31	42	591	32	126	230	203
开州区	86	6	44	18	18	119	18	46	17	38
梁平区	93	14	50	9	20	64	4	33	7	20
武隆区	48	14	23	4	7	66	11	26	12	17
县	702	135	287	108	172	597	118	189	88	202
城口县	33	4	18		11	28	6	10	5	7
丰都县	66	8	15	18	25	65	18	12	15	20
垫江县	52	9	20	12	11	39	3	12	9	15
忠　县	74	8	27	15	24	65	4	20	6	35
云阳县	86	17	29	19	21	75	11	15	13	36
奉节县	81	20	39	9	13	53	14	13	7	19
巫山县	50	14	22	6	8	36	5	14	6	11
巫溪县	25	6	15	1	3	20	5	5	3	7
石柱县	44	17	16	4	7	46	5	19	6	16
秀山县	79	5	36	11	27	45	3	19	2	21
酉阳县	48	11	26	7	4	43	10	18	9	6
彭水县	64	16	24	6	18	82	34	32	7	9

7-5 续表 4　　单位：人

现住地	硕士研究生					博士研究生				
	小计	乡	镇的村委会	镇的居委会	街道	小计	乡	镇的村委会	镇的居委会	街道
重　庆	**4053**	**577**	**1239**	**494**	**1743**	**418**	**28**	**99**	**39**	**252**
市辖区	4013	573	1231	488	1721	415	28	99	39	249
万州区	38	4	8	2	24	4	1			3
涪陵区	29	2	8	8	11	5				5
渝中区	483	48	163	60	212	64	5	15	5	39
大渡口区	30	9	8	5	8	4	1	1		2
江北区	181	17	38	21	105	15		1	2	12
沙坪坝区	473	72	119	54	228	76	4	11	11	50
九龙坡区	150	13	39	26	72	26		6	4	16
南岸区	605	137	175	72	221	26		6	3	17
北碚区	760	122	276	63	299	110	11	41	6	52
綦江区	14	1	2	6	5	1				1
綦江区(不含万盛)	9		2	4	3	1				1
万盛经开区	5	1		2	2					
大足区	7		2	2	3					
渝北区	778	96	203	96	383	49	3	10	4	32
巴南区	180	24	86	18	52	8	1	3	1	3
黔江区	10	1	6	1	2	1				1
长寿区	11	1	2	2	6	2		1		1
江津区	60	7	25	13	15	6	1		1	4
合川区	42	5	14	6	17	2				2
永川区	46	4	15	8	19	8	1	2	1	4
南川区	2			1	1					
璧山区	50	6	23	9	12	3		1	1	1
铜梁区	7	1	3	1	2	1				1
潼南区	30	2	5	9	14					
荣昌区	11		4	3	4	4		1		3
开州区	6		2	1	3					
梁平区	4		2	1	1					
武隆区	6	1	3		2					
县	40	4	8	6	22	3				3
城口县	1		1							
丰都县	3				3					
垫江县	3	1		1	1					
忠　县	7	1	3		3	2				2
云阳县	8	2	2	1	3					
奉节县	1				1					
巫山县	4			2	2					
巫溪县	6		2	1	3					
石柱县	1				1					
秀山县	2				2	1				1
酉阳县	1			1						
彭水县	3				3					

7–6　全市按现住地和出生地分的人口

单位：人

现住地	出生地							
	合计	市内		市外				
		本区县	本市其他区县	北京	天津	河北	山西	内蒙古
重　庆	**3293962**	**2522620**	**500075**	**969**	**489**	**4690**	**3095**	**1348**
市辖区	2610359	1862274	488982	920	457	4546	3009	1308
万州区	169835	151832	12558	25	7	109	51	47
涪陵区	111736	99912	8097	15	9	83	56	34
渝中区	61370	23797	24900	69	33	181	131	72
大渡口区	43287	15055	19954	16	9	149	71	28
江北区	93972	38234	39225	69	37	254	177	96
沙坪坝区	141944	61510	50996	96	50	546	368	145
九龙坡区	156773	65002	62369	89	38	773	259	123
南岸区	120848	50525	49771	89	34	406	290	100
北碚区	84407	46465	23179	44	47	312	274	84
綦江区	108375	97201	5521	12	8	61	39	11
綦江区(不含万盛)	84363	76822	3652	7	8	43	27	10
万盛经开区	24012	20379	1869	5		18	12	1
大足区	79471	73263	3297	4	2	28	17	2
渝北区	221656	91124	89031	175	93	684	594	222
巴南区	119167	69788	35510	54	19	199	161	99
黔江区	45424	39475	3918	8	2	20	30	7
长寿区	74279	67166	4383	9	6	31	26	12
江津区	133347	108667	13972	38	18	176	73	42
合川区	156544	141699	8562	10	7	136	71	66
永川区	117018	95250	11639	26	17	180	134	58
南川区	54993	52793	1261	2		20	19	3
璧山区	73414	58304	8361	6	2	65	46	20
铜梁区	67968	59848	4862	11	16	40	19	7
潼南区	77156	74075	1230	1	1	11	10	6
荣昌区	68843	61810	2340	6		20	61	10
开州区	124059	120887	1409	25		36	11	10
梁平区	69826	65620	1691	19	1	13	9	1
武隆区	34647	32972	946	2	1	13	12	3
县	683603	660346	11093	49	32	144	86	40
城口县	18869	17816	381		5	13	7	4
丰都县	60432	58255	1126	8	3	13	13	5
垫江县	70331	67497	1528	3	2	5	5	1
忠　县	83168	79171	1662	7	2	13	3	2
云阳县	105748	102449	1553	6	5	28	14	8
奉节县	74287	72805	800	2	4	17	6	5
巫山县	41273	39989	722	7	1	9	2	1
巫溪县	35363	34493	473	4		4	8	
石柱县	37196	35306	1108			18	7	6
秀山县	45007	43545	508	3	1	6	2	1
酉阳县	54468	52876	525	7	9	13	10	6
彭水县	57461	56144	707	2		5	9	1

7-6 续表 1

单位：人

现住地	出生地								
	市外								
	辽宁	吉林	黑龙江	上海	江苏	浙江	安徽	福建	江西
重　庆	**2137**	**1594**	**2655**	**1619**	**4504**	**5477**	**4195**	**5004**	**4731**
市辖区	2084	1575	2601	1415	4234	4372	4010	4420	4456
万州区	31	34	56	126	170	305	115	145	122
涪陵区	30	23	48	21	64	85	76	104	78
渝中区	120	77	135	93	213	371	204	189	202
大渡口区	64	31	57	38	122	94	106	175	91
江北区	190	116	196	106	334	175	246	254	269
沙坪坝区	236	196	290	179	485	332	481	428	507
九龙坡区	208	143	230	140	457	599	392	720	410
南岸区	197	155	260	130	315	299	414	278	434
北碚区	132	111	133	68	237	150	241	142	219
綦江区	31	27	32	21	64	109	68	78	75
綦江区(不含万盛)	22	23	19	18	42	93	43	48	55
万盛经开区	9	4	13	3	22	16	25	30	20
大足区	11	6	13	3	21	52	31	35	43
渝北区	417	356	601	208	723	546	711	559	710
巴南区	129	79	203	61	199	163	225	151	263
黔江区	13	5	18	9	21	51	20	40	43
长寿区	17	33	33	8	46	35	38	68	40
江津区	89	37	69	17	134	198	142	176	179
合川区	27	30	40	32	84	134	73	80	150
永川区	50	39	46	22	245	178	114	197	174
南川区	2	3	8	12	8	24	20	50	25
璧山区	27	27	52	19	143	79	97	114	144
铜梁区	12	20	17	8	35	43	42	54	76
潼南区	3	1	12	4	11	41	14	35	25
荣昌区	11	7	20	12	46	86	58	59	83
开州区	21	7	16	41	42	55	30	29	38
梁平区	11	6	9	33	9	108	41	246	45
武隆区	5	6	7	4	6	60	11	14	11
县	53	19	54	204	270	1105	185	584	275
城口县	8	4	1		5	15	9	17	17
丰都县	6	2	8	27	15	135	32	133	22
垫江县	2	1	4	14	4	109	14	71	23
忠　县	4		8	99	31	438	31	111	42
云阳县	5	4	11	39	100	127	19	24	43
奉节县	5		2	3	37	34	19	3	25
巫山县	3	2		2	8	8	12	8	20
巫溪县	1	1	1	3	10	5	11	23	6
石柱县	5	1	9	3	13	104	6	21	14
秀山县	5	2	4		10	27	9	34	28
酉阳县	2	1	1	12	24	80	13	116	27
彭水县	7	1	5	2	13	23	10	23	8

7-6 续表 2 单位：人

现住地	出生地							
	市外							
	山东	河南	湖北	湖南	广东	广西	海南	四川
重 庆	**4676**	**9062**	**13289**	**8173**	**8059**	**3059**	**794**	**139749**
市辖区	4532	8678	11826	7490	6791	2841	767	137693
万州区	95	236	993	210	389	97	38	1344
涪陵区	123	197	365	194	68	57	7	1151
渝中区	246	396	601	359	228	89	23	7287
大渡口区	128	210	317	179	170	62	12	5394
江北区	275	489	741	393	237	140	36	9917
沙坪坝区	580	1035	1181	801	470	278	72	17183
九龙坡区	441	779	1126	736	490	209	36	18293
南岸区	454	785	992	603	419	208	87	11331
北碚区	329	688	510	400	207	152	29	7818
綦江区	57	164	151	182	173	111	13	1620
綦江区(不含万盛)	41	125	107	134	149	84	12	1071
万盛经开区	16	39	44	48	24	27	1	549
大足区	30	64	59	80	103	58	1	1437
渝北区	917	1556	1922	1203	847	369	109	23205
巴南区	228	438	501	324	247	117	42	8065
黔江区	28	57	602	170	73	30	7	345
长寿区	46	113	124	80	54	21	5	1314
江津区	171	363	309	316	386	128	34	4807
合川区	55	204	230	172	385	136	60	2805
永川区	106	249	257	243	217	182	83	4297
南川区	8	33	31	35	34	10	1	193
璧山区	58	234	269	247	144	72	7	3352
铜梁区	21	83	104	148	275	71	10	1136
潼南区	19	52	55	73	117	34	10	950
荣昌区	49	122	109	157	295	104	18	2734
开州区	36	49	141	90	274	46	19	544
梁平区	18	55	80	64	476	50	6	986
武隆区	14	27	56	31	13	10	2	185
县	144	384	1463	683	1268	218	27	2056
城口县	6	49	50	21	25	8	1	275
丰都县	8	27	61	30	54	10	2	220
垫江县	5	21	65	34	82	10	2	323
忠 县	33	75	180	72	447	30	2	259
云阳县	18	75	276	76	331	42	4	254
奉节县	8	28	227	21	35	13		95
巫山县	19	22	179	60	32	17	10	69
巫溪县	13	18	62	25	36	9	1	75
石柱县	12	19	190	31	59	24	1	121
秀山县	5	7	39	206	21	19	1	87
酉阳县	11	16	69	77	132	26	2	123
彭水县	6	27	65	30	14	10	1	155

7－6 续表 3

单位：人

现住地	出生地								
	市外								港澳台或国外
	贵州	云南	西藏	陕西	甘肃	青海	宁夏	新疆	
重　庆	**19640**	**8772**	**381**	**4604**	**3494**	**835**	**598**	**3465**	**110**
市辖区	18298	7906	362	4312	3389	822	589	3297	103
万州区	220	135	13	95	90	40	17	86	4
涪陵区	386	96	7	87	134	39	12	77	1
渝中区	528	265	5	228	129	27	22	137	13
大渡口区	325	153	4	104	66	23	8	72	
江北区	619	338	16	256	236	55	38	206	2
沙坪坝区	1361	650	26	552	405	83	46	365	11
九龙坡区	1196	497	39	362	280	65	52	212	8
南岸区	804	433	27	355	258	70	71	244	10
北碚区	1143	539	30	269	196	51	41	159	8
綦江区	2212	175	6	40	41	15	4	52	1
綦江区(不含万盛)	1444	139	6	27	33	13	4	41	1
万盛经开区	768	36		13	8	2		11	
大足区	288	321	7	33	26	12	6	117	1
渝北区	1770	815	34	785	597	159	95	492	27
巴南区	928	389	18	209	150	45	24	136	3
黔江区	181	71	21	46	62	4	1	46	
长寿区	178	204	12	55	48	8	9	57	
江津区	1729	612	17	160	100	30	25	129	4
合川区	454	385	10	127	116	27	32	145	
永川区	1753	528	25	161	204	35	62	247	
南川区	316	40	1	22	7	3	1	8	
璧山区	794	359	14	137	100	8	15	97	1
铜梁区	450	348	8	54	43	12	3	90	2
潼南区	146	155	6	20	12	3	2	21	1
荣昌区	194	270	5	48	55	1	1	51	1
开州区	83	40	8	49	6		1	13	3
梁平区	101	55	2	16	19	7	1	27	1
武隆区	139	33	1	42	9			11	1
县	1342	866	19	292	105	13	9	168	7
城口县	62	18	1	34	8			9	
丰都县	90	48	3	23	8	5	1	38	1
垫江县	69	388	1	10	11	1	3	23	
忠　县	155	223	2	18	13	1	1	33	
云阳县	83	56	2	71	7		3	13	2
奉节县	34	17	4	13	20			5	
巫山县	27	20	1	12	4			5	2
巫溪县	34	15		18	6	1	1	6	
石柱县	63	24		13	6	4		7	1
秀山县	386	12	3	25	3			8	
酉阳县	236	19	1	11	8	1		13	1
彭水县	103	26	1	44	11			8	

7-7　全市按现住地和五年前常住地分的人口

单位：人

现住地	五年前常住地							
	合计	市内		市外				
		本区县	本市其他区县	北京	天津	河北	山西	内蒙古
重　庆	**3142559**	**2822982**	**187176**	**2079**	**494**	**2168**	**1381**	**661**
市辖区	2492634	2194139	180461	1923	447	1974	1296	622
万州区	163103	152947	4775	74	9	49	46	36
涪陵区	107489	101205	4006	12	2	42	41	27
渝中区	59233	48774	6517	111	16	59	34	21
大渡口区	41151	31629	7329	35	14	41	16	7
江北区	89585	70868	13084	154	38	79	69	24
沙坪坝区	134965	105129	19052	191	44	222	139	55
九龙坡区	149211	126864	14634	159	32	152	56	35
南岸区	115058	92973	14824	121	23	180	140	50
北碚区	81233	62726	10984	89	42	192	165	49
綦江区	103567	98039	2816	20	7	38	22	8
綦江区(不含万盛)	80668	76287	2173	14	7	33	15	8
万盛经开区	22899	21752	643	6		5	7	
大足区	75560	71762	1787	3	1	23	10	2
渝北区	209386	165383	28431	453	91	229	175	94
巴南区	113969	94625	14111	95	18	86	51	22
黔江区	42684	39555	1537	16	3	19	22	6
长寿区	71427	67601	2322	16	7	27	14	11
江津区	128116	111984	9177	64	27	100	52	26
合川区	150620	138999	6997	35	5	118	58	63
永川区	112162	98522	6899	27	14	132	87	48
南川区	52832	51653	561	10	1	7	2	3
璧山区	70106	62993	3524	24	6	29	22	7
铜梁区	64809	59753	2782	24	17	20	7	2
潼南区	73270	70316	989	6	1	7	14	6
荣昌区	65627	61215	1019	22	6	15	31	6
开州区	117637	114882	545	32	7	75	9	10
梁平区	66726	61763	1130	129	13	22	8	3
武隆区	33108	31979	629	1	3	11	6	1
县	649925	628843	6715	156	47	194	85	39
城口县	17828	17229	200	4	1	11	7	6
丰都县	58163	55701	969	19	4	15	2	2
垫江县	67235	64903	1189	4	5	2	5	
忠　县	80018	74908	1375	29	5	21	1	2
云阳县	100562	95834	991	32	10	81	35	13
奉节县	70659	69843	245	10	4	11	2	5
巫山县	39201	38653	240	11	2	10	1	
巫溪县	33406	32978	162	9	1	4	10	
石柱县	35336	34125	467	5	1	8	7	3
秀山县	42038	41457	127	9	2	3		1
酉阳县	51062	49870	248	13	9	16	4	7
彭水县	54417	53342	502	11	3	12	11	

7-7 续表 1

单位：人

现住地	五年前常住地								
	市外								
	辽宁	吉林	黑龙江	上海	江苏	浙江	安徽	福建	江西
重　庆	**1056**	**657**	**949**	**2914**	**3762**	**7785**	**1651**	**5788**	**1828**
市辖区	985	626	914	2419	3219	5217	1541	4338	1690
万州区	14	14	21	411	467	606	60	263	64
涪陵区	8	16	15	20	66	156	39	122	28
渝中区	52	19	48	77	76	120	58	96	73
大渡口区	14	7	8	79	57	88	26	103	30
江北区	84	45	56	127	154	159	75	145	86
沙坪坝区	103	71	119	210	257	322	173	298	178
九龙坡区	50	38	66	175	182	281	87	294	99
南岸区	79	54	65	126	165	209	188	174	162
北碚区	74	60	58	87	189	163	128	135	116
綦江区	16	17	11	51	61	253	28	73	43
綦江区(不含万盛)	15	17	7	47	48	237	19	58	34
万盛经开区	1		4	4	13	16	9	15	9
大足区	3	1	4	12	22	95	9	43	19
渝北区	188	130	213	365	472	565	221	422	223
巴南区	42	26	37	97	125	181	75	174	130
黔江区	17	2	9	46	32	198	11	99	10
长寿区	9	14	16	16	24	32	21	68	8
江津区	72	25	49	81	122	277	64	130	77
合川区	18	13	12	32	99	189	44	89	69
永川区	34	23	35	29	215	175	64	225	90
南川区	2	4	2	15	7	40	6	97	13
璧山区	10	10	15	49	116	73	44	85	53
铜梁区	18	12	15	36	44	90	15	46	17
潼南区	1	3	7	15	21	101	9	96	8
荣昌区	6	5	4	31	57	235	46	113	45
开州区	52	9	16	115	133	123	14	115	25
梁平区	12	7	7	107	49	390	29	808	19
武隆区	7	1	6	10	7	96	7	25	5
县	71	31	35	495	543	2568	110	1450	138
城口县	6		1	5	6	8	6	12	10
丰都县	11	4	4	70	49	311	13	504	11
垫江县	3	3	5	13	13	133	8	121	8
忠　县	5	5	4	158	57	989	23	250	20
云阳县	17	10	6	175	220	479	16	67	31
奉节县	2		1	21	73	70	10	15	8
巫山县	2	2	1	6	14	11	6	16	9
巫溪县	1		1	3	11	9	3	38	5
石柱县	7	3	5	3	27	265	8	62	3
秀山县	2	1	1	5	28	67	1	97	9
酉阳县	7		1	22	27	145	9	239	16
彭水县	8	3	5	14	18	81	7	29	8

7-7　续表 2　　　　单位：人

现住地	五年前常住地							
	市外							
	山东	河南	湖北	湖南	广东	广西	海南	四川
重　庆	**2188**	**3643**	**5130**	**3050**	**16676**	**1517**	**781**	**41562**
市辖区	2029	3378	4216	2782	13373	1431	719	40373
万州区	63	130	590	87	962	65	30	762
涪陵区	77	81	198	86	128	39	7	503
渝中区	72	128	177	108	208	34	20	1745
大渡口区	38	41	70	38	194	12	1	977
江北区	92	140	209	101	356	75	18	2579
沙坪坝区	220	326	381	252	793	126	56	4496
九龙坡区	127	136	217	165	661	81	28	3496
南岸区	221	339	294	237	511	121	62	2567
北碚区	187	413	256	200	350	101	31	2757
綦江区	26	91	75	82	383	44	10	542
綦江区(不含万盛)	21	81	59	61	336	37	8	426
万盛经开区	5	10	16	21	47	7	2	116
大足区	11	34	26	30	229	43	6	670
渝北区	345	519	551	384	1390	149	86	6100
巴南区	107	174	162	116	359	56	34	2170
黔江区	19	21	168	70	226	9	7	199
长寿区	23	59	51	27	111	8	16	529
江津区	116	184	135	190	675	63	40	2469
合川区	43	108	126	70	984	80	68	1271
永川区	41	144	122	107	350	132	78	2061
南川区	4	13	15	14	71	5	3	114
璧山区	31	103	140	114	217	34	11	1550
铜梁区	17	30	45	70	445	43	7	603
潼南区	17	21	26	54	464	22	22	549
荣昌区	55	71	45	87	956	45	34	973
开州区	38	37	60	44	844	17	32	245
梁平区	27	18	51	28	1474	22	8	364
武隆区	12	17	26	21	32	5	4	82
县	159	265	914	268	3303	86	62	1189
城口县	7	35	28	5	39	3		117
丰都县	15	17	50	4	100	8	6	117
垫江县	7	12	37	15	151	4	6	129
忠　县	39	53	178	36	977	8	8	231
云阳县	43	93	308	50	1442	25	23	240
奉节县	2	11	123	6	95	4		46
巫山县	8	6	45	31	45	7	11	38
巫溪县	10	3	34	7	40	3	1	33
石柱县	11	11	55	16	98	6	2	67
秀山县	2	6	8	40	38	5	3	30
酉阳县	7	4	20	38	202	9		57
彭水县	8	14	28	20	76	4	2	84

7-7 续表 3

单位：人

现住地	五年前常住地								
	市外								港澳台或国外
	贵州	云南	西藏	陕西	甘肃	青海	宁夏	新疆	
重　庆	**9989**	**5683**	**584**	**2260**	**1643**	**539**	**467**	**2911**	**605**
市辖区	9335	4885	549	2051	1551	505	441	2633	572
万州区	148	103	22	67	54	38	16	97	13
涪陵区	256	58	7	38	80	38	9	72	7
渝中区	217	131	6	74	39	9	13	53	48
大渡口区	93	82	4	38	13	5	9	35	18
江北区	277	153	11	100	66	16	21	84	40
沙坪坝区	629	339	30	221	168	37	26	227	75
九龙坡区	422	226	34	121	90	28	22	106	47
南岸区	351	228	23	163	114	47	58	144	45
北碚区	764	393	30	165	102	29	23	139	36
綦江区	568	103	7	28	30	13	3	47	12
綦江区(不含万盛)	410	93	7	22	27	13	2	38	8
万盛经开区	158	10		6	3		1	9	4
大足区	235	269	21	30	15	16	5	115	9
渝北区	752	439	40	283	204	65	53	272	99
巴南区	416	174	13	87	48	24	21	96	17
黔江区	130	66	27	27	54	3	1	69	6
长寿区	96	154	13	28	26	2	11	61	6
江津区	1082	471	24	89	64	26	25	122	14
合川区	305	258	36	104	77	30	37	177	6
永川区	1510	363	30	120	143	37	57	241	7
南川区	92	21	6	18	5	1		24	3
璧山区	415	170	14	79	66	7	10	80	5
铜梁区	215	212	31	25	17	11	7	116	17
潼南区	115	195	70	21	12	6	5	60	11
荣昌区	132	188	15	28	43	10	3	80	6
开州区	29	28	15	45	5		4	20	12
梁平区	54	50	19	18	11	6	2	69	9
武隆区	32	11	1	34	5	1		27	4
县	654	798	35	209	92	34	26	278	33
城口县	47	6	1	8	5			14	1
丰都县	34	32	3	11	8	1	2	60	6
垫江县	43	337	6	4	7	3	7	50	2
忠　县	243	293	7	13	13	6	1	57	3
云阳县	46	74	9	90	19	20	13	42	8
奉节县	20	6	4	4	11			6	1
巫山县	11	7		3	1			3	1
巫溪县	20	7		7	4	1		1	
石柱县	32	11	4	9	3	2		9	1
秀山县	65	4		13	3			5	6
酉阳县	49	10	1	12	10	1	2	4	3
彭水县	44	11		35	8		1	27	1

第二部分 长表数据资料

第八卷 老年人口

8-1　各地区分性别、健康状况的60岁及以上老年人口

单位：人

地　区	60岁及以上人口			健　康		
	合计	男	女	小计	男	女
重　庆	**693072**	**343078**	**349994**	**414146**	**212797**	**201349**
市辖区	544166	267904	276262	326159	166280	159879
万州区	37867	18825	19042	22166	11458	10708
涪陵区	21719	10681	11038	10889	5670	5219
渝中区	11941	5701	6240	7956	3943	4013
大渡口区	8193	3862	4331	5397	2606	2791
江北区	17688	8368	9320	12531	6111	6420
沙坪坝区	25011	11903	13108	17205	8475	8730
九龙坡区	27832	13339	14493	18990	9341	9649
南岸区	21541	10260	11281	14748	7244	7504
北碚区	17365	8540	8825	10820	5504	5316
綦江区	25533	12657	12876	14061	7310	6751
綦江区(不含万盛)	19426	9718	9708	10852	5681	5171
万盛经开区	6107	2939	3168	3209	1629	1580
大足区	18216	8855	9361	10648	5359	5289
渝北区	35760	17306	18454	23843	11798	12045
巴南区	25370	12605	12765	15347	7851	7496
黔江区	8642	4326	4316	4603	2449	2154
长寿区	17750	8784	8966	9923	5071	4852
江津区	32364	16577	15787	18748	9912	8836
合川区	36824	18769	18055	22531	11841	10690
永川区	23357	11406	11951	13299	6718	6581
南川区	12450	6222	6228	6541	3406	3135
璧山区	15102	7641	7461	8868	4607	4261
铜梁区	17582	8926	8656	9432	5005	4427
潼南区	18508	9303	9205	10929	5783	5146
荣昌区	16780	8016	8764	8857	4419	4438
开州区	26879	13364	13515	14775	7692	7083
梁平区	16109	7616	8493	9153	4562	4591
武隆区	7783	4052	3731	3899	2145	1754
县	148906	75174	73732	87987	46517	41470
城口县	4072	2082	1990	2188	1176	1012
丰都县	13562	6834	6728	7428	3993	3435
垫江县	15723	7772	7951	9074	4652	4422
忠　县	19068	9552	9516	12492	6511	5981
云阳县	21603	11023	10580	12978	6951	6027
奉节县	15816	8137	7679	11327	6001	5326
巫山县	9399	4840	4559	4531	2469	2062
巫溪县	8534	4412	4122	4957	2683	2274
石柱县	8555	4262	4293	4914	2592	2322
秀山县	9453	4624	4829	4843	2468	2375
酉阳县	12073	6123	5950	6455	3466	2989
彭水县	11048	5513	5535	6800	3555	3245

8-1 续表 单位：人

地区	基本健康			不健康，但生活能自理			不健康，生活不能自理		
	小计	男	女	小计	男	女	小计	男	女
重 庆	**210369**	**97818**	**112551**	**54947**	**26237**	**28710**	**13610**	**6226**	**7384**
市辖区	164939	76405	88534	42300	20296	22004	10768	4923	5845
万州区	11766	5517	6249	3173	1512	1661	762	338	424
涪陵区	8140	3759	4381	2191	1034	1157	499	218	281
渝中区	3134	1385	1749	652	286	366	199	87	112
大渡口区	2062	906	1156	541	262	279	193	88	105
江北区	4189	1837	2352	752	327	425	216	93	123
沙坪坝区	5964	2609	3355	1371	616	755	471	203	268
九龙坡区	6812	3083	3729	1538	714	824	492	201	291
南岸区	5455	2416	3039	1050	453	597	288	147	141
北碚区	4883	2248	2635	1287	615	672	375	173	202
綦江区	8551	3912	4639	2240	1134	1106	681	301	380
綦江区(不含万盛)	6359	2941	3418	1684	858	826	531	238	293
万盛经开区	2192	971	1221	556	276	280	150	63	87
大足区	5796	2664	3132	1468	692	776	304	140	164
渝北区	8889	4058	4831	2310	1100	1210	718	350	368
巴南区	7231	3379	3852	2250	1110	1140	542	265	277
黔江区	2866	1341	1525	938	436	502	235	100	135
长寿区	6052	2870	3182	1453	702	751	322	141	181
江津区	10286	5045	5241	2624	1313	1311	706	307	399
合川区	10809	5185	5624	2963	1490	1473	521	253	268
永川区	7564	3463	4101	1985	996	989	509	229	280
南川区	4534	2158	2376	1147	543	604	228	115	113
璧山区	4545	2191	2354	1338	666	672	351	177	174
铜梁区	6119	2897	3222	1629	830	799	402	194	208
潼南区	5864	2726	3138	1418	658	760	297	136	161
荣昌区	5867	2670	3197	1672	749	923	384	178	206
开州区	9429	4439	4990	2164	1018	1146	511	215	296
梁平区	5268	2253	3015	1340	638	702	348	163	185
武隆区	2864	1394	1470	806	402	404	214	111	103
县	45430	21413	24017	12647	5941	6706	2842	1303	1539
城口县	1347	659	688	440	203	237	97	44	53
丰都县	4464	2075	2389	1344	614	730	326	152	174
垫江县	4899	2278	2621	1418	692	726	332	150	182
忠 县	4828	2223	2605	1375	644	731	373	174	199
云阳县	6829	3256	3573	1466	672	794	330	144	186
奉节县	3494	1672	1822	792	371	421	203	93	110
巫山县	3617	1772	1845	1063	513	550	188	86	102
巫溪县	2649	1287	1362	758	369	389	170	73	97
石柱县	2632	1212	1420	823	371	452	186	87	99
秀山县	3467	1624	1843	942	432	510	201	100	101
酉阳县	3994	1893	2101	1376	654	722	248	110	138
彭水县	3210	1462	1748	850	406	444	188	90	98

8-1a　各地区分性别、健康状况的60岁及以上老年人口(城市)

单位：人

地　区	60岁及以上人口			健　康		
	合计	男	女	小计	男	女
重　庆	**268156**	**127347**	**140809**	**180151**	**88327**	**91824**
市辖区	268156	127347	140809	180151	88327	91824
万州区	16193	7727	8466	10325	5143	5182
涪陵区	9270	4430	4840	5710	2872	2838
渝中区	11941	5701	6240	7956	3943	4013
大渡口区	7844	3692	4152	5241	2526	2715
江北区	16287	7663	8624	11751	5707	6044
沙坪坝区	23049	10886	12163	16102	7882	8220
九龙坡区	20527	9680	10847	14548	7041	7507
南岸区	20487	9717	10770	14212	6948	7264
北碚区	11997	5770	6227	8195	4071	4124
綦江区	7595	3598	3997	4567	2259	2308
綦江区(不含万盛)	5874	2790	3084	3429	1707	1722
万盛经开区	1721	808	913	1138	552	586
大足区	4441	2088	2353	2893	1382	1511
渝北区	27474	13025	14449	19594	9519	10075
巴南区	14551	6981	7570	9720	4820	4900
黔江区	2434	1141	1293	1401	710	691
长寿区	7388	3530	3858	4378	2140	2238
江津区	8006	3837	4169	5307	2609	2698
合川区	11083	5397	5686	7907	3969	3938
永川区	8766	4120	4646	5718	2736	2982
南川区	3797	1859	1938	2297	1183	1114
璧山区	6572	3173	3399	4393	2173	2220
铜梁区	5595	2679	2916	3772	1864	1908
潼南区	4352	2094	2258	2749	1368	1381
荣昌区	6570	2953	3617	4091	1902	2189
开州区	7113	3363	3750	4373	2129	2244
梁平区	3451	1553	1898	2174	1015	1159
武隆区	1373	690	683	777	416	361
县						
城口县						
丰都县						
垫江县						
忠　县						
云阳县						
奉节县						
巫山县						
巫溪县						
石柱县						
秀山县						
酉阳县						
彭水县						

8－1a　续表

单位：人

地　　区	基本健康			不健康，但生活能自理			不健康，生活不能自理		
	小计	男	女	小计	男	女	小计	男	女
重　庆	**68258**	**30100**	**38158**	**14840**	**6699**	**8141**	**4907**	**2221**	**2686**
市辖区	68258	30100	38158	14840	6699	8141	4907	2221	2686
万州区	4454	1963	2491	1044	462	582	370	159	211
涪陵区	2811	1221	1590	564	258	306	185	79	106
渝中区	3134	1385	1749	652	286	366	199	87	112
大渡口区	1912	837	1075	507	246	261	184	83	101
江北区	3748	1633	2115	611	253	358	177	70	107
沙坪坝区	5332	2301	3031	1189	524	665	426	179	247
九龙坡区	4626	2034	2592	1001	465	536	352	140	212
南岸区	5065	2237	2828	949	398	551	261	134	127
北碚区	2889	1280	1609	669	309	360	244	110	134
綦江区	2269	986	1283	552	260	292	207	93	114
綦江区(不含万盛)	1842	802	1040	442	204	238	161	77	84
万盛经开区	427	184	243	110	56	54	46	16	30
大足区	1263	577	686	232	105	127	53	24	29
渝北区	5998	2658	3340	1395	615	780	487	233	254
巴南区	3459	1539	1920	1060	471	589	312	151	161
黔江区	724	299	425	228	101	127	81	31	50
长寿区	2447	1140	1307	450	200	250	113	50	63
江津区	2044	912	1132	456	220	236	199	96	103
合川区	2417	1063	1354	607	297	310	152	68	84
永川区	2447	1092	1355	428	209	219	173	83	90
南川区	1239	559	680	204	83	121	57	34	23
璧山区	1700	776	924	355	168	187	124	56	68
铜梁区	1407	600	807	304	158	146	112	57	55
潼南区	1304	595	709	228	105	123	71	26	45
荣昌区	1958	825	1133	396	162	234	125	64	61
开州区	2137	974	1163	478	208	270	125	52	73
梁平区	1025	420	605	184	91	93	68	27	41
武隆区	449	194	255	97	45	52	50	35	15
县									
城口县									
丰都县									
垫江县									
忠　县									
云阳县									
奉节县									
巫山县									
巫溪县									
石柱县									
秀山县									
酉阳县									
彭水县									

8-1b　各地区分性别、健康状况的60岁及以上老年人口(镇)

单位：人

地　区	60岁及以上人口			健　康		
	合计	男	女	小计	男	女
重　庆	**117357**	**57388**	**59969**	**69226**	**35100**	**34126**
市辖区	66028	32450	33578	37454	19040	18414
万州区	4358	2098	2260	2539	1248	1291
涪陵区	1869	925	944	864	468	396
渝中区						
大渡口区	55	29	26	29	16	13
江北区	1142	574	568	704	362	342
沙坪坝区	544	272	272	307	156	151
九龙坡区	4825	2326	2499	2958	1473	1485
南岸区	251	128	123	128	74	54
北碚区	1038	531	507	626	333	293
綦江区	6800	3236	3564	3632	1797	1835
綦江区(不含万盛)	4062	1967	2095	2311	1137	1174
万盛经开区	2738	1269	1469	1321	660	661
大足区	3777	1842	1935	2324	1149	1175
渝北区	2808	1436	1372	1576	826	750
巴南区	2684	1351	1333	1611	824	787
黔江区	786	385	401	424	226	198
长寿区	1478	725	753	880	462	418
江津区	6576	3285	3291	3710	1914	1796
合川区	6830	3454	3376	4071	2090	1981
永川区	3246	1563	1683	1759	895	864
南川区	2037	1005	1032	989	494	495
璧山区	710	359	351	385	210	175
铜梁区	1600	805	795	800	426	374
潼南区	3688	1846	1842	2401	1218	1183
荣昌区	1394	641	753	706	349	357
开州区	3755	1824	1931	1845	933	912
梁平区	2711	1252	1459	1611	786	825
武隆区	1066	558	508	575	311	264
县	51329	24938	26391	31772	16060	15712
城口县	1113	523	590	663	333	330
丰都县	4909	2404	2505	2977	1519	1458
垫江县	5298	2598	2700	3373	1710	1663
忠　县	6212	3019	3193	4267	2130	2137
云阳县	9019	4423	4596	5288	2714	2574
奉节县	5781	2871	2910	4162	2128	2034
巫山县	2627	1259	1368	1290	647	643
巫溪县	2518	1235	1283	1481	769	712
石柱县	3529	1682	1847	2162	1083	1079
秀山县	3260	1550	1710	1855	917	938
酉阳县	3607	1745	1862	2026	1019	1007
彭水县	3456	1629	1827	2228	1091	1137

8-1b 续表

单位：人

地 区	基本健康			不健康，但生活能自理			不健康，生活不能自理		
	小计	男	女	小计	男	女	小计	男	女
重 庆	**36809**	**16902**	**19907**	**8831**	**4232**	**4599**	**2491**	**1154**	**1337**
市辖区	21752	10076	11676	5375	2672	2703	1447	662	785
万州区	1352	638	714	384	180	204	83	32	51
涪陵区	769	351	418	197	93	104	39	13	26
渝中区									
大渡口区	22	9	13	3	3		1	1	
江北区	308	143	165	97	50	47	33	19	14
沙坪坝区	176	83	93	48	25	23	13	8	5
九龙坡区	1457	671	786	325	145	180	85	37	48
南岸区	103	47	56	14	4	10	6	3	3
北碚区	303	136	167	76	44	32	33	18	15
綦江区	2391	1047	1344	562	295	267	215	97	118
綦江区(不含万盛)	1303	590	713	306	173	133	142	67	75
万盛经开区	1088	457	631	256	122	134	73	30	43
大足区	1131	539	592	268	133	135	54	21	33
渝北区	939	447	492	224	124	100	69	39	30
巴南区	809	387	422	207	111	96	57	29	28
黔江区	253	113	140	91	38	53	18	8	10
长寿区	443	192	251	112	57	55	43	14	29
江津区	2203	1078	1125	512	233	279	151	60	91
合川区	2185	1060	1125	457	240	217	117	64	53
永川区	1104	491	613	308	147	161	75	30	45
南川区	779	380	399	233	115	118	36	16	20
璧山区	252	108	144	62	35	27	11	6	5
铜梁区	636	305	331	133	64	69	31	10	21
潼南区	1035	491	544	210	116	94	42	21	21
荣昌区	485	192	293	151	76	75	52	24	28
开州区	1480	689	791	361	177	184	69	25	44
梁平区	798	306	492	224	114	110	78	46	32
武隆区	339	173	166	116	53	63	36	21	15
县	15057	6826	8231	3456	1560	1896	1044	492	552
城口县	326	137	189	97	38	59	27	15	12
丰都县	1458	667	791	355	162	193	119	56	63
垫江县	1474	672	802	343	158	185	108	58	50
忠 县	1431	635	796	367	180	187	147	74	73
云阳县	2988	1397	1591	573	242	331	170	70	100
奉节县	1283	594	689	236	103	133	100	46	54
巫山县	1062	480	582	220	102	118	55	30	25
巫溪县	795	355	440	199	98	101	43	13	30
石柱县	1016	440	576	276	123	153	75	36	39
秀山县	1128	512	616	214	89	125	63	32	31
酉阳县	1149	518	631	358	175	183	74	33	41
彭水县	947	419	528	218	90	128	63	29	34

8-1c　各地区分性别、健康状况的60岁及以上老年人口(乡村)

单位：人

地　区	60岁及以上人口			健　康		
	合计	男	女	小计	男	女
重　庆	**307559**	**158343**	**149216**	**164769**	**89370**	**75399**
市辖区	209982	108107	101875	108554	58913	49641
万州区	17316	9000	8316	9302	5067	4235
涪陵区	10580	5326	5254	4315	2330	1985
渝中区						
大渡口区	294	141	153	127	64	63
江北区	259	131	128	76	42	34
沙坪坝区	1418	745	673	796	437	359
九龙坡区	2480	1333	1147	1484	827	657
南岸区	803	415	388	408	222	186
北碚区	4330	2239	2091	1999	1100	899
綦江区	11138	5823	5315	5862	3254	2608
綦江区(不含万盛)	9490	4961	4529	5112	2837	2275
万盛经开区	1648	862	786	750	417	333
大足区	9998	4925	5073	5431	2828	2603
渝北区	5478	2845	2633	2673	1453	1220
巴南区	8135	4273	3862	4016	2207	1809
黔江区	5422	2800	2622	2778	1513	1265
长寿区	8884	4529	4355	4665	2469	2196
江津区	17782	9455	8327	9731	5389	4342
合川区	18911	9918	8993	10553	5782	4771
永川区	11345	5723	5622	5822	3087	2735
南川区	6616	3358	3258	3255	1729	1526
璧山区	7820	4109	3711	4090	2224	1866
铜梁区	10387	5442	4945	4860	2715	2145
潼南区	10468	5363	5105	5779	3197	2582
荣昌区	8816	4422	4394	4060	2168	1892
开州区	16011	8177	7834	8557	4630	3927
梁平区	9947	4811	5136	5368	2761	2607
武隆区	5344	2804	2540	2547	1418	1129
县	97577	50236	47341	56215	30457	25758
城口县	2959	1559	1400	1525	843	682
丰都县	8653	4430	4223	4451	2474	1977
垫江县	10425	5174	5251	5701	2942	2759
忠　县	12856	6533	6323	8225	4381	3844
云阳县	12584	6600	5984	7690	4237	3453
奉节县	10035	5266	4769	7165	3873	3292
巫山县	6772	3581	3191	3241	1822	1419
巫溪县	6016	3177	2839	3476	1914	1562
石柱县	5026	2580	2446	2752	1509	1243
秀山县	6193	3074	3119	2988	1551	1437
酉阳县	8466	4378	4088	4429	2447	1982
彭水县	7592	3884	3708	4572	2464	2108

8-1c 续表

单位：人

地 区	基本健康			不健康，但生活能自理			不健康，生活不能自理		
	小计	男	女	小计	男	女	小计	男	女
重 庆	**105302**	**50816**	**54486**	**31276**	**15306**	**15970**	**6212**	**2851**	**3361**
市辖区	74929	36229	38700	22085	10925	11160	4414	2040	2374
万州区	5960	2916	3044	1745	870	875	309	147	162
涪陵区	4560	2187	2373	1430	683	747	275	126	149
渝中区									
大渡口区	128	60	68	31	13	18	8	4	4
江北区	133	61	72	44	24	20	6	4	2
沙坪坝区	456	225	231	134	67	67	32	16	16
九龙坡区	729	378	351	212	104	108	55	24	31
南岸区	287	132	155	87	51	36	21	10	11
北碚区	1691	832	859	542	262	280	98	45	53
綦江区	3891	1879	2012	1126	579	547	259	111	148
綦江区(不含万盛)	3214	1549	1665	936	481	455	228	94	134
万盛经开区	677	330	347	190	98	92	31	17	14
大足区	3402	1548	1854	968	454	514	197	95	102
渝北区	1952	953	999	691	361	330	162	78	84
巴南区	2963	1453	1510	983	528	455	173	85	88
黔江区	1889	929	960	619	297	322	136	61	75
长寿区	3162	1538	1624	891	445	446	166	77	89
江津区	6039	3055	2984	1656	860	796	356	151	205
合川区	6207	3062	3145	1899	953	946	252	121	131
永川区	4013	1880	2133	1249	640	609	261	116	145
南川区	2516	1219	1297	710	345	365	135	65	70
璧山区	2593	1307	1286	921	463	458	216	115	101
铜梁区	4076	1992	2084	1192	608	584	259	127	132
潼南区	3525	1640	1885	980	437	543	184	89	95
荣昌区	3424	1653	1771	1125	511	614	207	90	117
开州区	5812	2776	3036	1325	633	692	317	138	179
梁平区	3445	1527	1918	932	433	499	202	90	112
武隆区	2076	1027	1049	593	304	289	128	55	73
县	30373	14587	15786	9191	4381	4810	1798	811	987
城口县	1021	522	499	343	165	178	70	29	41
丰都县	3006	1408	1598	989	452	537	207	96	111
垫江县	3425	1606	1819	1075	534	541	224	92	132
忠 县	3397	1588	1809	1008	464	544	226	100	126
云阳县	3841	1859	1982	893	430	463	160	74	86
奉节县	2211	1078	1133	556	268	288	103	47	56
巫山县	2555	1292	1263	843	411	432	133	56	77
巫溪县	1854	932	922	559	271	288	127	60	67
石柱县	1616	772	844	547	248	299	111	51	60
秀山县	2339	1112	1227	728	343	385	138	68	70
酉阳县	2845	1375	1470	1018	479	539	174	77	97
彭水县	2263	1043	1220	632	316	316	125	61	64

8–2　全市分年龄、性别、健康状况的60岁及以上老年人口

单位：人

年　龄	60岁及以上人口			健　康		
	合计	男	女	小计	男	女
总　计	**693072**	**343078**	**349994**	**414146**	**212797**	**201349**
60–64岁	**156057**	**80299**	**75758**	**118322**	**61663**	**56659**
60	20746	10487	10259	16529	8400	8129
61	21437	11120	10317	16695	8743	7952
62	33362	17364	15998	25591	13430	12161
63	39907	20645	19262	29784	15729	14055
64	40605	20683	19922	29723	15361	14362
65–69岁	**209492**	**103731**	**105761**	**141613**	**72021**	**69592**
65	43518	21993	21525	31271	16114	15157
66	46063	23013	23050	32104	16367	15737
67	43939	21503	22436	29535	14821	14714
68	42265	20823	21442	27398	13960	13438
69	33707	16399	17308	21305	10759	10546
70–74岁	**140115**	**70465**	**69650**	**78443**	**40978**	**37465**
70	31760	15748	16012	19108	9789	9319
71	32108	16172	15936	18332	9564	8768
72	26414	13354	13060	14548	7682	6866
73	26065	13329	12736	13962	7446	6516
74	23768	11862	11906	12493	6497	5996
75–79岁	**95272**	**47380**	**47892**	**44379**	**23063**	**21316**
75	20165	9892	10273	10060	5138	4922
76	22194	11078	11116	10638	5529	5109
77	19480	9714	9766	9030	4760	4270
78	17369	8697	8672	7751	4004	3747
79	16064	7999	8065	6900	3632	3268
80–84岁	**54617**	**25587**	**29030**	**20640**	**10285**	**10355**
80	13712	6720	6992	5617	2924	2693
81	11613	5333	6280	4395	2165	2230
82	11154	5246	5908	4111	2066	2045
83	9499	4462	5037	3406	1685	1721
84	8639	3826	4813	3111	1445	1666
85–89岁	**26533**	**11292**	**15241**	**8092**	**3682**	**4410**
85	6290	2757	3533	2105	991	1114
86	6023	2513	3510	1906	838	1068
87	6146	2691	3455	1808	838	970
88	4505	1866	2639	1268	569	699
89	3569	1465	2104	1005	446	559
90–94岁	**9089**	**3652**	**5437**	**2246**	**942**	**1304**
90	3044	1305	1739	817	342	475
91	2208	862	1346	510	218	292
92	1757	675	1082	444	185	259
93	1201	500	701	283	122	161
94	879	310	569	192	75	117
95–99岁	**1706**	**608**	**1098**	**377**	**152**	**225**
95	649	229	420	136	52	84
96	431	153	278	102	37	65
97	283	101	182	67	25	42
98	205	80	125	50	27	23
99	138	45	93	22	11	11
100岁及以上	**191**	**64**	**127**	**34**	**11**	**23**

8−2 续表 单位：人

年 龄	基本健康			不健康，但生活能自理			不健康，生活不能自理		
	小计	男	女	小计	男	女	小计	男	女
总 计	**210369**	**97818**	**112551**	**54947**	**26237**	**28710**	**13610**	**6226**	**7384**
60−64岁	**30805**	**14833**	**15972**	**5899**	**3224**	**2675**	**1031**	**579**	**452**
60	3455	1667	1788	651	357	294	111	63	48
61	3878	1858	2020	743	450	293	121	69	52
62	6302	3119	3183	1238	678	560	231	137	94
63	8283	3924	4359	1565	831	734	275	161	114
64	8887	4265	4622	1702	908	794	293	149	144
65−69岁	**54815**	**25043**	**29772**	**11078**	**5600**	**5478**	**1986**	**1067**	**919**
65	9972	4652	5320	1953	1033	920	322	194	128
66	11380	5308	6072	2205	1131	1074	374	207	167
67	11549	5245	6304	2412	1202	1210	443	235	208
68	12008	5424	6584	2402	1199	1203	457	240	217
69	9906	4414	5492	2106	1035	1071	390	191	199
70−74岁	**48531**	**22993**	**25538**	**11176**	**5476**	**5700**	**1965**	**1018**	**947**
70	10128	4674	5454	2171	1113	1058	353	172	181
71	10895	5179	5716	2488	1224	1264	393	205	188
72	9333	4429	4904	2127	1040	1087	406	203	203
73	9476	4565	4911	2208	1100	1108	419	218	201
74	8699	4146	4553	2182	999	1183	394	220	174
75−79岁	**37884**	**18076**	**19808**	**10711**	**5115**	**5596**	**2298**	**1126**	**1172**
75	7797	3657	4140	1932	915	1017	376	182	194
76	8690	4167	4523	2376	1119	1257	490	263	227
77	7775	3694	4081	2183	1029	1154	492	231	261
78	7039	3452	3587	2121	1031	1090	458	210	248
79	6583	3106	3477	2099	1021	1078	482	240	242
80−84岁	**23098**	**10511**	**12587**	**8454**	**3760**	**4694**	**2425**	**1031**	**1394**
80	5663	2656	3007	1923	909	1014	509	231	278
81	4922	2200	2722	1860	770	1090	436	198	238
82	4801	2193	2608	1727	757	970	515	230	285
83	4068	1886	2182	1514	688	826	511	203	308
84	3644	1576	2068	1430	636	794	454	169	285
85−89岁	**11053**	**4681**	**6372**	**5160**	**2080**	**3080**	**2228**	**849**	**1379**
85	2632	1131	1501	1099	451	648	454	184	270
86	2494	1055	1439	1164	444	720	459	176	283
87	2569	1116	1453	1271	539	732	498	198	300
88	1903	773	1130	895	364	531	439	160	279
89	1455	606	849	731	282	449	378	131	247
90−94岁	**3487**	**1436**	**2051**	**2047**	**818**	**1229**	**1309**	**456**	**853**
90	1185	552	633	652	272	380	390	139	251
91	865	324	541	506	194	312	327	126	201
92	666	252	414	391	157	234	256	81	175
93	450	190	260	280	122	158	188	66	122
94	321	118	203	218	73	145	148	44	104
95−99岁	**621**	**215**	**406**	**389**	**154**	**235**	**319**	**87**	**232**
95	243	80	163	155	61	94	115	36	79
96	161	62	99	91	35	56	77	19	58
97	92	29	63	69	37	32	55	10	45
98	77	25	52	40	15	25	38	13	25
99	48	19	29	34	6	28	34	9	25
100岁及以上	**75**	**30**	**45**	**33**	**10**	**23**	**49**	**13**	**36**

8-2a　全市分年龄、性别、健康状况的60岁及以上老年人口(城市)

单位：人

年　龄	60岁及以上人口			健　康		
	合计	男	女	小计	男	女
总　计	**268156**	**127347**	**140809**	**180151**	**88327**	**91824**
60-64岁	**73054**	**36022**	**37032**	**58532**	**29072**	**29460**
60	10446	5073	5373	8623	4162	4461
61	10775	5323	5452	8764	4357	4407
62	15961	7998	7963	12905	6474	6431
63	17988	8839	9149	14181	7073	7108
64	17884	8789	9095	14059	7006	7053
65-69岁	**82088**	**39215**	**42873**	**60678**	**29535**	**31143**
65	18287	8898	9389	14155	7004	7151
66	18703	9049	9654	14088	6891	7197
67	16858	7990	8868	12446	5981	6465
68	15519	7359	8160	11134	5407	5727
69	12721	5919	6802	8855	4252	4603
70-74岁	**48120**	**22916**	**25204**	**30683**	**15173**	**15510**
70	11588	5515	6073	7904	3878	4026
71	10818	5081	5737	6895	3383	3512
72	8810	4202	4608	5514	2726	2788
73	8869	4283	4586	5482	2762	2720
74	8035	3835	4200	4888	2424	2464
75-79岁	**30885**	**14843**	**16042**	**16736**	**8354**	**8382**
75	6845	3284	3561	3988	1972	2016
76	7271	3498	3773	4004	1991	2013
77	6189	2946	3243	3329	1675	1654
78	5474	2660	2814	2869	1444	1425
79	5106	2455	2651	2546	1272	1274
80-84岁	**19147**	**8453**	**10694**	**8585**	**4093**	**4492**
80	4684	2207	2477	2259	1152	1107
81	4141	1838	2303	1866	902	964
82	3817	1638	2179	1653	761	892
83	3383	1512	1871	1470	694	776
84	3122	1258	1864	1337	584	753
85-89岁	**10220**	**4051**	**6169**	**3631**	**1560**	**2071**
85	2435	961	1474	965	419	546
86	2359	916	1443	871	352	519
87	2284	938	1346	785	357	428
88	1662	643	1019	551	228	323
89	1480	593	887	459	204	255
90-94岁	**3836**	**1537**	**2299**	**1106**	**459**	**647**
90	1286	552	734	390	160	230
91	936	362	574	258	108	150
92	704	277	427	214	90	124
93	507	202	305	139	56	83
94	403	144	259	105	45	60
95-99岁	**718**	**276**	**442**	**181**	**73**	**108**
95	263	98	165	63	22	41
96	177	68	109	52	21	31
97	123	49	74	34	14	20
98	90	37	53	20	11	9
99	65	24	41	12	5	7
100岁及以上	**88**	**34**	**54**	**19**	**8**	**11**

8-2a 续表　　单位：人

年 龄	基本健康			不健康，但生活能自理			不健康，生活不能自理		
	小计	男	女	小计	男	女	小计	男	女
总 计	**68258**	**30100**	**38158**	**14840**	**6699**	**8141**	**4907**	**2221**	**2686**
60-64岁	**12211**	**5671**	**6540**	**1942**	**1060**	**882**	**369**	**219**	**150**
60	1492	716	776	289	166	123	42	29	13
61	1703	782	921	255	154	101	53	30	23
62	2562	1242	1320	409	225	184	85	57	28
63	3230	1454	1776	472	250	222	105	62	43
64	3224	1477	1747	517	265	252	84	41	43
65-69岁	**17706**	**7803**	**9903**	**3026**	**1482**	**1544**	**678**	**395**	**283**
65	3465	1536	1929	561	285	276	106	73	33
66	3823	1751	2072	660	330	330	132	77	55
67	3623	1616	2007	646	318	328	143	75	68
68	3601	1547	2054	621	307	314	163	98	65
69	3194	1353	1841	538	242	296	134	72	62
70-74岁	**14160**	**6204**	**7956**	**2664**	**1204**	**1460**	**613**	**335**	**278**
70	3058	1332	1726	508	248	260	118	57	61
71	3175	1369	1806	627	261	366	121	68	53
72	2663	1175	1488	511	238	273	122	63	59
73	2720	1196	1524	534	251	283	133	74	59
74	2544	1132	1412	484	206	278	119	73	46
75-79岁	**10855**	**4984**	**5871**	**2529**	**1138**	**1391**	**765**	**367**	**398**
75	2252	1032	1220	473	209	264	132	71	61
76	2558	1189	1369	543	231	312	166	87	79
77	2217	991	1226	484	212	272	159	68	91
78	1954	918	1036	504	233	271	147	65	82
79	1874	854	1020	525	253	272	161	76	85
80-84岁	**7478**	**3137**	**4341**	**2241**	**901**	**1340**	**843**	**322**	**521**
80	1791	777	1014	465	207	258	169	71	98
81	1626	695	931	497	180	317	152	61	91
82	1541	640	901	446	168	278	177	69	108
83	1305	566	739	414	180	234	194	72	122
84	1215	459	756	419	166	253	151	49	102
85-89岁	**4107**	**1596**	**2511**	**1572**	**557**	**1015**	**910**	**338**	**572**
85	958	361	597	333	105	228	179	76	103
86	928	375	553	357	116	241	203	73	130
87	913	365	548	384	151	233	202	65	137
88	702	263	439	248	91	157	161	61	100
89	606	232	374	250	94	156	165	63	102
90-94岁	**1425**	**583**	**842**	**721**	**293**	**428**	**584**	**202**	**382**
90	502	231	271	212	91	121	182	70	112
91	356	129	227	183	74	109	139	51	88
92	239	95	144	139	57	82	112	35	77
93	184	75	109	104	44	60	80	27	53
94	144	53	91	83	27	56	71	19	52
95-99岁	**281**	**106**	**175**	**131**	**59**	**72**	**125**	**38**	**87**
95	98	38	60	51	20	31	51	18	33
96	69	27	42	31	14	17	25	6	19
97	46	17	29	22	14	8	21	4	17
98	42	13	29	16	9	7	12	4	8
99	26	11	15	11	2	9	16	6	10
100岁及以上	**35**	**16**	**19**	**14**	**5**	**9**	**20**	**5**	**15**

8-2b　全市分年龄、性别、健康状况的60岁及以上老年人口(镇)

单位：人

年　龄	60岁及以上人口			健　康		
	合计	男	女	小计	男	女
总　计	**117357**	**57388**	**59969**	**69226**	**35100**	**34126**
60-64岁	**24903**	**12881**	**12022**	**18532**	**9684**	**8848**
60	3391	1744	1647	2664	1388	1276
61	3404	1817	1587	2556	1379	1177
62	5307	2746	2561	3983	2087	1896
63	6369	3310	3059	4711	2494	2217
64	6432	3264	3168	4618	2336	2282
65-69岁	**34564**	**16681**	**17883**	**23155**	**11500**	**11655**
65	7157	3520	3637	5019	2523	2496
66	7605	3726	3879	5277	2595	2682
67	7270	3443	3827	4829	2380	2449
68	7119	3377	3742	4580	2278	2302
69	5413	2615	2798	3450	1724	1726
70-74岁	**24189**	**11889**	**12300**	**13460**	**6893**	**6567**
70	5345	2620	2725	3182	1614	1568
71	5580	2737	2843	3207	1617	1590
72	4624	2330	2294	2593	1388	1205
73	4428	2168	2260	2328	1184	1144
74	4212	2034	2178	2150	1090	1060
75-79岁	**17315**	**8485**	**8830**	**8287**	**4202**	**4085**
75	3539	1713	1826	1755	871	884
76	3985	1955	2030	1975	972	1003
77	3465	1675	1790	1680	856	824
78	3303	1671	1632	1523	796	727
79	3023	1471	1552	1354	707	647
80-84岁	**9925**	**4665**	**5260**	**3846**	**1902**	**1944**
80	2529	1258	1271	1074	548	526
81	2059	929	1130	786	361	425
82	2056	996	1060	779	419	360
83	1728	811	917	645	331	314
84	1553	671	882	562	243	319
85-89岁	**4661**	**2044**	**2617**	**1502**	**710**	**792**
85	1086	493	593	363	184	179
86	998	410	588	330	147	183
87	1139	514	625	364	166	198
88	826	359	467	256	124	132
89	612	268	344	189	89	100
90-94岁	**1481**	**636**	**845**	**379**	**182**	**197**
90	539	248	291	161	73	88
91	338	130	208	74	38	36
92	274	111	163	75	35	40
93	198	98	100	44	25	19
94	132	49	83	25	11	14
95-99岁	**288**	**100**	**188**	**61**	**27**	**34**
95	107	33	74	21	9	12
96	74	26	48	12	5	7
97	47	18	29	9	3	6
98	39	16	23	14	7	7
99	21	7	14	5	3	2
100岁及以上	**31**	**7**	**24**	**4**		**4**

8-2b 续表 单位：人

年 龄	基本健康			不健康，但生活能自理			不健康，生活不能自理		
	小计	男	女	小计	男	女	小计	男	女
总 计	**36809**	**16902**	**19907**	**8831**	**4232**	**4599**	**2491**	**1154**	**1337**
60-64岁	**5301**	**2580**	**2721**	**884**	**503**	**381**	**186**	**114**	**72**
60	622	299	323	92	51	41	13	6	7
61	695	340	355	128	83	45	25	15	10
62	1081	524	557	191	101	90	52	34	18
63	1392	673	719	220	114	106	46	29	17
64	1511	744	767	253	154	99	50	30	20
65-69岁	**9300**	**4117**	**5183**	**1730**	**862**	**868**	**379**	**202**	**177**
65	1753	783	970	321	178	143	64	36	28
66	1926	914	1012	327	174	153	75	43	32
67	1977	836	1141	377	180	197	87	47	40
68	2060	877	1183	400	185	215	79	37	42
69	1584	707	877	305	145	160	74	39	35
70-74岁	**8576**	**3927**	**4649**	**1773**	**873**	**900**	**380**	**196**	**184**
70	1772	801	971	327	169	158	64	36	28
71	1920	884	1036	380	193	187	73	43	30
72	1606	724	882	349	178	171	76	40	36
73	1659	782	877	357	168	189	84	34	50
74	1619	736	883	360	165	195	83	43	40
75-79岁	**6837**	**3244**	**3593**	**1742**	**832**	**910**	**449**	**207**	**242**
75	1413	667	746	304	144	160	67	31	36
76	1515	734	781	395	203	192	100	46	54
77	1351	618	733	341	158	183	93	43	50
78	1316	657	659	370	179	191	94	39	55
79	1242	568	674	332	148	184	95	48	47
80-84岁	**4155**	**1907**	**2248**	**1461**	**664**	**797**	**463**	**192**	**271**
80	1016	484	532	323	168	155	116	58	58
81	895	401	494	301	135	166	77	32	45
82	878	407	471	306	132	174	93	38	55
83	728	333	395	266	117	149	89	30	59
84	638	282	356	265	112	153	88	34	54
85-89岁	**1936**	**842**	**1094**	**846**	**336**	**510**	**377**	**156**	**221**
85	479	206	273	175	77	98	69	26	43
86	417	172	245	177	62	115	74	29	45
87	468	212	256	234	96	138	73	40	33
88	331	141	190	145	58	87	94	36	58
89	241	111	130	115	43	72	67	25	42
90-94岁	**586**	**250**	**336**	**322**	**134**	**188**	**194**	**70**	**124**
90	207	97	110	115	58	57	56	20	36
91	138	49	89	75	23	52	51	20	31
92	111	44	67	53	21	32	35	11	24
93	86	41	45	40	19	21	28	13	15
94	44	19	25	39	13	26	24	6	18
95-99岁	**105**	**32**	**73**	**69**	**25**	**44**	**53**	**16**	**37**
95	42	9	33	23	10	13	21	5	16
96	30	12	18	17	3	14	15	6	9
97	16	4	12	17	10	7	5	1	4
98	12	5	7	6	1	5	7	3	4
99	5	2	3	6	1	5	5	1	4
100岁及以上	**13**	**3**	**10**	**4**	**3**	**1**	**10**	**1**	**9**

8–2c　全市分年龄、性别、健康状况的60岁及以上老年人口(乡村)

单位：人

年　龄	60岁及以上人口			健　康		
	合计	男	女	小计	男	女
总　计	**307559**	**158343**	**149216**	**164769**	**89370**	**75399**
60–64岁	**58100**	**31396**	**26704**	**41258**	**22907**	**18351**
60	6909	3670	3239	5242	2850	2392
61	7258	3980	3278	5375	3007	2368
62	12094	6620	5474	8703	4869	3834
63	15550	8496	7054	10892	6162	4730
64	16289	8630	7659	11046	6019	5027
65–69岁	**92840**	**47835**	**45005**	**57780**	**30986**	**26794**
65	18074	9575	8499	12097	6587	5510
66	19755	10238	9517	12739	6881	5858
67	19811	10070	9741	12260	6460	5800
68	19627	10087	9540	11684	6275	5409
69	15573	7865	7708	9000	4783	4217
70–74岁	**67806**	**35660**	**32146**	**34300**	**18912**	**15388**
70	14827	7613	7214	8022	4297	3725
71	15710	8354	7356	8230	4564	3666
72	12980	6822	6158	6441	3568	2873
73	12768	6878	5890	6152	3500	2652
74	11521	5993	5528	5455	2983	2472
75–79岁	**47072**	**24052**	**23020**	**19356**	**10507**	**8849**
75	9781	4895	4886	4317	2295	2022
76	10938	5625	5313	4659	2566	2093
77	9826	5093	4733	4021	2229	1792
78	8592	4366	4226	3359	1764	1595
79	7935	4073	3862	3000	1653	1347
80–84岁	**25545**	**12469**	**13076**	**8209**	**4290**	**3919**
80	6499	3255	3244	2284	1224	1060
81	5413	2566	2847	1743	902	841
82	5281	2612	2669	1679	886	793
83	4388	2139	2249	1291	660	631
84	3964	1897	2067	1212	618	594
85–89岁	**11652**	**5197**	**6455**	**2959**	**1412**	**1547**
85	2769	1303	1466	777	388	389
86	2666	1187	1479	705	339	366
87	2723	1239	1484	659	315	344
88	2017	864	1153	461	217	244
89	1477	604	873	357	153	204
90–94岁	**3772**	**1479**	**2293**	**761**	**301**	**460**
90	1219	505	714	266	109	157
91	934	370	564	178	72	106
92	779	287	492	155	60	95
93	496	200	296	100	41	59
94	344	117	227	62	19	43
95–99岁	**700**	**232**	**468**	**135**	**52**	**83**
95	279	98	181	52	21	31
96	180	59	121	38	11	27
97	113	34	79	24	8	16
98	76	27	49	16	9	7
99	52	14	38	5	3	2
100岁及以上	**72**	**23**	**49**	**11**	**3**	**8**

8-2c 续表 单位：人

年 龄	基本健康			不健康，但生活能自理			不健康，生活不能自理		
	小计	男	女	小计	男	女	小计	男	女
总 计	**105302**	**50816**	**54486**	**31276**	**15306**	**15970**	**6212**	**2851**	**3361**
60-64岁	**13293**	**6582**	**6711**	**3073**	**1661**	**1412**	**476**	**246**	**230**
60	1341	652	689	270	140	130	56	28	28
61	1480	736	744	360	213	147	43	24	19
62	2659	1353	1306	638	352	286	94	46	48
63	3661	1797	1864	873	467	406	124	70	54
64	4152	2044	2108	932	489	443	159	78	81
65-69岁	**27809**	**13123**	**14686**	**6322**	**3256**	**3066**	**929**	**470**	**459**
65	4754	2333	2421	1071	570	501	152	85	67
66	5631	2643	2988	1218	627	591	167	87	80
67	5949	2793	3156	1389	704	685	213	113	100
68	6347	3000	3347	1381	707	674	215	105	110
69	5128	2354	2774	1263	648	615	182	80	102
70-74岁	**25795**	**12862**	**12933**	**6739**	**3399**	**3340**	**972**	**487**	**485**
70	5298	2541	2757	1336	696	640	171	79	92
71	5800	2926	2874	1481	770	711	199	94	105
72	5064	2530	2534	1267	624	643	208	100	108
73	5097	2587	2510	1317	681	636	202	110	92
74	4536	2278	2258	1338	628	710	192	104	88
75-79岁	**20192**	**9848**	**10344**	**6440**	**3145**	**3295**	**1084**	**552**	**532**
75	4132	1958	2174	1155	562	593	177	80	97
76	4617	2244	2373	1438	685	753	224	130	94
77	4207	2085	2122	1358	659	699	240	120	120
78	3769	1877	1892	1247	619	628	217	106	111
79	3467	1684	1783	1242	620	622	226	116	110
80-84岁	**11465**	**5467**	**5998**	**4752**	**2195**	**2557**	**1119**	**517**	**602**
80	2856	1395	1461	1135	534	601	224	102	122
81	2401	1104	1297	1062	455	607	207	105	102
82	2382	1146	1236	975	457	518	245	123	122
83	2035	987	1048	834	391	443	228	101	127
84	1791	835	956	746	358	388	215	86	129
85-89岁	**5010**	**2243**	**2767**	**2742**	**1187**	**1555**	**941**	**355**	**586**
85	1195	564	631	591	269	322	206	82	124
86	1149	508	641	630	266	364	182	74	108
87	1188	539	649	653	292	361	223	93	130
88	870	369	501	502	215	287	184	63	121
89	608	263	345	366	145	221	146	43	103
90-94岁	**1476**	**603**	**873**	**1004**	**391**	**613**	**531**	**184**	**347**
90	476	224	252	325	123	202	152	49	103
91	371	146	225	248	97	151	137	55	82
92	316	113	203	199	79	120	109	35	74
93	180	74	106	136	59	77	80	26	54
94	133	46	87	96	33	63	53	19	34
95-99岁	**235**	**77**	**158**	**189**	**70**	**119**	**141**	**33**	**108**
95	103	33	70	81	31	50	43	13	30
96	62	23	39	43	18	25	37	7	30
97	30	8	22	30	13	17	29	5	24
98	23	7	16	18	5	13	19	6	13
99	17	6	11	17	3	14	13	2	11
100岁及以上	**27**	**11**	**16**	**15**	**2**	**13**	**19**	**7**	**12**

8-3 全市分性别、婚姻状况、健康状况的60岁及以上老年人口

单位：人

婚姻状况	60岁及以上人口			健康		
	合计	男	女	小计	男	女
总　计	**693072**	**343078**	**349994**	**414146**	**212797**	**201349**
未　婚	16821	16057	764	7332	6936	396
有配偶	510574	275814	234760	331403	181958	149445
离　婚	14276	8152	6124	9449	5188	4261
丧　偶	151401	43055	108346	65962	18715	47247

8-3 续表

单位：人

婚姻状况	基本健康			不健康，但生活能自理			不健康，生活不能自理		
	小计	男	女	小计	男	女	小计	男	女
总　计	**210369**	**97818**	**112551**	**54947**	**26237**	**28710**	**13610**	**6226**	**7384**
未　婚	6469	6245	224	2541	2444	97	479	432	47
有配偶	141068	72607	68461	31272	17248	14024	6831	4001	2830
离　婚	3652	2163	1489	1005	679	326	170	122	48
丧　偶	59180	16803	42377	20129	5866	14263	6130	1671	4459

8-3a 全市分性别、婚姻状况、健康状况的60岁及以上老年人口(城市)

单位：人

婚姻状况	60岁及以上人口			健康		
	合计	男	女	小计	男	女
总　计	**268156**	**127347**	**140809**	**180151**	**88327**	**91824**
未　婚	2326	1902	424	1101	861	240
有配偶	205196	109471	95725	147388	79112	68276
离　婚	9689	4857	4832	6744	3246	3498
丧　偶	50945	11117	39828	24918	5108	19810

8-3a 续表

单位：人

婚姻状况	基本健康			不健康，但生活能自理			不健康，生活不能自理		
	小计	男	女	小计	男	女	小计	男	女
总　计	**68258**	**30100**	**38158**	**14840**	**6699**	**8141**	**4907**	**2221**	**2686**
未　婚	756	636	120	315	276	39	154	129	25
有配偶	47113	24208	22905	8485	4769	3716	2210	1382	828
离　婚	2252	1182	1070	580	350	230	113	79	34
丧　偶	18137	4074	14063	5460	1304	4156	2430	631	1799

8-3b 全市分性别、婚姻状况、健康状况的60岁及以上老年人口(镇)

单位：人

婚姻状况	60岁及以上人口			健康		
	合计	男	女	小计	男	女
总　计	**117357**	**57388**	**59969**	**69226**	**35100**	**34126**
未　婚	2353	2229	124	1016	942	74
有配偶	86116	46402	39714	55192	30119	25073
离　婚	1541	947	594	989	604	385
丧　偶	27347	7810	19537	12029	3435	8594

8-3b 续表

单位：人

婚姻状况	基本健康			不健康，但生活能自理			不健康，生活不能自理		
	小计	男	女	小计	男	女	小计	男	女
总　计	**36809**	**16902**	**19907**	**8831**	**4232**	**4599**	**2491**	**1154**	**1337**
未　婚	884	858	26	346	330	16	107	99	8
有配偶	24769	12763	12006	4906	2789	2117	1249	731	518
离　婚	420	248	172	111	78	33	21	17	4
丧　偶	10736	3033	7703	3468	1035	2433	1114	307	807

8-3c 全市分性别、婚姻状况、健康状况的60岁及以上老年人口(乡村)

单位：人

婚姻状况	60岁及以上人口			健康		
	合计	男	女	小计	男	女
总　计	**307559**	**158343**	**149216**	**164769**	**89370**	**75399**
未　婚	12142	11926	216	5215	5133	82
有配偶	219262	119941	99321	128823	72727	56096
离　婚	3046	2348	698	1716	1338	378
丧　偶	73109	24128	48981	29015	10172	18843

8-3c 续表

单位：人

婚姻状况	基本健康			不健康，但生活能自理			不健康，生活不能自理		
	小计	男	女	小计	男	女	小计	男	女
总　计	**105302**	**50816**	**54486**	**31276**	**15306**	**15970**	**6212**	**2851**	**3361**
未　婚	4829	4751	78	1880	1838	42	218	204	14
有配偶	69186	35636	33550	17881	9690	8191	3372	1888	1484
离　婚	980	733	247	314	251	63	36	26	10
丧　偶	30307	9696	20611	11201	3527	7674	2586	733	1853

8-4　全市分性别、主要生活来源、健康状况的60岁及以上老年人口

单位：人

主要生活来源	60岁及以上人口			健康		
	合计	男	女	小计	男	女
总　计	**693072**	**343078**	**349994**	**414146**	**212797**	**201349**
劳动收入	132474	81514	50960	100106	63121	36985
离退休金/养老金	283503	141500	142003	184961	94378	90583
最低生活保障金	28497	17742	10755	9363	5969	3394
失业保险金	18	11	7	8	5	3
财产性收入	1930	1172	758	1154	695	459
家庭其他成员供养	210773	82094	128679	98738	38170	60568
其　他	35877	19045	16832	19816	10459	9357

8-4　续表

单位：人

主要生活来源	基本健康			不健康，但生活能自理			不健康，生活不能自理		
	小计	男	女	小计	男	女	小计	男	女
总　计	**210369**	**97818**	**112551**	**54947**	**26237**	**28710**	**13610**	**6226**	**7384**
劳动收入	29917	16973	12944	2357	1362	995	94	58	36
离退休金/养老金	77791	36941	40850	15991	7838	8153	4760	2343	2417
最低生活保障金	11090	6969	4121	6611	4035	2576	1433	769	664
失业保险金	7	4	3	3	2	1			
财产性收入	601	372	229	153	95	58	22	10	12
家庭其他成员供养	78655	30049	48606	26835	11246	15589	6545	2629	3916
其　他	12308	6510	5798	2997	1659	1338	756	417	339

8-4a 全市分性别、主要生活来源、健康状况的60岁及以上老年人口(城市)

单位：人

主要生活来源	60岁及以上人口			健康		
	合计	男	女	小计	男	女
总计	**268156**	**127347**	**140809**	**180151**	**88327**	**91824**
劳动收入	15210	10618	4592	12938	9098	3840
离退休金/养老金	195606	94807	100799	133895	66592	67303
最低生活保障金	4460	2201	2259	1948	925	1023
失业保险金	5	3	2	3	2	1
财产性收入	522	286	236	362	200	162
家庭其他成员供养	44513	15680	28833	26064	9119	16945
其他	7840	3752	4088	4941	2391	2550

8-4a 续表

单位：人

主要生活来源	基本健康			不健康，但生活能自理			不健康，生活不能自理		
	小计	男	女	小计	男	女	小计	男	女
总计	**68258**	**30100**	**38158**	**14840**	**6699**	**8141**	**4907**	**2221**	**2686**
劳动收入	2085	1393	692	168	116	52	19	11	8
离退休金/养老金	49044	22336	26708	9517	4398	5119	3150	1481	1669
最低生活保障金	1497	741	756	795	425	370	220	110	110
失业保险金	1		1	1	1				
财产性收入	133	68	65	24	17	7	3	1	2
家庭其他成员供养	13283	4536	8747	3885	1540	2345	1281	485	796
其他	2215	1026	1189	450	202	248	234	133	101

8-4b　全市分性别、主要生活来源、健康状况的60岁及以上老年人口(镇)

单位：人

主要生活来源	60岁及以上人口			健　康		
	合计	男	女	小计	男	女
总　计	**117357**	**57388**	**59969**	**69226**	**35100**	**34126**
劳动收入	16660	10557	6103	13129	8470	4659
离退休金/养老金	48978	25274	23704	30244	16043	14201
最低生活保障金	4387	2535	1852	1608	914	694
失业保险金	8	5	3	2	2	
财产性收入	302	167	135	183	98	85
家庭其他成员供养	39557	15044	24513	19840	7433	12407
其　他	7465	3806	3659	4220	2140	2080

8-4b　续表

单位：人

主要生活来源	基本健康			不健康，但生活能自理			不健康，生活不能自理		
	小计	男	女	小计	男	女	小计	男	女
总　计	**36809**	**16902**	**19907**	**8831**	**4232**	**4599**	**2491**	**1154**	**1337**
劳动收入	3296	1945	1351	225	135	90	10	7	3
离退休金/养老金	14821	7219	7602	3014	1550	1464	899	462	437
最低生活保障金	1707	988	719	843	495	348	229	138	91
失业保险金	4	2	2	2	1	1			
财产性收入	88	52	36	25	14	11	6	3	3
家庭其他成员供养	14328	5409	8919	4210	1754	2456	1179	448	731
其　他	2565	1287	1278	512	283	229	168	96	72

8-4c 全市分性别、主要生活来源、健康状况的60岁及以上老年人口(乡村)

单位：人

主要生活来源	60岁及以上人口			健康		
	合计	男	女	小计	男	女
总　　计	**307559**	**158343**	**149216**	**164769**	**89370**	**75399**
劳动收入	100604	60339	40265	74039	45553	28486
离退休金/养老金	38919	21419	17500	20822	11743	9079
最低生活保障金	19650	13006	6644	5807	4130	1677
失业保险金	5	3	2	3	1	2
财产性收入	1106	719	387	609	397	212
家庭其他成员供养	126703	51370	75333	52834	21618	31216
其　　他	20572	11487	9085	10655	5928	4727

8-4c　续表

单位：人

主要生活来源	基本健康			不健康，但生活能自理			不健康，生活不能自理		
	小计	男	女	小计	男	女	小计	男	女
总　　计	**105302**	**50816**	**54486**	**31276**	**15306**	**15970**	**6212**	**2851**	**3361**
劳动收入	24536	13635	10901	1964	1111	853	65	40	25
离退休金/养老金	13926	7386	6540	3460	1890	1570	711	400	311
最低生活保障金	7886	5240	2646	4973	3115	1858	984	521	463
失业保险金	2	2							
财产性收入	380	252	128	104	64	40	13	6	7
家庭其他成员供养	51044	20104	30940	18740	7952	10788	4085	1696	2389
其　　他	7528	4197	3331	2035	1174	861	354	188	166

8–5　全市分性别、居住状况、健康状况的60岁及以上老年人口

单位：人

居住状况	60岁及以上人口			健　康		
	合计	男	女	小计	男	女
总　计	**693072**	**343078**	**349994**	**414146**	**212797**	**201349**
与配偶和子女同住	143298	79196	64102	99568	55775	43793
与配偶同住	291259	157448	133811	180201	99457	80744
与子女同住	118959	35093	83866	60893	18523	42370
独居(有保姆)	1050	487	563	365	185	180
独居(无保姆)	92851	46233	46618	48796	25497	23299
养老机构	6759	4106	2653	1262	873	389
其　他	38896	20515	18381	23061	12487	10574

8–5　续表

单位：人

居住状况	基本健康			不健康，但生活能自理			不健康，生活不能自理		
	小计	男	女	小计	男	女	小计	男	女
总　计	**210369**	**97818**	**112551**	**54947**	**26237**	**28710**	**13610**	**6226**	**7384**
与配偶和子女同住	34049	17870	16179	7737	4382	3355	1944	1169	775
与配偶同住	87475	44935	42540	19715	10801	8914	3868	2255	1613
与子女同住	40280	11464	28816	13167	3809	9358	4619	1297	3322
独居(有保姆)	356	171	185	151	71	80	178	60	118
独居(无保姆)	34026	15954	18072	9544	4560	4984	485	222	263
养老机构	2428	1626	802	1634	973	661	1435	634	801
其　他	11755	5798	5957	2999	1641	1358	1081	589	492

8-5a 全市分性别、居住状况、健康状况的60岁及以上老年人口(城市)

单位：人

居住状况	60岁及以上人口			健康		
	合计	男	女	小计	男	女
总　计	**268156**	**127347**	**140809**	**180151**	**88327**	**91824**
与配偶和子女同住	81398	45035	36363	61053	34006	27047
与配偶同住	91976	50109	41867	63342	34797	28545
与子女同住	56842	15179	41663	33820	9295	24525
独居(有保姆)	616	260	356	201	91	110
独居(无保姆)	22235	9350	12885	13305	5820	7485
养老机构	3031	1311	1720	355	143	212
其　他	12058	6103	5955	8075	4175	3900

8-5a 续表

单位：人

居住状况	基本健康			不健康，但生活能自理			不健康，生活不能自理		
	小计	男	女	小计	男	女	小计	男	女
总　计	**68258**	**30100**	**38158**	**14840**	**6699**	**8141**	**4907**	**2221**	**2686**
与配偶和子女同住	16447	8703	7744	3097	1802	1295	801	524	277
与配偶同住	23529	12353	11176	4177	2366	1811	928	593	335
与子女同住	16969	4293	12676	4381	1127	3254	1672	464	1208
独居(有保姆)	212	93	119	86	41	45	117	35	82
独居(无保姆)	7127	2796	4331	1681	686	995	122	48	74
养老机构	998	470	528	740	321	419	938	377	561
其　他	2976	1392	1584	678	356	322	329	180	149

8-5b　全市分性别、居住状况、健康状况的60岁及以上老年人口(镇)

单位：人

居住状况	60岁及以上人口			健　康		
	合计	男	女	小计	男	女
总　计	**117357**	**57388**	**59969**	**69226**	**35100**	**34126**
与配偶和子女同住	24667	13646	11021	16335	9162	7173
与配偶同住	46872	25423	21449	29285	16148	13137
与子女同住	22059	6697	15362	10907	3425	7482
独居(有保姆)	179	96	83	61	38	23
独居(无保姆)	14173	6490	7683	7579	3682	3897
养老机构	1426	1035	391	381	303	78
其　他	7981	4001	3980	4678	2342	2336

8-5b　续表

单位：人

居住状况	基本健康			不健康，但生活能自理			不健康，生活不能自理		
	小计	男	女	小计	男	女	小计	男	女
总　计	**36809**	**16902**	**19907**	**8831**	**4232**	**4599**	**2491**	**1154**	**1337**
与配偶和子女同住	6558	3462	3096	1409	823	586	365	199	166
与配偶同住	14096	7272	6824	2797	1587	1210	694	416	278
与子女同住	7856	2300	5556	2447	736	1711	849	236	613
独居(有保姆)	57	29	28	29	15	14	32	14	18
独居(无保姆)	5191	2215	2976	1326	566	760	77	27	50
养老机构	532	412	120	277	199	78	236	121	115
其　他	2519	1212	1307	546	306	240	238	141	97

8-5c 全市分性别、居住状况、健康状况的60岁及以上老年人口(乡村)

单位：人

居住状况	60岁及以上人口			健康		
	合计	男	女	小计	男	女
总　计	**307559**	**158343**	**149216**	**164769**	**89370**	**75399**
与配偶和子女同住	37233	20515	16718	22180	12607	9573
与配偶同住	152411	81916	70495	87574	48512	39062
与子女同住	40058	13217	26841	16166	5803	10363
独居(有保姆)	255	131	124	103	56	47
独居(无保姆)	56443	30393	26050	27912	15995	11917
养老机构	2302	1760	542	526	427	99
其　他	18857	10411	8446	10308	5970	4338

8-5c 续表

单位：人

居住状况	基本健康			不健康，但生活能自理			不健康，生活不能自理		
	小计	男	女	小计	男	女	小计	男	女
总　计	**105302**	**50816**	**54486**	**31276**	**15306**	**15970**	**6212**	**2851**	**3361**
与配偶和子女同住	11044	5705	5339	3231	1757	1474	778	446	332
与配偶同住	49850	25310	24540	12741	6848	5893	2246	1246	1000
与子女同住	15455	4871	10584	6339	1946	4393	2098	597	1501
独居(有保姆)	87	49	38	36	15	21	29	11	18
独居(无保姆)	21708	10943	10765	6537	3308	3229	286	147	139
养老机构	898	744	154	617	453	164	261	136	125
其　他	6260	3194	3066	1775	979	796	514	268	246

8-6　各地区分性别、主要生活来源的60岁及以上老年人口

单位：人

地　区	60岁及以上人口			劳动收入		
	合计	男	女	小计	男	女
重　庆	**693072**	**343078**	**349994**	**132474**	**81514**	**50960**
市辖区	544166	267904	276262	91802	57238	34564
万州区	37867	18825	19042	8097	4932	3165
涪陵区	21719	10681	11038	4396	2650	1746
渝中区	11941	5701	6240	766	532	234
大渡口区	8193	3862	4331	407	291	116
江北区	17688	8368	9320	641	422	219
沙坪坝区	25011	11903	13108	1593	1144	449
九龙坡区	27832	13339	14493	1995	1399	596
南岸区	21541	10260	11281	899	621	278
北碚区	17365	8540	8825	1597	1071	526
綦江区	25533	12657	12876	2503	1668	835
綦江区(不含万盛)	19426	9718	9708	2184	1458	726
万盛经开区	6107	2939	3168	319	210	109
大足区	18216	8855	9361	4102	2431	1671
渝北区	35760	17306	18454	2695	1819	876
巴南区	25370	12605	12765	3308	2141	1167
黔江区	8642	4326	4316	1987	1219	768
长寿区	17750	8784	8966	5030	2830	2200
江津区	32364	16577	15787	8104	5077	3027
合川区	36824	18769	18055	9146	5841	3305
永川区	23357	11406	11951	6418	3764	2654
南川区	12450	6222	6228	2570	1581	989
璧山区	15102	7641	7461	3245	2105	1140
铜梁区	17582	8926	8656	4038	2477	1561
潼南区	18508	9303	9205	4999	3165	1834
荣昌区	16780	8016	8764	3565	2126	1439
开州区	26879	13364	13515	3810	2473	1337
梁平区	16109	7616	8493	3907	2262	1645
武隆区	7783	4052	3731	1984	1197	787
县	148906	75174	73732	40672	24276	16396
城口县	4072	2082	1990	888	548	340
丰都县	13562	6834	6728	3888	2334	1554
垫江县	15723	7772	7951	6085	3380	2705
忠　县	19068	9552	9516	6738	3801	2937
云阳县	21603	11023	10580	4811	3039	1772
奉节县	15816	8137	7679	3545	2286	1259
巫山县	9399	4840	4559	2130	1357	773
巫溪县	8534	4412	4122	1839	1141	698
石柱县	8555	4262	4293	2253	1305	948
秀山县	9453	4624	4829	1345	857	488
酉阳县	12073	6123	5950	3719	2216	1503
彭水县	11048	5513	5535	3431	2012	1419

8-6 续表 1　　　　单位：人

地　区	离退休金/养老金			最低生活保障金			失业保险金		
	小计	男	女	小计	男	女	小计	男	女
重　庆	**283503**	**141500**	**142003**	**28497**	**17742**	**10755**	**18**	**11**	**7**
市辖区	251945	124706	127239	20917	13376	7541	10	6	4
万州区	15886	7859	8027	1297	813	484			
涪陵区	9731	4837	4894	995	577	418	2	1	1
渝中区	10174	4776	5398	99	63	36			
大渡口区	6777	3190	3587	52	31	21	1	1	
江北区	15761	7439	8322	88	53	35			
沙坪坝区	18245	8712	9533	395	224	171			
九龙坡区	20631	9892	10739	504	279	225			
南岸区	17931	8529	9402	316	170	146			
北碚区	11192	5518	5674	523	321	202			
綦江区	10760	5427	5333	1502	970	532			
綦江区(不含万盛)	6947	3559	3388	1088	754	334			
万盛经开区	3813	1868	1945	414	216	198			
大足区	5356	2667	2689	992	592	400	1	1	
渝北区	24162	11807	12355	898	564	334			
巴南区	12709	6312	6397	969	695	274			
黔江区	2344	1264	1080	500	309	191			
长寿区	7155	3599	3556	623	380	243			
江津区	11594	5833	5761	2198	1509	689	1		1
合川区	12332	6346	5986	1744	1259	485			
永川区	7375	3768	3607	1079	731	348			
南川区	3102	1645	1457	597	354	243	2	1	1
璧山区	4979	2624	2355	681	486	195			
铜梁区	5017	2742	2275	908	613	295	1		1
潼南区	2936	1742	1194	676	390	286			
荣昌区	5335	2623	2712	673	431	242			
开州区	5000	2678	2322	1403	848	555	1	1	
梁平区	3773	1933	1840	829	480	349	1	1	
武隆区	1688	944	744	376	234	142			
县	31558	16794	14764	7580	4366	3214	8	5	3
城口县	655	374	281	378	222	156	2	1	1
丰都县	3540	1837	1703	610	354	256			
垫江县	2804	1509	1295	562	323	239			
忠　县	4492	2345	2147	632	378	254			
云阳县	5340	2829	2511	991	559	432			
奉节县	3701	1932	1769	666	396	270	5	3	2
巫山县	1976	1058	918	598	320	278			
巫溪县	1337	734	603	467	291	176	1	1	
石柱县	2153	1164	989	674	356	318			
秀山县	2107	1095	1012	635	386	249			
酉阳县	1716	965	751	823	479	344			
彭水县	1737	952	785	544	302	242			

8-6　续表 2　　　　　　　　　　　　　　　　　　　　　　　　　　　　　　　单位：人

地　区	财产性收入			家庭其他成员供养			其　他		
	小计	男	女	小计	男	女	小计	男	女
重　庆	**1930**	**1172**	**758**	**210773**	**82094**	**128679**	**35877**	**19045**	**16832**
市辖区	1326	808	518	153826	58773	95053	24340	12997	11343
万州区	70	42	28	10748	4251	6497	1769	928	841
涪陵区	45	27	18	5664	2091	3573	886	498	388
渝中区	10	4	6	785	269	516	107	57	50
大渡口区	7	3	4	887	309	578	62	37	25
江北区	20	10	10	989	352	637	189	92	97
沙坪坝区	57	30	27	3700	1319	2381	1021	474	547
九龙坡区	41	22	19	4059	1443	2616	602	304	298
南岸区	45	26	19	1928	702	1226	422	212	210
北碚区	36	19	17	3373	1248	2125	644	363	281
綦江区	37	25	12	9353	3830	5523	1378	737	641
綦江区(不含万盛)	34	23	11	8013	3291	4722	1160	633	527
万盛经开区	3	2	1	1340	539	801	218	104	114
大足区	34	18	16	6671	2585	4086	1060	561	499
渝北区	87	50	37	6793	2492	4301	1125	574	551
巴南区	95	58	37	6880	2626	4254	1409	773	636
黔江区	19	12	7	3419	1326	2093	373	196	177
长寿区	45	22	23	4206	1589	2617	691	364	327
江津区	69	47	22	9251	3408	5843	1147	703	444
合川区	105	71	34	12457	4668	7789	1040	584	456
永川区	67	35	32	7750	2738	5012	668	370	298
南川区	39	26	13	5134	2090	3044	1006	525	481
璧山区	63	38	25	5263	1916	3347	871	472	399
铜梁区	45	32	13	6702	2554	4148	871	508	363
潼南区	79	50	29	8519	3294	5225	1299	662	637
荣昌区	34	19	15	6327	2397	3930	846	420	426
开州区	86	59	27	13200	5532	7668	3379	1773	1606
梁平区	62	43	19	6692	2459	4233	845	438	407
武隆区	29	20	9	3076	1285	1791	630	372	258
县	604	364	240	56947	23321	33626	11537	6048	5489
城口县	39	29	10	1784	713	1071	326	195	131
丰都县	54	30	24	4620	1815	2805	850	464	386
垫江县	51	28	23	5447	2105	3342	774	427	347
忠　县	63	36	27	6188	2507	3681	955	485	470
云阳县	97	60	37	9407	3994	5413	957	542	415
奉节县	89	58	31	5969	2532	3437	1841	930	911
巫山县	31	21	10	3584	1513	2071	1080	571	509
巫溪县	32	16	16	3615	1579	2036	1243	650	593
石柱县	38	23	15	2624	1016	1608	813	398	415
秀山县	36	17	19	4409	1789	2620	921	480	441
酉阳县	42	26	16	4856	1969	2887	917	468	449
彭水县	32	20	12	4444	1789	2655	860	438	422

8-6a 各地区分性别、主要生活来源的60岁及以上老年人口(城市)

单位：人

地区	60岁及以上人口			劳动收入		
	合计	男	女	小计	男	女
重　庆	**268156**	**127347**	**140809**	**15210**	**10618**	**4592**
市辖区	268156	127347	140809	15210	10618	4592
万州区	16193	7727	8466	876	624	252
涪陵区	9270	4430	4840	541	391	150
渝中区	11941	5701	6240	766	532	234
大渡口区	7844	3692	4152	346	250	96
江北区	16287	7663	8624	513	342	171
沙坪坝区	23049	10886	12163	1193	851	342
九龙坡区	20527	9680	10847	961	684	277
南岸区	20487	9717	10770	737	510	227
北碚区	11997	5770	6227	594	410	184
綦江区	7595	3598	3997	279	219	60
綦江区(不含万盛)	5874	2790	3084	249	198	51
万盛经开区	1721	808	913	30	21	9
大足区	4441	2088	2353	328	212	116
渝北区	27474	13025	14449	1368	978	390
巴南区	14551	6981	7570	824	587	237
黔江区	2434	1141	1293	152	114	38
长寿区	7388	3530	3858	569	362	207
江津区	8006	3837	4169	676	469	207
合川区	11083	5397	5686	954	669	285
永川区	8766	4120	4646	902	572	330
南川区	3797	1859	1938	226	151	75
璧山区	6572	3173	3399	593	449	144
铜梁区	5595	2679	2916	408	291	117
潼南区	4352	2094	2258	356	256	100
荣昌区	6570	2953	3617	357	227	130
开州区	7113	3363	3750	362	254	108
梁平区	3451	1553	1898	244	154	90
武隆区	1373	690	683	85	60	25
县						
城口县						
丰都县						
垫江县						
忠　县						
云阳县						
奉节县						
巫山县						
巫溪县						
石柱县						
秀山县						
酉阳县						
彭水县						

8-6a　续表 1　　　　　　　　　　　　　　　　　　　　　　　　　　　　单位：人

地　区	离退休金/养老金			最低生活保障金			失业保险金		
	小计	男	女	小计	男	女	小计	男	女
重　庆	**195606**	**94807**	**100799**	**4460**	**2201**	**2259**	**5**	**3**	**2**
市辖区	195606	94807	100799	4460	2201	2259	5	3	2
万州区	11845	5758	6087	201	103	98			
涪陵区	6477	3161	3316	257	127	130	2	1	1
渝中区	10174	4776	5398	99	63	36			
大渡口区	6562	3086	3476	41	22	19	1	1	
江北区	14723	6926	7797	62	33	29			
沙坪坝区	17661	8403	9258	317	170	147			
九龙坡区	16620	7935	8685	185	92	93			
南岸区	17311	8227	9084	261	136	125			
北碚区	9604	4656	4948	147	75	72			
綦江区	5119	2525	2594	249	124	125			
綦江区(不含万盛)	3830	1899	1931	195	98	97			
万盛经开区	1289	626	663	54	26	28			
大足区	3001	1444	1557	109	44	65			
渝北区	21085	10179	10906	416	199	217			
巴南区	10537	5138	5399	251	120	131			
黔江区	1093	589	504	83	40	43			
长寿区	5222	2545	2677	163	75	88			
江津区	5587	2740	2847	214	89	125	1		1
合川区	7388	3687	3701	213	141	72			
永川区	5452	2719	2733	223	111	112			
南川区	2012	1052	960	65	33	32			
璧山区	3475	1794	1681	161	68	93			
铜梁区	3175	1629	1546	189	85	104			
潼南区	1695	945	750	105	46	59			
荣昌区	4089	1952	2137	154	63	91			
开州区	3076	1611	1465	171	82	89			
梁平区	2025	995	1030	62	26	36	1	1	
武隆区	598	335	263	62	34	28			
县									
城口县									
丰都县									
垫江县									
忠　县									
云阳县									
奉节县									
巫山县									
巫溪县									
石柱县									
秀山县									
酉阳县									
彭水县									

8-6a 续表 2

单位：人

地区	财产性收入			家庭其他成员供养			其他		
	小计	男	女	小计	男	女	小计	男	女
重庆	**522**	**286**	**236**	**44513**	**15680**	**28833**	**7840**	**3752**	**4088**
市辖区	522	286	236	44513	15680	28833	7840	3752	4088
万州区	26	14	12	2863	1048	1815	382	180	202
涪陵区	13	8	5	1687	591	1096	293	151	142
渝中区	10	4	6	785	269	516	107	57	50
大渡口区	7	3	4	827	294	533	60	36	24
江北区	20	10	10	821	285	536	148	67	81
沙坪坝区	49	24	25	2981	1051	1930	848	387	461
九龙坡区	28	16	12	2466	835	1631	267	118	149
南岸区	36	19	17	1755	634	1121	387	191	196
北碚区	20	10	10	1425	506	919	207	113	94
綦江区	6	3	3	1583	551	1032	359	176	183
綦江区(不含万盛)	6	3	3	1275	433	842	319	159	160
万盛经开区				308	118	190	40	17	23
大足区	5	3	2	847	320	527	151	65	86
渝北区	50	30	20	3988	1381	2607	567	258	309
巴南区	39	21	18	2419	880	1539	481	235	246
黔江区	6	3	3	993	343	650	107	52	55
长寿区	19	6	13	1141	405	736	274	137	137
江津区	22	16	6	1339	443	896	167	80	87
合川区	20	12	8	2376	817	1559	132	71	61
永川区	26	12	14	2054	651	1403	109	55	54
南川区	11	8	3	1115	438	677	368	177	191
璧山区	27	16	11	1954	682	1272	362	164	198
铜梁区	6	4	2	1613	569	1044	204	101	103
潼南区	18	11	7	1819	663	1156	359	173	186
荣昌区	15	6	9	1657	575	1082	298	130	168
开州区	20	13	7	2574	972	1602	910	431	479
梁平区	12	7	5	913	282	631	194	88	106
武隆区	11	7	4	518	195	323	99	59	40
县									
城口县									
丰都县									
垫江县									
忠县									
云阳县									
奉节县									
巫山县									
巫溪县									
石柱县									
秀山县									
酉阳县									
彭水县									

8-6b 各地区分性别、主要生活来源的60岁及以上老年人口(镇)

单位：人

地　区	60岁及以上人口			劳动收入		
	合计	男	女	小计	男	女
重　庆	**117357**	**57388**	**59969**	**16660**	**10557**	**6103**
市辖区	66028	32450	33578	10062	6361	3701
万州区	4358	2098	2260	589	379	210
涪陵区	1869	925	944	302	194	108
渝中区						
大渡口区	55	29	26	4	3	1
江北区	1142	574	568	71	47	24
沙坪坝区	544	272	272	56	45	11
九龙坡区	4825	2326	2499	442	313	129
南岸区	251	128	123	12	11	1
北碚区	1038	531	507	92	73	19
綦江区	6800	3236	3564	455	290	165
綦江区(不含万盛)	4062	1967	2095	380	238	142
万盛经开区	2738	1269	1469	75	52	23
大足区	3777	1842	1935	618	386	232
渝北区	2808	1436	1372	180	119	61
巴南区	2684	1351	1333	292	196	96
黔江区	786	385	401	180	118	62
长寿区	1478	725	753	419	234	185
江津区	6576	3285	3291	1365	858	507
合川区	6830	3454	3376	1295	826	469
永川区	3246	1563	1683	843	493	350
南川区	2037	1005	1032	543	321	222
璧山区	710	359	351	88	55	33
铜梁区	1600	805	795	212	130	82
潼南区	3688	1846	1842	807	515	292
荣昌区	1394	641	753	266	160	106
开州区	3755	1824	1931	287	194	93
梁平区	2711	1252	1459	488	294	194
武隆区	1066	558	508	156	107	49
县	51329	24938	26391	6598	4196	2402
城口县	1113	523	590	107	69	38
丰都县	4909	2404	2505	577	379	198
垫江县	5298	2598	2700	912	543	369
忠　县	6212	3019	3193	908	533	375
云阳县	9019	4423	4596	1044	694	350
奉节县	5781	2871	2910	652	467	185
巫山县	2627	1259	1368	150	111	39
巫溪县	2518	1235	1283	232	145	87
石柱县	3529	1682	1847	437	263	174
秀山县	3260	1550	1710	264	189	75
酉阳县	3607	1745	1862	629	395	234
彭水县	3456	1629	1827	686	408	278

8-6b 续表 1

单位：人

地区	离退休金/养老金			最低生活保障金			失业保险金		
	小计	男	女	小计	男	女	小计	男	女
重 庆	**48978**	**25274**	**23704**	**4387**	**2535**	**1852**	**8**	**5**	**3**
市辖区	27853	14239	13614	2391	1529	862	1		1
万州区	1822	926	896	86	47	39			
涪陵区	866	433	433	74	56	18			
渝中区									
大渡口区	48	25	23	2	1	1			
江北区	975	477	498	4	3	1			
沙坪坝区	354	177	177	7	4	3			
九龙坡区	3326	1582	1744	108	54	54			
南岸区	214	105	109	1	1				
北碚区	635	325	310	63	36	27			
綦江区	3751	1863	1888	300	184	116			
綦江区(不含万盛)	1736	894	842	182	129	53			
万盛经开区	2015	969	1046	118	55	63			
大足区	1450	729	721	129	76	53			
渝北区	2091	1083	1008	62	45	17			
巴南区	1023	549	474	108	82	26			
黔江区	240	120	120	40	23	17			
长寿区	514	274	240	51	24	27			
江津区	2712	1354	1358	318	216	102			
合川区	2490	1310	1180	260	190	70			
永川区	1011	502	509	114	80	34			
南川区	500	248	252	125	72	53			
璧山区	275	161	114	18	15	3			
铜梁区	639	364	275	56	42	14	1		1
潼南区	625	389	236	95	56	39			
荣昌区	322	168	154	41	30	11			
开州区	826	458	368	173	103	70			
梁平区	716	381	335	111	64	47			
武隆区	428	236	192	45	25	20			
县	21125	11035	10090	1996	1006	990	7	5	2
城口县	433	232	201	61	31	30	2	1	1
丰都县	2364	1227	1137	137	69	68			
垫江县	2134	1152	982	159	83	76			
忠 县	3249	1644	1605	175	91	84			
云阳县	3698	1893	1805	318	159	159			
奉节县	2405	1233	1172	185	102	83	4	3	1
巫山县	1047	552	495	205	89	116			
巫溪县	936	504	432	93	53	40	1	1	
石柱县	1389	767	622	226	103	123			
秀山县	1333	678	655	120	67	53			
酉阳县	1030	569	461	240	123	117			
彭水县	1107	584	523	77	36	41			

8-6b　续表 2

单位：人

地　　区	财产性收入			家庭其他成员供养			其　　他		
	小计	男	女	小计	男	女	小计	男	女
重　庆	**302**	**167**	**135**	**39557**	**15044**	**24513**	**7465**	**3806**	**3659**
市辖区	160	88	72	22055	8343	13712	3506	1890	1616
万州区	12	5	7	1551	596	955	298	145	153
涪陵区	3	1	2	534	192	342	90	49	41
渝中区									
大渡口区				1		1			
江北区				72	31	41	20	16	4
沙坪坝区	1	1		102	33	69	24	12	12
九龙坡区	4	1	3	766	278	488	179	98	81
南岸区	2	2		15	6	9	7	3	4
北碚区	3	2	1	207	72	135	38	23	15
綦江区	10	6	4	1942	738	1204	342	155	187
綦江区(不含万盛)	10	6	4	1515	584	931	239	116	123
万盛经开区				427	154	273	103	39	64
大足区	3	2	1	1315	505	810	262	144	118
渝北区	3	2	1	373	124	249	99	63	36
巴南区	14	6	8	1050	403	647	197	115	82
黔江区	4	3	1	303	110	193	19	11	8
长寿区				444	169	275	50	24	26
江津区	11	7	4	1959	711	1248	211	139	72
合川区	21	14	7	2477	970	1507	287	144	143
永川区	21	9	12	1070	370	700	187	109	78
南川区	1		1	741	294	447	127	70	57
璧山区	3	1	2	288	101	187	38	26	12
铜梁区	5	2	3	618	222	396	69	45	24
潼南区	7	3	4	1897	756	1141	257	127	130
荣昌区				685	244	441	80	39	41
开州区	12	8	4	2002	822	1180	455	239	216
梁平区	10	6	4	1306	469	837	80	38	42
武隆区	10	7	3	337	127	210	90	56	34
县	142	79	63	17502	6701	10801	3959	1916	2043
城口县	8	6	2	447	157	290	55	27	28
丰都县	14	8	6	1492	552	940	325	169	156
垫江县	13	7	6	1694	616	1078	386	197	189
忠　县	7	3	4	1533	597	936	340	151	189
云阳县	14	7	7	3626	1502	2124	319	168	151
奉节县	14	8	6	1912	766	1146	609	292	317
巫山县	10	5	5	932	361	571	283	141	142
巫溪县	16	8	8	909	361	548	331	163	168
石柱县	25	14	11	1076	363	713	376	172	204
秀山县	7	4	3	1191	446	745	345	166	179
酉阳县	8	4	4	1435	525	910	265	129	136
彭水县	6	5	1	1255	455	800	325	141	184

8-6c 各地区分性别、主要生活来源的60岁及以上老年人口(乡村)

单位：人

地区	60岁及以上人口			劳动收入		
	合计	男	女	小计	男	女
重 庆	**307559**	**158343**	**149216**	**100604**	**60339**	**40265**
市辖区	209982	108107	101875	66530	40259	26271
万州区	17316	9000	8316	6632	3929	2703
涪陵区	10580	5326	5254	3553	2065	1488
渝中区						
大渡口区	294	141	153	57	38	19
江北区	259	131	128	57	33	24
沙坪坝区	1418	745	673	344	248	96
九龙坡区	2480	1333	1147	592	402	190
南岸区	803	415	388	150	100	50
北碚区	4330	2239	2091	911	588	323
綦江区	11138	5823	5315	1769	1159	610
綦江区(不含万盛)	9490	4961	4529	1555	1022	533
万盛经开区	1648	862	786	214	137	77
大足区	9998	4925	5073	3156	1833	1323
渝北区	5478	2845	2633	1147	722	425
巴南区	8135	4273	3862	2192	1358	834
黔江区	5422	2800	2622	1655	987	668
长寿区	8884	4529	4355	4042	2234	1808
江津区	17782	9455	8327	6063	3750	2313
合川区	18911	9918	8993	6897	4346	2551
永川区	11345	5723	5622	4673	2699	1974
南川区	6616	3358	3258	1801	1109	692
璧山区	7820	4109	3711	2564	1601	963
铜梁区	10387	5442	4945	3418	2056	1362
潼南区	10468	5363	5105	3836	2394	1442
荣昌区	8816	4422	4394	2942	1739	1203
开州区	16011	8177	7834	3161	2025	1136
梁平区	9947	4811	5136	3175	1814	1361
武隆区	5344	2804	2540	1743	1030	713
县	97577	50236	47341	34074	20080	13994
城口县	2959	1559	1400	781	479	302
丰都县	8653	4430	4223	3311	1955	1356
垫江县	10425	5174	5251	5173	2837	2336
忠 县	12856	6533	6323	5830	3268	2562
云阳县	12584	6600	5984	3767	2345	1422
奉节县	10035	5266	4769	2893	1819	1074
巫山县	6772	3581	3191	1980	1246	734
巫溪县	6016	3177	2839	1607	996	611
石柱县	5026	2580	2446	1816	1042	774
秀山县	6193	3074	3119	1081	668	413
酉阳县	8466	4378	4088	3090	1821	1269
彭水县	7592	3884	3708	2745	1604	1141

8-6c　续表 1　　单位：人

地　区	离退休金/养老金			最低生活保障金			失业保险金		
	小计	男	女	小计	男	女	小计	男	女
重　庆	**38919**	**21419**	**17500**	**19650**	**13006**	**6644**	**5**	**3**	**2**
市辖区	28486	15660	12826	14066	9646	4420	4	3	1
万州区	2219	1175	1044	1010	663	347			
涪陵区	2388	1243	1145	664	394	270			
渝中区									
大渡口区	167	79	88	9	8	1			
江北区	63	36	27	22	17	5			
沙坪坝区	230	132	98	71	50	21			
九龙坡区	685	375	310	211	133	78			
南岸区	406	197	209	54	33	21			
北碚区	953	537	416	313	210	103			
綦江区	1890	1039	851	953	662	291			
綦江区(不含万盛)	1381	766	615	711	527	184			
万盛经开区	509	273	236	242	135	107			
大足区	905	494	411	754	472	282	1	1	
渝北区	986	545	441	420	320	100			
巴南区	1149	625	524	610	493	117			
黔江区	1011	555	456	377	246	131			
长寿区	1419	780	639	409	281	128			
江津区	3295	1739	1556	1666	1204	462			
合川区	2454	1349	1105	1271	928	343			
永川区	912	547	365	742	540	202			
南川区	590	345	245	407	249	158	2	1	1
璧山区	1229	669	560	502	403	99			
铜梁区	1203	749	454	663	486	177			
潼南区	616	408	208	476	288	188			
荣昌区	924	503	421	478	338	140			
开州区	1098	609	489	1059	663	396	1	1	
梁平区	1032	557	475	656	390	266			
武隆区	662	373	289	269	175	94			
县	10433	5759	4674	5584	3360	2224	1		1
城口县	222	142	80	317	191	126			
丰都县	1176	610	566	473	285	188			
垫江县	670	357	313	403	240	163			
忠　县	1243	701	542	457	287	170			
云阳县	1642	936	706	673	400	273			
奉节县	1296	699	597	481	294	187	1		1
巫山县	929	506	423	393	231	162			
巫溪县	401	230	171	374	238	136			
石柱县	764	397	367	448	253	195			
秀山县	774	417	357	515	319	196			
酉阳县	686	396	290	583	356	227			
彭水县	630	368	262	467	266	201			

8-6c 续表 2

单位：人

地区	财产性收入			家庭其他成员供养			其他		
	小计	男	女	小计	男	女	小计	男	女
重庆	**1106**	**719**	**387**	**126703**	**51370**	**75333**	**20572**	**11487**	**9085**
市辖区	644	434	210	87258	34750	52508	12994	7355	5639
万州区	32	23	9	6334	2607	3727	1089	603	486
涪陵区	29	18	11	3443	1308	2135	503	298	205
渝中区									
大渡口区				59	15	44	2	1	1
江北区				96	36	60	21	9	12
沙坪坝区	7	5	2	617	235	382	149	75	74
九龙坡区	9	5	4	827	330	497	156	88	68
南岸区	7	5	2	158	62	96	28	18	10
北碚区	13	7	6	1741	670	1071	399	227	172
綦江区	21	16	5	5828	2541	3287	677	406	271
綦江区(不含万盛)	18	14	4	5223	2274	2949	602	358	244
万盛经开区	3	2	1	605	267	338	75	48	27
大足区	26	13	13	4509	1760	2749	647	352	295
渝北区	34	18	16	2432	987	1445	459	253	206
巴南区	42	31	11	3411	1343	2068	731	423	308
黔江区	9	6	3	2123	873	1250	247	133	114
长寿区	26	16	10	2621	1015	1606	367	203	164
江津区	36	24	12	5953	2254	3699	769	484	285
合川区	64	45	19	7604	2881	4723	621	369	252
永川区	20	14	6	4626	1717	2909	372	206	166
南川区	27	18	9	3278	1358	1920	511	278	233
璧山区	33	21	12	3021	1133	1888	471	282	189
铜梁区	34	26	8	4471	1763	2708	598	362	236
潼南区	54	36	18	4803	1875	2928	683	362	321
荣昌区	19	13	6	3985	1578	2407	468	251	217
开州区	54	38	16	8624	3738	4886	2014	1103	911
梁平区	40	30	10	4473	1708	2765	571	312	259
武隆区	8	6	2	2221	963	1258	441	257	184
县	462	285	177	39445	16620	22825	7578	4132	3446
城口县	31	23	8	1337	556	781	271	168	103
丰都县	40	22	18	3128	1263	1865	525	295	230
垫江县	38	21	17	3753	1489	2264	388	230	158
忠县	56	33	23	4655	1910	2745	615	334	281
云阳县	83	53	30	5781	2492	3289	638	374	264
奉节县	75	50	25	4057	1766	2291	1232	638	594
巫山县	21	16	5	2652	1152	1500	797	430	367
巫溪县	16	8	8	2706	1218	1488	912	487	425
石柱县	13	9	4	1548	653	895	437	226	211
秀山县	29	13	16	3218	1343	1875	576	314	262
酉阳县	34	22	12	3421	1444	1977	652	339	313
彭水县	26	15	11	3189	1334	1855	535	297	238

8-7 全市分年龄、性别、主要生活来源的人口

单位：人

年 龄	15岁及以上人口			劳动收入		
	合计	男	女	小计	男	女
总 计	**2785011**	**1396941**	**1388070**	**1506155**	**884206**	**621949**
45岁以下	**1215094**	**617690**	**597404**	**781791**	**441692**	**340099**
45-49岁	**322002**	**161419**	**160583**	**255044**	**144681**	**110363**
45	59138	29458	29680	47832	26647	21185
46	66271	33244	33027	53244	29976	23268
47	67022	33686	33336	53500	30333	23167
48	62693	31516	31177	49293	28104	21189
49	66878	33515	33363	51175	29621	21554
50-54岁	**311170**	**154421**	**156749**	**208057**	**129794**	**78263**
50	68088	33952	34136	48586	29572	19014
51	61926	30985	30941	42420	26459	15961
52	65987	32781	33206	44124	27704	16420
53	53847	26385	27462	34692	21703	12989
54	61322	30318	31004	38235	24356	13879
55-59岁	**243673**	**120333**	**123340**	**128789**	**86525**	**42264**
55	59594	29611	29983	34502	22804	11698
56	61930	30611	31319	33714	22548	11166
57	70800	35351	35449	36338	24911	11427
58	33564	16195	17369	16357	10959	5398
59	17785	8565	9220	7878	5303	2575
60-64岁	**156057**	**80299**	**75758**	**46180**	**29446**	**16734**
60	20746	10487	10259	6927	4534	2393
61	21437	11120	10317	6542	4249	2293
62	33362	17364	15998	9821	6283	3538
63	39907	20645	19262	11665	7485	4180
64	40605	20683	19922	11225	6895	4330
65-69岁	**209492**	**103731**	**105761**	**51290**	**30517**	**20773**
65	43518	21993	21525	11702	7066	4636
66	46063	23013	23050	11705	7071	4634
67	43939	21503	22436	10892	6348	4544
68	42265	20823	21442	9861	5868	3993
69	33707	16399	17308	7130	4164	2966

8-7 续表 1

单位：人

年 龄	15岁及以上人口			劳动收入		
	合计	男	女	小计	男	女
70-74岁	**140115**	**70465**	**69650**	**23096**	**14154**	**8942**
70	31760	15748	16012	6000	3555	2445
71	32108	16172	15936	5719	3553	2166
72	26414	13354	13060	4355	2680	1675
73	26065	13329	12736	3762	2350	1412
74	23768	11862	11906	3260	2016	1244
75-79岁	**95272**	**47380**	**47892**	**9158**	**5728**	**3430**
75	20165	9892	10273	2341	1425	916
76	22194	11078	11116	2342	1458	884
77	19480	9714	9766	1937	1238	699
78	17369	8697	8672	1410	900	510
79	16064	7999	8065	1128	707	421
80-84岁	**54617**	**25587**	**29030**	**2160**	**1360**	**800**
80	13712	6720	6992	748	473	275
81	11613	5333	6280	474	296	178
82	11154	5246	5908	417	272	145
83	9499	4462	5037	290	180	110
84	8639	3826	4813	231	139	92
85-89岁	**26533**	**11292**	**15241**	**500**	**272**	**228**
85	6290	2757	3533	175	100	75
86	6023	2513	3510	119	63	56
87	6146	2691	3455	94	51	43
88	4505	1866	2639	66	33	33
89	3569	1465	2104	46	25	21
90-94岁	**9089**	**3652**	**5437**	**77**	**31**	**46**
90	3044	1305	1739	30	12	18
91	2208	862	1346	12	3	9
92	1757	675	1082	22	11	11
93	1201	500	701	8	3	5
94	879	310	569	5	2	3
95-99岁	**1706**	**608**	**1098**	**12**	**5**	**7**
95	649	229	420	7	3	4
96	431	153	278	2		2
97	283	101	182	2	1	1
98	205	80	125			
99	138	45	93	1	1	
100岁及以上	**191**	**64**	**127**	**1**	**1**	

8-7　续表 2　　　　　单位：人

年　龄	离退休金/养老金			最低生活保障金			失业保险金		
	小计	男	女	小计	男	女	小计	男	女
总　计	**355806**	**155321**	**200485**	**48582**	**29855**	**18727**	**1001**	**598**	**403**
45岁以下	**114**	**46**	**68**	**6836**	**3883**	**2953**	**522**	**261**	**261**
45-49岁	**2518**	**186**	**2332**	**4190**	**2590**	**1600**	**247**	**129**	**118**
45	261	26	235	699	423	276	55	30	25
46	314	19	295	896	542	354	42	25	17
47	435	31	404	838	516	322	44	28	16
48	516	39	477	830	516	314	45	18	27
49	992	71	921	927	593	334	61	28	33
50-54岁	**23059**	**2855**	**20204**	**4696**	**2964**	**1732**	**149**	**133**	**16**
50	3975	281	3694	987	640	347	46	33	13
51	4513	422	4091	935	599	336	38	37	1
52	5038	574	4464	937	581	356	30	29	1
53	4033	602	3431	836	509	327	21	21	
54	5500	976	4524	1001	635	366	14	13	1
55-59岁	**46612**	**10734**	**35878**	**4363**	**2676**	**1687**	**65**	**64**	**1**
55	8681	1705	6976	1014	636	378	25	25	
56	11240	2428	8812	1074	670	404	13	12	1
57	14828	3430	11398	1261	794	467	18	18	
58	7175	1832	5343	636	365	271	5	5	
59	4688	1339	3349	378	211	167	4	4	
60-64岁	**63796**	**31426**	**32370**	**4948**	**3366**	**1582**	**7**	**4**	**3**
60	8411	3959	4452	487	313	174	2	2	
61	9135	4517	4618	628	431	197			
62	13918	6955	6963	1007	691	316	1	1	
63	15847	7830	8017	1395	963	432	2		2
64	16485	8165	8320	1431	968	463	2	1	1
65-69岁	**83557**	**40959**	**42598**	**8301**	**5310**	**2991**	**5**	**3**	**2**
65	17550	8729	8821	1593	1029	564	1	1	
66	18652	9194	9458	1677	1094	583			
67	17172	8303	8869	1792	1155	637	3	2	1
68	16360	7962	8398	1814	1137	677	1		1
69	13823	6771	7052	1425	895	530			

8-7 续表 3 单位：人

年 龄	离退休金/养老金			最低生活保障金			失业保险金		
	小计	男	女	小计	男	女	小计	男	女
70—74岁	**56911**	**29091**	**27820**	**6669**	**4232**	**2437**	**3**	**2**	**1**
70	13165	6587	6578	1450	937	513			
71	12653	6346	6307	1514	954	560	1	1	
72	10520	5439	5081	1282	805	477	1		1
73	10713	5606	5107	1272	827	445	1	1	
74	9860	5113	4747	1151	709	442			
75—79岁	**38938**	**20547**	**18391**	**4545**	**2757**	**1788**	**3**	**2**	**1**
75	8478	4430	4048	937	579	358	1		1
76	9036	4770	4266	1075	673	402			
77	7844	4083	3761	921	554	367	1	1	
78	7121	3820	3301	857	504	353			
79	6459	3444	3015	755	447	308	1	1	
80—84岁	**23451**	**11762**	**11689**	**2446**	**1385**	**1061**			
80	6002	3183	2819	657	382	275			
81	4932	2431	2501	510	277	233			
82	4721	2346	2375	489	292	197			
83	4093	2032	2061	433	256	177			
84	3703	1770	1933	357	178	179			
85—89岁	**11854**	**5475**	**6379**	**1087**	**495**	**592**			
85	2880	1324	1556	266	126	140			
86	2665	1199	1466	265	121	144			
87	2738	1303	1435	242	115	127			
88	1937	877	1060	180	83	97			
89	1634	772	862	134	50	84			
90—94岁	**4179**	**1898**	**2281**	**396**	**160**	**236**			
90	1427	705	722	120	47	73			
91	1003	430	573	95	39	56			
92	796	348	448	72	29	43			
93	549	251	298	63	30	33			
94	404	164	240	46	15	31			
95—99岁	**727**	**307**	**420**	**94**	**35**	**59**			
95	268	117	151	32	15	17			
96	190	82	108	22	7	15			
97	125	49	76	17	7	10			
98	87	40	47	12	3	9			
99	57	19	38	11	3	8			
100岁及以上	**90**	**35**	**55**	**11**	**2**	**9**			

8-7 续表 4 单位：人

年龄	财产性收入			家庭其他成员供养			其他		
	小计	男	女	小计	男	女	小计	男	女
总计	**12851**	**7056**	**5795**	**730354**	**254894**	**475460**	**130262**	**65011**	**65251**
45岁以下	**5306**	**2609**	**2697**	**368417**	**143720**	**224697**	**52108**	**25479**	**26629**
45–49岁	**2217**	**1135**	**1082**	**43007**	**5789**	**37218**	**14779**	**6909**	**7870**
45	388	179	209	7188	892	6296	2715	1261	1454
46	475	240	235	8334	1094	7240	2966	1348	1618
47	481	255	226	8788	1126	7662	2936	1397	1539
48	391	200	191	8648	1235	7413	2970	1404	1566
49	482	261	221	10049	1442	8607	3192	1499	1693
50–54岁	**1974**	**1179**	**795**	**57825**	**10111**	**47714**	**15410**	**7385**	**8025**
50	425	231	194	10800	1636	9164	3269	1559	1710
51	404	252	152	10635	1736	8899	2981	1480	1501
52	400	245	155	12200	2106	10094	3258	1542	1716
53	365	220	145	11155	2030	9125	2745	1300	1445
54	380	231	149	13035	2603	10432	3157	1504	1653
55–59岁	**1424**	**961**	**463**	**50332**	**13180**	**37152**	**12088**	**6193**	**5895**
55	330	211	119	12077	2750	9327	2965	1480	1485
56	359	253	106	12462	3145	9317	3068	1555	1513
57	442	313	129	14471	4063	10408	3442	1822	1620
58	196	118	78	7441	2036	5405	1754	880	874
59	97	66	31	3881	1186	2695	859	456	403
60–64岁	**487**	**303**	**184**	**33203**	**11739**	**21464**	**7436**	**4015**	**3421**
60	71	37	34	3924	1178	2746	924	464	460
61	80	46	34	4109	1364	2745	943	513	430
62	95	57	38	6994	2537	4457	1526	840	686
63	121	81	40	8873	3196	5677	2004	1090	914
64	120	82	38	9303	3464	5839	2039	1108	931
65–69岁	**652**	**399**	**253**	**54665**	**20660**	**34005**	**11022**	**5883**	**5139**
65	152	107	45	10342	3886	6456	2178	1175	1003
66	136	76	60	11447	4270	7177	2446	1308	1138
67	142	91	51	11607	4338	7269	2331	1266	1065
68	123	70	53	11831	4568	7263	2275	1218	1057
69	99	55	44	9438	3598	5840	1792	916	876

8—7 续表 5 单位：人

年 龄	财产性收入			家庭其他成员供养			其 他		
	小计	男	女	小计	男	女	小计	男	女
70—74岁	**384**	**239**	**145**	**45235**	**18481**	**26754**	**7817**	**4266**	**3551**
70	91	58	33	9322	3698	5624	1732	913	819
71	96	53	43	10260	4210	6050	1865	1055	810
72	65	44	21	8723	3574	5149	1468	812	656
73	69	43	26	8804	3697	5107	1444	805	639
74	63	41	22	8126	3302	4824	1308	681	627
75—79岁	**232**	**140**	**92**	**37234**	**15504**	**21730**	**5162**	**2702**	**2460**
75	54	31	23	7261	2856	4405	1093	571	522
76	57	38	19	8499	3510	4989	1185	629	556
77	42	26	16	7678	3284	4394	1057	528	529
78	39	24	15	6968	2930	4038	974	519	455
79	40	21	19	6828	2924	3904	853	455	398
80—84岁	**106**	**58**	**48**	**23666**	**9616**	**14050**	**2788**	**1406**	**1382**
80	33	22	11	5532	2283	3249	740	377	363
81	16	9	7	5101	2041	3060	580	279	301
82	27	14	13	4960	2061	2899	540	261	279
83	15	8	7	4178	1721	2457	490	265	225
84	15	5	10	3895	1510	2385	438	224	214
85—89岁	**48**	**23**	**25**	**11874**	**4474**	**7400**	**1170**	**553**	**617**
85	9	4	5	2671	1050	1621	289	153	136
86	13	8	5	2690	1003	1687	271	119	152
87	9	6	3	2783	1076	1707	280	140	140
88	6	2	4	2132	795	1337	184	76	108
89	11	3	8	1598	550	1048	146	65	81
90—94岁	**18**	**9**	**9**	**4026**	**1376**	**2650**	**393**	**178**	**215**
90	8	3	5	1312	468	844	147	70	77
91	2		2	1002	347	655	94	43	51
92	5	3	2	799	263	536	63	21	42
93	3	3		534	187	347	44	26	18
94				379	111	268	45	18	27
95—99岁	**3**	**1**	**2**	**794**	**224**	**570**	**76**	**36**	**40**
95	2		2	306	77	229	34	17	17
96				202	57	145	15	7	8
97	1	1		129	38	91	9	5	4
98				98	33	65	8	4	4
99				59	19	40	10	3	7
100岁及以上				**76**	**20**	**56**	**13**	**6**	**7**

8-7a　全市分年龄、性别、主要生活来源的人口(城市)

单位：人

年　龄	15岁及以上人口			劳动收入		
	合计	男	女	小计	男	女
总　计	**1408527**	**689953**	**718574**	**748258**	**431025**	**317233**
45岁以下	**722560**	**358420**	**364140**	**470970**	**256285**	**214685**
45-49岁	**159064**	**78504**	**80560**	**125790**	**70342**	**55448**
45	30356	14918	15438	24702	13554	11148
46	32662	16040	16622	26244	14439	11805
47	32635	16119	16516	25947	14452	11495
48	30573	15226	15347	24002	13597	10405
49	32838	16201	16637	24895	14300	10595
50-54岁	**145095**	**70835**	**74260**	**89226**	**58367**	**30859**
50	32939	16191	16748	22311	13985	8326
51	29937	14825	15112	19201	12534	6667
52	30821	15065	15756	18834	12424	6410
53	23913	11491	12422	13838	9160	4678
54	27485	13263	14222	15042	10264	4778
55-59岁	**113652**	**54847**	**58805**	**47062**	**35413**	**11649**
55	26870	12968	13902	12934	9362	3572
56	29093	14096	14997	12618	9425	3193
57	34556	16795	17761	13766	10570	3196
58	14627	6935	7692	5158	4012	1146
59	8506	4053	4453	2586	2044	542
60-64岁	**73054**	**36022**	**37032**	**8636**	**6169**	**2467**
60	10446	5073	5373	1689	1215	474
61	10775	5323	5452	1460	1055	405
62	15961	7998	7963	1870	1359	511
63	17988	8839	9149	1954	1403	551
64	17884	8789	9095	1663	1137	526
65-69岁	**82088**	**39215**	**42873**	**5019**	**3428**	**1591**
65	18287	8898	9389	1460	996	464
66	18703	9049	9654	1248	859	389
67	16858	7990	8868	1010	684	326
68	15519	7359	8160	805	561	244
69	12721	5919	6802	496	328	168

8-7a 续表 1　　单位：人

年龄	15岁及以上人口			劳动收入		
	合计	男	女	小计	男	女
70-74岁	**48120**	**22916**	**25204**	**1122**	**761**	**361**
70	11588	5515	6073	343	228	115
71	10818	5081	5737	298	210	88
72	8810	4202	4608	189	136	53
73	8869	4283	4586	155	98	57
74	8035	3835	4200	137	89	48
75-79岁	**30885**	**14843**	**16042**	**324**	**196**	**128**
75	6845	3284	3561	79	46	33
76	7271	3498	3773	74	39	35
77	6189	2946	3243	64	42	22
78	5474	2660	2814	58	40	18
79	5106	2455	2651	49	29	20
80-84岁	**19147**	**8453**	**10694**	**78**	**49**	**29**
80	4684	2207	2477	23	14	9
81	4141	1838	2303	17	12	5
82	3817	1638	2179	18	9	9
83	3383	1512	1871	16	14	2
84	3122	1258	1864	4		4
85-89岁	**10220**	**4051**	**6169**	**26**	**13**	**13**
85	2435	961	1474	10	5	5
86	2359	916	1443	5	2	3
87	2284	938	1346	2	2	
88	1662	643	1019	5	3	2
89	1480	593	887	4	1	3
90-94岁	**3836**	**1537**	**2299**	**4**	**1**	**3**
90	1286	552	734	3		3
91	936	362	574			
92	704	277	427	1	1	
93	507	202	305			
94	403	144	259			
95-99岁	**718**	**276**	**442**	**1**	**1**	
95	263	98	165			
96	177	68	109			
97	123	49	74	1	1	
98	90	37	53			
99	65	24	41			
100岁及以上	**88**	**34**	**54**			

8-7a　续表 2　　单位：人

年　龄	离退休金/养老金			最低生活保障金			失业保险金		
	小计	男	女	小计	男	女	小计	男	女
总　计	**255379**	**106051**	**149328**	**10134**	**5476**	**4658**	**846**	**489**	**357**
45岁以下	**96**	**39**	**57**	**1729**	**962**	**767**	**453**	**219**	**234**
45-49岁	**2104**	**155**	**1949**	**1239**	**680**	**559**	**207**	**98**	**109**
45	221	20	201	205	115	90	47	23	24
46	253	14	239	278	156	122	36	19	17
47	367	26	341	243	131	112	36	21	15
48	429	31	398	255	137	118	37	13	24
49	834	64	770	258	141	117	51	22	29
50-54岁	**19615**	**2248**	**17367**	**1379**	**826**	**553**	**124**	**113**	**11**
50	3445	219	3226	304	194	110	36	26	10
51	3866	338	3528	292	172	120	33	32	1
52	4341	467	3874	279	168	111	26	26	
53	3397	464	2933	232	141	91	20	20	
54	4566	760	3806	272	151	121	9	9	
55-59岁	**37958**	**8802**	**29156**	**1327**	**807**	**520**	**57**	**56**	**1**
55	6974	1349	5625	268	143	125	19	19	
56	9184	1995	7189	315	196	119	12	11	1
57	12235	2845	9390	400	264	136	17	17	
58	5667	1478	4189	219	126	93	5	5	
59	3898	1135	2763	125	78	47	4	4	
60-64岁	**50072**	**24279**	**25793**	**993**	**565**	**428**	**5**	**3**	**2**
60	6832	3206	3626	134	70	64	2	2	
61	7356	3530	3826	127	67	60			
62	11010	5406	5604	204	115	89			
63	12353	6016	6337	267	160	107	1		1
64	12521	6121	6400	261	153	108	2	1	1
65-69岁	**59586**	**28886**	**30700**	**1303**	**666**	**637**			
65	12991	6386	6605	251	139	112			
66	13581	6641	6940	279	146	133			
67	12174	5845	6329	274	138	136			
68	11233	5446	5787	284	128	156			
69	9607	4568	5039	215	115	100			

8-7a 续表 3　　单位：人

年 龄	离退休金/养老金			最低生活保障金			失业保险金		
	小计	男	女	小计	男	女	小计	男	女
70-74岁	**36485**	**17982**	**18503**	**927**	**458**	**469**			
70	8861	4323	4538	197	104	93			
71	8027	3855	4172	239	104	135			
72	6622	3273	3349	168	86	82			
73	6780	3415	3365	166	85	81			
74	6195	3116	3079	157	79	78			
75-79岁	**23359**	**11935**	**11424**	**626**	**263**	**363**			
75	5329	2713	2616	123	53	70			
76	5443	2801	2642	138	63	75			
77	4689	2343	2346	132	57	75			
78	4118	2129	1989	112	43	69			
79	3780	1949	1831	121	47	74			
80-84岁	**14638**	**6866**	**7772**	**376**	**175**	**201**			
80	3631	1834	1797	104	41	63			
81	3154	1483	1671	78	35	43			
82	2892	1313	1579	74	44	30			
83	2606	1222	1384	63	32	31			
84	2355	1014	1341	57	23	34			
85-89岁	**7906**	**3343**	**4563**	**162**	**52**	**110**			
85	1921	809	1112	40	15	25			
86	1824	755	1069	49	14	35			
87	1775	765	1010	33	15	18			
88	1253	520	733	23	6	17			
89	1133	494	639	17	2	15			
90-94岁	**2970**	**1274**	**1696**	**57**	**17**	**40**			
90	1011	468	543	17	4	13			
91	720	291	429	12	4	8			
92	545	234	311	11	2	9			
93	388	166	222	7	3	4			
94	306	115	191	10	4	6			
95-99岁	**528**	**219**	**309**	**15**	**5**	**10**			
95	189	82	107	4	1	3			
96	126	53	73	4	2	2			
97	102	38	64	4	2	2			
98	64	28	36	2		2			
99	47	18	29	1		1			
100岁及以上	**62**	**23**	**39**	**1**		**1**			

8-7a　续表 4　　　　单位：人

年　龄	财产性收入			家庭其他成员供养			其　他		
	小计	男	女	小计	男	女	小计	男	女
总　计	**7132**	**3735**	**3397**	**334634**	**117272**	**217362**	**52144**	**25905**	**26239**
45岁以下	**3256**	**1552**	**1704**	**219910**	**86510**	**133400**	**26146**	**12853**	**13293**
45-49岁	**1410**	**679**	**731**	**21499**	**3268**	**18231**	**6815**	**3282**	**3533**
45	251	109	142	3655	507	3148	1275	590	685
46	306	146	160	4173	633	3540	1372	633	739
47	304	151	153	4358	657	3701	1380	681	699
48	239	114	125	4306	687	3619	1305	647	658
49	310	159	151	5007	784	4223	1483	731	752
50-54岁	**1156**	**682**	**474**	**27102**	**5270**	**21832**	**6493**	**3329**	**3164**
50	255	136	119	5139	895	4244	1449	736	713
51	243	151	92	5032	909	4123	1270	689	581
52	239	149	90	5711	1129	4582	1391	702	689
53	212	124	88	5087	999	4088	1127	583	544
54	207	122	85	6133	1338	4795	1256	619	637
55-59岁	**788**	**536**	**252**	**21610**	**6544**	**15066**	**4850**	**2689**	**2161**
55	175	114	61	5278	1346	3932	1222	635	587
56	202	140	62	5478	1612	3866	1284	717	567
57	255	179	76	6463	2099	4364	1420	821	599
58	104	63	41	2882	940	1942	592	311	281
59	52	40	12	1509	547	962	332	205	127
60-64岁	**178**	**96**	**82**	**11011**	**3803**	**7208**	**2159**	**1107**	**1052**
60	26	13	13	1438	416	1022	325	151	174
61	33	18	15	1491	497	994	308	156	152
62	36	19	17	2368	843	1525	473	256	217
63	43	20	23	2875	987	1888	495	253	242
64	40	26	14	2839	1060	1779	558	291	267
65-69岁	**193**	**105**	**88**	**13545**	**4942**	**8603**	**2442**	**1188**	**1254**
65	55	36	19	3009	1092	1917	521	249	272
66	36	15	21	2977	1113	1864	582	275	307
67	41	25	16	2855	1027	1828	504	271	233
68	35	17	18	2670	972	1698	492	235	257
69	26	12	14	2034	738	1296	343	158	185

8－7a 续表 5　　　　单位：人

年　龄	财产性收入			家庭其他成员供养			其　　他		
	小计	男	女	小计	男	女	小计	男	女
70－74岁	**75**	**46**	**29**	**8084**	**2980**	**5104**	**1427**	**689**	**738**
70	16	9	7	1834	686	1148	337	165	172
71	17	10	7	1894	724	1170	343	178	165
72	15	9	6	1549	574	975	267	124	143
73	14	10	4	1489	546	943	265	129	136
74	13	8	5	1318	450	868	215	93	122
75－79岁	**51**	**26**	**25**	**5607**	**2017**	**3590**	**918**	**406**	**512**
75	13	5	8	1094	372	722	207	95	112
76	12	8	4	1383	490	893	221	97	124
77	8	5	3	1100	419	681	196	80	116
78	7	3	4	1024	372	652	155	73	82
79	11	5	6	1006	364	642	139	61	78
80－84岁	**18**	**11**	**7**	**3520**	**1142**	**2378**	**517**	**210**	**307**
80	3	2	1	790	264	526	133	52	81
81	5	4	1	789	266	523	98	38	60
82	4	3	1	732	238	494	97	31	66
83	4	1	3	597	191	406	97	52	45
84	2	1	1	612	183	429	92	37	55
85－89岁	**5**	**2**	**3**	**1877**	**549**	**1328**	**244**	**92**	**152**
85	1		1	411	107	304	52	25	27
86	3	1	2	419	125	294	59	19	40
87	1	1		417	136	281	56	19	37
88				341	99	242	40	15	25
89				289	82	207	37	14	23
90－94岁	**2**		**2**	**705**	**202**	**503**	**98**	**43**	**55**
90	1		1	209	58	151	45	22	23
91				186	57	129	18	10	8
92	1		1	133	36	97	13	4	9
93				104	32	72	8	1	7
94				73	19	54	14	6	8
95－99岁				**148**	**39**	**109**	**26**	**12**	**14**
95				56	8	48	14	7	7
96				44	11	33	3	2	1
97				15	8	7	1		1
98				22	8	14	2	1	1
99				11	4	7	6	2	4
100岁及以上				**16**	**6**	**10**	**9**	**5**	**4**

8-7b　全市分年龄、性别、主要生活来源的人口(镇)

单位：人

年　龄	15岁及以上人口			劳动收入		
	合计	男	女	小计	男	女
总　计	**509085**	**251607**	**257478**	**263534**	**155099**	**108435**
45岁以下	**219131**	**109416**	**109715**	**133493**	**75044**	**58449**
45–49岁	**65806**	**32205**	**33601**	**50267**	**28591**	**21676**
45	12228	5808	6420	9519	5162	4357
46	13770	6781	6989	10678	6074	4604
47	14024	6879	7145	10836	6169	4667
48	12732	6301	6431	9597	5540	4057
49	13052	6436	6616	9637	5646	3991
50–54岁	**61189**	**30185**	**31004**	**39817**	**25014**	**14803**
50	13412	6659	6753	9390	5749	3641
51	12136	5950	6186	8075	5001	3074
52	13012	6459	6553	8523	5414	3109
53	10764	5212	5552	6661	4198	2463
54	11865	5905	5960	7168	4652	2516
55–59岁	**45602**	**22413**	**23189**	**23297**	**15893**	**7404**
55	11469	5700	5769	6291	4264	2027
56	11548	5608	5940	6098	4093	2005
57	12729	6380	6349	6447	4481	1966
58	6691	3208	3483	3081	2128	953
59	3165	1517	1648	1380	927	453
60–64岁	**24903**	**12881**	**12022**	**6663**	**4426**	**2237**
60	3391	1744	1647	1137	775	362
61	3404	1817	1587	994	670	324
62	5307	2746	2561	1378	900	478
63	6369	3310	3059	1656	1104	552
64	6432	3264	3168	1498	977	521
65–69岁	**34564**	**16681**	**17883**	**6406**	**3923**	**2483**
65	7157	3520	3637	1517	927	590
66	7605	3726	3879	1489	908	581
67	7270	3443	3827	1388	847	541
68	7119	3377	3742	1192	734	458
69	5413	2615	2798	820	507	313

8-7b 续表 1 单位：人

年 龄	15岁及以上人口			劳动收入		
	合计	男	女	小计	男	女
70-74岁	**24189**	**11889**	**12300**	**2388**	**1460**	**928**
70	5345	2620	2725	663	396	267
71	5580	2737	2843	586	354	232
72	4624	2330	2294	434	266	168
73	4428	2168	2260	364	234	130
74	4212	2034	2178	341	210	131
75-79岁	**17315**	**8485**	**8830**	**901**	**582**	**319**
75	3539	1713	1826	251	160	91
76	3985	1955	2030	195	119	76
77	3465	1675	1790	186	122	64
78	3303	1671	1632	145	98	47
79	3023	1471	1552	124	83	41
80-84岁	**9925**	**4665**	**5260**	**237**	**133**	**104**
80	2529	1258	1271	83	46	37
81	2059	929	1130	45	22	23
82	2056	996	1060	48	33	15
83	1728	811	917	41	21	20
84	1553	671	882	20	11	9
85-89岁	**4661**	**2044**	**2617**	**49**	**26**	**23**
85	1086	493	593	17	7	10
86	998	410	588	10	8	2
87	1139	514	625	8	5	3
88	826	359	467	5	3	2
89	612	268	344	9	3	6
90-94岁	**1481**	**636**	**845**	**13**	**6**	**7**
90	539	248	291	5	1	4
91	338	130	208	1		1
92	274	111	163	5	3	2
93	198	98	100	2	2	
94	132	49	83			
95-99岁	**288**	**100**	**188**	**3**	**1**	**2**
95	107	33	74	2		2
96	74	26	48			
97	47	18	29			
98	39	16	23			
99	21	7	14	1	1	
100岁及以上	**31**	**7**	**24**			

8–7b　续表 2　　　　单位：人

年　龄	离退休金/养老金			最低生活保障金			失业保险金		
	小计	男	女	小计	男	女	小计	男	女
总　计	**59109**	**27361**	**31748**	**7900**	**4549**	**3351**	**94**	**68**	**26**
45岁以下	**16**	**5**	**11**	**1241**	**680**	**561**	**39**	**24**	**15**
45–49岁	**367**	**28**	**339**	**774**	**453**	**321**	**28**	**22**	**6**
45	36	6	30	145	85	60	5	4	1
46	52	3	49	170	94	76	4	4	
47	62	5	57	161	94	67	6	5	1
48	75	7	68	150	96	54	5	4	1
49	142	7	135	148	84	64	8	5	3
50–54岁	**2904**	**473**	**2431**	**775**	**477**	**298**	**13**	**11**	**2**
50	446	46	400	166	109	57	3	2	1
51	537	59	478	152	89	63	3	3	
52	607	87	520	164	104	60	3	2	1
53	544	113	431	135	71	64			
54	770	168	602	158	104	54	4	4	
55–59岁	**6844**	**1581**	**5263**	**723**	**404**	**319**	**6**	**6**	
55	1404	293	1111	172	107	65	4	4	
56	1645	354	1291	171	93	78	1	1	
57	2039	474	1565	213	126	87	1	1	
58	1158	296	862	102	44	58			
59	598	164	434	65	34	31			
60–64岁	**9069**	**4717**	**4352**	**728**	**464**	**264**			
60	1146	545	601	57	29	28			
61	1230	675	555	100	65	35			
62	1984	1059	925	166	110	56			
63	2255	1176	1079	207	139	68			
64	2454	1262	1192	198	121	77			
65–69岁	**13862**	**6825**	**7037**	**1246**	**752**	**494**	**4**	**2**	**2**
65	2812	1425	1387	263	150	113			
66	3012	1516	1496	234	153	81			
67	2874	1373	1501	284	173	111	3	2	1
68	2859	1353	1506	273	170	103	1		1
69	2305	1158	1147	192	106	86			

8-7b 续表 3 单位：人

年 龄	离退休金/养老金			最低生活保障金			失业保险金		
	小计	男	女	小计	男	女	小计	男	女
70—74岁	**10645**	**5571**	**5074**	**1028**	**582**	**446**	**2**	**2**	
70	2321	1204	1117	205	124	81			
71	2411	1244	1167	218	125	93	1	1	
72	2011	1092	919	203	121	82			
73	1986	1037	949	223	116	107	1	1	
74	1916	994	922	179	96	83			
75—79岁	**8019**	**4299**	**3720**	**709**	**406**	**303**	**2**	**1**	**1**
75	1633	864	769	130	75	55	1		1
76	1850	986	864	178	107	71			
77	1579	842	737	145	77	68	1	1	
78	1580	875	705	150	82	68			
79	1377	732	645	106	65	41			
80—84岁	**4532**	**2410**	**2122**	**393**	**210**	**183**			
80	1232	682	550	109	72	37			
81	924	465	459	86	42	44			
82	931	516	415	91	47	44			
83	766	402	364	59	28	31			
84	679	345	334	48	21	27			
85—89岁	**2087**	**1072**	**1015**	**196**	**84**	**112**			
85	491	253	238	50	18	32			
86	428	206	222	33	13	20			
87	503	276	227	61	30	31			
88	376	184	192	30	12	18			
89	289	153	136	22	11	11			
90—94岁	**649**	**336**	**313**	**65**	**27**	**38**			
90	233	131	102	28	10	18			
91	151	70	81	13	9	4			
92	132	66	66	9	2	7			
93	86	46	40	10	3	7			
94	47	23	24	5	3	2			
95—99岁	**101**	**40**	**61**	**20**	**10**	**10**			
95	40	14	26	7	3	4			
96	28	12	16	5	2	3			
97	13	5	8	3	2	1			
98	15	9	6	4	2	2			
99	5		5	1	1				
100岁及以上	**14**	**4**	**10**	**2**		**2**			

8-7b　续表 4　　　　单位：人

年　龄	财产性收入			家庭其他成员供养			其　他		
	小计	男	女	小计	男	女	小计	男	女
总　计	**2442**	**1317**	**1125**	**145485**	**48419**	**97066**	**30521**	**14794**	**15727**
45岁以下	**1033**	**497**	**536**	**70696**	**27123**	**43573**	**12613**	**6043**	**6570**
45-49岁	**404**	**213**	**191**	**10298**	**1226**	**9072**	**3668**	**1672**	**1996**
45	79	38	41	1763	209	1554	681	304	377
46	95	52	43	2030	225	1805	741	329	412
47	80	40	40	2136	229	1907	743	337	406
48	66	34	32	2082	259	1823	757	361	396
49	84	49	35	2287	304	1983	746	341	405
50-54岁	**402**	**235**	**167**	**13438**	**2187**	**11251**	**3840**	**1788**	**2052**
50	87	52	35	2515	329	2186	805	372	433
51	74	45	29	2524	386	2138	771	367	404
52	83	47	36	2859	450	2409	773	355	418
53	68	35	33	2655	477	2178	701	318	383
54	90	56	34	2885	545	2340	790	376	414
55-59岁	**301**	**205**	**96**	**11496**	**2839**	**8657**	**2935**	**1485**	**1450**
55	69	43	26	2787	619	2168	742	370	372
56	86	68	18	2812	644	2168	735	355	380
57	80	56	24	3143	824	2319	806	418	388
58	47	28	19	1852	478	1374	451	234	217
59	19	10	9	902	274	628	201	108	93
60-64岁	**74**	**40**	**34**	**6806**	**2414**	**4392**	**1563**	**820**	**743**
60	15	10	5	844	274	570	192	111	81
61	12	5	7	870	295	575	198	107	91
62	10	6	4	1436	511	925	333	160	173
63	18	9	9	1796	647	1149	437	235	202
64	19	10	9	1860	687	1173	403	207	196
65-69岁	**106**	**59**	**47**	**10712**	**3997**	**6715**	**2228**	**1123**	**1105**
65	18	11	7	2075	757	1318	472	250	222
66	24	12	12	2343	874	1469	503	263	240
67	26	13	13	2245	824	1421	450	211	239
68	22	14	8	2326	887	1439	446	219	227
69	16	9	7	1723	655	1068	357	180	177

8-7b 续表 5 单位：人

年 龄	财产性收入			家庭其他成员供养			其 他		
	小计	男	女	小计	男	女	小计	男	女
70-74岁	**65**	**37**	**28**	**8442**	**3384**	**5058**	**1619**	**853**	**766**
70	17	8	9	1768	712	1056	371	176	195
71	14	5	9	1967	786	1181	383	222	161
72	9	7	2	1652	673	979	315	171	144
73	12	7	5	1566	633	933	276	140	136
74	13	10	3	1489	580	909	274	144	130
75-79岁	**31**	**18**	**13**	**6571**	**2653**	**3918**	**1082**	**526**	**556**
75	5	3	2	1302	510	792	217	101	116
76	9	4	5	1502	623	879	251	116	135
77	5	4	1	1339	533	806	210	96	114
78	8	5	3	1204	502	702	216	109	107
79	4	2	2	1224	485	739	188	104	84
80-84岁	**14**	**8**	**6**	**4139**	**1578**	**2561**	**610**	**326**	**284**
80	4	4		935	369	566	166	85	81
81				879	329	550	125	71	54
82	4	1	3	864	334	530	118	65	53
83	4	3	1	752	297	455	106	60	46
84	2		2	709	249	460	95	45	50
85-89岁	**10**	**5**	**5**	**2064**	**749**	**1315**	**255**	**108**	**147**
85	2	1	1	468	185	283	58	29	29
86	2	2		462	156	306	63	25	38
87	1	1		505	178	327	61	24	37
88	2		2	372	143	229	41	17	24
89	3	1	2	257	87	170	32	13	19
90-94岁	**2**		**2**	**669**	**231**	**438**	**83**	**36**	**47**
90	1		1	249	95	154	23	11	12
91				153	47	106	20	4	16
92	1		1	108	32	76	19	8	11
93				87	37	50	13	10	3
94				72	20	52	8	3	5
95-99岁				**142**	**36**	**106**	**22**	**13**	**9**
95				49	9	40	9	7	2
96				38	10	28	3	2	1
97				27	9	18	4	2	2
98				16	3	13	4	2	2
99				12	5	7	2		2
100岁及以上				**12**	**2**	**10**	**3**	**1**	**2**

8-7c　全市分年龄、性别、主要生活来源的人口(乡村)

单位：人

年龄	15岁及以上人口			劳动收入		
	合计	男	女	小计	男	女
总　计	**867399**	**455381**	**412018**	**494363**	**298082**	**196281**
45岁以下	**273403**	**149854**	**123549**	**177328**	**110363**	**66965**
45—49岁	**97132**	**50710**	**46422**	**78987**	**45748**	**33239**
45	16554	8732	7822	13611	7931	5680
46	19839	10423	9416	16322	9463	6859
47	20363	10688	9675	16717	9712	7005
48	19388	9989	9399	15694	8967	6727
49	20988	10878	10110	16643	9675	6968
50—54岁	**104886**	**53401**	**51485**	**79014**	**46413**	**32601**
50	21737	11102	10635	16885	9838	7047
51	19853	10210	9643	15144	8924	6220
52	22154	11257	10897	16767	9866	6901
53	19170	9682	9488	14193	8345	5848
54	21972	11150	10822	16025	9440	6585
55—59岁	**84419**	**43073**	**41346**	**58430**	**35219**	**23211**
55	21255	10943	10312	15277	9178	6099
56	21289	10907	10382	14998	9030	5968
57	23515	12176	11339	16125	9860	6265
58	12246	6052	6194	8118	4819	3299
59	6114	2995	3119	3912	2332	1580
60—64岁	**58100**	**31396**	**26704**	**30881**	**18851**	**12030**
60	6909	3670	3239	4101	2544	1557
61	7258	3980	3278	4088	2524	1564
62	12094	6620	5474	6573	4024	2549
63	15550	8496	7054	8055	4978	3077
64	16289	8630	7659	8064	4781	3283
65—69岁	**92840**	**47835**	**45005**	**39865**	**23166**	**16699**
65	18074	9575	8499	8725	5143	3582
66	19755	10238	9517	8968	5304	3664
67	19811	10070	9741	8494	4817	3677
68	19627	10087	9540	7864	4573	3291
69	15573	7865	7708	5814	3329	2485

8-7c 续表 1 单位：人

年 龄	15岁及以上人口			劳动收入		
	合计	男	女	小计	男	女
70-74岁	**67806**	**35660**	**32146**	**19586**	**11933**	**7653**
70	14827	7613	7214	4994	2931	2063
71	15710	8354	7356	4835	2989	1846
72	12980	6822	6158	3732	2278	1454
73	12768	6878	5890	3243	2018	1225
74	11521	5993	5528	2782	1717	1065
75-79岁	**47072**	**24052**	**23020**	**7933**	**4950**	**2983**
75	9781	4895	4886	2011	1219	792
76	10938	5625	5313	2073	1300	773
77	9826	5093	4733	1687	1074	613
78	8592	4366	4226	1207	762	445
79	7935	4073	3862	955	595	360
80-84岁	**25545**	**12469**	**13076**	**1845**	**1178**	**667**
80	6499	3255	3244	642	413	229
81	5413	2566	2847	412	262	150
82	5281	2612	2669	351	230	121
83	4388	2139	2249	233	145	88
84	3964	1897	2067	207	128	79
85-89岁	**11652**	**5197**	**6455**	**425**	**233**	**192**
85	2769	1303	1466	148	88	60
86	2666	1187	1479	104	53	51
87	2723	1239	1484	84	44	40
88	2017	864	1153	56	27	29
89	1477	604	873	33	21	12
90-94岁	**3772**	**1479**	**2293**	**60**	**24**	**36**
90	1219	505	714	22	11	11
91	934	370	564	11	3	8
92	779	287	492	16	7	9
93	496	200	296	6	1	5
94	344	117	227	5	2	3
95-99岁	**700**	**232**	**468**	**8**	**3**	**5**
95	279	98	181	5	3	2
96	180	59	121	2		2
97	113	34	79	1		1
98	76	27	49			
99	52	14	38			
100岁及以上	**72**	**23**	**49**	**1**	**1**	

8-7c　续表 2

单位：人

年　龄	离退休金/养老金			最低生活保障金			失业保险金		
	小计	男	女	小计	男	女	小计	男	女
总　计	**41318**	**21909**	**19409**	**30548**	**19830**	**10718**	**61**	**41**	**20**
45岁以下	**2**	**2**		**3866**	**2241**	**1625**	**30**	**18**	**12**
45–49岁	**47**	**3**	**44**	**2177**	**1457**	**720**	**12**	**9**	**3**
45	4		4	349	223	126	3	3	
46	9	2	7	448	292	156	2	2	
47	6		6	434	291	143	2	2	
48	12	1	11	425	283	142	3	1	2
49	16		16	521	368	153	2	1	1
50–54岁	**540**	**134**	**406**	**2542**	**1661**	**881**	**12**	**9**	**3**
50	84	16	68	517	337	180	7	5	2
51	110	25	85	491	338	153	2	2	
52	90	20	70	494	309	185	1	1	
53	92	25	67	469	297	172	1	1	
54	164	48	116	571	380	191	1		1
55–59岁	**1810**	**351**	**1459**	**2313**	**1465**	**848**	**2**	**2**	
55	303	63	240	574	386	188	2	2	
56	411	79	332	588	381	207			
57	554	111	443	648	404	244			
58	350	58	292	315	195	120			
59	192	40	152	188	99	89			
60–64岁	**4655**	**2430**	**2225**	**3227**	**2337**	**890**	**2**	**1**	**1**
60	433	208	225	296	214	82			
61	549	312	237	401	299	102			
62	924	490	434	637	466	171	1	1	
63	1239	638	601	921	664	257	1		1
64	1510	782	728	972	694	278			
65–69岁	**10109**	**5248**	**4861**	**5752**	**3892**	**1860**	**1**	**1**	
65	1747	918	829	1079	740	339	1	1	
66	2059	1037	1022	1164	795	369			
67	2124	1085	1039	1234	844	390			
68	2268	1163	1105	1257	839	418			
69	1911	1045	866	1018	674	344			

8-7c 续表 3

单位：人

年 龄	离退休金/养老金			最低生活保障金			失业保险金		
	小计	男	女	小计	男	女	小计	男	女
70-74岁	**9781**	**5538**	**4243**	**4714**	**3192**	**1522**	**1**		**1**
70	1983	1060	923	1048	709	339			
71	2215	1247	968	1057	725	332			
72	1887	1074	813	911	598	313	1		1
73	1947	1154	793	883	626	257			
74	1749	1003	746	815	534	281			
75-79岁	**7560**	**4313**	**3247**	**3210**	**2088**	**1122**	**1**	**1**	
75	1516	853	663	684	451	233			
76	1743	983	760	759	503	256			
77	1576	898	678	644	420	224			
78	1423	816	607	595	379	216			
79	1302	763	539	528	335	193	1	1	
80-84岁	**4281**	**2486**	**1795**	**1677**	**1000**	**677**			
80	1139	667	472	444	269	175			
81	854	483	371	346	200	146			
82	898	517	381	324	201	123			
83	721	408	313	311	196	115			
84	669	411	258	252	134	118			
85-89岁	**1861**	**1060**	**801**	**729**	**359**	**370**			
85	468	262	206	176	93	83			
86	413	238	175	183	94	89			
87	460	262	198	148	70	78			
88	308	173	135	127	65	62			
89	212	125	87	95	37	58			
90-94岁	**560**	**288**	**272**	**274**	**116**	**158**			
90	183	106	77	75	33	42			
91	132	69	63	70	26	44			
92	119	48	71	52	25	27			
93	75	39	36	46	24	22			
94	51	26	25	31	8	23			
95-99岁	**98**	**48**	**50**	**59**	**20**	**39**			
95	39	21	18	21	11	10			
96	36	17	19	13	3	10			
97	10	6	4	10	3	7			
98	8	3	5	6	1	5			
99	5	1	4	9	2	7			
100岁及以上	**14**	**8**	**6**	**8**	**2**	**6**			

8-7c　续表 4　　单位：人

年　龄	财产性收入			家庭其他成员供养			其　他		
	小计	男	女	小计	男	女	小计	男	女
总　计	**3277**	**2004**	**1273**	**250235**	**89203**	**161032**	**47597**	**24312**	**23285**
45岁以下	**1017**	**560**	**457**	**77811**	**30087**	**47724**	**13349**	**6583**	**6766**
45-49岁	**403**	**243**	**160**	**11210**	**1295**	**9915**	**4296**	**1955**	**2341**
45	58	32	26	1770	176	1594	759	367	392
46	74	42	32	2131	236	1895	853	386	467
47	97	64	33	2294	240	2054	813	379	434
48	86	52	34	2260	289	1971	908	396	512
49	88	53	35	2755	354	2401	963	427	536
50-54岁	**416**	**262**	**154**	**17285**	**2654**	**14631**	**5077**	**2268**	**2809**
50	83	43	40	3146	412	2734	1015	451	564
51	87	56	31	3079	441	2638	940	424	516
52	78	49	29	3630	527	3103	1094	485	609
53	85	61	24	3413	554	2859	917	399	518
54	83	53	30	4017	720	3297	1111	509	602
55-59岁	**335**	**220**	**115**	**17226**	**3797**	**13429**	**4303**	**2019**	**2284**
55	86	54	32	4012	785	3227	1001	475	526
56	71	45	26	4172	889	3283	1049	483	566
57	107	78	29	4865	1140	3725	1216	583	633
58	45	27	18	2707	618	2089	711	335	376
59	26	16	10	1470	365	1105	326	143	183
60-64岁	**235**	**167**	**68**	**15386**	**5522**	**9864**	**3714**	**2088**	**1626**
60	30	14	16	1642	488	1154	407	202	205
61	35	23	12	1748	572	1176	437	250	187
62	49	32	17	3190	1183	2007	720	424	296
63	60	52	8	4202	1562	2640	1072	602	470
64	61	46	15	4604	1717	2887	1078	610	468
65-69岁	**353**	**235**	**118**	**30408**	**11721**	**18687**	**6352**	**3572**	**2780**
65	79	60	19	5258	2037	3221	1185	676	509
66	76	49	27	6127	2283	3844	1361	770	591
67	75	53	22	6507	2487	4020	1377	784	593
68	66	39	27	6835	2709	4126	1337	764	573
69	57	34	23	5681	2205	3476	1092	578	514

8-7c 续表 5

单位：人

年 龄	财产性收入			家庭其他成员供养			其 他		
	小计	男	女	小计	男	女	小计	男	女
70—74岁	**244**	**156**	**88**	**28709**	**12117**	**16592**	**4771**	**2724**	**2047**
70	58	41	17	5720	2300	3420	1024	572	452
71	65	38	27	6399	2700	3699	1139	655	484
72	41	28	13	5522	2327	3195	886	517	369
73	43	26	17	5749	2518	3231	903	536	367
74	37	23	14	5319	2272	3047	819	444	375
75—79岁	**150**	**96**	**54**	**25056**	**10834**	**14222**	**3162**	**1770**	**1392**
75	36	23	13	4865	1974	2891	669	375	294
76	36	26	10	5614	2397	3217	713	416	297
77	29	17	12	5239	2332	2907	651	352	299
78	24	16	8	4740	2056	2684	603	337	266
79	25	14	11	4598	2075	2523	526	290	236
80—84岁	**74**	**39**	**35**	**16007**	**6896**	**9111**	**1661**	**870**	**791**
80	26	16	10	3807	1650	2157	441	240	201
81	11	5	6	3433	1446	1987	357	170	187
82	19	10	9	3364	1489	1875	325	165	160
83	7	4	3	2829	1233	1596	287	153	134
84	11	4	7	2574	1078	1496	251	142	109
85—89岁	**33**	**16**	**17**	**7933**	**3176**	**4757**	**671**	**353**	**318**
85	6	3	3	1792	758	1034	179	99	80
86	8	5	3	1809	722	1087	149	75	74
87	7	4	3	1861	762	1099	163	97	66
88	4	2	2	1419	553	866	103	44	59
89	8	2	6	1052	381	671	77	38	39
90—94岁	**14**	**9**	**5**	**2652**	**943**	**1709**	**212**	**99**	**113**
90	6	3	3	854	315	539	79	37	42
91	2		2	663	243	420	56	29	27
92	3	3		558	195	363	31	9	22
93	3	3		343	118	225	23	15	8
94				234	72	162	23	9	14
95—99岁	**3**	**1**	**2**	**504**	**149**	**355**	**28**	**11**	**17**
95	2		2	201	60	141	11	3	8
96				120	36	84	9	3	6
97	1	1		87	21	66	4	3	1
98				60	22	38	2	1	1
99				36	10	26	2	1	1
100岁及以上				**48**	**12**	**36**	**1**		**1**

8-8　全市分性别、婚姻状况、主要生活来源的60岁及以上老年人口

单位：人

婚姻状况	60岁及以上人口			劳动收入		
	合计	男	女	小计	男	女
总　计	**693072**	**343078**	**349994**	**132474**	**81514**	**50960**
未　婚	16821	16057	764	2137	2044	93
有配偶	510574	275814	234760	114834	72120	42714
离　婚	14276	8152	6124	1957	1551	406
丧　偶	151401	43055	108346	13546	5799	7747

8-8　续表 1　　单位：人

婚姻状况	离退休金/养老金			最低生活保障金			失业保险金		
	小计	男	女	小计	男	女	小计	男	女
总　计	**283503**	**141500**	**142003**	**28497**	**17742**	**10755**	**18**	**11**	**7**
未　婚	2327	2029	298	7725	7603	122	1	1	
有配偶	217657	120782	96875	13478	7255	6223	14	7	7
离　婚	9226	4539	4687	810	675	135			
丧　偶	54293	14150	40143	6484	2209	4275	3	3	

8-8　续表 2　　单位：人

婚姻状况	财产性收入			家庭其他成员供养			其　他		
	小计	男	女	小计	男	女	小计	男	女
总　计	**1930**	**1172**	**758**	**210773**	**82094**	**128679**	**35877**	**19045**	**16832**
未　婚	180	180		759	691	68	3692	3509	183
有配偶	1414	841	573	138833	62014	76819	24344	12795	11549
离　婚	40	23	17	1696	984	712	547	380	167
丧　偶	296	128	168	69485	18405	51080	7294	2361	4933

8-8a 全市分性别、婚姻状况、主要生活来源的60岁及以上老年人口(城市)

单位：人

婚姻状况	60岁及以上人口			劳动收入		
	合计	男	女	小计	男	女
总　计	**268156**	**127347**	**140809**	**15210**	**10618**	**4592**
未　婚	2326	1902	424	247	216	31
有配偶	205196	109471	95725	13466	9660	3806
离　婚	9689	4857	4832	561	405	156
丧　偶	50945	11117	39828	936	337	599

8-8a 续表 1

单位：人

婚姻状况	离退休金/养老金			最低生活保障金			失业保险金		
	小计	男	女	小计	男	女	小计	男	女
总　计	**195606**	**94807**	**100799**	**4460**	**2201**	**2259**	**5**	**3**	**2**
未　婚	1051	794	257	472	449	23	1	1	
有配偶	152235	82669	69566	2553	1247	1306	4	2	2
离　婚	7926	3757	4169	350	263	87			
丧　偶	34394	7587	26807	1085	242	843			

8-8a 续表 2

单位：人

婚姻状况	财产性收入			家庭其他成员供养			其　他		
	小计	男	女	小计	男	女	小计	男	女
总　计	**522**	**286**	**236**	**44513**	**15680**	**28833**	**7840**	**3752**	**4088**
未　婚	4	4		190	162	28	361	276	85
有配偶	437	253	184	30764	12662	18102	5737	2978	2759
离　婚	22	9	13	605	278	327	225	145	80
丧　偶	59	20	39	12954	2578	10376	1517	353	1164

8–8b　全市分性别、婚姻状况、主要生活来源的60岁及以上老年人口(镇)

单位：人

婚姻状况	60岁及以上人口			劳动收入		
	合计	男	女	小计	男	女
总　计	**117357**	**57388**	**59969**	**16660**	**10557**	**6103**
未　婚	2353	2229	124	218	192	26
有配偶	86116	46402	39714	14645	9563	5082
离　婚	1541	947	594	236	190	46
丧　偶	27347	7810	19537	1561	612	949

8–8b　续表 1

单位：人

婚姻状况	离退休金/养老金			最低生活保障金			失业保险金		
	小计	男	女	小计	男	女	小计	男	女
总　计	**48978**	**25274**	**23704**	**4387**	**2535**	**1852**	**8**	**5**	**3**
未　婚	385	364	21	1000	968	32			
有配偶	37200	21297	15903	2208	1157	1051	6	3	3
离　婚	852	477	375	91	72	19			
丧　偶	10541	3136	7405	1088	338	750	2	2	

8–8b　续表 2

单位：人

婚姻状况	财产性收入			家庭其他成员供养			其　他		
	小计	男	女	小计	男	女	小计	男	女
总　计	**302**	**167**	**135**	**39557**	**15044**	**24513**	**7465**	**3806**	**3659**
未　婚	14	14		142	128	14	594	563	31
有配偶	241	136	105	26637	11574	15063	5179	2672	2507
离　婚	2		2	263	148	115	97	60	37
丧　偶	45	17	28	12515	3194	9321	1595	511	1084

8-8c 全市分性别、婚姻状况、主要生活来源的60岁及以上老年人口(乡村)

单位：人

婚姻状况	60岁及以上人口			劳动收入		
	合计	男	女	小计	男	女
总　计	**307559**	**158343**	**149216**	**100604**	**60339**	**40265**
未　婚	12142	11926	216	1672	1636	36
有配偶	219262	119941	99321	86723	52897	33826
离　婚	3046	2348	698	1160	956	204
丧　偶	73109	24128	48981	11049	4850	6199

8-8c 续表 1

单位：人

婚姻状况	离退休金/养老金			最低生活保障金			失业保险金		
	小计	男	女	小计	男	女	小计	男	女
总　计	**38919**	**21419**	**17500**	**19650**	**13006**	**6644**	**5**	**3**	**2**
未　婚	891	871	20	6253	6186	67			
有配偶	28222	16816	11406	8717	4851	3866	4	2	2
离　婚	448	305	143	369	340	29			
丧　偶	9358	3427	5931	4311	1629	2682	1	1	

8-8c 续表 2

单位：人

婚姻状况	财产性收入			家庭其他成员供养			其　他		
	小计	男	女	小计	男	女	小计	男	女
总　计	**1106**	**719**	**387**	**126703**	**51370**	**75333**	**20572**	**11487**	**9085**
未　婚	162	162		427	401	26	2737	2670	67
有配偶	736	452	284	81432	37778	43654	13428	7145	6283
离　婚	16	14	2	828	558	270	225	175	50
丧　偶	192	91	101	44016	12633	31383	4182	1497	2685

8–9　全市分性别、居住状况、主要生活来源的60岁及以上老年人口

单位：人

居住状况	60岁及以上人口			劳动收入		
	合计	男	女	小计	男	女
总　计	**693072**	**343078**	**349994**	**132474**	**81514**	**50960**
与配偶和子女同住	143298	79196	64102	22722	15183	7539
与配偶同住	291259	157448	133811	75420	45294	30126
与子女同住	118959	35093	83866	8776	4263	4513
独居(有保姆)	1050	487	563	94	55	39
独居(无保姆)	92851	46233	46618	17197	11090	6107
养老机构	6759	4106	2653	67	36	31
其　他	38896	20515	18381	8198	5593	2605

8–9　续表 1

单位：人

居住状况	离退休金/养老金			最低生活保障金			失业保险金		
	小计	男	女	小计	男	女	小计	男	女
总　计	**283503**	**141500**	**142003**	**28497**	**17742**	**10755**	**18**	**11**	**7**
与配偶和子女同住	74005	41766	32239	3157	1710	1447	1		1
与配偶同住	116022	64954	51068	8864	4729	4135	13	7	6
与子女同住	48940	14199	34741	3927	1312	2615	1	1	
独居(有保姆)	666	320	346	44	29	15			
独居(无保姆)	29830	13205	16625	8586	6663	1923	3	3	
养老机构	2917	1297	1620	1364	1268	96			
其　他	11123	5759	5364	2555	2031	524			

8–9　续表 2

单位：人

居住状况	财产性收入			家庭其他成员供养			其　他		
	小计	男	女	小计	男	女	小计	男	女
总　计	**1930**	**1172**	**758**	**210773**	**82094**	**128679**	**35877**	**19045**	**16832**
与配偶和子女同住	346	210	136	37818	17466	20352	5249	2861	2388
与配偶同住	862	508	354	76062	34622	41440	14016	7334	6682
与子女同住	196	81	115	52509	13682	38827	4610	1555	3055
独居(有保姆)	1	1		222	75	147	23	7	16
独居(无保姆)	366	260	106	31284	11564	19720	5585	3448	2137
养老机构	8	7	1	1267	502	765	1136	996	140
其　他	151	105	46	11611	4183	7428	5258	2844	2414

8–9a 全市分性别、居住状况、主要生活来源的60岁及以上老年人口(城市)

单位：人

居住状况	60岁及以上人口			劳动收入		
	合计	男	女	小计	男	女
总　计	**268156**	**127347**	**140809**	**15210**	**10618**	**4592**
与配偶和子女同住	81398	45035	36363	4873	3725	1148
与配偶同住	91976	50109	41867	5372	3756	1616
与子女同住	56842	15179	41663	1514	805	709
独居(有保姆)	616	260	356	18	9	9
独居(无保姆)	22235	9350	12885	1380	970	410
养老机构	3031	1311	1720	25	11	14
其　他	12058	6103	5955	2028	1342	686

8–9a　续表 1

单位：人

居住状况	离退休金/养老金			最低生活保障金			失业保险金		
	小计	男	女	小计	男	女	小计	男	女
总　计	**195606**	**94807**	**100799**	**4460**	**2201**	**2259**	**5**	**3**	**2**
与配偶和子女同住	58671	32839	25832	977	492	485			
与配偶同住	74454	40850	33604	1170	575	595	4	2	2
与子女同住	35824	9770	26054	1089	299	790			
独居(有保姆)	513	224	289	15	9	6			
独居(无保姆)	16936	6800	10136	754	485	269	1	1	
养老机构	2235	895	1340	125	114	11			
其　他	6973	3429	3544	330	227	103			

8–9a　续表 2

单位：人

居住状况	财产性收入			家庭其他成员供养			其　他		
	小计	男	女	小计	男	女	小计	男	女
总　计	**522**	**286**	**236**	**44513**	**15680**	**28833**	**7840**	**3752**	**4088**
与配偶和子女同住	169	108	61	14492	6658	7834	2216	1213	1003
与配偶同住	189	108	81	8720	3723	4997	2067	1095	972
与子女同住	78	30	48	16601	3760	12841	1736	515	1221
独居(有保姆)				63	16	47	7	2	5
独居(无保姆)	54	26	28	2486	770	1716	624	298	326
养老机构				508	193	315	138	98	40
其　他	32	14	18	1643	560	1083	1052	531	521

8–9b　全市分性别、居住状况、主要生活来源的60岁及以上老年人口(镇)

单位：人

居住状况	60岁及以上人口			劳动收入		
	合计	男	女	小计	男	女
总　计	**117357**	**57388**	**59969**	**16660**	**10557**	**6103**
与配偶和子女同住	24667	13646	11021	4054	2780	1274
与配偶同住	46872	25423	21449	8137	5154	2983
与子女同住	22059	6697	15362	1470	698	772
独居(有保姆)	179	96	83	11	7	4
独居(无保姆)	14173	6490	7683	1746	1102	644
养老机构	1426	1035	391	15	5	10
其　他	7981	4001	3980	1227	811	416

8–9b　续表 1

单位：人

居住状况	离退休金/养老金			最低生活保障金			失业保险金		
	小计	男	女	小计	男	女	小计	男	女
总　计	**48978**	**25274**	**23704**	**4387**	**2535**	**1852**	**8**	**5**	**3**
与配偶和子女同住	10391	6026	4365	577	309	268			
与配偶同住	22043	12561	9482	1308	677	631	6	3	3
与子女同住	7903	2525	5378	720	240	480			
独居(有保姆)	113	69	44	5	3	2			
独居(无保姆)	5885	2636	3249	968	659	309	2	2	
养老机构	349	200	149	428	388	40			
其　他	2294	1257	1037	381	259	122			

8–9b　续表 2

单位：人

居住状况	财产性收入			家庭其他成员供养			其　他		
	小计	男	女	小计	男	女	小计	男	女
总　计	**302**	**167**	**135**	**39557**	**15044**	**24513**	**7465**	**3806**	**3659**
与配偶和子女同住	65	37	28	8352	3822	4530	1228	672	556
与配偶同住	153	86	67	12662	5618	7044	2563	1324	1239
与子女同住	31	12	19	10864	2872	7992	1071	350	721
独居(有保姆)	1	1		46	16	30	3		3
独居(无保姆)	36	20	16	4697	1650	3047	839	421	418
养老机构	3	2	1	259	104	155	372	336	36
其　他	13	9	4	2677	962	1715	1389	703	686

8-9c 全市分性别、居住状况、主要生活来源的60岁及以上老年人口(乡村)

单位：人

居住状况	60岁及以上人口			劳动收入		
	合计	男	女	小计	男	女
总　计	**307559**	**158343**	**149216**	**100604**	**60339**	**40265**
与配偶和子女同住	37233	20515	16718	13795	8678	5117
与配偶同住	152411	81916	70495	61911	36384	25527
与子女同住	40058	13217	26841	5792	2760	3032
独居(有保姆)	255	131	124	65	39	26
独居(无保姆)	56443	30393	26050	14071	9018	5053
养老机构	2302	1760	542	27	20	7
其　他	18857	10411	8446	4943	3440	1503

8-9c 续表 1

单位：人

居住状况	离退休金/养老金			最低生活保障金			失业保险金		
	小计	男	女	小计	男	女	小计	男	女
总　计	**38919**	**21419**	**17500**	**19650**	**13006**	**6644**	**5**	**3**	**2**
与配偶和子女同住	4943	2901	2042	1603	909	694	1		1
与配偶同住	19525	11543	7982	6386	3477	2909	3	2	1
与子女同住	5213	1904	3309	2118	773	1345	1	1	
独居(有保姆)	40	27	13	24	17	7			
独居(无保姆)	7009	3769	3240	6864	5519	1345			
养老机构	333	202	131	811	766	45			
其　他	1856	1073	783	1844	1545	299			

8-9c 续表 2

单位：人

居住状况	财产性收入			家庭其他成员供养			其　他		
	小计	男	女	小计	男	女	小计	男	女
总　计	**1106**	**719**	**387**	**126703**	**51370**	**75333**	**20572**	**11487**	**9085**
与配偶和子女同住	112	65	47	14974	6986	7988	1805	976	829
与配偶同住	520	314	206	54680	25281	29399	9386	4915	4471
与子女同住	87	39	48	25044	7050	17994	1803	690	1113
独居(有保姆)				113	43	70	13	5	8
独居(无保姆)	276	214	62	24101	9144	14957	4122	2729	1393
养老机构	5	5		500	205	295	626	562	64
其　他	106	82	24	7291	2661	4630	2817	1610	1207

8-10　各地区分性别、居住状况的60岁及以上老年人口

单位：人

地　　区	60岁及以上人口			与配偶和子女同住		
	合计	男	女	小计	男	女
重　庆	**693072**	**343078**	**349994**	**143298**	**79196**	**64102**
市辖区	544166	267904	276262	117503	64977	52526
万州区	37867	18825	19042	7445	4098	3347
涪陵区	21719	10681	11038	4184	2309	1875
渝中区	11941	5701	6240	3527	1963	1564
大渡口区	8193	3862	4331	2189	1238	951
江北区	17688	8368	9320	5774	3187	2587
沙坪坝区	25011	11903	13108	7407	4144	3263
九龙坡区	27832	13339	14493	8729	4832	3897
南岸区	21541	10260	11281	7325	4033	3292
北碚区	17365	8540	8825	4105	2276	1829
綦江区	25533	12657	12876	4936	2712	2224
綦江区(不含万盛)	19426	9718	9708	3494	1930	1564
万盛经开区	6107	2939	3168	1442	782	660
大足区	18216	8855	9361	3311	1831	1480
渝北区	35760	17306	18454	10748	5942	4806
巴南区	25370	12605	12765	5929	3274	2655
黔江区	8642	4326	4316	1557	869	688
长寿区	17750	8784	8966	2455	1333	1122
江津区	32364	16577	15787	5436	3040	2396
合川区	36824	18769	18055	6037	3374	2663
永川区	23357	11406	11951	4260	2330	1930
南川区	12450	6222	6228	3063	1646	1417
璧山区	15102	7641	7461	2798	1579	1219
铜梁区	17582	8926	8656	2430	1354	1076
潼南区	18508	9303	9205	2766	1556	1210
荣昌区	16780	8016	8764	3047	1660	1387
开州区	26879	13364	13515	4254	2342	1912
梁平区	16109	7616	8493	2205	1183	1022
武隆区	7783	4052	3731	1586	872	714
县	148906	75174	73732	25795	14219	11576
城口县	4072	2082	1990	969	529	440
丰都县	13562	6834	6728	1925	1061	864
垫江县	15723	7772	7951	1955	1057	898
忠　县	19068	9552	9516	2310	1225	1085
云阳县	21603	11023	10580	3554	2017	1537
奉节县	15816	8137	7679	2676	1509	1167
巫山县	9399	4840	4559	1424	816	608
巫溪县	8534	4412	4122	1880	1028	852
石柱县	8555	4262	4293	1256	683	573
秀山县	9453	4624	4829	2921	1602	1319
酉阳县	12073	6123	5950	2478	1372	1106
彭水县	11048	5513	5535	2447	1320	1127

8-10 续表 1 单位：人

地区	与配偶同住			与子女同住			独居(有保姆)		
	小计	男	女	小计	男	女	小计	男	女
重 庆	**291259**	**157448**	**133811**	**118959**	**35093**	**83866**	**1050**	**487**	**563**
市辖区	223987	121355	102632	95034	26809	68225	853	391	462
万州区	16399	8829	7570	5967	1827	4140	69	37	32
涪陵区	9231	4981	4250	4215	1326	2889	23	10	13
渝中区	3657	2005	1652	2263	537	1726	41	15	26
大渡口区	3099	1691	1408	1687	424	1263	14	6	8
江北区	5785	3112	2673	3451	872	2579	23	8	15
沙坪坝区	8758	4804	3954	4907	1185	3722	45	19	26
九龙坡区	9450	5143	4307	5744	1534	4210	41	18	23
南岸区	6826	3678	3148	4451	1168	3283	44	16	28
北碚区	7381	4038	3343	2856	754	2102	27	11	16
綦江区	10472	5724	4748	4942	1416	3526	30	16	14
綦江区(不含万盛)	7905	4323	3582	3722	1089	2633	17	8	9
万盛经开区	2567	1401	1166	1220	327	893	13	8	5
大足区	8282	4430	3852	2777	779	1998	22	15	7
渝北区	12996	7052	5944	7183	1841	5342	43	18	25
巴南区	9931	5398	4533	4413	1217	3196	31	17	14
黔江区	3575	1917	1658	1836	645	1191	8	1	7
长寿区	8904	4781	4123	2347	693	1654	23	10	13
江津区	14440	7904	6536	5047	1417	3630	56	22	34
合川区	16113	8842	7271	5487	1593	3894	85	41	44
永川区	10043	5463	4580	4395	1209	3186	44	23	21
南川区	4837	2580	2257	2460	805	1655	14	8	6
璧山区	6710	3676	3034	2446	684	1762	17	10	7
铜梁区	8717	4714	4003	2513	717	1796	36	19	17
潼南区	8515	4595	3920	2581	831	1750	15	8	7
荣昌区	7380	3972	3408	2950	734	2216	22	11	11
开州区	11606	6229	5377	4130	1331	2799	43	18	25
梁平区	7711	4053	3658	2379	666	1713	27	10	17
武隆区	3169	1744	1425	1607	604	1003	10	4	6
县	67272	36093	31179	23925	8284	15641	197	96	101
城口县	1511	805	706	944	356	588	5	3	2
丰都县	6529	3524	3005	2076	688	1388	20	9	11
垫江县	7971	4221	3750	2167	724	1443	23	12	11
忠 县	9636	5091	4545	2192	761	1431	28	14	14
云阳县	9927	5404	4523	3244	1048	2196	33	19	14
奉节县	7099	3867	3232	2285	800	1485	18	10	8
巫山县	4583	2478	2105	1469	527	942	16	7	9
巫溪县	3515	1878	1637	1561	612	949	10	5	5
石柱县	4398	2332	2066	1145	368	777	12	4	8
秀山县	2885	1543	1342	2254	751	1503	4		4
酉阳县	5061	2721	2340	2141	756	1385	12	3	9
彭水县	4157	2229	1928	2447	893	1554	16	10	6

8-10　续表 2　　　　单位：人

地　区	独居(无保姆)			养老机构			其　他		
	小计	男	女	小计	男	女	小计	男	女
重　庆	**92851**	**46233**	**46618**	**6759**	**4106**	**2653**	**38896**	**20515**	**18381**
市辖区	71211	35109	36102	5470	3288	2182	30108	15975	14133
万州区	5261	2665	2596	463	214	249	2263	1155	1108
涪陵区	3140	1532	1608	140	82	58	786	441	345
渝中区	1098	485	613	204	83	121	1151	613	538
大渡口区	838	341	497	108	43	65	258	119	139
江北区	1404	587	817	127	51	76	1124	551	573
沙坪坝区	2235	946	1289	470	173	297	1189	632	557
九龙坡区	2478	1065	1413	290	131	159	1100	616	484
南岸区	1799	799	1000	192	95	97	904	471	433
北碚区	2052	921	1131	190	107	83	754	433	321
綦江区	3457	1825	1632	144	103	41	1552	861	691
綦江区(不含万盛)	2805	1522	1283	127	95	32	1356	751	605
万盛经开区	652	303	349	17	8	9	196	110	86
大足区	2550	1151	1399	97	69	28	1177	580	597
渝北区	3027	1421	1606	292	163	129	1471	869	602
巴南区	3305	1657	1648	459	307	152	1302	735	567
黔江区	1247	672	575	79	57	22	340	165	175
长寿区	2845	1348	1497	199	130	69	977	489	488
江津区	5243	2866	2377	386	302	84	1756	1026	730
合川区	6555	3478	3077	385	273	112	2162	1168	994
永川区	3270	1598	1672	269	188	81	1076	595	481
南川区	1437	814	623	42	32	10	597	337	260
璧山区	2228	1140	1088	172	140	32	731	412	319
铜梁区	2751	1476	1275	186	149	37	949	497	452
潼南区	2771	1366	1405	84	47	37	1776	900	876
荣昌区	2403	1138	1265	69	44	25	909	457	452
开州区	4282	2138	2144	239	176	63	2325	1130	1195
梁平区	2624	1168	1456	108	63	45	1055	473	582
武隆区	911	512	399	76	66	10	424	250	174
县	21640	11124	10516	1289	818	471	8788	4540	4248
城口县	371	202	169	73	54	19	199	133	66
丰都县	2067	1047	1020	120	81	39	825	424	401
垫江县	2632	1251	1381	191	130	61	784	377	407
忠　县	3086	1545	1541	339	164	175	1477	752	725
云阳县	3570	1854	1716	206	124	82	1069	557	512
奉节县	2446	1261	1185	89	57	32	1203	633	570
巫山县	1357	707	650	13	9	4	537	296	241
巫溪县	916	506	410	56	50	6	596	333	263
石柱县	1243	625	618	79	47	32	422	203	219
秀山县	894	444	450	81	71	10	414	213	201
酉阳县	1759	972	787	29	24	5	593	275	318
彭水县	1299	710	589	13	7	6	669	344	325

8-10a 各地区分性别、居住状况的60岁及以上老年人口(城市)

单位：人

地区	60岁及以上人口			与配偶和子女同住		
	合计	男	女	小计	男	女
重　庆	**268156**	**127347**	**140809**	**81398**	**45035**	**36363**
市辖区	268156	127347	140809	81398	45035	36363
万州区	16193	7727	8466	4884	2682	2202
涪陵区	9270	4430	4840	2599	1440	1159
渝中区	11941	5701	6240	3527	1963	1564
大渡口区	7844	3692	4152	2142	1210	932
江北区	16287	7663	8624	5515	3038	2477
沙坪坝区	23049	10886	12163	7043	3942	3101
九龙坡区	20527	9680	10847	7072	3911	3161
南岸区	20487	9717	10770	7123	3913	3210
北碚区	11997	5770	6227	3260	1812	1448
綦江区	7595	3598	3997	2177	1216	961
綦江区(不含万盛)	5874	2790	3084	1689	947	742
万盛经开区	1721	808	913	488	269	219
大足区	4441	2088	2353	1163	645	518
渝北区	27474	13025	14449	9809	5411	4398
巴南区	14551	6981	7570	4639	2561	2078
黔江区	2434	1141	1293	699	392	307
长寿区	7388	3530	3858	1778	964	814
江津区	8006	3837	4169	2064	1156	908
合川区	11083	5397	5686	2922	1626	1296
永川区	8766	4120	4646	2276	1243	1033
南川区	3797	1859	1938	1427	786	641
璧山区	6572	3173	3399	1921	1082	839
铜梁区	5595	2679	2916	1340	752	588
潼南区	4352	2094	2258	1224	676	548
荣昌区	6570	2953	3617	1574	854	720
开州区	7113	3363	3750	1925	1051	874
梁平区	3451	1553	1898	852	463	389
武隆区	1373	690	683	443	246	197
县						
城口县						
丰都县						
垫江县						
忠　县						
云阳县						
奉节县						
巫山县						
巫溪县						
石柱县						
秀山县						
酉阳县						
彭水县						

8-10a　续表 1　　单位：人

地　区	与配偶同住			与子女同住			独居(有保姆)		
	小计	男	女	小计	男	女	小计	男	女
重　庆	**91976**	**50109**	**41867**	**56842**	**15179**	**41663**	**616**	**260**	**356**
市辖区	91976	50109	41867	56842	15179	41663	616	260	356
万州区	5524	3022	2502	3344	961	2383	41	22	19
涪陵区	3167	1738	1429	2276	683	1593	17	8	9
渝中区	3657	2005	1652	2263	537	1726	41	15	26
大渡口区	2921	1594	1327	1639	411	1228	14	6	8
江北区	5170	2779	2391	3213	808	2405	22	7	15
沙坪坝区	7827	4286	3541	4612	1099	3513	42	16	26
九龙坡区	6323	3443	2880	4557	1208	3349	37	16	21
南岸区	6430	3459	2971	4291	1125	3166	42	15	27
北碚区	4711	2582	2129	2225	590	1635	24	9	15
綦江区	2644	1447	1197	1820	486	1334	18	8	10
綦江区(不含万盛)	1994	1091	903	1429	380	1049	10	4	6
万盛经开区	650	356	294	391	106	285	8	4	4
大足区	1752	932	820	892	248	644	13	8	5
渝北区	8796	4771	4025	6143	1573	4570	42	17	25
巴南区	4764	2600	2164	3040	842	2198	22	10	12
黔江区	695	385	310	761	246	515	5		5
长寿区	3015	1622	1393	1449	413	1036	14	6	8
江津区	3226	1765	1461	1480	347	1133	24	7	17
合川区	4126	2287	1839	2084	579	1505	62	29	33
永川区	3259	1780	1479	2111	576	1535	29	16	13
南川区	1047	561	486	912	308	604	7	4	3
璧山区	2339	1293	1046	1550	440	1110	12	5	7
铜梁区	2272	1250	1022	1211	333	878	25	12	13
潼南区	1507	823	684	962	308	654	6	2	4
荣昌区	2542	1362	1180	1482	337	1145	15	8	7
开州区	2497	1360	1137	1531	464	1067	23	9	14
梁平区	1377	742	635	627	136	491	12	3	9
武隆区	388	221	167	367	121	246	7	2	5
县									
城口县									
丰都县									
垫江县									
忠　县									
云阳县									
奉节县									
巫山县									
巫溪县									
石柱县									
秀山县									
酉阳县									
彭水县									

8-10a 续表 2 单位：人

地区	独居(无保姆)			养老机构			其他		
	小计	男	女	小计	男	女	小计	男	女
重庆	**22235**	**9350**	**12885**	**3031**	**1311**	**1720**	**12058**	**6103**	**5955**
市辖区	22235	9350	12885	3031	1311	1720	12058	6103	5955
万州区	1268	521	747	345	136	209	787	383	404
涪陵区	836	385	451	65	17	48	310	159	151
渝中区	1098	485	613	204	83	121	1151	613	538
大渡口区	785	317	468	89	36	53	254	118	136
江北区	1215	497	718	114	39	75	1038	495	543
沙坪坝区	1996	820	1176	469	173	296	1060	550	510
九龙坡区	1542	625	917	231	84	147	765	393	372
南岸区	1637	728	909	140	63	77	824	414	410
北碚区	1184	468	716	109	46	63	484	263	221
綦江区	613	267	346	44	17	27	279	157	122
綦江区(不含万盛)	468	215	253	34	14	20	250	139	111
万盛经开区	145	52	93	10	3	7	29	18	11
大足区	398	162	236	51	30	21	172	63	109
渝北区	1509	628	881	177	70	107	998	555	443
巴南区	1210	501	709	238	124	114	638	343	295
黔江区	175	79	96	30	15	15	69	24	45
长寿区	682	297	385	88	49	39	362	179	183
江津区	814	350	464	79	38	41	319	174	145
合川区	1319	596	723	176	90	86	394	190	204
永川区	731	302	429	139	83	56	221	120	101
南川区	240	116	124	13	7	6	151	77	74
璧山区	455	188	267	4	2	2	291	163	128
铜梁区	476	209	267	50	25	25	221	98	123
潼南区	330	144	186	23	7	16	300	134	166
荣昌区	664	251	413	21	12	9	272	129	143
开州区	551	219	332	84	46	38	502	214	288
梁平区	394	138	256	48	19	29	141	52	89
武隆区	113	57	56				55	43	12
县									
城口县									
丰都县									
垫江县									
忠县									
云阳县									
奉节县									
巫山县									
巫溪县									
石柱县									
秀山县									
酉阳县									
彭水县									

8-10b　各地区分性别、居住状况的60岁及以上老年人口(镇)

单位：人

地　区	60岁及以上人口			与配偶和子女同住		
	合计	男	女	小计	男	女
重　庆	**117357**	**57388**	**59969**	**24667**	**13646**	**11021**
市辖区	66028	32450	33578	11804	6537	5267
万州区	4358	2098	2260	882	483	399
涪陵区	1869	925	944	322	186	136
渝中区						
大渡口区	55	29	26	4	3	1
江北区	1142	574	568	239	139	100
沙坪坝区	544	272	272	109	61	48
九龙坡区	4825	2326	2499	1219	675	544
南岸区	251	128	123	67	41	26
北碚区	1038	531	507	259	145	114
綦江区	6800	3236	3564	1318	710	608
綦江区(不含万盛)	4062	1967	2095	682	367	315
万盛经开区	2738	1269	1469	636	343	293
大足区	3777	1842	1935	807	444	363
渝北区	2808	1436	1372	480	270	210
巴南区	2684	1351	1333	554	312	242
黔江区	786	385	401	135	75	60
长寿区	1478	725	753	144	79	65
江津区	6576	3285	3291	1095	617	478
合川区	6830	3454	3376	928	515	413
永川区	3246	1563	1683	508	276	232
南川区	2037	1005	1032	428	223	205
璧山区	710	359	351	100	57	43
铜梁区	1600	805	795	228	125	103
潼南区	3688	1846	1842	509	295	214
荣昌区	1394	641	753	208	108	100
开州区	3755	1824	1931	609	338	271
梁平区	2711	1252	1459	431	234	197
武隆区	1066	558	508	221	126	95
县	51329	24938	26391	12863	7109	5754
城口县	1113	523	590	279	160	119
丰都县	4909	2404	2505	1121	616	505
垫江县	5298	2598	2700	1059	570	489
忠　县	6212	3019	3193	1311	696	615
云阳县	9019	4423	4596	2272	1287	985
奉节县	5781	2871	2910	1573	892	681
巫山县	2627	1259	1368	588	333	255
巫溪县	2518	1235	1283	642	360	282
石柱县	3529	1682	1847	741	405	336
秀山县	3260	1550	1710	1220	671	549
酉阳县	3607	1745	1862	1015	563	452
彭水县	3456	1629	1827	1042	556	486

8-10b 续表 1 单位：人

地区	与配偶同住			与子女同住			独居(有保姆)		
	小计	男	女	小计	男	女	小计	男	女
重庆	**46872**	**25423**	**21449**	**22059**	**6697**	**15362**	**179**	**96**	**83**
市辖区	28160	15261	12899	11282	3237	8045	75	38	37
万州区	1785	946	839	788	242	546	6	3	3
涪陵区	785	425	360	390	120	270	3	2	1
渝中区									
大渡口区	35	19	16	1		1			
江北区	483	264	219	204	57	147	1	1	
沙坪坝区	260	147	113	90	18	72	1	1	
九龙坡区	2027	1086	941	861	231	630	2	1	1
南岸区	100	56	44	45	14	31			
北碚区	427	234	193	142	39	103	2	1	1
綦江区	2793	1532	1261	1415	385	1030	7	4	3
綦江区(不含万盛)	1618	891	727	838	251	587	3	1	2
万盛经开区	1175	641	534	577	134	443	4	3	1
大足区	1516	822	694	620	167	453	1	1	
渝北区	1324	722	602	400	104	296			
巴南区	1091	600	491	477	129	348	4	3	1
黔江区	291	159	132	148	48	100	1		1
长寿区	807	443	364	162	50	112	4	2	2
江津区	2938	1596	1342	1100	297	803	12	4	8
合川区	2868	1574	1294	1034	315	719	11	5	6
永川区	1344	732	612	604	162	442	3	2	1
南川区	829	440	389	418	131	287	3	2	1
璧山区	381	212	169	95	26	69	2	2	
铜梁区	767	411	356	206	58	148	2	1	1
潼南区	1613	871	742	482	165	317	1		1
荣昌区	666	354	312	218	46	172	1	1	
开州区	1480	786	694	638	206	432	4	1	3
梁平区	1143	605	538	492	136	356	3		3
武隆区	407	225	182	252	91	161	1	1	
县	18712	10162	8550	10777	3460	7317	104	58	46
城口县	400	215	185	300	85	215	2	1	1
丰都县	1914	1051	863	975	299	676	7	5	2
垫江县	2233	1211	1022	999	330	669	11	7	4
忠县	2583	1371	1212	1068	353	715	17	10	7
云阳县	3400	1870	1530	1847	574	1273	15	12	3
奉节县	1955	1075	880	1137	386	751	12	6	6
巫山县	1031	559	472	565	186	379	7	3	4
巫溪县	893	484	409	520	169	351	6	2	4
石柱县	1495	797	698	663	200	463	8	2	6
秀山县	791	429	362	853	268	585	3		3
酉阳县	1216	665	551	831	265	566	6	2	4
彭水县	801	435	366	1019	345	674	10	8	2

8-10b　续表 2　　　　单位：人

地　　区	独居(无保姆)			养老机构			其　　他		
	小计	男	女	小计	男	女	小计	男	女
重　庆	**14173**	**6490**	**7683**	**1426**	**1035**	**391**	**7981**	**4001**	**3980**
市辖区	9043	4233	4810	752	623	129	4912	2521	2391
万州区	587	271	316	19	17	2	291	136	155
涪陵区	254	118	136	27	24	3	88	50	38
渝中区									
大渡口区	15	7	8						
江北区	137	62	75	12	11	1	66	40	26
沙坪坝区	57	26	31	1		1	26	19	7
九龙坡区	514	203	311	19	15	4	183	115	68
南岸区	24	9	15				15	8	7
北碚区	116	51	65	46	31	15	46	30	16
綦江区	869	400	469	46	41	5	352	164	188
綦江区(不含万盛)	620	303	317	42	38	4	259	116	143
万盛经开区	249	97	152	4	3	1	93	48	45
大足区	516	239	277	16	11	5	301	158	143
渝北区	402	191	211	50	49	1	152	100	52
巴南区	355	174	181	62	58	4	141	75	66
黔江区	121	72	49	4	3	1	86	28	58
长寿区	207	86	121	31	10	21	123	55	68
江津区	944	480	464	119	93	26	368	198	170
合川区	1146	583	563	77	69	8	766	393	373
永川区	495	219	276	36	31	5	256	141	115
南川区	258	144	114	12	10	2	89	55	34
璧山区	102	46	56	3	2	1	27	14	13
铜梁区	226	112	114	24	24		147	74	73
潼南区	478	221	257	22	14	8	583	280	303
荣昌区	199	86	113	1	1		101	45	56
开州区	566	238	328	50	47	3	408	208	200
梁平区	367	145	222	35	27	8	240	105	135
武隆区	88	50	38	40	35	5	57	30	27
县	5130	2257	2873	674	412	262	3069	1480	1589
城口县	93	38	55	13	11	2	26	13	13
丰都县	530	241	289	62	47	15	300	145	155
垫江县	638	275	363	121	86	35	237	119	118
忠　县	633	286	347	143	73	70	457	230	227
云阳县	930	419	511	121	49	72	434	212	222
奉节县	646	279	367	67	41	26	391	192	199
巫山县	257	97	160	2	1	1	177	80	97
巫溪县	211	95	116	25	20	5	221	105	116
石柱县	384	162	222	56	33	23	182	83	99
秀山县	219	90	129	38	30	8	136	62	74
酉阳县	339	156	183	24	21	3	176	73	103
彭水县	250	119	131	2		2	332	166	166

8-10c 各地区分性别、居住状况的60岁及以上老年人口(乡村)

单位：人

地区	60岁及以上人口			与配偶和子女同住		
	合计	男	女	小计	男	女
重　庆	**307559**	**158343**	**149216**	**37233**	**20515**	**16718**
市辖区	209982	108107	101875	24301	13405	10896
万州区	17316	9000	8316	1679	933	746
涪陵区	10580	5326	5254	1263	683	580
渝中区						
大渡口区	294	141	153	43	25	18
江北区	259	131	128	20	10	10
沙坪坝区	1418	745	673	255	141	114
九龙坡区	2480	1333	1147	438	246	192
南岸区	803	415	388	135	79	56
北碚区	4330	2239	2091	586	319	267
綦江区	11138	5823	5315	1441	786	655
綦江区(不含万盛)	9490	4961	4529	1123	616	507
万盛经开区	1648	862	786	318	170	148
大足区	9998	4925	5073	1341	742	599
渝北区	5478	2845	2633	459	261	198
巴南区	8135	4273	3862	736	401	335
黔江区	5422	2800	2622	723	402	321
长寿区	8884	4529	4355	533	290	243
江津区	17782	9455	8327	2277	1267	1010
合川区	18911	9918	8993	2187	1233	954
永川区	11345	5723	5622	1476	811	665
南川区	6616	3358	3258	1208	637	571
璧山区	7820	4109	3711	777	440	337
铜梁区	10387	5442	4945	862	477	385
潼南区	10468	5363	5105	1033	585	448
荣昌区	8816	4422	4394	1265	698	567
开州区	16011	8177	7834	1720	953	767
梁平区	9947	4811	5136	922	486	436
武隆区	5344	2804	2540	922	500	422
县	97577	50236	47341	12932	7110	5822
城口县	2959	1559	1400	690	369	321
丰都县	8653	4430	4223	804	445	359
垫江县	10425	5174	5251	896	487	409
忠　县	12856	6533	6323	999	529	470
云阳县	12584	6600	5984	1282	730	552
奉节县	10035	5266	4769	1103	617	486
巫山县	6772	3581	3191	836	483	353
巫溪县	6016	3177	2839	1238	668	570
石柱县	5026	2580	2446	515	278	237
秀山县	6193	3074	3119	1701	931	770
酉阳县	8466	4378	4088	1463	809	654
彭水县	7592	3884	3708	1405	764	641

8−10c 续表 1 单位：人

地区	与配偶同住			与子女同住			独居(有保姆)		
	小计	男	女	小计	男	女	小计	男	女
重 庆	**152411**	**81916**	**70495**	**40058**	**13217**	**26841**	**255**	**131**	**124**
市辖区	103851	55985	47866	26910	8393	18517	162	93	69
万州区	9090	4861	4229	1835	624	1211	22	12	10
涪陵区	5279	2818	2461	1549	523	1026	3		3
渝中区									
大渡口区	143	78	65	47	13	34			
江北区	132	69	63	34	7	27			
沙坪坝区	671	371	300	205	68	137	2	2	
九龙坡区	1100	614	486	326	95	231	2	1	1
南岸区	296	163	133	115	29	86	2	1	1
北碚区	2243	1222	1021	489	125	364	1	1	
綦江区	5035	2745	2290	1707	545	1162	5	4	1
綦江区(不含万盛)	4293	2341	1952	1455	458	997	4	3	1
万盛经开区	742	404	338	252	87	165	1	1	
大足区	5014	2676	2338	1265	364	901	8	6	2
渝北区	2876	1559	1317	640	164	476	1	1	
巴南区	4076	2198	1878	896	246	650	5	4	1
黔江区	2589	1373	1216	927	351	576	2	1	1
长寿区	5082	2716	2366	736	230	506	5	2	3
江津区	8276	4543	3733	2467	773	1694	20	11	9
合川区	9119	4981	4138	2369	699	1670	12	7	5
永川区	5440	2951	2489	1680	471	1209	12	5	7
南川区	2961	1579	1382	1130	366	764	4	2	2
璧山区	3990	2171	1819	801	218	583	3	3	
铜梁区	5678	3053	2625	1096	326	770	9	6	3
潼南区	5395	2901	2494	1137	358	779	8	6	2
荣昌区	4172	2256	1916	1250	351	899	6	2	4
开州区	7629	4083	3546	1961	661	1300	16	8	8
梁平区	5191	2706	2485	1260	394	866	12	7	5
武隆区	2374	1298	1076	988	392	596	2	1	1
县	48560	25931	22629	13148	4824	8324	93	38	55
城口县	1111	590	521	644	271	373	3	2	1
丰都县	4615	2473	2142	1101	389	712	13	4	9
垫江县	5738	3010	2728	1168	394	774	12	5	7
忠 县	7053	3720	3333	1124	408	716	11	4	7
云阳县	6527	3534	2993	1397	474	923	18	7	11
奉节县	5144	2792	2352	1148	414	734	6	4	2
巫山县	3552	1919	1633	904	341	563	9	4	5
巫溪县	2622	1394	1228	1041	443	598	4	3	1
石柱县	2903	1535	1368	482	168	314	4	2	2
秀山县	2094	1114	980	1401	483	918	1		1
酉阳县	3845	2056	1789	1310	491	819	6	1	5
彭水县	3356	1794	1562	1428	548	880	6	2	4

8−10c 续表 2 单位：人

地区	独居(无保姆)			养老机构			其他		
	小计	男	女	小计	男	女	小计	男	女
重庆	**56443**	**30393**	**26050**	**2302**	**1760**	**542**	**18857**	**10411**	**8446**
市辖区	39933	21526	18407	1687	1354	333	13138	7351	5787
万州区	3406	1873	1533	99	61	38	1185	636	549
涪陵区	2050	1029	1021	48	41	7	388	232	156
渝中区									
大渡口区	38	17	21	19	7	12	4	1	3
江北区	52	28	24	1	1		20	16	4
沙坪坝区	182	100	82				103	63	40
九龙坡区	422	237	185	40	32	8	152	108	44
南岸区	138	62	76	52	32	20	65	49	16
北碚区	752	402	350	35	30	5	224	140	84
綦江区	1975	1158	817	54	45	9	921	540	381
綦江区(不含万盛)	1717	1004	713	51	43	8	847	496	351
万盛经开区	258	154	104	3	2	1	74	44	30
大足区	1636	750	886	30	28	2	704	359	345
渝北区	1116	602	514	65	44	21	321	214	107
巴南区	1740	982	758	159	125	34	523	317	206
黔江区	951	521	430	45	39	6	185	113	72
长寿区	1956	965	991	80	71	9	492	255	237
江津区	3485	2036	1449	188	171	17	1069	654	415
合川区	4090	2299	1791	132	114	18	1002	585	417
永川区	2044	1077	967	94	74	20	599	334	265
南川区	939	554	385	17	15	2	357	205	152
璧山区	1671	906	765	165	136	29	413	235	178
铜梁区	2049	1155	894	112	100	12	581	325	256
潼南区	1963	1001	962	39	26	13	893	486	407
荣昌区	1540	801	739	47	31	16	536	283	253
开州区	3165	1681	1484	105	83	22	1415	708	707
梁平区	1863	885	978	25	17	8	674	316	358
武隆区	710	405	305	36	31	5	312	177	135
县	16510	8867	7643	615	406	209	5719	3060	2659
城口县	278	164	114	60	43	17	173	120	53
丰都县	1537	806	731	58	34	24	525	279	246
垫江县	1994	976	1018	70	44	26	547	258	289
忠县	2453	1259	1194	196	91	105	1020	522	498
云阳县	2640	1435	1205	85	75	10	635	345	290
奉节县	1800	982	818	22	16	6	812	441	371
巫山县	1100	610	490	11	8	3	360	216	144
巫溪县	705	411	294	31	30	1	375	228	147
石柱县	859	463	396	23	14	9	240	120	120
秀山县	675	354	321	43	41	2	278	151	127
酉阳县	1420	816	604	5	3	2	417	202	215
彭水县	1049	591	458	11	7	4	337	178	159

8-11　全市分年龄、性别、居住状况的60岁及以上老年人口

单位：人

年　龄	60岁及以上人口			与配偶和子女同住		
	合计	男	女	小计	男	女
总　计	**693072**	**343078**	**349994**	**143298**	**79196**	**64102**
60-64岁	**156057**	**80299**	**75758**	**43829**	**23533**	**20296**
60	20746	10487	10259	6137	3216	2921
61	21437	11120	10317	6363	3417	2946
62	33362	17364	15998	9546	5202	4344
63	39907	20645	19262	10862	5830	5032
64	40605	20683	19922	10921	5868	5053
65-69岁	**209492**	**103731**	**105761**	**49555**	**26131**	**23424**
65	43518	21993	21525	11203	5983	5220
66	46063	23013	23050	11312	5915	5397
67	43939	21503	22436	10267	5391	4876
68	42265	20823	21442	9569	5003	4566
69	33707	16399	17308	7204	3839	3365
70-74岁	**140115**	**70465**	**69650**	**26081**	**14615**	**11466**
70	31760	15748	16012	6501	3583	2918
71	32108	16172	15936	6073	3345	2728
72	26414	13354	13060	4872	2742	2130
73	26065	13329	12736	4616	2629	1987
74	23768	11862	11906	4019	2316	1703
75-79岁	**95272**	**47380**	**47892**	**14223**	**8553**	**5670**
75	20165	9892	10273	3320	1953	1367
76	22194	11078	11116	3436	2063	1373
77	19480	9714	9766	2826	1658	1168
78	17369	8697	8672	2482	1518	964
79	16064	7999	8065	2159	1361	798
80-84岁	**54617**	**25587**	**29030**	**6533**	**4196**	**2337**
80	13712	6720	6992	1783	1157	626
81	11613	5333	6280	1412	882	530
82	11154	5246	5908	1320	822	498
83	9499	4462	5037	1111	732	379
84	8639	3826	4813	907	603	304
85-89岁	**26533**	**11292**	**15241**	**2412**	**1672**	**740**
85	6290	2757	3533	706	475	231
86	6023	2513	3510	527	366	161
87	6146	2691	3455	554	405	149
88	4505	1866	2639	367	252	115
89	3569	1465	2104	258	174	84
90-94岁	**9089**	**3652**	**5437**	**584**	**433**	**151**
90	3044	1305	1739	219	168	51
91	2208	862	1346	166	115	51
92	1757	675	1082	104	79	25
93	1201	500	701	58	40	18
94	879	310	569	37	31	6
95-99岁	**1706**	**608**	**1098**	**77**	**60**	**17**
95	649	229	420	32	25	7
96	431	153	278	27	21	6
97	283	101	182	11	8	3
98	205	80	125	5	4	1
99	138	45	93	2	2	
100岁及以上	**191**	**64**	**127**	**4**	**3**	**1**

8-11 续表 1 单位：人

年 龄	与配偶同住			与子女同住			独居(有保姆)		
	小计	男	女	小计	男	女	小计	男	女
总 计	**291259**	**157448**	**133811**	**118959**	**35093**	**83866**	**1050**	**487**	**563**
60-64岁	**66513**	**33889**	**32624**	**17919**	**5758**	**12161**	**104**	**62**	**42**
60	8420	4204	4216	2378	722	1656	19	15	4
61	8906	4544	4362	2413	810	1603	15	9	6
62	14016	7200	6816	3893	1294	2599	16	7	9
63	17238	8867	8371	4619	1452	3167	27	14	13
64	17933	9074	8859	4616	1480	3136	27	17	10
65-69岁	**97691**	**49218**	**48473**	**25482**	**7813**	**17669**	**138**	**82**	**56**
65	19726	9913	9813	5018	1620	3398	26	17	9
66	21268	10830	10438	5481	1710	3771	30	18	12
67	20608	10236	10372	5326	1612	3714	23	13	10
68	19961	10101	9860	5311	1619	3692	29	14	15
69	16128	8138	7990	4346	1252	3094	30	20	10
70-74岁	**65682**	**35773**	**29909**	**20911**	**6209**	**14702**	**144**	**73**	**71**
70	15155	7848	7307	4207	1217	2990	34	16	18
71	15443	8317	7126	4514	1366	3148	29	15	14
72	12375	6787	5588	4008	1186	2822	22	10	12
73	12057	6844	5213	4127	1261	2866	32	18	14
74	10652	5977	4675	4055	1179	2876	27	14	13
75-79岁	**39181**	**23348**	**15833**	**20045**	**5848**	**14197**	**130**	**49**	**81**
75	8925	5060	3865	3681	1014	2667	20	8	12
76	9521	5529	3992	4314	1305	3009	27	13	14
77	8046	4805	3241	4153	1244	2909	18	5	13
78	6735	4149	2586	3899	1142	2757	30	10	20
79	5954	3805	2149	3998	1143	2855	35	13	22
80-84岁	**16229**	**10843**	**5386**	**17147**	**4645**	**12502**	**211**	**85**	**126**
80	4696	3065	1631	3690	1006	2684	41	17	24
81	3624	2358	1266	3456	882	2574	36	13	23
82	3279	2239	1040	3577	1003	2574	39	18	21
83	2484	1709	775	3251	928	2323	49	21	28
84	2146	1472	674	3173	826	2347	46	16	30
85-89岁	**4899**	**3538**	**1361**	**11454**	**3086**	**8368**	**181**	**75**	**106**
85	1331	937	394	2475	661	1814	30	10	20
86	1183	808	375	2548	678	1870	36	14	22
87	1131	850	281	2648	737	1911	48	18	30
88	707	520	187	2116	564	1552	41	22	19
89	547	423	124	1667	446	1221	26	11	15
90-94岁	**957**	**761**	**196**	**4839**	**1414**	**3425**	**115**	**52**	**63**
90	380	302	78	1545	474	1071	28	17	11
91	230	184	46	1143	322	821	36	16	20
92	183	146	37	984	266	718	17	5	12
93	103	82	21	661	214	447	20	6	14
94	61	47	14	506	138	368	14	8	6
95-99岁	**100**	**74**	**26**	**1031**	**283**	**748**	**25**	**9**	**16**
95	50	31	19	379	112	267	17	7	10
96	21	16	5	270	70	200	2	1	1
97	17	15	2	174	45	129	5	1	4
98	7	7		128	37	91	1		1
99	5	5		80	19	61			
100岁及以上	**7**	**4**	**3**	**131**	**37**	**94**	**2**		**2**

8-11 续表 2 单位：人

年 龄	独居(无保姆)			养老机构			其 他		
	小计	男	女	小计	男	女	小计	男	女
总 计	**92851**	**46233**	**46618**	**6759**	**4106**	**2653**	**38896**	**20515**	**18381**
60-64岁	**16381**	**10347**	**6034**	**498**	**413**	**85**	**10813**	**6297**	**4516**
60	2095	1310	785	33	26	7	1664	994	670
61	2155	1377	778	62	54	8	1523	909	614
62	3428	2196	1232	106	90	16	2357	1375	982
63	4287	2774	1513	147	124	23	2727	1584	1143
64	4416	2690	1726	150	119	31	2542	1435	1107
65-69岁	**24153**	**13437**	**10716**	**917**	**767**	**150**	**11556**	**6283**	**5273**
65	4719	2831	1888	165	140	25	2661	1489	1172
66	5183	2958	2225	166	138	28	2623	1444	1179
67	5034	2773	2261	188	147	41	2493	1331	1162
68	5013	2708	2305	220	195	25	2162	1183	979
69	4204	2167	2037	178	147	31	1617	836	781
70-74岁	**19622**	**9466**	**10156**	**1071**	**846**	**225**	**6604**	**3483**	**3121**
70	4120	2105	2015	188	153	35	1555	826	729
71	4281	2118	2163	248	202	46	1520	809	711
72	3728	1834	1894	193	160	33	1216	635	581
73	3837	1798	2039	220	164	56	1176	615	561
74	3656	1611	2045	222	167	55	1137	598	539
75-79岁	**16076**	**6687**	**9389**	**1128**	**747**	**381**	**4489**	**2148**	**2341**
75	3102	1279	1823	185	131	54	932	447	485
76	3669	1555	2114	208	134	74	1019	479	540
77	3311	1399	1912	238	168	70	888	435	453
78	3108	1290	1818	263	162	101	852	426	426
79	2886	1164	1722	234	152	82	798	361	437
80-84岁	**10227**	**3855**	**6372**	**1301**	**633**	**668**	**2969**	**1330**	**1639**
80	2513	991	1522	263	148	115	726	336	390
81	2236	817	1419	243	106	137	606	275	331
82	2092	772	1320	256	136	120	591	256	335
83	1771	674	1097	266	126	140	567	272	295
84	1615	601	1014	273	117	156	479	191	288
85-89岁	**4811**	**1850**	**2961**	**1147**	**431**	**716**	**1629**	**640**	**989**
85	1167	451	716	223	87	136	358	136	222
86	1149	435	714	224	82	142	356	130	226
87	1106	430	676	276	101	175	383	150	233
88	757	297	460	219	84	135	298	127	171
89	632	237	395	205	77	128	234	97	137
90-94岁	**1361**	**508**	**853**	**579**	**226**	**353**	**654**	**258**	**396**
90	480	184	296	177	69	108	215	91	124
91	345	119	226	137	56	81	151	50	101
92	254	93	161	103	41	62	112	45	67
93	176	75	101	94	39	55	89	44	45
94	106	37	69	68	21	47	87	28	59
95-99岁	**206**	**74**	**132**	**107**	**39**	**68**	**160**	**69**	**91**
95	75	22	53	41	13	28	55	19	36
96	55	18	37	21	9	12	35	18	17
97	30	15	15	17	6	11	29	11	18
98	23	14	9	15	6	9	26	12	14
99	23	5	18	13	5	8	15	9	6
100岁及以上	**14**	**9**	**5**	**11**	**4**	**7**	**22**	**7**	**15**

8-11a 全市分年龄、性别、居住状况的60岁及以上老年人口(城市)

单位：人

年龄	60岁及以上人口			与配偶和子女同住		
	合计	男	女	小计	男	女
总计	**268156**	**127347**	**140809**	**81398**	**45035**	**36363**
60-64岁	**73054**	**36022**	**37032**	**27181**	**14520**	**12661**
60	10446	5073	5373	3929	2044	1885
61	10775	5323	5452	4116	2168	1948
62	15961	7998	7963	5989	3276	2713
63	17988	8839	9149	6551	3510	3041
64	17884	8789	9095	6596	3522	3074
65-69岁	**82088**	**39215**	**42873**	**28282**	**15046**	**13236**
65	18287	8898	9389	6622	3554	3068
66	18703	9049	9654	6583	3486	3097
67	16858	7990	8868	5748	3055	2693
68	15519	7359	8160	5269	2795	2474
69	12721	5919	6802	4060	2156	1904
70-74岁	**48120**	**22916**	**25204**	**13765**	**7708**	**6057**
70	11588	5515	6073	3549	1972	1577
71	10818	5081	5737	3109	1681	1428
72	8810	4202	4608	2517	1424	1093
73	8869	4283	4586	2450	1390	1060
74	8035	3835	4200	2140	1241	899
75-79岁	**30885**	**14843**	**16042**	**7197**	**4420**	**2777**
75	6845	3284	3561	1788	1086	702
76	7271	3498	3773	1743	1065	678
77	6189	2946	3243	1375	820	555
78	5474	2660	2814	1252	783	469
79	5106	2455	2651	1039	666	373
80-84岁	**19147**	**8453**	**10694**	**3315**	**2158**	**1157**
80	4684	2207	2477	946	623	323
81	4141	1838	2303	724	468	256
82	3817	1638	2179	640	393	247
83	3383	1512	1871	559	373	186
84	3122	1258	1864	446	301	145
85-89岁	**10220**	**4051**	**6169**	**1266**	**882**	**384**
85	2435	961	1474	381	254	127
86	2359	916	1443	275	185	90
87	2284	938	1346	282	213	69
88	1662	643	1019	186	132	54
89	1480	593	887	142	98	44
90-94岁	**3836**	**1537**	**2299**	**343**	**263**	**80**
90	1286	552	734	139	108	31
91	936	362	574	91	69	22
92	704	277	427	55	43	12
93	507	202	305	33	23	10
94	403	144	259	25	20	5
95-99岁	**718**	**276**	**442**	**46**	**36**	**10**
95	263	98	165	16	13	3
96	177	68	109	17	13	4
97	123	49	74	8	6	2
98	90	37	53	3	2	1
99	65	24	41	2	2	
100岁及以上	**88**	**34**	**54**	**3**	**2**	**1**

8-11a　续表 1　　　　单位：人

年　龄	与配偶同住			与子女同住			独居(有保姆)		
	小计	男	女	小计	男	女	小计	男	女
总　计	**91976**	**50109**	**41867**	**56842**	**15179**	**41663**	**616**	**260**	**356**
60－64岁	**25223**	**13002**	**12221**	**10991**	**3260**	**7731**	**47**	**27**	**20**
60	3440	1754	1686	1540	421	1119	9	7	2
61	3682	1869	1813	1551	465	1086	5	2	3
62	5460	2822	2638	2397	727	1670	8	4	4
63	6323	3236	3087	2791	820	1971	11	7	4
64	6318	3321	2997	2712	827	1885	14	7	7
65－69岁	**30095**	**15424**	**14671**	**13714**	**3853**	**9861**	**75**	**43**	**32**
65	6583	3370	3213	2814	809	2005	15	12	3
66	6826	3564	3262	3028	884	2144	14	7	7
67	6158	3137	3021	2882	793	2089	10	5	5
68	5683	2908	2775	2719	767	1952	20	9	11
69	4845	2445	2400	2271	600	1671	16	10	6
70－74岁	**18312**	**9917**	**8395**	**9691**	**2542**	**7149**	**61**	**29**	**32**
70	4527	2361	2166	2099	559	1540	15	6	9
71	4199	2227	1972	2117	555	1562	10	6	4
72	3298	1792	1506	1836	475	1361	6	4	2
73	3358	1887	1471	1848	487	1361	17	8	9
74	2930	1650	1280	1791	466	1325	13	5	8
75－79岁	**10894**	**6563**	**4331**	**8259**	**2174**	**6085**	**62**	**17**	**45**
75	2526	1463	1063	1648	419	1229	11	2	9
76	2640	1550	1090	1841	494	1347	15	6	9
77	2208	1300	908	1659	455	1204	6	2	4
78	1835	1153	682	1531	402	1129	12	2	10
79	1685	1097	588	1580	404	1176	18	5	13
80－84岁	**5157**	**3458**	**1699**	**6974**	**1602**	**5372**	**132**	**46**	**86**
80	1420	930	490	1484	359	1125	21	8	13
81	1198	795	403	1439	316	1123	25	8	17
82	991	664	327	1435	326	1109	22	8	14
83	833	587	246	1308	318	990	30	10	20
84	715	482	233	1308	283	1025	34	12	22
85－89岁	**1814**	**1350**	**464**	**4735**	**1065**	**3670**	**131**	**56**	**75**
85	499	350	149	1048	210	838	22	7	15
86	444	309	135	1063	243	820	26	12	14
87	397	314	83	1049	242	807	33	9	24
88	243	190	53	839	185	654	30	19	11
89	231	187	44	736	185	551	20	9	11
90－94岁	**425**	**353**	**72**	**1996**	**542**	**1454**	**89**	**35**	**54**
90	174	143	31	628	179	449	21	12	9
91	94	77	17	482	125	357	28	10	18
92	77	67	10	385	95	290	10	2	8
93	48	41	7	285	87	198	17	4	13
94	32	25	7	216	56	160	13	7	6
95－99岁	**55**	**41**	**14**	**422**	**121**	**301**	**17**	**7**	**10**
95	24	15	9	152	44	108	12	6	6
96	11	7	4	109	30	79	1		1
97	10	9	1	74	20	54	3	1	2
98	6	6		54	18	36	1		1
99	4	4		33	9	24			
100岁及以上	**1**	**1**		**60**	**20**	**40**	**2**		**2**

8－11a 续表 2

单位：人

年 龄	独居(无保姆)			养老机构			其 他		
	小计	男	女	小计	男	女	小计	男	女
总 计	**22235**	**9350**	**12885**	**3031**	**1311**	**1720**	**12058**	**6103**	**5955**
60－64岁	**5250**	**2755**	**2495**	**149**	**93**	**56**	**4213**	**2365**	**1848**
60	759	414	345	16	10	6	753	423	330
61	760	423	337	23	18	5	638	378	260
62	1141	593	548	29	22	7	937	554	383
63	1282	687	595	31	16	15	999	563	436
64	1308	638	670	50	27	23	886	447	439
65－69岁	**6022**	**2804**	**3218**	**262**	**186**	**76**	**3638**	**1859**	**1779**
65	1294	621	673	50	40	10	909	492	417
66	1327	631	696	46	31	15	879	446	433
67	1247	579	668	61	34	27	752	387	365
68	1163	541	622	62	49	13	603	290	313
69	991	432	559	43	32	11	495	244	251
70－74岁	**4236**	**1677**	**2559**	**289**	**173**	**116**	**1766**	**870**	**896**
70	913	372	541	44	24	20	441	221	220
71	919	374	545	58	30	28	406	208	198
72	796	321	475	55	41	14	302	145	157
73	833	333	500	60	31	29	303	147	156
74	775	277	498	72	47	25	314	149	165
75－79岁	**3034**	**1011**	**2023**	**414**	**205**	**209**	**1025**	**453**	**572**
75	580	182	398	65	35	30	227	97	130
76	713	248	465	69	27	42	250	108	142
77	657	218	439	97	58	39	187	93	94
78	576	205	371	87	34	53	181	81	100
79	508	158	350	96	51	45	180	74	106
80－84岁	**2164**	**629**	**1535**	**680**	**247**	**433**	**725**	**313**	**412**
80	518	156	362	121	50	71	174	81	93
81	492	157	335	126	38	88	137	56	81
82	436	120	316	142	58	84	151	69	82
83	364	102	262	149	57	92	140	65	75
84	354	94	260	142	44	98	123	42	81
85－89岁	**1120**	**331**	**789**	**725**	**222**	**503**	**429**	**145**	**284**
85	264	74	190	128	33	95	93	33	60
86	297	87	210	148	47	101	106	33	73
87	248	76	172	180	57	123	95	27	68
88	158	47	111	128	40	88	78	30	48
89	153	47	106	141	45	96	57	22	35
90－94岁	**358**	**119**	**239**	**417**	**149**	**268**	**208**	**76**	**132**
90	134	45	89	120	41	79	70	24	46
91	87	24	63	99	37	62	55	20	35
92	71	27	44	77	31	46	29	12	17
93	35	13	22	67	26	41	22	8	14
94	31	10	21	54	14	40	32	12	20
95－99岁	**48**	**22**	**26**	**85**	**32**	**53**	**45**	**17**	**28**
95	12	5	7	33	11	22	14	4	10
96	12	5	7	15	7	8	12	6	6
97	8	6	2	13	5	8	7	2	5
98	8	4	4	12	4	8	6	3	3
99	8	2	6	12	5	7	6	2	4
100岁及以上	**3**	**2**	**1**	**10**	**4**	**6**	**9**	**5**	**4**

8–11b 全市分年龄、性别、居住状况的60岁及以上老年人口(镇)

单位：人

年 龄	60岁及以上人口			与配偶和子女同住		
	合计	男	女	小计	男	女
总 计	**117357**	**57388**	**59969**	**24667**	**13646**	**11021**
60–64岁	**24903**	**12881**	**12022**	**7081**	**3899**	**3182**
60	3391	1744	1647	1017	552	465
61	3404	1817	1587	977	556	421
62	5307	2746	2561	1532	829	703
63	6369	3310	3059	1772	983	789
64	6432	3264	3168	1783	979	804
65–69岁	**34564**	**16681**	**17883**	**8570**	**4462**	**4108**
65	7157	3520	3637	1914	998	916
66	7605	3726	3879	1906	968	938
67	7270	3443	3827	1823	960	863
68	7119	3377	3742	1733	883	850
69	5413	2615	2798	1194	653	541
70–74岁	**24189**	**11889**	**12300**	**4740**	**2631**	**2109**
70	5345	2620	2725	1174	625	549
71	5580	2737	2843	1170	652	518
72	4624	2330	2294	866	500	366
73	4428	2168	2260	782	429	353
74	4212	2034	2178	748	425	323
75–79岁	**17315**	**8485**	**8830**	**2625**	**1571**	**1054**
75	3539	1713	1826	592	352	240
76	3985	1955	2030	632	374	258
77	3465	1675	1790	517	297	220
78	3303	1671	1632	493	303	190
79	3023	1471	1552	391	245	146
80–84岁	**9925**	**4665**	**5260**	**1150**	**728**	**422**
80	2529	1258	1271	325	208	117
81	2059	929	1130	247	148	99
82	2056	996	1060	242	152	90
83	1728	811	917	186	124	62
84	1553	671	882	150	96	54
85–89岁	**4661**	**2044**	**2617**	**413**	**290**	**123**
85	1086	493	593	120	79	41
86	998	410	588	77	58	19
87	1139	514	625	96	76	20
88	826	359	467	72	46	26
89	612	268	344	48	31	17
90–94岁	**1481**	**636**	**845**	**80**	**58**	**22**
90	539	248	291	27	24	3
91	338	130	208	30	16	14
92	274	111	163	14	12	2
93	198	98	100	7	4	3
94	132	49	83	2	2	
95–99岁	**288**	**100**	**188**	**8**	**7**	**1**
95	107	33	74	2	2	
96	74	26	48	3	2	1
97	47	18	29	2	2	
98	39	16	23	1	1	
99	21	7	14			
100岁及以上	**31**	**7**	**24**			

8-11b 续表 1

单位：人

年 龄	与配偶同住			与子女同住			独居(有保姆)		
	小计	男	女	小计	男	女	小计	男	女
总 计	**46872**	**25423**	**21449**	**22059**	**6697**	**15362**	**179**	**96**	**83**
60-64岁	**10613**	**5528**	**5085**	**2937**	**965**	**1972**	**13**	**6**	**7**
60	1423	742	681	373	117	256	1		1
61	1440	774	666	384	140	244	5	4	1
62	2210	1165	1045	624	210	414	3		3
63	2697	1402	1295	778	246	532	2		2
64	2843	1445	1398	778	252	526	2	2	
65-69岁	**15338**	**7666**	**7672**	**4684**	**1482**	**3202**	**22**	**12**	**10**
65	3149	1579	1570	896	310	586	4	2	2
66	3418	1749	1669	1004	328	676	6	4	2
67	3144	1548	1596	989	292	697	4	2	2
68	3195	1581	1614	1005	311	694	2	1	1
69	2432	1209	1223	790	241	549	6	3	3
70-74岁	**10422**	**5597**	**4825**	**4098**	**1241**	**2857**	**26**	**12**	**14**
70	2335	1226	1109	815	255	560	8	3	5
71	2417	1287	1130	887	268	619	6	4	2
72	2029	1092	937	787	236	551	4	1	3
73	1887	1057	830	803	245	558	6	4	2
74	1754	935	819	806	237	569	2		2
75-79岁	**6615**	**3944**	**2671**	**3973**	**1199**	**2774**	**27**	**14**	**13**
75	1491	833	658	704	211	493	2		2
76	1567	903	664	859	272	587	4	3	1
77	1346	785	561	825	252	573	5	1	4
78	1186	758	428	787	247	540	9	5	4
79	1025	665	360	798	217	581	7	5	2
80-84岁	**2847**	**1930**	**917**	**3233**	**900**	**2333**	**42**	**24**	**18**
80	831	544	287	686	201	485	13	7	6
81	583	375	208	668	181	487	6	3	3
82	602	429	173	677	188	489	9	6	3
83	454	316	138	620	171	449	10	7	3
84	377	266	111	582	159	423	4	1	3
85-89岁	**862**	**616**	**246**	**2088**	**597**	**1491**	**29**	**14**	**15**
85	212	152	60	422	124	298	4	1	3
86	192	125	67	462	124	338	3	1	2
87	216	150	66	518	153	365	9	7	2
88	142	109	33	400	113	287	8	3	5
89	100	80	20	286	83	203	5	2	3
90-94岁	**164**	**133**	**31**	**829**	**257**	**572**	**15**	**12**	**3**
90	74	59	15	298	94	204	4	3	1
91	33	25	8	168	48	120	6	5	1
92	28	25	3	168	46	122	3	2	1
93	22	19	3	109	45	64	1	1	
94	7	5	2	86	24	62	1	1	
95-99岁	**10**	**8**	**2**	**196**	**52**	**144**	**5**	**2**	**3**
95	6	5	1	71	16	55	4	1	3
96	2	1	1	55	16	39	1	1	
97	1	1		31	9	22			
98				26	6	20			
99	1	1		13	5	8			
100岁及以上	**1**	**1**		**21**	**4**	**17**			

8-11b　续表 2

单位：人

年　龄	独居(无保姆)			养老机构			其　　他		
	小计	男	女	小计	男	女	小计	男	女
总　计	**14173**	**6490**	**7683**	**1426**	**1035**	**391**	**7981**	**4001**	**3980**
60-64岁	**2176**	**1337**	**839**	**120**	**110**	**10**	**1963**	**1036**	**927**
60	289	179	110	5	5		283	149	134
61	321	192	129	17	14	3	260	137	123
62	452	291	161	20	18	2	466	233	233
63	565	360	205	43	40	3	512	279	233
64	549	315	234	35	33	2	442	238	204
65-69岁	**3408**	**1724**	**1684**	**233**	**200**	**33**	**2309**	**1135**	**1174**
65	652	355	297	41	35	6	501	241	260
66	731	383	348	51	45	6	489	249	240
67	735	356	379	41	33	8	534	252	282
68	688	337	351	50	45	5	446	219	227
69	602	293	309	50	42	8	339	174	165
70-74岁	**3094**	**1382**	**1712**	**308**	**256**	**52**	**1501**	**770**	**731**
70	638	308	330	61	51	10	314	152	162
71	665	284	381	79	70	9	356	172	184
72	608	302	306	56	48	8	274	151	123
73	609	241	368	59	50	9	282	142	140
74	574	247	327	53	37	16	275	153	122
75-79岁	**2734**	**1052**	**1682**	**276**	**201**	**75**	**1065**	**504**	**561**
75	507	202	305	32	25	7	211	90	121
76	635	258	377	48	34	14	240	111	129
77	507	197	310	51	39	12	214	104	110
78	545	196	349	83	59	24	200	103	97
79	540	199	341	62	44	18	200	96	104
80-84岁	**1754**	**614**	**1140**	**241**	**143**	**98**	**658**	**326**	**332**
80	446	166	280	61	41	20	167	91	76
81	386	134	252	44	24	20	125	64	61
82	342	125	217	45	31	14	139	65	74
83	289	102	187	45	26	19	124	65	59
84	291	87	204	46	21	25	103	41	62
85-89岁	**770**	**290**	**480**	**171**	**84**	**87**	**328**	**153**	**175**
85	213	80	133	39	20	19	76	37	39
86	164	64	100	34	15	19	66	23	43
87	175	63	112	40	22	18	85	43	42
88	115	44	71	33	15	18	56	29	27
89	103	39	64	25	12	13	45	21	24
90-94岁	**207**	**81**	**126**	**64**	**36**	**28**	**122**	**59**	**63**
90	80	32	48	20	12	8	36	24	12
91	54	19	35	17	9	8	30	8	22
92	28	12	16	11	5	6	22	9	13
93	30	11	19	11	7	4	18	11	7
94	15	7	8	5	3	2	16	7	9
95-99岁	**28**	**9**	**19**	**12**	**5**	**7**	**29**	**17**	**12**
95	14	4	10	3	2	1	7	3	4
96	2		2	5	1	4	6	5	1
97	3	1	2	2	1	1	8	4	4
98	5	4	1	1	1		6	4	2
99	4		4	1		1	2	1	1
100岁及以上	**2**	**1**	**1**	**1**		**1**	**6**	**1**	**5**

8-11c 全市分年龄、性别、居住状况的60岁及以上老年人口(乡村)

单位：人

年 龄	60岁及以上人口			与配偶和子女同住		
	合计	男	女	小计	男	女
总 计	**307559**	**158343**	**149216**	**37233**	**20515**	**16718**
60-64岁	**58100**	**31396**	**26704**	**9567**	**5114**	**4453**
60	6909	3670	3239	1191	620	571
61	7258	3980	3278	1270	693	577
62	12094	6620	5474	2025	1097	928
63	15550	8496	7054	2539	1337	1202
64	16289	8630	7659	2542	1367	1175
65-69岁	**92840**	**47835**	**45005**	**12703**	**6623**	**6080**
65	18074	9575	8499	2667	1431	1236
66	19755	10238	9517	2823	1461	1362
67	19811	10070	9741	2696	1376	1320
68	19627	10087	9540	2567	1325	1242
69	15573	7865	7708	1950	1030	920
70-74岁	**67806**	**35660**	**32146**	**7576**	**4276**	**3300**
70	14827	7613	7214	1778	986	792
71	15710	8354	7356	1794	1012	782
72	12980	6822	6158	1489	818	671
73	12768	6878	5890	1384	810	574
74	11521	5993	5528	1131	650	481
75-79岁	**47072**	**24052**	**23020**	**4401**	**2562**	**1839**
75	9781	4895	4886	940	515	425
76	10938	5625	5313	1061	624	437
77	9826	5093	4733	934	541	393
78	8592	4366	4226	737	432	305
79	7935	4073	3862	729	450	279
80-84岁	**25545**	**12469**	**13076**	**2068**	**1310**	**758**
80	6499	3255	3244	512	326	186
81	5413	2566	2847	441	266	175
82	5281	2612	2669	438	277	161
83	4388	2139	2249	366	235	131
84	3964	1897	2067	311	206	105
85-89岁	**11652**	**5197**	**6455**	**733**	**500**	**233**
85	2769	1303	1466	205	142	63
86	2666	1187	1479	175	123	52
87	2723	1239	1484	176	116	60
88	2017	864	1153	109	74	35
89	1477	604	873	68	45	23
90-94岁	**3772**	**1479**	**2293**	**161**	**112**	**49**
90	1219	505	714	53	36	17
91	934	370	564	45	30	15
92	779	287	492	35	24	11
93	496	200	296	18	13	5
94	344	117	227	10	9	1
95-99岁	**700**	**232**	**468**	**23**	**17**	**6**
95	279	98	181	14	10	4
96	180	59	121	7	6	1
97	113	34	79	1		1
98	76	27	49	1	1	
99	52	14	38			
100岁及以上	**72**	**23**	**49**	**1**	**1**	

8-11c　续表 1　　　　单位：人

年　龄	与配偶同住			与子女同住			独居(有保姆)		
	小计	男	女	小计	男	女	小计	男	女
总　计	**152411**	**81916**	**70495**	**40058**	**13217**	**26841**	**255**	**131**	**124**
60−64岁	**30677**	**15359**	**15318**	**3991**	**1533**	**2458**	**44**	**29**	**15**
60	3557	1708	1849	465	184	281	9	8	1
61	3784	1901	1883	478	205	273	5	3	2
62	6346	3213	3133	872	357	515	5	3	2
63	8218	4229	3989	1050	386	664	14	7	7
64	8772	4308	4464	1126	401	725	11	8	3
65−69岁	**52258**	**26128**	**26130**	**7084**	**2478**	**4606**	**41**	**27**	**14**
65	9994	4964	5030	1308	501	807	7	3	4
66	11024	5517	5507	1449	498	951	10	7	3
67	11306	5551	5755	1455	527	928	9	6	3
68	11083	5612	5471	1587	541	1046	7	4	3
69	8851	4484	4367	1285	411	874	8	7	1
70−74岁	**36948**	**20259**	**16689**	**7122**	**2426**	**4696**	**57**	**32**	**25**
70	8293	4261	4032	1293	403	890	11	7	4
71	8827	4803	4024	1510	543	967	13	5	8
72	7048	3903	3145	1385	475	910	12	5	7
73	6812	3900	2912	1476	529	947	9	6	3
74	5968	3392	2576	1458	476	982	12	9	3
75−79岁	**21672**	**12841**	**8831**	**7813**	**2475**	**5338**	**41**	**18**	**23**
75	4908	2764	2144	1329	384	945	7	6	1
76	5314	3076	2238	1614	539	1075	8	4	4
77	4492	2720	1772	1669	537	1132	7	2	5
78	3714	2238	1476	1581	493	1088	9	3	6
79	3244	2043	1201	1620	522	1098	10	3	7
80−84岁	**8225**	**5455**	**2770**	**6940**	**2143**	**4797**	**37**	**15**	**22**
80	2445	1591	854	1520	446	1074	7	2	5
81	1843	1188	655	1349	385	964	5	2	3
82	1686	1146	540	1465	489	976	8	4	4
83	1197	806	391	1323	439	884	9	4	5
84	1054	724	330	1283	384	899	8	3	5
85−89岁	**2223**	**1572**	**651**	**4631**	**1424**	**3207**	**21**	**5**	**16**
85	620	435	185	1005	327	678	4	2	2
86	547	374	173	1023	311	712	7	1	6
87	518	386	132	1081	342	739	6	2	4
88	322	221	101	877	266	611	3		3
89	216	156	60	645	178	467	1		1
90−94岁	**368**	**275**	**93**	**2014**	**615**	**1399**	**11**	**5**	**6**
90	132	100	32	619	201	418	3	2	1
91	103	82	21	493	149	344	2	1	1
92	78	54	24	431	125	306	4	1	3
93	33	22	11	267	82	185	2	1	1
94	22	17	5	204	58	146			
95−99岁	**35**	**25**	**10**	**413**	**110**	**303**	**3**		**3**
95	20	11	9	156	52	104	1		1
96	8	8		106	24	82			
97	6	5	1	69	16	53	2		2
98	1	1		48	13	35			
99				34	5	29			
100岁及以上	**5**	**2**	**3**	**50**	**13**	**37**			

8-11c 续表 2 单位：人

年 龄	独居(无保姆)			养老机构			其 他		
	小计	男	女	小计	男	女	小计	男	女
总 计	**56443**	**30393**	**26050**	**2302**	**1760**	**542**	**18857**	**10411**	**8446**
60-64岁	**8955**	**6255**	**2700**	**229**	**210**	**19**	**4637**	**2896**	**1741**
60	1047	717	330	12	11	1	628	422	206
61	1074	762	312	22	22		625	394	231
62	1835	1312	523	57	50	7	954	588	366
63	2440	1727	713	73	68	5	1216	742	474
64	2559	1737	822	65	59	6	1214	750	464
65-69岁	**14723**	**8909**	**5814**	**422**	**381**	**41**	**5609**	**3289**	**2320**
65	2773	1855	918	74	65	9	1251	756	495
66	3125	1944	1181	69	62	7	1255	749	506
67	3052	1838	1214	86	80	6	1207	692	515
68	3162	1830	1332	108	101	7	1113	674	439
69	2611	1442	1169	85	73	12	783	418	365
70-74岁	**12292**	**6407**	**5885**	**474**	**417**	**57**	**3337**	**1843**	**1494**
70	2569	1425	1144	83	78	5	800	453	347
71	2697	1460	1237	111	102	9	758	429	329
72	2324	1211	1113	82	71	11	640	339	301
73	2395	1224	1171	101	83	18	591	326	265
74	2307	1087	1220	97	83	14	548	296	252
75-79岁	**10308**	**4624**	**5684**	**438**	**341**	**97**	**2399**	**1191**	**1208**
75	2015	895	1120	88	71	17	494	260	234
76	2321	1049	1272	91	73	18	529	260	269
77	2147	984	1163	90	71	19	487	238	249
78	1987	889	1098	93	69	24	471	242	229
79	1838	807	1031	76	57	19	418	191	227
80-84岁	**6309**	**2612**	**3697**	**380**	**243**	**137**	**1586**	**691**	**895**
80	1549	669	880	81	57	24	385	164	221
81	1358	526	832	73	44	29	344	155	189
82	1314	527	787	69	47	22	301	122	179
83	1118	470	648	72	43	29	303	142	161
84	970	420	550	85	52	33	253	108	145
85-89岁	**2921**	**1229**	**1692**	**251**	**125**	**126**	**872**	**342**	**530**
85	690	297	393	56	34	22	189	66	123
86	688	284	404	42	20	22	184	74	110
87	683	291	392	56	22	34	203	80	123
88	484	206	278	58	29	29	164	68	96
89	376	151	225	39	20	19	132	54	78
90-94岁	**796**	**308**	**488**	**98**	**41**	**57**	**324**	**123**	**201**
90	266	107	159	37	16	21	109	43	66
91	204	76	128	21	10	11	66	22	44
92	155	54	101	15	5	10	61	24	37
93	111	51	60	16	6	10	49	25	24
94	60	20	40	9	4	5	39	9	30
95-99岁	**130**	**43**	**87**	**10**	**2**	**8**	**86**	**35**	**51**
95	49	13	36	5		5	34	12	22
96	41	13	28	1	1		17	7	10
97	19	8	11	2		2	14	5	9
98	10	6	4	2	1	1	14	5	9
99	11	3	8				7	6	1
100岁及以上	**9**	**6**	**3**				**7**	**1**	**6**

8–12　全市分性别、婚姻状况、居住状况的60岁及以上老年人口

单位：人

居住状况	60岁及以上人口			未　婚		
	合计	男	女	小计	男	女
总　计	**693072**	**343078**	**349994**	**16821**	**16057**	**764**
与配偶和子女同住	143298	79196	64102			
与配偶同住	291259	157448	133811			
与子女同住	118959	35093	83866	340	307	33
独居(有保姆)	1050	487	563	52	44	8
独居(无保姆)	92851	46233	46618	9506	9234	272
养老机构	6759	4106	2653	2461	2363	98
其　他	38896	20515	18381	4462	4109	353

8–12　续表

单位：人

居住状况	有配偶			离　婚			丧　偶		
	小计	男	女	小计	男	女	小计	男	女
总　计	**510574**	**275814**	**234760**	**14276**	**8152**	**6124**	**151401**	**43055**	**108346**
与配偶和子女同住	143298	79196	64102						
与配偶同住	291259	157448	133811						
与子女同住	32511	13152	19359	4921	2137	2784	81187	19497	61690
独居(有保姆)	231	137	94	43	33	10	724	273	451
独居(无保姆)	23039	14643	8396	6626	4280	2346	53680	18076	35604
养老机构	1065	583	482	158	117	41	3075	1043	2032
其　他	19171	10655	8516	2528	1585	943	12735	4166	8569

8-12a 全市分性别、婚姻状况、居住状况的60岁及以上老年人口(城市)

单位：人

居住状况	60岁及以上人口			未婚		
	合计	男	女	小计	男	女
总　计	**268156**	**127347**	**140809**	**2326**	**1902**	**424**
与配偶和子女同住	81398	45035	36363			
与配偶同住	91976	50109	41867			
与子女同住	56842	15179	41663	90	72	18
独居(有保姆)	616	260	356	17	11	6
独居(无保姆)	22235	9350	12885	954	783	171
养老机构	3031	1311	1720	296	262	34
其　他	12058	6103	5955	969	774	195

8-12a 续表

单位：人

居住状况	有配偶			离婚			丧偶		
	小计	男	女	小计	男	女	小计	男	女
总　计	**205196**	**109471**	**95725**	**9689**	**4857**	**4832**	**50945**	**11117**	**39828**
与配偶和子女同住	81398	45035	36363						
与配偶同住	91976	50109	41867						
与子女同住	18789	6992	11797	3784	1413	2371	34179	6702	27477
独居(有保姆)	131	73	58	32	24	8	436	152	284
独居(无保姆)	5830	3434	2396	4000	2269	1731	11451	2864	8587
养老机构	725	402	323	120	85	35	1890	562	1328
其　他	6347	3426	2921	1753	1066	687	2989	837	2152

8-12b　全市分性别、婚姻状况、居住状况的60岁及以上老年人口(镇)

单位：人

居住状况	60岁及以上人口			未　婚		
	合计	男	女	小计	男	女
总　计	**117357**	**57388**	**59969**	**2353**	**2229**	**124**
与配偶和子女同住	24667	13646	11021			
与配偶同住	46872	25423	21449			
与子女同住	22059	6697	15362	56	48	8
独居(有保姆)	179	96	83	5	5	
独居(无保姆)	14173	6490	7683	929	900	29
养老机构	1426	1035	391	720	700	20
其　他	7981	4001	3980	643	576	67

8-12b　续表

单位：人

居住状况	有配偶			离　婚			丧　偶		
	小计	男	女	小计	男	女	小计	男	女
总　计	**86116**	**46402**	**39714**	**1541**	**947**	**594**	**27347**	**7810**	**19537**
与配偶和子女同住	24667	13646	11021						
与配偶同住	46872	25423	21449						
与子女同住	6061	2540	3521	491	255	236	15451	3854	11597
独居(有保姆)	34	18	16	6	5	1	134	68	66
独居(无保姆)	3830	2329	1501	752	500	252	8662	2761	5901
养老机构	178	97	81	17	13	4	511	225	286
其　他	4474	2349	2125	275	174	101	2589	902	1687

8-12c 全市分性别、婚姻状况、居住状况的60岁及以上老年人口(乡村)

单位：人

居住状况	60岁及以上人口			未婚		
	合计	男	女	小计	男	女
总 计	**307559**	**158343**	**149216**	**12142**	**11926**	**216**
与配偶和子女同住	37233	20515	16718			
与配偶同住	152411	81916	70495			
与子女同住	40058	13217	26841	194	187	7
独居(有保姆)	255	131	124	30	28	2
独居(无保姆)	56443	30393	26050	7623	7551	72
养老机构	2302	1760	542	1445	1401	44
其 他	18857	10411	8446	2850	2759	91

8-12c 续表

单位：人

居住状况	有配偶			离婚			丧偶		
	小计	男	女	小计	男	女	小计	男	女
总 计	**219262**	**119941**	**99321**	**3046**	**2348**	**698**	**73109**	**24128**	**48981**
与配偶和子女同住	37233	20515	16718						
与配偶同住	152411	81916	70495						
与子女同住	7661	3620	4041	646	469	177	31557	8941	22616
独居(有保姆)	66	46	20	5	4	1	154	53	101
独居(无保姆)	13379	8880	4499	1874	1511	363	33567	12451	21116
养老机构	162	84	78	21	19	2	674	256	418
其 他	8350	4880	3470	500	345	155	7157	2427	4730

第二部分　长表数据资料

第九卷　住房

9-1　各地区按建筑层数、承重类型分的家庭户户数

单位：户

地　　区	合　计	建筑层数				承重类型				
		平房	多层(7层及以下)	高层(8-33层)	超高层(34层及以上)	钢及钢筋混凝土结构	混合结构	砖木结构	竹草土坯结构	其他结构
重　庆	**1136063**	**145221**	**519498**	**454043**	**17301**	**665170**	**328037**	**113478**	**17019**	**12359**
市辖区	904302	96473	385029	406848	15952	548302	254926	80285	13172	7617
万州区	57464	4511	28778	24055	120	27346	22800	6667	452	199
涪陵区	37264	4577	16270	16163	254	23122	10677	2475	711	279
渝中区	20840	61	2279	16666	1834	17178	3610	50		2
大渡口区	16336	99	2853	12774	610	14039	2215	58	18	6
江北区	34346	223	5859	25994	2270	30259	3928	125	30	4
沙坪坝区	49286	930	12070	34377	1909	38934	9565	614	72	101
九龙坡区	55897	725	14487	38537	2148	44575	10640	521	107	54
南岸区	42575	305	7840	32266	2164	35808	6472	228	53	14
北碚区	27685	1497	10994	14427	767	19593	6167	1435	205	285
綦江区	37452	5307	19516	12531	98	17571	11817	5286	2060	718
綦江区(不含万盛)	28832	4880	14738	9116	98	11889	9430	4811	2015	687
万盛经开区	8620	427	4778	3415		5682	2387	475	45	31
大足区	26299	6090	15215	4943	51	13331	9230	3472	92	174
渝北区	77492	1976	18476	55467	1573	62478	12289	2054	439	232
巴南区	41876	2372	15561	23080	863	27639	9396	3276	1130	435
黔江区	15140	3338	8978	2778	46	11637	1416	1511	33	543
长寿区	28645	3364	13188	11980	113	12630	9605	5546	506	358
江津区	46183	9283	23865	12789	246	21622	14687	6355	2825	694
合川区	54633	14090	27750	12676	117	23102	22896	7609	257	769
永川区	36231	5745	19019	11177	290	19341	13109	2737	808	236
南川区	19085	1062	12713	5240	70	7660	7176	3299	462	488
璧山区	24849	3931	13232	7608	78	13484	7115	2327	1464	459
铜梁区	24698	4195	13784	6704	15	10889	10037	3132	294	346
潼南区	27660	6364	15588	5706	2	15693	9206	2601	26	134
荣昌区	24140	5041	13281	5816	2	11033	9143	3489	229	246
开州区	42644	5012	30543	6809	280	15471	18349	8099	311	414
梁平区	23970	3760	16326	3883	1	7461	9892	6207	300	110
武隆区	11612	2615	6564	2402	31	6406	3489	1112	288	317
县	231761	48748	134469	47195	1349	116868	73111	33193	3847	4742
城口县	6068	801	4042	1225		4581	967	446	37	37
丰都县	20944	4327	11415	5168	34	8046	6896	3936	1018	1048
垫江县	24686	3787	16143	4751	5	8455	10011	5754	137	329
忠　县	28515	2519	19147	6018	831	10047	10244	7141	765	318
云阳县	34311	7851	17159	8975	326	16821	13743	3632	49	66
奉节县	26731	6748	12543	7419	21	14227	9624	2153	401	326
巫山县	15213	4861	6685	3576	91	9403	4491	750	296	273
巫溪县	12161	2665	8091	1403	2	8172	3190	488	195	116
石柱县	13456	1426	9052	2976	2	6475	3997	1453	828	703
秀山县	14030	2710	10022	1283	15	6288	4841	2316	33	552
酉阳县	18360	6072	10693	1595		12528	1982	2996	78	776
彭水县	17286	4981	9477	2806	22	11825	3125	2128	10	198

注：本表数据为居住在普通住宅的家庭户，下表同。

9—1a 各地区按建筑层数、承重类型分的家庭户户数(城市)

单位：户

地　　区	合　计	建筑层数				承重类型				
		平房	多层(7层及以下)	高层(8—33层)	超高层(34层及以上)	钢及钢筋混凝土结构	混合结构	砖木结构	竹草土坯结　构	其他结构
重　庆	**550087**	**6849**	**145647**	**381743**	**15848**	**447681**	**97613**	**3874**	**284**	**635**
市辖区	550087	6849	145647	381743	15848	447681	97613	3874	284	635
万州区	29280	340	5983	22838	119	20357	8696	202	10	15
涪陵区	21325	403	5059	15609	254	18148	2947	137	27	66
渝中区	20840	61	2279	16666	1834	17178	3610	50		2
大渡口区	15858	54	2525	12669	610	13902	1930	21	1	4
江北区	31866	128	5181	24287	2270	28244	3543	77	1	1
沙坪坝区	46839	630	10333	33967	1909	38203	8305	276	18	37
九龙坡区	44254	164	6836	35138	2116	38407	5723	113	1	10
南岸区	41315	184	6819	32148	2164	35479	5709	114	9	4
北碚区	21796	250	6577	14202	767	18404	3150	214	6	22
綦江区	14050	203	3655	10096	96	10350	3471	152	42	35
綦江区(不含万盛)	11392	196	2660	8440	96	8866	2298	152	42	34
万盛经开区	2658	7	995	1656		1484	1173			1
大足区	9333	357	4720	4206	50	7848	1354	125	2	4
渝北区	64830	308	13546	49424	1552	56092	8663	68		7
巴南区	29563	256	6975	21469	863	24328	4978	208	34	15
黔江区	7136	285	4197	2608	46	6648	376	87		25
长寿区	15146	196	3288	11552	110	11284	3680	153	18	11
江津区	16453	225	5078	10904	246	12933	3381	99	24	16
合川区	20073	929	7934	11096	114	14579	4990	456	5	43
永川区	18773	297	7309	10878	289	14976	3632	130	25	10
南川区	8811	106	3682	4954	69	5950	2663	124	5	69
璧山区	14839	195	7137	7430	77	11607	3089	112	18	13
铜梁区	11812	187	4983	6627	15	8540	2986	268	4	14
潼南区	9404	178	3793	5433		8668	683	48		5
荣昌区	11893	338	6037	5516	2	8473	3150	233	10	27
开州区	13920	225	7292	6159	244	9947	3696	104	5	168
梁平区	7267	112	3391	3763	1	4710	2252	285	14	6
武隆区	3411	238	1038	2104	31	2426	956	18	5	6
县										
城口县										
丰都县										
垫江县										
忠　县										
云阳县										
奉节县										
巫山县										
巫溪县										
石柱县										
秀山县										
酉阳县										
彭水县										

9–1b　各地区按建筑层数、承重类型分的家庭户户数(镇)

单位：户

地　　区	合　计	建筑层数				承重类型				
		平房	多层(7层及以下)	高层(8–33层)	超高层(34层及以上)	钢及钢筋混凝土结构	混合结构	砖木结构	竹草土坯结　构	其他结构
重　庆	**204517**	**15185**	**126341**	**61578**	**1413**	**122719**	**70064**	**9502**	**1255**	**977**
市辖区	99101	10005	72659	16365	72	48741	41831	6809	1105	615
万州区	6494	297	5296	901		2818	3471	194	4	7
涪陵区	2929	391	2154	384		1380	1408	109	21	11
渝中区										
大渡口区	115	1	89	25		1	114			
江北区	2189	18	465	1706		2007	179	3		
沙坪坝区	777	35	350	392		510	171	63	8	25
九龙坡区	8400	204	5069	3095	32	5401	2797	164	24	14
南岸区	303	2	183	118		245	57	1		
北碚区	1518	100	1227	191		741	740	30	5	2
綦江区	10306	660	7290	2356		5669	3580	758	230	69
綦江区(不含万盛)	6097	609	4890	598		1889	3231	687	223	67
万盛经开区	4209	51	2400	1758		3780	349	71	7	2
大足区	5733	1000	4230	502	1	2852	2264	577	14	26
渝北区	3914	47	1733	2134		2429	1380	86	1	18
巴南区	4153	224	2493	1436		2531	1325	191	76	30
黔江区	1259	279	970	10		1053	72	103		31
长寿区	2023	97	1802	124		425	1420	158	15	5
江津区	9289	1588	6943	758		3858	3779	1027	469	156
合川区	9931	1945	7282	702	2	4010	4918	903	27	73
永川区	4511	625	3643	243		1899	2280	261	63	8
南川区	2742	177	2387	178		961	1163	506	70	42
璧山区	1112	86	1014	12		435	610	37	26	4
铜梁区	2010	218	1741	51		742	1065	176	14	13
潼南区	5478	717	4659	101	1	3389	1848	231	1	9
荣昌区	2031	414	1500	117		769	969	251	15	27
开州区	6125	358	5277	454	36	2189	3607	292	6	31
梁平区	3883	319	3469	95		1108	2144	618	6	7
武隆区	1876	203	1393	280		1319	470	70	10	7
县	105416	5180	53682	45213	1341	73978	28233	2693	150	362
城口县	2572	86	1263	1223		2267	253	45	5	2
丰都县	9721	402	4349	4937	33	6355	3066	217	24	59
垫江县	11930	396	6845	4687	2	7221	4212	456	5	36
忠　县	11407	166	4596	5818	827	7253	3825	299	13	17
云阳县	16716	691	7581	8118	326	11419	5057	236		4
奉节县	12833	748	5092	6972	21	9538	3180	69	9	37
巫山县	6495	228	2665	3511	91	5354	1091	22	1	27
巫溪县	4884	292	3190	1400	2	3862	973	22	8	19
石柱县	7149	342	3901	2904	2	4342	2368	323	71	45
秀山县	6365	502	4570	1278	15	3674	2076	548	1	66
酉阳县	7383	679	5115	1589		6301	742	303	11	26
彭水县	7961	648	4515	2776	22	6392	1390	153	2	24

9-1c 各地区按建筑层数、承重类型分的家庭户户数(乡村)

单位：户

地　　区	合　计	建筑层数				承重类型				
		平房	多层(7层及以下)	高层(8-33层)	超高层(34层及以上)	钢及钢筋混凝土结构	混合结构	砖木结构	竹草土坯结　　构	其他结构
重　庆	**381459**	**123187**	**247510**	**10722**	**40**	**94770**	**160360**	**100102**	**15480**	**10747**
市辖区	255114	79619	166723	8740	32	51880	115482	69602	11783	6367
万州区	21690	3874	17499	316	1	4171	10633	6271	438	177
涪陵区	13010	3783	9057	170		3594	6322	2229	663	202
渝中区										
大渡口区	363	44	239	80		136	171	37	17	2
江北区	291	77	213	1		8	206	45	29	3
沙坪坝区	1670	265	1387	18		221	1089	275	46	39
九龙坡区	3243	357	2582	304		767	2120	244	82	30
南岸区	957	119	838			84	706	113	44	10
北碚区	4371	1147	3190	34		448	2277	1191	194	261
綦江区	13096	4444	8571	79	2	1552	4766	4376	1788	614
綦江区(不含万盛)	11343	4075	7188	78	2	1134	3901	3972	1750	586
万盛经开区	1753	369	1383	1		418	865	404	38	28
大足区	11233	4733	6265	235		2631	5612	2770	76	144
渝北区	8748	1621	3197	3909	21	3957	2246	1900	438	207
巴南区	8160	1892	6093	175		780	3093	2877	1020	390
黔江区	6745	2774	3811	160		3936	968	1321	33	487
长寿区	11476	3071	8098	304	3	921	4505	5235	473	342
江津区	20441	7470	11844	1127		4831	7527	5229	2332	522
合川区	24629	11216	12534	878	1	4513	12988	6250	225	653
永川区	12947	4823	8067	56	1	2466	7197	2346	720	218
南川区	7532	779	6644	108	1	749	3350	2669	387	377
璧山区	8898	3650	5081	166	1	1442	3416	2178	1420	442
铜梁区	10876	3790	7060	26		1607	5986	2688	276	319
潼南区	12778	5469	7136	172	1	3636	6675	2322	25	120
荣昌区	10216	4289	5744	183		1791	5024	3005	204	192
开州区	22599	4429	17974	196		3335	11046	7703	300	215
梁平区	12820	3329	9466	25		1643	5496	5304	280	97
武隆区	6325	2174	4133	18		2661	2063	1024	273	304
县	126345	43568	80787	1982	8	42890	44878	30500	3697	4380
城口县	3496	715	2779	2		2314	714	401	32	35
丰都县	11223	3925	7066	231	1	1691	3830	3719	994	989
垫江县	12756	3391	9298	64	3	1234	5799	5298	132	293
忠　县	17108	2353	14551	200	4	2794	6419	6842	752	301
云阳县	17595	7160	9578	857		5402	8686	3396	49	62
奉节县	13898	6000	7451	447		4689	6444	2084	392	289
巫山县	8718	4633	4020	65		4049	3400	728	295	246
巫溪县	7277	2373	4901	3		4310	2217	466	187	97
石柱县	6307	1084	5151	72		2133	1629	1130	757	658
秀山县	7665	2208	5452	5		2614	2765	1768	32	486
酉阳县	10977	5393	5578	6		6227	1240	2693	67	750
彭水县	9325	4333	4962	30		5433	1735	1975	8	174

9–2　各地区按住房建成时间分的家庭户住房状况

单位：户、间、平方米

地　　区	合　　计			1949年以前		
	户数	间数	面积	户数	间数	面积
重　庆	**1136063**	**3499823**	**118792114**	**4932**	**14335**	**472674**
市辖区	904302	2646890	90570531	3678	10821	351919
万州区	57464	183931	5933871	37	110	3925
涪陵区	37264	119431	4002209	233	755	25715
渝中区	20840	44360	1570438	4	5	133
大渡口区	16336	35792	1276144	6	11	455
江北区	34346	81261	3032074	10	25	808
沙坪坝区	49286	116925	4053725	46	129	4237
九龙坡区	55897	133053	4674455	33	97	3216
南岸区	42575	103196	3651767	13	26	728
北碚区	27685	68931	2412437	122	352	13822
綦江区	37452	117311	3801287	317	879	28437
綦江区(不含万盛)	28832	88850	2913877	299	812	26134
万盛经开区	8620	28461	887410	18	67	2303
大足区	26299	95356	3022177	107	329	9408
渝北区	77492	193496	7305778	149	372	14893
巴南区	41876	122612	3759116	213	738	21110
黔江区	15140	57815	2013913	168	509	17720
长寿区	28645	77324	2642653	256	602	19803
江津区	46183	142942	4854741	474	1461	44839
合川区	54633	166754	5266483	384	1011	29707
永川区	36231	111209	3809560	95	272	9436
南川区	19085	66639	2584625	79	241	10220
璧山区	24849	77113	2545463	356	1248	35875
铜梁区	24698	76752	2797897	242	688	23417
潼南区	27660	93486	3014746	71	188	5657
荣昌区	24140	74263	2521127	91	261	9370
开州区	42644	150824	5322517	32	105	3950
梁平区	23970	92316	3230470	76	216	7258
武隆区	11612	43798	1470858	64	191	7780
县	231761	852933	28221583	1254	3514	120755
城口县	6068	24805	898904	14	52	1629
丰都县	20944	62423	2278017	232	567	20807
垫江县	24686	80028	2935516	164	414	14845
忠　县	28515	90562	3237295	126	294	10992
云阳县	34311	124539	3856205	109	345	11715
奉节县	26731	92673	2789922	51	179	5306
巫山县	15213	63268	1703883	21	77	2068
巫溪县	12161	66861	1851649	17	76	1839
石柱县	13456	45557	1746424	107	302	12799
秀山县	14030	59842	2188223	84	226	7353
酉阳县	18360	73540	2553721	282	831	26401
彭水县	17286	68835	2181824	47	151	5001

9−2 续表 1 单位：户、间、平方米

地区	1949−1959年			1960−1969年		
	户数	间数	面积	户数	间数	面积
重庆	**4141**	**11773**	**380146**	**10100**	**28680**	**927184**
市辖区	2766	7606	240527	7076	19568	620265
万州区	63	196	6278	205	557	17267
涪陵区	114	356	12942	288	911	31543
渝中区	30	41	1012	115	173	4435
大渡口区	1	2	80	15	41	1165
江北区	44	75	1649	124	192	5118
沙坪坝区	175	300	8314	331	591	16536
九龙坡区	69	141	3664	204	390	11252
南岸区	39	65	1478	108	241	5426
北碚区	81	191	6263	273	642	20461
綦江区	242	744	22355	699	1943	60425
綦江区(不含万盛)	224	668	20008	671	1815	56508
万盛经开区	18	76	2347	28	128	3917
大足区	56	179	5645	172	542	15763
渝北区	54	144	4817	156	452	16544
巴南区	161	526	15461	468	1502	41998
黔江区	143	474	16226	267	843	29457
长寿区	158	357	11253	295	683	21592
江津区	347	1050	31855	830	2362	75106
合川区	267	688	20443	660	1800	53025
永川区	92	237	7642	238	684	22446
南川区	97	308	12071	289	879	36314
璧山区	158	535	15312	311	1015	29274
铜梁区	92	253	10053	226	668	22316
潼南区	84	200	5289	175	487	14782
荣昌区	34	78	2795	90	278	8706
开州区	45	126	4522	186	626	22152
梁平区	61	160	6020	178	483	17317
武隆区	59	180	7088	173	583	19845
县	1375	4167	139619	3024	9112	306919
城口县	11	28	1110	26	89	3123
丰都县	172	426	15517	430	1161	43397
垫江县	130	360	12268	234	615	21212
忠县	118	289	11117	272	689	25209
云阳县	91	287	9569	167	589	18537
奉节县	58	215	6380	142	498	14982
巫山县	34	132	3712	61	218	5683
巫溪县	50	185	5229	67	277	7403
石柱县	119	398	15638	320	985	38044
秀山县	131	378	12989	259	772	24513
酉阳县	345	1081	33214	786	2312	74933
彭水县	116	388	12876	260	907	29883

9-2 续表 2

单位：户、间、平方米

地　区	1970—1979年			1980—1989年			1990—1999年		
	户数	间数	面积	户数	间数	面积	户数	间数	面积
重　庆	**25811**	**75367**	**2414897**	**79315**	**239825**	**7700418**	**211957**	**694382**	**22903281**
市辖区	19220	54715	1713445	61339	180560	5705110	171100	544305	17988224
万州区	821	2495	76368	3821	12310	369486	16815	55399	1711451
涪陵区	701	2205	74060	2556	8430	274910	8648	30191	996220
渝中区	574	1071	28525	2562	4906	139942	7834	15549	510279
大渡口区	164	308	8622	1207	2827	71020	1177	2899	96862
江北区	405	723	19155	1860	3766	112829	3555	8143	271310
沙坪坝区	916	1809	49173	3093	7360	214782	5605	14746	467570
九龙坡区	406	824	23194	2654	6086	182715	8273	20039	653857
南岸区	242	522	13870	1962	4396	124586	4662	11250	356775
北碚区	710	1695	54729	2311	6366	208905	4096	11489	392083
綦江区	1631	4725	145777	3582	11108	340911	6766	23668	765487
綦江区(不含万盛)	1497	4173	128422	2833	8106	254001	5435	17977	590419
万盛经开区	134	552	17355	749	3002	86910	1331	5691	175068
大足区	462	1516	44281	1577	5834	168878	5450	19846	615047
渝北区	372	953	35758	1207	3265	111621	7394	19541	706666
巴南区	1068	3583	100637	2280	7506	210490	6795	21956	636805
黔江区	452	1492	51984	1058	3318	110095	1838	6350	211408
长寿区	811	1997	62178	2799	7448	238512	7036	20061	671996
江津区	1813	5341	171265	3229	9867	321532	8660	29021	963042
合川区	2407	7043	201525	6527	19661	586056	13613	44150	1357188
永川区	758	2201	71494	2383	6995	228724	7574	25104	844514
南川区	726	2347	95388	2018	7332	295808	3711	14179	581068
璧山区	804	2658	77026	1442	5032	150011	4876	16379	536031
铜梁区	603	1695	60716	2046	6212	218332	6386	21742	798242
潼南区	605	1869	54760	1992	6292	191308	5583	19592	616827
荣昌区	361	998	31182	1685	4865	154237	4844	16038	540577
开州区	478	1696	57101	2144	8000	280067	11872	45091	1581845
梁平区	535	1674	59296	2383	8172	290540	6163	24883	873067
武隆区	395	1275	45381	961	3206	108813	1874	6999	232007
县	6591	20652	701452	17976	59265	1995308	40857	150077	4915057
城口县	108	347	12339	288	975	34990	704	2709	99791
丰都县	872	2359	93235	2099	5899	218410	3744	11636	417389
垫江县	772	2280	79933	3028	9578	344278	6625	22590	827363
忠　县	750	2059	74432	3197	9693	352491	6608	21979	769970
云阳县	527	1802	54493	1842	6552	199208	7360	28791	866086
奉节县	473	1642	48882	1367	4767	140540	3617	12583	368647
巫山县	230	929	23781	715	3044	76930	2468	10294	274117
巫溪县	232	937	25543	823	3503	98758	1846	10394	283567
石柱县	660	2052	85299	1258	3957	162359	1543	5143	198020
秀山县	406	1223	41313	746	2423	85212	1443	5780	218289
酉阳县	1028	3103	100557	1177	3878	126810	2217	7963	267871
彭水县	533	1919	61645	1436	4996	155322	2682	10215	323947

9-2 续表 3 单位：户、间、平方米

地区	2000-2009年			2010-2014年			2015年以后		
	户数	间数	面积	户数	间数	面积	户数	间数	面积
重庆	**372005**	**1180328**	**41552318**	**271665**	**793023**	**27209826**	**156137**	**462110**	**15231370**
市辖区	292417	878179	31484654	220531	597908	20737477	126175	353228	11728910
万州区	19206	62740	2071914	10790	33393	1133782	5706	16731	543400
涪陵区	10790	35642	1245785	8953	25889	850793	4981	15052	490241
渝中区	6360	14436	570619	2472	6008	230727	889	2171	84766
大渡口区	4383	10217	389072	4554	10037	372084	4829	9450	336784
江北区	13551	32844	1267310	10243	24953	958553	4554	10540	395342
沙坪坝区	16015	39882	1486452	15035	33835	1193656	8070	18273	613005
九龙坡区	21172	50858	1891277	14116	32315	1166542	8970	22303	738738
南岸区	18160	45160	1720178	12424	27889	988429	4965	13647	440297
北碚区	7904	20930	773136	7007	15480	548656	5181	11786	394382
綦江区	9215	31208	1049297	9702	26819	880707	5298	16217	507891
綦江区(不含万盛)	7237	24103	820858	6636	18960	632306	4000	12236	385221
万盛经开区	1978	7105	228439	3066	7859	248401	1298	3981	122670
大足区	7810	30038	970005	6738	23700	773781	3927	13372	419369
渝北区	31355	81452	3221594	23768	53013	1973797	13037	34304	1220088
巴南区	10729	32597	1051385	12365	32411	1042277	7797	21793	638953
黔江区	4672	18572	649783	4324	17094	599319	2218	9163	327921
长寿区	8271	23433	838674	6623	16313	568732	2396	6430	209913
江津区	13739	43971	1574552	9168	26473	912997	7923	23396	759553
合川区	15014	48040	1569670	10611	29555	970528	5150	14806	478341
永川区	11655	37158	1321942	8463	24178	836221	4973	14380	467141
南川区	5014	18576	719884	3479	11409	424398	3672	11368	409474
璧山区	6970	22716	797279	6228	18005	590401	3704	9525	314254
铜梁区	7044	22616	862894	5026	14224	508662	3033	8654	293265
潼南区	8995	31982	1054608	6393	20789	686635	3762	12087	384880
荣昌区	7367	23742	841883	6581	18858	639707	3087	9145	292670
开州区	16467	56889	2053272	8136	27254	938094	3284	11037	381514
梁平区	7016	28944	1020535	4760	17845	617821	2798	9939	338616
武隆区	3543	13536	471654	2572	10169	330178	1971	7659	248112
县	79588	302149	10067664	51134	195115	6472349	29962	108882	3502460
城口县	1847	8280	304796	1590	6717	243359	1480	5608	197767
丰都县	7381	22367	826338	3582	10987	397791	2432	7021	245133
垫江县	7814	26068	984747	3655	11412	415008	2264	6711	235862
忠县	9705	31576	1138254	4838	15362	547750	2901	8621	307080
云阳县	12958	47131	1466785	7981	28082	893462	3276	10960	336350
奉节县	10454	35808	1088669	6103	21569	651883	4466	15412	464633
巫山县	6216	25610	711695	3183	13748	366667	2285	9216	239230
巫溪县	4169	25580	702312	2871	15910	450311	2086	9999	276687
石柱县	3782	13601	521711	3695	12569	471521	1972	6550	241033
秀山县	4806	21832	833342	4299	19281	695439	1856	7927	269773
酉阳县	4741	20596	738986	4808	21065	751649	2976	12711	433300
彭水县	5715	23700	750029	4529	18413	587509	1968	8146	255612

9–2a　各地区按住房建成时间分的家庭户住房状况(城市)

单位：户、间、平方米

地　　区	合　　计			1949年以前		
	户数	间数	面积	户数	间数	面积
重　庆	**550087**	**1391498**	**49542459**	**281**	**665**	**23600**
市辖区	550087	1391498	49542459	281	665	23600
万州区	29280	78994	2707108	8	24	920
涪陵区	21325	60483	2037452	9	33	986
渝中区	20840	44360	1570438	4	5	133
大渡口区	15858	34398	1230469	2	3	113
江北区	31866	75501	2812499	5	11	305
沙坪坝区	46839	108548	3783772	20	42	1328
九龙坡区	44254	102218	3625345	2	3	137
南岸区	41315	98179	3518143	8	10	336
北碚区	21796	49821	1745209	13	37	1215
綦江区	14050	36864	1240870	16	34	711
綦江区(不含万盛)	11392	29314	1011985	16	34	711
万盛经开区	2658	7550	228885			
大足区	9333	27165	975446	3	10	271
渝北区	64830	161529	6168766	59	127	5223
巴南区	29563	77485	2475683	23	46	1403
黔江区	7136	22208	732285	4	9	340
长寿区	15146	38470	1361232	8	21	527
江津区	16453	41377	1532748	17	47	1956
合川区	20073	52467	1839402	38	86	2830
永川区	18773	51039	1848752	2	4	115
南川区	8811	28606	1037401	9	29	1490
璧山区	14839	40133	1421668	5	14	438
铜梁区	11812	32033	1203521	6	17	675
潼南区	9404	26538	929294			
荣昌区	11893	31725	1137529	17	43	1733
开州区	13920	39271	1474064			
梁平区	7267	21956	786973			
武隆区	3411	10130	346390	3	10	415
县						
城口县						
丰都县						
垫江县						
忠　县						
云阳县						
奉节县						
巫山县						
巫溪县						
石柱县						
秀山县						
酉阳县						
彭水县						

9−2a 续表 1 单位：户、间、平方米

地 区	1949−1959年			1960−1969年		
	户数	间数	面积	户数	间数	面积
重 庆	**549**	**1047**	**29108**	**1485**	**2996**	**81821**
市辖区	549	1047	29108	1485	2996	81821
万州区	5	19	558	50	93	2660
涪陵区	10	20	720	37	75	2267
渝中区	30	41	1012	115	173	4435
大渡口区				7	21	495
江北区	43	73	1569	119	181	4589
沙坪坝区	167	276	7444	297	501	13499
九龙坡区	48	89	2283	110	197	4946
南岸区	36	53	1213	47	94	2147
北碚区	28	39	1247	143	291	7034
綦江区	27	62	1733	68	148	4275
綦江区(不含万盛)	26	58	1631	66	137	3902
万盛经开区	1	4	102	2	11	373
大足区	4	14	620	10	27	810
渝北区	12	15	293	4	7	188
巴南区	23	41	975	92	192	4326
黔江区	8	28	685	16	47	1778
长寿区	13	30	808	43	104	2637
江津区	8	22	660	95	218	6307
合川区	28	70	1967	80	220	6689
永川区	12	22	544	32	72	2189
南川区	12	43	1332	18	72	2301
璧山区	4	11	413	22	57	1630
铜梁区	9	26	922	22	63	1761
潼南区	2	3	66	10	22	681
荣昌区	8	18	722	17	47	1852
开州区	5	10	280	2	5	174
梁平区	3	10	570	7	14	460
武隆区	4	12	472	22	55	1691
县						
城口县						
丰都县						
垫江县						
忠 县						
云阳县						
奉节县						
巫山县						
巫溪县						
石柱县						
秀山县						
酉阳县						
彭水县						

9-2a　续表 2　　　　单位：户、间、平方米

地　区	1970—1979年			1980—1989年			1990—1999年		
	户数	间数	面积	户数	间数	面积	户数	间数	面积
重　庆	**5034**	**10432**	**293029**	**24541**	**57150**	**1701060**	**75859**	**194725**	**6592575**
市辖区	5034	10432	293029	24541	57150	1701060	75859	194725	6592575
万州区	229	536	15809	1410	3448	103104	7897	20665	665727
涪陵区	182	500	13436	1041	2918	89593	3822	11896	392977
渝中区	574	1071	28525	2562	4906	139942	7834	15549	510279
大渡口区	93	195	4574	1160	2694	66706	1048	2536	84799
江北区	402	717	18837	1814	3663	108859	3425	7776	257381
沙坪坝区	877	1648	44904	2799	6189	177353	4952	12250	386472
九龙坡区	229	430	11202	1787	3705	106154	5954	13378	433580
南岸区	216	435	11831	1839	3844	111470	4328	9852	319881
北碚区	359	690	18830	1199	2681	78706	2393	5553	184466
綦江区	273	584	16721	910	2383	65004	1785	5136	170455
綦江区(不含万盛)	240	493	14048	597	1448	42926	1297	3641	125252
万盛经开区	33	91	2673	313	935	22078	488	1495	45203
大足区	43	121	3613	219	674	21083	1367	3902	133508
渝北区	35	65	1853	497	1071	29486	6062	15221	546720
巴南区	323	685	17360	1056	2620	70920	3792	9964	307466
黔江区	41	109	3264	400	1012	30093	1050	3162	100930
长寿区	177	328	9542	595	1363	40813	2045	5336	183886
江津区	219	478	13820	552	1374	43431	2083	5483	195579
合川区	220	477	14007	1096	2659	84217	2872	7696	264779
永川区	152	328	10349	895	2186	70005	2444	6906	250485
南川区	68	241	9030	572	2235	83323	1173	4578	180213
璧山区	36	97	2723	184	481	15282	2354	6648	235456
铜梁区	54	143	4962	381	928	32473	1815	5215	206224
潼南区	30	73	2335	239	620	20226	866	2516	86797
荣昌区	124	276	8306	689	1685	50844	1486	4218	152940
开州区	17	60	2165	54	175	6952	1340	4112	157951
梁平区	21	46	1728	392	1086	38420	1123	3629	129734
武隆区	40	99	3303	199	550	16601	549	1548	53890
县									
城口县									
丰都县									
垫江县									
忠　县									
云阳县									
奉节县									
巫山县									
巫溪县									
石柱县									
秀山县									
酉阳县									
彭水县									

9-2a 续表 3 单位：户、间、平方米

地 区	2000-2009年			2010-2014年			2015年以后		
	户数	间数	面积	户数	间数	面积	户数	间数	面积
重 庆	**195205**	**512199**	**19406901**	**161165**	**392779**	**13989579**	**85968**	**219505**	**7424786**
市辖区	195205	512199	19406901	161165	392779	13989579	85968	219505	7424786
万州区	10349	28711	1018626	5647	15312	553291	3685	10186	346413
涪陵区	6755	20147	722910	6299	16278	536315	3170	8616	278248
渝中区	6360	14436	570619	2472	6008	230727	889	2171	84766
大渡口区	4310	9944	381584	4442	9672	359247	4796	9333	332951
江北区	13199	31963	1232607	9475	23180	890612	3384	7937	297740
沙坪坝区	15345	37705	1414487	14696	32701	1159311	7686	17236	578974
九龙坡区	17089	39990	1507010	11636	26003	950563	7399	18423	609470
南岸区	17783	43619	1677791	12186	26984	963495	4872	13288	429979
北碚区	6410	16051	605780	6451	13806	491269	4800	10673	356662
綦江区	3704	10075	365976	4579	11279	385784	2688	7163	230211
綦江区(不含万盛)	2945	7893	293394	4042	9921	343873	2163	5689	186248
万盛经开区	759	2182	72582	537	1358	41911	525	1474	43963
大足区	2762	8595	328018	3245	9132	326005	1680	4690	161518
渝北区	29077	74545	2974689	19314	45008	1687122	9770	25470	923192
巴南区	7841	21686	735759	10732	26665	877223	5681	15586	460251
黔江区	2502	8261	275475	2264	6927	229328	851	2653	90392
长寿区	5197	14090	525425	5664	13458	473030	1404	3740	124564
江津区	5625	14923	598413	4259	9794	359157	3595	9038	313425
合川区	5898	15966	600170	6652	16643	572956	3189	8650	291787
永川区	6307	17716	680726	6016	15640	561611	2913	8165	272728
南川区	2524	8711	318378	2169	6250	223947	2266	6447	217387
璧山区	4579	13262	500784	4962	13320	448065	2693	6243	216877
铜梁区	3947	11081	441355	3660	9496	343277	1918	5064	171872
潼南区	2872	8558	316192	3468	9477	327697	1917	5269	175300
荣昌区	3622	10069	387242	4428	11296	396553	1502	4073	137337
开州区	7803	21831	848530	3555	9713	340584	1144	3365	117428
梁平区	2168	6735	250471	2202	6494	229652	1351	3942	135938
武隆区	1177	3529	127884	692	2243	72758	725	2084	69376
县									
城口县									
丰都县									
垫江县									
忠 县									
云阳县									
奉节县									
巫山县									
巫溪县									
石柱县									
秀山县									
酉阳县									
彭水县									

9–2b　各地区按住房建成时间分的家庭户住房状况(镇)

单位：户、间、平方米

地　　区	合　　计			1949年以前		
	户数	间数	面积	户数	间数	面积
重　庆	**204517**	**639682**	**21689907**	**754**	**2068**	**67544**
市辖区	99101	298816	10062881	567	1528	48315
万州区	6494	21194	681515	1	2	50
涪陵区	2929	9559	329727	18	53	1628
渝中区						
大渡口区	115	170	5378			
江北区	2189	4837	183663	3	7	263
沙坪坝区	777	1933	68233	4	12	495
九龙坡区	8400	20574	702044	11	33	1051
南岸区	303	769	23878			
北碚区	1518	4346	144001	8	24	922
綦江区	10306	28813	937661	69	187	5620
綦江区(不含万盛)	6097	17542	571681	63	167	5006
万盛经开区	4209	11271	365980	6	20	614
大足区	5733	19411	637282	39	127	3577
渝北区	3914	9054	320005	16	32	1002
巴南区	4153	11599	366938	27	79	2382
黔江区	1259	5099	196552	6	14	530
长寿区	2023	5673	199304	5	15	510
江津区	9289	28140	975760	101	262	8753
合川区	9931	28705	882793	90	227	5933
永川区	4511	13786	473449	30	70	2354
南川区	2742	9757	376562	10	35	1522
璧山区	1112	3512	113688	6	23	491
铜梁区	2010	6333	211555	38	97	3552
潼南区	5478	16570	510811	29	67	2120
荣昌区	2031	6471	217787	29	90	3037
开州区	6125	21069	759720	7	17	802
梁平区	3883	14961	540247	19	53	1641
武隆区	1876	6481	204328	1	2	80
县	105416	340866	11627026	187	540	19229
城口县	2572	8202	292002	4	17	625
丰都县	9721	28403	1007055	27	68	2365
垫江县	11930	34995	1298735	16	32	1025
忠　县	11407	32874	1136322	5	9	292
云阳县	16716	55482	1782642	52	160	6037
奉节县	12833	39333	1236371	5	15	471
巫山县	6495	19454	621701	3	12	363
巫溪县	4884	20923	610708	7	30	870
石柱县	7149	22670	814018	12	36	1630
秀山县	6365	24281	943377	16	52	1828
酉阳县	7383	26707	985556	37	101	3453
彭水县	7961	27542	898539	3	8	270

9-2b 续表 1 单位：户、间、平方米

地区	1949-1959年			1960-1969年		
	户数	间数	面积	户数	间数	面积
重 庆	**642**	**1757**	**54514**	**1285**	**3376**	**107254**
市辖区	406	1042	31304	960	2406	74989
万州区	5	14	508	9	24	670
涪陵区	6	21	680	18	57	2105
渝中区						
大渡口区				2	3	110
江北区						
沙坪坝区	1	2	120	9	16	543
九龙坡区	8	19	473	67	112	3429
南岸区				37	73	1399
北碚区	7	17	505	16	32	884
綦江区	36	100	3064	107	283	8323
綦江区(不含万盛)	26	64	1964	105	272	7998
万盛经开区	10	36	1100	2	11	325
大足区	17	42	1340	37	103	3300
渝北区	1	6	180	12	29	961
巴南区	17	60	1728	54	134	3770
黔江区	9	21	655	28	82	2845
长寿区	7	12	452	11	22	625
江津区	103	296	8287	160	425	14422
合川区	88	189	5608	168	432	11820
永川区	8	19	610	26	86	2753
南川区	8	24	1035	42	107	4781
璧山区	6	22	665	6	17	563
铜梁区	7	23	749	24	61	2092
潼南区	45	82	1925	53	114	3520
荣昌区	7	18	550	18	47	1250
开州区	7	19	945	18	52	1832
梁平区	9	24	775	22	45	1537
武隆区	4	12	450	16	50	1455
县	236	715	23210	325	970	32265
城口县	2	6	190	4	17	699
丰都县	20	55	2239	31	100	3633
垫江县	31	76	2588	33	88	2734
忠 县	7	19	600	16	39	1140
云阳县	48	151	5296	19	78	2442
奉节县	5	13	402	6	15	500
巫山县	5	16	427	10	31	933
巫溪县	39	130	3459	35	112	3248
石柱县	28	84	2995	47	135	4666
秀山县	18	63	2001	32	104	3536
酉阳县	23	69	1915	71	187	6399
彭水县	10	33	1098	21	64	2335

9-2b　续表 2　　　　单位：户、间、平方米

地　区	1970—1979年			1980—1989年			1990—1999年		
	户数	间数	面积	户数	间数	面积	户数	间数	面积
重　庆	**3213**	**8912**	**281838**	**11705**	**34340**	**1108635**	**36428**	**116472**	**3872125**
市辖区	2365	6441	199914	7516	21705	700174	22154	69784	2317021
万州区	52	155	4886	184	624	19498	1392	4664	147914
涪陵区	43	139	4493	171	594	18955	707	2423	82974
渝中区									
大渡口区	61	78	2673	14	26	772	38	63	1823
江北区				16	33	1032	66	166	6101
沙坪坝区	5	9	350	40	111	4851	83	208	7404
九龙坡区	101	198	5177	534	1253	36740	1600	4077	131905
南岸区	1	3	59	3	9	211	68	199	5791
北碚区	45	92	2773	126	398	10811	259	771	24701
綦江区	301	849	27035	1014	2598	81093	1779	5299	173761
綦江区(不含万盛)	269	725	22834	864	2045	63392	1509	4339	141823
万盛经开区	32	124	4201	150	553	17701	270	960	31938
大足区	96	305	8969	350	1186	36236	1611	5426	174559
渝北区	62	119	3784	137	295	9677	350	906	31745
巴南区	88	302	8126	224	710	20460	802	2483	77106
黔江区	28	85	3155	50	142	5317	134	488	18863
长寿区	51	125	3761	168	450	15274	549	1529	52693
江津区	315	847	28439	759	2075	69180	2240	6794	235601
合川区	514	1373	38414	1152	3213	94126	2551	7620	228436
永川区	96	292	8905	306	852	29876	1275	3886	134080
南川区	112	362	13904	293	1010	40070	659	2466	97891
璧山区	23	79	2094	86	261	7538	351	1087	36185
铜梁区	57	141	4256	262	826	23773	761	2423	82465
潼南区	107	318	9313	488	1445	42725	1665	5104	154320
荣昌区	34	104	2872	155	493	15104	508	1653	55092
开州区	42	110	4390	368	1115	43912	1425	4981	181038
梁平区	97	276	9863	456	1534	58040	944	3771	135820
武隆区	34	80	2223	160	452	14903	337	1297	38753
县	848	2471	81924	4189	12635	408461	14274	46688	1555104
城口县	24	56	1970	114	301	10689	298	991	35593
丰都县	50	148	5389	179	556	18527	1009	3133	104923
垫江县	103	289	10072	644	1852	63021	2154	6483	240713
忠　县	64	150	4868	652	1641	52680	1658	4839	158166
云阳县	30	88	3061	250	877	25879	2075	7392	229998
奉节县	24	75	2404	161	466	14746	1330	3933	121396
巫山县	30	88	2637	77	274	7619	840	2395	78606
巫溪县	119	384	9881	433	1535	42055	768	3519	95232
石柱县	109	324	12225	369	1125	40580	880	2830	101775
秀山县	68	207	7427	259	876	33444	782	3047	122515
酉阳县	126	343	11492	373	1093	37049	1148	3554	123187
彭水县	101	319	10498	678	2039	62172	1332	4572	143000

9-2b 续表 3

单位：户、间、平方米

地　　区	2000-2009年			2010-2014年			2015年以后		
	户数	间数	面积	户数	间数	面积	户数	间数	面积
重　庆	**75557**	**244191**	**8450716**	**50563**	**157153**	**5323208**	**24370**	**71413**	**2424073**
市辖区	31522	99539	3431334	22649	66015	2223672	10962	30356	1036158
万州区	2387	7826	254961	1973	6449	206791	491	1436	46237
涪陵区	1003	3243	116985	722	2292	76728	241	737	25179
渝中区									
大渡口区									
江北区	292	685	26693	685	1489	57043	1127	2457	92531
沙坪坝区	222	556	20644	174	425	14011	239	594	19815
九龙坡区	3023	7598	274779	1800	4309	148899	1256	2975	99591
南岸区	105	273	9491	74	177	5733	15	35	1194
北碚区	703	2075	71577	278	707	24448	76	230	7380
綦江区	2391	7695	258569	3589	8938	287017	1020	2864	93179
綦江区(不含万盛)	1588	5122	174680	1263	3540	113711	410	1268	40273
万盛经开区	803	2573	83889	2326	5398	173306	610	1596	52906
大足区	1689	5858	195381	1347	4618	154899	547	1746	59021
渝北区	1085	2874	102087	1182	2470	87278	1069	2323	83291
巴南区	1255	3846	123567	748	2108	67861	938	1877	61938
黔江区	357	1558	60481	404	1683	64685	243	1026	40021
长寿区	872	2465	89468	272	787	27664	88	268	8857
江津区	3110	9735	346383	1735	5233	184341	766	2473	80354
合川区	3138	9371	298647	1584	4361	139092	646	1919	60717
永川区	1479	4733	167679	973	2891	96454	318	957	30738
南川区	730	2705	104528	510	1762	65188	378	1286	47643
璧山区	363	1115	39008	222	753	22892	49	155	4252
铜梁区	474	1541	54975	294	909	29864	93	312	9829
潼南区	2026	6203	192643	823	2452	79446	242	785	24799
荣昌区	646	2094	73026	406	1244	43323	228	728	23533
开州区	2174	7810	277482	1508	5100	178704	576	1865	70615
梁平区	1351	5407	195788	751	2877	100825	234	974	35958
武隆区	647	2273	76492	595	1981	60486	82	334	9486
县	44035	144652	5019382	27914	91138	3099536	13408	41057	1387915
城口县	683	2456	86698	774	2474	88961	669	1884	66577
丰都县	5117	15021	548743	2078	6093	212057	1210	3229	109179
垫江县	4675	14027	542833	2649	7648	279554	1625	4500	156195
忠　县	4988	14838	527385	2682	7888	274084	1335	3451	117107
云阳县	7639	25182	809133	4980	16359	534216	1623	5195	166580
奉节县	6101	18560	590403	2984	9336	285297	2217	6920	220752
巫山县	3269	9678	320855	1559	5020	146798	702	1940	63463
巫溪县	1514	7859	224363	1224	4703	143509	745	2651	88091
石柱县	2480	8222	301047	2296	7083	251065	928	2831	98035
秀山县	2393	9837	397183	1887	6978	263548	910	3117	111895
酉阳县	2330	8852	339114	2413	9142	340351	862	3366	122596
彭水县	2846	10120	331625	2388	8414	280096	582	1973	67445

9–2c　各地区按住房建成时间分的家庭户住房状况(乡村)

单位：户、间、平方米

地　　区	合　　计			1949年以前		
	户数	间数	面积	户数	间数	面积
重　庆	**381459**	**1468643**	**47559748**	**3897**	**11602**	**381530**
市辖区	255114	956576	30965191	2830	8628	280004
万州区	21690	83743	2545248	28	84	2955
涪陵区	13010	49389	1635030	206	669	23101
渝中区						
大渡口区	363	1224	40297	4	8	342
江北区	291	923	35912	2	7	240
沙坪坝区	1670	6444	201720	22	75	2414
九龙坡区	3243	10261	347066	20	61	2028
南岸区	957	4248	109746	5	16	392
北碚区	4371	14764	523227	101	291	11685
綦江区	13096	51634	1622756	232	658	22106
綦江区(不含万盛)	11343	41994	1330211	220	611	20417
万盛经开区	1753	9640	292545	12	47	1689
大足区	11233	48780	1409449	65	192	5560
渝北区	8748	22913	817007	74	213	8668
巴南区	8160	33528	916495	163	613	17325
黔江区	6745	30508	1085076	158	486	16850
长寿区	11476	33181	1082117	243	566	18766
江津区	20441	73425	2346233	356	1152	34130
合川区	24629	85582	2544288	256	698	20944
永川区	12947	46384	1487359	63	198	6967
南川区	7532	28276	1170662	60	177	7208
璧山区	8898	33468	1010107	345	1211	34946
铜梁区	10876	38386	1382821	198	574	19190
潼南区	12778	50378	1574641	42	121	3537
荣昌区	10216	36067	1165811	45	128	4600
开州区	22599	90484	3088733	25	88	3148
梁平区	12820	55399	1903250	57	163	5617
武隆区	6325	27187	920140	60	179	7285
县	126345	512067	16594557	1067	2974	101526
城口县	3496	16603	606902	10	35	1004
丰都县	11223	34020	1270962	205	499	18442
垫江县	12756	45033	1636781	148	382	13820
忠　县	17108	57688	2100973	121	285	10700
云阳县	17595	69057	2073563	57	185	5678
奉节县	13898	53340	1553551	46	164	4835
巫山县	8718	43814	1082182	18	65	1705
巫溪县	7277	45938	1240941	10	46	969
石柱县	6307	22887	932406	95	266	11169
秀山县	7665	35561	1244846	68	174	5525
酉阳县	10977	46833	1568165	245	730	22948
彭水县	9325	41293	1283285	44	143	4731

9-2c 续表 1 单位：户、间、平方米

地 区	1949-1959年			1960-1969年		
	户数	间数	面积	户数	间数	面积
重 庆	**2950**	**8969**	**296524**	**7330**	**22308**	**738109**
市辖区	1811	5517	180115	4631	14166	463455
万州区	53	163	5212	146	440	13937
涪陵区	98	315	11542	233	779	27171
渝中区						
大渡口区	1	2	80	6	17	560
江北区	1	2	80	5	11	529
沙坪坝区	7	22	750	25	74	2494
九龙坡区	13	33	908	27	81	2877
南岸区	3	12	265	24	74	1880
北碚区	46	135	4511	114	319	12543
綦江区	179	582	17558	524	1512	47827
綦江区(不含万盛)	172	546	16413	500	1406	44608
万盛经开区	7	36	1145	24	106	3219
大足区	35	123	3685	125	412	11653
渝北区	41	123	4344	140	416	15395
巴南区	121	425	12758	322	1176	33902
黔江区	126	425	14886	223	714	24834
长寿区	138	315	9993	241	557	18330
江津区	236	732	22908	575	1719	54377
合川区	151	429	12868	412	1148	34516
永川区	72	196	6488	180	526	17504
南川区	77	241	9704	229	700	29232
璧山区	148	502	14234	283	941	27081
铜梁区	76	204	8382	180	544	18463
潼南区	37	115	3298	112	351	10581
荣昌区	19	42	1523	55	184	5604
开州区	33	97	3297	166	569	20146
梁平区	49	126	4675	149	424	15320
武隆区	51	156	6166	135	478	16699
县	1139	3452	116409	2699	8142	274654
城口县	9	22	920	22	72	2424
丰都县	152	371	13278	399	1061	39764
垫江县	99	284	9680	201	527	18478
忠 县	111	270	10517	256	650	24069
云阳县	43	136	4273	148	511	16095
奉节县	53	202	5978	136	483	14482
巫山县	29	116	3285	51	187	4750
巫溪县	11	55	1770	32	165	4155
石柱县	91	314	12643	273	850	33378
秀山县	113	315	10988	227	668	20977
酉阳县	322	1012	31299	715	2125	68534
彭水县	106	355	11778	239	843	27548

9-2c　续表 2　　　　单位：户、间、平方米

地　区	1970-1979年			1980-1989年			1990-1999年		
	户数	间数	面积	户数	间数	面积	户数	间数	面积
重　庆	**17564**	**56023**	**1840030**	**43069**	**148335**	**4890723**	**99670**	**383185**	**12438581**
市辖区	11821	37842	1220502	29282	101705	3303876	73087	279796	9078628
万州区	540	1804	55673	2227	8238	246884	7526	30070	897810
涪陵区	476	1566	56131	1344	4918	166362	4119	15872	520269
渝中区									
大渡口区	10	35	1375	33	107	3542	91	300	10240
江北区	3	6	318	30	70	2938	64	201	7828
沙坪坝区	34	152	3919	254	1060	32578	570	2288	73694
九龙坡区	76	196	6815	333	1128	39821	719	2584	88372
南岸区	25	84	1980	120	543	12905	266	1199	31103
北碚区	306	913	33126	986	3287	119388	1444	5165	182916
綦江区	1057	3292	102021	1658	6127	194814	3202	13233	421271
綦江区(不含万盛)	988	2955	91540	1372	4613	147683	2629	9997	323344
万盛经开区	69	337	10481	286	1514	47131	573	3236	97927
大足区	323	1090	31699	1008	3974	111559	2472	10518	306980
渝北区	275	769	30121	573	1899	72458	982	3414	128201
巴南区	657	2596	75151	1000	4176	119110	2201	9509	252233
黔江区	383	1298	45565	608	2164	74685	654	2700	91615
长寿区	583	1544	48875	2036	5635	182425	4442	13196	435417
江津区	1279	4016	129006	1918	6418	208921	4337	16744	531862
合川区	1673	5193	149104	4279	13789	407713	8190	28834	863973
永川区	510	1581	52240	1182	3957	128843	3855	14312	459949
南川区	546	1744	72454	1153	4087	172415	1879	7135	302964
璧山区	745	2482	72209	1172	4290	127191	2171	8644	264390
铜梁区	492	1411	51498	1403	4458	162086	3810	14104	509553
潼南区	468	1478	43112	1265	4227	128357	3052	11972	375710
荣昌区	203	618	20004	841	2687	88289	2850	10167	332545
开州区	419	1526	50546	1722	6710	229203	9107	35998	1242856
梁平区	417	1352	47705	1535	5552	194080	4096	17483	607513
武隆区	321	1096	39855	602	2204	77309	988	4154	139364
县	5743	18181	619528	13787	46630	1586847	26583	103389	3359953
城口县	84	291	10369	174	674	24301	406	1718	64198
丰都县	822	2211	87846	1920	5343	199883	2735	8503	312466
垫江县	669	1991	69861	2384	7726	281257	4471	16107	586650
忠　县	686	1909	69564	2545	8052	299811	4950	17140	611804
云阳县	497	1714	51432	1592	5675	173329	5285	21399	636088
奉节县	449	1567	46478	1206	4301	125794	2287	8650	247251
巫山县	200	841	21144	638	2770	69311	1628	7899	195511
巫溪县	113	553	15662	390	1968	56703	1078	6875	188335
石柱县	551	1728	73074	889	2832	121779	663	2313	96245
秀山县	338	1016	33886	487	1547	51768	661	2733	95774
酉阳县	902	2760	89065	804	2785	89761	1069	4409	144684
彭水县	432	1600	51147	758	2957	93150	1350	5643	180947

9-2c 续表 3 单位：户、间、平方米

地 区	2000-2009年			2010-2014年			2015年以后		
	户数	间数	面积	户数	间数	面积	户数	间数	面积
重 庆	**101243**	**423938**	**13694701**	**59937**	**243091**	**7897039**	**45799**	**171192**	**5382511**
市辖区	65690	266441	8646419	36717	139114	4524226	29245	103367	3267966
万州区	6470	26203	798327	3170	11632	373700	1530	5109	150750
涪陵区	3032	12252	405890	1932	7319	237750	1570	5699	186814
渝中区									
大渡口区	73	273	7488	112	365	12837	33	117	3833
江北区	60	196	8010	83	284	10898	43	146	5071
沙坪坝区	448	1621	51321	165	709	20334	145	443	14216
九龙坡区	1060	3270	109488	680	2003	67080	315	905	29677
南岸区	272	1268	32896	164	728	19201	78	324	9124
北碚区	791	2804	95779	278	967	32939	305	883	30340
綦江区	3120	13438	424752	1534	6602	207906	1590	6190	184501
綦江区(不含万盛)	2704	11088	352784	1331	5499	174722	1427	5279	158700
万盛经开区	416	2350	71968	203	1103	33184	163	911	25801
大足区	3359	15585	446606	2146	9950	292877	1700	6936	198830
渝北区	1193	4033	144818	3272	5535	199397	2198	6511	213605
巴南区	1633	7065	192059	885	3638	97193	1178	4330	116764
黔江区	1813	8753	313827	1656	8484	305306	1124	5484	197508
长寿区	2202	6878	223781	687	2068	68038	904	2422	76492
江津区	5004	19313	629756	3174	11446	369499	3562	11885	365774
合川区	5978	22703	670853	2375	8551	258480	1315	4237	125837
永川区	3869	14709	473537	1474	5647	178156	1742	5258	163675
南川区	1760	7160	296978	800	3397	135263	1028	3635	144444
璧山区	2028	8339	257487	1044	3932	119444	962	3127	93125
铜梁区	2623	9994	366564	1072	3819	135521	1022	3278	111564
潼南区	4097	17221	545773	2102	8860	279492	1603	6033	184781
荣昌区	3099	11579	381615	1747	6318	199831	1357	4344	131800
开州区	6490	27248	927260	3073	12441	418806	1564	5807	193471
梁平区	3497	16802	574276	1807	8474	287344	1213	5023	166720
武隆区	1719	7734	267278	1285	5945	196934	1164	5241	169250
县	35553	157497	5048282	23220	103977	3372813	16554	67825	2114545
城口县	1164	5824	218098	816	4243	154398	811	3724	131190
丰都县	2264	7346	277595	1504	4894	185734	1222	3792	135954
垫江县	3139	12041	441914	1006	3764	135454	639	2211	79667
忠 县	4717	16738	610869	2156	7474	273666	1566	5170	189973
云阳县	5319	21949	657652	3001	11723	359246	1653	5765	169770
奉节县	4353	17248	498266	3119	12233	366586	2249	8492	243881
巫山县	2947	15932	390840	1624	8728	219869	1583	7276	175767
巫溪县	2655	17721	477949	1647	11207	306802	1341	7348	188596
石柱县	1302	5379	220664	1399	5486	220456	1044	3719	142998
秀山县	2413	11995	436159	2412	12303	431891	946	4810	157878
酉阳县	2411	11744	399872	2395	11923	411298	2114	9345	310704
彭水县	2869	13580	418404	2141	9999	307413	1386	6173	188167

9-3　各地区按住房设施状况分的家庭户户数

单位：户

地　区	合　计	住房所在建筑有无电梯		主要炊事燃料				
		有	无	燃气	电	煤炭	柴草	其他
重　庆	**1136063**	**404028**	**732035**	**823267**	**104096**	**6576**	**197663**	**4461**
市辖区	904302	371956	532346	705758	68637	1430	125612	2865
万州区	57464	12016	45448	40332	2360	180	14474	118
涪陵区	37264	12628	24636	26344	1175	7	9678	60
渝中区	20840	11991	8849	20473	359	1		7
大渡口区	16336	12094	4242	16000	303		19	14
江北区	34346	25648	8698	33759	408		169	10
沙坪坝区	49286	33406	15880	47398	1371	7	323	187
九龙坡区	55897	36341	19556	53407	1954	4	335	197
南岸区	42575	31017	11558	40823	1420	7	304	21
北碚区	27685	13872	13813	24045	2601	10	891	138
綦江区	37452	11309	26143	26458	6086	101	4663	144
綦江区(不含万盛)	28832	7978	20854	18576	5689	50	4384	133
万盛经开区	8620	3331	5289	7882	397	51	279	11
大足区	26299	5468	20831	17610	3878	17	4709	85
渝北区	77492	54329	23163	73669	923	11	2827	62
巴南区	41876	21991	19885	34175	1509	10	6057	125
黔江区	15140	2626	12514	8249	2125	172	4543	51
长寿区	28645	9854	18791	22109	802	8	5607	119
江津区	46183	11994	34189	31431	2081	16	12554	101
合川区	54633	12336	42297	30310	9897	129	14177	120
永川区	36231	10787	25444	28682	3176	11	4230	132
南川区	19085	5466	13619	10418	4427	131	4072	37
璧山区	24849	7907	16942	20117	1536	11	3116	69
铜梁区	24698	6158	18540	15798	2702	4	6101	93
潼南区	27660	5943	21717	18830	6559	10	2181	80
荣昌区	24140	5946	18194	17735	2346	34	3850	175
开州区	42644	5804	36840	27268	5232	490	9062	592
梁平区	23970	3042	20928	15837	1627	17	6399	90
武隆区	11612	1983	9629	4481	1780	42	5271	38
县	231761	32072	199689	117509	35459	5146	72051	1596
城口县	6068	1049	5019	3413	524	138	1878	115
丰都县	20944	2668	18276	11237	621	9	9022	55
垫江县	24686	4404	20282	17582	689	11	6310	94
忠　县	28515	4550	23965	13363	1032	14	13989	117
云阳县	34311	3537	30774	17452	5741	328	10669	121
奉节县	26731	4359	22372	14671	8514	1571	1645	330
巫山县	15213	2143	13070	7425	4317	1752	1523	196
巫溪县	12161	1600	10561	5351	3028	484	3104	194
石柱县	13456	2291	11165	7676	385	200	5139	56
秀山县	14030	1503	12527	7467	2399	111	3955	98
酉阳县	18360	1563	16797	5920	4980	52	7322	86
彭水县	17286	2405	14881	5952	3229	476	7495	134

9－3 续表 1 单位：户

地 区	住房内有无管道自来水		住房内有无厨房			住房内有无厕所	
	有	无	独立使用	与其他户合用	无	水冲式卫生厕所	水冲式非卫生厕所
重 庆	**1084894**	**51169**	**1120953**	**7626**	**7484**	**978588**	**31853**
市辖区	859560	44742	892117	6220	5965	796047	22910
万州区	55684	1780	57100	162	202	50635	1100
涪陵区	36946	318	36962	168	134	34037	752
渝中区	20794	46	20474	200	166	20632	77
大渡口区	16310	26	16230	56	50	16046	67
江北区	34246	100	34050	170	126	34028	122
沙坪坝区	48819	467	48348	446	492	47938	595
九龙坡区	55594	303	54711	514	672	54186	687
南岸区	42448	127	41782	473	320	41888	308
北碚区	27395	290	27419	124	142	25657	579
綦江区	35419	2033	36933	235	284	29921	1305
綦江区(不含万盛)	26921	1911	28356	206	270	21713	1226
万盛经开区	8498	122	8577	29	14	8208	79
大足区	22587	3712	25986	149	164	20214	1199
渝北区	77140	352	76197	914	381	76293	334
巴南区	39966	1910	41465	181	230	38760	690
黔江区	14442	698	14746	80	314	13288	171
长寿区	27548	1097	28347	196	102	21555	1408
江津区	42287	3896	45623	281	279	38411	1055
合川区	45312	9321	53824	422	387	41513	3130
永川区	34938	1293	35785	87	359	31100	1007
南川区	17451	1634	18912	94	79	15145	1110
璧山区	24321	528	24515	214	120	22424	327
铜梁区	19921	4777	24319	183	196	19215	589
潼南区	25005	2655	27371	198	91	23683	952
荣昌区	22147	1993	23800	134	206	19053	661
开州区	41591	1053	42261	253	130	34127	2058
梁平区	21436	2534	23584	169	217	16588	1903
武隆区	9813	1799	11373	117	122	9710	724
县	225334	6427	228836	1406	1519	182541	8943
城口县	5970	98	5969	44	55	5653	152
丰都县	20015	929	20682	111	151	14684	980
垫江县	23772	914	24474	102	110	17151	1109
忠 县	26443	2072	28110	108	297	19352	2004
云阳县	34026	285	33972	236	103	25832	2059
奉节县	26559	172	26528	111	92	24423	403
巫山县	14811	402	14891	182	140	11975	519
巫溪县	12012	149	12066	68	27	10006	457
石柱县	13088	368	13262	91	103	11297	389
秀山县	13739	291	13810	48	172	11728	215
酉阳县	17738	622	17913	225	222	15112	368
彭水县	17161	125	17159	80	47	15328	288

9-3　续表 2　　　　　　　　　　　　　　　　　　　　　　单位：户

地　区	住房内有无厕所			住房内有无洗澡设施			
	卫生旱厕	普通旱厕	无	统一供热水	家庭自装热水器	其他	无
重　庆	**64495**	**54168**	**6959**	**19042**	**982943**	**66479**	**67599**
市辖区	44510	35327	5508	15690	790798	46836	50978
万州区	2940	2446	343	904	49249	4172	3139
涪陵区	1619	753	103	442	32684	2112	2026
渝中区	5	7	119	464	20232	25	119
大渡口区	133	37	53	190	15868	82	196
江北区	53	23	120	589	33525	51	181
沙坪坝区	229	165	359	865	47247	348	826
九龙坡区	423	190	411	1202	52852	506	1337
南岸区	108	110	161	1248	40720	126	481
北碚区	762	463	224	662	25439	669	915
綦江区	2720	3069	437	292	31219	2871	3070
綦江区(不含万盛)	2602	2894	397	267	23070	2653	2842
万盛经开区	118	175	40	25	8149	218	228
大足区	2984	1777	125	472	21163	2474	2190
渝北区	413	278	174	1259	73612	1060	1561
巴南区	1221	985	220	1466	36743	1833	1834
黔江区	663	743	275	166	12242	930	1802
长寿区	2886	2693	103	450	23406	2970	1819
江津区	3248	3122	347	461	37196	3686	4840
合川区	6349	3153	488	592	44400	4648	4993
永川区	1792	1907	425	1936	28891	2007	3397
南川区	1245	1399	186	369	15691	1390	1635
璧山区	1059	962	77	299	20776	1682	2092
铜梁区	2770	1940	184	124	19331	2477	2766
潼南区	2147	830	48	378	23857	2275	1150
荣昌区	2246	2017	163	166	19407	2091	2476
开州区	3536	2849	74	432	35998	3757	2457
梁平区	2363	2965	151	97	19226	2000	2647
武隆区	596	444	138	165	9824	594	1029
县	19985	18841	1451	3352	192145	19643	16621
城口县	148	83	32	68	5528	256	216
丰都县	2552	2548	180	473	15254	2526	2691
垫江县	2592	3749	85	188	19312	2625	2561
忠　县	2950	3813	396	459	20805	3516	3735
云阳县	4026	2337	57	736	29003	3144	1428
奉节县	1178	621	106	486	24176	1374	695
巫山县	1808	850	61	301	12557	1629	726
巫溪县	1147	528	23	47	11119	691	304
石柱县	652	986	132	201	11130	899	1226
秀山县	638	1401	48	90	12590	691	659
酉阳县	1190	1405	285	217	15101	1484	1558
彭水县	1104	520	46	86	15570	808	822

9-3a 各地区按住房设施状况分的家庭户户数(城市)

单位：户

地区	合计	住房所在建筑有无电梯		主要炊事燃料				
		有	无	燃气	电	煤炭	柴草	其他
重庆	**550087**	**346350**	**203737**	**535535**	**10971**	**101**	**2907**	**573**
市辖区	550087	346350	203737	535535	10971	101	2907	573
万州区	29280	11104	18176	28660	460	7	130	23
涪陵区	21325	12141	9184	20407	332	1	570	15
渝中区	20840	11991	8849	20473	359	1		7
大渡口区	15858	12012	3846	15586	256		3	13
江北区	31866	23927	7939	31500	348		9	9
沙坪坝区	46839	33032	13807	45757	931	5	35	111
九龙坡区	44254	33016	11238	43232	974	3	11	34
南岸区	41315	30896	10419	40314	941	6	37	17
北碚区	21796	13616	8180	21305	372	2	54	63
綦江区	14050	8864	5186	13701	251	4	79	15
綦江区(不含万盛)	11392	7502	3890	11064	233	3	79	13
万盛经开区	2658	1362	1296	2637	18	1		2
大足区	9333	4561	4772	8822	359	2	136	14
渝北区	64830	48542	16288	64451	349	4		26
巴南区	29563	20549	9014	28944	403	1	174	41
黔江区	7136	2449	4687	6466	561	5	81	23
长寿区	15146	9364	5782	14895	22	2	219	8
江津区	16453	10045	6408	16010	332	1	99	11
合川区	20073	10404	9669	18475	1000	24	554	20
永川区	18773	10360	8413	18369	271	2	120	11
南川区	8811	5046	3765	7993	786		28	4
璧山区	14839	7689	7150	14605	187	1	31	15
铜梁区	11812	6009	5803	11222	333	1	236	20
潼南区	9404	5513	3891	9176	211		8	9
荣昌区	11893	5587	6306	11486	314	4	56	33
开州区	13920	4868	9052	13581	254	21	44	20
梁平区	7267	2906	4361	7012	117	2	129	7
武隆区	3411	1859	1552	3093	248	2	64	4
县								
城口县								
丰都县								
垫江县								
忠县								
云阳县								
奉节县								
巫山县								
巫溪县								
石柱县								
秀山县								
酉阳县								
彭水县								

9-3a 续表 1 单位：户

地 区	住房内有无管道自来水		住房内有无厨房			住房内有无厕所	
	有	无	独立使用	与其他户合用	无	水冲式卫生厕所	水冲式非卫生厕所
重 庆	**546987**	**3100**	**543954**	**3292**	**2841**	**541057**	**3426**
市辖区	546987	3100	543954	3292	2841	541057	3426
万州区	29204	76	29102	55	123	28913	166
涪陵区	21234	91	21167	105	53	21040	152
渝中区	20794	46	20474	200	166	20632	77
大渡口区	15835	23	15775	38	45	15639	66
江北区	31776	90	31592	157	117	31595	120
沙坪坝区	46624	215	46022	369	448	45874	455
九龙坡区	44122	132	43576	316	362	43590	277
南岸区	41209	106	40591	443	281	40888	177
北碚区	21628	168	21614	87	95	21347	188
綦江区	13953	97	13926	46	78	13641	113
綦江区(不含万盛)	11307	85	11270	45	77	10996	111
万盛经开区	2646	12	2656	1	1	2645	2
大足区	9101	232	9277	23	33	9048	125
渝北区	64698	132	63766	790	274	64655	57
巴南区	29394	169	29335	99	129	29186	113
黔江区	7064	72	7019	18	99	6988	41
长寿区	15061	85	15100	36	10	14874	52
江津区	16330	123	16320	63	70	16216	61
合川区	19880	193	19943	57	73	19226	204
永川区	18625	148	18651	21	101	18430	99
南川区	8735	76	8752	42	17	8303	395
璧山区	14730	109	14665	141	33	14719	51
铜梁区	11525	287	11701	39	72	11539	44
潼南区	9357	47	9372	20	12	9289	70
荣昌区	11795	98	11850	16	27	11423	73
开州区	13784	136	13836	47	37	13639	187
梁平区	7206	61	7198	11	58	7032	40
武隆区	3323	88	3330	53	28	3331	23
县							
城口县							
丰都县							
垫江县							
忠 县							
云阳县							
奉节县							
巫山县							
巫溪县							
石柱县							
秀山县							
酉阳县							
彭水县							

9−3a 续表 2 单位：户

地区	住房内有无厕所			住房内有无洗澡设施			
	卫生旱厕	普通旱厕	无	统一供热水	家庭自装热水器	其他	无
重庆	**2001**	**1446**	**2157**	**13323**	**528953**	**2522**	**5289**
市辖区	2001	1446	2157	13323	528953	2522	5289
万州区	88	20	93	716	28226	122	216
涪陵区	51	52	30	356	20685	131	153
渝中区	5	7	119	464	20232	25	119
大渡口区	85	23	45	186	15442	78	152
江北区	28	7	116	571	31175	27	93
沙坪坝区	92	80	338	852	45180	222	585
九龙坡区	113	60	214	1076	42482	126	570
南岸区	45	55	150	1247	39673	63	332
北碚区	90	52	119	646	20876	91	183
綦江区	68	100	128	163	13618	100	169
綦江区(不含万盛)	58	100	127	156	10973	97	166
万盛经开区	10		1	7	2645	3	3
大足区	76	50	34	293	8831	86	123
渝北区	2	1	115	1171	63504	24	131
巴南区	65	76	123	1367	27748	144	304
黔江区	39	35	33	76	6610	138	312
长寿区	60	125	35	345	14606	71	124
江津区	65	59	52	201	15997	52	203
合川区	368	166	109	353	18989	191	540
永川区	82	40	122	1762	16750	52	209
南川区	71	34	8	311	8303	121	76
璧山区	32	28	9	269	14447	38	85
铜梁区	87	97	45	86	11349	171	206
潼南区	26	12	7	210	9126	32	36
荣昌区	222	133	42	126	11452	237	78
开州区	43	33	18	292	13467	73	88
梁平区	73	81	41	36	7053	65	113
武隆区	25	20	12	148	3132	42	89
县							
城口县							
丰都县							
垫江县							
忠县							
云阳县							
奉节县							
巫山县							
巫溪县							
石柱县							
秀山县							
酉阳县							
彭水县							

9–3b 各地区按住房设施状况分的家庭户户数(镇)

单位：户

地 区	合 计	住房所在建筑有无电梯		主要炊事燃料				
		有	无	燃气	电	煤炭	柴草	其他
重 庆	**204517**	**45327**	**159190**	**170118**	**20662**	**812**	**11824**	**1101**
市辖区	99101	15184	83917	81255	9311	253	7833	449
万州区	6494	448	6046	5868	194	30	380	22
涪陵区	2929	190	2739	2469	79		360	21
渝中区								
大渡口区	115		115	106	9			
江北区	2189	1717	472	2167	19		2	1
沙坪坝区	777	353	424	718	27		15	17
九龙坡区	8400	2990	5410	7797	516		56	31
南岸区	303	118	185	248	52			3
北碚区	1518	189	1329	1376	99		25	18
綦江区	10306	2291	8015	8881	1012	49	330	34
綦江区(不含万盛)	6097	329	5768	4797	962	11	297	30
万盛经开区	4209	1962	2247	4084	50	38	33	4
大足区	5733	583	5150	4516	760	12	434	11
渝北区	3914	2056	1858	3799	84	1	22	8
巴南区	4153	1252	2901	3572	205		369	7
黔江区	1259	3	1256	525	346	22	362	4
长寿区	2023	88	1935	1890	57		63	13
江津区	9289	585	8704	7293	456	5	1516	19
合川区	9931	818	9113	7026	1429	17	1416	43
永川区	4511	281	4230	3583	570	2	338	18
南川区	2742	217	2525	1100	1015	42	576	9
璧山区	1112	13	1099	971	65		65	11
铜梁区	2010	64	1946	1550	313		140	7
潼南区	5478	142	5336	4808	476	1	184	9
荣昌区	2031	130	1901	1580	181	4	227	39
开州区	6125	518	5607	5316	499	58	171	81
梁平区	3883	56	3827	2987	334	4	541	17
武隆区	1876	82	1794	1109	514	6	241	6
县	105416	30143	75273	88863	11351	559	3991	652
城口县	2572	1025	1547	2258	197	23	73	21
丰都县	9721	2552	7169	8962	132	1	607	19
垫江县	11930	4230	7700	11486	160	5	262	17
忠 县	11407	4242	7165	10597	295	3	469	43
云阳县	16716	3214	13502	13926	2161	89	464	76
奉节县	12833	4014	8819	10895	1801	84	12	41
巫山县	6495	1955	4540	5270	1080	44	3	98
巫溪县	4884	1529	3355	3595	978	84	119	108
石柱县	7149	2178	4971	6388	198	29	508	26
秀山县	6365	1433	4932	5136	692	88	402	47
酉阳县	7383	1468	5915	4915	1891	13	525	39
彭水县	7961	2303	5658	5435	1766	96	547	117

9–3b 续表 1

单位：户

地 区	住房内有无管道自来水		住房内有无厨房			住房内有无厕所	
	有	无	独立使用	与其他户合用	无	水冲式卫生厕所	水冲式非卫生厕所
重 庆	**199660**	**4857**	**201639**	**1237**	**1641**	**189883**	**4359**
市辖区	94933	4168	97260	748	1093	88796	2851
万州区	6404	90	6438	27	29	6275	77
涪陵区	2904	25	2920	7	2	2751	46
渝中区							
大渡口区	114	1	112	3		110	
江北区	2183	6	2168	12	9	2184	1
沙坪坝区	745	32	754	11	12	743	1
九龙坡区	8336	64	8121	117	162	8038	122
南岸区	302	1	299		4	301	2
北碚区	1499	19	1493	6	19	1384	84
綦江区	10063	243	10166	57	83	9281	328
綦江区(不含万盛)	5896	201	5965	55	77	5163	291
万盛经开区	4167	42	4201	2	6	4118	37
大足区	5154	579	5614	55	64	4635	189
渝北区	3893	21	3854	15	45	3849	27
巴南区	3988	165	4078	31	44	3814	86
黔江区	1203	56	1163	15	81	1134	18
长寿区	2008	15	2008	6	9	1839	71
江津区	8637	652	9128	65	96	7864	258
合川区	9038	893	9695	123	113	8296	421
永川区	4404	107	4436	15	60	3989	127
南川区	2448	294	2704	18	20	2135	218
璧山区	1105	7	1092	4	16	1048	11
铜梁区	1865	145	1940	34	36	1776	46
潼南区	5185	293	5387	61	30	5200	103
荣昌区	1879	152	1984	11	36	1602	88
开州区	6052	73	6090	18	17	5739	152
梁平区	3746	137	3796	22	65	3036	351
武隆区	1778	98	1820	15	41	1773	24
县	104727	689	104379	489	548	101087	1508
城口县	2564	8	2537	19	16	2535	13
丰都县	9622	99	9659	34	28	9197	93
垫江县	11849	81	11879	21	30	11107	331
忠 县	11314	93	11298	33	76	10976	152
云阳县	16682	34	16564	91	61	15969	331
奉节县	12786	47	12771	36	26	12708	53
巫山县	6465	30	6323	62	110	6285	133
巫溪县	4856	28	4846	22	16	4721	77
石柱县	7072	77	7061	49	39	6765	113
秀山县	6325	40	6331	18	16	6105	28
酉阳县	7267	116	7236	46	101	7006	88
彭水县	7925	36	7874	58	29	7713	96

9-3b　续表 2　　单位：户

地　区	住房内有无厕所			住房内有无洗澡设施			
	卫生旱厕	普通旱厕	无	统　一供热水	家庭自装热水器	其他	无
重　庆	**5262**	**3922**	**1091**	**3367**	**188426**	**6105**	**6619**
市辖区	3869	2732	853	902	89114	4132	4953
万州区	39	79	24	80	6120	141	153
涪陵区	98	29	5	21	2691	121	96
渝中区							
大渡口区		1	4	4	110		1
江北区			4	18	2150	4	17
沙坪坝区	20	7	6	9	726	11	31
九龙坡区	102	34	104	89	7796	130	385
南岸区				1	288	2	12
北碚区	24	6	20	2	1442	13	61
綦江区	263	342	92	62	9478	373	393
綦江区(不含万盛)	241	322	80	54	5348	326	369
万盛经开区	22	20	12	8	4130	47	24
大足区	544	316	49	101	4907	322	403
渝北区	7	5	26	36	3720	29	129
巴南区	72	137	44	57	3731	196	169
黔江区	29	57	21	1	945	114	199
长寿区	47	62	4	9	1895	106	13
江津区	544	496	127	89	7874	575	751
合川区	883	221	110	64	8681	676	510
永川区	183	149	63	83	3816	203	409
南川区	188	184	17	23	2294	184	241
璧山区	28	20	5	3	987	50	72
铜梁区	93	67	28	1	1726	160	123
潼南区	121	40	14	90	5056	225	107
荣昌区	161	159	21	4	1677	154	196
开州区	132	94	8	28	5784	149	164
梁平区	251	211	34	13	3450	174	246
武隆区	40	16	23	14	1770	20	72
县	1393	1190	238	2465	99312	1973	1666
城口县	11	8	5	59	2451	28	34
丰都县	218	209	4	380	8929	185	227
垫江县	259	203	30	148	11438	189	155
忠　县	99	140	40	377	10569	281	180
云阳县	281	123	12	461	15658	440	157
奉节县	38	19	15	379	12274	100	80
巫山县	14	33	30	218	5907	175	195
巫溪县	53	26	7	39	4758	46	41
石柱县	131	95	45	165	6710	92	182
秀山县	79	147	6	49	6153	119	44
酉阳县	111	147	31	150	6775	199	259
彭水县	99	40	13	40	7690	119	112

9-3c 各地区按住房设施状况分的家庭户户数(乡村)

单位：户

地区	合计	住房所在建筑有无电梯		主要炊事燃料				
		有	无	燃气	电	煤炭	柴草	其他
重庆	**381459**	**12351**	**369108**	**117614**	**72463**	**5663**	**182932**	**2787**
市辖区	255114	10422	244692	88968	48355	1076	114872	1843
万州区	21690	464	21226	5804	1706	143	13964	73
涪陵区	13010	297	12713	3468	764	6	8748	24
渝中区								
大渡口区	363	82	281	308	38		16	1
江北区	291	4	287	92	41		158	
沙坪坝区	1670	21	1649	923	413	2	273	59
九龙坡区	3243	335	2908	2378	464	1	268	132
南岸区	957	3	954	261	427	1	267	1
北碚区	4371	67	4304	1364	2130	8	812	57
綦江区	13096	154	12942	3876	4823	48	4254	95
綦江区(不含万盛)	11343	147	11196	2715	4494	36	4008	90
万盛经开区	1753	7	1746	1161	329	12	246	5
大足区	11233	324	10909	4272	2759	3	4139	60
渝北区	8748	3731	5017	5419	490	6	2805	28
巴南区	8160	190	7970	1659	901	9	5514	77
黔江区	6745	174	6571	1258	1218	145	4100	24
长寿区	11476	402	11074	5324	723	6	5325	98
江津区	20441	1364	19077	8128	1293	10	10939	71
合川区	24629	1114	23515	4809	7468	88	12207	57
永川区	12947	146	12801	6730	2335	7	3772	103
南川区	7532	203	7329	1325	2626	89	3468	24
璧山区	8898	205	8693	4541	1284	10	3020	43
铜梁区	10876	85	10791	3026	2056	3	5725	66
潼南区	12778	288	12490	4846	5872	9	1989	62
荣昌区	10216	229	9987	4669	1851	26	3567	103
开州区	22599	418	22181	8371	4479	411	8847	491
梁平区	12820	80	12740	5838	1176	11	5729	66
武隆区	6325	42	6283	279	1018	34	4966	28
县	126345	1929	124416	28646	24108	4587	68060	944
城口县	3496	24	3472	1155	327	115	1805	94
丰都县	11223	116	11107	2275	489	8	8415	36
垫江县	12756	174	12582	6096	529	6	6048	77
忠县	17108	308	16800	2766	737	11	13520	74
云阳县	17595	323	17272	3526	3580	239	10205	45
奉节县	13898	345	13553	3776	6713	1487	1633	289
巫山县	8718	188	8530	2155	3237	1708	1520	98
巫溪县	7277	71	7206	1756	2050	400	2985	86
石柱县	6307	113	6194	1288	187	171	4631	30
秀山县	7665	70	7595	2331	1707	23	3553	51
酉阳县	10977	95	10882	1005	3089	39	6797	47
彭水县	9325	102	9223	517	1463	380	6948	17

9-3c　续表 1

单位：户

地　　区	住房内有无管道自来水		住房内有无厨房			住房内有无厕所	
	有	无	独立使用	与其他户合用	无	水冲式卫生厕所	水冲式非卫生厕所
重　庆	**338247**	**43212**	**375360**	**3097**	**3002**	**247648**	**24068**
市辖区	217640	37474	250903	2180	2031	166194	16633
万州区	20076	1614	21560	80	50	15447	857
涪陵区	12808	202	12875	56	79	10246	554
渝中区							
大渡口区	361	2	343	15	5	297	1
江北区	287	4	290	1		249	1
沙坪坝区	1450	220	1572	66	32	1321	139
九龙坡区	3136	107	3014	81	148	2558	288
南岸区	937	20	892	30	35	699	129
北碚区	4268	103	4312	31	28	2926	307
綦江区	11403	1693	12841	132	123	6999	864
綦江区(不含万盛)	9718	1625	11121	106	116	5554	824
万盛经开区	1685	68	1720	26	7	1445	40
大足区	8332	2901	11095	71	67	6531	885
渝北区	8549	199	8577	109	62	7789	250
巴南区	6584	1576	8052	51	57	5760	491
黔江区	6175	570	6564	47	134	5166	112
长寿区	10479	997	11239	154	83	4842	1285
江津区	17320	3121	20175	153	113	14331	736
合川区	16394	8235	24186	242	201	13991	2505
永川区	11909	1038	12698	51	198	8681	781
南川区	6268	1264	7456	34	42	4707	497
璧山区	8486	412	8758	69	71	6657	265
铜梁区	6531	4345	10678	110	88	5900	499
潼南区	10463	2315	12612	117	49	9194	779
荣昌区	8473	1743	9966	107	143	6028	500
开州区	21755	844	22335	188	76	14749	1719
梁平区	10484	2336	12590	136	94	6520	1512
武隆区	4712	1613	6223	49	53	4606	677
县	120607	5738	124457	917	971	81454	7435
城口县	3406	90	3432	25	39	3118	139
丰都县	10393	830	11023	77	123	5487	887
垫江县	11923	833	12595	81	80	6044	778
忠　县	15129	1979	16812	75	221	8376	1852
云阳县	17344	251	17408	145	42	9863	1728
奉节县	13773	125	13757	75	66	11715	350
巫山县	8346	372	8568	120	30	5690	386
巫溪县	7156	121	7220	46	11	5285	380
石柱县	6016	291	6201	42	64	4532	276
秀山县	7414	251	7479	30	156	5623	187
酉阳县	10471	506	10677	179	121	8106	280
彭水县	9236	89	9285	22	18	7615	192

9－3c　续表 2　　　　单位：户

地　　区	住房内有无厕所			住房内有无洗澡设施			
	卫生旱厕	普通旱厕	无	统　一供热水	家庭自装热水器	其他	无
重　庆	**57232**	**48800**	**3711**	**2352**	**265564**	**57852**	**55691**
市辖区	38640	31149	2498	1465	172731	40182	40736
万州区	2813	2347	226	108	14903	3909	2770
涪陵区	1470	672	68	65	9308	1860	1777
渝中区							
大渡口区	48	13	4		316	4	43
江北区	25	16			200	20	71
沙坪坝区	117	78	15	4	1341	115	210
九龙坡区	208	96	93	37	2574	250	382
南岸区	63	55	11		759	61	137
北碚区	648	405	85	14	3121	565	671
綦江区	2389	2627	217	67	8123	2398	2508
綦江区(不含万盛)	2303	2472	190	57	6749	2230	2307
万盛经开区	86	155	27	10	1374	168	201
大足区	2364	1411	42	78	7425	2066	1664
渝北区	404	272	33	52	6388	1007	1301
巴南区	1084	772	53	42	5264	1493	1361
黔江区	595	651	221	89	4687	678	1291
长寿区	2779	2506	64	96	6905	2793	1682
江津区	2639	2567	168	171	13325	3059	3886
合川区	5098	2766	269	175	16730	3781	3943
永川区	1527	1718	240	91	8325	1752	2779
南川区	986	1181	161	35	5094	1085	1318
璧山区	999	914	63	27	5342	1594	1935
铜梁区	2590	1776	111	37	6256	2146	2437
潼南区	2000	778	27	78	9675	2018	1007
荣昌区	1863	1725	100	36	6278	1700	2202
开州区	3361	2722	48	112	16747	3535	2205
梁平区	2039	2673	76	48	8723	1761	2288
武隆区	531	408	103	3	4922	532	868
县	18592	17651	1213	887	92833	17670	14955
城口县	137	75	27	9	3077	228	182
丰都县	2334	2339	176	93	6325	2341	2464
垫江县	2333	3546	55	40	7874	2436	2406
忠　县	2851	3673	356	82	10236	3235	3555
云阳县	3745	2214	45	275	13345	2704	1271
奉节县	1140	602	91	107	11902	1274	615
巫山县	1794	817	31	83	6650	1454	531
巫溪县	1094	502	16	8	6361	645	263
石柱县	521	891	87	36	4420	807	1044
秀山县	559	1254	42	41	6437	572	615
酉阳县	1079	1258	254	67	8326	1285	1299
彭水县	1005	480	33	46	7880	689	710

9–4　各地区按住房来源分的家庭户户数

单位：户

地　　区	合　计	租赁廉租住房/公租房	租　　赁其他住房	购买新建商品房	购　买二手房	购买原公有住房	购买经济适用房/两限房	自建住房	继承或赠　予	其　他
重　庆	**1136063**	**43604**	**97341**	**352022**	**110308**	**26622**	**42179**	**409259**	**10793**	**43935**
市辖区	904302	39964	86539	300036	99936	23565	36765	273680	7967	35850
万州区	57464	1067	2953	18850	5168	1189	1893	20502	676	5166
涪陵区	37264	1289	1313	11620	4053	1342	1728	14435	265	1219
渝中区	20840	403	6499	5761	4442	2279	669	19	152	616
大渡口区	16336	2387	2061	5727	2753	476	2214	401	39	278
江北区	34346	325	6504	14277	5094	2042	1156	381	375	4192
沙坪坝区	49286	5704	8087	19029	6008	2887	1706	2667	420	2778
九龙坡区	55897	2832	9673	22168	9205	2452	3231	3072	434	2830
南岸区	42575	3575	5962	20603	6924	1834	1018	1182	120	1357
北碚区	27685	3475	2690	8388	3315	986	2036	4643	396	1756
綦江区	37452	706	2090	11516	4322	1098	1092	14850	579	1199
綦江区(不含万盛)	28832	564	1725	8257	3007	940	370	12754	421	794
万盛经开区	8620	142	365	3259	1315	158	722	2096	158	405
大足区	26299	567	880	8105	881	162	1209	13863	166	466
渝北区	77492	6577	10617	32081	14880	1061	6461	4480	239	1096
巴南区	41876	2964	3257	16232	5091	1254	1172	8766	420	2720
黔江区	15140	335	2813	2505	771	205	93	8151	129	138
长寿区	28645	849	1208	9184	2850	517	1964	10818	399	856
江津区	46183	1177	3352	12165	3996	317	3764	19543	570	1299
合川区	54633	769	3579	15167	3800	673	1082	27239	531	1793
永川区	36231	574	1827	14643	2757	667	562	14368	237	596
南川区	19085	159	678	5106	1356	91	338	10186	254	917
璧山区	24849	1611	1728	8339	2560	326	926	8470	311	578
铜梁区	24698	325	1313	8009	2064	248	257	11835	251	396
潼南区	27660	337	2702	8280	1115	164	386	14019	182	475
荣昌区	24140	263	962	7644	1670	447	471	12053	152	478
开州区	42644	1094	2145	8152	2791	487	1005	25053	313	1604
梁平区	23970	290	944	4521	1253	197	201	15762	236	566
武隆区	11612	310	702	1964	817	164	131	6922	121	481
县	231761	3640	10802	51986	10372	3057	5414	135579	2826	8085
城口县	6068	259	265	1029	356	108	78	3687	36	250
丰都县	20944	307	660	5252	1063	193	1266	10668	540	995
垫江县	24686	199	618	6987	1201	141	545	13614	266	1115
忠　县	28515	413	1270	6288	1402	235	589	16633	502	1183
云阳县	34311	470	1590	11804	1344	266	1054	16786	144	853
奉节县	26731	420	1317	7291	1767	559	558	12905	387	1527
巫山县	15213	401	1001	2080	1289	698	550	8573	152	469
巫溪县	12161	255	683	1691	446	146	101	8515	54	270
石柱县	13456	177	664	3600	520	165	270	7235	216	609
秀山县	14030	387	307	1925	232	92	104	10716	95	172
酉阳县	18360	204	1035	1521	329	260	21	14480	271	239
彭水县	17286	148	1392	2518	423	194	278	11767	163	403

9-4a 各地区按住房来源分的家庭户户数(城市)

单位：户

地 区	合 计	租赁廉租住房/公租房	租 赁其他住房	购买新建商品房	购 买二手房	购买原公有住房	购买经济适用房/两限房	自建住房	继承或赠 予	其 他
重 庆	**550087**	**33915**	**70344**	**263561**	**88039**	**20799**	**28765**	**21758**	**2868**	**20038**
市辖区	550087	33915	70344	263561	88039	20799	28765	21758	2868	20038
万州区	29280	1029	2404	16730	4712	1106	1547	878	154	720
涪陵区	21325	1222	1159	10168	3697	1272	1416	1844	51	496
渝中区	20840	403	6499	5761	4442	2279	669	19	152	616
大渡口区	15858	2377	1914	5726	2725	443	2209	159	34	271
江北区	31866	289	6051	14001	4931	2034	1118	76	251	3115
沙坪坝区	46839	5675	7769	18697	5955	2879	1679	1226	383	2576
九龙坡区	44254	2232	7423	19322	8073	2037	2650	217	282	2018
南岸区	41315	3554	5808	20430	6885	1828	1016	361	105	1328
北碚区	21796	3439	2416	8032	3108	941	1758	534	253	1315
綦江区	14050	440	1028	8066	2682	500	416	424	94	400
綦江区(不含万盛)	11392	386	873	6876	1903	416	113	371	82	372
万盛经开区	2658	54	155	1190	779	84	303	53	12	28
大足区	9333	301	335	6057	511	103	900	963	21	142
渝北区	64830	3722	9579	30366	14309	971	5058	35	139	651
巴南区	29563	2367	2680	14810	4601	1165	938	917	150	1935
黔江区	7136	261	2234	2230	728	182	63	1345	22	71
长寿区	15146	831	921	7813	2558	421	1732	348	69	453
江津区	16453	852	2053	7442	2812	135	2327	560	64	208
合川区	20073	562	1891	11313	2484	288	520	1644	159	1212
永川区	18773	442	1376	12651	2296	506	283	949	50	220
南川区	8811	157	536	4500	1036	69	210	1551	72	680
璧山区	14839	1527	1433	7422	2217	285	728	964	22	241
铜梁区	11812	312	920	7422	1666	180	240	884	51	137
潼南区	9404	298	618	7097	622	95	161	349	54	110
荣昌区	11893	248	755	6753	1424	414	379	1637	48	235
开州区	13920	974	1425	5525	2051	417	561	2418	76	473
梁平区	7267	244	631	3672	872	138	149	1121	101	339
武隆区	3411	157	486	1555	642	111	38	335	11	76
县										
城口县										
丰都县										
垫江县										
忠 县										
云阳县										
奉节县										
巫山县										
巫溪县										
石柱县										
秀山县										
酉阳县										
彭水县										

9-4b　各地区按住房来源分的家庭户户数(镇)

单位：户

地　区	合　计	租赁廉租住房/公租房	租　赁其他住房	购买新建商品房	购　买二手房	购买原公有住房	购买经济适用房/两限房	自建住房	继承或赠　予	其　他
重　庆	**204517**	**6132**	**21422**	**73461**	**17763**	**5256**	**9129**	**54588**	**2799**	**13967**
市辖区	99101	2774	11697	26495	9215	2383	5095	31042	1594	8806
万州区	6494	15	316	1249	267	58	63	1583	321	2622
涪陵区	2929	50	106	858	194	39	166	1161	29	326
渝中区										
大渡口区	115	4	47		26	33				5
江北区	2189	36	451	275	163	8	38	26	119	1073
沙坪坝区	777	5	93	315	46	8	19	126	4	161
九龙坡区	8400	525	1671	2707	1111	411	479	884	117	495
南岸区	303		75	173	38	5		1		11
北碚区	1518	30	174	309	171	40	277	271	41	205
綦江区	10306	258	907	3247	1484	582	629	2371	209	619
綦江区(不含万盛)	6097	171	722	1182	977	511	229	1970	78	257
万盛经开区	4209	87	185	2065	507	71	400	401	131	362
大足区	5733	255	439	1719	320	55	200	2539	47	159
渝北区	3914	177	718	681	361	84	1391	219	15	268
巴南区	4153	592	468	1174	446	83	221	678	88	403
黔江区	1259	9	267	33	18	11	16	865	11	29
长寿区	2023	5	173	939	149	59	93	435	27	143
江津区	9289	177	745	3146	858	113	450	3276	124	400
合川区	9931	171	1212	2733	1118	369	314	3595	69	350
永川区	4511	124	364	1525	356	137	148	1615	57	185
南川区	2742	1	97	394	204	4	77	1833	40	92
璧山区	1112	1	121	487	131	22	37	269	4	40
铜梁区	2010	8	292	451	317	50	8	758	52	74
潼南区	5478	23	1931	873	419	55	181	1760	40	196
荣昌区	2031	10	134	612	164	22	59	926	21	83
开州区	6125	104	442	1526	434	45	151	2828	67	528
梁平区	3883	42	271	703	289	48	20	2384	39	87
武隆区	1876	152	183	366	131	42	58	639	53	252
县	105416	3358	9725	46966	8548	2873	4034	23546	1205	5161
城口县	2572	248	239	990	201	101	39	587	22	145
丰都县	9721	290	565	4737	912	170	976	1230	229	612
垫江县	11930	196	572	6618	1099	129	460	1930	93	833
忠　县	11407	393	1098	5715	1148	199	490	1434	259	671
云阳县	16716	360	1335	10035	1053	238	727	2392	40	536
奉节县	12833	353	1054	6228	1463	514	290	1708	204	1019
巫山县	6495	400	940	1814	1062	692	366	855	78	288
巫溪县	4884	249	668	1631	316	141	86	1579	23	191
石柱县	7149	157	626	3343	453	154	229	1739	94	354
秀山县	6365	385	299	1887	193	90	102	3292	20	97
酉阳县	7383	202	963	1514	279	252	21	3932	64	156
彭水县	7961	125	1366	2454	369	193	248	2868	79	259

9–4c 各地区按住房来源分的家庭户户数(乡村)

单位：户

地　　区	合　计	租赁廉租住房/公租房	租　　赁其他住房	购买新建商品房	购　买二手房	购买原公有住房	购买经济适用房/两限房	自建住房	继承或赠　予	其　他
重　庆	**381459**	**3557**	**5575**	**15000**	**4506**	**567**	**4285**	**332913**	**5126**	**9930**
市辖区	255114	3275	4498	9980	2682	383	2905	220880	3505	7006
万州区	21690	23	233	871	189	25	283	18041	201	1824
涪陵区	13010	17	48	594	162	31	146	11430	185	397
渝中区										
大渡口区	363	6	100	1	2		5	242	5	2
江北区	291		2	1				279	5	4
沙坪坝区	1670	24	225	17	7		8	1315	33	41
九龙坡区	3243	75	579	139	21	4	102	1971	35	317
南岸区	957	21	79		1	1	2	820	15	18
北碚区	4371	6	100	47	36	5	1	3838	102	236
綦江区	13096	8	155	203	156	16	47	12055	276	180
綦江区(不含万盛)	11343	7	130	199	127	13	28	10413	261	165
万盛经开区	1753	1	25	4	29	3	19	1642	15	15
大足区	11233	11	106	329	50	4	109	10361	98	165
渝北区	8748	2678	320	1034	210	6	12	4226	85	177
巴南区	8160	5	109	248	44	6	13	7171	182	382
黔江区	6745	65	312	242	25	12	14	5941	96	38
长寿区	11476	13	114	432	143	37	139	10035	303	260
江津区	20441	148	554	1577	326	69	987	15707	382	691
合川区	24629	36	476	1121	198	16	248	22000	303	231
永川区	12947	8	87	467	105	24	131	11804	130	191
南川区	7532	1	45	212	116	18	51	6802	142	145
璧山区	8898	83	174	430	212	19	161	7237	285	297
铜梁区	10876	5	101	136	81	18	9	10193	148	185
潼南区	12778	16	153	310	74	14	44	11910	88	169
荣昌区	10216	5	73	279	82	11	33	9490	83	160
开州区	22599	16	278	1101	306	25	293	19807	170	603
梁平区	12820	4	42	146	92	11	32	12257	96	140
武隆区	6325	1	33	43	44	11	35	5948	57	153
县	126345	282	1077	5020	1824	184	1380	112033	1621	2924
城口县	3496	11	26	39	155	7	39	3100	14	105
丰都县	11223	17	95	515	151	23	290	9438	311	383
垫江县	12756	3	46	369	102	12	85	11684	173	282
忠　县	17108	20	172	573	254	36	99	15199	243	512
云阳县	17595	110	255	1769	291	28	327	14394	104	317
奉节县	13898	67	263	1063	304	45	268	11197	183	508
巫山县	8718	1	61	266	227	6	184	7718	74	181
巫溪县	7277	6	15	60	130	5	15	6936	31	79
石柱县	6307	20	38	257	67	11	41	5496	122	255
秀山县	7665	2	8	38	39	2	2	7424	75	75
酉阳县	10977	2	72	7	50	8		10548	207	83
彭水县	9325	23	26	64	54	1	30	8899	84	144

9-5　各地区按月租房费用分的家庭户户数

单位：户

地　　区	合　计	200元以下	200-499元	500-999元	1000-1999元
重　庆	**140945**	**19821**	**41582**	**40787**	**30818**
市辖区	126503	15817	35989	37755	29695
万州区	4020	1039	1257	1207	300
涪陵区	2602	716	931	620	309
渝中区	6902	665	278	2061	3074
大渡口区	4448	315	1810	1590	685
江北区	6829	251	323	1389	3596
沙坪坝区	13791	783	4125	4740	3629
九龙坡区	12505	1131	3242	3569	4018
南岸区	9537	759	2559	2354	3182
北碚区	6165	486	2462	2434	707
綦江区	2796	837	1020	611	305
綦江区(不含万盛)	2289	696	872	469	236
万盛经开区	507	141	148	142	69
大足区	1447	580	400	269	98
渝北区	17194	428	3093	6029	5475
巴南区	6221	500	2246	2338	1044
黔江区	3148	497	1244	1250	145
长寿区	2057	379	993	499	157
江津区	4529	794	1448	1538	709
合川区	4348	1209	1552	1172	383
永川区	2401	519	725	657	446
南川区	837	97	247	242	231
璧山区	3339	721	1523	717	295
铜梁区	1638	436	529	387	222
潼南区	3039	933	1443	373	196
荣昌区	1225	345	391	392	88
开州区	3239	710	1295	841	210
梁平区	1234	352	530	224	99
武隆区	1012	335	323	252	92
县	14442	4004	5593	3032	1123
城口县	524	185	205	73	49
丰都县	967	206	305	299	89
垫江县	817	293	260	167	56
忠　县	1683	511	664	359	111
云阳县	2060	715	613	371	230
奉节县	1737	580	555	349	152
巫山县	1402	284	565	374	95
巫溪县	938	239	407	140	85
石柱县	841	204	283	259	74
秀山县	694	136	410	77	34
酉阳县	1239	310	552	281	77
彭水县	1540	341	774	283	71

9-5 续表 单位：户

地　区	2000-2999元	3000-3999元	4000-5999元	6000-7999元	8000-9999元	10000元及以上
重　庆	**5541**	**1148**	**572**	**284**	**169**	**223**
市辖区	5344	1027	425	196	110	145
万州区	55	34	41	43	22	22
涪陵区	16	3	1	3	1	2
渝中区	613	140	55	7	3	6
大渡口区	42	5	1			
江北区	1084	129	34	13	4	6
沙坪坝区	409	64	32	2	1	6
九龙坡区	468	65	11			1
南岸区	548	100	24	4		7
北碚区	71	3		1		1
綦江区	16	2	1	2		2
綦江区(不含万盛)	12	1	1	1		1
万盛经开区	4	1		1		1
大足区	24	15	16	14	20	11
渝北区	1720	305	106	17	10	11
巴南区	78	12	1		1	1
黔江区	7	3	1			1
长寿区	12	4	4	1	3	5
江津区	14	8	4	5	2	7
合川区	17	8	2	1		4
永川区	26	22	6			
南川区	10	7	2			1
璧山区	25	14	11	27	2	4
铜梁区	16	19	19	4	3	3
潼南区	23	23	14	12	12	10
荣昌区	3	1	2	2		1
开州区	34	29	29	35	26	30
梁平区	6	11	8	2		2
武隆区	7	1		1		1
县	197	121	147	88	59	78
城口县	3	5	3			1
丰都县	21	14	16	5	2	10
垫江县	15	7	8	4	4	3
忠　县	13	6	11	3	3	2
云阳县	38	26	25	14	10	18
奉节县	27	11	10	17	18	18
巫山县	13	6	26	16	11	12
巫溪县	12	14	28	4	1	8
石柱县	7	5	4	3	2	
秀山县	2	3	5	20	6	1
酉阳县	4	5	5	1	1	3
彭水县	42	19	6	1	1	2

9–5a　各地区按月租房费用分的家庭户户数(城市)

单位：户

地　区	合　计	200元以下	200–499元	500–999元	1000–1999元
重　庆	**104259**	**9716**	**27263**	**31919**	**28523**
市辖区	104259	9716	27263	31919	28523
万州区	3433	804	1029	1141	274
涪陵区	2381	615	845	602	304
渝中区	6902	665	278	2061	3074
大渡口区	4291	214	1776	1573	682
江北区	6340	231	263	1093	3494
沙坪坝区	13444	668	4007	4643	3617
九龙坡区	9655	584	1986	2701	3852
南岸区	9362	706	2504	2330	3155
北碚区	5855	381	2356	2359	686
綦江区	1468	298	460	457	248
綦江区(不含万盛)	1259	255	409	370	221
万盛经开区	209	43	51	87	27
大足区	636	222	140	143	69
渝北区	13301	238	1746	3860	5318
巴南区	5047	364	1788	1832	975
黔江区	2495	296	976	1087	128
长寿区	1752	245	897	453	140
江津区	2905	329	797	1145	606
合川区	2453	453	783	917	283
永川区	1818	232	528	603	431
南川区	693	69	182	207	220
璧山区	2960	560	1402	652	273
铜梁区	1232	271	353	357	203
潼南区	916	303	253	156	150
荣昌区	1003	280	294	352	72
开州区	2399	426	979	764	110
梁平区	875	165	420	202	72
武隆区	643	97	221	229	87
县					
城口县					
丰都县					
垫江县					
忠　县					
云阳县					
奉节县					
巫山县					
巫溪县					
石柱县					
秀山县					
酉阳县					
彭水县					

9-5a 续表 单位：户

地 区	2000-2999元	3000-3999元	4000-5999元	6000-7999元	8000-9999元	10000元及以上
重 庆	**5176**	**917**	**357**	**171**	**97**	**120**
市辖区	5176	917	357	171	97	120
万州区	43	22	34	42	22	22
涪陵区	10	2	1	2		
渝中区	613	140	55	7	3	6
大渡口区	41	4	1			
江北区	1076	128	33	13	4	5
沙坪坝区	405	63	32	2	1	6
九龙坡区	463	60	8			1
南岸区	538	97	23	3		6
北碚区	68	3		1		1
綦江区	2			1		2
綦江区(不含万盛)	2			1		1
万盛经开区						1
大足区	21	3	8	6	17	7
渝北区	1701	300	103	16	9	10
巴南区	76	11			1	
黔江区	4	3				1
长寿区	6	1	2	1	2	5
江津区	9	7	2	3	1	6
合川区	9	4				4
永川区	17	6	1			
南川区	7	5	2			1
璧山区	21	11	11	24	2	4
铜梁区	10	15	16	3	3	1
潼南区	17	15	1	10	7	4
荣昌区	2	1		1		1
开州区	9	9	18	33	25	26
梁平区	1	6	6	2		1
武隆区	7	1		1		
县						
城口县						
丰都县						
垫江县						
忠 县						
云阳县						
奉节县						
巫山县						
巫溪县						
石柱县						
秀山县						
酉阳县						
彭水县						

9-5b 各地区按月租房费用分的家庭户户数(镇)

单位：户

地 区	合 计	200元以下	200-499元	500-999元	1000-1999元
重 庆	**27554**	**8011**	**11113**	**5787**	**1730**
市辖区	14471	4601	5954	2921	710
万州区	331	135	139	21	15
涪陵区	156	81	59	4	3
渝中区					
大渡口区	51	23	26	2	
江北区	487	20	59	296	102
沙坪坝区	98	23	29	44	2
九龙坡区	2196	315	954	775	141
南岸区	75	20	19	14	14
北碚区	204	69	69	54	11
綦江区	1165	443	520	138	50
綦江区(不含万盛)	893	355	433	86	9
万盛经开区	272	88	87	52	41
大足区	694	341	225	82	9
渝北区	895	141	307	389	54
巴南区	1060	100	419	478	61
黔江区	276	125	133	10	5
长寿区	178	94	57	22	1
江津区	922	360	359	162	36
合川区	1383	658	603	82	33
永川区	488	241	174	36	9
南川区	98	21	51	19	4
璧山区	122	49	51	9	9
铜梁区	300	130	132	16	14
潼南区	1954	593	1113	183	28
荣昌区	144	49	70	15	7
开州区	546	180	200	34	78
梁平区	313	174	91	16	21
武隆区	335	216	95	20	3
县	13083	3410	5159	2866	1020
城口县	487	166	190	71	48
丰都县	855	172	271	269	78
垫江县	768	276	249	157	48
忠 县	1491	439	592	339	91
云阳县	1695	513	527	336	203
奉节县	1407	441	433	313	135
巫山县	1340	261	546	362	91
巫溪县	917	226	402	139	85
石柱县	783	177	269	249	70
秀山县	684	135	406	76	30
酉阳县	1165	297	509	276	70
彭水县	1491	307	765	279	71

9-5b 续表 单位：户

地　　区	2000-2999元	3000-3999元	4000-5999元	6000-7999元	8000-9999元	10000元及以上
重　庆	**274**	**187**	**188**	**104**	**68**	**92**
市辖区	100	80	57	19	11	18
万州区	9	8	3	1		
涪陵区	5	1			1	2
渝中区						
大渡口区						
江北区	8	1	1			
沙坪坝区						
九龙坡区	5	3	3			
南岸区	4	3	1			
北碚区	1					
綦江区	11	2		1		
綦江区(不含万盛)	9	1				
万盛经开区	2	1		1		
大足区	3	12	8	8	3	3
渝北区	1	1	1	1		
巴南区	1					1
黔江区	2		1			
长寿区	2		2			
江津区	2		1	1	1	
合川区	3	2	1	1		
永川区	7	16	5			
南川区	3					
璧山区	2	2				
铜梁区	3		3	1		1
潼南区	4	7	13	2	5	6
荣昌区			2	1		
开州区	20	18	10	2	1	3
梁平区	4	4	2			1
武隆区						1
县	174	107	131	85	57	74
城口县	3	5	3			1
丰都县	20	14	15	5	2	9
垫江县	13	6	8	4	4	3
忠　县	9	4	9	3	3	2
云阳县	31	23	22	12	10	18
奉节县	21	5	7	17	17	18
巫山县	13	6	23	16	10	12
巫溪县	12	13	27	4	1	8
石柱县	5	5	3	3	2	
秀山县	2	3	5	20	6	1
酉阳县	4	4	3		1	1
彭水县	41	19	6	1	1	1

9–5c　各地区按月租房费用分的家庭户户数(乡村)

单位：户

地　　区	合　计	200元以下	200–499元	500–999元	1000–1999元
重　庆	**9132**	**2094**	**3206**	**3081**	**565**
市辖区	7773	1500	2772	2915	462
万州区	256	100	89	45	11
涪陵区	65	20	27	14	2
渝中区					
大渡口区	106	78	8	15	3
江北区	2		1		
沙坪坝区	249	92	89	53	10
九龙坡区	654	232	302	93	25
南岸区	100	33	36	10	13
北碚区	106	36	37	21	10
綦江区	163	96	40	16	7
綦江区(不含万盛)	137	86	30	13	6
万盛经开区	26	10	10	3	1
大足区	117	17	35	44	20
渝北区	2998	49	1040	1780	103
巴南区	114	36	39	28	8
黔江区	377	76	135	153	12
长寿区	127	40	39	24	16
江津区	702	105	292	231	67
合川区	512	98	166	173	67
永川区	95	46	23	18	6
南川区	46	7	14	16	7
璧山区	257	112	70	56	13
铜梁区	106	35	44	14	5
潼南区	169	37	77	34	18
荣昌区	78	16	27	25	9
开州区	294	104	116	43	22
梁平区	46	13	19	6	6
武隆区	34	22	7	3	2
县	1359	594	434	166	103
城口县	37	19	15	2	1
丰都县	112	34	34	30	11
垫江县	49	17	11	10	8
忠　县	192	72	72	20	20
云阳县	365	202	86	35	27
奉节县	330	139	122	36	17
巫山县	62	23	19	12	4
巫溪县	21	13	5	1	
石柱县	58	27	14	10	4
秀山县	10	1	4	1	4
酉阳县	74	13	43	5	7
彭水县	49	34	9	4	

9-5c 续表 单位：户

地 区	2000-2999元	3000-3999元	4000-5999元	6000-7999元	8000-9999元	10000元及以上
重 庆	**91**	**44**	**27**	**9**	**4**	**11**
市辖区	68	30	11	6	2	7
万州区	3	4	4			
涪陵区	1			1		
渝中区						
大渡口区	1	1				
江北区						1
沙坪坝区	4	1				
九龙坡区		2				
南岸区	6			1		1
北碚区	2					
綦江区	3		1			
綦江区(不含万盛)	1		1			
万盛经开区	2					
大足区						1
渝北区	18	4	2		1	1
巴南区	1	1	1			
黔江区	1					
长寿区	4	3			1	
江津区	3	1	1	1		1
合川区	5	2	1			
永川区	2					
南川区		2				
璧山区	2	1		3		
铜梁区	3	4				1
潼南区	2	1				
荣昌区	1					
开州区	5	2	1			1
梁平区	1	1				
武隆区						
县	23	14	16	3	2	4
城口县						
丰都县	1		1			1
垫江县	2	1				
忠 县	4	2	2			
云阳县	7	3	3	2		
奉节县	6	6	3		1	
巫山县			3		1	
巫溪县		1	1			
石柱县	2		1			
秀山县						
酉阳县		1	2	1		2
彭水县	1					1

9-6　各地区按住房来源分的同时拥有厨房和厕所的家庭户户数

单位：户

地　区	合　计	租赁廉租住房/公租房	租　赁其他住房	购买新建商品房	购　买二手房	购买原公有住房	购买经济适用房/两限房	自建住房	继承或赠　予	其　他
重　庆	**1123988**	**43390**	**93173**	**351823**	**110021**	**26176**	**42127**	**403918**	**10302**	**43058**
市辖区	894794	39773	82814	299866	99683	23160	36717	270065	7607	35109
万州区	56997	1060	2823	18847	5150	1174	1887	20252	671	5133
涪陵区	37070	1278	1285	11618	4048	1335	1727	14313	254	1212
渝中区	20616	402	6337	5760	4432	2261	666	18	147	593
大渡口区	16252	2386	2008	5725	2753	474	2214	387	37	268
江北区	34129	324	6364	14267	5083	2010	1156	378	366	4181
沙坪坝区	48622	5689	7629	19001	5998	2815	1706	2636	408	2740
九龙坡区	55062	2790	9064	22160	9198	2429	3228	3021	426	2746
南岸区	42188	3567	5702	20588	6910	1804	1018	1149	115	1335
北碚区	27379	3466	2580	8385	3308	969	2034	4530	383	1724
綦江区	36814	690	1905	11513	4283	1079	1091	14545	546	1162
綦江区(不含万盛)	28246	548	1548	8254	2969	925	369	12482	390	761
万盛经开区	8568	142	357	3259	1314	154	722	2063	156	401
大足区	26046	565	816	8097	877	157	1209	13732	153	440
渝北区	77046	6572	10331	32065	14864	1042	6458	4424	229	1061
巴南区	41504	2962	3063	16230	5076	1227	1170	8675	406	2695
黔江区	14617	332	2635	2504	769	205	92	7844	111	125
长寿区	28477	846	1188	9184	2846	508	1964	10726	383	832
江津区	45659	1143	3198	12158	3983	309	3758	19298	550	1262
合川区	53887	758	3446	15152	3779	625	1071	26842	480	1734
永川区	35616	569	1677	14634	2745	649	560	14005	208	569
南川区	18844	159	659	5106	1351	91	338	9992	247	901
璧山区	24677	1610	1691	8338	2558	323	925	8391	298	543
铜梁区	24378	325	1221	7999	2057	241	256	11694	223	362
潼南区	27551	335	2680	8277	1113	164	386	13958	177	461
荣昌区	23830	261	921	7635	1667	425	471	11855	143	452
开州区	42464	1088	2095	8149	2787	486	1005	24959	311	1584
梁平区	23675	286	859	4511	1234	194	197	15634	221	539
武隆区	11394	310	637	1963	814	164	130	6807	114	455
县	229194	3617	10359	51957	10338	3016	5410	133853	2695	7949
城口县	5988	257	254	1029	354	108	78	3631	35	242
丰都县	20638	304	641	5248	1061	193	1266	10435	510	980
垫江县	24528	197	593	6978	1200	139	544	13523	253	1101
忠　县	27966	407	1184	6285	1390	233	588	16237	476	1166
云阳县	34172	469	1542	11797	1342	264	1054	16725	144	835
奉节县	26573	417	1295	7291	1763	558	558	12798	382	1511
巫山县	15040	399	900	2078	1287	698	549	8514	150	465
巫溪县	12118	255	674	1691	445	145	101	8495	48	264
石柱县	13247	176	637	3597	519	136	270	7108	205	599
秀山县	13818	387	301	1924	228	92	103	10532	92	159
酉阳县	17908	202	971	1521	327	257	21	14136	243	230
彭水县	17198	147	1367	2518	422	193	278	11719	157	397

9-6a 各地区按住房来源分的同时拥有厨房和厕所的家庭户户数(城市)

单位：户

地区	合计	租赁廉租住房/公租房	租赁其他住房	购买新建商品房	购买二手房	购买原公有住房	购买经济适用房/两限房	自建住房	继承或赠予	其他
重庆	**546072**	**33803**	**67727**	**263434**	**87894**	**20470**	**28732**	**21527**	**2789**	**19696**
市辖区	546072	33803	67727	263434	87894	20470	28732	21527	2789	19696
万州区	29115	1022	2301	16727	4702	1091	1541	868	153	710
涪陵区	21265	1213	1135	10166	3692	1265	1415	1839	50	490
渝中区	20616	402	6337	5760	4432	2261	666	18	147	593
大渡口区	15786	2376	1865	5724	2725	441	2209	150	34	262
江北区	31660	288	5919	13991	4921	2002	1118	73	244	3104
沙坪坝区	46228	5661	7346	18669	5945	2807	1679	1206	373	2542
九龙坡区	43792	2206	7065	19315	8068	2023	2647	201	278	1989
南岸区	40972	3549	5564	20415	6871	1798	1016	348	100	1311
北碚区	21625	3435	2324	8031	3102	926	1756	514	246	1291
綦江区	13871	431	917	8065	2664	487	416	415	91	385
綦江区(不含万盛)	11215	377	763	6875	1885	403	113	362	79	358
万盛经开区	2656	54	154	1190	779	84	303	53	12	27
大足区	9275	299	319	6054	509	102	900	947	19	126
渝北区	64523	3719	9358	30351	14297	953	5055	31	135	624
巴南区	29364	2365	2539	14809	4596	1141	936	907	147	1924
黔江区	7028	259	2141	2230	728	182	62	1338	20	68
长寿区	15108	830	909	7813	2556	412	1732	348	66	442
江津区	16353	844	1981	7439	2809	134	2325	556	63	202
合川区	19914	556	1839	11305	2477	262	514	1622	153	1186
永川区	18611	438	1285	12644	2287	493	283	927	47	207
南川区	8787	157	524	4500	1035	69	210	1547	72	673
璧山区	14804	1527	1412	7421	2217	283	728	963	21	232
铜梁区	11713	312	864	7414	1664	177	240	864	47	131
潼南区	9389	298	611	7096	622	95	161	348	53	105
荣昌区	11834	247	726	6752	1423	400	379	1630	47	230
开州区	13872	971	1392	5523	2049	417	561	2416	76	467
梁平区	7188	241	594	3665	861	138	145	1117	96	331
武隆区	3379	157	460	1555	642	111	38	334	11	71
县										
城口县										
丰都县										
垫江县										
忠县										
云阳县										
奉节县										
巫山县										
巫溪县										
石柱县										
秀山县										
酉阳县										
彭水县										

9-6b　各地区按住房来源分的同时拥有厨房和厕所的家庭户户数(镇)

单位：户

地　　区	合　计	租赁廉租住房/公租房	租　　赁其他住房	购买新建商品房	购　　买二手房	购买原公有住房	购买经济适用房/两限房	自建住房	继承或赠　予	其　他
重　庆	**202250**	**6048**	**20189**	**73408**	**17673**	**5159**	**9120**	**54201**	**2713**	**13739**
市辖区	97516	2708	10871	26463	9138	2325	5089	30759	1528	8635
万州区	6454	15	293	1249	266	58	63	1580	321	2609
涪陵区	2923	48	103	858	194	39	166	1161	29	325
渝中区										
大渡口区	111	4	44		26	33				4
江北区	2178	36	443	275	162	8	38	26	117	1073
沙坪坝区	763	5	83	315	46	8	19	122	4	161
九龙坡区	8199	509	1525	2706	1109	402	479	876	114	479
南岸区	299		72	173	38	5		1		10
北碚区	1492	26	161	307	170	39	277	266	41	205
綦江区	10151	251	840	3245	1464	576	628	2339	203	605
綦江区(不含万盛)	5958	164	662	1180	957	509	228	1939	73	246
万盛经开区	4193	87	178	2065	507	67	400	400	130	359
大足区	5635	255	393	1714	318	51	200	2508	43	153
渝北区	3856	176	671	680	358	83	1391	219	13	265
巴南区	4075	592	422	1173	437	80	221	667	85	398
黔江区	1166	9	203	32	17	11	16	842	11	25
长寿区	2013	3	167	939	148	59	93	434	27	143
江津区	9103	151	676	3144	851	112	450	3221	113	385
合川区	9749	171	1143	2727	1104	348	309	3558	57	332
永川区	4427	123	313	1525	354	134	148	1603	50	177
南川区	2711	1	91	394	202	4	77	1816	40	86
璧山区	1093	1	115	487	131	22	37	265	3	32
铜梁区	1961	8	268	451	315	48	8	754	45	64
潼南区	5444	21	1918	871	418	55	181	1750	40	190
荣昌区	1988	9	123	604	163	19	59	916	21	74
开州区	6100	101	430	1526	433	44	151	2825	67	523
梁平区	3795	41	224	702	283	45	20	2373	34	73
武隆区	1830	152	150	366	131	42	58	637	50	244
县	104734	3340	9318	46945	8535	2834	4031	23442	1185	5104
城口县	2553	246	229	990	201	101	39	584	21	142
丰都县	9691	288	551	4736	912	170	976	1226	227	605
垫江县	11880	194	549	6611	1098	127	459	1925	90	827
忠　县	11313	390	1021	5713	1142	198	490	1433	257	669
云阳县	16648	359	1293	10029	1052	237	727	2388	40	523
奉节县	12796	350	1040	6228	1462	513	290	1700	203	1010
巫山县	6381	398	840	1812	1061	692	365	849	78	286
巫溪县	4865	249	659	1631	315	140	86	1576	20	189
石柱县	7072	157	601	3340	452	125	229	1730	90	348
秀山县	6345	385	293	1887	193	90	101	3281	20	95
酉阳县	7269	200	901	1514	279	249	21	3891	61	153
彭水县	7921	124	1341	2454	368	192	248	2859	78	257

9－6c　各地区按住房来源分的同时拥有厨房和厕所的家庭户户数(乡村)

单位：户

地　区	合　计	租赁廉租住房/公租房	租　赁其他住房	购买新建商品房	购　买二手房	购买原公有住房	购买经济适用房/两限房	自建住房	继承或赠　予	其　他
重　庆	**375666**	**3539**	**5257**	**14981**	**4454**	**547**	**4275**	**328190**	**4800**	**9623**
市辖区	251206	3262	4216	9969	2651	365	2896	217779	3290	6778
万州区	21428	23	229	871	182	25	283	17804	197	1814
涪陵区	12882	17	47	594	162	31	146	11313	175	397
渝中区										
大渡口区	355	6	99	1	2		5	237	3	2
江北区	291		2	1				279	5	4
沙坪坝区	1631	23	200	17	7		8	1308	31	37
九龙坡区	3071	75	474	139	21	4	102	1944	34	278
南岸区	917	18	66		1	1	2	800	15	14
北碚区	4262	5	95	47	36	4	1	3750	96	228
綦江区	12792	8	148	203	155	16	47	11791	252	172
綦江区(不含万盛)	11073	7	123	199	127	13	28	10181	238	157
万盛经开区	1719	1	25	4	28	3	19	1610	14	15
大足区	11136	11	104	329	50	4	109	10277	91	161
渝北区	8667	2677	302	1034	209	6	12	4174	81	172
巴南区	8065	5	102	248	43	6	13	7101	174	373
黔江区	6423	64	291	242	24	12	14	5664	80	32
长寿区	11356	13	112	432	142	37	139	9944	290	247
江津区	20203	148	541	1575	323	63	983	15521	374	675
合川区	24224	31	464	1120	198	15	248	21662	270	216
永川区	12578	8	79	465	104	22	129	11475	111	185
南川区	7346	1	44	212	114	18	51	6629	135	142
璧山区	8780	82	164	430	210	18	160	7163	274	279
铜梁区	10704	5	89	134	78	16	8	10076	131	167
潼南区	12718	16	151	310	73	14	44	11860	84	166
荣昌区	10008	5	72	279	81	6	33	9309	75	148
开州区	22492	16	273	1100	305	25	293	19718	168	594
梁平区	12692	4	41	144	90	11	32	12144	91	135
武隆区	6185	1	27	42	41	11	34	5836	53	140
县	124460	277	1041	5012	1803	182	1379	110411	1510	2845
城口县	3435	11	25	39	153	7	39	3047	14	100
丰都县	10947	16	90	512	149	23	290	9209	283	375
垫江县	12648	3	44	367	102	12	85	11598	163	274
忠　县	16653	17	163	572	248	35	98	14804	219	497
云阳县	17524	110	249	1768	290	27	327	14337	104	312
奉节县	13777	67	255	1063	301	45	268	11098	179	501
巫山县	8659	1	60	266	226	6	184	7665	72	179
巫溪县	7253	6	15	60	130	5	15	6919	28	75
石柱县	6175	19	36	257	67	11	41	5378	115	251
秀山县	7473	2	8	37	35	2	2	7251	72	64
酉阳县	10639	2	70	7	48	8		10245	182	77
彭水县	9277	23	26	64	54	1	30	8860	79	140

9-7　全市按户主的受教育程度、住房来源分的家庭户户数

单位：户

受教育程度	合　计	租赁廉租住房/公租房	租　赁其他住房	购买新建商品房	购　买二手房	购买原公有住房	购买经济适用房/两限房	自建住房	继承或赠　予	其　他
总　计	**1058435**	**43095**	**94982**	**340791**	**106653**	**24915**	**40352**	**355622**	**9911**	**42114**
未上过学	16287	362	1077	1823	718	272	530	10179	327	999
学前教育	1109	18	75	155	54	21	26	675	23	62
小　学	325283	6628	18594	52170	18260	4757	11625	194727	3920	14602
初　中	371726	15814	31744	112586	37738	8666	16127	128591	3760	16700
高　中	158608	10345	18553	70815	22012	6011	6674	17041	1181	5976
大学专科	97617	6177	13571	52184	14351	2813	2776	3231	387	2127
大学本科	78823	3542	10128	46097	11988	2129	2082	1104	275	1478
硕士研究生	7811	189	1073	4440	1332	192	364	62	32	127
博士研究生	1171	20	167	521	200	54	148	12	6	43

9-7a　全市按户主的受教育程度、住房来源分的家庭户户数(城市)

单位：户

受教育程度	合　计	租赁廉租住房/公租房	租　赁其他住房	购买新建商品房	购　买二手房	购买原公有住房	购买经济适用房/两限房	自建住房	继承或赠　予	其　他
总　计	**533700**	**33560**	**68715**	**256421**	**85540**	**19377**	**27732**	**20269**	**2782**	**19304**
未上过学	3637	238	551	1105	427	212	345	409	52	298
学前教育	240	11	37	72	30	15	16	24	10	25
小　学	78254	4475	9357	29693	11336	3350	6706	8163	648	4526
初　中	174624	12167	20902	77654	28385	6596	10839	8898	1109	8074
高　中	116400	8471	15182	56749	19111	5025	5268	2000	588	4006
大学专科	82341	5163	12247	45173	13303	2186	2253	512	194	1310
大学本科	69519	2862	9243	41151	11428	1755	1796	227	146	911
硕士研究生	7534	155	1030	4315	1322	184	361	26	29	112
博士研究生	1151	18	166	509	198	54	148	10	6	42

9-7b 全市按户主的受教育程度、住房来源分的家庭户户数(镇)

单位：户

受教育程度	合　计	租赁廉租住房/公租房	租　赁其他住房	购买新建商品房	购　买二手房	购买原公有住房	购买经济适用房/两限房	自建住房	继承或赠　予	其　他
总　计	**195068**	**6045**	**21040**	**71303**	**17176**	**5016**	**8751**	**49543**	**2659**	**13535**
未上过学	2854	106	420	580	197	51	119	1073	48	260
学前教育	209	7	34	63	12	2	6	68	7	10
小　学	64276	1672	7214	17595	5042	1214	3101	22506	949	4983
初　中	81196	2464	8637	29183	7766	1865	3703	20770	1140	5668
高　中	26764	998	2801	12657	2644	930	1098	3824	317	1495
大学专科	11786	404	1140	6484	972	595	462	960	116	653
大学本科	7754	367	757	4622	532	351	259	330	82	454
硕士研究生	212	25	36	108	9	8	3	12		11
博士研究生	17	2	1	11	2					1

9-7c 全市按户主的受教育程度、住房来源分的家庭户户数(乡村)

单位：户

受教育程度	合　计	租赁廉租住房/公租房	租　赁其他住房	购买新建商品房	购　买二手房	购买原公有住房	购买经济适用房/两限房	自建住房	继承或赠　予	其　他
总　计	**329667**	**3490**	**5227**	**13067**	**3937**	**522**	**3869**	**285810**	**4470**	**9275**
未上过学	9796	18	106	138	94	9	66	8697	227	441
学前教育	660		4	20	12	4	4	583	6	27
小　学	182753	481	2023	4882	1882	193	1818	164058	2323	5093
初　中	115906	1183	2205	5749	1587	205	1585	98923	1511	2958
高　中	15444	876	570	1409	257	56	308	11217	276	475
大学专科	3490	610	184	527	76	32	61	1759	77	164
大学本科	1550	313	128	324	28	23	27	547	47	113
硕士研究生	65	9	7	17	1			24	3	4
博士研究生	3			1				2		

9−8　全市按户主的受教育程度、月租房费用分的家庭户户数

单位：户

受教育程度	合　计	200元以下	200−499元	500−999元	1000−1999元
总　计	**138077**	**19470**	**41037**	**39994**	**29928**
未上过学	1439	504	527	273	107
学前教育	93	34	31	16	7
小　学	25222	6889	9302	6150	2231
初　中	47558	8074	16194	15000	6661
高　中	28898	2611	8017	9754	7008
大学专科	19748	717	4366	5506	7403
大学本科	13670	585	2462	3089	5760
硕士研究生	1262	44	129	182	641
博士研究生	187	12	9	24	110

9−8　续表

单位：户

受教育程度	2000−2999元	3000−3999元	4000−5999元	6000−7999元	8000−9999元	10000元及以上
总　计	**5327**	**1107**	**552**	**276**	**169**	**217**
未上过学	15	7	3	1		2
学前教育	1	3		1		
小　学	291	117	105	55	38	44
初　中	924	265	185	121	68	66
高　中	1087	198	78	55	36	54
大学专科	1414	201	76	23	15	27
大学本科	1376	262	87	15	11	23
硕士研究生	194	50	16	5		1
博士研究生	25	4	2		1	

9-8a 全市按户主的受教育程度、月租房费用分的家庭户户数(城市)

单位：户

受教育程度	合　计	200元以下	200-499元	500-999元	1000-1999元
总　计	**102275**	**9527**	**27018**	**31393**	**27742**
未上过学	789	208	268	197	95
学前教育	48	13	14	12	6
小　学	13832	2572	4722	4358	1819
初　中	33069	4382	10307	11417	5812
高　中	23653	1659	6102	7987	6563
大学专科	17410	399	3522	4637	7163
大学本科	12105	249	1964	2605	5554
硕士研究生	1185	33	110	157	622
博士研究生	184	12	9	23	108

9-8a 续表

单位：户

受教育程度	2000-2999元	3000-3999元	4000-5999元	6000-7999元	8000-9999元	10000元及以上
总　计	**4985**	**886**	**346**	**164**	**97**	**117**
未上过学	12	5	2	1		1
学前教育	1	1		1		
小　学	209	53	44	15	22	18
初　中	764	154	83	80	35	35
高　中	1040	170	49	36	17	30
大学专科	1385	191	66	15	14	18
大学本科	1357	258	84	11	8	15
硕士研究生	192	50	16	5		
博士研究生	25	4	2		1	

9-8b　全市按户主的受教育程度、月租房费用分的家庭户户数(镇)

单位：户

受教育程度	合　计	200元以下	200-499元	500-999元	1000-1999元
总　计	**27085**	**7920**	**10937**	**5661**	**1676**
未上过学	526	239	215	55	10
学前教育	41	19	17	2	1
小　学	8886	3356	3752	1232	304
初　中	11101	2960	4685	2417	633
高　中	3799	789	1408	1120	337
大学专科	1544	266	518	503	202
大学本科	1124	282	326	311	172
硕士研究生	61	9	16	20	15
博士研究生	3			1	2

9-8b　续表

单位：户

受教育程度	2000-2999元	3000-3999元	4000-5999元	6000-7999元	8000-9999元	10000元及以上
总　计	**264**	**185**	**182**	**103**	**68**	**89**
未上过学	3	2	1			1
学前教育		2				
小　学	63	52	50	38	15	24
初　中	127	94	90	38	31	26
高　中	36	22	28	17	19	23
大学专科	22	10	10	6	1	6
大学本科	13	3	3	4	2	8
硕士研究生						1
博士研究生						

9-8c　全市按户主的受教育程度、月租房费用分的家庭户户数(乡村)

单位：户

受教育程度	合　计	200元以下	200-499元	500-999元	1000-1999元
总　计	**8717**	**2023**	**3082**	**2940**	**510**
未上过学	124	57	44	21	2
学前教育	4	2		2	
小　学	2504	961	828	560	108
初　中	3388	732	1202	1166	216
高　中	1446	163	507	647	108
大学专科	794	52	326	366	38
大学本科	441	54	172	173	34
硕士研究生	16	2	3	5	4
博士研究生					

9-8c　续表

单位：户

受教育程度	2000-2999元	3000-3999元	4000-5999元	6000-7999元	8000-9999元	10000元及以上
总　计	**78**	**36**	**24**	**9**	**4**	**11**
未上过学						
学前教育						
小　学	19	12	11	2	1	2
初　中	33	17	12	3	2	5
高　中	11	6	1	2		1
大学专科	7			2		3
大学本科	6	1			1	
硕士研究生	2					
博士研究生						

9—9　全市按户主的职业、住房来源分的家庭户户数

单位：户

职业大类	合　计	租赁廉租住房/公租房	租　赁其他住房	购买新建商品房	购　买二手房
总　计	**665601**	**27901**	**68272**	**220041**	**71333**
党的机关、国家机关、群众团体和社会组织、企事业单位负责人	11716	274	1149	6514	1721
专业技术人员	66412	3351	8404	35287	9593
办事人员和有关人员	52169	2594	4809	27835	7146
社会生产服务和生活服务人员	236484	13949	35977	92111	33831
农、林、牧、渔业生产及辅助人员	115366	210	1332	5130	1789
生产制造及有关人员	182533	7475	16503	52788	17149
不便分类的其他从业人员	921	48	98	376	104

9—9　续表

单位：户

职业大类	购买原公有住房	购买经济适用房/两限房	自建住房	继承或赠　予	其　他
总　计	**8127**	**20274**	**224242**	**5050**	**20361**
党的机关、国家机关、群众团体和社会组织、企事业单位负责人	191	259	1324	49	235
专业技术人员	1484	2060	4133	300	1800
办事人员和有关人员	1494	1902	4613	285	1491
社会生产服务和生活服务人员	3164	8463	39529	1670	7790
农、林、牧、渔业生产及辅助人员	157	964	101990	1312	2482
生产制造及有关人员	1626	6587	72465	1428	6512
不便分类的其他从业人员	11	39	188	6	51

9-9a　全市按户主的职业、住房来源分的家庭户户数(城市)

单位：户

职业大类	合　计	租赁廉租住房/公租房	租　赁其他住房	购买新建商品房	购　买二手房
总　计	**338481**	**21650**	**52003**	**167038**	**58524**
党的机关、国家机关、群众团体和社会组织、企事业单位负责人	8792	213	978	5506	1525
专业技术人员	52426	2640	7300	29650	8737
办事人员和有关人员	40458	2119	4113	23617	6482
社会生产服务和生活服务人员	156741	11149	28561	71730	28376
农、林、牧、渔业生产及辅助人员	4283	103	206	1384	414
生产制造及有关人员	75365	5391	10785	34947	12917
不便分类的其他从业人员	416	35	60	204	73

9-9a　续表

单位：户

职业大类	购买原公有住房	购买经济适用房/两限房	自建住房	继承或赠　予	其　他
总　计	**5628**	**13492**	**10686**	**1183**	**8277**
党的机关、国家机关、群众团体和社会组织、企事业单位负责人	134	188	118	18	112
专业技术人员	1023	1663	411	116	886
办事人员和有关人员	1126	1480	503	131	887
社会生产服务和生活服务人员	2245	6060	3916	612	4092
农、林、牧、渔业生产及辅助人员	25	177	1836	31	107
生产制造及有关人员	1066	3907	3896	273	2183
不便分类的其他从业人员	9	17	6	2	10

9–9b　全市按户主的职业、住房来源分的家庭户户数(镇)

单位：户

职业大类	合　计	租赁廉租住房/公租房	租　赁其他住房	购买新建商品房	购　买二手房
总　计	**115510**	**3447**	**12627**	**44584**	**10263**
党的机关、国家机关、群众团体和社会组织、企事业单位负责人	1718	36	126	923	178
专业技术人员	9724	383	929	5193	779
办事人员和有关人员	7455	288	554	3863	601
社会生产服务和生活服务人员	44260	1558	6093	17566	4742
农、林、牧、渔业生产及辅助人员	14127	80	761	2664	618
生产制造及有关人员	37900	1089	4129	14211	3319
不便分类的其他从业人员	326	13	35	164	26

9–9b　续表

单位：户

职业大类	购买原公有住房	购买经济适用房/两限房	自建住房	继承或赠　予	其　他
总　计	**2205**	**4535**	**29302**	**1286**	**7261**
党的机关、国家机关、群众团体和社会组织、企事业单位负责人	51	60	244	16	84
专业技术人员	417	310	908	112	693
办事人员和有关人员	360	332	912	89	456
社会生产服务和生活服务人员	822	1750	8604	527	2598
农、林、牧、渔业生产及辅助人员	67	366	8593	148	830
生产制造及有关人员	486	1701	10007	393	2565
不便分类的其他从业人员	2	16	34	1	35

9-9c 全市按户主的职业、住房来源分的家庭户户数(乡村)

单位：户

职业大类	合 计	租赁廉租住房/公租房	租 赁 其他住房	购买新建商品房	购 买 二手房
总 计	**211610**	**2804**	**3642**	**8419**	**2546**
党的机关、国家机关、群众团体和社会组织、企事业单位负责人	1206	25	45	85	18
专业技术人员	4262	328	175	444	77
办事人员和有关人员	4256	187	142	355	63
社会生产服务和生活服务人员	35483	1242	1323	2815	713
农、林、牧、渔业生产及辅助人员	96956	27	365	1082	757
生产制造及有关人员	69268	995	1589	3630	913
不便分类的其他从业人员	179		3	8	5

9-9c 续表

单位：户

职业大类	购买原公有住房	购买经济适用房/两限房	自建住房	继承或赠 予	其 他
总 计	**294**	**2247**	**184254**	**2581**	**4823**
党的机关、国家机关、群众团体和社会组织、企事业单位负责人	6	11	962	15	39
专业技术人员	44	87	2814	72	221
办事人员和有关人员	8	90	3198	65	148
社会生产服务和生活服务人员	97	653	27009	531	1100
农、林、牧、渔业生产及辅助人员	65	421	91561	1133	1545
生产制造及有关人员	74	979	58562	762	1764
不便分类的其他从业人员		6	148	3	6

9-10　全市按户主的职业、月租房费用分的家庭户户数

单位：户

职业大类	合　计	200元以下	200-499元	500-999元	1000-1999元
总　计	**96173**	**9252**	**27576**	**29977**	**23561**
党的机关、国家机关、群众团体和社会组织、企事业单位负责人	1423	63	184	334	511
专业技术人员	11755	703	2525	3114	4373
办事人员和有关人员	7403	566	1830	1947	2376
社会生产服务和生活服务人员	49926	3927	13411	16255	13217
农、林、牧、渔业生产及辅助人员	1542	635	578	215	79
生产制造及有关人员	23978	3346	9000	8070	2973
不便分类的其他从业人员	146	12	48	42	32

9-10　续表

单位：户

职业大类	2000-2999元	3000-3999元	4000-5999元	6000-7999元	8000-9999元	10000元及以上
总　计	**4109**	**853**	**402**	**184**	**109**	**150**
党的机关、国家机关、群众团体和社会组织、企事业单位负责人	230	60	29	4	1	7
专业技术人员	807	138	54	14	9	18
办事人员和有关人员	510	101	37	13	9	14
社会生产服务和生活服务人员	2221	440	203	104	64	84
农、林、牧、渔业生产及辅助人员	13	13	7	1	1	
生产制造及有关人员	320	101	71	48	25	24
不便分类的其他从业人员	8		1			3

9－10a 全市按户主的职业、月租房费用分的家庭户户数(城市)

单位：户

职业大类	合 计	200元以下	200－499元	500－999元	1000－1999元
总 计	**73653**	**4135**	**18687**	**23771**	**21987**
党的机关、国家机关、群众团体和社会组织、企事业单位负责人	1191	28	121	259	473
专业技术人员	9940	286	1876	2579	4192
办事人员和有关人员	6232	317	1435	1589	2245
社会生产服务和生活服务人员	39710	1970	9483	13167	12393
农、林、牧、渔业生产及辅助人员	309	58	96	102	43
生产制造及有关人员	16176	1474	5655	6039	2613
不便分类的其他从业人员	95	2	21	36	28

9－10a 续表

单位：户

职业大类	2000－2999元	3000－3999元	4000－5999元	6000－7999元	8000－9999元	10000元及以上
总 计	**3861**	**694**	**258**	**116**	**67**	**77**
党的机关、国家机关、群众团体和社会组织、企事业单位负责人	219	57	26	3	1	4
专业技术人员	795	133	48	13	7	11
办事人员和有关人员	499	94	29	10	8	6
社会生产服务和生活服务人员	2071	352	126	63	35	50
农、林、牧、渔业生产及辅助人员	5	3	1	1		
生产制造及有关人员	265	55	27	26	16	6
不便分类的其他从业人员	7		1			

9–10b 全市按户主的职业、月租房费用分的家庭户户数(镇)

单位：户

职业大类	合 计	200元以下	200–499元	500–999元	1000–1999元
总 计	**16074**	**3923**	**6520**	**3877**	**1159**
党的机关、国家机关、群众团体和社会组织、企事业单位负责人	162	31	40	47	29
专业技术人员	1312	347	442	338	156
办事人员和有关人员	842	200	283	217	109
社会生产服务和生活服务人员	7651	1655	3015	2015	621
农、林、牧、渔业生产及辅助人员	841	369	355	81	20
生产制造及有关人员	5218	1312	2359	1174	220
不便分类的其他从业人员	48	9	26	5	4

9–10b 续表

单位：户

职业大类	2000–2999元	3000–3999元	4000–5999元	6000–7999元	8000–9999元	10000元及以上
总 计	**182**	**129**	**123**	**60**	**38**	**63**
党的机关、国家机关、群众团体和社会组织、企事业单位负责人	7	2	2	1		3
专业技术人员	9	4	6	1	2	7
办事人员和有关人员	10	6	7	2	1	7
社会生产服务和生活服务人员	111	74	70	37	26	27
农、林、牧、渔业生产及辅助人员	6	5	5			
生产制造及有关人员	38	38	33	19	9	16
不便分类的其他从业人员	1					3

9—10c 全市按户主的职业、月租房费用分的家庭户户数(乡村)

单位：户

职业大类	合 计	200元以下	200—499元	500—999元	1000—1999元
总 计	**6446**	**1194**	**2369**	**2329**	**415**
党的机关、国家机关、群众团体和社会组织、企事业单位负责人	70	4	23	28	9
专业技术人员	503	70	207	197	25
办事人员和有关人员	329	49	112	141	22
社会生产服务和生活服务人员	2565	302	913	1073	203
农、林、牧、渔业生产及辅助人员	392	208	127	32	16
生产制造及有关人员	2584	560	986	857	140
不便分类的其他从业人员	3	1	1	1	

9—10c 续表

单位：户

职业大类	2000—2999元	3000—3999元	4000—5999元	6000—7999元	8000—9999元	10000元及以上
总 计	**66**	**30**	**21**	**8**	**4**	**10**
党的机关、国家机关、群众团体和社会组织、企事业单位负责人	4	1	1			
专业技术人员	3	1				
办事人员和有关人员	1	1	1	1		1
社会生产服务和生活服务人员	39	14	7	4	3	7
农、林、牧、渔业生产及辅助人员	2	5	1		1	
生产制造及有关人员	17	8	11	3		2
不便分类的其他从业人员						

9-11　全市按户主的职业分的家庭户住房状况

职业大类	户　数 (户)	人　数 (人)	平均每户住房间数 (间/户)	人均住房建筑面积 (平方米/人)	人均住房间　数 (间/人)
总　计	**665601**	**1919407**	**3.07**	**36.37**	**1.06**
党的机关、国家机关、群众团体和社会组织、企事业单位负责人	11716	35690	3.07	38.27	1.01
专业技术人员	66412	180637	2.67	35.63	0.98
办事人员和有关人员	52169	146682	2.77	35.93	0.99
社会生产服务和生活服务人员	236484	668930	2.75	33.58	0.97
农、林、牧、渔业生产及辅助人员	115366	317813	3.85	45.56	1.40
生产制造及有关人员	182533	567099	3.22	34.73	1.04
不便分类的其他从业人员	921	2556	2.93	35.83	1.06

9-11a　全市按户主的职业分的家庭户住房状况(城市)

职业大类	户　数 (户)	人　数 (人)	平均每户住房间数 (间/户)	人均住房建筑面积 (平方米/人)	人均住房间　数 (间/人)
总　计	**338481**	**960035**	**2.54**	**31.88**	**0.90**
党的机关、国家机关、群众团体和社会组织、企事业单位负责人	8792	26862	2.88	37.14	0.94
专业技术人员	52426	143037	2.56	34.67	0.94
办事人员和有关人员	40458	113662	2.62	34.72	0.93
社会生产服务和生活服务人员	156741	435605	2.45	31.06	0.88
农、林、牧、渔业生产及辅助人员	4283	12679	3.33	38.21	1.12
生产制造及有关人员	75365	227082	2.57	29.28	0.85
不便分类的其他从业人员	416	1108	2.49	33.23	0.93

9－11b 全市按户主的职业分的家庭户住房状况(镇)

职业大类	户　数 (户)	人　数 (人)	平均每户 住房间数 (间／户)	人均住房 建筑面积 (平方米／人)	人均住房 间　　数 (间／人)
总　计	**115510**	**349972**	**3.15**	**35.48**	**1.04**
党的机关、国家机关、群众团体和社会组织、企事业单位负责人	1718	5292	3.19	37.18	1.04
专业技术人员	9724	26432	2.89	36.90	1.06
办事人员和有关人员	7455	21353	3.00	37.11	1.05
社会生产服务和生活服务人员	44260	130788	3.04	35.11	1.03
农、林、牧、渔业生产及辅助人员	14127	42525	3.60	40.23	1.19
生产制造及有关人员	37900	122622	3.21	33.56	0.99
不便分类的其他从业人员	326	960	3.01	34.05	1.02

9－11c 全市按户主的职业分的家庭户住房状况(乡村)

职业大类	户　数 (户)	人　数 (人)	平均每户 住房间数 (间／户)	人均住房 建筑面积 (平方米／人)	人均住房 间　　数 (间／人)
总　计	**211610**	**609400**	**3.88**	**43.96**	**1.35**
党的机关、国家机关、群众团体和社会组织、企事业单位负责人	1206	3536	4.31	48.53	1.47
专业技术人员	4262	11168	3.54	44.93	1.35
办事人员和有关人员	4256	11667	3.80	45.56	1.39
社会生产服务和生活服务人员	35483	102537	3.72	42.36	1.29
农、林、牧、渔业生产及辅助人员	96956	262609	3.91	46.78	1.44
生产制造及有关人员	69268	217395	3.92	41.09	1.25
不便分类的其他从业人员	179	488	3.82	45.26	1.40

9-12　全市按户主的职业、人均住房建筑面积分的家庭户户数

单位：户

职业大类	合　计	人均住房建筑面积(平方米)			
		8及以下	9-12	13-16	17-19
总　计	**665601**	**2601**	**11215**	**32243**	**30597**
党的机关、国家机关、群众团体和社会组织、企事业单位负责人	11716	30	127	463	518
专业技术人员	66412	125	767	2726	3170
办事人员和有关人员	52169	119	655	2254	2494
社会生产服务和生活服务人员	236484	1171	5158	14044	13143
农、林、牧、渔业生产及辅助人员	115366	160	719	2484	2019
生产制造及有关人员	182533	993	3772	10228	9214
不便分类的其他从业人员	921	3	17	44	39

9-12　续表

单位：户

职业大类	人均住房建筑面积(平方米)					
	20-29	30-39	40-49	50-59	60-69	70及以上
总　计	**160798**	**130720**	**94921**	**50812**	**46761**	**104933**
党的机关、国家机关、群众团体和社会组织、企事业单位负责人	2738	2375	1789	896	765	2015
专业技术人员	16458	13963	10113	5186	3973	9931
办事人员和有关人员	12887	10858	7851	4133	3165	7753
社会生产服务和生活服务人员	63821	46850	31354	16309	13166	31468
农、林、牧、渔业生产及辅助人员	16650	19334	19281	11583	14051	29085
生产制造及有关人员	48027	37145	24402	12635	11578	24539
不便分类的其他从业人员	217	195	131	70	63	142

9-12a 全市按户主的职业、人均住房建筑面积分的家庭户户数(城市)

单位：户

职业大类	合　计	人均住房建筑面积(平方米)			
		8及以下	9-12	13-16	17-19
总　计	**338481**	**1550**	**7307**	**21304**	**21629**
党的机关、国家机关、群众团体和社会组织、企事业单位负责人	8792	22	96	378	422
专业技术人员	52426	98	596	2272	2724
办事人员和有关人员	40458	86	500	1838	2144
社会生产服务和生活服务人员	156741	836	3867	10656	10308
农、林、牧、渔业生产及辅助人员	4283	11	45	160	190
生产制造及有关人员	75365	496	2196	5978	5817
不便分类的其他从业人员	416	1	7	22	24

9-12a　续表

单位：户

职业大类	人均住房建筑面积(平方米)					
	20-29	30-39	40-49	50-59	60-69	70及以上
总　计	**97857**	**68324**	**44104**	**21589**	**15366**	**39451**
党的机关、国家机关、群众团体和社会组织、企事业单位负责人	2136	1792	1349	647	547	1403
专业技术人员	13577	11069	7937	3907	2821	7425
办事人员和有关人员	10558	8429	6108	3074	2196	5525
社会生产服务和生活服务人员	46165	31165	19770	9646	6747	17581
农、林、牧、渔业生产及辅助人员	1004	799	592	376	333	773
生产制造及有关人员	24309	14972	8294	3911	2707	6685
不便分类的其他从业人员	108	98	54	28	15	59

9–12b　全市按户主的职业、人均住房建筑面积分的家庭户户数(镇)

单位：户

职业大类	合　计	人均住房建筑面积(平方米)			
		8及以下	9–12	13–16	17–19
总　计	**115510**	**539**	**2042**	**5418**	**4858**
党的机关、国家机关、群众团体和社会组织、企事业单位负责人	1718	3	20	57	68
专业技术人员	9724	19	106	335	346
办事人员和有关人员	7455	19	109	284	271
社会生产服务和生活服务人员	44260	214	829	2167	1964
农、林、牧、渔业生产及辅助人员	14127	42	175	477	374
生产制造及有关人员	37900	240	794	2083	1825
不便分类的其他从业人员	326	2	9	15	10

9–12b　续表

单位：户

职业大类	人均住房建筑面积(平方米)					
	20–29	30–39	40–49	50–59	60–69	70及以上
总　计	**28863**	**23848**	**15927**	**9425**	**7889**	**16701**
党的机关、国家机关、群众团体和社会组织、企事业单位负责人	416	381	261	147	100	265
专业技术人员	2242	2100	1478	876	691	1531
办事人员和有关人员	1670	1635	1109	681	513	1164
社会生产服务和生活服务人员	11257	9019	5979	3621	2932	6278
农、林、牧、渔业生产及辅助人员	2781	2586	2116	1351	1390	2835
生产制造及有关人员	10412	8063	4942	2721	2236	4584
不便分类的其他从业人员	85	64	42	28	27	44

9-12c 全市按户主的职业、人均住房建筑面积分的家庭户户数(乡村)

单位：户

职业大类	合　计	人均住房建筑面积(平方米)			
		8及以下	9-12	13-16	17-19
总　计	**211610**	**512**	**1866**	**5521**	**4110**
党的机关、国家机关、群众团体和社会组织、企事业单位负责人	1206	5	11	28	28
专业技术人员	4262	8	65	119	100
办事人员和有关人员	4256	14	46	132	79
社会生产服务和生活服务人员	35483	121	462	1221	871
农、林、牧、渔业生产及辅助人员	96956	107	499	1847	1455
生产制造及有关人员	69268	257	782	2167	1572
不便分类的其他从业人员	179		1	7	5

9-12c 续表

单位：户

职业大类	人均住房建筑面积(平方米)					
	20-29	30-39	40-49	50-59	60-69	70及以上
总　计	**34078**	**38548**	**34890**	**19798**	**23506**	**48781**
党的机关、国家机关、群众团体和社会组织、企事业单位负责人	186	202	179	102	118	347
专业技术人员	639	794	698	403	461	975
办事人员和有关人员	659	794	634	378	456	1064
社会生产服务和生活服务人员	6399	6666	5605	3042	3487	7609
农、林、牧、渔业生产及辅助人员	12865	15949	16573	9856	12328	25477
生产制造及有关人员	13306	14110	11166	6003	6635	13270
不便分类的其他从业人员	24	33	35	14	21	39

9–13　各地区按拥有全部家用汽车总价分的家庭户户数

单位：户

地　　区	合　计	不　满 10万元	10万元以上， 不满20万元	20万元以上， 不满30万元	30万元以上， 不满50万元	50万元以上， 不满100万元	100万元 及以上	没有汽车
重　庆	**1136063**	**138862**	**203671**	**47141**	**19910**	**7451**	**2479**	**716549**
市辖区	904302	112526	164467	40259	17604	6586	2273	560587
万州区	57464	8921	9291	1565	570	168	79	36870
涪陵区	37264	5474	6885	1328	583	163	44	22787
渝中区	20840	1317	3210	1346	667	232	68	14000
大渡口区	16336	2065	3450	789	419	130	43	9440
江北区	34346	2655	7905	3089	1249	425	144	18879
沙坪坝区	49286	5268	10409	3037	1434	443	129	28566
九龙坡区	55897	6730	12170	3296	1469	558	148	31526
南岸区	42575	4024	8889	3294	1636	640	197	23895
北碚区	27685	3518	5243	1164	501	207	63	16989
綦江区	37452	4520	5297	1074	406	96	43	26016
綦江区(不含万盛)	28832	3713	4102	695	288	67	34	19933
万盛经开区	8620	807	1195	379	118	29	9	6083
大足区	26299	4757	4309	879	330	105	43	15876
渝北区	77492	8233	17454	6821	3633	1686	622	39043
巴南区	41876	5349	8126	1617	643	228	68	25845
黔江区	15140	1731	3161	760	285	84	36	9083
长寿区	28645	3781	5249	801	209	108	26	18471
江津区	46183	5918	7452	1380	503	233	74	30623
合川区	54633	5790	7033	1174	479	154	66	39937
永川区	36231	6182	5951	1130	440	135	56	22337
南川区	19085	2585	3191	509	164	60	18	12558
璧山区	24849	3723	4502	858	353	121	48	15244
铜梁区	24698	3608	4500	891	382	140	58	15119
潼南区	27660	3797	4457	666	246	78	23	18393
荣昌区	24140	3716	3297	577	235	67	27	16221
开州区	42644	4337	6471	1088	380	193	108	30067
梁平区	23970	2720	4133	670	227	88	27	16105
武隆区	11612	1807	2432	456	161	44	15	6697
县	231761	26336	39204	6882	2306	865	206	155962
城口县	6068	448	974	306	97	36	9	4198
丰都县	20944	2674	2956	472	187	72	22	14561
垫江县	24686	3455	5364	723	246	155	31	14712
忠　县	28515	4191	4951	676	189	80	23	18405
云阳县	34311	3395	6061	981	298	122	34	23420
奉节县	26731	2983	3944	798	267	113	20	18606
巫山县	15213	1355	1781	387	110	32	10	11538
巫溪县	12161	1432	2046	443	191	113	16	7920
石柱县	13456	1620	2122	341	162	32	9	9170
秀山县	14030	1802	2878	556	172	32	7	8583
酉阳县	18360	1312	2923	649	177	40	14	13245
彭水县	17286	1669	3204	550	210	38	11	11604

9－13a　各地区按拥有全部家用汽车总价分的家庭户户数(城市)

单位：户

地　区	合　计	不　满10万元	10万元以上，不满20万元	20万元以上，不满30万元	30万元以上，不满50万元	50万元以上，不满100万元	100万元及以上	没有汽车
重　庆	**550087**	**65469**	**117924**	**34062**	**15488**	**5725**	**1976**	**309443**
市辖区	550087	65469	117924	34062	15488	5725	1976	309443
万州区	29280	4651	5510	1254	478	143	60	17184
涪陵区	21325	3261	4773	1065	503	125	32	11566
渝中区	20840	1317	3210	1346	667	232	68	14000
大渡口区	15858	1992	3365	782	416	129	43	9131
江北区	31866	2281	7409	3001	1229	410	140	17396
沙坪坝区	46839	4900	10011	2967	1397	437	128	26999
九龙坡区	44254	4939	10044	2923	1298	484	133	24433
南岸区	41315	3856	8692	3278	1628	630	196	23035
北碚区	21796	2705	4509	1069	450	177	46	12840
綦江区	14050	1658	2443	530	243	46	21	9109
綦江区(不含万盛)	11392	1467	2085	419	215	39	19	7148
万盛经开区	2658	191	358	111	28	7	2	1961
大足区	9333	1756	1898	425	204	47	19	4984
渝北区	64830	6586	15810	6609	3541	1657	615	30012
巴南区	29563	3747	6558	1416	575	191	63	17013
黔江区	7136	795	1788	570	220	66	28	3669
长寿区	15146	2020	3406	588	147	76	20	8889
江津区	16453	2270	3816	874	335	154	51	8953
合川区	20073	2168	3398	737	310	86	36	13338
永川区	18773	2876	4020	895	371	107	41	10463
南川区	8811	1179	1899	365	123	42	12	5191
璧山区	14839	2351	3335	675	286	104	41	8047
铜梁区	11812	1845	2753	649	262	99	42	6162
潼南区	9404	1493	2141	373	154	37	12	5194
荣昌区	11893	1845	2055	400	164	42	20	7367
开州区	13920	1634	2657	611	247	120	82	8569
梁平区	7267	873	1583	383	133	60	17	4218
武隆区	3411	471	841	277	107	24	10	1681
县								
城口县								
丰都县								
垫江县								
忠　县								
云阳县								
奉节县								
巫山县								
巫溪县								
石柱县								
秀山县								
酉阳县								
彭水县								

9-13b　各地区按拥有全部家用汽车总价分的家庭户户数(镇)

单位：户

地　区	合　计	不　满10万元	10万元以上，不满20万元	20万元以上，不满30万元	30万元以上，不满50万元	50万元以上，不满100万元	100万元及以上	没有汽车
重　庆	**204517**	**24921**	**34917**	**6791**	**2312**	**922**	**222**	**134432**
市辖区	99101	13301	14122	2252	731	270	96	68329
万州区	6494	990	1041	72	19	4	4	4364
涪陵区	2929	343	402	76	19	5	3	2081
渝中区								
大渡口区	115	8	23	1				83
江北区	2189	333	448	80	16	15	4	1293
沙坪坝区	777	117	119	24	11			506
九龙坡区	8400	1309	1587	288	131	52	11	5022
南岸区	303	41	60	4	2	1		195
北碚区	1518	228	257	37	30	18	13	935
綦江区	10306	1105	1331	344	105	26	11	7384
綦江区(不含万盛)	6097	724	711	109	29	7	4	4513
万盛经开区	4209	381	620	235	76	19	7	2871
大足区	5733	1036	807	186	46	18	8	3632
渝北区	3914	469	587	98	40	10	4	2706
巴南区	4153	598	635	81	34	5	1	2799
黔江区	1259	164	202	32	16	3	2	840
长寿区	2023	205	305	37	10	3	3	1460
江津区	9289	1213	1290	167	48	28	3	6540
合川区	9931	997	1065	162	52	16	8	7631
永川区	4511	897	566	65	18	4	1	2960
南川区	2742	412	362	47	8	5	2	1906
璧山区	1112	167	137	20	9	4		775
铜梁区	2010	317	317	46	18	6	3	1303
潼南区	5478	623	573	87	22	11	3	4159
荣昌区	2031	338	225	49	11	3	2	1403
开州区	6125	579	790	122	33	24	4	4573
梁平区	3883	490	623	70	22	6	4	2668
武隆区	1876	322	370	57	11	3	2	1111
县	105416	11620	20795	4539	1581	652	126	66103
城口县	2572	172	437	227	73	26	5	1632
丰都县	9721	1299	1702	339	135	50	14	6182
垫江县	11930	1674	3046	466	149	135	18	6442
忠　县	11407	1614	2300	434	115	50	16	6878
云阳县	16716	1501	3402	663	194	91	19	10846
奉节县	12833	1383	2209	540	210	88	14	8389
巫山县	6495	468	928	283	79	23	1	4713
巫溪县	4884	577	921	264	138	97	9	2878
石柱县	7149	847	1325	255	135	25	8	4554
秀山县	6365	881	1550	313	103	22	5	3491
酉阳县	7383	542	1425	432	125	25	11	4823
彭水县	7961	662	1550	323	125	20	6	5275

9-13c 各地区按拥有全部家用汽车总价分的家庭户户数(乡村)

单位：户

地 区	合 计	不 满 10万元	10万元以上，不满20万元	20万元以上，不满30万元	30万元以上，不满50万元	50万元以上，不满100万元	100万元及以上	没有汽车
重 庆	**381459**	**48472**	**50830**	**6288**	**2110**	**804**	**281**	**272674**
市辖区	255114	33756	32421	3945	1385	591	201	182815
万州区	21690	3280	2740	239	73	21	15	15322
涪陵区	13010	1870	1710	187	61	33	9	9140
渝中区								
大渡口区	363	65	62	6	3	1		226
江北区	291	41	48	8	4			190
沙坪坝区	1670	251	279	46	26	6	1	1061
九龙坡区	3243	482	539	85	40	22	4	2071
南岸区	957	127	137	12	6	9	1	665
北碚区	4371	585	477	58	21	12	4	3214
綦江区	13096	1757	1523	200	58	24	11	9523
綦江区(不含万盛)	11343	1522	1306	167	44	21	11	8272
万盛经开区	1753	235	217	33	14	3		1251
大足区	11233	1965	1604	268	80	40	16	7260
渝北区	8748	1178	1057	114	52	19	3	6325
巴南区	8160	1004	933	120	34	32	4	6033
黔江区	6745	772	1171	158	49	15	6	4574
长寿区	11476	1556	1538	176	52	29	3	8122
江津区	20441	2435	2346	339	120	51	20	15130
合川区	24629	2625	2570	275	117	52	22	18968
永川区	12947	2409	1365	170	51	24	14	8914
南川区	7532	994	930	97	33	13	4	5461
璧山区	8898	1205	1030	163	58	13	7	6422
铜梁区	10876	1446	1430	196	102	35	13	7654
潼南区	12778	1681	1743	206	70	30	8	9040
荣昌区	10216	1533	1017	128	60	22	5	7451
开州区	22599	2124	3024	355	100	49	22	16925
梁平区	12820	1357	1927	217	72	22	6	9219
武隆区	6325	1014	1221	122	43	17	3	3905
县	126345	14716	18409	2343	725	213	80	89859
城口县	3496	276	537	79	24	10	4	2566
丰都县	11223	1375	1254	133	52	22	8	8379
垫江县	12756	1781	2318	257	97	20	13	8270
忠 县	17108	2577	2651	242	74	30	7	11527
云阳县	17595	1894	2659	318	104	31	15	12574
奉节县	13898	1600	1735	258	57	25	6	10217
巫山县	8718	887	853	104	31	9	9	6825
巫溪县	7277	855	1125	179	53	16	7	5042
石柱县	6307	773	797	86	27	7	1	4616
秀山县	7665	921	1328	243	69	10	2	5092
酉阳县	10977	770	1498	217	52	15	3	8422
彭水县	9325	1007	1654	227	85	18	5	6329

第三部分 附录

附录 1 2020 年重庆市第七次全国人口普查主要数据公报

重庆市第七次全国人口普查公报[1]（第一号）

——重庆市人口情况

重庆市统计局

重庆市人民政府第七次全国人口普查领导小组办公室

2021 年 5 月 13 日

根据重庆市第七次全国人口普查结果，现将 2020 年 11 月 1 日零时我市人口的基本情况公布如下：

一、全市常住人口

全市常住人口[2]为 32054159 人，与 2010 年第六次全国人口普查的 28846170 人相比，增加 3207989 人，增长 11.12%，年平均增长率为 1.06%。

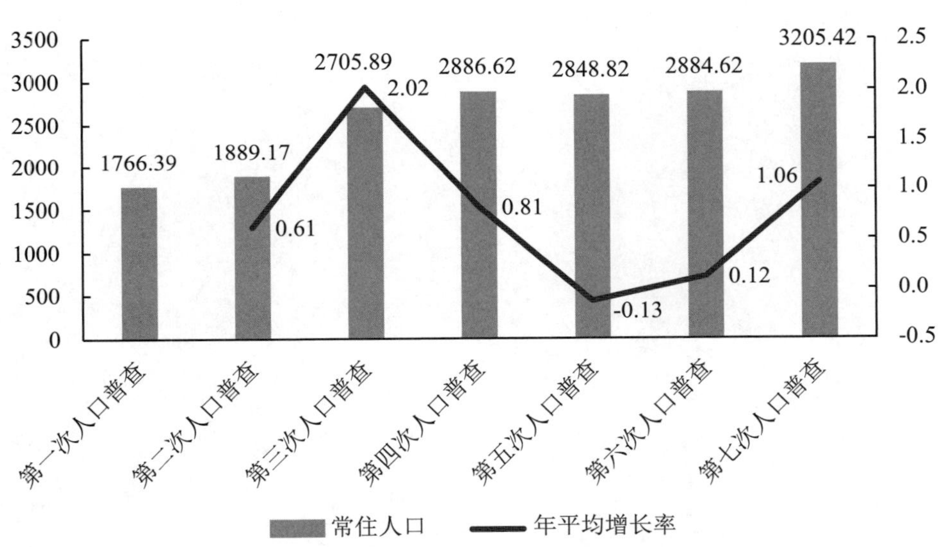

图 1-1　历次人口普查常住人口及年均增长率　（单位：万人、%）

二、户别人口

全市共有家庭户[3]12040234 户，集体户 587434 户，家庭户人口为 29477069 人，集体户人口为 2577090 人。平均每个家庭户的人口为 2.45 人，比 2010 年第六次全国人口普查减少 0.25 人。

三、民族人口

全市人口中，汉族人口为 29883369 人，占 93.23%；各少数民族人口为 2170790 人，占 6.77%。与 2010 年第六次全国人口普查相比，汉族人口增加 2974308 人，增长 11.05%；各少数民族人口增加 233681 人，增长 12.06%。

注释：

[1] 本公报数据均为初步汇总数据。

[2] 全市常住人口是指38个区县（自治县）常住人口，不包括居住在38个区县（自治县）的港澳台居民和外籍人员。

[3] 家庭户是指以家庭成员关系为主、居住一处共同生活的人组成的户。

重庆市第七次全国人口普查公报[1]（第二号）

——地区常住人口情况

重庆市统计局

重庆市人民政府第七次全国人口普查领导小组办公室

2021 年 5 月 13 日

根据重庆市第七次全国人口普查结果，现将 2020 年 11 月 1 日零时我市 38 个区县（自治县）（以下简称区县）的常住人口[2]有关数据公布如下：

一、地区常住人口

全市各区县中，常住人口超过 150 万人的区县有 3 个，在 100 万人至 150 万人之间的区县有 9 个，在 50 万人至 100 万人之间的区县有 18 个，少于 50 万人的区县有 8 个。其中，常住人口居前五位的区县合计常住人口占全市常住人口比重为 25.33%。

分区域看，主城都市区[3]常住人口为 21122370 人，占 65.90%，其中中心城区常住人口为 10343462 人，占 32.27%，主城新区常住人口为 10778908 人，占 33.63%；渝东北三峡库区城镇群[4]常住人口为 8064628 人，占 25.16%；渝东南武陵山区城镇群[5]常住人口为 2867161 人，占 8.94%。

二、地区人口变化

与 2010 年第六次全国人口普查相比，38 个区县中，有 24 个区县人口增加。人口增长较多的 5 个区县依次为：渝北区、沙坪坝区、九龙坡区、南岸区、巴南区，分别增加 846083、477332、442402、438069、260164 人。

分区域看，与 2010 年第六次全国人口普查相比，主城都市区常住人口所占比重增加 4.73 个百分点，其中中心城区常住人口所占比重增加 6.42 个百分点，主城新区常住人口所占比重减少 1.69 个百分点；渝东北三峡库区城镇群常住人口所占比重减少 3.84 个百分点；渝东南武陵山区城镇群常住人口所占比重减少 0.89 个百分点。

表 2-1 各区县人口

单位：人、%

地 区	人口数	比重[6]	
		2020 年	2010 年
重庆市	**32054159**	**100.00**	**100.00**
万州区	1564449	4.88	5.42
黔江区	487281	1.52	1.54
涪陵区	1115016	3.48	3.70
渝中区	588717	1.84	2.18
大渡口区	421904	1.31	1.04
江北区	925800	2.89	2.56
沙坪坝区	1477345	4.61	3.47
九龙坡区	1526821	4.76	3.76
南岸区	1197639	3.74	2.63

续表

地　　区	人口数	比重[6]	
		2020 年	2010 年
北碚区	834887	2.60	2.36
渝北区	2191493	6.84	4.66
巴南区	1178856	3.68	3.19
长寿区	692960	2.16	2.67
江津区	1359611	4.24	4.28
合川区	1245294	3.88	4.48
永川区	1148896	3.58	3.55
南川区	572362	1.79	1.85
綦江区	1011334	3.16	3.67
綦江区(不含万盛)	775509	2.42	2.78
万盛经开区	235825	0.74	0.89
大足区	834592	2.60	2.50
璧山区	756022	2.36	2.03
铜梁区	685729	2.14	2.08
潼南区	688115	2.15	2.22
荣昌区	668977	2.09	2.29
开州区	1203306	3.76	4.02
梁平区	645315	2.01	2.38
武隆区	356748	1.11	1.22
城口县	197497	0.62	0.67
丰都县	557374	1.74	2.25
垫江县	650694	2.03	2.44
忠　县	720976	2.25	2.61
云阳县	929034	2.90	3.16
奉节县	744836	2.32	2.89
巫山县	462462	1.44	1.72
巫溪县	388685	1.21	1.44
石柱土家族自治县	389001	1.21	1.44
秀山土家族苗族自治县	496194	1.55	1.74
酉阳土家族苗族自治县	607338	1.89	2.00
彭水苗族土家族自治县	530599	1.66	1.89

注释：

[1] 本公报数据均为初步汇总数据。

[2] 常住人口包括：居住在本乡镇街道且户口在本乡镇街道或户口待定的人；居住在本乡镇街道且离开户口登记地所在的乡镇街道半年以上的人；户口在本乡镇街道且外出不满半年或在境外工作学习的人。

[3] “主城都市区”包括“中心城区”和“主城新区”，“中心城区”包括渝中区、大渡口区、江北区、沙坪坝区、九龙坡区、南岸区、北碚区、渝北区、巴南区，即主城九区；“主城新区”包括涪陵区、长寿区、江津区、合川区、永川区、南川区、綦江区、大足区、璧山区、铜梁区、潼南区、荣昌区。

[4] “渝东北三峡库区城镇群”包括万州区、开州区、梁平区、城口县、丰都县、垫江县、忠县、云阳县、奉节县、巫山县、巫溪县。

[5] “渝东南武陵山区城镇群”包括黔江区、武隆区、石柱县、秀山县、酉阳县、彭水县。

[6] 指全市各区县的常住人口占全市人口的比重。

重庆市第七次全国人口普查公报[1]（第三号）

——人口性别构成情况

重庆市统计局

重庆市人民政府第七次全国人口普查领导小组办公室

2021 年 5 月 13 日

根据重庆市第七次全国人口普查结果，现将 2020 年 11 月 1 日零时我市 38 个区县（自治县）（以下简称区县）的人口性别构成情况公布如下：

一、全市常住人口性别构成

全市常住人口[2]中，男性常住人口为 16202133 人，占 50.55%；女性常住人口为 15852026 人，占 49.45%。总常住人口性别比（以女性为 100，男性对女性的比例）为 102.21，比 2010 年第六次全国人口普查减少 0.40。

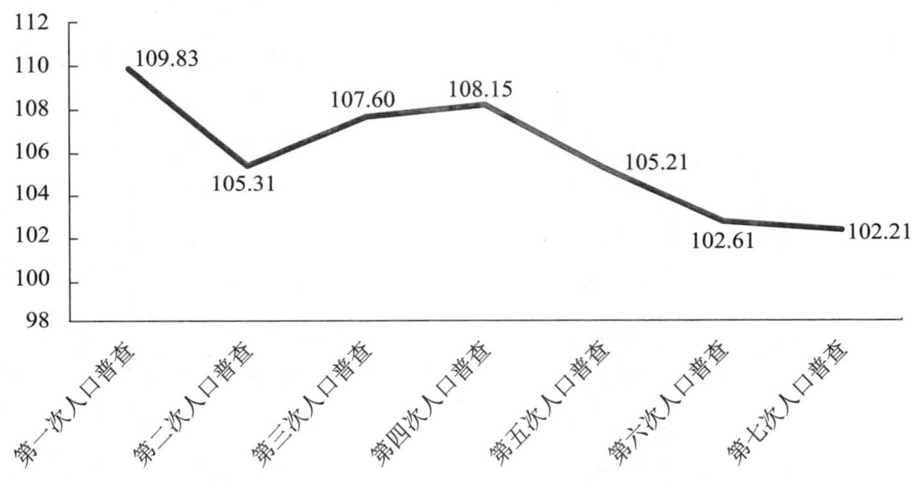

图 3-1 历次人口普查人口性别构成

二、地区人口性别构成

全市各区县中，总常住人口性别比在 100 以下的区县有 8 个，在 100 至 103 之间的区县有 13 个，在 103 至 105 之间的区县有 9 个，在 105 以上的区县有 8 个。

表 3-1 各区县人口性别构成

单位：%

地 区	占总人口比重		性别比
	男	女	
重庆市	**50.55**	**49.45**	**102.21**
万州区	49.98	50.02	99.90
黔江区	50.94	49.06	103.81
涪陵区	50.65	49.35	102.63
渝中区	49.47	50.53	97.90

续表

地　　区	占总人口比重		性别比
	男	女	
大渡口区	49.37	50.63	97.52
江北区	49.87	50.13	99.47
沙坪坝区	49.70	50.30	98.82
九龙坡区	50.05	49.95	100.20
南岸区	49.34	50.66	97.38
北碚区	51.06	48.94	104.31
渝北区	50.02	49.98	100.10
巴南区	50.54	49.46	102.17
长寿区	50.92	49.08	103.76
江津区	51.91	48.09	107.96
合川区	50.21	49.79	100.85
永川区	50.55	49.45	102.23
南川区	50.76	49.24	103.08
綦江区	50.66	49.34	102.68
綦江区(不含万盛)	50.92	49.08	103.73
万盛经开区	49.82	50.18	99.30
大足区	50.83	49.17	103.37
璧山区	51.81	48.19	107.52
铜梁区	49.93	50.07	99.73
潼南区	51.40	48.60	105.75
荣昌区	49.83	50.17	99.34
开州区	50.28	49.72	101.13
梁平区	50.27	49.73	101.10
武隆区	51.76	48.24	107.30
城口县	51.35	48.65	105.57
丰都县	50.68	49.32	102.76
垫江县	50.57	49.43	102.31
忠　县	50.91	49.09	103.70
云阳县	51.20	48.80	104.92
奉节县	51.69	48.31	107.00
巫山县	51.20	48.80	104.90
巫溪县	50.88	49.12	103.58
石柱土家族自治县	50.25	49.75	100.99
秀山土家族苗族自治县	50.65	49.35	102.63
酉阳土家族苗族自治县	51.53	48.47	106.32
彭水苗族土家族自治县	52.09	47.91	108.72

注释：

[1]本公报数据均为初步汇总数据。

[2]全市常住人口是指38个区县（自治县）常住人口，不包括居住在38个区县（自治县）的港澳台居民和外籍人员。

重庆市第七次全国人口普查公报[1]（第四号）

——常住人口年龄构成情况

重庆市统计局
重庆市人民政府第七次全国人口普查领导小组办公室
2021 年 5 月 13 日

根据重庆市第七次全国人口普查结果，现将 2020 年 11 月 1 日零时我市 38 个区县（自治县）（以下简称区县）的常住人口年龄构成情况公布如下：

一、全市常住人口年龄构成

全市常住人口[2]中，0–14 岁[3]人口为 5098363 人，占 15.91%；15–59 岁人口为 19945356 人，占 62.22%；60 岁及以上人口为 7010440 人，占 21.87%，其中 65 岁及以上人口为 5473605 人，占 17.08%。与 2010 年第六次全国人口普查相比，0–14 岁人口的比重减少 1.09 个百分点，15–59 岁人口的比重减少 3.36 个百分点，60 岁及以上人口的比重增加 4.45 个百分点，65 岁及以上人口的比重增加 5.36 个百分点。

表 4-1 全市人口年龄构成

单位：人、%

年　龄	人口数	比重
总　计	**32054159**	**100.00**
0-14 岁	5098363	15.91
15-59 岁	19945356	62.22
60 岁及以上	7010440	21.87
其中：65 岁及以上	5473605	17.08

二、地区人口年龄构成

全市各区县中，15–59 岁人口比重在 65%以上的区县有 8 个，在 60%–65%之间的区县有 9 个，在 60%以下的区县有 21 个。

32 个区县 65 岁及以上老年人口比重均超过 14%，其中，2 个区县 65 岁及以上老年人口比重超过 21%。

表 4-2　各区县人口年龄构成

单位：%

地　区	占总人口比重			
	0-14 岁	15-59 岁	60 岁及以上	其中：65 岁及以上
重庆市	**15.91**	**62.22**	**21.87**	**17.08**
万州区	13.96	62.11	23.93	18.89
黔江区	20.34	61.19	18.47	14.66
涪陵区	14.93	63.91	21.16	18.02
渝中区	10.86	69.38	19.76	14.03

续表

地　　区	占总人口比重			
	0-14 岁	15-59 岁	60 岁及以上	其中：65 岁及以上
大渡口区	14.76	65.66	19.58	13.62
江北区	12.86	68.09	19.05	13.59
沙坪坝区	13.61	69.61	16.78	11.98
九龙坡区	14.72	67.20	18.08	12.97
南岸区	13.98	67.95	18.07	12.95
北碚区	11.21	67.56	21.23	16.10
渝北区	14.96	68.64	16.40	12.10
巴南区	13.51	64.66	21.83	16.61
长寿区	12.94	61.70	25.36	20.51
江津区	14.23	60.76	25.01	19.54
合川区	13.58	59.35	27.07	21.15
永川区	15.96	63.26	20.78	15.73
南川区	16.38	59.98	23.64	19.38
綦江区	14.92	59.92	25.16	19.80
綦江区(不含万盛)	15.03	59.74	25.23	19.90
万盛经开区	14.55	60.48	24.97	19.48
大足区	19.89	57.47	22.64	17.86
璧山区	14.12	64.52	21.36	16.65
铜梁区	16.33	57.59	26.08	20.96
潼南区	17.36	56.94	25.70	20.08
荣昌区	16.04	58.88	25.08	19.41
开州区	20.33	56.90	22.77	18.47
梁平区	18.01	57.04	24.95	20.40
武隆区	15.95	60.49	23.56	19.71
城口县	21.39	58.10	20.51	15.91
丰都县	16.61	58.81	24.58	20.29
垫江县	18.08	57.42	24.50	20.29
忠　县	18.29	55.18	26.53	21.40
云阳县	18.05	58.46	23.49	19.08
奉节县	17.97	59.77	22.26	17.74
巫山县	18.93	59.14	21.93	17.78
巫溪县	19.95	56.84	23.21	18.15
石柱土家族自治县	18.10	58.67	23.23	19.08
秀山土家族苗族自治县	22.29	57.76	19.95	16.56
酉阳土家族苗族自治县	23.82	55.57	20.61	16.94
彭水苗族土家族自治县	20.55	59.16	20.29	16.68

注释：

[1] 本公报数据均为初步汇总数据。

[2] 全市常住人口是指 38 个区县（自治县）的人口，不包括居住在 38 个区县（自治县）的港澳台居民和外籍人员。

[3] 0-15 岁人口为 5460215 人，16-59 岁人口为 19583504 人。

重庆市第七次全国人口普查公报[1]（第五号）

——常住人口受教育情况

重庆市统计局

重庆市人民政府第七次全国人口普查领导小组办公室

2021 年 5 月 13 日

根据重庆市第七次全国人口普查结果，现将 2020 年 11 月 1 日零时我市 38 个区县（自治县）（以下简称区县）的常住人口受教育基本情况公布如下：

一、受教育程度人口

全市常住人口[2]中，拥有大学（指大专及以上）文化程度的人口为 4940218 人；拥有高中（含中专）文化程度的人口为 5114680 人；拥有初中文化程度的人口为 9802882 人；拥有小学文化程度的人口为 9582172 人（以上各种受教育程度的人包括各类学校的毕业生、肄业生和在校生）。与 2010 年第六次全国人口普查相比，每 10 万人中拥有大学文化程度的由 8478 人增加为 15412 人；拥有高中文化程度的由 13223 人增加为 15956 人；拥有初中文化程度的由 33441 人减少为 30582 人；拥有小学文化程度的由 33653 人减少为 29894 人。

表 5-1　各区县每 10 万人口中拥有的各类受教育程度人数

单位：人/10 万人

地　　区	大学（大专及以上）	高中（含中专）	初中	小学
重庆市	**15412**	**15956**	**30582**	**29894**
万州区	12952	15598	32273	32493
黔江区	11723	14359	31369	32009
涪陵区	12850	16971	34877	28441
渝中区	31172	25140	24072	14185
大渡口区	21505	22503	29397	18568
江北区	31063	21663	24853	15212
沙坪坝区	32079	19298	24394	16937
九龙坡区	23575	22056	28346	18324
南岸区	32336	19503	25276	15669
北碚区	21575	20307	29927	21447
渝北区	29362	18080	24089	20107
巴南区	18499	18995	31438	23991
长寿区	10718	15517	38803	27939
江津区	11775	14650	30649	36142
合川区	13198	13288	28521	38343
永川区	17539	15478	31436	28611

续表

地　　区	大学（大专及以上）	高中（含中专）	初中	小学
南川区	8444	14728	35975	32581
綦江区	8776	14277	35031	32991
綦江区(不含万盛)	8609	13620	34581	34701
万盛经开区	9324	16440	36514	27369
大足区	8152	13341	30503	37965
璧山区	12001	15549	36365	28312
铜梁区	9252	11768	32050	37901
潼南区	7426	11802	32942	38222
荣昌区	9373	12756	33178	35878
开州区	6162	13651	32785	37569
梁平区	6959	12635	34076	36774
武隆区	9600	13303	28503	37823
城口县	8077	10289	24540	44300
丰都县	7147	13333	34230	37509
垫江县	6853	15218	34479	34462
忠　县	6917	12159	35824	36907
云阳县	6308	12638	30490	41595
奉节县	9716	19261	32854	31330
巫山县	7736	11541	27167	43767
巫溪县	6609	10754	23898	46137
石柱土家族自治县	8513	13244	27992	38895
秀山土家族苗族自治县	6485	11368	33736	36999
酉阳土家族苗族自治县	6461	10893	34887	37958
彭水苗族土家族自治县	7298	11932	34588	36672

二、平均受教育年限[3]

与 2010 年第六次全国人口普查相比，全市常住人口中，15 岁及以上人口的平均受教育年限由 8.75 年增加至 9.80 年。

全市各区县中，平均受教育年限在 10 年以上的区县有 10 个，在 9 年至 10 年之间的区县有 9 个，在 9 年以下的区县有 19 个。

表 5-2　各区县 15 岁及以上人口平均受教育年限

单位：年

地　　区	2020 年	2010 年
重庆市	**9.80**	**8.75**
万州区	9.51	8.89
黔江区	9.37	8.30
涪陵区	9.68	8.73
渝中区	11.89	11.07
大渡口区	10.97	10.26
江北区	11.78	10.88

续表

地 区	2020 年	2010 年
沙坪坝区	11.76	11.28
九龙坡区	11.16	10.36
南岸区	11.87	11.13
北碚区	10.63	9.87
渝北区	11.42	10.19
巴南区	10.40	9.19
长寿区	9.40	8.62
江津区	9.25	8.11
合川区	9.21	8.11
永川区	10.07	9.19
南川区	9.03	7.97
綦江区	8.97	8.19
綦江区(不含万盛)	8.91	8.09
万盛经开区	9.17	8.48
大足区	8.76	7.92
璧山区	9.53	8.47
铜梁区	8.74	7.78
潼南区	8.61	7.72
荣昌区	8.89	8.19
开州区	8.66	7.84
梁平区	8.60	7.84
武隆区	8.61	7.59
城口县	8.13	7.17
丰都县	8.71	7.94
垫江县	8.85	7.98
忠 县	8.68	7.64
云阳县	8.51	7.61
奉节县	9.62	7.62
巫山县	8.42	7.41
巫溪县	7.94	7.26
石柱土家族自治县	8.53	7.77
秀山土家族苗族自治县	8.68	7.87
酉阳土家族苗族自治县	8.72	7.66
彭水苗族土家族自治县	8.79	7.50

三、文盲人口

全市常住人口中，文盲人口（15 岁及以上不识字的人）为 521169 人，与 2010 年第六次全国人口普查相比，文盲人口减少 694028 人，文盲率[4] 由 4.21%减少为 1.63%，减少 2.58 个百分点。

注释：

[1] 本公报数据均为初步汇总数据。

[2] 全市常住人口是指 38 个区县（自治县）的人口，不包括居住在 38 个区县（自治县）的港澳台居民和外籍人员。

[3] 平均受教育年限是将各种受教育程度折算成受教育年限计算平均数得出的，具体的折算标准是：小学=6 年，初中=9 年，高中=12 年，大专及以上=16 年。

[4] 文盲率是指 38 个区县（自治县）的人口中 15 岁及以上不识字人口所占比例。

重庆市第七次全国人口普查公报[1]（第六号）

——城乡人口和流动人口情况

重庆市统计局

重庆市人民政府第七次全国人口普查领导小组办公室

2021 年 5 月 13 日

根据重庆市第七次全国人口普查结果，现将 2020 年 11 月 1 日零时我市 38 个区县（自治县）（以下简称区县）的常住人口城乡分布及流动情况公布如下：

一、城乡[2]常住人口

全市常住人口[3]中，居住在城镇的人口为 22264028 人，占 69.46%；居住在乡村的人口为 9790131 人，占 30.54%。与 2010 年第六次全国人口普查相比，城镇人口增加 6968225 人，乡村人口减少 3760236 人，城镇人口比重增加 16.43 个百分点。

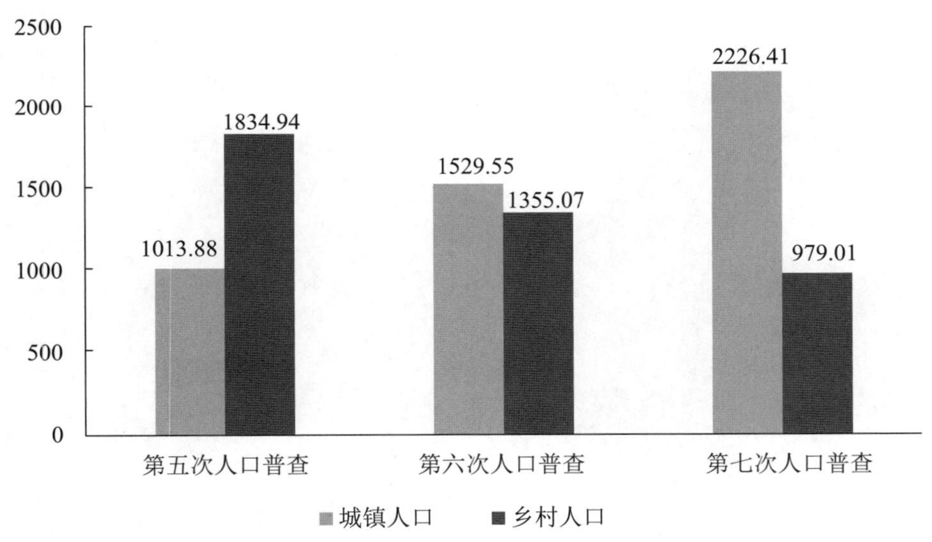

图 6-1　历次人口普查城乡人口（单位：万人）

二、流动人口[4]

全市人口中，人户分离人口[5]为 13096435 人，其中，市辖区内人户分离[6]人口为 8285047 人，流动人口为 4811388 人。流动人口中，跨省流入人口为 2193575 人，市内流动人口为 2617813 人。

注释：

[1] 本公报数据均为初步汇总数据。

[2] 城镇、乡村是按国家统计局《统计上划分城乡的规定》划分的。

[3] 全市常住人口是指 38 个区县（自治县）的人口，不包括居住在 38 个区县（自治县）的港澳台居民和外籍人员。

[4] 流动人口是指人户分离人口中扣除市辖区内人户分离的人口。

[5] 人户分离人口是指居住地与户口登记地所在的乡镇街道不一致且离开户口登记地半年以上的人口。

[6] 市辖区内人户分离人口是指区内和区与区之间，居住地和户口登记地不在同一乡镇街道的人口。

第三部分 附录

附录 2　国务院关于开展第七次全国人口普查的通知

国务院关于开展第七次全国人口普查的通知

国发〔2019〕24号

各省、自治区、直辖市人民政府，国务院各部委、各直属机构：

根据《中华人民共和国统计法》和《全国人口普查条例》规定，国务院决定于2020年开展第七次全国人口普查。现将有关事项通知如下：

一、总体要求

（一）指导思想。以习近平新时代中国特色社会主义思想为指导，全面贯彻党的十九大和十九届二中、三中、四中全会精神，认真落实党中央、国务院关于统计改革发展的决策部署，坚持实事求是、改革创新，科学设计、精心组织，周密部署、依法实施，确保第七次全国人口普查数据真实准确，全面客观反映我国人口发展状况。

（二）普查目的。第七次全国人口普查是在中国特色社会主义进入新时代开展的重大国情国力调查，将全面查清我国人口数量、结构、分布、城乡住房等方面情况，为完善人口发展战略和政策体系，促进人口长期均衡发展，科学制定国民经济和社会发展规划，推动经济高质量发展，开启全面建设社会主义现代化国家新征程，向第二个百年奋斗目标进军，提供科学准确的统计信息支持。

二、普查对象、内容和时间

普查对象是普查标准时点在中华人民共和国境内的自然人以及在中华人民共和国境外但未定居的中国公民，不包括在中华人民共和国境内短期停留的境外人员。

普查主要调查人口和住户的基本情况，内容包括：姓名、公民身份号码、性别、年龄、民族、受教育程度、行业、职业、迁移流动、婚姻生育、死亡、住房情况等。

普查标准时点是2020年11月1日零时。

三、组织实施

第七次全国人口普查涉及范围广、参与部门多、技术要求高、工作难度大，各地区、各部门要按照“全国统一领导、部门分工协作、地方分级负责、各方共同参与”的原则，认真做好普查的宣传动员和组织实施工作。

为加强组织领导，国务院决定成立第七次全国人口普查领导小组，负责普查组织实施中重大问题的研究和决策。普查领导小组办公室设在国家统计局，具体负责普查的组织实施。各成员单位要按照职能分工，各负其责、通力协作、密切配合，共同做好普查工作。对普查工作中遇到的困难和问题，要及时采取措施予以解决。

地方各级人民政府要设立相应的普查领导小组及其办公室，认真做好本地区普查工作。要充分发挥街道办事处和乡镇政府、居民委员会和村民委员会的作用，广泛引导、动员和组织社会力量积极参与并认真配合做好普查工作。

地方普查机构可根据工作需要，招聘或者从有关单位借调符合条件的普查指导员和普查员。为稳定普查工作队伍，确保普查工作顺利进行，应及时支付招聘人员的劳动报酬，保证借调人员在原单位的工资、福利及其他待遇不变，并保留其原有工作岗位。

四、经费保障

第七次全国人口普查所需经费，由中央和地方各级人民政府共同负担，并列入相应年度的财政预算，按时拨付、确保到位。

五、工作要求

（一）坚持依法普查。各地区、各部门要按照《中华人民共和国统计法》、《中华人民共和国统计法实施条例》、《全国人口普查条例》等法律法规要求，认真做好普查各项工作。普查取得的数据，严格限定用于普查目的，不得作为任何部门和单位对各级行政管理工作实施考核、奖惩的依据。普查中获得的能够识别或者推断单个普查对象身份的资料，不得作为对普查对象实施处罚等具体行政行为的依据。

（二）确保数据质量。建立健全普查数据质量追溯和问责机制，各级人民政府统计机构要加大对普查工作中违纪违法行为的查处和通报曝光力度，坚决杜绝人为干扰普查工作的现象，确保普查工作顺利进行和普查数据真实准确。对普查中发现应当给予党纪政务处分或组织处理的统计违纪违法责任人，由统计机构按规定提出处分处理建议并及时移送任免机关、纪检监察机关或组织（人事）部门。

（三）提升信息化水平。采取电子化方式开展普查登记，探索使用智能手机采集数据。广泛应用部门行政记录，推进大数据在普查中的应用，提高普查数据采集处理效能。全流程加强对公民个人信息的保护，各级普查机构及其工作人员必须严格履行保密义务，严禁向任何机构、单位、个人泄露或出售公民个人信息。

（四）加强宣传工作。各级普查机构要会同宣传部门认真做好普查宣传的策划和组织工作。采用多种手段，广泛深入宣传第七次全国人口普查的重要意义和要求，引导广大普查对象依法配合普查，如实申报普查项目，为普查工作顺利实施创造良好舆论环境。

附件：国务院第七次全国人口普查领导小组组成人员名单（略）

国务院
2019 年 10 月 31 日
（此件公开发布）

第三部分 附录

附录 3 全国人口普查条例

中华人民共和国国务院令

第 576 号

《全国人口普查条例》已经 2010 年 5 月 12 日国务院第 111 次常务会议通过，现予公布，自 2010 年 6 月 1 日起施行。

总理　温家宝

二〇一〇年五月二十四日

全国人口普查条例

第一章　总　　则

第一条　为了科学、有效地组织实施全国人口普查，保障人口普查数据的真实性、准确性、完整性和及时性，根据《中华人民共和国统计法》，制定本条例。

第二条　人口普查的目的是全面掌握全国人口的基本情况，为研究制定人口政策和经济社会发展规划提供依据，为社会公众提供人口统计信息服务。

第三条　人口普查工作按照全国统一领导、部门分工协作、地方分级负责、各方共同参与的原则组织实施。

国务院统一领导全国人口普查工作，研究决定人口普查中的重大问题。地方各级人民政府按照国务院的统一规定和要求，领导本行政区域的人口普查工作。

在人口普查工作期间，各级人民政府设立由统计机构和有关部门组成的人口普查机构（以下简称普查机构），负责人口普查的组织实施工作。

村民委员会、居民委员会应当协助所在地人民政府动员和组织社会力量，做好本区域的人口普查工作。

国家机关、社会团体、企业事业单位应当按照《中华人民共和国统计法》和本条例的规定，参与并配合人口普查工作。

第四条　人口普查对象应当按照《中华人民共和国统计法》和本条例的规定，真实、准确、完整、及时地提供人口普查所需的资料。

人口普查对象提供的资料，应当依法予以保密。

第五条　普查机构和普查机构工作人员、普查指导员、普查员（以下统称普查人员）依法独立行使调查、报告、监督的职权，任何单位和个人不得干涉。

地方各级人民政府、各部门、各单位及其负责人，不得自行修改普查机构和普查人员依法搜集、整理的人口普查资料，不得以任何方式要求普查机构和普查人员及其他单位和个人伪造、篡改人口普查资料，不得对依法履行职责或者拒绝、抵制人口普查违法行为的普查人员打击报复。

第六条　各级人民政府应当利用报刊、广播、电视、互联网和户外广告等媒介，开展人口普查的宣传动员工作。

第七条 人口普查所需经费，由国务院和地方各级人民政府共同负担，并列入相应年度的财政预算，按时拨付，确保足额到位。

人口普查经费应当统一管理、专款专用，从严控制支出。

第八条 人口普查每10年进行一次，尾数逢0的年份为普查年度，标准时点为普查年度的11月1日零时。

第九条 国家统计局会同国务院有关部门制定全国人口普查方案（以下简称普查方案），报国务院批准。

人口普查应当按照普查方案的规定执行。

第十条 对认真执行本条例，忠于职守、坚持原则，做出显著成绩的单位和个人，按照国家有关规定给予表彰和奖励。

第二章　人口普查的对象、内容和方法

第十一条 人口普查对象是指普查标准时点在中华人民共和国境内的自然人以及在中华人民共和国境外但未定居的中国公民，不包括在中华人民共和国境内短期停留的境外人员。

第十二条 人口普查主要调查人口和住户的基本情况，内容包括姓名、性别、年龄、民族、国籍、受教育程度、行业、职业、迁移流动、社会保障、婚姻、生育、死亡、住房情况等。

第十三条 人口普查采用全面调查的方法，以户为单位进行登记。

第十四条 人口普查采用国家统计分类标准。

第三章　人口普查的组织实施

第十五条 人口普查登记前，公安机关应当按照普查方案的规定完成户口整顿工作，并将有关资料提交本级人口普查机构。

第十六条 人口普查登记前应当划分普查区，普查区以村民委员会、居民委员会所辖区域为基础划分，每个普查区划分为若干普查小区。

第十七条 每个普查小区应当至少有一名普查员，负责入户登记等普查工作。每个普查区应当至少有一名普查指导员，负责安排、指导、督促和检查普查员的工作，也可以直接进行入户登记。

第十八条 普查指导员和普查员应当具有初中以上文化水平，身体健康，责任心强。

第十九条 普查指导员和普查员可以从国家机关、社会团体、企业事业单位借调，也可以从村民委员会、居民委员会或者社会招聘。借调和招聘工作由县级人民政府负责。

国家鼓励符合条件的公民作为志愿者参与人口普查工作。

第二十条 借调的普查指导员和普查员的工资由原单位支付，其福利待遇保持不变，并保留其原有工作岗位。

招聘的普查指导员和普查员的劳动报酬，在人口普查经费中予以安排，由聘用单位支付。

第二十一条 普查机构应当对普查指导员和普查员进行业务培训，并对考核合格的人员颁发全国统一的普查指导员证或者普查员证。

普查指导员和普查员执行人口普查任务时，应当出示普查指导员证或者普查员证。

第二十二条 人口普查登记前，普查指导员、普查员应当绘制普查小区图，编制普查小区户主姓名底册。

第二十三条 普查指导员、普查员入户登记时，应当向人口普查对象说明人口普查的目的、法律依据以及人口普查对象的权利和义务。

第二十四条 人口普查对象应当按时提供人口普查所需的资料，如实回答相关问题，不得隐瞒有关情况，不得提供虚假信息，不得拒绝或者阻碍人口普查工作。

第二十五条 人口普查对象应当在普查表上签字或者盖章确认，并对其内容的真实性负责。

第二十六条 普查人员应当坚持实事求是，恪守职业道德，拒绝、抵制人口普查工作中的违法行为。

普查机构和普查人员不得伪造、篡改普查资料，不得以任何方式要求任何单位和个人提供虚假的普查资料。

第二十七条 人口普查实行质量控制岗位责任制，普查机构应当对人口普查实施中的每个环节实行质量控制和检查，对人口普查数据进行审核、复查和验收。

第二十八条 国家统计局统一组织人口普查数据的事后质量抽查工作。

第四章 人口普查资料的管理和公布

第二十九条 地方各级普查机构应当按照普查方案的规定进行数据处理，并按时上报人口普查资料。

第三十条 人口普查汇总资料，除依法应当保密的外，应当予以公布。

全国和各省、自治区、直辖市主要人口普查数据，由国家统计局以公报形式公布。

地方人民政府统计机构公布本行政区域主要人口普查数据，应当报经上一级人民政府统计机构核准。

第三十一条 各级人民政府统计机构应当做好人口普查资料的管理、开发和应用，为社会公众提供查询、咨询等服务。

第三十二条 人口普查中获得的原始普查资料，按照国家有关规定保存、销毁。

第三十三条 人口普查中获得的能够识别或者推断单个普查对象身份的资料，任何单位和个人不得对外提供、泄露，不得作为对人口普查对象作出具体行政行为的依据，不得用于人口普查以外的目的。

人口普查数据不得作为对地方人民政府进行政绩考核和责任追究的依据。

第五章 法律责任

第三十四条 地方人民政府、政府统计机构或者有关部门、单位的负责人有下列行为之一的，由任免机关或者监察机关依法给予处分，并由县级以上人民政府统计机构予以通报；构成犯罪的，依法追究刑事责任：

（一）自行修改人口普查资料、编造虚假人口普查数据的；

（二）要求有关单位和个人伪造、篡改人口普查资料的；

（三）不按照国家有关规定保存、销毁人口普查资料的；

（四）违法公布人口普查资料的；

（五）对依法履行职责或者拒绝、抵制人口普查违法行为的普查人员打击报复的；

（六）对本地方、本部门、本单位发生的严重人口普查违法行为失察的。

第三十五条 普查机构在组织实施人口普查活动中有下列违法行为之一的，由本级人民政府或者上级人民政府统计机构责令改正，予以通报；对直接负责的主管人员和其他直接责任人员，由任免机关或者监察机关依法给予处分：

（一）不执行普查方案的；

（二）伪造、篡改人口普查资料的；

（三）要求人口普查对象提供不真实的人口普查资料的；

（四）未按照普查方案的规定报送人口普查资料的；

（五）违反国家有关规定，造成人口普查资料毁损、灭失的；

（六）泄露或者向他人提供能够识别或者推断单个普查对象身份的资料的。

普查人员有前款所列行为之一的，责令其停止执行人口普查任务，予以通报，依法给予处分。

第三十六条 人口普查对象拒绝提供人口普查所需的资料，或者提供不真实、不完整的人口普查资料的，由县级以上人民政府统计机构责令改正，予以批评教育。

人口普查对象阻碍普查机构和普查人员依法开展人口普查工作，构成违反治安管理行为的，由公安机关依法给予处罚。

第三十七条 县级以上人民政府统计机构应当设立举报电话和信箱，接受社会各界对人口普查违法行为的检举和监督。

第六章 附 则

第三十八条 中国人民解放军现役军人、人民武装警察等人员的普查内容和方法，由国家统计局会同国务院有关部门、军队有关部门规定。

交通极为不便地区的人口普查登记的时间和方法，由国家统计局会同国务院有关部门规定。

第三十九条 香港特别行政区、澳门特别行政区的人口数，按照香港特别行政区政府、澳门特别行政区政府公布的资料计算。

台湾地区的人口数，按照台湾地区有关主管部门公布的资料计算。

第四十条 为及时掌握人口发展变化情况，在两次人口普查之间进行全国1%人口抽样调查。全国1%人口抽样调查参照本条例执行。

第四十一条 本条例自2010年6月1日起施行。

第三部分 附录

附录 4 第七次全国人口普查方案

第七次全国人口普查方案

国家统计局

国务院第七次全国人口普查领导小组办公室

第一部分　总说明

根据《中华人民共和国统计法》《中华人民共和国统计法实施条例》《全国人口普查条例》和《国务院关于开展第七次全国人口普查的通知》，制定本方案。

一、普查目的

全面查清我国人口数量、结构、分布、城乡住房等方面情况，为完善人口发展战略和政策体系，促进人口长期均衡发展，科学制定国民经济和社会发展规划，推动经济高质量发展，开启全面建设社会主义现代化国家新征程，向第二个百年奋斗目标进军，提供科学准确的统计信息支持。

二、普查时点

普查的标准时点是 2020 年 11 月 1 日零时。

三、普查对象

普查对象是指普查标准时点在中华人民共和国境内的自然人以及在中华人民共和国境外但未定居的中国公民，不包括在中华人民共和国境内短期停留的境外人员。

四、普查内容和普查表

普查登记的主要内容包括：姓名、公民身份号码、性别、年龄、民族、受教育程度、行业、职业、迁移流动、婚姻生育、死亡、住房情况等。

根据不同的普查对象和普查内容，具体分为四种普查表。

（一）第七次全国人口普查短表

普查短表包括反映人口基本状况的项目，由全部住户（不包括港澳台居民和外籍人员）填报。

（二）第七次全国人口普查长表

普查长表包括所有短表项目和人口的经济活动、婚姻生育和住房等情况的项目，在全部住户中抽取 10% 的户（不包括港澳台居民和外籍人员）填报。

（三）第七次全国人口普查港澳台居民和外籍人员普查表

港澳台居民和外籍人员普查表包括反映人口基本状况的项目以及入境目的、居住时间、身份或国籍、就业情况等项目，由在境内居住的港澳台居民和外籍人员填报。

（四）第七次全国人口普查死亡人口调查表

死亡人口调查表包括死亡人口的基本信息，由 2019 年 11 月 1 日至 2020 年 10 月 31 日期间有死亡人口的户填报。

五、普查方法

普查采用全面调查的方法，以户为单位进行登记。

普查采用按现住地登记的原则，每个人必须在现住地进行登记。普查对象不在户口登记地居住的，户口登记地要登记相应信息。

普查登记采用普查员入户询问、当场填报，或由普查对象自主填报等方式进行。

普查数据采集原则上采用电子化的方式。采取普查员使用电子采集设备（PAD 或智能手机）登记普查对象信息并联网实时上报，或由普查对象通过互联网自主填报等方式进行。

普查员应按照工作要求，在户口整顿基础上对所负责普查小区进行全面摸底，掌握普查小区内的人口和居住情况，编制《户主姓名底册》，根据《户主姓名底册》进行入户登记工作，并参考部门行政记录等资料进行比对复查，确保普查登记真实准确、不重不漏。

六、普查数据处理

各级普查机构负责普查数据处理。国务院人口普查办公室统一编制数据采集、审核、编辑、汇总程序。

国务院人口普查办公室集中部署数据采集处理环境。各级普查机构应保障必要的数据处理办公环境和网络条件，采取必要的安全措施，确保数据处理工作安全、顺利地进行。

七、普查组织实施

（一）全国统一领导

国务院第七次全国人口普查领导小组负责普查组织实施中重大问题的研究和决策。普查领导小组办公室设在国家统计局，具体负责普查的组织实施。

（二）部门分工协作

领导小组各成员单位要按照职能分工，各负其责、通力协作、密切配合，共同做好普查工作。对普查工作中遇到的困难和问题，要及时采取措施予以解决。

（三）地方分级负责

地方各级人民政府设立相应的普查领导小组及其办公室，领导和组织实施本区域内的普查工作。村民委员会和居民委员会设立人口普查小组，协助街道办事处和乡镇政府动员和组织社会力量，做好本区域内的普查工作。

普查指导员和普查员可以从国家机关、社会团体、企业事业单位借调，也可以从村民委员会、居民委员会或者社会招聘。借调和招聘工作由县级人民政府负责。

（四）各方共同参与

国家机关、社会团体、企业事业单位应当按照《中华人民共和国统计法》《中华人民共和国统计法实施条例》和《全国人口普查条例》的规定，参与并配合普查工作。

八、普查质量控制

普查实行严格的质量控制制度，建立健全普查数据质量追溯和问责机制，确保普查数据可核查、可追溯、可问责。国务院人口普查办公室统一领导、统筹协调普查全过程质量控制的有关工作。地方各级普查机构主要负责人对本行政区域普查数据质量负总责，确保普查数据真实、准确、完整、及时。各级普查办公室必须严格执行各阶段工作要求，保证各阶段工作质量达到规定标准，确保普查工作质量与数据质量合格达标。

九、普查宣传

各级宣传部门和普查机构应制定宣传工作方案，深入开展普查宣传。

各级宣传部门应组织协调新闻媒体及有关部门，通过报刊、广播、电视、互联网、手机和户外广告等

多种渠道，充分利用微博、微信、短视频等新媒体传播手段，宣传普查的重大意义、政策规定和工作要求，积极营造良好的普查氛围。

各级普查机构要组织开展形式多样的宣传活动，动员社会各界支持、参与普查。

十、普查法规与纪律要求

坚持依法普查，普查工作要严格按照《中华人民共和国统计法》《中华人民共和国统计法实施条例》《全国人口普查条例》《国务院关于开展第七次全国人口普查的通知》及相关规定组织开展。

普查对象应当依法履行普查义务，如实提供普查信息，不得虚报、瞒报、拒报。拒绝提供普查所需的资料，或者提供不真实、不完整的普查资料的，由县级以上人民政府统计机构责令改正，予以批评教育，情节严重的依法严肃处理。普查取得的数据，严格限定用于普查目的，不得作为任何部门和单位对各级行政管理工作实施考核、奖惩的依据。普查中获得的能够识别或者推断单个普查对象身份的资料，任何单位和个人不得对外提供、泄露，不得作为对普查对象实施处罚等具体行政行为的依据，不得用于普查以外的目的。各级普查机构及其工作人员，必须严格履行保密义务。

十一、普查主要工作阶段

普查工作分三个阶段进行：

一是准备阶段（2019 年 10 月—2020 年 10 月）。这一阶段的主要工作是：组建各级普查机构，制定普查方案和工作计划，进行普查试点，落实普查经费和物资，准备数据采集处理环境，开展普查宣传，选聘培训普查指导员和普查员，普查区域划分及绘图，进行户口整顿，开展摸底等。

二是普查登记阶段（2020 年 11 月—12 月）。这一阶段的主要工作是：普查员入户登记，进行比对复查，开展事后质量抽查等。

三是数据汇总和发布阶段（2020 年 12 月—2022 年 12 月）。这一阶段的主要工作是：数据处理、汇总、评估，发布主要数据公报，普查资料开发利用等。

十二、其他

（一）香港特别行政区、澳门特别行政区的人口数，按照香港特别行政区政府、澳门特别行政区政府公布的资料计算。

台湾地区的人口数，按照台湾地区有关主管部门公布的资料计算。

（二）因交通极为不便等特殊因素，需采用其他登记时间和方法的地区，须报请国务院人口普查办公室批准。

（三）对认真执行本方案，忠于职守，坚持原则，在普查工作中做出显著成绩的单位和个人，按照国家有关规定给予表彰奖励。

（四）本方案由国务院人口普查办公室负责解释。

第二部分　普查表式

第七次全国人口普查短表

经国务院批准进行第七次全国人口普查
人口普查的标准时点为2020年11月1日零时
人口普查的原始资料不向任何单位和个人提供，
仅供汇总使用
公民应履行如实申报普查项目的义务

表　　号：R 6 0 1 表
制定机关：国 家 统 计 局
国务院人口普查办公室
批准文号：国发（2019）24号
有效期至：2021年3月

地址：_____省（区、市）_____市（地、州、盟）_____县（市、区、旗）_____乡（镇、街道）_____普查区_____普查小区_____户编号

一、住户项目

H1．户别
1．家庭户
2．集体户

H2．本户应登记人数
2020年10月31日晚居住本户的人数_____人
户口在本户，2020年10月31日晚未住本户的人数_____人

H3．本户2019年11月1日至2020年10月31日期间的出生人口
男_____人 女_____人

H4．本户2019年11月1日至2020年10月31日期间的死亡人口
男_____人 女_____人

H5．住所类型
1．普通住宅
2．集体住所
3．工作地住所
4．其他住房
5．无住房
（选择2—5的，跳至个人项目。）

H6．本户现住房建筑面积
_____平方米

H7．本户现住房间数

______间

二、个人项目

每个人都填报的项目

D1．姓名

____

D2．与户主关系

0．户主
1．配偶
2．子女
3．父母
4．岳父母或公婆
5．祖父母
6．媳婿
7．孙子女
8．兄弟姐妹
9．其他

D3．公民身份号码

□□□□□□□□□□□□□□□□□□

D4．性别

1．男
2．女

D5．出生年月

出生于：________年________月

D6．民族

________族

D7．普查时点（2020年11月1日零时）居住地

1．本普查小区
2．本村（居）委会其他普查小区
3．本乡（镇、街道）其他村（居）委会
4．本县（市、区、旗）其他乡（镇、街道）
5．其他县（市、区、旗），请在下面填写地址

______省（区、市）
______市（地、州、盟）
______县（市、区、旗）
6．香港特别行政区、澳门特别行政区、台湾地区
7．国外

D8．户口登记地
1．本村（居）委会
2．本乡（镇、街道）其他村（居）委会
3．本县（市、区、旗）其他乡（镇、街道）
4．其他县（市、区、旗），请在下面填写地址
______省（区、市）
______市（地、州、盟）
______县（市、区、旗）
5．户口待定→D11

D9．离开户口登记地时间
1．没有离开户口登记地→D11
2．不满半年
3．半年以上，不满一年
4．一年以上，不满二年
5．二年以上，不满三年
6．三年以上，不满四年
7．四年以上，不满五年
8．五年以上，不满十年
9．十年以上

D10．离开户口登记地原因
0．工作就业
1．学习培训
2．随同离开/投亲靠友
3．拆迁/搬家
4．寄挂户口
5．婚姻嫁娶
6．照料孙子女
7．为子女就学
8．养老/康养
9．其他

3周岁及以上（2017年10月31日以前出生）的人填报的项目
D11．受教育程度
1．未上过学

2. 学前教育
3. 小学
4. 初中
5. 高中
6. 大学专科
7. 大学本科
8. 硕士研究生
9. 博士研究生

15 周岁及以上（2005 年 10 月 31 日以前出生）的人填报的项目

D12. 是否识字

1. 是
2. 否

第七次全国人口普查长表

经国务院批准进行第七次全国人口普查
人口普查的标准时点为2020年11月1日零时
人口普查的原始资料不向任何单位和个人提供，
仅供汇总使用
公民应履行如实申报普查项目的义务

表　　号：R 6 0 2 表
制定机关：国 家 统 计 局
国务院人口普查办公室
批准文号：国发（2019）24号
有效期至：2021年3月

地址：_____省（区、市）_____市（地、州、盟）_____县（市、区、旗）_____乡（镇、街道）_____普查区_____普查小区_____户编号

一、住户项目

H1．户别

1．家庭户
2．集体户

H2．本户应登记人数

2020年10月31日晚居住本户的人数_____人
户口在本户，2020年10月31日晚未住本户的人数_____人

H3．本户2019年11月1日至2020年10月31日期间的出生人口

男_____人　女_____人

H4．本户2019年11月1日至2020年10月31日期间的死亡人口

男_____人　女_____人

H5．住所类型

1．普通住宅
2．集体住所
3．工作地住所
4．其他住房
5．无住房
（选择2—5的，跳至个人项目。）

H6．本户现住房建筑面积

_____平方米

H7．本户现住房间数

_____间

H8．住房所在建筑的总层数

1．平房
2．多层（7 层及以下）
3．高层（8—33 层）
4．超高层（34 层及以上）

H9．承重类型

1．钢及钢筋混凝土结构
2．混合结构
3．砖木结构
4．竹草土坯结构
5．其他结构

H10．住房建成年代

1．1949 年以前
2．1949—1959 年
3．1960—1969 年
4．1970—1979 年
5．1980—1989 年
6．1990—1999 年
7．2000—2009 年
8．2010—2014 年
9．2015 年以后

H11．住房所在建筑有无电梯

1．有
2．无

H12．主要炊事燃料

1．燃气
2．电
3．煤炭
4．柴草
5．其他

H13．住房内有无管道自来水

1．有
2．无

H14．住房内有无厨房

1．独立使用
2．与其他户合用

3．无

H15．住房内有无厕所

1．水冲式卫生厕所
2．水冲式非卫生厕所
3．卫生旱厕
4．普通旱厕
5．无

H16．住房内有无洗澡设施

1．统一供热水
2．家庭自装热水器
3．其他
4．无

H17．住房来源

1．租赁廉租房/公租房
2．租赁其他住房
3．购买新建商品房
4．购买二手房
5．购买原公有住房
6．购买经济适用房/两限房
7．自建住房
8．继承或赠予
9．其他

（选择 3—9 的，跳至 H19。）

H18．月租房费用

0．200 元以下
1．200—499 元
2．500—999 元
3．1000—1999 元
4．2000—2999 元
5．3000—3999 元
6．4000—5999 元
7．6000—7999 元
8．8000—9999 元
9．10000 元以上

H19．拥有全部家用汽车的总价

1．不满 10 万元
2．10 万元以上，不满 20 万元

3．20 万元以上，不满 30 万元
4．30 万元以上，不满 50 万元
5．50 万元以上，不满 100 万元
6．100 万元以上
7．没有汽车

二、个人项目

每个人都填报的项目

C1．姓名

______

C2．与户主关系

0．户主
1．配偶
2．子女
3．父母
4．岳父母或公婆
5．祖父母
6．媳婿
7．孙子女
8．兄弟姐妹
9．其他

C3．公民身份号码

□□□□□□□□□□□□□□□□□□

C4．性别

1．男
2．女

C5．出生年月

出生于：______年______月

C6．民族

______族

C7．普查时点（2020 年 11 月 1 日零时）居住地

1．本普查小区
2．本村（居）委会其他普查小区
3．本乡（镇、街道）其他村（居）委会
4．本县（市、区、旗）其他乡（镇、街道）

5．其他县（市、区、旗），请在下面填写地址

________省（区、市）

________市（地、州、盟）

________县（市、区、旗）

6．香港特别行政区、澳门特别行政区、台湾地区

7．国外

C8．户口登记地

1．本村（居）委会

2．本乡（镇、街道）其他村（居）委会

3．本县（市、区、旗）其他乡（镇、街道）

4．其他县（市、区、旗），请在下面填写地址

________省（区、市）

________市（地、州、盟）

________县（市、区、旗）

5．户口待定→C12

C9．离开户口登记地时间

1．没有离开户口登记地→C12

2．不满半年

3．半年以上，不满一年

4．一年以上，不满二年

5．二年以上，不满三年

6．三年以上，不满四年

7．四年以上，不满五年

8．五年以上，不满十年

9．十年以上

C10．离开户口登记地原因

0．工作就业

1．学习培训

2．随同离开/投亲靠友

3．拆迁/搬家

4．寄挂户口

5．婚姻嫁娶

6．照料孙子女

7．为子女就学

8．养老/康养

9．其他

C11．户口登记地类型

1．乡

2．镇的村委会
3．镇的居委会
4．街道

C12．是否有农村土地承包经营权
1．有
2．无

C13．出生地
1．本县（市、区、旗）
2．本省其他县（市、区、旗）
3．省外：_______省（区、市）

5 周岁及以上（2015 年 10 月 31 日以前出生）的人填报的项目
C14．五年前常住地
2015 年 11 月 1 日常住地：
1．本县（市、区、旗）
2．其他地区，请在下面填写地址
_____省（区、市）
_____市（地、州、盟）
_____县（市、区、旗）

3 周岁及以上（2017 年 10 月 31 日以前出生）的人填报的项目
C15．受教育程度
1．未上过学→C17
2．学前教育→C17
3．小学
4．初中
5．高中
6．大学专科
7．大学本科
8．硕士研究生
9．博士研究生

C16．学业完成情况
1．在校
2．毕业
3．肄业
4．辍学
5．其他

15 周岁及以上（2005 年 10 月 31 日以前出生）的人填报的项目

C17．是否识字

1．是

2．否

C18．工作情况

10 月 25—31 日是否为取得收入而工作了一小时以上（包括临时工、依托互联网平台灵活就业、家庭经营无酬帮工等）

1．是，上周工作时间________小时

2．在职休假、在职学习培训、临时停工（保留工资）

3．未做任何工作→C22

C19．工作单位或生产经营活动所属类型

1．企业、事业、机关或社会团体等法人单位

2．个体经营户

3．经营农村家庭承包地（家庭农林牧渔生产经营活动）

4．自由职业／灵活就业

C20．行业

单位详细名称：____________________________________

主要产品或主要业务：________________________________

C21．职业

本人从事的具体工作：________________________________→C23

C22．未工作原因

1．在校学习

2．离退休

3．料理家务

4．丧失工作能力

5．其他

C23．主要生活来源

1．劳动收入

2．离退休金／养老金

3．最低生活保障金

4．失业保险金

5．财产性收入

6．家庭其他成员供养

7．其他

C24．婚姻状况

1．未婚→C28

2．有配偶

3．离婚

4．丧偶

C25．初婚年月

______年______月

15至64周岁（1955年11月1日—2005年10月31日出生）的妇女填报的项目

C26．生育子女数

1．未生育→C28

2．有生育（请填报生育的子女数）

生过几个孩子：

男______人

女______人

其中现在存活几个孩子：

男______人

女______人

15至50周岁（1969年11月1日—2005年10月31日出生）的妇女填报的项目

C27．过去一年（2019年11月1日—2020年10月31日）的生育状况

1．一年内未生育（结束）

2．一年内有生育（请填报生育时间和孩子性别）

生育时间：

____月

婴儿性别：

1．男

2．女

一年内生育两个以上孩子的，请填报第二个孩子的状况。

生育时间：

____月

婴儿性别：

1．男

2．女

60周岁及以上（1960年10月31日以前出生）的人填报的项目

C28．居住状况

1．与配偶和子女同住

2．与配偶同住

3．与子女同住
4．独居（有保姆）
5．独居（无保姆）
6．养老机构
7．其他

C29．身体健康状况

1．健康
2．基本健康
3．不健康，但生活能自理
4．不健康，生活不能自理

第七次全国人口普查港澳台居民和外籍人员普查表

The Seventh National Population Census Form for Residents from Hong Kong, Macao, Taiwan and from Foreign Countries

中国政府决定进行第七次全国人口普查
人口普查标准时点为2020年11月1日零时
我们将对您在普查表中填写的信息给予保密，敬请合作。

The Government of China has decided to conduct the 7th National Population Census, with zero hour on 1 November 2020 as the reference time.
Information provided will be kept confidential.
Your cooperation is highly appreciated.

表 号：R603表
制定机关：国家统计局
国务院人口普查办公室
批准文号：国发（2019）24号
有效期至：2021年3月
Form number: R603
Form issued by: National Bureau of Statistics
Office of the State Council for the Seventh National Population Census
Approval number: （2019）24
Valid until: March 2021

地址 Address：

_____省（区、市）Province

_____市（地、州、盟）City (prefecture)

_____县（市、区、旗）County (city, district)

_____乡（镇、街道）Town (township, street)

_____普查区 Enumeration area (village/community committee)

_____普查小区 Enumeration block

_____户编号 Household number

一、住户项目

Household Information

F1. 户别

Type of household

1. 家庭户 Family household
2. 集体户 Collective household

F2. 住所类型

Type of dwelling

1. 普通住宅 Conventional dwellings
2. 集体住所 Collective living quarters
3. 工作地住所 Living in work places
4. 其他住房 Other dwellings
5. 无住房 With no dwellings

（选择2—5的，跳至个人项目。）

(If the answer is 2-5, then skip to 'Individual Information'.)

F3. 本户现住房建筑面积

Floor space for this household

_____平方米 m^2

F4. 本户现住房间数

Number of rooms for this household

_____间 rooms

二、个人项目

Individual Information

R1. 姓名 Full name

____

R2. 与户主关系

Relationship with head of household

0. 户主 Head of household
1. 配偶 Spouse
2. 子女 Son or daughter
3. 父母 Parent
4. 岳父母或公婆 Parent-in-law
5. 祖父母 Grandparent
6. 媳婿 Son-in-law or daughter-in-law
7. 孙子女 Grandchild
8. 兄弟姐妹 Brother or sister
9. 其他 Other relationship

R3. 性别

Sex

1. 男 Male
2. 女 Female

R4. 出生年月

Date of birth

出生于 Born in：_______年 year_______月 month

R5. 来内地（大陆）或来华目的

Purpose for stay in the mainland of China

1. 商务 Business
2. 就业 Work
3. 学习 Study
4. 定居 Residence
5. 探亲 Visiting relatives

6. 其他 Others

R6. 已在内地（大陆）或在华居住时间
Duration of stay in the mainland of China

1. 不满三个月 Less than 3 months
2. 三个月以上，不满半年 3 months to less than 6 months
3. 半年以上，不满一年 6 months to less than 12 months
4. 一年以上，不满二年 1 year to less than 2 years
5. 二年以上，不满五年 2 years to less than 5 years
6. 五年以上 5 years or more

R7. 受教育程度
3 周岁及以上（2017 年 10 月 31 日以前出生）的人填报
Educational attainment
For persons aged 3 and over（Born before 31st Oct. 2017）

1. 未上过学 No schooling
2. 学前教育 Pre-primary education
3. 小学 Primary education
4. 初中 Junior secondary education
5. 高中 Senior secondary education
6. 大学专科 College
7. 大学本科 University
8. 硕士研究生 Master
9. 博士研究生 Doctor

R8. 身份或国籍
Citizenship

1. 香港特别行政区居民 Hong Kong SAR resident
2. 澳门特别行政区居民 Macao SAR resident
3. 台湾地区居民 Taiwan resident
4. 外国人 Foreigner：国籍 Country_______（结束）(End)

15 周岁及以上（2005 年 10 月 31 日以前出生）港澳台居民填报的项目
For persons aged 15 and over (Born before 31st Oct. 2005) from Hong Kong, Macao and Taiwan

R9. 工作情况
10 月 25—31 日是否为取得收入而工作了一小时以上

1．是
2．在职休假、在职学习培训、临时停工（保留工资）
3．未做任何工作→R12

R10．行业

1．农、林、牧、渔业

2．采矿业
3．制造业
4．电力、热力、燃气及水生产和供应业
5．建筑业
6．批发和零售业
7．交通运输、仓储和邮政业
8．住宿和餐饮业
9．信息传输、软件和信息技术服务业
10．金融业
11．房地产业
12．租赁和商务服务业
13．科学研究和技术服务业
14．水利、环境和公共设施管理业
15．居民服务、修理和其他服务业
16．教育
17．卫生和社会工作
18．文化、体育和娱乐业
19．公共管理、社会保障和社会组织
20．国际组织

R11．职业

1．党的机关、国家机关、群众团体和社会组织、企事业单位负责人
2．专业技术人员
3．办事人员和有关人员
4．社会生产服务和生活服务人员
5．农、林、牧、渔业生产及辅助人员
6．生产制造及有关人员
7．不便分类的其他从业人员

R12．婚姻状况

1．未婚
2．有配偶
3．离婚
4．丧偶

第七次全国人口普查死亡人口调查表

（2019 年 11 月 1 日至 2020 年 10 月 31 日死亡的人口登记）

经国务院批准进行第七次全国人口普查
人口普查的标准时点为 2020 年 11 月 1 日零时
人口普查的原始资料不向任何单位和个人提供，
仅供汇总使用
公民应履行如实申报普查项目的义务

表 号：R604表
制定机关：国家统计局
国务院人口普查办公室
批准文号：国发（2019）24 号
有效期至：2021 年 3 月

地址：_____省（区、市）_____市（地、州、盟）_____县（市、区、旗）_____乡（镇、街道）_____普查区_____普查小区_____户编号

每个死亡人口都登记的项目

S1．姓名

____

S2．公民身份号码

□□□□□□□□□□□□□□□□□□

S3．性别

1．男
2．女

S4．出生年月

出生于：_______年_______月

S5．死亡时间

死亡于：_______月

S6．民族

_______族

死亡时满 3 周岁的人登记的项目

S7．受教育程度

1．未上过学
2．学前教育
3．小学
4．初中
5．高中
6．大学专科
7．大学本科

8．硕士研究生

9．博士研究生

死亡时满15周岁的人登记的项目

S8．婚姻状况

1．未婚

2．有配偶

3．离婚

4．丧偶

第三部分　普查表填写说明

一、普查表的种类

第七次全国人口普查表分为《第七次全国人口普查短表》《第七次全国人口普查长表》《第七次全国人口普查港澳台居民和外籍人员普查表》和《第七次全国人口普查死亡人口调查表》四种表。

二、标准时点

第七次全国人口普查的标准时点为2020年11月1日零时。

普查员在掌握普查标准时点时，应注意以下两点：

（一）2020年11月1日零时以后出生的人不登记；2020年11月1日零时以后死亡的人仍要在普查短表中登记。

（二）2020年11月1日零时以后居住地发生变化的人，仍在原居住地登记。

三、普查对象

普查对象是指普查标准时点在中华人民共和国境内的自然人以及在中华人民共和国境外但未定居的中国公民，不包括在中华人民共和国境内短期停留的境外人员。

（一）普查短表和普查长表的普查对象具体是指2020年10月31日晚住本普查小区的人，以及户口登记在本普查小区但2020年10月31日晚未住本普查小区的人。

1.2020年10月31日晚住本普查小区的人，无论其户口登记在何处。

2.户口登记在本普查小区，但2020年10月31日晚未住本普查小区的人，无论其外出时间长短、外出原因如何。

（二）港澳台居民和外籍人员普查表的普查对象具体是指2020年10月31日晚住本普查小区的港澳台居民和外籍人员。

（三）死亡人口调查表的登记对象具体是指2019年11月1日至2020年10月31日期间本普查小区的死亡人口。

四、登记原则

人口普查采用按现住地登记的原则，每个人必须在现住地进行登记。普查对象不在户口登记地居住的，户口登记地要登记相应信息。

人口普查以户为单位进行登记，户分为家庭户和集体户。集体户以一个住房单元为一户进行普查登记。

为便于理解登记对象，并考虑到普查中可能遇到的特殊情况，普查员在入户登记时可采取以下方式询问住户：

应在您家普查登记的人包括：

•2020年10月31日晚住在您家里的人。

•经常居住在您家，由于临时出差、探亲、旅游或值夜班等原因，2020年10月31日晚未住在您家的人（视为2020年10月31日晚住在您家）。

•幼儿园全托孩子，小学、初中住校生（视为2020年10月31日晚住在您家）。

•户口登记在现住房地址的其他人。

不包括：

•现役军人和武警。

•由于临时出差、探亲、旅游等原因，2020 年 10 月 31 日晚暂住在您家的人。

•2020 年 11 月 1 日零时以后出生的人。

五、普查项目

（一）普查短表

按户填报的项目有：户别、本户应登记人数、本户 2019 年 11 月 1 日至 2020 年 10 月 31 日期间的出生人口、本户 2019 年 11 月 1 日至 2020 年 10 月 31 日期间的死亡人口、住所类型、本户现住房建筑面积、本户现住房间数。

按人填报的项目有：姓名、与户主关系、公民身份号码、性别、出生年月、民族、普查时点（2020 年 11 月 1 日零时）居住地、户口登记地、离开户口登记地时间、离开户口登记地原因、受教育程度、是否识字。

（二）普查长表

按户填报的项目有：户别、本户应登记人数、本户 2019 年 11 月 1 日至 2020 年 10 月 31 日期间的出生人口、本户 2019 年 11 月 1 日至 2020 年 10 月 31 日期间的死亡人口、住所类型、本户现住房建筑面积、本户现住房间数、住房所在建筑的总层数、承重类型、住房建成年代、住房所在建筑有无电梯、主要炊事燃料、住房内有无管道自来水、住房内有无厨房、住房内有无厕所、住房内有无洗澡设施、住房来源、月租房费用、拥有全部家用汽车的总价。

按人填报的项目有：姓名、与户主关系、公民身份号码、性别、出生年月、民族、普查时点（2020 年 11 月 1 日零时）居住地、户口登记地、离开户口登记地时间、离开户口登记地原因、户口登记地类型、是否有农村土地承包经营权、出生地、五年前常住地、受教育程度、学业完成情况、是否识字、工作情况、经常工作单位或生产经营活动所属类型、行业、职业、未工作原因、主要生活来源、婚姻状况、初婚年月、生育子女数、过去一年（2019 年 11 月 1 日—2020 年 10 月 31 日）的生育状况、居住状况、身体健康状况。

（三）港澳台居民和外籍人员普查表

按户填报的项目有：户别、住所类型、本户现住房建筑面积、本户现住房间数。

按人填报的项目有：姓名、与户主关系、性别、出生年月、来内地（大陆）或来华目的、已在内地（大陆）或在华居住时间、受教育程度、身份或国籍、工作情况、行业、职业、婚姻状况。

（四）死亡人口调查表

填报的项目有：姓名、公民身份号码、性别、出生年月、死亡时间、民族、受教育程度、婚姻状况。

六、普查表的填写方法

（一）普查表以户为单位进行登记。普查短表、死亡人口调查表采用普查员入户询问、当场填报，或由普查对象通过互联网自主填报等方式进行。普查长表、港澳台居民和外籍人员普查表采用普查指导员和普查员入户询问、当场填报的登记方式。

（二）普查小区中的每一户有且只有一个户编号，为“001”开始的 3 位顺序码，在《户主姓名底册》编制完成后自动生成，普查表上的户编号与其一致，不可修改。

（三）普查表的填写顺序：先填写住户项目，再逐人填写个人项目。

普查员填写普查短表时，填写按人登记的项目时，表内第一人应填户主，然后依次填户主的配偶和其他关系的人。全户死亡的户，只填写“H4. 本户 2019 年 11 月 1 日至 2020 年 10 月 31 日期间的死亡人口”，其他住户项目和个人项目均不再登记。

普查员填写普查长表时，与普查短表相同的项目直接代入短表信息，经向普查对象核实确认后，再填报其他项目。

（四）普查表每户最多可以填写 20 人。对于超过 20 人的大集体户，可酌情分成若干集体户填写。

（五）有标准选项的项目，根据实际情况选填，并且每个问题只能选择一个标准选项。民族、普查时点（2020 年 11 月 1 日零时）居住地、户口登记地、出生地、五年前常住地等项目可根据列表栏进行选择。没有标准选项的项目，用文字或阿拉伯数字据情填报。

（六）如果填写错误或发生逻辑关系异常，数据采集程序会给出审核提示。审核类型分为强制性审核和确认性审核，若为强制性审核错误，必须根据提示信息对错误项目进行修改；若为确认性审核提示，应根据提示信息对异常项目进行核实，确认无误后，继续进行填报。

（七）普查员每填完一户，应即刻进行审核，将通过审核的信息向申报人当面宣读，核对无误后，由申报人签字确认。

第四部分　指标解释

一、普查短表

（一）住户项目

H1.户别——按家庭户、集体户的类别填报。

1.家庭户：以家庭成员关系为主，居住一处共同生活的人口，作为一个家庭户。单身居住独自生活的，也作为一个家庭户。

2.集体户：相互之间没有家庭成员关系，集体居住共同生活的人口作为一个集体户。

H2.本户应登记人数——包括两个部分。一部分是2020年10月31日晚居住本户的人数，既包括户口在本户、2020年10月31日晚居住本户的人数，也包括户口不在本户、2020年10月31日晚居住本户的人数，填写H2的第一项；另一部分是户口在本户，2020年10月31日晚未居住本户的人数，填写H2的第二项。

H3.本户2019年11月1日至2020年10月31日期间的出生人口——填写本户在2019年11月1日至2020年10月31日期间出生的人数。分别填写男、女的合计数。若本户在此期间没有出生人口，请填写“0”。

H4.本户2019年11月1日至2020年10月31日期间的死亡人口——填写本户在2019年11月1日至2020年10月31日期间死亡的人数。分别填写男、女的合计数。若本户在此期间没有死亡人口，请填写“0”。

填写H3、H4时应注意：

不要漏掉出生时有某种生命现象（如在胎儿脱离母体时，有呼吸或心跳，脐带搏动、随意肌收缩等）不久即死亡的婴儿，既要填写出生人数，也要填写死亡人数。

H5.住所类型——按居住的住所类型填报。

1.普通住宅：指人工建造的，有墙、顶、门、窗等结构，具有独立入口，专门供人居住的房屋或场所。如单元房、平房、四合院、独栋别墅、筒子楼、窑洞等传统意义上的住宅。

2.集体住所：指学生宿舍、职工宿舍、工棚、养老院、福利院、宗教场所等。

3.工作地住所：指居住在办公楼、发廊、商铺、餐馆等工作场所。

4.其他住房：指居住在上述场所以外的其他房屋或场所。

5.无住房：指本户没有住房，居无定所（如流动人口中那些睡在桥下、公园、车站或睡在运载货物、商品车辆上的人等）。

H6.本户现住房建筑面积——本户现住房的建筑面积以房屋所有权证（不动产权证）或租赁凭证上的相关信息为准。

若只知道使用面积的，可用使用面积乘以1.33，换算成建筑面积。填写本项目时应注意：

1.在租借房屋居住的户，按租借住房的实际情况填写其住房建筑面积。

2.合住在同一所住房里的住户，其建筑面积为各户所独立使用的房间面积加上公共使用面积（包括厨房、厕所、门厅、阳台等）的分摊部分：两户合住的，各按二分之一计算；三户合住的，各按三分之一计算，依此类推。

3.建筑面积应填写整数，不为整数时四舍五入获得。

H7.本户现住房间数——指除厨房、厕所、过道和厅以外的所有自然间数（包括扩建的房间）。填写本项目时应注意：

1.在租借房屋居住的户，按租借住房的实际居住情况填写其住房间数。

2.合住同一所住房的，在填写住房间数时，填写其独立使用的房间数。

（二）个人项目

D1.姓名——填写被登记人的正式姓名。没有正式姓名的可填小名或某某氏，但不能填笔名、代号等。婴儿未起名的，可填“未取名”。

D2.与户主关系——指被登记人与本户户主的关系。申报人不是户主的，不要将被登记人与申报人的关系错填为与户主的关系。

0.户主：按家庭日常生活习惯确定户主。

1.配偶：指户主的妻子或丈夫。

2.子女：指户主的子女。

3.父母：指户主的父母或继父母、养父母。

4.岳父母或公婆：指户主配偶的父母或继父母、养父母。

5.祖父母：指户主或配偶的祖父母、外祖父母、曾祖父母、外曾祖父母。

6.媳婿：指户主子女的配偶。

7.孙子女：指户主的孙子女、外孙子女、孙媳婿、外孙媳婿、重孙子女、重孙媳婿、重外孙子女、重外孙媳婿。

8.兄弟姐妹：指户主及其配偶的兄弟姐妹以及他们的配偶。

9.其他：指以上九种人以外的成员。

在登记家庭户时，户主应登记为第一人，选填“0.户主”。如果户主的配偶也在本户登记，应登记为第二人，选填“1.配偶”，然后再登记该户的其他成员；如果户主没有配偶，或户主配偶不在本户登记，第二人登记本户其他成员。

在登记集体户时，任选一人登记为户主，选填“0.户主”，本户其他成员与户主关系一律登记为其他，选填“9.其他”。

D3.公民身份号码——指 18 位公民身份号码。无公民身份号码的填写 18 位 0。

D4.性别——指被登记人的性别。

D5.出生年月——指被登记人的出生年、月。

出生年月按公历填写，只知道农历的，要换算成公历。按照一般的规律，农历的月份与公历的月份相差一个月左右，换算时农历的月份加 1 即可作为公历的月份，但要注意农历的 12 月应当是公历下一年的 1 月。

D6.民族——指被登记人的民族。

外国人加入中国籍，其民族和我国的某一民族相同的，就选填某一民族；没有相同民族的，按外国人加入中国籍填写，选填“入籍”。

D7.普查时点（2020 年 11 月 1 日零时）居住地——指被登记人在普查标准时点居住的地址。

1.本普查小区：指普查时点居住在本普查小区的人。如果本户在本普查小区拥有一套以上的住房，可确定其中一处进行登记。

2.本村（居）委会其他普查小区：指户口登记地在本普查小区，普查时点居住在本村（居）委会其他普查小区的人。

3.本乡（镇、街道）其他村（居）委会：指户口登记地在本普查小区，普查时点居住在本乡（镇、街道）其他村（居）委会的人。

4.本县（市、区、旗）其他乡（镇、街道）：指户口登记地在本普查小区，普查时点居住在本县（市、区、旗）的其他乡（镇、街道）的人。

5.其他县（市、区、旗）：指户口登记地在本普查小区，普查时点居住在本县（市、区、旗）以外地区的人。填报本选项的人还需选填普查时点居住地所在省（区、市）、市（地、州、盟）、县（市、区、旗）

的具体名称。

6.香港特别行政区、澳门特别行政区、台湾地区：指户口登记地在本户，普查时点居住在香港特别行政区、澳门特别行政区、台湾地区的人。

7.国外：指户口登记地在本户，普查时点居住在国外的人。

D8.户口登记地——指被登记人的居民户口簿上的地址。

1.本村（居）委会：指户口登记地在本村（居）委会的人。

2.本乡（镇、街道）其他村（居）委会：指普查时点居住本普查小区，户口登记地在本乡（镇、街道）其他村（居）委会的人。

3.本县（市、区、旗）其他乡（镇、街道）：指普查时点居住本普查小区，户口登记地在本县（市、区、旗）的其他乡（镇、街道）的人。

4.其他县（市、区、旗）：指普查时点居住本普查小区，户口登记地在本县（市、区、旗）以外地区的人。填报本选项的人还需填写户口登记地所在省（区、市）、市（地、州、盟）、县（市、区、旗）的具体名称。

5.户口待定：指普查时点居住本普查小区，在任何地方都没有登记户口的人。包括手持户口迁移证、出生证、退伍证等情况。

D9.离开户口登记地时间——指到普查标准时点为止，被登记人离开户口登记地（居住地与户口登记地不一致）的时间。

没有离开户口登记地是指户口登记地在本村（居）委会，普查标准时点居住在本普查小区或本村（居）委会其他普查小区。

若常年外出的人由于农忙、节假日等原因偶尔回家的，或回家后因疫情原因推迟外出的，还应该从第一次离开户口登记地的时间开始计算。

D10.离开户口登记地原因——指被登记人离开户口登记地（居住地与户口登记地不一致）的原因。

0.工作就业：指十五周岁及以上因务工经商、工作招聘、调动等原因离开户口登记地的人。

1.学习培训：指六周岁及以上因考入各级各类学校或参加各种学习班、培训班而离开户口登记地的人。

2.随同离开/投亲靠友：指因跟随亲属、投亲靠友而离开户口登记地的人。

3.拆迁/搬家：指因房屋拆迁、改造或者搬家而离开户口登记地的人。

4.寄挂户口：指户口落在集体户或没有在户口登记地居住过、只落户口的人。

5.婚姻嫁娶：指十五周岁及以上因结婚而离开户口登记地的人。

6.照料孙子女：指为照料孙子女而离开户口登记地的人。

7.为子女就学：指为子女就学而离开户口登记地的人。

8.养老/康养：指因旅游（度假）养老/康养、候鸟式养老/康养、回籍贯地养老/康养、居住在养老院而离开户口登记地的人，不包括跟随子女养老。

9.其他：指上述几种以外的原因。

凡具有两种以上原因的，按其主要的原因选填一个标准选项。

D11.受教育程度——指按照国家教育体制，被登记人接受教育的情况。通过自学或成人学历教育经国家统一考试合格的，分别归入相应的受教育程度。

1.未上过学：指从未接受过各级各类学校教育。包括参加过各种扫盲班或成人识字班学习，且以后再没有接受过各级各类学校教育的人。

2.学前教育：指仅接受过或正在接受专门学前教育机构教育，即在幼儿园或附设幼儿班接受保育和教育。

3.小学：指接受的最高一级教育为小学，无论其是否在校、毕业、肄业或辍学。

4.初中：指接受的最高一级教育为初中，无论其是否在校、毕业、肄业或辍学。

5.高中：指接受的最高一级教育为普通高中、成人高中和中等职业学校，无论其是否在校、毕业、肄业或辍学。

6.大学专科：指接受的最高一级教育为大学专科。在普通高等学校学习大学专科的，无论其是否在校、毕业、肄业或辍学，都填报此项。

凡国家授权承认学历的开放大学、广播电视大学、职工大学等成人高校和普通高等学校举办的函授大学、夜大学和其他形式的大学，按教育部颁布的大学专科教学大纲进行授课的，其毕业生选填此项；其肄业生、在校生按原有受教育程度填报。含成人专科和网络专科。

通过自学，经国家统一举办的自学考试合格，并取得大学专科毕业证书的，也选填此项。

7.大学本科：指接受的最高一级教育为大学本科。在普通高等学校学习大学本科的，无论其是否在校、毕业、肄业或辍学，都填报此项。

凡国家授权承认学历的开放大学、广播电视大学、职工大学等成人高校和普通高等学校举办的函授大学、夜大学和其他形式的大学，按教育部颁布的大学本科教学大纲进行授课的，其毕业生选填此项；其肄业生、在校生按原有受教育程度填报。含成人本科和网络本科。

通过自学和进修大学课程，经考试合格，并取得大学本科毕业证书的，也选填此项。

8.硕士研究生：指接受的最高一级教育为硕士研究生，无论其是否在校、毕业、肄业或辍学。含 2016 年 12 月 1 日以后录取的非全日制硕士研究生。

在职接受硕士研究生教育的，其毕业生选填此项；肄业生和在校生按原有受教育程度填报。

9.博士研究生：指接受的最高一级教育为博士研究生，无论其是否在校、毕业、肄业或辍学。含 2016 年 12 月 1 日以后录取的非全日制博士研究生。

在职接受博士研究生教育的，其毕业生选填此项；肄业生和在校生按原有受教育程度填报。

凡是没有按教育部的教学大纲培养或只学单科的人，不能填报“大学专科”“大学本科”“硕士研究生”或“博士研究生”，一律按原有受教育程度填报。

D12.是否识字：指被登记人是否达到国家规定的脱盲标准（城镇居民和企、事业单位职工识字 2000 个，农村居民识字 1500 个）。登记时可询问，日常生活中是否能读懂简单的书信或书写简短的句子。如果能阅读通俗书报、能写便条就认为具有识字能力。

二、普查长表

（一）住户项目

H1.户别——与短表 H1 相同。

H2.本户应登记人数——与短表 H2 相同。

H3.本户 2019 年 11 月 1 日至 2020 年 10 月 31 日期间的出生人口——与短表 H3 相同。

H4.本户 2019 年 11 月 1 日至 2020 年 10 月 31 日期间的死亡人口——与短表 H4 相同。

H5.住所类型——与短表 H5 相同。

H6.本户现住房建筑面积——与短表 H6 相同。

H7.本户现住房间数——与短表 H7 相同。

H8.住房所在建筑的总层数——层数是指建筑物的自然层数，一般按室内地坪以上计算。

采光窗在室外地坪以上的半地下室，其室内层高在 2.20m 以上（不含 2.20m）的，计算自然层数；假层、附层（夹层）、插层、阁楼（暗楼）、装饰性塔楼，以及突出屋面的楼梯间、水箱间不计层数。

其中，平房是指只有一层的房子。

H9.承重类型——指在房屋建筑中，由各种构件（屋架、梁、板、柱等）组成的能够承受各种作用的体系。

1.钢及钢筋混凝土结构：指承重的主要构件是用钢及钢筋混凝土建造的。它包括“钢结构”“钢、钢筋混凝土”和“钢筋混凝土”三种结构类型。

钢结构：承重的主要构件是钢材料建成的，包括悬索结构。

钢、钢筋混凝土结构：承重的主要构件是用钢、钢筋混凝土建造的。如一幢房屋一部分梁柱采用钢、钢筋混凝土构架建成。

钢筋混凝土结构：承重的主要构件是用钢筋混凝土建造的。包括薄壳结构、大模板现浇结构及使用滑模、升板等建造的钢筋混凝土结构的建筑物。

2.混合结构：指承重的主要构件是用钢筋混凝土和砖木建造的。如一幢房屋的梁是用钢筋混凝土制成，以砖墙为承重墙，或者梁是用木材建造，柱是用钢筋混凝土建造。

3.砖木结构：指承重的主要构件是用砖、木材建造的。如一幢房屋是木制房架、砖墙、木柱建成的。

4.竹草土坯结构：指承重的主要构件是用竹、草、土坯等建造的。如竹楼、土窑洞等。

5.其他结构：指不属于上述类型的结构。

H10.住房建成年代——指本户住房所属建筑物的建成年份。

本户住房所属建筑物翻修过的，按翻修时的年份选填。经过改建的，如改建面积大于原面积的，按改建时的年份选填；如改建面积小于原面积的，按原建成年份选填。

H11.住房所在建筑有无电梯——指本户住房所属建筑物内部、外部是否安装电梯。

H12.主要炊事燃料——指本户用于炊事的主要燃料。

如果本户用于炊事的燃料有两种以上，选填主要的一种。

H13.住房内有无管道自来水——指本户住房内是否有经过公用设施净化处理的管道输送水。

在院子里自己打的机井不能算作有自来水。

H14.住房内有无厨房——指本户住房内是否有专供做饭使用的房间，无论是否装有上下水道及固定灶具。

在公用过道、客堂等处烧饭的和在庭院、路边搭建的、临时简陋设施中做饭的都不算有厨房。

H15.住房内有无厕所——指本户住房内是否有厕所。

1.水冲式卫生厕所：指有上下水系统，或厕间有备水桶（瓢冲），坐便或蹲便器有水封或无水封的厕所，且粪便及污水冲入到下水道、化粪池和厕坑，无蝇，不会造成环境污染。

2.水冲式非卫生厕所：指虽然是水冲式厕所，但是粪便被冲到开放的水渠、沟塘等开放水体或者不确定冲到何处，会污染环境。

3.卫生旱厕：指有固定盖板的厕所，粪便基本无暴露，保持无蝇。比如通风改良厕所、堆肥厕所、双坑交替厕所、粪尿分集厕所、阁楼厕所、深坑防冻厕所等。

4.普通旱厕：包括无盖板的敞开式旱厕，有或无防渗处理。通常粪便暴露、有蛆蝇。

5.无：指没有厕所。

H16.住房内有无洗澡设施——指住房内是否有固定浴缸（浴盆）或淋浴龙头等能使用的洗浴设施。

1.统一供热水：指本户洗浴用热水由社区、物业管理部门或其他公共设施统一供应。

2.家庭自装热水器：指本户洗浴用热水是由自己安装的各种热水器，如电热水器、燃气（罐装、管道）热水器等。

3.其他：指上述两种以外的洗浴设施。

4.无：指住房内没有洗浴设施。

H17.住房来源——指本户获取现住房的方式。

1.租赁廉租房/公租房：指向政府相关部门申请并租住廉租房、公租房。

2.租赁其他住房：指通过私人、单位或房屋中介等渠道租住住房。

3.购买新建商品房：指按市场价购买的新建商品房。

4.购买二手房：指购买那些进入房屋市场进行交易，第二次及以上进行产权登记的住房，包括二手商品房、允许上市交易的已售公房、经济适用房等。

5.购买原公有住房：指个人以成本价或优惠价购买的、原作为福利分配给本单位职工的住房。

6.购买经济适用房/两限房：指向政府相关部门申请并购买经济适用房、两限房。

7.自建住房：指个人建造的住房，其产权属于个人所有。

8.继承或赠予：指从亲属处继承而来或者受他人赠予而获取住房。

9.其他：指上述几种住房来源以外的情况。

H18.月租房费用——指最近用于交纳房租的单月金额，不包括水电费、物业费、取暖费等附加费用。月租房费用不为整数时，按四舍五入计算。

若多人合租作一户登记时，则需将每人月租费加总计算。

H19.拥有全部家用汽车的总价——是指住户拥有的全部供家庭生活使用的汽车价格之和。

汽车价格按汽车实际购买价格（含税）的方式计算。

若住户有多辆家用汽车，则按全部家用汽车的价格总和选填。

（二）个人项目

C1.姓名——与短表 D1 相同。

C2.与户主关系——与短表 D2 相同。

C3.公民身份号码——与短表 D3 相同。

C4.性别——与短表 D4 相同。

C5.出生年月——与短表 D5 相同。

C6.民族——与短表 D6 相同。

C7.普查时点（2020 年 11 月 1 日零时）居住地——与短表 D7 相同。

C8.户口登记地——与短表 D8 相同。

C9.离开户口登记地时间——与短表 D9 相同。

C10.离开户口登记地原因——与短表 D10 相同。

C11.户口登记地类型——指离开户口登记地（居住地与户口登记地不一致）时的户口登记地类型。

若离开时户口登记地的类型是“乡”，而现在已改成“镇”，应选填“1.乡”，不要填报“2.镇的村委会”或“3.镇的居委会”。

C12.是否有农村土地承包经营权——指被登记人户口所在的户是否有农村土地承包经营权。

户口所在的户应以被登记人的户口簿为准。拥有农村土地承包经营权是指被登记人户口登记地在农村地区或以前的农村地区，目前户口所在的户与集体经济组织签订了农村土地承包合同。

拥有农村土地承包经营权的户，目前可能实际经营承包地，也可能因各种原因不再经营承包地，包括以转包、出租、入股、托管等方式流转所承包土地经营权。

C13.出生地——指被登记人的出生地点。

1.本县（市、区、旗）：指出生在本县、县级市、区、旗。

2.本省其他县（市、区、旗）：指出生在本省的其他县、县级市、区、旗。

3.省外：指出生在本省（区、市）以外其他地区，并选填出生地所在省（区、市）的名称。在港、澳、台或国外出生的，根据实际情况选填 “香港特别行政区”“澳门特别行政区”“台湾地区”或“国外”。

C14.五年前常住地——指被登记人在普查标准时点的五年前，即 2015 年 11 月 1 日零时的常住地。

五年前居住在本县（市、区、旗）以外其他地区的人，还需选填五年前常住地的地址。

五年前居住在港、澳、台或国外的，根据实际情况选填“香港特别行政区”“澳门特别行政区”“台湾地区”或“国外”。

C15.受教育程度——与短表 D11 项相同。

C16.学业完成情况——指受教育程度为小学及以上的人完成学业的情况。

1.在校：正在接受各级各类学校教育并有学籍。

2.毕业：已修完全部课程，并经过考试鉴定合格。

3.肄业：修完全部课程，但考试不及格或因种种原因未取得毕业资格。

4.辍学：未能修完所规定的全部课程，中途退学。

5.其他：私塾、自学等其他方式。

C17.是否识字——与短表D12项相同。

C18.工作情况——指被登记人在10月25—31日期间，即普查标准时点前一周，是否为取得收入而工作了1小时以上，包括临时工、互联网灵活就业、家庭经营无酬帮工。

工作是指为获取工资、实物报酬或经营收入而从事的各种生产、经营或服务性活动，其目的是为了取得收入，无论实际是否取得。不包括义务劳动和公益性劳动。

1.是：指在10月25—31日期间，为取得收入而干过固定的、临时的或兼职的工作，并且工作时间超过1小时。在校学生利用课余或假期以及退休人员为取得收入而从事了工作，也选填此项。

家庭成员在自家或亲属经营的公司、企业、商铺或网店工作，即使本人没有劳动报酬，也选填此项。

选填“1.是”的人，还需填写工作时间。工作时间按在10月25—31日期间实际的工作时间填写，而不是按国家或企业规定的制度工作时间填写。

计算工作时间，要注意把握以下几种情况：

（1）从事一种以上有收入工作的，几项工作时间相加计算。

（2）在规定的工作时间以外加班工作的，加班时间一并计算在内。

（3）农村既干家务又从事农业或其他有收入工作的人，家务劳动时间除外。

2.在职休假、在职学习培训、临时停工（保留工资）：

在职休假是指在10月25—31日期间，因各种休假或请假临时未工作，包括公休假、年休假、空勤人员、船员、火车乘务人员的轮休假、病假、工伤假、产假、事假、探亲假、婚丧假等。个人档案、人事关系已在某单位，但因各种原因尚未到新单位报到上班，如军人转业或工作调动等，也视为休假。

在职学习培训是指有工作单位，在10月25—31日期间参加脱产学习或培训。

临时停工（保留工资）是指在10月25—31日期间，由于机械或电力故障、原料或燃料短缺、天气或其他灾害等原因导致的暂时未工作，但仍可以有工资收入。

打零工、计件工等临时就业或灵活就业的人，因为上述原因停工并且没有收入，不填此项，应填“3.未做任何工作”。

3.未做任何工作：指在10月25—31日期间，没有工作单位，也未从事过任何可以有收入的工作。

对于下岗、内退人员，如果未与原单位解除劳动合同，仍有工资性收入的，选填“2.在职休假、在职学习培训、临时停工”；如果没有工资性收入，选填“3.未做任何工作”。对于承包土地的农民，在10月25—31日期间，如果干农活或其他有收入的工作超过1小时，选填“1.是”；如果外出打工，未从事任何工作，选填“3.未做任何工作”；如果正处于农业生产季节，没有外出打工，期间临时没有干农活，选填“2.在职休假、在职学习培训、临时停工”。

对于从事季节性生产经营的人，如果生产经营仍在进行中，只是在10月25—31日期间没有工作，选填“2.在职休假、在职学习培训、临时停工”；如果正处于季节性歇业，选填“3.未做任何工作”。

C19.工作单位或生产经营活动所属类型——指普查标准时点前一周的主要工作单位或生产经营活动类型。

1.企业、事业、机关或社会团体等法人单位：法人单位指依法成立，有自己的名称、组织机构和场所，能够独立承担民事责任，独立拥有和使用（或授权使用）资产承担负债，有权与其他单位签订合同，会计上独立核算，能够编制资产负债表的单位。包括企业、事业、机关、社会团体、民办非企业单位、基金会、居委会、村委会、农民专业合作社、农村集体经济组织和其他组织机构。

2.个体经营户：指资产归个人所有，以个体劳动为基础，劳动成果归劳动者个人占有和支配的一种经济组织。既包括在各级工商行政管理机关登记注册、领取《营业执照》的个体工商户，也包括没有领取《营业执照》，但实际从事个体经营活动的人。

3.经营农村家庭承包地（家庭农林牧渔生产经营活动）：指在自家承包的耕地、林地、草地、池塘以及其他合法用于农业的土地上，从事农林牧渔业生产经营活动，也包括家庭在转包和租用他人农业用地上从事农林牧渔业生产经营活动，所从事的农业生产活动以自营劳动为主，不雇佣长期雇工，但可能雇佣临时短工。

农业生产季节在承包土地上从事农业生产，但上周未做任何工作的人，也选填此项。

普查标准时点前一周未在自家承包土地上工作而从事其他生产经营活动的人，或外出务工经商的人不填此项，选填上周实际工作单位或生产经营活动。

4.自由职业/灵活就业：指除个体经营户以外的自雇就业或自主型的个体就业。包括律师、自由撰稿人、歌手、模特等自主就业人员，也包括家庭自雇家政服务、街头小贩、其他类型打零工的临时就业人员，还包括依赖平台承接工作任务、不隶属于任何雇主的劳动者。

C20.行业——指普查标准时点前一周主要工作所在单位的生产经营活动。如果前一周从事两项不同工作，按工作时间长短确定主要工作；如果工作时间相同，再按报酬高低确定主要工作。

行业是按照经济活动的同一性进行分类的，不是按其所属的行政管理系统来分的。产业活动单位是划分行业的分类标准。产业活动单位是指：（1）具有一个场所、从事一种或主要从事一种经济活动；（2）单独组织生产、经营或业务活动；（3）掌握收入和支出的会计核算资料。

填写行业时要注意以下情况：

有工作单位的，既要填写单位名称，也要填写单位的主要产品或从事的主要业务。单位名称要具体到分厂、分公司或营业部，即产业活动单位，不能笼统地只填写总厂名称。最重要的是单位的主要产品或主要业务要详细填写，要用动宾词组表达，如“生产服装”或“销售服装”，不能简写为“服装”。保密单位，填写其公开使用的名称和公开的主要产品或主要业务。

没有工作单位的，只填写主要产品或主要业务，如“送外卖”“当滴滴司机”。务农人员不能笼统地填写“农业”，要根据其具体的农业生产活动或农户具体从事的主要业务填写。如“种粮食”“养猪”等。

C21.职业——指普查标准时点前一周主要工作具体是干什么。如果前一周从事两项不同工作，按工作时间长短确定主要工作；如果工作时间相同，再按报酬高低确定主要工作。

职业分类是以工作性质的同一性为基本原则。所谓“同一性”，是指不论其所在工作单位是什么经济类型，不论用工形式是固定工还是临时工，也不论其隶属于哪个行业，凡是从事同一性质工作的人都划分为同一类。

填写职业时应注意以下情况：

填写职业要具体、详细。不能笼统地写“工人”“农民”“公务员”“工程师”等，而应具体填写其实际工作种类，如“铸轧工”“捕鱼”“统计人员”“通信工程技术员”等。具有专业技术职称的行政领导人员，应按行政领导职务填写其职业；同时担任两个以上职务的领导干部，应按主要职务填写其职业。工种尚未确定，暂时又无具体工作岗位的，要填写“工种未定”。

C22.未工作原因——指被登记人在普查标准时点前一周没有工作的主要原因。

1.在校学习：指在各级各类学校学习，并有正式学籍的人员。不包括有工作单位，脱产学习的人员。

2.离退休：指已办理离休、退休手续，定期领取离退休生活费，且未从事任何有收入劳动的人。

3.料理家务：指主要在自己家里从事家务劳动，且没有劳动收入的人。离、退休人员从事家务劳动的，选填“2.离退休”。为自家经营的摊位、商店、门市部、工厂工作的人，农村中既料理家务又务农或从事家庭副业的人，在别人家干家务活的临时工或小时工，均属于有工作的人，不选填此项。

4.丧失工作能力：指经专门机构鉴定或虽未鉴定但本人或其法定监护人认为，其因生理或心理疾患已丧失了从事劳动的能力。包括年老体弱生活不能自理的人员，但不包括离休、退休人员，这些人不论是身体残疾还是年老体弱生活不能自理，均选填“2.离退休”。

5.其他：指上述几种以外的原因。

C23.主要生活来源——指被登记人主要依靠什么生活。

如果被登记人同时有几种生活来源，选填其认为最主要的一项。

1.劳动收入：指主要依靠劳动报酬、经营利润或家庭收益（包括现金和实物收入）生活。

2.离退休金/养老金：指办理了离休、退休或退职手续，主要依靠从原工作单位或社会保险经办机构领取的离退休金（包括退职费）生活。

3.最低生活保障金：指建立最低生活保障制度的地区，家庭人均收入低于当地规定的最低生活保障线，主要依靠从政府有关部门或集体领取最低生活保障金生活，以及依靠民政部门发放的烈军属、五保户、残疾人等的生活抚恤金生活。

4.失业保险金：指失业保险经办机构依法支付给符合条件的失业人员的基本生活费用，是对失业人员在失业期间失去工资收入的一种临时补偿。

5.财产性收入：指以资金储蓄、借贷入股以及财产运营、房屋租赁等所取得的利息、股息、红利、租金等收入。

6.家庭其他成员供养：指主要依靠家庭其他成员或亲属的供养和资助生活。

7.其他：指上述几种以外的情况。

C24.婚姻状况——指被登记人在普查标准时点的实际婚姻状况。

1.未婚：指从未结过婚。

2.有配偶：指有配偶，处于婚姻中。

3.离婚：指曾经结过婚，但已办理了离婚手续且没有再婚，或正在办理离婚手续。

4.丧偶：指配偶已去世，且没有再婚。

人口普查的婚姻是指事实婚姻，不是单指法律意义上的婚姻，对不到法定结婚年龄，或未办理结婚手续而同居、实际结婚的人，应根据其在普查标准时点的实际情况，按照被登记人的申报选填。

C25.初婚年月——指被登记人第一次结婚时的年、月。

C26.生育子女数——指截止到普查标准时点，15至64周岁妇女的生育状况。

1.未生育：指被登记妇女没有生育过子女。

2.有生育：指被登记妇女生育过子女，需分别填写生过和存活的子女数。

生过几个孩子：指生育的活产男孩和女孩数，包括产后不久就死亡的婴儿。胎儿脱离母体时（不管孕期长短），凡有过呼吸或心跳、脐带搏动、随意肌收缩等生命现象的，都视为“活产”。这里所说的“子女”是指该妇女的亲生子女，不包括丈夫前妻的子女和领养的子女，但鉴于有些家庭不愿公开领养关系，可尊重申报人的意愿，按亲生子女填报。

其中现在存活几个孩子：指活产子女中，仍然存活的男孩和女孩数，无论是否与父母一起居住。在普查标准时点前已死亡的孩子不包括在内。无存活子女的填写“0”。

C27.过去一年（2019年11月1日—2020年10月31日）的生育状况——指普查标准时点前12个月内，15至50周岁被登记妇女的生育状况。

1.一年内未生育：指过去一年内没有生育过子女。

2.一年内有生育：指过去一年内生育过子女，需选填生育时间和孩子性别。

一年内生育两个以上孩子的，包括两次生育或生育多胞胎，还需填报第二个孩子的状况，第三个或以上的孩子不用填报。

C28.居住状况——指普查标准时点前一个月，60周岁及以上被登记人的主要居住状况。

1.与配偶和子女同住：指与配偶和子女住在一起。

2.与配偶同住：指子女不在身边，与配偶住在一起。

3.与子女同住：指配偶不在身边，与子女住在一起。

4.独居（有保姆）：指本户中只有老人和保姆。

5.独居（无保姆）：指独身一人居住。

6.养老机构：指在提供养老服务的场所，包括敬老院、老年公寓等居住的情况。凡在养老机构居住的老年人，不论与谁同住。

7.其他：指上述几种以外的状况。

C29.身体健康状况——指60周岁及以上被登记人根据自身健康状况，对普查标准时点前一个月能否保证正常生活做出的自我判断。

1.健康：指过去一个月健康状况良好，完全可以保证日常的生活。

2.基本健康：指过去一个月健康状况一般，可以保证日常的生活。

3.不健康，但生活能自理：指普查标准时点前一个月健康状况不是太好，但可以基本保证正常的生活。

4.不健康，生活不能自理：指普查标准时点前一个月健康状况较差，不能照顾自己日常的生活起居，如吃饭、穿衣、自行走动等。

三、港澳台居民和外籍人员普查表

（一）住户项目

F1.户别——与短表H1相同。

F2.住所类型——与短表H5相同。

F3.本户现住房建筑面积——与短表H6相同。

F4.本户现住房间数——与短表H7相同。

（二）个人项目

R1.姓名——填写被登记人的正式姓名。婴儿未起名的，可填“未取名”。外籍人员的姓名最好用中文填写，也可以用其它文字填写。

R2.与户主关系——与短表D2相同。

R3.性别——与短表D4相同。

R4.出生年月——与短表D5相同。

R5.来内地（大陆）或来华目的——指被登记人来中华人民共和国境内居住的原因。

1.商务：指进行各种商务活动的人。

2.就业：指已有工作或正在寻找工作的人。

3.学习：指已经或准备在各类学校学习的人。

4.定居：指在中华人民共和国境内定居但没有工作或上学的人。包括在中华人民共和国境内工作人士的家属。

5.探亲：指探望亲戚或朋友的人。

6.其他：指上述以外的其他原因。

R6.已在内地（大陆）或在华居住时间——指到普查标准时点为止，被登记人在中华人民共和国境内居住的时间。

R7.受教育程度——指被登记人接受教育情况。按照被登记人的申报选填。

R8.身份或国籍——指被登记人是香港特别行政区居民、澳门特别行政区居民还是台湾地区居民。如果是外国人，还应填写国籍。

R9.工作情况——参照长表C18。

R10.行业——指被登记人的工作单位主要生产的产品或提供的服务类别，参照《国民经济行业分类（GB/T4754—2017）》，按标准选项据情选填。

R11.职业——指被登记人所从事的工作类别，按标准选项据情选填。

1.党的机关、国家机关、群众团体和社会组织、企事业单位负责人：指在中国共产党机关，国家机关，民主党派和工商联，人民团体和群众团体、社会组织及其工作机构，基层群众自治组织，企业、事业单位中担任领导职务并具有决策、管理权的人员。

2.专业技术人员：指从事科学研究和专业技术工作的人员。

3.办事人员和有关人员：指在公共管理和社会组织机构中从事行政业务、行政事务、行政执法和仲裁、安全保卫、消防和应急救援等工作的人员。

4.社会生产服务和生活服务人员：指从事商品批发零售、交通运输、仓储、邮政和快递、信息传输、软件和信息技术、住宿和餐饮以及金融、房地产、租赁和商务技术辅助、生态保护、文化、体育和娱乐等社会生产服务与生活服务工作的人员。

5.农、林、牧、渔业生产及辅助人员：指从事农、林、牧、渔业生产活动及辅助生产的人员。

6.生产制造及有关人员：指从事产品生产及设备制造，矿产开采，工程施工和运输设备操作的人员及有关人员。

7.不便分类的其他从业人员。

R12.婚姻状况——参照长表 C24。

四、死亡人口调查表

凡在普查短表户记录 H4 中，登记了 2019 年 11 月 1 日至 2020 年 10 月 31 日期间有死亡人口的户，还要登记死亡人口的具体情况。

S1.姓名——与短表 D1 相同。

S2.公民身份号码——与短表 D3 相同。

S3.性别——与短表 D4 相同。

S4.出生年月——与短表 D5 相同。

S5.死亡时间——指死亡人口死亡时的月份。

S6.民族——与短表 D6 相同。

S7.受教育程度——与短表 D11 相同。

S8.婚姻状况——与长表 C24 相同。

为保证死亡人口的登记质量，普查员在入户登记时应注意以下几点：

1.登记死亡人口时，一般以死亡前的常住地为登记地，而不以死亡发生时的地点（如医院等）为登记地。

2.本户常住人口中有死亡的，不论其与该户有无亲属关系，都应作为该户死亡人口予以登记。

3.对于无法确定死亡人口常住地，或登记时与死亡人口常住地联系不上的，如孤寡老人、流动人口等，一律在死亡发生地登记。